THE BANK OF ENGLAND
Forrest Capie

イングランド銀行
1950年代から1979年まで

フォレスト・キャピー

訳――イギリス金融史研究会

訳者代表――小林襄治・幸村千佳良

日本経済評論社

THE BANK OF ENGLAND
by Forrest Capie
Copyright © The Bank of England 2010

Japanese translation published by arrangement with
Cambridge University Press through
The English Agency (Japan) Ltd.

ダイアナに捧ぐ

日本語版への序文

　本書，*The Bank of England: 1950s to 1979*（『イングランド銀行　1950年代から1979年まで』）は，イングランド銀行からの委託を受けて書かれた「正史」である．この委託されたイングランド銀行史は，最初ケンブリッジ大学出版会から2010年に出版された．それに続いて，そのペーパーバック版が2012年に出版された．さらに2015年には本書の日本語版が製作・出版され，それを手に取ることができることは，原著者としての私がことのほか喜びとするところである．本書の日本語版への序文を執筆することにより，原著者は翻訳の労を取られた諸氏に心より感謝の意を表明する機会を得ることができた．訳者諸氏は本書の翻訳に当たり，原著の細部にまで行き届いた注意を払われたおかげで，原著を改善する成果を生み出した．原著に対してどれほど多くの努力や注意が払われたとしても，これほど膨大な分量（xxii＋890ページ）の書物を執筆・製作する場合には，若干の誤りが残りうることは不可避であろう．しかし私は，訳者諸氏が原著の誤りの大半を取り除いてくださったと堅く信じている．もちろん，私は日本語版の訳文にコメントする立場にはない．しかしながら原著の細部に対して訳者諸氏が払われた細心の注意と誤り修正の努力が反映されたことにより，この日本語版は最高レベルの翻訳書の域に到達しているものと確信している．

　2007-09年にイギリスを襲い，甚大な被害と損失をもたらした近年のグローバル金融危機を経験した後の過去数年間において，セントラル・バンキング（中央銀行），金融政策，銀行規制，およびもっと広範囲に及ぶ金融問題に対する関心が，年ごとに高まってきているといっても言い過ぎではないであろう．このことは，イングランド銀行に関するあらゆる著作が今ほど高い関心をもって受け取られる時期は他にないことを意味している．これらの関心領域の諸問題は原著のなかで十全に検討されている．また原著がイングランド銀行のこれ

ら以外の機能や働きについても考察の対象としていることはいうまでもない．われわれが生きた時代の歴史を正確かつ適切に評価することによってのみ，われわれは進歩を遂げることが許されるのである．日本語版の出版により日本でより多くの読者がイングランド銀行史に接する機会が与えられることは，原著者として大いなる満足感に満たされるところである．

2015 年 1 月

フォレスト・F. キャピー

まえがき

　本巻はイングランド銀行の「公式の」歴史シリーズの最新のものである．クラパム（Clapham, 1694-1914），セイヤーズ（Sayers, 1891-1944），フォード（Fforde, 1941-58）に続くもので，物語を 1979 年末まで引き延ばす．この時期はあらゆる理由で，国家にとってと同様に，イングランド銀行にとっても分岐点となった．このシリーズの仕事が公式であるのは，イングランド銀行が史料の利用と研究支援を提供することによってこの仕事の準備と出版を支援したという意味だけである．史料の選択とその提示は著者の責任であり，イングランド銀行は関与していない．このやり方の便益は本巻でとくに顕著であると思っている．このように十全で，明敏な，かつ，（信じられないほど）楽しい内容を提供してくれたフォレスト・キャピー（Forrest Capie）に非常に感謝している．

　本巻に含まれている時期はわれわれの経済史のなかでももっとも不幸な時期であり，1967 年のポンド切り下げに先立つ一連の危機，1973-74 年のセカンダリー・バンキング危機，および 1970 年代の大インフレーションを含んでいる．政策手段も政策自身もわれわれの運命の不可逆的に思われた衰退に立ち向かうことができないように見えた．

　しかし，イングランド銀行は逆境の中で，最善を尽くしたのであり，どのような疑問が民間に流布していたとしても，英雄的な行動が取られたのであった．クローマー総裁が 1964 年のある朝，電話でポンドを支援するために 30 億ドルの中央銀行信用を集めたのは有名な話である．外国為替局長のロイ・ブリッジ（Roy Bridge）はポンド売りに対して罠を仕掛け，仕留めたのであった．副総裁サー・ジャスパー・ホーラム（Sir Jasper Hollom）は 1973 年にほとんど 1 人で金融システムを救済した．ホーラムがバーマ・オイル社の株主から電話を受け取ったときの場面は非常に貴重である．

　また，背後には新たな政策の枠組みを求めている人々がいた．当時の主流の

正統派では貨幣は重要ではなかった．1950年代のイングランド銀行はバンクレート（いわゆる公定歩合）が何のためにあるかをほとんど忘れていた．その代わりに，イングランド銀行と大蔵省は量的および質的信用統制を使用することに精通していた．しかし，1970年に，グッドハートとクロケットは『イングランド銀行四季報』に「貨幣の重要性」という論文を発表した．イングランド銀行の支配的体制派はそのような推論的資料は締め出そうとしていたにもかかわらず，刊行されたのである．このことは言っておかなければならない．また，反対があるにもかかわらず，着実に，貨幣を測定すること，貨幣を管理することさえ，また国債市場を管理する以外の理由で貨幣の価格を変動させる作業が進められた．

　内部的には，この時期には，イングランド銀行の巨大な部局が縮小され，イングランド銀行の政策形成部門が拡大した．初期の時期にはイングランド銀行のほんの一握りの上級の人々が政策に関わっていた．他の人々は機械の部品であった．この時期の終わりまでに，つまり，1980年の組織改革でリチャードソンはイングランド銀行を政策部門に再編し，銀行機能は命令よりも支援に回るようにした．また，この時期に，イングランド銀行はより開放的になり，（最初は渋々であったが）『四季報』を発行し，1971年には初めて財務諸表を作成するようになった．

　したがって，政策の失敗を背景として，また，部分的にはそれに呼応して，現代的イングランド銀行の起源が認識できるようになった．ひび割れた組織を一緒に保とうと憤激しつつも忠実に戦いながら，もっと合理的で安定的な組織に視線を定め，金融政策の目的が明瞭で中央銀行がそれらを実現する権威をもつようになる組織を目指す人々がいた．その物語はわれわれの次の公式の歴史になる．

2009年7月

総裁　マーヴィン・キング

目次

日本語版への序文 v
まえがき vii
写真一覧 xiv
図表一覧 xv
序文 xix
謝辞 xxiii
略語一覧 xxix

第1章　序と概観 … 1

1. 概観　2
2. 英国経済　8
3. 貨幣量の背景　15
4. いくつかの理論的な考え方と実際　20
5. 貨幣量増加過程　31

第2章　1950年代のイングランド銀行 … 37

1. 構成と組織　39
2. 人物　48
3. 目的と機能　63
4. イングランド銀行の財源と財務実績　71

第3章　貨幣・金融の枠組みとイングランド銀行 … 91

1. 前置き：新旧の正統理論　91
2. ラドクリフ委員会の設置　100
3. バンクレート漏洩とパーカー審判　105

4. ラドクリフ委員会：経過　113
   5. ラドクリフ委員会：発見と勧告　125
   6. 反応と対応　130
   7. 簡潔な評価　149

第4章　1964年までのイングランド銀行の対外的責任 ……………… 165
   1. 釘付け相場制の起源　166
   2. 交換性　176
   3. 金　184
   4. 中央銀行と国際協力　190
   5. コボルドの退任：クローマーの総裁任命　194
   6. 危機から危機へ　197
   7. ユーロ市場　211
   8. 金プール　215

第5章　危機から「磔の苦難」へ ……………………………………… 231
   1. 次のポンド危機　235
   2. 危機の持続　246
   3. ワシントンの主導権　253
   4. 平価切り下げ計画　257
   5. ポンド残高と金　261
   6. クローマーの離任　265
   7. 中央銀行の援助　267
   8. 不可避な事態への備え　276

第6章　ラドクリフ以降の国内金融政策 ………………………………… 305
   1. 新しい手法：特別預金制度　306
   2. 危機から危機へ，1957-1961年　311
   3. 信用制限の解除，1961-1964年　325
   4. 上限規制への逆戻り，1964-1967年　345

5. 新しい手法：現金預金制度　363

第 7 章　その他さまざまな活動と成果 …………………………………… 387

　　1. 産業金融　387
　　2. イングランド銀行とシティ　396
　　3. 海外中央銀行の支援　405
　　4. 銀行券発行と 10 進法化　411
　　5. イングランド銀行の財務　417
　　6. 外部調査　424
　　7. 内部組織と理事会　430

第 8 章　ポンド：切り下げからスミソニアンへ ………………………… 451

　　1. ポンド切り下げとそれ以降　453
　　2. 金市場の危機　473
　　3. IMF の融資条件――DCE 目標　476
　　4. 人事異動　483
　　5. ポンド協定　485
　　6. ポンド防衛の方策　493
　　7. 国際通貨制度改革　500
　　8. ユーロ市場　504

第 9 章　競争と信用調節への道 …………………………………………… 517

　　1. 規制への不満　517
　　2. 手形交換所加盟銀行：合併・競争・カルテルおよび改革　528
　　3. 貨幣とマネタリー・コントロール　536
　　4. 貨幣集計量についての初期の関心　542
　　5. ラドクリフ後の 10 年　549
　　6. 貨幣の重要性　553
　　7. 国債市場とマネーマーケット　559

第 10 章　競争と信用調節 …………………………………………… 589

1. 新方式の定式化　590
2. 市場操作における改革　599
3. ベールを脱いだ CCC　607
4. 運用中の CCC　615

第 11 章　セカンダリー・バンキング危機 ……………………………… 643

1. 問題発生の初期の兆候　644
2. 危機の拡大とライフボート（救命艇）の始動　651
3. ライフボートとその後　669
4. 3 つの救済　678
5. 評価　697

第 12 章　銀行業の監督 …………………………………………………… 723

1. 1950 年代および 1960 年代の監督　725
2. 周辺機関からの圧力と欧州からの圧力　734
3. 危機の結果　741
4. プルーデンス報告　746
5. 法律制定に向けて　751
6. 監督の国際的協調　759
7. 銀行法（1979 年）　762

第 13 章　貨幣量目標とマネタリー・コントロール ……………………… 791

1. 貨幣量目標に関する発言　792
2. 貨幣量目標　806
3. 貨幣量増加に影響を与える試み　821
4. 金利の伸縮性　829
5. 公開市場操作　840
6. マネタリー・コントロール　846

7. 結論 853

第14章 1970年代のイングランド銀行とポンド……………… 873

1. 為替レートと為替レート政策 876
2. 外貨準備 888
3. ポンド残高 899
4. 国際通貨システム改革：20カ国委員会 903
5. 1976年危機 906
6. 危機とポンド残高の終焉 923
7. 変化する運命 925
8. 為替管理の終焉 933

第15章 イングランド銀行の業務の自由 …………………… 951

1. 国際金融センターとしてのロンドン 960
2. ロールス・ロイス社の危機 965
3. バーマ・オイル社 971
4. 産業金融 982
5. 精査されるイングランド銀行 989

第16章 結語 ……………………………………………………… 1013

参考文献 1027
訳者あとがき 1050
索引 1057

写真一覧

1	キャメロン・コボルド（総裁，1949-61），1959 年当時	380
2	ハンフリー・マイナーズ（副総裁，1954-64）	380
3	イングランド銀行本店（スレッドニードル・ストリート，1950 年代半ば）	381
4	クローマー伯爵（総裁，1961-66）が 1961 年にイングランド銀行に到着	381
5	レズリー・オブライエン（総裁，1966-73），1963 年の執行理事の時	382
6	モーリス・パーソンズ（副総裁，1966-70）	382
7	ロイ・ブリッジ（総裁アシスタント，1965-69）	383
8	イングランド銀行印刷工場（デブデン）	383
9	ジャスパー・ホーラム（副総裁，1970-80），1962 年の業務局長の時	384
10	ジョン・フォード，1966 年の業務局長の時	384
11	ジェレミー・モース（執行理事，1965-72）	385
12	イングランド銀行のニューチェンジの建物	385
13	毎週の大蔵省短期証券入札での仕分け作業	386
14	「タージマハル」―イングランド銀行ニューキャッスル支店	785
15	イングランド銀行の金保管庫	785
16	イングランド銀行の理事会（1971 年）	786
17	キット・マクマーン（執行理事，1970-80）	786
18	チャールズ・グッドハート（経済アドバイザー，1968-85）	787
19	1970 年代のイングランド銀行外国為替ディーラー室	787
20	ジム・キーオ（割引部長，1967-74）	788
21	クリストファー・ダウ（執行理事，1973-81）	788
22	ジョン・ペイジ（業務局長，1970-80）	789
23	ゴードン・リチャードソン（総裁，1973-83）	789

図表一覧

【図】

1-1	M3の対前年比変化率（1951-82年）	19
2-1	イングランド銀行の組織機構（1955年）	44
2-2	銀行の預け金とイングランド銀行の稼得利子（1950-68年）	73
5-1	国際援助額，月次（1961-67年）	269
5-2	英国の公表準備，月次（1959-67年）	270
5-3	英国の準備の測定，月次（1964-68年）	271
5-4	EEAの先物ポジション，月末（1964-69年）	288
5-5	英国の国際収支，経常収支，年次（1930-70年）	291
6-1	大蔵省短期証券の週当たり比例割当金額　(a) 1960-64年，(b) 1965-67年	333
6-2	大蔵省短期証券の週当たり入札（1959-67年）	342
6-3	四半期ごとのネットの国債売買金額とコンソル債価格（1960-70年）	359
6-4	マネーマーケットにおけるイングランド銀行の介入金額（1960-69年）	362-3
	(a) 大蔵省短期証券の買い上げ	
	(b) バンクレートもしくはそれ以上の金利での貸付	
	(c) その他の貸付	
7-1	イングランド銀行の組織機構（1970年）	431
8-1	週間為替レート（対米ドル直物）	464-5
	(a) 1968年，(b) 1969年，(c) 1970年，(d) 1971年	
8-2	外国為替市場におけるイングランド銀行の日次取引額	466-8
	(a) 1967年，(b) 1968年，(c) 1969年，(d) 1970年，(e) 1971年	
8-3	英国の公表〔外貨〕準備額（月次，1968-72年）	470
8-4	英国の準備に占める金および交換可能外貨の割合（月次，1950-79年）	471
8-5	ポンド残高（1962-79年）	486
10-1	国債の四半期別純売却（または購入）額とコンソル価格（1970-79年）	621
13-1	新規国債の発行回数と発行総額（1950-79年）	812
13-2	短期，中期および長期国債の利回り（1970-79年）	812
13-3	日次の国債売却金額　(a) 1976年，(b) 1977年，(c) 1978年，(d) 1979年	

			813-4
13-4	特別預金（1972-80 年）		822
14-1	ポンドの対ドル為替レート（月次，1970-79 年）		875
14-2	実効為替レート（月次，1972-79 年）		875
14-3	ポンドの対ドル実質為替レート（月次，1970-79 年）		876
14-4	英国の公式外貨準備（月次，1971-79 年）		888
14-5	イングランド銀行の外国為替市場における取引（日次）		890-3
	(a) 1972 年，(b) 1973 年，(c) 1974 年，(d) 1975 年，(e) 1976 年		
	(f) 1977 年，(g) 1978 年，(h) 1979 年		
16-1	イングランド銀行の組織機構（1980 年）		1018

【表】

1-1	英国のマクロ経済変数（1955-80 年）	9
2-1	イングランド銀行理事会理事（1950-60 年）	53
2-2	イングランド銀行の収入の源泉（1950-60 年）	74
2-3	イングランド銀行総支出（1950-60 年）	76
2-4	イングランド銀行粗利益と純利益（1950-60 年）	76
2-5	イングランド銀行　準備（1950-60 年）	78
2-6	政府のための仕事で生じたイングランド銀行の（利益）/損失	80
5-1	英国の金および交換可能通貨準備（1964 年 6 月〜1968 年 4 月）	272
5-2	先物為替売り持ちポジション（1964 年 10 月〜1967 年 12 月）	287
6-1	バンクレートの変化（1957-70 年）	312
6-2	特別預金（1960-64 年）	318
7-1	イングランド銀行の収入源（1960-70 年）	418
7-2	イングランド銀行総支出（1960-70 年）	418
7-3	イングランド銀行粗利益と純利益（1960-70 年）	419
7-4	イングランド銀行準備（1960-70 年）	419
7-5	政府業務のために生じたイングランド銀行の損益（1960-68 年）	421
7-6	イングランド銀行の上級職員（1969 年 3 月）	434
7-7	イングランド銀行理事会理事（1958-79 年）	436
8-1	英国への援助残高合計，四半期（1967-72 年）	472
9-1	手形交換所加盟銀行協定貸出金利（1968 年 8 月）	533
9-2	並行マネーマーケット残高（1961-70 年）	572
10-1	バンクレートまたは最低貸出利率の変更（1971-73 年）	619

11-1	1973年12月28日の管理委員会初回会合で議論された金融機関	662
11-2	ライフボートの総残高（四半期別，1974年3月〜1977年12月）	665
11-3	手形交換所加盟銀行の株価とバランス・シートの詳細（1970-75年）	672
11-4	セカンダリー・バンキング危機において，ライフボートを通じて支援を受けた金融機関	698
11-5	セカンダリー・バンキング危機において，イングランド銀行単独の支援を受けた金融機関	700
11-6	支援作戦に関わるイングランド銀行の損失引当金	706
13-1	補完的特別預金額（100万ポンド）と対象銀行数（1974-78年）	797
13-2	特別預金の変更（1972-79年）	809
13-3	最低貸出利率の変更（1974-79年）	831
14-1	英国への支援残高総額（1972-79年，四半期）	896
15-1	イングランド銀行の収入の源泉（1971-80年）	994
15-2	イングランド銀行のサービスに対して政府から回収された金額（1971-80年）	995
15-3	イングランド銀行の主要財務指標，固定価格（1971年＝100）	996
15-4	イングランド銀行の総支出（1971-80年）	996
15-5	イングランド銀行の粗利益と純利益（1971-80年）	998
15-6	イングランド銀行の準備（1971-80年）	999

序文

　私がこの書物の執筆を引き受けたのはイングランド銀行総裁の要請によるが，これは，私が喜んでお受けする要請であった．この書物は1694年の創設から最近時点までのイングランド銀行の正史の系列である，クラパム，セイヤーズ，およびフォードの仕事に続くものである．最後の時点はイングランド銀行がその史料室（archives）を運営するにあたって採用している暗黙の30年規則によって決められている．ただし，私はこの時点を超えて新しい史料を利用することができた．開始時点は1950年代と曖昧になっているが，それは，一部には，フォードは書名に1958年という終了時点をつけたが，彼は自分の書物ではときどき焦点を絞って叙述しているので，いくつかの話題はさらに展開するほうが望ましくなっていたためである．いずれにしろ，各歴史家は少し違ったアプローチをするので，いくつかの話題には歴史的な背景を含む紹介が必要になる．1959年から始めると，開始時点を決めたのは交換性の確立であったとか，あるいはその年にチェ・ゲバラがキューバ中央銀行総裁になったというような驚くべき事実があったとか，憶測を生む可能性がある．私は利用できるすべての文献にアクセスすることができ，また現役や元職員と話をするにあたってあらゆる便宜を与えられた．さらに，この書物を書くにあたっては完全な自由を与えられた．この序文に続く長い謝辞のリストは私が受けた支援の程度を示している．

　イングランド銀行の歴史はその時代の貨幣史ではない．このことを読者に思い起こさせることが必要かもしれない．また，それは事業史でもないし，制度史ないし，経営管理史でもないが，これらすべてに関わっている．それは，経済学者が関心をもつ命題の検証を行う応用経済学や計量経済学の実践でもない（それは経済学者の仕事である）．イングランド銀行の歴史はまずもってイングランド銀行が行ったことの記録であり，それをどう行ったか，また，可能ならば，なぜ，そのようなやり方で行ったかについての説明である．焦点にあるの

はイングランド銀行である．さらに，それは時代の流れのなかに位置づけられなければならない．

歴史の著作には2つの重要なこと，つまり，鳥瞰，すなわち，出来事からのある程度の距離，と1次資料とを必要とする．最初のことについては難しいことはない．しかし，第2の点については注意が必要である．20世紀の歴史にとって共通の問題は情報が多すぎることであり，それを厳選することが課題である．しかし，これはイングランド銀行にとっては必ずしも問題ではない．多くは書かれていないからである．おそらく，これが意味したのは，銀行業の性質であり，機密性への関心である．1914年危機へのイングランド銀行の対処について，クラパムの書いたところによると，「対応の方法は，どのように，また誰によってかはどこにも書かれていないが，イングランド銀行による偉大な操作であった」[1]．バンクレート（いわゆる公定歩合）の決定という重要な問題について，セイヤーズは不満を漏らした．「それは何十年にもわたってイングランド銀行の通常の機能の中で重要であったにもかかわらず，理事会や常務委員会の記録には各週の行動の根拠になっている理由づけについては何の手がかりもない．つまり，議事録，ファイル，日誌，ないし書簡はこの中心的な問題に関する通常の説明的な覚書をまったく含んでいない」[2]．こうした習慣は20世紀後半にも引き継がれた．イングランド銀行の1つの重要な会合は朝礼（正式には「祈祷」）で，そこでは総裁と彼の周囲の上級幹部がイングランド銀行の関わる一連の活動についての事業や戦術を議論した．少なくとも1980年代以前には，簡単な要点説明書（briefing papers）もないし，記録は何も残されていなかった．たしかに1950年代と1960年代についてはバンクレートの主題についてほとんど何の書類もない．総裁は自分の決定について大蔵大臣に伝える前に副総裁や他の職員に相談したであろう．1970年代には変化の若干の証拠もあるが，大きなものではない．したがって，イングランド銀行の活動の主要な分野で書類が何もないのである．

物事が書きとめられた場合でさえ，それが生き残る保証はない．多くの理由で，誰かが何が保存されるべきかについて決定を下す．しかし，一般的に言って，組織的な方針も特定の責任もない．ある資料は史料室に到達する前に廃棄されるかもしれない．また，しばらく保存されるとしても，便宜のためであっ

たり，所蔵スペースや費用のせいで長い間生き残らないかもしれない．資料はまた事故により失われる可能性もあり，故意に廃棄される可能性もある．したがって，イングランド銀行の記録には相当な欠落があり，セカンダリー・バンキング危機のような重要な話題に関する資料が後世には失われている．

　もっと肯定的に見えることは，少なくとも一見したところでは，比較的最近の歴史をまとめるに際して当事者の何人かに面会できる可能性があることである．多くの理由で，20世紀後半には口述の歴史が盛んになった．テープをとるかとらないか，引用することに同意を得てテープをとるか，あるいはたんに会話をするだけか，という技術的な問題は別にして，当事者に会見すると，関わった人々をより良く理解する機会が与えられ，また文書の存在（もっとも必ずしもそれが残っているとは限らないが）を著作者に気づかせることがある．さらに，よく練られた質問は追跡調査の価値のある鍵を引き出す可能性もある．そうは言っても，認識は多いに違いうることである．さらに，記憶は不思議なものである．時間の経過や他の出来事が入ることで，脚色される．また，過去を再生させたいという強い願望がある場合でさえ，必ずしも成功するとは限らず，おそらく決して成功することはないであろう．ある出来事の2人の当事者の2つの話が同じことは稀である．彼ないし彼女が関わった出来事については，繰り返し語る人の貢献度を高めるという潜在意識が働くものである．さらに，別の危険性もある．書かれた文献に基づいて著者が行った判断は，相手が魅力的で協力的である場合（これは面会される人の通常の態度である）には，また，著作が出版されるときに存命中である可能性が高い場合には，再考される可能性もある．こうしたすべてのことにもかかわらず，この時代のイングランド銀行について話すために時間を割いてくれたすべての人々に対し，著者は深く感謝の意を表するものである．

　用語法について一言必要である．イングランド銀行（Bank）は単数扱いか複数扱いか？　イングランド銀行（The Bank）は「イングランド銀行の総裁および出資仲間（the Governor and Company of the Bank of England）の省略形なので，複数名詞である．理事会記録や『年報』や『四季報』のようなイングランド銀行の出版物は複数を使用した．とはいえ，いくつかの内部の覚書はイングランド銀行を単数で参照しており，結果的に，首尾一貫しない．外部の著

作，とくに，新聞は，イングランド銀行を単数扱いしていた．この問題は1970年代後半に取り上げられ，イングランド銀行の批判者は「不必要で苛立つうぬぼれ」として見がちであった[3]．1978年にゴードン・リチャードソン（Gordon Richardson）総裁は法的文書ではイングランド銀行は複数のままにすべきであるが，他の場合には単数とすることを望んだ．というのも，複数は「不自然で歪んだ英語であり，その理由を知らない読者にとっては奇妙で，尊大に見えるに違いない」からである[4]．「関係者は皆，厳しい頑固な規則を課さずに，柔軟さと良識を発揮するべきである」ことが合意された[5]．

この物語には非常に多くの人々が現れる．初めて登場するときには姓名で表され，それ以降は姓で表される．しかし，時折，混乱の畏れがある場合や前に登場したのが非常に離れている場合には，姓名が使われる．

簡単に文献のことを述べておくのが便宜であろう．使用された多数の史料室資料は別にして（その参照情報はすべて章末注にある），いくつかの金融機関の出版物も広範に利用された．これにはイングランド銀行の『年報』，『レビュー』なども含まれる．ここでも，完全な参照情報は章末注にあり，参考文献では示されない．

注

1) Sayers (1976), vol. III, p. 41.
2) *Ibid.,* vol. I, pp. 28-9.
3) Colin Henderson (Secretary's Department) to Peter Brown/Geoffrey Gough (The Secretay), 'The Bank: singular or plural', 20 July 1977, 3A114/1.
4) Chief of Establishments, Notice to Staff, 'The Bank: singular or plural', 18 December 1978, 3A114/1.
5) Extract from 'Meeting of Heads of Departments', 7 February 1979, 3A114/1.

謝辞

　この種の仕事は多数の人々の手助けがなければ達成されえない．責任は，部分的にはその人たちのものであるが，もちろん，彼らのせいにするわけにはいかない．しかし，イングランド銀行について話をするために時間を割いてくれた人々，書面でやりとりをしてくれた人々，すべてに対して，心からの謝意を表します．これらを感謝の程度や貢献の大きさを暗示する順序で，提示するのは不公平であろう．そこで，私はこのプロジェクトにもっとも近い人々から始める．まずは，私の研究助手，マイク・アンソン (Mike Anson) から始める．彼はプロジェクトの初めから最後まで一緒で，彼の勤勉さと精励がなければ，この仕事はもっとずっと長くかかったであろう．史料の中から資料を見つけだしてその要約をする彼の技術の恩恵を受けた．私は彼に多大の謝意を表すものである．彼を有能に支援したのはウィル・グッドフェロー (Will Goodfellow) であり，また，秘書の支援をしてくれたのは最初クリス・アームブシ (Chris Armbsy) であり，次いで，ショーナ・カーズウェル (Shona Carswell) であった．また，イングランド銀行の中で，直接このプロジェクトを支援してくれたのはイングランド銀行史料室の次の職員であった．すなわち，サラ・ミラード (Sara Millard)，ジャネット・シェリー (Jeanette Sherry)，ジェニー・ウルフ (Jenny Ulph)，ラーラ・ウェブ (Lara Webb)，ベン・ホワイト (Ben White)，ヘイリー・ホワイティング (Hayley Whiting) であった．文字通り緊密にこれに次いだのは情報センターの人々で，ジャネット・アダムス (Janet Adams)，キャス・ベグリー (Kath Begley)，キャサリーン・ガードナー (Catherine Gardner)，マギー・ホーズ (Maggie Hawes)，ペニー・ホープ (Penny Hope)，シャヒッド・ナジール (Shahid Nazir)，サラ・スティーヴンズ (Sarah Stevens)，およびクリス・トーマス (Chris Tohmas) であった．さらに博物館からリチャード・ブリゲンショー (Richard Brigenshaw)，スー・ジェンキンズ (Sue Jenkins)，ジョン・キーワース (John Keyworth)，およびローレイ

ン・ペインター（Lorraine Painter）であった．

　自分の時間を自由に分け与えてくれたイングランド銀行の他の職員には次の人々が含まれている．すなわち，アンドリュー・ベイリー（Andrew Bailey），チャーリー・ビーン（Charlie Bean），アイアン・ボンド（Ian Bond），アラステア・クラーク（Alastair Clark），ロジャー・クルーズ（Roger Clews），スティーブン・コリンズ（Stephen Collins），ロビン・ダービシャー（Robin Darbyshire），ポール・フィッシャー（Paul Fisher），ジョン・フットマン（John Footman），ジョー・ガンリー（Joe Ganley），サー・ジョン・ギーヴ（Sir John Gieve），アンディー・ハルデイン（Andy Haldane），デイヴィッド・イングラム（David Ingram），ジョージ・ジョンストン（George Johnston），ラチェル・ローマックス（Rachel Lomax），マーク・ロブソン（Mark Robson），ピーター・シンクレア（Peter Sinclair），ポール・タッカー（Paul Tucker），およびアンドリュー・ワードロー（Andrew Wardlow）であった．私はまた，1970年代に入行し2008年にまだイングランド銀行に在籍した多数の人々と非公式の昼食と議論をすることができた．それらの人々はスチュアート・アレン（Stuart Allen），クリス・アームスビ（Chris Armsby），デイヴィッド・バスターフィールド（David Basterfield），ロジャー・ビールズ（Roger Beales），スー・ベッツ（Sue Betts），ゲール・ビショップ（Gail Bishop），バーバラ・カー（Babara Carr），ローラ・ダニエルズ（Laura Daniels），スー・デイヴィッドソン（Sue Davidson），ジュリー・ガラガー（Julie Gallagher），サンドラ・ミルズ（Sandra Mills），ダイアン・ムーア（Diane Moore），パット・モーガン（Pat Morgan），デビー・ナイマン（Debbie Nyman），レズリー・オートン（Lesley Oughton），サラ・ペッグ（Sara Pegg），スティーブン・セイビン（Stephen Sabine），ラッセル・セドン（Russell Seddon），およびニック・スタンスフィールド（Nick Stansfield）であった．自分の時間を割いてくれた元のイングランド銀行職員は次の人々である．すなわち，ビル・アレン（Bill Allen），トニー・コールビ（Tony Coleby），レズリー・ディックス＝ミロ（Leslie Dicks-Mireaux），ガース・ヒューイット（Garth Hewitt），ジョン・ヒル（John Hill），デイヴィッド・マレット（David Mallett），テレサ・メイ（Teresa May），クリス・パリー（Chris Parry），ジョン・プリンガー（John Pullinger），ジョン・ル

謝辞

ーミンズ（John Rumins），トニー・ラター（Tonny Latter）である．

　代理人業務についての考え方のいくつかは代理人の訪問によって得られた．すなわち，デイヴィッド・バッファム（David Buffham）（ノース・イースト），トニー・ストラチャン（Tonny Strachan）（グラスゴー）である．また，私はジョン・バートレット（John Bartlett）（バーミンガム）とも話をした．デブデンの印刷工場への訪問は魅力的であったが，完全なツアーとその歴史の要約をしてくれた人々はジム・ビッグズ（Jim Biggs），マーティン・ワイリー（Martin Wylie），ポール・レイン（Paul Lane），ジョン・クラーク（John Clark），およびフィオナ・ドッド（Fiona Dodd）である．

　ワシントンにある国際通貨基金（International Monetary Fund; IMF）と連邦準備（Federal Reserve）への訪問では，IMFと連邦準備の現役と元の勤務者の応対を受け，その案内から得るところがあった．それらの人々はマーク・アレン（Mark Allen），ジム・ボートン（Jim Boughton），モシン・カーン（Mohsin Khan），ジェンス・ラーセン（Jens Larsen），ジャック・ポラク（Jacques Polak），マームド・プラダーン（Mahmud Pradhan），トム・ショラー（Tom Scholar），デイヴ・スモール（Dave Small），およびボブ・ソロモン（Bob Solomon）である．

　他の人々の長いリストには次の人々が含まれる．すなわち，ロジャー・アルフォード（Roger Alford），マイク・アーティス（Mike Artis），ジョン・アトキン（John Atkin），ボブ・アリバー（Bob Aliber），ピーター・バーンホルツ（Peter Bernholz），マイケル・ボルド（Michael Bordo），アレック・クリスタル（Alec Chrystal），コボルド卿（Lord Cobbold），ティム・コングドン（Tim Congdon），クリストファー・フィルデス（Christopher Fildes），スチュアート・フレミング（Stuart Fleming），ジョン・フォーシス（John Forsyth），グリフィス卿（Lord Griffiths），ハリス卿（Lord Harris），デイヴィッド・ヘンダーソン（David Henderson），エリザベス・ヘネシー（Elizabeth Hennessey），ロバート・ヘッツェル（Robert Hetzel），ハロルド・ジェイムズ（Harold James），ウィリアム・キーガン（William Keegan），デイヴィッド・キナストン（David Kynaston），アラン・メルツァー（Allan Meltzer），マイケル・オリバー（Michael Oliver），レズリー・プレスネル（Leslie Presnell），ロバート・プリング

ル (Robert Pringle), ロール卿 (Lord Roll), サー・パトリック・サージェント (Sir Patrick Sargent), アンナ・シュワルツ (Anna Schwartz), マーチン・シェパード (Martin Sheppard), デイヴィッド・B. スミス (David B. Smith), アンドリュー・スミサーズ (Andrew Smithers), サー・アラン・ウォルターズ (Sir Allan Walters), サー・ダグラス・ウォス (Sir Douglas Wass), ジョフリー・ウッド (Geoffrey Wood), およびジェレミー・ウォーメル (Jeremy Wormell) である.

それから他の史料室や外部の機関の人々の支援があった. すなわち, チャーチル・カレッジ・ケンブリッジ史料室 (Churchill College Cambridge Archives) のアンドリュー・ライリー (Andrew Riley), グラスゴー大学史料サービス (University of Glasgow Archive Services), ベアリング史料室 (Baring Archive) のモイラ・ラヴグローブ (Moira Lovegrove), ロイズ TSB 史料室 (Lloyds TSB Archive) のカレン・サンプソン (Karen Sampson), HSBC 史料室 (HSBC Archive) のエドウィン・グリーン (Edwin Green) とティナ・ステイプルズ (Tina Staples), IMF 史料室 (IMF Archives) のジーン・マークーヨ (Jean Marcouyeux) とプリメーラ・アイザック (Premela Isaac), ブリティッシュ・ライブラリー (British Library) の職員, ブリティッシュ・フィルム・インスティテュート (British Film Institute) のキャスリーン・ディクソン (Kathleen Dickson) とヴィック・プラット (Vic Pratt), 上院記録保管所 (House of Lords Record Office) の職員, 『タイムズ』紙のキャサリン・モリス (Catharine Morris), キューにあるナショナル・アーカイブ (National Archives) の職員および英国放送公社 (British Broadcasting Corporation) のマイケル・ペイゲ (Machael Paige) である.

イングランド銀行, シティ, ホワイトホール〔政府〕および新聞社の多数の人々が公式の面談 (何人かは一度以上) に合意したので, 彼らすべてに心からの感謝を申し上げます. これらの人々は, サー・ナイジェル・アルサウス (Sir Nigel Althaus), アームストロング卿 (Lord Armstrong), ロジャー・バーンズ (Roger Barnes), サー・ジョージ・ブランデン (Sir George Blunden), サー・サミュエル・ブリッタン (Sir Samuel Brittan), ピーター・J. ブル (Peter J. Bull), ウィリアム・クラーク (William Clarke), コボルド卿 (Lord

謝辞

Cobbold), トニー・コールビ (Tony Coleby), ピーター・クック (Peter Cooke), アンドリュー・クロケット (Andrew Crockett), クローアム卿 (Lord Croham), マイケル・フット (Michael Foot), ロドニー・ギャルピン (Rodney Galpin), ジョージ卿 (Lord George), マルコム・ギル (Malcom Gill), グレーム・ギルクリスト (Graeme Gillchrist), チャールズ・グッドハート (Charles Goodhart), ステュアート・グラハム (Stuart Graham), デイヴィッド・グリーン (David Green), ヒーリー卿 (Lord Healey), サー・ジャスパー・ホーラム (Sir Jasper Hollom), サー・マーチン・ジェイコム (Sir Martin Jacomb), ピーター・ジェイ (Peter Jay), ペン・ケント (Pen Kent), グラハム・ケントフィールド (Graham Kentfield), ローソン卿 (Lord Lawson), サー・ジョフリー・リットラー (Sir Geoffrey Littler), サー・キット・マクマーン (Sir Kit McMahon), レズリー・ディックス゠ミロー (Leslie Dicks‐Mireaux), ジョージ・モーガン (George Morgan), サー・ジェレミー・モース (Sir Jeremy Morse), ガイ・ド・ムーブレイ (Guy de Moubray), ジョージ・ニッセン (George Nissen), ウィリー・オスボーン (Willie Osborn), オリバー・ペイジ (Oliver Page), ゴードン・ペパー (Gordon Pepper), サー・ブライアン・ピットマン (Sir Brian Pitman), アイアン・プレンダリース (Ian Plenderleith), ライオネル・プライス (Lionel Price), ブライアン・クウィン (Brian Quinn), リーズ゠モグ卿 (Lord Rees-Mogg), デイヴィッド・サマセット (David Somerset), サー・デイヴィッド・ウォーカー (Sir David Walker), および, サー・ニゲル・ヴィックス (Sir Nigel Wicks) である.

さらに, 各章を読んで, 何人かの場合には原稿の全体を読んで, コメントをくれた人々にも感謝しなければならない. それらの人々は, ピーター・アンドリューズ (Peter Andrews), ロジャー・バーンズ (Roger Barnes), マイケル・ボルドー (Michael Bordo), アレク・クリスタル (Allec Christal), ロジャー・クルーズ (Roger Clews), スティーブン・コリンズ (Stephen Collins), ピーター・クック (Peter Cooke), クリストファー・フィルデス (Christopher Fildes), ジョン・フットマン (John Footman), チャールズ・グッドハート (Charles Goodhart), ブライアン・グリフィス (Brian Griffiths), ジョン・キーワース (John Keyworth), ロバート・プリングル (Robert Pringle), ブライアン・ク

ウィン (Brian Quinn), キャサリーン・シェンク (Katherine Schenk), アンナ・シュワルツ (Anna Schwartz), およびジョフリー・ウッド (Geoffrey Wood) である.

略語一覧

AAB: Allied Arab Bank　アライド・アラブ銀行
AMC: Agricultural Mortgage Corporation　農業抵当公社
BAMMS: Banking and Money Market Supervision　銀行・マネーマーケット監督
BEQB: *Bank of England Quarterly Bulletin*　『イングランド銀行四季報』
BIS: Bank for International Settlements　国際決済銀行
BOCBA: British Overseas and Commonwealth Bankers Association　英国海外・コモンウェルス銀行協会
BOLSA: Bank of London and South America　ロンドン・サウスアメリカ銀行
BP: British Petroleum　ブリティッシュ・ペトロレウム社
CCC: Competition and Credit Control　競争と信用調節
CD: Certificate of deposit　譲渡性預金証書
CDFC: Commonwealth Development Finance Company　コモンウェルス開発金融会社
CLCB: Committee of London Clearing Banks　ロンドン手形交換所加盟銀行委員会
CWS: Co-operative Wholesale Society　卸売り協同組合
DCE: Domestic Credit Expansion　国内信用拡張
DEA: Department of Economic Affairs　経済省
DTI: Department of Trade and Industry　貿易・産業省
EBH: Edward Bates and Sons　エドワード・ベイツ・アンド・サンズ社
EBSI: EBS Investments　EBS投資会社
ECI: Equity Capital for Industry Limited　産業エクイティ・キャピタル有限会社
EEA: Exchange Equalisation Account　為替平衡勘定
EEC: European Economic Community　ヨーロッパ経済共同体
EID: Economic Intelligence Department　経済情報局
EPU: European Payments Union　ヨーロッパ決済同盟
FCI: Finance Corporation for Industry　産業金融公社

FEC: Foreign Exchange Committee   外国為替委員会
FECDBA: Foreign Exchange and Currency Deposit Broker's Association   外国為替・外貨預金ブローカー協会
FFI: Finance for Industry   産業金融会社
FHA: Finance Houses Association   ファイナンス・ハウス協会
FNFC: First National Finance Corporation   ファースト・ナショナル・ファイナンス社
FRBNY: Federal Reserve Bank of New York   ニューヨーク連邦準備銀行
G10:   Group of Ten   10カ国グループ
GAB: General Agreement to Borrow   一般借入協定
GATT: General Agreement on Tariffs and Trade   関税と貿易に関する一般協定
GDP: Gross domestic product   国内総生産
HMT: Her Majesty's Treasury   英国大蔵省
IBEL: Interest-bearing eligible liability   利付き適格負債
ICFC: Industrial and Commercial Finance Corporation   商工業金融公社
IFU: Industrial Finance Unit   産業金融ユニット
IMF: International Monetary Fund   国際通貨基金
IRC: Industrial Reorganisation Corporation   産業再編成公社
ISC: Institutional Shareholders Committee   機関投資家株主委員会
JSC: Joint Standing Committee   共同常設委員会
LDMA: London Discount Market Association   ロンドン割引市場協会
LSE: London School of Economics   ロンドン・スクール・オブ・エコノミクス
MDHB: Mersey Dock and Harbour Board   マージー・ドック港湾庁
MLR: Minimum lending rate   最低貸出金利
MPG: Monetary Policy Group   マネタリーポリシー・グループ
MSPs: Minimum sterling proportions   ポンド保有最低比率
NATO: North Atlantic Treaty Organisation   北大西洋条約機構
NBPI: National Board for Prices and Incomes   全国物価所得庁
NEDC: National Economic Development Council   経済開発国民協議会
NIESR: National Institute of Economic and Social Research   経済社会調査国民研究所
OECD: Organisation for Economic Co-operation and Development   経済協力開発機構
OEEC: Organisation for European Economic Co-operation   ヨーロッパ経済協力

機構
OPEC: Organisation for Petroleum Exporting Countries　石油輸出国機構
OSA: Overseas sterling area　海外ポンド地域
PSBR: Public-sector borrowing requirement　公共部門借入必要額
SAMA: Saudi Arabian Monetary Agency　サウジアラビア通貨庁
SARB: South African Reserve Bank　南アフリカ準備銀行
SCNI: Select Committee on National Industries　国有化産業特別委員会
SCOOP: Scottish Co-Operative Wholesale Society　スコットランド卸売り協同組合
SDRs: Special drawing rights　特別引出権
SNB: Swiss National Bank　スイス・ナショナル銀行
SSDs: Supplementary special deposits　補完的特別預金
SWL: Slater Walker Limited　スレイター・ウォーカー社
SWSL: Slater Walker Securities Limited　スレイター・ウォーカー証券会社
TUC: Trades Union Congress　労働組合会議
UDT: United Dominion Trust　ユナイテッド・ドミニオン・トラスト社
WBB: Wallace Brothers Bank　ウォーレス・ブラザーズ銀行
WP3: Working Party Three　第3作業部会

第1章
序と概観

　誰が中央銀行を発明したわけでもない．一番初めの中央銀行は商業銀行から現れた．最初から中央銀行である中央銀行はこれらの祖先の1つをモデルにしたものであった．イングランド銀行は1694年に創立され，19世紀の過程で中央銀行として成長した．19世紀の最後の3分の1の時期までには，イングランド銀行は金融政策（当時では為替レート管理）と金融制度の安定性（最後の貸し手）という主要な機能を実行していた．中央銀行の歴史家の多くは，その誕生が比較的最近であるため，その創設の時期から始める．しかし，イングランド銀行は中央銀行として長い歴史をもっている上，独占的な発券銀行としてはより長い歴史をもち，さらに政府の銀行としてはよりいっそう長い歴史をもっている．そうした歴史はこの本以前のイングランド銀行正史で扱われている．本書は1950年代に始まり，1979年までのイングランド銀行の歴史を対象にしている．対象にしている時期は非常に複雑な時期である．当初は金融制度の安定性は当然のことと考えられていた．安定性はそれを維持するために誰かが明らかに何かをしなければならないということもなくつねに存在した．そして，金融政策の重要性は軽視されるようになった．しかし，軽視されたまま実施された金融政策は失敗し，金融制度の安定性は失われた．そこで，大々的な再検討が行われた．この過程で多くの力が作用した．これらの力やさらに幅広い外界を見ておくことは，イングランド銀行をその時代の脈絡の中に位置づけるのに役立つであろう．

1. 概観

近代の経済成長，すなわち，経済成長率の持続的な上昇は英国と北西ヨーロッパで18世紀に始まり，19世紀に加速し，さらに他の地域へも拡大した．20世紀の前半は混乱の時代であり，戦争，不十分な戦後調整，経済不況が生じ，それからまた戦争とその戦後調整が行われた．それから成長率が20世紀の後半に加速し，その物質的な豊かさの水準とその拡大率は以前のどの時代も比較にならないところまで達した．いくつかの尺度によれば，世界経済は1890年代には1990年代と同じくらい統合されていた．しかし，19世紀の終わりには，グローバル化に対する反動が現れ，ナショナリズムが，その経済的な表現である保護主義とともに，広がり始めた[1]．実際，戦争とその後の不況への転落の責任の大半はこの点にある．

19世紀後半の世界経済の発展は1914年の戦争の勃発とともに突然停止した[2]．貿易，資本移動，移民，および国際通貨体制がすべて，深刻な混乱に陥った．技術的な進歩の点では戦争にその経済的な利益がないわけではない．また，経営と生産の分野では明らかな改善があった．しかし，その費用は，人的な被害と生命の損失は言うに及ばず，莫大であった．あらゆる種類の問題が発生し，その中の多くは戦後10年経っても適切に解決されなかった．その中のいくつかは1930年代の始まりに世界の多くの国々に非常な打撃を与えた不況の到来の要因となった．貿易パターンが崩壊してしまったことに加えて，莫大な戦争債務が累積し，ドイツには賠償金支払いが課された．ハイパー・インフレーションと為替レートの調整不能がこうしたひずみの一因となった．1929年から1932年およびそれ以降まで続いた大不況は世界の成長をひどく阻害したので，回復は1930年代の終わりまで達成されなかった．

こうした背景があるので，第2次大戦後には，比較的安定して政治が推移するであろうと仮定しても，世界経済の成長に対する期待はきわめて低かったのは何の不思議もない．事実，もっとも多く議論されたのは，停滞が長期にわたって続くかどうかというテーマであった．中には，急激な人口成長と急激な資本集約的な技術革新はともに終わるであろうというハンセンの考えにまで立ち

戻って怖がる人もいた[3]．これらの恐れは戦時期の後半に増大していた．当時は，戦後は数百万人の従軍者が動員解除され，数百万人であの防衛産業労働者が失業するので，戦後しばらくは必然的に失業が高くなるであろうと信じられていた．しかし，これらすべてが人口学者と経済学者の予測はずれの事例となった[4]．2つの世界大戦と戦間期の不況がもたらしたものは，政府が市場よりもより良く機能するという考え方であった．実際，市場が失敗したという見解は広く流布し，当時の支配的な反応は，政府が市場に介入した，あるいはより一般的には，市場に代替したというものであった．

第2次大戦中を通じて，連合国の間で（といっても多くの場合には米国と英国との間のことを意味したが），戦後の世界経済の姿についての議論が行われた．議論の主な目的は1930年代の問題とその解決，すなわち，保護貿易，通貨切り下げ，自給自足などから脱却することであった．この議論から国際通貨基金（International Monetary Fund; IMF），関税および貿易に関する一般協定（General Agreement on Tariffs and Trade; GATT）が誕生した．これらは安定的な国際通貨体制の基礎となり，貿易制限のいっそうの自由化へと導いた．しかし，国内の分野では，1930年代には市場が失敗し，政府がそれに取って代わらなければならなかったという理解が統制と国有化をもたらすこととなり，逆の歩みが見られた．しかし，1940年代の喫緊の脅威は共産主義であった．西欧の急速な復興はその脅威を封じ込めるひとつの手段とみなされ，マーシャル・プランはその取り組みの中心にあった．

歴史にははっきりした区切りはめったに存在しない．1950年もそのような区切りの1つではない．しかし，その年までに戦後の多くの調整が行われた．もっとも，すぐに朝鮮戦争が起こった．にもかかわらず，世界の多くの国々がもっとも顕著な経済発展に乗り出しはじめたのはこの時期からであった．世界経済は，20世紀の後半期にわたって，途中で中断することがあったにしても，目覚ましい速度で成長した．1950年から1970年の時期はますます「黄金時代」として言及されるようになっている．というのも，多くの経済協力開発機構（Organisation for Economic Co-operation and Development; OECD）諸国においてその経済状況に劇的な改善が見られたからである．もちろん，1950年の「世界経済」はいくつかの点で今よりずっと小さい規模であった．国の数は少

なく，総人口もずっと小規模であった．ソヴィエト連邦と東欧の衛星諸国は世界の他の経済から自らを隔離しており，共産主義中国も基本的に閉ざされていた．

　1950年から20世紀末までに，世界の人口は25億人からほぼ60億人へと2倍以上になった．アフリカとラテン・アメリカは3倍の規模になったが，西欧では3分の1以下の伸びであった．しかし，所得の拡大はそれよりはるかに大きかった．世界の国内総生産（1990年ドル価格表示のGDP）は5兆3,000億ドルから33兆7,000億ドル以上へと増大した．経済成長はアジアがもっとも速く，12倍に増加した．西欧では5倍に成長した．アフリカでさえ5倍に成長した[5]．成長が最大の時期は1950年から1970年代初めにかけてであった．ヨーロッパの1人当たり実質GDPはこの時期には年率3.8%で拡大した．この率は，それ以前のどんな時期と比較してもその2倍以上であり，その後の20年間と比べてみても2倍以上の速さであった．日本の経済成長はもっと速かった．そのような実績をもたらした背景には多くの要因が関わっている．国によって大きな違いがあったにしても，ヨーロッパにおける初期の復興段階では米国の援助が重要であった．日本やそのほかいくつかの国の場合には，間違いなく技術面でのキャッチアップが見られた．資本設備を復興し，長い間軽視されていた消費を増大させるという必死の欲求がその役割を担ったと同様に，より自由な貿易に向けた国際的な環境の改善はその効果を発揮したのである．

　世界の貿易は総生産以上のテンポで拡大した．世界輸出（1990年ドル価格表示）は，1950年の2,950億ドルから20世紀末のほぼ6兆ドルへと，20倍に増加した．黄金時代には，ドイツの輸出は12%以上の年率で拡大し，アメリカの輸出は6%以上で，日本の輸出は15%以上で拡大した．世界全体としての数字は8%であった．上記の率は次の四半世紀にはそれぞれ4.4，6.0，5.3，および5.1%へ鈍化したが，それは高水準からの減速であり，いぜんとしてかなりの成長を示すものであった[6]．

　そのあと資本移動が爆発的に増加した．資本の移動はブレトン・ウッズ体制の下では制約を受けていたが，1960年代に成長し始め，完全に自由化されると急速に拡大し，その拡大テンポは1990年代に最大となった．資本移動の規模を正確に推計するのは容易ではない．ネット（net）とグロス（gross）を区

別するのは実際上ひとつの問題であるが，その規模が膨大だということについては議論の余地はない．1970年代の外国為替取引はおおよそ10兆ドルから20兆ドルであったとする指標もある．1990年代の半ばまでに，それはおよそ1,260兆ドル，約100倍の規模に達した．

西側の世界では，世界経済にとって重要な2つの政治的な変化があった．1つは帝国主義の終焉であり，もう1つはヨーロッパ経済共同体（European Economic Community; EEC）の形成であり，これはやがて，欧州連合（European Union; EU）になる．戦後世界の大きな特徴は帝国主義からの脱却であった．19世紀末に世界を植民地化したヨーロッパ諸国は，主権をかつて植民地であったところに返還するという圧力にさらされた．以前の従属国が独立を宣言して済んだケースもあった．大戦は自由と民主主義のために戦われたので，この事態は予想されたことであるし，さしたる抵抗もなかった．主権の移行がうまくいったものもあったが，そうでなかったものもあった．途中で逆戻りしたことも多かったにせよ，英国の経験は全体的には成功であった．1965年までに，南ローデシアを除いて，アフリカにおけるすべての英国植民地が独立した．独立を獲得した諸国がすぐに発展したわけではなかった．というのも，それらの諸国には国内を自ら統治する十分な能力に欠けていることが多かったためであった．事実，それら諸国はほぼ例外なく逆の歩みを始めた．植民地側の勢力は権力の移行に備えた準備をしていなかったのであり，実際，独立が求められている当時の差し迫った状況の下では，準備することもできなかった場合が多かった．たいがいはその国にふさわしい法制度が制定されたが，教育は進んでおらず，国内のさまざまな政治勢力の間でしばしば対立が生じ，その対立は内戦に発展することが多く，人的・経済的負担は避けられなかった．

第2の重要な特徴は，EUの端緒が出現したことである．大戦が終わるのとほぼ同時に，ヨーロッパ諸国を統合する計画が発案され実行された．これは，政治的な事情による面もあり，経済的な事情に端を発する面もあった．米国やソヴィエト連邦に競争を挑みたいと考えた者もいた．そうしなければ，この両国が世界を支配しているかのように見えたであろう．経済的な側面では，いくつかの産業（たとえば，石炭と鉄鋼）の協調と統合を目指した計画があった．1957年に，ローマ条約によってEEC，すなわち共同市場（Common Market）

が創設された．これが，より広範な協調と統合に至る過程の始まりを画するものであった．通貨同盟（monetary union）をめざした計画も着手され，これは，ユーロの導入によって，大部分の EU 諸国にとっては 2002 年に最終的に達成された．これは本質的には政治的な誘因に基づくものだとみなす人が多かった．というのも，通貨同盟はそれを支えるために実際には財政同盟（fiscal union）を必要とするのであり，この結果，政治権力の集中化が強まることとなるからである．

1960 年代後半にインフレーションが加速するにつれて，黄金時代の終わりが到来した．このインフレーション（後にこの点に戻ることとなろう）の原因としてはいくつかの説明があるが，ある程度は，ヴェトナム戦争の戦費調達と米国政府による巨額の「偉大な社会」関連支出のための資金調達の結果であった．それから釘付け為替相場（pegged exchange-rate）体制のせいで，世界経済システムへこのインフレーションが拡散されたのである．ヴェトナム戦争は国民の理解が得られない戦争で，課税と借入ではなく通貨創造によって資金を調達しなければならなかった．その結果としてインフレーションが生じたことが 1960 年代の終わりにかけて明らかになり，1970 年代の初めに国際通貨体制の崩壊をもたらすことは避けられなかった．その時点で，世界は史上初めて，完全な不換（fiat）通貨制度に移行し，これによって，インフレーションはずっと長い間，事実，人々がインフレーションにうんざりし，政府がそれを抑制するための行動を取ることを余儀なくされるまで，続くことが確実となった．

インフレーションは 20 世紀後半の世界経済の顕著な特徴の 1 つであった．この時期のほとんどの市場経済が年率 25% 以上のインフレーションを少なくとも一度は経験したことは，特記するべきことであった．主な例外は西ドイツとスイスであった．数年にわたり 100% 以上のインフレーションが続いた国が多かった．「移行」経済では，もっとひどい経験をした．移行のどこかの時点で 400% 以上のインフレーションを経験した経済がほとんどであった．このすべてが経済的な実績に打撃をもたらす影響を及ぼした．したがって，現実に達成された大きな成果は，インフレーションが生じなければもっと大きかったかもしれないのである．

さらに，黄金時代の終わりには多くの経済で景気後退があったが，その後退

の理由については多くの誤解があり，どのように景気回復が実現されるかについて混乱があった．1970年代の初めの景気後退への対応は，ケインジアン型の拡張的な政策への転換が一般的であった．変動相場制の下では，所得を引き上げるために拡張的な金融政策を用いることができる，と信じられていた．もちろん，主要な経済学者がかなりの間指摘していたように，そうした政策は長期的には，産出高に何らプラスの効果をもたらすこともないままインフレーションを生みだすであろう．そして事実，インフレーションが起こった．

少なくとも，インフレーションをもたらす要因が2つあった．1つは労働組合の力であった．強力な組合が賃金を押し上げ，「コスト・プッシュ」インフレーションを引き起こしていると広く信じられていた．当時も分かっていたかもしれないが，弱い政府が組合の圧力に負けて，大幅な賃金の要求を解決するために必要になる通貨を印刷していたことは，今やいっそう明白となっている．第2の要因は，石油輸出国機構（Organization of Petroleum Exporting Countries; OPEC）のカルテルによってもたらされた原油価格の上昇であった．これらのショックの最初のものは1973-74年に到来した．第2のショックは1978年であった．ここでも，1つの品目の価格の上昇は，たとえ，その品目が経済で大きな役割を果たす品目だとしても，インフレーションを生み出すものではなく，ましてやその原因となるものでもない．実際には，そしてほぼ間違いなく，物価の調整を容易なものとするためと正当化して，政府がここでもまた，物価上昇に対応するために通貨を印刷したのである．こうした通貨の拡張によっていっそうインフレーションが増進したのは明らかであり，いくつかのOECD諸国では年率約20%に達したのである．

しかし，経済の実態は改善しなかった．むしろ，停滞して不振に陥り，「スタグフレーション（stagflation）」という用語，すなわち，インフレーションを伴った生産停滞（stagnant），が使われ始めた．この時点で，少なくともいくつかの諸国では，供給サイドにおける調整が必要であるという事実がいっそう認識され受け入れられるようになった．実体経済は過剰に規制され，課税されており，もっとも効率よく生産しようとする適切な誘因を欠いていた．それゆえに，まさに，1970年代末の英国の景気後退では，多くの人々にとっては景気を刺激するものというよりは抑制するように見え，そうしたものとして強く

批判された諸政策が採用されたのであった．しかしながら，実際には，それらの政策は，のちに英国経済の相対的な衰退を食い止めるのに役立つこととなる供給サイドの変革の始まりを示すものであった．

　20世紀の最後のおおよそ20年間は「市場の勝利」と名づけられるかもしれない．この時期はまさに，市場がもたらす成果は理想的とは言えないものの，政府がもたらす成果も理想的ではなかった，との認識がますます強まったのであった．このことは，ありのままに言えば，2つの大きな競合するシステム，すなわち，中央計画経済システムと市場システム，より正確に言うと混合経済システム，とをざっと見るだけで分かる．しかし，これらの混合経済の中でも，介入の少ない方がより良い結果を生みだしたことが明らかになっていた．したがって，労働市場が自由化され，貿易障壁が削減され，資本市場が自由化されるなど，まさに世界中であらゆる種類の市場における規制が緩和されたということなのである．市場経済と中央計画経済とがもたらす経済的な成果の乖離が拡大するにつれて，後者の終焉が促進されたことは疑いの余地がないことであった．

2. 英国経済

　この本での考察が対象としている時期は，英国経済にとっては幸運と不運が混じった時期であった（表1-1）．1970年代には大幅なインフレーションと経済成長の低迷という最悪の経験をしたものの，対象時期のほとんどの期間中において，過去の長い間よりは良い成果があがったのであった．しかし，こうした良好な実績にもかかわらず，他の国々の実績の方がずっと良いという認識が広がり，英国経済は衰退しているとの認識が支配的になり始めた．この衰退しているという考え方が，より速い成長への渇望を高めるだけでなく，この時期の大きな特徴の1つとなった．もう1つの顕著な特徴は，高率で，そのテンポがしだいに高まりつつあり，かつ変動が激しいインフレーションであった．

　英国経済は，近代的な経済成長を経験した最初の経済であったが，その成長率は決して高率ではなかった．18世紀後半において産業革命が進展する中でも，経済は年率1％に近い率で成長したにすぎない[7]．19世紀中葉になって初

表 1-1　英国のマクロ経済変数（1955-80 年）

(%)

年	GDP成長率（2002年価格）	GDP成長率（1980年価格）	インフレーション率	失業率	失業率（現代の定義）	貨幣成長率（M3）	バンクレート 最高	バンクレート 最低
1955	3.1	3.4	4.5	1.2	1.1	0.4	4.5	3.5
1956	1.0	1.6	4.9	1.3	1.2	−1.0	5.5	4.5
1957	1.7	2.0	3.7	1.6	1.4	2.2	7.0	5.0
1958	0.4	0.3	3.0	2.2	2.1	2.9	7.0	4.0
1959	4.4	4.0	0.6	2.3	2.2	4.1	4.0	4.0
1960	5.5	4.6	1.0	1.7	1.6	3.6	6.0	4.0
1961	2.5	3.3	3.4	1.6	1.5	3.2	7.0	6.0
1962	1.2	1.1	4.3	2.1	2.0	2.2	6.0	4.5
1963	5.1	4.2	2.0	2.6	2.5	4.1	4.5	4.0
1964	5.6	5.2	3.3	1.7	1.6	0.04	7.0	4.0
1965	2.3	2.3	4.8	1.5	1.4	11.9	7.0	6.0
1966	2.0	1.9	3.9	1.5	1.5	4.8	7.0	6.0
1967	2.5	2.8	2.5	2.3	2.4	4.0	8.0	5.5
1968	4.2	4.2	4.7	2.5	2.4	6.2	8.0	7.0
1969	2.1	1.3	5.4	2.5	2.4	2.1	8.0	7.0
1970	2.3	2.2	6.4	2.6	2.6	15.8	8.0	7.0
1971	2.0	2.7	9.4	3.4	3.6	11.7	7.0	5.0
1972	3.6	2.3	7.1	3.8	3.8	23.9	9.0	5.0
1973	7.1	7.9	9.2	2.7	2.7	26.9	13.0	7.5
1974	−1.3	−1.1	16.0	2.6	2.6	18.3	13.0	11.5
1975	−0.6	−0.7	24.2	4.0	4.2	9.5	11.5	9.8
1976	2.7	3.9	16.5	5.5	5.7	10.5	15.0	9.0
1977	2.4	1.0	15.8	5.8	6.2	9.4	12.3	5.0
1978	3.3	3.6	8.3	5.7	6.1	14.5	12.5	6.5
1979	2.7	2.1	13.4	5.3	5.8	11.6	17.0	12.0
1980	−2.1	−2.1	18.0	6.8	7.4	15.9	17.0	14.0

出所：GDP 成長率（2002 年価格）：*Economic Trends Annual Supplement* 2005 より計算．
　　　GDP 成長率（1980 年価格）：*Economic Trends Annual Supplement* 1985 より計算．
　　　インフレーション：国立統計局（Office of National Statistics［ONS］）
　　　失業率：Mitchell（1988）；失業（現代の定義）：*Monthly Statistical Digest* からの月次平均
　　　（失業率は失業者として登録された者の推定された全労働者数のパーセンテージとして定義される）．
　　　M3：Capie and Webber（1985）から計算．
　　　バンクレートと最低貸出金利：『イングランド銀行四季報』から抽出．

めて，3％ 近い成長率に達したのであった．データが完璧なものではないので，これらの数字は正確ではない．19 世紀中葉を過ぎると，理想的状態からは程遠いものの，データが揃い始める．とはいえ，その時点以降の経済成長率はかなり確実に低下しており，19 世紀末の数年間と 20 世紀初めの 10 年間までの

年成長率はおおよそ1%であった．その後成長率は上昇し，1920年代と1930年代には，再び2%を超える趨勢であったが，1940年代に大戦によって中断された．しかし，1950年代と1960年代には，成長率は再び2%と3%の間をたどった．したがって，19世紀中葉から1970年頃までの経済を描けばU字型であった．つまり，成長率は最初3%近くで，途中はかなり安定的に1%辺りまで下落し，その後は終りには2%から3%の間に上昇した．その後1970年代には成長率は止まり，たとえば，1976年の水準は1972年の水準をおよそ5%上回っただけである[8]．

　英国は，1950年代と1960年代には，おそらく19世紀中葉以来の実績よりずっと高い成長率を享受した．まったくの「黄金時代」とまではいえなくても，1950年代は非常に満足のいくものに思われた．1950-73年の時期全体を見てみると，英国の1人当たりGDPは年率2.4%で増えた．この率は1970年代の残りの時期（1973-79年）には年率1.5%に下落した．しかし，国際的な視点からみると，状況はそれほど薔薇色ではない．実際，1950年代の終わりまでに，他のヨーロッパ諸国はとくにずっと良い実績だったことが明らかであった．たとえば，1950-73年の時期については，OECD 12カ国の1人当たり年率成長率の中央値は3.4%で，英国よりもかなり高かった．そして，1973-79年の時期にはその値は下落したが，それでもなお2%で，いぜんとして英国よりもかなり良かった[9]．

　追加的な産出高は通常より多くの投入によって生産される．したがって，経済実績のよりよい尺度は生産性であり，労働生産性が1つの指針になる．英国の1950-73年の数値は，12カ国の中央値が3.6%であるのに対して，年率2.5%であった．その後，1970年代の残りの期間における英国の数値は1.3%に下落したが，OECD諸国の平均値は2.2%であった[10]．にもかかわらず，期間全体を通じて，英国の就業時間当たりの産出高（GDP）はほぼ倍になった．これらの数値は次の10年間には逆転し，英国の数値は産出成長と労働生産性の双方について1979-88年の時期にOECDの数値よりもわずかながらも高くなったのは事実であった．1950年代以降は，経済成長が，ほとんどの政府がはっきりと関与するようなひとつの政策目的となった．1970年代までに経済成長は確固として舞台の中央に移動し，政策策定の中心となった．成長への取

り組みが他のすべてに優先するなど，しばしば間違ってはいたものの，一連の政策が遂行された．

これらの成長率はもちろん，趨勢値である．これまで，産出高の拡大が実際にたどってきた経路は循環的である．これまで英国経済がたどってきた長い歴史の中で，循環はおおよそ同じ長さで，1つの山から次の山，ないし，1つの谷から次の谷まではおよそ7年から9年であった．第2次大戦までの時期においては，循環の後退局面では産出高の実際の下落が生じることが普通であった．大戦後は実際に下落することは影を潜めたが，それにもかかわらず，つねに成長する循環になったとはいえ，循環はなお存在した．同時に循環の期間は短くなり，政治的な動きしだいとなったといわれた．

循環の年月の特定については多くの記述がなされてきており，しかも，使用される循環の定義と循環の年月を特定するために用いられる手法の違いによって，異なる考え方がいくつか存在する．しかし，その1つによると，わが経済の循環は1958年の谷から始まり，1960年の山に達する急激な拡大がみられた[11]．それから1962/63年の冬に谷へ下り，再び1964年に山に達した．この短い循環は1967年に別の谷に続き，1969年の山と1972年の再度の谷に続いた．さらに1973年に次の山に達し，1975年の谷に続いた．その後の時期は，全体を通してもっとも長くより緩やかな回復が続いて，1979年の山で終わる．

この当時，循環はより鋭いものになっているという懸念があった．そして，事実，1970年代の半ばには産出高が減少することが実際にあったのであった．当時は大変陰鬱な状況で，それだけの理由もあった．産出高の下落は1930年代以来見られなかったので，以前の経験との比較が多くなされた．1930年代の不況では，産出高は3年間（1929-32年）にわたって合計で5.6%下落した．1970年代には，1974年にマイナス成長があり，1975年にはマイナス0.6%で，それから1976年には2.7%へ飛躍的な戻り方をした[12]．この2つの時期の大きな違いは物価にあった．1930年代の景気後退の3年間に，物価はそれぞれ5.7，6.1，3.2%下落した．ところが，1970年代には，物価は16.0，24.2，および16.5%上昇した（表1-1参照）．こうして，産出高が下落するとともに，物価は急騰した．これはまったく新しい経験で，「スタグフレーション」という名を頂戴した．

経済は1979年にまた別の山に達し，それから後退が始まり，これがまた別の深い景気後退を生みだした．これがコンドラチェフ循環，すなわち，近代の工業経済は短い循環だけでなくおよそ50年（25年の成長の後に25年の鈍化が続く）の長期の循環を推移するという考え方が復活した時であった．タイミングがきわめて正確であるように見えるという事実，すなわち，1979年の山は1929年の山に対応し，1982年の谷は1932年の谷に対応する，という事実によって，非常に多くの研究活動が鼓舞され，長期循環の考え方が復活した．

景気循環の経験とは別に，1950年代初期から，大陸諸国の方が趨勢的に優れた経済的実績をあげているという認識が増大した．1940年代後半と1950年代初めにイタリアとドイツの「経済的奇跡」があった．より全般的には，大陸諸国の方が英国を安定的に凌いでいた．そして，ある程度の悲観と諦めがこの国中に定着したかのように思われた．事実，英国の経済的な衰退という考え方はもっとずっと前に，少なくとも19世紀終わりまで遡る．当時は，経営手法を用いた生産方法から教育，訓練および他の多くのものなど何についてでも，いくつかのヨーロッパ諸国の経済と，とくにドイツとの，英国にとっては不利な比較がなされ始めた時であった．こうして，わずかながらも執拗に続く自虐の営為が始まった．これは20世紀の第3四半期にはペースを強め，衰退を図示するだけでなく，詳しく説明をする書物が一斉に出現した[13]．そのほとんどが，明白な産業的な衰退は全体の衰退と同じか，少なくともそれを示唆するものという見方をとっていた．中には，長引く病気というだけでなく不治の病であると予測するほど，ヒステリックに近い説明を行っている著書もあった．たとえば，ある予測によれば，ギリシャは1987年までに英国を追い越し，ポルトガルは2008年までに追い越し，東ヨーロッパも英国を「楽々と追い越し」，次の世代では，おそらくアルバニアを例外として，ヨーロッパでは最貧国となるだろう，とのことであった[14]．これもとんでもなく間違った予測であった．

前にもほのめかしたように，英国経済が衰退するとの説明にはある程度のもっともらしさがあった．産業や企業を嫌悪する気持ちが，階級制度とそれに伴う教育制度によって助長されていた．また，帝国は利益をもたらすものであるとかつて信じていた人々にとっては帝国の喪失があった．最初に工業化した国であるがゆえに時代遅れの技術で操業しているというハンディキャップがあっ

た．しかし，多くの説明のどれをとってもその中心にあるのは，シティ・オブ・ロンドンの役割，金融の役割であった．他では聞かれないこの話の中心にあるのが投資であった．経済成長は投資の直接的な関数であり，英国の投資の割合は低すぎる，と非常に強く主張されていた．英国の投資はGDPの割合としては10%程度であるのに対し，大陸ヨーロッパの割合は20%以上であり，日本では30%に近かった．投資と経済成長の間の繋がり，たとえば，どういう種類の投資かなど，を示すことができていないことは別にしても，イギリスにおける割合はいつの時代でも決して高くはなかったということに気づくべきではなかったか．もっとも，それはさておき，英国における投資比率が低いおもな理由はシティ・オブ・ロンドンが資金を海外に向けていたためである，とした論者もいる．おそらく，国内の産業への投資よりも安全な海外投資の方が好まれていたのである．

　ここでは，どの程度にせよ経済の残りの側面を述べる余地も，振るわない経済実績を説明する多くの他の理由をとり上げる余地もない．しかし，この時期は公的部門が成長していて，民間部門は縮小していた時期であったことを頭に入れておくことは価値がある．政府支出の全産出高に対する割合は1950年の36%から1980年の46%に上昇した[15]．公的部門で雇用された人数は1960年の180万人から1980年の300万人に増加した[16]．このこと自体が当時なされていたもうひとつの深刻な説明（「生産者があまりにも少ない」）の背景であった[17]．事実，ヨーロッパと日本の優れた経済実績はおもにキャッチアップ現象であったとみなすことが正当であると言えよう．そして，前にも指摘した通り，それは1980年代には違う方向に向かい始めた．そうであったとはしても，1950-73年の時期のイギリスの成長は，もっと良い政策選択がなされていれば，およそ年率で0.75～1%は良くなっていただろう，と思慮深く述べている見解もある[18]．

　英国経済は，全産出高に占める貿易の割合でみてみると，つねに非常に開放的であった．英国経済はまた，自由貿易政策という意味でみても長い間開放的であった．しかし，自由貿易は，帝国諸国に対しては特恵措置を供与した上で，一連の制限的な方策を導入した1931-32年に終焉を迎えた．第2次大戦後は，少なくとも米国側では，世界貿易と決済を自由化したいという願望があり，そ

れを促進するためのいくつかの手段が講じられた．しかし，イギリスは戦後も長い間多くの制限を堅持した．これらが1950年代に最終的に取り除かれたとき，貿易問題に関する主な話題はヨーロッパ共同市場（European Common Market）の創設であった．議論は1950年代半ばまでじっくりと行われ，1957年にローマ条約が調印された．英国はその時点では参加することができないと考え，代わりに，ヨーロッパ共同市場を形成する中核6カ国の周辺に位置する諸国との間で欧州自由貿易地域（European Free Trade Area; EFTA）を発足させることに熱心であった．

　英国の貿易がGDPに占める割合は，19世紀後半には30％の水準であった．困難な戦間期には，英国の多くの貿易相手国の所得が崩落し，貿易制限が設けられたこととも相まって，英国のGDPに占めるこの割合は12％程度に下落した．第2次大戦後は所得の増加と自由化の進展によりその割合は再び上昇し始めて，1960年代までに17％になった．1970年代には，保護主義がわずかながらも再び盛り上がり，そのことは，所得の増大テンポが急激に鈍化した事実とともに，貿易の対GDP割合が1976年の26％から1980年の24％にわずかに減少したことに映し出されていた[19]．

　英国は，ナポレオン戦争から1930年代に至るまで，経常収支の黒字を維持していた．それが，1930年代にわずかに赤字になり，その後大戦中には大幅に赤字になった．その後，戦後には経常収支については絶えず関心が払われ，経常収支が弱いままであるか赤字が続くのではないかと危惧された．経常収支は，ある程度は朝鮮戦争のせいで1950年代初めにはいぜんとして赤字であったが，1956-59年の間は全般的に黒字であった．にもかかわらず，悲観的に考える人からみれば，その黒字は失われた準備を回復できるには至らず小さすぎた．1960年代を通じて，経常収支は絶えず赤字に陥ったので，国際収支危機の議論が頻繁に行われた．しかし，最悪の年は1970年代に到来した．1974年には赤字はGDPの4％に達した[20]．

　この時期には，労働の役割がもうひとつの主要なテーマであった．1944年の白書が公表されて以降，完全雇用の達成が優先された．白書自体はある程度戦間期の経験の解釈の結果であった．これから記していくように，多くの分野で，20世紀後半期の政策形成は，戦間期間の特定の経験に対する解釈に基づ

いていた．その経験は悪いものであったと広く認識されていて，不況と貧困の光景を思い出させるような当時のイメージがたくさんまだ容易に呼び起こされて残っていた．1920 年代の失業はおよそ 100 万人であったが，1929-32 年の景気後退期の後にその水準に戻った．景気後退の間はおよそ 300 万人に増加していた．しかし，その増加の背景についてはいぜんとして議論されている．他で見られたような深刻な不況は英国では生じず，1929 年から 1932 年までの間の失業の増加は，固定的な賃金契約と物価下落が実質賃金の上昇をもたらした結果であり，これがやがて，失業の増加をもたらしたと論じることができることは確かである[21]．いずれにしろ，1945 年以降は，完全雇用がめざされるべきであるという合意が形成され，実際に目指された．しかも，何年にもわたって，その努力はうまくいったように思われた．

労働力が 1950 年以降きわめて着実に増大した一方，雇用も拡大し，1950 年代後半に一度減少しただけで，1960 年代後半まで増大し続けた．そして失業は，1970 年代に増加し始め急上昇するまでは，1950 年代と 1960 年代を通じて既往最低の水準であった．労働問題が経済に関する議論の中心に置かれたので，労働組合が政策決定に際して，強い発言権を持ち始めたことがわかっても驚くにあたらない．1970 年代までには組合が賃金妥結の条件を決定するようになった．『フィナンシャル・タイムズ』紙は，1960 年代と 1970 年代には，毎日丸々 1 頁を「労働」に割いていた．労使関係はまずい状態となり，1978-79 年の「不満の冬」に至るわれらの時期の終わりまで年々悪化し，その年には失業は 142 万人に達し，ストライキで失われた日数は 1,944 万日に達した．これは 1960 年代の 355 万日と対比される[22]．

3. 貨幣量の背景

20 世紀第 3 四半期における英国民の経済生活の中心的な特徴はインフレーションであった．かつて英国の歴史上，戦時においてさえ，インフレーションが 1970 年代半ばほどの高い水準に達したことはなかった．これは長期的に，またある程度国際的な視野の下で位置づける必要がある．インフレーションとは，一般的な物価水準が持続的に上昇すること，と定義づけるのがもっとも適

当である．それは世界の歴史の中でも比較的最近になって生じた現象であり，2, 3の稀な事例を別にすれば，主に20世紀に属する現象である．短期的に物価変動を生み出す多くの圧力がありうるが，マネーストックの相応の増加を伴わないインフレーションを見つけ出すのは困難である．技術進歩が信認された紙幣通貨の印刷をもたらすまでは，マネーストックの増加は容易に達成されるものではなく，そうした技術は20世紀に属するものである．このこと自体が，インフレーションの基本的な原因を強く暗示するものになっている．世界史上のほとんどの場合において，一般的な物価水準はほとんど平坦であった．ときおり，銀や金の発見や採掘ないし生産技術の改善が一時的な物価上昇をもたらしたであろうが，そうした物価上昇は総じて緩やかなもので，めったに年率5％を超えることはなかった．ナポレオン戦争期の英国のように（このときには通貨の金属による裏づけが廃止された），20世紀になるまでは1, 2の事例があるにすぎない．もっとも，その時期においてさえも，インフレーション率はきわめて低く，25年間にわたって，せいぜい年率2ないし3％のものであった．フランス革命や米国の南北戦争のような別の極端な場合は，紙幣の使用ないし乱用と，その結果として急速なインフレーションが発生した好例である．1914-31年の後に起きた変化は，インフレーションが各国経済に共通した特徴となったということである．確かに，1930年代の半ば以降は，20世紀の残りの期間にわたって，一般的な物価水準が絶えず上昇したのであった．

　物価は1914年以降1920年頃まで急上昇した．そして，その後，10年くらい落ち着きを見せた時期があり，その間に主要国は，新たな金本位制度を回復し遵守するためにデフレ的な政策を推し進めた．しかし，1930年代にその試みが崩壊した後には，金属をベースとする貨幣量に関する規律は大方なくなり，物価はほとんど絶えず上昇し続けた．20世紀が進展する中で，暴力的なインフレーションの経験や，そのほかにもきわめて深刻な経験をすることとなった[23]．第2次世界大戦によってインフレーションは，それを抑制するためのあらゆる試みにもかかわらず，強められた．1945年以降は，インフレーションは風土的なものになり，ますます問題となるように見えた．世界が初めて完全に紙幣に基づくようになった1971年以降は，ほぼ至るところで，インフレーションが加速した．この1970年代の経験によってこの問題に関心が集中した．

そして，インフレーションを抑制し，根絶さえしたいという願望が広がった．20世紀の最後の20年間には，ほとんどの先進国でインフレーションは完全に制御できたように見え，根絶したとさえ断言された[24]．逆にデフレーション，すなわち物価の持続的な下落が現れているかもしれないという懸念さえも若干ながらあった．

　1960年代央に始まった加速的なインフレーションには2つの大きな解釈があった．1つは「国際的マネタリズム」とレッテルを貼られているものであり，いま1つは「賃金による押し上げ」ないし「社会学的」と呼ばれるものであった．前者はインフレーションを貨幣的現象とみなしている．後者はインフレーションを非経済的なものとみなして，1960年代後半と1970年代初期のおそらく自然に発生した賃金の急上昇を指摘する[25]．したがって，前者の解釈では，答えは，巨大な支出プログラムに乗り出した1960年代の米国にある．貨幣量の拡大がインフレーションを生み出し，それが為替相場制度を通じて他国に伝播したのである．後者の社会学的な解釈では，インフレーションの原因は労働組合にあり，彼らが独占的な力を行使し，賃金を無理やり引き上げたためであると主張されている．しかし，これがもたらすのは相対的な物価の変更，つまり，ひとつの（あるいはもっと多くの）組合の賃金であって，一般的な物価水準ではない．労働者の多数派が独占的な組合に属したということはありそうもないが，仮にそうだったとしても，それが効果をもたらしたかどうかは，その要求に抵抗しマネーサプライを拡大しない政府の対応力いかんによったことであろう．いずれにしろ，労働組合による独占は想定されているほど一般的なものではなく，開放的な世界経済の中では長続きしなかったであろう．主要な商品，1970年代には石油，の価格に注目する解釈もあった．再説するが，価格変動のショックがインフレーションを生み出すとは限らない．通貨当局によって順応されれば，それは物価水準をより高い水準に引き上げる．しかし，これはインフレーションではなくて，1回限りの変化である．その後は，インフレーションの趨勢値は，当局がショックに順応した後，金融緩和を継続するのでなければ，元の水準を維持するであろう．

　物価を直接的に統制する試みはこれまで歴史上至るところで行われてきた．この試みは20世紀には戦時において大いに行われた．物価統制が米国や英国

を含む多数の諸国で強いられた．しかも，愛国心，配給制や補助金といった他の要因に支えられて，物価統制は，いくつかの点で実際に機能しているかのように思われた．しかし，物価統制はある期間は機能したようにもみえたが，統制が取り除かれると，物価は統制がなかった場合なら実現していたと思われる水準まで跳ね上がるのが共通した経験であった．物価統制は，戦時にはその目的に役立ったかもしれないが，それ以上のものではない．物価統制は平和時にも試みられたが，これらの他の要因が欠如しているので，ことごとく失敗した[26]．また，われわれの時代に共通なのは，賃金や所得をもっと全般的に統制しようという試みであった．これは労働組合がインフレーションの原因であったという信念に由来した．これらの試みはうまくいかなかった．自由な社会になじまないということはともかく，統制を迂回する方法が単にあまりにもたくさんありすぎたからであった．

　インフレーションを引き起こす貨幣の役割が評価されるようになると，その増加をコントロールしようという願望が広がった．これは1970年代に登場し始めた．どのようにすれば貨幣をもっとうまくコントロールできるようになるか，多くの議論がなされたが，その結論が何にせよ，それを達成できるのは中央銀行に限られることが明らかになり，中央銀行がそうすることができるためには，つまり，政府が設定した特定水準の物価安定をもたらすためには，独立性を与えられるべきであるとますます考えられるようになった．

　インフレーションが最優先課題ではなかった時期もあったが，その負の影響がますます認識されるようになるにつれ，それに対応する必要性がいっそう明らかに理解されるようになった．インフレーションは富の分配を損なう効果をもたらすものであり，インフレーションは富の配分を再調整する有益な方法だと考えられるかもしれないが，事実としては，20世紀最大の債務者は政府であるということである．したがって，政府は多くの方法で，国民を騙して，その貯蓄を奪い取ることができた．（これはおそらく政府への信認を損ない，より一般的に信用の低下をもたらし，その結果，規制の増加をもたらした．）さらに，債権者が被害を被るにつれ，インフレーションは今度は貯蓄を思いとどまらせ，結局，投資を減らす．インフレーションは他の方法でも生産に悪影響を及ぼす．自らの製品に対する需要の増加を認識しても，生産者には消費者が

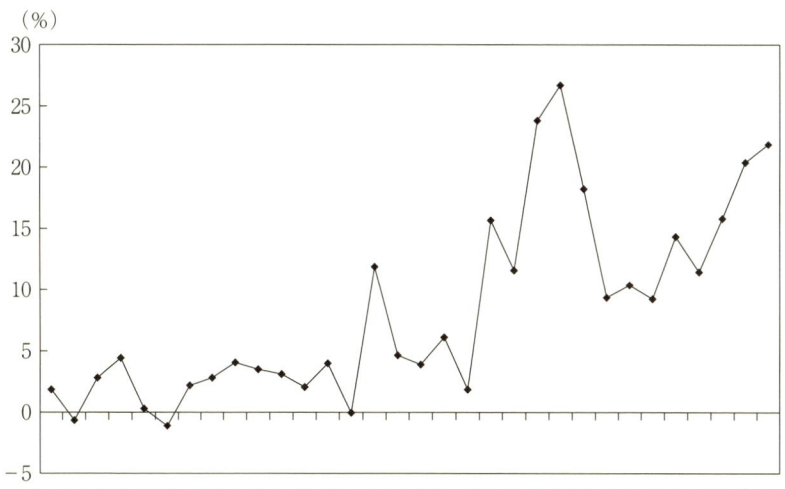

図1-1 M3の対前年比変化率 (1951-82年)
出所:Capie and Webber (1985), pp. 77, 97, 98.

支出している余剰貨幣による全般的な需要の増加との違いを区別するのが難しく,その結果,設備能力過剰に陥りがちとなる.インフレーションは物価と利子率の機能を歪める.インフレーションが強まると,その変動が激しくなり,その主要な機能である優れたシグナルとして物価を使用することが困難になる.別々の物価は別々の方法で影響を受けるであろう.長期契約は短期契約と弾力的な取り決めを犠牲にして被害を被るであろう.このかぎり,インフレーションは長期契約を阻害するであろう.したがって,不安定性がもっと少なければなされたような活動の中には,行われなくなるものもいくつかあるであろう.

　これらの点に関する英国の経験は,OECDの中でも最悪のものであった.より大きな優先度は完全雇用の達成に向けられ続けていたにしても,インフレーションは1950年代以降関心事項であった.通貨集計量を一瞥するのが説明の出発点になる.1950年から1960年までは,£M3が経てきた状況には格別述べることはない.この系列はまさに非常に緩やかな上方趨勢にあり,これは成長経済では最低限期待されるところであろう.同じことが次の10年間についても言えた.もっとも,その10年間がちょうど終わりかけた時に急増がみ

られたが．M3 は 1960 年の 101 億 9,400 万ポンドから 1969 年の 147 億 9,500 万ポンドに 45% 増加し，それから次の年には 171 億 2,800 万ポンドに跳ね上がり，16% の増加を示した．しかし，ドラマは 1970 年代に起こる．M3 は，その 10 年の初めの 171 億 2,800 万ポンドから 1979 年には 601 億 600 万ポンドに達し（251% の増加），それからまた，1980 年にはもっと劇的に 696 億 7,200 万ポンド（16% の増加）へ跳ね上がるほどの猛烈な増加であった．伸び率でみると，1957 年以降，変化はつねにプラスで，最悪の 1970 年代には年率 25% を超えていた（図 1-1）．それは貨幣乗数が大幅に増加した結果だけではなかった．マネタリーベースもまた，この期間の最初の数年間は着実に増加しており，それから 1970 年代半ばと後半の数年間に急激に増加した．1970 年代の数年の間に，それは年率 15% で増加していたのであった．

4. いくつかの理論的な考え方と実際

イングランド銀行はこの時期には多くの機能を果たしており，金融政策と為替相場管理政策はそのうちの 2 つであった．政策の立案とその実施においてイングランド銀行が果たした役割を説明するためには，イングランド銀行がその業務を遂行する枠組みについて知っておくことが役立つであろう．イングランド銀行の業務を理解するためには，その目的が何であり，またそれがどのように達成されるかを評価するための背景を知る必要がある．もしうまくいったとしても，それは知識によるものか，技術的能力によるものか，幸運によるものか，あるいは，これらのいくつかの組み合わせによるものか．失敗した場合には，それは無知のせいなのか，技術的未熟さのせいなのか，不運のせいなのか，それともこれらのいくつかの組み合わせのせいなのか？　通貨当局が（ある手段を操作して）ある行動を起こした場合には，たとえば，その行動は賢明でありこの状況ではうまくいったに違いないというものから，どのようにそれが機能し得たのかわからないというとまどいに至るまで，多くの反応があるかもしれない．

マクロ貨幣経済の機能に関するいくつかの見解も，われわれが状況を理解するのに役立ちうる[27]．しかし，利用可能で幅広く受け入れられた考え方を視野

に入れておく必要がある．というのも，その時の活動が判定されるのは大体これらの考え方によるためである．もちろん，用いることができるさまざまな理論があるが，イングランド銀行のような機関は（何らかの見解を踏襲したとするならば）その時の支配的な見解を踏襲したと見込まれるであろう．同様に，当時の組織についての説明も必要である．必要に応じて触れるにしても，この本は経済思想史とはなり得ない．ここで企てているのは，広範な理論的立場が明らかにされるべきであるということだけである．一連の実証的な経済研究を包摂する莫大な量の文献が存在しており，ときおり，これらの研究結果のいくつかに触れることは適切であろうが，それは本書の中でもっと後のこととなる．

何らかの形で定義された金融政策がどのようにみなされ，また，本当のところ，時とともにどのように変化したのか，これは今後適宜明らかにされるであろう．関心が向けられたのは1950年代と1960年代の為替相場であったのか，あるいはインフレーションに直接向けられた（為替相場にもたらされた結果はその比較的うまくいった副産物であった）のか，これは，異なる為替相場制度の下で金融政策がどれほど強力かという疑問の解明への道を開く．したがって，まず行うべきことは，1950年代央から1980年までの間における状況の下で，金融政策が何を達成することができたかを考えることである．

戦後，大部分の先進国，すなわち，OECDを形成することとなる諸国は，重点は国により少し違うかもしれないが，釘付け為替相場の下で完全雇用（いろいろに定義されるが）と経済成長という共通の目標の達成を目指した．近年における分析の慣例的な枠組みは，ケインジアンと新古典派経済学のブレンドであった．ケインジアン経済学は古典派理論に挑戦した．古典派の貨幣に関する部分が数量説である．単純な数量方程式，$MV = PQ$では，流通速度Vは制度的な要因（決済上の取り決めなど）に左右された．産出Qは所与の労働，資本，技術，エネルギー，および専門知識を用いて実体経済が生産できる結果であった．その結果，物価PはマネーストックMに直接連動することとなった．貨幣数量説派は，流通速度Vは一定ではないが安定しており予測可能である，と信じている．また，産出は明らかにゆっくりと動いている変数であった．ケインジアンの分析は，流通速度と完全雇用均衡の固定性（実際には安定性ではなく）に対して疑問を呈した．さらに，硬直的な長期利子率では，産出

に影響を及ぼす金融政策の能力は限定的であるとみなされた．

　ケインジアンの分析では，金融資産は貨幣に近い代替物であるとみなされたが，財や実物資産はそうではない．したがって，マネーストックの増加が，たとえば，公開市場操作によってもたらされれば，ポートフォリオにおいて，不要な貨幣残高を他の金融資産に再分配する調整が行われるであろう．その分配はさまざまな資産の変動する収益を反映したものとなるであろう．これはその後特定の金融資産の利回りを低下させ，さらに一連の金融資産へ影響を与え続けるであろう．この過程の最後には，資本コストと資本収益との間に格差が生じるであろう．こうして，どのようなマネーストックの変化も金融資産の利子率の変化をもたらすのである．もしこうした議論が成り立つならば，金融政策は利子率に影響を及ぼすように向けられた方がよいこととなる．支出の決定は（名目）利子率の変化によって大した影響を受けるようにはみえず，金融政策は支出水準にはほとんど影響を及ぼさないと結論づけられた．

　ケインジアン経済学者はきわめて急速なテンポで勝利をおさめた．デイヴィッド・ヘンダーソン（David Henderson）は，1957年に大蔵省に入った若い経済学者であるが，「英国では，また他の国々でもますますそうであるが，ケインジアン革命が起こった．その教義は大学だけでなく，明らかに公的政策の基礎としても，著しい速度で定着した」と記している[28]．こうして，財政政策と需要管理に力点が移っていった．本書でわれわれが扱うほとんどの時期において，ケインジアン分析が使用され，金融政策は総需要に対してほとんど影響を及ぼさないと認識された．もし，金融当局がマネーストックに変化をもたらせば，利子率は変化するであろう．しかし，投資は利子率にあまり敏感ではないと信じられ，さらにそのことを示す実証的な証拠も若干あった．IS/LM分析の言葉を用いれば，最終的な結果は，LM曲線は比較的平らでありIS曲線は比較的傾いている，というものであった．

　1950年代には，フリードマンが貨幣数量説を再説し，シカゴ学派の長い伝統と言われていたものを一般に広める中で，ケインジアンの教義に対する明白な挑戦が行われた[29]．フリードマンにとっては，貨幣需要は実質ベースで表されるものであり，実質所得，富，および広範な金融資産と実物資産の期待収益の関数であった．貨幣需要の利子率弾力性は低かった．マネーストックの変動

は非銀行民間部門による実物資産需要に対して直接影響を及ぼすであろう．このことによって，IS/LM 分析では，今度は IS 曲線が比較的平らで LM 曲線が比較的傾くこととなり，上述のケインジアン分析とは反対の結果をもたらした．それだけではない．マネーストックの変化が実質所得の変化を生み出すのは，失業が自然失業率，より正確にはインフレーションを加速させない失業率 (non-accelerating inflation rate of unemployment; NAIRU) を超えない場合だけである．自然失業率は，社会的習慣，職業や労働の可動性などを含めた一連の要因によって定まった．そしてそのあとは，失業がこの率を超えているときに総需要が引き上げられると，その結果は物価上昇につながるであろう，と主張された．しかも，そういうことが繰り返し生じると，そうなると見込まれるようになり，経済主体の意思決定と交渉態度に反映されるであろう．インフレーションは加速するであろう．この後半部分はフリードマンの1968年の会長講演まで知られていなかった[30]．

　マクロ経済政策の文脈で明白にされる必要があるのは政府の予算制約である．この文言は，この当時は使われていなかったかもしれないが，その概念はイングランド銀行では少なくとも暗黙のうちに理解されており，次の数章で検討されるように，政府支出を抑制させようとして総裁が大蔵大臣にたえずガミガミ言う場合の基になっているものである．個々の消費者が予算制約に直面するのと同じように，政府も予算制約に直面する．現在および将来における政府による消費の現在価値は，その収入，つまり現在および将来における税収，の現在価値に等しくならなければならない．歳入の不足は，商業銀行，非銀行民間部門あるいは中央銀行からの借入によって埋め合わすことができる．もし，借入が中央銀行から行われる場合には，その負債は貨幣に変えられる．すなわち，中央銀行が政府証券（この場合には大蔵省短期証券が普通である）を購入すると，マネタリーベースに変化が生じるのである．政府支出は，税収＋新たな借入＋マネタリーベースの変化，に等しくならなければならない．歳入の不足とマネタリーベースの間に直接的なつながりがある必要はなく，その関連性は，ある程度まで，中央銀行が確保している政府からの独立性の程度に依存することになるであろう．しかし，たえざる借入はほとんどいつもマネーサプライの拡大になって表れるであろう．世界中で生じた最悪のインフレーションの経験

はこのことの証左である．増税や一定限度以上の借入ができない弱い政府は，人々の要求に合意することによって支持を得たり反対を抑えたりするが，これは，今度は事実上貨幣の印刷が必要となる支出を行うことを意味する[31]．

開放経済では他のことも考慮に入れる必要がある．開放経済のマクロ経済学は，教科書の *IS/LM* 分析をマンデル＝フレミング・モデルに拡張することにかなり依拠していた．（国際貿易の意味での）小国の開放経済には，対外的な制約がある．国際収支は輸出，輸入，および資本の動向がもたらすものである．さらに，これらはすべて国内外の物価，したがって，為替レートの産物である．このことの多くは当時それとなく理解されていたが，1960 年代初期に（本質的にケインジアンの用語で考えられた）マンデル＝フレミング・モデルで定式化された．このモデルの主な論点は以下のものであった．すなわち，固定為替相場の下で資本の移動性が低い場合には，経済活動を刺激するために金融政策を利用する試みはたんに国際収支赤字をもたらすにすぎない．そして，固定相場と資本移動の完全な自由があれば，金融政策は経済活動を刺激するにはまったく無力であろう．本書が対象とする時期の中では，1958-72 年が釘付け為替相場と限られた資本移動の時期の1つであった．変動為替相場の下で資本の移動性が高い場合には，金融政策は潜在的には強力であり，財政政策よりも強力である．対象期間の残りの時期である 1973-79 年は，完全な変動相場ではなくまだ為替管理が行われており，資本の移動も完全に自由ではなかったが，なにがしか以前とは異なることが成り立っていたに違いない．マンデル＝フレミングとは関係なく進展したマネタリストの分析でも類似の結果がもたらされた．つまり，固定為替相場の下ではマネーサプライの増加はインフレーションにはつながらず，国際収支赤字の増大をもたらす，という結果であった[32]．

固定相場制度の下にあれば，すべての国でインフレ率は同じになる．固定相場でインフレ率が同一であれば，名目利子率も同じになる．2つの地域において，産出の拡大テンポが異なったり，貨幣需要の所得弾力性が異なれば，貨幣の増加率が異なることもあり得るかもしれない．異なる利子率がもたらされる原因としてインフレ期待を考えることは除外しなければならない．というのも，制度の性格上，インフレ期待は同じと仮定されなければならないからである．後に見るように，1950 年代と 60 年代に英国では脆弱な国際収支状況が続いた

(これは，釘付け為替相場の下ではインフレーションではなく経常収支の赤字をもたらす貨幣の過剰な増大の結果であった).

固定相場と変動相場は，適切に行動するという金融当局への信認に依存する二者択一のものとみなされうる．変動相場の下では，小国には為替レートを変える政策はないので，金融政策が使用されることはあり得る．真の固定相場の下では，為替レートは政策目標であり，マネタリーベースは国際収支を通じて定まるので，金融政策というものはない．これらの体制のいずれの下でも国際収支危機は生じない．しかし，釘付け為替相場の下では，為替レートが政策目標にされると同時に，金融政策上も何らかの試みがなされるであろう．釘付け為替相場では，マネタリーベースには国内的要因によるものと対外的要因によるものがある．後者には為替平衡勘定（EEA）が機能した結果が事実上示されている．資本流入が過大だと考えられる場合には，流入を不胎化する試みがなされるであろう．反対に流出が生じて，中央銀行が外貨を供給しすぎる場合には，国際収支危機が噴き出るであろう．ここで，さらに注釈が必要である．この時期には「変動」（'floating'）という言葉は，つねにではないが，しばしば，「より広い幅」（'wider bands'）を意味する限定的な感覚で使われていた．完全に自由な変動を意味することは非常に少なかった．さらに複雑なことに，英国は「大」国であり，為替レート政策と金融政策を操作するのに慣れていた．今や，英国は中くらいの大きさの国なので，方程式はさらに複雑になっていた．

一般的に受け入れられている理論体系を構成しているもう1つの素材はフィリップス曲線であった[33]．19世紀半ばから20世紀半ばまでの英国のデータについてのA.W. フィリップスの調査結果は，賃金インフレーションと失業との間のトレードオフ関係を示しているように思われた．この発見はすぐに政策の支柱に変換され，後にはその後に生じたインフレーションの責めの多くを負うことになった（フィリップス自身はその責めからは放免されるべきである）[34]．フィリップスの論文が発表された後すぐに，米国でもうひとつ別の論文が現れた．それはフィリップスと同じ考え方を多く含み，政策形成に非常に影響を及ぼすものとして広く引用されるようになった[35]．サミュエルソンとソローは米国のデータでフィリップス〔曲線〕を再現した．彼らは，失業に対してインフレーションがきれいな下り勾配となるグラフを作成した．彼らはさらに進んで，

「さまざまな失業の程度と物価の安定との間の選択メニュー」を示した．この結果，たとえば，5.5％の失業率でインフレーションはゼロでありうる．あるいは，いくばくかのインフレーション，たとえば3％が許容されるならば，失業率は4％と5％の間に引き下げられた．彼らは，トレードオフの関係が短期的に成立し，時間の経過とともにシフトしうる，とさえ言及したのである．

フィリップスが論文を公表したのとほとんど同時に，ミルトン・フリードマン（Milton Friedman）もまた著書を公表していた．すなわち，米国の金融史に関するアンナ・シュワルツ（Anna Schwartz）との共同による膨大で実証的な研究が十分進捗していたのであった．1960年にはフリードマンは，貨幣と貨幣量管理（マネタリー・コントロール）に有効な主張を提示するフォーダム講義録「貨幣の安定性のためのプログラム」を公表した[36]．その中で彼は，講義が行われた1958年までは貨幣が重要な問題であったことは明白である，と主張した．米国の歴史では，マクロ経済の強い不安定性は貨幣が安定していないことによってもたらされ，それはほとんどつねに政府の介入によってもたらされた．彼はさらに進んで，マネーストックを管理するには，公開市場操作で十分であると主張した．

にもかかわらず，本書が対象とする時代の英国では，ケインジアンの立場が支配的であった．批判者が自信を深めてケインジアンの立場を攻撃するにつれて緊張が増した．1960年代後半と1970年代のインフレーションの上昇の経験は，貨幣に対する関心全般を，また，中央銀行には金融政策の技術的な側面に対する関心を，蘇らせた．金融政策にできることとできないことが，ますます明らかになっていた．金融論の中心には，時間の経過を通じて貨幣は物価水準に影響を及ぼすが，実物変数には影響を及ぼさないという原理があった．貨幣は長期的には中立だと言われている．さらに，経済学の基本的原理では，不確実性が削減されれば厚生は増加し，不確実性が最小に削減されれば厚生も最大に増加する．もし物価の安定が政策目的である場合には，どうすればもっともうまくそれが達成されうるかを決めることが問題になる．ヘンリー・ソーントン（Henry Thornton）は事実，200年以上も前に，どのように物価の安定が達成されるかについて，非常に明快に次のように明らかにしていた．すなわち，「発行される紙幣の量を制限すること，また，この目的を達成するために，借

入に対する誘惑が強い場合にはつねに，なんらかの効果的な制約原理に訴えること」．彼は，中央銀行は実質産出の成長率で貨幣が増加するのを許すべきであること，いつでも最後の貸し手として行動する準備ができていなければならないこと，過大な政府支出の資金を賄うことは避けるべきであること，を明らかにした[37]．

触れておいても良い金融論の論点がもう1つ，2つある．第1に，実質と名目の変数は異なるものである．この違いはソーントンの考え方にはあったものであるが，議論からはおおかた消え失せ，インフレーションが進展した1950年代と60年代にもあまり聞かれなかったものである．第2は予期された変化と予期されなかった変化の区別である．実質変数に影響を及ぼすのは予期されていなかった貨幣の変化だけであるが，予期されなかった変化も，一時的ないし束の間のもので今後も続くとは期待されないものと，永続的ないし持続的とみなされて，今後も続きそうなものとに分けて考える必要がある．たとえば，技術変化や公的部門の成長の変化は永続的とみなされうるが，相対価格に影響を及ぼす，収穫の不足は明らかに束の間のことである．もちろん，変化が生じるときには，それらが一時的か永続的かを判断することは難しいか不可能でさえあるかもしれない．また，貨幣が将来どのような経路をへて増加するか，それを知ることは通常難しいであろう．したがって，人々は何らかの信念に基づいて推定を行い，ここで，期待という概念が議論の中に入ってくるのである．より多くの情報がもたらされ，利用可能となり，また経済モデルの改善や，経済に関してより理解が進展するにつれて，期待に関する研究は，外挿的なものから適応的なものへ，さらに合理的なものへと，時間の経過とともにさまざまな変化を経てきた．

中央銀行は，利子率目標（interest-rate target）をもつかもしれないし，貨幣成長〔貨幣量増加率〕目標（money-growth target）をもつかもしれない．すべてのショックが束の間のものであれば，どちらの目標を中央銀行が採用するかは問題ではない．利子率を目標とした場合には当然，利子率の変動はより小さくなり，貨幣量（money）を目標とした場合には貨幣量増加率の変動はより小さくなるであろう．しかし，永続的ショックと束の間のショックとがあって，両者の区別が容易でなければ，両方の管理戦略の違いが問題になる．貨幣成長

を管理するのであれば，永続的なショックは実質利子率に影響を及ぼすが，貨幣成長には影響を及ぼさない．こうして，たとえば，生産性に一度限りの影響を及ぼす新たな技術は実質産出の増大と物価水準の下落をもたらすであろう．成長トレンドが1段階シフトし，物価水準の逆のシフトがあるであろう．他方，同時に貨幣成長を安定的に維持すれば，同率のインフレーションが生じるであろう[38]．

利子率が管理される場合には，中央銀行は実質産出の増加がある時にはマネーストックを増加させなければならないし，逆の場合は逆であり，金融政策は順循環的（pro-cyclical）になる．ミシュキンはそのことを1950年代と1960年代について，利子率管理が順循環的な金融政策をもたらした，と的確に議論している．この議論が成り立つためには中央銀行は正確にどこに利子率を設定するかがわからないということでなければならない．中央銀行は期待についても知る必要があるであろうし，また，その他のことの中でもとりわけ，実質的ショックと名目的ショックの大きさについて知る必要があるであろう．金融政策が利子率ないし為替レートを目標にすれば，こうした目標が安定するのは，特定の物価水準の時だけである[39]．19世紀と20世紀のほとんどの時期においては，為替レートが最終目標であった．すなわち，金本位制と再建された金為替本位制の下での固定レート，およびその後のブレトンウッズ体制期の釘付け為替レートであった．金本位制の下では，産出，雇用，および物価の柔軟性が調整役を果たした．

マネーストックの変化の永続的な効果は物価水準に反映することがいったん認められれば，その後は，金融政策は望ましい結果を達成できるような方法で実施されるに違いない．そうはいっても，政策実行上の問題が残る．たとえば，言葉の意味を明確に使用するのは難しいとしても，政策は規則（rules）によるのか裁量によるのか．厳格な規則から完全な裁量に至るまで連続的であることは明らかである．厳格な規則，その一例は金本位制であるが，それに賛成する人々がいる．しかし，ここでも，中央銀行が為替レートを管理することが許され，危機に際しては金本位制を一時中断することさえ許される余地があった[40]．このスペクトルのもう一方の端には，セイヤーズのように，中央銀行の真の本質は裁量にあるとし，なかには，神秘性（mystery）にあると付け加える人も

いる[41]．このほかに政策実施にあたって問題があるとすれば，それは政策目的の明確性が欠如していることやあまりにも多くの政策目的があることかもしれない．これらはすべて貧弱な成果をもたらす．金融政策の実施にあたって単純化することへの願望が復活し，異なる時代には異なる目標が現れたとしても，ある特定の目標へ集中することが一般的となった．

　中央銀行業の歴史を書くにあたっては，中央銀行と物価安定の分析へ経済理論的にアプローチすることが実際上まったく役立たないということを記しておくことも価値がある．たとえば，1960年代と1970年代における米国連邦準備の行動についてのある調査は，その分析にアプローチする2つのありふれた方法では不適切であった，と主張している．第1に時間非整合性であり，第2は公共選択分析であった．そして，中央銀行の反応関数の検定も棄却された[42]．

　金融政策に適用された時間非整合性は，中央銀行の行動と期待形成についてどのように仮定されるかによって，異なる結果をもたらすモデルを使用している．これらの仮定の組み合わせの中でどれが実際に適用されるかが分からなければ，理論は世の中への指針として役立たない．いっそうの弱点は，独立した中央銀行は物価安定に対して信頼に足る確約をすることができないというモデルの仮定である[43]．このモデルには，中央銀行は短期的には失業を減らすインフレーションを生み出す，との変種もある．これは確かに中央銀行の考え方に近いように思えるが，問題がある．中央銀行が，NAIRU〔インフレ非加速的失業率〕以下であることが分かった失業率を目標にしていることが認識されるとすると，（これが永続的にインフレ率を引き上げることが分かっていても）中央銀行は失業を削減しようとしたのだろうか，あるいは，中央銀行はNAIRUを過小評価したのだろうか．最後に，多くの学者にとっては検討時期には時間非整合性は大きな問題ではなかった，あるいは中央銀行ないし金融当局がそうした言葉を用いて思考してはいなかったように思われた[44]．

　公共選択の理論はもうひとつのアプローチである．公共選択は米国に起源を発し，おそらく，他のどこよりも多く米国の経済政策に適用されてきた．米国では銀行規制や通商政策の研究で広範に利用されてきたことは確かである．公共選択の理論は，自分自身の利害で行動する人々の分析を使用する．誰もが経済主体なのである．旧来の政治経済学は政府を，本質的に利他的で，経済活動

が営まれる「最良の環境」を提供するように行動するものとみなしていた．これは，しばしば市場の利己心としてみなされていたものを矯正しようとすることを意味した．新しい政治経済学は，「公共選択」という用語が同じ意味で使用されることがときおりあるが，理論的な基礎を取り換えて，政府活動に関する一群の理論となった．いくつかのケースにおいて，それを金融政策に適用することは生産的であった．たとえば，秘密性や特定の操作目標を強く好む傾向など，中央銀行の特定の特徴を説明するのに有効である[45]．しかし，金融政策の観点では，中央銀行はどのようにインフレーションから利益を得るのか．短期的には，中央銀行は失業への責めを免れるかもしれないが，長期的にはインフレーションと高利子率の責任を問われるであろう．中央銀行は実際には金融政策を行っていなかったと言われるかもしれないし，この点は本書が取り扱う多くの時期においてイギリスでは部分的に妥当するようにみえるであろう．しかし，イングランド銀行の政策がその政治的支配者の政策やその時代の主流派経済学者とどのように違っていたのか，まだ明らかではない．

　中央銀行の行動へのもう1つの一般的なアプローチは，中央銀行の反応関数を推計することであった[46]．しかし，ここでも問題がある．第1に，反応関数の回帰係数は，中央銀行が別の目標に付与している相対的な重要性を示すものとして解釈できるのだろうか？　反応関数は，中央銀行がある特定の時期に公定歩合（discount rate）を引き上げる理由を説明できるかもしれないが，中央銀行の選好についてどのような推測をすることも許さないので，インフレーションに対する許容度を説明することもない[47]．第2に，そのような研究から得られた結果は頼りにならないものであった．これはおそらく，中央銀行が経済状況についていつも同じ対応をするわけではないためである．あるいは，これはモデル化するのが難しいが，中央銀行は経験から学習するということかもしれない．しかし，もっといえそうなことは，不十分なデータや頼りにならない予測などが混然一体となっているために央銀行が経済状況をはっきりと見分けることは難しい，ということである．

5. 貨幣量増加過程

　マクロ金融論の枠組みの中で，貨幣量増加（成長）はどのように考察されてきたのであろうか．中央銀行のルーツは19世紀にあるが，貨幣量の状況をコントロールするという考え方は20世紀のものである．20世紀後半までには，国内の貨幣量の状況をコントロールするのが中央銀行業務の中心であることが広く認められるようになった．第1次大戦前に，アービング・フィッシャー(Irving Fisher)は貨幣数量説に新たに注目した[48]．戦後，グスタフ・カッセル(Gustav Cassell)がこれに磨きをかけた[49]．1920年にフィリップスは貨幣乗数モデルを開発した．それは，「広義の貨幣集計量と中央銀行の貸借対照表との間につながりをつけて」貨幣数量方程式を「金融政策の実施に」結びつけるものであった[50]．20世紀の残りの期間には，それが教科書の主流を占め，ミシュキンの『金融経済学』でもいぜんとして中心的なモデルであった[51]．さらに，1920年代初めには米国連邦準備（Fed）は公開市場操作を使って貨幣量をコントロールしていた．英国の商業銀行は19世紀に独自の現金比率と流動性比率を生み出しており，これらは20世紀にも焦点の中心であり続けた．現金比率は米国での注目度の方が大きかったかもしれないが，英国でも，関心が流動性比率に移った後でも，20世紀前半にはまだ重要であった[52]．1946年に結ばれた協定によって，手形交換所加盟銀行（クリアリング・バンク）は固定的な8％の現金預金比率を堅持することに同意し，また1951年には，28～32％の範囲の流動資産比率を維持することを約束した．1957年にはその最低比率は30％にされた．

　概して，貨幣の供給過程には2つのアプローチがあった．1つは部門間の資金フロー，あるいはカウンターパート・アプローチであり，もう1つは貨幣乗数アプローチである．各々は異なった方法で役に立つ．カウンターパート・アプローチは，1970年代に明白に採用されたが，「信用供与の相手方」('credit counterpart')として知られるようになった．それは予算赤字と貨幣の増加とを結びつけるように策定された．バチニとネルソンは，その始まりをオランダ銀行の総裁だったマリウス・ホルトラップ（Marius Holtrop）による1957年

のIMFスタッフペーパーに遡って跡づけている．彼はまた，翌年のラドクリフへの証言でもそれを詳細に説明した[53]．このアプローチの擁護者は，貨幣量を測る最良の尺度は信用全体と一緒に密接に動く尺度であると信じる傾向にある人々である．（これに反対するマネタリストは，貨幣と信用の明確な区別に固執する．）カウンターパート・アプローチによるM3の決定は部門間の資金フローを使用する．したがって，ΔM3＝Δ流通現金＋Δ〔銀行〕準備＋Δ民間部門への銀行貸出＋Δ政府証券の銀行保有−Δ非預金債務となる．このアプローチの主要部分は，マネーサプライの変化を政府の予算赤字［公的部門の借入必要額（PSBR）］の資金繰りの結果として見ることから生じている．PSBRは流通現金の変化＋〔銀行準備の変化〕＋非銀行民間部門からの借入の変化＋銀行からの借入の変化−外国為替準備の変化，から成り立っていると考えられる．したがって，Δ£M3＝PSBR−Δ非銀行民間部門からの借入＋Δ民間部門への銀行貸出＋Δ外国為替準備−Δ非預金債務である．あるいは，Δ£M3＝PSBR−〔非銀行民間への〕国債販売額＋銀行貸出の増加−対外的資金調達−非預金債務の変化，である．〔定義式右辺のΔなどの不足分は補正済み．〕

　当局はこれらすべての項目の変化を予測し，その上で，貨幣成長への意味合いを考えようとする．たとえば，もしM3の拡大が速すぎれば，原因を究明して，何らかの適切な行動をとらなければならないであろう．事実，1970年代には当局は，PSBRが非銀行民間部門に証券を売却することによって資金を調達しなければ，PSBRの変化と広義マネー（M3）の変化との間には厳密に1対1の関係があると信じていた．このアプローチの批判者は一連の政策的結論が間違っていることを指摘した[54]．

　貨幣乗数アプローチは，マネーストックの増加を調べるための有効な分析上の枠組みを提供するものである[55]．マネーストックには，3つの似かよった決定要因があるとみなされている．すなわち，ハイパワード・マネー（ないしマネタリーベース），マネタリーベースの残高の分布を決定する非銀行民間部門の現金預金比率，そして，総預金に対する銀行部門の現金（この現金はすなわち，手許現金とイングランド銀行に預けた流動性残高）保有選好を示す準備率である．広義のマネーはマネタリーベースと貨幣乗数が生み出すものであり，貨幣乗数は銀行と民間部門の行動の結果である．

このアプローチは英国では議論を引き起こすアプローチであるようにみえる．というのも，英国では前に概説したカウンターパートの識別を通じてマネーストックのコントロールにアプローチするのが（普遍的とまではいえなくとも）一般的であったからである．たとえば，1945年以降の長い間，最低限いえることは，実践されたコントロールの方法は利子率を通じたものであったということである．当局は，貨幣需要について，そしてそれが所得と利子率の変化とともにどのように変化するのか，だいたい分かっていた．それで，当局は短期的には所得を所与として，当局が望ましいと思う貨幣量を民間部門が需要するように導くため，利子率に影響を及ぼそうとする．これは理想的なものではないことが分かったので，当局は引き続き，自己単体の貸借対照表と連結貸借対照表のすべての項目がどのように成長するか，それを予測しようと試みるようになった．

　貨幣成長をコントロールするやり方として，いずれのアプローチのメリットが何であるにしても，乗数アプローチは，過去のマネーストックの短期的，長期的いずれの動向を調べるにしても用いることができる．ある意味では，マネーストックは，それがどのように定義されるにしても，通貨当局が動いたことの結果である．なぜなら，当局はいつでも他の影響を相殺するように行動することができるからであった．しかし，当局の行動の結果であるマネーストックの変化と，他所で起こった変化に対応した受動的な結果である変化とを区別することは有用なことである．この区別にあたっては，マネタリーベースの会計的な枠組みが手助けになる．マネタリーベースの変化は通常は当局によってもたらされる．民間部門の現金比率の変化は，当局の行動に対応してなされた決定といえるにしても，民間部門の決定の結果である．銀行業務における準備比率の変化もまた民間部門の決定である（当局が変更を命令するか最低比率を引き上げる場合を例外として）が，当局の動き——とくに，銀行に関する法令や最後の貸し手機能の実施状況——に対して非常に敏感に反応して生じる変化である．

　英国の銀行業務は，本書が対象とする時期には現金ベースでは運営されていなかったかもしれない．にもかかわらず，この時期の多くの期間にわたって銀行の現金準備比率にはきめ細かな注意が払われた．しかも，英国の金融史のほ

とんどにわたって，概してマネーサプライの管理は，イングランド銀行によってその信用供与の管理を通じて行われたと考えられていた，と主張する者もいる．銀行は，ベースとなる現金預金比率を遵守する必要があるため預金の創造を制限されていた．銀行は自らに関しては19世紀中は同比率を達成し，その後，本書の対象時期のほとんどの期間にわたっては，圧倒的に多く採用されている比率が非公式に所要最低現金準備比率とされたのである．

それにもかかわらず，この仕組みに関するこうした見解がその中心的な位置づけを失った1つの理由は，金融当局の優先度の変化とも相まって，第2次大戦中に大蔵省短期証券や他の政府短期債務が増加し，その量が膨大なものとなったことである．イングランド銀行の公開市場操作によって現金準備が枯渇したことに気づくと，銀行は大蔵省短期証券の放出を認めることによってこれを相殺できた，とする意見もあった[56]．これは，信用ベースの管理は大蔵省短期証券発行のコントロールを通じて，大蔵省に引き渡されたことを意味するのであろう．この点については後ほど戻るつもりである．

しかし，この枠組みは，因果的な意味よりも会計的な意味で，マネーストックの決定要因を究明するのに用いることができる．それは系列間の関係とその関係の変化を理解するのに役立つ．一例がすでに述べた点，つまり，ある年の名目マネーサプライの急速な増加である．決定要因を調べれば，これが乗数の変化の結果なのか，マネタリーベースの変化の結果なのか，が明らかになる．そして，もし前者ならば，乗数のどの要因によるものかが明らかになるであろう．それはまた，マネーストックの内生性の問題を解くのに役立つ．貨幣は経済の必要性に反応するのか，それとも実際には経済が貨幣に反応するのか．英国の当局が利子率を固定し，それゆえに貨幣が内生的に生まれるに違いないとの単純な主張では十分ではない．というのも，利子率操作は，前にも述べたように，マネーストックをコントロールできるアプローチのひとつにすぎないのであるからである[57]．しかし，このアプローチには別の利点もある．英国では銀行システムに対して複雑で多様な所要準備を設定してきた．準備資産の構成の変動は，マネタリーベースに対するマネーストックの行動に影響を及ぼしたのであろうか．準備資産の残高の動きが乗数の変動を生み出したのであろうか．このような会計的な枠組みの中で疑問を提起することによって，これらの変動

がなければマネーストックはどうなっていたかと推測する疑問，つまり，上に述べた，別の恒等式が使用される場合には必要になる推測の問題を避けることができる．マネタリーベース／乗数アプローチにはまた，他の多くの国で研究の基礎として使用されてきたという利点もあり，英国での結果を米国のそれと直接比較したり，さらには他の諸国のものともますます直接比較することの手助けとなるものである．要するに，このアプローチは分析の上でも説明の上でも，歴史のあるものなのである[58]．

注
1) Bordo and Flandreau (2003).
2) これがグローバル化の終わりだったかどうかは議論の余地がある．James (2002) 参照．
3) Hansen (1938).
4) Fogel (2005).
5) Maddison (2006).
6) OECD, *Annual Report*, 2003.
7) Crafts and Harley (1992)
8) Matthews, Feinstein, and Odling-Smee (1982).
9) Bean and Crafts (1986, p. 133).
10) *Ibid*.
11) Britton (1986).
12) Capie and Collins (1983); *Statistical Abstract*.
13) たとえば，Kirby (1981)，Sked (1987)，および Weiner (1982) を参照．
14) Pollard (1982, p. 6).
15) *Economic Trends Annual Supplement* 2002 より算出．
16) *Ibid*.
17) Bacon and Eltis (1976).
18) Broadberry and Crafts (2003, p. 719)
19) Mitchell (1988, pp. 454 and 830) より算出．
20) Office of National Statistics.
21) Beenstock, Capie, and Griffiths (1984).
22) 1978年の年数値は本文で引用されている．1979年の年数値は1,337,800人であった．いずれもMitchell (1988, p. 128) からの引用である．不満の冬の数値はMitchell (1988, pp. 146-147) から取られた1978年と1979年のデータの平均である．
23) Cagan (1956); Capie (1991)
24) Bootle (1997).

25) Jones (1973).
26) Capie and Wood (2002) を参照．
27) これは，1次資料に注力し，当時何がどのように議論されたかを見出す，より伝統的な歴史的なアプローチと結びついている．
28) Henderson (1986, p. 4).
29) Friedman (1956).
30) Friedman (1968).
31) たとえば，Capie (1986) を参照．
32) Polak (1957).
33) Phillips (1958).
34) Laidler (2000).
35) Samuelson and Solow (1960).
36) Friedman (1960).
37) Thornton (1802, p. 259).
38) King (1994)，これは Poole (1970) に基づいている．
39) Mishkin (2004).
40) この点に関するイングランド銀行の経験については，Capie (2002, pp. 295-318) を参照．
41) Sayers (1957)
42) Mayer (1999, pp. 7-10)
43) McCallum (1995, 1997).
44) Mayer (1999, p. 87)
45) *Ibid*, p. 9.
46) 有益な要約としては，たとえば，Siklos (2002, chap. 4) を参照．
47) Mayer (1999, p. 10).
48) Fisher (1911).
49) Cassell (1922).
50) Phillips (1926).
51) Bindseil (2004)
52) Sayers (1972).
53) Holtrop (1957) および Batini and Nelson (2005). バチニとネルソンは，ホルトラップの提示したものは「大蔵省による商業銀行からの借入は，それ自体，中央銀行からの借入とちょうど同じインフレ的な性格をもつ」という重要な誤った政策的な結論を含んでいたと指摘している．
54) たとえば，Schwartz (1985) を参照．
55) Cagan (1965).
56) Sayers (1963, 第8章).
57) Cagan (1965).
58) これらの点に関してより深く検討された議論については，Mayer (1999) と Meltzer (2002) を参照．

第2章
1950年代のイングランド銀行

　1950年代のイングランド銀行は250年前の創設時のイングランド銀行と類似の構造をしていたと認識できる．しかし，もっと驚くべき特徴はイングランド銀行が本質的にモンターギュ・ノーマン（Montagu Norman）の銀行であり，しかもそれは1930年代の構造上の改革を体現しているということであった．1950年代，またしばしば1960年代，さらに時にはそれ以降の幹部の多く（たとえば，キャメロン・コボルド（Cameron Cobbold），ハンフリー・マイナーズ（Humphrey Mynors），レズリー・オブライエン（Leslie O'Brien），ジャスパー・ホーラム（Jasper Hollom），ロイ・ブリッジ（Roy Bridge），モーリス・パーソンズ（Maurice Parsons），ヒルトン・クラーク（Hilton Clarke））は1920年代と1930年代にイングランド銀行に入行したが，彼らにはノーマンの非常に強力な人格の痕跡が残されていた．たとえば，ホーラムは1936年にイングランド銀行に入り，1970年代を通じて副総裁であったが，入行した後すぐに，ノーマンがイングランド銀行のあるグループに話すのを聴きに行った時のことを想い出している．ノーマンが言いたいことを説明するのに，ハントリー・パーマーズ社（Huntley and Palmers）の最近の困難を使って，話をするのに魅せられた．ホーラムの言によれば，ノーマンが彼にだけ話しているように感じ，何事であれ以前にこれほど明瞭に理解したことはなかった．「金融中枢のいちばん奥の秘密を自分は学んでいる．また，これが彼であり，彼独特のものであり，彼は人を完全に虜にした」[1]．彼が痕跡を残したのは人々に対してだけではなく，建物自体もノーマンの再建の痕跡をまだ残している．世界はおおいに変わり，イングランド銀行が直面している問題も変わったが，これらの問題へのアプローチはいまだに以前の時代のアプローチであるように見える．

イングランド銀行は部分的にはそれが機能している世界を反映していた．イングランド銀行は階層的で，堅苦しく，厳格で画一に管理されていたが，人々が自分の仕事をしたり，他のことをする時間を認めるようなくつろいだ雰囲気があった．これはもちろん，部分的には，人員過剰の反映であった．今日では想像もできないが，2人の執行理事がたいしてすることもなく座っているだけなので，午後には自分自身の死亡記事を書いて暇をつぶしていた．マイナーズはまさにそうする協定をジョージ・ボールトン（George Bolton）と結んでいた．マイナーズの文章を全文引用する価値がある．

イングランド銀行の執行理事である，X氏の死亡が公示された．1903年7月28日生まれ，レヴァレンド・マイナーズ（Reverend A.B. Mynors）の次男で，マールバラと，ケンブリッジ大学コーパス・クリスティ・カレッジ（Corpus Christi College）で教育を受けた．筆記試験を通過するかなりの能力をもっており，ケンブリッジの学位取得時の成績は経済学優等卒業試験第2部の1位であった．その後，独創的な仕事の能力が欠如していたにもかかわらず，経済学研究のため，レンブリー大学奨学金を授与された．マイナーズ氏は有益な生産的職業には興味がなかったので，彼のオールド・カレッジで経済学を教えることになった．その浄土で，彼は7年間を過ごし，自分の生徒に他人の考え方を抽入したが，自分自身の考えは何も獲得しなかった．

イングランド銀行は専門経済学者のことを理解も尊敬もしていなかったが，1933年には彼らの攻撃に対してより適切に自分たちを防衛することに熱心になった．そして，何らかの特定の見解を公刊された仕事として発表するという無分別を犯していない類の経済学者の1人を探していた．そこで，マイナーズ氏はイングランド銀行に奉職するようになり，5年後，1939年に統計部で部長になり，1944年にアドバイザーになった．1949年に彼は理事会メンバーに任命され，職員問題について特別の責任をもつ常勤理事になった．

X氏の公刊された仕事は自分がほとんど読んでいない書物の署名のない2, 3の書評に限られていた．若い時から前途有望な見込みを示すこと

はなかったので，彼の早すぎる死を悔やむものは少ない．彼は1939年に文学博士で英国学士院会員のサー・エリス・ミンズ教授（Sir Ellis Minns, Litt. D., F.B.A.）の娘，リディア・マリアンと結婚したが，彼女は3人の子供とともに残された[2]．

これは，マイナーズ自身のドライで自分を卑下したユーモア感とイングランド銀行のこのレベルでの弛緩した雰囲気を明らかにしているばかりでなく，経済学の役割に関するイングランド銀行の態度を示している．これは1930年代から1950年代まで変わっていない．1950年代でもまだ，政策形成の改善のために経済学者を使うというよりも経済学者に対して自分たちを防衛することができるようにするというのが真相である．

しかし，イングランド銀行が内外の問題に関連して追求した政策を検討する前に，その組織，主要な人物，および中央銀行の責任としてみなされていた機能をまず考えよう．そして，イングランド銀行の財務および財務上の実績の評価をできる限り行うことでこの章を締めくくる．イングランド銀行のこの姿は後続の章における背景となる．後続の章では，変化する世界に対処するためにイングランド銀行の組織的な能力がどのように進化してきたかを議論するであろう．それはまた，この時期の終わりのイングランド銀行と比較する際のベンチマークにもなる．

1. 構成と組織

イングランド銀行の構成と権限は主に1946年イングランド銀行法とそれに関連した国王特許状によって決められている．議会の他の法律によってさらにいっそうの定義が，とくに，公債とイングランド銀行券の発行に関して規定されている[3]．1946年法は6条からなる短い法律であるが，戦後の労働党政権の国有化プログラムの最初のものであった．これによって1,455万3,000ポンドのイングランド銀行の資本金全体が年3%の利付き国債の発行と交換に大蔵省に移管された．総裁と理事の数と任命方法，および勤務の資格を失った人物に関する規定が設けられた．また，大蔵省とイングランド銀行の関係，およびイ

ングランド銀行と他の銀行の間の関係についての規定も含まれていた．既存の法令の条項は同法によって廃止され，他方で，1946年3月1日の日付の新しい特許状は既存の特許状の規定を，イングランド銀行の設立を定めるもの以外は廃止した．同特許状の主な目的は理事会と理事の権限と責任を定義することであった．また，同文書には任命と報酬に関する条項も含まれていた[4]．

イングランド銀行はすでに法的実体として存在していたので，それを公的所有にする手続きは比較的直接的であった．また，他の新規の国有化産業の誕生の際に被ったような苦痛は何もなかった．法案の起草の際に，当時の総裁，カトー卿（Lord Catto）は大蔵大臣のヒュー・ドルトン（Hugh Dalton）に効果的にロビー活動をしたので，法案は順調に通過した．ドルトンはイングランド銀行の誠実さと独立への評判を維持することには熱心であったが，銀行業に対するある程度の規制力を取得したいと思っていた．法案の第2次草案は「1945年イングランド銀行と銀行業規制法」と名づけられていた．しかし，カトーは金融規制のそのような権限は国有化法の一部を形成するべきではないと強く主唱した．いずれにしろ，イングランド銀行は既存の非公式のメカニズムを通じて，銀行制度に対して十分な権威をもっていると感じていた[5]．カトーは譲歩して，大蔵省が政策問題に関して明確な限定条件をつけることができるようにし，またイングランド銀行の伝統的な「ビロードの手袋」に大蔵省の「鉄の手」を入れることができる選択肢をもてるようにした[6]．これは，公的な利益にかなうとみなされる場合には大蔵省がイングランド銀行に対して指示を与えることができるという条項を通じて達成された．同時に，「イングランド銀行の所管業務」は理事会によって管理される．さらに別の条項によってイングランド銀行は，公的な利害から必要と考えられる場合には，商業銀行に対して指示を与える権限を与えられた．大蔵省はその権限を行使する前に総裁と相談しなければならない．同様に，イングランド銀行は指示を出す前に大蔵省から認可を得なければならない．ここには曖昧さが残っていた．金融政策の究極的な権威としての立場から，大蔵省は商業銀行に対して何をするべきかを言うことができないし，イングランド銀行に対して商業銀行に指示を出すように指示を与えることもできない．さらに，政策の失敗があったとしても理事会は罷免されることはない[7]．

第2章 1950年代のイングランド銀行　　　　　　　　　41

　新たな公社が設立される場合には，その機能，権限，および目的を特定化するために複雑な草案が必要とされたが，イングランド銀行の場合には，それは不必要であった．というのも，「イングランド銀行が非常に長い間行ってきたことで，今後は続けるべきでないという問題は何もなかった」からである[8]．多くの国はその義務と責任を明記して中央銀行を設立する法律を導入したが，イギリスではその必要はなかった．機関はすでにそこにあったのである[9]．その業務は正確にもあるいは不正確にも1946年イングランド銀行法に規定されていなかった．マイナーズは1945年の総裁アドバイザーの1人で，イングランド銀行のために次のような文言を提案した．「イギリスの通貨信用と銀行制度を規制（control）すること，またポンドの対外的価値を維持し守ること」[10]．これがそのような定義のこれまでにわかっている唯一の試みであった．しかし，それは実を結ばず，英国の金融組織の中心的法律は「中央銀行の広範な目的と責任へ言及するのを奇妙にも避けた」ままになった[11]．イングランド銀行はその運営の著しい自律性を留保したが，その金融界での権力と立場の法的根拠は，よく理解はされているが，概して不十分に定義され，成文化されていない現状に基づくものであった．

　イングランド銀行の組織の頂点にあるのが理事会である．国有化の前には，理事会には26名のメンバーがいた．また，当初，大蔵大臣はそれを半分に削減したいと思っていたが，16人を受け入れ，そのうち4名が常勤，他は非常勤とした．2人の副総裁が必要かどうかについては議論があったが，カトーは，総裁が不在の時に2人の副総裁がいれば責任の線引きを混乱させるだけだ，と巧みに論じて成功した[12]．そこで，新たな理事会は，総裁，副総裁，および16名の理事から構成された．理事会は他の公社の理事会と比較するとまだ大きかった[13]．任命になると，イングランド銀行はまた例外であった．というのも，任命は，監督に当たる政府の省ではなくて国王によってなされたためである．実際には，これは大蔵大臣によって勧告され首相が任命することを意味した．選考の正確な方法についてはきわめて曖昧で，伝統的な非公式な交渉や縁故が重要なままであった．国有化の前には総裁は理事会によって選ばれていたが，国有化が近づいた時点では政府の承認なしには決定できなくなっていた．1944年にニーマイヤを総裁にするという提案はチャーチルによって拒絶され

た[14]. 他方, 理事会の反対にもかかわらず, ある総裁がイングランド銀行に押しつけられるということはありそうにない. 国有化の直前の数年には, 理事を選ぶのにも政府の干渉が増加した[15]. 1946年以降は労働組合の代表を除けば, 理事会のポストが公然と政治的な方法で利用された証拠はほとんどない[16]. 総裁の任期は5年で, 理事は4年であった. 全体として, 理事会の変更は比較的少なかった. そして, これ以外には, 1946年イングランド銀行法はイングランド銀行の組織と内部の機能について以前とほとんど違いをもたらさなかった[17].

委員会組織はイングランド銀行の機構に関するピーコック委員会の審査後の1932年まで遡る[18]. 理事会は, 毎週一度, 通常は木曜日に会合を開く, 上級の意思決定機関であった. 日々の運営は毎年任命される多数の常設委員会によって実行された. これらの中で最高のものが常務委員会 (Committee of Treasury) であり, イングランド銀行の創設時に遡る. セイヤーズの述べるところではこれは「一種の内部内閣 (inner Cabinet)」であり, 総裁, 副総裁, および秘密投票によって選ばれた5人の理事で構成された[19]. 毎週水曜日に会合し, 常務委員会はすべての重要な問題について協議した. また, 総裁はイングランド銀行の業務について常務委員会に知らせていた. 木曜日の会合でバンクレートに関する決定を正式に公式に承認するのは理事会であるが, 討議が行われるのはその前日の常務委員会であった. この手続きは1957年9月のバンクレートの「漏洩」の後, 厳格に精査されることになった. 他の常設委員会の理事会への報告はすべて常務委員会を通過しなければならなかった. こうして, 常務委員会はイングランド銀行全体の運営にとって中心的な位置を占めた. もっとも, アドバイザーの利用が増加するにつれて, その権力のいくらかは浸食される傾向にあった[20]. 他に, 6つの常設委員会があった. 2つは毎月会合した. すなわち, 職員委員会は雇用問題を扱い, 部長から報告を受け取り, 定期的な「訪問検査」をした. セント・ルークス (St. Luke's) 委員会は, 1956年からはデブデン (Debden) 委員会と呼ばれるようになり, 印刷事業を管理した. 他の委員会は四半期ごとに会合した. すなわち, 監査, 支出, 不動産, および証券で, 最後のものは内部資金の投資政策に責任があり, その中では年金基金がもっとも重要であった. 既存の委員会の範囲内に入らない問題が生じた場合に

は，特別の委員会を任命する条項があった[21]．

　組織の他の部署の上にあって，総裁に直接報告をするのが多数の「総裁アドバイザー」であった．1950年代には典型的には約5,6人がこの資格で雇用されていた．正式の肩書は1935年に初めて使用されたが，その起源は1926年と1928年にそれぞれハリー・シープマン（Harry Siepman）とウォルター・スチュワート（Walter Stewart）が任命された時に遡ることができる．アドバイザーは特定の分野の専門知識を提供したが，セイヤーズの見るところでは「イングランド銀行の伝統的な組織にまったく適合していなかった」[22]．アドバイザーは，執行理事および業務局長とともに，総裁の周りに集まる上級職員の少人数のグループを形成した．

　理事会と総裁・副総裁の下に，機能別に組織された一連の局があった[23]．図2-1は1955年に5つの局があったときのこの組織を示している．5つの局は，業務（Cashier's），国債（Accountant's），事務（Secretary's），総務（Establishment），および印刷工場（Printing Works）である．別の機能である監査は理事会へ直接に報告する．業務局は広範な機能の責任をもっており，業務局長室がその中心にあった．もっとも，イングランド銀行全体の中心というわけではないが．業務局長室はイングランド銀行自身の市場操作に関連した仕事，および海外の中央銀行およびその他の顧客に関連した仕事を実行していた．業務局長室はまた，毎週の大蔵省短期証券の入札を担当し，木曜ごとのバンクレートの発表に責任もあった．また，市況を報告する総裁への日々の「帳簿」（'books'）を準備した．「第1室」の職員は帳簿を準備し，「第2室」の職員は業務局長のために「使い走りをした」．これら2つの室での仕事は熱気を帯びた雰囲気で執行され，イングランド銀行の他の部署の物静かな生活とは対照的であった．また，ここでは将来の昇進を有望視された従業員の能力が試された[24]．スレッドニードル・ストリートとイングランド銀行の8つの支店とのつながりはイングランド銀行支店部によって提供された．他方，資産の安全な共同管理は，混乱を生じやすいが，財務（Treasury）と呼ばれる部署によって担われていた．

　業務局の残りは銀行業務と為替管理・海外に分けられる．銀行業務の中でもっとも重要な部局は割引部で，ここはマネーマーケットと日々，接触している．

理事会
総裁 ───────── 常設委員会
副総裁
執行理事 ─── 監査
アドバイザー

事務局
　事務局長室
　勘定・銀行券
　統計

総務局
　総務局長室
　中央機械化
　福利厚生

印刷工場

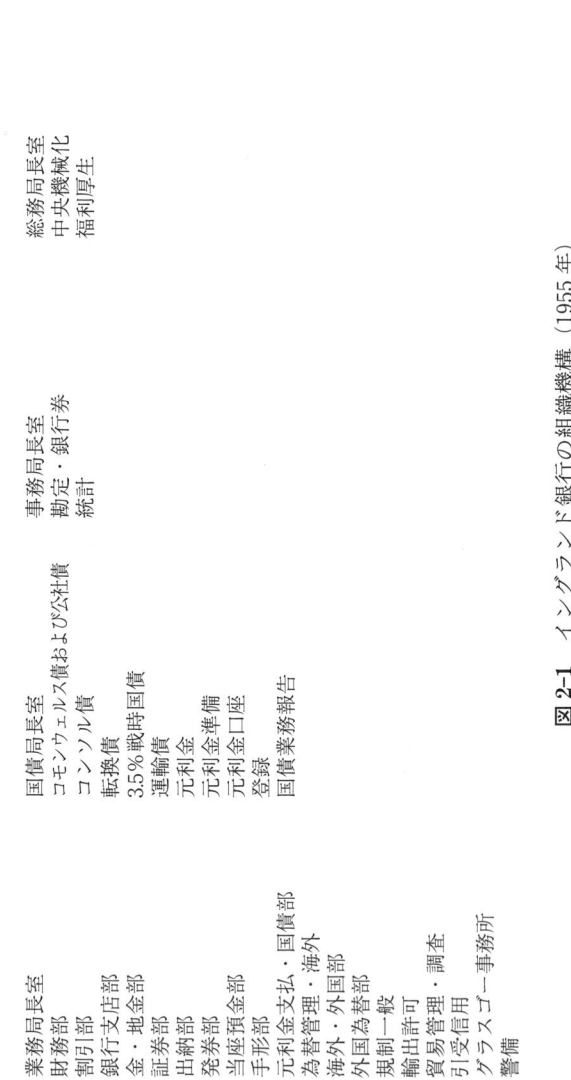

国債局
　国債局長室
　コモンウェルス債および公社債
　コンソル債
　転換債
　3.5%戦時国債
　運輸債
　元利金
　元利金準備
　元利金口座
　登録
　国債業務報告

業務局
　業務局長室
　財務部
　割引部
　銀行支店部
　金・地金部
　証券部
　出納部
　発券部
　当座預金部
　手形預部
　元利金支払・国債部
　為替管理・海外
　海外・外国部
　規制一般
　輸出許可
　貿易管理・調査
　引受信用
　グラスゴー事務所
　警備

図 2-1　イングランド銀行の組織機構（1955 年）

ここは割引商会が手形を割り引いたり，借入をする場所であった．割引部はシティの金融機関の活動を監視する責任もあり，割引部長はシティにおける総裁の目と耳としてよく喩えられた．金，外国為替および海外証券の為替平衡勘定（EEA）と他の顧客のための業務は外国為替部によって実行された．金塊と硬貨鋳造（coinage）の物理的な取り扱いは金・地金部により執り行われた．発券部は新規銀行券の供給と摩耗した銀行券の回収を管理し，また偽造を取り扱った．顧客の勘定は当座預金部によって維持され，手形部はロンドン銀行手形交換所を通じた手形の日々の決済と信用移転を監督した．他方，元利金支払・国債部は元利金を支払い，新たな国債への応募を受け付けた．為替管理・海外部は1948年末に発足した．国際的な経済金融情勢の監視と国際通貨基金（IMF）のような国際的な通貨当局との関係は海外・外国部で執り行われた．為替管理については1947年の為替管理法に含まれている規制を司る8つの部があったが，規制が解除されるにつれて，仕事は減り，一部の部は閉鎖された．1957年の初めにこの部門は再編され，その結果，5つの為替管理部が生き残り，業務局の中に残留した．他方，海外・外国部は新たに設立された別個の海外局として組織された[25]．

　国債局〔文字通り訳すと経理局〕はその名前にもかかわらず，金融的なことにはかかわらず，その義務は会社の登録係のものに類似していた．国債局はイングランド銀行にある公債の管理に責任があった．これには大量の国債とその他の政府保証債，コモンウェルス（英連邦）債および公社の社債が含まれた．公債保有者の勘定を維持するためには多くの事務的な支援が必要であった[26]．職員に関する問題はすべて総務局の管理下にあり，不動産管理も同様であった．印刷工場は銀行券の生産と処分に責任があり，加えて，イングランド銀行の他の部局の一般的な印刷を担当した[27]．事務局は理事会，総裁・副総裁，および委員会への事務的なサービスを提供した．事務局はまた，イングランド銀行の会計勘定を維持し，貸借対照表を作成し，統計を編集した．また駆け出しの博物館に責任もあった．1950年代に絵画，小物，およびイングランド銀行に関連した文書などの雑多なコレクションからなる展示室が事務局の部屋に創設された．1960年代までに，より多くのスペースが必要だとみなされ，コレクションは1965年6月に北東の円形大広間に移転した．一般公衆には公式には公

開されていなかったが，この「博物館」には毎週およそ90から100人の訪問客がいた[28]．

イングランド銀行の従業員に関する集計データは頼りない．1949年には8,263人の職員がおり，7,029人が事務で，1,234人が印刷工場にいた．1965年に初めて『年報』にそのような情報が含まれた時に，総数は7,000人で，そのうち，およそ2,000人がデブデンにいた．1949年の最大の局は国債局で，2,547人の職員がいた．同時点で，為替管理局は1,537人を雇用し，業務局は1,100人を雇用していた[29]．この分類を1950年代を通して跡づけるのは可能ではないが，1960年代半ばまでに，国債局にはおよそ1,400人がいた．業務局には1,000人，為替管理局には300人がいた[30]．非事務員に比較して，事務員の数についてはその確度は高い．1949年9月の6,345人のピークから確実に減少し，1952年8月には5,415人，1955年8月には5,050人，1958年6月には4,416人がいた．この趨勢は1960年代も続いて，1962年には4,284人の事務職員が雇用されていた[31]．事務職員の2,000人の減少は国債局と為替管理局によって担われ，前者の場合には仕事量の変化と機械化によって説明され，後者の場合には為替管理の緩和によって説明される．

イングランド銀行の仕事の多くはスレッドニードル・ストリートの本店で行われた．サー・ジョン・ソーン（Sir John Soane）による元の構造が戦間期にかなり再建され，よく知られた伝統的形式の偶像的な7階建ての正面になった．外側から見えるのは氷山の一角にすぎない．敷地は3エーカーあり，地下には3階にわたって広がる1,300万立法フィートの金庫，回廊，および通路があった．地上には，大理石の柱がモザイク模様の床のある入口ホールと回廊に並んでいた．他方，総裁と最上級職員の執務室のある優雅に装飾されたパーラーズが建物の中心を占めていた[32]．スレッドニードル・ストリートの他にも，イングランド銀行はシティに他の多くの敷地を所有していた．国債局は1922年以来フィンズベリー・サーカスに本拠があり，追加の施設が1948年と1956年の間にはアーガイル・ストリートのリージェント・アーケード・ハウス（Regent Arcade House）にあり，また，オールド・ストリートにあるイングランド銀行の以前の印刷工場にもあった．1958年に国債局の全職員がセントポール大聖堂に面したニュー・チェインジにある600万ポンドを費やした建物に移った[33]．

ニュー・チェインジの建物の最上階には，1960年まで完成はしなかったが，公式の接待用の施設と総裁用の住居があった．これ以前にはイングランド銀行はグリーン・ストリートのマーブル・アーチの近くにコボルド用の住宅を借りていた[34]．その他の事務所はイングランド銀行の建物とオールド・ジュウェリー19番地にあった．トークンハウス・ヤードとキングス・アームズ・ヤードに食堂があった[35]．

支店網もあった．すなわち，バーミンガム，ブリストル，リーズ，リヴァプール，マンチェスター，ニューキャッスル，およびサウサンプトン，さらに，1888年に開かれたロンドンのロー・コーツ (Law Courts) 支店があるが，これは大蔵大臣や他の司法界の提案によるものである．地方支店の最初のものは1826年に遡るが，その目的は銀行と一般公衆の便宜のためにイングランド銀行のサービスを提供することで，たとえば，銀行券の流通と回収，地方での決済口座 (clearing accounts) の提供，および後には為替管理であった．地方支店はまた，地方の商工業との接点として活動した．1940年に設立されたグラスゴーの事務所はスコットランドと北アイルランドのための為替管理を扱い，また接点としても活動した[36]．支店で働いている代理人 (agent) は毎月報告を提出したが，これは本部の経済情報局 (Economic Intelligence Department) に行き，総裁・副総裁に提示される産業状態に関する月報の一部を形成した．支店で働く人々のほとんどは「O」か「A」レベルであり，大卒は雇用されなかった．女性は現地で雇用されたが，男性の多くはロンドンで採用された．

もう1つの重要な場所は印刷工場で，イングランド銀行券だけでなくイングランド銀行で使用される他の多くの文書や書式を生産した．1920年以来，作業はセントルークス (St. Luke's) の工場で行われていたが，これはオールド・ストリートの以前の精神病院を転換したものであった．しかし，1940年代末までに，生産能力の制約と安全性および生産困難によって，代替地を見つける必要があった．イングランド銀行からわずか14マイルで，地下鉄セントラル・ラインでつながり，かつ，伝統的に印刷業に関連した家族が多く住む，エセックスのデブデンが新しい敷地の場所として最善であった．1956年の夏，印刷工場はその新しい目的のために建てられた施設に引っ越した．12.6エーカーの敷地にある工場は800フィートの生産工場と1959年に追加された新しい

「使用済銀行券」('Paid-Note') 建物を含み，大きくて威圧的であった．デブデンでは紙幣のデザインから印刷，検査，および最終的な廃棄までの全工程を扱うことができた．安全管理は厳しく，職工は闇ガラスを通して上から厳重に見張られた．職員の多くはスレッドニードル・ストリートとはまったく接触がなく，印刷工場は中央銀行の一部局であったかもしれないが，それは本質的に工場であった[37]．

最後に，イングランド銀行のスポーツ・クラブがローハンプトンにあり，これは1908年に創建された．第2次大戦中にかなりの被害を受けたが，パビリオンは再建され，1956年7月に総裁により開館された．デブデンにも独自のスポーツ・グランドがあり，テニス・コート，サッカー，ホッケー，クリケット競技場が完備していた．ローハンプトンの施設はイングランド銀行の従業員によってだけ使われたわけではなかった．イングランドの1966年サッカー・ワールド・カップ・チームがそこで練習するように招聘され，見返りにイングランド銀行は1枚か2枚の最終戦のチケットを受け取った．その最終戦ではイングランドはジュールズ・リメット杯（Jules Rimet Trophy）を獲得したことはよく知られている[38]．

2. 人物

1950年代を通じてイングランド銀行の総裁はキャメロン・フロマンティール・コボルド（Cameron Fromanteel Cobbold）であった．コボルド家はサフォークの醸造家および銀行家（「イプスウィッチの健全な銀行」であるベーコン・コボルド社（Bacon, Cobbold & Company））の一族であった．もっともコボルドの父親は弁護士（barrister）であったが[39]．コボルドは明らかに自分のミドルネームがイングランド銀行の初期の時代に結びついているという事実を誇りにしていた．というのも，フロマンティールは最初の株主の1人であったからである．1800年代初期にマーサ・フロマンティール（Martha Fromanteel）はコボルドと結婚した．彼女がフロマンティールの名前が死に絶えることを悲しんだので，彼女の夫は彼の男性子孫がすべてフロマンティールの名前をもつことに同意した[40]．モンターギュ・ノーマンのようにコボルドは

イートンで教育を受け，両者ともケンブリッジ大学のキングス・カレッジで1年を過ごした．コボルドは1923年にケンブリッジ大学を去った後，会計や保険に手を染めながら，回遊的な10年間を過ごした．そして，1933年に「ラテン事情」を専門とするアドバイザーとしてイングランド銀行に入行した[41]．どのようにしてコボルドがイングランド銀行に到達したかに関しては多少曖昧なところがあった．確かなことは，1929年にミラノで働いている間に，彼は破綻しかかっていたイタロ・ブリタニカ銀行（Banko Italo Britannica）を救済する作業に関わった，ということである．多数の主要なイギリスの銀行がこのエピソードの期間には危険にさらされていたので，イングランド銀行は何らかの金融支援と小さな調査チームの指名で介入することを決めた．調査員はイタロ・ブリタニカ銀行の取締役会に加わるのに適した人材をミラノで捜していた．そして，コボルドにその地位が提供された[42]．こうして彼はイングランド銀行に注目されるようになった．この後，一般的には以下のようなことが想定されていた．すなわち，ノーマンが彼独特のやり方で，コボルドに目をつけて，後に総裁の跡取りになる有能な新人を招いたのだと[43]．魅力的な話だが，利用可能な証拠によれば，ノーマンは関わっていなかったことが示唆されている．実際，ノーマンとコボルドが最初に会ったときには，任命はまったく秘密にされていた．その地位を確保するにあたって活躍したのは，理事のエドワード・ピーコック（Edward Peacock），パトリック・アシュリー・クーパー（Patrick Ashley Cooper），およびチャールズ・ハンブロ（Charles Hambro）であった[44]．アシュリー・クーパーはイングランド銀行がイタロ・ブリタニカ銀行に任命した1人であった．また，コボルドはハンブロ家と緊密な縁故があった．チャールズ・ハンブロとは姻戚関係があり，ケンブリッジを去った後，チャールズの2番目の従兄弟，ジャックと一緒に長期間旅行をしていた．後に，個人的な回顧録で，コボルドは「最初ノーマンは少し懐疑的で，他の人から私を押しつけられたと感じていた」と書いた．しかし，彼らはすぐ，共通の地盤を発見した．ノーマンは，両者ともケンブリッジでは1年しか続かなかったことを発見してことさら気に入った[45]．

　コボルドはイングランド銀行に入行したときは29歳であった．15年少し経って，彼は総裁になった．この華麗な出世期間中に，彼は総裁へのアドバイザ

一，執行理事，そして，1945年からは副総裁であった．国際的な金融，戦時計画，および戦後の再建に関わった．コボルドは世界銀行とIMFの両者を設立する議論に連座し，またイングランド銀行の国有化をめぐる交渉にも重要な役割を果たした．1949年にカトー卿を引き継いで総裁になった時に，コボルドは44歳にすぎず，総裁の地位に就いた者としてこれまでの最年少であった[46]．しかし，彼の任命は決して保証されたものではなかった．ドルトンは1946年に理事としてイングランド銀行に加わったピアシー卿か，ミッドランド銀行のチーフ・エギュゼクティブで副会長だったサー・クラレンス・サッド (Sir Clarence Sadd) を支持していた．もっとも，手形交換所加盟銀行からの誰かが総裁になったとすれば異例であったろうが．ドルトンの後継者となった大蔵大臣のスタッフォード・クリップス (Stafford Cripps) は，コートールズ社の会長で，理事会のメンバーであるサー・ジョン・ハンブリー=ウィリアムズ (Sir John Hanbury-Williams) に総裁職を申し出たが，彼はしばらく考慮した後で辞退した．このため，総裁への道がコボルドに開かれたのであった[47]．

新総裁は政府からの全員一致の支持があったわけではなかったかもしれないが，シティではよく尊敬されており，これは彼の地位にとって決定的な属性となった．彼は，学問的であるよりは実利的であり，ケインジアン経済学に懐疑的なことでもよく知られていた．フォードはコボルドをイングランド銀行における威圧的な人格で，総裁の権威を断固として維持する人として叙述している．コボルドは「既存の制度の段階的な調整」を好んだが，一度，変化への必要性を確信すると，より急進的な改革や取り壊しと再建さえ主張することを恐れなかった[48]．友達にはキムとして知られていたコボルドはハーミワン・ブルワー=リットン (Hermione Bulwer-Lytton) との結婚によって家族の縁故関係が強化された．2人は1925年にインドで出会った．コボルドは当時ベンガルの総督だった彼女の父，リットン第2伯爵 (Second Earl of Lytton) のところに滞在していた[49]．ハーミワンの父が1947年に死んだ時，彼女は先祖伝来の邸宅であるハートフォードシャーにあるネブワース・ハウス (Knebworth House) を相続した．

コボルドの最初の副総裁はダラス・バーナード (Dallas Bernard) であった．彼は極東で豊富な経験を持つ商人であった．1954年にバーナードが準男爵を

得て，イングランド銀行を去ったとき，彼に代わったのはマイナーズであった．前任者とは違って，マイナーズは学界出身で，イングランド銀行のいくつかの上級職にも就いていた．1926年から1933年の間，ケンブリッジのコーパス・クリスティ・カレッジ（Corpus Christi College）の経済学者であったが，マイナーズは，彼の叔父であるサー・アーネスト・ハーヴェイ（Sir Ernest Harvey）が副総裁であったときに統計部門の副部長としてイングランド銀行に入行した．1939年に始まって，マイナーズは次々と5年間ごとに，事務局長，総裁アドバイザー，および執行理事の仕事をこなした．マイナーズは機知に富み，自分の才能を非常に謙遜していた．フォードは彼が絶大な人格的魅力と第一級の知性を発揮したと記しているが，彼は物事を内密に行い，ノーマンのイングランド銀行の伝統と雰囲気を乱さないように熱心に努めていた．経済学の訓練を受けていたので，マイナーズはイングランド銀行では非常に稀な人材であったが，彼は「『銀行学派』の線で考え」，貨幣統計の価値については懐疑的であった[50]．彼はイングランド銀行において経済学の利用を進める努力をまったくしなかった．実際，ある同時代者の指摘するところでは，マイナーズは2つの言葉，すなわち「経済学」と「研究」を恐れていた[51]．コボルドはマイナーズに最終的にトップの仕事を引き継ぐ期待をもつべきでない，ということを明らかにしていた．マイナーズの能力について疑いがあるためではなく，コボルドや上級理事の考えでは，将来の総裁は「商業分野でビジネスと金融のかなりの実務的な経験をもつ人」であることが必要であった[52]．誰もがマイナーズのことを高く買っていたわけではなかった．外部からは，彼はもっぱら最高水準だけを求める厳しい男に見えたであろう[53]．ある元従業員はパーラーズに掛かっている思いやりのある肖像画は肖像画家の技量の証拠であると感じていた．

1950年代の理事の中では，チャールズ・ハンブロがもっとも年長で，1928年に常務委員会に加わった．しかし，ハンブロは彼の任命の時にはわずか30歳であった．そして，1950年代でもまだ，彼は仲間の理事の多くより若かった．彼が1963年に死亡した時，彼は35年間の奉職を完結した[54]．ハンブロの地位を示す1つのことは，39歳だった1937年にノーマンから総裁職に就くように要請された，ことであった[55]．1930年代に理事になった4人のうち，2人，すなわち，キャドベリーとハンブリー＝ウィリアムズは1960年代初期まで理事

会にとどまり，それぞれ25年間と27年間奉職した．1950年代の理事会の大多数は戦後すぐの年に任命されていた．すなわち，11人が1945年と1949年の間であった．1950年代に8人の新しい理事が就任した．1918-44年の時期について，セイヤーズは理事会へ選出されたときの理事の平均年齢は47歳であったと計算した[56]．この数字は1946年と1959年の間に任命された人たちについては52歳と高くなったが，戦争によって歪んだことは疑いない．イングランド銀行法では，理事は4年間の任期で任命された．そして，多くは2期間奉職した．中には非常に長い間奉職したものもいる．クーパー，サンダーソン，キンダーズリー，ボールトン，ベイビングトン・スミス，ケズィクの場合には20年間ないしそれ以上，ピルキングトンとエリーの場合には17年間であった．1946年法や特許状には理事を解職するための規定はなかったが，理事は70歳で退職しなければならなかった．表2-1に含まれている人々のうち，4人が70歳までとどまり，6人が68歳か69歳かで退職した[57]．

　パブリックスクールでの教育が一般的で，イートンとラグビーが先頭であった．1950年代の後半には，理事の中5人と総裁がイートン出身者であったが，これに対抗できる数字は保守党政権の内閣におけるものであった[58]．オックスフォードとケンブリッジ，とくに後者のトリニティー・カレッジ，とサンドハースト（Sandhurst）がパブリックスクールの後の顕著な特徴であった．シティの多くは紳士のクラブとして構成されていて，理事会もこれを反映した[59]．この一面はバンクレートの「漏洩」後とくに注目を浴びた．そして，イングランド銀行の理事の社会的背景と縁故の研究によって，多数の血縁関係と親戚関係が明らかにされた[60]．イングランド銀行が国有化産業や実際には他の金融機関の中でも，もっとも密接に縁故関係で結ばれた理事会をもっていたことは疑いないが，これはシティにおけるイングランド銀行の傑出した地位を考えれば驚くにはあたらない．

　非執行ないし非常勤の理事の背景は主に貿易，商業，および金融で良く知られた会社の有力者であった．産業界の指揮官の中には製菓会社の専務取締役のローレンス・キャドベリー，人造繊維製造会社コートールズの会長であるサー・ジョン・ハンブリー＝ウィリアムズ，ガラス製造会社ピルキングトン・ブラザーズのサー・ウィリアム・ピルキングトン，ショー・サヴィル海運会社の

第2章 1950年代のイングランド銀行

表 2-1 イングランド銀行理事会理事（1950-60年）

理事	就業期間	就任年齢	背景
常任理事			
ハリー・シープマン（Harry Siepmann）	1945-54	55	大蔵省／イングランド銀行
サー・ジョージ・ボールトン（Sir George Bolton）	1948-57	47	イングランド銀行
ハンフリー・マイナーズ（Humphrey Mynors）	1949-54	45	イングランド銀行
ケネス・ペッピアット（Kenneth Peppiatt）	1949-57	57	イングランド銀行
サー・ジョージ・エイベル（Sir George Abell）	1952-64	47	海外勤務（インド）
サー・キリル・ホーカー（Sir Cyril Hawker）	1954-62	53	イングランド銀行
サー・モーリス・パーソンズ（Sir Maurice Parsons）	1957-70	46	イングランド銀行
サー・ジョン・スティーヴンズ（Sir John Stevens）	1957-73	43	イングランド銀行
非常勤理事			
サー・チャールズ・ハンブロ（Sir Charles Hambro）	1928-63	30	マーチャント・バンク（Hambros）
パトリック・アシュリー・クーパー（Patrick Ashley Cooper）	1932-55	44	商業／貿易業（Hudson's Bay Company）
ローレンス・キャドベリー（Laurence Cadbury）	1936-61	46	食品（Cadbury Brothers）
サー・ジョン・ハンブリー=ウィリアムズ（Sir John Hanbury-Williams）	1936-63	43	製造業（Courtaulds）
オットー・ニーマイヤ（Otto Niemeyer）	1938-52	54	海運／イングランド銀行
サンダーソン卿（Lord Sanderson）	1945-65	50	造船業（Shaw Savill）
ピアシー卿（Lord Piercy）	1946-56	59	経済学／金融
キンダーズリー卿（Lord Kindersley）	1947-67	57	マーチャント・バンク（Lazards）
ブレイントリー卿（Lord Braintree）	1948-55	63	製造業（Critall Windows）
マイケル・ベイビングトン・スミス（Michael Babington Smith）	1949-69	47	手形交換所加盟銀行（Glyn Mills）
ジョフリー・エリー（Geoffrey Eley）	1949-66	45	金融／証券ブローカー
アンドリュー・ナエスミス（Andrew Naesmith）	1949-57	60	労働組合
ウィリアム・ケズィク（William Keswick）	1953-73	49	商業／貿易業（Jardine Matheson）
バイセスター卿（Lord Bicester）	1954-66	56	マーチャント・バンク（Morgan Grenfell）
サー・ウィリアム・ピルキングトン（Sir William Pilkington）	1955-72	49	事業（Pilkington Brothers）
サー・アルフレッド・ロバーツ（Sir Alfred Roberts）	1956-63	58	労働組合
サー・ジョージ・ボールトン（Sir George Bolton）	1957-68	56	銀行（Bank of London and South America）

ベイジル・サンダーソン（Basil Sanderson）がいた．銀行部門での経験をもつ理事にはハンブロズ商会のサー・チャールズ・ハンブロ，ラザード・ブラザーズ商会のキンダーズリー卿，モーガン・グレンフェル商会のバイセスター卿が

いた．大手の手形交換所加盟銀行の代表は理事会に任命されない習慣があった．ただし，マイケル・ベイビングトン・スミスは小規模な手形交換所加盟銀行であるグリン・ミルズ銀行の副会長であった[61]．イングランド銀行の国有化以降，労働組合の代表が理事会にいるようになったが，この慣例には法的な根拠はない[62]．

非常勤理事の義務は毎週の理事会に出席することと種々の常設委員会に仕えることである．非常勤理事がおそらく最大の影響を及ぼしたのは常務委員会を通じてであった．5人の委員は選挙で選ばれたが，このうち少なくとも4人は非執行理事からでなければならなかった．1950年代に，ハンブリー＝ウィリアムズ，エリー，サンダーソン，およびバイセスターはもっとも長く仕えていた．理事会の2人の古参の非常勤理事は総裁任命に関する議論の中でキングメーカーとして行動しなければならなかった．これは同僚との相談，対象になりそうな候補者からの非公式の意見聴取，および自分たちの知見を大蔵大臣に伝えることであった[63]．ラドクリフ委員会へのイングランド銀行の証言の一部として，ある覚書が理事と総裁の相互への影響について叙述している．考えの自由な交換が「絶えざる双方向の交流」を産み出し，「しかも広範な主題を網羅している」．そのうえ，その関係は「親密で，信頼され，共通の思考に基づく」もので，「イングランド銀行の内と外を問わず理事の誰もが参加できるどのような会議にとっても特別の価値があるものであった」[64]．もちろん，アドバイスや知性は有用であるが，この点を別にすると，イングランド銀行の広範な政策形成にとって非常勤理事が極端に制限された役割以上の役割を果たしたということはありそうもない．

対照的に，執行理事はイングランド銀行の運営にあたって，中心的な役割を果たした．彼らの仕事上の肩書きにもかかわらず，経営責任に関する正式の執行上の境界は何もなかった．むしろ，常勤理事は必要性と彼らの特定の専門知識によって決められた特定の分野で仕事をした．任命に先立って，全員が少なくともイングランド銀行の何らかの仕事をしていなければならなかった．1950年代の初めには執行理事はハリー・シープマン，ジョージ・ボールトン，ケネス・ペッピアット，マイナーズであった．シープマンとボールトンは2人とも外国為替と対外問題に関してかなりの経験をもっていた．シープマンは1926

年に総裁アドバイザーとして入行し，1945年に執行理事に任命された．ボールトンは1933年以来海外部で雇用されていたが，1948年に執行の責任を引き受けた．その後すぐに，ボールトンは海外政策の多くの問題を支配する立場になった[65]．ペッピアットは1911年にイングランド銀行に入行し，伝統的な経歴を経て昇進し，1934年に業務局長になった．彼は15年間この重要な役職を保持した後，国内金融に特別の責任をもつ最初の執行理事に任命された．ペッピアットは国債市場や貨幣市場（マネーマーケット）のことをよく知っていたが，金融政策の分析には関心がなく，大蔵省での会議に出席することは避けていたと言われている[66]．1957年にイングランド銀行を辞めた後，ペッピアットはクーツ（Coutts）銀行の取締役会に加わり，その結果，彼の有名な口髭を剃らなければならなかった[67]．イングランド銀行では顔の髭は許されていたが，蝶ネクタイは好まれなかった．

　ジョージ・エイベルはイングランド銀行に勤めて4年後の1952年に執行理事になった．彼はインド行政庁（Indian Civil Service）でかなりの行政技能を獲得し，これらの技能はイングランド銀行の職員と不動産を監督するのに活用された．エイベルの任命によって執行理事の数は5名になったが，これは1946年法に違反しているので，少なくとも，肩書き上はマイナーズが自分の執行責任を放棄した[68]．1954年にシープマンは辞めて，キリル・ホーカーが取って代わった．ホーカーは，副業務局長，国債局長，および総裁アドバイザーとしての期間を含めてイングランド銀行での30年以上の経験があり，国内戦線でペッピアットを支えるだけの十分な経験上の資格があった．ペッピアットが辞めたとき，ホーカーが先導することになったが，彼はラドクリフ委員会によって産み出された重い負担の仕事にあまり携わらず，証人としても現れなかった．彼の才能について誰もが高く買っていたわけでない[69]．ホーカーは1962年に辞めて，スタンフォード銀行（Stanford Bank）の会長になった．

　海外事項に関する執行問題はあまり明白ではない．ボールトンは1957年2月に執行責任を辞したが，これは表面的にはロンドン・南アメリカ銀行（Bank of London and South America; BOLSA）の会長職に就くためであった．しかし，何人かの指導者の間で確執があったようにも見える．ボールトンは，強力な人格で，ある段階では総裁候補として考えられていたかもしれないので

あるが，ポンドの交換性への動きが遅いことに苛立っていた[70]．彼の地位は海外専門家だったモーリス・パーソンズとジョン・スティーヴンズの2人によって奪われたように見えた．パーソンズは，その古めかしいスタイルと該博な知識とによって「法王」として知られていたが，1920年代にイングランド銀行での経歴をはじめ，1939年と1943年の間にはノーマンの個人秘書であった．彼はそれからIMFで一時期を過ごした後，副業務局長になった．1955年に業務局長の仕事には就けなかったが，パーソンズは明るい将来を約束され，代わりに，総裁補佐になった．これは業務局長に匹敵する等級と地位であった[71]．スティーヴンズは戦争直後に陸軍からイングランド銀行に入行した比較的新人であった．1954年にIMFに派遣され，1956年にイングランド銀行に戻ると，彼もまた総裁補佐になった．ピーコック委員会は総裁補佐の職をもっとも重要なものと考えたけれども，その職は間欠的に充足されたにすぎないので，2人の補佐の誕生は奇妙であった[72]．確かに，それではボールトンが埋もれるように見えた．イングランド銀行の年長の人々にとってはボールトンが1957年2月に彼の執行義務を断念するかもしれないということは明らかであった．また，ペッピアットも同時に退任する予定であったので，パーソンズとスティーヴンズの2人が執行理事に任命される道筋が整った．パーソンズは為替，為替管理，IMF，コモンウェルス，および北アメリカに集中し，スティーヴンズは残りの諸国と国際決済銀行（BIS），欧州決済同盟（EPU），および国内では，統計と監査を担当した．どちらについてもその後，総裁補佐は補充されなかった[73]．ボールトンはロンドン・南アメリカ銀行を成功裏に主導し，ユーロダラー市場を立ち上げるのに主導的な役割を果たした．なお，ときどき間違って主張されるが，彼が政府の小企業調査の議長を務めたことはなかった[74]．彼は1968年までイングランド銀行の非常勤理事であった．

この時期には，総裁アドバイザーは通常5ないし6人いた．もっとも長く仕えたのはバーナード・リッカトソン=ハット（Bernard Rickatson-Hatt）で，1941年から1958年までその職に就いていた．彼は，ロイター社（Reuters）の編集主幹からやって来て，金融ジャーナリズムの背景をうまく活用した．実際，リッカトソン=ハットはイングランド銀行の最初の新聞担当役であった．もっとも，正式には，そのような職種は存在しなかったのだが[75]．ある人の指摘す

るところによると,彼の仕事はイングランド銀行を新聞から遠ざけ,また新聞をイングランド銀行から遠ざけることであった.これはたしかに,当時の秘密主義の態度と符合していた.この時期の他の事実上すべての総裁アドバイザー,すなわち,ジョン・リシビ(John Lithiby),フレデリック・パウエル(Frederick Powell),ルシアス・トンプソン=マコースランド(Lucius Thompson-McCausland),ジョン・フィッシャー(John Fisher),マックス・スタンプ(Max Stamp),ローレンス・メンジーズ(Laurence Menzies),ジャスパー・ルーザム(Jasper Rootham)は対外問題や海外問題に関係していた.トンプソン=マコースランド(Lucius Thompson-McCausland)はもっとも経験があり,ケインズと一緒に武器貸与とブレトンウッズの交渉に出席し,また,のちには,関税および貿易に関する一般協定(GATT)に結実する会議に参加した.1950年代半ばには合計で10になる多数の他のアドバイザーのポストがあったが,これらは海外問題に関する専門家の知識を提供した[76].

海外専門知識への集中に対する1つの例外は経済学者モーリス・アレン(Maurice Allen)であった.1948年になって経済学専門家の必要性が認識されたが,空白を埋めるのは困難であった.ケンブリッジのトリニティー・カレッジからデニス・ロバートソン(Dennis Robertson)を誘いだす試みは成功しなかった.その後,中央銀行に関する論文で最近になって目にとまったリチャード・セイヤーズ(Richard Sayers)にアプローチした.セイヤーズはきっぱりと申し出を断った.というのも,彼はロンドン・スクール・オブ・エコノミックス(LSE)の学部長に就任したばかりであったからである.もっとも,これで,彼のイングランド銀行との関わりが終わったわけではなかった.彼は幹部職員と交信を続け,後に公式のイングランド銀行の歴史を書くように委託されることになる.その後,LSEの卒業生でIMFの研究理事補佐であったアレンに注意が向けられた.彼は職を受け入れて,1950年にイングランド銀行に赴任した.当初はアドバイザーであったが,4年後には総裁アドバイザーになった[77].アレンの経済学は,マイナーズと同様に,「予想的,心理学的,および非数量的」な性質をもつ「銀行学派」の線上のものであり,政策の経済学的な効果の評価は「ひどく判断的で,質的な逸話的でさえある情報」に顕著に依存していた[78].「銀行学派」という語句は,貨幣集計量よりも貨幣市場操作と利

子率に焦点を合わせた19世紀の学派に由来した．この学派の見解が長い間イングランド銀行を支配していた．1957年の初め，ジョン・フォード（John Fforde）がアレンの補佐に着任したので，イングランド銀行の専門経済学者の数は3人に増加した．35歳のフォードはオックスフォードのナフィールド・カレッジ（Nuffield College）のフェローであった．そこで，彼はジョン・ヒックス（John Hicks）に感銘を与え，1950年に，米国連邦準備に関する書物を書くことを支援する，ウーブロン＝ノーマン（Houblon-Norman）助成金を受け取った[79]．フォードは後に業務局長と執行理事になる．

　給与をもらう職員の一般的な階層の中で，一番上のものは業務局長であった．業務局長は事実上のチーフ・エギュゼクティブであり，総裁に日々話を聞いてもらえるイングランド銀行の唯一の幹部職員であった．1950年代の前半，パーシヴァル・ビール（Percival Beale）がこの職に就いていたが，フォードによれば，彼は難しい人物で，イングランド銀行を辞めるように勧められて，インドで職を得た．同時代の多くの人はビールについて強い否定的な見解をもっていた．彼の後任はレズリー・オブライエン（Leslie O'Brien）であった．オブライエンは高校（スクール）を出てからすぐ1927年にイングランド銀行に入行し，業務局と海外局で経験を積んだ後に，ノーマンと後にはカトーの個人秘書になり，1951年に副業務局長に，1955年初めに業務局長になった．オブライエンは就任時にコボルドから「他の人はよそへ移動して，より高い地位に就くこともありうるが，彼〔オブライエン〕は，おそらくイングランド銀行での今後の経歴を含めて，在職期間を長くすべきである．これが理事会の期待である」と言われた[80]．

　その他の主要な幹部職員（officers）には局長と副局長，および外国為替部や割引部など比較的重要な部の何人かの部長がいる．1956年3月に，最上級の幹部職員は男性で，平均年齢は52歳，ほぼ全員が30年間以上もイングランド銀行に勤めていた．それに合わなかった唯一の人はジャスパー・ホーラム（Jasper Hollom）であり，副業務局長に任命されたばかりで，40歳にも満たなかった．他の若い幹部職員にはヒルトン・クラーク（Hilton Clark, 46歳），ロイ・ブリッジ（Roy Bridge, 44歳）もいたが，それぞれ，割引部長と外国為替部長であった．オブライエン自身は48歳であった．

第 2 章　1950 年代のイングランド銀行

　手形交換所加盟銀行のように，イングランド銀行は内部労働市場を運営していた[81]．すべての入行者が彼ないし彼女の職歴を一番下から始めた．そして，イングランド銀行は基本的に実力主義の組織なので，理事会の水準以下では，男の事務職員なら誰でも頂点に上ることが可能であった．等級（grade）と年数（seniority）がかなり厳格に課されていたけれど，オブライエンとホーラムの例が示すように，有能な職員がヒエラルキーを上り詰めることも可能であった．にもかかわらず，高い水準での意思決定に関わる機会は厳しく限定されていた．というのも，マイナーズが認識していたように，「イングランド銀行の仕事の大半は政策問題を引き起こすものでなく，仕事の管理は十分に踏み固められた道をたどり，問題ではなくて人々を扱う必要がある」ためである[82]．オブライエンも同様の見解をもっていた．イングランド銀行は「大きな組織で，主に日常的な決まりきった仕事に捧げられている．その大部分は政策とはまったく関わりがない」．実際，局の責任を負っている業務局長がいなくても，いくつかの部は「まったくうまく」機能できるであろう[83]．たとえば，4,500 人いる銀行部門の従業員の中でせいぜい 24 人が重要な意思決定に関わっていたにすぎない，と示唆してもおそらく妥当である．

　ほとんどすべての職員が高校から入行した．大学卒業生はイングランド銀行にはきわめて少数であった．1910 年と 1913 年の間にオックスフォードやケンブリッジから採用しようという試みがあったが失敗した．セイヤーズが記すところでは，受け入れることができる人は少なく，とどまった人はほとんどいなかった．とどまった人はとくに注目されもしなかった．彼の付言によると，後知恵ではあるが，イングランド銀行の「超然さ」が誤って向けられていたのかもしれない[84]．1946 年 9 月に理事会は大卒者の採用を再開する決定を行い，当初は年間 6 人の「特別入行」が行われた[85]．1955 年までにイングランド銀行には 71 名の大卒者がおり，その数は 1960 年終わりまでに 99 人に増加した[86]．彼らの多くはオックスフォードかケンブリッジからきたゼネラリストであった[87]．しかし，ヘネシーの指摘するように，「離職者」の割合は特別入行者の間でより高かった．これはイングランド銀行での最初の数年間が彼らの期待に沿わなかったためである[88]．共通の不満は，能力が十分に使われていないということであった．1946 年から 1960 年の間に 142 人の大卒者がイングラン

ド銀行に入行したが，同時期にこれらのうち43人が離職した．この程度の摩擦率は他の雇用者の経験からは外れていない．また，残った99人の中には将来の副総裁ジョージ・ブランデン（George Blunden）と3人の将来の業務局長（ジョン・ペイジ（John Page），デイヴィッド・サマセット（David Somerset），およびマルコム・ギル（Malcom Gill））がいた[89]．

大卒者の入行とともに，採用と離職防止，新規職員の質と能力，および訓練と育成に関連して広範な論議がなされた．戦後の完全雇用の風土のなかでは，職員獲得をめぐる競争はより激しく，シティ全体でも質の高い新人を惹きつけるために戦っているという感覚があった[90]．イングランド銀行もこれを免れたわけではない．もっとも，マイナーズが観測したように，「イングランド銀行の権威はまだかなりのものであった」．旅行と海外での異国風の生活の機会があるにもかかわらず，根本的な困難は，仕事が「退屈な」上に昇進は「むしろ遅い」ので，出世の見通しが立たないことであった．ルーザムが認めたように，この最初の経験は「圧力の下で正確に素早く計算すること」を促す効能があり，「煉獄だとみなされてもすべての人が通過しなければならない」のであった[91]．

コボルドは訓練のやり方の適切さについて不満を述べ，イングランド銀行が低い階層で正しい訓練材料を得ているかどうかについて疑問を呈した[92]．討議が行われ，全階層での訓練の包括的な見直しをする特別委員会が樹立された[93]．マイナーズは訓練の枠組みが単に「他人のすることを見て，指示される」だけである場合には，きわめて懐疑的であった．彼は職員をあまりにも早く昇進させることに懸念を示し，幹部職員（senior official）の技術的熟練の好もしさを強調した．「イングランド銀行の銀行業について理解する必要のない優越人種」を創出する危険性もあった[94]．オブライエンは明らかにこうした感覚を共有し，「高い能力をもった者を顕在化し，彼らに十分にしっかりした基礎があることを保証する手段としての精巧な訓練の枠組みには信を置いていない」と宣言していた．もっとも重要なことは「イングランド銀行の仕事をして実績で判断されること」であった[95]．

上級レベルでは伝統的な方法が好まれ，また，コボルドが「イングランド銀行は銀行であって，研究機関ではない」と指摘していたにもかかわらず，1950年代末までには経済分析と統計分析により多くの資源が割かれなければならな

いことはほとんど疑いがなかった[96]．イングランド銀行では専門経済学者が少なかったうえ，専門的な統計学者の数を拡大するようにとの要望があった．統計部長のジェームス・セルウィン（James Selwyn）は経済学，数学，および統計学の大卒者が「より多くの情報とより内容の濃い分析への需要の急速な増加」に対応するために必要である，と説いた[97]．それに答えて，オブライエンはこの分野では高い資質が必要だと譲歩せざるを得なかったのであり，そういう人材は通常の採用では確保できそうにもなかった[98]．また，イングランド銀行に課された需要の変化に見合った新しい部署を作るべきだという興味深い提案があった．1955 年にルーザムは国内の経済および金融面での発展に関する情報を提供するために，業務局長室付の「情報部門」の設置を提案した．これはまた，業務局長室は多くの小さな歯車からなっているが，たった 1 人か 2 人が鍵を握っている時計でしかないという間違った考えを晴らすのに役立つであろう[99]．同様に，マイナーズも明らかに同時代の業務の進展を知っていて，やはり業務局長の下での「オペレーションズ・リサーチ」部門の可能性について惹かれるところがあった．オブライエンはこの考えに熱心であった．彼の説くところでは，そのような部門は「政策目標が達成される手法とそれらを実行するために将来必要となるかもしれないものへの注目を集め」るであろう[100]．ここから直接的には何も生まれなかったが，ラドクリフ委員会の統計改善の必要性についての明言を 4 年前に予言した議論であった．

　将来の出世の見通しが良くないために採用が阻まれるとしても，イングランド銀行における一般的合意では，給与水準は，他の組織と比較して有利であったので，深刻な障害ではなかった．イングランド銀行と手形交換所加盟銀行との間の給与格差は細かく調べられていた．1950 年代初めにはイングランド銀行の 28 歳の男性事務員の給与は年 662 ポンドであったが，これはウェストミンスター銀行の 583 ポンドと新たな給与体系が導入されたばかりのロイズの 683 ポンドと比較される．結局，1951 年には，イングランド銀行の男性の「職階別」職員の給与は他の金融機関の対応する職員よりも 22% 高かった．この差は 16% まで低下したが，1958 年の職階別給与体系によって 1947 年の 24% の水準に戻った[101]．幹部職員についての報酬はすばらしいと考えられている．1956 年にはトップの 22 人は 3,500 ポンド以上を稼ぎ，局長は 5,000 ポンドな

いしそれ以上，業務局長は 7,500 ポンドを得ていた．総裁に仕える人々も良い報酬であった．総裁補佐やアドバイザーへの支払いは 5,000 ポンドから 6,500 ポンドで，イングランド銀行の局長（Chief Officers）に匹敵した．これらのイングランド銀行の報酬を公務員の報酬と比較することができる．公務員のもっとも上級の 3 段階，つまり，事務次官（Permanent Secretary），副事務次官（Deputy Secretary），および事務次長（Under Secretary）はそれぞれ，4,500 ポンド，3,250 ポンド，および 2,600 ポンドを得ていた．

理事会のメンバーについての年俸は 1946 年特許状で定められていたが，理事会は必要とみなす場合には追加的な支払いに同意することが許されていた[102]．1950 年代初めに，総裁の給与は 8,000 ポンド，副総裁は 6,500 ポンドで，1959 年にはそれぞれ 1 万 4,000 ポンドと 1 万 2,000 ポンドであった[103]．それに比較して，他の国有化産業の会長の報酬は年 4,500 ポンドと 8,500 ポンドの間であった[104]．執行理事への支払いはおもに年功を反映してより大きな幅があった．エイベルとホーカーは 6,500 ポンド，ペッピアットは 7,000 ポンド，ボールトンは 7,500 ポンドを支払われていた．1959 年までにエイベルとホーカーの給与は 8,750 ポンドに増加した．また，2 人のより若い執行理事である，パーソンズとスティーヴンズは 2 人とも 8,000 ポンドを受け取った．どのような基準に従っても，これらは高額の報酬の仕事で，とくに総裁の仕事はそうであった．報酬は地位を反映したものであり，イングランド銀行に必要な能力をもった人材を惹きつけることのできるものでなければならなかった．他方，非常勤理事の受け取る 500 ポンドの額は 1998 年のイングランド銀行法まで 52 年間変わらなかった．1960 年代の理事会のメンバーであったセシル・キング（Cecil King）は，彼の場合に税引後の純支払額は年 12.50 ポンドであったと計算し，昼食の方がずっと価値があったと，付け加えている[105]．

俸給水準だけでイングランド銀行が働くのによい場所であったわけではなかった．イングランド銀行はその職員を非常に厚遇しているというのが一般的感触であった．オブライエンによると，スポーツ・クラブが作られたのは，「イングランド銀行では職員は共同体と奉仕の一員であって，たんなる従業員ではないという気持ちを育成するため」であった[106]．ライフル・クラブ，園芸会，チェス・クラブ，オペラとドラマの会，卓球クラブを含む，多数のクラブや会

も「帰属」の感覚を追加した．実際，ブリッジ・クラブは将来の総裁，エディー・ジョージ（Eddie George）が入行する際に魅力を感じたものであった[107]．もっと密かな影響をもっていたもう1つの会は，イングランド銀行の理事と事務職員だけが使えたフリーメーソンのロッジ（Masonic Lodge）であった[108]．もちろん，そのような温情的な振る舞いはイングランド銀行だけに特有なものではなかったが，確かに，組織はそれが特別なものだと考えたがった．

3. 目的と機能

　イングランド銀行に特別の目的は課されてはいなかった．1946年法のどこにも，あるいは実際にどの公文書にも，政府がイングランド銀行に何を期待するかという叙述はなかった．このためイングランド銀行の自由度は大きかった．明白なガイドラインはなかったが，多年の進化の後では，イングランド銀行の責任と行動は少なくとも暗黙には良く理解されていた．ともかく，セイヤーズが1953年に銀行家協会での講演で述べたように，イングランド銀行の仕事は厳格には定義できなかった．「中央銀行は柔軟でなければならず，時代の要請にその道を適応させなければならない，これが正に中央銀行の本質である」と彼は主張した[109]．

　この時期のイングランド銀行の機能については同時代の叙述が役立つ．セイヤーズの『現代の銀行業』の第4版は1950年代の銀行業界でのイングランド銀行の立場と役割を明確に提示している[110]．セイヤーズにとっては「中央銀行の本質的な仕事は国家によって指示される金融政策を支援するような方法で商業銀行を規制（control）することである」[111]．これを達成するために，イングランド銀行は現金の源泉でなければならないのであり，公開市場操作を追求し，最後の貸し手として行動できる準備をしていなければならない．イングランド銀行は銀行券発行も規制した．その他の仕事，政府の銀行や民間顧客にとっての銀行は，中央銀行としての基本的な機能にとって本質的なものではない．イングランド銀行の主要な機能に「分かちがたく関連している」外国為替業務は，おもに大蔵省の代理人として行動しているので，これも本質的なものではない[112]．これらの他の機能は少し注目されたが，セイヤーズはおもに，中央

銀行の操作 (operations) とその銀行制度と金融政策への影響に興味をもっていた．1950年代の金融政策の経験によって，セイヤーズは「今日ほど中央銀行の未解決の問題が多くある時代はかつてなかった」と結論した[113]．これは1957年4月に書かれたので，ラドクリフの調査の発表より1月前であった．セイヤーズはラドクリフ委員会のメンバーに任命されたので，その後の『現代銀行業』の版は報告に照らして大幅に書き直された．

ラドクリフ委員会はこの時期のイングランド銀行の仕事への有効な手引きになっている．「構成と機能 (Constitution and Functions)」に関する覚書が1957年に証言としてイングランド銀行によって提出された．実務に比べて理論にはあまり関心がなく，この論文は5つの分野に注目した．すなわち，銀行券発行，為替平衡勘定 (EEA) の操作，為替管理の適用，国債管理，および銀行業である[114]．報告書自体もイングランド銀行の仕事を3つの分野に分けた．すなわち，対外的な業務，国内業務，およびイングランド銀行が経済に影響を及ぼす操作である[115]．イングランド銀行はその機能と組織について『イングランド銀行四季報』(*Quarterly Bulletin*) の記事で詳しく説明している．そこでは，4つのおもな要素が照明を当てられた．すなわち，銀行業，政府のための代理人，イングランド銀行の助言者としての役割，および金融 (financial) 市場と外国為替市場での操作である[116]．BISによって出版された書物でのイングランド銀行に関する章は，イングランド銀行のアドバイザーであるジョン・フィッシャー (John Fisher) によって書かれたが，これは公式の見解を表しているものとみなすことができる．フィッシャーは8つの「暗黙の」目的を挙げている．そのうち2つは，銀行券の発行と公債の登録で，おもに作業的な仕事であった．次の3つは，通貨価値を守ること，最後の貸し手として行動すること，および政府に対して専門的な助言をすることであり，かなり特定化された仕事である．残りは性質上一般的なこと，すなわち，「銀行業と金融制度の信用と評判を維持すること」，「秩序だった金融市場と為替市場を促進すること」，および「資本市場で秩序だった資本の流れを促進すること」であった[117]．

金融政策におけるイングランド銀行の役割とマネーマーケットと外国為替市場におけるその介入の影響は明らかに卓越している．一連の活動があった．たとえば，割引市場での操作，バンクレートの変更，および国債市場を通じた国

債管理である．ここではたんにそれらを列記するだけであるが，それらはこの物語の中心的なものである．イングランド銀行はその手段の日々の使用についてはある程度の自律性をもっていたが，究極的には，戦術が向けられたのは別のところで決められた目的を達成するか，少なくとも達成しようとするためであった．政策はイングランド銀行によってではなく，政府によって決められた．しかし，イングランド銀行は決してたんに大蔵省からの指示を実行している受動的な代理人ではなかった．イングランド銀行は金融的な技術の形成と適用に深く関わっていた．

　銀行業サービスの主な顧客は，政府，商業銀行，および海外の金融機関であった．「頑固で」はあるが，少額の個人向け銀行業も残っていた[118]．政府の銀行としてイングランド銀行は主要な口座を保有していた．これには国庫，および大蔵省主計長官（Paymaster General），郵便局，国債管理委員会（National Debt Commissioners）の口座が含まれた．これらの口座は日々イングランド銀行によって，支払いの必要性に見合うだけの十分な資金が利用できるように，また多額の余剰が累積しないように管理されていた．銀行の銀行としての役割上，イングランド銀行は商業銀行，割引商会，引受商会，およびロンドンで活動しているいくつかの海外の銀行のために口座を保有していた．1960年代半ばまでにほぼ100口座あった．ロンドンの手形交換所加盟銀行の口座がもっとも重要で，それらの銀行の現金保有総額の大部分がイングランド銀行における預け金残高の形で維持されていた．日々の小切手や信用の精算はこれらの「銀行の預け金残高（bankers' balances）」で決済された．割引商会に対する貸付を通じて，イングランド銀行は銀行制度に対する貸し手であった．約90の海外の中央銀行と他の通貨当局のために口座が保有されていた．後者は BIS，IMF，および世界銀行（IBRD）を含んでいた．ポンド圏の中央銀行のほとんどはその多額の準備をイングランド銀行に保有していた．他方，他のものは多額の運転残高をイングランド銀行に置いていた．これらの資金管理の便宜をイングランド銀行は提供した[119]．

　かなりの量のイングランド銀行の仕事が政府の代理人としての仕事であった．2つのおもな仕事は為替管理の運営と EEA の管理であった．為替管理制限は1947年の為替管理法の下で課されたものであるが，この法律自体，戦時中の

為替管理の延長であった．この方法の目的は，「指定地域（scheduled territories）」外の取引に大蔵省の許可を必要とさせることによって，金と外国為替準備を守り，保持することであった．これらの指定地域はもともと，コモンウェルス（英連邦）の多くといくつかのポンド圏の諸国を含んでいた．為替管理に関連した官僚機構は膨大であった．1950年のピーク時には為替管理部門は1,600人以上の人々を雇用したが，これはイングランド銀行の全事務職員のおよそ4分の1であった．1950年代に為替管理が徐々に緩和された結果，いくつかの為替管理部は廃止された．職員数は50年代の終わりには約250人に削減された．といっても，これで余剰人員がいるわけではなかった．EEAの運営は大蔵省の代わりに行われた．この勘定は1932年に設立され，ポンドの日々の価値の大幅な変動を防ぐように運用された．この役割は戦後期にも引き継がれ，EEAはIMFの加盟国として要求されている2.80ドルの平価価値を守り，その上下いずれの側にも1％以上為替レートが変動しないようにする責任を課されていた[120]．

イングランド銀行のもっとも目に見える活動の1つが銀行券の発行であった．これはいくつかの法律によって定められていた．1844年イングランド銀行法は発行部と銀行部が独立した部であるべきことを明記していた．実際には，2つの部は勘定上分離されているだけで，分離は部の組織には反映されていなかった．イングランド銀行はイングランドとウェールズで法貨としての銀行券を発行する唯一の権利をもっていたのであり，現在もそうである[121]．銀行券自体は銀行部に対して発行され，銀行部が必要に応じて放出した．1950年代半ばに，流通銀行券の数は，おもに1ポンド額面で，15億枚以上であり，総額は18億ポンドであった[122]．

すべての銀行券発行は保証発行（fiduciary）であった．つまり，紙の通貨は金でなく政府証券によって裏づけられていた．これは1939年のカレンシー・ノートおよび銀行券法（Currency and Bank Notes Act）以来ずっとそうであった．この法律の下で，象徴的な額以外は，発行を裏づける金が発行部の帳簿からEEAに移行された．1939年法の下では，保証発行の額は3億ポンドに定められたが，これは大蔵省の権限で越えることができた．戦時中は一時的な方策が導入されて，のちに，この制限は1954年のカレンシー・ノートおよび銀行

券法の下で，15億7,500万ポンドに引き上げられた．必要ならばこれを増加できる条項もあった．もっとも，定められている総額を2年以上超過した場合には大蔵省令が必要であった．1956年末には保証発行額は実際に20億ポンドであった．金の貯蔵もあったが，そのうち多くは他の中央銀行のために保有されていた．それはそれぞれがちょうど13トンを下回る重さになる1,000本ずつの延べ棒の束で，金用の金庫に保管されていた[123]．EEAと発行部の間には重要な繋がりがあった．証券の簿価を維持するために，毎週の再評価の結果によってEEAへおよびEEAから支払いがなされた．これらの動きの変動はまったく激しいこともあった．しかし，数字は保証発行のごく小さな割合でしかなかった．実際，2%もバンクレートが引き上げられた後の1957年9月，発行部の証券価値から1,700万ポンドが払われたが，これでさえ全体の0.9%でしかなかった．発行部が保有していた政府証券はイングランド銀行での政府債務の管理にとって中心的な役割を果たしていた．これらの証券はイングランド銀行の市場操作の必要性を満たすために管理されていて，収入を最大化する意図ではなかった．にもかかわらず，ここからの収入は大きかった．それはとくにより高いバンクレートによって得られる余分の利子のためであった．イングランド銀行はこの収入から銀行券発行の費用を差し引いたが，それでも膨大な利益をあげ，これをEEAを通じて大蔵省へ払い戻した[124]．これらの利益は1950/51年から1959/60年の間に2億7,100万ポンドに上った．

イングランド銀行は国有化された産業によって発行された証券も含めて，国債の登録機関であった．1958年に，これらは160種類の違った銘柄の証券になり，300万口座以上の個別勘定を構成していた．年間の仕事は数百万件の元利金支払いと国債移転の処理を含んでいた．為替管理についてと同様に，この作業は非常に労働集約的で，この仕事を担当している国債局はこの時期には1,500人から2,500人の間の職員を抱えていた．登録機関の機能と結びついたこの日常的な管理運営と書類作成作業は政府債務の管理とはかなり違ったことであった．政府債務の管理は金融政策と関連する重要な問題であった[125]．

イングランド銀行の助言および監督機能は多岐にわたった．助言は国内外の金融政策のすべての事柄について政府に対して与えられた．大蔵省との関係は明確にするのが難しいが，通常の業務では，イングランド銀行はほとんど干渉

を受けなかった．しかし，1946年法はイングランド銀行を大蔵省に従属するものにし，ラドクリフ委員会の勧告はこの大蔵省の地位を強化する役割を果たした．とはいえ，イングランド銀行はシティにおける民間部門の利害の代表であり，また，大蔵省とより広い銀行界との間の通常の対話経路でもあった．イングランド銀行とシティの機関および商工業との間には密接な繋がりがあった．1920年代と1930年代にはイングランド銀行は産業再編の金融を活発に行った．1945年以降には，イングランド銀行は産業金融公社（Finance Corporation for Industry）と商工業金融公社（Industrial and Commercial Finance Corporation）の設立に関わった．1950年代には，イングランド銀行は鉄鋼業の非国有化（1951年）とコモンウェルス開発金融会社（Commonwealth Development Finance Company）の設立（1952-53年）に際して助言を与え，またブリティッシュ・アルミニウム社の買収防止の失敗に終わった試み（1958年）にも助言を与えた[126]．

この助言の裏づけとなる情報はイングランド銀行の公式および非公式のネットワークを通じて，つまり，理事会のメンバーから，支店における代理人から，また訪問によって築き上げられた．この累積された専門的知識は現実の公的な捌け口をもたなかった．イングランド銀行は秘密主義の組織であり，その『イングランド銀行年報』の粗雑さは悪名高かった．セイヤーズはこの年報の長きにわたる批判者であったが，それを「世界でもっとも冴えない中央銀行年報」だとか「印刷にほとんど値しない」「ただの退屈な文書」とか，いろいろの表現をしていた[127]．ラドクリフもまた非常に批判的であった[128]．これは他の国有化産業の非常に詳細で情報に満ちた報告書や，たとえば，米国，カナダ，およびオーストラリアの中央銀行が生み出す資料とは対照的であった．

助言の提供は海外の事項にも及んだ．とくにコモンウェルス（英連邦）と開発途上国の中央銀行の設立に関してである．イングランド銀行は生まれたばかりの機関に対して技術的な支援を提供した．1959年には中央銀行業に関する最初の研修課程が運営された[129]．多くの場合に，イングランド銀行の職員が海外の中央銀行に派遣された．ときには，総裁を供給することもあった．さらに，重要なことは他の国際金融機関，とくに，IMFやBISとの関係の発展であった．ブランデンとペイジがIMFの研究員としてしばらく働き，1956年の

終わりには，ガイ・ド・ムーブレイ（Guy de Moubray）が IMF 専務理事への個人助手に任命された．この後者の職はその後多年にわたって，イングランド銀行の職員によって充足された[130]．

この時期の銀行監督の重要性はきわめて低く，ほとんど見えないくらいであった．公式の管理機構はなく，また，銀行組織を監視する法的な規定は何もなかった．1946 年イングランド銀行法では，大蔵省の承認を得て，イングランド銀行が銀行に指示を与えることができたが，これらの権限は一度も使われたことがなかった．割引部長は枢要な役割を果たしていた．概して，金融機関はこの非公式の体制の中で発せられる警告に対して反応した．しかし，その多くは引受商会と割引商会にのみ当てはまることで，手形交換所加盟銀行はイングランド銀行の影響を受ける外側にいた[131]．セカンダリー・バンクやファイナンス・ハウスのような新しい形態の金融機関が発展するにつれて，既存の規制手法の結果として，ときに，規制がますます問題があるものになった．1950 年代の半ばから預金受け入れを規制するための権限を与える信用取引法案を導入する動きがあった．ホーラムによって工夫された計画では，いくつかの適用免除機関を除いて，金融機関は年間免許のために貿易（商務）省に登録し，所定の財務条件を満たすことを示さなければならなかった[132]．1957 年には政府の支持が得られなかったため，この考えは何にもならなかった．フォードの意見では機会が失われたということであるが，この問題が再び話題になるにはしばらく時間がかかった[133]．

驚くべきことでもないが，250 歳の機関にとっては伝統が強かった．イングランド銀行に入るときには職員は正面の入口かプリンセス・ストリートの門で門番の挨拶を受けた．門番の豪奢な伝統的な衣服，桃色のジャケット，赤いチョッキ，外套，および金縁の帽子と銀の頭のついた木の杖はイングランド銀行の正に創設時に遡るもので，過去を顕著に思い出させた．バンクレートの公表の手順も長い歴史があった．実際，オブライエンが認めたように，それがいつ始まったか誰も知らないようであった．もっとも，それは 1927 年に彼が入行して以来同じであった[134]．毎週の理事会の会合での正式の投票の後，その決定はもっとも若い理事によって理事会室の扉から待ち受けている職員に午前 11 時 43 分に発表された．それから割引部長が「今日は割引率の変更はありま

せん」もしくは「バンクレート x％」を示す通告を午前 11 時 45 分に正面ホールに掲示するように準備した．そこには，シティ中の使い走りの者たちがそのニュースを心待ちにして集まっていて，直ちに，急いで，それを自分たちの事務所に届けるのであった．その間，業務局長からその決定を知らされたガバメント・ブローカーが証券取引所に向かって少しばかり歩いた．この旅程によって証券取引所の立会場での発表もイングランド銀行で開示されるのとちょうど同時になるようなタイミングとなった[135]．

伝統がよく見えるもう 1 つの要素は，「イングランド銀行に悪意をもった人に対して心理的な抑止力となるように振る舞う」ために，毎晩スレッドニードル・ストリートにやってくる護衛であった[136]．ゴードン暴動に対処するために 1780 年に創設されたが，イングランド銀行の番兵隊は赤いコートと黒毛皮の山高帽を身にまとい，イングランド銀行を次の朝まで守るためにライフルと銃剣の武器で装備して，ウェリントンないしチェルシー・バラックスからエンバンクメントに沿って行進した．番兵隊は通常，近衛連隊旅団から提供された[137]．護衛を廃止する問題が 1963 年に『タイムズ』紙で取り上げられ，議論は下院にも持ち込まれ，そこでは，「その無意味な義務」が疑問視された[138]．その結果，イングランド銀行は番兵隊の役割を見直したが，クローマー（自身も元護衛であった）はそれがイングランド銀行の安全にとって本質的だと強く主張した[139]．それは規模を縮小され，その役割は儀式的なものよりも戦術的なものになった．1963 年から護衛は陸軍の車で制服を着てやってきた[140]．有線テレビのような安全性の改善と武装警察の利用可能性によって結局，護衛は余計なものになった．創設からほぼ 200 年後の 1973 年 7 月 31 日の夕方に番兵隊は終了した．

イングランド銀行は金融市場がどのように機能するかについて知ることに大きな誇りをもっていた．しかし，どのような種類であれ，経済理論に助言をするその能力は極端に限られていた．実際，それは避けられるべきことであった．また，為替レートの維持が至上命題であった状況では，イングランド銀行は金融政策の多くの様相を完全に評価することもなかった．とはいえ，ラドクリフ委員会の任命をもたらしたのは金融政策の失敗であった．ラドクリフは現行の伝統に公式の承認印を与えたが，明らかになるように，金融政策の結果は失望

されたままであった．

4. イングランド銀行の財源と財務実績

　イングランド銀行の全体的な実績を調べるのは難しいが，その資金調達については何かを試みることができる．中央銀行の財源には3つの主要な方法がある．すなわち，税金から，シニョレッジ（seniorage）〔銀行券発行の差益〕を確保することから，および金融機関に課金することから．イングランド銀行はこれらのうち最後のものに到達した．最初の2つには誘因と独立性の点で問題がある．第3のものは反対が少ない．21世紀の初めには事業と政府の透明性が増したので，イングランド銀行の財源を容易に明らかにできる．「現金比率預金制度」の下では，主要な金融機関は利子を生まない預金をイングランド銀行に置くことを義務づけられている．これらの預金はイングランド銀行によって投資され，稼いだ収入はイングランド銀行の金融政策と金融安定の業務運営費用を賄う．そのうえ，イングランド銀行は政府のためのサービスに対して課金をしている．

　この制度は19世紀に由来する．初期の頃には，商業銀行はイングランド銀行に対して，主に，その特権的な株式会社の地位のせいで，ある程度の理解可能な反感を抱いていた．しかし，それも徐々に薄らいだ．それから，イングランド銀行が1844年の法律で銀行券発行の独占を与えられ，イングランド銀行が現金の究極的な源泉となると，イングランド銀行が最後の貸し手になる条件が整えられた．この役割はイングランド銀行が19世紀の中頃には不完全に演じていたものだが，1870年代以降は多かれ少なかれ理想的に演じてきたものであった．イングランド銀行はその地位のゆえに，銀行制度に対して緊急の流動性を実際上は無制限に供給できた．したがって，銀行はその準備をイングランド銀行に置いて，相互の債権を安い費用で決済することが妥当なことであった．恐慌が起こったときには，銀行は中央の発券銀行からの支援を求めるであろう．最終的にこれは，中央銀行に対する債権保有者がイングランド銀行から金を要求する結果になりうるが，銀行への信認が維持されていれば，それはまたイングランド銀行の安全性を保証した．19世紀の後半に，銀行の預け金残

高は銀行の流動資産のかなりの部分になり始めた．この時期から20世紀まで，これらの数字についてはある程度の秘密がつきまとった[141]．口座の秘密性は長い間，次の理由から正当化されていた．すなわち，イングランド銀行は時に特定の機関に対して支援をするかもしれないので，そのような操作の詳細が知られない方が銀行制度にとって良かった．

銀行の預け金残高は1850年に約150万ポンドであったが，1870年代には約1,000万ポンドに成長し，第1次大戦までには通常の大きさは約6,000万ポンドであった[142]．イングランド銀行は1890年のベアリング恐慌後には預け金残高の増加を要求し，総裁はその動向を非常に緊密に注視していた．その預け金残高は他の理由からも重要になった．19世紀末までには，イングランド銀行の公的な役割がその私的な役割に優先することがイングランド銀行で受け入れられるようになった．その結果，イングランド銀行はいくつかの利益を生む営利活動を放棄しなければならなかった．こうして，イングランド銀行の収入は今ではおもに政府の預金残高ならびに銀行の預け金残高からもたらされるようになった．

1920年代末までに，その残高はまだ5,500万ポンドから6,300万ポンドの範囲であった．1931年後の「低金利」時代にはバンクレートは2%に維持されたが，その残高はイングランド銀行にとっても銀行にとってもあまり関心事ではなかった．しかし，第2次大戦後に変化が生じた．1946年に手形交換所加盟銀行は，預金に対して8%の現金準備の比率で営業することに同意した．現金は手許現金かイングランド銀行で保有される預け金残高から構成されたが，その割合はどうでも良かった．預け金残高は利子を生まなかったが，これは低金利時代が続く限りあまり重要ではなかった．しかし，1951年の金融政策の蘇生の後では，利子率はその前の20年間よりもずっと高くなった．その結果，イングランド銀行の稼ぎは増加した．銀行の預け金残高もずっと大きくなった．1950年代と1960年代にはそれは2.5億ポンドから3億ポンドの額であった．1950/51年度にはイングランド銀行の総収入は890万ポンドであったが，そのうち，稼得利子は半分以下の410万ポンドであった．これは次の20年間に安定的に増加し，1969/70年度にはイングランド銀行の収入は3,190万ポンドであったが，稼得利子は今や2,580万ポンドで，全体の80%以上であった[143]．

(100万ポンド)   (100万ポンド)

─◆─ 銀行の預け金（左目盛）　　─■─ イングランド銀行の稼得利子（右目盛）
出所：半年ごとの勘定，ADM6．

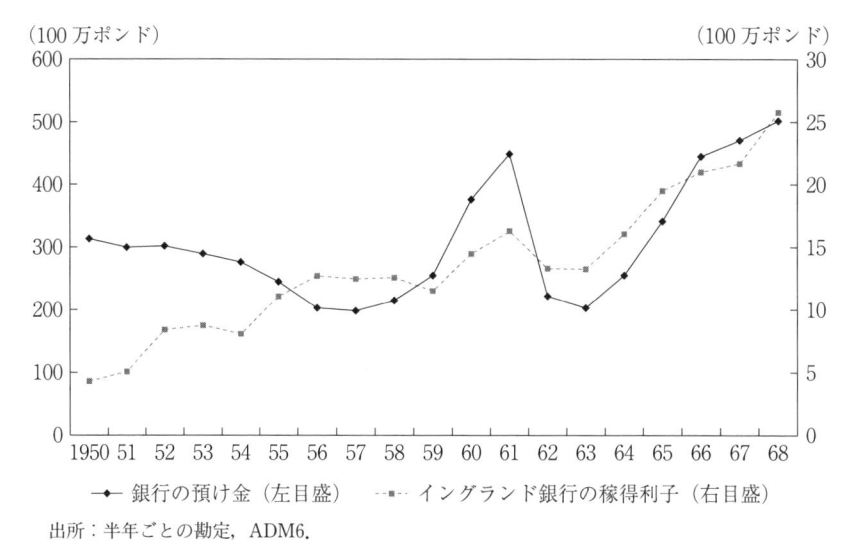

図 2-2　銀行の預け金とイングランド銀行の稼得利子（1950-68 年）

　図 2-2 はこの時期の稼得利子と銀行の預け金の動向を示している．

　現金保有の義務は銀行に暗黙の税がかけられることを意味した．その税の受け手は，銀行の預け金残高の場合にはイングランド銀行であった．簡単な計算で銀行にとっての当時の費用を推定することが可能であったであろう．この場合には，市場利子率ないしその合理的な代理変数としての大蔵省短期証券の利子率を預け金残高に掛ければよい．そうすると，その数字は銀行にとっての機会費用（イングランド銀行にとっては対応する収益）がどれくらいだったかを示す大まかな金額になる．これらの費用は 1951-71 年の時期にはおよそ 5 億ポンドに近いと推定された[144]．

　1950 年代に関心をもつ観察者が，イングランド銀行の財務について，今ここでなされた種類の計算以上のことを引き出すことはほとんど不可能であった．当時を支配した秘密主義の文化の下でイングランド銀行は自分自身の財務データをほとんど公表しなかったため『イングランド銀行年報』には情報がなかった．イングランド銀行だけが情報開示を欠いていたわけではなく，商業銀行についても同様であった[145]．半年ごとの勘定は内部的な使用のために作成され

表 2-2　イングランド銀行の収入の源泉（1950-60 年）

(100 万ポンド)

以下の時点で終わる年度	英国政府証券の利子[a]	割引手形と貸付の利子	国債と債券の利払料[b]	手数料, 料金, および賃貸料	雑収入[c]	合計
1951 年 2 月	4.1	0.1	2.2	0.1	2.3	8.9
1952 年 2 月	4.9	0.1	2.4	0.1	2.3	9.8
1953 年 2 月	8.0	0.3	2.3	0.1	2.4	13.1
1954 年 2 月	8.5	0.2	2.2	0.3	2.3	13.6
1955 年 2 月	7.8	0.2	2.3	0.2	2.3	12.9
1956 年 2 月	10.1	1.0	2.2	0.1	2.3	15.7
1957 年 2 月	11.6	1.1	2.3	0.2	2.2	17.4
1958 年 2 月	11.0	1.5	2.3	0.2	2.1	17.1
1959 年 2 月	11.8	0.8	2.3	0.4	2.1	17.4
1960 年 2 月	10.9	0.7	2.2	0.2	2.1	16

a：政府証券と大蔵省短期証券.
b：長期国債と短期国債の管理；他の債券発行, 転換, および償還.
c：発行部, 為替管理, EEA, その他によって行われた仕事に対する料金.
出所：半年ごとの勘定　ADM6/93-7.

たが，イングランド銀行は 1948 年の会社法の下での勘定様式を提供することを免除されていた．イングランド銀行が毎年の勘定を公表し始めた（第 7 章参照）のは，国有化産業特別委員会の勧告の後の 1971 年になってからであった．一般に利用可能な 1 つの文書は法定の「イングランド銀行報告書」（'Bank Return'）であった．1844 年の法律の要件で，イングランド銀行で公示されるのと同様に，『ロンドン・ガゼット』紙に毎週公表された[146]．この報告書では発行部と銀行部の間に明確な区別があったが，証券，預金，割引，および貸出の概略をみることができるだけであり，イングランド銀行の真の財務状況の詳細を立証しようとする者にとっては不透明な源泉であった．たしかに，イングランド銀行の収入と支出，ないし，利益と準備については何も明らかにされなかった．

　内部の勘定を使って，表 2-2 は 1950 年代のイングランド銀行の収入の源泉を示している．すでに述べた理由から，銀行の預け金残高から生じる利子が主要な要素であった．それぞれ年間 200 万ポンド以上をもたらす他の 2 つの主要な源泉は，国債・債券のサービス業務および雑収入であった．両方とも政府のために行われる仕事であった．国債・債券のサービス業務は長期債と短期債の利払い，および発行，転換，償還に関連した仕事から成り立っていた．雑収入

は銀行券の発行，為替管理の運営，および為替平衡勘定の操作のためにイングランド銀行に支払われた費用を含んでいた．10年間全体で，これらの要素からの総収入は，為替管理の仕事で1,160万ポンド，銀行券発行で820万ポンド，為替平衡勘定で180万ポンドであった．残りの（より少額の）収入源泉は「割引手形と貸出の利子」であったが，これも利子率が高ければより有利になる項目であった．さらに，より少額が手数料，料金，および賃貸料から入ってきた．

表2-3は1950年代のイングランド銀行を運営する費用を示している．平均年支出は680万ポンドであった．イングランド銀行の収入は10年間でほぼ倍になったのに，支出は1950/51年の570万ポンドから1959/60年の780万ポンドにちょうど36％増加しただけである．断然最大の項目は給与と賃金であった．これは1950年代に430万ポンド平均で，総支出の約3分の2であった．年金支出とその関連費用を加えると，この数字は77％になった．賃金支払いは，職員数が減少しているにもかかわらず増加した．通常の支出に加えて，1,000万ポンド超になるかなりの資本投資がこの10年間になされた．これはデブデンでの新しい印刷工場（250万ポンド）とニュー・チェインジの国債局の事務所（600万ポンド）を含んでいた[147]．このうち，800万ポンド以上が年収から賄われ，残りは準備から支払われた．

収入の増加が支出の増加を容易に凌いだので，イングランド銀行は非常に心地良い利益水準を享受した．このことは広く認識されていたわけではない．イングランド銀行においてさえ，この数字は極秘にされていた．粗利益は表2-4に示されるように，10年間の過程で，460万ポンドから900万ポンドへ増加した．粗利益は経常収入プラス資本収入マイナス経常支出として計算されてきている．これから，年金基金へ振り込まれた資本債務を差し引くことも必要である．このようなことは，年金基金の保険数理調査の後，1952年からなされるようになった．イングランド銀行はまた，所得税と利益税も支払わなければならないので，粗利益はほぼ倍になったが，税も倍になった．税引後の利益はヘネシーの中で与えられているものと符合するし，イングランド銀行で計算された歴史的なデータとも符合している[148]．税金が支払われた後で，1946年法の条項の下での大蔵省への法定年間支払いがあった．174万6,360ポンドの額が，87万3,180ポンドずつの年2回の割賦で支払われたが，これはイングランド銀

表 2-3 イングランド銀行総支出 (1950-60 年)

(100 万ポンド)

以下の時点で終わる年度	賃金[a]	年金	合計	一般経費[b]	不動産[c]	合計
1951 年 2 月	3.6	0.7	4.4	0.8	0.5	5.7
1952 年 2 月	3.8	0.7	4.6	0.9	0.5	5.9
1953 年 2 月	4.2	0.8	5.0	1.0	0.5	6.5
1954 年 2 月	4.2	0.8	5.0	1.0	0.5	6.5
1955 年 2 月	4.3	0.8	5.1	1.0	0.5	6.6
1956 年 2 月	4.5	0.9	5.5	1.2	0.5	7.1
1957 年 2 月	4.6	0.9	5.5	1.1	0.5	7.1
1958 年 2 月	4.7	0.8	5.5	1.2	0.5	7.2
1959 年 2 月	4.9	0.9	5.8	1.2	0.6	7.6
1960 年 2 月	5.1	0.8	6.0	1.2	0.6	7.8

a：総裁と理事の報酬を含む．
b：業務費用と運転費用．
c：地方税と維持費．
出所：半年ごとの勘定，ADM6/93-7．

表 2-4 イングランド銀行粗利益と純利益 (1950-60 年)

(100 万ポンド)

以下の時点で終わる年度	粗利益[a]	税引き前利益[b]	税	税引き後利益	税引き後および配当支払い後利益[c]	利益の配分 資本支出の償却	利益の配分 将来支出のための準備金	利益の配分 他の準備への移転
1951 年 2 月	4.6	4.6	1.2	3.4	1.7	0.2	0.8	0.7
1952 年 2 月	4.4	4.4	1.2	3.2	1.5	0.1	0.9	0.5
1953 年 2 月	6.7	5.8	2.0	3.8	2.0	0.6	1.1	0.3
1954 年 2 月	7.4	6.5	2.1	4.3	2.6	0.9	1.7	0.0
1955 年 2 月	6.7	5.7	1.9	3.9	2.1	1.6	0.5	0.0
1956 年 2 月	8.7	7.6	2.6	5.0	3.2	2.1	0.2	0.9
1957 年 2 月	10.4	9.7	3.4	6.3	4.5	1.5	1.8	1.2
1958 年 2 月	9.7	9.1	3.4	5.7	4.0	1.9	1.0	1.1
1959 年 2 月	9.9	9.3	4.1	5.2	3.5	0.7	0.5	2.2
1960 年 2 月	9.5	8.9	3.0	5.9	4.2	0.0	0.0	4.2

a：経常収入および資本収入マイナス経常支出
b：退職給付資本負債控除後
c：「配当支払い」は大蔵省への 170 万ポンドの年支払いである．
出所：半年ごとの勘定，ADM6/93-7．

行の国有化の時に発行された国債への利子支払いに等しかった．この額は 1972 年に 550 万ポンドに増額されるまで変わらなかった．

　税と配当後の純利益は 3 つの分野に配分された．第 1 に，資本支出を償却し，

第 2 章　1950 年代のイングランド銀行　　　　　　　　　　　　　77

　証券の評価損を差し引くのに資金は使用された．ほぼ 1,000 万ポンドが 1950 年代にこの目的のために使用された．他の 2 つの項目はイングランド銀行の準備の増加に該当した．1 つは予期される将来の支出，たとえば，設備，不動産および年金，を賄えるように取り分けられた．他方，もう 1 つは偶発債務積立金勘定である．800 万ポンドが前者に支払われ，1,100 万ポンドが後者に支払われた．全体で，10 年間のイングランド銀行の準備の純増は 1,630 万ポンドであった．その結果，1960 年 2 月に，総額は 7,790 万ポンドであった．表 2-5 は種々の勘定への配分と大きさを示している．

　イングランド銀行の収益性はどのように評価されうるのであろうか．前出の表は多数の利益系列を提供しているが，これらには税引前，税引後配当前（歴史的にイングランド銀行が好んだ尺度），および税引後配当後が含まれるが，すべてかなりの増加を示している．他の尺度は純利益から償却した資本支出分を差し引き，また証券の評価損を差し引いたものである．実際，これが，一貫してはいないがしばしば常務委員会へ提出される年次財務諸表に関する注釈で採用された取り扱いであった．収益性はいろいろな方法で表現されうる．もっとも一般的なのは使用総資本利益率である．イングランド銀行の有効払込済み資本は 1,460 万ポンドであったが，準備も含まれるべきである．粗利益の数字を使うと，1950 年代には 6％ と 12％ の間の利益率が得られたが，これは過度の懸念を惹起するような数字ではない．これらは大まかな結果である．議論の余地のあるのは，準備は損失を吸収するのに利用可能な額だけから成るべきだという見解である．なお，当時の会計慣行では建物には価値が与えられていなかった[149]．したがって，利益率は示唆的なものとして捉えられるべきもので，それ以上のものではない．もっと興味深い点は，その収入からイングランド銀行が通常の運営費用を楽に賄うことができ，かつ，主要な資本支出に着手することができ，さらに年金基金も積み増すことができた，という事実である．しかし，その産出を容易には計測できない独占的供給者に関して，利益の数字は，会計慣行の変化に大いに影響されるので，実際の成果についてあまり多くを語らない．

　明らかであったのは，高水準の利益がイングランド銀行にとって懸念されたことであったことである．1960 年に書かれたこの主題への覚書で，マイナー

表 2-5 イングランド銀行 準備 (1950-60 年)

(100 万ポンド)

以下の時点で終わる年度	第1番勘定	緊急時	中央銀行業務	建物	年金	英国政府証券	証券運用信託	その他	合計
1951 年 2 月	14.5	5.0	1.5	3.3	3.1	28.8	1.7	3.9	61.6
1952 年 2 月	14.6	5.0	1.5	4.0	2.5	29.0	1.7	3.9	62.1
1953 年 2 月	15.2	5.0	1.5	5.1	2.5	29.3	1.7	3.9	64.0
1954 年 2 月	16.0	5.0	1.5	6.8	2.5	29.3	1.7	3.9	66.6
1955 年 2 月	15.9	5.0	1.5	7.2	2.5	30.0	1.7	3.9	66.9
1956 年 2 月	16.1	5.0	1.5	7.2	2.7	30.0	1.7	3.9	68.0
1957 年 2 月	16.4	5.0	1.5	7.9	3.7	30.0	2.7	3.9	71.2
1958 年 2 月	16.7	5.0	1.5	7.9	4.7	30.0	3.6	3.9	73.3
1959 年 2 月	15.4	5.0	1.5	7.3	5.2	30.0	7.1	3.9	75.4
1960 年 2 月	16.5	5.0	1.5	5.6	5.2	30.0	10.2	3.9	77.9

出所：ADM6/197; ADM6/200.

ズは「この規模の利益の必要性を正当化することはますます難しくなるかもしれない」と警告した[150]．1960 年代末までに黒字はずっと大きくなっていた．これらの懸念は，イングランド銀行の利益，大蔵省への納付金，および政府のための代理店業務への報酬の間の関係に関して当時行われた議論に結びついていた．

1946 年イングランド銀行法は配当支払いを大蔵省とイングランド銀行の間の協定で変えられるものと規定していた．1950 年という早い時期に，大蔵省の共同次官（joint second Secretary）であったウィルフレッド・イーディ（Wilfred Eady）は，半年ごとの支払額を考慮する手続きを導入できるかどうか尋ねてきた．そのような仕組みが必要だと感じられたのは，大蔵省が種々の業務に対して支払っている水準のせいであった．コボルドは用心深く，次のように述べた．「そのことに関して大蔵省と非公式の議論をする準備はまったくない」．1 つの理由はもちろん，秘密を維持したいという望みであった．というのも，コボルドは話をすれば「勘定全体に立ち入らざるを得なくなる」とみていたからである[151]．彼はイタリアの保険会社の勘定のもつれをほどいて名をなした男であり，自分が言っていることを良くわきまえていた．総裁はまた，大蔵省が課金を支払いすぎているという見解を拒絶した．イングランド銀行はこの折には大蔵省を撃退することができたが，年間の支払い額と代理人業務に

対する課金はその後20年間にわたって微妙な問題であり続けた．

　政府への課金はいろいろな方法で計算された．銀行券発行と為替平衡勘定の管理はもっとも容易で，費用は全額回収された．この立場は比較的容易に正当化された．というのも，それらの仕事はイングランド銀行の仕事のうち永続的な特徴としてみられていたからである[152]．国債と債券の管理は1942年に同意された課金料で支払われた．逓減方式で，イングランド銀行は最初の7億5,000万ポンドの国債について100万ポンド当たり325ポンド（つまり，総額24万3,750ポンド）を受け取り，次の52億5,000万ポンドの国債については100万ポンド当たり150ポンド（つまり，総額78万7,500ポンド）を受け取り，これを超える残りについては100万ポンド当たり50ポンドを受け取った．1919年に遡るが，大蔵省短期証券に対する手数料については2段階の料率が決められ，5億5,000万ポンドを超えて取り扱われる短期証券については課金されなかった．発行，借り換え，および償還の課金は費用についての特別な見積もりに基づいていた．また，納税準備証書は一律に1証書当たり1シリングを稼いだ[153]．

　為替管理の場合には，イングランド銀行はその費用を，1942年に大蔵省との間でなされた協定の下で，回収した．しかし，その計算は「通常の費用計算体系とはまったくかけ離れた冗長な過程」であった[154]．その数字は給与と賃金，賃貸料と地方税，不動産使用料，文房具，電話と郵便，機械，および雑費を含んでいた．複雑な配分が必要であったのは，仕事がイングランド銀行全体にわたって担われていたからである．1952年8月には，1,300人の事務職員がその仕事に携わったが，そのうち576人だけが為替管理に全面的に関わる事務所にいた．「残りの724人は各部分を集計することで計算された」[155]．それで，1953年に大蔵事務次官，サー・エドワード・ブリッジズ（Sir Edward Bridges）は，イングランド銀行が，代わりに，これらの業務提供に対して適切な年間手数料を課すのはどうかと尋ねた．これは会計検査院長（Comptroller and Auditor General）がイングランド銀行によって提供される数字は監査や検査に耐えないという懸念を表明したためである．コボルドはブリッジズの提案に同意して，130万ポンドの手数料を示唆した[156]．年を経るにしたがって，この額はイングランド銀行の教唆によってだんだんと引き下げられ，1959年

表 2-6　政府のための仕事で生じたイングランド銀行の
　　　　（利益）/損失

(1,000 万ポンド)

以下の時点で終わる年度	国債・債券関連業務	為替管理	預金銀行業	合計
1951 年 2 月	(104)	216	366	478
1952 年 2 月	10	221	370	601
1953 年 2 月	250	294	399	943
1954 年 2 月	306	381	369	1,056
1955 年 2 月	321	372	233	926
1956 年 2 月	513	390	112	1,015
1957 年 2 月	611	451	29	1,091
1958 年 2 月	577	330	124	1,031
1959 年 2 月	758	376	155	1,289
1960 年 2 月	860	354	139	1,357[a]

a：その他 4 を含む．
出所：Costing Section, 'Comparative statement of profit/loss on the Bank's activies,' 18 June 1959; Mynors-Cromer, 28 June 1962, G15/11.

末には手数料は 75 万ポンドであった[157]．40％ 以上になるこの下落は，課金の中で最大の項目である職員への支出の減少がおもな理由であり，費用が低下した結果であった．

　1950 年代の間に，これらの課金はイングランド銀行が負担している費用をカバーするには不十分なことが明らかになった．全体の利益は増加していたかもしれないが，政府のための特定業務の提供になると，損失が膨らんでいた（表 2-6）．国債・債券関連業務（stock and bond services）の赤字はこの時期に加速し，総額 410 万ポンドに達した．明らかに，既存の料率は当時の状況を適切に反映していなかった．国債の大規模な増加は 100 万ポンド当たり 50 ポンドの最低の限界レートで収入を生み出したにすぎなかった．そして，5 億 5,000 万ポンドを超える大蔵省短期証券への課金の上限は，50 億ポンドが発行される時には制限的に見えた[158]．為替管理の仕事での損失の変動はずっと少なかったが，それでも総額は 340 万ポンドに達した．ここでは，料金は以前の方法でなされていた場合の課金よりもわざと低く設定されていた．いずれにしろ，数字は為替管理を執行しているイングランド銀行の総費用を捉えてはいなかった[159]．もし，政府のための預金銀行業務も含めると，この 10 年間の代理店業務の総損失は 980 万ポンドであった．これは同時期に稼いだ粗利益の

12.6％になった．実際，政府のために行われた業務は銀行の預け金残高で稼いだ利子によって助成されていたのである．さらに，この助成金は，議論の余地はあるが，中央銀行の核となる事業ではない仕事を支援していた．

オブライエンは1959年の夏にこの状況を検討した．彼の論ずるところによれば，損失は，「高い短期金利によってイングランド銀行の他の業務が異常なほど儲かるものになった」時に，安定的な課金を維持してこれらを変更しようとしなかった結果であった[160]．彼は費用と組織について大蔵省と毎年の再交渉を行うことを望んではいなかったが，イングランド銀行の仕事のこうした部分をより健全なものに立脚させたかった．これを達成するためには，オブライエンは課金がおよそ60％上昇しなければならないだろうと主張した．しかし，反対の声もあった．マイナーズは，イングランド銀行の全体の活動で利益があがるものになっている時，政府業務に対する収入が費用を必ずカバーする必要があるかどうかを疑問に付した．「現在の取り決めは間違いなく非論理的で，その限りでは正当化できない」．しかし，「それでイングランド銀行にとっての非効率性ないし財務上の困難がもたらされたとは思えない」と彼は続けた[161]．ホームも似たような反応をしていた．大蔵省とこの問題を直ちに追求するよりも，まず，イングランド銀行が全体として必要とする利益水準はどのようなものか，また，それはどのようにして達成されるかを確定するための作業を行うことが決定された．この方法によって，イングランド銀行の財源に関する代替的な見解がもたらされたが，この方向への改革にはまだ数年かかった．

要するに，イングランド銀行の日々の操作は国有化によって大して変わらなかったのであり，公式には大蔵省に従属するが，イングランド銀行は多くの自立性を保持していた．政策の形成と意思決定はごくわずかのグループの人々の手中にあった．分析は銀行業の経験と市場に対する感覚に基づいていた．経済理論にさらされることはほとんどなかった．実際，この分野での発展を記録する手段はなかったのであり，いわんや，それらを評価する手段はなかった．他方で，イングランド銀行の側にその行動を説明しようとする気質はほとんどなかった．イングランド銀行は幸運なことにこの時期には収入が潤沢であった．もっとも，これはその詳細を誰も知るところではなかった．というのも，イングランド銀行は公的機関ではあったが，その秘密主義の文化は強力なままであ

ったからである．しかし，金融と経済の世界の変化と，金融政策の結果に対する不満の増大によって，イングランド銀行には圧力が加わった．まず初めに，バンクレートの「漏洩」に対するパーカーの調査とラドクリフ委員会によって，イングランド銀行のどちらかといえば私的な世界とその機能は綿密な公的精査の下に置かれるようになった．

イングランド銀行は，民間銀行業での長い歴史によって，秘密主義にひどく傾いていた[162]．さらに，1946年の国有化の後，イングランド銀行は，とくに大蔵省との関係で防衛的になり，このため，イングランド銀行は時折り邪魔をした．議論と意思決定が非常に少数の人々の手中にあるという事実が意味したのは，トップで何が起こっているかまったくわからないという幹部連中にとっての共通の不満であった．それは，いやしくも金融政策というものがある限り金融政策の運営に関して，また，大蔵省のための多くの代理店機能を遂行する上でも，理想的な状態ではなかった．より高い地位に達する者の採用は一般に狭い社会的階級からなされ，一握りの情実によっていた．イングランド銀行はたしかに非知的（non-intellectual）であり，おそらく，反知的（anti-intellectual）でもある1つの銀行で，研究機関ではなかった．この多くが変わろうとしていたが，変化の速度が他のところで，とくに他の金融機関で生じていることに匹敵するかどうかは言いがたい．

注
1) Interview with Sir Jasper Hollom, 17 June 2005.
2) Mynors, 'Obit', 5 April 1949, ADM10/47.
3) たとえば，1844年の銀行法，1939年と1954年のカレンシーノートおよび銀行券法．
4) 11の法律が廃止された．1946年イングランド銀行法の第3付則参照．1946年3月1日の「イングランド銀行の法人および総裁と出資仲間のための特許状」は1694年と1892年の特許状を廃止した．
5) Chester (1975, pp. 879-884); Fforde (1992, pp. 9-11).
6) Chester (1975, p. 884) に引用されている，Cobbold to Edward Bridges (Permanent Secretary, HMT), 3 September 1945.
7) Fforde (1992, p. 11).
8) Chester (1975, p. 196).
9) Fforde (1992, p. 5).

第 2 章　1950 年代のイングランド銀行

10) *Ibid*, p. 13.
11) *Ibid*, p. 13.
12) *Ibid*, pp. 9-10.
13) Chester (1975, p. 493).
14) Cobbold memoir; Sayers (1976, pp. 653-654).
15) Sayers (1976, pp. 601-602).
16) ローレンス・キャドベリー (Laurence Cadbury) によれば，1 つの理由は理事会にいることは「財務的に魅力がなかった」ということである．Cadbury to Cobbold, 11 February 1949, G15/22.
17) Hannessy (1992, p. 3); Kynaston and Roberts (2001, p. 198).
18) Sayers (1976, pp. 597-601); Hennessy (1992, pp. 325-326).
19) Sayers (1976, p. 632).
20) *Ibid*, p. 638.
21) 'Internal administration of the Bank', various dates, 1936-70, G15/44.
22) Sayers (1976, p. 620).
23) 'The functions and organisation of the Bank of England', *BEQB*　6(3): 233-245, September 1966; G15/44.
24) Interview with Guy de Moubray, 15 June 2005; Sir Jasper Hollom, 17 June 2005; and Oliver Page, 21 October 2005.
25) Committee of Treasury, 20 February, 1957; Hennessy (1992, Chap. 9).
26) Stock management at the Bank of England, January 1958, AC1/6.
27) 'Bank note printing', *BEQB* 1(1): 24-29, September 1961.
28) ADM30/86 と 91 の両者ともこの時期のイングランド銀行への訪問客数を記録している．
29) F.W.R. Laverack (inspector of offices and branches), note, 12 January 1949, E4/3.
30) Bank of England, *Annual Report*, year ending February 1965, p. 19 and year ending February 1966, p. 23.
31) George Abell, 'Review of classification scheme', November 1957, G14/180; Howard Askwith to Cobbold/Mynors, 5 June 1958, G14/183; Abell to Cobbold, 29 May 1962, E3/7.
32) 建築のより詳細については，Abramson (2006) を参照．
33) ニュー・チェインジ・プロジェクトの全支出は調度品の備え付けと撤去を含めて，626 万ポンドであった．Premises Committee, 24 June 1964, G26/42.
34) Bernard to L.E. Peppiatt (Freshfileds solicitors), 7 January 1949; Committee on Bank Premises, 24 March 1960, G26/42.
35) 食堂と「クラブ」施設については Hennessy (1992, pp. 361-363) を参照．
36) 'Branches of the Bank of England', *BEQB*, 3(4): 279-284, December, 1963.
37) デブデンと印刷工場に関する膨大な詳細については，Cubbage, *The Further History of the Bank of England Printing Works*, vols 1-3, PW6/9, 10, and 11 を

参照．また，Hennessy（1992, pp. 186-192）を参照．
38) Hennessy (1992, pp. 363-364); Bond and Doughty (1984, p. 223).
39) Pressnell (1956, p. 169).
40) Interview with Lord Cobbold, 24 October 2005.
41) Note on 'Adviser to the Governors on Latin Affairs', 2 December 1932, G15/32.
42) Sayers (1976, pp. 259-263).
43) Sayers (1976, p. 263); Kynaston (2001, p. 28); Taylor (2004).
44) Hambro to Cobbold, 4 January 1933; Norman to William Clegg (staff director), 14 January 1933, G15/32; Cobbold personal reflection on Norman, G15/19.
45) Cobbold personal reflection on Norman, G15/19.
46) 初期の時代には総裁のすべての年齢が知られているわけではない．クローマー（Cromer）は，1863年に任命された時に49歳であったカークマン・ダニエル・ホッグソン（Kirkman Daniel Hodgson）以来の最年少であった．ノーマンは任命されたときに48歳であった．Neatby to O'Brien, 24 May 1961, ADM30/1.
47) Fforde (1992, pp. 366-367); Kynaston (2001, pp. 27-28); Dalton (1962, pp. 287-288).
48) Fforde (1992, p. 268).
49) Wilson and Lupton (1959, p. 39).
50) Fforde (1992, p. 411); *Old Lady*, September 1980, pp. 101-103.
51) De Moubray (2005, p. 170).
52) Cobbold to Bridges, 14 October 1953, G15/25.
53) Interview with Peter Cooke, 27 March 2006.
54) ハンブロの父，サー・エヴァラード・ハンブロ（Sir Everard Hambro）は45年間理事であった．
55) ハンブロが断ったのは自分の家族の事業へ関わっていたためである．G15/24; Sayers (1976, pp. 652-653).
56) Sayers (1976, p. 601).
57) 就任期間中に70歳を超えるようであれば，理事は任命されないというのが1946年法の趣旨であった．しかし，レヴェルストーク委員会の後，1918年に採用された私的なルールでは，理事は70歳に達した後2月に辞めることを許していた．Cobbold to Piercy, 9 January 1954, G15/22.
58) *Tribune*, 21 August 1959, p. 1.
59) Kynaston (2001).
60) Wilson and Lupton (1959).
61) この慣習については以下を参照．Bank of England, 'Constitution and functions', June 1957; Committee on Working of the Monetary System, *Memoranda*, vol. 1, 1960, p. 6.
62) コボルドが1962年に記したところによると，サー・フランク・リー（Sir Frank Lee）は理事会の席は労働組合の代表用に確保されていないということを受け入れ

た．Cobbold note, 6 February 1962, G15/22.
63) この手続きの詳細については以下を参照．Dascombe（The Secretary）note, 6 November 1953, G15/25.
64) Bank of England, 'Part-time Directors', 12 June 1958; Radcliffe, *Memoranda*, Vol. 1, pp. 44-45.
65) Fforde（1992, p. 196）．
66) *Ibid*, p. 318.
67) *Old Lady*, December 1979, p. 346.
68) Mynors annotation on note, 19 September 1961, ADM10/47.
69) Roger Alford diaries, 31 October 1960.
70) Fry（1970, pp. 26-27）．Kynaston（2001, p. 28）は，ボールトンが真剣に総裁候補に考えられたかどうかははっきりしないが，ボールトンの心中では，無視されたのが大きな失望になった，と記している．
71) Interview with Guy de Moubray, 15 June 2005.
72) Hennessy（1992, p. 371）．エイベルは1949年から1952年にその職に就き，パーソンズが1954年からその役割を果たした．
73) Cobbold, note, 29 July 1957, G15/223. 総裁補佐は1965年に再導入された．
74) Jones（2004）．「小企業調査委員会」（*The Committee of Enquiry on Small Firms*）（Cmnd. 4811, 1971）の議長は公認会計士のジョン・ボールトン（John Bolton）であった．
75) Hennessy（1992, p. 378）の記述によれば，彼は自分がイングランド銀行の新聞担当職員ではなかったと注意深く強調していた．
76) これらの職種は「アドバイザー」および「（代理）アドバイザー」と呼ばれた．
77) Mynors to Allen, 7 October, 1949, G15/32.
78) Fforde（1992, pp. 411, 613）．
79) ヒックスの考えでは，フォードは金融の資料を扱う優れた能力を示したが，また次のようにも記した．「彼の書物は過度に細部にこだわり，かつ，やや消化不足であるのは間違いない．」John Hicks to Allen, 28 May 1956, G15/32; Fforde, *The Federal Reserve System, 1945-1949*（1954）は彼のドクター論文を基にしたものである．
80) Cobbold, 'For the record', 9 December 1954, G14/181.
81) Winton（1982, pp. 83-87, 150-152, 190-192）；Ackrill and Hannah（2001, pp. 431-451）；Billings and Capie（2004, pp. 324-325）．
82) Mynors to Abell/O'Brien, 8 June 1955, E3/7.
83) O'Brien to Mynors, 'Recruitment and training', 28 June 1955, E3/7; Fforde（1992, p. 1）はイングランド銀行の同様の特徴づけを行っている．
84) Sayers（1976, pp. 609-610）．
85) Minutes of court, 26 September 1946, G4/169.
86) Note on 'Special Entrants', 1 March 1955, E4/25; Note, 8 December 1960, E3/7.

87) Abell to Cobbold and Mynors, 'Recruitment of graduates', 9 July 1954, G14/180.
88) Hennessy (1992, p. 358).
89) Note on 'Special Entrants', 8 December 1960, E3/7. 他の名前には，ルース (Luce)，カーライル (Carlisle)，ヒラージュ (Hillage)，ウッド (Wood)，カービシャー (Kirbyshire)，ウィットム (Whittome)，およびコールビ (Coleby) が挙げられている．
90) Abell to Cobbold/Mynors. 'Recruitment of graduates', 9 July 1954, G14/180; 'Review of classification scheme — General background', November 1957, E3/7. 1960 年代と 1970 年代に，イングランド銀行は「補助職員」も雇用した．これは 40 歳から 54 歳の男女で，安定的な雇用を探している人々である．彼らには出世の見込みはなく，決まり切った仕事を行った．男性の職員は 60 歳の退職まで補助職員として働き続けることができた．E3/11 参照．
91) Rootham, 'Some reflections on graduate recruitment', 31 May 1955, E3/7.
92) Cobbold to Mynors, 13 April 1955, E3/7.
93) Hennessy (1992, pp. 350-352).
94) Mynors to Abell/O'Brien, 8 June 1955, E3/7.
95) O'Brien to Mynors, 'Recruitment and training', 28 June 1955, E3/7.
96) この表現の由来については若干の不確かさがある．コボルドはその言葉を 1958 年 2 月の海外銀行家クラブへのスピーチで使った．*The Times*, 18 February 1958.
97) James Selwyn to Abell, 15 November 1957, E3/7.
98) O'Brien annotation on Allen to O'Brien, 2 December 1955, E3/7.
99) Rootham, 'Some reflections on graduate recruitment', 31 May 1955, E3/7.
100) O'Brien to Mynors, 28 June 1955, E3/7.
101) Bernard, note on 'salary sacales', 20 November 1951, G14/183; Askwith to Abell, 14 May 1959, E12/75; Hennessy (1992).
102) The Charter, 1946, section 12.
103) G15/222.
104) たとえば，英国運輸委員会 (British Transport Commission) の委員長は 8,500 ポンド，全国石炭庁 (National Coal Board) の理事長は 7,500 ポンド，地域電力庁 (area electricity boards) の理事長たちは 4,000 ポンドであった．*Top Salaries*, Appendix 2.
105) Interview on BBC Money Programme, 'The Old Lady of Threadneedle Street', broadcast 26 November 1976.
106) O'Brien to Parsons/Bailey, 'Sports Club', 3 August 1967, G14/336.
107) Interview with Lord George, 8 February 2006.
108) *Old Lady*, March 1921, p. 6.
109) Sayers (1957, p. 33).
110) 第 4 版への序言の日付は 1957 年 4 月で，書物は 1958 年に発行された．
111) Sayers (1958, p. 79).

第 2 章　1950 年代のイングランド銀行

112)　*Ibid*.
113)　*Ibid*, p. 304.
114)　Bank of England, 'Constitutions and functions', June 1957; Radcliffe, *Memoranda*, vol. 1, pp. 4-5.
115)　Committee on Working of the Monetary System, *Report*, August 1959 年 (cmnd. 827. paras, 321-367).
116)　Bank of England, 'Functions', p. 233.
117)　Bank for International Settlements (1963, p. 99).
118)　'The Bank of England today', ベイリーにより銀行家協会に向けた講話のテキスト，18 February 1964, E7/2.
119)　Bank of England, 'Functions', p. 234.
120)　HMT, 'Exchange Equalisation Account', January 1958; Radcliffe, *Memoranda*, vol. 1, p. 105; 'The Exchange Equalisation Account', *BEQB* 8 (4): 377-390, December 1961.
121)　1954 年のイングランド銀行券法の下では，5 ポンド以下の紙幣は事実スコットランドと北アイルランドにおいて法貨であった．Byatt (1994, pp. 159, 163) を参照．
122)　'The note circulation', *BEQB* 5(1): 39-45, March 1965; 'Changes in demand of Bank notes', *BEQB* 5(3): 248-249, September 1965; Bank of England, *Annual Report*, year ending February 1956, pp .1-3.
123)　1963 年 9 月号の Bulletin に予定されていた未公表の記事，'The work of the bullion office', EID5/35．1967 年 5 月 1 日に 75 万ポンドの価値の金（140 本の延べ棒）が盗まれ，当時としては最大の強盗となった．イングランド銀行から金を積んでロスチャイルド商会に向かった商用車がその目的地に着く前に強盗団によって捕えられた．金のいくつかは後にスイスで発見された．C43/152 参照．
124)　1968 年の国家貸付法（National Loans Act）の後では，利益は EEA ではなく，国家貸付基金（National Loans Fund）へ支払われた．
125)　'Stock management at the Bank of the England', January 1958, AC1/6; Bank of England, 'The Bank of England as registrar', *BEQB* 3(1): 22-29, March 1963.
126)　Fforde (1992, pp. 704-749).
127)　Sayers (1957, p. 44); Sayers (1958, pp. 73, 313); Hennessy (1992, pp. 213-214).
128)　Radcliffe, *Report*, paras. 366, 859.
129)　Beale to Bernard. 'Staff for posts outside the bank', 15 October 1952; Overseas and Foreign Office, 'Posts abroad which are or may be filled by members of the staff of the Bank of England', 26 April 1955, E39/1. Hennessy (1992, pp. 308-311); 'The overseas work of the Bank of England', *BEQB* 7(4): 374-378, December 1967.
130)　Horsefield (1969, Appendix A, pp. 620-621); Committee of Treasury Extracts in G14/167 (on IMF) and G14/163 (on BIS).
131)　Fforde (1992, pp. 749-760).
132)　Hollom to Peppiatt/Cobbold, 'Hire purchase', 16 March 1956, C40/721.

133) Fforde (1992, p. 777).
134) O'Brien to Mullens, 'Announcement of Bank Rate', 18 April 1961, C42/5.
135) Hollom to Armstrong, 15 September 1959; Makins to Cobbold, 15 September 1959, G14/156.
136) Reid to Hollom, 21 March 1963, E5/17.
137) もっとも，われわれの扱っている時代には，コモンウェルス分遣隊 (Commonwealth contingents)，グルカ連隊 (Gurkha Regiment)，および空軍 (Royal Air Force) を含む他の部隊も使われた．Bank of England, Press announcement, note to editors, 1 August 1973, ADM10/7.
138) H.C. Deb, 24 April 1963, vol. 676, c191-193.
139) Cromer to Profumo (secretary of state). 4 April 1963, C40/1043.
140) Page to Downey, 23 July 1973, ADM10/7.
141) Clapham (1944, p .307).
142) これは実質でも同様に真であるに違いない，というのも1914年の物価水準は多かれ少なかれ1870年のものと同じであったので．
143) これは現在の価格 (2007年) では2億5,000万ポンドになるであろう．他方，イングランド銀行の金融安定化操作の費用は現在年間1億620万ポンドである．Bank of England, *Annual Report*, 2008, p. 32.
144) Griffiths (1970); Capie (1990, p. 135) を参照．
145) Billings and Capie (2009).
146) Hennessy (1992, pp. 193-194).
147) デブデンについては，PW12/3, 4を参照．
148) Hennessy (1992, Appendix A. pp. 221-223); Rumins (1995); David Best, working papers in G15/650.
149) 商業銀行に関連したこれらのいくつかの問題の議論については，Capie and Billings (2001b) 参照．
150) Mynors, 'The Bank's profits', 19 September 1960, G15/11.
151) Cobbold, Governor's note, 17 March 1950, G15/11.
152) 1953年にイングランド銀行はこの議論を使って，為替平衡勘定の運営費用を料金によって回収するようにという要請を拒絶した．Burke Trend (HMT) to Dascombe, 4 May 1953, and reply, 11 May 1953, ADM6/48.
153) Dascombe to Bernard, 'Management of British Government securities', 13 July 1951; O'Brien to Hawker/Cobbold/Mynors, 4 June 1959, G15/11.
154) V.C. Coombs to Dascombe, 'Exchange control charge', 30 January 1953, ADM6/54.
155) Coombs to Dascombe, 'Exchange control charge', 30 January 1953, ADM6/54.
156) Bridges to Cobbold, 28 January 1953; Cobbold to Bridges, 2 February 1953; Dascombe, 'Note for record', 3 February 1953, ADM6/54.
157) Cobbold to Bridges, 1 January 1955; Cobbold to Sir Roger Makins, 18 December 1956; Mynors to Makins, 29 December 1958; Mynors to Sir Frank Lee, 1

January 1960, ADM6/55.
158)　Dascombe to Eric Geipel（deputy secretary）, 'Management charges', 24 September 1953; O'Brien to Hawker/Cobbold/Mynors, 4 June 1959, G15/11.
159)　たとえば，1956年9月に終わる年の料金は110万ポンドであったが，課金のかかる費用は124万ポンドで，総費用は154万ポンドであった．課金されていない費用には，業務局長，理事，およびアドバイザーの監督が含まれていた．Coombs to Phillimore, 2 September 1949, ADM6/54.
160)　O'Brien to Hawker/Cobbold/Mynors, 'Stock and bond services', 4 June 1959, G15/11.
161)　Mynors, 'Management: first reactions', 8 June 1959, G15/11.
162)　このことに対抗する若干の試みも，1959年にイングランド銀行についての短編映画を作成することでなされた．さらに，2本の映画が1966年に，第4番目の映画が1974年に公開された．

第3章
貨幣・金融の枠組みとイングランド銀行

　イングランド銀行総裁，キャメロン・フロマンティール・コボルド（Cameron Fromanteel Cobbold）はお抱え運転手の運転でロールス・ロイスに乗って田舎の屋敷，ネブワース・ハウス（Knebworth House）から証言するためにラドクリフ委員会へ向かっていた．この時，車が故障した．コボルドとお抱え運転手は一番近い鉄道の駅に歩いて行かなければならなかった．彼らは一銭も所持していなかった．コボルドは切符売りに近づいて，言った．「さあ，見てくれ．私はイングランド銀行の総裁だ．でも，お金はまったく持っていない」[1]．歴代の多数の大蔵大臣たちがイングランド銀行の扉を叩く時，総裁とその後継者たちはこれと同様な振る舞いをして欲しいと思う者がその後にもいるであろう．ラドクリフ委員会は1957年に証言を取りはじめ，1959年に報告を完成させた．これはその時代における貨幣と銀行に関するもっとも重要な文書であった．委員会が設けられたのは1950年代に金融政策がどのように機能するかについて信じられていた方法へ不満があったからである．報告の発見と勧告をめぐって膨大な討論とその後の論争が続いた．これが次の10年間の舞台を設定した．その調査はイングランド銀行が業務を実施する方法にわずかな影響しか与えなかった．しかし，イングランド銀行はそのような方向にすでに歩み出していたと主張できるとしても，報告によって公開性が少しばかり拡大し，より多くの調査と統計が提供されるようになった．

1. 前置き：新旧の正統理論

　第1次大戦前に中央銀行について多くの理論と実践が開発され，展開された．

この多くはイングランド銀行において生まれるか，あるいは，イングランド銀行が行った活動に対応して生まれた．本当の起源はヘンリー・ソーントン（Henry Thornton）にあった[2]．しかし，アラン・メルツァー（Allan Meltzer）が示したように，リカード後の銀行家と実務家は理論の適用に懐疑的で，理論の多くは失われた[3]．また，19世紀末まで，時には「バンクレート（いわゆる公定歩合）政策」と言われた金融政策は金の流出入を規制する相対的に単純な仕事であった[4]．したがって，バンクレートは為替相場を守るために使われた．最後の貸し手機能が危機のたびに発展した．そして，取引の必要を融資するという概念，すなわち真正手形理論がほそぼそと生き延びていた．

不幸なことに，ソーントンの貢献はほとんどが忘れられてしまった．彼の著書『紙幣信用』は1802年に書かれ，当時の制度的環境の詳細な記述を含んでいた．しかし，書かれてからすぐに制度的取り決めに急激な変化が生じたので，彼の仕事は脇に置かれ，少なくとも19世紀の末までそのままに放置された[5]．ソーントンを明らかに直線的に引き継いだバジョット原理が，とくにパニックに際していかに行動すべきかが，19世紀の間に徐々に受け入れられるようになった[6]．イングランド銀行は，少なくとも暗黙には，これらの原理を採用し，20世紀に入ってもその指針に従い続けた．一般に20世紀における中央銀行行動において顕著に失われていたものの1つが，実質と名目変数を区別することであった．この区別はソーントンにも存在したが，後に1890年代にアービング・フィッシャー（Irving Fisher）によって再び復活され，発展したものである[7]．

金本位制の下にはかなりの自律性があるというのが当初の見解であった．価格格差の結果であり，経常収支差額を反映した金移動が，マネタリーベースを決定した．銀行制度と非銀行公衆は現金と預金をある安定的な形で保有するので，広義の貨幣が決定された．この見解に，中央銀行による支援の提供が付け加えられた．商業銀行が中央銀行にある残高を保有することを義務づけられるか，あるいは便宜のために保有するとすれば，中央銀行は調整過程を速めたり，円滑にすることができるであろう．中央銀行は経常収支における指標を見守り，公開市場操作によって影響を及ぼすであろう．支払いシステムの発展は中央銀行貨幣での差額の決済が便利なことを示した[8]．割引商会が商業銀行とイング

ランド銀行の間における緩衝剤として出現し，その役割が効果的なことを証明した．19 世紀半ばには割引商会によるイングランド銀行の特権的利用が認められ，その業務がいっそう促進された．バンクレートは，割引商会が商業銀行から借りる金利よりも高く保つことで効果的となり，中央銀行からの借入は罰則を伴った．したがって，圧力が加わった時，最終的には商業銀行の現金準備が縮小し，商業銀行は資産を削減しなければならなかった．中央銀行からの継続的借入が阻止されている限り，コントロールは効果的であり，それは罰則金利を課すことで実施された．これは，固定金平価に固執する副産物であるが，単純なマネタリー・コントロール（貨幣量管理）であった．実体経済への伝達は別の問題であった．

　1930 年代初めの大不況の前には，貨幣ストックが貨幣所得と物価水準の重要な決定要因である，と一般に受け入れられていた．その後に支配的になった見解では，銀行が破綻に大きな役割を果たし，貨幣は回復の刺激に無力であった．この見解はすぐに「貨幣は重要でない」，もしくは貨幣が影響を及ぼすとしても限られた範囲の金利に対してであり，それ自身は限られた重要性しかない，というものになった．したがって，金融政策が目的をもつとすれば，投資への妨害を避けるために金利を低く保つことであった．第 2 次大戦後の支配的見解は次のようになった．貨幣はどのようなものにとっても大して重要でない．そこにはインフレーションも含まれた．アレク・ケアンクロス（Alec Cairncross）は戦争直後に次のように書いている．「イングランド銀行の金融政策（このようなものがあるとして）への影響は非常に限られた」[9]．イギリスと他の国々で 1930 年代に追求され，1945 年以降も継続した「チープ・マネー（cheap money）」政策はこの考えを反映していた．バンクレートは，戦争勃発時の短いわずかな上昇を別にして，1932 年から 1951 年までのほぼ 20 年間 2% にとどまっていた．これらの見解はケインズ経済学から引き出されたか，ケインズ経済学から大きな支持を引き出したものであった．だが，メルツァーが思い出させたように，「ケインズの見解は通俗のケインズ政策とその手法からは深淵で隔てられている．ケインズは計量的モデルの利用に反対し，物価やインフレーションと産出や雇用の間におけるトレードオフの試みにも反対した．そして一般的には，消費を促進するための反景気循環的政策にも反対した」[10]．

1944年のワシントンにおけるアメリカのケインジアンたちとのディナーの後，ケインズは次のように述べたといわれている．「私がそこにいた唯一の非ケインジアンであった」．

1950年代に一大論争が巻き起こり，伝統的原理とマネタリー・コントロールの仕組みを時代の必要に適応させようとした[11]．「新しい正統理論」として知られるようになった新興の見解は，その大部分が環境の変化とその結果として変化した優先順位と思われたものへケインジアン的理念を適用したものであった．その見解の本質は，銀行は加えられたどのような圧力も容易に相殺できるので，公開市場操作は銀行の現金と預金を調節（コントロール）するのにもはや効果的でない，というものであった．銀行は割引商会への貸付を回収することができるし，大蔵省短期証券を処分することもできる．割引商会はイングランド銀行を自動的に利用できる（バンクレートで借りる権利がある）し，戦時における巨額の政府借入の後で銀行制度には大蔵省短期証券が溢れていた．したがって，この議論にしたがえば，銀行制度は実際には立ち往生してしまい，通貨当局は現金比率に対する調節力を失っていた．貨幣ストックに対する調節力は戦争と戦後の過程で衰弱していた．金融政策は，大規模な短期債のために大規模な資金調達操作が必要とされたので，機能できなくなっていたのである[12]．負債が非常に大規模であったので，非銀行公衆による負債からのどのようなシフトも，マネタリーベースの巨大な増大をもたらすであろう．

したがって，何世代にもわたる経験にもかかわらず，議論されていたことは，世界が変わったので基本的で確立された原理がもはや機能しない，ということであった．（これは決して行動への良い指針ではありえない．）この見解では，現金資産比率は時代遅れであった．その代わりに，資金調達（funding）が強調され，流動性資産比率に注意が向けられるべきであった．これが，銀行預金を調節する唯一の効果的手段となるであろう．戦時の必要が商業銀行の貸借対照表（バランスシート）を著しく歪めていたので，理解を難しくさせる状況があった．19世紀末には総資産に対する貸出の比率が60%くらいであったが，その時以降，総預金に対する貸出の比率は変化していた．戦間期には50%以下に低下した．第2次大戦中に貸出は厳しく削減され，国債がその空白の大部分を埋めた．1944年に貸出は総資産の16%に下落した．戦後，銀行は巨大に

膨れ上がった政府負債を保有したが，戦前の「正常な」状態に戻ろうとし始めた．したがって，1950年代を通じて，銀行は貸出を増やし，政府負債の保有を減らそうとした．このため，通貨当局は貸出の拡大に上限を設け，あるいは少なくとも貸出の拡大を遅らせようと試み，同時にますます増大する政府負債の販売を試みた．

最低流動性比率（当時は30％）が多くの討論の主題となった．それを銀行業の取り決めというより法的要件にすべきか．それを状況に応じて変化する比率とすべきか．大蔵省からも強い関心があり，大蔵大臣のマクミランは，1956年の予算でより高い流動性比率を課す案を提出するまでに進んだ．こうしたことはすべてコボルドを苛立たせた．彼の主張では，比率は銀行によって銀行業のために達成されており，比率はいかなる論争にもなっていない．異なった理由による異なった比率は，「あらゆる種類の新しい問題を持ち上げる」であろう[13]．

イングランド銀行のなかで行われた評価では，流動性比率に基づく操作の「新手法」に一貫して確信をもてなかった．その理由は，主としてそれがより根本的な病巣に対処するものでないからであった[14]．大規模な短期負債がマネタリー・コントロール（貨幣量管理）へ与える影響に特別な懸念がもたれていた．オブライエンは覚書でこの点を何度も繰り返した．これにオットー・ニーマイヤ（Otto Niemeyer）が呼応した．彼は1952年に理事会を去り，ロンドン・スクール・オブ・エコノミクス（LSE）の理事会議長となっていたが，イングランド銀行内にいぜんとして部屋をもち，非公式のアドバイザーとして活動していた．彼はオブライエンに同意し，「政府はいぜんとして支出を増やし過ぎている……，また国有化産業に次から次に壮大な計画を出させている，これらが最大の悪徳でないか」と問いかけている．ニーマイヤにとっての解決は，新たな流動性比率の導入によって短期負債に「麻酔をかける」のでなく，「大蔵省短期証券のウィルス的増殖を避ける」ことであった[15]．

効果的な金融的武器が明らかに欠如する中で，イングランド銀行は要請，規制（control），説諭に頼らざるを得なかった．銀行に対する要請はイングランド銀行と大蔵省の間に争いがある問題を浮かび上がらせた．大蔵大臣は慣習によっても，また1946年法の条件の下でも，手形交換所加盟銀行（クリアリン

グ・バンク）に直接的指示を出すことができず，イングランド銀行総裁を通じて行動しなければならなかった．実際，1955年7月，大蔵大臣ラブ・バトラー（Rab Butler）はクリアリング・バンクに「貸出の積極的で大幅な削減」を行うように間接的な要請を出した[16]．銀行の側は公平性に不満を唱えた．銀行は，正当なビジネスと思われるものから手を引くことは難しいと考え，国有化産業がその支出計画を切り詰めるように強制されないことに苛立った．これがその後におけるクリアリング・バンクのお馴染みの不満となり，規制への依存がもたらす緊張と一貫性の欠如を増幅するようになった．

このようにして，大蔵省短期証券を通じる政府金融が金融政策運営の伝統的手段を麻痺させた，という信念が生まれた．この見解に対して多くの反論を出すことができるし，制度的根拠からも理論的根拠からも出された．鍵となる点は，割引商会が差し出す証券を最後の貸し手の資格で無制限に受け入れなければならないので，イングランド銀行は力を失った，という信念であった．（イングランド銀行はこの見解に則して動いていたようである．）ここで，バジョットの原理は流動性パニックの阻止を狙っていたことを指摘する価値が確かにある．この原理には，資金源としてイングランド銀行を割引商会が継続的に利用するという処方箋は含まれていない．混乱がどのようにして，どこで生じたのかは興味深いことであるが，これは思想史家のテーマである．もう1つの重要な点は，どのような価格で，かである．

大量の大蔵省短期証券が現金ベースの調節を妨げるという見解を誰もが受け入れたわけでなかった．この見解は，イングランド銀行が銀行の預け金を減らすために証券を売る時，銀行は割引市場への貸付の回収で対応するであろう，というものであった．証券の販売が効果的であるために必要なことはただ，公衆が大蔵省短期証券を引き取るのに十分なほど金利を高くする，あるいはバンクレートを大きな罰則を課すのに十分なほど市場金利より高くすること，と議論する者がいた．これに対する反論は，イングランド銀行が「秩序ある市場」を維持し，国庫の資金調達を容易にし，金融センターとしてのロンドンを支援しなければならない，ということであった．加えて，金利の効果に対する根深い懐疑があった．これは確かに低い水準での金利の利用に当てはまった．しかし同時に，金利が上がりすぎ，オーバーシュート（この表現は使われていなか

ったが）さえして，悲惨な結果が生じるかもしれないという恐れもあったように思われる．

　1950年代は，もちろん，1930年代とひじょうに異なっている．インフレーションがデフレーションに取って代わる懸念となった．そして，金利は不況時に経済活動を刺激するよりもインフレーションを抑えるのに優れているかもしれないという事実の一定の認識もあった．けれども，これは決して直線的な進行ではなかった．公開市場操作と一体となったバンクレートの利用という伝統的方法は，1950年代には欠陥があると言われていた．しかし，1950年代には「ディア・マネー（dear money）」が「チープ・マネー」に取って代わったけれども，多くの国で信用を制限する効果については絶えず論争があった．というのは，割り当てと割賦購入規制やその他の直接規制など他の手段も同時に使われていたからである．金利が果たすことのできる役割を別にしても，信用制限が達成できるものをめぐっても一致は見られなかった．ケアンクロスの判断によれば，1947-57年の間にインフレーションを抑えるために金融政策が4回使われたが，「おそらく1つを除いて，そのどれもあまり成功しなかった」[17]．1955年初めの理事会の見解を説明しながら，コボルドはバトラーに次のように言っている．インフレ圧力は貨幣的要因というよりも主として「コストと賃金構造」の結果である．したがって，金融政策の貢献を過大評価してはならない．インフレとの闘争は「主に経済政策のより広範な分野において戦われ」なければならない[18]．これが，インフレーションは非貨幣的要因を源泉とする，という一般的信念の一部であった．

　最終的に，金融政策の全領域を綿密に調査する必要があると思われ，調査の要求とその後のラドクリフ委員会の任命となった．以前にこのような調査が行われたのは1929-31年のマクミラン委員会であった．1955年11月，『デイリー・テレグラフ』紙のシティ担当記者，フランシス・ウィットモア（Francis Whitmore）がマクミラン委員会に続く調査の緊急の必要性について書いていた[19]．より大きな政治的圧力が1956年3月に加わった．この時，東アバディーンシャーの無所属議員（MP）サー・ボブ・ブースビ（Sir Bob Boothby）が大蔵大臣に会うための代表団を引率して，金融制度の公的調査を求めた[20]．マクミランにとって有力者から成る委員会の設置は魅力であったようである．彼

は改革する大蔵大臣であると誓って大蔵省にやってきた．彼の野心にはイングランド銀行の改組も含まれていた．しかし，彼はブースビと同僚たちの要求には，それらの措置の影響を判断するのは時期尚早として抵抗した[21]．イングランド銀行もそのような委員会を避けることを望んでいた．

マクミランは公的調査を否定したが，内部での検討を求める大蔵省の案には同意した．その提案された検討範囲の概要を記した覚書は，政府が1955年の諸事件を再検討し，将来のための教訓を引き出すべきであると示唆していた[22]．「すべての金融政策における中心的問題は銀行預金総量を決定する仕組みの理解である．これには，現金と銀行の預け金 (bankers' balances) に対する中央銀行の規制 (control)，および流動性比率について現在出されているさまざまな質問への回答も含まれる．これに関連して，短期債の発行（主に国有化産業のため）が反対の方向でとられた措置を相殺しているという批判についても検討するべきである」．大蔵省は大蔵大臣に「現在表明されている見解について合意された原理，すなわちわれわれが流動性比率を規定するなら，規制はよりうまくいき，借入コストはより低くなるであろう」を熱心に吹き込んでいた．コボルドは明らかにこの協議に不安になっていた．彼はオブライエンとアレンがこの研究に参加するのを認めたが，それは「個人」ベースであり，主としてどこまで「意見の一致」があるかを確認することを狙いとし，さらにいっそうの考察を認めることを前提としていた[23]．より一般的に，コボルドは銀行制度を非難する者たちに苛立ち，マクミランに対して今は金融分野における試行錯誤の時期である，と不平を漏らしていた．彼はイングランド銀行を緊張させる批判を喜んで受け取ったが，「われわれの制度が世界の中で最善のものであり，最悪のものでないという前提から出発できないか」と尋ねた[24]．

政府の経済アドバイザー，サー・エドムンド・コンプトン (Sir Edmund Compton) とロバート・ホール (Robert Hall) が大蔵省を，オブライエンとアレンがイングランド銀行を代表した．「4賢人」と呼ばれた彼らは，イングランド銀行が独自の評価を完成させた後の1956年5月，初めて会った．仕事の負担はアレンにかかっていた．コボルドはアレンの報告を躍起になって歴史的事実の検討にとどめようとした．これは勧告を出す場ではない．「金融政策の本質は柔軟性」にある．このような性格の共同報告でイングランド銀行の将来

の政策運営を扱うのは適切でない[25].コンプトンはあまり満足せず,大蔵大臣がより多くの明確な政策処方箋を期待していると指摘した[26].これらの懸念に対処するための改訂を経て,「金融組織」と題された最終報告が全員一致で合意され,1956年6月末に回覧された[27].

　報告は金融政策の原理を繰り返し,1954-56年の事件を調べた.おそらく驚くことに,採用された金融措置は,とりわけ政府金融の逆境を前提にすれば,「かなりの」成果を生み出した,と主張した[28].あまり驚くことではないが,大量の大蔵省短期証券が貨幣量を適切に調節するために確立されている金融手法の利用を難しくした,ことも発見した.報告は,流動性比率の直接規制と貸出の直接規制のような代替的手法も検討し,いずれも適切な手段とは思われないとした.報告の結論では,既存の手法が銀行に影響を及ぼすもっとも実践的で柔軟な方法であった.このためには,短期負債(主に大蔵省短期証券)が制御下にある時に行使される「貸借対照表圧力」と,貸出制限の要請に注意が払われるような当局と銀行の間の良好な関係,これら2つの組み合わせが必要であった[29].

　コボルドはブリッジズに,これは「素晴らしい文書」であり,その技術的性格を考えても「驚くほど読みやすい」と語った.彼はそれから,おなじみの退屈話に立ち戻った.「歴史と将来の政策のための指針の問題として,私は自己の見解を記しておきたい.すなわち,(この報告が関わっている)金融政策だけでなく,現在われわれが見るような一般的経済・金融政策がより早い段階でもっと引き締め的であるべきであった」[30].報告を出すと,ホールは彼の日記に「1932年のマクミラン委員会以来の,あるいはいつからでもよいが,金融政策の最大の前進であると思う」と書き込んだ[31].しかし,その輝きはすぐにあせてしまった.7カ月後にホールはその価値を疑っていた.フォードが言うには,報告に対していえることは,せいぜい,この報告を受け取った者が痛痒を感じなかったことである[32].明らかに,報告は,おもにアレンによって書かれたので,イングランド銀行では驚きを引き起こさなかった.それは18カ月の期間にわたって多くのイングランド銀行幹部の間で展開されていた討論の精髄でなかっただけでなく,アレンの誰にも真似ができない慎重な文体で表現されていたからでもあった.この期間,手段と手法の性格にしばしば疑問が出さ

れたが，変わることのない結論は，既存の取り決めで十分であり，新しい規制は懐疑の目で見るべき，であった．

したがって，ラドクリフ以前に，イングランド銀行は金融政策を運営する方法を知っていると信じていたけれども，これには他の者たち，すなわち政府，銀行および一般公衆が過去におけると同じように行動するだけの場合ならば，という条件があった．経済環境が変化しつつあった．コボルドとその幹部同僚たちは，既存のアプローチが，必要な補完を加えれば，最終的に機能するであろうと希望したままであった．あるいは，イングランド銀行による金融メカニズムの理解には基本的な欠陥があった．実質金利と名目金利についての議論は，ときに暗黙に行われることはあったが，明確にはほとんど，あるいはまったくなされなかった．コボルドが長引く金融引締めに不安を抱いていると言った時，ブリッジズは言い返した．「われわれが強いブームの中にいるかのように誰しもがまだ行動できるなら，信用引締めが非常に厳しくなっている，と私には思えない」[33]．状況は名目金利から読み取れるようには厳しくなかったのである．インフレ率は約4.5%，バンクレートが5.5%であり，実質金利はいぜんとして低かった．

2. ラドクリフ委員会の設置

1957年初め，イングランド銀行は，理由は完全には明らかでないが，金融制度についての公式の調査という考えを受け入れそうになった．コボルドは1月に大蔵省の共同事務次官サー・ロジャー・メイキンズ（Sir Roger Makins）と会った時，新しい金融委員会をめぐって「流布している」見解について言及した．イングランド銀行は1年前に時期尚早として調査を強く拒否したが，「私は個人的に近い将来においてなんらかのメリットがあると思う」と言うまでになっていた[34]．2月，コボルドは大蔵大臣ピーター・ソーニクロフト（Peter Thorneycroft）にその問題を話した．2週間後にメイキンズはソーニクロフトがその考えを受け入れ，首相にそれを提起することになったと報告した[35]．この間に『ミッドランド・バンク・レビュー』誌が金融システムについての新たな権威ある調査を要求し，ブースビも再び扇動していた．これらの訴

えはともに，アメリカにおける同様な研究への圧力を指摘していた．アメリカでは「通貨と信用委員会」の設置が1957年11月に発表された[36]．下院でも質問が出されたが，ソーニクロフトは，調査が近いうちに始まることを知りながらも，約束せずに適当な返事をしていた[37]．

　3つの問題，(1)付託事項，(2)委員長，(3)委員会の他のメンバーを処理しなければならなかった．イングランド銀行における当初の考えでは，付託事項はかなり広い範囲のものとするべきであり，財政と通貨の国内および対外価値の維持についても考察するものであった[38]．大蔵省は経済政策の分野が非常に広範囲にわたることを極力避けようとした．確かに，固定為替相場と変動為替相場についての長期の公開討論はあり得なかったのであり，「政策」への言及は意図的に抑えられていた．最終的に合意された言葉は「金融制度と信用制度の働きを調査し，勧告する」であった[39]．適切な委員長についてはすぐに決着した．すでに2つの公的調査の委員長を務めた経験のある法律家，ラドクリフ卿（Lord Radcliffe）である[40]．4月，ソーニクロフトが調査委員会の設置，ラドクリフが委員長を引き受けたこと，他のメンバーは任命しだい直ちに公表することを発表した[41]．

　残りのメンバーは，利害関係と背景について慎重にバランスが図られた．マイナーズはマクミラン委員会の構成を分析して，委員会が「政治家と利害関係者によって占められたら，尊敬を受けるのに十分な合意を生み出さないであろう」と結論した[42]．これは避けねばならなかった．ラドクリフも「政治的背景を示唆するいかなる者にも」反対した[43]．経済学者の選択は，委員会の理論的傾向の重要な決定要因となるので，決定的であった．2人の経済学者，アレク・ケアンクロスとリチャード・セイヤーズ（Richard Sayers）が選ばれた．ケアンクロスはグラスゴー大学の応用経済学教授で，政府でのかなりの経験もあった．セイヤーズはLSEのカッセル教授であり，彼の教科書『現代銀行業』はこの主題に関する標準的仕事であった[44]．他の経済学者の名前も挙がっていた[45]．ソーニクロフトのお気に入りはライオネル・ロビンズ（Lionel Robbins）であったが，彼ではLSE偏向になってしまい，いずれにせよラドクリフが反対した．ソーニクロフトが示唆したもう1人はオックスフォードの経済学フェロー，アンソニー・クロスランド（Anthony Crosland）であった．しか

し,クロスランドはその政治的野心のため——彼は社会主義的傾向が強く,1951-55年は労働党の議員であった——反対された[46].経済学者を3人にするという案も検討された.影の大蔵大臣,ハロルド・ウィルソン(Harold Wilson)がオックスフォードから,元同僚のデイヴィッド・ワーズィク(David Worswick)を提案した.ホールは経済学者が多すぎることを心配した.「神学論争によって他のメンバーが当惑する危険がある」[47].

他のメンバーの任命はずっと円滑に進んだ.銀行の専門知識は,ロイズ銀行会長のサー・オリヴァー・フランクス(Sir Oliver Franks)とモーガン・グレンフェル商会(Morgan Grenfell)取締役ハーコート卿(Lord Harcourt)によって代表された.実業界の利益は,サー・ジョン・ウッズ(Sir John Woods)とサー・レジナルド・ヴァードン・スミス(Sir Reginald Verdon Smith)が代表した.ウッズは貿易省(商務省)の事務次官を退職したイングリッシュ・エレクトリック社(English Electric)の取締役で,コボルドに「私の頭の中を検査しておくべきだ」と語っている[48].労働組合との関係は,鉱山労働者全国組合(National Union of Mineworkers)の組合長ウィリアム・ジョンズ(William Jones)と労働組合会議(Trade Union Congress; TUC)副書記長ジョージ・ウッドコック(George Woodcock)が代表した.若干27歳で大蔵省の部長(Principal)の地位にまで急出世したロバート・アームストロング(Robert Armstrong)が書記になった.5月に作業が開始され,ラドクリフは調査に1年間かかるであろうと予想した[49].

委員の任命が発表されてから10日後,イングランド銀行総裁はラドクリフに長い私信を書いて,委員会の仕事になりそうなことについての「思いつき」を述べた[50].そして,金融政策に関する演説の抜粋とクレイによるモンターギュ・ノーマンの伝記を同封した.ラドクリフは自ら読み始めていた「貨幣理論に関する難しい本」よりもこの伝記の方がずっと面白そうだと述べている[51].

この私信はそれ自身が重要な文書であり,多くの慎重に考え抜かれた意見の開陳や証言よりもイングランド銀行の見解をいくつかの点でより明瞭に示している.コボルドは,将来の投資の必要性,巨額の国債,およびポンド残高の負担に照らした経済政策について,より広範な観察から始めた.コボルドにとってもっとも基本的な問題は「完全雇用政策の下で,経常勘定と資本勘定いずれ

第 3 章　貨幣・金融の枠組みとイングランド銀行

でもの公的支出の増大傾向，および賃金への継続的圧力があり，これらの状況がもたらす不可避的結末を阻止するために，どのように信用と金融的方策を工夫できるかであった」．これはラドクリフ委員会への付託事項の範囲外かもしれないが，コボルドは「この問題を理路整然と整理することができない限り，どのような信用ないし金融技術もわれわれを助けることはできない」と確信していた．総裁は続けて説明した．過去5年間にわたって，金融政策は「技術的手法（すなわち，バンクレート，流動性比率への圧力等）と『説得』の意識的混ぜ合わせ」であった．技術的手法は，極端に長い期間を取らない限り，それだけで仕事をすることができない．他方，説得は技術的手法が同じ方向で操作されている場合のみ機能した．

　コボルドはそれから最近の金融政策に向けられた2つの批判，すなわち，資金調達は国債の価格をもっと低くしてより活発に行うべきであった，および，バンクレートの変更はより適切なタイミングでより断固として行うべきであった，をとり上げた．総裁は前者に関わるイングランド銀行の政策を擁護して，以下のように主張した．経験が示すところでは資金調達は上げ相場の市場でのみ効果的に遂行できる．国債価格が魅力的になる点がつねにあることは間違いないが，「われわれは，道徳的にも便宜からも，『当局』が国債を安く売ることに反対する」．バンクレートについてタイミングがいつも正しかったとは主張しなかったが，コボルドの個人的見解では「極端なまでに強力な金利政策を推し進めるのは間違っている」．つづけて「私の判断では，政府の政策の一般的傾向に反して成功しそうなことはほとんどない．もしそれがたまたま効果的であったとしても，それは1920年代の繰り返しとなり，次の世代にとって金融政策を使い物にならなくしてしまうであろう」．さらに「イングランド銀行が提供しえた最悪のサービスは，マネタリー・コントロールだけへの過度の依存を促進してしまうことであったであろう」．技術的手法については，現在の規制（要請と自主規制的慣行（self-denying ordinance））は「減り」つつあるが，これは銀行システムにとって有害であった．「われわれが委員会の助力と批判を必要とするのはこの点である」とラドクリフへ語っている．そして彼は，いつも胸の中にあった3つの要因を委員会が心に留めることを希望した．第1に，政府は「保守的に運営される銀行よりも，生来インフレ的」である．したがっ

て，政府が銀行から借りるのを容易にするようないかなることも止めさせるべきである．第2に，イギリスの銀行の伝統は，強制よりも当局との協調に適している．最後に，銀行貸出に対する公的影響力はなくすべきである．もしこれが長期間使われるなら，それは経済政策においてより一般的な問題がある兆候である．そして「それは銀行システムを崩壊させるか，全体主義的規制へ導くであろう」と警告した．

　他の問題について，総裁はラドクリフ委員会が政府とイングランド銀行の関係を徹底的に調べることを望まなかった．「ときどきちょっとした喧嘩があるけれども，関係はかなり円滑で，うまく定められている」．コボルドはまた，イングランド銀行と銀行システムの間の結びつきは良好であると思っているが，一部の銀行エコノミストは彼らが適切な相談を受けていないと思っていることをラドクリフに注意した．間違いなく，当局からより多くの情報を求める声が上がるであろう．イングランド銀行もこの方向に向かって動いていた．しかし，コボルドはあまり先まで，あるいはあまり早く進むことは望まず，次のように付け加えた．「月刊の『フェデラル・リザーブ・ブルティン』や『政府経済サービス』の複製，および信頼できない統計と予想の慢性的洪水からは，神様がわれわれを守ってくれますように」．そして，公開の発言は「慎重にごくまれに」行われるべきであり，さもないと益よりも害をもたらすであろう．

　最後に，総裁は，証言が公衆にとってどのように利用可能になるかについて，懸念を表明した．証言を作業の終了後に公開し，進行中の事態の論評が市場を乱さないように，と希望した．彼はまた，秘密の証言という選択肢も望み，その理由を「発行部の操作と政策についての記録が100％公開される完全に自由な状況で」話すのは具合が悪い，と説明した．早くから，すでに委員長の見解についてはある手がかりがあり，5月15日のラドクリフとの非公式会見の後で，コボルドは，秘密の問題が委員会の主要な偏見の1つである，と記していた[52]．いずれにせよ，ウィルソンが下院でこの問題を急がせた時，ソーニクロフトは証言の完全な記録がとられ，委員会の報告と一緒に公開されることを保証した[53]．この時までに，ラドクリフと同僚たちは仕事を始め，最初の証人から証言を聞く準備をしていた．公開の強要が小心な証人の証言にどのような影響を与えたかは推測できるだけである．

3. バンクレート漏洩とパーカー審判

　ラドクリフ委員会の任命から1959年8月の報告の発表までに2年間以上が経過した．この間，金融政策は以前とほとんど同じ方法で運営され続けた．実際，もし報告が1957年に出されたとしても，その一般的調子はラドクリフ報告で採用されたものと異なることはなかったであろう．しかし，ラドクリフ委員会に影響を与えた1つの特別なエピソードが1957年9月におけるバンクレートの断固たる引き上げであった．それは重大な決定であり，その含意は純粋に金融的かつ経済的なものをはるかに超えて及んだ．「漏洩」の申し立てとその後の調査によって，イングランド銀行，バンクレートが設定される方法，および非常勤理事の役割に歓迎されないスポットライトが当てられた．この限りにおいて，ラドクリフ委員会は結果的にそうでなければ通らなかったかもしれない脇道へ逸脱した．

　1957年夏，ポンドへの圧力が高まり，外貨準備は大きく減少した．イングランド銀行は3つの可能な対策を検討した．2つはお馴染みのもの，より引締め的な財政スタンスと銀行へのいっそうの貸出制限であった．3つ目はより攻撃的なバンクレートの利用であり，新しい展開であった．1955年の初め以来，総裁は歴代の大蔵大臣に政府支出を抑制する必要性を気づかせる機会に欠かなかった．9月危機へと膨らんで行く過程で，総裁は再び適切な財政措置が要求されると提案した[54]．政府の経常支出の変更や延期は「事実上不可能」であったが，ソーニクロフトは，マネーサプライの抑制を主張するために少なくとも資本投資の水準を抑制しようとした[55]．

　驚くことではないが，貸出のいっそうの削減はイングランド銀行内ではほとんど支持されなかった．ソーニクロフトへの私信のなかで，コボルドは「貸出について銀行へ話すことで達成できることは限界に達している」と主張した[56]．流動性比率や貸出比率のような代替手段が多くの希望を提供することは考慮しなかった．これはイングランド銀行の以前の見解と完全に一致している．新しい議論は，ラドクリフの勧告を事前に判断すべきでない，というものであった．しかしながら，大蔵省はいぜんとして，これまでよりももっと正式な権限の行

使を熱心に追求した．この戦略が明らかになったのはソーニクロフトがマイナーズと会った時である．これにはフランクスおよびロンドン手形交換所加盟銀行委員会（Committee of London Clearing Banks; CLCB）からのデイヴィッド・ロバーツ（David Robarts）（ナショナル・プロビンシャル銀行会長）が一緒であった．ソーニクロフトは，自主的措置によって達成されるものを理解しているが，今や銀行信用に限度を課すことを望んでいる，と言った．銀行家はその政策は不適切であり，かつ機能しないと強く主張した．だが，ソーニクロフトは思いとどまらずに貸出平均水準の上限を望み，もし結果が満足のいくものでないなら，法的規定の導入を考慮する用意がある，と警告した[57]．

マイナーズは，副総裁としてのもっとも重要な存在感を間違いなく発揮し，イングランド銀行の立場を大蔵大臣にまったく疑念を残させずに説明した．手形交換所加盟銀行（クリアリング・バンク）が自主的に正式な限度を受け入れる，とは期待していなかった．さらに，「正直には銀行がいやだと言うのに決まっていると思っている，あるいは実際に従うことができないと見ているような願望を公然と表明するなら，それはあなたが抱いている目的に役立たないであろう」．1946年法の下で権限を行使する大蔵大臣についてもマイナーズは毅然としていた．「議論中の正式の限度をクリアリング・バンクとその他の銀行に課すことができる，法律に基づく指示を出す権限が『公益にとって必要』であるとイングランド銀行が思うとは，私はまったく考えない．私はあなたにこのように忠告する義務がある」．マイナーズはさらに追加的法制に反対して警告した．それは銀行制度と政府の間の関係に重大な問題を引き起こすであろう．ラドクリフ委員会もまた一要因であったが，新たな権限を求めていないことを理由として委員会の存在を言い訳に使う必要はない，とマイナーズは記した．「為替の状態を見れば十分である」[58]．

今やコボルドと同僚たちは，2月以来5％のままだったバンクレートを急激に引き上げるべきだ，とますます確信するようになった．おそらく，他の選択肢はなかった．8月に総裁は大蔵大臣に，金融の唯一残されている武器はバンクレートの，一挙にするか短期間の数段階からなる，劇的な引き上げであると告げた[59]．為替の状態は主要な悩みの種であり，オブライエンが認めたように，世論とくに海外の世論に「われわれが本当に本気である」ことを納得させるた

めに，国内の状況が要求するよりももっと厳しい行動を取らなければならなかった[60]．新任のエコノミック・アドバイザーとしてやってきたフォードは，すぐに仕事の調子をあげ，いくつかの政策目的を同時に処理する手段としてバンクレートの急激な引き上げを主張した[61]．

　状況はぞっとさせるのに十分なものであった．8月に外貨準備は2億2,700万ドル（10％）減少し，記録の上では最大の減少であった．9月の最初の2週間でポンドの支援に5,500万ドルが使われた．コボルドは9月に休暇から戻ると直ちにマイナーズに会って戦術を議論した．その結果，ソーニクロフトに宛てた覚書で，為替に完全な方向転換がない限り，10月3日にバンクレートの大幅な引き上げを行うべきである，と警告した．おまけに，コボルドはラドクリフ報告に先立つ法律は「われわれをトラブルから脱出させるよりも，われわれのすべてをもっと多くのトラブルに巻き込むであろう」と繰り返した[62]．

　これに続く日々はドラマチックであった．コボルドは9月15, 16, 17日とソーニクロフトと会い，17日には首相にも会った．ソーニクロフトは9月19日に声明を出す予定があった．それで，バンクレートの変更があるとすれば同じ日に行うべきである，と合意された．同僚たちから意見を聞いた後，コボルドは，レートを5％から7％へ引き上げるべきである，という見解を出した．明らかに，大蔵省と内閣の中，および首相の側にも不安があった．大蔵省の幹部は6％を超える引き上げを望まず，マクミランは高いバンクレートにまったく理由をみいだせなかった[63]．しかし，9月18日，政府は決定を承認した．9月19日，バンクレートは5％から7％へ引き上げられた．最大の（ベーシスポイントでみて）引き上げであり，1921年以来の高水準であった[64]．大蔵大臣は下院で政府がポンドの対内および対外価値を断固として維持することを決めたと語った．マネーサプライの調節を行わないインフレ対策はない，とも語った．したがって，公共部門投資は，計画通りに増えるのでなく，現在の水準に維持されるであろう．クリアリング・バンクは貸出の平均水準を抑制する試みへの協力に同意した．大蔵大臣は，バンクレートの異常な引き上げが必要であったのはポンドに対する大規模な投機のせいであるが，これまで進めてきた政策を支援するためにも必要である，とも言った[65]．実際，この危機の説明は多様であり，対外的および国内的両面で識別された諸問題が挙げられていた．

ポンドへの信認の欠如は国内経済への信認の欠如としても解釈できるのである．引き上げへの反応はほとんど完璧な驚きであった．コボルドによれば，それは「落雷」のようにやってきて新聞の一面を支配した．海外の意見は，引き上げをパニック的動きとして，あるいは政府がインフレ問題に取り組もうとする兆候として解釈した[66]．

9月危機からはイングランド銀行に大きな後遺症が残った．エピソードは大蔵省との関係に何も引き起こさなかった．ソーニクロフトはクリアリング・バンクに何をなすべきかを指示できなかったし，イングランド銀行を大蔵大臣のために行動するように強制もできなかった．新立法はイングランド銀行と大蔵省の関係に火をつけるだけであったであろう．海外ではそれは薄暗がりの出来事と見られたであろう．総裁，あるいはその代理としてのマイナーズは，バンクレートを2％ほど引き上げるべきであると勧告するや否や，銀行に何をなすべきかを語ることを拒否した！　ソーニクロフトはコボルドの解雇を望んだが，必要な権限がないことに気づいた[67]．大蔵省の弁護士の助言によれば，1946年法は総裁や理事を「狂人となるか，破産するか，あるいは有罪判決を受ける」のでない限り，解雇するのを妨げていた[68]．

イングランド銀行に対する要求不満に加えて，ソーニクロフトは金融状態にも不満であった．ラドクリフの報告を待たずに，彼は経済問題担当秘書のナイジェル・バーチ（Nigel Birch）に秘密の作業グループを主宰して「どのような措置が信用ベースを効果的に調節するのに必要か」を考察するように頼んだ[69]．このグループは大蔵省からのホール，コンプトン，サー・トーマス・パドモア（Sir Thomas Padmore），イングランド銀行を代表したマイナーズとフォード，および外部の経済学者としてのロビンズによって構成された．作業は急がれた．グループはバンクレートが引き上げられた日に最初の会合を開き，10月の初めには草稿の報告を大蔵大臣に提出した．この過程で，イングランド銀行は銀行を規制する新しい手段や法定の権限の活用などについてグループが討論するのを妨げようとしたが，役に立たなかった．ロビンズの貢献が広範囲にわたっていた[70]．グループは，大蔵省預金受領書（TDRs）の一時的利用と結びついた，明確に固定された最低流動性比率というロビンズの考えにもっとも注意を集中した[71]．実際，TDRsやその他の形態の特別預金の復活はすでにイングラ

ンド銀行内の討論の主題となっていた[72]．流動性比率の設定と「安定化短期証券（stabilisation bills）」と名づけられるものの強制的保有を求めるロビンズの提案をグループはしだいに支持するようになった．ただし，イングランド銀行は報告の草稿ではその立場を留保した[73]．

コボルドは明らかにソーニクロフトの主張に傷つけられ，急いで強力な防衛に取りかかった．彼は大蔵大臣に長い手紙を書いて，イングランド銀行がマネーサプライの規制力を失ったことを否定した．もしそれが真実なら，「イングランド銀行は確かにそのことで忙しくて，座って，自分の手を握り締めてなどしていないだろう！」それどころか，戦争以降に規制力はだんだんと取り戻されている．マネーサプライの規制に抜け道があることは認めたが，それは「政府の要求を完全に満たすために，イングランド銀行が必要な現金を市場に供給する自動的取り決め」を通じてである．イングランド銀行はこの取り決めを停止できるが，それは極端で不満足な措置となるであろう．つづけて，「実際にはその権限は大蔵省にあり，誰もその現金への需要がマネーサプライの増加を強制するようなものとは見ていない」．そして，新たな法律の可能性をいぜんとして危惧し，3つの点を訴えた．第1に，そうなると，イギリスは主要民主主義国の中で，中央銀行でなく大蔵省が商業銀行に指示できる，唯一の国になるであろう．第2に，イングランド銀行の権限と責任を変えるので，理事会にとって「重大な関心」のある問題となる．最後に，それは，銀行から政府へ貸し出させる潜在的権限を政府に与えることになる．このような権限を政府が握れば，銀行制度とポンド双方に対する信認が著しく損なわれるであろう[74]．ソーニクロフトは譲歩した．「資金調達が自動的に行われすぎると健全でなくなるという貴殿の見解には説得力があります．私は，政府の短期借入額に対して法的限度を設ける方法を考察したい」．好都合なことに，これらはすべて，ラドクリフ委員会へのイングランド銀行と大蔵省の意見陳述に向けた仕事の中に取り込まれた[75]．

9月のバンクレート引き上げから派生した，金融的というより手続き上の問題があった．引き上げは「落雷」のように突然に襲ってきたかもしれないが，一部のものはそれを避けることができたように思われた．発表の前にかなりの国債の売却があり，決定が事前に漏洩していたという話が新聞等で流布し始め

た[76]。この主張は，とくにその源泉がイングランド銀行に辿りつくとすれば，深刻であった。コボルドは意見聴取を行い，首相への個人的手紙で，漏洩や不自然さの証拠はなかった，という彼の見解を主張した[77]。これで問題は終わったかもしれないが，政治が絡んでいた。チャールズ・ロイド（Charles Lloyd）は『タイムズ』紙に「直感売り」を報道した。ロイドはここで証券ブローカーとジョバーがうまくやったことを意味したが，ウィルソンはこれが内部情報に基づく売りを意味すると捉えた[78]。ウィルソンは全面的調査を執拗に要求した[79]。圧力の高まりに直面してマクミランは軟化した[80]。パーカー判事が任命されて審判を指揮し，証人を喚問する広範な権限を与えられた。付託事項はバンクレート引き上げについての情報が不正に開示されたという申し立てが正当化できるかどうか，もしそうなら，その情報が個人的利益を上げるために使われたかどうか，であった。マイナーズは理事会メンバーに，彼らが関係するビジネスが引き上げの発表前に国債を売っていたかどうか確かめるように求めた。この過程で2人の非常勤理事の名前が浮かんできた。キンダーズリー卿（Lord Kindersley）（ラザーズ商会のマネジング・ディレクター）とウィリアム・ケズィク（William Keswick）（極東貿易商社マセソン社会長）である。

　イングランド銀行とシティという多くが秘密に包まれた世界へ照明をあてることに公衆とメディアの多大な興味があった。事件は野外の集まりでのうわさ話，列車内での会話，夜会でのゴシップとなって盛り上がった。結局，132人の証人が出頭し，236件の書面が提出された。イングランド銀行からはコボルド，マイナーズ，バイセスター，ボールトン，ダスコム，そしてもちろんキンダーズリーとケズィクが全員個人として出頭した。コボルドは審理の調子は非常に不快なものであったと後に認めている[81]。

　パーカー審判の報告は1958年1月21日に公刊された。その判決は無実で無条件であった。「バンクレート引き上げについての情報が不正に誰かに開示されたという申し立ては正当化されない，われわれは全員一致でこの結論に到達した」[82]。キンダーズリーとケズィクは完全に放免された。キンダーズリーは「完全に正直で適切にふるまった」。ケズィクは「意識的にも，また無意識にも，バンクレート引き上げの情報を開示しなかった」[83]。審判は，ビジネス上の利害を有するイングランド銀行理事が場合によっては困難な当惑する立場にいる

ことを気づかせた．しかし，「これは一般的で非常に重要な問題を引き起こすが，われわれはこのことにはっきりとした関心をもっていなかった」[84]．

新聞の見出し作者はこんなに明確な発見を独創的に書くのが難しかった．『タイムズ』紙は「バンクレート引き上げの漏洩なし」，『デイリー・テレグラフ』紙は「審判ではバンクレート引き上げ漏洩なし」であった．他の新聞は明白な言葉を使うのを避けた．『ニューズ・クロニクル』紙は「7％―全員無罪」であった．他の新聞はやや懐疑的であった．予想されたことであるが，『トリビューン』紙は審判が「白の大厚塗り」であった．この結果はまた，調査の要求を絶叫していた労働党の敗北としても広く解釈された[85]．とはいうものの，事件はイングランド銀行を素人臭く見えるようにもした．

結果についてイングランド銀行には明白な安堵があった．スタッフへのメッセージでコボルドはこの報告がイングランド銀行に「完全な無罪」を与えたと述べ，「われわれすべてにとって悩ましい時」における支援と信認に対してすべての者に感謝した[86]．新しい大蔵大臣，ヒースコート・エイマリ（Heathcoat Amory）は，コボルドの不在中にマイナーズへ手紙を書いて，政府がイングランド銀行を完全に支持していると保証した．多分大げさすぎる表現ではあるが，総裁が早期に解雇されるかもしれない状況を前提にすれば，それは差し迫った信任投票であった[87]．報告において何らかの行動が要求された唯一の点は非常勤理事の役割であった．その地位はパーカーにとっては問題でなかったが，ラドクリフ委員会の権限の範囲にあり，エイマリはラドクリフ委員会にその点を検討するように求めた[88]．報告が公刊された2週間後に下院で議論があった．2日間続き，不快なもので，何も成果を生まなかった．イングランド銀行からダスコムとホーラムが出かけ，「ボックスのなかに」座って見守った．彼らはまったく感銘を受けなかった．野党はシティを攻撃する機会を逃さなかった．ダスコムは労働党が権力を握るかもしれない将来について悩むようになった[89]．

パーカーの報告にはスキャンダルを示すひとかけらのヒントすらなかったので，ジャーナリズムはイングランド銀行とその将来についての一般的記事に向かった．理事会メンバーの肖像の複製や経歴，徹底的に調べられたビジネス利害関係が新聞に載せられた．この扱いは『レイノルズ・ニューズ』紙の「バン

ク・オブ・イートン」物語から『エコノミスト』誌で「イングランド銀行」と題されたまじめな評価にまでわたった[90]．新聞は非常勤理事の性質，バンクレート変更メカニズムの明白な遅さ，イングランド銀行と大蔵省の関係，イングランド銀行の秘密に集中した[91]．専門家理事，大蔵省によるいっそうの規制，イングランド銀行による一段の情報と統計の提供など，多くの解決策がだされた．これらはすべてラドクリフ委員会が対処することになっている問題であった．学者は経済学，政治学，社会学の観点から問題を取り扱った．社会学は社会的経歴とコネクションを調べ，学校，大学，クラブ，主要な指導者たちの間における家族的結びつきを暴露した[92]．

バンクレートの決定と発表の手続きについて内部での討論が行われた．コボルドはマイナーズに「イングランド銀行が別の調査のリスクにさらされないように準備をするだけである」と語った．目的は「イングランド銀行と理事たちを将来のレート変更に際して下らない非難や風刺から守る」ことであった[93]．提案はエイマリへも提出されたが，彼はコボルドに手紙を書いた．パーカー審判が終わってこんなにすぐに変更を考えるのは「弱さの徴」とみられるかもしれない．そして，「現在静かになっている論争を復活させる」であろう[94]．

総裁による事件後の最初の公開の声明は広く報道されている[95]．コボルドは，シティはパーカーが噂を反駁した方法に感謝するであろうと述べてから，最近イングランド銀行をいかに運営すべきかが「国民的な人気のある娯楽」となっていると提起し，聴衆に「私も2，3分の間遊んでいても良いでしょうか」と尋ねた．それから彼がもっともお気に入りの所見を述べた．「イングランド銀行は銀行でなければならず，研究グループであってはならない」．つづけて主張した．「もっとも重要な要件は運営能力でなければならない．……われわれの幹部常勤スタッフにはオックスフォードから来た2人の経済学の大家がおり，いうまでもなく副総裁はケンブリッジでの10年間に学んだことをまだ覚えている．イングランド銀行が専門的経済学思考を失っているという批判は検討に耐えない」．これは完全には説得的ではなかった．翌日，『マンチェスター・ガーディアン』紙は「銀行全体で2人の経済学者」と非難している[96]．彼は続けた．「われわれの政策は，われわれが行っていることについてもっと多くを語り，背景をもっと説明する方向へ徐々に進んでいる」．審判の結果，ラドクリ

フ委員会は，さもなければ考えもしなかったいくつかの問題を調べるように求められた．理事会は，コボルドがバンクレート漏洩のエピソードの間に発揮した不屈の精神に感謝を示し，ウーブロンのタンカード〔大ビールジョッキ〕の複製を贈った．ふさわしいことに，オリジナルに刻まれた銘文の一部には次のように書いてある．「非常に困難な時期における彼の偉大な能力，勤勉さ，厳格な正直さの証しとして」[97]．

20世紀後半に公衆の生活水準は明らかに低下した．21世紀の初めには大衆がそのような場合を有罪と思う傾向が生まれている．だが，1950年代にはそのようなことはあまりなかった．判決は一般に受け入れられたように思える．しかし，少なくともキンダーズリーに関しては強力な状況証拠があった．彼はブリティッシュ・マッチ社の役員であった．1957年にこの会社は約25万ポンドの国債を保有し，金利の上下変動にかかわらず何年もの間保有していた．しかし，この会社はバンクレートが劇的に引き上げられる前日に国債を売却した．審判は，この売却が彼の得た知識の結果として行われたものでないとして，彼を無罪とした[98]．当時の主要な国債ブローカー，後のガバメント・ブローカーの1人ナイジェル・アルサウス（Nigel Althaus）にとっては「彼らは国債を売却した．それが絶対的証拠と思われる．キンダーズリー卿は非常に運が良かったと思う」が結論のようであった[99]．

4. ラドクリフ委員会：経過

ラドクリフは1958年6月までの1年間以内にその作業を完了させると予想していたが，もう1年かかるかもしれないと認めた[100]．アームストロングとの「ゴシップ」の後の10月，マイナーズは「記述的な各章の執筆が終わると，委員会は何を言うべきか考えることができなかった」と書いていた[101]．最終報告が出版された1959年8月までに，ラドクリフ委員会の任命が発表されてから2年以上がすぎていた．この間に委員会は88回の会合を開き，うち59回で正式の口頭証言が聴取された．200人以上の証人に総計1万3,000問以上の質問が出され，71機関と41個人から書面の証言を受け取り，公刊された．回答者には，政府各省，海外中央銀行，銀行と金融機関，商工業団体，公社，お

よび大企業が含まれた．個人では元大蔵大臣，中央銀行家，ビジネスマン，経済学者が含まれた[102]．委員会の議事は広範囲にわたっているが，本章での焦点はイングランド銀行と金融制度の働きにおけるその役割についてである．

イングランド銀行は証言の準備に多大な時間を費やした．小規模の作業部会が設置され，オブライエンが指揮し，ホーラム，アレン，フォード，およびマイケル・ソーントン（Michael Thornton）（統計部の副主任）が参加した[103]．コボルドとマイナーズも深く関係していた．委員会は15のテーマのリストを渡し，イングランド銀行がその覚書で取り扱うことを希望した．これは，政府とイングランド銀行の関係や統計についての一般的問題から，マネタリー・コントロール（貨幣量管理）の現在の方法とその技術の変化の可能性についての具体的質問にまで及んでいた[104]．また，非公式なヒントもあった．セイヤーズは個人的にマイナーズに，委員会が重視する2つの領域，割引市場のパフォーマンスとイングランド銀行のいっそうの公開性について話している．マイナーズは「彼が委員会にそうするように迫る，と思う」と書いている[105]．6月の初めまでに，イングランド銀行の覚書の主題は最終的に決められた．コボルドとメイキンズは「党派的境界線」が引かれるべきでないことで合意したが，後者は両派が少なくとも「同じ歴史と地理の教科書」を使用するように熱心に努めた[106]．

イングランド銀行総裁は，覚書が可能なら6月末までにラドクリフ委員会へ送られることを切望した[107]．草稿はイングランド銀行内部と限られた範囲の外部で回覧された．その反応はおおむね建設的であった[108]．ボールトンは特徴的に素直であった．彼の感じでは，構成と機能についての文書は「不適切で精彩がなく，疑問を引き起こす」が，現在の金融政策についての文書は「決まり文句でかつもったいぶった荘厳さでいっぱい」であった[109]．実際，後者の覚書をまとめることは非常に難しかった．コボルドとマイナーズがその校訂に深く関与し，とくに総裁は手書きで多くの改訂を加えた[110]．この点は，文書12（「現在の金融政策」）でもっとも顕著であり，イングランド銀行が提出したすべての文書の中でも，コボルド自身の考えがもっとも強く焼きつけられていた．文書8（「1931年以降の金融制度」）と文書13（「代替的手法」）を別にすると，覚書はすべて7月の初めまでには委員会へ引き渡された[111]．

覚書はほぼ完全に国内金融システムに関心を寄せ，対外問題はポンドの状態が国内問題に反応する限りにおいて対象とされた．2つのもっとも重要な覚書は，政策に関する文書12と手法の可能な修正に関する文書13であったが，これらはともに準備の過程で問題を起こしていた．その後，3つの文書が追加された．正式の口頭証言についても熟慮が重ねられた．この負担は総裁と業務局長にかかった．出廷は2年間にわたっているが，その大半は最初の6カ月間における聴聞会であった．それから6カ月間を空けて，パーソンズとブリッジが大蔵省とともに，1958年6月の先物為替市場についての委員会の討論に出席した．11月には，顧客の方針について質問される代理人の困惑をさけるために，ガバメント・ブローカーのウィリアム・H.J. de W. マレンズ（William H. J. de W. Mullens）にオブライエンが同行した．イングランド銀行の口頭証言の残りは1959年に，1月に1度と，委員会が証人から聴取した最終日の4月30日に行われた．

口頭証言に期待されたのは，委員会と証人がともに，慎重に策を弄して作成された原稿から離れる機会を提供することであったかもしれないが，イングランド銀行は間違いを最小限に抑えるために慎重な準備を行った[112]．より決定的だったのは，聴取の形を予想できたことであった．ラドクリフの法的スタイルは，提出された文書のパラグラフごとに証人を調べる方法であり，そのため口頭証言の議事は，大部分が文書における具申の内容によって決まっていた．もちろん，これらの性格と内容は，一定の指針はあったけれども，イングランド銀行によって決められた[113]．秘密情報の発表については論争があったが，ラドクリフは証言の完全な記録が公表されることを明らかにしていた[114]．

金融政策に関するイングランド銀行の見解についてのコボルドによる要約は次の3点を強調した．(1)満期債務の借り換えと結びついた，政府の要求を満たすための資金調達の必要性が，貨幣量管理を難しくしてきた．(2)金融的措置は銀行の貸出を抑えるのに成功してきた．(3)イングランド銀行は高金利がもたらす国際収支と国庫へのコストを認識しており，このためバンクレートの利用には慎重であった（この覚書は1957年9月以前に書かれた）．それから，彼はお馴染みの点を繰り返した．「極端にかつ受け入れがたいほど長期に実施するのでない限り」，バンクレートの引き上げは政府による他の分野における

支援活動がある場合にのみ効果的である．

新旧の正統派の主張者の間での論争における主たる関心は，マネーマーケット（貨幣市場）と国債市場におけるイングランド銀行の操作が何を達成できるか，であった．ラドクリフ委員会で提示された証言はこれらの活動にどのような光を投じたのであろうか．

他の市場でも同じだが，マネーマーケットにおけるイングランド銀行の一般的目的は秩序を維持することである．より具体的には，2つの目的があった．1つは，当局と銀行システムの間における受け取りと支払いの日々の変動をならすことである．もう1つは，短期金利に影響を及ぼすことである．これらの目的が，大蔵省短期証券の売買と，割引商会に対する貸出を含む市場への支援を通して追求された．新規短期証券は毎週の大蔵省短期証券入札を通じて売却され，他の取引は，国債市場におけるガバメント・ブローカーと似た立場にある「特別バイヤー」を通して行われた．この場合に関与した会社は割引商会セコム・マーシャル・アンド・キャンピオン（Seccombe, Marshall & Campion）であった．

1950年代と1960年代の割引市場の働きについては文献の中で十分に記述されている[115]．大蔵省短期証券の入札は以下のようになされた．金曜日に売り出される大蔵省短期証券の量がその前の週にイングランド銀行によって発表される．入札は，1934年に結ばれた協定によってロンドン割引市場協会（LDMA）を構成する割引商会12社のシンジケート付け値で引き受けられる．クリアリング・バンクからの入札も受け入れられるが，同じ協定によって，クリアリング・バンクが自己勘定で入札をすることはなく，顧客の代理としてのみ入札に参加する．その他の銀行，ブローカー，イングランド銀行自身による入札もあるが，これらも〔海外の〕中央銀行のような顧客の代理としてである．完成した入札書式を午後1時までにイングランド銀行に提出しなければならないが，これには請求日，量，単位，証券の価格の詳細が書かれている．入札は，同じ日に，イングランド銀行幹部職員と大蔵省の代表者の立ち合いで開かれる．価格順に並びかえられた後で，一番高い付け値から順番に割り当てられる．シンジケート付け値が入札をカバーしているので，その値が最低価格となり，それ以下の値での入札ははじかれる．したがって，割引商会シンジケート以外の

入札参加者が落札に成功するのは，シンジケート付け値を予想する能力にかかっており，大蔵省短期証券に払いすぎるかもしれないリスクを抱えている．平均価格によって大蔵省短期証券の平均割引率が決まる．これはバンクレート以下であるが，その動きを密接に辿っている．

　売り出される大蔵省短期証券の量は，主として国庫の必要によって決められる．しかしこれは，イングランド銀行が貨幣の当初の不足を作り出し，日々の操作における調節を容易にするのに適していた．市場の貨幣不足を緩和するための支援にはいくつかの形があった．第1は，イングランド銀行が，特別の買い手を通じて大蔵省短期証券を購入することであった．これは，割引商会から購入し，彼らに現金を直接に供給することによって行うことができたし，あるいは割引市場へのコールを減らしていたクリアリング・バンクから購入することでもできた．割引商会は，毎日，ポジションをカバーしようとするので，もし必要な貨幣を見つけることができない場合には，イングランド銀行から借り入れる特権をもっていた．現金の最終的源泉としての立場から，イングランド銀行が割引商会への貸出を拒否することは決してなかった．ただし，この借入には罰則的借入金利，すなわちバンクレートが課された．割引商会はそれに従って利鞘を調整するから，この仕組みを通じてイングランド銀行は一連の短期金利に影響を及ぼすことができた．そして，イングランド銀行は，市場がイングランド銀行から借りるように強制する状況を作り出すようにできるので，受動的にとどまる必要もなかった．銀行システムに余剰現金がある場合には，イングランド銀行は大蔵省短期証券を売ることによって余剰を絞りとることができた．委員会は割引市場が不可欠であると主張することはできないと思ったが，市場が銀行システム内の不規則な資金の流れを円滑化させる重要な機能を果たし，この仕事が最小のコストで効果的に遂行されている，ことを受け入れた．割引部の部長のクラークは，割引商会についての言及が「概して好意的」であったことに満足した[116]．

　国債市場は，流動性と手数料に関して「最大ではないとしても，世界の大市場の1つ」と述べられた[117]．市場の管理とバンクレートの利用が一緒になって金利政策，すなわち金融政策を遂行する主要な手段であった．多くの資産市場と同じように，これはニュースに非常に敏感であった．問題となるニュース

は，金利とインフレーションに影響を及ぼしそうなどのようなものでもよかった．この時期の最初には，ポンドの状態が支配的であった可能性が高い．ポンドが弱くなると金利が引き上げられるであろうという恐れが強まった．国内ではインフレーションの予想経路がもっとも重要であった[118]．

　市場の現代的起源は 19 世紀にある．19 世紀後半，バンクレートが金準備を防衛するために使われたが，マネーマーケット金利はしばしばバンクレート以下であり，バンクレートが市場金利を引き上げる力は弱かった．バンクレートを効果的にする何らかの措置を見つけなければならなかった[119]．何とかして市場を準備不足にしなければならなかった．この準備は大部分がイングランド銀行への銀行預け金残高の形であった．金融機関がイングランド銀行の割引窓口へ行くことを強制する手法が開発され，「公開市場操作」と呼ばれるようになった[120]．1889 年に，イングランド銀行はバンクレートを何回か引き上げたが，これに対応して市場金利を上昇させるのに失敗した．このためイングランド銀行は国債の売却による借入操作を強化した．問題は，イングランド銀行が国債を売却する証券取引所マーケット・メーカーが貨幣市場に資金を依存せず，国債購入の資金を調達するためにイングランド銀行に貸出を求め，イングランド銀行がこれに応じたことであった．したがって，イングランド銀行の売却は銀行預け金残高や最低金利に望まれた影響をいつも与えることにはならなかった．19 世紀末には大蔵省短期証券の利用が増大し，第 1 次大戦後にはイングランド銀行が銀行預け金残高を規制する主要な手段となった[121]．

　長期金利を引き下げる試みも行われた．その主要な試みが 1932 年における 5％ 戦時国債の「3.5％・1952 年以降償還国債」への借り換えであった．戦時国債は 1917 年に 25 億 5,300 万ポンドが発行され，1932 年 3 月でもまだ 21 億ポンドの残高があり，国債全体の 4 分の 1 以上を占め，1932 年の国民所得の半分に等しい価値があった．借り換えは成功裏に行われ，『エコノミスト』誌は大勝利と絶賛した[122]．のちに，ケンブリッジの経済学者ニコラス・カルドア（Nicholas Kaldor）は「新大蔵大臣は，……歴史上最大の借換操作を実施した．……これは長期金利のすべての構造を引き下げた」と書いた[123]．そして，当局が金利構造に影響を及ぼすことができるという信念が強まった[124]．

　だが，当局が金利構造に影響を与えたのか否かについては疑問がある[125]．

初期の分析の議論によるもっとも重要な説明では，それは当局の規制の埒外にあった．すなわち，経済は 1929 年以降に景気後退に入っており，取引残高への需要は減少した．1931 年に金本位が放棄され，政府への信認も増大した．借り換えに関心があるという知識が期待を生み出し，金利の低下とキャピタル・ゲインを狙った国債の購入を促した．これらすべてが予想された結果をもたらすのに役立った．また，信用のかなりの創造も行われた[126]．より最近の統計分析が示すところでは，短期証券金利は為替レート政策でもっとも容易に説明できる．借り換えがコンソル国債利回りの劇的な引き下げをもたらしたという証拠はない[127]．ともかくも，われわれの狭い展望からすると，このエピソードは，セイヤーズの言葉に従えば，「イングランド銀行が進む道，すなわち金融市場におけるその立場から引き出されるあらゆる力を断固として行使すること，に光を照らし」たのである[128]．

　第 2 次大戦後，割引商会との大蔵省短期証券操作（オペレーション）が，イングランド銀行による銀行システムの準備へ働きかける主要な経路となった．金利へのその他の圧力を適用することもできた．そして，国債市場を支援する当局の能力は，政府各省の資金の規模の拡大で強化された[129]．1930 年代の低金利政策は 1945 年後の時代にもいっそう精力的にさえ追求された．1950 年代の国債市場はイングランド銀行，ジョバー，マネー・ブローカー，証券ブローカーによって構成された．市場は 2 つの部分に分かれていた．1 つは発行市場で，新規の国債が発行され，応募された．もう 1 つは流通市場で，既存国債が取引された．イングランド銀行は政府の代理人として，ガバメント・ブローカーのマレンズ社を通して市場へ新規国債を（発行部を通して）発行した．もっとも一般的には，イングランド銀行は自己の選択する価格で市場へ新規国債を出し，発行部を通じて応募のなかったすべての国債を引き取った．その後，需要に応じて，トランシェごとに徐々に，すなわちタップ方式で国債を売却した．1957 年に国債市場には約 20 社のジョバー商会がいたが[130]，発行市場で問題となるのは 3，4 社だけであった[131]．他方，3 社の証券ブローカーがマネー・ブローカーとして，ジョバーに必要に応じて貨幣や国債を貸し出した．市場への国債の供給は主として政府の資金調達の必要性から生まれた．

　市場の本質的特徴は，容易な市場性と非常に大規模な額の融資，迅速な受け

渡しと支払いにあった．1950年代半ばに，国債市場の名目価値の総計は約200億ポンドであった[132]．明らかに，国債の主要な特徴の1つは，背後にイギリス政府という良い名前があるので高度の安全性がそれに付随していることである．1950年代初めの金融政策の蘇生は金利のかなり急激な上昇をもたらし，これは国債価格の対応する下落を意味した．それから投資家は国債を保有する知恵に留保をつけるようになった．これを1つの理由として1950年以後に支配的になったのが，市場を安定的に保つことであった．金利の大幅すぎる変動を避けることが当局の中心的な関心となった．けれども，これはマネーサプライの調節と対立する．国債管理の主要な長期的目的は国庫が必要とする資金調達をすべて獲得できるように保証し，銀行から借りる必要を減らし，あるいはなお良いことには不要にし，インフレの圧力を避けることであった．イングランド銀行の熟練技術の1つが国債発行の正しい規模の設計にあり，これにはいくらかの国債を保有し，市況がより有利な時にそれらを放出する可能性が含まれた．すなわち「タップ」発行と呼ばれる方式である．タップ方式は1960年代における発行の主要な手段となったが，その時の意図は近い将来に国債を入手できることを市場へ合図することであった[133]．

　ラドクリフ委員会が聴取した口頭と文書での証言は1950年代の国債市場における政策についての明確な公式の見解を示していた．イングランド銀行総裁は発行部について長い声明を出し，そこで次のように述べた．一般的目的は「国債市場における秩序を維持することである．ときには市場を提供し，あるいは特定の銘柄の国債の需要を満たしてやる．またときには，異常な変動と思われるものを均すこともする」．場合によっては「市場をリードする，あるいは安定させるために」介入することが必要かもしれないが，「ある方向ないし別の方向へはっきりと向かう市場の傾向に対して抵抗することは発行部の一般的政策ではない」．コボルドは次のように言った．確実な価格あるいは上昇しつつある価格では売却するが，弱い価格あるいは下落しつつある価格では無理やり売却しない．そして，後者の状況の下では買い手は少ないが，買い手を引きつけるために価格を下げるのは間違いであろう，と強く主張した．「価格が大きく下がるとしたら，その過程で市場と内外における信認に大きな打撃となるであろう（為替市場と国債市場とが相互に密接に結びついていることを諸君

第3章　貨幣・金融の枠組みとイングランド銀行　　　　　　　　　121

らに思い出させる必要はないであろう）．そして，最終的には，この過程が繰り返されそうだと思われた場合，買い手は尻込みしてしまい，ほとんどいなくなるであろう」[134]．彼はそれから市場における期待の重要性を強調した．委員会がその報告で述べることになるように，これが当局の思考を支配した見解であった．

　この主題は，ガバメント・ブローカーとオブライエンが1958年11月に委員会に出廷した時にさらに詳細に議論された．この時までに戦術は若干変わっていた．オブライエンは総裁が以前に述べた政策が維持されていると言って始めたが，上昇しつつある市場では「以前の時期におけるよりも抑制がより意識的に行われているかもしれない」とかなりの注意を加えた[135]．しかし，彼はイングランド銀行が特定の範囲の金利を狙っているものでないことを強調した．国債操作の敏感な性格を前提にすると，この会議は潜在的には非常に厄介なものであった．ガバメント・ブローカーはかなり内気であり，ガードの固い短い回答をしただけであった．オブライエンは自分の回答の1つにまったく不満であった．しかし，それでも，コボルドは両者が非常にうまくやったと思った．スタンスの変化は1959年4月の委員会における総裁の最終要約でも繰り返された[136]．

　ラドクリフ委員会の枢要な関心はイングランド銀行と大蔵省の関係，政策と操作に関する責任の分担，およびイングランド銀行の法的権限と組織についての疑問であった．コボルドは，主要な関係は銀行とその顧客の関係であり，何世紀もの間そうであった，と強調した．「銀行サービスと大蔵省が対処する広範な金融問題に対するアドバイスに関して，イングランド銀行は大蔵省の思い通りになっている」．それから，コボルドは国内金融政策におけるイングランド銀行と大蔵省の責任について次のように述べた．

> イングランド銀行はマネーマーケットの管理に第1の責任を有しており，これにはバンクレートの設定と発行部保有証券の管理が含まれる．法令によってこの責任は，大蔵省による指示が出されない限り，イングランド銀行にある．実際には，最近では1946年イングランド銀行法の前でも後でも，この責任を引き受けているが，政府と協議し，最終的には政府に従う

のがイングランド銀行の方針である．同時に，貨幣の管理に直接に影響を及ぼす多くの決定（たとえば，政府の借入と国債管理（debt management），公共機関と地方自治体の資金調達，割賦信用条件の規制）は政府の直接的責任下にある．このような環境においては，大蔵省とイングランド銀行が密接に協議し，絶対的な信頼の下で（実際にそうしているように）行動しなければならない．

いくつかの分野，たとえば為替平衡勘定と為替管理ではイングランド銀行は純粋に代理人であり，政策は大蔵省によって策定された．しかし，ここでも密接な協議が行われた．コボルドの説明では，これが一般的な姿であり，特定の考えや主導権がどこで生まれるかを正確に言うのは難しかった[137]．

メイキンズは，多くの場合に最終的決定が大蔵省にあると述べた[138]．セイヤーズとラドクリフが関心を寄せたのは，イングランド銀行と大蔵省が商業銀行に指示を出すことで意見が一致しなかった場合にどちらの見解が支配するのか，およびその時に追加的権限が大蔵省によって要求されるか，であった．事務次官はこの問題に引き込まれるのを拒否した．指示が今までに出されたことはない，と彼が言ったのは正しかったけれども，銀行に貸出を削減するように告げなさいという大蔵大臣の命令を，イングランド銀行が拒否したのは，ほんの先月のことであった．

1ダース以上の証人がイングランド銀行と大蔵省の関係についての見解を表明した．驚くことではないが，ほとんどの不満の声は左翼陣営の側からあがった．労働組合会議（TUC）はイングランド銀行に対するいっそうの規制措置を望み，経済学者トーマス・バロー（Thomas Balogh）は大幅な改革を狙った．ウィルソンの親密なアドバイザーであったバローの提案では，総裁をたんなる1理事とし，大蔵省の上級幹部が理事会の議長になるべきであり，スタッフの積極的な交換も行われるべきであった．彼の主張では「イングランド銀行は自らを中央政府機構の一部とみなさなければならない」のであった[139]．委員会はまた，元大蔵大臣のバトラー，ドールトン，ゲイツケルおよびソーニクロフトからも証言を聴取した．これは大蔵省に相談することなく行われ，大蔵省にとっては大変困ったことであった[140]．イングランド銀行と大蔵省の関係につ

いて 10 の質問事項が事前に送られた[141]．バトラーとドールトン，ゲイツケルはイングランド銀行の独立性を支持する理由を見出さなかった．しかし，バトラーはイングランド銀行が政府の道具であるよりも「パートナーシップ」の関係であることを好んだ．ソーニクロフトは「大部分が独立した」機関であることを支持したが，イングランド銀行のいかなる新奇な再編にも反対した．「とくに，事実上は大蔵省の 1 部局となるようなものに改編することは間違っているであろう」．元大蔵省事務次官のエドワード・ブリッジズ（Edward Bridges）は，金融政策は論争を引き起こし続けるであろうし，政府とイングランド銀行の間の法的関係にも影響を及ぼす運命にある，と記していた．したがって彼は「イングランド銀行に自立性を与えるいかなる計画にも成功の見込み」をみることはできなかった．しかし，これはイングランド銀行が自ら自身の権威を持つことができない，というのではなかった[142]．

　コボルドは 1959 年 1 月のラドクリフ委員会へ，バンクレート審判の後になされた公衆の批判に照らして，さらにより拡大した声明を出した．彼の議論によれば，民間企業と市場経済の国においては，大蔵省による中央銀行の直接的支配は「大きな弱さ」となるであろうし，イギリスのように国際貿易へ依存しているところでは「大惨事」となるかもしれなかった．2 つの機関の間の境界を曖昧にすることは間違いであり，境界を正確にどこに引くべきかについて議論を進めることができる，と彼は確信していた．彼の結論では「根本的問題は，中央銀行が，時の政府の召使いであるとしても，別個の分離した存在であるべきか，あるいは大蔵省の 1 部局であるべきか，である．西側世界の現在および近い将来の経済状態では，前者が間違いなく正しい，と私は思う」[143]．この問題についてのラドクリフ委員会での証言は次のような広範な同意を示した．すなわち，金融政策に対して政府が最終的な至上権をもつが，イングランド銀行が金融問題の日々の管理において果たすべき特別な役割がある．これら 2 つの立場の間に，イングランド銀行と大蔵省の自由と責任について多様な見解が存在した．

　審判の直後，ラドクリフ委員会は非常勤理事の役割について検討するように特別に求められた[144]．ハンブロ，ハンベリー＝ウィリアムズとロバーツ，非常勤理事と常務委員会のメンバー全員の主張では，潜在的利益相反は「非常に誇

張」されており，めったに起きず，避けるのは容易であった[145]．1959年1月，コボルドは，非常勤理事の利点は明らかだとするイングランド銀行の法定上の立場と組織についての公式の声明を出した．彼らは「別個の分離した実体としての中央銀行の存在，地位および効率性にとって根本的」である[146]．何人かの証人は1人ないし2人の経済学者の存在が有益であろうと考えたが，ソーニクロフトはそうなるとイングランド銀行が特定の学派の経済思想と結びつくかもしれないと懸念した[147]．ケインズが1941年から1946年まで非常勤理事であったことには誰も言及しなかった．他の中央銀行の代表も，通貨当局と行政機関の間における組織と責任の分担，マネタリー・コントロールの方法，統治機関の地位と任命，統計と報告の提供，およびポンド地域協定の機能について，証言を行った[148]．

より良い統計を提供する必要は，最終報告における重要な勧告であった．より良いデータについての大声での要求は何も新しいものでなく，同様な感想がマクミラン委員会によっても表明されていた[149]．この問題は何人かの銀行と学界のエコノミストによっても要請され，イングランド銀行の『年報』の適正さ，広報活動，公開性，専門経済学者との関係について広範な問題を提起した．ハリー・ジョンソン（Harry Johnson）はイングランド銀行と専門経済学者との間におけるアイディアとスタッフのいっそうの交換が利益となるであろうと思い，ラドクリフ委員会へ「銀行家に話すことは習慣というよりも1つの実験である」と告白している[150]．

コボルドは，主として政府が統計資料を発行するべきであり，イングランド銀行はできるところで助力するだけで良い，としたかった[151]．しかし，敏感な情報の発表と歓迎されない前例を作りだす危険性があるという点で，ラドクリフ委員会が即時的および長期的に及ぼす影響について悩みがあった[152]．1つの例は大蔵省短期証券の市場保有であった．コボルドは，ラドクリフ委員会に要求された数字を概略の形で送ったが，銀行部の保有については委員会に秘密でなら示す用意があるだけ，と語った．ラドクリフは，公表に適しかつ公益に反しない声明を工夫するためにいっそうの検討を進めることを示唆し，この点は合意された[153]．オブライエンは「本当にしっかりした根拠の上に立っている場合にだけ反対するような賢さをわれわれは身につけるべきである」と思っ

た[154]．

　イングランド銀行の覚書は，6カ月ともう少しの期間で準備して提出され，ラドクリフ委員会による口頭質問に回答しなければならなかった．それからさらに20カ月が経って報告が公刊された．この間に多くのことが起きたけれども，ラドクリフ委員会は驚くほどわずかの質問しか追加しなかった．1958年7月に発表された特別預金制度の場合には，ラドクリフ委員会はイングランド銀行に対してその問題をまったく提起しなかった．時の経過も総裁と同僚たちの見解を修正することはなかった．口頭証言の最終日に，コボルドは次のように述べている．「文書が1957年でなく1959年に書かれたとしたら，強調点はまったく同じではなくなったであろう．しかし，われわれが証言の一般的趣旨の修正を望むべきである，とは思わない」[155]．

5. ラドクリフ委員会：発見と勧告

　委員会の報告は1959年8月に出版された．証言の議事録と3巻からなる付属の覚書は翌年に発行された．報告は物語，分析，処方箋の混ざったもので，要約するのは難しい．報告は英国の金融制度のもっとも詳細で徹底した記述であった．非常に多くの部分の結論はデータの厳密な調査に基づいていないとする不満があった．委員会は勧告についての通常の要約を意識的に避けて，次のように主張した．それは「われわれが伝えようと望む考え方にとって公正ではないであろう．場合によってはまったく完璧に述べる必要があり，非常に多くの条件がつくので，われわれは各章の一部分を事実上は繰り返し書くべきである」となってしまう[156]．したがって，勧告は報告の至るところにちりばめられている．少なくとも60の特定の勧告を確認できるが，提案，観察，示唆の区別はいつも明らかでない．最大の数の確認できる勧告が含まれているのはケアンクロスが書いた統計についての章である[157]．

　報告は，委員会が新しく出現したと信じた5つの主要な考え方に光を当てた[158]．第1に，経済政策における目的の複雑さと金融的方策の部分的有効性によって引き起こされる避けることのできない限界があった．第2に，「経済全体の流動性の状態」が「貨幣の供給」よりも重要である．第3に，金融政策

は金利構造を通じてその影響力を行使しなければならず，これは国債管理を通じて達成できる．それは「非凡な力」を有する手段であり，ラドクリフ委員会が中央銀行の「根本的な国内的職務」と思ったものであった．当局はこの点では中立ではありえず，「短期ならびに長期の，また短期と長期の関係について，金利に対する積極的政策をもたなければならないのであり，意識的に展開しなければならない」[159]．第4に，金融政策手段の使用に際しては，「固定的な優先順位」を設定するべきではなかった．金利と規定された比率は別にして，通常の経済環境においては，真剣な注意を払うのに値するのはたった3つのその他の金融規制手段であるとラドクリフ委員会は考えた．すなわち，国際資本移動の規制，控えめに使われただけだが割賦購入の条件の規制，およびその他の金融機関による貸出の規制である．最後に，国の対外資産・負債は経済・金融システムの不可欠な部分であり，それらの動きは切り離された問題ではなく，問題全体の異なった側面であった．

　国債管理の決定的論点に関する限り，報告は3つの主要な観察を行った．もっとも批判的なことに，国債への需要は価格を下げることで刺激することができない，というイングランド銀行の議論にラドクリフ委員会は反対した．委員会の考えでは，イングランド銀行が市場の動きの中心と見ていた期待は過大評価されている．また，長期金利に対する当局の態度は「完全に受動的で，実際は運命的」である[160]．新規発行の特殊な仕組みについて，実際には売れ残った証券が後の販売のために発行部によって引き取られているのに，発行が全額応募されたと発表するやり方を嫌った．発表は「実体のない形式であるとあまねく知られている」とラドクリフ報告は述べた[161]．最後に，報告は市場における取引に関する統計をまったく利用できないという事実を嘆いた．委員会は四半期ごとのデータと，それが前年の動きについてのイングランド銀行のコメントの公刊で補足されることを求めた[162]．

　新規国債が全額応募されたという発表は，借換操作が報告書の発表時に完了する予定であったので，直ちに問題となることであった．オブライエンは，「ときたまの嘲笑は別にして」現在の方式が「長い間続いて受け入れられ，一般に理解されている」と思っていた．そして，発行部がどれだけを引き取ったかを明らかにしないことの利益をラドクリフ委員会は過小評価している．資金

第 3 章　貨幣・金融の枠組みとイングランド銀行　　　　127

調達の過程は非常に難しいので「その仕事の正確な規模を世界へ発表する」ことはできない，と付け加えた[163]．ホーカーは曖昧でなかった．「私はこの点についてもっと強硬に思うことはできないであろう」．委員会は「市場について経験がない．さもなければ，こんなコメントは出さないであろう．われわれの習慣に固執しよう」[164]．最終的には，大蔵省の同意を得て，報告の発行から非常に近い時期に変更を加えるのは賢明でない，と決定された．この問題は 10 月に大蔵省とともに再び取り上げられたが，この時も国債応募についてよりいっそうの詳細を提供することは公益に役立たない，と決定された．発表に際しての新しい用語について合意されたが，いぜんとして何も明らかにされなかった[165]．

市場はこれらの操作において発行部が大きな役割を果たしていることを非常に良く知っていたが，その規模について正確な考えはなかった．イングランド銀行による新聞や市場の噂の監視では，推測は非常に幅が広く，一般に発行部が引き取った国債の額を過小評価していた．オブライエンはウィリアム・アームストロング（William Armstrong）に語っている．「われわれが公衆から応募を受けた最大の額が約 3,000 万ポンドであることを知ったら」，市場は「雷に打たれるであろう」[166]．この額は，典型的には，発行の 10% 未満にすぎなかった．

国債販売をめぐる論争に際して，イングランド銀行の態度ははっきりしていた．1959 年 11 月，1960 年 2 月と 3 月に満期となる国債を念頭に，オブライエンは公衆へのもっと魅力的な売り出しを試してみる価値があるかどうかを考えた．イングランド銀行の見解は明瞭であった．「国債を売却する方法は，ラドクリフ委員会の見解では，十分な買い手を引きつけるような利回りになるまで価格を引き下げることである．われわれはこれを証言で受け入れなかったし，いぜんとして受け入れていない」．オブライエンは委員会の見解にもいくらかの真実があると認めたけれども，このような「恣意的活動」が引き起こす市場へのその後の永続的な打撃を恐れた[167]．それでも，ラドクリフ委員会へ「頭を少し下げる」可能性があった．しかし，次の 1960 年 1 月の発行，1964 年満期 4.5% 借換債の第 3 トランシェの発行に際してはそのことは明らかでなかった．この時，ホーラムはラドクリフ型の市場価格以下での価格を設定する余地

はない,と書いている[168].

　イングランド銀行にとくに関係する報告の発見と勧告は,3つの分野の問題に向けられていた.すなわち,イングランド銀行と大蔵省の関係,非常勤理事,および情報の収集と発信である.ラドクリフ委員会は,イングランド銀行が政治的影響から完全に独立しているべきである,また「例外的な政府の省」としてみなされるべきである,これらいずれの見解も受け入れなかった.1946年以来,委員会の観察では,両者は次のような認識を基に,機能の配分を展開しようと試みてきた.すなわち,政府の意思が至上であるが,同時に,分離した独立の組織としてのイングランド銀行の利点を受け入れる.この組織は「上部の指示をただたんに達成するだけにとどまらず,アドバイスや見解,提案を出すことができる独自の生命力」がある.ラドクリフ委員会にとって,中央銀行の機能は「中央政府の現在の経済政策の貨幣・金融分野における高度に熟練した執行者」として活動することであった.そうだとしたら,問題は,両者の交流が適切に組織されることを保証することであった.この目的のために,2つの勧告が出されていた.委員会の見解では,バンクレートを決める責任はイングランド銀行でなく,大蔵省にあった.したがって,変更の発表ははっきりと大蔵大臣の名前で彼の権威に基づいてなされるのが好ましかった[169].ラドクリフ委員会はまた,イングランド銀行と大蔵省の関係に,金融政策の変更がより広い経済政策を十分に考慮する,そしてその逆も考慮することを保証する取り決めを設けることに関心を寄せた.したがって,金融政策の整合性に関するすべての問題について審査し,当局へアドバイスする権限を持った常設委員会の設置が勧告されていた.大蔵大臣と大蔵省の経済担当大臣 (the economic secretary) がそれぞれ委員長と副委員長になり,残りの委員はイングランド銀行総裁と副総裁,および大蔵省とイングランド銀行,貿易省からの幹部職員で構成されるものであった[170].ラドクリフ委員会はイングランド銀行の政策策定に対する影響力の削減を意図しておらず,これは金融政策が財政運営や国債管理などより広い問題と込み入って結びついている事実の承認であった[171].

　報告は,非常勤理事の問題に対するラドクリフの考えを含めていた.このポストを廃止し,常勤の執行役員にするとか,マネーマーケットや資本市場でビジネスを営んでいる者は理事会のメンバーになれなくするべきである,という

案も出されていた．しかし委員会の見解では，非常勤理事の仕事を保持することには明らかな利益があった．さらに，とくにバンクレートの変更に関しての提案は，非常勤理事がその立場ゆえに将来当惑させられることがないことを，公衆に保証するであろう[172]．

　明らかに，イングランド銀行は統計の編纂と公刊のいずれにも果たすべき重要な役割があった[173]．ラドクリフ委員会も，当局が貨幣と金融事情についてより定期的なコメントを出すべきである，と考えた．イングランド銀行が公然と話すには困ることがある点は理解されたけれども，報告の議論では，イングランド銀行が『年報』を使って「当局が直面している金融運営の諸問題に光を当てる」ことを妨げるべきでなかった．委員会は，為替管理の展開，商業信用の動向，企業流動性と国債市場の変動などのテーマに対象が広げられることも望んだ．これらの取り扱いが『年報』の範囲を超える場合には，署名入りの論文を含む専門小冊子を準備するか，あるいは四季報を制作するか，2つの解決策が提案された．四季報の目的は，金融システムの働きについての討論をいっそう促進することではなく（すでに広い範囲にわたる多くの専門雑誌が存在しているので），「問題を討論するのに特別な立場にいるイングランド銀行のスタッフによる，より詳細で自由な説明」を行う機会を与えることであった．これと結びついたのが，イングランド銀行内での調査と情報の強化を望む委員会の願望であった．大蔵省とのスタッフの交換が支持された．もう1つの可能性は，特定分野の調査を助けるためにアカデミックな経済学者を期間限定で採用することであった[174]．もう1つの勧告は，イングランド銀行の経済情報局の局長を執行理事の地位にすることであり，こうなるとこの分野を一段と重視していることが示されるであろう[175]．一般的には，ラドクリフ委員会は当時の支配的であった金融手法を是認し，これらの手法をより良い統計と，専門経済学者や経済調査の一段の活用によって改善できると示唆した．委員会は，イングランド銀行と大蔵省の境界を示す点では，他の誰よりも優れていたわけではなかった．

6. 反応と対応

　報告は8月に発刊された．最近では，休暇の時期と議会の休会は何かを隠蔽する工作に都合の良い時ではないのかという疑念が持ち上がるが，当時の公的信頼は後の時期ほど悪くないので，発刊日時について邪推する必要はないし，するべきでもない．報告は広範に期待され，その内容についての憶測が満ち溢れていた．「イングランド銀行は秘密のベールを脱がなければならない」という新聞の見出しが当時の一般的雰囲気を示していた[176]．報告が金融政策の執行という点で何を示唆したかは正確にははっきりせず，委員会が勧告の要約の提供を拒否したことに対する不満があった．ずっと後にチャールズ・グッドハート (Charles Goodhart) が表明したように，「イギリスの金融制度の中で金融政策を運営できる，あるいは運営するべき方法について，明確でうまく組み立てられて実行可能な説明を報告から引き出すことは，論評した誰もできなかったように思われる．その代わりに，報告は多くの疑問としまりのない結末を生みだした」[177]．

　報告の重要性や影響については不一致が続いている．ロビンズ卿 (Lord Robbins) は出版から数時間内に次のように書いている．「これは歴史的に重要な文書としてみなされるであろう」．そして「われわれの金融的伝統を形作ってきた偉大な一連の諸報告の中でも際立った地位」を占めるものである[178]．6カ月ほど後にも彼はローマ大学の聴衆に話している．ラドクリフ報告は「イギリスの長い貨幣・金融史の中でもこの種の出版物でもっとも重要なものの1つとしての地位を占めるであろう」[179]．25年以上も経った後でも，貨幣・金融経済学者はいぜんとしてそれを「非常に影響力のある」ものと書いている[180]．われわれにとってのその重要性は，まず金融制度の働きについての記述，および報告が設定した金融政策の基礎，それからイングランド銀行が行動様式をいかに変えたのか変えなかったのか，にある．

　新聞における一般的見解では，報告は非常に重要で「画期的」でさえあった．共通の感情としてあったのは，左翼の『トリビューン』紙の見出し「ストライプ模様のズボンをはいた高官に素早い一撃」が示したように，報告がシティに

一撃を与えたというものであった．『トリビューン』紙がこの見出しを使うことは予想されたかもしれないが，同紙は次のように結論した．「伝統と使い古した理論の足枷は捨てられた．……また，ロンドンのシティは再びまったく同じではいられないであろう」[181]．左傾化していた『レイノルズ・ニューズ』紙も同様であり，報告は「労働党スポークスマンが長い間力説していた一群の政策を賛美した」と主張した[182]．ニコラス・ダヴェンポート（Nicholas Davenport）は『スペクテイター』紙に「オールド・レディーが叱責された」というタイトルの記事で，「報告の際立った特徴は，金融的方策とその管理者に身のほどを思い知らせたことである」と書いた[183]．他方，反対の極の陣営にも同じような見解が見られた．『デイリー・テレグラフ』紙は「有り体に言う．金融システムの働きに関するラドクリフ報告はシティへの電撃攻撃である」[184]．

即座の反応は時代の流れの中で理解できる若干の共通の問題に焦点を当てた．その1つはよりいっそうの公開性であった．長い間，シティ一般ととりわけイングランド銀行の神秘性と見られていたものにまつわる深い懐疑があった．これがバンクレート審判でいわば頂点に達した．したがって，イングランド銀行とシティのビジネスが行われる方法について報告が述べたことは歓迎された．一部の評価によれば，報告の最大の成果はどのように金融システムが働いているかについて理解を生み出し，広めたことであった．報道のほとんどは即座に，金融政策を協調させるための新たな常設委員会というアイデアやバンクレート変更の仕組みへの提案をとり上げた．これも琴線をゆすぶった．イングランド銀行が戦前に金利設定に際して享受した自律性は国有化によってもほとんど変化しなかったと長い間思われていた．けれども，今や変更を加える時期であった．論評の多くはバンクレートの問題に焦点をあてた．

しかし，金融政策について報告の中心的メッセージと見られるようになった点，すなわち，注意が向けられるのはマネーサプライでなくて経済「全体の流動性の状態」である，という点にはあまり議論がなかった．これはたぶん，理解が限られていたからである．少なくとも論争の余地があり，多くの者にとって報告の基本的欠陥としてみられるようになったのは，この流動性についての提案であった．しかし，新聞等での即時の反応では，この点についての批判はほとんどなかった．経済学者フランク・ペイシュ（Frank Paish）は，この点

を取り上げ，次のように書いていた．

> これが意味すると私が思うことに対して見つけることができる最善の言葉は「締め付け不可能（unsqueezability）」である．……資産の分布が広いほど，したがって信用度が広いほど，そして資本市場の組織が完全であるほど，人々が貨幣を保有し好きなように使うのを妨げるのはそれだけますます難しくなる．……割引市場がイングランド銀行から無制限に貨幣を借りることができる権利は，割引商会が，そして彼らを通してクリアリング・バンクが，望むだけの現金を入手するのを，イングランド銀行が妨げることを不可能にした．イングランド銀行ができることはただ，バンクレートを引き上げることによって非現金資産を現金へ変えるのをより高価にすることだけである．政府の償還債の規模が巨大に膨れ上がったので，非貨幣資産の貨幣への転換を強いる当局の力は割引市場から一般公衆にまで広げられてきている．このような環境では，公衆による貨幣の使用をその一般的欠乏によって制限しようとする政府のいかなる試みも，その締め付けが政府にまっすぐ跳ね返ってくる結果となるにすぎない．物理的規制を別とすれば，政府の唯一の防衛策は，他の既存の借り手にその需要の削減を促し，遊休残高の保有者にその放出を促す，十分に高い金利を提供することである[185]．

経済学者は何年もの間ラドクリフ報告をめぐる討論を続けた．今日でさえ，1960年代の政策のパフォーマンスが悪かった説明の1つの要因として使われることもある[186]．しかし，報告の発刊の時に専門経済学者はこの報告をどのように受け取ったのであろうか[187]．委員会にいた2人の経済学者，セイヤーズとケアンクロスは一般に1930年代におけるケンブリッジのケインズ・サークルに所属すると言われている．しかし，セイヤーズはデニス・ロバートソン（Dennis Robertson）にずっと近かったと言う者もいる[188]．彼らの見解が明らかに報告を支配した．実際，ケアンクロスが後に語ったところでは，セイヤーズが貨幣を取り扱った部分の3分の2を書きあげ，彼自身はしまりのない結論の部分に参加した[189]．報告のアプローチを「新しい正統理論」，すなわち，戦

時と戦後の実践と理念において発展してきた傾向をまとめたものとみなすならば，支持する声はあまり聞かれず，多くが沈黙したのはおそらく驚くことではない．大きな声を上げたのは，見捨てられたか，攻撃されたと感じた人々であった．

ロビンズは委員会のメンバーの候補者，重要な証人，新聞と議会いずれにもおける論評者であったが，彼以外にも報告の発刊後に見解を述べた多くの経済学者がいた．証人でもあった2人がクリストファー・ダウ（Christopher Dow）とサー・ロイ・ハロッド（Sir Roy Harrod）であった．ダウは，当時は経済社会調査国民研究所（NIESR）の副理事で，その後1970年代にイングランド銀行の経済担当の執行理事となった．彼は，金融政策に焦点をあて，流動性についてのラドクリフ報告の混乱と，銀行預金から貸出へ注意を向けさせた考えを批判した[190]．ハロッドはオックスフォードのナフィールド・カレッジの経済学者であり，イングランド銀行と親しく，しばしば非公式のアドバイスを提供し，上級スタッフと食事していた．彼の即時の反応は，ラドクリフ報告が理論的枠組みを欠いている，であった．その年も非常に遅くになって，彼は「イギリスの金融理論の礎石」である貨幣の役割を低下させ，それを「全体の流動性の状態」に取り替えることに異議を唱えた．報告は金融政策の力に対して根本的に懐疑的であった．そして，ハロッドが思うところでは，報告は混乱しすぎているのでそれから何か役立つものを引き出すことはできなかった[191]．

委員会が誇らしげに主張した美徳である全員一致については早くから多くの疑念の表明があった．2人の経済学者が3つの見解を生み出すと仮定したら，どうして2人の経済学者，1人の法律家，1人の銀行家，1人の労働組合幹部等がたった1つに到達できるのであろうか．『タイムズ』紙は，委員会が留保なしの単一の報告を作成できたのは偉大な勝利とみなした．しかし同紙は，一部の文章は強調点の相違をごまかし，「『包括取引』の一部かもしれない相互補償的な勧告がある」とまで言っている[192]．イーノック・パーウェル（Enoch Powell）（1958年に大蔵省の金融担当大臣を辞めていた）は下院においてもっと懐疑的で，全員一致は曖昧さを導き，「矛盾をぼやけさせ，軽視する」ことになったと言っている[193]．金融ジャーナリストのハロルド・ウィンコット（Harold Wincott）はもっと痛烈であった．「全員一致は歴史の書き換えによっ

てのみ達成された」[194]．この点を強く感じた一群の経済学者は，報告が出てから間もなくして，『全員一致ではない』と題された小冊子を刊行した[195]．この中にはヴィクター・モーガン（Victor Morgan），フランク・ペイシュ，ウィルフレッド・キング（Wilfred King），前大蔵大臣ソーニクロフトが含まれていた．彼らもすべて証言をしていた．彼らは，流動性の概念と政策における貨幣の軽視を問題とし，主にイングランド銀行と大蔵省の関係を公式なものにする考えに反対した．

　セイヤーズは批判的な対応にひどく失望したと言われている．彼は一度ならず「わが人生の2年間，2年間が無駄になった」と語った[196]．報告が出てから1年後に開かれた「英国アカデミー」での彼の会長挨拶は確かに激しい口調であった．報告におけるある細かな点について彼は次のように言った．「12カ月間の間に，私の知る限り，誰もこの点に注意を払わなかった．これは，報告の議論が理解されている程度についての悲しいコメントである」[197]．報告はLSEの経済学部で開かれた一連のゼミナールの主題であった．セイヤーズは後ろの席に座り，討論には参加しなかったが，ときどき「それはわれわれが意味したことではない」とつぶやいた[198]．

　「金融制度の働きに関する委員会」は王立委員会ではなかった．ケアンクロスは王立委員会の地位にあったと主張したが，それはたんなる委員会であった[199]．いずれにせよ，政府の側には委員会が行ったいかなる勧告も実施する義務はなかった．とにかく，19世紀まで遡るイギリスの政策形成の通常の手続きでは，まず問題が確認され，次いで調査委員会が設置され，議会へ勧告が出される．その後に法制化が行われるか否かは議会での論争にかかっていた．その時でさえ，もちろん，役人によって活動が挫折させられることはありえた．法制化が行われないと，勧告がただたんに失われる可能性があった．確かに，公式の監視手続きはなかった．大蔵省は，イングランド銀行に対する大蔵省の権限を拡大させるという委員会の勧告を利用しなかった．「大蔵省幹部は委員会から受け取ったこの種の支援にほとんど当惑した．彼らは，統計の改善と特別預金制度の設置についてイングランド銀行が行った若干の譲歩で満足した」[200]．いくつかの点でともかくも何かがなされたことは驚くべきことである．しかしそれでも，多くの者は，この本質的に保守的な国では，これが満足のい

く結果だと思うであろう．たまたまであったとしても，ラドクリフ勧告の一部は実施された．その一部は，熱狂的ではないとしても喜んで，一部はしぶしぶと．

　イングランド銀行は，当初，報告の多くの点を喜ばなかった．しかし，イングランド銀行は，相対的独立性を保持するという点では，望んだものをほぼ獲得した．報告で主張された金融政策は，ともかくも主張された限りでは，考慮するのにはいうまでもなく，発見するのにも時間がかかるものであった．大蔵省は，ホールが日記に次に書いているように，当初は満足していた．「一般的にいえば，報告は私にとって非常にうまくできている．私がこの間に支持してきたもののすべてを是認している」[201]．

　イングランド銀行とシティに対する批判は予想されていた．そのような批判を和らげる，あるいはそらせる試みが行われた．イングランド銀行と大蔵省の間には合意があり，新聞による報告の入手と発行までの時間を使って，イングランド銀行についての示唆は現在の慣行の論理的発展であるという見解を広めるべきであった．ホールは書いている．「私は私の目的から同じことを主張し，私が新聞に対してもっている影響力を使って，同じ方向をとらせるはずであった」[202]．『タイムズ』紙はこの要求に正確に従ったように思える．同紙は次のように書いている．「政府とイングランド銀行の間の関係の変更には2つの提案があった．けれども，実際にはそれらは現状を追認するだけであり，物事が現実に行われる方法に実質的変化はないであろう」[203]．マクミラン首相は，新聞が1946年法の失敗に注意を引かせ劇的な調子で報告をとり上げるであろう，そして政府の規制をより効果的にする措置をとるべきである，と知らされていた[204]．

　イングランド銀行と大蔵省の関係というテーマが中心にあり，ここに政策の失敗の1つの原因があり，まずは委員会が必要とみなされた．イングランド銀行と大蔵省の間の交流の程度を文書から正確につかむことは難しい．ケアンクロスは「ラドクリフ委員会の時まで金融政策についてのイングランド銀行と大蔵省の交流はほとんどもっぱら総裁を通してであった」と想起しているが[205]，それ以上のものがあったかもしれない．イングランド銀行はかなり前から自らの防衛を準備していた．1958年の最後の四半期に，コボルドはイングランド

銀行とホワイトホール（主として大蔵省）の交流の記録を保存するように求めた．一覧表が編纂されており，それによればこの時期に，301回の会合，6,852通の書簡，9,964件の電話と会話があったことが示されている．これだと1営業日当たり，約5回の会合，115件の手紙，160回の電話と会話になる！表は「ホワイトホール」と題されているが，予想されるように，それは基本的に大蔵省であった，とある覚書が記している[206]．交流の多くは間違いなく為替管理と日常の銀行業務の問題にかかわっていた．データにはその他の欠陥もあった．しかしながら，ある大蔵省の高官が，どこにあるのか自信がなかったので，イングランド銀行に行くときはいつもタクシーを使った，と言っていた時代がはるかに過ぎ去っていたことは明らかである[207]．

　イングランド銀行と大蔵省の関係に関する勧告は論争の的となった．1959年7月の末，コボルドは，ラドクリフ委員会が出した提案で，「2つの忌まわしい愚かな特殊な提案」と彼が呼び，それから逃れる方法を工夫していたものに，マイナーズの注意を向けさせた[208]．この提案はバンクレートの決定と金融政策を決定するための委員会の設置に関わるものであった．後者についてセイヤーズはレズリー・プレスネル（Leslie Pressnell）に，ラドクリフがこの考えをそっと滑り込ませた，と語っている．プレスネルは誰もそれについてあまり悩んでいない「けれども，イングランド銀行の理事会は少々身震いしている」と付け加えた[209]．イングランド銀行に関する章の草稿を読んだ時のマイナーズの最初の反応は「頭の中が真っ白になるようなびっくり仰天」であった[210]．コボルドは，8月4日にメイキンズに会った時，イングランド銀行を格下げすると思わせるようなことはとくにコモンウェルス（英連邦諸国）における外国の意見を悩まし，ポンドにとって打撃となるかもしれない，と懸念を表明した．コボルドは常設委員会に完全に反対し，メイキンズも同情的であった[211]．2週間後にコボルドは，金融政策は複雑な問題なのでイングランド銀行と大蔵省の間で長い討論を必要とするという見解を繰り返した．彼は，次のような点についての報告の見解を支持すると強調した．すなわち，理事会と理事の継続性，イングランド銀行が「独自の生命をもった機関」として残ることの重要性，およびバンクレートは通常イングランド銀行内から発せられるという提案，である．「しかし，報告はこの考えに矛盾する特別な示唆を行うところ

第3章　貨幣・金融の枠組みとイングランド銀行　　　137

まで進んでしまった．バンクレート決定の全責任は大蔵大臣に移管するべきである」，そしてさらに，金融政策に対処するための常設委員会を設置するべきである．コボルドの判断では，現在の形でのこれら2つの示唆は「イングランド銀行の地位に大きな打撃となる」であろう[212]．

　バンクレート設定の問題は，一部は原則の問題，一部は象徴的な問題であった．イングランド銀行は決してぶれることのない強い態度をとった．すなわち，これは操作しているレートであり，イングランド銀行だけがどのように動くべきかを知っている．この点は大部分が政府によって受け入れられた．ラドクリフ委員会から生じた主要問題についての首相への概要説明は次のように述べている．「これはイングランド銀行のレートであり，日々の操作と密接に結びついている．もちろん政府の承認に従うが，イングランド銀行が決定するべきである」[213]．いかなる場合にも，ラドクリフ委員会によるバンクレートについての勧告に対して大蔵省に熱狂的支持があったように思われない．妥協が成立し，理事会はバンクレート設定の権限を総裁と副総裁に移譲し，大蔵大臣がその変更に形式的承認を与えることになった[214]．コボルドは理事会に新しい仕組みを次のように説明した．総裁が非常勤理事とバンクレート問題について討論するのは自由であるが，常務委員会や理事会に対して特定の提案は提出しない．大蔵大臣と通常の非公式会談の後でバンクレート変更予定日の前日，総裁が大蔵大臣へ正式の書面での提案を提出し，大蔵大臣が正式の書面での承認を総裁へ伝える．変更の日に総裁は理事会に問題を報告し，それから変更の決定が既存のメカニズムを使ってイングランド銀行によって発表される．コボルドは，変更の主導権が通常はイングランド銀行から生じることが明らかである事実に多大な重要性を付した．ハンブロは，受け入れることのできる解決に到達したことで総裁に謝意を表明した．これで「イングランド銀行の地位と威信は，とくに海外におけるそれらは，いささかも失われない」[215]．

　常設委員会の提案に対しては熱心でなかったけれども，コボルドは，このような委員会が何をするのか，マイナーズに考えを出すように求めた．これは，政府が原則的にその考えを受け入れる場合の防衛的動きであった．だが彼は，政府の過大支出と全般的信用規制への圧力を維持するための会議として，これを利用できるかもしれないと考えた．そして，金融政策を協調するための常設

委員会が設置されるなら,「それをできる限り効果的にして, インフレーションの本当の源泉を確実に捉える」ことを望んだ. 総裁がハーコートから個人的に聞いていたところでは, ラドクリフ委員会のメンバーが勧告に同意した時に考慮していたのは, このことであった[216]. 最終的には, コボルドと同僚たちは, 大蔵省が次のように示唆したので, この問題を悩む必要はなくなった. すなわち, 望ましい協調は, 大蔵省のさまざまな公式のグループ, 経済戦略委員会や予算委員会の正式メンバーにイングランド銀行が加わることで達成できるであろう[217].

　1959年10月の総選挙でラドクリフ報告をめぐる議会での討論は遅れた. 政治家の間では, 報告はかなりの程度, 相反する感情で受け取られた. 労働党は非常に熱心であったが, 保守党はそれほどでもなかった. 報告は金融制度の働きについてであり, 貨幣・金融経済学者は探求された金融政策のモデルに焦点を当て, 制度的枠組みは脇に置いたままになりがちであった. 他方, 当時は, 非経済学者がビジネス行為とそのプレゼンテーションに多大の関心を向けていた. それでも, 政治的論争の双方の側に深い反発が存在した事実からは逃れることができなかった. イングランド銀行に対する敵意は少なくとも第1次大戦の時に遡る. 1917年, 戦争の決定的な年にコケイン総裁は「まだ国が戦争中であったのに, バンクレートの決定に対する免責で政府に反抗した」[218]. 次の総裁ノーマンは, 戦間期における失敗と思われることの主犯とみなされていた. 金融ジャーナリストで労働党政治家ダグラス・ジェイ (Douglas Jay) の息子ピーター・ジェイ (Peter Jay) は, イングランド銀行が「否定的な勢力であるだけでなく, いささか馬鹿げて, グロテスクで, 曖昧な勢力」であるという見解にたつ父親が, 彼をいかに育てたかを語った[219]. 1960年代におけるジェイ自身の見解では, イングランド銀行には「あらゆる種類の古代的な英国とシティの伝統と神秘さが深くしみ込んでいた. そのほとんどは非理性的で非合理, 非現代的なものであり, 知的で自由主義的かつ進歩的な傾向への道に立ちはだかるもの, と私は思っていた」[220]. 事態は時の経過とともに変わり, ジェイは2003年にはイングランド銀行の非執行理事になった. イングランド銀行についての上述のような見解は英国経済史学に深く根を下ろしている. たとえば, ポラードは, ほとんどすべての点でノーマンを非難して, 次のように書いて

いる．

> だが，あの貧弱で，人に苦痛を与える精神的に不安定な総裁は，とりわけ対等の条件で誰とも協調することができず，彼の政策が引き起こした困難が危機になるといつも「病気」になった．彼の考えは曖昧であり，実践は明らかに失敗であった．しかし，解雇されることはなかった．……政治的指導者は，あれほど大きな失敗をしても罰せずにいとも簡単にやり直させた．こんなことができたのはまったく理解できない．事実，ノーマンが行ったことは政治家に反対するものとして諸中央銀行における信頼を増やすものでもなかった[221]．

　上院では，パケナム（後のロングフォード伯爵（Earl of Longford））が，この分裂のより優れた理解のための弁護を展開した．ナショナル銀行の会長として，また生涯にわたる労働党支持者として，彼は両方の側にある偏見を理解していると思っていた．しかし，根深くしみ込んだ感情を議論によって大きく動かすことはありそうもなかった．

　11月の上院での論争における一般的見解では，報告に含まれたすべての有用な情報に気前の良い称賛が表明されたが，何を意味し，何をなすべきかについて示唆していることに明晰さが欠如していることが失望された（読みやすさは問題でなかった）．ペシック＝ローレンス卿（Lord Pethick-Lawrence）は，報告の発見に反対するからではなく，「結局，報告がその発見を通じて伝えようとしていることに私はまったく確信をもてない，という事実から」失望した[222]．ブースビ卿は委員会の設立に貢献したと主張して報告を「革命的文書」とみなし，パケナム卿は「金融政策の正統的見解と呼ばれるかもしれないもの」と報告の正体を喝破した[223]．パケナムは批判を超えてさらに進んだが，彼の経歴が特別の見通しを与えた．彼は礼儀正しく「数字の収集は記念碑的であり，それに費やされた労働は称賛を超えている」と始めたが，最後に一針を刺した．「結論になると，それらはいささか馬鹿げている」[224]．勧告の欠如に対してもコメントがあった．ベヴァリッジ卿は，報告はいかなる種類の勧告も行わなかったと不満を述べたが，彼は報告を読んでいないことを認めたので，

勧告が至るところに散りばめられていることを知らなかったのであろう[225]．

　論争はロビンズ卿が処女演説を行ったものであった事実からも有名となった．ロビンズはこの主題についての相当の権威者であったが，閣下たちに印象を植えつけたのはたんに彼の知的権威と説明の明快さによるばかりでなく，彼の駆け引き，謙遜さ（「報告は次から次に私が関心をもっていた問題を扱っている」），および尽きることのない丁重さによるものであった[226]．ほとんどすべてのその後の演説者はロビンズに賛辞を贈った．実際，彼の演説は非常に巧妙に言葉を使っていたので，彼の友人でありかつ昔の学生であったパケナムは，ロビンズが本当はこれを「腐った報告」だと考えていた事実を，閣下たちに話す必要を感じた[227]．ロビンズは見かけでは頭を横に振って，同意しなかった．しかし，ロビンズは重大な中心的諸問題について議論を戦わせた．まず，記述的な各章についての称賛を積み上げ，次いで金融政策の面における国債管理の重要性についての彼の同意を述べ，それから批判に向かった．最初に，「いわゆるシステム全体の流動性」の概念を批判した．彼はむしろマネーサプライという有用で中心的な導きの糸となる概念を支持した．金融政策の効果についての報告の診断について，彼は何が議論されているのかフォローするのが非常に難しいと思った．彼はまた最近の金融的経験の分析を拒否した．1955年における失敗と1957年における成功が彼の見解の正しさを立証した，と彼は信じた．ロビンズはさらに進めて，実質変数と名目変数，とくに実質金利と名目金利の区別に注意を引いた．この区別は一般に無視され，間違いなくラドクリフ委員会によっても無視された．彼の考えでは，報告に対する主な称賛は政策をほとんどまったく信じない人々から発せられていた[228]．

　イングランド銀行と大蔵省の関係という重要な問題についてペシック=ローレンスは賢明な観察を行い，その効果の多くは個人的人格に依存するとした．彼は元大蔵省金融担当大臣であり，大蔵省の仕事を良く知っていた．「それはたんに誰が権利や理論的責任をもっているのかという問題ではない．……特定の大蔵大臣はイングランド銀行に対抗できる力をもっていたように思えるが，他の大蔵大臣たちはもっぱらイングランド銀行の代弁者であった」[229]．

　重大な論争の中心に金利の設定があった．労働党はイングランド銀行からこの仕事を奪い，大蔵大臣が決定を行うことを明確にすることを望んだ．さらに

加えて，パーカー審判にくどくど言って戻り，イングランド銀行の非常勤理事が事前に決定を知ることがないようにすることを望んだ．野党の最終演説においてダグラス・ジェイは，「父親譲りの無関心さ」でもって勧告を脇に追いやりながら，大蔵大臣が報告を取り扱う方法に驚かされた，と語った．ジェイにとって報告は「私がこれまでに読んだ中で，……ずばぬけて最良」であった．マクミラン報告と比べて，報告は「より鮮明で，より一貫し，より均衡が取れており，はるかに満場一致的で（そう表現するのが適切であるとするなら），より知的」であった[230]．彼はマネーサプライについて最後の抵抗を行うロビンズにも言及した．長々と金融政策，バンクレートの影響，流動性の考え方，そしてとくにイングランド銀行と大蔵省の関係についての主要論点をとり上げた．ジェイは結論として，政府が「すべての主要な勧告をいとも簡単に拒否する」ためにだけ委員会を設置した目的は何かを尋ねた[231]．大蔵省の経済担当大臣アンソニー・バーバー（Anthony Barber）は政府を支持して結びとした．彼は，報告は提案された修正案におけるすべての論点に取り組む前に，国際的側面について多くの言わなければならないことがあることを想起させた．そして修正を拒否するように勧め，順当に303対225票で修正案は否決された[232]．

下院の論争の後で，新聞は見解を大きく変えた．ラドクリフ委員会の勧告で採用されるべきものはほとんどないように思われ，これはイングランド銀行にとっての成功と広範囲にわたって解釈された．『レイノルズ・ニューズ』紙は「イングランド銀行に降伏」と書いた[233]．『フィナンシャル・タイムズ』紙も同様な方向で議論を展開した．「イングランド銀行を相手にすることによってラドクリフ委員会は大きな災難を自ら招いた，と思わざるを得ない．このようになってしまったのである．……勝利を確信していたけれども，イングランド銀行はラドクリフ委員会のこのような完全な敗走を予想していたわけでなかった」．『フィナンシャル・タイムズ』紙の説明では，イングランド銀行が大蔵大臣を次のように説得するのに成功したからである．すなわち，将来とも金使いの荒い政府を防衛する最善の道は，イングランド銀行に最善と思う方法で通貨の面倒を見させておくことである[234]．これは，イングランド銀行が一貫して進めてきた方向であり，次の総裁クローマーの下でもよりいっそう強力に進められ続けることになる．

バンクレートに関する報告の勧告を別にすると，イングランド銀行に直接に関係する勧告はあまり論争にならなかった．これらに主に関わるのは統計の提供，貨幣・金融情勢についてのコメント，およびイングランド銀行と大蔵省の関係であった．ただし，最後の点にはバンクレートが決定され，発表される方法が含まれている．最初の2つが意味したのはより強力な調査能力であり，報告はこの仕事を行うための経済学者をイングランド銀行が採用するようにとはっきり示唆していた．これらの勧告はすぐに受け入れられた．実際，すでにこの方向に向かって急速に動いており，コボルドは「主導権をわれわれの手で握り続け」，イングランド銀行が「自らの力でこれらを進める意思と能力がある」ことを示すように望んだ．コボルドは，1959年9月末に，既存の海外局（Overseas Department）を新設の情報局（Intelligence Department）に合併させる計画，潜在的「経済アシスタント」の識別，および1960年に始まる四半期刊行物の計画策定を要求した[235]．このような進捗状態であったので，コボルドは10月のマンション・ハウス講演の中でこれらの展開について言及することができた．

組織の再編成は迅速に達成された．10月に中央銀行情報局（Central Banking Information Department; CBID）が創設された．しばらく前から検討していたが，ラドクリフ報告まで待つのが適切とイングランド銀行は考えていたと言われ，この変更には積極的なはずみがつけられた[236]．名称をめぐって若干の討論があった．コボルドは「ちょっと長すぎる」と思ったが，「考えつく限り最善」であり，最終的に中央銀行情報局が採用された[237]．この装いで中央銀行情報局が1964年2月まで運営され，この時次の改組が行われた．海外部門は再びまた独自の領域となり，新たに経済情報局（Economic Intelligence Department; EID）が設置された．このようにして，ラドクリフ報告から5年で，経済学と調査はイングランド銀行内で初めて，スタッフの幹部が率いる，独立した身元を確認できる局となり，中央銀行情報局の前副局長のロイ・ヒースマン（Roy Heasman）が責任者になった[238]．ヒースマンが1967年6月に国債局長になった時，ソーントンが経済情報局の責任者となった．ソーントンは1938年に入行し，初期の経歴の大半を統計面の仕事ですごした．そして1962年からは副業務局長であった．彼は，証人としてラドクリフ委員会に出席した

者の中でイングランド銀行では一番若かった[239]．彼は退職する 1978 年まで経済情報局の局長であったが，この時までに経済情報局のスタッフは 250 人になっていた．

　アカデミックな経済学者の採用でも進展がみられたが，これはよりゆっくりと進んだ．イングランド銀行にはすでにアカデミックな研究員を引きつけ，資金を提供する手段，すなわち，このために 1944 年に設立されたウーブロン＝ノーマン基金，をもっていた[240]．多数の学者がこの基金からさまざまな形で恩恵を受けていた．助成金を受け取った者の多く，たぶんほとんどは研究に従事したが，その研究は貨幣と銀行からはいささか離れていた．若い経済学者アラン・ウォルターズ（Alan Walters）は，1959 年の遅くにアメリカでのサバティカルから帰国してラドクリフ報告を読んだ時，貨幣に関するデータを集め，いくつかの仮説をテストする仕事に駆り立てられた．彼はウーブロン＝ノーマン基金に応募したが，貨幣は重要でなく，研究題目としての貨幣に誰も興味をもっていないことを理由に拒否された[241]．大蔵省は明らかに先に進んでおり，1950 年代に多くの経済学者を採用し，出向による学者も引きつけていた．イングランド銀行による市場の熟練の強調はある点までは良かったが，大蔵省に知的には打ち負かされ，変えなければならなくなった．イングランド銀行内では，アレンが最終的にはイングランド銀行の中でも有力人物になるような著名な学者と短期雇用のアドバイザー補佐を加えたチームを作ることを望んだ[242]．マイナーズは，彼自身の「とくにするべきことが何もなかった」経験からアドバイザーの任命には「アレルギーを起こす」と言明した．しかし，彼は「伝統を捨て，もし獲得できるのなら，経済学者として少数の正しいタイプの者を採用する」ことに理由があることを認めた．彼の結論では，必要とされるのは「若輩のジョン・フォード」より「鋭い」誰かであった[243]．アレンは多数の潜在的な目標候補を識別した．経験豊かな役割に関しては，クリストファー（キット）・マクマーン（Christopher〈Kit〉McMahon）の名前が挙がった．彼はオーストラリア人で，メルボルン大学から歴史と英語の学位，オックスフォードから哲学，政治学，経済学の学位を獲得した．大蔵省の経済アドバイザーであったが，当時はワシントンのイギリス大使館で働いていた．この段階で彼との交渉は行われなかったが，最終的には 1964 年 9 月にイングランド銀行に入行

した．若い人向けの地位に関してはLSE関係の名前が多く挙がった．その候補の1人がロジャー・アルフォード（Roger Alford）で，彼はシティの最大手の割引商会の1つ，ジレット社で働いた後でLSEの講師となっていた．オブライエンとクラークは彼のことをすでに知っていた．彼はギルドフォードからロンドンまでクラークと一緒に決まって同じ列車で通っており，フランク・ペイシュ（Frank Paish）教授も一緒であった．ペイシュはさらにLSEコネクションを提供した．パーソンズも同じ列車に乗っていたが，1等車であった．アルフォードは1959年12月に2年間のポストを提供され，イングランド銀行への出向で採用される最初のアカデミックな経済学者となり，1960年4月16日から仕事を始めた．これが，アカデミックな経済学者の着実な流れの始まりであり，この中にはアンドリュー・ベイン（Andrew Bain, ケンブリッジ），トニー・クランプ（Tony Cramp, ユニバーシティ・カレッジ・ロンドン），ブライアン・レディング（Brian Reading, オックスフォード）が含まれる．もう1つの重要な任命が，1967年にアドバイザーとして入行したレズリー・ディックス゠ミロ（Leslie Dicks‐Mireaux）であった．彼は経済社会調査国民研究所（NIESR）と経済開発国民協会（National Economic Development Council; NEDC），および後にOECDで働いた統計学者であった．ケアンクロスも彼を大蔵省で採用することに熱心であったので，彼の採用はイングランド銀行にとって表彰ものであった．彼は経済学チームを構築する特別な指示を受けていた．経済学と統計学の背景をもつ多数の大卒者も採用された．この中には，1966年採用の，ケンブリッジとイェールで勉強したアンドリュー・クロケット（Andrew Crockett）が含まれる．おそらく，もっとも重要なのはチャールズ・グッドハート（Charles Goodhart）の出向であった．彼はイートン，ケンブリッジ，ハーバードで教育を受け，ケンブリッジのトリニティ・カレッジのフェロー，経済省（Department of Economic Affairs; DEA）の経済学者，LSEの経済学講師であった．グッドハートはセイヤーズと大蔵省のサー・フランク・リー（Sir Frank Lee）の強力な推薦でやってきたが，1967年にマクマーンに送ったイギリス金融政策についての1章の草稿ですでにイングランド銀行に印象を与えていた．「彼はわれわれがどのように仕事をするのかをはっきりと理解している」と経済情報局のトニー・カーライル（Tony Carlisle）が書いてい

第3章　貨幣・金融の枠組みとイングランド銀行

る[244]．グッドハートは1968年10月から2年間アドバイザー代理に任命され，1970年2月に常勤スタッフになった[245]．このようにして，60年代の末までに，イングランド銀行の経済分析の能力は著しく高められた．

ラドクリフ委員会は金融情勢についてのより多くのコメントとイングランド銀行の活動と操作についての説明を要求した．実際，報告はさらに進み，出版に関してこれがどのようにしてなされるかについて示唆を出し，ある段階では実際に「四季報」という文句を使い，「そこではより技術的論点にかかわるもの，あるいはより論争的な問題についての署名入り論文を載せることができる」とまで言った[246]．この分野は，当初は何か言われることを警戒していたとしても，イングランド銀行が進めようと十分に準備を行っていたところである．早くも1958年6月，マイナーズは「イングランド銀行がもっと説明すべきであるという提案をわれわれは受け入れる」と述べた[247]．これは，ラドクリフ委員会報告が出版される前の，おそらく防衛的にイングランド銀行が活動している例であったが，実際にこの種のことがすでに行われていると言えるようにしていたのであった．

イングランド銀行は大幅に人員過剰であったかもしれないが，短期の通告で特定の種類の仕事を遂行するための人員をつねに利用できるようにする，これを保証する必要があるという議論が展開された．イングランド銀行はまた，何をするにせよ一流の仕事をすることを自らの誇りとしていた．『ブルティン』として登場する出版物においてもこれが証明されることになった．最初に，ずらりと並んだ商業銀行や他の中央銀行の出版物の分析が行われた[248]．手形交換所加盟銀行はすべて四半期ごとのレビューを発行しており，多くの中央銀行は多様な出版物を出していた．これらのすべてが調査された．1959年11月末，『イングランド銀行四季報』というタイトルが決定された．1959年12月，非常に積極的にこの仕事に関わっていたフォードは，ラドクリフ委員会によって支持された出版の約束について書き，イングランド銀行の創意によるものであるという見解を鼓舞した[249]．彼は，表紙の装飾のもっとも細かな部分に至るまで出版物のすべての詳細に関わった．イングランド銀行は自らの印刷所，デブデンに広大で専門の印刷施設を保有しているので，印刷業者を見つける必要はなかった．

どのような統計情報を提供するべきかについてはすぐに合意が得られた．フォードは，『統計要覧』が終了した際に特定の仕事についての正式の責任が中央統計庁（Central Statistical Office; CSO）に移譲された特別な時期だったので，イングランド銀行が中央統計庁の感情を害することは望まないと慎重に書き記していた[250]．準備は順調に進んで，1960年6月にデブデンの印刷所に見本のための資料を送り，ラドクリフ報告が出てからわずか12ヵ月も経たない8月に，冊子を作ることができた．この冊子の日付は1960年9月で，「第0巻第0号」とレッテルが張られた．この号は流通しなかった．流通した最初の号の日付は1960年12月で，「第1巻第1号」のレッテルが付けられた．商業銀行の四半期刊行物がほぼ2万部流通し，また当時は増刷が非常にコストのかかる作業であった事実にもかかわらず，イングランド銀行は典型的に慎重なやり方で，6,000部を作製した．最初の号には，1つは特別預金について，もう1つは民間部門の資金余剰について，2つの無署名論文が載せられた．1970年に始まる特別な例外を除いてこのスタイルが続けられることになる．また，総裁の10月のマンション・ハウス講演も載せられた．講演の掲載は特色として続けられ，『四季報』には総裁，理事，その他幹部の講演が採録されることになる．しかし，『四季報』の冒頭には，内外の貨幣・金融情勢のすべての範囲を網羅する1960年4月から9月の時期についての15頁にのぼる論評が掲載された．また，「銀行と国庫の統計」の分析も含まれた．さらに，30頁以上になる付属統計が含まれ，多くの場合には1951年からの年次データと1959年からの月次データが提供された．

　ラドクリフ委員会はより多くの統計の刊行を求め，「金融および貨幣統計のダイジェスト」の定期的な発行を狙っていたが，これをイングランド銀行が行うべきなのか，大蔵省が行うべきなのかについて何も決めていなかった[251]．実際，大蔵省の役割は曖昧なままであった．最初の『四季報』が発行された時，コボルドは大蔵省が関与すべきでないと宣言した．というのは「提案された『四季報』に対する大蔵省の関係は，大蔵省が詳細に関心を向けるべきでありその必要もある，と彼が考えないもの」であるからであった[252]．マイナーズも同調した．「われわれは『四季報』に対するよりいっそうの自由を正式に維持しなければならない．しかし実際には，特定の部分を大蔵省に示す用意はで

きている．大蔵省はこの部分をそのまま信用しなければならない．これから逃れることはできない．そうすれば，検閲の考えを否定することができ，大蔵省にとっても割に合うであろう」[253]．1960 年代前半にクローマーが総裁であった時，公的支出の抑制の要求が強まり，公開講演の中にもあふれ出て語られた．これらが『四季報』とその論評の中で繰り返された．このことは，内容に関するイングランド銀行の裁量の喪失を引き起こすことになった．1990 年代に回顧して，ジャスパー・ホーラム（Jasper Hollom）は次のように言っている．「『四季報』にはいつも交渉の問題がつきまとった．草稿が作られると，その原文は他方の端（大蔵省）へ送られ，必要な修正を加えて戻ってきた．『四季報』は本当にはわれわれの『四季報』では全然なかった．完成するまでには，妥協があった」[254]．

議論となった他の出版物は『年報』であった．『年報』は長い間役に立たない情報についての取るに足らないものとみなされてきた．ラドクリフ報告には，『年報』を強化し，提案された論評の一部を含めるというヒントがあった．イングランド銀行の情報を出すのにけちであったことで知られるマイナーズは，次のように書いていた．「効果的な『四季報』を前提にすると，うまくやれることはほとんどないことを理解するのが最善である」[255]．フォードは，『年報』の規模を「完全になくさないにしても，純粋に形式的な文書」だけに縮小するべきであると主張するまで進んだ[256]．マイナーズはこの考えを拒否した．事実，1960 年の『年報』は通常の大きさの 2 倍以上で，はるかに多くの統計を含めていた．しかし，それから翌年には「通常」の大きさに戻った[257]．

『年報』はまたホワイトホールとの若干緊張した関係の源泉にもなった．1963 年にイングランド銀行は大蔵省にあるゲラ刷りを送り，返信の手紙を受け取った．この手紙には「それゆえに，われわれはこの出版に正式な承認を与えることを喜ばしく思う（強調は著者）」と書かれていた[258]．マイナーズは明らかに苛立った調子で返答した．

　　記録のために，私は次のことを言わなければならないと思う．われわれの『年報』は法定の要件ではないが，下院へ提出される．私の理解では，これは，1946 年イングランド銀行法についての論争に際して，大蔵大臣ド

ールトン博士が行った警告の結果である．したがって，われわれは当然にも，大蔵大臣が擁護するのが難しいと思うようなことは報告の中に何も載せないように苦心している．しかし，貴殿の手紙の第2パラグラフにあるような『正式な承認』は要求されていない[259]．

お化粧をしたプレゼンテーション上の特徴を別にすると，ラドクリフ報告以後に何かが変わったかどうかははっきりしない．マイナーズは変化があったことを決して受け入れなかった．1964年2月28日，イングランド銀行を退職する前日，マイナーズは総裁と業務局長だけが読むように宛てた覚書の中で次のように書いた．

> 未熟なラドクリフ委員会報告はホワイトホールの中に常設金融政策委員会を設置することを提案した．これは明らかに不可能である．ラドクリフ委員会の勧告が真剣に受けとめられたと思われるようにするために，2つの新しい手続きが名目的に導入された．(1)バンクレート設定に関する新しい手法であり，イングランド銀行の理事はそのどのような変更にも気がつかないし，どのような責任ももたないふりをする．(2)副総裁が当分の間ホワイトホールにおける既存の2つの上級幹部委員会のメンバーに任命される．これらの取り決めは，いずれも見せかけにすぎないけれども，廃止することはできない．『英国議会議事録』の中に一般的な表現で記録されているからである[260]．

これはともかく，ラドクリフ報告が出た後すぐに，コボルドは彼がイングランド銀行の地位を安全にしたことを確信した．彼は他の中央銀行家にこのことを伝えて次のように書いている．「われわれは，これが満足のいく結果であると思っている．既存の通常の実践には事実上何の変化を生まなかった」[261]．いくつかのお祝いの返事があった[262]．コボルドは，ラドクリフ委員会を最後まで見届けるために総裁にとどまっていたが，うまくいったので，退職の準備を始めた．

7. 簡潔な評価

　ラドクリフ報告はいかなる基本的変化も導入しなかったかもしれない．しかし，データの収集，調査活動，より多くの経済学者の活用などの点においてイングランド銀行の中により専門的なアプローチを導入するのに貢献した．そして，情勢についての論評とその操作の説明を通していっそうの公開性へ向かう道への一歩となった．ケインジアン貨幣・金融経済学におけるもっとも重要な文書の１つとして，またイギリス貨幣・金融史におけるもっとも重要な出版物の１つとしてさえ記述されている[263]．報告は金融制度の働きについてもっとも権威のある評価であった．しかしながら，忘れてならないことに，報告は介入主義者的雰囲気を作り出し，高級官吏の知恵がルールによる操作よりも最適な結果を生み出すもっと確実な道であるという見解を反映していた．実際，主要な執筆者の１人であったセイヤーズは，別のところで「中央銀行の本質は金融制度の裁量的コントロールである」と述べていた[264]．それでも報告は，イギリス金融制度の分析の包括的記述であった．興味深いことに，委員会の経済学者メンバーであったもう１人，ケアンクロスが後に述べているように，ラドクリフ委員会は，あたかも「貨幣・金融問題の客観的研究は大蔵省が同等に関心をもつものでない」かのように，もっぱらイングランド銀行についてだけ考えていた[265]．

　ラドクリフ報告はケインズ以前における貨幣・金融理論と分析の中にあったものの多くを無視するか，あるいははっきりと否定した．これは非常に驚くべきことである．マクミラン報告（1931年）の時までの比較可能な調査は（数回行われた），貨幣量の過剰な増加（産出の増加を超える過剰）が物価を上昇させようとし，産出に対する不足がデフレーションを引き起こすという命題に，疑問を投げかけることはなかった．この点についてマクミラン報告には議論の余地があるが，ラドクリフ報告よりは数量説に確かにずっと近かった．世界は変わったのであろうか．ラドクリフ報告に含まれているものが，われわれの時期における通貨当局によって使われるアプローチであると証明することは難しいし，不可能かもしれない．しかし，公平に言って，報告は当時の支配的見解

を表しており，委員会へ提出されたイングランド銀行の証言の重要性を前提にすると，その非常に多くがイングランド銀行の立場を表していると考えなければならない．理論的分析の中核は単純な数量説への攻撃であった．それぞれのトランスミッション（伝達）・メカニズムはおおまかには次の通りであった．数量説では貨幣から直接に所得である．ラドクリフ主義者の見解では，貨幣から金利を通して，それから投資へ，そして最後に所得であった．しかし，これにはそれ以上のものがあった．目的は総需要に影響を与えることであった．「貨幣的行動の即時的目的は総需要の水準に影響を及ぼすことである」[266]．そして，総需要は全体の流動性の状態に依存し，次に，それは金利の全体的構造に依存した．このようなものが注意の焦点であった．しかし，どのようにしてこの金利の全体的構造を操縦できるのであろうか．この点は明らかでなかったが，国債管理が中心的役割を果たすはずであった．金利と投資の間の関係は弱いものとみなされた．事実，消費も投資も金利に反応するとはみなされなかった．金利の弾力性は極端に低かったのである．この見解の起源は1930年代のオックスフォードで行われた有名な研究である．これには多くの経済学者が参加し，ヒュバート・ヘンダーソン（Hubert Henderson）とロイ・ハロッド（Roy Harrod）が監督した．このグループのメンバーにはモーリス・アレン（Maurice Allen），ロバート・ホール（Robert Hall）およびリチャード・セイヤーズ（Richard Sayers）が含まれているから，この見解の足跡を辿り，その強さを理解することは難しくない．彼らの仕事はビジネスマンの調査結果によって大きく影響を受けていた．しかし，バンクレートが年々歳々2%に固定され，大蔵省短期証券の金利が見えないほど低い時代を前提にすると，この結果は驚くことではない[267]．したがって，金利と投資との結びつきを迂回しなければならなかったので，金融政策を主張することは難しかった．金利の構造が政策の主要手段であるなら，マネーサプライの役割は金利を設定することでなければならない．

　ラドクリフ報告は貨幣が操作上で定義できることを疑問とし，流通速度の概念を否定した．良く引用される文章は次の通りである．「流通速度に何らかの限度があると仮定するいかなる理由も，あるいは貨幣・金融史においてそのことを示すどのような経験もわれわれは見つけることができない」[268]．ラドクリ

フ報告が信じたところでは，流通速度は，支払い取り決めの変更によって，あるいは直接に貸出の量を変えることによって，もっとも重要なことには金融仲介の量を変えることによって，民間部門によって意のままに変えることができる．だが，フリードマンと他の者たちはこの当時，流通速度が本当は安定していることを精力的に証明しようとしていた．したがって，ラドクリフ報告は「マネーストックの調節に代えて，全体の流動性の状態」について語り，当局が「貨幣の供給よりも金利の構造を金融メカニズムの中心部分としてみなす」必要があった[269]．このようにして，マネーサプライのコントロールは国債管理の重要な一面にすぎないものになった．短期の政府債務の量が非常に重要であった理由は，商業銀行がイングランド銀行による公開市場操作によって現金準備が枯渇したことに気がつくと，大蔵省短期証券を売却することで準備を逆転できるからである．そのネットの効果は，イングランド銀行からの政府借入が株式銀行の準備を再び創造することであった[270]．このことが意味したのは，信用の調節が大蔵省短期証券の発行の調節を通じて大蔵省の手に渡ったことである．そしてこれは，非銀行金融機関への懸念を引き起こした．というのは，非銀行金融機関はマネーサプライや金利の変化を相殺する，あるいは無効にさえすると思われたからである．言っておかなければならないが，これらのすべてがこの時期の主流のアカデミックな見解を反映していた．

　19世紀にまでさかのぼり，マクミラン委員会においてもまだ本質的に生きていた古い正統派理論は，銀行預金が現金ベースによって決定されるとみなした．それは後に，たとえばクラウチの論文（1963, 1964）において提案されたような，ネオ正統派理論の中にも見出すことができる[271]．セイヤーズとラドクリフ報告のような新しい正統派理論では，通貨当局が大蔵省短期証券金利を安定させるために操作するので，現金ベースが内生的になり，したがって流動資産が重要な決定要因になるのであった．だが，国債管理が重要だとしても（この議論によれば，それが重要なのは債務の規模のせいである），金融政策に関する主要な目的は，信用ベースに関するイングランド銀行の目標と調和するような短期借入の取り決め，となるべきであった[272]．焦点をあてなければならないのは，ラドクリフ報告にとってはマネーサプライでなくて長期金利や金利構造であった[273]．

報告は新正統派理論の鋳型の中に流された．そこでは貨幣の重要性が軽く扱われ，信用の概念が重視された．これらが支配的見解であったけれども，それでも意見を異にする見解も存在した．事実，一部の者は，まったく敵対的であった．たとえば，ラルフ・ホートレー (Ralph Hawtrey) は 1959 年 9 月の『バンカーズ・マガジン』誌に次のように書いている．「金融政策の目的に関する限り，混乱と曖昧さの中に委員会が発見した目的を，委員会はまったく同じ混乱と曖昧の状態のままで放置している」[274]．サー・デニス・ロバートソン (Sir Dennis Robertson) は『バンカー』誌で，混乱，無理な推論，二重の混乱について書きながら，議論の中核に対して容赦ない攻撃を浴びせた[275]．しかし，ラドクリフ報告の基本哲学は 1960 年代を通じて支配的であった．

要約し，先に進めるための広い基礎を提供しよう．1950 年代と 1960 年代の全体像は大きくは次の通りであった．通貨当局は少なくともインフレーションが潜在的問題であることを受け入れた．当局は固定為替相場，当時の言葉ではポンド価値の保証を固守することを約束した．当局はまたインフレーションと為替相場の結びつきを見ていた．ある程度まで，さらに受け入れられたのは，インフレーションを抑制するために「信用」を制限しなければならないことであった．[銀行預金（銀行信用）と取引 (trade) 信用，総信用の間には若干の混乱があった．] しかし，インフレーションは賃金交渉の結果として見られ，インフレーションを抑制する主要な方法は所得政策である，と信じられた．より重要なことに，当局は自らが多くの他の目的をもっていると見ていた．国債を管理しなければならないし，金利を安定させる義務もあると思っていた．国際金融センターとしてのロンドンのニーズを満足させなければならないことも認識された制約であった．こうなると，市場でこれらすべての目的を遂行するための適切な技術と制度的取り決めを当局はもっていたのであろうか．

注
1) ラドクリフ委員会の書記だったロバート・アームストロング (Robert Armstrong)，現アームストロング卿 (Lord Armstrong) が著者に語った話．
2) Thornton (1802).
3) Meltzer (2002).
4) 釘付け（ペグ）為替相場を保持することが目的であった 1950 年代と 1960 年代に

は類似性があった．
5) Thornton (1802). ハイエクが 1939 年の新版で関心を復活させ始めた．
6) Bagehot (1873).
7) Fisher (1896).
8) B. Norman, R. Shaw, and G. Speight, 'The history of interbank settlement arrangements: exploring central banks' role in the payment system'. これは 2006 年 11 月 23～24 日にイングランド銀行で開かれた「過去・現在・政策コンファランス」に提出された論文で，2009 年に改訂された．
9) Cairncross (1987).
10) Meltzer (1998).
11) たとえば，Hobson, *News Chronicle*, 18 November 1955, p. 2; King (1956); Dacey (1956); Smith and Mikesell (1957).
12) Balogh (1956).
13) Cobbold to Mynors/Peppiatt/O'Brien/Allen, Governor's note, 29 December 1955, G1/73. Macmillan to Cobbold, 23 march 1956, G1/74.
14) O'Brien to Peppiatt/Cobbold/Mynors, 'Internal credit policy', 15 February 1955; O'Brien, 'Credit policy', 22 April 1955; O'Brien to Peppiatt/Cobbold/Mynors, 'Credit policy', 17 November 1955, C42/12. Cobbold to Mynors, 25 October 1955, G1/73. O'Brien to Peppiatt/Cobbold/Mynors, 'Monetary control', 27 April 1956, C40/690.
15) O'Brien to Peppiatt/Cobbold/Mynors, 'Monetary control', 27 April 1956, C40/690; Niemeyer to Cobbold, 2 May 1956, C40/691. ニーマイヤについては，Fforde (1992 p. 372) を参照．
16) Butler to Cobbold, 25 July 1955, G1/73; HC Deb, 25 July 1955, Vol. 544, c825; Fforde (1992, pp. 623-643).
17) Cairncross (1987, p. 2).
18) Cobbold to Butler, 24 February 1955, G1/73.
19) *The Daily Telegraph*, 1 December 1955, p. 6.
20) Boothby to Macmillan, 6 March 1956, TNA T171/469.
21) Horne (1989, p. 377).
22) Cairncross (1991b, p. 65); Compton to O'Brien, 11 April 1956, enclosing 'Study of the "credit control"', 11 April 1956, C40/690.
23) Cobbold to O'Brien, 12 April 1956, C40/690.
24) Cobbold to Macmillan, 26 March 1956, G1/74.
25) Cobbold to O'Brien/Allen, Governor's note, 1 June 1956, C40/691.
26) O'Brien to Cobbold, 5 June 1956, C40/691.
27) Compton/Hall/O'Brien/Allen, 'Monetary Organisation', 25 June 1956, C40/691.
28) 'Monetary Organisation', para. 30.
29) *Ibid.*, para. 55.

30) Cobbold to Bridges, 27 June 1956, C40/691.
31) Cairncross (1991b, p. 69).
32) Fforde (1992, p. 665).
33) Bridges to Cobbold, 28 June 1956, C40/691.
34) Governor's diary, 31 January 1957, G3/10.
35) Governor's diary, 1, 20, and 25 February 1957, G3/10; Committee of Treasury, 6 and 17 March 1957, G8/73.
36) *Midland Bank Review*, February 1957, pp. 1-3; *The Times*, 28 February 1957, p. 9; Bloomfield (1959, p. 16); Aliber (1972).
37) HC Deb, 5 March 1957, Vol. 566, cc168-169.
38) Mynors, 'Draft', 5 February 1957 (sent to Makins, 15 February 1957), G1/131.
39) Makins to Mynors, 26 February 1957; Mynors, 'Monetary committee', 1 March 1957, G1/131.
40) 1947年にラドクリフは英領インドをインドとパキスタンに分割する，4億人の人間を宗教に即して分離する，境界委員会 the Boundary Commission の委員長に任命された．この分割は「ラドクリフ・ライン」として知られている．Heward (1994) も参照．
41) Minutes of Court, 4 April 1957, G4/203; HC Deb, 9 April 1957, Vol. 568 c986.
42) Mynors, 'Macmillan Committee', 1 February 1957, G1/131.
43) この見解は次の中で報告された．Mynors, 'Monetary committee', 8 April 1957, G1/131.
44) Sayers (1938).
45) 'Extract from Mynors's memo, 15 February 1957'; Mynors, 'Monetary committee', 1 March 1957; Mynors, 'Monetary Committee', 8 April 1957, G1/131.
46) この示唆は重大で，イングランド銀行の一部の者がクロスランドの著書『社会主義への道』を読むほどであった; Rootham to Allen, 19 February 1957 and Allen to Cobbold/Mynors, 21 February 1957, ADM12/3.
47) Telegram, Makins to Hall, 1 May 1957, copy in G1/131.
48) Woods to Cobbold, 15 April 1957, G1/131.
49) HC Deb, 3 May 1957, Vol. 569, c34W; *The Times*, 4 May 1957, p. 6; Mynors, 'Monetary committee', 8 April 1957, G1/131.
50) Cobbold to Radcliffe, 13 May 1957, G1/131.
51) Radcliffe to Cobbold, 14 May 1957, G1/131.
52) Cobbold, Governor's note, 15 May 1957, G1/131.
53) HC Deb, 28 May 1957, Vol. 571, cc204-5.
54) Cobbold, note, 22 August 1957. これはソーニクロフトに示すためにメイキンズに手渡された; Mynors, 26 August 1957, G1/75; O'Brien to Governor, 'A profit tax', 21 August 1957; Cobbold, unsent draft, 22 August 1957, C42/4.
55) Mynors, 26 August 1957 (1957年8月22日のコボルドとソーニクロフトの会談の記録), G1/75.

56) Cobbold, note, 22 August 1957, G1/75.
57) Compton to Mynors, 10 September 1957, enclosing 'Note of a meeting on 9 September 1957'; 'Note of a meeting ... on 11 September 1957', G1/75.
58) Mynors to Thorneycroft, 10 September 1957, G1/75.
59) Cobbold, note, 22 August 1957, G1/75.
60) O'Brien to Mynors, 29 September 1957, G1/75.
61) Fforde to Mynors, 30 August 1957, G1/75.
62) Cobbold to Thorneycroft/Makins, 15 September 1957; 事件の詳細は同日の Cobbold, 'Bank rate 19th September 1957' and 'Chancellor's statement'; 'Notes of discussions-14-20 September', 24 September 1957, G1/75.
63) Macmillan (1971, p. 356).
64) バンクレートは1921年4月28日に7%から6.5%へ引き下げられた，G15/97; ベーシス・ポイントはこの時期には使われておらず，5%からの6%への動きが「1%の引き上げ」と書かれた．
65) 'Press brief', 19 September 1957, ADM10/22; 'News summary', 20 September 1957, ADM10/22; HMT Press Office, 'Statement by the Chancellor', 19 September 1957, G1/75.
66) Bridge to Parsons, 20 December 1957, G1/80.
67) Cairncross (1991b, pp. 126-127).
68) Padmore to Thoneycroft, 10 September 1957, TNA T233/1664.
69) Padmore to Mynors, 17 September 1957, enclosing 'Thorneycroft to Birch, 'Monetary policy'', 17 September 1957, G1/78.
70) Padmore to Mynors, 26 September 1957, enclosing Robbins, 'Notes on the more general aspects of the exercise', 25 September 1957, G1/78. 文書では「社会」保険掛け金と呼ばれている．
71) 1940年6月のTDRは戦時の便宜手段であり，大蔵省がクリアリング・バンクから直接に借り入れることを可能にした．TDRは大部分が大蔵省短期証券に代替し，1944年には残高17億ポンドに達したが，1952年にはゼロになった．マネーマーケットで売買できなかったので，この増大は銀行への引き締めとして作用した．導入当時の金利は，大蔵省短期証券より若干高い，1.125%であったが，これは貸出期間が6カ月であったことを反映したものである．C40/431を参照．
72) Niemeyer to Cobbold/Mynors, 15 August 1957; O'Brien to Cobbold, 16 August 1957, C42/4; Fforde (1992, p. 677).
73) HMT, 'Note of meeting ... 27 September 1957', 30 September 1957; Downie to Mynors, 8 October 1957, enclosing Birch to Thorneycroft, 7 October 1957, G1/78; Fforde (1992, pp. 688-689).
74) Cobbold to Thorneycroft, 9 October 1957, G1/75.
75) Thorneycroft to Cobbold, 14 October 1957; Cobbold to Thorneycroft, 15 October 1957, G1/75.
76) press cuttings file ADM38/99を参照．

77) Cobbold to Macmillan, 27 September 1957, G15/1.
78) ウィリアム・クラーク (William Clarke) との私信, March 2008.
79) HC Deb, 14 November 1957, Vol. 557, cc1147-1172, 1265.
80) HC Deb, 12 November 1957, Vol. 577, c766; 14 November 1957, Vol. 577, cc964-969; *Financial Times*, 15 November 1957, pp. 1, 14.
81) Cobbold to Sir Norman Brook, 10 March 1958, G15/3.
82) 'Report of the tribunal appointed to inquire into allegations of improper disclosure of information relating to the raising of Bank rate', January 1958, (Parker), para. 115.
83) Parker, paras. 57 and 78. パーカーの事実発見にかかわらず，とくにキンダーズリーの評判は完全には回復しなかった．Orbell (2004b) を参照.
84) Parker, para. 117.
85) Press cuttings file, ADM38/100-101.
86) Cobbold, 'Message to staff', 22 January 1958, G15/2.
87) Amory to Mynors, 10 February 1959, G15/3.
88) Committee on the Working of the Monetary System, Command 827, para. 778; Amory to Radcliffe, 31 January 1958, G1/131.
89) HC Deb, 3 and 4 February 1958, Vol. 581, cc815-948 and 985-1127. Interview with Sir Jasper Hollom, 17 June 2005; Dascombe, Aide memoire-'Tribunal', 14 March 1958, G15/3.
90) *The Economist*, 25 January 1958; *Reynolds News*, 26 January 1958; また以下も参照．'The Bank of England from within', *The Banker* 108 (386): 162-171, March 1958.
91) Rickatson-Hatt to Dascombe, 'Summary of criticism of the Bank arising from tribunal evidence', 6 February 1958, G15/3.
92) Devons (1959); Hanham (1959); Wilson and Lupton (1959); 論文の改訂版が『マンチェスター・ガーディアン』紙1959年1月20日号6頁に載せられた.
93) 2月の初め，水曜日の午後5時／5時半の常務委員会で示唆された；木曜日の午前9時半に理事会；バンクレートが変更されない限り，発表は行われない；どのような変更も木曜日の午前10時半に発表される．Cobbold, Governor's note, 5 February 1958, G14/156.
94) Amory to Cobbold, 12 February 1958, G14/156.
95) 1958年2月17日のギルドホールでの海外銀行家クラブ年次晩餐会での演説. G13/1.
96) *Manchester Guardian*, 18 February 1958, p. 1.『ガーディアン』紙のリチャード・フライ (Richard Fry) は明らかにイングランド銀行の友人たちを心配したようであり，次のように述べている．「モーリス・アレンは助手を使っていたと思う」; Fry to Richardson, 25 March 1980, 7A127/1.
97) Dascombe, 'For record', 27 March 1958, G15/3. タンカードは1696年に初代総裁ジョン・ウーブロン (John Houblon) に贈られた．タンカードの複製は1924年，

1936 年，1958 年および 1966 年に創られている．
98) Parker, para. 55.
99) Interview with Sir Nigel Althaus, 3 October 2006.
100) Extract from Mynors note, 10 October 1958, G1/131.
101) Mynors, 'Radcliffe Committee', 3 October 1958, G1/131.
102) Radcliffe, 'Report', para. 1-2 and appendices I and II. これらの出版されたものの他に，81 件の意見具申が受け取られたが，複製されなかった．
103) 'Report on the chief cashier's office for the year ended 30 September 1957', 28 October 1957, C40/42.
104) Mynors, 'Radcliffe Committee', 31 May 1957, C40/897; R.C. (57) 3rd, 31 May 1957.
105) Mynors, 'Radcliffe Committee', 23 May 1957, G1/131.
106) Cobbold to Makins, 14 May 1957; Makins to Cobbold, 17 May 1957, G1/131.
107) Extract from Governor's note, 30 May 1957, G1/131.
108) Hollom, 'General comments on Radcliffe papers', 26 June 1957, C40/898.
109) Bolton, 'The Radcliffe Committee papers by the Bank of England, comments by Sir George Bolton', 24 June 1957, C40/906.
110) これらの草稿は次にある．C40/918.
111) Dascombe to Armstrong, 28 June and 4 July 1957, C40/898.
112) Cobbold, Governor's note, 19 June 1957, C40/898; 12 の書類ファイルが準備された．C40/906-910 参照．
113) Armstrong to Peter Taylor, 16 August, C40/902; 18 November and 17 December 1957, C40/903; Committee on the Working of the Monetary System, 'Minutes of evidence', 1960, appendix.
114) Radcliffe, 'Evidence', 26 July 1957, questions 750-751.
115) Scammell (1968); Fletcher (1976); 'The London discount market: some historical notes', *BEQB* 7 (2): 144-156, June 1967; King (1936) も参照．
116) Radcliffe, 'Report', para. 180; Radcliffe, 'Evidence', 11 July 1957, questions 191-272, 16 July 1957, questions 355-361, and 23 January 1958; Discount Office, 'Report for the end of September 1959', C47/64.
117) Gordon Pepper, 'An account of analytical techniques developed in the 1960s and 1970s in the gilt-edged market', 参照．これは 2006 年 3 月 22 日にイングランド銀行で開かれた「古い国債市場」証人ゼミナールでの回覧のために作成された．www.lombardstreetresearch.com/witness-seminars/2006-gilt-edged.html（13 November 2009 アクセス）．
118) 国債市場の記述については，Chalmers (1967) と Wormell (1985) を参照．またペムバー・アンド・ボイル社「20 世紀のイギリス政府証券」と付録も参照．
119) 次のパラグラフは Capie, Goodhart, and Schnadt (1995) による．
120) King (1936).
121) Sayers (1976, p. 55).

122) *The Economist*, 20 August 1932, p. 339.
123) Kaldor (1982, p. 1).
124) 1950年代に借り換えが好まれた方法となった理由として，おそらく個人保有者がまだ多数派であったことも説明の役に立つであろう．
125) たとえば，Howson (1975).
126) Nevin (1955).
127) 議論の全体は，Capie, Mills, and Wood (1986).
128) Sayers (1976, p. 431).
129) Charmers (1968) 参照．
130) Radcliffe, 'Evidence', 27 November 1958, question 11921.
131) Pepper, 'Analytical techniques'.
132) Goodharart (1973) for 1957-58, and Revell (1966, p. 72) 参照．
133) このメカニズムの一部は，イングランド銀行が与えた「Z」勘定の利用であった．これは国債の3日目ごとでなく同一日取引のためにジョバーへ提供したファシリティである．この詳細については次を参照．Cooke to Page/Fforde/O'Brien/Hollom, '"Z"Account', 28 January 1972, enc., Gilt-edged stocks: certifiable balance facilities and stock lending', 5A135/1.
134) Radcliffe, 'Evidnce', 25 October 1957, question 1762.
135) *Ibid*., 27 November 1958, question 11919.
136) *Ibid*., 30 April 1959, question 13416.
137) *Ibid*., 11 July 1957, question 260.
138) *Ibid*., 10 September 1957, question 974.
139) Thomas Balogh, 'Memorandum of evidence submitted by Mr. Thomas Balogh', August 1958, para. 14-18; Radcliffe, 'Memoranda', Vol. 3.
140) Extract from DG's memo, 12 September 1958. ... ', C40/922.
141) Radcliffe, 'Evidence', p. 846.
142) Bridges, Untitled memoranda, 30 December 1958; Radcliffe, 'Memoranda', Vol. 3, pp. 47-48.
143) Radcliffe, 'Evidence', 15 January 1959, question 12813.
144) Radcliffe, 'Evidence', 11 July 1957, questions 249-253.
145) 'Part-time Directors (memorandum submitted by the part-time Directors)', 12 June 1958; Radcliffe, 'Memoranda', Vol. 1, pp. 44-45; Radcliffe, 'Evidence', 27 November 1958, especially questions 12159-12185; ブランド「パーカー審判でそれは非常に難しいことだと言った私のパートナーの意見には同意しない．」16 October 1958, question 10729.
146) Radcliffe, 'Evidence', 15 January 1958 question 12813.
147) Radcliffe, 'Evidence', 24 October 1958, questions 11294-11299; ゲイツケルとブランドは経済学者を支持した．
148) Cobbold, Governor's note, 6 January 1958; Radcliffe to Cobbold, 29 January 1958; Cobbold to Radcliffe, 30 January 1958; Armstrong to DC Ingram, 6 March

1958; Radcliffe to Cobbold, 2 July 1958, C40/899; Radcliffe, 'Memoranda', Vol. 1, pp. 245-308; Radcliffe, 'Evidence', 13 June 1958 (de Kock), 19 and 27 June 1958 (Riefler), 21 November 1958 (Holtrop).

149) CSO, 'Financial and economic statistics relating to the monetary system', June 1958; Radcliffe, 'Memoranda', Vol. 1, pp. 141-162; NIESR, 'The improvement of financial and monetary statistics', June 1958, 'Memoranda', Vol. 3, pp. 1-27.

150) Hary Johnson, 'Memorandum of evidence submitted by Professor H.G. Johnson', April 1958, para. 9, Radcliffe, 'Memoranda', Vol. 3; Radcliffe, 'Evidence', 7 October 1958, question 10607. ジョンソンは LSE の経済学教授であった.

151) Radcliffe, 'Evidence', 26 July 1957, question 753.

152) O'Brien to Hawker/Cobbold/Mynors, 'Figures for the Radcliffe Committee', 23 May 1957, C40/907.

153) Cobbold to Radcliffe, 25 July 1957; Radcliffe to Cobbold, 30 July 1957, C40/907; Cobbold to Radcliffe, 13 August 1957, C40/907.

154) O'Brien to Mynors, 11 September 1957, C40/909.

155) Radcliffe, 'Evidence', 30 April 1959, question 13416.

156) Radcliffe, 'Report', para. 978.

157) *Ibid.*, para. 796.

158) *Ibid.*, paras. 980-985.

159) *Ibid.*, para. 982. 同じ見解がアメリカでは「オペレーション・ツイスト」の名前で展開された.

160) *Ibid.*, paras. 551-553, 563.

161) *Ibid.*, paras. 578-580.

162) *Ibid.*, para. 582.

163) O'Brien to Hawker/Governors, 'Government loan operation', 5 August 1959, C40/475.

164) Hawker annotation on O'Brien to Hawker/Governors, 'Government loan operation', 5 August 1959, C40/475.

165) O'Brien to Armstrong, 1 October 1959; Armstrong to O'Brien, 20 October 1959; O'Brien to Armstrong, 11 November 1959; Armstrong to Hollom, 28 January 1960, C40/627.

166) O'Brien to Armstrong 1 October 1959, C40/627.

167) O'Brien to Hawker/Cobbold/Mynors, 'The next maturities', 19 November 1959, C40/483.

168) Hollom to Hawker/Cobbold/Mynors, 22 January 1960, C40/484.

169) Radcliffe, 'Report', para. 771.

170) *Ibid.*, paras. 773-774.

171) *Ibid.*, para. 775.

172) *Ibid.*, paras. 778-787.

173) *Ibid.*, paras. 812, 817-821.

174) *Ibid.*, para. 863.
175) *Ibid.*, para. 777.
176) *Yorkshire Post*, 15 August 1959, p. 1. 他の新聞切り抜きが ADM38/103-104 にある.
177) Goodhart (2004, p. 1074).
178) *Financial Times*, 21 August 1959, p. 8.
179) Robbins (1971b, p. 90).
180) Allsopp and Mayes (1985).
181) *Tribune*, 21 August 1959, pp. 1, 9.
182) *Reynolds News*, 23 August 1959, p. 4.
183) *The Spectator*, 28 August 1959, p. 282.
184) *The Daily Telegraph*, 20 August 1959, pp. 18-19.
185) Paish (1959, p. 593)
186) たとえば, Batini and Nelson (2005) 参照.
187) 反応の詳細で冷静な評価については, Alford and Rose (1959) 参照.
188) Cairncross (1999, p. 4).
189) Cairncross (1991a).
190) *Manchester Guardian*, 20 August 1959, p. 2.
191) Harrod (1959).
192) *The Times*, 20 August 1959, pp. 5, 8, 13.
193) HC Deb. 26 November 1959, Vol. 614, c650.
194) *Financial Times*, 15 September 1959, p. 8.
195) Seldon and Thorneycroft (1960).
196) Cairncross (1991a, p. 554).
197) Sayers (1960, p. 713).
198) 著者とロジャー・アルフォード (Roger Alford) との私的コミュニケーション.
199) Cairncross (1999, p. 2).
200) Ringe and Rollings (2000, p. 130).
201) Cairncross (1991b, p. 209).
202) *Ibid.*
203) *The Times*, 20 August 1959, pp. 8, 13.
204) Timothy Bligh (Principal Private Secretary) to Macmillan, 18 August 1959, PREM 11/2668TNA.
205) Cairncross (1995, p. 78).
206) 'Contacts with Whitehall, quarter ended 31 December 1958', 1 January 1959; note for use of Cobbold at Radcliffe evidence on 15 January 1959, G15/9.
207) Sayers (1976, p. 14, fn. 1).
208) Cobbold to Mynors, 31 July 1959, G15/9.
209) レズリー・プレスネル (Leslie Pressnell) と筆者の私的コミュニケーション.
210) Mynors to Cobbold, 31 July 1959, G15/9.

第3章　貨幣・金融の枠組みとイングランド銀行　　　　161

211) Cobbold, Governor's note — 'Radcliffe', 7 August 1959, G15/9; メイキンズは1959年8月4日のイングランド銀行総裁との会見を記録している, T233/2130, TNA.
212) Cobbold to Makins, 17 August 1959, G15/9.
213) Bligh to Macmillan, 18 August 1959, PREM 11/2668 TNA.
214) Mynors, 'Radcliffe report', 21 August 1959; Cobbold, Draft, 21 August 1959, G14/156.
215) Neatby (Secretary), 'Informal statement of the Governor's statement to the Court of Directors held on 9 November 1959', 23 November 1959, G14/156; Minutes of Court, 19 November 1959, G3/202.
216) Cobbold to Mynors, Governor's note, 21 August 1959, G15/9.
217) Makins to Cobbold, 22 September 1959, enc. HMT 'Radcliffe Committee: relations between the Treasury and the Bank of England'; Mynors, 'Radcliffe Committee', 21 October 1959; Amory to Cobbold, 18 November 1959, G15/9.
218) Pollard (1970, p. 19).
219) Coleby interview with Peter Jay, 13 May 1997.
220) *Ibid*.
221) Pollard (1970, p. 21).
222) HL Deb. 11 November 1959, Vol. 219, c500.
223) *Ibid*., c518.
224) *Ibid*., c506.
225) *Ibid*., cc523-525.
226) *Ibid*., c508.
227) *Ibid*., c516.
228) *Ibid*., cc508-514.
229) *Ibid*., cc505-506.
230) HC Deb, 26 December 1959, Vol. 614, c681.
231) *Ibid*., cc680-690.
232) *Ibid*., cc690-702.
233) *Reynolds News*, 29 November 1959, p. 6.
234) *Financial Times*, 30 November 1959, p. 3.
235) Cobbold, Governor's note, August 1959, G14/125.
236) 'Notes for seeing the press', 28 October 1959, ADM10/1.
237) Committee of Treasury, 21 October 1959; Informal Court records, 22 October 1959; Cobbold, 26 October 1959, G14/125; Henessey (1992, pp. 319-323)
238) マイナーズは「国内情報局」を支持した. というのは, 「『経済学者』の一群が片隅に集まって相互の討論にふけるようなこと」を警戒したからである. ; Mynors, Note, 13 December 1963; オブライエンは「経済・統計部」を示唆した. ; O'Brien to Cromer, 'CBID and Exchange Control', 13 December 1963; O'Brien, Note 'CBID and Exchange Control', 20 December 1963, G14/125; Selwyn to Rootham,

'C.B.I.D.', 14 November 1963, OV21/13.
239) 大蔵省の国債管理についてのペーパーが討論された時，ソーントンはメイキンズ，コンプトン，ホールとともに出席した．ここではイングランド銀行が提供した数字について質問があった；Radcliffe, 'Evidence', Vol. 3, December 1957.
240) EID 14/1 and EID 14/15.
241) Walters (1986, p. 105).
242) Allen to Cobbold/Mynors, 'Team', 23 July 1959, G14/125.
243) Mynors to Cobbold, 'Economists', 24 July 1959, G14/125.
244) Goodhart to McMahon, 25 September 1967; Carlisle, 'Paper on British monetary policy 1957-67', 5 October 1967, 6A50/3.
245) 任命の詳細は，G17/59.
246) Radcliffe, 'Report', para. 861.
247) Mynors to Cobbold, 18 June 1958, EID5/24.
248) *Ibid*.
249) Fforde to Mynors/Stevens/Watson, 15 December 1959, EID5/24.
250) Fforde to Mynors, 8 October 1959, EID5/24.
251) Cairncross (1985a, p. 381).
252) 'Extract from Deputy Governor's memo dated 2 December 1960', EID5/24.
253) Mynors, 'Publications: Mr. Fforde's note of 15 December', 18 December 1959, EID5/24.
254) Coleby interview with Sir Jasper Hollom, 11 January 1995.
255) Mynors, 'Publications: Mr. Fforde's note of 15 December', 18 December 1959, EID5/24.
256) Fforde to Mynors/Stevens/Watson, 15 December 1959, EID5/24.
257) Mynors, 'Publications: Mr. Fforde's note of 15 December', 18 December 1959, EID5/24.
258) Goldman (HMT) to Mynors, 14 June 1963, G15/10.
259) Mynors to Goldman, 18 June 1963, G15/10.
260) Mynors to Cromer/O'Brien, 27 February 1964, G15/10.
261) Cobbold to numerous central bank Governors including Fussell (Reserve Bank of New Zealand), Coyne (Bank of Canada), Blessing (Deutsche Bundesbank), 27 November 1959, C40/901.
262) Fussell to Cobbold, 5 January 1960, C40/901.
263) Cobham (1992); Robbins (1971b, p. 90).
264) Sayers (1957).
265) Cairncross (1985a, pp. 381-387).
266) Radcliffe, 'Report', para. 397.
267) Besomi (1998).
268) Radcliffe, 'Report', para. 391.
269) *Ibid*., para. 397.

270) Sayers (1938).
271) Crouch (1963, 1964).
272) 当時の観察については，Goodhart (1973).
273) Sayers (1938, 1964).
274) Hawtrey (1959, p. 172).
275) Robertson (1959).

第4章
1964年までのイングランド銀行の対外的責任

　19世紀においては，イングランド銀行の主要な機能は金兌換の維持であった．1920年代には戦争によって破壊された金本位制の再建が試みられた．そしていささか不十分であったが，それは金為替本位制として達成された．さらに大部分の中央銀行はいまだ民間機関であったが，金兌換を維持するという規律は中央銀行の活動を規制するのに十分であると思われた．1945年以降は，19世紀の金本位制に類似したものへ改善をともなって復帰するという願望があった．しかしながらブレトンウッズ協定には欠陥があり，1947年の導入から1958年のより完全な実現を経て，1960年代末の死に至るまで不安定によろめきながら歩むことになった．この時期はポンドと〔ブレトンウッズ〕「システム」がつねに圧力にさらされた．というのは，ポンドは2つの準備通貨の1つであり，ポンドが〔その地位を〕去れば圧力はドルにシフトしたであろうからである．このように，1960年代の国際金融を支配していた問題の背景には，ブレトンウッズ協定の性格があった．問題の核心は金準備の規模と配分にあり，それらがどのように変化するかであった．第2次大戦後，米国は200億ドルの金準備を保有し，これは世界全体の約60％を占めた．それはドル平価を防衛するには十分すぎるほどに思われた．事実，米国の準備は増加して1949年には250億ドルのピークを記録した．その後，1950年代を通してその準備はだんだんと減少して1960年までに180億ドルとなった．米国の準備の減少は外国によるドル保有の増加を意味し，そのドルは1オンス35ドルの公的価格で金と兌換された．事実，1958年から1960年の間に英国は18億6,000万ドルの金を購入した．またヨーロッパ経済協力機構（OEEC）では金および外貨保有が1958年には37億ドル増加し，1959年にはさらに14億ドル増加した．ドル

不足は完全に終わった[1]．英国では拡張政策が経常収支勘定の弱体化，準備の減少，ポンドへの圧力を引き起こした．今度はこれに対して財政，金融政策両面からの引締め政策で対処することになった．この文脈では，バンクレート（いわゆる公定歩合）が有効とみなされていた．経常勘定と長期資本勘定の巨額の赤字が1959年の後半に顕在化し，1961年まで続いた．その時，ポンドは繰り返される危機のひとつの中にあるか，ないしは長い危機の一局面の中にあった．

1950年代からは為替平価を維持することがイングランド銀行の主要な目的となった．国内政策が対外政策に優先するようになるのは1970年代になってからである．第2次世界大戦以降，英国経済は1930年代以前と比較して非常に弱体化した地位にあった．英国経済が直面した多くの問題は以下のような対外ポジションに関連していた．すなわち，対外負債，為替レート制度，国際収支の見通し，ポンド残高，そして自分がかつていたとは異なる世界の中でこれらすべてを処理する能力であった．英国経済は1914年以前の世界最大の債権国から1945年以降，世界最大の債務国に変化していたのである．すなわち，ある計算によると債務-所得比率は約300％といわれた[2]．

戦後，認識されるようになる主要な問題は，以下のようなものである．国際通貨基金（IMF）に伴う為替レート制度，とくにポンドの交換性と関連する条件の付いた1946年の米国からのローンおよびクレジット・ライン（37億5,000万ドル，9億2,500ドル），戦後の最初の数年間続いた国際収支の困難，しかも国際収支難をはるかに超える諸問題，およびポンド残高とポンド地域の問題などである．これらはすべて相互に結びついていた．さらに戦争の末期，政策立案者は，戦時生産から平時生産への移行が遅れそうなことおよびその問題に対処できる可能性を，十分に正しく理解していた．そして最後には，世界全般の将来に対する悲観的な見通しが存在した．その後に行われたことは一連の応急処置であった．

1. 釘付け相場制の起源

為替レートと為替レート制度はおもに米国との長い交渉の後に出現し，ブレ

トンウッズ協定に結実した．1930年代の経験の後で，より確実性の高い1914年以前の金本位制世界へ復帰することが望まれ，金本位制を改善できると信じられていた．古典的形態での金本位制は1870年頃に出現し，豊かな先進国はいくつかのより貧しい国々とともに19世紀末期までに同制度のもとにあった．金本位制に属することは「良い経済の承認の印」であり，世界に受け入れられ，最良の金利で借入が可能になる1つの方法とみなされた[3]．金本位制は貨幣，財政分野での善行を要求した．新興経済諸国は金本位制クラブに受け入れられ，加入することが可能になるように努力した．中心国と周辺国が生まれ，両者にとって国際的な調整は異なっていた．先進諸国は資本が豊富で，その他の諸国は資本が乏しかった．中心と周辺の決定的な違いは，金融的成熟度であり，それは自国通貨で国際的に取引される証券を発行する能力を意味していた．1914年以前には中心国は金本位制に基づいており，周辺国は金本位制に移行しようと試みていた[4]．金本位制はいつまでも機能し続けることができなかったが，第1次大戦後もさまざまな理由から，それを推し進めようとする動機はいぜんとして受け入れられたいという願望であった[5]．同制度が最終的に破綻した後には，第2次大戦までさまざまな形の管理された変動相場が続いた．再建された金本位制の失敗，そして1928-32年にかけての連邦準備の無能力が米国の大恐慌を引き起こし，悪化させ，さらにはそれが世界中へ波及した[6]．1930年代の管理相場の結果は一連の競争的切り下げという国際通貨制度の将来の設計者がはっきりと回避したがった事態を引き起こした．

　1920年代半ばに再建された金本位制は欠陥のある不完全な金本位制であった．そこには（古典的な金本位制から続いている）非対称的な調整問題があり，それに付随してルールが守られないという問題があった．債務者にとっては調整は強制的であり，債権者にとっては調整は任意であった．また兌換が問題となる恐れがあり，そしてそれは周辺国が外国為替の保有を減少させるように導いた．さらに1920年代には弱い中心地（英国）から強い中心地（米国）へ通貨保有がシフトすることによる信頼性の問題があった．このことによって制度は弱体化する恐れがあった[7]．

　この物語の重要な要素は資本移動であった．第1次大戦後の多くの経済問題が不満足にしか解決されなかったためヨーロッパの政治的不確実性が生み出さ

れ，それに比例する量の資本移動を刺激した．そしてまた，たとえば1920年代半ばのドイツへの米国の投資がニューヨーク株式市場ブームとなった1920年代末には米国に戻りはじめるなど，ときには資本移動の方向の「正常」な変化が生じた．しかしながら，資本の実際の大規模な移動は20年代から30年代の変わり目の不確実性の増大によって刺激されたものであった．世界不況の波及，1930年のワイマール共和国の国民議会での第2の大政党としてのナチスの台頭など政治的展開がこの政治的不確実性を助長した．1931年夏，ブリューニング政府は為替管理を導入し，対外短期債務に対する支払い停止に関する交渉を行った．また資本逃避が増大したことは驚くべきことではない．その他多くの国々がその後すぐにこの先例にならい，為替管理が普及した．英国も同様な手段を導入するかもしれないという懸念が生じ，1931年，同国は金本位制を放棄した．

　その後，英国は為替平衡勘定（EEA）を通じて為替レートの管理に注力した．EEAは1932年4月の英国の予算案で発表され，同年7月1日に正式に設立された．EEAは為替レートの短期の変動を緩和ないし排除することを意図し，変動の傾向に抵抗するものではないとされた．すなわち，それは国際収支動向の影響を和らげその過程で経常勘定取引と資本勘定取引を区分しようと試みた．しかし，それは言うは易く行うは難しであった．EEAは大蔵省に所属したが，イングランド銀行が操作を行った．EEAはポンドと外貨での取引のため，当初資本1億7,000万ポンドで開始された[8]．最初，〔イングランド銀行〕発行部に「その他証券」として隠されていた5,000万ポンドの外貨が大蔵省短期証券と交換にEEAに移管された．事実，1925年末からノーマンは「その他証券」を使って秘密の米国ドル準備を積み立ててきた[9]．

　為替平衡勘定の目的は金本位制の目的の対極にあった．金本位制の下では，資本移動が，国内信用市場に直接，流入するのを許すことを通して調整がなされ，それから価格変動が対外勘定の必要な調整を引き起こすことになった．EEAには資本移動が国内信用市場に影響を及ぼすのを阻止する意図があった．それがうまく機能するにはそれを遮断する技術を必要とした．EEAは英国に流入する外貨を大蔵省証券と交換に取得した．このことは通常では，大蔵省証券を英国の銀行システムに供給することを意味した．それは初期には問題にな

らなかったが，後には問題となった[10]．ドルが金から離脱した後には，米国も1934年，安定資金を設立した．それは，英国，米国，フランスが為替レートのより全般的な安定を意図する三国協定の交渉へのさらなる一歩となった[11]．マンデルがブレトンウッズ協定の事実上の開始とみなしたのはこの三国協定であった[12]．

これらの経験および大戦間のその他の変動相場と管理された変動相場は国際通貨制度の将来に関する議論において大いに問題となった．ヌルクセは影響力を及ぼした著書の中で，変動相場は均衡破壊的な投機を生み出すと主張した．フリードマンは後にこの解釈に異議を唱え，さらに後にアイケングリーンはヌルクセの解釈には1930年代において証拠を見出せなかった．同様に問題視された近隣窮乏化政策についてアイケングリーンもザックスもいかなる証拠も発見できなかった．にもかかわらず，主としてヌルクセに基づいた認識が，当時は受け入れられ，そして長期間そのままに堅持された[13]．

英国では大恐慌の影響は比較的，軽微であった（1929年から32年の不況の期間を通して，産出高の低下は米国が約30％であったのに対して6％を下回った）が，失業は，たとえその原因が実質賃金効果に帰せられるとしても，この期間に急激に増加した[14]．にもかかわらず英国は〔大恐慌から〕影響を受けたかのごとく行動した．英国は約1世紀にわたる自由貿易政策を転換して一般関税を導入した．英国は貿易と生産の懸念に対する解決の可能性を大英帝国の中に見出した．というのは，帝国を関税同盟に転換させようと試みたからである．1932年のオタワ会議は関税同盟と言えるものまでには進まなかったが，にもかかわらず帝国のパートナーとの間で多くの貿易協定が締結され，とくに重要なのは特恵待遇——帝国特恵（関税）——が帝国構成諸国に拡大されたことである[15]．これは英国の最大の貿易相手国である米国を狼狽させた．そして米国は1941年の初めに英国に武器貸与（Lend Lease）を行った直後に「英国が米国と協働して貿易制限，とくに帝国特恵システムを撤廃する確約を要求する」法案を提出した[16]．

1930年代との直接的連関はより鮮明に現れはじめる．戦後広く理解されていた英国の国際収支ポジション（輸出はほとんどないが，輸入に対する需要は強い）を前提にすると，英国が帝国特恵制度を放棄することになれば，何らか

の安全装置が必要になるであろうと思われた．英国がこれを行うことを可能にするために，ケインズは国際清算同盟に関する草案を起草した．それは彼自身がユートピアと表現した「ケインズ案」の基礎であった．そして，英国は戦後，一部には指導国としての地位を顕示するためにポンドの地位を再興することに熱心であった．ワシントンは，財務省の高官であるハリー・デクスター・ホワイト（Harry Dexter White）を通して，より限定的な安定基金を提案した．その基金は各国の通貨と金から構成される新しい機関の準備であった．両案の違いが時には強調されすぎるが，想起される必要があるのは，間違いなく米国は英国に対してある程度反感をもっていたことである[17]．これに対して，米国によって供与された多くの支援を武器貸与やマーシャル・プランにみることができる．ただしこれらは英国以外の国に対しても与えられた．いずれにせよ，1944年の春までには両案が合わされて，IMFと世界銀行を設立する案が提出された．こうして，その目的は，戦間期の激動の後に，安定的で「現実的」為替レートを設定することであり，困難を経験している諸国が短期的な問題を解決するために十分な国際準備を入手可能にすることであった．適切な行動が期待され，いくつかの行動規約が導入されることになった．その宿願は過去の優れた側面（古典的金本位制）を1930年代の問題点（貿易制限と国内の生き残りの強調）の除去に結びつけることであった．

　IMFは，加盟国が為替レートの安定と調和するやり方で自国の国際収支を管理するのを援助するであろう．加盟国の主要な義務は経常勘定取引に関して自由な交換性を認めることであり，他方，資本勘定の規制は容認された．IMFは1945年に設立されて1947年に業務を開始した．しかし，予想されたよりも過渡期は長期になることがすぐに明らかになり，交換性はすぐには達成されなかった．1958年末に主要工業国はいくつかの限定つきではあるが経常勘定の交換性を達成した．しかし，ほとんどの国が資本勘定に関しては為替管理を継続した．

　世界はブレトンウッズの規則に決して従わなかったかあるいはせいぜいきわめて短い期間しか守らなかったと，しだいに認識されるようになっている．規則はすべての国に平等に適用されることが意図されていたが，加盟各国はそれぞれのマクロ経済政策を自由に追求することになったので，その結果インフレ

率の相違が生じて，為替レートの長期的な伸縮性が必要とされた．この最後の特徴は1914年以前の金本位制で必要とされたこととは正反対のものである．しかしながら，現実には米国は自律的に行動できる唯一の国として台頭したが，他方「その他の諸国は拘束服を着せられ，──これは新しいが計画されたものではない国際通貨本位制である──そこでは各国のマクロ経済の自律性の余地は限定されていた」[18]．こうして1950年から1970年まではドルに釘付けされたドル本位制が出現したのである．米国は外国為替取引では受動的であり，資本市場を開放し，独立の金融政策を追求し，財政赤字を限定して純債権国としての地位を維持しなければならなかった．これらすべては明らかに当初の意図とは非常に異なっており，「制度の設計者は論理的には魅力的にみえたが，現実には適用できない規則を考案した」[19]．ブレトンウッズ協定の条項はマーシャル・プランの影響が予期されたものではなかったというもっともな理由で有効でなかったいう者もいる．共産主義を封じ込める緊急性がワシントンを促して多くの国の復興計画を支援させた．ヨーロッパ，とくにドイツの復興は不可欠のものとみなされた．これはまた多くの政策に影響を与えたヨーロッパ統合への願望の背後にあったものでもある．マーシャル・プランは復興計画であるとともにヨーロッパ統合を促進する努力でもあった．それは譲与，貸付および条件付き援助を合わせて供与したが，現在の目的にとっての関心はどのようにしてマーシャル・プランが国際通貨制度の基礎を変容させたかにある．

　マーシャル・プランに結びついた復興計画の一部は1950年の欧州決済同盟（EPU）設立であった．それは，信用残高の計算単位としてドルを使用して，経常勘定の交換性を回復することを目的とした．各国は正確なドル平価を公表し，同平価を維持する政策を追求しなければならなかった．その仕組みの初期の形態はヨーロッパの貿易と金融の安定に秩序をもたらす手段として1948年に開始された．戦争末期にすぐに多かれ少なかれ予想されたすべての困難およびその他の予想されなかった問題は，IMFが計画通りに行動することは不可能であるということを意味し，「IMFは1956年のスエズ危機までは事実上，脇に追いやられていた」[20]．1947年のポンドの交換性回復の失敗，1948年のフランスの（ハードカレンシー〔金・ドルとの交換性のある通貨〕に対する複数レートの採用をともなう）大幅な平価切り下げ，イタリアの複数レートの導入，

さらには1949年の英国およびその他諸国による平価切り下げなど，これらすべてはIMF制度が意図されたように機能する見通しを阻害した．そしてもちろん米国による信用供与およびその後のマーシャル・プランはIMF制度の性格を変えた．このようにIMFの起源はそれまでの50年，とくに直前の1930年代および1940年代の多様な国際通貨上の経験に見出すことができる．しかし，実際は意図された制度とは異なるものが存在するようになった．すなわち，釘付け（pegged）為替レート制である．IMFは国際収支の困難な国に短期資金を供与して同制度の働きに寄与した．協定の実施は1947年から始まり（協定の調印は1945年12月18日である）1971年まで続いたとしばしば考えられている．しかし交換性は1958年末にはじめて回復されたのであるから，実際は1959年に開始されたといえるかもしれない．そして終着点は，おそらく金プールが終焉して金の二重価格制，すなわち民間価格と公的価格が始まった1968年初めに訂正される必要があるかもしれない．金の取引が開始されたのはその時であり，ブレトンウッズ時代にとって不吉な前兆であった．

　戦後，どのような選択肢が英国によって現実的に考慮されえたのであろうか．戦争は英国にとって費用がきわめて高くつくことがわかった．約40億ポンドの対外資産を喪失した．1945年には37億ポンド，1951年には37億9,500万ポンドという巨額のポンド残高を有していた．それらは戦時には有用であったが，平時には特別な負担になろうとしていた．ポンド地域は戦争のはじめに確かに出現し始めていた．ポンド地域は1931年以前には全世界と重なり合っていたという見解があるが，それはあまり正確ではないことは確かである[21]．19世紀にポンド地域と漠然と呼ぶことのできるものが存在した．それは〔大英〕帝国の大部分と，ポンドに対して自国の通貨を安定的に維持していたその他の領域，および国際準備の一部ないし全部をロンドン払い債権として保有していた諸国から構成されていた[22]．より厳密な定義では，通貨圏は通貨の非交換性を示唆しており，ポンドが完全な交換性通貨である限りポンド地域は存在しなかった[23]．もはやポンドが金との交換性を喪失した1931年以降，混乱の時期が続いた．しかし1933年以降，漠然と定義されたポンド地域の諸国はより正式にポンド・ブロックとなり，変動相場の時期にそれら諸国は各自の通貨の対ポンド交換レートを一定に保ち続けた．

1939年以降に起こったことはこれとは異なっていた．戦争に巻き込まれなかった諸国はポンド・ブロックとの関係を断ち切った．同年9月の為替管理の導入はポンド地域の発展の諸条件を用意した．つづいて，加盟国間および外部の世界との間の経常取引および資本取引におけるポンドの振替性の程度にしたがった複雑な制度が出現した．しかし，同時に輸入制限がしばしば実施され，支払いの自由が存在する一方で購入の自由はかならずしも保証されなかった．またいくつかの地域間の資本移動を規制するさまざまな規定があった．そして加盟国の保有するすべてのポンドが自由に使用可能であったわけではない．以上のように，ポンド問題の議論に関連する複雑な一連の取り決めが存続した．

加盟国間の親密な協力関係が発展した戦時中に，外貨の中央準備が形成された．英国はドル取引の赤字残高を埋めるために加盟国がドルを利用できるようにした．黒字の加盟国は獲得した余剰の金とドルをすべて提供する義務を負わされた．この制度は戦後も存続し，ときどき，ポンド問題がポンド地域全体の関連で検討される理由となった．戦時中にポンド残高は1930年代の比較的，小さな規模から急増した．1930年代のポンド残高は常時，5億ポンドの規模であったのに対して，戦争末期には35億ポンドに飛躍的に増加し，さらに1970年代半ばまでには少なくとも名目額で倍増した[24]．このポンド残高は，国内生産がほとんどもっぱら戦時需要に向けられた戦時の英国による購買の結果であった．戦後の念願はポンドの完全な交換性の回復であったが，条件がまったく整っておらずその試みは延期する必要があった[25]．

ポンドの為替レートは戦争末期には明らかに主要な問題であった．ジェームズ・ミード（James Meade）にはポンドの為替レートは変動が認められるべきであるという有名な主張があるが，彼は孤立していた．中心的な議論は変動相場制云々よりも為替レートに関してであった．1925年と同じように第2次大戦後も，平価に関してはほとんど議論がなく，債務の支払いに関してより多くの議論が展開された．いくつかの国，とくにインドは戦争中，膨大なポンド残高を保有し続けた．これらの諸国がポンド残高から損害を被らないようにした保証に対して懸念があった．選択された釘付けレートは（1ポンド＝）4.03ドルであり，同レートはすぐにドルに対して過大評価であることがわかった[26]．結局，名目30％（貿易ウェート・ベースでは約10％）の切り下げが1949年に

同意された．新しいレートはすぐに同意され，変動相場に関するあらゆる見解が無視された[27]．

変動制は1952年に提案された"Robot"計画の形で再び登場した．それはその名前に自動性を暗示させているが，同時に計画を推進した何人かのイニシャルをとったものである．すなわち大蔵省のレズリー・ローワン（Leslie Rowan）とオットー・クラーク（Otto Clarke），イングランド銀行のジョージ・ボールトン（George Bolton）（ROwanBoltonOTto）である．それは一部には交換性へ向けての進捗があまりに緩慢なので促されたものであった．1952年のはじめには対外準備は少なく，さらなる減少が予想されていた．そのうえポンドの平価は維持できないと考えられていた．このことがイングランド銀行や大蔵省のなかに，政策の大きな変更のみが困難を多少とも解消することができ，変動制は1つの選択肢とされるべきであると結論づける人たちを生み出した[28]．その考え方は，ポンドが相当に広い帯幅内で変動するものの，このことは公表されないというものである．強調点を変えたもう1つの考え方があり，イングランド銀行によって提起された計画は国際収支ではなく，国際通貨としてのポンドの地位を守ることに焦点が当てられていた．大蔵省のなかで賛成した人たちは変動制を差し迫った当面の問題に対する理想的な解決策とみていたかもしれないが，イングランド銀行ではそうではなかった[29]．

計画は，変動制は非居住者に対する交換性とその他のポンド残高の封鎖を伴うというというものであった．バトラー蔵相は賛成したが，内閣はその計画を承認できなかった．バトラーは「変動為替相場の欠如が歴代の大蔵大臣から国際収支の外部からの規制者としての役割を失わせた」[30]と確信していたので，後にこの失敗を悔いた．それは後知恵から言っているのではなく，むしろイングランド銀行総裁から大蔵省のバトラー・チームの専門家のほとんどに至る当時の見解であった[31]．

計画が採用されなかったのには多くの理由があった．それは組織上，政治上，倫理上の問題にまで及んでいた．この計画は明らかにIMF協定に違反していたが，これは克服できない問題であるとは考えられていないように思われた．それはまた少なくともEPU（欧州決済同盟）に複雑さをもたらしたが，この場合も冷静に考慮されたように思われる[32]．Robot計画の発案者にはEPUは

いずれにせよ耐用年数を迎えつつあると思われた．それはさておき，Robot 計画の失敗に関してはそのほかの有力な理由があった．その1つは相当額のポンド残高の封鎖に関連していた．これだけは自由主義的なエコノミストに気に入られなかった[33]．そのうえそれは密かに計画され，展開されて，適切な議論や協議を行わずに，ついには非常にあわただしく提案された．それから，ポンドの緊急の問題が解決されたように思われた．1952年に，対外準備は6億～10億ポンドに減少すると予想されていたが，これは外れて年末には18億ポンドに増加した．問題が同年中に事実上，終了したのである．議論はしばらくの間続いたが，まもなく消滅した．しかし，変動制の問題が1950年代には姿を消すことはなかった．

為替レートおよびそれに関連する問題に対する取り組みはすべて断片的であって，数字に現れるあらゆる変動に反応して，日々，展開された．このようなやり方は20世紀第3四半紀における英国の政治の特徴である．大きな問題に取り組む用意のある人はきわめて稀であった．基本的な問題に取り組む決意は不十分であり，この時期を支配したのは政治的，組織的指導力の欠如であった．

基本的な問題は為替平価と「完全雇用」を追求する決断であった．平価の決定はある程度，購買力平価を使用した経済計算であったが，その計算は不完全な価格指数に基づいていた[34]．ひとつの解決策はミードが議論していたように，為替レートをフロートさせることであったであろう[35]．この時期は，好機を捉えることになったかもしれない歴史上稀な瞬間の1つであったであろうか．英国は次のように言うことができたかもしれない．

この大戦争を遂行するなかで，われわれは投資残高を大幅に減少させ，大規模な債務国となった．われわれは過去になされた約束を守ることはもはやできない．したがってこれがわれわれの唯一の解決法である．しかしともかく，この解決策はよりよい世界への進路をよりはやく準備するであろう．そしてそれは自由な貿易と支払いの再建を促進するであろう．

事実，Robot 計画に対する最近の再評価はこの方向に沿って論評している．

> 1952年2月の経済危機の真只中に，英国政府は対外分野における大胆で，ほとんど革命的ともいえる行動をとるべき唯一の機会をえた．それは……

長期的な生産性，輸出そして労働市場問題に取り組んで英国の国内経済を再建したかもしれない．

それは英国を指導国として復活させたかもしれない[36]．その評価はおそらく行きすぎであろう．反対の見解が経済学者でかつ役人であるドナルド・マクドーガル（Donald MacDougall）によって表明されている．彼は英国経済のパフォーマンスは1950年代および1960年代には良好であり，Robot計画が実行されたならば，それは不可能であったろうと考えた[37]．起こったかもしれないことは明らかに事実に反することを多く含んでいる．為替レートを守るための政策が実行できなかったとすれば，最悪の事態，すなわち為替レートの切り下げと上昇し続けるインフレーションという下降的な悪循環の継続が懸念されると主張されるかもしれない．しかしRobot計画は国際収支に注意を払う必要をより少なくし，より急速な回復がなされる環境を提供できた可能性はいぜんとして残っている．

2. 交換性

交換性をどのように定義するかは明らかではなかった．それは，何を意図しているかがつねに明確でないままに多くのことについて話題にされる用語であった[38]．交換性はあらゆる規制の撤廃を意味するとしばしば想定されていたが，明らかにそうではなかった．多くの可能性があった．それはポンド地域の居住者に適用されるのか，あるいは非居住者に対してなのか．すべての個人に拡大されるのか，あるいは中央銀行だけに限定されるのか．過去に累積されたポンドに適用されるのか，あるいは特定の日から蓄積されたポンドだけに適用されるのか．経常勘定取引に適用されるのか，あるいは資本勘定取引に適用されるのか．さらにポンドを交換する自由はポンドの取得をより困難にする方策を伴うのかどうかという問題もあった．そしてさらに交換性は固定レートで可能なのか変動レートで可能なのかという問題もあった．これらの問題のなかには直ちに解決可能なものもあった．1953年のIMFの総会ではポンドのレートが結局は自由に設定されるであろうという「強固で高まる確信」があった，とリチ

第4章　1964年までのイングランド銀行の対外的責任　　　　　　　　177

ャード（ディックとして知られる）・サージェント（J.R. (Dick) Sargent）は書き留めていた[39]．この確信をミードも共有し，金融ジャーナリストのサミュエル・ブリッタン（Samuel Brittan）は「国際的な動揺をもたらさずに」ポンドを1957年にフロートさせることができるであろうと判断した[40]．プレスネルはフロートへの最後の機会が1955年に失われたと考えている[41]．

　1952年末にヨーロッパ諸国と共同して，さらに米国とIMFによる金融的支援のもとに交換性をめざす「共同アプローチ」が採用された．しかし，それは期待はずれに終わった．同計画の枢軸で，イングランド銀行によって支持されたのは変動レートであった．ヨーロッパ諸国は同計画に同意していたが，その同意には熱意がなかった．彼らは統合を議論することにより関心を示した．変動相場へのイングランド銀行の（大蔵省にもあった）期待はパリのOEECにおける討議では無視された．それから1955年のメッシナ会議では，ヨーロッパ統合の中心6カ国は異なる制度を考案していた．しかし，1955年の後半に交換性に関する重大な一歩が踏み出された．すなわちイングランド銀行が振替可能ポンドの為替レートを支持することが認められた．振替可能ポンドはドルへ交換できなかったが，それは英国の管轄領域外で保有され，驚くべきことではないが，そこにはポンドが割り引かれて取引される市場があった．振替可能ポンドはまた商品シャンティング（commodity shunting）に使うことが可能であり，実際，使われた．すなわち外貨〔振替可能ポンド〕を使って商品を購入し，その後に同商品を販売して，投資しようと考えている国の通貨を取得するのである[42]．1955年初めの変化は，振替可能ポンドがいくら過剰に供給されようとも，それは公的な支持によって価格が維持されることを意味した．そのときドルは公的価格で入手可能となり，事実上の交換性が達成された．

　当時，アラン・デイ（Alan Day）は次のように述べている．

　　来年，再来年中の交換性の考えに込められた意味はまったくはっきりしない．自信をもって言えることは，事実上の交換性はある人たちに追加的な権利を与えるに違いないということだけである．追加的な権利を定義しようとする時には困難が生じる．追加的権利が与えられる「ある人たち」が誰であるかを知ることはよりいっそう易しい．……ひとつのことはきわ

めて明らかである.すなわち,ポンドの交換性は追加的な権利を英国の市民に与えるものではない.見通し可能な将来においては,経常取引,資本取引のどちらに対する為替管理も維持されることになろう.交換性に対する英国の解釈ではポンド地域の居住者に対して追加的な権利が実際に与えられることを予想していないように思われる.……したがって反対に,追加的権利はその他の EPU 諸国の居住者のためのものであることを意味していることになる[43].

交換性は特定の日から後に蓄積されたポンドに基づく経常勘定取引に対して認めることが可能であったようであるが,このことが英国の居住者および非居住者にまで拡大されるかどうかは通商政策上の配慮によって複雑になった.当時,貿易勘定を保護するために量的な統制が敷かれていた.為替管理は貿易外取引に影響を与えた.したがって後者の管理は撤廃するが,前者は撤廃しないのであれば,貿易外取引を優遇することになり,ほとんど意味をなさないようである.技術的には十分に高率な従価関税が導入され,より効率的な結果を生み出すのであれば,解決することは困難ではなかった.しかしそれは関税と貿易の一般協定 (GATT) の下では認められなかった[44].

しかし,1950年代末には,交換性というテーマに関してさまざまなことが書かれたにもかかわらず,総裁は交換性の導入の直前に蔵相に手紙を書き,広く行き渡った見解を表明した.「私は交換性という言葉が再び方々で使われているやり方にいくぶん困惑しています.私はこれまでずっとこれを無視してきました.なぜなら交換性が意味するものを誰も知らないからです.それは,ポンドを保有する誰でもがイングランド銀行にやってきて金やドルあるいはその他の通貨を問題なく要求できることを意味していると思います」[45].

コボルドは1956年4月に蔵相に書簡を送り,「われわれは変動相場あるいはより広い変動幅のためのボートを見失ってしまいました.……ともかくわれわれが絶対に避けなければならないのは為替レートに関してさらに議論し,交渉することです.ポンドはまさにその問題に耐えることはできないでしょう.われわれはこれらすべての問題をコモンウェルス(英連邦),米国およびヨーロッパと際限なく議論してきました.われわれがいま必要なことはわれわれがし

たいことを決定し，それを実行することです」[46]．しかし，変動レートの問題は次の年，弾力的な為替レートを唱導するウィリアム・リーズ=モッグ（William Rees-Mogg）の論説によって議題として復活した[47]．大蔵省がイングランド銀行の見解を求めたとき，ひとつの回答が準備されていた[48]．再び，変動レートに賛成する論拠は完全な交換性を認めることであった[49]．

　大蔵省はポンドの固定平価，2.80ドルを維持することが最善であるという政府の（ということはイングランド銀行）の立場を重ねて主張した[50]．イングランド銀行ではアドバイザーであったフレデリック・ポーツモア（Frederick Portsmore）とトンプソン=マコースランド（Lucius Thompson-McCausland）がこの件について議論していた．一般にはルシアスとして知られるトンプソン=マコースランドは経済学の教育を受けた経済学者ではなかったが，独学でしかも「自分の知的能力に非常な自信をもっており，貨幣経済学の論評とさらなる創造を自身の能力のうちと考えていた」[51]．大蔵省の論文はイングランド銀行の日々の外国為替操作に責任をもつ外国為替部の部長であったブリッジによっても検分された．また執行理事であったモーリス・パーソンズ（Maurice Parsons）もしっかりと関与した．イングランド銀行はこの論文を真剣に取り扱って，それに対する誤解がないようにした．ブリッジは以下のように論評した．

　　リーズ=モッグが最大の根拠にしている論点は現在の制度は投機を助長し，さらに不確実性の時期にはそれを拡大するという主張である，と思う．それはまったく正しいし，その議論を論駁することは不可能ではないとしても非常に難しいと思う．……だが，それを超えて進むことができるかどうかは疑わしい．というのは，現在の制度が永遠に続くことを前提に，説得力のある論拠を実際に組み立てることができる，と私は考えないからである[52]．

　ブリッジは，釘付け為替レートが投機に襲われやすいこと，そしてそのような攻撃が成功するならば，切り下げが変動相場制のもとで生じる場合よりも深刻な結果を伴って，より危機的な崩壊を引き起こす可能性があること，を認めていた．6月にパーソンズは大蔵省海外金融局の三等書紀官であるサー・デニ

ス・リケット（Sir Dennis Rickett）に以下のように返答した．「私が信じるように，ポンド地域は再度の切り下げを生きのびることができないという重大なリスクがある．これが事実ならば，このこと自体がリーズ=モッグ氏に対する全面的で説得力のある回答となるであろう」．イングランド銀行は為替レートの大幅な変更がポンド地域の解体を導き，国際通貨としてのポンドが終焉することを恐れた．「それによってわれわれの貿易外収入に関して深刻な影響を与えるだけではなく，世界貿易に悲惨な結果をもたらすと思われる．国際流動性は実質的に大幅に減少し，その結果，われわれ以外の諸国は現在の水準の貿易量を維持することが不可能になるであろう」[53]．

ブリッジとパーソンズはイングランド銀行の対外部門における主役であった．彼らはどちらもポンドの防衛者であった．ブリッジは1929年にダリッジ・カレッジからイングランド銀行に入行した[54]．外国為替に習熟したことによって，彼は戦後，パリでの欧州決済協定（EPA）の交渉団の一員となった[55]．彼は長足の進歩をとげて「高度に熟達した通貨の専門家であり，ただちにヨーロッパ内の複雑な通貨問題に精通していること」[56]がわかった．パーソンズも1928年，学校を卒業してから直接イングランド銀行に入った．彼はノーマンの個人秘書となり，「野心家」としても目立つ存在であった．事実，ノーマンとの関係があまりにも親密すぎたのでオブライエンがノーマンの地位を引き継いだ時，パーソンズはノーマンに対する「失恋」を取り替えることは不可能だと感じた．オブライエンはこの時に「生涯でただ一度の神経性消化不良症に悩まされた」[57]．

1957年の晩夏，再度のポンド危機が勃発した．正確な原因を特定することは難しい．それが通常の国際収支危機であるかどうかは明らかではない．事実，危機の直後に執筆したライオネル・ロビンズ（Lionel Robbins）は「これは経常勘定の危機ではない」[58]．と述べている．1956年末のスエズ危機は政治状況としては劇的であったかもしれないが，経済に対しては甚大な影響を及ぼさずに過ぎ去った[59]．11月に外貨準備が大幅に減少したが，1957年の上半期に経常勘定は年換算で約2億5,000万ポンドと相当な黒字となった．しかしながら，準備に対する懸念は続いた．外貨準備は1957年上半期の経常勘定の黒字にともない一時的に増加したが，同年夏からは急激に減少した．8月の減少額は2

億2,500万ドルであった．事実，1957年秋には，1952年6月以降で最低となった．当局は準備を増加させるためには年間4億から5億ポンドの経常勘定黒字が必要と見積もっていた．とにかく，1957年夏のポンドの取り付けの直接の引き金となったのは他の通貨の変動，および変動の予想，フランス・フランの部分的な切り下げ，さらにヨーロッパ諸通貨の再調整が切迫しているという噂が拡大したことである[60]．さらにインドが開発計画を実行するためにポンド残高を引き出し，それにともなって金が流出した．このように，どのような種類の混乱もポンドの保有者を神経質にしたのは対外債務に対する外貨準備の水準という古くからある問題であり，その事実である．しかしながら問題の核心は英国当局が準備を防衛し，増加するために必要な政策を用意していないのではないかという外国人の間に広がった懸念であった．

言い換えれば，ポンドに対する懸念はインフレの動向およびインフレの動向に関する予想と区別できない．危機の直接の原因は対外的なものであったかもしれないが，国外からの懸念の背景には国内の政策の脆弱性があった．政策上の脆さは公共支出や賃金引き上げを抑制できなかったことに現れており，それはほとんどの通貨当局はそのようにみなかったとしても，一部には貨幣量の増加の抑制に失敗したことであった．しかしながら，インフレーションは深刻な現実であり，一部の人たちによってそのように認識された．『ロイズ・バンク・レビュー』誌の論文の中でロビンズは1950年代のインフレーションは年率平均6.5%に接近したと計算している[61]．9月19日にバンクレートを5%から7%に引き上げるという危機対策がとられたのはこのような背景があった．『エコノミスト』誌はそれを「大蔵大臣は今週，ポンド防衛のためにあらゆる準備をしてワシントンに向けて出発した」と表現した[62]．声明の中でソーニクロフトはポンドの価値変更も公表された平価からの変動幅の拡大も問題ではないと，とくに強調した[63]．

しかし，変動相場をめぐる論戦は1958年を通じて，鳴り止まなかった．3月，リケットのワイダー・バンドに反対する主な論拠はそれがIMFの義務に反するというものであり，「結局，ポンド相場を狭い変動幅内で変動させるというわれわれの現在の政策が最優先である」．これに対して，ブリッジは欄外に鉛筆で，「わたしの考えでは，これは間違っている」と書き込んでいる．こ

れは少なくともブリッジが大蔵省の見解とはほど遠いことを明らかに示すものである」[64]．ローワンは交換性へ向けての最終的な動きに関する見解を表明した際，彼は今や変動制には反対であり，この過程でブリッジに対して引き続き反感を露わにしていた．注記の最後には「この主張から明らかだ」と記している．そのような表現法を嫌うブリッジは「明らかなものは何もない」[65]と付け加えている．後に3月，首相は大蔵大臣に説明を求めた[66]．政府の経済アドバイザーであるサー・ロバート・ホール（Sir Robert Hall）はミードが変動制に対して重要な提案をしたことに注目し，再び理論的議論を繰り返し，さらに国際通貨制度の歴史の概略を含む実証的根拠を引き出した．しかしながら，1930年代の経験に関する彼の解釈からは変動相場は不安定性をもたらしたという結論が導かれた．また彼はポンドが国際貿易をファイナンスするため，および準備通貨として使用されたので，その役割にも目を向けていた．後者については，英国が「将来の国内的，対外的緊張に対して（ポンドの）価値を維持できるほど強いかどうか，懸念されるので」[67]，準備通貨としてのポンドは疑念がもたれると彼は論評した．さらに彼はこのような理由から，英国はポンドを国際通貨として維持し続けることを止めるだろうと考える人がいると記した．これは，後に述べるようにイングランド銀行の見解ではなかった．

　ホールは，当時，ポンドの準備通貨としての地位はある意味では最近，獲得されたのであり，多くの点で制約があると書いていた．ポンドは19世紀からこれまで大英帝国の大半で使用され，大部分の国際貿易はポンドで行われていたことは確かである．しかし，英国の経常勘定は1816年から1931年まで例外なく毎年黒字であったので，ポンドを購入することが可能でその準備のできた人以外は，ポンドを取得する可能性は限られていた．経常収支が小幅の赤字であった1930年代にその機会はより拡大し，その後，ポンド残高は戦時の大規模な赤字によって膨大に蓄積された．この事態がポンド残高の重要な源泉であった．しかし，ポンドは1950年代に入ってもかなりの時期まで交換性がなかったのであり，このことがいわゆる準備通貨としての重大な制約となった．ともかく事実上の交換性が回復した1950年代半ばから後半に，ポンドが本格的な準備通貨となるやいなや，可能ならばその地位からの撤退をすすめる人々が現れた[68]．

第 4 章　1964 年までのイングランド銀行の対外的責任　　　183

　このように，上記の点ではイングランド銀行と大蔵省の距離はいぜんとして大きかった．コボルドへのより長いレポートで，ボールトンは異なる種類のポンドを統合し，しかもそれを変動制のもとで行うことを主張した．「したがって，単一の変動相場政策のようなものは不可避であるという公算のもとに内外の金融政策を準備するが，それが西側世界全体に今よりも受け入れられるようになるまでは，それを試みないほうが賢明であると提案したい」[69]．コボルドは全面的に賛成した．大蔵省はこの件に関してイングランド銀行との間には相違はないと主張し続けたが，これは明らかに見当違いであり，対外的な体裁のためだけのものであった．シティの中に変動相場に賛成する雰囲気が醸成されていることをとり上げた金融雑誌もあった．ことにある雑誌は，きたる1958年の予算案で変動相場制導入の発表がなされるであろうと示唆した[70]．1958年中に議論は残る 2 種類のポンドのレートをいかにして統合するかに集中した[71]．

　交換性の意味に関しては合意がなかった．大蔵大臣が 1958 年 10 月，マンションハウス〔ロンドン市長公邸〕での講演のために，「交換性の意味」をイングランド銀行総裁に尋ねたとき，コボルドは次のように答えた．

　　交換性へ向けての前進は歴代の英国政府の目標でした．……しかし………，「交換性」という言葉はすべての人にまったく同一の意味をもたらすかは確信がありません．為替管理の完全自由化の意味で使う人もいますし，また貿易に関するすべての差別の撤廃をも含める人もいます．さらにまた外国為替分野での技術的変更にその意味を限定する人もいます．このすべての事態でわれわれは前進しましたし，さらに進展させるつもりです．しかし，初期の目標をすべての為替管理，ことに資本移転に関連する為替管理の完全撤廃とみるのは根拠のないことです．われわれはすでに，戦時統制から発生した多くのタイプのポンドを統合する過程を長期にわたって続けてきました．できるだけ早く前進するつもりですが，われわれの能力が許す以上に早くはできません[72]．

　ボールトンは，交換性への進捗が緩慢なことにずっと怒っていた．そしてこ

のことが1957年，彼がイングランド銀行を離任した理由のひとつであるとまで示唆する人もいる．しかし，彼はその後13年間にわたって非執行理事としてとどまった[73]．たしかに交換性への前進は遅かったようにみえる．しかし1958年12月初め，ほとんどすべての準備が整ったと思われた．そして「ユニコーン作戦」と呼ばれることになる最終段階に到達した．英国の貿易パートナーであるEPU加盟国，コモンウェルス諸国，およびIMFへ通告するための予定表が作成された．為替市場の状態は健全で，「振替ポンドが人為的に小幅の割引をともなって保有され，外国のセンターでのみ取引されるという変則性を撤廃」[74]する時がきた，と評価された．ちなみにいえば，このことはこれから全体のストーリーを貫くことになるが，イングランド銀行と大蔵省間の関係においてかなり典型的で非常に暗示的な相互の応酬があった．外貨に関して，パーソンズはリケットに手紙で，どのような状況にあるかを説明し，特定の行動指針を推奨した．リケットはメイキンズに報告することを約束したが，「この件はわれわれ（すなわちイングランド銀行）の判断にゆだねて欲しいと感じた」[75]．明らかにこれはポンドに関する典型的な問題であった．

イングランド銀行がいつディーリングを始めるかなどの技術的問題の詳細は別にして，その後は，1958年12月28日に交換性の導入が発表されただけであった．また，平価からの変動幅には変更がなく，為替管理は堅持されることが明言された．さらにこれらの変更は居住者には影響を与えなかった[76]．

3. 金

国際通貨制度への圧力を感知する明白なひとつの方法をロンドンなどにある公開市場での金価格の変動にみることができる．1950年代の終わりに金不足が生じた．1935年に金価格は固定されたが，世界価格水準は1940年と1960年の間に急激に上昇し，そして金が米ドルのアンカー〔固定装置〕であるという事実が続いたからである．さらに，先進工業国，ドイツや日本は金を含む国際準備資産を，金が生産されるよりも速いテンポで累積していた．そのとき，米国は金と米ドルの〔世界への〕供給国になった．したがって，米国財務省は金の売却者となった[77]．米国は外国人へのドルの流出を削減するために，たと

えそれが開放的な貿易と支払いを促進するという原理を損なうとしても，経常勘定と資本勘定のどちらに対しても多くの制限措置を採用した．不可避的に，金市場の混乱が生じ，それはロンドン市場で金価格が40ドル以上に上昇した1960年10月に頂点に達した．金価格が上昇したほぼ直後に『エコノミスト』誌は「米当局はロンドンでの金に対するドル・プレミアムの心理的影響を無視することはできない．少なくとも，彼らはロンドン市場を元の状態に戻すのに必要な裁定を中央銀行に積極的に奨励すべきである」[78]，と論じた．次の週，ロバート・アリバー（Robert Aliber）は，同様に，無署名の記事で，投機家を負かすことが全世界の利益であり，さらに「世界の中央銀行と財務省は彼らの選ぶところに金の価格を設定する力をもっている」ことを指摘した．にもかかわらず，彼は価格が釘付けされたニューヨークと並んで自由市場が存在することが困難を繰り返す原因になることを認めた[79]．

　1939年の戦争の勃発時に閉鎖されたロンドン金市場は1954年に再開された．イングランド銀行は価格を安定させ，市場の秩序を維持するために介入した．それはイングランド銀行の政策課題の上位にあった．しかしながら，これはたんなる市場の整理整頓への願望ではない．というのはロンドンの金価格は元来，米国にとっての懸念事項であったが，それはドルに対する国際的な感情の反映であり，他の通貨へも影響を及ぼした．そして，ポンドは不可避的に国際通貨のリストの中でドルの次に挙がった．ブレトンウッズ体制は米国が1オンス35ドルで金売買する用意があることを条件としていた．問題は米国財務省が，直接またはイングランド銀行を介して間接的であろうと，ロンドンでの金価格を維持するために十分な金を供給するかどうかであった．もしそうではなく金価格が上昇し始めるならば，金の保有者は換金する誘惑にかられることになるであろう．しかし，もし米国が必要な金を供給するならば，米国の準備はさらにいっそう減少したであろう．1959年7月，外国為替の世界で有力人物であったロイ・ブリッジは，ミロスラス・クリス（Miroslas Kriz）による『プリンストン国際金融叢書』の論文に注意を喚起していた．クリスは，現在の米国のインフレーションはドルからの逃避を引き起こす可能性があり，金のドル価格が上昇しそうである，と論じていた．金の価格上昇に反映された，来るべき圧力の兆候がすでにあったのである[80]．

1959年，金市場に対するイングランド銀行の当面の懸念は国際決済銀行（BIS）と南アフリカ準備銀行（SARB）にあった[81]．ブリッジはことにBISの行動に動揺した．そして総裁への覚書のなかで，次のように述べた．

> われわれは，自分たちがどこにいるかを知っているふりをすることはできません．第1に，BISがして良いこといけないことに関してBISとわれわれの間には意見の相違があります．第2に，彼らが南アフリカの金〔の取引〕に割り込むために気まぐれな価格を支払うことは無意味です．すなわち，彼らがすすんで市場価格以上の価格を支払うならば，彼らはわれわれに話すべきであり，もしわれわれが彼らと取引する準備ができていないのならば，彼らはよそに行けば良いだけです．第3に，彼らは，われわれと同様，ニューヨークのイアマークした金に関してあらゆる政策方針を選択する権利があります[82]．しかしわれわれは彼らが行っていることおよび，なぜそうしているのかをもう少し知る必要があると思います[83]．

　イングランド銀行はロンドン市場でのSARBの代理人であった．そして同月の後半に，総裁はBISのギンディーに手紙を書いた．「南アフリカからロンドンへの金の出荷およびロンドン金市場に影響を及ぼすBISの活動はすべて，われわれの利益を十分に考慮すべきである．われわれは，この点を非常に懸念していると繰り返したい．私はブリッジを今度の会議のためにバーゼルに派遣するつもりです．そこで事態が明らかになることを希望します」[84]．

　6月の終わりまで，ブリッジが状況を協議するためバーゼルに滞在して，問題解決のための進展がはかられ，そして以下の諸点が確認された．イングランド銀行への事前の照会や合意がなくても，BISはSARBとロンドン金現物市場（イングランド銀行金庫室）で取引を行う．BISは南アフリカから週当たり最高100,000オンス以上は購入しない．そしてその最高額を引き上げる場合にはその意思をイングランド銀行に前もって通知する[85]．交わされていたやり取りから次のことは明らかである．すなわち，イングランド銀行の政策はできるかぎりの手段を用いてロンドン金市場の発展を奨励することであり，また，BISと南アフリカの行動が金市場の均衡を阻害する恐れがあったことである．

しかし，1959年11月までにすべての問題が解決されたわけではない．ブリッジは次のように書いている．

> このすべてがSARBから内密にわれわれに知らされたので，バーゼルにおいても南アフリカにおいても恨みを買うようなリスクを冒さないBISに対して言えることを示唆するのは困難である．しかし，BISがメンバー国の1つから伝統的なビジネスを引き離すための誘因を意識的に提供していることは，われわれの最初からの疑念を強めるものである[86]．

ここにはBISが育もうとしていたはずの協力的な雰囲気はない．

　ブリッジのために働いていたジョージ・プレストン（George Preston）（外国為替部長）は1959年11月，南アフリカの人たちと会った．その時点では，彼らはBISとの取引について議論することをかなり躊躇したように思われた．「BISはSARBとの取引価格の基準は秘密のままにすべきであると主張して，そのための決済方法を用意していた．そのためにイングランド銀行は実行された取引価格を知ることはできなかった」[87]．明らかになってきたのは，BISは南アフリカの金〔の取引〕に割り込むためにロンドンの市場価格を上回る価格を意図的に支払ってきたこと，および数日間，将来の損益の見通しに関係なくオープン・ポジションをとってきたことである．なぜなら金と交換されるポンドは，金と交換される価格が知られる前に，ドルに対して買い戻さなければならないからであった．南アフリカの金をめぐる論議は1960年に入っても続いた．イングランド銀行は依然としてBISが同意されたルールに基づいては行動していないと考えた[88]．

　金市場の振幅を調整していたイングランド銀行の専門知識および自らの活動における米国の約束遵守に対する最初の試練は，金価格が35ドルを超えて上昇し始めた1960年3月にやってきた．イングランド銀行は多少の引き下げ圧力をかけるために金を売ったが，米国財務省はイングランド銀行が金保有を回復させることに協力しなかった．1960年夏の終わりに，さらなる圧力の兆候がみられ，マイナーズは，ニューヨーク連銀（FRBNY）総裁アルフレッド（アル）・ヘイズ（Alfred Al Hayes）に，もし金価格が上昇するならば，ドル離

れが誘発される可能性があると警告した[89]．これに関する懸念の一部は大統領選挙の世論調査でジョン・F. ケネディ（John F. Kennedy）上院議員が躍進していたことと関連していた．なぜなら民主党はより緩和的な政策に取り組み，対外勘定に比較的関心が薄いと信じられていたからである．

IMF の年次総会が 9 月にワシントンで開催される予定になっていた．会議の周辺ではあちこちでたくさんの噂話がうずまいた．イングランド銀行は会議では金に関する公開の議論を一切しないよう留意していた．というのはそのような議論を少しでもほのめかすと投機を引き起こす可能性があったからである．これはまたイングランド銀行の秘密主義への志向を表していた．（1959 年に開催された IMF の会議において，ドルに対する轟々たる不満が鳴らされている時に，米国は金の公定価格を維持することを強調した．）

1960 年 9 月，パーソンズは会議のため米国にいた．パーソンズは国際会議ではいつも注目される長身で気品ある人物で，慎重さの権化とみなされていた．金（そしてそれはドル）に対する圧力が高まり，次の週もそれが止む兆しがみえないので，彼はニューヨークで連邦準備のヘイズおよびクームズと会談した．10 月 12 日，BIS はポンド地域のいかなる金も買うつもりがない[90]——これはイングランド銀行がしばらくの間，圧力をかけた類の行動であったが——と BIS がイングランド銀行に伝えた時，いささかの小康があった．イングランド銀行はできるだけ大量に米国以外の源泉から購入したかったので，今は感謝を表明した．この間パーソンズは別の用事でカナダに向かっていたがスティーヴンズに金に関する最新情報を自分のために準備するよう頼んでいた．というのは，連邦準備と再度会談するためにワシントンに戻った時のためである．スティーヴンズは 10 月 17 日の週に多くの買いがあったこと，おそらくスイス筋および民間からの買いであるが，はっきりはしない，東ヨーロッパの可能性もあると，きちんとパーソンズに報告した．しかし，事態が急変し，ブリッジは 10 月 20 日，総裁に宛て，イングランド銀行の大量の売りにもかかわらず，金価格が火曜日には 35.34 ドル，水曜日には 35.65 ドル，そして「今日」すなわち 10 月 20 日木曜日には 38 ドルに上昇し，さらに引け前には 40 ドルを超えるかもしれないと手紙で伝えた．これに呼応してヨーロッパ市場でドルは軟化した[91]．金価格はたしかにその日 40 ドル，それどころか 40.60 ドルをつけ，ド

ル切り下げの噂が広がった．

　1960年10月20日，パーソンズがカナダから戻って，ニューヨークでヘイズとクームズに会ったとき，彼らはいぜんとしてロンドン金市場を再開したことの賢明さについて話し合ったが，さらに重要なことに，彼らは最近起こったような金価格の高騰をイングランド銀行が阻止できるかどうかを知りたがった．パーソンズは彼にワシントンでマーチンとアンダーソン長官と交わした議論を思い出させ，そこで表明された見解に照らして，イングランド銀行が自由に「大規模」介入できるとは考えていないと述べた．ヘイズもクームズもこれに驚き，落胆した．彼らは，連邦準備と米国財務省がイングランド銀行による金価格上昇の阻止を奨励しなかったと述べた10月21日付の『ニューヨーク・タイムズ』紙のエド・デイル（Ed Dale）による記事（おそらく事前に入手したのであろうが）を嘆いた[92]．その後，ドル切り下げの話はより広く流布していった．ハロッドは強い義務感から10月21日，総裁に宛てて次のように伝えた．イングランド銀行はできるだけのことをして米国を助けるべきであるが，そこには限界があり，「金のドル価格は結局調整されなければならないし，しかもそうなるのなら，早ければ早いほどよいとわれわれは確信している」と，英国は指摘するべきである[93]．

　パーソンズは次の日，再びニューヨークで，IMFの米国執行理事であるフランク・サウサード（Frank Southard）に会って，イングランド銀行の介入政策を説明した．金価格が1オンス40ドルに達するとともに，米国財務省は，自分たちがイングランド銀行へ金を売り，さらに将来，どのようにいつ介入するかはイングランド銀行が決定することに同意した．しかし，より深刻な圧力の懸念に対しても対処がなされつつあった．というのは次の月までに，イングランド銀行は，もし米国が35ドルの金価格を放棄させられるようなことがあれば，何が起こるかを熟慮していたからである[94]．金価格は1960年12月には安定して公的水準に接近していたが，当初は対外的な配慮を無視しているようにみえたケネディ新政権の下で，一度ならず圧力が再発した．1961年1月には，金価格は35.80ドルに達した．さらなる金の減少が続いたとき，資本規制から財政，金融政策の変更まで多くの対策が導入された．金プール，すなわち「特定のヨーロッパの中央銀行とニューヨーク連銀が協調してロンドンでの金

操作にあたることを目的とした一種の紳士協定」の起源は，1960年秋におけるこれらの相場のなかにある[95]．より直接的には1960年の年末に，ボールトンが通貨市場の混乱を予測していた．すなわち「大統領による金市場への介入の意思の表明こそがそれを救うことできる」．そしてその時でさえ，それは危機を先送りするだけであろう．「私はおそらく間違っているであろう」．「しかし無秩序状態に導く主要為替の混乱は不可避であると確信している」と結論した[96]．

4. 中央銀行と国際協力

これら継続する問題は中央銀行がその解決を求めるにつれて，中央銀行に多くの活動を促した．また，BISは当初に予想された役割を果たす機会を得た．定款によって規定されたBISの第1の目的は「中央銀行間の協力を促進すること」である．協力を定義することは難しく，それを測定することは不可能である[97]．協力が実施されているとみる人がいる一方で，そうみない人もいる．中央銀行が存在するようになって以来ずっと，中央銀行間協力があったという論者がいる[98]．他方で，中央銀行はたんに自己利益に基づいて行動しているという論者もいる[99]．またBISが1930年代において中央銀行の協力において成功したとみる人がいる一方で，そのようにみない人もいる[100]．たしかに1930年代のイングランド銀行の見解では，中央銀行間協力は取るに足らないものであった．設立されたばかりの海外局の中心人物であったシープマンは1935年，次のように述べていた．

> 10年前，中央銀行間協力は国際的に重要な要因となり，イングランド銀行はそれを促進する上で主導的な役割を果たしたと思われた．しかし，海外・外国局がイングランド銀行の不可欠な一部として設立された時，他の中央銀行とわれわれの業務上の関係は取るに足らないほどに希薄になっていた．そして直接的であろうとBISを介して間接的であろうと実際上の協力は存在しなかった．これは直接にはわれわれの金からの離脱によっており，それは金融政策の主導権がイングランド銀行から大蔵省に移ったこ

とを意味した．そして金融政策は中央銀行間協力の本来の活動舞台である．何らかの国際通貨制度への復帰によって主導権がわれわれに戻されるまでには長い時間がかかるであろう[101]．

BIS は第 2 次世界大戦後にはもはや余分なものと思われ，事実，解散する間際に至ったが，OEEC の代理人となり EPU を管理することで復活した．しかしながら，BIS が中央銀行協力の後援者という当初に考えられた役割を果たすという真価を発揮したのは1960年と1962年の間の2年間であったということができる．BIS は，ある人が評したように，たんなるおしゃべりの場あるいはトランプ・ゲームの周りで傍観している消防士のいる消防署に見えたかもしれないが，実際は，中央銀行は互いに〔相手を〕学習しているのである．火事が起こるときには，彼らはどのように対応し一緒に行動するかを知っている．たぶんそうである．1960年末の直接の問題は外国の中央銀行が米国財務省の窓口で金に交換可能な60億ドルを保有していたことである．通貨切り上げに対する投機が当然にも続き，ポンドは売りの矛先にさらされた．

1950年代末にこれらの問題が大きくなる兆しが明らかになってきており，いくつかの打開策が提案された[102]．IMF の運営に関する以下の3つの変更があった1961年中に1つの打開策が出現した．(1)（協定に関する1946年の解釈とは反対に）資本勘定に起因する支払い問題を帳消しにするために加盟国に対して IMF が貸し付ける能力を拡張する，(2) IMF における取引においてドル以外の通貨を使用する政策の導入，そしてとりわけ (3) IMF が加盟国から通貨を借り入れ，(1)を実行するためにそれを強化することができる永続的な取り決め．これらのアイディアは IMF の職員によって考案され，その後，専務理事パー・ヤコブソン（Per Jacobson）によって提案されたと説明されている[103]．しかしながら，このアイディアの起源はイングランド銀行にあったという示唆がある．IMF の調査担当の理事であったジャック・ポラク（Jacques Polak）によると1960年9月のワシントンでの IMF 総会の直後，パーソンズは1つの提案を議論するためにポラクとジョセフ・ゴールド（Joseph Gold）に会談を求めた．彼らは会って，まさにこれらのアイディアについて議論し，さらにこれらの変更をどのようにして実現するかの詳細について長い論議を続け

た．2日後，ポラクとゴールドはヤコブソンに長いメモを送った．彼はこのアイディアを狂喜して受け入れ，それらは後に「ヤコブソン提案」として知られることになった．1961年から1962年にかけてヤコブソンはそれらを理事会に認めさせ，潜在的な貸し手10カ国との一般借入協定（GAB）になった．これら10カ国は，特殊な状況の下では，IMFに60億ドルを貸し出す準備ができていることに同意した[104]．1961年3月4日，5日のドイツとオランダの通貨のそれぞれの切り上げはドルおよびポンドに対するさらなる投機を伴った[105]．これらの切り上げから1週間後にバーゼルで中央銀行総裁による月例委員会が開催され，そこではブレトンウッズ協定が重大な危機に瀕していることが懸念された．中央銀行総裁が「早期に効果的な行動をとらなければ，1949年以来，一定の修正によって概して落ち着いてきた外国為替の構造の安定性全体が危機にさらされることになろう」．続いて起こったことは後に「バーゼル協定」ないし「バーゼル取り決め」として知られることになった[106]．提案の基軸はスワップの使用である．外国為替市場のスワップは，少なくとも1920年代に遡る古い歴史を有している．これらのスワップは「現物市場でのある通貨の買い（売り）と同時に同一通貨の特定日での先渡しのための売り（買い）」を意味した[107]．スワップ価格はおもに2つのセンターの金利較差の関数であった．しかし，1950年代後半と1960年代初めに中央銀行による利用のために開発されたスワップはやや異なっていた．これらの大部分はスイス国立銀行（SNB）の理事マックス・アイクル（Max Ikle）の発明であったといわれている．彼は1956年以来金融市場の操作責任者であり，金融政策を遂行し，貨幣市場，外国為替市場および金市場における操作を実施していた[108]．スワップはスイスの国内金融および商業銀行の粉飾決算に起源を発している[109]．

ブリッジがイングランド銀行の為替操作の責任者として出席した3月末のバーゼル会議において，アイクルはイングランド銀行に期間3カ月3億1,000万ドルの信用供与を提案した．これはコボルドおよびその他のイングランド銀行職員が週末にかけてヨーロッパ大陸の銀行から調達した10億ドルの信用の中核となった[110]．中央銀行間協力の真の転換点としてしばしば引用されるのはこの出来事である．そしてコボルドはしばしば重要な役割を果たしたと考えられた．たとえばフォードは「スワップによって中央銀行間協力の時代を開始す

るのに一役買った直後の」1961 年のコボルドについて言及している[111].

　これらの取り決めは中央銀行間協力の重要な証拠として広く喧伝されているが，それらは根本をなんら変えはしなかった．ポンドは 1961 年夏に再び圧力にさらされていた．コボルドはマーチンに，イングランド銀行は 7 月後半ないし 8 月までは IMF を訪ねずに，これらの取り決めを継続することを望むので，連邦準備が次の 2 カ月を乗り切るのを助けるためにこの取り決めに関与してほしいと述べた．彼はより広い世界に対して中央銀行間協力を誇示する必要性を強調した[112]．その他の協力の動きに関しては OECD が 2 つの作業グループあるいは小委員会，すなわち 1 つは経済成長に関する，そしてもう 1 つは金融，財政およびその他の経済政策が国際収支に与える影響を分析するもの，を立ち上げたことがある[113]．第 3 作業部会（WP3）は初期の段階で問題を発見し不均衡の原因を意欲的に是正することになった[114].

　1960 年代初めに議論され始めたこれらのスワップは中央銀行間のものであった（異なる時期のスワップは中央銀行と市場間のものであったであろう）．それらは本質的に粉飾決算方策であって，準備の虚像を提示することを可能にした．当時の透明性の欠如はこのようなものであったので，準備の資産側だけを提示し，ポンド負債のどのようなものも秘匿することが許された．しかし，準備は要求のありしだい，出動可能な予備とみなすこともできた．スワップの取引は少なくとも 2 つのどちらかの中央銀行が相手の中央銀行通貨の保有残高を売却するまでは直接に為替レートへ影響することはなかったであろう．スワップのいくつかは米国によって主導された[115]．両者が同一の金利を受け取るというドル・ポンドのスワップに関するクームズ提案の後に，1962 年 8 月の合意が成立した．ブリッジはスワップを「人為的な取引」と表現して反対したが，この取引は英米の金融関係の利益という観点から推進された[116]．彼はまた市場が攪乱される可能性に反対した．

　　われわれはドルを支持するために彼ら〔連邦準備〕がポンドを使用することを促進するのには抵抗すべきである．すなわち，われわれはポンドが高くなりすぎるのを阻止するためにドルを買っているのと同じ時に連邦準備が市場でわれわれが供給したポンドを売るようになったならば，われわれ

は疑いなく他の方法を取るべきである．利益を出せるのは裁定利益を得ることに迅速な銀行だけであろう．……クームズの提案はわれわれの準備を不自然に増大させるであろう．……われわれはそれを望んではいない[117]．

こうしてイングランド銀行は 5,000 万ドルの試験計画をすすめ，必要に先立って相互に預金が設定された[118]．

5. コボルドの退任：クローマーの総裁任命

このような時期，〔イングランド銀行〕総裁が退任する好機会はめったになかった．しかし 1961 年の夏は総裁としてコボルドの任期の最後となった．適切な後任を見つけるのには時間がかかった．コボルドは，1954 年 2 月に総裁に再任されたとき，1959 年 2 月に任期が終了するまでのもう 1 期だけ務めることを明らかにしていた．非執行理事たちは 1956 年にその件を検討するために会合した．このとき総裁職に挙げられた名前は，すでに理事会のメンバーのキンダーズリー卿（Lord（Robert）Kindersley）であった．彼は 1957 年 10 月まで本業を理由に固辞していた．しかしともかく，バンクレートの漏洩をめぐる論議が彼を総裁に不適格にしたのは確かであろう．もう 1 人の選択肢はフランクスであったが，ハーコートもイングランド銀行内で本命としてとどまっていた[119]．話はいささか込み入っていた．両者はラドクリフ委員会のメンバーであり，同委員会がいぜんとして存続しているなかで理事会に参加するのは難しかったであろう．ラドクリフ委員会の作業が予想よりも長くかかりそうなこと，またハーコートがラドクリフ委員会報告に関するほとぼりが冷めるまでイングランド銀行に加わるのを待ちたいと望んでいる事実が明らかになった．この時，コボルドは，任期いっぱいの 5 年を全うしたいとは考えていないが任務を続けても良いことをほのめかした[120]．

ラドクリフ委員会報告の公表に続いて，再び関心は新総裁問題に向かった．ハーコートとフランクスの名前はいぜんとして注目の的であったが，今やクローマー卿（Lord Cromer）が加えられていた．彼はワシントンの英国大使館の経済担当の公使でかつ英国から選出された IMF 執行理事であった．3 人のう

第 4 章　1964 年までのイングランド銀行の対外的責任　　195

ちハーコートは相変わらずイングランド銀行内では明らかに他の者より好かれた人物であった．政府にとってはフランクスが最良の候補者とみなされていた．フランクスは技術的な観点からすると疑いもなく秀でていた．しかし，彼の判断力とシティにおける経験に関してイングランド銀行内には懸念があり，彼の「やや冷たい性格」は人々が彼と自由に話すのを邪魔していた[121]．そしてもし株式銀行の頭取がイングランド総裁になったら，その他の手形交換所加盟銀行からの反発が起きそうであった[122]．フランクスは基準を満たしていた．しかし，彼が総裁職に就くことに同意するかどうかはわからなかったことをマクミランは認めていた[123]．事実，フランクスは総裁職に就任する申し出を受けたが，それを拒否した．理事会内部に反対があったことをフランクスが知ったからかもしれないが，その理由は必ずしも明らかではない[124]．イングランド銀行はフランクスの任命を不可避として受け入れたようにみえた．新聞公告の草案が準備され，フランクスは契約条件を話し合うために 10 月 21 日イングランド銀行を訪ねた．しかし 1 週間後，大蔵大臣はハンベリー゠ウィリアムズ（John Hanbury-Williams）に実際はフランクスがその申し出を拒否していたこと，そして総裁への道はクローマーのために残されたことを伝えた．おそらくそれは悪いことではなかった．イングランド銀行と親密なハロッドはフランクスを「まったく愚鈍な奴で，古臭い決まり文句しか持ち合わせていない貧相な御用商人」と評した[125]．

　いずれにせよ，クローマーが「相当に蛮勇をふるって」コボルドの足跡を受け継いだ[126]．クローマーの総裁任命は 1960 年 11 月 10 日に公にされた．42 歳はイングランド銀行 200 年の歴史のなかでもっとも若かった（コボルドが指名されたときは 44 歳であった）．友人たちには「ローリー」クローマーとして知られていた彼は銀行一族（〔マーチャント・バンクの〕ベアリング家）の出身で，ロイヤル・インシュランス，デーリー・メイル，ジェネラル・トラストなどの会社で取締役の経験を積んでいた．ニューヨークでは JP モーガン，キダー・ピーボディー，モーガン・スタンレーおよびケミカル・バンクで勤務した時間は彼にいっそうの経験をもたらした．それはまた彼に米国内での識見をつませ，友人をつくる機会を与えた．そのときの友人にはマーチンとヘイズがいた．クローマーは 1959 年，経済担当公使に任命されたときワシントンでより

多くの人と会った．そして「そこですぐに有名になり，てきぱきとしかも人を惹きつける魅力を発揮して銀行業および社会的な義務を果たしていった」[127]．彼はのちにIMFと世界銀行で英国の代表執行理事となった．そしてそのときすでに総裁としての見習いをさせられたと感じていた人もいた．しかし『タイムズ』紙によると，彼の任命は「シティの銀行界に非常な驚きをもって迎えられた」[128]．

　コボルドが退任したとき，彼はノーマンに次いで長く総裁を務めたことになったが，まだ56歳であった．彼はしばしばノーマンの当然な後継者とみられ，ときには間にいたカトーの総裁在職期間がなく，ノーマンからすぐに引き継いだかのごとくに語られることがある．彼が冷酷で人格的な暖かさを発揮することはなかったという見解は反駁され，非難されている[129]．コボルドは非常に魅力的で強烈な個性をもっていた．彼は寡黙な人であったが，隠喩とくにスポーツのそれが手紙のやり取りにおいてはお気に入りだった．彼は総裁としてはざっくばらんであり，しばしばバーゼルの月例会議への小旅行に家族を同伴して行った．彼が外国の高官を接待するための豪勢な場所としてネブワース・ハウスを所有していたことはもちろん都合の悪いことではなかった．訪れた中央銀行家たちはしばしばコボルドの子供たちとゲームに興じることになった[130]．

　コボルドは芯から政治に関心がなかったように思われる．彼は伝統を重んじる人であったが，テレビに登場した最初のイングランド銀行幹部となった．それは彼が1958年，精力的なテレビ・ジャーナリストであるロビン・デイ（Robin Day）による会見に同意したときである[131]．彼は「自分たちは市場がどのように機能するかを知悉している」という考え方の擁護者であった．この方法はイングランド銀行のもとで主要な操作を維持するのに有効であった．それはまたシティでの彼の影響力をより大きくした．彼は自身のスピーチのほとんどを自ら作成し，側聞するところよると，たとえばマンションハウスのスピーチの前夜にはネブワースの庭を行ったり来たりする彼を見つけることができたと言われている[132]．

　彼はイングランド銀行の問題を彼と向き合う多くの大蔵大臣と個人的に議論し，「ときおりイングランド銀行の正式な地位や彼自身の公的な立場から離れることのできる範囲内で戦術を駆使した．……そしてイングランド銀行にとっ

て相当な程度の独立性と権威を維持し，ホワイト・ホール〔英国政府〕の介入に抵抗した」[133]．しかし，これらすべては微妙なイングランド銀行・政府間関係を大きく損なうことなく，また政府の望ましくない行動を刺激することなく遂行されねばならなかった．あらゆる評価はどの程度イングランド銀行が行動の自由を有したかという難問に取り組まなければならない，とくに金融政策の分野ではそうである．彼は政策が失敗したとしばしば言われる時の総裁であった．経済学は確かに彼の力にはならなかったのであり，これは彼のイングランド銀行に反映された．彼のもっとも有名な評言，すなわちイングランド銀行は銀行であって，研究集団ではない，はそのアプローチを要言している．彼は操作の余地が限られていたとしても，可能な場合にはイングラド銀行の運営の独立性を維持した．

6. 危機から危機へ

コボルドの総裁としての最後の月となった1961年6月の初め，彼は大蔵大臣に対して状況に関する彼の考えを述べた．ポンドが重圧のもとにあり，ポンドの切り下げおよびマルクのさらなる切り上げの噂，さらには繰り返される危機を回避できなくする「ファンダメンタル的に良くない」何かが存在するという懸念から，ポンドは悪化するであろうと，彼は警告した．解決策に関しては，バンクレートが利用可能であり，結局は使用されなければならなかった．しかしコボルドは慎重であった．彼が前任の大蔵大臣にしばしば述べたように，バンクレートの引き上げあるいは信用の抑制は「問題の現実に対処できないであろうし，他の分野でおもになされるべきことを金融政策によって再度，試みているとみなされるであろう」．さらに「今は〔国際収支が黒字であった〕1957年ではなく，同じ解決策は適当ではない」．コボルドは国際的行動と国内的活動を含む当面の計画を提案した．外国の中央銀行およびIMFに援助を求めなければならないであろう．他方，国内では，7月に見込まれる声明によって政府支出に対する緊急な見直しを総裁は望んだ．さらに加えて，手形交換所加盟銀行には銀行信用の持続的な拡張に対処する行動が必要だと警告するべきであった[134]．

同日（6月6日）コボルドとクローマーは大蔵大臣と金融担当大臣エドワード・ボイル（Edward Boyle）に会った．その際，そのほかの大蔵省高官およびイングランド銀行幹部も一緒であった．ここにはロバート・ホール（Robert Hall）を引き継いで政府の経済顧問になったばかりのケアンクロスが含まれていた[135]．コボルドはポンドに対する重大な懸念を繰り返し表明し，他の国際金融機関との交渉において「適切な是正行動」の採用を立証できることが肝要であろうと説明した．参加者のすべてはバンクレートの引き上げが得策でないこと，そして特別預金の増加も適切な状況にはないと認めた．理想的には，来るべき年の政府支出の対GNP比が今年と同じかそれ以下であるという発表があるべきであった[136]．イングランド銀行と大蔵省は顕在化してきたポンド危機に対処するために緊急措置を講じた．一方，6月のBISでの会議において，コボルドは中央銀行からの援助の継続のために手筈を整えていた[137]．大蔵大臣はその声明において述べるつもりの主要論点の概略を示したが，その中でバンクレートの引き上げも，特別預金の増加も，割賦信用条件の引き締めのいずれにも言及しなかった．これにはオブライエンとアームストロングは感服しなかった[138]．

ケアンクロスは，イングランド銀行は金利の引き上げに消極的であり，主導権をとっているのは大蔵省であると主張した[139]．事態をそのままにするという大蔵大臣のはっきりとした決断にもかかわらず，バンクレートが引き上げられなかった場合の反応に対する懸念が大蔵省の職員にあったことは確かである．アームストロングはオブライエンに次のように打ち明けていた．海外の世論はそのような決定を理解できないであろうし，国内ではそれは「コストのかかる，どちらかと言えば役に立たない武器」であるというラドクリフ委員会の見解を裏づけるものとされるであろう．アームストロングはまた，現在のように政策パッケージの一部としてではなく，後の段階においてそれ自体で独自に使用されるバンクレートはひとつの「絶望の意思表示」となって現れるであろうと感じた．オブライエンはイングランド銀行がほんの少し前からあまり急いでその武器を使いたくなくなった多くの理由を指摘した．英国の困難は「根が深く」「難しい政治的決断」を必要とした．バンクレートの引き上げはほとんど役に立たないと考えられており，外国に対し「状況がほんとうは必要とする苦い

やな行動をわれわれ自らにとらせることはできないので，高いバンクレートの背後に避難している」という印象を与えた．ポンドは「現在は1949年以降のいかなる時期よりも海外で信用されていない」し，バンクレートの2%以下のいかなる引き上げも状況を阻止することはできないであろう，と彼は述べた．しかし，この程度の変化でも金利の国際協力に関しては意味をもち，ロンドンに「ホット・マネー」を引き寄せ，債務の支払コストを増加させて資本投資をより費用のかかるものにするであろう．最後に，オブライエンは将来に使用できる準備をいくらか保有したかった[140]．彼の予想では，あらゆる方策は両義的で，要求された安心を与えないであろう．このため，より徹底した行動へと向かった．1%の引き上げでは不十分であろう．「われわれは1957年の治療法を繰り返す以外に選択肢はない．これが私の現在の考えである．批評家がなんと言おうとも，〔1957年の大幅引き上げは〕非常に効果的であった．しかし今度は，それが再びわれわれに与えてくれると期待される時間をより有効に使わなければならない」[141]．

今や中央銀行情報局（CBID）の次長となったフォードは1957年9月の処置の強力な支持者であったが，現在の戦術には完全に確信をもっていたわけではなかった．断固とした措置がとられるならば，そのときには危機的なバンクレートは「大変な支持を得る」であろう．さもなければなぜそれを「希望のない約束」に投げ込むのであろうかとフォードは問うた．さらに秋にそのほかの政策パッケージが要求された際には「今7〔%〕に上げるならば，それから9〔%〕に上げることができるとほんとうに考えているのか」．フォードはその時バンクレート9%の「恐怖」が政府へのより強力な圧力の行使になりうるかもしれないとマキャベリ的な憶測に陥っていた．他方，それは政府に「まさしくわれわれが望まないもの，すなわち平価切り下げを」急がせるかもしれない[142]．これらのことすべてから明らかなように，イングランド銀行の多くの行動の場合と同じようにバンクレートに関する審議の際にも心理的要因が大きな役割を演じた．

危機のなかで総裁に就任したクローマーはすぐに仕事の調子をあげ，あらゆる金融措置を支持するために必要とされると彼が考えたことを極めて明白にした．彼は7月23日の土曜日，チェカーズ〔首相別邸〕にいた．そこではマク

ミラン，ロイド，そして大蔵省の高官が翌日の内閣での閣議を前に総合対策の中身を検討していた．関係者の多くはその職に就いたばかりか，より経験を積んだ人たちの代理であり，「コボルド，ロバート・ホール，フランク・リー (Frank Lee) の3人の組み合わせがわれわれよりもより良い助言を行い，より説得的であったであろうことは間違いない」[143]とケアンクロスは示唆している．しかし，これは本当であろうか．クローマーはしばらくの間コボルドに影のごとく付き添っており，国際通貨制度を熟知していた．したがって大蔵大臣に自分自身の考えを率直に知らせるようなことはなかったのであろう．オブライエンとマイナーズは経験豊かで，〔職務を〕継続していた．新しい総裁の出現という事実がイングランド銀行のとる態度に違いをもたらすことはほとんどあり得なかった．

その提案に満足して，クローマーは，バンクレートの5%から7%への変更および特別預金の追加請求を提案する正式の書簡を送付した（第6章を参照）[144]．これらの動きはイングランド銀行によって7月25日の火曜日の午後に，下院でのロイドの声明と時を同じくして発表された．これは木曜日以外にバンクレートの変更が行われた稀な例であり，こうして危機感を煽っただけであった．総合政策には政府支出削減の提案，関税規制の賦課，公共部門の「賃金凍結」などが含まれていた．

バンクレート，特別預金，貸出削減の要請とは別に大蔵大臣の提案には別の要素があった．イングランド銀行に関係したのはポンド地域外への民間投資に対して制限を課したことである．それは為替管理の漸次的な撤廃過程を終焉させるという意味をもった．戦時の非常事態措置として1939年に導入された為替管理はその後，1947年の法律によって平時のものとして確立された．1950年代後半に一部は交換性の導入の結果としていくつかの緩和がなされた．しかし国際収支の困難がその緩和を逆転させた．1961年7月の危機に際して対外投資に厳しい制限が課された[145]．対外投資は長期的には収益を生み出してきたが，不満はそれらの収益が直接的には国際収支に寄与しなかったことがあまりに頻繁なことであった．

イングランド銀行は一般的には国際収支危機を処理する手段としての為替管理には反対であった．そして共同事務次官であったフランク・リーは，大蔵省

は為替管理政策を嫌悪したと主張したが，彼は同政策が一時的な方策としては正当化できると考えた[146]．さらに彼は同政策を発表し実施した後に直ちにそれを撤回するのは危険であると考えた[147]．国際収支の補強のためのこのような為替管理の強化はイングランド銀行をかなり驚かせた．その政策は「危害以外のなにものももたらさないであろう」とパーソンズはリケットに述べていた．イングランド銀行はまた海外旅行に対する100ポンドの割り当てを導入する提案を拒否した．イングランド銀行内の為替管理の運営機構は縮小されてきているので，休暇シーズンの最中にそのような重大な変更を行うことは不可能であると大蔵省には伝えられた[148]．その組織は続く10年間で徐々に再建されていくことになった．

1960年代初めの主要な焦点はポンドであった．そして金融政策は，ありきたりのもので，対ドル平価1ポンド＝2.80ドルの維持に向けられた．たしかにポンドが焦点であったとはいえ，基本的な問題はインフレ格差であった．英国のインフレ率が貿易相手国よりも高いかぎり，釘付け為替相場では対外勘定，すなわち貿易勘定，より一般的には経常勘定に圧力がかかる恐れがあった．インフレの問題は英国経済が本来の速さで成長していないという広く流布した考えに基づいてとられた行動の結果でもあった．成長率は過去のいかなる時期よりも高かったが，他のヨーロッパ諸国の実績と比較すると見劣りした．したがって，政府はより高い成長を達成するように政策を調整できる「需要管理」という無駄な信念の下に，成長を追求した．さまざまな計画案が望まれて実行されたのはこのような考え方からであった．

インフレーションは当局がインフレの貨幣理論を採用していないという事実によって救われなかった．実際，彼らはほとんどインフレの貨幣理論を否定し，代わって「社会学的理論」と呼ぶことのできるものを採用していた．すなわちインフレーションはコストの上昇によって引き起こされ，その主要なコストは賃金であり，その背後には労働組合の力があるという理論である．したがってその解決策はいくつかの手段によって賃金を統制することであった．所得政策はその目的を達成するためのもっとも重要な方法であった．それは信用拡張を抑制する試みによって補完でき，またおもにさまざまな直接的統制によっても行われた．

しかしながら，この問題は解決されず，対外面において英国の貿易実績は脆弱なままであり，その結果，対外短期債務に対する準備はあまりにも少なくなった．対外勘定は長い間，貿易収支赤字と大幅な貿易外収支黒字とから構成される経常収支黒字という特徴をもっていた（貿易外勘定は経常収支勘定の約半分）．この特徴は貿易外収支の構成が大きく変わった1950年代に変化した．軍事および非軍事項目への政府支出が増加し，対外投資からの純収入も同様に増加したのに対して，海運業，保険およびその他サービスからの純収入は減少した[149]．後者は1952年には2億5,000万ポンドであったが，1960年には1億6,600万ポンドに減少した．貿易外純収入は1958年と1960年の間に急速に減少して，2億8,500万ポンドから5,800万ポンドとなり，この時点で海運収支は赤字となった[150]．

これにはどのように対処できたのか．われわれは，軍事支出の削減，貿易制限規制の導入，失業率の上昇の容認などもっぱら政府の関心事となった政策は脇において，その代わりにイングランド銀行が関与し，それが適正に専門知識と技術を提供できたものに焦点を当てる[151]．為替管理はすでに実施されており，必要と判断された場合に変更された．外国為替市場への介入は予想に影響を与えるために，またその結果間接的に為替レートに影響を与えるために使用された．イングランド銀行は長い間，市場の秩序を維持することをその機能の1つと考えていたが，外国為替ではさらにそれよりも先に行っていた．たいていの市場ではイングランド銀行はトレンドに逆らうことはなく，ボラティリティを縮小させようとしただけであった．しかし，外国為替市場ではトレンドに取り組むことがIMF協定の下での平価維持という義務においては絶対的であると考えられていた．そこでは価格〔為替レート〕が目標とされなければならなかった．しかし少なくとも1964年までに行われた方法は予想に影響を与えて，為替レートの激しい変動を抑制しようとする試みであった．したがって，イングランド銀行は直物為替レートが下限（変動幅は2.78〜2.80ドルであったが，イングランド銀行はレートが2.7825ドルに下落した時にはいつも出動することになっていた）に近づく前にそれを守るために出動し，予想を変えようと望んだ．このような理由からバンクレートの引き上げは間違いのない信号を送るために十分な大きさになる傾向があった．

平価を維持しようとする強い決意は，いぜんとして相当な額に達するポンド残高の保有者に対する義務のために通貨切り下げは選択肢にはないという考えに影響された面もあった．それはまた，下位の準備通貨とはいえ，準備通貨の守護神としてのイングランド銀行の責任とみなされた．極端な圧力がかかり，健全な国内政策が欠如している場合，多くの資金源から大量の資金を調達しなければならない．他の中央銀行，BIS，IMF からの借入，そして一般借入協定（GAB）という新しい取り決めは選択肢の一部であった．またスワップの利用は続いていた．1961 年初めのバーゼル協定は真の中央銀行間協力の開始とみられるかもしれないが，次の数年間はさらに多くのことが必要とされた．

1961 年 7 月 1 日に総裁を引き継いだほとんど直後から，クローマーは仕事に着手した．7 月 7 日，大蔵大臣への書簡で，コボルドが数カ月前に書いたことの多くを繰り返した．彼は多くの事柄に深い憂慮を表明したが，その中心は政府支出であった．彼は英国の経済的地位は他の中央銀行家が認識するよりもあるいは「投機家が推測するよりも」相当に悪いと述べた．ポンドは圧力を受け，「切り下げの差し迫った脅威にさらされているが，それは他の中央銀行からの大量の短期的支援によってかろうじて回避されているだけである．……しかしその支援は投機的攻撃を防衛しただけである」．ポンドは目下，変動幅の下限である 2.785 ドルにあった．対外的状況は冷え冷えとしたものであった．彼の算定では，1961 年 6 月末の純準備は 5 億 6,500 万ポンドであった．次の 6 カ月，対外準備の流出はたぶん 3 億 6,000 万ポンド，さらに 1962 年には 3 億 5,500 万ポンドとなるであろう．この状況に対処するための資金は米国証券 3 億 4,000 万ポンドと IMF 引出権のせいぜい 7 億 1,500 万ポンドをやや上回る額に限られていた．政策に対する政府の強い態度表明が緊急に，「間違いなく今月中に」必要とされた．政府は短期的な一時しのぎを回避し，問題の根源，すなわち政府支出と賃金問題にまで踏み込む必要があった．政府支出は国内でも海外でもあまりにも増大していた．軍事支出は「1960 年代の英国の防衛の必要に関連するというより，われわれの過去の帝国の偉大な時代からの遺産である」[152]．英国はコストを削減することによってより競争的になる必要があった．

クローマーは，1960 年初頭の月々に発生したポンド問題が中央銀行間協力

によってうまく解決されたが，それはほんの短期間だけであることを強調しようとした．短期の負債の返済のための即時的な行動が必要とされただけではなく，根深い問題を扱うための長期的政策が要請された．多くの点でこれは中央銀行家にとって当然であった．中央銀行の反インフレ的性向はほとんど伝統であった．彼らは政府支出があまりに多く，税収はあまりに少ないとみていた．「削減，制限，犠牲に対して，これらがそれ自体でなにか独自の価値を有するかのように，銀行家と大蔵省の人間には共通してほとんど病理学的嗜好」が存在した[153]．これは確かにかれらの側では正当性を有していた．というのは健全な金融政策は財政政策がそれを支持するかぎりで十分に実施することができるからである．

クローマーは引き続き7月19日付の別の書簡で，総合政策の残りの部分すなわち大蔵省がまとめていた部分が納得できるものと確信できなければ，バンクレートの引き上げや特別預金の増加という提案をもって理事会に出席できないと説明した．彼がとくに懸念した2つの問題があった．第1は賃金，給与，および制限的慣行に対する強い声明の必要性であった．第2は政府支出の削減であった．「……少なくともあなたの声明を説得的なものとするならば，来年，再来年の政府支出が現行価格で測って絶対額で増加しないことをあなたが保証する明確な言葉で声明を出す必要があると思う．（強調は原著者）」「私の考えでは，提案された対策には現行のポンド平価を維持する目的を達成する合理的な見通しがある．このように私が（理事会で）述べる必要があることをご理解いただけるでしょう」[154]．概して，クローマーの心情はコボルドのものとほとんど異ならないが，クローマーはそれをより頻繁により果敢に表現する傾向があった．クローマーの総裁任期中に繰り返されることになったのはこの行動様式であった．

当時，直近の対外ポジションを正確に評価するのは容易ではなかったが，それが深刻であったのを疑うことはできなかった．国際収支の数字は周知のように面倒であり，訂正，しかもしばしば重大な訂正を余儀なくされた．1961年1月，前年の経常勘定収支の推定額は1億5,000万ポンドから1億7,500万ポンドの赤字であった．しかし，4月までに訂正された赤字額は2倍の3億4,400万ポンドとなった．のちに発表された数字は実際の赤字額を約2億ポンドと見

積もった[155]．また慎重に解釈されなければならないその他の証拠があるが，その中には失望させるものもある．3月の資本流出に続いて，準備は減少を続け，7月にはいっそう減少した．ポンドへの圧力を軽減し，国際収支を改善させることが当面必要であった．7月に発表された総合対策は全般的戦略の一部分であり，IMF向けにとられていたアプローチの一環であった．

　1961年半ばまでに明らかになったことは，すぐにでも十分な資金を求めるためにIMFを訪問する必要があるということであった．たぶん最初のやり方に基づいてなのかしれないが，IMFはほとんどもっぱら金融担当の省すなわち英国では大蔵省と交渉したとときどき信じられている．しかし，IMFは実際には政府が指名した「金融代理人」と交渉している．それは英国では（よくあるように，曖昧ではあるが）イングランド銀行でありえた．1946年イングランド銀行がIMFとの「正規の交渉ルート」として正式な指名を受けた[156]．一部はこの結果として，またそれ自体ある点では外国為替市場でのイングランド銀行の専門知識の結果であり，また他の点では先般の短期的な資金の確保に責任を負ってきたという事実のために，イングランド銀行はIMFに対する提案の準備に深く関与した．

　1961年5月の終わりにIMFのチームが通常の使命の一環でロンドンに滞在した．その使命は英国の為替制限措置の継続の正当性（IMF協定14条のもとで要求される）を検証する必要であった．しかし英国の賛同を得て，IMF理事会は加盟国との定期的な議論には大いに価値があり，したがって英国経済に関連したさまざま問題を議論することも価値があることを決定した．同時に，彼らはIMFの貸付能力を拡充するための自分たちの見解を訴え続けた．それは「ヤコブソン提案」と呼ばれることになったものである[157]．しかし7月の初めまでに，ワシントンで英国によるIMFからの引き出しに関する非公式会談がパーソンズとヤコブソンとの間で，ならびに米国財務長官ダグラス・ディロン（Douglas Dillon），ローザ，サウサードとも行われた．ヤコブソンは15億ドルの引き出しとさらに米ドル，その他通貨，およびIMFの金で等分に構成される5億ドルのスタンドバイ・クレジットを考えていた[158]．

　それからイングランド銀行は予定表を議論しはじめた．7月，ブリッジは提案に対して議論の口火を切った．彼は，イングランド銀行が早急にしかも無条

件で10億ドルを調達することができるが，それでは十分ではない，けれども，IMFへ2度も訪ねるのは不満であると考えた．おそらく必要とされるであろう20億ドルのためにイングランド銀行が訪ねるとすれば，その計画を調査するIMFの使節団が編成されて，条件が課されるかもしれない．イングランド銀行は15億ドルの引き出しと5億ドルのスタンドバイ・クレジットの調達のために訪ねるべきであるとブリッジは思った[159]．提案は，英国が必要な手続きをとっているとみなされ，しかもそれが自主的になされているのであって，IMFが条件を課した結果ではないことを保証するように慎重に言葉を選ばなければならなかった[160]．すべての提案はIMF理事会によって検討され，8月4日承認された．IMF理事会の英国選出の執行理事をクローマーから引き継いだデイヴィッド・ピットブレイド（David Pitblado）が案件を提起し，より長期的問題を解決するために採用された広範な計画の概要を示した．彼は，理事会での議論の方向が友好的であり，すべての理事が英国の申請に賛成して発言した，と本国に報告することができた．にもかかわらず，ヨーロッパ選出の理事によって指摘されたある不確定要因があった．それはより長期的な対策は本当は何なのか，したがってそれは英国の基本的な問題に本当に対処できるのかというものであった[161]．引き出しが認められたので，英国は他の中央銀行から3月に供与された短期資金借入を返済することができた．IMFからの引き出しは3年から5年の間に返済すべきものとなり，スタンドバイ・クレジットは1962年8月まで利用できた[162]．実際には引き出しの規模はその時に必要とされたものよりも大きくなったが，クローマーが9月にリーに伝えたように「ヤコブソンやヨーロッパの多くの国々の考えでは，大規模な引き出しは，ポンドが危機に際しても支持されていることを示す世界の決意の証であり，1回だけの引き出しは2回の引き出しよりも適切である，とヨーロッパの理事から表明された」[163]．

1961年9月までに，その年の中頃の対策が意図した効果を発揮できたかどうかに関してはいくつかの評価がなされた．クローマーは1月も経たないうちに大蔵大臣に再び書簡を送り，とくに「われわれの慢性的な国際収支赤字に対処するために」7月にとった対策がいかに作用したかを概説した．彼は，ある種の対策は作用するのに長い時間を要することを認識していたが，特定の金融

措置に関してはなにがしか発言ができると思っていた．彼はバンクレート引き上げが，同様な引き上げが行われた4年前と同じ心理的効果を外国人に与えたとは思わなかった．予想されたような海外からの資金の流入はいまだ生じなかった．それは外国人が「日和見的な」態度をとっていたからであると彼は主張した．にもかかわらず，その措置はポンドが平価を上回る水準に維持するのを助けたと彼は考えた．しかし，基本的な問題に取り組む英国の決意に対する信頼はいぜんとして欠如している，と彼は主張した．しかしながら，クローマーは彼の主要な関心事から長く離れることはめったになく，大蔵大臣に「凍結を求めるあなたの嘆願にもかかわらず，無差別な賃金引き上げ要求が続いている」ことを気づかせた．これは政府がそのような要求を抑え込むまで続くであろう．そして「いかなる譲歩も，ポンドに対する新たな取り付けをほぼ確実に引き起こすであろう」[164]．こうして金融措置はポンドの信認を回復させるのに役立ったが，それらは根本的な国際収支の赤字を是正することはできなかった．この年の終わりに，大蔵大臣への私信で，クローマーは無愛想であった．

> 私はあなたと同じように，投機や経費の濫用を［導く］……小悪人がはびこる社会を遺憾に思います．あなたが長期の保守党支配の間における苦しみと幻滅をどの程度理解しているかは疑問です．……努力に報い，ご都合主義をやめさせるいかなる行動もなされてこなかった．歴代の保守党政権はインフレに対する既得権を積み上げてきており，……それは今日，われわれの国際的地位を危うくしています[165]．

その年の終わりに，イングランド銀行は7月の方策がポンドに対してもった意味についてよりいっそう検討した評価を行った．7月末から10月末の間に対外準備は巨額のIMF引き出しとその他の短期借入の返済を考慮した後にも増加していた．しかしながら，その数字が示すところでは，8月と9月には大量の投資の流入は見られず，10月には若干の流入があった．したがって，ポンドの信認はいくらか回復したものの，投資の流れの即時的な逆転はみられなかった．イングランド銀行は，1957年にも同様な事実があったことに注目し，投資資金はおそらく一定の期間すぐには換金できない形態で他の金融センター

に投下されていたのであろうと推測した．しかしながら，それはまた10月6日のバンクレートの引き下げ，そしてさらなる引き下げ予想によって影響された可能性があった．ニューヨークの証券ポンド〔非居住者が投資するポンド建て証券市場〕の為替レートは8月に2.7775ドルから2.795625ドルへ上昇し，10月には2.815ドルに急上昇した[166]．

しかし，このことは総裁の気持ちにははっきりとは表れていない．彼は新年を，前年に終えたところから，そして続くことが確かと思われるやり方で始めた．大蔵大臣への書簡で最大限に憂鬱な予測を行った．「今財政年度の予算結果に関する試算からすると，ポンドへのその影響に関して重大な懸念をあなたに表明せざるをえない」．彼は，1961年4月予算の推定額6,900万ポンドに対して3億9,000万ポンドを「過大支出」と評価した．「国庫が年間ベースで支出を入手可能な財政的・経済的資源に限定することが不可能であると思っていることは，遅かれ早かれ通貨の健全性に疑念を生じさせるであろう，と私は主張したい」．いぜんとして10億ドルの残高がある前年のIMFからの「巨額の借入は，将来における政府支出の増加の制限と規制に関する明確な意思表明を考慮して引き受けられたものである」．事態が悪化すれば，前年の7月に使われた類いの金融措置の利用が成功することはないであろう，と彼は主張した．本当に必要なことは「政府支出のもたらすインフレ的要素を取り除くこと」である．事態がこのようなやり方で推移するならば，平価の切り下げは選択の問題でなくなるかもしれない，と彼はさらに主張を続けた．そして最後に劇的に次のように述べた．「この意味での行動の失敗は信認の欠如から今年中に為替の深刻な危機を生み出すであろう．それに耐えることはわれわれの力を超えているかもしれない．このような私の熟慮の末の信念をあなたに真剣に申しあげたい」[167]．

実際には，次の2年は相対的に平静であった．1962年のはじめにポンドが切り下げられるかもしれないという噂が流れたのは事実である．この憶測の主要な根拠は英国がヨーロッパ共同市場に加入する際にポンド平価の再調整が必要であろうと思われたことであった．それらの噂は強く否定され，1962年の中頃は，たしかに1961年の同じ頃よりもずっと順調なようにみえた．ポンドに対する信頼は増大し，資金の対外流出は逆転して，経常勘定は赤字からわず

かな黒字に転換していた．前年の IMF からの引き出しは 7 月末までには完済されたが，さらに 12 カ月にわたる 3 億 5,700 万ポンドのスタンドバイ取り決めが結ばれた．その月に表面化した金に対する疑念も，また両準備通貨に対する疑念もすぐに消えた．1962 年 10 月末のキューバ危機でさえポンドに対する影響は限定的であった[168]．金市場に起こった活況がどのようにものであったかはともかく，金市場の需要は 8 年前に再開して以来の最大の規模となった．

英国のヨーロッパ経済共同体（EEC）への加入申請が成功しないという懸念が浮上し始めた 1963 年 1 月，ポンドはやや弱くなった．その後，フランスの拒否権発動に続いて交渉決裂が発表された 1 月 29 日，ポンドはいっそうの圧力にさらされた．しかしながら，英国の経常勘定が 1962 年の最後の第 4 四半期にわずかの黒字となり，1963 年の最初の第 4 四半期にそれよりもやや黒字が増大したので，ポンドは 3 月以降，再び堅調な兆候に転じた．金市場も平静であった．ポンドは同年の残りのほとんどの期間できわめて堅調であった．ケネディ大統領の暗殺後の 1964 年でさえ，市場はきわめて平穏で，ポンドおよび金市場は安定していた．

国際通貨制度をいかに再設計し改善するかに関するあれやこれやの提案がいつも浮上していた．そのうちの 1 つが，1962 年，新大蔵大臣レジナルド・モードリング（Reginald Maudling）が IMF に新提案を行うつもりがあると発表した時に現れた．これが，今や「国際金融界」と呼ばれるものを驚かせた．「モードリング計画」が登場するまでにはいくらか時間を要し，それが出現した時には，それが何を意味するかを理解するのにいっそう長い時間を要した．それは「いくぶん混乱したものであったが，1943 年のケインズ通貨同盟案の小型版で，IMF と併存して運営されるもの」のようにみえた[169]．それは一般借入協定（GAB）を締結させた際の最近の困難を考慮していないように思われた．IMF はこの計画を正式に議論することはまったくなく，すぐに当然のことのように忘れられた．しかしながら，ポラクが述べているところでは，最終的には 1969 年の特別引出権（SDR）ファシリティーの創造に帰結する議論の開始を刺激するのに一役買っていた[170]．

ともかくも 1961 年以降，ポンドに関して，短期的および中期的課題に気が配られたのは明らかであるが，そのより長期的側面にもいくらか関心が向き始

めた．準備通貨としてのポンドの役割とそれに関連するポンド残高が2つの継続する問題であった．これらの問題に関する大蔵省とイングランド銀行との間のやり取りが1962年中続いた．しかし準備通貨の相対的利益と不利益に関しては明確な結論は出なかった．アレンは覚書で次のように結論づけている．「強力」と「弱体」が何を意味するかを厳密に吟味されることはなかったが，ある一国が経済的に強力であれば準備通貨であることははっきりと有利であり，他方，その国が弱体であればそれはいっそう不利益を被る，こういう以外に一般的な答えを引き出すことはできない[171]．

1963年1月，マイナーズはこの問題に関してもう1本の論文を用意し，その冒頭で1つの引用を行った．「私は英国経済を準備通貨としての地位と制約から解放することを政策の主要な目的とみなした」．「62年12月2日」の日付とともに，イニシャル「R.M.」がその引用に付けられていた[172]．彼は大蔵大臣であるレジナルド・モードリングを引用して，イングランド銀行と大蔵大臣あるいは大蔵省との見解の顕著な相違を明らかにしたのである．この問題に関しては大蔵省とイングランド銀行は一体であったとときどき主張されるが，異なる解釈の余地はかなりある[173]．1964年末，フォードはトンプソン＝マコースランドに1つの文書を送付して，放漫な政策が準備通貨の働きを疑わしくしている事実を嘆いた．彼は以下のように考えていた．

　　貿易取引通貨としての地位を維持しながら準備通貨の地位から抜け出す，この達成がもっとも望ましいとする提案に対して，イングランド銀行の最高レベルで異議があるとは思わない．……準備通貨としてのポンドを終わらせたいということを，もしわれわれがいったん広がるままにすれば，災厄を突然に引き起こす危険はいぜんとして残る[174]．

フォードは多くの問題に見識をもっていたが，その見識はイングランド銀行の中でいつも広範に支持を得たわけではなかった[175]．さらに，他の時点では，フォードはポンドの準備通貨としての地位を明確に擁護した．彼はポンドに関する作業部会報告を批評して，自分の見解を表明して付け加えた．「概略が述べられた戦略がもし成功するならば，ポンドの準備通貨としての地位が防衛さ

れるであろう．このように認識されるであろうが，私はそれがたとえ時流から外れるとしても，正しい目標であると信じている」[176]．

　大蔵大臣は，ポンド残高に関するかぎり，要求払いポンドの比率を懸念し，金保証を与える可能性を疑問視していた．彼の懸念はポンド危機の際の引き出しで何が起きるかわからないことによるものであった．ローザム（Jasper Rootham）はポンド地域の要求払いポンドの比率がいくらであり，黒字を生み出すためにいくら必要かを断言するのは困難というおなじみの理由を繰り返し，ポンド残高に対する保証の可能性をまったく否定した[177]．

7. ユーロ市場

　国際金融上の重要な発展である「ユーロ市場」の出現に関しては言及する必要があろう．それはおそらくとくにイングランド銀行の理事の1人であるジョージ・ボールトンがユーロ市場の発展に貢献したという事実のためである．ユーロ市場が最初に出現したのは1950年代後半であり，当初，「〔ヨーロッパ〕大陸ドル市場」と呼ばれていたが，すぐに「ユーロダラー市場」となった[178]．当初のはずみは，東欧の銀行がドル残高を米国に自己名義で保有するよりコルレス先のヨーロッパ——おもにパリやロンドン——で保有したいと望んだことに由来するように思われる．北ヨーロッパ商業銀行（The Banque Commerciale de l'Europe du Nord）はパリにあるソ連所有の銀行であり，東欧諸国が貿易金融のために利用し，ロンドンの姉妹銀行であったモスクワ・ナロードニ銀行（Moscow Narodny Bank）とともに巨額なドル建て残高を有していた．コルレス銀行は残高の多くの投下先をもっており，借り手が米国銀行に支払うよりも低い金利でドル残高を供給した．また，西ヨーロッパにはすでにマーシャル・プランからのドル供給があり，多くの受益者は喜んで米国の外部でドルを保有した．

　ポンドが圧力にさらされた1957年，ユーロダラー市場にある刺激がもたらされた．非ポンド地域の貿易金融に対してポンドの使用が禁止されたとき，英国の銀行はそれに代わってドルを顧客に提供することができるようになった．イングランド銀行は国際金融センターとしてのロンドンの利益を促進すること

をつねに心がけており,そのために英国の銀行のドル保有を奨励した.また米国の国際収支の赤字が1957年,1958年に増大したので,需要の増加を満たすためのドル供給の増加があった.その上さらに,1958年末,ほとんどの国の通貨の交換性が達成された時,商業銀行は外貨預金を取り入れ,米国〔所在〕の銀行よりも高い金利を支払うことができたので,それが第2の刺激要因となった.1958年末には偶然にも,ドル預金に対してヨーロッパの銀行が支払う金利は,レギュレーションQによって規制されていた米国よりもかなり高かった[179].イングランド銀行はレギュレーションQを初期の市場を刺激した主要な要因とみなしていた.

たしかに,1957年,「米ドル預金の広範で活発な市場がヨーロッパで発展し始めていた.そこでは米ドルは米国へは再投資されず,その代わりにヨーロッパの銀行,企業,個人に再び貸し出された」[180].ミッドランド銀行は1955年にはこのビジネスのパイオニアであったと主張されている.さらに,ユーロダラーは資本の流入であるので,ユーロダラー市場は英国の国際収支と〔対外〕準備を改善したとも主張される[181].しかしながら,ユーロダラー市場の核心はそれらが国民的制度の外部にあることである.それらは国際収支のいかなる計算にも算入されない.それらは資本の流れとしての特徴を有していなかった.トンプソン=マコースランドはドルの受領者がそれをそのまま保有して,自国通貨に転換しないとすれば,それらは中央銀行の準備に流入しないことを明らかにした.転換することは不可能ではないが,それは利子率,為替レートなどの要因に依存するであろう.これらの要因がユーロダラー市場を世の中に送り出し,この市場成立の原因となったのであった.ローザムもパーソンズもこの簡潔な解説が完全に説得的であり,問題の所在がそこにあることに同意した[182].その他の多くの通貨もユーロ市場で受け入れられたが,ドルが断然に最重要であり,それは国際経済におけるドルの規模およびその役割の結果であった.

興味深いことには,初期にはユーロ市場への関心はほとんどなく,その人気はすぐに薄れるであろうという感じで見られたようである.ポール・アインチッヒ(Paul Einzig)はその重要性を最初に話題にした1人であり,彼は最初の詳細な研究の1つを執筆した.その序言において指摘されているように,ユー

ロ市場はラドクリフ委員会（証人は 1959 年 4 月まで聴取されていた）で証言が行われている最中にも成長していたが，証言した銀行家や経済学者のなかで誰もユーロ市場に言及せず，委員会の委員の誰もユーロ市場に関するどのような質問も行わなかった[183]．

　1960 年代にユーロ市場は，国際流動性に関するあらゆる議論と一緒に綿密に調査されることになった．1961 年 4 月のバーゼルの会議において，クームズはユーロ市場に関する米国の見解が無関心から反対へと変化したと述べた．アメリカは今や，ユーロ市場が安定を脅かしているので，それを閉鎖するかその規模を相当に削減させたい，と思っていた[184]．イングランド銀行の当時の推定（推定には多大の困難があることを強調していたが）では，ロンドン市場で保有された米ドル預金総額は 1960 年初めの 2 億 5,000 万ドルから増大して1960 年末には 5 億ドルをちょうど上回った．しかし，その増大はその年の最初の 6 カ月でなされ，同様な比率で再び増加することはないであろうとの推測を付け加えていた．イングランド銀行の態度に関していえば，最悪の場合でも好悪相半ばしており，より一般的には好意的であった．受益者がいることは明らかであり，ユーロ市場が有益な機能を果たしているのならば，それは抑圧されるべきでない，とイングランド銀行は主張した．その危険性を評価するのは難しかった．実際，イングランド銀行ができることは次のことだけであった．「唯一の現実の危険はわれわれが起こってほしくない事態，たとえば革命，モラトリアムあるいは戦争などから生じるかもしれない」が，たとえそうであっても，正常で慎重な銀行はそれらを自ら解決するはずである[185]．中央銀行が市場に参入して巨額の資金を突然に引き出す場合，別の危険が生じるかもしれないが，これには中央銀行間協力で対処するべきである．

　1962 年初め，オブライエンは主要な市場参加者が誰で，その活動規模はどの程度なのかを知りたいと望んだので，イングランド銀行内でいくつかのやり取りがあった．プレストンはそれよりも早く，もっとも重要な市場参加者はロンドン・南アメリカ銀行（BOLSA）であり，スティーヴンズがボールトンと話すのが最良の出発点である，と気づいていた．ボールトンは 1957 年BOLSA の会長になったとき，すぐに外国為替の新部門を設立し，ディーラーに外貨建て預金を調達するよう奨励した．その他の者も関与したが，「ボール

トンは最初にこの新しい分野にまっしぐらに突進した1人であり，数年間にわたってBOLSAはロンドンのユーロダラー市場の最大のディーラーであった」．その時には，このビジネスには約150の銀行が参加していた[186]．したがって，市場の初期においてイングランド銀行はこの問題のおそらく最良の唯一の権威に理事会で直接に接触できたため，各行それぞれの発展に完全に精通していたことは間違いない．その接触のほとんどは非公式で会話形式であったであろうが，ボールトンがユーロ市場に関する諸問題により公式に意見を求められたいくつかの証拠がある[187]．

レギュレーションQが1960年代のユーロ市場へ刺激を与え続けた．1959年レギュレーションQは30日未満の預金に対する金利支払いを禁止し，30日から90日の間の定期預金に対しては1％以上の金利支払いを禁止し，90日から6カ月の間の預金に対しては最高限度が2.5％とした．1963年以降，レギュレーションQの上限が引き上げられた[188]．そして同様の刺激がドイツおよびスイスの外国保有残高に対する金利支払いの禁止によって与えられ，それによって金利取得を追求する残高を他の場所に追いやった．米国では1963年に金利平衡税が導入され，1965年に対外融資自主規制によって米銀の対外融資が規制された．また1965年には米国で融資される対外直接投資を制限する，対外直接投資局ガイドラインが課せられた．これらの要因はおそらく1960年代の市場の高成長を説明するには十分ではないが，適合的であった．

何がユーロダラーを構成し，どのようにしてそれは形成されるのかをめぐってはいぜんとしていくつかの混乱がみられた．ミルトン・フリードマン (Milton Friedman) は1960年代末になってさえ，いかにしてそれが形成されるのかについて述べている．彼は，国際金融機関の高官が有力な国際銀行家の集まりの前で，ユーロダラー市場に関して議論しているのを聞いた．その高官はユーロダラー市場残高が約300億ドルと推定していた．その時，「その預金の源泉は何か？」と質問された．彼〔高官〕の答えは，一部は米国の国際収支の赤字であり，一部は非米国中央銀行の準備であり，また一部はユーロダラー債の売却手取金であった．フリードマンは「この答えはほとんどまったくナンセンスである」と記していた[189]．フリードマンは，国内銀行業と同じやり方で市場を説明し，その成長は根本的には現金準備に基づいた預金の乗数的拡大

に依存する，とした．当時これに関してはきわめて多くの議論があり，乗数の規模には多くの推定がなされた[190]．

　イングランド銀行に所属することなく可能なかぎり市場に近づいたハロッドは「ユーロダラーは別種の特別なドルではない．それはまったく普通のドルである．……ユーロダラーは米国に所在する商業銀行の預金から成る」と記した[191]．ハロッドはモーリス・アレン（Maurice Allen）の親友であり，実際にアレンの紹介によってユーロダラー市場の研究を行っていたので，これはよりいっそう当惑させた．アレンの助けに感謝しながら，彼は「私は先週，ユーロダラーに関してシティの非常に多くの人々と会った．私の主な目的は実際に起こっていることを理解することである」[192]．

　1961年のある観察者の考えでは「市場の規模を正確に計算することは不可能である」[193]．それでも，計算が試みられ，BISが統計の収集と普及において主導的な役割を果たした．しかし，ロンドンが活動の最重要センターであったので，何よりもイングランド銀行の貢献を必要とした．IMFから1962年に市場のデータについて尋ねられた時，イングランド銀行は，その時点での情報は不十分であるがすぐに情報を収集したい，と返答した[194]．ある計算によると，1964年の年間取引額は75億ドルであり，1973年には1,300億ドルへと増加した[195]．1950年代の初期段階では市場に対する認識も関心もほとんどなかった．1963年になってさえ，いまや大蔵省の事務次官となったアームストロングはクローマーに「市場がどのように動き，通貨管理と為替管理にどのような影響を及ぼすのか，これらを説明する概要を準備できないか」と尋ねていた[196]．その後，学者の間とイングランド銀行内で関心が高まり，両者の間でやり取りが増加した．

8. 金プール

　1960年遅くと1961年初めの国際金融市場の混乱によってブレトンウッズ体制は現行の形態では維持できないことがある人々には明らかであった．この問題に対処する目的で，すでに言われていた2つの展開の進展がみられた．ひとつは一般借入協定（GAB）であり，もうひとつは金プールであった．学者その

他からの多くの提案もあった．なかには IMF が銀行のように行動し，預金を受け入れて信用を供与することを望んだ者もいた．ロバート・トリフィン (Robert Triffin) はこのグループに属する．多くの者は世界の流動性を増大させることに焦点を合わせた．そのうち徹底性にもっとも欠けたものは IMF がより多くの資金をうまく利用する方法に関してであり，既存の準備の再配分によって流動性増加に対する需要を削減するというものであった．ヤコブソンはすべての「教授」に反対されながら，その起源については議論の余地があるが，彼「独自」の計画案を推し進めた[197]．

第 2 の試みは金の操作であった．1960 年代初頭の金の不足に対するひとつの解決策は準備が必要とされない変動相場の採用であったろうが，それは戦後のコンセンサスとなっている全精神に反していた．もうひとつの着想は金のドル価格を 70 ドルから 100 ドルの範囲のどこかに引き上げるというものであった．それによる主要な受益者は南アフリカとソ連の 2 ヵ国になるであろうから，それは政治的に容認できなかった．それに代わって採用された方法が金プールとなるカルテルの形成による金価格の管理であった．金が圧力にさらされた 1961 年秋，米当局は 1960 年 10 月の事態の再現を恐れ，米国の金のいっそうの流失を回避しようとした．このため，他国が米国と負担を共有して金価格を引き下げるために金を売るか，中央銀行の間だけで 35 ドルで売買することに同意し，中央銀行は金市場の外部にいることが提案された．金市場は，35 ドル近辺の価格に抑える試みがなくなり，通貨当局でないオペレーターの自由に委ねられるであろう．

ディロンはローザに英国と協働するように，さらにその他のヨーロッパ諸国によるこの計画の支持を確保するよう督促した[198]．1961 年 10 月，クームズは中央銀行がロンドン市場の金価格を統制する費用を分担する計画を提案した．この前提として，米国と英国が準備通貨の管理者として従来の通貨制度を維持するために過大な負担をしてきたこと，また価格を 35.20 ドルに維持することの合意が必要であった．イングランド銀行はロンドンの市場価格を維持するために日々の操作を遂行するであろう．イングランド銀行はどんな場合でもロンドンの自由金市場を守ることに熱心であった．手続きは，イングランド銀行が毎月末にニューヨーク連銀にどのくらいシンジケートの金を使用したかを報告

し，そのあとイングランド銀行が誰に補償金を支払うかに関してニューヨーク連銀からの指示を待った[199]．その計画案の概略には合意があったが，詳細についてはバーゼルの次の会議で決定されなければならなかった．英国は参加することをまったくいとわなかったが，状況が悪化した場合には離脱の可能性も残しておきたかった．リケットは「いったんわれわれがこの種の操作に着手すると，それを打ち切ることは容易ではないであろう」と記していた[200]．

　金価格の上限に関して米国の提案があったが，価格の上昇が許容される時があるかもしれないとしてパーソンズはこれに反対した．彼はまた英国が金を入手できるようにすでに多大な努力をしていることを明らかにした．1961 年 2 月から 7 月末までの間に 17 億ドルの金が他の中央銀行に売却され，これに加えてこれらの中央銀行は英国の IMF からの引き出しに関連して 5 億ドルを取得した．このため，英国の準備合計に対する金の比率は以前のいかなる時よりも低下した．この計画に対する全般的な合意があったにもかかわらず，大蔵省のなかにはいぜんとして懐疑的な者もいた．デレック・ミッチェル（Derek Mitchell）はアレンに書簡で次のように述べていた．「ローザ氏の構想を実行可能な案に仕上げて実施することにも，その計画案が少しでも有益な結果を達成するかもまったく確信がもてません」[201]．リーもまた確信がなかった．「われわれは自分たちが巻き込まれるかもしれないことを見通すことはできない」[202]．それにもかかわらず，リケットはその他のヨーロッパ諸国が強く望めば「英国だけがその計画から手を引くのは不利に」[203]なるであろうと感じていた．

　米国はこの計画が最初，1 カ月の試行期間に限定して実施されることを提案し，他のほとんどすべての国はこれに同意した．参加国は米国，英国，ドイツ，イタリア，フランス，オランダ，スイス，ベルギーであった．トニオロによると「コボルド（英国）はこの計画を受け入れる以外の選択はなかったが，いぜんとして完全には確信していなかった」[204]．これは英国の立場を正確には捉えていない可能性がある．たしかに金市場における英国の立場が弱まる可能性に対する気おくれがあったのは事実であるが（この提案はある点ではその立場を強化したが），一方で市場の力を損なうことを懸念する人もいた．

　金プールは総額 2 億 7,000 万ドルで操作を開始した．それは当時のやり方通りすべて厳重な秘密の下に実施された．透明性は皆無で，可能な限り不透明で

あった．最初の試行月にはドル価格の上昇がたんに抑制されただけではなく，35.16ドル以下に引き下げることに成功した．この試行によって，その仕組みがうまく機能し，必要と思われた時にいつでも作動できることが証明された，と思われた．試行期間の後，国際的な政治状況も金市場の状態もその計画案の実施の継続を正当化しない，と合意された．したがって，再開が必要とされる時まで，それは「凍結保存」されるべきだと決定された．クームズはそれが「なかなかの成果を挙げた」と考えた[205]．金プールはバーゼルの定期会議で検討されることになった．

1962年初め同案は拡充された．ヨーロッパの中央銀行がロンドン市場で互いに金を競り上げる可能性を回避するため，個別に購入するのをやめて，そのかわり購入シンジケートを結成すること，その代理人にイングランド銀行が就任することが合意された．米国は金プールによる金購入の残余購買者の役割を果たし，ニューヨークでの金売買に課している0.25％の手数料をプール加盟の中央銀行に対しては控えることを申し出た[206]．

こうして金プールは2つの要素から成り立っていた．販売コンソーシアムと購買シンジケートである．販売コンソーシアムは需要が多い時にロンドンにおける金価格の過度の上昇を抑制するために活動した．それは明確にいえば参加国が出動しなければならなかった．その操作は市場の介入規模には影響せず，イングランド銀行が独自の判断で介入を続けた．購買シンジケートは参加国のために35.08ドル以下で入手できる金を自動的に購入した．7月の初めまで，この計画は満足のいくように機能していると思われた．大蔵大臣への覚書でリケットは次のように記している．

> イングランド銀行と大蔵省は米国が提案したこの取り決めが技術的な理由によって批判にさらされていると感じていた．しかし，われわれがバーゼルでの取り決めに反対し続けることは困難であり，それゆえに米国との良好な関係を維持するためにそれを容認した．これまでのところ，誰もそれが深刻な困難を引き起こしたと言うことはできない[207]．

1963年1月にBISが行った比較的初期の評価では，それは次のように報告

されていた.「金操作に関連する協調行動は国際的な金市場に追加的な安定性をもたらした.それは中央銀行が実際に行ったような協力を行わなかったならば事態がどのように推移したかを誰も知らないという単純な理由からである」.しかしながらその報告は,金プールが重要な心理的影響を与えたと主張した.中央銀行が協力しているという情報は安定性をもたらす重要な要因であると思われていた[208].

1964年を通して,金プールは有効に機能し,明らかに市場に安定的な影響をもたらし続けた.新規生産の増加と暦年の最初の3カ月におけるソ連によるかなりの金売却によって,金プールは約6億ドル相当の金を参加者に分配できた.1964年は参加中央銀行による金プールへの拠出は必要なかった[209].それにもかかわらずそれは制度の欠陥を取り繕うためにとられたいくつかの手段の1つにすぎなかった.

1961年終わりの数カ月には,ポンドの緊急の問題は解決されていた.平価を維持する決意が再び表明された.中期借入は確保された.満足感を反映して10月,11月とバンクレートは引き下げられ,年末に6%になった.1962年の最初の数カ月,ポンドの経過は順調なように思われた.資金の流入があり,準備は増加し,IMFへ7,500万ドルが返済された[210].賃金や新しい計画組織,また次の予算は相変わらず不確実ではあったが,それにもかかわらず,信頼は増しているように思われた.3月までにバンクレートは2回にわたってさらに引き下げられ,5%にまで低下した.

次の数年でポンドを支持するための手段は,為替管理の強化から通常はBISを介した中央銀行による短期の援助,IMFの引き出し,さらにはポンド残高の処理まで及んだ.金価格をめぐる議論がなされ,新種の流動性が求められた.平価切り下げの可能性が現われ,1960年代半ばにそのための積極的な計画が進行した.イングランド銀行はポンドの強力な,おそらくあまりにも強力な擁護者であったが,平価の維持のための手段として直接的に規制することは嫌った.

外国為替市場は1962年と1963年を通して比較的平穏であった.しかし長くは続かなかった.1950年代から追求されたストップ・アンド・ゴー政策が継続し,短期的な方策がなにがしかの一時的な是正をもたらした.しかし1960

年代には，そのような行動は民間部門における長期的計画を阻害し，したがって投資は最適水準以下になり，さらに転じて経済成長がそうあったかもしれないものよりも低くなっている，このような考えが受け入れられるようになった．それから，国民経済開発協議会（NEDC）が設立され，「成長をめざす」ための意図的な推進策が続いた．NEDC は 1963 年，年率 4％ の成長率が次の 4 年間実現可能と確信していた．成長が国際収支問題を解決するであろうという信念と期待があった．

バンクレートは 1964 年 2 月の 5％ への引き上げまで 12 カ月にわたって不変のままで推移した．0.5％ あるいは 1％ の引き上げのどちらが適切なのかをめぐって以前からいくつかの議論があり，その過程で古い妙策が再考された．1900 年以降 0.5％ の引き上げは異常であった．それはおそらく，利率は 1％ の刻みで引き上げられ，0.5％ ごとに引き下げられるべきだ，といういわゆるゴッシェン・ルール（Goshen Rule）の結果であった．1900 年から 1963 年までの 140 回にわたる利率の変更のうちゴッシェンの妙策に従わなかったのはわずか 29 回であったが，この「ルール」が意思決定に利用されたかどうかは疑わしい．しかしながら，1955 年に起こったように，0.5％ の引き上げは不十分で，たんに再引き上げが不可避であるという予想を生み出すだけにみえる危険があることは疑いの余地がなかった[211]．こうして 1964 年 2 月 27 日，バンクレートは 4％ から 5％ に変更された．イングランド銀行はこの変更が国内の拡張を抑制するために必要とされたことを示唆したが，そこには明らかにイングランド銀行の苛立ちが示されていた．というのも，同日，大蔵大臣はイングランド銀行には知らせずに記者会見を招集し，この変更は対外的な要因に照らして実施されたことを印象づけたからである[212]．

注
1) この点に関するすぐれた論考は Bordo and Eichengreen（1993）に見出すことができる．
2) 同期間に米国は最大の債務国から疑問の余地のない最大の債権国になっていた．しかし，それは再び変化して 1980 年代に最大の債務国になった．Goodhart（1999）を参照．
3) Bordo and Rockoff（1996）．

第 4 章　1964 年までのイングランド銀行の対外的責任　　221

4) Bordo (2003).
5) Bordo and Kydland (1995).
6) Friedman and Schwartz (1963); Brunner (1981); Meltzer (2002).
7) Bordo (2003).
8) 当初の資本は政府統合勘定からの1億5,000ポンドと大蔵省為替勘定からの2,100万ポンド～2,500万ポンドであった．セイヤーズによると同資本から800万ポンドが1931年8月に諸中央銀行に返済された時に発生したイングランド銀行の損失の補償として控除された．Bank of England, "The exchange equalisation account: its origins and development", *BEQB* 8(4): 377-390, December, 1968; Sayers (1976, pp. 427, 431); HMT, 'Exchange Equalisation Account', Radcliff, 'Memoranda', Vol. 1, p. 105; Waight (1939); EEAに関する初期の興味ある説明および初期の操作に含まれる秘密主義に関してはHall (1935) を参照．
9) Sayers (1976, pp. 217-218).
10) Waight (1939) を参照．
11) Clarke (1977).
12) Mundell (2000, p. 331).
13) Nurkse (1944); Friedman (1968b); Eichengreen (1992); Eichengreen and Sachs (1985, pp. 925-946).
14) Beenstock, Capie, and Griffiths (1984).
15) Capie (1983).
16) Pressnell (1997, p. 216).
17) Skidelsky (2000). スキデルスキーはローズベルト政権全体が英国に対立していたとみなしがちである．
18) McKinnon (1993, pp. 601-602).
19) Feldstein (1993, p. 615).
20) Presnell (1997, p. 214).
21) Robertson (1954).
22) Pressnell (1978, pp. 67-88).
23) Sargent (1954).
24) 'Overseas sterling holdings', *BEQB* 3(4): 264-265, December 1963; 'Overseas sterling balances 1963-73', *BEQB* 14(2): 162-175, June 1974; CSO, *United Kingdom Balance of Payments*, 1980 edtion, Table 11. 5.
25) Pressnell (1986, pp. 366-367) を参照．
26) たとえば，当時の例としてポルトガルの過大評価があった．
27) HC Deb, 27 September 1949, Vol. 468, c12.
28) たとえば，Cairncross (1985b).
29) Proctor (1993).
30) Butler (1971), p. 158.
31) Gilmour (2004). しかし，アイアン・ギルマー (Ian Gilmour) は，バトラーが回想録で言ったことに反して，彼は彼の反対者たちが最初から正しかったことを後

に認めた，と主張している．しかし，人々はしばしば，時の風潮に屈服して，以前の立場を放棄する．
32) EPU の操作に関するイングランド銀行の見解の詳細については Fforde（1992, pp. 212-214）を参照．
33) たとえば，Boyle（1979, p. 7）．ボイルはライオネル・ロビンズであればそのことで憤慨したであろうと述べた．
34) Capie and Wood（2002）.
35) Cairncross（1985b, p. 165）; Pressnell（1986, p. 448）．カナダは 1950 年代にまさにこれを行った〔為替レートを変動させた〕．
36) Burnham（2003, pp. 2, 7）.
37) MacDougall（1987, p. 108）.
38) たとえば，ウィンダー（1955）は変動為替相場に説得的な論拠を示しているが，それは自由フロートがあらゆる通貨（とその他の経常勘定）の規制の撤廃を含意するという意味以外，当時の交換性問題に触れなかった．
39) Sargent（1954, p. 55 fn. 3）.
40) Meade（1955）; Brittan（1964, p. 194）.
41) 彼の著作 'External economic policy since the war' に基づいたプレスネルと筆者との私的な会話．
42) Seldon and Pennance（1965）．シャンティングに関するいくつかの議論は Dow（1964）を参照．これはこの制度を規制することがいかに困難かを説明している．
43) Day（1956, p. 151）.
44) たとえば，Sargent（1954）を参照．
45) Cobbold to Heathcoat Amory, 22 September 1958, OV44/21.
46) Cobbold to Macmillan, 12 April 1956, OV44/21.
47) 当時，リーズ=モッグは『フィナンシャル・タイムズ』紙の論説主幹であった．彼は 1956 年の補欠選挙で保守党の議員に立候補しており，1959 年の選挙に再び立候補の予定であった．どちらの選挙でも彼は敗れた．
48) Robert Williams (HMT) to Frederick Portsmore (Adviser), 28 May 1957, enc. Rees-Mogg, 'British currency policy', April 1957, OV44/11.
49) Rees-Mogg, 'British currency policy', April 1957, OV44/11.
50) William to Portsmore, 'Exchange rate policy', 4 June 1957, OV44/11.
51) Fforde（1992, p. 322）．1952 年，Robot 計画の支持者として，ルシアス・トンプソン=マコースランドは大蔵省の中では 'Lucifer' とニックネームで呼ばれていた．
52) Bridge to Thompson-McCausland/Parsons, 'Mr Rees-Mogg on currency policy', 26 June 1957, OV44/11.
53) Parsons to Rickett, 27 June 1957, OV44/11.
54) *The Times*, 22 September 1969, p. 25.
55) *Old Lady*, December 1969, p. 254.
56) Fforde（1992, p. 186）.
57) O'Brien memoir, p. 21.

58) Robbins (1958).
59) King and Smith (1999).
60) Paish (1962, p. 152) を参照.
61) これは指数が1950年の100から1957年末の143へ上昇したことに基づいていた. より正確には, これは年率4.3%であるが, やはり大幅である.
62) *The Economist*, 21 September 1957, p. 909.
63) HMT Press Office, 'Statement by the Chancellor', 19 September 1957, G1/75.
64) Rickett to Rowan, 24 March 1958, enc. 'Advantages and disadvantages of flexible exchange rates', OV44/21 およびブリッジの注釈.
65) Rowan to Parsons, 26 March 1958, enc. 'The arguments against a move now', 26 March 1958, OV44/21 およびブリッジの注釈.
66) Rowan to Parsons, 25 March 1958, enc. Macmillan (首相) のエイマリに対する私的な覚書, 21 March 1958, OV44/21.
67) Rowan to Parsons, 28 March 1958, enc. Hall, 'Flexible rates', 28 March 1958, OV44/21.
68) Thompson-McCausland to Parsons, 'Robert Hall's paper on flexible rates', 31 March 1958, OV44/21.
69) Bolton to Cobbold, 1 April 1958, OV44/21.
70) *Reynolds News*, 30 March 1958, p. 4.
71) Rowan to Parsons, 23 May 1958, enc. 'Exchange rate policy', 22 May 1958, OV44/21.
72) D.C. Ingram (総務局監督で事務局勤務) to A.J. Collier (大蔵大臣の個人秘書), 6 October 1958, enc. Cobbold, 'What is meant by convertibility', 6 Octorber, 1958, OV44/21.
73) Fry (1970, pp. 27-28).
74) Draft press announcement, 1 December 1958, OV44/23.
75) 'Extract from Parsons' memo dated 3 December 1958', OV44/23.
76) 交換性への進捗状況に関する詳細についてはFforde (1992, pp. 566-605) を参照.
77) 同時代のすぐれた観察としてはGilbert (1968) を参照.
78) *The Economist*, 22 October 1960, p. 385.
79) *The Economist*, 29 October 1960, pp. 475-477. そして筆者とロバート・アリバーとの私的な会話, 9 November 2005.
80) Bridge memo to Parsons/Cobbold, 'Gold policy: London market, BIS and SARB', 3 July 1959, C43/355.
81) 金市場の特徴に関する説明については 'The London gold market', *BEQB* 3(4): 18, December 1963 を参照.
82) 金に目印を付ける (earmarking) はニューヨーク連銀が財務長官から引き継いだ慣行であった. それによって同連銀は「正当な金融目的」のための金取引を自由に行うことができた. 『エコノミスト』誌 (1960年9月末週号) はニューヨーク連

銀が金に目印をつけることを歓迎したと主張する記事を載せたが，パーソンズはこの記事には根拠がないと述べた．
83) Bridge to Cobbold, 'BIS-gold', 17 June 1959, C43/335.
84) Cobbold to Guillaume Guindey (GM, BIS), 25 June 1959, C43/335.
85) Bridge to Parsons, 'Note on a Visit to the BIS Basle, 23/24th June 1959', 26 June 1959, C43/335.
86) Bridge to Cobbold/Parsons, 26 November 1959, C43/335.
87) Preston to Bridge, 'BIS operation in South African gold', 26 November 1959, C43/335.
88) たとえば，Parsons to Cobbold/Stevens/Bridge, 'Note of a conversation with Mr. Macdonald of the BIS', 2 February 1960, C43/335.
89) Mynors to Hayes, 13 September 1960, G1/357.
90) Stevens to Guindey, 12 October 1960, G1/357.
91) Bridge to Mynors, 20 October 1960, G1/357.
92) Parsons, Note for record, 22 October 1960, G1/357.
93) Harrod to Cobbold, 21 October 1960, G1/357.
94) Parsons, Notes of 20 October, 21 October, and 30 November 1960, ADM 13/3.
95) *BEQB* 1(5): 10, December 1961.
96) Bolton to Cobbold, 23 October 1960, G1/100.
97) BIS, *Sixth Annual Report*. May 1936, p. 41.
98) Eichengreen (1995).
99) Flandreau (1997).
100) Toliono (2005); Cooper (2008).
101) Siepmann to Frederic Powel (Overseas), January 1935, OV21/10.
102) トリフィン計画はIMFが世界銀行へ転換することを提案した．その提案の特徴は(1)各加盟国の準備には新しい計算単位でのIMFへの預金を含む，(2)各国は公的準備の20％をこの形態で保有する，(3)加盟国間の支払いは通常，この新しい預金でなされる，(4)この預金は世界貿易の増大する需要を満たすために増額される一方で，同預金の年々の増加規模には加盟国の事前の合意が必要とされる．
103) Solomon (1982, p. 43)．ソロモンはこれを説明している Horsefield (1969, vol. 1, p. 507) に拠っている．
104) ジャック・ポラクからの私信．IMFアーカイブのPolak/Gold memoにはその証拠はない．またParsons' papersを含むイングランド銀行アーカイブにもその他にもその証拠は存在しない．しかしポラクはその細大漏らさず詳細に至るまでの記憶力を有している．最近行われた完全で興味深い説明についてはPolak (2006) を参照．
105) Coombs (1976, p. 30).
106) *BEQB* 1(4): 9-10, September 1961.
107) Atkin (2004, p. 51).
108) Bernholz (2007, p. 150).

109) Bridge to Parsons on Switzerland, 15 December 1959, C43/368.
110) *BEQB* 1(4): 9-10, September 1961.
111) Fforde (1992, p. 567).
112) Cobbold to Martin, 7 June 1961, OV44/35.
113) OECD, Economic Policy Committee, 'Agreed minutes', 19 April 1961, OV46/78.
114) Tew (1970, p. 128).
115) Bord, Humpage, and Schwarz (2006).
116) Bridge to Parsons, 'American exchange operations with European central banks, Governor's note, 11 February', 9 March 1962, C43/742.
117) *Ibid*. この点に私の関心を向けさせたことに対してロジャー・クリューズ（Roger Clews）に，またスワップへの手引きに関しては彼およびデイヴィッド・イングラム（David Ingram）に私は感謝する．
118) Bridge, Note for record-'Pilot Operation with the F.R.B.', 15 May 1962, C43/742.
119) Dascombe, 'Note of meeting on 25 October 1957 between Cobbold, Hambro, Hanbury-Williams, and Sanderson', 25 October 1957, G15/25.
120) Hambro, Aide memoire, 'The Governor: succession', 16 July 1958; Cobbold, 'Lord H.', 22 July 1958; Hambro, 'Note of meeting on 25 July 1958 between Hambro, Hanbury-Williams, Sanderson and Chancellor', 31 July 1958; 'Note of meeting on 2 October between Cobbold, Hambro, Hanbury-Williams and Sanderson', G15/25.
121) キャドベリーはハンブロに「F.（フランクス）は気さくさを自ずからにはにじみ出してはいない」と打ち明けていた．Cadbury to Hambro, 14 October 1960, G15/25.
122) 1958年，マイナーズは「指定席」にはフランクスが選ばれるべきだと示唆していた．Dascombe, Note, 4 June 1958, G15/25.
123) Neatby (the secretary), 'Note of meeting on 11 October between Hambro, Hanbury-Williams, Sanderson and Selwyn Lloyd', 12 October 1960; Neatby, 'Note of meeting on 18 October 1960 between Hambro, Hanbury-Williams, Sanderson, and Macmillan', 19 October 1960; Neatby, 'Note for Record', 21 October 1960; Hanbury-Williams, 'Conversation between the Chancellor of Exchequer and J.H.W.', 1 p.m., 28 October 1960, at 16 St. Martins Le-Grand, 28 October 1960, G15/25.
124) Kynastone (2001, pp. 252-3).
125) Davenport-Hines (2006, pp. 290-291).
126) Cromer to Cobbold, 4 November 1960, G15/25.
127) *The Times*, 18 March 1991, p. 12.
128) *The Times*, 11 November 1960, p. 12.
129) *The Times*, 3 November 1987, p. 15. 多くの政治家，以前の同僚，および異なる立場で彼と一緒に働いたその他の人々は，どれほどこれが彼らの経験と正反対だっ

たかについて記した．困惑するのは，コボルドの死亡記事を彼が非常に称賛していた親しい元同僚ジョージ・ボールトンが書いたことであった．

130) Interview with Lord Cobbold, 24 October 2005.
131) Independent Television News, Interview, 'Tell the People', 18 May 1958, G1/13.
132) Interview with Lord Cobbold, 24 October 2005.
133) Fforde (1992, p. 612).
134) Cobbold to David Hubback (HMT), 6 June 1961, enc. Cobbold, 'Top secret note', 6 June 1961, G1/252.
135) Cairncross (1999, p. 40).
136) H.M. Treasury, 'Note of a meeting ... 6th June 1961', 6 June 1961, G1/252.
137) Cobbold, Governor's note, 7 June 1961; Mynors, 'Note', 14 June 1961; HMT, 'Note of a meeting ... 15th June 1961', 19 June 1961, G1/252.
138) HMT, 'Note of a meeting ... Tuesday, 11th July, 1961', 12 July 1961, G1/252; O'Brien to Cromer/Mynors, 'Monetary measures', 11 July 1961, C42/5.
139) Cairncross (1999, p. 37).
140) O'Brien to Cromer/Mynors, 'Monetary measures', 11 July 1961, C42/5.
141) *Ibid*.
142) Fforde to O'Brien/Allen, 13 July 1961, C42/5.
143) Cairncross (1999, pp. 50-51).
144) Cromer to Lloyd. 24 July 1961, C42/5.
145) 'The UK exchange control: a short history', *BEQB* 7(3): 257-258, September 1967.
146) Piers Legh (Assistant Chief Cashier) to Hamilton and Parsons, 'Overseas investment', 23 August 1961, EC5/328.
147) Parsons to Rickett, 12 June 1961; Stevens to Cobbold/Mynors/Cromer, 16 June 1961, G1/252.
148) Legh, 'Note for record – exchange control restrictions', 28 June 1961, EC5/328.
149) 'Invisibles in the balance of payments', *BEQB* 1(5): 17-25, December 1961.
150) CSO, *UK Balance of Payments*, 1967.
151) 対外収支の赤字を「改善」するさまざまな手段に関する議論については Cooper (1968) を参照．
152) Cromer to Lloyd, 7 July 1961, G1/252.
153) Pollard (1970, p. 17).
154) Cromer to Lloyd, 19 July 1961, G1/260.
155) Blackaby (1978, p. 17).
156) Letter from the Treasury to the IMF secretary, 18 August 1961, C40/569.
157) Portsmore to Parsons, 'I.M.F.', 1 June 1961, OV39/12.
158) Parsons to Cromer/Mynors/Stevens, 'Note of a conversation with Mr. Jacobsson', 3 July 1961, OV39/12.

159) Bridge to Parsons, 'I.M.F. 7', 10 July 1961; Bridge to Parsons, 13 July 1961, OV39/12.
160) Pitblado to Rickett, 28 July 1961, OV39/12.
161) Portsmore to Cromer, 'I.M.F. standby', 26 July 1961, OV39/12; Washington to Foreign Office, Telegram 197, 4 August 1961; Washington to Foreign Office, Telegram 156, 4 August 1961; 'Statement by Mr. D.B. Pitblado, Executive Director for the United Kingdom, at IMF board meeting on August 4, 1961', OV39/13.
162) IMF, *Annual Report*, 1962, pp. 13-15.
163) Cromer to Lee, 13 September 1961, G1/260.
164) Cromer to Llyod, 6 September 1961, G1/260.
165) Cromer to Llyod, 19 December 1961, G1/260.
166) *BEQB* 1(5): 3-5, December 1961.
167) Cromer to Llyod, 22 January 1962, G1/260.
168) C8/23 を参照.
169) Polak (2006, p. 15).
170) *Ibid.*, p. 19.
171) Allen, 20 September 1962, OV44/13.
172) Mynors, 3 January 1963, OV44/13.
173) たとえば，Shenk (2004, p. 551) を参照.
174) Fforde to Thompson-McCausland, 2 December 1964, OV47/63.
175) 他の解釈に関しては，銀行制度改革に関するフォードの論文を参照．同論文は総裁によって丁重に否定された．Cromer, Governor's note – 'The banking system', 9 June 1965, ADM35/6.
176) Fforde to O'Brien/Parsons, 'Report of Sterling Area Working Party', 30 January 1968, OV44/116.
177) Rootham annotation on Rickett to Parsons, 16 October 1962, OV44/13.
178) 初期の同市場に関する優れた要約については Holmes and Klopstock (1960) を参照．
179) これは大恐慌において認識された銀行制度の欠陥に対して制定された 1933 年および 1935 年法に基づく規制であった．それは銀行の預金支払金利に上限を画した．
180) Clendenning (1970, p. 21)．また，やや異なる説明については Shenk (1998) を参照．
181) Shenk (1998).
182) Thompson-McCausland to Stevens, 'Eurodollar', 9 May 1962, EID10/21.
183) Einzig (1964).
184) Parsons to Cromer/Mynors, 'Note of a conversation in Basle on 10/11 April', 14 April 1961, ADM13/4.
185) Bank of England, 'The Euro-dollar market', 20 April 1961, EID10/21.
186) Fry (1970, p. 30).

187) たとえば，パーソンズは同市場を報告する必要性に関してボールトンと議論した．Parsons to Cromer/Maynors/O'Brien/Hollom, 18 February 1964, 6A123/1.
188) 'U.K. Banks' external liabilities and claims in foreign currencies', *BEQB* 4(2): 103, June 1964.
189) Friedman（1970, p. 273）．
190) たとえば，Klopstock（1968）を参照．
191) Harrod（1969, p. 320）．
192) Harrod to Allen, 11 July 1966, 6A123/3.
193) Tether（1961, p. 399）．
194) Selwyn, 'Information on Euro dollars for The I.M.F.', 6 March 1963, EID10/22.
195) BIS, *Thirty-sixth Annual Report*, June 1966, pp. 145-146; *Forty-fourth Annual Report*, June 1974, p. 172.
196) Mynors, 'Talk with Mr Armstrong', 5 June 1963, G3/151.
197) 事実，ヤコブソンは後に，1960年9月のIMF会議がこれらの計画の出発点であったことを認めた．1962年のクローマーへの手紙で，「貴国の議会演説や新聞の論説でのヤコブソン計画を読んで愉快になっています．……1960年の年次会議で開始され，1962年2月の理事会で陳述されたものが受け入れられるまでに2年近くを要しています．そしていまや国際通貨構造の一部になりつつあります」．Jacobsson to Cromer, 1 August 1962, G1/256. The IMF paper, 'Replenishment by borrowing', SM/61/34, は1961年4月から回覧されていた．Horsefield（1969, Vol. 1, pp. 507-516）も参照．
198) Toniolo（2005, p. 376）．
199) Parsons to Cromer, 'Brief for talk with Dr. Holtrop. Gold', 30 Octorber 1961, G1/280.
200) Rickett to Lee, 7 November 1961, G1/280.
201) Mitchell to Allen, 6 November 1961, G1/280.
202) Lee to Hubback, 7 November 1961, G1/280.
203) Rickett to Lee, 7 November 1961, G1/280.
204) Toniolo（2005, p. 377）．コボルドは1961年6月，総裁としてはイングランド銀行を去った．クローマーはバーゼルにいた．しかし，コボルドはまだBISの理事会に名を連ねていた．
205) Parsons to Rickett, 20 December 1961, G1/280.
206) この考えは当初，1961年12月に米国財務省によって検討された．パーソンズはこの計画に確信がもてず，それは「技術的な困難」に直面するであろうと信じていた．'Note of a meeting held at the US Treasury on Thursday, 4th January 1962', G1/280. 参照．
207) Ricekett to Hubback, 23 July 1962, G1/281.
208) BIS, 'Co-ordinated gold operations – report of the group of experts on the experiences of the past year', 12 January 1963, G1/284. また BIS, *Thirty-second Annual Report*, June 1962, pp. 125-127 を参照．

209) IMF, *Annual Report*, 1965, p. 101.
210) *BEQB* 2(2): 83, June 1962.
211) ジョージ・ジョーティム・ゴッシェン（George Joachim Goschen）は1858年から1865年の間，理事会の一員であった．彼のルールを最初に提起したのはバジョットの『ロンバード街』であった．このルールに関する正式な理事会議事録は存在しない．Sayers to Mynors, 25 March 1955, enc., "The Goschen rule" in Bank rate changes'; Mynors to Sayers, 31 March 1955; 'Minimum rate of discount in London 1844-1934', extended to 1957, 19 September 1957, G15/97; Hollom to Cromer/Mynors, 'Bank rate', 14 January 1964, C42/8.
212) Press briefing, 27 February 1964; Whittome to Parsons, 3 March 1964; Dudley Wynn-Williams to Hollom/Stevens, 'Bank rate and the press', 16 March 1964, C42/8.

第5章
危機から「礫の苦難」へ

　国際通貨協定の脆弱性と2つの準備通貨という微妙な状態は，しだいに主要な参加国間に論議と協調を生むようになった．たとえば，1964年2月に実施されたバンクレートの引き上げは，米国の当局者と率直な意見交換がもたれた最初の機会となったことで知られている．1963年末にクローマーは，連邦準備議長であるビル・マーティン（Bill Martin）に，経済が回復してきたので金利の引き上げを考慮している旨を伝えた．そして，金利差を変えないために，米国が連動して金利を引き上げることを強く要望した[1]．大蔵大臣がパリの会議でローザと論議する一方で，1964年1月バーゼルにおいてイングランド銀行総裁はヘイズおよびクームズとこの問題に関して話を進めた[2]．協力は望ましいことではあったが，交渉は厄介で，ある種の微妙な外交術を必要とした．ジョンソン大統領とマクミラン首相との間で電報が交わされた．ワシントンでは，英国の経済大臣であるエリック・ロール（Eric Roll）がすこぶる活発に活動していたが，ロンドンでは，バンクレートの引き上げが発表される前日においてさえも，アームストロング，ケアンクロス，ゴールドマン，マイナーズが，米国政府の代表者と「異例ともいえる率直さ」と形容される協議を行った．結局，米国の金利が据え置かれたにもかかわらず，協力は成功したように思われた[3]．唯一懸念されたのは，巨大なリスクを保証付きで引き受けたことと，再びバンクレートの「情報漏れ」の可能性が生じたことである[4]．こうしたことすべては，国際的な金融協力の意義が増し，英国と米国による金融上の決定の影響力が拡大する兆候となるものであった．マイナーズ個人としては，このような発展を遺憾に思い，「この機関〔イングランド銀行〕の純然たる国内的な関心事といえるものは，私が子供の頃には，シティとウエストエンド支店間の

論争であったが，今や，〔英米〕両国政府間のそれも加わったようである」と，マーティンに打ち明けた[5]．

1964年初めには，英国経済は堅調に成長していた．バンクレートの引き上げは，ラドクリフ委員会流の見解と軌を一にするものではなかったが，ある程度は需要の成長を抑えることに役立つはずであった．公表された政策の論理を跡づけることはつねに容易ではないが，このときには，より高いバンクレートが事業への信認と国債市場における市況観を高揚させるといわれた[6]．イングランド銀行は心理的な駆け引きに耽溺し，相変わらず心理面の重要さを強調したが，バンクレートの引き上げには，たぶんに不必要な拡大を許さない決意の現れとして受け取られることが期待されたのであろう．実質生産高は5％，個人可処分所得は名目値で7％と，それぞれの年間成長率が予測されていたが，そのような需要〔水準〕には，不可避的に対外収支上の困難が伴うという懸念が再浮上していた．とはいえ，1964年初頭は，すべての市場が比較的平穏であった．2月末にはポンドに対する短期間の圧迫がみられ，直物為替相場が2，3日で，2.7970ドルから2.7945ドルへと下落した．そして2,500万ドルを支出して，相場をそのような水準に維持するための支援がなされた[7]．だが，この出来事は，ドイツマルク（DM）の平価が切り上げられるという根強い噂と結びついていた．いっそうの関心事となったのは，英国の経常収支が同時に赤字に陥るのではないのかという危惧であった．

ヨーロッパ大陸では，英国が十分な対外準備ポジションを本気で確保しようとしていないという懸念が払拭されないでいた．この種の不安が反映された書簡において，国際決済銀行（BIS）のフレデリック・コナリー（Frederick Conolly）はイングランド銀行総裁に対して，次のような見解を表明した．「私があなたに手紙を差し上げるのは異例ではありますが，この例外を認めて下さることを願っています」と，彼は書き始めて，共同謀議を遠回しに仄めかしながら，「この手紙のコピーをそちらで回覧なさらないで下さい．また，私があなたに手紙を差し上げたことを誰にも話さないで下さい」という追伸で書簡を結んでいた[8]．コナリーは1920年代にはイングランド銀行員であったが，1933年に国際決済銀行に加わり，当時は金融経済局（Monetary and Economic Department）のマネジャーを務めていた[9]．彼の手紙の主旨は，他の国と比較

したり，輸入カバレッジ〔輸入額に対する対外準備の割合〕の観点からみて，英国の対外準備が余りにも少なすぎるということであった．対外準備は30億ドル程度であったが，コナリーの試算によれば，50億ドルは必要であった．不足部分の20億ドルは，戦時中に徴用した米国の証券から15億ドルを転用することと，さらに5億ドルをドイツのような（70億ドルの対外準備を保有）「黒字」国から，ドイツマルク建ての英国政府債券で，たとえば10年間借り出すことで調達できる．「これは，あなたには単純すぎる考えと思えるかもしれませんし，私がヨーロッパ大陸流の思考を身につけてしまったためなのかもしれません．……だが……『スタンドバイ信用供与 (standbys)』枠は，実際に手元にある現金額とは比肩すべくもありません」と述べて，彼は手紙を終えた[10]．このときイングランド銀行総裁はパキスタンを訪問中であったため，マイナーズは暗黙となっていた守秘義務を無視して，自らの責任で回答した．彼は最初の提案については何ら不都合ではないが，米国の証券を資産としてどのようにみるかについては，米国の政界や英国大蔵省の大臣たちの優柔不断さが障害になるかもしれないと考えた．しかし，概して，彼は熱意を示さなかった．「私のような純粋主義者の考えでは，返済のことを熟慮しないですでにあまりにも多くの借入を行っている」と，マイナーズ特有の流儀で述べた[11]．

　ともかくも，政策当局はつねに警戒を怠らなかったが，1964年1月時点では，これらの問題は，英国全般とくにイングランド銀行においては，緊急を要する関心事になっていなかった．実際，コナリーの論点の1つは，物事が平穏なときに行動を起こすことができるというところにあり，当時はそのような状況下にあった．だが数週間が経過すると，国際収支が大きく悪化したことが判明した．5月に，経済社会調査国民研究所（National Institute of Economic and Social Research; NIESR）は，1964年には国際収支の総赤字額（経常収支と長期資本収支）が3億ポンドに達すると予測した．7月に，赤字額の公式推計値は6億ポンドに拡大し，この時点でポンドに対する危機が現実のものとなった．5月後半から7月後半にかけて，直物為替相場は2.8000ドルから2.7875ドルに下落した．8月に同研究所の機関誌『NIESRレビュー』は，経常収支の赤字額が4億ポンドで，総合収支の赤字額が5億ポンドに達すると伝えた．実際，1965年に公表された数値によれば，経常収支の赤字額は3億7,400万ポンドで

あり，最新の補正では，その金額が3億2,700万ポンドであることが判明している[12]．国際収支の赤字額は巨大であり，かつてないほどの大きさではあったが，政策の立場からはあまり大きな問題にはならなかった．

少なくとも1964年の4月の時点までは思い切った行動が考慮されることはなかったが，ポンド平価の切り下げが話題に上り始めていた．実際，変動相場制や平価切り下げが話題から完全になくなることはなかった．とはいえバローは，次のような，役所において一般的となる見解を表明した．「現在の状況下では，平価切り下げ，ましてや変動相場制などは，束の間の救済にもならない．どちらもドルに打撃を与え，米国やポンド地域の国々との関係を悪化させることになる．また2つの方策のいずれも，ポンドに対する信用支援がもっとも必要なときにそれを利用できなくするであろう」と[13]．もちろん，この問題に関しては，絶えず至るところで噂が飛び交い，ごく最近ではヨーロッパの高官の間にも流布していた．受け容れがたいとして却下するだけだとしても，4月にはイングランド銀行や大蔵省においても平価の切り下げ問題が真剣にとり上げられていた．ヨーロッパ問題に関する総裁のアドバイザーであったルパート・ロー（Rupert Raw）（彼には，バーゼルでライン川を泳いで渡り警察に捕縛されたという悪評がついて回っていた）[14]は，1958年のフランスの例を指摘して，内戦の勃発のような切迫した状況下においてのみ，平価切り下げが試みられるべきであると主張した．彼の言によれば，平価切り下げ後の3年間のフランスでは，労働組合が武装した右翼の介入を恐れて従順になったとのことである．彼のこのような議論が，英国に当てはまらないことは明白であった[15]．アレンは，フランが準備通貨でないことを付け加えたが，より実際的にみれば，1964年に英国は国際収支の赤字を埋め合わせるために，外国からの短期の金融を必要としていた．この時点で平価切り下げが行われれば，外国から金融支援を受けることが期待できなくなるばかりか，過去3年間にわたり培ってきた国際協力の精神全般を危険にさらすことになった．アレンは「英国の輸出と貿易外収支を改善する手段として平価切り下げを勧告することは，経済的かつ政治的な帰結を考えれば，まったく擁護できないものである」と結論した[16]．これにはパーソンズは，全面的に賛成であった．「主要な貿易国の通貨の切り下げの必要があったのかもしれないが，それは愚劣さと無責任さを告白するにすぎな

い」のである[17]．この見解はまさしくイングランド銀行の立場を表明するものであった．

　それにもかかわらず，平価の切り下げ問題はしだいに重大な取り扱いを受けるようになっていった．6月にケアンクロスは，平価切り下げを避けられない事態が生じることを回避するための政策目標が重要であると述べていた．彼は，これに関する論議を進めて，10％の平価切り下げ（1ポンドを2.40ドルとすると，1セントが1ペニーに等しいことになる）に基づき，輸出入弾力性を用いて試算を行った．この作業は，少なくとも1931年以来，大蔵省が行ってきた職務の一環にあった[18]．オブライエンは，ケアンクロスの文書の最初の版に，「あまり満足すべき出来ではない」と学校の先生のように書き込み，さらにこれがアームストロング報告書の付録に掲載されるのであれば，イングランド銀行は，モーリス・アレン（Maurice Allen）の指針に沿って，別の文書を準備することを希望するかもしれないと付け加えた[19]．

1.　次のポンド危機

　平価切り下げ政策は歓迎すべき事態ではなかったが，それにもかかわらず，実施するためには何らかの準備が必要であると思われた．しかし，1964年の夏の終わりには，より緊急性が高い事態が生じた．8月の中旬，直物相場はいまだに弱気であったが，先物相場はそれほどでもなかった．これに関する解釈は，経常収支が危惧されるものの，長期にわたり緊張感が伴うことはないというものであった．とはいえ，国際通貨基金（IMF）の会合が9月に東京で開催されることが予定されており，中央銀行総裁や大蔵大臣が東京に滞在して不在となる翌月〔10月〕に，どのような行動をとるべきかについて，イングランド銀行内部ではしだいに関心が高まっていた．正副総裁は，パーソンズとホーラムとともに，8月28日に大蔵大臣を訪問してこのことを話題にすると，金を売却するよりは米国との間でスワップ信用枠を用いるべきであると告げられた[20]．スワップ信用枠は，当初は1962年8月に連邦準備と取り決めた5,000万ドルであったが，その後，3カ月間のスタンドバイ信用供与協定が締結され，1963年5月までは3カ月おきに，その後は1年間ごとに更新されてきた．5月

末には，金額が5億ドルまでに増額されていた[21]．イングランド銀行総裁はバンクレートの引き上げを示唆していたが，急いでそれを実行するつもりはなかった．しかし大蔵大臣は，バンクレートの引き上げの有用性を認めるものの，どの程度の問題が生じるのかを実際に考慮することなく，バンクレートを引き上げることには懐疑的であった．おそらく両者の間に，暗黙の政治的な配慮が働いたのであろう．政府は，選挙キャンペーン直前にバンクレートの引き上げを認めることを好まなかったし，クローマーは，労働党の新政権に加勢するよりも現政権に引き続き協力する方がより有利な機会が与えられるかもしれない，と納得したのであろう[22]．重要な結論はなにも得られなかったが，ともかくも，彼らはIMFの引出権が早晩必要になることを明確にした方がよいと，東京で合意した[23]．今後の選挙戦のさなかに起きるかもしれない，1961年規模の取り付け (run) に対処するために，1964年8月に10億ドルのIMFのスタンドバイ信用供与協定が更新された．さらに9月には，追加の措置が講じられた．12月末までに返済しなければならない5億ドルの信用枠が，他の中央銀行との間で締結された．9月11日の金曜日までにポンドに対する圧力がいっそう高まり，先物市場にまで広がった．

　ポンド問題が選挙キャンペーン中に和らぐことは，まったく期待できなかった．とくに野党が対外収支勘定に注意を向けたから，当然の帰結であった．10月には，クローマーは大蔵大臣に対して「……最新の数値が『今後の選挙戦を左右する』ことになるとウィルソン氏が言明したことを引き合いに出して」，懸念を表明した[24]．また，労働党が政権に就くという予想は，不安感を高めた．というのは，経済成長の追求のために労働党政府が平価の維持を断念するのではないかと案じられていたからである．（実際，1931年，1949年と過去2度にわたる平価切り下げの際に，労働党は政権の座にあった．したがって，金融的な信頼を獲得するためには，労働党を分断する必要があると考える者すらあらわれた．）10月15日の選挙当日の早い時間帯に，労働党の勝利が明らかになった．そして，10月16日の金曜日は，ポンドにとって厄日の再現となった．直物相場が2.7825ドルと，1955年以来の最安値を記録した．

　その後に続いたものは，第2次世界大戦以降で最悪のポンド危機の1つとなったが，結局，1967年の平価切り下げで頂点に達するまでは，危機は解消さ

第5章 危機から「磔の苦難」へ

れなかった．もし迅速かつ決定的な行動がとられていたのであれば，1964年の危機は避けられたのかもしれない．しかし，新政府はあらゆる面で躊躇した．貿易省（商務省）の新大臣となったダグラス・ジェイ（Douglas Jay）は，10月20日に，政府が国内活動を削減することなしに国際収支問題を解決できる旨の声明を発表した．これは，英国経済が国内外で直面している状況に関する無知ぶりを示すものであった．10月23日の金曜日は厄日の再来となった．この日，2.7825ドルの〔対ポンド〕相場を維持するために3,300万ポンドが使用された．

「〔労働党政権の〕初日から平価の切り下げは忘れ去られていた．……そして1966年7月まで再び言及されることはなかった」とまで言い切るのは，おそらく言いすぎとなるかもしれないが，実際，選挙前に労働党は平価の切り下げに反対することを決めていた[25]．労働党政府の最初の数週間は，平価の切り下げという選択肢の脅威にさらされていたことは確かである．選挙後の土曜日のダウニング・ストリート10番地〔総理大臣官邸〕における会議では，マクドーガルのみが平価切り下げに賛成したが[26]，ケアンクロスと大蔵省の経済アドバイザーであるロバート・ニールド（Robert Neild）は，10月の段階に至ると平価の切り下げに賛成した[27]．後日，彼ら以外の者たちも，平価を切り下げなかった誤りが，その後数年間の政策を歪めた事実を認めた[28]．しかし，支配的な見解は，あくまで平価の切り下げには反対であった．それにはクローマーやイングランド銀行の幹部が含まれていた．だが，元大蔵省高官であったレオ・プリアツキー（Leo Pliatzky）が述べているように，官庁エコノミストたちの間では見解が分かれていたように思われた．しかし，イングランド銀行ではこのようなことはなかった[29]．イングランド銀行の立場をいっそう典型的に示すのは，ブリッジの見解である．12月に，この問題に関するもう1つの覚書が論評の俎上に載せられたとき，いつもの率直な調子でブリッジは，大筋でこの覚書に合意するが，「武装した強盗の行為と等しいような平価の切り下げという記述がどこにも」見当たらないことに失望したと記した．そして「おそらくは，このような情勢分析を含めることが政治的な得策にはならないと考えたからであろう」と付言した．他の機会にも，ブリッジは平価の切り下げを「追いはぎ強盗」と形容している[30]．

米国には危機が深化していることを十分に通告しており，10月に総理大臣〔ウィルソン〕はジョンソン大統領に対して次のように伝えた．

> われわれは熟慮のうえ，2つの代替的な行動方針案を拒否した．国際的な為替に対するあらゆる影響を考慮すると，あなた方にも明らかでしょうが，われわれは第1の案を現在まで拒否してきましたし，今後とも断り続けます（それは平価の切り下げです）．第2の案は利子率の引き上げですが，経済に対する制限的な影響やあなた方自身が抱える問題に対する効果のために，とくに現時点において，私は原則としてこれに反対します[31]．

国内への影響という理由から，利子率の引き上げに反対する首相は，以前に彼が全面的に承認したラドクリフ委員会の見解を，今や否定するに至ったのであろうか．もちろん，この問題に関するウィルソンの発言は予想されたものであり，市場における軽率な行動に先手を打とうとした強い拒絶の表れであった．少なくとも1964年時点では，このように信じられていたと思われる．『タイムズ』紙は，「このこと（平価の切り下げ）は，1961年にはあり得ると思われたが，現在ではそうではない」と支持を表明した[32]．10月に入ると，政府は英国経済への評価を開始した[33]．だが，予想されたバンクレートの引き上げは実施されず，次の木曜日にも行われなかった．クローマーは，バンクレートに関する外務大臣の発言に苦言を呈した．「私は，バンクレートが公開討論の議題には馴染まないこと，さらに，もし公開の場で何か発言がなされるのであれば，あなた自身か首相から，あるいはひょっとすると私自身から行われるべきであるが，いずれにしても，われわれの間で十分に相談したうえでのことである．このことにあなたが同意されることを信じています」と[34]．

11月3日の女王陛下の演説は，なんら不安を鎮めるものではなく，人々の士気を高めることもなく，ポンド問題に言及したものでもなかった．さらに悪いことに，11月5日にバンクレートの変更はなく，大規模なポンド売りが再び始まっていた．状況があまりにも悪化したため，11月11日には，あるミュンヘンの新聞がポンドの切り下げが間近に迫っていると自信に溢れた主張を伝えた．このような優柔不断の状態が続いた．11月11日に大蔵大臣のジェーム

ズ・キャラハン（James Callaghan）が提出した補正予算は，公共部門の借入必要額（PSBR）の削減を提案した．しかし，それはまた，基本的な問題に適切に取り組んでいると，ポンドの利用者を説得するのに失敗していた．翌日も，バンクレートの引き上げはなかった．翌々日，クローマーは他の中央銀行のなかには〔バンクレートの引き上げについて〕強い懸念を抱くものがいると，大蔵大臣に報告した．イングランド銀行総裁はバンクレートの1%の引き上げを提案したが，ニールドと大蔵省は「国内的な見地からバンクレートの引き上げが現時点では適切ではない」と感じていた[35]．その日からポンドには新たな圧力が加わり，2.7828ドルの相場を支えるために2,000万ポンドが費やされた．まったく信じ難いことに，次の木曜日である11月19日にもバンクレートの変更はなく，20日の金曜日には，相場を防衛するために，さらに6,300万ポンドが支出され，これまでの最悪の日となった．1961年の危機のどの日にも，これ以上の金額が使われたことはなかった[36]．

11月20日にクローマーは大蔵大臣宛に，「気掛かりなことにポンドの状況があっという間に悪化しています．……われわれは，今月だけでも1億4,700万ポンドを失いました」と手紙を書いた[37]．マスコミは与えられる支援の規模について憶測したが，つねに大幅に過小評価しており，事実を知る者はほとんど誰もいないという状態であった．「内閣でさえも日々の損失の数値を知らされなかったし，私はハロルド・ウィルソン（Harold Wilson）とジョージ・ブラウン（George Brown）にしか秘密を打ち明けなかった」と大蔵大臣は回想している[38]．クローマーは予算が不十分であると苦言を呈し，借入に依存するだけでは，どれだけ借り入れようとも，事態を乗り切ることができないと述べた．今度は，ウィルソンがクローマーに苦情を呈する番であった．「毎晩毎晩われわれは，政府支出を早急に削減するべきであるという要求に耳を傾けねばならなかった．……ほとんどピストルを突きつけられる距離から，支出を切り詰めるように求められている」と[39]．しかし，クローマーは挫けることなく，11月末には次のように記した．「早期のバンクレートの引き上げがなされるよう，再度私は，あなたとあなたの仲間たちに懇請しなければなりません．……私があなた方に2%の引き上げ，すなわち7%を勧める公算の高いことを事前に知らせておかねばなりません」と[40]．だが，クローマーはいぜんとして，翌

木曜日にバンクレートの変更が行われるべきであり，そのための最終的な決断が水曜日になされるべきであると示唆していた．11月20日当日にイングランド銀行にいたクームズは，「金曜日〔11月20日〕の晩，私は労働党政府が敗北を認めたと感じながら，イングランド銀行を後にした」と述べている[41]．

バンクレートの引き上げに対する躊躇が持続し，それは説明のつかないものであった．ポンドからの逃避の真最中にバンクレートが引き上げられたが，これに対する唯一の解釈は，今回の引き上げがそのときまでにすでに起きてしまったパニックへの対策であったということである．ワシントンからの伝言は，バンクレートの引き上げを米国が無条件に支持し，英国が1%ないし2%動かすにもかかわらず，米国は0.5%幅を考慮して追随することを通告するものであった．しかし，IMFから追加のスタンドバイ信用供与を得る交渉が困難である旨の不安が表明された．さらに，国際収支問題を是正する取り組みがなされたとしても，それに十分な信を置かないヨーロッパが，一般借入協定（GAB）を発動する際の障害となるかもしれなかった．11月21日と22日の週末にかけて，チェッカーズで開催された経済関係大臣とアドバイザー，イングランド銀行総裁の会談において，バンクレートを7%に引き上げる決定が最終的に下された．バンクレート引き上げの発表は定例の木曜日ではなく，11月23日月曜日の午前10時に行われ，パニックへの対応の意義を付け加えることになった．月曜日の午後，大蔵大臣は下院に対して，「今回の引き上げの目的がポンドの現行平価を維持する政府の決意に対する疑念を払拭するところにある」と伝えた[42]．利子率の引き上げの影響に対して疑問が提起されたとき，キャラハンは，「バンクレートの引き上げが国際的な状況に対して最初の直接的な効果をもつことは，ラドクリフ委員会の全員一致の結論である．……私は国内経済に影響を及ぼさないことを願っている」と答弁した[43]．もし，これが仮に信念の披瀝であったとしても，なぜバンクレートの引き上げが，これほど遅延したのかに関して疑問を呈することは，もっともなことであろう．

もう1つの考慮すべき副次的な疑問とは，「バンクレートの引き上げが月曜日に発表された事実が，政府側のパニック状態を露呈することにならないのか」というものであった．これに対する予想された回答は，「決してそのようなことにはなりません」というものであった[44]．だが，パニック状態は確かに

出現した．火曜日と水曜日にポンドに対する大規模な取り付けが発生した．火曜日の 8,700 万ポンドの支援にもかかわらず，1 ポンドの直物相場は 2.7860 ドルに下落し，この段階で「ポンドからの逃避に対して手がつけられない状態となった」[45]．クームズは，ブリッジがグリニッジ標準時午後 2 時に電話をかけてきて，現在 1 分当たり 100 万ドルの割合で対外準備を失いつつあると知らせたことを思い起こしている[46]．11 月 24 日火曜日の午後 5 時 30 分に大蔵省において，大蔵大臣とイングランド銀行総裁も出席して危機対策会議がもたれた．総裁は，「われわれは極度の危機のさなかにある．使い得る信用枠は使い尽くされた．今や金を売却しなければならない」と報告した．大蔵大臣がこの事態の原因の説明をめぐって総裁に意見を求めたとき，総裁は政府の政策が信頼感を欠如させていると躊躇なく返答した．副総裁は，英国経済にファンダメンタルな脆弱性がみられるが，その「ファンダメンタルな改善が進んでいない」と内外の多くの人々が信じているからであると付け加えた[47]．彼らは大蔵省からダウニング・ストリート 10 番地に場所を移して，午後 10 時 30 分から首相と論議を続けた．総理官邸における会議は，みるからに殺伐とした雰囲気であった．他の中央銀行から融資を受けることは難しいと示唆されたとき，ウィルソンは「もし〔他の〕中央銀行と政府が，選挙綱領を実行できない状況に民主的に選出された政府を追い込むのであれば，そのときは首相には総選挙に打って出る道しか残されていない」という劇的な声明を発表した[48]．これに関してマイケル・スチュワート (Michael Stewart) は，「ずる賢いヨークシャー生まれの男〔ウィルソン〕が，曲球を用いてクローマーの挑戦を打ちのめしてしまった」と上機嫌で記録にとどめた[49]．首相は，何らかの輸入禁止措置を導入しなければならないと考えていると続けて語ったが，総裁は IMF 協定第 13 条がこの措置を許可しないと指摘した．首相と大蔵大臣は，そのことに気づいていなかったと述べた．さらに，驚くべきことに首相は，「政治的かつ経済的な条件を考えると，平価切り下げの代替策として受入れ可能なことは相場を変動制にすることかもしれない」と結論しつつあるとまで言明した．しかし会議の結論として，短期の融資をみつけることが不可能なことが判明した場合には，「代替策ではなく平価切り下げの命令書の発行を考慮する」，と首相は述べた．首相はクローマーの手の内を曝こうとしていたのかもしれないが，クローマー

は総選挙に訴えることは「政党を国民の審判にゆだねることになる」と反論した[50]. しかしウィルソンは, この事態を冷笑的にみていた. すなわち, 中央銀行家がもっとも避けたがることは国際金融制度の混乱であり, クローマーは救済策の手筈を整えることができると確信していた. ウィルソンは, クローマーを好いていなかったのかもしれないし, 労働党を衰退させようとしていると疑っていたのかもしれないが, 彼の中央銀行運営に関する技量を賞賛していた. 11月24日の水曜日に, 2.7860ドルの為替相場を維持するために, さらに9,200万ポンドが支出された.

実際, 前日の朝から総裁は, 他の中央銀行に電話をかけまくっていた. 水曜日の午後7時に, 30億ドルの包括案がまとめられたと発表があった. それは, 主に総裁の個人的なリードにより行われたのであった. 総裁はクームズを通じて米国の助力を得ていた. このときクームズは, 同僚たちに電話をして, もしポンドに対する圧力が最終的に平価の切り下げに帰着するようになると, ドルに対する攻撃が生じ, そのために国際金融制度が脅威にさらされると伝えていた. そしてクームズは, クローマーが準備している包括案への支援を要請した[51]. 包括案は, 11カ国および国際決済銀行と米国輸出入銀行 (Eximbank) からのスワップと預金から成っていた. 最大の拠出は, 5億ドルのマルク―ポンドのスワップであった. また, 連邦準備銀行のスワップも5億ドルから7億5,000万ドルに増額された. 信用枠の大部分は, 1965年2月末まで使用できて, その年の5月まで延長可能であった[52]. 包括案は, 為替市場における熱狂した投機を鎮め, たとえ英国経済に関する長期の展望に疑念が投げかけられているとしても, 差し迫った平価切り下げの脅威を最終的には取り除くことができるものと思われた. クローマーは, この活動をダンケルケ〔1940年英国軍がドイツ軍の攻撃で撤退したフランスの港〕になぞらえ, 大蔵大臣に対して, 勝利はまだこれから獲得されなければならないと警告した. そして, 大変おおげさに「失敗は世界におけるこの国の地位に軍事的な敗北と同じくらいの災難をもたらすであろう」と付け加えた[53]. しかし, その後数週間における出来事が示すように, 包括案が完全に信頼を回復させるものではないという総裁の見解は, 正しいものであった.

12月2日に, IMFスタンドバイ信用供与から10億ドル (3億5,700万ポン

ド)の引き出しが発表された．この資金は，以前に取り決められた短期の信用の返済に用いられた．この引き出しは，3年以内に返済されるものであった．12月3日に，スイスフランによる8,000万ドルが2国間信用に基づき引き出された．しかし，クローマーの代理としてオブライエンは，12月4日に突然に大蔵大臣と面会して，「大蔵大臣は平価の切り下げを避ける政府の能力について明らかに自信を失っているのではないのか」と伝えた．海外で流布していた平価切り下げの噂に，今や政権崩壊のそれが加わっていた．12月4日の大蔵大臣は明らかにパリ訪問の動揺をまだ引きずっていた．オブライエンがキャラハンに対して手持ちの資金が底をついたと話したとき，彼は，その事実を了解しているので，「政府は為替相場の変動を容認する一方で，国民に信を問う必要があろう」と答えた[54]．

12月10日と11日にポンドに対する猛烈な圧力が再燃し，相場防衛のために7,500万ポンドが使用された．しかもそこから事態はしだいに悪化していった．このような動揺した状態にあったので，12月10日にパーソンズは総裁宛てに，たった今聞かされたばかりの話の内容を伝える手紙を差し出した．

> ……1930年代以来，ロンドンの銀行が支払いを停止したのは初めてです．このことは，現時点では，過去数週間に行ったあらゆる努力が無駄であったのかもしれないことを意味します．さらに，外国の報道機関はロンドンの銀行制度がまったく信頼に足りないとする兆候とみなすかもしれません．……この悲惨な事態の責任はミッドランド銀行と会計士およびイングランド銀行にあるように思われます．そして，この新しい災難を首尾よく切り抜けることができるならば，この災難がどのようにして生じたのか，また近い将来に支払いを停止しそうな他の銀行があるのかどうか，これらの問題について本格的な調査が行われることを私は強く希望します[55]．

実際に問題になった会社は，ノールズ・アンド・フォスター (Knowles and Foster) という名称の比較的小規模な個人のマーチャント・バンクであった．この商会は (1828年創設の) 老舗であり，多くの海外事業を行い，このため当時としては歓迎されなかったいくつかの海外との取引があったようであった．

1962年にノールズ・フォスター商会は，ある重大な詐欺事件に巻き込まれたために，イングランド銀行が当面は監視を続けていた[56]．それは重大な意義をもつものではなかったが，パーソンズの反応は，これまでに積もり積もってきた苛立ちを表すものであった．実際，同じ日にクローマーはアームストロングに対して，イングランド銀行が国際通貨制度，貿易そして国内経済に関して予測した，平価切り下げの悲惨な影響を伝えていた．クローマーは，自分の見解が大蔵大臣と首相の双方に伝達されることを願ったが，キャラハンは，ウィルソンを含め閣議では誰にも知らせるべきでないと決めた[57]．

　12月18日の金曜日にポンドを支えるために7,100万ポンドが，その後月曜日（12月21日）にもさらに5,800万ポンドが支出された．クローマーは首相に，いぜんとして信用の毀損が続いている，流言飛語が蔓延している，十分な量の資金が手当てされた市場とはいまだにみなされていない，と伝えた．対外準備に対する重圧は，かつて前例をみないほどのものであった．ポンド地域の対外準備は「驚くべき揺るぎなさを示していた」が，もし対外準備への信頼が失われるのであれば，勝負に負けてしまうであろう．実際，「われわれは奈落の底に近づきつつあった」のである．クローマーはテレビ放送への出演と公共支出の削減を勧めた[58]．12月23日にクローマーと副総裁は，事態の追跡調査のために首相と面会した．首相は事態が憂慮すべき状態にあることを認めたが，公休日前に行動を起こす意義を認めなかった．首相は1月中旬に声明を発表し，テレビ放送において「断固とした信頼の雰囲気」を醸し出すつもりであった．さらに，そこに輸出の振興と国防費の大幅削減を目標とするいくつかの積極的な施策を含めることを考えていた．12月22日，23日そして24日に，それぞれ4,300万ポンド，9,700万ポンド，7,400万ポンドが，ポンド支援に使われた．これらの金額は規模において前例のないものであり，大部分の支援は先物市場で使用された．

　今回の危機は，あらゆる利用可能な手法の発展を促したが，先物介入は，その1つであった．先物介入とは，弱い通貨の為替相場を（通常は秘密裏に）支援して，この種の通貨の保有者が市場にとどまることを奨励する手法である．（反対となるのが，利子率に対して引き下げの圧力を及ぼす手段として強い通貨を用いる手法である．）イングランド銀行が先物，通常は3カ月先のポンド

を購入したとき，市場の取引相手は後日渡しの直物を買ってヘッジするかもしれない．先物買いは，何らかの政策行動が効果を発揮するのを待つのか，それともたんに市況の改善を待つのか，いずれにせよ時間を稼ぐ方法とみることができる．買いは，いずれの期日にせよ繰り延べることができるのであり，しかも繰り延べは一度とは限らないから，対外準備に影響を与えることにはならなかった．取引が終わったときにのみ，買いは対外準備に影響するのである．この件に関するイングランド銀行と大蔵省のラドクリフ委員会における証言は，以下に述べるようないくつかの理由から，先物介入に反対するものであった．1945年から1951年までの限られた経験からは，先物介入が危機を抑制したことを確認できない．為替管理による制限の懸念から，危機において利子裁定取引の可能性の誘因が無効にされるかもしれない．潜在的な負債額を測定することはできないのであり，未公表の負債額に対する社会の不安は，信頼に有害な影響を与えるであろう．これは，介入政策から期待されるものとは正反対の結果を生むことになる．また，他の通貨が切り上げられるリスクもあった[59]．ラドクリフ委員会は，投機的な攻撃に対抗する手段としてではなかったが，ポンド保有者がポンドを持ち続ける手段として先物介入を支持していた[60]．だが1964年後半の状況は，これらを一変させて，利用できるあらゆる手法を使用させた[61]．平価の切り下げが拒否されたので，先物カバーを安価に利用することに目標が設定された．この計画は，2, 3カ月間は功を奏したように思われた．以前には，確実に過去3年間は，先物介入が為替平衡勘定（EEA）により実施されていたが，これと比較して1964年末の時点で新規であったのは，その規模であった．さらに介入の形態は，以前には直物市場で使用されていた資金額が，今や先物市場につぎ込まれることになった．

　イングランド銀行総裁は，翌年の元日まではいっそう多くの損失が生じると踏んでいたが，状況が1月に変化するであろうと期待していた．12月23日の会議が終了する前に，総裁は1月初めに公表される対外準備の数値に関して論議することを望んだ．「実際の減少額は1億1,500万ポンドであったが，1億700万ポンドの借入による資金調達があった．それゆえ，12月中の減少が800万ポンドにすぎないと公表することができる．これは，明らかに説得力をもつものではなかったが，どちらも真実の数値からかけ離れたものでもなかった」．

そして，そのように公表することが同意された[62]．クローマーが正しかったことは明らかであった．1964年末の数日間，さらに大規模な支援が求められたが，それから1965年の最初の数ヵ月は，危機が和らいだ．

2. 危機の持続

労働党政府が誕生してから3年間に起きたことは，危機が生じると，そのときの新たな局面に応じた場当たり的な方策が採用され，次の局面が出現するまではそれを緩和しつつ，平価を守るために全力をあげることであった．イングランド銀行が継続的に採用した方針には財政健全化への強い願望が含まれており，折にふれて政府支出に対処するよう大蔵大臣に懇願した．誰が担当するのかはあまり重要な問題ではなかったが，その方針は揺るぎないものであった．しかし，人事に重大な変更があった．マイナーズは，10年間副総裁を務めた後に，1964年2月に引退した．彼はイングランド銀行において重要な経済調査を推進する立場にはなかったが，堅実な財政政策を固持し，総裁交代時にはトップにおける継続性に留意した．マイナーズの地位は，国内金融担当の業務執行理事であるオブライエンにより受け継がれたが，この人事は一介の事務職から副総裁にまで昇進したカターンズの例にならうものであった．同時に，クローマーはこの機会を利用して業務執行者としての自らの責任を変更した．その後，国際的な問題はパーソンズに全面的に委ねられ，国内活動に関するオブライエンの先の指示内容は，スティーヴンズに受け継がれた．1965年にスティーヴンズが大蔵省代表団の団長としてワシントンに出発したとき，前年にイングランド銀行に入行したジェレミー・モース（Jeremy Morse）が彼の地位に就任した．モースは36歳で，手形交換所加盟銀行（クリアリング・バンク）の行員の経歴をもつジェネラリストであったが，後に国際部門において中心的な役割を果たすことになる．1964年9月にアドバイザーとしてイングランド銀行に入行したエコノミストのマクマーンも同様に，後年，国際部門で活躍するが，彼はポンド残高に関する専門的な知識を有していた[63]．人事は変更されたかもしれないが，物語の筋書は多かれ少なかれそのままで変化がなかった．ポンドに対する圧力から逃れるために，政策設計に基づく長期的な手法を十分

第 5 章　危機から「磔の苦難」へ

に長い期間にわたり採用することなど，不可能に近いと思われた．それに代わって，国際収支，対外準備，銀行貸出，国際的な事件などに関する新しい情報が入手されるたびに，それらに対する一連の対応が試みられた．

　1965 年初頭に，外国為替市場が比較的平穏な時期があった．あたかもこの平穏さを利用するように，1 月末に英国，IMF，米国は，ポンドの切り下げはありえないという強い声明を発表した[64]．その後の数年間は，次のようなパターンがみられた．すなわち，平価の不可侵さに関する強力な公式声明，ポンドの切り下げが間近に迫ったという海外における流言，そして，どのようにポンドを防衛するかに関する各国中央銀行と大蔵大臣による際限なき論争であった．協力には，しばしば条件が伴うものであるが，一般的にはそれには，賃金，物価，政府支出をめぐる方策に関する国内政策を通じた需要抑制の行動が含まれた．しかし条件には強制がまったく伴わず，どのような場合でも，成長およびストップ・ゴーの繰り返しからの脱却をめざす政府の見解と，その当時は対立するものとなった．

　1965 年初頭の外国為替市場は比較的平穏であり，このためクローマーは常日頃追求している方針を妨げられることがなかった．彼は，英国経済のより深刻な沈滞と考えられるものにつねに悩まされ続けた．2 月の初め，月例の会議に出席するためバーゼルに出発する前に，いつもの親しげな調子で大蔵大臣宛に長文の手紙を出した．

> あなたと閣僚から，どのような疑惑ももたれないようにするのが私の責務であると考えます．私の見解では，状況に合致する大胆な経済政策の決定によってポンドの信頼を回復させることが最優先事項とならないのであれば，英国政府はポンドの平価維持に失敗するでしょう．……これまでにとられた行動は不十分であり……あなたが提出することになる予算は，十中八九この国の将来にとってきわめて重大な結末をもたらすことになりましょう[65]．

各国中央銀行が現行の信用供与枠を今後 3 カ月間にわたり延長することに合意したバーゼルから戻ると，クローマーは，なおいっそう悲観的な論調の手紙で

追い討ちをかけた.

> 大蔵大臣閣下，私は次のことを申し述べなければなりません．この種の信用供与枠を更新する正当性に関して，私の同僚のほとんどすべては，きわめて重大な不安を募らせております．……重大な不安は予算が現状を容認できるかどうかにあります．……ポンドの将来は，4月初めに閣下が組まれる予算にかかっています[66]．

翌日，ドゴール主義者の『ナション』(La Nation) 誌上に，ポンドの切り下げが不可避という記事が掲載された．記事の出所から考えて，それは公的な見解として広く受け入れられた[67]．

　外貨準備や貿易に関する数値，あるいはあまり関係のないものでも，それらに関するニュースの断片が分析されて，外国為替市場に影響を与えた．1965年3月に刊行された『四季報』誌における論評は，事態を前向きに捉えようと努めてはいたが，「活発な経済活動が幅広い分野で繰り広げられている」という鎮静剤の役割を果たすにとどまっていた[68]．そのとき，ポンドに関する流言飛語が続いていたことは少しも不思議ではなかった．3月に，ドイツのあるニュース通信社が，今週末か目前に迫った予算演説でポンドの平価切り下げが表明されるであろうと報道した．4月の予算（4月6日）に対する即座の反応は，予算がデフレ基調であり，それゆえにほどほどに歓迎されたというものであった．しかしながら，まもなく矛盾する行動がとられ，1964年10月に導入された輸入課徴金は1965年4月に15%から10%に引き下げられた．4月の後半には1%の特別預金が課された．5月の初めには，国内経済のいっそうの引き締めが銀行に要望された．通貨に関する懸念が再燃したのである．7月に大蔵大臣は，とくに国際収支を改善するために追加の方策を発表した．

　輸入課徴金によって国際収支の一時的な緩和が図られるべきであったが，このことを別にすれば，採用された方策はしだいに不十分なものとなった．1965年2月に実施された自主的な賃金抑制策は当然にも疑問視され，実際に賃金は上昇した．5月に英国はIMFから14億ドルを引き出した．その後の困難を予想して，6月には連邦準備の公開市場委員会（FOMC）は，クームズがポンド

に関する支援の可能性について各国中央銀行と新たに協議を開始することを承認した[69]．1965年7月には，包括的な財政措置が実施された．いつものように，それらは需要を大幅に削減するように設計され，同時に外国人投資家が適切な行動をとるように説得する内容を含んでいた．割賦購入条件の引き締めや公共支出の削減と延期，そしてとくに外国為替への即効性を求めた外国為替管理の強化であった．

1950年代の緩和後，為替管理による制限は1961年7月の包括措置により強化されていた．この措置は，為替管理をより積極的に活用する嚆矢となった．1965年の危機の進展は，これを活用する新たな機会であった[70]．7月には，より強力な制限が課された[71]．同時に，私的に所有されている外国証券のプールの一部を対外準備に吸い上げる措置が講じられた．すなわち，外国通貨建て証券の売却手取金全額の25％を公的な為替市場で売却しなければならなくなり，残りの75％が投資用通貨として売却するか，あるいは再投資のために利用できた[72]．

1966年5月には，追加の為替管理の方策が導入されたが，危機の際に役立つのかどうか，これにはイングランド銀行も疑問を感じていた．直接投資のために投資通貨を使用することは，輸出あるいは国際収支において相当な利益が短期間に実現され，かつそれが長期にわたり持続しそうな場合に限られた．その他のあらゆる投資は，外国通貨の借入によって金融されなければならなかった．さらに追加的な一連の制約が，1965年11月の独立宣言後の南ローデシアに適用された[73]．また1966年には，英国在住者から非ポンド地域在住者に対する現金贈与を50ポンドを限度とする制限が課された．同時に，ポンド地域外の国へ住居を定める移住者は，1家族当たり，公的為替で5,000ポンドを限度として持ち出すことが引き続き許可されると発表された．旅行の支出に関しては，1959年以来制限が設けられていなかったが，1966年11月に変更された．指定地域外への個人的な旅行は，50ポンドに制限された[74]．

技術的な助言と専門知識を供与したイングランド銀行とともに，為替管理を強化する主導権を握ったのが英国政府であったことは明らかである．その反面，イングランド銀行は，〔為替〕管理を定める複雑な指示を解釈する際に大きな自由度を保持し，自らの裁量で特定の種類の申請を認めることができた．イン

グランド銀行は，どのようにすれば申請が認められる可能性が高まるのかを助言することさえあった．イングランド銀行が抵抗するのが難しい，高貴な人々からイングランド銀行に対する圧力がほのめかされることもあった[75]．さらに，少なくとも許容できる施策が手元にあったため，シティが為替管理の規制と平穏に共生できることがつねに示唆されていた．以上のことに加えて，為替管理に不満をもちつつも，イングランド銀行にとっては，できるかぎりの自由が認められるという理解が慰めになっていた．しかし，イングランド銀行は具体的な提案が実行できないと考えたときには，反対することに躊躇しなかった．さらに，その方策にまったく共感できない場合には，代替策を提示した．旅行の際に持ち出す外国為替への制限が好例となる．1965年に大蔵大臣によって公表された計画の詳細は，イングランド銀行が提案したものであった．それにもかかわらず，大蔵省に対して何ら偏見を抱かなかった一方で，イングランド銀行の一貫した見解は，危機に対処するのに為替管理が不適切であり，もし，このような制限が導入されなければならないとしても，それが包括措置全体のなかで果たす役割は小さいという理解であった[76]．これは，1961年の状況であり，1965年に（再び1966年の後半に）提案された為替管理の多くに対して，不安があったのは確かであった．1965年4月の大蔵省の実施計画表（Treasury list of possibilities）を一瞥して，海外局の副局長ピアーズ・リー（Piers Legh）は，平価切り下げを拒むために計画されたとみられる項目は1つもなかったと論評した．実際，「信頼を得ることと現に起こってしまった出来事を制御することのどちらも，ほぼできなくなってしまった状況において，為替管理の方策が信頼か制御かのどちらかを回復できると考えることは幻想であった」[77]．7月にパーソンズは，同様の所感を表明した．「外国人が，この種の姑息な為替管理方策に影響されることはなかろう」と[78]．旅行〔客〕の問題については，イングランド銀行は，原則として外貨に制限を課することに反対であり，この武器は最後の手段としてのみ使用されるべきであると考えていた[79]．クローマーは，大蔵大臣に対して，「為替管理の提案が為替を救済することは確かでしょうが，私はそれが信頼や輸出にとってよいことになるとは信じられません」という書簡を出した[80]．翌年の遺産をめぐる提案は，「残り物をかき集める（barrel-scraping）」と形容された．クローマーはゴールドマンに対し

て，移民者の資産移転の制限が「人が自らの好むところに移住する基本的自由に対する重大な侵害に相当する」と伝えていた[81]．総裁は個人的には，「裕福な人々が移住を決意するとき，自らの生活様式を成り立たせている資産そのものを失うように求められるのが，私には理解できない」と記していた[82]．

1944年にハイエクは，次のように記していた．すなわち，外国為替取引の管理は「全体主義の道への決定的な前進であり，個人の自由の抑圧である．……一度個人が旅行する自由を失えば，……言論に対する効果的な統制が，17，18世紀のどのような絶対主義政府によって行使されたものよりも，いっそう強力になる」と[83]．ハイエクから直接の影響があった確証はないが，クローマーがこの種の見解を抱いていたことは確かである．1963年に，大蔵省のウィリアム・アームストロング（William Armstrong）に宛てた長文の個人的な書簡で，クローマーは為替管理の廃止に向けた進捗状況の遅さに苦言を呈した．「私は，為替管理が市民の権利に対する侵害であるという基本的な信念から出発する．……全体主義国家を除けば，国家の安全がもっとも広い意味において危険にさらされているときに限り，この侵害を許容できるだけである」[84]．これは，第2次世界大戦勃発時における為替管理の開始と軌を一にするものであった．為替管理グループは，イングランド銀行のトップから影響を受けていた．ノーマン総裁がシープマンを為替管理の職務に就任させたのは，シープマンは規制を嫌い，「管理の適用を分別のある範囲内に収めることを理解していたからである．……シープマンは次のように対応した．彼の執務室のドアの反対側の壁に大きな書体で『自由が危険にさらされている．諸君の全力を尽くして，自由を守れ』という文言が掲げられていた．部屋に入りその言葉を見た彼の補佐役たちは，『諸君がなぜ賛成してはならないのか，考えてみなさい』という命令を受けて，シープマンの部屋を後にしたものであった」[85]．

しかしイングランド銀行は，負担の面で大蔵省が為替管理の撤廃を受け入れがたいことを理解していた．1967年の状況を評価してリーは，4つの重要な分野で最大限に譲歩すると，推定で1億6,000万ポンドの対外支払い増になると考えていた．大蔵省は5,000万ポンドを超えないことを望んでいたと伝えられていた．当時，1966年の最終四半期の経常収支の黒字額は1億5,700万ポンドに達していた．旅行に関係する為替管理という特別な場合には，緩和を求める

多くの論議があった．すなわち，為替管理は国際的な義務に反していた．許可額は決して十分ではなかったのであり，それを回避するための強力な動機があった．しかも，2,000万ポンドでは，恩恵は少なかったのである[86]．たとえ為替管理に一般的に反対する組織においてさえ，すでに確立された官僚的機構を破壊することは困難であった．

これらのすべての制限を課す際の管理上の負担は，それぞれの変更や修正が実施された回数から窺い知ることができる．1960年から1964年の間に100回を超える通達が出され，それは，その後の5年間でほぼ375回にも達した[87]．イングランド銀行の〔為替管理担当の〕雇用者数は，1951年に1,626人の頂点に達し，1963年には232人まで減少した．その後1951年の数字を超えることはなかったが，増加に転じ，1970年には雇用者数は500人であった．為替管理の費用は概ね雇用者数の関数になる．これらの費用は請求できたので，それを抑制する差し迫った必要はなかった．1950年代の初期を通じて，為替管理の費用は，大体140万ポンドの横ばい状態を維持した．それから1963年には，60万ポンドまで減少した．その後，1970年には急激に180万ポンドまで増加した（すべての数値はその時点の価格である）．しかし，期間全体を通じてみると，イングランド銀行は，為替管理業務に対して大蔵省に請求する手数料を意図的に削減していた．1966年からは，年間5万ポンドだけが補償された（第7章参照）[88]．

国際収支を改善する意図から為替管理が強化される一方で，政府の経済アドバイザーたちは新たな論議を提起した．1965年の上半期，英国政府は海外投資政策，および国内投資と海外投資の相対的な長所と短所をめぐって論議した．エコノミストは国内投資を支持して，課税，為替管理，あるいはこの双方を用いて海外投資を抑制することを望んだ．イングランド銀行の観点からは，長期的には海外投資は英国経済に利益をもたらすものであった[89]．このことは，経済成長における投資の役割をめぐる長い間の論争を反映していた．政治的な左翼からは，投資家が外国で得られる収益を選好するため，英国経済は投資のための資金を奪われたという主張がなされた．シティはこれに加担していることになった．労働党は，外国貸付を制限して資金をふさわしい国内活動に向けるという国家投資委員会（National Investment Board）を長い間支持してきた[90]．

公的為替を非ポンド地域の海外直接投資の金融に使うことができないために，その方策を輸出振興という政府の度重なる要請と調和させることができない企業は不満をもっていた．ローザム（現在イングランド銀行総裁の補佐官）は，「この硬直した政策の不合理な結果」に大蔵省の目を向けさせることを望んだ[91]．

3. ワシントンの主導権

1965年7月にとられた方策が効果を発揮するか否かは，他の部面における動きを妨げるものではなかった．それらの一部は外国を起源とするものであり，圧力がドルに向かうという米国の懸念を反映するものでもあった．7月の方策は米国において期待されていたものよりはましであったが，その後数週間にわたりポンドに対する圧力が高まった模様であり，「ポンドの平価切り下げの可能性を英国政府に真剣に考慮させる」ことになった．米国のエコノミストのなかには，ポンドが過大評価されており平価を切り下げるべきであると主張する者もいたが，他は平価を防衛することが可能であり，そうすべきであると考えていた[92]．米国はポンドの平価維持を貫く構えであったが，ヨーロッパが関与する場合に限っていた．またジョンソン大統領の補佐官であったマクジョージ・バンディ（McGeorge Bundy）は，ポンドを支援する米国財務省のどのような計画に対しても米国大統領府が発言権をもつべきであることを強調した．イングランド銀行総裁は，「しばらくは米国大統領府を無視して，純粋に中央銀行を基礎にして」，この考えを追求することを考慮すべきであると感じていた[93]．イングランド銀行総裁は，カール・ブレッシング（Karl Blessing）（1920年にライヒス・バンクに入行し，1958年にブンデス・バンクの総裁に就任した）に提案することに同意し，この問題を検討する機会を彼に与えた．8月の初めに，クローマーがマーティンに電話したとき，両者は「事態がうまく進んでいない」と意見が一致し，マーティンは「ポンドが現在直面している心理的な不安を覆すために」，何かを行う必要性を感じた．マーティンは，いっそうの援助の条件として，信頼を回復するための強力かつ抜本的な方策が必要と考え，「賃金と物価の凍結がおそらくこれを実現する」と伝えた[94]．連邦準備の

示した考えは，最大限に用意できるのは15億ドルから20億ドルであり，ヨーロッパがそのうち10億ドルを提供する，期間は3カ月間であり，延長の見込みがないかもしれない，というものであった．

アームストロングは，次のように論じた．必要なことは，米国政府とグループ・オブ・テン（G10）の他の諸国が，「現行平価でポンドを維持することが世界の通貨制度の最重要となる利益」とみなし，このために必要なことを英国側が自ら行ってきたことに満足し，この目的のためにはあらゆる支援を惜しまない用意があると宣言することであった[95]．8月にマーティンはクローマーに電話して，事実上これに同意した．だがクローマーは，イングランド銀行が引き受けることになる，ある種の責務についていまだに疑念を抱いていた．彼がアームストロングに表明したように，「あらゆる中央銀行は，どのような状況でも，政府の政策の結果いかんにかかわらず，その債務を返済することができなければならない」のであった．彼は悩んだあげくに，アームストロングに対して，「為替平衡勘定の管理者としてイングランド銀行が行動する基準を正式に確認する」ように求めた．これは，為替平衡勘定として保有する資産に対して英国政府が優先的な請求を行わないことと理解されている．さらに彼は，為替平衡勘定用の債務を返済するために，米国輸出入銀行あるいは米国から引き出した手取金をイングランド銀行が利用できるという追加の保証を求めた[96]．

その日遅くに開かれたダウニング・ストリートでの会議において，クローマーは，1965年7月の発表以降，イングランド銀行が1億4,600万ポンドの外貨準備を失ったこと，これにより純準備が5億ポンドと6億ポンドの間にまで下落したことになり，事態が現在のように推移するのであれば，これは4，5日分に足りるだけの金額にすぎないと説明することから始めた．しかしウィルソンは，各国中央銀行が支援を提供することに関して明確な声明を行わない中で，賃金と物価に関する宣言を表明する圧力に抵抗した．そして，再度，平価の切り下げと「総選挙を行う」という脅迫に訴えた．ウィルソンは，受け入れられる唯一の道は，平価の切り下げと総選挙であるとジョンソン大統領に伝える覚悟を決めていた[97]．

8月，オブライエンが「愛すべき小紳士」と名づけていた，米国財務長官のヘンリ・（ジョー）・ファウラー（Henry（Joe）Fowler）は，主に4つの内容か

ら成るポンド救済の包括的方策案の概要を説明した．これには，賃金と物価の凍結の公約，これについて満足を表明する協力国の声明，自国の対外準備の5％を上限とする協力国によるポンド残高の蓄積，イングランド銀行総裁が管理する通貨保有協定における残高を保護し，この協定に基づいてすべての協力国の中央銀行が保有するポンドの価値を保証する取り決め，が含まれていた[98]．クームズが理解していたように，提案されるべきことは，協力国の為替市場において取引業者の「売方を大規模に締め上げる（bear squeezes）」操作であった[99]．イングランド銀行は，フランスを含むG10のすべての国が参加することを望んだ．なぜならば，1カ国でも欠ければ，不信任投票とみなされたからである．

英国政府の見解によれば，7月の方策は妥当であり，需要が目標額まで削減され，国際収支の赤字額は1965年には減少し，おおむね1966年には解消するというものであった．しかし，市場がそこまで信頼していなかったことは明白であり，ポンドはいぜんとして弱気の相場にとどまった．したがって，必要なことは「公的な」国際信頼を大々的に示すことであり，取り組まれていた提案がそのための最良の手段とみなされた．8月末に合意が成立し，英国がヨーロッパに打診し，米国はクームズに宛てたプレストンの書簡に基づいて参加を準備することになった．8月28日にヨーロッパの中央銀行総裁宛てに書簡が出され，9月6日の週に支援活動が発表され，直近の方策をめぐるG10の対応のようなものにするという提案がなされた．

クームズとオブライエンは，8月29日の日曜日にサヴォイ・ホテルで昼食をともにした．このとき2人は，もし無視されれば実際に感情を害することになりかねないから，フランスが参加するであろうというニュースを手にしていた[100]．取り除かねばならない障害は，いまだに存在していた．たとえば，カナダ銀行の総裁であるルイス・ラズミンスキー（Louis Rasminsky）は，特定日に入手したポンドを交換できる保証が必要であると述べていた．その他にも，ギド・カルリ（Guido Carli）（イタリア銀行）とホルトラップは，国際流動性に関するより広範な問題と関連づけて，ポンド問題を解決することを求めた．ドイツは，選挙が近づいていることと，一部の団体がポンドの平価を切り下げるべきであると強く主張していたことから，参加には消極的であった．スイス

は，ポンドを対外準備に保有することを禁じた憲法上の問題を抱えていた[101]．

英国側には，政府が賃金と物価の面をうまく処理できないのではないのかという懸念が残った．クローマーは，9月6日か7日にG10の総裁会議を開催し，もし前回の包括策に参加したグループのうちで1つや2つが今回出席できなくても，先に進めるべきであると提案した．オブライエンの言葉では，「それは，おそらくわれわれの最後のチャンスとなるはずであった」．彼は大蔵大臣に対して，「誰をも参加させるには，大蔵大臣が賃金と所得面に関して毅然とした態度をとることができるか否かにかかっている」ことを強調した[102]．11時になると，主導した米国でさえも再考する事態に至った．米国は，ポンド準備のためには〔上限〕5％という数字がヨーロッパと比べて不利であると感じており，ヨーロッパがもう少し多くの金額を引き受けるべきなのではないのかと考えた．この間，ロイ・ブリッジ（Roy Bridge）はスイスで業務に従事していたが，ナショナル銀行（National Bank）のウォルター・シュウェグラー（Walter Schwegler）とアイクルを訪問して，参加する必要性を説明し説得した．さらに，彼は国際決済銀行のマンデルとマクドナルドを訪ねて，彼らとの関係を維持していた[103]．

ともかく，9月5日の日曜日にバーゼルにおける会議が手配された．物価と所得に関する公約は9月2日木曜日に発表された．その中で政府は，物価所得委員会に法令上の権限を与えて，委員会が報告するまで価格と賃金を引き上げる提案を延期することを求める法案の導入を約束した[104]．9月3日金曜日にファウラーは，「われわれは首尾よくやったと思う」と述べて，大蔵大臣の声明を祝福した．さらに，バーゼルを訪れる米国代表には「『マーティン＝クローマー提案』の範囲内にある，どのような計画」も支持するという指令が与えられていると付言した[105]．

だが，バーゼル会議は順調には進まなかった．多くの者は，英国の国際収支の赤字を金融するために追加支援を行うことは，やめるべき時期にきていると感じていた．今後数年間は，中央銀行による追加の支援が期待できたが，多くの点で，これは短期間の中央銀行間の緊密な協力の終焉が始まったと理解することができた．結局フランスは撤退して，提案の特徴と規模が変更され，最終的に合意に達した支援額は9億2,500ドルであった．米国は4億ドル，ドイツ

は1億2,000万ドルのポンド預金を行った．その他のポンド預金とドル預金もあった．米国を別にすれば，この信用枠の期間は3カ月間であり，さらに3カ月間延長の選択権があった．米国の信用枠には期限がなく，他国がまったく気づかないようなところがあった．たぶんに心理的な効果を高めるために，参加国名はともかく，金額の詳細は公表されなかった．それにもかかわらず，声明の発表後ポンドの運命はきわめて劇的に好転し始め，実際に使用されなかった方策が心理面の効果を発揮して，ポンドへの信頼が増した．1965年の最後の月々には，ときどきではあったがイングランド銀行はポンドを確保することができた．それは成功とは呼べないものであったが，『タイムズ』紙は，イングランド銀行が「市場から解放されるタイミング〔局面：引用の原文は when to ではなく where to―訳者〕を決定した申し分のない満足感」に浸った，「外国為替の歴史のなかでも最大規模な売方に対する締め上げ」と形容した[106]．オブライエンもまた，この見解にある種の信憑性を与えた．これについて彼は，「為替市場における有名なブリッジ＝クームズの売り方に対する締め上げの1つで，この成功で彼ら両人とも，あのように歓喜した」と述べている[107]．

4. 平価切り下げ計画

1965年に外国為替市場において，巧妙な売り方に対する締め上げが計画されたのと同時に，大蔵省とイングランド銀行の小グループは，平価の切り下げ時における緊急対応策の作成に着手した．それは，たんに「FU」と知られるだけであり，極秘の課題であった．FU委員会は，アームストロングが議長に就任して，1965年3月に最初の会議をもった．その目的は，平価の切り下げの必要が生じた際に大臣に提出する一連の文書を作成することであった[108]．このように，平価の切り下げを否定するかのような外観にもかかわらず，〔裏面では〕平価の切り下げの計画が作成され，それが目前に迫ったかのような行動の詳細な予定表を準備することまでしていた．クローマーは大蔵大臣に対して，「われわれから現行のポンド平価を維持する選択肢を奪う，大規模なポンドからの逃避に直面することがありうる」と伝えた[109]．FU委員会の作業は，「平価切り下げ作戦教本（Devaluation War Book）」に述べられている，行政上

の業務に直接に関係していた[110]. 1965年10月に委員会が開催されたとき, 作戦教本を完成させ, 現状維持を基本にして運用することが合意された. 委員会の次回の会議は, 1966年11月まで開催されなかった[111].

FU委員会の作業から浮き彫りになったのは論議の多い未解決のいくつかの問題であった. 作戦教本の計画は, 平価の切り下げを別の平価へのたんなる変更と想定していたが, すべての人々がこれに同意していたわけではなかった. 1965年7月にカルドア(大蔵大臣の特別アドバイザー)は, ニールドと同様に, 変動相場制の問題を提起した[112]. 両者ともに変動制の利点を論じたが, どちらもクローマーに好印象を与えなかった. もしニールドの提案が受け入れられるのであれば,「顧客にポンド通貨の1ペニーでさえもつように助言する銀行家などいない」と思われた. カルドアをめぐってであるが,「英国がこの文書に盛られた哲学〔変動相場制〕と正反対となる政策を追求したため, ポンドが世界中で尊重された. 私は, 英国大蔵省の公用箋に書かれたこのような文書を読むことを恥じ入る」とクローマーは感じていた[113]. またブリッジも, 予想通りこれを直ちに無視した. 彼は,「重要な応用問題としてみれば, カルドアの文書は歴史や市場, 展望, 国民に関する知識を欠いているため, いくつかの点で誤りを含んでいる」と述べた. さらには, 次のようにも記した. ニールドはその危うさを熟知しているが,「彼は悪魔のスクリューテープによって呪文をかけられ, 消滅して現存しない〔ハンガリーの旧通貨の〕ペンゴと同様の運命にポンドが遭遇することはありえない, と全面的に信じ込まされている疑いがある」[114]. カルドアは多くの名前を列挙したが, スクリューテープは, これまで耳にしたことがない名前のようであった. ブリッジが,「市場のあらゆる技術的および心理的な諸力に注意を怠らず」為替に精通していることは明白であったが, それにもかかわらず, 彼は変動相場が世界の貿易を崩壊させるという予測を主張してやまなかった. ブリッジの当初の結論は,「〔変動制の〕論理的な帰結は, 一定期間まったく市場に介入しない」ということであり, このことは変動制を「責任の放棄」とみなす人々の性分とは, 明らかに相容れなかった[115]. 1965年10月のFU委員会において, パーソンズはイングランド銀行の立場を概説した. 変動相場は受け入れがたい代替策であり, それがもたらす対外準備の枯渇を認めなかった. また, 所定の範囲内での一時的な伸縮性を

第5章　危機から「礫の苦難」へ

主張するものでもなかった．イングランド銀行の強い口調は，少しも反対論をそらすものでなかった．このような結論に至らない状況の下において，アームストロングは当分の間は問題を現状のままに放置しておいた方がよいであろうと提案した[116]．大蔵大臣と総理大臣が資料の一部を閲覧していたものの，内閣ではFU委員会の作業はほとんど知られることがなかった．

　1964年から65年の労苦の後に，この期間のポンドに対する圧力に関する公的な調査が行われた．このような高度な秘密を要する作業は大蔵省によって開始されたが，金融誌のジャーナリストであるリチャード・フライ（Richard Fry）とロイズ銀行のジェネラル・マネジャー（海外部）のエリック・ウールガー（Erick Woolgar）とともに，ケンブリッジ大学の経済学者であるカーン卿（Lord Kahn）によって引き受けられた．イングランド銀行は多くの援助を与え，トム・ベル（Tom Bell）（EID―経済情報局）やピーター・クック（Peter Cooke）（業務局長室）が事務上の支援を行った．このグループは，1965年11月に大蔵大臣により任命され，1966年6月に作業を終えた．「カーン報告書」は詳細な統計とともに，ポンドに対する圧力の根本原因を評価して，とられるべきであった方策について提言した[117]．実際，これらのすべては，当初付託された検討事項をはるかに超えるものであった．カーンの原点は，通貨投機者にポンド問題の主たる責任があるというウィルソン首相の疑念（ブリッジによれば，バローにより吹き込まれたもの）にあった．ある時は，首相は，バンクレートの漏洩事件に対処したときの方針に沿った本格的な審判〔の開催〕を提案したが，官僚たち（officials）は審判ではなく，秘密調査にとどめることにした．イングランド銀行はどちらにも不満であったが，しぶしぶ後者を受け入れた[118]．まもなく明らかになったが，このグループは，先物為替操作や為替管理に関する政策のような，もっと広範な領域に広げ調査を行っていた．ある段階で，総裁は〔イングランド銀行の〕協力をすべて撤回するように命令したが，これはすぐに取り消されて，広い範囲の領域を検討することが合意された[119]．

　報告書の見解は混乱していた．ヒースマン（経済情報局長）は，報告書が危機に関する信頼できる研究として有益であると考えていた．ブリッジは，むしろ否定的であり，2年後に次のように記した．報告書は「確実に，参加者に対

して高度な情報をもたらした」が,「政府の政策に対して好ましい影響を与えるものではなかった」[120]. カーンは, これらの2つの見解を適切に要約している. 報告書は, 他では容易に利用できない全体的な経時上の記述およびデータを含んでいるものの, ポンド危機が再燃したときでさえ, その時代に影響を及ぼすことはなかった. カーンがいたにもかかわらず, イングランド銀行は, 自らの行内解説書としてクックと経済情報局のピーター・ブル (Peter Bull) が執筆した「ポンド危機の歴史」を準備した[121]. その後, 1968年11月に, カーンは, 1966年1月から1968年2月の期間を対象とした新たな報告書を用意するように大蔵省から依頼された. 例によってブリッジは, この課題が「貴重な時間のほぼ完璧な浪費」と断言した[122]. この時には, マルコム・ジル (Malcolm Gill)（イングランド銀行）とデイヴィッド・ウォーカー (David Walker)（大蔵省）が手伝いをした. ジルを非常に困惑させたのは, カーンが作業を1971年8月までに終えなかったことである[123].

1965年9月の外国為替市場において売り方を締め上げた後, 1966年2月まで続く比較的平穏な時期があった. ポンドの動きは, 以前の回復期に比していっそう堅調であると主張する者もいた. 2月の後半にはある種の支援が与えられるようになったが, ポンド相場は, この時期には2.80ドルを下回ることがなかった. それには特別の理由があったが, 対外準備はほぼ10億ドルも増加した. いずれにせよ, 支援活動が功を奏したという信念がみられた. このような信念は危機を脱した後の反応と思われがちであり, ファンダメンタルな問題に対する本格的な取り組みを意味したわけではなかった. 当然にも, このことは, 通貨当局が異なった状況下では異なった信念で活動するという理解から斟酌されねばならない. しかし, この信念は規制が不可欠な武器の一部になることと, 規制が確実にインフレを抑制できることを通貨当局に信じ込ませることになった（規制を利用しようとする政治的意思に疑問が残る場合でさえも）. また通貨当局は, 計画を通じた成長が国際収支問題から彼らを解放するという信念に基づいて行動した.

当時の市場は, ポンドおよびそのシステムを支えるのに十分な国際的な願望と強い影響力が存在すると, 信じ込まされていたようである. しかし, 貿易収支と貿易外収支の双方における収支実績の改善, ならびに英国への外国直接投

資（FDI）が増大していた資本収支勘定によって強化されていたというのが，心理面からみた実状であった．だが，その後の数カ月間は無風状態に陥り，ほどなく旧来のパターンが再現された．1965年末にはニュースが知れわたったが，小さな波紋は事前に処理された．1966年2月以降には，以前からの難題が再び出現して，ポンドは再度弱含みの兆候を示した．とはいえ，それは突然に起きたことではなかった．3月に総選挙が予定されていたが，労働党の勝利が予想されていた．この直前に，クローマーはバンクレートの引き上げを勧めたが，このことでウィルソンと大喧嘩をすることになった．首相には，これが民主主義に対する攻撃と映ったようである．イングランド銀行総裁は，再三にわたり辞職という脅し文句を繰り返した[124]．バンクレートの引き上げはなく，労働党が選挙に勝利した．その直後の予算は一般には満足感をもって受け入れられたが，まもなく期待はずれに終わった．4月の貿易数値，5月の外貨準備の喪失が影響した．1966年6月初旬に圧力が高まった．6月5日と6日，月曜日と火曜日であったが，ほぼ1億ポンドの支援が必要となった．

5. ポンド残高と金

　さらに危機のもう1つの段階が醸成されていった．ポンド残高に対する中央銀行による支援が考慮され，問題を長期の視点から捉える提案がなされた．このことは誇張されてはならない．なぜならば，論議の始まりは，当初は1965年9月10日の方策に代わる「バーゼル信用」に関することであったからである．「バーゼル信用」は1966年3月に失効を迎え，3カ月間延長されるが，これに代替する取り決めはいまだ決定していなかった．実際，早くも1965年9月には何をなすべきかという論議が始まり，当初の見解は，中央銀行が保証付きの為替相場でポンドを蓄積するということであった．ホルトラップは，これが思慮を欠く考えであるとオブライエンに伝えている．しかし，オブライエンが留意したように，少なくとも，この見解は人々の注意をポンド残高の問題に向けさせたのである．

　長年にわたって論議されてきた長期の資金源に対する考えは，結局，それ

自身が無意味であることが明らかになった．これらのポンド資産は，政府，中央銀行および民間の所有者の流動的な外国為替資金である．その増減は頻発する為替危機を大いに誇張してきたが，これに対する対処法をわれわれは知らないでいた．何年もの間，ポンド資産がわれわれを悩まし続けてきた[125]．

クローマーは，ファーラス（BIS のジェネラル・マネジャー）とホルトラップに対して，11 月のバーゼルにおける討議に向けたイングランド銀行の見解を送付した．これは，1958 年のポンドの交換性回復以降，利子率〔の操作〕を用いてポンドを安定的に保有することで，非ポンド地域（NSA）の民間短期資金を引きつけることを可能にするものであった．1961 年以降，基礎的な国際収支の改善を待つ一方で，中央銀行や IMF がさまざまな取り決めを締結して，問題を封じ込めることができた．しかし，基礎的な国際収支が改善されることはなかった．国際通貨制度におけるポンドの重要性を考えれば，何か異なることが必要であった[126]．バーゼルの会議において，ファーラスと BIS の経済部長（Head of Economics）であったミルトン・ギルバート（Milton Gilbert）に報告書の執筆を委託することが合意された．ギルバートは，その直後（11月 12 日）に話し合いのためにイングランド銀行を訪問して，「現行の連邦準備のスワップに加えて，10 億～12 億 5,000 万ドルの為替の信用枠が適当である」という印象を抱いた[127]．ギルバートの報告書の要旨は，信用枠がポンド残高のどのような減少に対しも利用できるようにするべきであるという内容であった．報告書の反響は，生ぬるいというものであった[128]．

それにもかかわらず，ポンド残高の特定の移動を相殺するために英国が利用できるスワップのネットワーク，および期間 1 年間の 10 億ドルの信用枠を確立するという当初の意図から話し合いが始まった[129]．その後の数カ月は，英国の「ローザ」債の発行を含めて，さまざまな可能性が討議された[130]．BISの 2 月の理事会は，もっぱら新たな信用枠の提案に論議が費やされた[131]．この時点では，信用枠は 9 カ月間が提案されたが，その後は IMF や BIS を通じた操作が考慮されるはずであった．米国の分担〔額〕は，逆「ローザ」債（ドル建ての連合王国に対する長期のポンド請求権）のような長期資産への転換が

可能な3億ドルとなる予定であった．さらに5億ドルがIMFに対する請求権，2億ドルがBISによる請求権に転換される手筈であった[132]．明らかになりつつあったことは，とくに国際収支を目的としてポンドに支援を供与することを認めないように，新しい協定が設計されたことであった．

1966年7月に危機が次の段階に突入したときに，それはこれまでで最悪のものになった．6月を通じて圧力が強まり，不都合なニュースがもたらされるたびに事態が悪化して行った．国際収支の予想は，先々まで見通しの暗いものとなった．包括的な方策の中心として所得凍結が提案されたが，このような政策が実行される確信はまったくなかった．所得凍結が実施されることに対しては，深い懐疑心が存在した．クローマーは，「中長期のポンドに対する見方が極端に悪化し」，その主たる理由が所得政策に対する懐疑であると報告した[133]．平価切り下げが話題に上り始め，この主題については平静さを保つようにという愛国的な要請を，報道は無視し始めた．『オブザーバー』紙は，「ポンドが没落するのは早ければ早いほどよい」と述べるに至っていた[134]．

新任のイングランド銀行総裁は，あらゆる点で前任者と同じく悲観的で憂鬱な性格であった．7月12日にオブライエンは，長文の書簡を大蔵大臣に提出した．彼は，過去3年にわたる経常収支赤字の累積の程度と，根本的な原因の究明に取り組む断固たる決意が欠如していることを論じた．輸入課徴金から制限的な為替管理まで，あらゆる種類の応急処置が試みられたが，何の効果ももたらさなかった[135]．3日も経たないうちに，彼は再び手紙を記した．それは，「ポンドの平価切り下げの論議を喜んで始めようという人など誰もいない」という文言から始まっていた．オブライエンは，ポンドの平価切り下げに強く反対した．彼は，需要の管理には完全に失敗していたこと，さらには生産能力と需要との間に感知される関係が明らかになるまで，平価切り下げは「国内では目的が理解されないし，外国では受け入れられない」と論じた[136]．彼は，精力的に平価の切り下げに反対し，それが不可避となる事態を懸念して，再度，より厳しい政策を採用するように懇請した．

その後，7月は悲惨であった．当月の外貨準備の流失は総計でほぼ10億ドルに達した．ポンドを支える総費用は20億ドルを超えた．公表された7月の流失額は2,500万ポンドであったが，3億3,100万ポンドがさまざまな信用供

与枠から引き出されていた。しかし米国とのオーバーナイト・スワップやBISゴールド・スワップのように、その大部分は秘密扱いであった。1964年の後半と同じように、7月のなかには悪い日もあり、それほど悪くない日もあった。市場へ支援を注入しても、当局は相場を2.7865以上に引き上げるのに苦労する有様であった。月半ばにはバンクレートが7％に引き上げられ、他のデフレ方策が導入され、これに追加の方策が続くという発表が行われた。8月には再び悪化が始まり、最初の2日間に8,500万ポンドの買い支えが行われた。ようやく回復の兆しがみえ始めたのは9月であったが、1964年末から続いた長い危機の時代を考えれば、この兆候に過度に興奮する者など誰もいなかったのである。年末になって、市場がようやく沈静化したと言われた。

　1960年代半ばのポンド危機を通じて、金市場は相対的に平穏さを維持した。この功績の多くは金プール（Gold Pool）によるものとされた。1964年を通じてプールは有効に働き、市場に安定的な影響を与えた模様である。暦年の最初の3カ月間にソヴィエト連邦が大量の金を売却したことに加えて、金生産が拡大し、プールは約6億ドル相当額の金を参加者に分配することができた。プールに参加している中央銀行は、1964年には金プールに資金を拠出する必要がなかった[137]。

　1965年に金プールは、販売コンソーシアムと購買シンジケートという2つの能力を大いに発揮した。1965年1月初めに販売コンソーシアムが活動を再開し、この時点から2月末までにイングランド銀行は1億5,100万ドル相当の金を売却した。10月には、大量のロシアの金を入手し、販売コンソーシアムは帳簿を清算することができた。購買シンジケートも活動を再開し、10月末までに3,400万ドル相当の金を保有した[138]。1966年を通じて、販売コンソーシアムは、ほぼ持続的に活動した。9月には、プール額（Pool）を2億7,000万ドルから3億2,000万ドルに、5,000万ドルほど増額することが合意された。もしイングランド銀行がこれを迅速に達成できるのであれば、さらに5,000万ドルの増額をも交渉することが決定された。米国はもともと1億ドルの増額を求めていたが、不安を示し始めていたフランスの要望で5,000万ドルに減額されていた。だが米国は、さらに5,000万ドルの増額という当初の案に戻る権利を保留した。1967年初頭にコリン・ピーターソン（Collin Peterson）（大蔵省

部長）は，ウィリアム・ライリー（William Ryrie）（国際通貨問題担当次官補）に対して，金プールが「成功裏に機能しており」，おそらくは1960年に発生した混乱のようなものから市場を守ることに役立った」と論評した[139]．5月末に全参加者は5,000万ドルの第2の「継ぎ足し（rallonge）」に合意した．こうして，プールの総額は3億7,000万ドルに増額された．フランスは2カ月以上もの間，態度を表明することを望まなかった．1967年半ばに起きた中東危機により，金に対する大きな需要が生じ，金プールの販売コンソーシアムの関与額の限度を4億2,000万ドルに引き上げることが合意された．翌月，さらに5,000万ドルが追加されて4億7,000万ドルに引き上げられた．フランスはこれを行きすぎとみなして，参加を取りやめた[140]．

6. クローマーの離任

1960年代半ばの長く続いたポンド危機の真最中に，クローマーの在任期間が満了を迎えた．彼が再任されないという憶測が，1965年末に広がっていた．3月に，彼は2期目の再任を求めないという決意をすでに公表していた[141]．総選挙後の4月に，クローマーはキャラハンにこの決断を伝えた．それは危機が理由ではなく，彼のみるところでは，むしろ新労働党政権とは一緒にやっていけないという理由からであった．

クローマーの任期中の保守党政府および労働党政府との間の関係はぎくしゃくしたものであった．そして，「激しい対立」が起きたのはウィルソンとの関係であった[142]．たぶん，クローマーの総裁としての主要な貢献は，ポンドに対する信頼が低かった時期に金融的な支援を獲得する際にみせた，中央銀行間交渉における巧みな手腕であった．クローマーの行動は，あらゆる犠牲を払って為替相場を維持するという政府の政策がとられていた時期に，強制的な平価の切り下げをどうにか阻止したのであった．利子率をめぐる確執は，イングランド銀行が独立に行動する法令上の権利を有するというクローマーからの警告となった．そして，この警告が却下されるのであれば，その事実を公表しようとしたのであった．ウィルソンは，「その場合には，ウーブロン初代総裁（Governor Houblon）から始まるイングランド銀行の歴史が，クローマー総裁の下で

終焉を迎えるであろう」と切り返した[143]．クローマーは，ウィルソンを「信頼できなく頼りにならず，自分のお粗末な見解を少しも隠そうとしない」人物と考えていたのであり，ウィルソンはクローマーを「威張り散らす頑固者」とみていた[144]．かつてセイヤーズは，「イングランド銀行の傑出したある総裁の言を借用して，中央銀行が『助言を与え，そして口うるさいと思われるまで，その助言を押しつける自らの権利』を保持している」と記したことがあった[145]．実際，クローマーほど口うるさい人物はいなかった．労働党は，彼が離任することに安堵した．クローマーは，「労働党の内部では，モンターギュ・ノーマン（Montagu Norman）から直系の世襲者となる右翼の反動主義者」と思われていた[146]．彼の時代の大多数のイングランド銀行の幹部職員のように，クローマーは決してインテリと自称することはなかったし，自分自身を本質的には実利主義者とみなしていた[147]．彼は1967年にベアリング商会に復帰するが，古巣での役割は期待はずれに終わった．1971年から74年に，クローマーは米国駐在の英国大使としてワシントンに赴任した．1974年に英国に戻ると，インフレに対する批判と健全通貨の必要性を再び主張した[148]．

クローマーは，健全通貨とシティの権益を守るために積極的であり，あからさまであった．彼は，国際金融センターとしてのロンドンの役割を振興すべく，シティに外国銀行が設立されることを促進した．クローマーは，シティの〔金融〕機関がイングランド銀行のチャネルを経ることなく，直接に政府の部局と接触することを好まなかった[149]．ある人々にとっては，彼は「歓迎すべき近づきやすい人物であり，事実，職務に対してこれまでにないほどの気魄と構想力を示した．しかし他の人々にとっては，クローマーは尊大に映り，受け入れがたい貴族的な振る舞いで，下層階級の苦労人に対する同情心が欠如しているかのようにみえた」[150]．

クローマーの後継者については，2人の本命がいた．オーストラリア準備銀行の総裁であるハーバート・クームズ（Herbert Coombs）は，ウィルソンに受けがよかった．他方で，ジョン・スティーヴンズ（John Stevens）は理事会お気に入りの候補者であった[151]．『エコノミスト』誌は，「クローマー卿自身のような強力な人物であるが，シティと政府の双方に受けがよく，現代的な状況の下では，できるならば多少ともエコノミストである人物」を期待した．同誌

によれば，サー・エリック・ロール（Sir Erick Roll）は「総裁に就任するのに英国でもっともふさわしい人物」であった[152]．また，パーソンズは可能性のある候補者として考慮されていた．クームズはオーストラリアにとどまることを決意した．2月初旬にセシル・キング（Cecil King）はオブライエンの事務室に入り，副総裁が現時点では総裁の最有力候補であると告げた．キングによれば，彼らはすでにキングに対して総裁の地位を提示していたが，彼はこれを受け入れなかった．これはキングが語るお定まりの話である．大蔵大臣は，イングランド銀行生え抜きの人物を望んでおり，彼らは皆オブライエンに賛成していた．キャラハンがウィルソンに伝え，ウィルソンもこれが正しい選択であると同意した．オブライエンは，1966年7月1日から5年間イングランド銀行総裁に任命された．回想録によれば，オブライエンは，労働党が政権を去った際には，彼は総裁の地位に留任しないことを受け入れた．キャラハンとの仕事のうえでの良好な関係に加えて，39年間にわたりイングランド銀行に勤務した実績が役立ったことは確かであった[153]．オブライエンの任命は，一部の人々からは，妥協の産物であり本質的には安全な選択であるとみられた．『エコノミスト』誌は，「オブライエンの任命の裏には狭量な動機がある」と批判した[154]．執行理事職にあったパーソンズはオブライエンの好みではなかったが，副総裁に就任した[155]．

7. 中央銀行の援助

クローマーがイングランド銀行総裁職にあった期間は，中央銀行間協力の最盛期と重なる．彼が中央銀行間協力を始めたわけではないが，もしその名声が1人の人物に贈られるのであれば，それはコボルドと1960年代に入った頃の国際通貨制度の差し迫った必要性に帰されるのが，より適切であろう．そして，クローマーの疑うべくもない技能が，それを可能にしたのであった．しかしクローマーが離任した後には，中央銀行間の熱心な協力関係は色褪せ始めてしまった．再言するが，これはクローマーの退任が原因ではない．ポンドを救済できないという現実が広範囲に明らかになり，各国中央銀行が，容赦のない，おそらくは抵抗しがたい圧力に直面して，救済への拠出に対して嫌気を募らせた

ためであった．クローマーは，つねに，分別のある政策のみが健全通貨をもたらし，これこそが為替相場の安定の前提条件になると警告し，脅迫し，なだめすかし，口うるさく苦言を呈した．こうして彼は，でき得る限りの圧力を政府に対して及ぼし続けた．また，彼は自分が手配できた短期の中央銀行金融がそれだけにすぎないことを極力強調した．スワップやこの種の手段は，一般的に3カ月間が限度であり，さらに3カ月間の延長ができた．しかし，稀には若干引き延ばすことが可能ではあったが，最終的に1年を超えることができなかった．（ときどきではあるが，全額が利用されない場合には，残りはスタンドバイ信用供与とされ，実質的な信用限度枠に含められた．）しかし，短期の中央銀行金融は，IMFその他からの長期の支援を準備するための時間稼ぎにすぎなかった．とはいえ，どちらも根深い問題への長期的な解決策とはならなかった．

　連邦準備を中心に展開されるスワップ・ネットワークの本質は，イングランド銀行の場合には介入目的のためのドルを供与し，連邦準備には，そうでなければ金に交換されるドルを購買するためのポンドを供給することであった．1960年代前半期の英国の経験は，それがしばしば更新されがちであったことを示している．1964年11月には，年初に合意された10億ドルの信用が枯渇し，翌12月に10億ドルのIMF引き出しから返済された．しかしクローマーは，1964年11月末に先の特別中央銀行援助を30億ドルに引き上げ，1965年2月に3カ月間更新した．5月にはIMFからの追加の引き出しを行い，7億5,000万ドルの連邦準備スワップを，さらに，この場合には1年間更新した．1966年初頭では，連合王国が利用できる短期の信用枠は，7億5,000万ドルの連邦準備銀行（Federal Reserve Bank）スワップと約9億ドルの1965年9月の中央銀行の包括措置から成っていた．1966年2月には，流動ドル・ポートフォリオ（liquefied dollar portfolio）（8億8,500万ドル）が外貨準備に算入され，連邦準備銀行スワップは返済された．1966年6月には，1965年9月の取り決めに代わって12億ドルの信用がBISから獲得され，これが1967年5月に1年間延長された．1966年9月には13億5,000万ドルの連邦準備（Fed）との新たなスワップが合意され，1967年末に15億ドルへ増額された．4月の末までの8カ月間に20億ドルが返済され，連邦準備銀行スワップは全面的に再編さ

(100万ドル)

図5-1 国際援助額，月次（1961-67年）

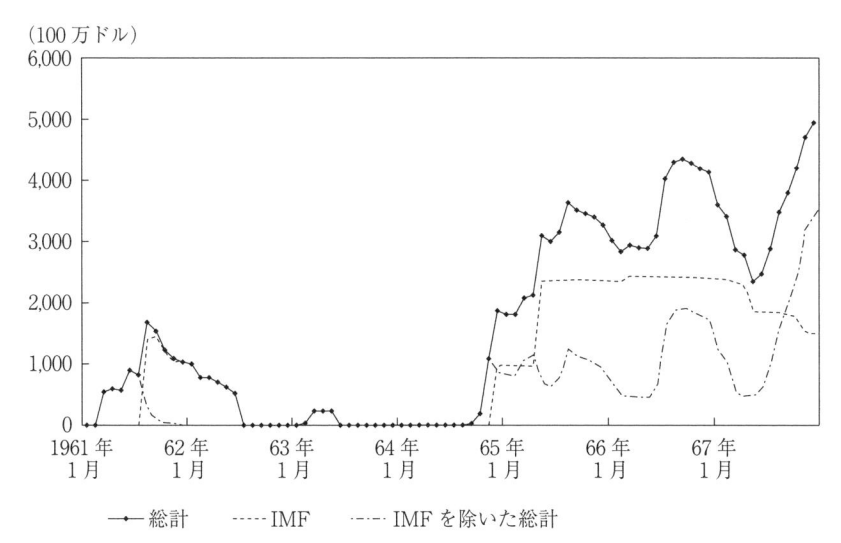

出所：*BEQB* および Kahn Report.

凡例：総計　------ IMF　-・-・- IMFを除いた総計

れた．借入はすべて，比較的低い利子率で行われ，カーンは，大まかにみて，1966年と1967年の援助の費用が総額でおそらく約5,000万ポンドに達すると見積もった[156]．

　図5-1は，1961年から1967年末までの月末時点での援助額の残高を示している．この図によれば，援助額は1961年の危機の期間に16億ドルという最高点に達し，1962年中頃までにゼロに転じたことが明らかである．援助額は，1964年の中頃まではゼロに近い点にとどまっているが，1965年初めには突然20億ドルに跳ね上がり，そして1965年の危機の頂点では約35億ドルに急激に増大した．次いで1966年半ばの危機の際には40億ドルを上回る額に達している．1967年にはいくらか軽減されたが，これは平価切り下げ直後に行われたいっそう大掛かりな援助の前の，束の間の出来事であったことが明らかになる．この時点までに，中央銀行からの借入はIMFからのそれを上回っていた．

　援助は，全期間を通じてといっても，おそらく1960年代中頃ほどではなかったが，関心の的であった外貨準備のポジションと密接に連動していた．とはいえ，部外者が，この数字を解釈することは容易ではない．公表された数字が

(100万ドル)

出所：*BEQB*.

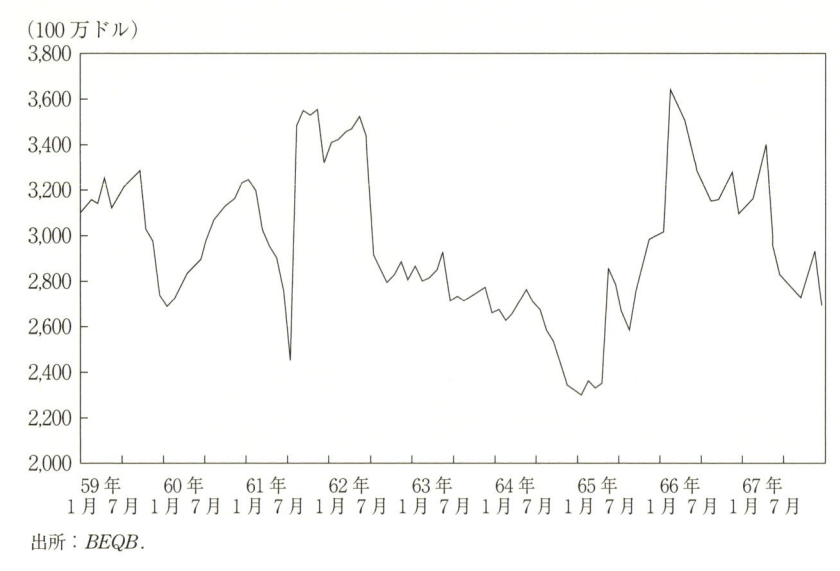

図 5-2 英国の公表準備，月次（1959-67 年）

歪められているからである．結局，「(大蔵大臣が理解しているように) 外貨準備政策の基本的な問題は，ポンドへの信頼を維持し，強化するように処理する」ところにあった[157]．歪曲のことを別にして，外貨準備勘定にみられる多くの項目と種類とを，どのように取り扱うのかという問題がある．図 5-2 は，1959 年から 1967 年までの公表された外貨準備の推移を示している．1957 年には約 20 億ドルという低水準にあったが，1959 年には 30 億ドルを上回った．その後は，きわめて多くの動きがみられるが，1965 年半ばまでは徐々に減少傾向にある．次いで，1966 年初頭に急激な増加傾向が現れ，その後 1967 年 9 月までは減少傾向にあったことが窺われる．このことから，いったい何が判明するのであろうか．この時期はポンドの大混乱の時期として一般的に考えられているが，この図からは表面上は，なにも興味をそそられるものが得られないように思われる．とはいえ，多くの理由から公表された統計のシリーズは，すべてが信頼できる指針にはなり得ない．図 5-3 は，全体が考えられていた通りではなかったことを示している．

表 5-1 は，このことを解明するのに役立つ．第 1 列は，1964 年半ばから

第 5 章 危機から「礫の苦難」へ　　271

(100万ドル)

```
5,000
4,000
3,000
2,000
1,000
   0
-1,000
-2,000
-3,000
-4,000
-5,000
     1964年              1965年              1966年              1967年        1968年
     6月 9月 12月 3月 6月 9月 12月 3月 6月 9月 12月 3月 6月 9月 12月 3月
```

―●― 公表準備　　------ 実質準備　　―― 純準備　　---- 自由保有準備

出所：*BEQB* および Kahn Report.

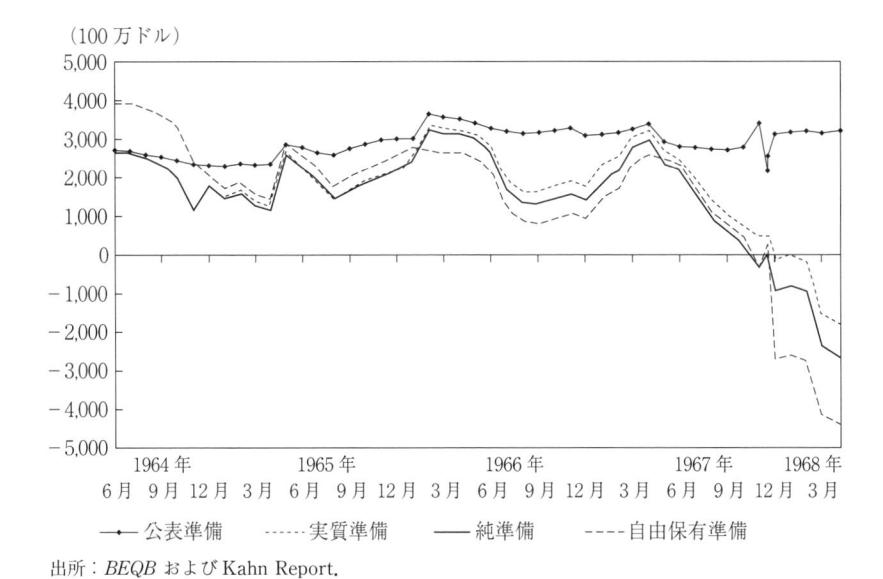

図 5-3　英国の準備の測定，月次（1964-68 年）

1968 年 4 月までの，月次の公表外貨準備を記している．第 2 列は，短期の中央銀行援助額を示している――初期は無視して構わないが，残りの期間の大部分は重要である．これらの数値は，しばしばまったく利用できなかったり，あるいは一定時間経過後でなければ利用できない．当局は自ら，それらの数値をどのように公表するかについて，よくよく態度を示しかねていた．1966 年中頃に，ある覚書は次のように指摘している．

> 6 月 29 日か 30 日に刊行される『エコノミック・トレンド』誌の次号には，第 1 四半期の国際収支の分析が含まれる．今日では「中央銀行の援助」と，そうでないものを区別することがもはや実際的でない，非常に多くの多様な活動が存在するため，おそらくこの号では資金調達の詳細が意図的に隠蔽されるであろう[158]．

しかし，国際収支のより明瞭なポジションを得るために，中央銀行の援助額を

表 5-1 英国の金および交換可能通貨準備（1964 年 6 月～1968 年 4 月）

(100 万ドル)

月末	(1) 公表 準備	(2) 短期 援助額	(3) 実質 準備	(4) 純準備	(5) IMF／ 一般借入 協定	(6) ドル・ポ ートフォ リオ額	(7) 自由保有 準備
1964 年 6 月	2,705	14	2,691	2,649	0	1,280	3,928
1964 年 7 月	2,677	0	2,677	2,635	0	1,296	3,931
1964 年 8 月	2,584	14	2,570	2,509	0	1,282	3,791
1964 年 9 月	2,540	199	2,341	2,341	0	1,310	3,651
1964 年 10 月	2,453	414	2,038	2,038	0	1,319	3,357
1964 年 11 月	2,344	1,201	1,142	1,142	0	1,324	2,467
1964 年 12 月	2,316	526	1,789	1,789	1,078	1,322	2,033
1965 年 1 月	2,299	801	1,498	1,448	1,061	1,327	1,714
1965 年 2 月	2,363	706	1,658	1,607	1,061	1,333	1,879
1965 年 3 月	2,330	941	1,389	1,282	1,061	1,338	1,560
1965 年 4 月	2,352	1,098	1,254	1,148	1,061	1,344	1,431
1965 年 5 月	2,859	148	2,710	2,604	1,061	1,350	2,892
1965 年 6 月	2,792	510	2,282	2,257	1,061	1,355	2,551
1965 年 7 月	2,652	675	1,977	1,952	1,061	1,361	2,251
1965 年 8 月	2,584	1,140	1,445	1,420	1,061	1,366	1,725
1965 年 9 月	2,755	1,000	1,756	1,708	1,061	1,372	2,019
1965 年 10 月	2,873	949	1,924	1,876	1,061	1,378	2,192
1965 年 11 月	2,988	899	2,089	2,041	1,050	1,383	2,374
1965 年 12 月	3,004	773	2,232	2,184	1,050	1,386	2,520
1966 年 1 月	3,018	538	2,481	2,422	1,036	1,389	2,775
1966 年 2 月	3,648	300	3,349	3,231	1,036	504	2,699
1966 年 3 月	3,573	300	3,273	3,156	1,022	498	2,632
1966 年 4 月	3,520	288	3,231	3,114	991	498	2,621
1966 年 5 月	3,413	280	3,133	3,016	991	498	2,523
1966 年 6 月	3,276	496	2,780	2,663	986	498	2,176
1966 年 7 月	3,206	1,271	1,935	1,672	986	0	1,184
1966 年 8 月	3,153	1,532	1,621	1,338	983	0	854
1966 年 9 月	3,161	1,532	1,630	1,296	983	0	812
1966 年 10 月	3,217	1,470	1,747	1,408	977	0	930
1966 年 11 月	3,282	1,380	1,901	1,551	977	0	1,072
1966 年 12 月	3,100	1,330	1,770	1,420	966	0	952
1967 年 1 月	3,130	804	2,327	1,901	963	0	1,436
1967 年 2 月	3,170	627	2,542	2,173	949	0	1,722
1967 年 3 月	3,259	202	3,058	2,786	893	0	2,391
1967 年 4 月	3,405	160	3,245	2,976	871	496	2,601
1967 年 5 月	2,954	260	2,694	2,366	350	496	2,512
1967 年 6 月	2,834	400	2,433	2,195	342	493	2,346
1967 年 7 月	2,792	809	1,982	1,562	342	493	1,714

表 5-1（続き）

(100 万ドル)

月末	(1) 公表 準備	(2) 短期 援助額	(3) 実質 準備	(4) 純準備	(5) IMF／ 一般借入 協定	(6) ドル・ポ ートフォ リオ額	(7) 自由保有 準備
1967 年 8 月	2,758	1,369	1,389	960	325	490	1,126
1967 年 9 月	2,733	1,691	1,042	644	314	490	820
1967 年 10 月	2,808	2,016	792	244	255	490	479
1967 年 11 月 17 日[a]	2,195	1,722	473	25	249	490	266
1967 年 11 月 17 日[b]	2,559	2,005	554	31	291	571	311
1967 年 11 月	3,424	2,940	484	−328	0	0	−328
1967 年 12 月	3,144	3,248	−104	−904	1,806	0	−2,710
1968 年 1 月	3,206	3,220	−14	−798	1,806	0	−2,604
1968 年 2 月	3,231	3,396	−165	−927	1,806	0	−2,733
1968 年 3 月	3,175	4,726	−1,551	−2,341	1,806	0	−4,147
1968 年 4 月	3,234	4,981	−1,747	−2,570	1,806	0	−4,376

注：「実質準備」は，公表準備から短期援助額を減じた額；「純準備」は，短期援助額を減じた額から保証ポンド額，特別スワップ額およびその他の債務を差し引いた額；「自由保有準備」は，純準備からIMF／一般借入協定を減じてドル・ポートフォリオ額を加えた額．
a. 旧平価．
b. 新平価．
出所：Bank of England, 'Gold and convertible currency reserves', 4A98/1.

控除しなければならない．そうすれば，第3列目に示される「実質準備（Real reserves）」と言われるものが得られる．その他にもBISスワップやスイス借款のような，もっと小規模な援助があり，同様にこれらも控除したものが「純準備（Net reserves）」として第4列に示されている．IMFからの引き出しも，同様に除外する必要がある．これらの月末のポジションは第5列に示されている．この時期には期首に引き出しがなく，期中の引き出しは巨額に達したが，期末までにすべてが返済された．この種の不一致の事例として，1965年1月の公表準備の数値が23億ドルであったにもかかわらず，実際のIMF引き出しを減じた純準備が，総額で3億8,700万ドルにすぎなかったことがあげられる．

わずか2年後にイングランド銀行の非業務執行理事で，タブロイド版の新聞『ミラー』の編集長であったセシル・キングが，外貨準備問題がより広範な公衆の関心を集めているとして，労働党政府に対する大規模な攻撃を開始した．彼の批判は，1968年5月10日金曜日の新聞の第1面に掲載された．それは，

英国がかつてない最大級の金融危機に直面しており,これは「外貨準備を嘘で塗り固めることで取り除けるものではない」と論じたてた[159]。キングはその前日の自らの日記に,「イングランド銀行の理事を辞職する必要がある。私は,今夜このことを手紙で伝えた」と記した[160]。イングランド銀行では,覚書が準備された。それは,「準備の数値自体は,もちろん正確である。……本当に問題となるのは,中央銀行による信用枠の利用を公表しない本行の政策である」というものであった[161]。

しかし,その他にも複雑な要因が重なった。第6列に示したドル・ポートフォリオである。これは,当時第3番目の〔外貨準備の〕防衛線と呼ばれていた。ドル・ポートフォリオの起源は,戦争遂行に必要な外国為替の供給のために,戦時非常時立法に基づき,英国居住者が所有するドル建て証券を強制的に取得したことにあった[162]。1940年に,英国政府は戦時金融のために,政府が既得した証券（vested securities）を現金で売却せざるを得なかった。これらは外貨準備に転用すべきであるという提案が事前にあったが,短期の債務の支払いに長期の資産を当てているとみなされうることを懸念する向きもあった[163]。英国居住者が保有し,1941年に当局に引き継がれたドル建て証券の一部は,米国復興金融公社からの借款の担保物件として質入れ（pledged）された。借款は3％の金利で,1941年7月に4億2,500万ドルであったが,そのうちの3億9,000万ドルが実際に借り出された[164]。担保として質入れされた証券は,1951年10月に借款が最終的に返済されるまで,担保が解除されなかった。証券は,以下の3つのグループの株式から成っていた。①英国の保険会社の在米子会社の株式（全体で約40％），②英国の利害関係者が支配しているか実質的に支配している会社の株式,③広範囲に及ぶ米国の会社の優先株や普通株,である。最後の③には大量のシェル・オイル,ゼネラル・モーターズ,スタンダード・オイルのような会社の普通株が含まれていた。これらの3つのグループの証券は,1941年に英国政府が既得していたり,質入れさせていた。最初の2つのグループの多くは質入れされたが,第3のグループの大部分は英国政府が既得していた。質入れと既得の違いは,一時的な借用か,それとも永続的なそれかにあった[165]。1951年に担保物件が米国復興金融公社から大蔵省に返還されたとき,質入れされた証券の大部分は元の持ち主に売り戻されたが,政府が既得

した証券の大部分はドル・ポートフォリオの基礎部分に組み入れられた．1949年時点では，市場性のある証券の価値が3億3,500万ドルを超えていた．1959年12月31日の価値は9億6,100万ドルに達し，1966年には，それは大体12億5,000万ドル（4億4,500万ポンド）と評価されたが，変動は市場の動きの結果にすぎなかった．

　1963年末に，総額で5億ドルを限度としてドル・ポートフォリオを流動化することが決定された．流動化のプログラムは1964年の冒頭に開始され，1965年11月までにドル・ポートフォリオの大部分が普通株から，いっそう流動性の高い証券に転換された．その大部分は米国政府短期債であった[166]．1966年2月までに，流動化された部分が8億8,000万ドルに達したが，これは14億ドル（5億ポンド）近くあった米ドル建て証券の総価値の64％を占めた[167]．ドル・ポートフォリオの内訳は，米国財務省中長期国債（US Treasury bonds and notes），BIS預金，発行から1年未満の譲渡性預金証書（CD），米国財務省証書（Treasury certificate）そして連邦準備銀行やイングランド銀行の当座勘定であった[168]．1966年2月，H.L. ジェンキンズ（H.L. Jenkyns）（大蔵省次官補）は，イングランド銀行総裁に対して，8億8,000米ドルと500万カナダ・ドルの価値を有する現金と証券を対外準備に移管することを求める書簡を送付した[169]．副総裁はヘイズに，ドル・ポートフォリオのなかで流動性をもつ部分を対外準備に組み入れる意図を伝えた．ヘイズは，これが「賢明で建設的な動き」であり，「大規模に事態を収拾する」ことになると考えたが，彼自身はさらに推し進めることを願った[170]．イングランド銀行はドル・ポートフォリオの残額を流動化することに賛成した．なぜならば，IMFからの大規模な借入によって，「この返済を容易にするためにドル・ポートフォリオの全額が必要となることはほとんど不可避」であったからである[171]．1966年年頭の対外準備の増加は，ドル・ポートフォリオの一部を取り入れた結果にすぎなかった．同じ理由から1967年後半にも，同様の対外準備の増大がみられた[172]．

　図5-3から，実質準備，純準備，そして自由準備のすべてが驚くほど類似の経路を辿ったことが明らかになる．これらの経路は公表数値よりも一段と変動幅が大きく，興味深いことに，1967年4月以降に急勾配で下落している．自由準備の場合には，1967年末に，ほぼ30億ドルの減少を示した．この期間中，

公表された準備はおおむね横ばい状態を続けたが,「真の」ポジションはますます深刻化し,結局は悲惨な事態へと至った.

8. 不可避な事態への備え

1966年中頃から平価の切り下げに至る1967年11月までの期間は,平価の切り下げが不可避であるという空気に支配されていた.ポンドは下げ止まることがなかった.断続的な危機,短期間の中休み,そして最終局面への備えであった.1966年7月,ブリッジは次のように記した.「1964年11月,1965年3月,そして1965年7月〜8月のような,もう1つの危機が始まる雰囲気を疑う余地はなかった」と[173].月末に,スティーヴンズはワシントンから,「米国政府の最上層部の平価切り下げに対する反対論は変化しつつある模様である」と報告していた[174].平価切り下げを実施しなければならないのであれば,その時期は早ければ早いほどよいという予感も生まれつつあった.1966年の半ば,内閣においてブラウンが平価切り下げ問題を提起し,その時から閣議は,これを問題にしていた[175].

1966年8月頃であるが,翌月のIMFの総会時に平価の切り下げが実施されるのではないか,という不安がよぎったことは確かであった.イングランド銀行においては,市場心理を変える試みが議論の中心となり,もっとも有望な一連の戦略として先物相場の活用が検討された.アレンが論じたのは,信頼性が低く,ヘッジが広く行きわたり,リーズ・アンド・ラグズ〔為替相場の見通しによって為替決済を早めたり遅らせたりする操作〕がイングランド銀行に不利に作用しており,国際収支の見通しが黒字基調にあるときには,先物為替のポジションの売り持ち額が市場に対して異常に大きくても,不安視する理由はないということであった.すなわち,「……われわれの戦略は最大化することであり,われわれの売り持ちのポジションの規模を最大化する用意ができていることが理解されるべきである」(強調はアレン)と[176].これは信頼性を証明するものであり,現物の対外準備を防衛するものであり,限界的なリスクをとるだけで資金調達の問題を軽減すると考えられていた.しかし,基礎的な国際収支の強化という信念がどこから生じたのかについては,怪訝に思われるところ

があった．その信念は，英仏海峡を越えることができなかった．翌日，ベルギー中央銀行の総裁ヒュバート・アンショー（Hubert Ansiaux）がオブライエンに電話をして，ベルギーの市場では憶測が広まっていると伝えてきたからである[177]．

　1966年末に，イングランド銀行はバンクレートを7％から引き下げることを論議していた．結局，総裁は，最低限0.5％引き下げ，続けてすぐに追加の0.5％を引き下げるのが適当と考えた[178]．だが，それは，追加の0.5％の引き下げが考慮される前の3月のことであった．その時までに，慎重な楽観論が一部に忍び寄ってきていた．オブライエン総裁は懸念していたが，追加の引き下げを勧める手紙をアームストロングに送った[179]．1966年の後半から1967年の初めには明るい兆しがみられ，3月までにイングランド銀行は未払いのスワップと米国その他からの短期の借入を返済した．しかし，それは夜明け前の曙光にすぎなく，まもなく暗闇が再び襲ってきたのであった．4月には，夏にかけてバンクレートを5％へと，さらに引き下げることに関する論議が続いたが，唯一気懸かりであったのは，それが「進め」の信号の意味にとられることであった[180]．ポンドに関する新しい取り決めに基づいて1966年7月に実施された救済活動は，同年9月に更新された．その後の月々も，さらなる更新と延長の議論に費やされた．

　しかし，1967年の第2四半期に，運命の逆転がいくつか起きた．世界貿易の成長が停滞し始め，英国の輸出の伸びは減速したが，輸入は依然として高い水準にあった．外国為替が流出して，5月にポンドが弱含みとなった．英国がヨーロッパ経済共同体（EEC）に参加する新たな申請を行ったのは，この月であった．直ちに，平価切り下げの要求が避けられないという提案がなされた．それにもかかわらず，外国為替相場の騰貴と下落に対処するための現行協定の下で，利用可能な資金は十分に存在した．いっそう大きな打撃が，中東危機とスエズ運河の閉鎖からもたらされた．5月以来始まっていた外貨準備の減少は，夏を通じて持続した．厳しい状況下にあると思われたので，総裁が大蔵大臣に差し出す書簡が準備された．それには，平価の切り下げを含めいくつかの実施可能な措置がまとめられていた．為替相場の変更を支持する議論の根強さを認めるものの，それには反対しなければならないとオブライエンは述べていた．

「あなたと同様に私は，平価切り下げの考えそのものを嫌悪する」と．結論として，書簡が悲観的なものであり前途の見通しが立たず，「弾薬庫には多くの弾丸が残されていない」とオブライエンは弁明した．結局，書簡は出されずじまいに終わり，オブライエンの陰鬱な気分が明らかになっただけであった[181]．

このような背景に対して，FU委員会は会議を定期的に再開して，平価切り下げ作戦教本を改訂した[182]．固定相場か変動相場かの問題が再び注目を集めることになった．このときは，フォードに代わってマクマーンが委員会に出席した．平価の切り下げについて，マクマーンは実利主義者であり，前年には，少なくとも問題を「想像もできない最後の手段」から「可能性が明白な政策」に発展させるべきであると主張していた[183]．とはいえ固定相場か変動相場という問題に関しては，彼はイングランド銀行の立場に確固として与していた．1967年9月に回覧されたFU委員会文書は，変動相場や弾力的相場（floating or flexible）に反対するイングランド銀行と大蔵省の見解に立っていた．しかしマクマーンは，この文書が状況を十分適切にとり上げたものではない，と総裁に伝えていた．実際，その大部分は「カルドアの受け売り」と彼はみていた．マクマーンは，近い将来に平価の切り下げがあるとすれば，首相が「変動相場に執着するであろうし」，ダグラス・アレン（経済省事務次官）がそれを重視するであろうと考えた[184]．イングランド銀行の当初の見解は，「意見の大半が変動相場に反対するものであった」が，その後の見解は，「経済アドバイザーたちのなかには，少なくとも一時的な方策として変動相場を支持する者もいるが，大蔵省とイングランド銀行の公式の見解は変動相場に強く反対する」と改められた[185]．しかし，それでも大蔵省のなかには異なった見解の持ち主がみられた．任命されたばかりの経済アドバイザーであるマイケル・ポズナー（Michael Posner）は，その後の段階で再びペグ（釘付け）相場に戻すことを併せて表明することで，変動相場に賛成した[186]．9月半ばに港湾ストライキが始まり，状況はいっそう深刻なものとなった．中央銀行借入が事実を覆い隠していたとしても，対外準備は急減した．夏を挟んだ5月から9月までの時期の借入は，17億ドルに達した．9月には中央銀行の支援に関するさらなる議論がみられたが，何事も決定されず，10月には準備がいっそう減少した．

ポンドのポジションが悪化したので，10月12日にバンクレートの引き上げ

が考慮された．結局，その日に動きはなく，4日後にフォードは考えを改めたことを認め，10月19日に0.5％引き上げて，6％にすることを主張した．引き上げ幅は，フォードの次のような見解に影響された．考慮すべき「リスクと危険」からみて，1％をまるまる引き上げることでは十分な操作の余地を残さないことになり，この結果バンクレートを再度引き上げなければならなくなる，というのであった[187]．公的な消費支出に関連して，この引き上げの動きは，ポンドが他の市場の短期金利によって不利な影響を被らないように計画された，と説明された．案の定，月末にフォードは，追加の引き上げの場合を判断するための覚書を作成した．事態が急展開する場合には，11月9日に追加の0.5％の引き上げを行うことを，彼は慎重に提案した．明らかに，状況は厄介なものとなっていた．ホーラムは，前回の変更が「自らの手を縛るものであり」，「誰かに追従しているのが明白でなければ」引き上げが困難であるとみていた[188]．フォードの覚書は，ブリッジから，いつもの辛辣な返答を招いた．ブリッジは，彼「特有の観察眼」からみると，過去2年間のバンクレートの利用が「不器用で，ときには災禍をもたらしている」と考えていた．10月の引き上げは，「明らかに時期を失しており」，2カ月ではないとしても，2週間ほど前に実施するべきであったと述べた．ブリッジは，近時のバンクレートの変更が政策上の「信頼性」を高めたというフォードの主張と論争を続けた．それは，割引市場や証券取引所には妥当するかもしれないが，「私のもっとも世知に長けた『顧客』の大部分に当てはまらないことは確かである．彼らは，しばしばわれわれが政策を打ち出せるのか疑問視している．なぜならば，必要なことを機が熟すまで，われわれがまったく実施していないようにみえるからである」と，いうものであった．もしバンクレートが主に対外的な理由から利用されているのであれば，これは強い批判となった．ごく近い将来についてブリッジは，できるかぎり早く〔バンクレートを〕変更することに同意したが，「11月15日以前にポンドが切り下げられることを望んでいる米国を増長させる」という理由から，0.5％を超えるいかなる変更も危険であると警告した[189]．したがって，11月9日にバンクレートは0.5％引き上げられて，6.5％になった．マスコミへのガイダンスでは，これを他の国際市場におけるいっそう高い利子率へと向かう圧力から，引き上げが必要になったと説明した．補足的な覚書において，ブ

リッジは「レインコートを身に付ける前に実際に濡れてしまうまで」待つよりも，雨が降り始める前にレインコートを着用するという比喩にたとえた．さらに政策批評を行いながら，ついでに彼は，前者が「ここ数年間のわれわれの習慣的な姿勢であった」と論評した[190]．

　平価切り下げのタイミングについては，直ちに先制攻撃を行うという，噂が流れた．10月初旬にケアンクロスは，アームストロングに対して，事態が進行して平価切り下げを余儀なくされるまで待つのであれば，政府は自らの責任を放棄していると伝えた．政府は将来の見通しについて判断して，それに沿って行動しなければならない．オブライエンは，イングランド銀行に届けられた覚書のコピーに，「まさしく私自身の思考の流れに沿っている」と書き込んでいる．今や，平価切り下げが不可避という雰囲気であった．計画は，漠然とした不確実なものから詳細なそれへと発展し，アームストロングは11月9日に，FU委員会に対して，われわれは「黄信号地帯〔変化や危険が迫っている兆候〕」にいると伝えた．

　平価切り下げまでの最後の数カ月間に，イングランド銀行は回避のために，あるいは平価切り下げになったときには成功裏に収めるために，ポンドに対する国際的な支援を獲得することに集中していた．平価が切り下げられた場合には，イングランド銀行は，平価が変更された際の他国の態度を確認することに傾注していた．とくに，他国がそれに追随するか否かが問題であった．9月にブリッジは，追加的な資金調達に関する3つの可能性に言及していた．それは，スイスの銀行のコンソーシアム，BIS，および米国財務省による保証付きポンドの追加的な保有である[191]．結局，これらのすべてが追求された．ポンドの窮状については，1967年9月に，すべての主要な諸国の参加者がIMF―世界銀行の年次総会の際にリオデジャネイロに集まり，熱心に論議した．オブライエンとマクマーンは，ピア=ポール・シュヴァイツァー（Pierre-Paul Schweitzer）（IMF専務理事），マーティン，J. デューイ・ダーネ（J. Dewey Daane），ヘイズ，クームズ（米国），そしてブレッシング（ドイツ）と話す機会をもった．その後，オブライエンとマクマーンは，ブエノスアイレスでBIS総裁ジェル・ジルストラ（Jell Zijlstra）と会見した．これらすべての成果といえるものは，スイスから4億5,000万ドルの借款，日本から2,500万ドルの借款，

BISを通じる2億5,000万ドルから3億ドルの調達可能性であった．最後の件は，10月末にバーゼルで開催された「専門家」会議で論議され，11月13日の月曜日に開催されるBIS理事会において承認の議題とする手筈が整えられた[192]．

11月10日金曜日にマクマーンは，平価切り下げの際に利用できる支援について，総裁に宛てた「大急ぎかつ暫定」の覚書を作成した．彼の見積もりでは，総融資額が23億ドルに達し，これに4億ドルのスタンドバイ信用供与が加わった[193]．同日，オブライエンとモースはバーゼルのBIS月例会議に出発する予定であった．モースは，リケットとともにワシントンに向かっていた．彼らは，さまざまな交渉の戦術を練った．米国に対する提案は，長期の借款あるいは保証付きポンドの保有を増加する形で金融上の支援を求めるように作成された．米国がこのような長期の信用を与える用意があるのかについては，疑問視する向きもあった．この提案は，おそらく事前通知の一方法であったと思われる[194]．ジョンソン大統領に手渡される手紙も含めた書簡の草案は，状況がいかに危機的であるかを強調した．今日では，翌週の水曜日に公表される予定であった10月の貿易収支が極端に悪化した事実が知られている．港湾ストライキの影響がこれらの数値を「無意味」にしていると論じられたが，ポンドに対する取り付けが予想されていた．バーゼルにおいて同僚と協力して，どのような方針がとられるべきかに関するオブライエンの疑問に答えて，大蔵大臣は，もし英国が平価を切り下げなければならない場合には，国際的，政治的，経済的な影響を総裁が強調するようにと提案した[195]．

米国における週末の討論において，リケットは米国に対して，総額で30億ドルの包括支援が必要であると伝え，どのようにすればこれが獲得できるのかを論議した．その1つの要素となったのが，IMFからの14億ドルのスタンドバイ信用供与であった．同じ日の遅く，英国政府当局者は，この問題をシュヴァイツァーに提案した．〔シュヴァイツァー〕専務理事は賛成したが，ヨーロッパからの圧倒的な支持の必要性を強調した[196]．モースはオブライエンに電報を打ち，レセプションが友好的で協力的であったと伝えた．モースは，包括案の概要を，13億ドルの保証付きポンドの保有（米国5億ドル，ドイツ2億5,000万ドル，イタリア2億5,000万ドル，その他3億ドル），IMFからの14

億ドルのスタンドバイ信用供与，そして商業銀行からの3億ドルの中期の融資から成ると説明した[197]．だが，オブライエンは，日曜日にバーゼルから次のように報告してきた．彼の仲間である中央銀行の総裁たちは上記の提案に好印象をもたず，代わりにポンド支援の取引が30億ドルのIMFスタンドバイ信用供与の形態をとらなければならない（割当額の200%の超過はIMFの歴史上類例をみない）と提案した．英国政府当局者はシュヴァイツァーにこの提案を伝えたが，彼は明らかに冷静かつ好意的にこの考えを受け止めた．日曜日の夕刻，モースはマーティンおよびダーネと晩餐をともにしたが，その時にイングランド銀行総裁の考えをめぐって，しつこく質問を浴びせられ，次のように答えた．オブライエン総裁は，現在では為替レートの変更なしにポジションを改善できるとは考えていないが，他の諸国が平価の切り下げの回避が重要であると考えて大規模な支援の包括案を計画しているのであれば，総裁は「これを喜んで受け入れる」であろうと．その晩遅く午後11時過ぎに，シュヴァイツァーは電話をかけてきて，問題をさらに検討してみたが実現不可能であるから，先の30億ドルの包括案の提案を拒絶せざるを得ないと伝えた．モースは，午前1時（ワシントン時間，バーゼルでは午前6時）にオブライエンに電話をして，この一部始終を伝えた．

バーゼルでイングランド銀行総裁は，英国が平価を切り下げるべきであるのか，それとも支援のための包括案に対して煮え切らない態度を示しているのかをめぐり，各国中央銀行の間で見解が分かれていることに気づいた．総裁は日曜日と月曜日の朝に電話でキャラハンに事態の進展について報告し，月曜日の午後にキャラハンと会談するためにロンドンに空路帰国する予定であった．その日の午前中にBIS理事会に出席して，そこで2億5,000万ドルの保証が承認された．オブライエンは，各国中央銀行の代表者の見解に一通り目を通した．英国の平価切り下げにアンショーは賛成，パー・アズブリンク（Per Asbrink）（スウェーデンのリクス銀行）反対，ブレッシング反対，ジャック・ブルネ（Jacques Brunet）（フランス銀行）賛成，カルリ（Carli）反対，エドウィン・ストッパー（Edwin Stopper）（スイス・ナショナル銀行）反対，ヘイズとクームズ反対，であった．それにもかかわらずオブライエンは，キャラハンに対して平価の切り下げが不可避であり，実施すべきであると進言した[198]．ま

た，大部分の米国の高官たちも相場の変更が避けられないと認識していた．その後の討議は，相場の変更を避けることよりも，もっぱらその計画を立案することに費やされた．シュヴァイツァーは，新相場を支えるための14億ドルのスタンドバイ信用供与が直ちに交渉可能であることを確認した．月曜日の夕刻，連邦準備ではマーティンがモースに対して，ジョンソン大統領は平価の切り下げを歓迎しないが，もし切り下げが必要となれば，英国は米国の支援に頼ることができる，と伝えた[199]．

　11月13日の月曜日深夜，ウィルソンとキャラハンは平価切り下げの決定を行った．このことは，翌日に「火曜クラブ」と称された少数の閣僚には知らされた．その日の深更に至っても，ニューヨーク連邦準備銀行は支援のための包括案に見切りをつけることなく，側聞するところによれば，英国は平価を切り下げるべきでないと焦慮感をいっそう募らせていたとのことである．そして，今や交渉の中心はパリへと移った．そこには，G10やOECD第3作業部会（WP3）の会議のために各国当局者たちが参集していた．米国は，ヨーロッパの中央銀行が応分の金額を引き受けるのであれば，保証付きポンドの保有額を5億ドル増やす案をいぜんとして追求していた．11月15日水曜日の午後10時30分に，キャラハンはオブライエン，モース，アームストロング，ポズナーと会い，たぶん，これが自分たちの見解を世間に知らせる最後の機会になろうと告げた．オブライエンは，今では平価の切り下げに賛成するが，包括的な方策が適切に取られている場合に限ると述べた[200]．平価切り下げは，11月16日木曜日の閣議で正式に決定され，「平価切り下げ作戦教本」に提示されていた行政上の絶対的な権力が発動された．

　そのときでさえ，事態は完全に計画通りには進まなかった．作戦教本には多くの細目事項が含まれていたが，切り下げに至る秒読み段階において，情報漏洩やポンドに対する突然の圧力が生じた際の行動に関しては，何の準備もなされていなかった．そして，実際に，それは起こったのである．あらゆる類の風評が新聞紙上に溢れ，2億5,000万ドルのBIS借款が正確に予測され，ポンドに対する10億ドルの支援包括案がパリで交渉中であるという新聞記事に信憑性を与えることになった．木曜日に，この借款に関する議会での審問が首相に対して行われ，質問が大蔵大臣に及ぶと，その答弁は満足すべきものからはほ

ど遠いものであった[201]. これに対する市場の即座の反応は, ポンドの大量売りであった. 金曜日には, 市場は混乱状態に陥った. ポンドは壊滅的な打撃を被った. その日の終わりまでに, 現物市場の取引のほぼ全額に相当する総額14億5,000万ドルの支援が実施された. 後に, 連邦準備のロバート・ソロモン (Robert Solomon) は, その日, イングランド銀行が「ポンド支援のために, 翌日には放棄される相場で10億ドル以上の対外準備を払い出した」と記している[202]. 彼は内情に通じていたが, なぜか実際の数字には疎いところがあった. 11月18日に政府は, ポンドの平価を2.80ドルから2.40ドルに切り下げ——ドルに対する14.3%の切り下げ——を発表した. しかし, このときまで, ニュースはこの事実をまったく取り上げてこなかった. (切り下げ幅については, 15%が必要というIMFの算定と合致する.) バンクレートは, 1.5%引き上げられて8%となった. これは1914年8月の〔第1次世界大戦〕勃発以来の最高水準となった. また, 非常事態措置の包括策も導入された. 数日後, 新平価を防衛するために, 15億ドルの中央銀行支援包括策が発表され, 11月29日にはIMFとのスタンドバイ信用供与協定が準備された.

平価切り下げがもっと早期に, もっと安価に実施できたのではないか, という疑問はいぜんとして残された. 議会の質問に対する大蔵大臣の対応の混乱はともかくも, タイミングは, 確かに時宜を得たものではなかった. 10月末の方が, より整然とした手順となったかもしれない. 11月中旬になると, 計画通りに予定表に固執することが, ますます費用のかかる困難なものとなった. とはいえ, ポンドに対する追加の支援に乗り出す代わりに, 早ければ1966年7月には平価の切り下げを実施できたのかもしれなかった. 1967年の半ばまで「行動することをためらったのは弁解の余地のないことであった」[203]. カーンは, この遅れを「大失敗をした」と判断して[204], 1967年6月末に平価の切り下げを行っていれば, 1968年末までに「対外ポジションは少なくとも4億ポンド程度改善していたであろう」と試算している[205]. もちろん1964年11月に実施しても, これは可能であったのかもしれない.

イングランド銀行が関係した活動におけるおもな失敗の1つは, 心理戦に関する脅迫観念にとりつかれたことであった. 市場技能を誇りとし, 重要な経済知識をとり入れることを長年にわたり怠ってきたことは, 同行が市場操作に専

念する一因となった．平価の切り下げを議論する際に用いる経済モデルなどは，イングランド銀行にはなかったのであり，国際収支に対する貨幣的アプローチに言及することもなかった[206]．利用されている分析〔手法〕は，1949年の平価切り下げの際に用いられた弾力性アプローチとアブソープション・アプローチだけであった．

　出費には先物による介入の損失が含まれていた．先物介入は，1964年の末から大規模に利用され続けていた．この手法は，平価の切り下げへの確かな拒絶反応がある限り有効であった[207]．実際，先物介入は利益をあげることもあるので，イングランド銀行の専門家たちは，売り持ち，すなわちドルの売却を最大限にするように勧めた．だが一度先物介入に携われば，信頼性の危機が避けられなかった場合には，撤退を難しくするリスクが伴うことになる．そのため，イングランド銀行が先物のポジションを10億ドル減らしたことは2度あった．1度目は1966年初頭であり，2度目は1967年の第1四半期であったが，これらは利益がもたらされた時期であったと思われる[208]．

　1965年初頭にイングランド銀行は，先物介入を主題とする文書を大蔵省向けに用意した．オブライエンはブリッジがこれに満足していると固く信じてやまなかったが，事実はそうではなかった．ブリッジは次のように返信した．

> 私は，大蔵省にこの種の文書を送ったイングランド銀行の現時点での見識にいささか疑念を抱いている．先物相場に関する論文は，セックスに関する書物のように，この主題に関して経験の浅い人々の想像力を過度に駆り立てがちである．最近，英国政府に臨時に採用された者のなかには，この種の人々が多数含まれている[209]．

（ブリッジは，内閣の経済アドバイザーであるバローを脳裏に浮かべていたのかもしれない．というのは，彼は，その前日に，先物介入の局面に関するバローの見解を笑止千万であると却下していたからである[210]）．

　イングランド銀行は大規模な先物契約を結んでおり，先物ディスカウント〔先物相場が直物相場より低い場合〕を低く抑えるように管理していた[211]．ところが1960年代中頃，この活動をめぐり些細な論争が噴出した[212]．先物取引

がどのように信頼性に影響を与えるのかをめぐり，疑問が寄せられた．これは，影響を与える場合も，そうでない場合もあり得るように思われた．平価の切り下げがしだいに現実味を帯びてくると，少なくとも一時的に先物取引の活動はとりやめられた．「イングランド銀行があえて撤退しないことは，弱気の投機筋に対してほぼ無制限の〔投機の〕機会を与えることになるから」，当局が平価の切り下げを実施しようとする兆候ととられることを恐れたのであった[213]．1963年1月から1976年11月まで，先物ポンドはつねにディスカウント状態であり〔直物レートを下回り〕，1964年11月から1965年11月にかけて，その最大幅が経験された[214]．数値が公表されなかったため，経済評論家がその程度を論議することは困難であった．だが，1970年に国際収支統計が先物取引の損失の数値を公表した．それによれば，1967年が1億500万ポンド，1968年が2億5,100万ポンド，総額で3億5,600万ポンドであった[215]．これは，ほぼ対外準備額の3分の1に相当した．チュー，その後にケアンクロスとアイケングリーンは，先物契約額が20億ポンドを上回るという情報に基づいて推計した[216]．平価の切り下げ幅が14％であったから，3億5,600万ポンド（1ポンド2.40ドルの換算で8億5,400万ドル）の損失は，平価切り下げ前夜の先物予約残高が59億8,100万ドル（1ポンド2.80ドルの換算で21億3,600万ポンド）に達し，これは金額として対外準備総額の2倍以上に相当することを意味した．表5-2と図5-4は，イングランド銀行が大蔵省に毎月報告した先物のポジションを示している．1966年9月には，市場での売り持ち額が32億ドルであったが，1967年11月には44億ドルとなった．イングランド銀行の資料は，11月17日の売持ち額が実際には16億4,000万ポンド（平価切り下げ後は19億1,300万ポンド）であることを明らかにした．2億7,300万ポンドの対外準備上の損失が発生したことになり，この数値が第2カーン報告書で利用された．カーンは，この状況ではイングランド銀行の戦術をあまり厳しく批判することが得策でないと考えた．しかし，先物ポンドのディスカウント状態から利益を得られる有利な状況とカーンが判断したことを利用することなく，平価の切り下げ後にイングランド銀行が市場からの撤退と，そのまま満期を待つことを決めたことに対して，彼は批判的であった[217]．

これらのすべての出来事に関して，もう1つの注目すべき事実とは，イング

ランド銀行が，このような大規模な取引を，ほぼ完全に自由に実行し得たことである．だが，この問題に関して，1964年に大蔵省との間で交わされた往復書簡は存在しない．この事実はロイ・ブリッジ（Roy Bridge）を驚かせるものではなかった．というのは，彼が言うように，「通常，運営方針はきわめて素早く練り上げられる……そして，イングランド銀行と大蔵省の間では口頭で合意される．このような重大な決定は，通常は最上層部で行われる」からである．その後イングランド銀行は，何が行われたのかを通知する月末書簡を大蔵省に提出した．大蔵省からの苦言や指示に関する証拠は何も残されていない．ブリッジは続いて次のように述べている．その当時，必要となる費用に関する指示は何も発せられなかったが，「為替相場の維持という明確な意図が存在しなかったとしても，実際上は無制限に介入する決定は……たぶんなされなかったであろう」と[218]．

イングランド銀行に確実に浴びせることのできる非難は，平価の切り下げを遅延させたことであった．イングランド銀行は，ポンドの防衛に傾注していたのであった．しかし，

表 5-2　先物為替売り持ちポジション
（1964 年 10 月～1967 年 12 月）

(100 万ドル)

月末	売り持ちポジション 市場	売り持ちポジション 総計
1964 年 10 月	188	602
1964 年 11 月	249	1,448
1964 年 12 月	1,879	2,484
1965 年 1 月	2,103	2,982
1965 年 2 月	2,033	2,817
1965 年 3 月	2,190	3,209
1965 年 4 月	2,229	3,405
1965 年 5 月	2,282	2,402
1965 年 6 月	2,268	2,750
1965 年 7 月	2,346	2,993
1965 年 8 月	2,859	3,870
1965 年 9 月	2,419	3,548
1965 年 10 月	2,122	3,200
1965 年 11 月	1,851	2,878
1965 年 12 月	1,803	2,705
1966 年 1 月	1,560	2,229
1966 年 2 月	1,355	1,784
1966 年 3 月	1,372	1,826
1966 年 4 月	1,383	1,831
1966 年 5 月	1,397	1,834
1966 年 6 月	1,439	2,092
1966 年 7 月	2,304	3,735
1966 年 8 月	3,153	4,844
1966 年 9 月	3,220	4,914
1966 年 10 月	2,738	4,371
1966 年 11 月	2,548	4,091
1966 年 12 月	2,545	4,038
1967 年 1 月	2,780	3,746
1967 年 2 月	2,495	3,284
1967 年 3 月	2,148	2,514
1967 年 4 月	2,013	2,338
1967 年 5 月	2,268	2,615
1967 年 6 月	2,531	3,018
1967 年 7 月	2,817	3,713
1967 年 8 月	2,758	4,214
1967 年 9 月	2,800	4,578
1967 年 10 月	3,406	5,506
1967 年 11 月	4,392	7,012
1967 年 12 月	4,298	7,183

出所：Monthly report on the Treasury, 6A152/1 and C43/121.

(100万ドル)

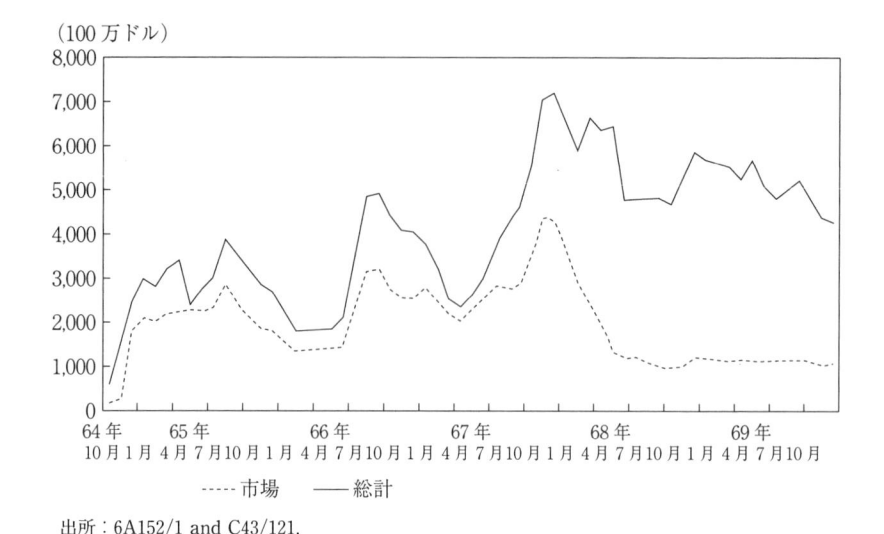

出所：6A152/1 and C43/121.

図 5-4　EEA の先物ポジション，月末（1964-69 年）

それは度を超えたものであったのであろうか．行内でもっとも有能なポンド擁護者の 2 人がブリッジとパーソンズであり，彼らは相場を維持することを堅く決意させられていた．そして彼らは，連邦準備やヨーロッパの同じような考えをもつ中央銀行家によって強力に支持されていた．その日が近づくにつれて，日々の外国為替市場報告に対するブリッジの論評は，いつもいっそう意気消沈したものになっていった．10 月 13 日の金曜日には「じつに嫌なこと」．10 月 19 日にバンクレートが引き上げられるが，「引き上げ幅が少なく，手遅れであった」．11 月 2 日は「まさしく憂鬱な木曜日であった」．11 月 6 日は「不愉快であった」．11 月 17 日金曜日には，ブリッジはたったひとつの単語──「磔の苦難（Crucifixion）」と記した．彼は，平価の切り下げを残念に思った．そして後に，この時期を「彼の経歴のなかでもっとも悲惨なもの」と表現した[219]．ブリッジとパーソンズは，平価の切り下げの直後にイングランド銀行を退職した．

2 つの準備通貨が長期的に存立する可能性に関する疑問が解消しなかったため，1960 年代の国際通貨制度は，よろめきながら歩み続けた．さまざまな欠

陥が現れたとき，その障害を取り除くために多様な対応が試みられ，一連のその場しのぎの方策が育まれた．こうして，貨幣用金市場を安定させるために金プール，通貨における中央銀行スワップのネットワーク，短期信用における中央銀行間協力のためのバーゼル協定（それ自身は IMF の引き出しとスタンドバイ信用供与が手配されるまでの応急措置である），そして，より広範な形となる第3作業部会（WP3）における貨幣金融問題に関する経済協力開発機構（OECD）の協力，などが生まれた．通貨に対する「投機的な攻撃」を反映した信頼性の欠如が突然に生じたと思われる事態に対処するためには，短期の信用を用いることが不可欠であった．IMF に頼ることは，短期の信用を返済するための中期の解決策となったが，同時に IMF の最大関心事である国際収支にいっそう焦点を合わせることになった．これらすべての方策は1960年代初期に誕生したものであるが，国際通貨制度を救済するための努力が続いていたので，その後の10年間の時期にも存続した．これに加えて，最初の関心が為替相場にあった総合的な経済政策を除けば，英国では為替管理のような具体的な方策が採用された．多くの国々でも為替管理策が為替に直接に影響するように利用されたが，おそらく英国がもっとも厳格であった．

　ポンドに関する限り，1963年ないし1964年までは，ポンドが過大評価されていると考える人々が大多数であった[220]．とはいえ，国内的，政治的，その他にも対外的など，さまざまな理由から，平価の切り下げなどあり得ないであろうという傲慢な態度がみられた．国内的な理由としてもっとも重要なことは，新たに選出された労働党政府が平価の切り下げ政党とみなされないように行動すると決意したことであった．通貨の強さが経済の強さを明確に反映した時代の強い感情を，時を経て呼び戻すことは困難である．ポンドのパフォーマンスとともに対外収支のパフォーマンスは，英国の「衰退」に関するありふれた測定器として使われた．「衰退」はこの当時には定着し，一般的とさえなったという見方である．1971年にマンサーは次のように記した．

　　国際収支は，英国病である．これは，英国が他国と何か異なる国際収支をもっているからではない．英国のみが，それを国民の道義心（national conscience）の中心に置いているからである．……国際収支をめぐる連合

王国の自己嫌悪はいっそう大きく，もっと長期の過程の一部分にすぎない．長年，……英国は自らをなだらかな衰退局面にあるとみなしてきた．……このような雰囲気の中に，戦後の国際収支問題が……噴出した[221]．

確かに英国の国際収支問題は他の国のそれとは，どこか異なっていたが，マンサーは，国際収支に対する強迫観念と末期的な衰退を説明する目的のために，それを誤用していることを正しく見抜いている．ポンドのパフォーマンスは，力強さの象徴として，ますます見なされるようになったが，1964年以降にポンドの平価を2.80ドルで固守する絶望的で，結局のところ馬鹿げた試みが，多少なりともその背景には存在するのである．イングランド銀行は，ポンドの保有者に対して，どこよりもいっそう大きな関心を抱いていたし，シティの繁栄のためにも同様の関心を払った．外圧が，とりわけポンドをドルのための防衛線とみる米国（とくにニューヨーク連邦準備銀行）から加えられたが，もっと広い視野からみれば，それはブレトンウッズ協定の存続を願う者たちからもたらされたものであった．

言わんとするところは，以下のようである．1964年の危機は労働党に衝撃を与え，英国が国際通貨の「重荷」をもはや担えないという感情を同党に残した．そして，このことは準備通貨が演じる役割の検討を促す新たな刺激となった．困難は，もっぱら成長をめぐる混乱した見解および，インフレと国内需要に対処する方法が物価・所得政策を介するという信念にあった．問題を識別できなかったことについては，少なくともある筋には理解されていた．1965年1月に『バンカー』誌は，「昨年の英国の経済政策に対する無関心さと（その後の）愚劣さに起因する影響のため，どのような国際通貨制度も，通貨を救済することができない」と憤っている[222]．

第2次大戦以来の歳月におけるポンドの試練を振り返り，1965年にハーシュは，8つのポンド危機を確認している．1947年の交換性と結びついた危機，1949年の平価切り下げ時，1951年夏，1955年夏，1956年秋のスエズ動乱時，1957年晩夏，1961年夏，そして1964年末の危機である[223]．ハーシュがもう2年から3年執筆期間を延したのであれば，さらに2, 3の危機を書き加えたことであろう．ところで，彼はそうすべきであったのであろうか．危機の大半，

第 5 章 危機から「磔の苦難」へ 291

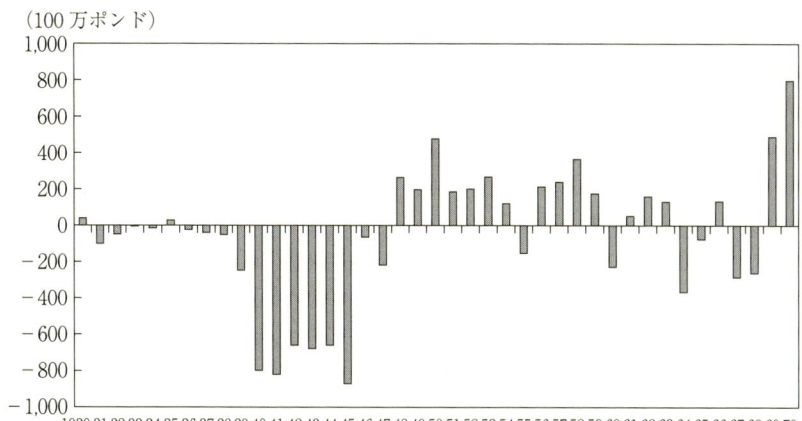

(100 万ポンド)

出所：Mitchell (1988)

図 5-5　英国の国際収支，経常収支，年次（1930-70 年）

　少なくとも 1957 年以降に起きた危機は，同じようなファンダメンタルな原因として解釈が可能な，1 つの長期的な危機とみなすことが妥当なのであろうか．ハーシュは，投機的な攻撃と深刻な経常収支赤字を峻別するように努めているが，両者がたびたび同時に作用している事実を見出している．だが，これは決して驚くべきことではない．

　国際収支はポンド問題の直接の原因ではあったが，逆であったともいえよう．国際収支の数値を提示するための概念と統計上の困難に関しては，ごく少数の文献が指摘するのみである．以下，それらを要約して，当時の政策立案者が利用したデータおよび，その後に認識がどのように変化していったのかを示すための改訂データを，わかりやすく提示することとしよう．図 5-5 は，この時期の英国の国際収支を，より長期の文脈で表示している．ここから明確になることは，1930 年代および 1940 年代とはポジションが明らかに変化しているが，1950 年代および 1960 年代では経常収支がときどき赤字に陥ることがあっても，大方は黒字領域を上下に振幅していることである．とはいえ，当時の政府は，その時点で把握した数値に従って問題を処理しなければならなかった．問題が存在したことは明らかであるが，その程度はつねに明確ではなかった．1964 年の労働党政権は，貿易赤字が 8 億ポンドを上回ると信じ込んでいた．これは，

外国為替準備の総額が約23億ポンドだった時には，まったく茫然とさせられる数字となる．このことを異なる2つの方法で表現してみると，貿易赤字はGDPの3%を占め，外国為替準備は5カ月半の輸入額を賄うのに十分な額であったことになる．当時使用された国際収支の数値は，その後しばしば改訂されたので，現在，1964年の数値として使用されているものは5億4,300万ポンドにまで減額されている[224]．だが，これはいぜんとして相当な赤字額であることは確かである．とはいえ，目的によっては，問題の所在がどこにあるのかを把握するために，当時利用できた数値をそのまま使用することが必要になる場合もある．大蔵省の高官で，1968年から1974年まで事務次官を務めたダグラス・アレン（Douglas Allen）（後のクローアム卿 Lord Croham）は，後年，次のような点に着目している．

　　記憶と，その当時利用できた資料に依存して，自分が現役であった時期の歴史を詳述しようと試みる人は誰でも，20年ないし30年後に他の人々によって作成された同時期の数値の大部分をまったく理解できないことに気がついて，すっかり驚愕してしまうであろう．……それゆえ，1960年代に起きたことの多くは，不適切なガイダンスと情報から生じたことなのであろう[225]．

　改訂された数値は，1964年の経常収支の赤字が3億5,800万ポンドであることを示している．この種の赤字はその後数年間続き，1967年の5億9,900万ポンドの貿易収支の赤字が新記録となり，これが翌年の7億1,200万ポンドにより凌駕されることになる．両年の経常収支の数値は改善され，それぞれ2億6,900万ポンドと2億4,400万ポンドの赤字となったが，それらはいぜんとして問題の規模を示している[226]．

　なぜ，国際収支問題がこのように持続したのであろうか．完璧な説明のためには，多くの構成要素に言及しなければならない．それにもかかわらず，デニス・ロバートソン（Dennis Robertson）が行ったように，問題をまったく単純化して示すことができる．すなわち，「『国際収支難』とお座なりに呼ばれているものは，天国から疫病のようなものが降ってくることを必ずしも意味しない．

……このことに関心を向ける国家は，印刷機と強力な労働組合運動の助けを借りて，半時間で『国際収支難』を作り上げることができる」のである[227]。たんに基本的な問題に取り組む決心が欠如しているだけなのである。ペグ（釘付け）為替相場制度の下で，あらゆる通貨当局が実行できる現実は，国内「信用の拡張」を管理することである。この用語は，1960年代後半まで通貨当局の語彙集に入ることがなかったが，概念自体は存在していた。問題の核心は，イングランド銀行が厳しい発言を緩めることが滅多になかったように，公共部門の借入が過度であったことにある。このことは，国債管理によって是正できたのであったが，イングランド銀行は国債市場の取り扱いに失敗したのであった。もし金融政策を為替相場の維持と調和させようとするのであれば，対外準備の変動とイングランド銀行が保有する国内資産の間に有意な正の関係が必要であった。しかし，さまざまなタイムラグを考慮した後でさえ，このような関係の痕跡はみられない[228]。必要とされる分析は，最新のものからはほど遠かった。実際，古いが信頼できるものもあった。1944年にヌルクセ，そして1951年にミードによって再述されていたものである[229]。

注

1) Cromer to Martin, 16 December 1963, G1/253.
2) Cromer, Governor's note, 14 January 1964; HMT, 'Interest rate policy', 15 January 1964; HMT, 'Note of a meeting ... 20 January 1964', 21 January 1964; Rickett, 'Interest rates', 23 January 1964; 'Extract from the Deputy Governor's memo dated 24.1.64 ...', G1/253.
3) 'Extract from Deputy Governor's memo dated 3.2.64'; Roll to Armstrong, 4 February 1964; Armstrong to Roll, 7 February 1964; Mynors, Notes, 13, 18, and 21 February 1964; Cromer, Governor's note, 25 February 1964; HMT, 'Note of a meeting 26 February, 1964'; 'Extract from note of a meeting held at HMT 29.2.64. Visit of Mr. Roosa'; G1/253.
4) 'Extract from the Deputy Governor's memo dated 4.3.64 ...'; G1/253.
5) Mynors to Martin, 19 February 1964, G1/253.
6) *BEQB* 4(2): 87, June 1964.
7) Cooke and Bull, 'A history of the sterling crisis, 1967', p. 8, EID1/24.
8) Conolly to Cromer, 23 January 1964, G1/560.
9) Toniolo (2005, p. 700).
10) Conolly to Cromer, 23 January 1964, G1/560.

11) Mynors, 30 January 1964, G1/560.
12) NIESR, *Review* 28: 10-11, May 1964 and 29: 7, August 1964; Cooke and Bull, 'A history of the sterling crisis', 1967, pp. 9-10, EID1/24; Kahn, 'Enquiry into the position of sterling 1964-65', 1 June 1966, p. 14, EID1/20.
13) *The Times*, 19 March 1963, p. 13.
14) *Old Lady*, August 1972, p. 189.
15) Rupert Raw to Cromer/O'Brien, 13 April 1964, OV44/132.
16) Allen, Draft on 'Devaluation', 15 April 1964, and Bank of England, 'Devaluation'; 17 April 1964 (a copy was given to Armstrong at the Treasury on 20 April 1964), OV44/132.
17) Parsons to Cromer/O'Brien/Allen, 24 April 1964, OV44/132.
18) Cairncross to Allen, 15 June 1964, C441132; たとえば，関税の期待できる効果については Donald Ferguson to E.R. Forbes, 'Some notes on revenue tariffs', 4 March 1931, TNA T175/52 を参照．
19) O'Brien, Annotation, 16 June 1964, on Cairncross to Allen, 15 June 1964, OV44/132. 国際収支の見通しについては，以下を参照．HMT, 'Balance of payments prospects and policies. Memorandum by Sir William Armstrong covering the report of a group of officials on balance of payments prospects and policies', September 1964, TNA T230/639.
20) Hollom, Note for record, 28 August 1964, OV44/123.
21) Cooke and Bull, 'A history of the sterling crisis', 1967, appendix 1, EID1/24.
22) Ziegler (1993, p. 194) によると，クローマーはウィルソンについての，信頼できないという「低い評価を隠そうとはしなかった」．
23) Hollom, Note for record, 28 August 1964, OV44/123.
24) Cromer to Maudling, 1 October 1964, G1/260.
25) Morgan (1997, p. 212).
26) MacDougall (1987, p. 152).
27) Middlemass (1990, p. 114).
28) Castle (1984, p. xiii).
29) Pliatzky (1982, p. 66).
30) Bridge to O'Brien, 14 December 1964, OV44/132. 1964年9月に，彼は「平価の切り下げは，ポンドの海外債権者に対する追いはぎ行為である」と記した．Bridge, Note, September 1964, OV44/132. 1965年6月にブリッジは「追いはぎと海賊」の話をした．Bridge to Cromer, 'Mr. Fforde's three papers', 8 June 1965, OV44/133.
31) Wilson to Johnson, 24 October 1964, OV44/123.
32) *The Times*, 8 October 1964, p. 19.
33) *The Economic Situation: A Statement by Her Majesty's Government*, 26 October 1964, HMSO.
34) Cromer to Callaghan, 28 October 1964, G1/260.

35) Neild to Armstrong, 16 November 1964, TNA T326/268.
36) Cooke and Bull, 'A history of the sterling crisis', 1967, pp. 15-17, EID1/24.
37) Cromer to Callaghan, 20 November 1964, G1/260.
38) Callaghan (1987, p. 168).
39) Pimlott (1992, p. 134).
40) Cromer to Callaghan, 20 November 1964, G1/260.
41) Coombs (1976, p. 114).
42) HC Deb, 23 November 1964, Vol. 702, c914.
43) *Ibid*., c916.
44) HMT, 'Notes for supplementaries on Bank Rate', November 1964, c.22, in OV44/123.
45) Cooke and Bull, 'History of the sterling crisis', 1967, p. 19, EID1/24.
46) Coombs (1976, p. 115).
47) HMT, 24 November 1964, 'Note of a meeting ... 24 November, ...'; OV44/123.
48) Derek Mitchell [Wilson's PPS] to O'Brien, 25 November 1964, enc. 'Record of a meeting at No. 10 Downing Street at 10:30 p.m. on Tuesday, November 24, 1964', OV44/123.
49) Stewart (1977, p. 35).
50) Mitchell to O'Brien, 25 November 1964, enc. 'Record of a meeting at No. 10 Downing Street at 10:30 p.m. on Tuesday, November 24, 1964', OV44/123.
51) Coombs (1976, p. 114); Meltzer (2009, p. 757).
52) Cooke and Bull, 'A history of the sterling crisis', 1967, annex 1, EID1/24.
53) Cromer to Callaghan, 1 December 1964, OV44/132.
54) O'Brien to Cromer, 4 December 1964, OV44/123.
55) Parsons to Cromer, 10 December 1964, ADM13/7.
56) Fforde to Clarke, Note for record—'Knowles & Foster', 9 October 1963; Clarke, Note for record—'Knowles and Foster', 18 November 1964; Various press cuttings, C48/399.
57) Cromer to Armstrong, 10 December 1964, enc. Bank of England, 'Consequences of devaluation'; 10 December 1964; O'Brien to Cromer, 14 December 1964, OV44/132. 側聞するところによれば、覚書は「彼〔ウィルソン〕がこれまでに知らないことは何も伝えていないので、彼のこの問題に関する決定を支持する必要がないと、キャラハンはアームストロングに伝えた (O'Brien to Cromer, 14 December 1964, OV44/132).
58) Cromer to Wilson, 21 December 1964, G1/260.
59) 'Intervention in the foreign exchange market', 28 May 1970 (by Hallett/Sangster), enc. with Hall to O'Brien et al., 28 May 1970, 6A134/1.
60) Radcliffe, 'Report', para. 707.
61) *BEQB* 5(1): 3-4, March 1965; 5(2): 107-108, June 1965.
62) Mitchell to O'Brien, 24 December 1964, enc. 'Note of a meeting at No. 10

Downing Street at 3 p.m. on Wednesday, December 23, 1964'; O'Brien, 23 December 1964 (note on the same meeting), OV44/123.
63) マクマーンは 1964 年に刊行された *Sterling in the Sixties* という小冊子を執筆していた．
64) Cooke and Bull, 'A history of the sterling crisis', 1967, p. 26, EID1/24.
65) Cromer to Callaghan, 2 February 1965, G1/260.
66) Cromer to Callaghan, 9 February 1965, G1/260.
67) Cooke and Bull, 'A history of the sterling crisis', 1967, p. 28, EID1/24.
68) *BEQB* 5(1): 14, March 1965.
69) Solomon (1977, pp. 89-90); FOMC minutes, 15 June 1965.
70) Chalmers (1968, p. 43).
71) Atkin (2004, pp. 118-120).
72) 'The U.K. exchange control: a short history', *BEQB* 7(3): 258. September 1967.
73) Bank of England, *Annual Report*, February 1966, pp. 22-23, and February 1967, p. 21.
74) Bank of England, Press notice, 11 April 1967, EC5/667. 証券取引用ポンド市場 (security sterling market) と公的為替市場は，1967 年に統合された．これ以前には，非居住者所有のポンド証券売却の手取金（たとえば大蔵省短期証券，国民貯蓄証書，防衛あるいは国家開発公債のような短期投資以外）は公的為替に転換できなかったが，証券取引用ポンドとして海外市場で割り引いて売却できた．1967 年 4 月以降は，居住者からポンド証券を買い取った非居住者は，もはや証券取引ポンドで支払うことができずに，外貨あるいは公的な為替相場で買い取ったポンドで支払わなければならなかった．
75) Roger Alford diaries, 13 November 1961. 為替管理規制下の個別の申請に関するイングランド銀行の資料は破棄されており，この種の申し立てのどれをも検証する手段は残されていない．
76) Legh to Rootham, 'Questions from Dr. Balogh', 24 December 1964, EC5/586; Legh, Note for record 'Overseas investment', 8 January 1965, EC5/586; Horace Stobbs to Hunter/Fenton/Rootham, 'Travel' 5 March 1965; Legh to Parsons, 'Exchange control', 26 April 1965, EC5/665; Rootham, Annotation on Legh to Rootham/Parsons, 'The proposed package', 21 July 1965, EC5/666.
77) Legh, 'Exchange control', 22 April 1965, EC5/665.
78) Parsons to Cromer/O'Brien, 'The proposed package', 21 July 1965, EC5/666.
79) Legh to Rawlinson, 14 September 1965, EC5/666.
80) Cromer to Callaghan, 24 July 1965, OV44/133.
81) Hunter to Rootham/Fenton, 'Legacies', 20 April 1966; Extract from Deputy Governor's memo dated 22.4.66 on a Governor's conversation with Mr. Goldman', EC5/666.
82) Cromer, Annotation, 20 June 1966, on Rootham to Legh, 'Emigrants and legacies', 17 June 1966, EC5/667.

83) Hayek (2005, p. 69).
84) Cromer to Armstrong, 30 April 1963, G1/260.
85) Sayers (1976, p. 571); Hennessy (1992, p. 396, fn. 4) は，1991年に彼女が執筆したとき，この文字が役員食堂にあったことを記した．現在，それは失われてしまった模様である．
86) Legh to Fenton/Rootham/Morse, 13 February 1967, EC5/667. *BEQB* 7(2): 195, June 1967, table 19.
87) lists in 3A152/5-6 を参照．
88) ADM6/54-56.
89) たとえば Parsons to Rickett, 12 January 1965, EC5/586; Parsons to Rickett, 8 February 1965; Rootham to O'Brien-Parsons, 15 February 1965; Rootham, Note for record, 19 February 1965, EC5/664; Legh to Rootham/Parsons, 'Overseas investment', 11 January 1965, EC5/586.
90) Turner and Williams (1987).
91) Rootham, Annotation on Jack Hunter (Assistant Chief of Overseas Department) to Fenton, 1 December 1965; Legh to Rawlinson, 9 February 1966, EC5/656, EC5/656.
92) Stevens, Draft 'Note of meeting at White House, Washington, D.C. at 10:30 a.m on Friday, July 30, 1965', handed to Cromer the next day, OV44/125.
93) O'Brien, Note for record, 2 August 1965, OV44/125.
94) Cromer, Governor's note, 3 August 1965, OV44/125.
95) David Walker (HMT) to Rodney Galpin (GPS), 4 August, enc. Armstrong, 'Support for sterling', 4 August 1965, OV44/125.
96) Cromer to Armstrong, 5 August 1965, OV44/125.
97) 'Note of a meeting at 10 Downing Street, SW 1, on Thursday, 5 August, 1965 at 9:30 p.m.', OV44/125.
98) Preston to Rootham/O'Brien, 10 August 1965, enc. 'Exchange protection on specially acquired sterling balances', 10 August 1965, OV44/125.
99) O'Brien, Note for record, 27 August 1965, OV44/125.
100) Preston to O'Brien, 31 August 1965, OV44/125.
101) O'Brien, Note for record – 'The initiative', five separate notes dated 1 September 1965, OV44/125.
102) O'Brien, Note for record – 'The initiative', eight separate notes dated 2 September 1965, OV44/125.
103) Bridge to O'Brien, 2 September 1965, OV44/125.
104) O'Brien, Note for record – 'The initiative', eight separate notes dated 2 September 1965, OV44/125.
105) Bancroft, Note for record, 3 September 1965, OV44/126.
106) *The Times*, 25 November 1965, quoted in Browning (1986, p. 8).
107) O'Brien memoir, p. 57.

108) 'Sterling devaluation F.U.'; FU は,「follow up」(追跡) を表す. ——実際に論議するものを伏せておく目的に適する不透明な用語である. FU が「永遠に口に出せないもの forever unmentionable」を意味する平価切り下げの恐怖を指すと考える人もいる. その他にも, やや不躾な示唆をする者もいる. Portsmore to Parsons, 'Contingency planning', 31 March 1965; FU(65)4th, 13 April 1965, OV44/132.

109) Cromer to Callaghan, 23 June 1965; Cromer to Callaghan, 6 July 1965, G1/260.

110) Devaluation War Book, FU(65)34 (2nd revise), 1 September 1965, OV44/133.

111) FU(65)13th, 22 October 1965; Fforde to O'Brien et al., 'F.U.', 25 October 1965, OV44/134.

112) Walker, 'Note by the secretary', 23 July 1965, enc. Kaldor to Armstrong, 22 July 1965, 'Fixed or flexible rates' [FU(65)48] and Neild, 22 July 1965, 'Fixed flexible rates' [FU(65)47], OV44/133. FU(66)1st, 11 November 1966, OV44/135.

113) Cromer, Annotations, 26 July 1965, on Walker, 'Note by the secretary', 23 July 1965 (two letters of this date), OV44/133.

114) Bridge to Rootham, 'Fixed or flexible', 3 August 1965, OV44/134.

115) Bridge to Rootham, 5 August 1965, enc. Bridge, 5 August 1965, 'Strategy and tactics for a floating rate', OV44/134.

116) FU(65)13th, 22 October 1965, OV44/134.

117) Kahn, 'Enquiry into the position of sterling 1964-65', 1 June 1966, EID1/20; interview with Peter Cooke, 27 March 2006.

118) O'Brien to Cromer/Parsons, 7 September 1965 and Bridge annotation; O'Brien, Note for record, 4 October 1965, and Cromer annotation, 7 October 1965;「私は賛成しないが, われわれができることは, ほとんど何もないと考えている」. ブリッジは, これを「良く考えられていない発案」と呼んだ. Bridge to Parsons, 12 October 1965, G1/538.

119) Cooke to Parsons, 'The Kahn Committee', 26 January 1966 and annotations by O'Brien and Parsons; Parsons to Cromer/O'Brien, 26 January 1966; Cromer, Governor's note, 27 January 1966, G1/538; Cromer to Neatby, Governor's note, 1 February 1966, Galpin to Neatby, 11 February 1966, Cooke to Kahn, 11 February 1966, G1/496.

120) Heasman to Rootham et al., 'The Kahn Committee Report', 30 June 1966, EID 1/23; Bridge, Annotation, 23 August 1968, on Richard Balfour (Deputy Chief Cashier) to Bridge, 23 August 1968, G1/498. カーンの勧告に対するイングランド銀行の対応については, Heasman to Workman (HMT), 30 December 1966, EID1/23 を参照.

121) Heasman to O'Brien, 'The history of the exchange crisis', 15 December 1966; Cooke to Preston, 'The history of the sterling crisis', 9 January 1967, C43/126; Cooke and Bull, 'A history of the sterling crisis, 1967', EID1/24; 愉快なコメントが付されたブリッジのコピーは C20/6 にある.

122) Bridge, Annotation, 23 August 1968, on Balfour to Bridge, 23 August 1968, G1/498.
123) Kahn, 'Enquiry into the position of sterling January 1966-February 1968', 12 August 1971, Vol. I, EID1/6, vol. II, EID1/7; Interview with Malcolm Gill, 14 February 2006.
124) Derek Mitchell (No. 10), 'Note of a meeting at 10 Downing Street, at 10:00 p.m. on Wednesday, March 9, 1966' (会議は午前12時30分に終了した), PREM 13/3153 TNA.
125) O'Brien memoir, p. 58.
126) 'The problem of sterling balances, 1 November 1965, OV44/152.
127) Fforde, 'Note for record, visit of Milton Gilbert, 12 November 1965, 15 November 1965', OV44/152.
128) Toniolo (2005, p. 392).
129) Sterling balances draft, 22 December 1965, OV44/152.
130) ローザ債は，短期（1〜2年）の特別の利率のドル建ておよび外国通貨建て債券である．
131) Parsons, 'Basle meeting 12th-14th February, 15 February 1966', OV44/153.
132) Parsons, 3 March 1966, OV44/154.
133) Cromer to Callaghan, 15 June 1966, G1/260.
134) Cooke and Bull, 'A history of the sterling crisis, 1967', p. 52, EID 1/24.
135) O'Brien to Callaghan, 12 July 1966, G41/1.
136) O'Brien to Callaghan, 15 July 1966, G41/1.
137) IMF, *Annual Report*, 1965, p. 101.
138) Medcraft to H.L. Jenkyns (HMT), 'Basle Gold Pool operations in 1965', 11 January 1966, TNA T312/1735.
139) C.V. Peterson to William Ryrie (HMT), 7 February 1967, TNA T312/1735.
140) 正確な日付は明確でない．事柄の性質上，自らの利害で行動したメンバーには，極秘が伴った．確か1967年11月27日にブリッジは，フランスはもはや金プールには参加しないと述べた；'Extract from Mr. Bridge's note for the record dated 27/11/67', G1/285を参照．トニオロは，フランスが1967年6月に参加を取りやめたと話している（Toniolo, 2005, p. 679）．Bulletinによれば，フランスは「7月に金プールに積極的に参加することを取りやめたのであった」（*BEQB* 8(1): 5, March 1968）．
141) Cromer to Kindersley, 8 March 1966, 4A10/1.
142) Orbell (2004a).
143) Mitchell, 'Note of a meeting ... March 9, 1966', PREM 13/3153 TNA.
144) Ziegler (1993, p. 194).
145) Sayers (1963, p. 67).
146) Morgan (1997, p. 205).
147) *Old Lady*, Summer 1991, p. 100.

148) *The Times*, 18 March 1991, p. 12.
149) *Ibid*.
150) Kynaston（2001, p. 257）.
151) *Ibid*., p. 316.
152) *The Economist*, 30 April 1966, p. 450; 4 December 1965, p. 1047.
153) O'Brien memoir, pp. 60-62.
154) *The Economist*, 30 April 1966, p. 450.
155) O'Brien memoir, p. 62. オブライエンは言及しなかったが，そのとき，あるいはその後まもなくパーソンズの健康が芳しくないとい噂が流れた．彼は老齢疾患の初発症候を病んでいたのかもしれない．副総裁そして国際金融問題の専門家にもかかわらず，パーソンズは平価切り下げにおいて重要な役割を果たしていなかった模様である．
156) Kahn, 'Enquiry into the position of sterling, January 1966-February 1968', 12 August 1971, Vol. II, p. 207, EID1/7.
157) Ian Bancroft（HMT）, Note for record, 7 January 1966, C43/49.
158) Bridge, Note for record – 'Conversation with Sir Denis Rickett Friday afternoon, 24 June', 27 June 1966, C43/49.
159) *Daily Mirror*, 10 May 1968, p. 1.
160) King（1972, p. 192）.
161) C.J. Wiles（EID assistant seconded to HMT）, Note for record, 15 May 1968, 4A98/1.
162) 'British Government's holding of dollar securities', 3 March 1966, C94/167.
163) Conolly to Cromer, 23 January 1964, G1/560.
164) 復興金融公社は，大恐慌に対する対応として，1932年2月にフーヴァー大統領によって設立され，米国財務省を通じて資金が供給された．1つの目標は，国中の銀行の資本を再構成することにあった．その責任は，ローズベルト政権下で拡大した．同公社は軍需工場の建設や経営に融資したり，戦争や災害の損害から守ったり，興味深いことに外国政府に借款を与えたりした．1953年に復興金融公社は独立機関としては廃止され，1954年に財務省に移管されて，最終的には1957年に解散された．
165) C.D. Butler, 'Draft: Britain's overseas investments, redraft of British Government holdings of dollar securities', 18 February 1966, pp. 29-30, C40/167.
166) Rickett to Hubback, 4 February 1966, C94/167.
167) Butler to Kelley, 'Mr Wingfield Digby's P.Q. for answer on Tuesday, 22 February', 11 February 1966, C94/167.
168) Butler, 'Changes in the composition of HMG's dollar portfolio', 23 February 1966, C94/167.
169) その内訳は次のようになる．米国財務省証券（US Treasury notes）2億5,440万ドル，米国財務省債務証書（US Treasury certificates of indebtedness）3億2,500万ドル，連邦政府機関債券（Federal agency bonds）3,550万ドル，国際復

興開発銀行債券（IBRD bonds）（米国発行）350万ドル，定期預金証書（time certificates of deposit）7,500万ドル，国際決済銀行預金（Bank for International Settlements deposits）1億6,000万ドル，合衆国輸出入銀行貸出仲介証書（Eximbank sub-participation certificate）790万ドル，米国財務省預金再投資待ち資金（funds awaiting reinvestment on deposit with US Treasury）1,880万ドル．

170) Wood, Note for record, 'Conversation with Mr. Al Hayes', 28 February 1966, C94/167.
171) Rickett to Jenkyns, 17 March 1966, C94/167.
172) ドル・ポートフォリオについては，C94/139, 140, 166, 167, and 171を参照．ドル・ポートフォリオを再編するコードネームがジェイソンという計画が1967年から開始された．多くのバージョンが現れるが，イングランド銀行の支援はまったくなかった．これについてブリッジは，次のように記している．「私は，これらの馬鹿げた提案を重大な関心をもって注視し続けている．そして，現行平価を維持するという連合王国の意図への信頼に及ぼす，それらの採用がもたらす効果に対して，再び警告を発さなければならない」と．オブライエンも同様の行動を取り，アームストロングにどのようなジェイソンの提案に対しても反対するように助言した．ブリッジは，また次のようにも述べている．「この考えはあまりにも馬鹿げているので，まったく信用できない．イングランド銀行にはできないとしても，PPS（Parliamentary Private Secretary 政務秘書官）によってそれを没にしてもらうことを期待しよう」(Bridge to Rootham, 'Jason', 15 May 1967; O'Brien to Armstrong, 23 May 1967; Bridge annotation on Legh to Morse, 'Jason', 20 July 1967, 3A53/2)．
173) Bridge to O'Brien, 'For Treasury meeting 5 p.m. Friday, 15 July', 15 July 1966, OV44/124.
174) Stevens to Armstrong/Trend, Telegram 2165, 26 July 1966, OV44/124.
175) Tew (1978b, p. 313).
176) Allen to O'Brien, 'Forward operations of EEA', 4 August 1966, OV44/124.
177) O'Brien, Governor's note, 5 August 1966, OV44/124. 売り持ちポジションの推定値と平価切り下げの損失についてはCairncross and Eichengreen (1983) を参照．
178) O'Brien to Callaghan, 29 December 1966, OV44/124.
179) O'Brien to Armstrong, 9 March 1967, OV44/124.
180) Fforde to O'Brien, 6 April 1967, OV441 24. この時期の議論に関する追加の証拠が，文書で公開され始めた．
181) Draft letter to Callaghan, 11 July 1967, OV44/136.
182) McMahon to O'Brien, 'F.U', 16 May 1967; Stanley Payton (Deputy Chief, Overseas) to Parsons, 'The war book: state of play', 24 August 1967, OV44/136.
183) McMahon to Cromer/O'Brien, 'Economic policy', 18 March 1966, OV44/123.
184) FU(67)5 (revise), 'A fixed or floating rate'; McMahon to O'Brien, 'F.U.', 14 September 1967; FU(67)5th, 14 September 1967, OV44/137.
185) McMahon to Parsons, 22 September 1967, enc. 'Fixed or floating rates', 22

September 1967, OV44/137; FU(67)5 (2nd revise), OV44/138.
186) Posner to Armstrong, 25 October 1967, enc. 'Fixed and floating rate', 25 October 1967; マクマーンは，この問題に対するポズナーの態度がカルドアよりも，「より合理的で妥協的」であることに気づいていた．McMahon to O'Brien/Parsons, 2 November 1967, OV44/138.
187) Fforde to O'Brien/Parsons, 'Bank rate', 16 October 1967, C42/9.
188) Hollom annotation on Fforde to O'Brien/Parsons, 'Money rates in London', 27 October 1967, C42/9.
189) Bridge to O'Brien/Parsons, 'Money rates in London', 3 November 1967, C42/9.
190) Press guidance, 9 November 1967; Bridge, 'Bank rate. Supplementary note for talking to the press', 9 November 1967, C42/9.
191) Bridge to Fenton, 'Additional financing', 14 September 1967, OV44/143.
192) Bridge to O'Brien/Parsons, B.I.S. assistance. Meeting of experts 30/31 October at B.I.S., Basle, 31 October 1967, OV44/143.
193) McMahon to O'Brien, Assistance, 10 November 1967, OV44/139.
194) Solomon (1977, p. 95).
195) Peter Baldwin (HMT), Note for record, 10 November 1967, OV44/143.
196) Telegrams 3533 and 3535, 11 November 1967; Evan Maude, 'Record of a discussion at the US Treasury on 11 November 1967' and 'Record of a talk with Mr. Schweitzer, on 11 November 1967', both 11 November 1967, OV44/143.
197) Telegram 3536, 11 November 1967, OV44/143.
198) Baldwin, Note for record, 13 November 1967, OV44/143.
199) Morse to O'Brien/Parsons, 'Washington, Friday, November 10-Monday, November 13'; 14 November 1967, OV44/143.
200) Telegrams flagged in Morse to O'Brien/Parsons, 'Washington, Friday, November 10-Monday, November 13'; 14 November 1967, OV44/143; Baldwin, Note for the record, 16 November 1967, OV44/140.
201) HC Deb, 16 November 1967, Vol. 754, cc632-635.
202) Solomon (1977, p. 95).
203) Cairncross and Eichengreen (1983, p. 216).
204) Kahn, 'Enquiry into the position of sterling January 1966-February 1968', 12 August 1971, Vol. I, p. 99, EID1/6.
205) Kahn, 'Enquiry into the position of sterling, January 1966-February 1968', 12 August 1971, Vol. II, p. 217, EID1/7.
206) 貨幣的アプローチの比較的早い時期の1例は，Polak (1957) に見出すことができる．
207) Aliber (1962) は，たとえもっともらしい拒絶反応がなくても，実際に利益をもたらすことができたと論じた．
208) 'Intervention in the foreign exchange market', 28 May 1970 (by Hallett/

Sangster), enc. with Hall to O'Brien et al., 28 May 1970, 6A134/1.
209) O'Brien to Parson/Bridge/Thompson-McCausland, 18 February 1965; Bridge to Parsons/O'Brien, 'Forward transactions in exchange', 22 February 1965; この文書の最終版については，Bank of England, 'Forward transaction in exchange', 26 February 1965, C43/676 を参照のこと．
210) Bridge, Annotation, 21 February 1965 on Heasman to Allen, 'Breakdown of forward purchases and sales between residents and non-residents', 15 February 1965, C43/676.
211) 'The Euro-currency business of banks in London'; *BEQB* 10(1): 39, March 1970.
212) Oppenheimer (1966); Einzig (1967).
213) Tew (1977, p. 84).
214) Bordo, McDonald, and Oliver (in press, figures 1 and 2).
215) *UK Balance of Payments 1970*, table 3 and p. 82.
216) Tew, (1978b, p. 342); Cairncross and Eichengreen (1983, p. 184).
217) 'Gold and convertible currency reserves'; 4A98/1; Kahn, 'Enquiry into the position of sterling January 1966-February 1968', 12 August 1968, Vol. I, pp. 126-127, EID1/6.
218) Bridge to Hubback, 5 December 1968, C43/667.
219) 'Foreign exchange and gold markets, dealers' daily reports in C8/35. *The Times*, 22 September 1969, p. 25.
220) Middleton (2002) を参照．
221) Manser (1971, pp. 178-179).
222) *The Banker* 115 (467): 11, January 1965.
223) Hirsch (1965, pp. 48-49).
224) Thirlwall and Gibson (1994, pp. 230, 232-233, tables 9.3 and 9.4).
225) Croham (1992, p. 92).
226) McMahon (1964, p. 20). 国際収支の解釈をめぐる問題の同時代の異なる評価に関しては，R.L. Major, 'Appendix: errors and omissions in the balance of payments estimates', *NIESR* 19, pp. 57-59 も参照のこと．
227) Robertson (1954, p. 56).
228) Fausten (1975), especially Chapter 7.
229) Nurkse (1944); Meade (1951).

第6章
ラドクリフ以降の国内金融政策

　1960年代のイングランド銀行の主要な〔金融〕政策目的は為替平価を維持することであった．これを除けば，同行の主要な役割は大蔵省の円滑な資金調達を確保することであった．そして，銀行貸出の規制はあまり重要ではなかった．これらの政策目的を実現するために，イングランド銀行はマネーマーケットと国債市場の安定に努めた（もっとも，この点はどこにも明記されていないが）．ラドクリフ委員会が考えていたように，国債管理と借り換えが金融政策の中心であった．インフレーションの抑制が明示的に追求されたことはほとんどなかったが，信用の拡大や銀行貸出の増加に関して，しばしば懸念が表明された．しかしながら，当時の金融政策がそれ以前の時期やそれ以後の時期の金融政策とほんのわずかでも似ていなかったことや，〔経済学の〕教科書に見られるような金融政策ともあまり多くの類似性を有していなかったことは強調しておかなければならない[1]．通貨当局，とくに大蔵省は，国内経済を調整するための伝統的な金融政策の有効性については，ずいぶん前から，疑念を抱いていた．『ラドクリフ委員会報告書』に見られる所説は，大蔵省の所説とあまりかけ離れていなかったのであり，そもそもこの調査委員会を設置するに至ったのは，この種の諸見解であった．言い換えれば，金融政策が効果を発揮しなかった，あるいは効果を速やかに発揮しなかったことを示唆したのは，とくに1955-57年に経験したことの判断からであった．このようにして，金融政策は，国内変数と国外変数の双方に作用することを意図した政策手段の集成とみなされるようになっていた．「金融政策は，マネーストックを管理することを目的とするものでもなく，またインフレーションを抑制するために頼りにされることもあまりなくなっていた」[2]．バンクレートは利用されたが，もっと重要視

されたのは直接規制の手段であった．たとえば，銀行への指令，貸出上限規制，および特別預金である．流動性比率の変更もまた考慮され，ある時期には同比率は実際に変更されたこともある．これらに加えて，さまざまな割賦販売規制と所得政策も利用された．当時はこの用語が使用されたわけではないが，公開市場操作も実行された．しかし，これらの政策手段は，主要な政策手段を支援するものと漠然とみなされていた．その顛末は，主としてあれやこれやの変数を調整することであり，またより優れた調整手法を突きとめることであり，同時に，利用された種々の政策手段をしきりにいじくり回すことに終始した[3]．

1. 新しい手法：特別預金制度

1958年秋における既存の諸規制の撤廃は，まったく新規な規制措置，すなわち特別預金の公表を伴って行われた．この制度の原型は，従来と異なる金融政策手段の探求や『ラドクリフ委員会報告書』の議事録，新しい規制の導入を望むソーニクロフトの要望，既存の規制に対するイングランド銀行の反感，および政府との間の諸関係に見出される．1950年代半ばから，イングランド銀行は，貸出を最終的に抑制できることを期待して，手形交換所加盟銀行（クリアリング・バンク）の流動性に作用する措置について定期的に検討を加えた．その結論は，つねに，そのような措置は有効性を発揮しないであろう，というものであった．1957年5月に，銀行信用を制限する方法に関してラドクリフ委員会に具申することについての作業が開始された[4]．コボルドは，具申作業が「根本的には同一の手法の異なる形態」しか注視していないという理由で，それに不満であった．彼は，正しい代案をラドクリフ委員会に提出したいと望み，また商業界と政府の双方にとって痛みのないかつ自動的な資金調達を提供する上で「世界中でもっとも効率的な」制度の維持と，再割引便宜の規制および／あるいは預金の不胎化との間の選択を考えた．そうすると，自動的な諸制度は崩壊し，政府は資金を求めざるを得なくなる．コボルドやオブライエン，ニーマイヤは「不胎化」，すなわち，「特別預金」の形態を議論したが，その結論はその概念は「危険」であり，大蔵省預金受領書（Treasury deposit receipts; TDRs）とほとんど相違するところがない，というものであった．「長

期においては，われわれはこのような方針での作為をその不作為以上に後悔することになるであろう」とオブライエンは論じ，そしてコボルドは「当面は」それに同意したが，「代案について，われわれは真剣に検討をしなければならない」との警告を発した[5]．1年以内に，彼は，特別預金の導入がすべての人々の利益になるという「きわめて明確な確信」を展開した[6]．

1957年11月初旬にラドクリフ委員会へ提出するための文書の草稿のなかに，特別預金制度が記載されていた．マイナーズはその文書の写しをロバーツとペッピアットに送付した．彼は，前者に対しては「その文書の中のすべての提案に大いに不満を覚えている．そして一般的に言って，このような主題に関して仮説に基づいた文書を書くことにも困惑する」とコメントした．また，後者に対しては「われわれがその下調べをすることにも満足していない」とコメントした[7]．イングランド銀行の上級職の人々は懸念を抱いた．総裁アドバイザーのジョン・フィッシャー（John Fisher）は「その覚書に関して何を議論したのか」がわからなくなり，明らかに途方に暮れていた[8]．パーソンズは，特別預金が導入された場合の，銀行との関係に及ぼす影響について質問した．これに対して，「間違いなく，悪い影響です」と，マイナーズは付け加えて回答した[9]．

ラドクリフ委員会に提出された文書は，8つの金融政策の手法を取り上げた．すなわち，流動性，貸出，投資および現金比率，貸出額上限，対政府貸出，TDRs，および特別預金である．その他の手法については，強い関心を示していない．これらの手法のうち，強制や銀行システムへの硬直性の導入という要素を伴う重大な欠点を免れる手法は1つもなかった．また，これらの手法のすべては，銀行と通貨当局との間の協力関係を害するであろう．もし現行の制度を変更する必要が生じた場合に，イングランド銀行の主張では，これらの手法の選択肢のどれも明確に推奨できるものではない．しかし，特別預金はその目的を達成する上でもまた反対を回避する上でも，もっとも優れた手法に近いものである．「特別預金の役割は銀行システムの流動性を調節することである……しかし，それは通貨当局が操作する一般的な金融調節手段として明確に設計されたものであり，短期資金調達の代替的でかつ軽便な方法ではないであろう」．実際のところ，手形交換所加盟銀行が必要な預金をするために要する現

金は，イングランド銀行による大蔵省短期証券の購入によって供給され，その結果，流動負債は減少する．特別預金は銀行の現金あるいは流動資産としては算入されることはなく，したがって「銀行信用の上部構造のための基礎を形成するものでもない」[10]．このように考えれば，特別預金は流動性比率に働きかけるひとつの手段であった．

1957年11月には，9月危機の余波のなかで，現行制度の変更を求める圧力はいっそう大きくなった．そしてソーニクロフトは，イングランド銀行と大蔵省に対して，経済担当大臣のグループの報告書（第3章参照）の観点から行動計画を策定するように要請した．その行動計画が提示されたが，それはロビンズの考えに影響されて提示された流動性比率および安定化短期証券に基づいたものではなく，特別預金に基づいたものであった．両者の基本理念は類似しているが，両者の強調点の間には重大な相違点が存在していると高官たちは議論した．この安定化短期証券は手形交換所加盟銀行からの政府の直接的な借入を表しており，流動資産の調節手段としては第二次的な役割しか果たさない．他方，特別預金は銀行の流動資産に働きかける金融政策の一般的な手段を表している．イングランド銀行は，つねに，新しい立法や1946年法の修正を避けることに神経を尖らせており，そのための有効な防衛手段としてラドクリフ委員会を引き合いに出した[11]．その行動計画はソーニクロフトの発案であり，1958年1月の彼の辞任に続いて，その計画は棚上げされると予想された．しかしながらオブライエンは，この後始末をきちんとするために，イングランド銀行が自らの改訂草案を提出することで大蔵省と合意した[12]．

そのように推移するはずであったが，実際には，1958年2月にラドクリフは特別預金の「十分な技術的説明」を求めたため，追加的な作業と精緻化が必要になった[13]．もっと決定的なことに，イングランド銀行における考えの変更が生じた．1958年4月中旬までに，コボルドは特別預金の制度を導入する「好機会」であるかもしれないと決意していた．そして銀行家の意見を聴取するために利用される備忘録に関する作業が開始された[14]．6月の諸会合で，コボルドはロンドン手形交換所加盟銀行委員会（CLCB）のロバーツとフランクスに，もしなんらかの制度が準備されなければ，もっと悪い他の制度が押し付けられるかもしれない，と告げた[15]．手形交換所加盟銀行の代表者たちはこの

制度に冷淡であり，その制度が彼らのこれまでの行為に対する批判として解釈されるかもしれないという事実に敏感になった．また，制度のいくつかの技術的側面についても懸念があった．ラドクリフ委員会はもう1つの要因であった．ロバーツは，もしCLCBが他の制度を推奨したならば，それは彼らの考えを横取りしたり，あるいは粉砕したりするものとみなされるかもしれない，と考えた[16]．しかしコボルドは，もし特別預金がCLCBを「飛び越す」ようにみえたり，あるいはこの計画に対する支持がまったく得られない場合には，この制度を変更することをラドクリフに約束し，この制度のための地ならしを慎重に進めていた．ラドクリフ委員会にとって先に進まない理由は何もなかった[17]．

コボルドは手形交換所加盟銀行の会長たちに対して自ら強力な説得力を用いた[18]．彼は手形交換所加盟銀行の代表者たちに，信用収縮はまもなく終了するのであり，信用収縮の要請は更新されないこと，そして貸出額目標は7月末以降廃止される，との良い知らせを与えた．将来についてコボルドが優先するべきと判断したことは，何かが必要となるまで何もしないで待つこと，非公式にとどめること，そして彼らの協力を頼みにすることであった．ラドクリフ委員会の存在がその時点で何もしないことのもう一つの理由であった．このような理由にもかかわらず，総裁は，代替的な制度をいまや実施するべきであるとの議論を続けた．「自己否定的な布告」や「自主的な」貸出額の上限，銀行業務で競争しないことの合意はきわめて不満足なものであったので，コボルドはそのような措置を再び要請することを躊躇した．また，信用収縮の緩和がポンドの為替レートやインフレーションに対する政策変更と誤解されないためには，別のその他の規制措置の導入なしに現行の規制を撤廃しないことが重要であった．最後の，そして決定的な議論は，「銀行界の政治」および銀行システムと政府との関係に関連していた．もし次にポンドの為替レート危機が生じたならば，政府はその政治信念のいかんにかかわらず，非公式な協力に依存するよりも，新しい政策手段の実施を要求する，とコボルドは確信していた．現時点でその空白を特別預金制度によって埋めることにより，現行の制度が遭遇している混乱を最小化することの方が，「もっと魅力のない」別の方策によってその空白が埋められることを座して待つよりも，望ましいであろう．この提案は決して歓迎できるものではないが，特別預金制度は受け入れることができるもの

である，と銀行界は説得され，合意させられた[19]．その翌日，コボルドは，スコットランドの手形交換所加盟銀行の代表者たちに会うためにエディンバラへ飛んだ．彼らもまた失望したが，その提案に同意した[20]．

その後，総裁と大蔵大臣との間の書簡の交換の道が開かれた[21]．1958年7月1日にエイマリが銀行信用の収縮策の終了を公表した．金融調節は通常の金融措置によって維持されるが，必要な場合には，新しい金融措置の特別預金によって強化されることになった．これは，「ラドクリフ委員会の勧告が提示されるまでの間における暫定的な取り決めであり，恒久的な制度変更については同委員会の助言を求める」ものであった．ウィルソンは，労働党が1956年5月に類似した考えを強く迫った，と主張した．もし労働党がそのように考えていたならば，それはきわめて遠まわしの仕方で行われたことになる[22]．

イングランド銀行の説明では，特別預金の役割は，伝統的に観察されている30%の最低流動資産比率に働きかけることによって，銀行システムの流動性を調節することにあった．原理的には，この特別預金制度は「国内のすべての銀行システム」に適用可能であるが，当初はその適用範囲をロンドンとスコットランドの手形交換所加盟銀行にのみ限定される．この限定は間違いなく便宜的なものである．「もしその必要が生じた場合に」その適用範囲を拡張することは可能であるが，その他の金融機関へその適用範囲を拡張するには，その定義や適用範囲，立法措置などの多くの難しい問題を生じるからである．特別預金の預託請求（call）は個別の銀行に対してではなく，銀行グループ，たとえばすべてのロンドン手形交換所加盟銀行やすべてのスコットランド手形交換所加盟銀行などに対して行われることになる．各銀行グループには異なった預託率が適用される．ある銀行グループのグロスの預金総額の一定割合の預託が請求される．手形交換所加盟銀行に対しては，1億2,000万ないし1億4,000万ポンドに匹敵する2%の預託請求となる．各銀行の流動性ポジションはそれぞれ異なるので，預託請求の影響は一様ではない．グループ化する狙いは，特定の個別銀行の流動性ポジションや特定の流動性比率についての詳細な議論を避け，同時に特別預金が一般的な金融措置であることを強調することにある．その特別預金には，大蔵省短期証券の入札割引率の平均値の上下いずれか0.0625%（1/16%）にもっとも近い利率に毎週調節される金利が支払われる．

「イングランド銀行週報」には，他の預金項目と切り離した勘定項目の下に計上される[23]．

『バンカー』誌で，キングは彼が若干の問題点とみなしたことに注意を喚起した．特別預金の預託請求それ自体は，その他の金融措置が講じられない限り，銀行預金の減少をまったく生じさせないであろう．もし銀行の流動性比率が34％ないし35％であったとして，2％の請求が行われたとしても，銀行はその流動性を調節しないかもしれない．特別預金は過剰な預金を減少させるかもしれないが，それ以上の効果はほとんど生み出さない．いずれにしても，銀行は，たとえば［証券などの］投資物件を購入してその流動性を下方に調節することによって，預託請求を先取りするかもしれないからである．キングは，特別預金制度が現行の金融調節手法の強化策なのか，あるいはそれを代替する策として意図されたものなのか，という疑問を呈して，その結びとしている[24]．彼は後者であると判断したが，特別預金が実際に発動されるのか，また発動された場合にはどれほどの効果を発揮するのかを当面は，静観することにした．

この論点は，30％の流動性比率を法定しないとしても，明示するべきであると勧告した『ラドクリフ委員会報告書』の公表後，再び議論されることになった．さらに，同『報告書』には，もし必要ならば比率を引き上げる権限を当局にもたせようとする志向があった．このことは，規定された流動性比率か特別預金か，に関する論争をさらにもう一度再燃させた．イングランド銀行は特別預金制度が正しい選択であるという強固な立場を保った[25]．

2. 危機から危機へ，1957-1961年

1955年以降進展した好況は1957年9月のバンクレートの急激な引き上げによって断ち切られた．当然のことながら，イギリス経済は下降局面に入り，1958年には景気の底をつけた．これを受けて，各種のリフレーション的措置を導入する需要管理政策が決定された．1958年3月から11月にかけて，バンクレートはピークをつけた7％から4％まで5段階に分けて徐々に引き下げられ，銀行貸出額に対する上限規制の撤廃，割賦販売規制の解除が実施された（表6-1参照）．さらに続けて，1959年4月には，大幅な減税など景気拡張的

表 6-1 バンクレートの変化
(1957-70 年)
(%)

日時	変更幅	新レート
1957 年 2 月 7 日	-0.5	5
1957 年 9 月 19 日	2	7
1958 年 3 月 20 日	-1	6
1958 年 5 月 22 日	-0.5	5.5
1958 年 6 月 19 日	-0.5	5
1958 年 8 月 14 日	-0.5	4.5
1958 年 11 月 20 日	-0.5	4
1960 年 1 月 21 日	1	5
1960 年 6 月 23 日	1	6
1960 年 10 月 27 日	-0.5	5.5
1960 年 12 月 8 日	-0.5	5
1961 年 7 月 26 日	2	7
1961 年 10 月 5 日	-0.5	6.5
1961 年 11 月 2 日	-0.5	6
1962 年 3 月 8 日	-0.5	5.5
1962 年 3 月 22 日	-0.5	5
1962 年 4 月 26 日	-0.5	4.5
1963 年 1 月 3 日	-0.5	4
1964 年 2 月 27 日	1	5
1964 年 11 月 23 日	2	7
1965 年 6 月 3 日	-1	6
1965 年 7 月 14 日	1	7
1967 年 1 月 26 日	-0.5	6.5
1967 年 3 月 16 日	-0.5	6
1967 年 5 月 4 日	-0.5	5.5
1967 年 10 月 19 日	0.5	6
1967 年 11 月 9 日	0.5	6.5
1967 年 11 月 18 日	1.5	8
1968 年 3 月 21 日	-0.5	7.5
1968 年 9 月 19 日	-0.5	7
1969 年 2 月 27 日	1	8
1970 年 3 月 5 日	-0.5	7.5
1970 年 4 月 15 日	-0.5	7

出所：*BEQB*

な予算措置が実施されたが，これは同年後半に予定されていた総選挙と無縁であったとは言えない．予想された結果は，今回の局面では〔年率で〕6%を超える産出高の増大であった．失業は32万人（その当時の試算方法では1.3%）へ低下したが，その水準は1957年9月のバンクレートの引き上げ直前の水準と同じであった．当然，保守党政権が再選された．経常収支は1958年に過去最高の黒字を記録したが，その後悪化し，1960年には大幅な経常赤字に転落した．この短い景気循環のピークは1960年春に到達したが，その時には再び景気引締め策がとられていた．

1957年9月にバンクレートは7%に引き上げられたが，その後，景気判断はそれを再び引き下げることに変更された．1958年2月，コボルドの目的は，「夏の半ば」までに，おそらく2段階で，バンクレートを5%に引き下げることであった[26]．オブライエンは，その前年のポンド危機がなければ，バンクレートが引き上げられたかどうか疑わしい，と記録している．危機が克服されたので，バンクレート引き下げの支持は強かった．他方，「好むと好まざるとにかかわらず，国内外で，バンクレートはあらゆる犠牲を払ってでもインフレーションと戦うイギリス政府の決意を示すシンボルとなっていた」，とコボルドは認めていた[27]．このこと

はいくぶんわかりにくいことかもしれないが，旧来の正統説を主張する海外の中央銀行家が存在していたのであり，また1920年代からイングランド銀行で勤務してきたオブライエンのような人物に対して，旧来の正統説は強い影響を与えていたのであろう．3月に，コボルドは，27日に，あるいはもし事態が急激に変化した場合には，それより1週間前にバンクレートを引き下げることをエイモリに提案した[28]．次に彼は，リビア訪問のために出国する前に，「もし貴殿が20日に利下げを断行することを決意するとしても，私は了承する」，とマイナーズに告げた[29]．実際，副総裁は，バンクレートを6%に引き下げる利下げを実行した[30]．各0.5%ずつのさらに4回の利下げによって，1958年11月にバンクレートは4%まで低下した．

3月の工作機械業協会での講演で，総裁は金融政策に関する多くの所見を披露した．彼は，前の週の引き下げが政策の転換と誤解されないで，ポンド危機が最高潮に達した時点で要請される金利から，直近の危機が終結した現在において適切な金利への調整として，額面通りに受け入れられたことを評価した．彼は，決定は利点のバランスをとってなされなければならなかったと述べ，「諸決定が厳密に正しいか，ほぼ正しいか，あるいはまったく間違っているかは歴史が判断することであろうし，また残念ながら，その歴史でさえ，もし異なったことが実行されていたら何が起こったのかをわれわれに告げることは不可能であろう」，と続けて述べた[31]．この講演は，バンクレートに関する考え方の一端を明示したという事実に関しても注目に値する．その講演は簡潔なものであったが，政策決定過程の秘密のヴェールが徐々に取り除かれる兆しとなった．実際，コボルドはその年には7回の講演を行ったが，それは彼が総裁に就任して以来，もっとも回数の多い年であった[32]．

1950年代および1960年代の前半，バンクレートの決定過程は決して明瞭なものであったとは言えなかった．ラドクリフ委員会以前には，常務委員会における票決の公式な手続きが存在しており，総裁はイングランド銀行の幹部同僚と相談し，またもっと決定的なことに，1946年以降は大蔵大臣に相談するという，陰の非公式な討論を伴っていた．ラドクリフ委員会での証言の中で，「バンクレートについての決定は，私の助言に基づいて大蔵大臣が決定するというものではなく，イングランド銀行の理事会が決定するというものであっ

た」，とコボルドは述べた．しかし，「通常は，近年の慣行では間違いなく，大蔵大臣がその決定を承認するであろうと私自身が確信できると判断した後に，理事会によって決定されるようになった，と言って良いと考えます」，と彼は付け加えた[33]．いうまでもなく，バンクレートの漏洩問題の後はその手続きは世間の注目を集めるようになった．ラドクリフ委員会以降の直接的な解釈は，決定権限が移管されたというものであり，それはイングランド銀行から大蔵省への権限の移管であると理解されるようになった．この想定されていた変更をことさら注目して取り上げた誇張した記事が『イヴニング・スタンダード』紙に掲載された．イングランド銀行のファイルの中の切抜きの端に，「これからは大蔵大臣のバンクレートと呼ぶことにしようか」，とオブライエンは走り書きした[34]．しかしながら，表面上の違いはあったかもしれないが，実際にはほとんど変化はなかったように思える．

　コボルドは，バンクレートの個々の決定についての賛否を詳細に記録したものはほとんど存在していない，とラドクリフ委員会に証言している[35]．文書化された証拠がある場合に確認されるのは，総裁と大蔵大臣との間の連絡の重要性であり，相互連絡のイニシアティブはつねにイングランド銀行によってとられたと見受けられる事実である．実際，1958年のテレビ・インタビューで，コボルドは「バンクレートを含む市場調節に関するすべてのイニシアティブは，だいたいにおいて，われわれの側がとっている」，と述べている[36]．大蔵大臣が提案に疑問を表明した事例は若干存在し，そのもっとも典型的な事例は1957年9月の提案であった．1958年9月のバンクレートの引き下げは，大蔵大臣の要請で1週間だけ延期されたが，それは彼が「インフレーションを招く心配」について懸念していたからである[37]．総選挙の年に当たる1959年に，エイマリはマイナーズに，もしバンクレートが0.5％だけ引き下げられるならば，「自分はそれを歓迎する」と述べたが，彼はそれを強要することはしなかった[38]．実際，1959年にはバンクレートは変更されなかった．これらの事例のいずれも，政府による主要な干渉と解釈できるものとはいえない．1958年11月の引き下げは，正式な決定が理事会によってなされた最後のバンクレートの変更であった．

　1960年1月にバンクレートが4％から5％に引き上げられた時までに，新

しい変更手続きが実施されるようになっており，理事会は従来の正式なバンクレート決定権限を失っていた．もっとも，ラドクリフ委員会後の時期においても，イングランド銀行はバンクレート決定の最前線にとどまっていた．イングランド銀行はお馴染みの手法を使った．すなわち，国内経済の状況分析を行って「多少，引締め気味にするべき」状況かもしれないと判断し，対外準備金の減少や海外の金利などの対外的な情勢を検討した．コボルドは，常務委員会の一般的な見解やバンクレート引き上げを支持する理事会の総意を取り付けた．その後，1月20日に，バンクレートを5％に引き上げる提案をした書簡を大蔵大臣に送付した．そして，同日，「私はその提案を承認する」，との返信が大蔵大臣から返送された．2月17日に，翌日議会において大蔵大臣に対して出される予定の質問が通告された．「最近のバンクレートの引き上げに関して大蔵大臣はどのような指示をイングランド銀行に与えたのか」．大蔵省はイングランド銀行に，回答は「何も指示しておりません」になると言った．その後，これと同じ様式が繰り返された[39]．1961年1月にイングランド銀行は再びバンクレート引き上げの必要性を検討したが，このときも再び，イングランド銀行がイニシアティブをとったことは明白であった．コボルドは「私はフランク・リーと大蔵大臣の双方に対して，イングランド銀行は2月の後半のある時期に再度の小幅な調整について検討を始めることになると穏便に伝えた．……2〜3週間の後に，再びこの問題に立ち返る（あるいは立ち返らない）かもしれません，と2人に託した」，と書いている[40]．彼は立ち返らなかった．

いうまでもなく，大蔵大臣や大蔵省はバンクレートの適正水準についての見解をもっていたし，これらの見解はイングランド銀行にも伝えられていた．たとえば，エイマリは1959年12月にバンクレートの引き上げを強く要請したが，総裁とじつにエイマリの部下である大蔵省の高官が引き上げに反対した[41]．したがって，両者の間には対話があったが，少なくとも1960年代初めまでは，バンクレートの変更が大蔵省によって実際に命令されたり拒否されたりしたことを示す証拠は存在していない．その後，現存する証拠資料からは，バンクレートの変更を議論する仕方に変化が生じたことが窺える．イングランド銀行の名前で行われた正式の書簡および発表を除けば，コボルドの時代にはほとんどあるいはまったく存在しなかった，大蔵省との若干の対話がその後は行われる

ようになった．この問題は，総裁・副総裁や業務局長，大蔵大臣，大蔵省担当大臣および若干名の大蔵省の高官が出席した会議で検討された．1960年代の現存する文書記録に反映されているだけかもしれないが，バンクレートに関する首相や大蔵大臣，および大蔵省高官たちの見解を記録した文書はそれよりもはるかに多く残されている．しかしながら，それでも，1966年3月までは，バンクレートの決定過程に露骨な政府介入を示す明白な事例は存在しない．

1959年末，大蔵大臣は，その詳細はいまだ最終的に決定されていなかったが，新しい特別預金制度の活用の可能性について総裁に相談を持ちかけた．コボルドは，もし金融引締めが必要とされるのであれば，真っ先に検討しなければならないのはバンクレートである，と回答した[42]．その後，メイキンズの後任として大蔵事務次官に就任したリーは，予算前に何らかの是正措置が必要かどうかを，そしてもし必要であれば，遅滞なく特別預金を請求することができるか，と打診してきた．イングランド銀行は，特別預金制度の仕組みは簡単明瞭であるが，その他の金融機関の貸出を規制しない限り，手形交換所加盟銀行の同意を取り付けることは困難である，と回答した[43]．同月の後半に，その他の金融機関の問題にどのように取り組むべきかについてイングランド銀行と大蔵省の高官たちが協議した．規制を拡張することが本質的に困難であることを前提とすれば，唯一の解決策は割賦販売規制の再導入と並行して特別預金の預託を請求することであった[44]．ある時点で大蔵大臣は予算前に請求を発動したいと考えたが，大蔵省の高官によって思いとどめさせられた．実際のところ総裁が望んだことは，予算の効果が判定できるまでその発動を待つことであったが，イングランド銀行が用意した予定表は，4月4日の予算においてその決定が公表されることを想定していた．総裁はまた，金融措置を財政政策からはっきりと区別をつけておくことに熱心であった[45]．その後，3月末になって，コボルドとエイマリは4月末を目途に特別預金制度の導入を真剣に検討することで合意した[46]．

特別預金に対する手形交換所加盟銀行の反発を考慮して，イングランド銀行は，適切な通知を与えなかったとの非難を一切回避しようとして，相当な時間をかけて根回しを行った．ロバーツは，割賦販売貸出を規制する措置がとられない限り，そして，長期的には，周辺金融機関に対して類似した規制措置がと

られない限り，公平性の観点から多大の苦情が殺到するであろう，と述べた[47]．総裁とマイナーズはCLCBの月例会議に出席したが，会議の後，コボルドは手形交換所加盟銀行が今では特別預金の導入の考えに「条件付きで同意した」，と大蔵大臣に告げることができた[48]．1週間以内に，オブライエンとホーラムはマスコミ向けの声明文の草稿を手形交換所加盟銀行のチーフ・エグゼキュティブたちに手渡し，預託請求が4月28日に発表されると示唆した[49]．

　この時点においてさえ，特別預金制度が実際にどのように作用するのかについて，いぜんとして混乱があった．手形交換所加盟銀行が事前に説明を受けた際に，彼らは自らのポートフォリオを再調整するための時間が必要であり，国債を売却しなければならないであろう，と指摘した．しかし特別預金が実施された後では，手形交換所加盟銀行は国債を購入したいと考えた．オブライエンは，特別預金の一部を放出して国債を購入しても良いと示唆したが，マイナーズは，それが「制度そのものの裏をかくことになる」として反対した．彼は続けて述べた．「特別預金の規模はわれわれがコントロールしている．だがそれは，両方について言える．すなわち，もしわれわれが特別預金を国債に転換することを許可すれば，当該銀行は，われわれがコントロールすることができないが，彼らはコントロールすることができる規模の資産を保有することになる」[50]．それから，スコットランドの手形交換所加盟銀行に預託請求する比率については，いぜんとして合意されていなかった．ホーカーは，彼らは彼らがグループとして，預金および貸出においてロンドンの手形交換所加盟銀行が示したよりも低い拡大率を示したという観察に基づいて，大雑把にロンドンの半分の比率なら受け入れるであろう，とスコットランドから報告した[51]．北アイルランドの銀行はまったく対象外にされていたという事実は，あまり影響しなかった．

　4月に特別預金の最初の預託請求を行うことが合意され，それに基づいて，発表が行われた．すなわち，ロンドンの手形交換所加盟銀行からはグロスの預金の1％，スコットランドの手形交換所加盟銀行からは同0.5％（それぞれ7,080万ポンドと370万ポンド）を1960年6月15日までにイングランド銀行に預託することが請求された（表6-2参照）．エイマリは下院で午後2時30分にこれを発表し，同時に割賦販売規制の再導入も公表した．イングランド銀行

表 6-2 特別預金 (1960-64 年)

(%)

公表日	料率 ロンドン	料率 スコットランド	累積料率 ロンドン	累積料率 スコットランド	請求と免除が行われた日付と料率	
1960 年 4 月 28 日	1	0.5	1	0.5	1960 年 6 月 15 日	
1960 年 6 月 23 日	1	0.5	2	1	1960 年 7 月 20 日	0.5
					1960 年 8 月 17 日	0.5
1961 年 7 月 25 日	1	0.5	3	1.5	1961 年 8 月 16 日	0.5
					1961 年 9 月 20 日	0.5
1962 年 5 月 31 日	−1	−0.5	2	1	1962 年 6 月 12 日	0.5
					1962 年 6 月 18 日	0.5
1962 年 9 月 27 日	−1	−0.5	1	0.5	1962 年 10 月 8 日	0.5
					1962 年 10 月 15 日	0.5
1962 年 11 月 29 日	−1	−0.5	0	0	1962 年 12 月 10 日	0.5
					1962 年 12 月 17 日	0.5

出所：4A153/3 におけるプレス公報．

　自身の声明文は，金融市場が閉じられた後の午後 3 時 35 分に発表され，預託を請求する正式の書簡が各銀行に送付された．その他の金融機関にはこの決定が伝えられ，その趣旨に沿って各自の貸出方針を見直すように要請された[52]．第 2 回目の預託請求がその後すぐに，きわめて短期日による事前通知で実施された．その発表時期は 1960 年 6 月 23 日であり，同日，バンクレートが 5% から 6% へと引き上げられた．さらに 1% の預託が請求されたが，そのうちの半額を 7 月 20 日までに，残りの半額を 8 月 17 日までに預託するという内容であった．イングランド銀行は，「銀行貸出に対する抑制策を維持することが望まれる」と述べた[53]．

　手形交換所加盟銀行が，そもそも自主的なものであった特別預金制度を受け入れたことは，この時期にわたってのシティの特徴を表しており，またイングランド銀行の非公式の権限に対する信頼の表明でもあった．その当時の礼儀作法にしたがって，銀行のジェネラル・マネジャーたちは，特別預金を預託するように告げられたことに感謝の念を表して回答した[54]．しかしながら，手形交換所加盟銀行はきわめて大きな不満を抱き続けた．フランクスは，この制度は広範囲の金融機関へとその対象を拡張するべきであるという嘆願を，CLCB を代表して提出した．コボルドはリー宛てのフランクスの書簡の写しを取り，

イングランド銀行は公平のためにこの要請に対して共感を覚えていると彼に告げ，そして同様の趣旨の書簡を大蔵大臣にしたためた[55]．

割賦販売規制は信用規制を強化するもう 1 つの手法とみなされていた．この規制は，最小頭金必要額や支払い期限の長さをさまざまに変更することができた．また，これらの規制方法は，借入圧力がもっとも強いと考えられるさまざまな区分の商品ごとに変更することもできた．同規制は貿易省（商務省）によって 1952 年に始めて導入され，1954 年 7 月に撤廃されたが，その 6 カ月後に再び導入され，1958 年 10 月まで存続した．1959 年末および 1960 年初めに，次の好況が始まったので，割賦販売規制は再び検討課題に上った．マクミランは，もしデフレ的措置が必要となれば，もっともふさわしい方策は特別預金であり，「お好みならば，割賦販売規制を追加すればよい」と述べた[56]．1960 年 4 月に，最小頭金必要額（自動車および屋内電気器具には 20％，家具には 10％）が，最長 24 カ月の支払い期限と一緒に課された．これらの信用規制は，1971 年 7 月まで，国内信用規制の不変の特徴となった[57]．

これらの規制措置を支援するために，どの程度の国債売買操作が利用されたのであろうか．1960 年代の伝統的な政策見解は，イングランド銀行は値上がり・値下がりいずれの方向への進展に対しても「流れに抗する」というものであった．これは，ラドクリフ委員会で概説された，政策慣行からの変化を画した．変化したのは，国債買い入れ方法であった．『ラドクリフ委員会報告書』公表後の数カ月，国債のガバメント・ブローカーは，国債価格がそれ以下に低下できない下限を明らかに設定した．この下限設定により銀行は売却したい国債をすべて売却することができるようになり，したがってまた，貸出を増額することができるようになった．そして，イギリス経済に景気刺激を与えることができるようになった，と彼らは考えた[58]．1960 年 2 月末以降，政策が変更されたように思われる．この時点において，ロイズ銀行は 1965-69 年満期国債の「持続的な売り手」であった．2 月 25 日に，「売りに出された国債を一掃する」ために，イングランド銀行は市場よりも 0.125％ 低い価格を提示して 1,000 万ポンドを購入した．その翌日，バークレイズ銀行が最大の売り手として登場したが，イングランド銀行は市場よりも 0.125％ 低い価格で期近物国債を額面名目 600 万ポンド，また市場よりも 0.625％ 低い価格で 1965-69 年満期

国債を名目1,400万ポンド購入した．さらにその翌日，ミッドランド銀行が2,500万ポンドの国債を売却しようとしたので，イングランド銀行は市場よりも1％低い価格を提示し，1967-69年満期国債を名目2,975万ポンド購入した[59]．実際のところ，1％は重い罰則であり，ミッドランド銀行は同日のほぼ午後3時までその提示価格を受け入れなかった．しかしその後，ミッドランド銀行はユニオン・ディスカウント社に0.5％低い価格で期近物国債をさらに追加的に1,000万ポンド売却した[60]．したがって，この時点では，国債価格支持の下限はなくなっていたといえる．

　これらのかなり大々的な国債売却を受けて，その後リーはマイナーズと会い，イングランド銀行の行動は，「事前の綿密な説明」を必要としない「市場対応策」であったことを了承した[61]．政策スタンスの変更に関する発表は何ひとつなかったので，市場関係者の多くは国債市場での価格支持が撤廃されたとみなして狼狽した．上院では，ペシック＝ローレンスが，政府は国債市場からの価格支持の撤廃の意図を当局（イングランド銀行を指す）から通告を得ていたのか，また下限価格は作用していたのか，と問いただした．彼は，「市場からの価格支持の撤廃」は誇張した表現であり，政府はイングランド銀行の行動を承認した，との答弁を得た．イングランド銀行が国債価格のそれ以下への低下を許容する用意がない下限価格についての指摘は一切示されなかった．さらに，政府は国債市場における損益に対してなんら責任をもつ立場にはなかった．いずれにしても2月24日以降，市場は落ち着きを取り戻した[62]．この問題は，3月に再び上院でとり上げられ，ブースビが「国債市場から価格支持を撤廃するというイングランド銀行総裁のとった政策は大蔵大臣の許可を受けていたのか否か」と質問した．彼が受けた答弁も先の答弁と同様のものであった[63]．アレンは，イングランド銀行は市場から価格支持を撤廃してはいない，たんに「イングランド銀行が取引する用意がある価格水準を変更した」にすぎない，と主張した．他方，マイナーズは，リーとアームストロングに，借り換えの困難さの根本原因は財政赤字にある，と強く述べた．リーは財政赤字の除去は実行可能な政治判断ではない，と答弁した[64]．

　このようなやり取りの直後に，オブライエンは国債市場の状況と借り換えの見通しを示した．彼は，大量の国債売却は市況が上向きの場合に限定するべき

であるというイングランド銀行の考えを再確認した．さらに，「売却が大量であればあるほど，市況の上昇はそれだけゆっくりとしたものになる．われわれの売却で上昇が阻止されないためには，市場が上昇するのを希望するだけでは十分でない．ほんのわずかでも上昇が見られなければならない．さもなければ買いが止まってしまうであろう」．オブライエンはさらに付け加えて，「多様な評論家たちに関していえば，彼らはわれわれが経験したような経験，すなわち無制限の売却を試みる経験を一切したことがない」，と述べた．巨額の再融資と新たな政府借入の資金調達，インフレーションの懸念，そしてインフレーションに対するヘッジとしての株式市場の上昇のために，オブライエンは国債市場と借り換えの見通しは「いくぶん弱含み」であると考えていた．彼が提案した4項目の戦略は，①「『ラドクリフ委員会報告書』風に」公式に国債利回りを引き上げることを試みてはならない，②利回りの大幅な下落を許容することは，智恵がないだけではなく，「反道徳的ですらある」，③資金調達を有利に行うためには，国債市場の上昇の兆しをすべて打ち消すべきではなく，ときどきの緩やかな上昇を認めるべきである，④先に示した点に関して，当面は，国債の新規発行は見合わせるべきである．オブライエンはさらに付け加えた．その年の前半に国債価格を下落の方向へ推し進めたこと，および銀行が大量の売り手であった時に「いささか突然に」市況を下落させたことが間違いであったとは考えない，と．将来について知られていることを考慮すれば，それは正しい措置であったのであり，1月のバンクレートの引き上げの「合理的な補強策」であった[65]．

1960年のその後においては，長期金利の上昇傾向が見られ，その年末には平均利回りは6%であった．イングランド銀行は，その傾向に満足していた．「過去相当の長期間にわたり長期国債の金利上昇をはっきりと黙認してきており，実際，われわれは自らの行動でその上昇を助長してきた」．オブライエンによれば，この行動をとったのは，現行の金利水準での借り換えによって達成された結果が不十分なものであったからであった．そのうえ，成長を訴える魅力的な株式と競合するために，長期国債の金利上昇が必要とされるという感触が存在していた．オブライエンは，先行きの金利低下の見通しを好感していなかったようであり，この考えをはっきりと示すために，とくに，「短期金利が

低下しているので，長期金利も必然的に低下するべきであるという見解を阻止するために」，何らかの行動を設定しなければならなかった[66]．これを達成するために，1960年10月上旬に長期国債の大量発行（5億ポンドの2008/2012年満期の5.5%利付き国債）が行われ，他方で同月末に，バンクレートは6%から5.5%に引き下げられた．

1961年度予算は景気中立性を狙いとしていたが，ポンドの為替レートが弱含んでいたので，特別預金の早めの解除があるかもしれないとイングランド銀行が示唆したことは，たぶん驚きをもって受け止められた[67]．オブライエンは，特別預金は無期限に固定されているものではないこと，そして可能なときにそれを解除しておかないと，将来の預託請求の効果がそがれることを熱心に示そうとした．コボルドは彼に同意したが，ロイドとその高官たちは，予算の観点からすれば，特別預金の解除は間違った印象を与えると考えた[68]．夏にはポンドの為替レートが低下圧力を受けていたので，高官たちはバンクレートの引き上げを支援する一連の措置を展開した．総裁任期の最後の月にコボルドは，銀行貸出に対する行動が必要とされるかもしれないとフランクスに警告した[69]．しかしながら，大蔵大臣が1957年の記憶を呼び起こして，指示もしくは立法措置の圧力によって銀行およびその他金融機関に貸出を制限するように要請しようとしたことを7月に耳にして，オブライエンは激昂した．オブライエンにとって，「それは，信用制限の通常の措置あるいは信用制限を執行するためのシティの機構にまったく信頼を置いていない人間の言葉である」[70]．割賦販売規制の返済期限は1961年1月に36ヵ月まで延長された．また，6ヵ月後に自らの決定を反転させたくないと考えたので，大蔵大臣は一連の措置の一環として割賦販売規制の条件を強化するべきであるとする総裁（その時点ではクローマー）および大蔵省高官の勧告に断固として反対した[71]．

イングランド銀行は特別預金の預託請求が必要であるとはっきりと考えていた．オブライエンは，いかなる信用抑制の諸措置にも銀行貸出の制限はその一部を構成しているべきであると考えた．しかしながら，その信用抑制措置は無差別な抑制であってはならず，消費目的の貸出を直接の対象とするべきであった．特別預金がその効果を発揮すると考えられていた作用経路は，まったく明らかなものではなかったのであり，流動性に何らかの圧力が加えられたとして

も，銀行貸出が意図した目的に何も影響を及ぼさなかったかもしれない．オブライエンは，特別預金を発動しないことは，「われわれ当局が，特別預金にもはや信頼を置いていない」という印象を与えるであろう，と記した．彼は，1％の預託請求を分割して行うことを支持した．つまり，8月と9月の2回に分割した預託である．この措置は，特別預金の累積合計比率を3％に引き上げることになる．しかし，預託請求は，銀行との「合意」に基づくものでなければならなかった．すなわち，銀行は国債売却によって信用収縮を回避しようとしてはならないし，それと同じ目的で手形による資金調達の拡大に訴えてはならなかった．また信用収縮の明確な証拠がなければならなかった．言い換えれば，12月の銀行貸出総額は6月のそれを上回ってはならなかったのである．銀行は消費目的の貸出を制限し，もし必要な結果が達成されない場合には，イングランド銀行は大蔵大臣に対して，1957年にソーニクロフトが要請したような，正式かつ公的な要請を余儀なくされたであろう[72]．オブライエンの勧告は，表面上まったく異議なしに同僚によって受け入れられた．明らかに，特別預金がそもそも要請や自主的な制限，非公式の圧力を回避するために導入されたという事実を誰も強調しようとはしなかった．

　7月の措置が発表されたのと同じ日に，クローマーは「銀行貸出の増加を制限するこれまでの努力を大幅に強化する」ことを要求して，同年末までにその効果がはっきりと現れることを期待すると述べた．しかしながら銀行は，経済状況を強化する輸出と「生産的な産業」の重要性を心にとどめるように要請された．そのために不動産開発およびその他の投機的取引や割賦販売融資，個人消費はすべて抑制された[73]．フランクスは，銀行は協力するが，彼らは間違いなくその他の金融機関にも「同じ原則を適用し，またわれわれと同じ程度に適用すること」の重要性を主張する，と断言した．彼は，保険会社，マーチャント・バンク，引受商会，海外銀行・外国銀行，とくにファイナンス・ハウス，をことさらに言及した．そして最後に，フランクスは，イングランド銀行が設定した目的を達成するためには，手形交換所加盟銀行自体が相互に競争することを制限する必要があるであろう，と述べた[74]．オブライエンは，もしその他の貸出機関がその信用供与額の制限を同じように要請されない場合，とくに大蔵大臣が彼の7月の措置の一環として割賦販売規制をいっそう強化することを

拒絶しているので，CLCBから苦情がくることをすでに予想していた[75]．このためその他の金融機関を代表する10の協会にCLCBの書簡の写しが送付されたか，あるいはその協会はどのようにして7月の措置を支援することが期待されているのかを示す指示を受け取った．そしてファイナンス・ハウスの懸念に対応するために，ファイナンス・ハウス協会（Finance House Association; FHA）および産業銀行家協会（Industrial Bankers Association; IBA）の会長に書簡が初めて送付された[76]．

　7月の措置の一環として発表された公共部門の「賃金凍結」は，大蔵大臣がその他の部門もそれに倣うことを望んだ重要な措置であった．それはより正式な所得政策の先駆となる措置であり，1960年代における経済運営の長く続く特徴となることになった一要素であった[77]．それは，インフレーションがコストの上昇，とりわけ賃金の上昇から生じたとの観念に基づいていた．ロイドの賃金凍結は，長期の賃金政策を確定したいと望んだ1962年春まで，その効力を維持するように意図されていた．それは，最終的には，許容しうる所得の年間増加率を規定する「標準」もしくは「指針」，賃金要求を判断する一連の基準，および個別の賃金引き上げ要求について判断を下すために任命される国民所得委員会（National Incomes Committee; NIC）の設置，から構成されることになった．NICの勧告を強制する権限は付与されず，労働組合からの支持もなかったので，大きな効果を生むことはなかった．マクミランはこの政策を大いに重視していたので，「これは，わが国の経済生活に関する恒久的な特徴として……健全な経済成長政策の立案の基礎として必要不可欠の要素」であると下院で演説した[78]．しかしながら，大蔵大臣や大蔵省からの支援や指針がはっきりと提示されることはなかった．それは，同年後半にロイドを解任するマクミランの決定に影響を与えた1つの要因であったかもしれない[79]．しかし，ロイドの後継者であるモードリングもまた同様にあまり好結果を生み出せなかったので，保守党政権の終焉までその政策はかなりの混乱に陥った．クローマーは賃金を抑制する努力を歓迎したものの，イングランド銀行が所得政策に関して意見を求められたとか，その時点においてイングランド銀行が事態の推移を見守っていたことを示唆する記録類は一切存在していない．

3. 信用制限の解除，1961-1964 年

　1961 年夏の危機後，主要な懸念は，1957-58 年の時と同様，7% にまで引き上げたバンクレートを引き下げる際に，引き上げそのものが最初から間違っていたとの印象を与えないことであった．ある程度の後知恵ではあるが，オブライエンはバンクレートの引き上げが正しかったことを確信していたが，高金利の有害な影響について強く認識していた．大蔵大臣もまた，イングランド銀行ほどではないにしても，バンクレートの速やかな低下を実現したいと考えていた．引き下げのタイミングもさることながら，引き下げ幅の問題もあった．イングランド銀行は 0.5% の引き下げを望んでいたが，大蔵省は 1% を望んだ[80]．10 月初旬，オブライエンは，主要な経済指標は正しい方向に向けて動いていると考えた．すなわち，ポンドに対する圧力は弱まり，消費者需要は「低迷」しており，9 月の銀行貸出の減少は記録上最大規模であった．しかし，景気の見方は厳しく，バンクレート引き下げに対する起こりうる内外の反応はいぜんとして主要な懸念材料であった．オブライエンは，バンクレートを直ちに 0.5% 引き下げるべきであると確信した．オブライエンは，金利引き下げは「慎重，あるいは大胆さに欠ける」ように見えるかもしれないが，「たとえわずかであっても，できるかぎり速やかに行動する意欲が歓迎される」と認めた[81]．大蔵大臣は（それは大蔵省にとって高価についたが）できるかぎり速やかにバンクレートを引き下げることに同意し，政府は「自らの頑迷さ」を非難されることを望まなかった．その結果，10 月 5 日にバンクレートの 0.5% の引き下げが発表されたが，この利下げはシティにとってサプライズと受け止められた．『イヴニング・スタンダード』紙は，「これは青信号なのか」と質した[82]．これは明らかに，イングランド銀行が意図したところとは異なっており，同行はそのようなシグナルを示すことにきわめて神経質になっていた[83]．

　数週間以内に，ロンドンの金利がその他の金融センターの金利とかけ離れているという理由でロンドンに「ホット」マネーが流入しつつあるという懸念が一部に生まれ，これに引っ張られてさらなる金利引き下げを見込む風潮が生じた．実際，オブライエンは，10 月のバンクレート引き下げがホットマネーの

流入を阻止するどころか却って加速した，と総裁と副総裁に告げた[84]．驚くべきことに，引き下げ幅に関して，イングランド銀行の外国為替専門家たちは，0.5％の引き下げは「いっそうの引き下げが実施されるに違いないとの思惑を生じ，それ〔資金流入〕をさらに拡大させるかもしれない」，と助言した[85]．その説明は，おそらく，資金は国債に流れ込む，そしてそこにはいっそうの資本利得の期待がある，というものであったのであろう．いずれにしても，これに対する適切な対策についてはコンセンサスが存在していた．アレン，ホーカーおよびオブライエンは全員，バンクレートを1％だけ直ちに変更することを支持した．クローマーは，バンクレートの大幅な引き下げの代償として特別預金の増額を示唆する書簡を大蔵大臣に書こうと強く思っていた．しかし，書簡は送られなかった[86]．

1961年11月初旬，クローマーは1％の金利引き下げを，即座にあるいは翌週に，実施する考えに傾いている，と大蔵大臣に告げた．リーは，もしイングランド銀行が5％まで急激な金利引き下げを実施しようとしていると見られるならば，7月の金利引き上げ措置は間違いであった，あるいはさらに悪いことに，信用制限の必要性は消滅してしまった，という印象を与えるかもしれない，ことを懸念した．総裁は，その引き下げが速やかに実施されることを条件として，0.5％の金利引き下げには反対しないと返答した．翌日，バンクレートは0.5％だけ引き下げられて，6％に低下した[87]．信用制限は継続して維持されるべきことが繰り返し述べられたが，この変更は引き続き強いポンドによって正当化された[88]．1962年には，ポンドはいぜんとして堅調さを維持しており，2カ月にわたり3回の連続した0.5％の引き下げが実施された．3月8日と22日および4月26日であった．しかしながら，金利引き下げのタイミングとその引き下げ幅をめぐってイングランド銀行と大蔵省との間に緊張状態が再び生じた．総裁は，年初に，0.5％の引き下げ提案を撤回した[89]．その後，3月初めにクローマーは，「もしある朝目覚めたときにバンクレートが5％に低下しておれば，それは完璧な事態であろう」，とロイドに告げた[90]．しかしながら，丸々1％引き下げが内外においてあまりにも大幅な政策として誇張されることを恐れたクローマーは，それに代わり2回の0.5％の引き下げを支持した．リーはこの提案を支持した．バンクレートが4.5％にまで低下したので，クロー

マーとロイドはそれ以上の金利引き下げを実施しないことで合意した[91]．

バンクレートの引き下げと同時に，特別預金の解除も検討されたが，それが信用規制の180度の政策転換とみなされることを恐れて，拒絶された．5月には，総裁は，一方では政策の柔軟性を顕示することを望み，他方では輸出額の改善が見られる前に，国内で信用緩和の印象を与えることを避けたいと望んだので，自らこの問題では「途方に暮れている」ことを告白した．彼は，7月の措置の一環として出された指示文書を撤回する考えを提案した[92]．マイナーズは，「この政策手段は今やあまり当初の効果を発揮しておらず，むしろ悪影響を及ぼす危険がある」，として提案を承認した[93]．5月末，クローマーとロイドは，特別預金の1％（スコットランドの銀行は0.5％）の解除を実施することを決定した．投機目的の貸出は依然として抑制された[94]．言い換えれば，際限のない手直しの連続である．

同時に，貿易省（商務省）の大臣（president）は割賦販売規制のいっそうの条件緩和を要求していた[95]．驚くべきことに，この要求は当局の最高レベルにまで伝達された．機密の備忘録の中で，マイナーズは大蔵大臣との会議を次のように記述した．「彼は冷蔵庫にまで言及したが，それは私見であるとして，繰り返し言及はしなかった．私は否定的な発言をした」[96]．しかしながら，1962年6月に自動車を除くすべての財に関する最小頭金を20％から10％に引き下げることが発表された．その後，1965年までそれ以上の変更は行われなかった．貿易省はこの措置は満足のいく効果をもたらすものではなく，廃止するべきであると，実際には考えていた．驚くべきことに，イングランド銀行はこの考えに反対した．もし規制を廃止したなら，「それに代わる，同等の効果を期待できる方策があると本当に考えることができるのであろうか」，とオブライエンは尋ねた[97]．大蔵省もまたこの問題に神経質になっており，割賦販売規制は継続された．

1962年7月の「陰謀をめぐらす時」に，マクミランは大蔵大臣のロイドを更迭して，その後任にレジナルド・モードリング（Reginald Maudling）を任命した．モードリングはリフレーションと経済成長を追求した大蔵大臣として記憶されており，1962年9月，就任後わずか2カ月でバンクレートの引き下げと残存していた特別預金の完全解除の双方を実施しようと試みた．パーソンズ

は，モードリングが「ポンドの国際的な責務が経済成長に対する直接的な制約として作用するという観念に取りつかれており，それゆえに，対外的な配慮をするべきであるという議論にはいくぶん苛立ちを感じていた」，と記録している．彼は続けて述べた．「私はどのような国であっても，国内政策の対外的な諸影響を無視できる国は存在しないとして，彼を，そしてついでながら彼の高官をも説得しようと努めてきたが，彼はまったく説得に応じなかった」[98]．

特別預金に関しては，イングランド銀行と大蔵省の双方の幹部たちが残存している2％を一気に解除したいとするモードリングの要求に反対した[99]．イングランド銀行は特別預金の全額を解除することは貸出の急激な拡大をもたらすとして，特別に神経質になっていた[100]．その代わりに，1％に低減すること，および特定の分野において制限を実施する要請を撤回することが，9月に発表された．とはいえ，総裁は，輸出および海外収益を促進する活動，および資源が活用されていない国内諸地域の事業を支援することに引き続き優先権が与えられることを希望した[101]．その後，1962年11月には，全般的な経済情勢が残存していた特別預金残高の解除を可能にした[102]．

特別預金が何を達成したかを言い当てることは簡単ではない．多くの要因が作用していたからである．たとえば，手形交換所加盟銀行は戦前の状況と比べて，過少貸出の状況にあり，1950年代と1960年代に徐々にその貸出を再建しつつあった[103]．1961年7月以降実際に見られたように，たとえ貸出が減少した場合においても，特別預金は包括的措置の一要素にしかすぎなかった．また，特別預金請求の決定がどのような詳細な理由によってなされたのかを解きほぐすことは困難である．たとえば，1961年7月の預託請求を振り返ってみたとしても，銀行の流動性ポジションに働きかける必要性よりも，包括的措置を実施する必要性があったので，この措置が実施されたとクローマーは考えていた[104]．1つのことだけははっきりしている．すなわち，特別預金に対する初期の預託請求に応じるために，銀行は保有証券を売却した．銀行貸出が抑制されることがなかったために，当局が期待する対応に関して指示を出すことが必要となった．またこれは，もし特別預金の結果として政府証券が売却されたならば，国債市場におけるイングランド銀行の操作についての含意が存在したことを意味した．この手法に関して当局が注意を与えたにもかかわらず，その手法

の利用は手形交換所加盟銀行の歴史の中でほとんど言及するに値しないほどのものであった[105]．

　このことの説明の一部は，特別預金が効果を発揮しなかったことに見出される．イングランド銀行ではアレンが，1960年に特別預金の預託請求がなければ，銀行の流動資産は実際よりも2,900万ポンド多かったであろうが，これは「1億4,300万ポンドの特別預金と比べれば，ごくわずかであった」と推定した[106]．大蔵省は，特別預金に関する効果は「証明されなかった」と結論づけた．そしてオブライエンはこれに異議を唱えなかったばかりか，「いささかいい加減なものであった」と自ら告白した．銀行の流動性に与える主要な影響は，実際には，借換え操作において現れたことを認めた．事実，もし特別預金の預託が請求されなかったならば，「借り換えはもっと成功したであろうし，少なくともその数字の上では，2つの政策手段の組み合わせから得られたものと同じように満足のいく結果を達成したであろう」．これにもかかわらず，オブライエンは，アームストロングが「心理的な効果」を過小評価していたと考え，「さらなる特別預金を預託しなければならない責任がつねにあるということは，銀行に強い影響力を及ぼし，銀行貸出の増加を抑制する特別預金の効果を大いに強化したはずである」と議論した．結局のところ，彼はそのような手法の長期にわたる利用について留保したけれども，特別預金は「これまでのところ，われわれが期待した目的に有効に貢献した」と判断した[107]．同様に，特別預金が廃止されたときにも，その効果を明確に評価することは困難であったのであり，1962年の特別預金の解除の影響もはっきり評価することができない[108]．

　この間の出来事を冷静に顧みた，特別預金制度の創始者の1人のホーラムは，その手法が量的信用規制の1つであり，「そして銀行のコストに影響を与えることによってその効果が発揮される，それが，われわれが想定することができた唯一の作用経路であった」，と確信していた[109]．このような観点に立てば，特別預金は銀行利潤の圧縮であった．しかし，この効果に対する議論は，その当時，一切行われなかった．しかしながら，それは同制度の成果に対する正確な評価であるとは考えられない．もしその評価が正しいとすれば，利潤の圧縮はどの程度の規模であり，なぜ銀行の利潤を圧縮したのであろうか．手形交換所加盟銀行最大手行のバークレイズを例に，最悪のケースを考えた場合，すな

わち3％水準の特別預金（ほぼ1年間の実施）を考えた場合，バークレイズは約5,000万ポンドの預金を預託しなければならないであろう．同行は，より長期の，たとえば6％の金利よりも低い約4％の金利を受け取ったと考えられる．その金利差のコストは約100万ポンドであったと推定される．同年のバークレイズの利潤を約1800万ポンドと想定すれば，利潤の圧縮額は相対的に小さいと判断できる[110]．他方で，カルテルを形成していた手形交換所加盟銀行は独占利潤を稼得しており，その程度の損失は喜んで受け入れたはずである，と議論することができる．いずれの場合にも，それは8％の現金比率が意味した利潤の圧縮とは，まったく比較にならない程度の損失であった．現金は利子を生まないし，この時点，すなわち1961-62年では，もし現金比率規制が実施されていなければ，銀行は課された8％ではなく，4％程度の現金比率を選択していたと考えられる．銀行はそのバランスシートの4％について約4～5％の利子所得を失っていたはずであり，またその損失は毎年生じていたはずである[111]．しかしながら，特別預金に関して指摘しなければならないもっと重要な点は，もし銀行が利潤を圧縮されていることに気づいたならば，彼らがほぼ間違いなくとる対応策は損失を取り戻すことであり，その1つの方法は銀行のバランスシートの規模を拡大させることである．言い換えれば，それは貸出を増大させることである．もしこの想定が正しければ，特別預金制度は，逆効果をもたらすことになる．しかし，もし特別預金が銀行の現金・預金比率を上昇させることと同じであれば，たとえ特別預金の一部に利子が支払われるとしても，特別預金はバランスシートの拡大を制約する作用を及ぼしたと考えられる．

対外情勢にもかかわらず，失業が増大しつつあり，また産出高も事実上停滞していたので，国内経済の状況は政府の最大の関心事であり続けた．1962年11月に，リーの後任として共同大蔵次官に就任したウィリアム・アームストロング（William Armstrong）は，首相が，「たとえその大部分が数カ月後に元の状態に戻るとしても」，リフレーション的な刺激策をとる用意があることをマイナーズに打ち明けた[112]．バンクレート変更の可能性を打診され，マイナーズはイングランド銀行としては年が改まるまで静観することを望むと述べた．1963年1月3日に，連続6回目となるバンクレートの0.5％引き下げが公表された．これにより，バンクレートは1958年以来の最低水準である4％に低下

することになった.その表向きの説明は,利下げは国内経済情勢を反映しており,強いポンド相場と整合的であるとされた.バンクレートは1964年2月に5％に引き上げられるまで,不変にとどまった.

1963年1月の利下げの際に,イングランド銀行は将来,割引商会への貸出について時にはバンクレート以上を課すかもしれないということも発表した.それは,イングランド銀行の市場操作に伸縮性を付与するものである,と説明された.具体的には,これによって,どのようなバンクレートの水準においても,マネーマーケットの資金の平均的コストが変動しうる範囲が拡大することになる,という詳細な説明が加えられた.すなわち,バンクレートを引き上げることなく,短期金利,とくに大蔵省短期証券の金利を押し上げることができるのである[113].この決定には,アメリカ合衆国は外国の政府および通貨当局によるドル預金に対して優遇金利を適用するとケネディ大統領が提案した後の1961年に開始された差別的金利をめぐる論争における前例があった[114].忘れられていた過去の大蔵省への対応を引っ張り出して,ホームは以前の見解を変更する理由は一切ないと考えた.彼が強く示唆したのは,その提案に対する「弊害のない」反対はバンクレートの0.5％以上を上乗せした金利で貸出を実行するという1951年以前の原則に逆戻りすることであった.「この原則はどのようなバンクレートの水準においても市場金利に影響を与えるわれわれの力をいくぶんか増大させる」という理由で,オブライエンは賛成した.彼はまた,大蔵大臣の見解に歩み寄る形で若干の譲歩をした[115].1962年10月に,クローマーは差別的金利に対するイングランド銀行の懐疑的な見解をアームストロングに繰り返し伝え,バンクレートよりも高率で割引市場に貸し出す「技術的な手法」について言及した.そして,この手法を今回発表して,次回バンクレートが変更されるときに実施することを提案した[116].さらに討議を重ねた後,この手法をバンクレートの変更を発表した日に適用する代わりに,イングランド銀行が市場金利の押し上げを実行したいと考えたときにいつでも利用できる,一種の威嚇手段として高率の適用を控えておくことが決定された[117].このようにして,この手法は1963年1月に発表され,1963年3月19日に最初で唯一のケースとして実行され,1,575万ポンドが4.5％の金利で貸し付けられた.この動きはポンドに対する下落圧力に伴って実行されたが,事実は市場が大蔵

省短期証券の入札価格を引き上げて割当額を増加させようと試み，その平均割引率が（1月4日の3ポンド11シリング3ペンス〔3.56%〕から3月15日の3ポンド7シリング11ペンス〔3.40%〕へ）低下していたからであった．この手法はある程度成功したと考えられている．その直接の影響はその次の入札で見られ，この時4%のバンクレートと比べて例外的に高金利であるみなされる，3ポンド15シリング8ペンス〔3.78%〕へと平均割引率が暴騰した[118]．その後，この金利水準は1964年のバンクレートの引き上げまでほぼ不変に維持された[119]．この経験を振り返って，クローマーは，この手法は「ある限定された仕方で」有効性を発揮し，「また，もし状況が適切なときにイングランド銀行はこの手法を再び利用することになる」，と考えていた[120]．結局，この手法の発動は必要とされなかった．

ラドクリフ委員会が少しだけ心配していた大蔵省短期証券入札の1つの特徴があった．すなわち，割引商会が，外部の入札者を思いとどまらせるために行う，明らかに意図的な操作であった．これを達成するために，割引商会入札シンジケートは「入札価格を大幅に上下させた」とラドクリフ委員会は指摘した．その結果は，競合した入札者たちはまったく割り当てを受けなかったか，あるいは入札した短期証券手形により高い価格を支払わなければならなかった．このような事態が生じたことは事実ではあるが，割引市場に割り当てられた配分額を示すデータは，シンジケートがつねに支配的な立場にあったとはいえないこと，およびそのような状況がますます常態化しつつあったことを示している．1961年と1964年との間に，割引商会が入札可能な大蔵省短期証券の20%以下しか獲得できないケースが8回生じた．これに対して，1965年と1967年の間には，そのケースが23回生じた．数回の事例では，10%以下の短期証券しか割引商会に割り当てられなかった（図6-1）．いずれにしても，1960年代の大半の期間，イングランド銀行はこのような取り決めに参画し続けることに満足していた．1950年代半ば以降，高金利に引きつけられた，とくに石油会社と事業会社からの大蔵省短期証券に対する需要が増大した．手形交換所加盟銀行が彼らのために応札した．多くの周辺銀行（フリンジ・バンク）もまた入札に参加した．イングランド銀行割引部は彼らの入札の権利を承認したが，週ごとの応札額はその上限が固定されていた．ヒルトン・クラーク（Hilton

第 6 章　ラドクリフ以降の国内金融政策　　333

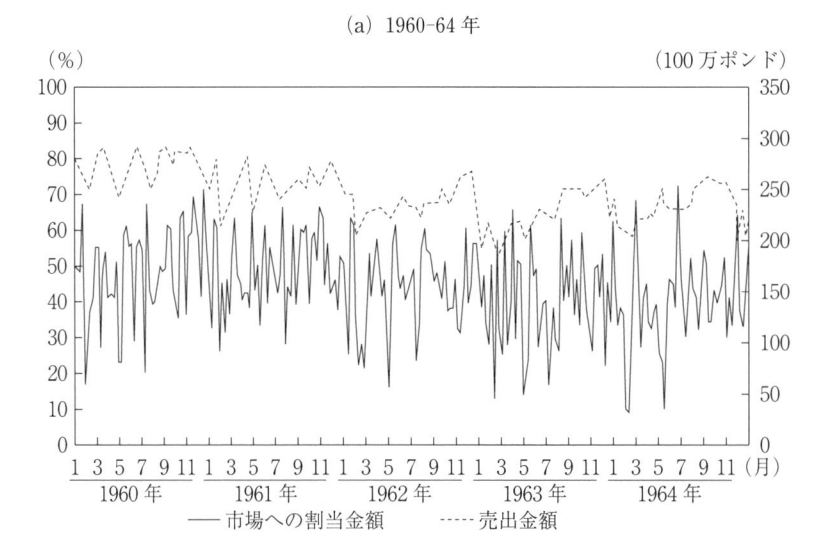

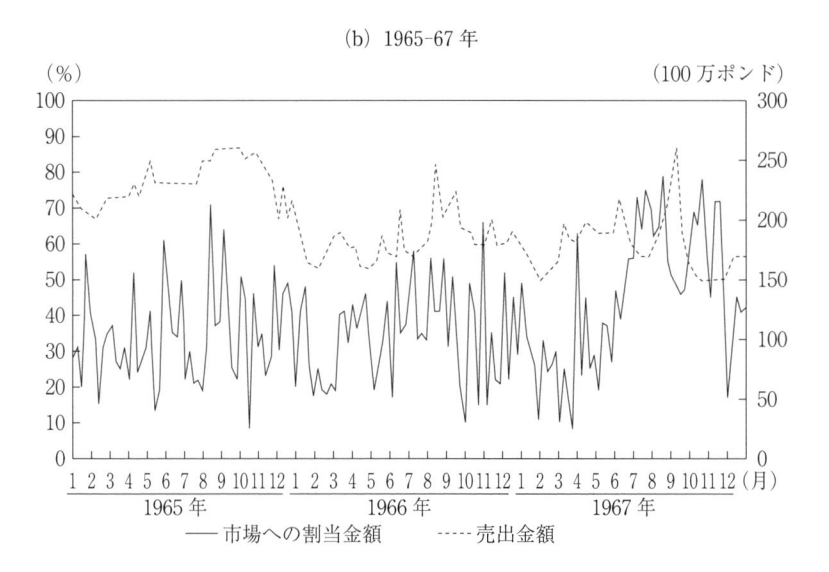

(a) 1960-64 年

図 6-1　大蔵省短期証券の週当たり比例割当金額

Clarke) は,「きわめて競争力のある『外部』の応札」と記述したことが関係するすべての者にとって望ましい,と考えていた[121]. 部外者を入札から思いとどまらせることは, ロンドン割引市場協会 (London Discount Market Association; LDMA) を過度に特権的な地位に就かせる結果になることをオブライエンは認めたが, 彼は完全な自由入札を支持していたわけではなかった. 彼にとって決定的に重要なことは, シンジケートの存在であり, 銀行が自己勘定で応札しないという合意であり,「どんなに厳しく批判されようとも, われわれにとって適切に役立つ厳格さを生み出すことであった. なぜなら, そのことによってわれわれが短期金利に影響を及ぼし, その金利を適度に安定的に維持することを可能にするからである」[122]. クローマーは, その取り決めは「イギリス流の妥協の傑作」である, との考えを述べた. もっとも彼は,「がたがたの制度」は再構築を必要としているに違いない, との疑念を抱いていた[123].

1950年代には, 流動性に多大の関心が寄せられ, イングランド銀行は個々の銀行のみならずグループとしての手形交換所加盟銀行の流動性ポジションを監視していた.『ラドクリフ委員会報告書』はこの流動性問題に多大の紙幅を割いており, 1960年前半においても流動性は顕著な関心事であり続けた[124]. 1963年初め, イングランド銀行は30％の流動性比率について頭を悩ませ始めた. その懸念は信用制限ではなく, 将来, 貸出の増加が必要になった際にどのようにしてそれを実現できるのか, であった. 銀行はすでに30％の最低比率で営業していた. このため, 可変的流動性比率の利用に対抗して, 特別預金の導入を再検討することになった. 後者がすでに広範囲の論争の対象となっていたからである[125].

1963年3月初め, イングランド銀行は銀行貸出, とくに事業目的の貸出の増加が流動性制約によって抑制されることを望ましいとは考えなかったが, 同時に銀行による保有国債の売却によって国債市場が影響を受けることも望まなかった. したがって, 銀行の流動性を改善するその他の手段が必要とされていた. さらに, 当時の状況は一時的なものであるかもしれないので, ホーラムはもっと恒久的な手段を検討するべきだと考えた. 特別預金かそれとも可変的流動性比率かの問題に関して以前の議論はその時点でもいぜんとして適切なものであったが, 前者の追加的な利点は, 銀行がそれをすでに受け入れ, 運用して

いることであった．「銀行に何らかの財務上の不利益をもたらすような自主規制的な制度にとって，そのことは相当大きな利点とみなすべきである」．そこで彼は，一時的にせよ恒久的にせよ，普及している 30% の流動性比率は縮小されるべきかどうかを検討した．この数字は「分別のある銀行家の精神に」その源があるので，その数字を変更することもその同じ精神に託すべきものである．一時的な変更は，可変的流動性比率から「識別することができない」ので，反対するべきである．さらに，一時的な変更は，分別のある銀行家には似つかわしくない．したがって，変更は恒久的なものでなければならない．またホーラムは，銀行家が適切な数字と考える比率を彼らに尋ねなければならないと考えた．彼は，25% 以下の数字を彼らが示唆することを思いとどまらせたいと考え，イングランド銀行にとって 27.5% ないし 28% が適切であると考えた[126]．

クローマーとオブライエンは銀行に特定の方向を押し付けないように細心の注意を払った．オブライエンは，「われわれはそのようにするべきであると私は考えるのであるが，もしわれわれが銀行システムの流動性の規制を銀行家自身の慣行に基づいて行い続けるべきであるとすれば，それがいぜんとして彼らの慣行に基づいていることを確認しなければならない．もし彼らが彼ら自身の目的のために最低比率を削減したいと考える場合には，それをわれわれの判断基準としても受け入れるべきである，と私は考える」．総裁は，CLCB に自ら探りを入れる用意があるが，「流動性比率に関して彼らに影響を及ぼすことは望まない」と付け加えた[127]．同時に，その当時，銀行は 3 月に最低流動性比率以下に低下する許可を受け，その後，その特別許可が 4 月および 5 月にまで延長されるような状況であった[128]．

オブライエンとクローマーの両者は，それぞれ別々にアームストロング宛てに，特別預金を保持することへの支持は「かなり決定的です」と繰り返し書き送った．もっとも，クローマーは最低流動性比率の引き下げの実施を銀行家が望むかどうかを彼らに尋ねることを提案し，同時に 25% までの変更は受け入れが可能であると示唆した[129]．マイナーズは，最低比率を完全に廃止するべきであると論じて，新しい考えを混乱に巻き込んだ．もし特別預金を再導入する必要が生じた場合には，その時点でふさわしいと思われる比率の最低流動性比率を導入することによって必要な支援が提供される，とマイナーズは述べ

た[130]．この提案の簡潔性に魅力を感じたが，ホームは，最低比率が存在しない場合には，銀行は自らある数字を設定するという行動に出ると考えた．固定した比率には不都合な点があることを容認しながらも，「概して私の好みは，われわれが熟知している方を選択することである」，と述べた[131]．アレンもまた，その完全な廃止には慎重であった．彼は，銀行貸出に対する公的な制限を廃止すれば，「今では望ましくないほどの大きな拡大」を生じることになり，そして，もっと重要なことに，後になってから制限を再導入することが一大政策転換とみなされることを懸念した[132]．その他の論者はさらに議論を進めて，もし銀行が自ら選択した最低比率にあるか，あるいはその近傍にあるとして，ほぼ100％貸し出していたとすれば，厳密で合意した最低流動性比率の必要性はなくなる，と示唆した．その実質的な価値は「取るに足りない」のに対して，金利や借換え政策を通じた信用引締めの方がもっとその効果は大きい[133]．トムスンは，銀行は法律に基づく要請よりも慣行に基づく現行制度が継続されることを望んでいる点では全員一致している，とクローマーに告げた．銀行は，可変的流動性比率が不確実性を生み出すという理由で，その制度を好ましいとは考えていない．また，銀行は流動性比率の決定的に大きな引き下げの実施を望んでいるが，30％から「少しずつ減少する」ように見える比率が望ましいとも考えていないけれども，彼らは固定比率の中止にも反対している．すべての手形交換所加盟銀行は，25％という数字は分別を欠くとはいえないとして合意した[134]．クローマーは，CLCBの態度を大蔵省に報告し，同月，流動性比率を25％に改定することを発表するように提案した[135]．

　大蔵省は，25％で妥協して，その後，実質的な流動性比率が28％になるように特別預金を調節して適用するように示唆したが，これをオブライエンは「馬鹿げた仕方」として述べたものである[136]．クローマーが28％という提案に関してCLCBの代表者たちに探りを入れたとき，ロバーツは，銀行は29％かそれ以上の比率をめざさなければならなくなるという理由で，それが実質上何も便宜を与えるものではないと述べた[137]．モードリングは再検討して，28％までの低下は容認できるが，25％は「あまりにも大幅」であるとした．「われわれがインフレーションを招く金融の時代に乗り出しつつあるかのような印象を与えるほどの劇的に大幅な比率の削減を行う理由が私にはまったくわ

からない」[138]．1964年4月までに限って，銀行が28%の比率を守って業務を継続するという合意が成立し，この合意に「不当な強調」を公然とは加えないことが決定された[139]．1964年3月に，イングランド銀行は依然として25%の比率を最終目標としていたが，クローマーは，銀行が当面の間28%を守って業務を継続する，という提案をした．この比率の継続は大蔵省によって同意され，そして今回も，正式な公的声明はなかった[140]．銀行流動性の規制に関する潜在的には抜本的な再検討として始まったことが，たちまち場当たり的で非公式な小細工に後退した．このような金融調節手段の相対的な長所が徹底的に議論されたのは，これが最後ではなかった．今回の議論では，非公式で法的には強制することができない数字，すなわち銀行業務上の慣行によって決められるとみなされていた数字を，大蔵大臣が流動性比率を信用調節の一手段であるとみなしたという理由だけで，適切であると考えられた数字に変更することはできないことにイングランド銀行は（そして手形交換所加盟銀行も）気づいた．

1962年におけるこれらの議論の直前に，国債市場では今より低い金利が望ましいとする指針を出そうと検討していたが，いうまでもなく，それは無秩序にならない引き下げであった．その政策は，「強い制約の下で価格が上方へ向かう傾向を保持することであり，その結果，上昇のペースが穏当なものにとどまるようにすることであった（〔1961年〕7月末から長期利回りが約6シリング・パーセント〔約0.3%〕下落したが，それは十分に早いペースであった）」[141]．クローマーは，「たとえば18カ月から2年にわたる期間に約5.5%の水準への漸進的な低下がだいたいにおいて望ましい目標とみなされる」ことに同意した[142]．5月に発行された，1986/89年償還5%利付き国債の追加発行分は当時の市場価格より0.375（3/8）〔%〕だけ高い価格が故意につけられた．それは，「鋭い価格押し上げ効果」を発揮させるためである．特別預金の解除に照らして銀行にアピールすることを意図した短期物であった．1967年償還5%利付き国庫証券の6月発行分もまた，当局が金利の低下傾向を望ましいと考えていることを市場に「ヒント」として与えるように価格がつけられた[143]．しかし，このような形の市場とのコミュニケーションは失敗に終わることが多かった．

1962年夏に長期金利の問題が，首相がこの問題に関心を示した結果として発議され，大蔵省によって検討された．オブライエンは面白くなかった．「イングランド銀行とかなり周到な事前討議をすることなしに大蔵省が大蔵大臣に対して（あらゆる事項の）金利に関する文書を出すことはとんでもない」[144]．大蔵省は，もし長期金利の低下傾向が持続すれば，借入コストの面で明らかに有利性がある，と主張した．市場操作において，「われわれは金利低下を妨害することは一切行っておらず……また実際のところ，低下を促す手立てを数多く講じている」，と大蔵省は強く主張した．その手立ての中にはバンクレートの引き下げや緊縮的予算政策も含まれていた．さらに大蔵省は，「われわれはもはや積極的な借り換えを行わなくなっている，すなわち，短期国債を償還するために長期国債を売却して，国債全体の償還期限を延長することはしていない」とも述べた．わが国経済における資本に対する需要，とくに地方公共団体からの資本需要が，金利を反対方向へと動かしている．最終的には，インフレーション期待が強調された．長期金利を押し上げたのはインフレーション懸念であったが，1961年7月にとられた方策は，政府がインフレーションの抑制を断固として決意していることを国民に説得することであり，その結果，金利は低下した．予算政策と所得政策は，この金利低下においてもっとも重要であると思われた．「インフレーションが抑制されることを国民に説得した政府の諸政策ほど，長期金利の継続的な低下に役立ったものはない．こう言ってもまったく誇張ではない」，と大蔵省は結論つけた[145]．

イングランド銀行は2つの点で大きな留保をつけた．第1は，借換え政策の分析に懸念があったことである．長期金利の低下を一切妨害しなかったとか，積極的な借り換えへの取り組みが一切なかったとか，あるいは予算状態の強さが借り換えの必要性をなくすことを意味するなどと示唆することは間違いである．借り換えから完全に撤退することは，国債のネットでの売却の意味であれ，あるいは総額を変更しないで国債保有の償還期限を延長する意味であれ，「直ちに新聞の見出しのニュースになるほどの主要な政策行動である」．同様に，その後の政策転換もそれと同じほど目立つニュースとなる．イングランド銀行としては，「上げ調子の市場の動向が主として金利に反映することを許すか，あるいは主として借り換えの増加に反映することを許すかの間を選択する」以

上のことは何もできない．「現時点では，われわれは金利の動向を後押ししており，上昇する価格でゆっくりと借り換えを続けている」．しかし，予算状態の如何にかかわらず，イングランド銀行は銀行貸出と銀行預金とが急増していると判断した場合には，国債の売却を増加させる．つまり，ネットの効果は「市場の諸力が長期金利をゆっくりと低下させることを許すが，決して金利のコントロールを失わないようにすることである」．第2の懸念は，対外的な諸事情をまったく参考にしないことに関係している．というのは，「国内の諸事情に鑑みて望ましい金利の動向と外国の諸事情に鑑みて望ましい金利の動向との間に矛盾が生じるかもしれないからである」．とくに，国際収支問題は国際金利の動向に影響を与えることがあるし，またもしイギリスが欧州経済共同体（EEC）に加盟すれば，何らかの影響が生じるからである[146]．

「本質的に市場操作」とみなされることに関するイングランド銀行の見解が1962年7月にリーに送付された[147]．金利低下の現在の傾向が継続されることを許容することに同意しつつも，総裁は金利の下落が持続可能なものでなければならない，と警告した．そうでなければ，国債に対する現在の関心が消滅してしまう恐れがある．ポンドの将来の強さや所得政策の成功の見通し，公共部門の借入水準に関する不確実性が存在していたからである．これらの諸変数に関して楽観的な仮定をおくとしても，当局が「おそらく増大し続ける金額」で国債のネットの買い手になる準備をしない限り，金利の低下傾向を維持することが困難となる，とクローマーは考えた．同様に，金利をある特定の水準に維持することも困難である．金利の引き下げ政策に着手することよりも，その政策を解除することの方が困難はいっそう大きい，とクローマーは確信していたからである．突然の政策の方向転換は国債市場を「混乱させ，人気のない」市場にし，たとえ近く償還期限を迎える国債に対応するのに必要な国債の売却すら吸収することが決してできない状況に陥らせる．こうして，イングランド銀行の見解は，国債市場のあからさまな操作を回避し，将来の不確実性に備えるためには，公的な操作は現行の方針に沿って継続するべきであるというものであった．この政策方針は，「時間の経過とともに何が適切であり，何が実行可能であるかを評価し，その評価にしたがって目立たないように戦術を変更するために，当局が機動的策略のフリーハンドを完全に保持しつつ，金利の適切か

つ漸進的な下落を許容する」のである[148]．このイングランド銀行の見解の大半は，その後，ロイドがマクミランに送付した覚書に含まれていた[149]．

1962年を通して，長期金利は下落を続けた．それは，タップ発行国債の価格をもっとゆっくりと引き上げることによって，金利下落のペースを穏やかなものしたけれども，イングランド銀行が「予期し，望み，かつ助長した」ものであった．しかし業務局次長のアラン・ウィットム（Alan Wittome）は，国際収支と需要増加の見通しから，大蔵省が金利低下を止めることを考え始めていることをクローマーとオブライエンに伝えた．ウィットムによれば，そのような考えは不適切なものであった．「もし金利のいっそうの低下を防止することをわれわれが決定していることが明らかであれば，金利が上昇し始めることは不可避であり，もしわれわれが考えていた理由が疑問視されたのであれば，なおさらのことである」．もし国際収支に問題が生じた場合には，長期金利は間違いなく上昇するが，それは今，長期金利がこれ以上下落するべきではないと議論することとは異なる．イングランド銀行は1963年初めまでに金利が5％近傍になることに満足するであろうが，この金利を助長するための措置を講じるべきではない[150]．この書簡がしたためられた頃，すなわち1962年10月に，ミサイルをめぐるキューバ危機が突発して，国債価格が暴落した[151]．

この問題は1963年2月に再び表面化し，今回は，オブライエンができる限り速やかに長期金利を低下させることが望ましいと考えたので，イングランド銀行によって助長された[152]．しかし，国債市場はキューバ危機以前のような力強さを回復することはなかったので，1964年に金利に上昇圧力がかかることは十分考えられた．この金利上昇に備えるために，景気循環に基づいた出来事が悪影響を及ぼす前に，国債市場をできる限り良好な状態に守り導くことが示唆された．しかし，公的介入によって国債価格が決定されたという風評を生じるような行動は一切とるべきではない．価格上昇が「強制」ではなく「助長」によってもたらされるのでない限り，それは「試みるべきではない企て」である[153]．ウィットムは，イングランド銀行と大蔵省との間には本質的な相違が多くあるとは考えなかった．もっとも，後者は長期金利に影響を与える市場管理の役割を過大に強調する癖があった．ウィットムは次のことを「われわれはよく知っている」と述べた．「大蔵省は，われわれがこの問題について二

枚舌を使っていると考えている．実際，われわれはそうしている．われわれの考えでは，状況によっては，金利に影響を及ぼすわれわれの側の試みはきわめて成功する（成功しすぎることさえある）か，あるいはまったく効果がない（逆効果の場合さえある）かのいずれかである．これが真実である．その文書の中でわれわれに帰せられている役割はお世辞かもしれないが，もし記録が修正されない場合には，面目がつぶれることもありうる」[154]．市場がイングランド銀行の行動を理解する上でどのような問題を抱えているのかを理解することは難しいことではない．

　イングランド銀行が大いに異議を申し立てたことは，イングランド銀行が長期金利を5.75％から5.5％への引き下げを試みると3月に合意したとする主張であった．市場が力強さを欠くときには，イングランド銀行は市場に売りに出された国債をすべて現行の価格水準をわずかに下回る価格で買い取る．また，市場が力強さを示すときには，売却価格を通常の場合よりも急速に引き上げる．このような戦術によって，「イングランド銀行は金利をほぼ5.25％まで引き下げることができた」，と大蔵省は述べた．ウィットムは，イングランド銀行が合意したと思われていることの記憶はまったくないし，またその戦術とその結果の分析は生硬であり同時に誇張されているので，その一節のすべてを書き直すべきであると書いている．ド・ムーブレイ（de Moubray，中央銀行情報局（CBID）補佐）は，イングランド銀行は金利に影響を与えることができるが，「金利の傾向を逆転させることができなくても，何のおとがめもない」ことを大蔵省は受け入れるべきである，と述べ，ウィットムを支援した[155]．その後のクローマーのアームストロング宛ての書簡は，過去2～3カ月に金利を低下させた市場戦術が果たした役割を大蔵省がかなり大げさに誇張したとするイングランド銀行の見解を強調した．戦術は金利低下の1つの要因ではあったが，その基礎にあった諸原因の方がもっと重要であった．いずれにしても，総裁はイングランド銀行の戦術を詳細に議論することが果たして適切であろうか，との疑念を表した．「重要なことは，戦術の目的であって，その目的を達成するために使われた正確な手法ではない，と私は考える」．彼は，もしその文書が「イングランド銀行の市場操作が，すでに生じつつあった金利の下落に水を差すことを意図したものではなかった」とだけ記述していたのであれば，その方

(100万ポンド)

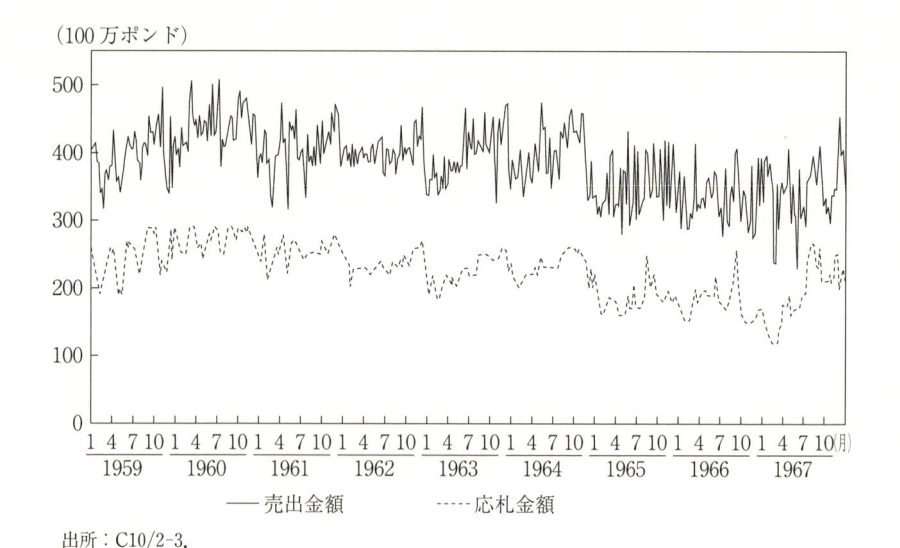

図 6-2　大蔵省短期証券の週当たり入札（1959-67年）

凡例：―― 売出金額　　----- 応札金額

出所：C10/2-3.

が望ましかった，と続けた[156].

　イングランド銀行は，マネーマーケットでの日々の操作において行動の自由を享受していたのとまったく同じように，国債市場での操作に対してもその威力を維持することに明らかに熱心さを示した．もっとも，この前者は基本的には銀行業務の問題であった．大蔵省短期証券は，入札で売り出される金額が減少したものの，中心的な重要性を保持し続けた．『ラドクリフ委員会報告書』が公表されたその年に，売り出された91日物の総額はほぼ130億ポンドであり，週当たり平均で2億4,600万ポンドであった．毎週，概して，4億ポンドの証券に対して300件の応札があった．翌年以降に，これらの数字は徐々に低下し，1967年には週平均で1億9,100万ポンドが入札で売りに出され，応札件数は231件，応札総額3億4,600万ポンドであった（図6-2）．大蔵省の高官が，約半時間を要する開札に同席し，基本的な応札結果を知ることができた[157]．しかしながら，1963年末に向けて，大蔵省は入札に関してもう少し多くの情報，とくに短期証券の割り当てに関する詳細情報やイングランド銀行の銀行部によって買い上げられたものの情報を提供してもらえないかと要請してきた．

ラディスは，この情報は大蔵省の短期証券市場の理解，そしてとくに部外者の役割の理解を深めるのに役立つと述べた．しかしイングランド銀行はこれを疑問視した．銀行業務の問題とみなされることは別にして，顧客に関する機密情報に関係するので，そのような情報開示はさらなる疑念へと繋がる恐れがあり，また最終的には，マネーマーケットの戦術の議論に発展する．「この方向へ精力を向けることによって大蔵省が得るものはないし，もし何らかの事前の協議が要請されることになれば，そしてもし操作が事後的に正当化されなければならないとすれば，われわれ自身の操作が弊害を被るとわれわれは強く懸念する」[158]．いずれにしても，クラークは，ひとたび短期証券が買い上げられると，きわめて早いスピードで次々と売買されることを指摘し，そのような情報が大蔵省にどのような価値を有するのかを理解することができなかった[159]．

1960年代半ばにLDMAは，大蔵省短期証券に対する入札シンジケート取り決めが競争制限的慣行であるとして公的な非難を受けるかもしれないことを懸念した．部外者による入札の規模に関して割引商会の間でも懸念があった．また，インターバンク市場を専門とするブローカーであるガイ・バトラー社に対する企業支配権を獲得するための資本の取得提案がクライブ・ディスカウント社（Clive Discount）から出された．この買収の動きは，買収の結果として，入札シンジケート制，そしてLDMA自体の分裂さえもたらしかねない，との不安と風評を引き起こした．LDMAは，市場機能と市場慣行を見直すために小委員会を設置した．割引部の副部長であったブランデンはこれを「ミニ・ラドクリフ委員会」と呼んだ．委員会の委員たちの「思慮のなさ」から判断して，ブランデンは何か抜本的な改革案が提案されることはほぼ起こらないと判断した．イングランド銀行にとって，3つの一般的な問題が存在していた．その第1は，毎週の入札が確実にカバー〔全額落札〕されることであった．割引商会が手形交換所加盟銀行と競争しないという合意を維持し続ける可能性が高いので，ブランデンはこの件に関しては何も問題を予想しなかった．いずれにしても，個々の応札を大幅に減らしていたシンジケートから解放されるので，割引商会は自らの週ごとの応札の規模を増加させる可能性があった．第2は，イングランド銀行が自らの顧客のために大蔵省短期証券を獲得する問題である．その当時の取り決めの下では，イングランド銀行は市場価格よりも1ペンス高い

価格で応札することによって必要な額のすべての短期証券を落札することができた．将来は，イングランド銀行も割引市場に競争的立場で参加し，その結果，競り負けて落札できないことも起こりうる．最後に，これはブランデンにとってもっとも重要な問題であったが，シンジケートの消滅は，大蔵省短期証券に対する競争を激しくして入札価格を競り上げるために，大蔵省短期証券の金利の低下をもたらす可能性がある．もしイングランド銀行がその金利を安定させたり，引き上げたりしたいと考えた場合，バンクレートかそれ以上の金利での貸出をこれまで以上に精力的に実行する必要が生じる．ブランデンは，シンジケート入札制度はイングランド銀行にとって「便利な制度」であり，したがってその廃止を積極的に促進することはない，と結論づけた．しかしながらこの制度の廃止は，イングランド銀行が存続を強く訴えるほどの大問題ではなかった[160]．ホーラムとオブライエンがこれに同意した[161]．LDMAは多くのアイデアを提案したが，イングランド銀行はそのアイデアのいずれについても熱意を示さなかった．また，現行の制度に何ら変更を加えないことが明快な選択であると総裁がLDMAに伝えることが合意された．この見解を1966年3月末にクローマーが伝えた．割引商会は現状を維持することに同意した[162]．オブライエンとイングランド銀行のその他の者たちはシンジケート入札制度が不可欠のものであると公言することを望まなかったが，この制度が消滅したのは1971年に競争と信用調節（CCC）が導入されてからであった．

　大蔵省短期証券の入札は専門的研究者の関心を惹いた．たとえば，アンドリュー・ベイン（Andrew Bain）はクラウチのモデル（後者による新正統説に対する批判に含まれている）に異議を唱えて，入札における証券の割り当ては銀行が流動資産として入手可能な証券の数量を決定しない，と主張した．短期間を別にすれば，割引商会はイングランド銀行が望ましいと考える金利から大きく逸脱した金利で応札することを許されていない．たとえば，もしシンジケートが入札価格を引き上げるならば，その結果として割引金利は低下することになるが，イングランド銀行は市場をバンクレートで借り入れるように強制的にイングランド銀行に向かわせることができる．ベインは，シンジケートはカルテルではなく，当局が決定した価格で買い取る「残余の買い手」にすぎない，と結論づけた[163]．この結論は，イングランド銀行の見解に近いものであった．

その後，1971年に，グリフィスは通常の価格理論をこの入札に適用することができ，シンジケートは自らの長期的利潤を最大化する行動をとっていた，と主張した．グリフィスは「阿吽の呼吸」や「当局の見え透いた要請」は「混乱を招いただけでなく，不適切」であった，と考えた[164]．実際，彼の本が公刊されたその月には，このメカニズムはちょうど変更されつつあった．

91日物の大蔵省短期証券に加えて，償還期限63日の大蔵省短期証券もまた期間限定で入手可能となった．1955年に導入された63日物は1月と2月の巨額の歳入の流入が大蔵省短期証券の満期分布に及ぼす影響を円滑化することを意図していた．それは，他方では，イングランド銀行がマネーマーケットの調節能力を保持することを可能にした．63日物の大蔵省短期証券は週当たり3,000万ないし6,000万ポンドの比較的少額が11月と12月にのみ入手可能であったため，その意義と効果について多大な論争が生じた[165]．オブライエンは，それが絶対的な成功ではなかったことを認めたが，市場の歪みを円滑化する上で何らかの役割を果たしたように思えた．その結果，彼は63日物の利用はたとえその売出額を削減するとしても，利用を継続するべきであると勧告した[166]．ホーラムは，「63日物の導入を導き，年間を通した利用に繋がった諸要因のいくつかは過去数年の間にその力の大半を失った」，と主張した．そして，同証券に対する市場の反応が「いつも不人気」であったため，イングランド銀行は，その年，同証券なしに市場を管理することができた[167]．その後は63日物短期証券は発行されなかった．同証券は，市場がとくに好みもせず，需要もしなかったような証券であったが，当分の間，イングランド銀行はその証券が機能していたと考えた．しかし，具体的にそれがどのように機能していたのかを明らかにすることができなかった．もっとも，この点では，63日物大蔵省短期証券が例外的であったわけではない．

4. 上限規制への逆戻り，1964-1967年

1960年代半ばのイギリスの国内経済は，労働党の新しい経済運営方針によって特色づけられる．それは，「ストップ・ゴー政策による景気循環」を排除すること（すなわち，赤信号も青信号もない，「恒久の黄色信号」）を可能にす

る経済計画および中央集権的管理方式に高い重要性を付与した経済近代化の推進であった．フランスの経済計画の明白な成功はもとより，ソヴィエトのそれに対しても，賞賛する声が長らく続いていた．保守党は経済発展国民協議会（National Economic Development Council; NEDC）を設置していた．新しい制度環境を確立するために採用された最初の方策は，大蔵省に対する平衡力としての機能が期待された新しい省，経済省（Department of Economic Affairs; DEA）を創設することであった．その責務は，経済成長を押し上げるために投資を増加し，輸出を拡大し，そして重要性の低い輸入を代替する「国家計画」を準備し，実行することであった．その基本的成長率の予定は，1964-70 年の6 年間にイギリスの国民産出高を25% 増加させることであった．この計画は成功せず，1969 年に中止された[168]．ダグラス・ジェイ（Douglas Jay）は，その計画全体がキャラハンとブラウンというライヴァル同士の政治家を宥和するためにだけ生み出された大失敗であったと評し，大蔵省の内部ではその頭文字は「特命侵略省」（'Department of Extraordinary Aggression'）を意味するものであった，と述べた[169]．この新しい方式のうち最後まで残ったのは，1965 年4 月に設置された全国物価所得委員会（National Board for Prices and Incomes; NBPI）であり，この委員会は当初は王立委員会であったが，1966 年に法令に基づく委員会に改造された．同委員会は 1970 年に保守党によって廃止された[170]．

　これらの長期にわたる新規構想に関するイングランド銀行の見解についての証拠は乏しく，いずれにしても，その実行や実施についてほとんど関与しなかった．「国家計画」について，クローマーは次のように不平を述べた．「一般的な困難は，5 カ年計画は，たとえそれが巧妙に考案されたとしても，拡張主義的でわが国経済の問題への長期的な対策を詳しく説明しなければならないが……わが国の対外ポジションの回復に迅速でかつ目に見える進展がある時にのみ，ポンドに対する信頼の喪失の再発を阻止できることである」．この新規構想は「対外ポジションの迅速な回復に圧倒的に大きな優先度を与えるべきであること，および国家計画で概要が示された経済発展が期待通りの結果を生じない場合には先送りされること，また国際収支についての数字のいずれもが実現可能な数字の 1 つを例示する以上のものではないことを明確にするべきであ

る」[171]．クローマーは，そのうちの一部についてだけ，自分の思い通りにすることができた．

しかしながら，イングランド銀行内において，所得政策に対するある程度の熱意が存在した．アレンは，最低賃金を設定し，賃金格差を承認し，「物価上昇を調査し，必要であればそれを晒し台にさらす」ための「物価調査」団体を承認する「賃金委員会」を支持した．マクマーンもまた，同委員会を承認した[172]．ほぼ2年間のNBPIの成功は限定的であったが，オブライエンは支持する側にとどまっていた．1967年2月に彼は，委員会の委員長であるオーブリー・ジョンズ（Aubrey Jones）に「わが国のような社会においては，何らかの形の相当強力な所得政策が必要であり，結局は，望ましいものになると長く考えていた」，と告げた．総裁は，ジョンズによる報告書に含まれている特定の勧告について論評する資格をもっていないと考えていたが，その一般的な主張に対する「熱烈な個人的賛同」をジョンズに約束した[173]．そのような見解は，インフレーションを阻止する方法は賃金上昇を制限することであり，またそれは所得政策を通してもっとも良く達成できる，とする当時の支配的な見解とまったく軌を一にするものであった．

ウィルソンがパーカー審判および『ラドクリフ委員会報告書』の両方の時代に表明した批判を所与とすれば，首相となった暁には，イングランド銀行と政府との関係の法令上の，あるいは公式の性格の変更を行うことが予想されたかもしれない．金融問題に関する常設委員会を設置する『ラドクリフ委員会報告書』の考えを復活させる大蔵大臣による試みはあったが，そのいずれもが実現しそうになかった．キャラハンは自らの部下の役人によってその試みを思いとどまらされ，イングランド銀行は自己弁護を準備する必要から解放された．その代わりに，大蔵大臣は，金融政策に関する多様な時局的問題に関するイングランド銀行と大蔵省との共同セミナーを連続して開催した[174]．イングランド銀行は，このアイディアが生まれた方法については必ずしも満足していなかった．リケットはこのアイディアを最初に総裁に相談するべきであった，と認めた．クローマーはこのセミナーへの参加を渋っていたが，イングランド銀行の代表者は出席するが総裁は出席しない会合を大蔵大臣が主宰することになると，総裁の立場が侵害されるかもしれない，とオブライエンは総裁を説得した[175]．

1965年10月に開催された最初の会合には,金利の見通しに関する大蔵省の文書が出された.そして,討議に付された次の2回の主題は国債管理(1965年11月)と信用調節(1966年2月)であった[176].この新規構想が何か成果を挙げたとする証拠はほとんど存在していない.

長期にわたる経済発展のための構想が大きく期待されたにもかかわらず,直後に発生した危機がその期待を挫いた.経済運営に関する論争は,緊急金融対策や歳出削減,引締め政策といった馴染みの領域へと再び回帰した.1965年および1966年の予算はともに引締め的であり,キャラハンはキャピタル・ゲイン課税や法人税,選択的雇用税を含む新しい税を導入した.金融分野では,貸出に対する要請や上限規制などの形の信用規制が明確に引締め策として復帰した.特別預金はこれらの引締め策のすべてを不要にすると想定されていたという事実にもかかわらず,旧来の施策が復帰した.事実,要請は以前よりも極端に強い形で復帰し,今までよりも厳しく,その適用範囲も拡大した.

1964年のポンド危機に際して,当局はバンクレートを2%ポイント引き上げ,7%にした.1965年初めには手形交換所加盟銀行の流動性ポジションが逼迫すると予想されていたが,業務局長室が総裁の書簡を提案するには十分な懸念が存在しており,そこで,ホーラムは総裁の書簡が「穏当な抑制効果をもたらすのに適切である」ことに同意した[177].12月の第2週に,総裁の書簡がCLCB委員長に発送された.クローマーは,「いまや貸出の増加率を低下させるべきであるというのが公的政策の目的となった」,とトムソンに告げた.その低下の程度については数値を示さなかったが,クローマーは行動が要請される分野を特定した.すなわち,輸出や製造業,政府の地域開発政策を促進する分野への貸出であった.避けるべき分野は不動産開発や個人および専門職の資金用途,割賦販売向けの貸出であった[178].この官僚主義の射程は,それが1950年代初期に到達したような点にまでまったく達しなかった.1950年代初期においては「重要でない財の生産」を対象とする規制があったが,本当は,それこそが今求められていたことであった[179].

バンクレートが「危機対応」水準にあった従前の事態に関していえば,バンクレートをできるかぎり速やかに引き下げることが念願とされた.今回の事態では,バンクレートの引き下げは1965年予算の発表(4月6日に予定されて

第6章 ラドクリフ以降の国内金融政策

いた）より前に行うべきではない，と合意された．もっとも，すべての関係者がこれに同意したわけではなかった．モースは，7％のバンクレートは短期の危機に対してのみ要求される一時抑えの対策であって，国際収支問題を是正するのは予算の仕事であると論じて，バンクレートを予算に関連づけるべき経済的な論理は存在しないと述べた．アレンは危機対応型のバンクレートには同意したが，タイミングの難しさと経済指標の適切な解釈の難しさを正しく認識していた．予算発表前の引き下げは，総裁が予算の内容を是認したことの確証として理解されるかもしれない[180]．大蔵省もまた，特別預金の再導入がその他の施策を強化する手段として，予算の中で発表される可能性を示唆した．しかしその考えはイングランド銀行が好ましいと考えたものではなかった．予算は「それ自身が自主的に決定されるべきものである」，とした[181]．予算の発表後，キャラハンとオブライエンはバンクレートの引き下げを特別預金の引き上げと組み合わせる可能性について議論した．副総裁は，そのような組み合わせが矛盾したメッセージを市場に与えるのではないかと懸念したが，その時の経済情勢はそれを正当化するものであった．キャラハンは部下の担当者にこの問題をさらに深く検討する指示を出したが，結果的には，4月の貸出に関する統計数値が失望を誘うようなものであったことが判明した後，1965年4月29日に特別預金の請求が単独で行われた．特別預金の請求はイングランドの手形交換所加盟銀行に対しては1％，またスコットランドの手形交換所加盟銀行に対しては0.5％であった[182]．

　特別預金を請求してもバンクレートは別問題であった．5月初め，アームストロングがクローマーに，極秘かつ私的な書簡で，もし5月20日にバンクレートを引き下げた場合には，今回の7％のバンクレートの継続期間は1957-58年のそれよりもわずかに短いものになる，と大蔵大臣が算段したことを告げた[183]．この時には，政治的介入の気配がかすかにあった．しかしながら，イングランド銀行はその政治的圧力を掛けられなかったので，バンクレートは変更されなかった．つまり，キャラハンは政治的圧力を行使する機会を奪われたのである．同月末，為替レートの状況から，クローマーがいぜんとしてバンクレートの引き下げを不安視して，バンクレートのいかなる変更も「信用引締めを明確に表すのに十分な施策」を伴わない限りありえない，と主張した[184]．

しかしながらアームストロングは，もし可能であればその週のうちに割賦販売規制の同時的な強化と一緒にバンクレートを1%引き下げる，というクローマーの助言に首相が賛成していることも報告した[185]．6月2日の水曜日の夕刻，クローマーとキャラハンは，イングランド銀行と大蔵省の役人7名とともに，2つの政策の同時変更の賛否両論を比較考量した．大蔵省は，政策の失敗の損失は大きいと記録した．イングランド銀行の見解はそれよりも明確で，クローマーはもし政策変更が失敗に終われば，「バンクレートを8%に引き上げざるを得ない羽目に陥るかもしれない」と述べた．ホーラムはまた，大蔵省の役人は「不安を隠さなかった」のに対して，キャラハンは「イングランド銀行ほど保守的な態度で知られている組織がリスクをとるに値する機会と判断している」ことをその主な理由として，不承不承この政策変更に同意した，と書きとめた[186]．ウィルソンによれば，全面的にこの政策に賛成するようにイングランド銀行を説得しなければならなかったのはキャラハンであった．それはこの話の終わりではなかった．その後，割賦販売規制をめぐるブラウンとの激しい政治的対立が生じ，その騒動は木曜日の未明まで終わらなかったからである．同日遅くになって，2つの重要な発表が行われた．バンクレート変更の発表は通常の手続きにしたがって行われた．そして，大蔵大臣が下院で政策変更に関して演説を行った．イングランド銀行が出した記者会見用の説明文書は，バンクレートはいぜんとして高い水準にとどまっており，今回の政策変更は信用引締め政策の緩和を意味するものではない，という内容であった[187]．

1964年12月の総裁の書簡は即時的な影響力があったと評価された．というのは，1965年1月の貸出額の数字が減少を示したからである．しかし，2月と3月の数字がいずれも上昇したために，その後の評価はあまり芳しいものではなかった．イングランド銀行の聴き取り調査は，少なくとも手形交換所加盟銀行に関する限り，望ましい反応が生じていたことを示した．しかし，4月の数字が再び増加へと変化したので，特別預金の請求が行われた次の週の1965年5月5日に，総裁の書簡がCLCB宛てに発送された．これは手形交換所加盟銀行の個人部門向け貸出を1966年3月までの12カ月間に年率で5%以下の増加率に抑制するように要請するものであった[188]．さらに，手形交換所加盟銀行は分野別貸出額の内訳をもっと頻繁に，おそらく毎月，作成するべきである

とされ，また商業手形の利用は貸出に適用されるのと同じ目的を達成するために限るべきであるとされた．それに加えて，クローマーは，特別預金の請求が投資証券の売却によって緩和されるべきではないことを銀行に対して念を押した[189]．その他の銀行や金融機関にも書簡が送付されたが，大蔵大臣の目的を貸出の制限に反映させることにはいっそう大きな困難が存在した[190]．7月には，貸出が輸入品の支払いに利用される証拠がある場合には，銀行信用に対する要求を銀行が今まで以上に綿密に吟味するようにと，総裁は銀行を説得した[191]．

それでもまだ問題が残っていた．1つの問題は，商業手形の保有額の増加にどのように対処するかであり，もう1つは総裁の書簡の影響力が及ぶ範囲の外に位置する企業にどのように対処するか，であった．手形金融の利用は，1920年代半ば以降には絶えず減少傾向にあったが，1950年代および1960年代に復活した．銀行および割引商会の商業手形保有額は，1952年の3億ポンドから1964年末の8億ポンドへと増加した．この商業手形の増加にはいくつか理由があった．手形引受業務におけるロンドンの海外銀行からの競争が手数料率に影響を与えたこと，銀行貸出に対するときどきの規制が手形金融の利用を増加させたこと，1961年の印紙税の引き下げが手形金融のコストを銀行貸出のコスト以下に低下させたことである．これに加えて，金利の上昇予想が固定金利の3カ月物手形の保有を銀行貸出以上に魅力的にさせ，大蔵省短期証券の品不足も生じていた．割引市場の大蔵省短期証券保有額が減少したので，割引商会は商業手形の業務を増加させてこれに対応した[192]．イングランド銀行は，手形金融は貸出規制の要請を回避するために利用するべきではないと銀行を説得した[193]．1965年5月に総裁はLDMAの会長宛てに書簡をしたため，割引商会は公的政策の目的を念頭に置き，銀行が遵守することを要請されている方針に沿って商業手形保有額を制限することを強調した[194]．LDMAが示唆したのは，割引商会の商業手形の保有総額，すなわち保有額プラス再割引手形の総額に上限を設けることであった．イングランド銀行は安堵した[195]．

これらの信用規制の要請にもかかわらず，要請はすべての金融機関に及んでいたわけではない．1965年6月末に，総裁の要請に注意を喚起する書簡が8社宛てに送付され，銀行の規制に相応する規制を実施するように要請した[196]．

これに対する反論が生まれたが，一切の斟酌は容認されなかった[197]．特筆すべき問題は，割賦販売事業を増強しようとしていたフォード・モーター・クレディット社であった．イングランド銀行は，もし1966年3月の「粗受け取り債権」が1,000万ポンド（105％が意味する430万ポンドと比較して）を超過しなかった場合には，同社が適切な水準に信用抑制を実施しているとみなす，と告げた[198]．その後の2～3年間，フォード社は頭痛の種であった[199]．その背景として，その間，イングランド銀行内部には要請を強制することについて深刻な懸念が存在していたからである．モースが書きとめているように，フォード社は要請に従うことを拒否することが簡単にできたのであり，そのことによって「われわれの規制の形式上の弱点を露呈させる」ことができた[200]．

1965年9月に，引受商会が示した〔商業手形保有額〕の数字の増加に懸念が生じ，クローマーは引受商会委員会の委員長に面談に来るようにと招請し，他方クラークは数字が満足するものでなかった個々の引受商会に対処した．割引部の職員もまた「要請を尊重しない」英国の海外銀行や英連邦（コモンウェルス）の銀行を訪問した．ホーラムは手形交換所加盟銀行の2つの子会社に対して「適正に行動するように」と念を押し，モスクワ・ナロードニ銀行は「イングランド銀行の注意を引かない数字に収まるように」努めるようにとの忠告を受けた．割引商会の数字もまた期待を裏切るものであったので，ホーラムはその他の金融機関からの圧力（すなわち，引受商会からの引受手形の流れによる）を受けていたとしても，イングランド銀行の要請に従うようにと頑強に主張した[201]．2カ月後，全体の状況を再び調査した際に，イングランド銀行はその強力な圧力を保持し続ける必要があるとの合意があったにもかかわらず，ホーラムはその結果が「あまりにも失望させるもの」であることを知った[202]．

書簡とその内容は，銀行信用の規制が混乱をもたらす業務であり，公正さの観念によって歪められていることを明らかにする役割を果たしている．それはもはや「手形交換所加盟銀行」と標示された抜け穴をたんにふさぐ努力をする問題ではなくなっていた．次々と新しい抜け穴が生じ，イングランド銀行はそれをふさぐ方策に事欠く状況にあった．イングランド銀行は，このような信用規制を実施し，その有効性を監視することを望まなかった．1965年夏に信用規制政策を討論した覚書に対するクローマーの注釈は，「イングランド銀行が

銀行を経営する責務を引き受ける日が決して来ないことを私は強く確信している」と論評していた[203].

1965年6月に大蔵省は特別預金が「かなりの失敗策」であったと結論づけた．それは貸出規制と関連して実施された場合にはある程度の役割を果たすかもしれないが，「主要なあるいは唯一の信用規制手段としての特別預金は，今やその墓碑銘を刻む時が到来したのかもしれない」[204]．モースが議長を務める部内の委員会が，さらにもう一度，信用規制についてのイングランド銀行の見解を提示するために設置された[205]．同委員会は，まずアレンによる金融政策行動の4つのタイプを識別することから始まった．すなわち，心理的効果，信用割当，貨幣数量規制，および金利の期間別構造の操作である．アレンは，心理的効果が重要であり，信用割当は人々を銀行から遠ざけ，将来，信用規制をいっそう困難にするかもしれないので，控え目に利用すべきである，と確信した．『ラドクリフ委員会報告書』がその支援材料として利用された．『同報告書』は貨幣数量の規制を捨て去り，重要なのは金利の水準ではなく，その構造である点を強調した．アレンの職階の高さを考慮すれば，これらの見解はイングランド銀行の方針をかなり忠実に表明したものと受け取ることができる[206]．

大蔵省とは対照的に，イングランド銀行は特別預金に関してはあくまで楽観的であり，1960年，1961年および1965年の特別預金の請求が，「もし請求がなかった場合と比べて，貸出の増加額を低く抑制したことはかなり確実」である，と結論づけた．しかしながら，保有証券を売却しないようにとの要請と同時に発動された場合には，特別預金の効果がさらに増幅したことを認めた[207]．心理的効果がもっとも大きいとイングランド銀行が考えたことは決して驚くべきことではない．特別預金（および流動性比率の賦課）は資産比率に対する間接的な規制を表しているが，「民間部門の信用」あるいは「貸出比率」を通した直接的規制という考え方もまたあった．この考え方はラドクリフ委員会に好感され，その主要な魅力は銀行が保有証券の売却や商業手形に頼ることによって信用収縮を回避する余地をほとんど残さなかった点にあった[208]．しかし，ファイナンス・ハウスにも資産比率規制を適用する提案にアレンは反対した．「どれだけの信用を誰に供給するのかという問題に関して，われわれはなぜ銀行システムを規制対象として特定化することから始めなければならないのか」，

と問うた．彼は，結論の技術的な長所については異論を差し挟まず，「私は，単に，結論が適用の間違いであると考える」と述べた[209]．モースは，民間部門の貸出比率とファイナンス・ハウスに対する資産比率規制が，現行の金融政策の大きな変更の証拠となる側面を示しているにすぎないという事実を強調した[210]．その後，ほとんど政策変更はなかった．信用の上限規制は規制の中心であり続け，また1966年のポンド危機の際にはいっそうの信用規制が適用された[211]．

1965年末に向けて，貸出上限および105%上限の将来が再び検討されるようになった．モースは，来年も同様の上限を継続する以外にはほとんど選択肢がなく，また国際通貨基金（IMF）もその継続を歓迎するであろうと考えた．そしてクローマーはこれに同意した[212]．モースと同様，マクマーンも貸出上限は満足できるものではないと考えたが，「その政策を堅持する以上，それを有効化することにしり込みすることは何の益にもならない」と議論した[213]．CLCBは1966年2月に貸出上限が無期限に継続すると告げられた[214]．モースは，上限規制は機能していると考え，イングランド銀行は上限が遵守されるべきであるという姿勢を堅持した[215]．5月に，違反した金融機関は毎週の貸出額の数字とその釈明書をイングランド銀行に報告することを義務づける提案までなされたが，オブライエンはその提案には「大きな疑念」を抱いていた．ヒーズマンは，パーラー〔イングランド銀行高官の執務室〕への訪問は，もしそれが日常的な所定の手順とみなされた場合には，その意味が大きく減退すると考えた．クローマーは，「CCO［業務局長室］は，銀行システムが日曜学校のようなものではなく，ビジネスであることを肝に銘じるべきである」といういつもの特徴的な叱責を付け加えた[216]．

この種の信用規制の1つの問題点は，政策のわずかの変更も流動性需要を歪めることになる点である．その1つのケースが1966年9月の選択的雇用税（SET）の導入によって生じた．納税期日の到来とともに企業の流動性が圧力を感じるようになるので，信用上限に対する潜在的な影響が生じた[217]．オブライエンはアームストロングに対して，もしあらゆる予想，すなわちSETとの関係で上限が緩和されるかもしれないという予想を払いのけるために，早めの声明を出すことが望ましいと助言した．キャラハンは，同税に対する相殺措

置は講じられないし，貸出上限は1967年3月まで存続すると下院で発表した[218]．2日後，ポンドが再び低下圧力を受けると，バンクレートは7%まで引き上げられた．バンクレートがこの「危機」水準にまで引き上げられたのは，1957年以来4回目であるが，その引き上げ幅が2%ではなく，1%であったので，今回の引き上げショックはおそらく軽減されたであろう．同時に，特別預金の追加の要請がなされた．再び1%と0.5%の幅で請求されたので，イングランドの手形交換所加盟銀行とスコットランドの手形交換所加盟銀行の特別預金の総額はそれぞれ2%と1%となった．その翌週，ウィルソンは下院において景気抑制的な政策パッケージを発表した．

1966年にイングランド銀行は初めて割引市場へオーバーナイト〔翌日物〕資金を供給したが，これはマネーマーケットの逼迫状態を緩和する方法としてもともとLDMAが1960年に提案した手法であった．ホーラムは，資金不足が見通される状況で，またイングランド銀行が買い入れるために利用可能な期近物の手形が存在しない場合には「見かけ上の魅力」をもっていると考えた．他方，オーバーナイト資金の供給は，資金不足が予想されているシグナルと受け取られるかもしれず，またその場合に金利はその「兆候」を反映して変動するであろう．もし予想された資金不足が実現しなかった場合やマネーマーケットの状況が完全には予測できない場合には，マネーマーケットでは「混乱としっぺ返し」が生じる可能性をホーラムは指摘した．したがって，彼はこの手法は市場操作に「望ましくないあいまいさ」をもたらしかねないので，「平常時に使用するには必ずしも適切なもの」ではない，と考えた．そして，半期末と年末（6月30日と12月31日）に試験的に実施し，またもしその試験的実施が満足のいくものであることがわかれば，もっと拡張して実施することができる，と提案した[219]．オブライエンは，この柔軟性を高めた手法に好感を示し，「正確さと繊細さを伴った市場運営こそわれわれが満足感を味わう事柄でなくてはならない」と付け加えた．これはイングランド銀行の断固とした旧来の見解であったが，オブライエンは自己満足に対しても警告を発し，「知的な新機軸」を奨励することを望んだ．このようにして，オーバーナイト貸出はある程度の魅力を獲得したのである[220]．1966年6月21日および22日に，イングランド銀行が大蔵省短期証券の金利をある程度高く保ちたいと考えたので，マネ

ーマーケットは 7 日間の借入を強制された．それから 30 日にイングランド銀行はオーバーナイト借入を許容した．意図されていたように，それは半期末によく見られる市場の歪みを抑止することを想定していた．しかしながら，マネーマーケットが逼迫して短期金利が高止まりすることを確実にするために，バンクレートでのオーバーナイト借入をイングランド銀行が定期的に強制するようになるまで，あまり時間はかからなかった．

　貸出増加額を 105% 以内に抑えることの困難さがますます緊張を高めた．この問題に関する大蔵大臣の過去の発言への言及を排除するために大蔵省によって骨抜きにされたイングランド銀行の記者発表文書は信用規制の必要性と優先的借入を充足する必要の両方を強調していた[221]．キャラハンはその後，下院での質問に対する答弁の中でこれに矛盾する発言をした．このため，キャラハンは CLCB と総裁との会合を緊急に取り決めることが必要となり，その会合で議会の白熱した舌戦の中でなされた不用意な答弁よりも原初の声明が優先すると説明した[222]．その後，1966 年 9 月の貸出額の数字が 9,000 万ポンドの減少（季節調整済み）を示したので，信用収縮があまりにも厳しすぎたのではないかとの懸念が生じた[223]．10 月と 11 月にもこれらの議論は継続されたが，それは大蔵省の干渉と銀行の落胆を伴った．クローマーは退職し，彼とともに銀行業はビジネスであるとする彼の金言も過去のものとなって，イングランド銀行と大蔵省との関係はいっそう難しいものになった．

　これらのすべての過程が，貸出上限を課すことがいかに乱暴な政策手段であるのかを，強調して示すのに役立った．ある時点で，イングランド銀行は，ガーンジー島のトマト農家とホテル経営者の窮状について判定を下す立場に立たされた．それは伝統的な金融政策とみなされていたものからいかにも遠くかけ離れた措置であった[224]．フォードはその干渉を非難した．「大蔵大臣およびその他の大臣たちは，自分たちはテーブルについて，この産業にはこれだけの資金を，あの産業にはあれだけの資金を供給することを決定できるという気持ちをもっているようである」が，「そのように選択力を自由に行使することは不可能である」[225]．しかしそれにもかかわらず，フォードは貸出上限に固執し，それをときおり使用することは決して完全には否定できないと議論した．銀行貸出に対する「厳しい締め付け」が必要とされるときには，「上限規制よりも

優れており，有効性も高く，極めて単純で，理解を得るのも容易な政策手段は他にない」[226]．しかしこれは短期間，おそらく１回当たり１年間にのみ妥当することであり，それ以後はこの手段は問題を孕むものになる．それでは，上限が撤廃されたときには，どのようにして信用を規制することができるのであろうか．フォードは，手形交換所加盟銀行の場合は特別預金がそれへの回答を提示しているとみなしていたので，問題はその他の金融機関のための取り決めを考案することであった．1958年に特別預金が初めて公にされたとき，その適用対象の範囲を拡大する選択肢は保留された．今では，その取り決めは手形交換所加盟銀行以外の金融機関にも拡大して適用するべきであると決定されている．この場合，フォードは，特別預金が公式の最低流動性比率規制なしに使用されるが，貸出については銀行の理解を得ることが必要であろう，と想定していた．そして特別預金はイングランド銀行が必要とするすべての影響力を同行に与えると確信していた．銀行は所得の減少という損失を負わされることになるからである．すなわち，特別預金に支払われる金利は銀行が地方公共団体の一時借入金の形の流動資産で稼得する限界金利よりも低い，おそらくかなり低いと考えられるからである．彼は，これらのその他銀行はこの提案を受け入れるはずだと考えた．この特別預金はその方式がきわめて簡単であり，貸出上限の終焉を望む熱意が交渉に対する協力的な態度を生むからである[227]．

　いくらかの不安もあった．ひとつの不安は所得の減少という損失が特別預金にとって新しい概念であったことであり，過剰な流動性を抜き取ることを想定していた，手形交換所加盟銀行に課された制度とは「まったく異なったもの」を生み出すからである[228]．実際は異なる制度に「特別預金」という名称を使用することは世論を誤導し，混乱させる．そして彼はこの制度は現金比率もしくは預金準備制度に変更しなければならないかもしれないと示唆した[229]．しかしながら，大蔵省はこの考えを受け入れ，特別預金は失敗であったとする1965年の大蔵省見解を変更するにまで至った．実際，ホーラムの意見では，大蔵省は「極端」に走った[230]．

　その後，大蔵大臣は105％上限の撤廃を予算の中で発表したいと考えるようになった[231]．その要点は，特別預金がもはや「世間の耳目を集めるほどの意義」をもたなくなったこと，および新しい制度の下では「当局のシグナルは以

前ほどのインパクトがないが，前より頻繁に」出されるようになることである[232]．4月の予算の中で，キャラハンは，貸出に関する指針には一切変更はないが，ロンドンおよびスコットランドの手形交換所加盟銀行について，105％上限が直ちに廃止されることを発表した．将来については，特別預金は「新しくより柔軟な方式で」利用されることになり，その預託請求は，「もはや危機対策とみなすべきではなく，むしろ今後生じうる諸状況に対する平時の対応とみなすべきである」．その他の銀行部門は，信用抑制を確保する新しい取り決めが制定されるまで，引き続き105％上限の対象としてとどまる．ファイナンス・ハウスについては，特別な問題が生じたので，この問題の調査が行われる間，もっと長期間にわたり，上限の適用が必要とされる[233]．キャラハンの予算は景気中立的であり，1967年の第1四半期のイギリス経済が巡航速度に戻ったことを顕示しようとした．実際，国際収支も好調が予測され，これを背景として，バンクレートは1月，3月そして5月にそれぞれ0.5％ずつ引き下げられ，5.5％にまで低下した．しかしながら，これらの指標のすべてが，もう1つの見せ掛けの景気回復予兆であることが判明した．

　1965年夏，ホーラムは，直近の長期タップ国債（1987/91年償還の5.75％利付き借換債）が1965年1月に売り切れたので，市場操作はイングランド銀行発行部保有のタップ国債以外の国債を利用して実施されていることを明らかにした．彼は，国債市場の長期物における価格上昇傾向を規制する手段は今や「きわめて限定されている」と述べた．新しいタップ国債の発行を強要して，もしジョバー〔証券値付け業者〕がタップ国債の在庫を利用できなくなれば，それはディーラーの「不満と不振」を引き起こし，ジョバー業者の数を縮小することにつながり，それがさらには「国債の市場構造の恒久的な損害」となる，と彼は論じた．それに加えて，最近の経験は，長期債および無期債に対する機関投資家の需要の急増が「価格変動の増幅および売り値と買い値の開き（スプレッド）の拡大」をもたらした．そのうえ，状況が許す限り借り換えのあらゆる機会を利用することが必要であった．ホーラムは，手形交換所加盟銀行の預金の増加を1966年3月までの期間にわたり5％に制限するというIMFに対して与えた約束に言及し，また「非銀行投資家に対する国債の販売を最大化するためにあらゆる努力を惜しむべきでないこと」を強調した[234]．

図 6-3 四半期ごとのネットの国債売買金額とコンソル債価格（1960-70 年）

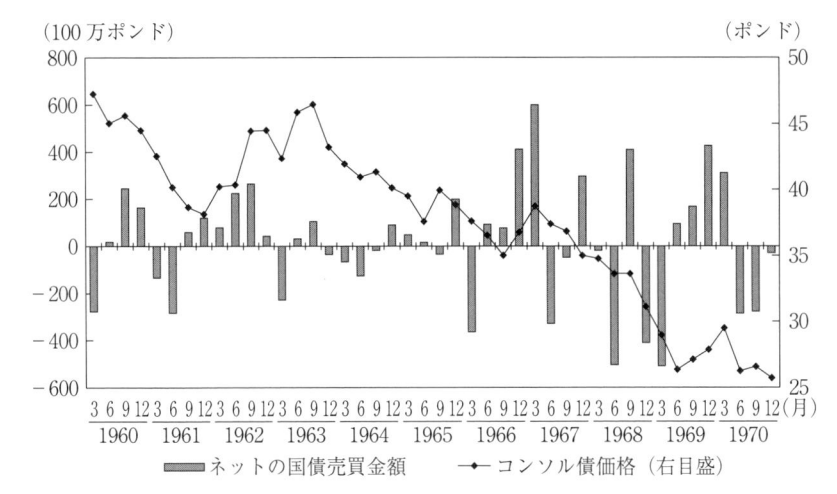

出所：*Financial Statistics*.

　以上の証拠や同じ時期の残りの期間における新規発行に関するその他の資料から，代々の業務局長の国債市場に対する対応の仕方を窺い知ることができる．たとえば，オブライエンはわかりやすく現実的であるし，ホームラムは計算された慎重さがあり，フォードはくだくだしい思惑と管理不能への懸念があった．しかし，その結果明らかとなった本質的なメッセージは同じであった．すなわち，国債市場の長期物の管理であった．つまり，必要な時には市場を刺激し，必要な時には市場を鎮静化し，実現可能な場合には緩やかな価格の上方局面で国債の売却を行う．そして，都合の悪い行動や調和を乱す行動を一切認めないことであり，何よりも，激烈な価格変動を回避することである．国債市場の保護と秩序の確保がもっとも重要である．

　結果はどうであったのか．1960 年代の四半期ごとのネットの国債売買額は，コンソル債の価格とともに，図 6-3 に示されている．同図は，一般に市場が好調なときに売却が行われたことを確証している．この観点から見て，もっとも成功した時期は，9 四半期中の 8 四半期でネットで売却が行われた 1961 年半ばから 1963 年 9 月期までの期間であった．1966 年末と 1967 年初めにも，相当額の売却が達成された．1960 年と 1967 年の間に，この期間全体にわたるコ

ンソル債の価格下落はかなり急激であったとはいえ，ネットの売却は総額で12億ポンドであった．この10年間において，銀行からのネットの購入は6億4,400万ポンドであり，他方，非銀行部門へのネットの売却は総額で16億ポンドであった．この結果，非銀行部門へのネットの売却総額の方が9億6,100万ポンド多かった．1958年から1967年の間に行われた25回の新規発行のうち，発行総額のすべてが落札されたのは1962年10月の短期債の少額発行だけであった．他方，その他2回の短期債の発行もまた市場の関心を引きつけた．各長期債の発行額の90%あるいはそれ以上が，イングランド銀行の発行部によって最終的には購入された．これらの新規発行の総額は106億ポンドであり，同期間の償還額は98億ポンドであった．

『ラドクリフ委員会報告書』は，戦後における「国債管理政策における当局のもっとも大きな動機は『借り換え』，すなわち国債残高の平均残存期間を延長すること」であった，と指摘している[235]．同『報告書』は，国債の満期構造について若干の証拠を提供している．1930年代半ばには，政府証券の96%が償還期限なし，もしくは満期まで15年超の国債であった．この数字は1952年に63%，1958年には49%に低下した．対照的に，5年未満の国債は1930年代3%から『ラドクリフ委員会報告書』の時の21%に増加し，他方，中期の国債は，その当時，国債総額の30%を構成していた．同『報告書』は，戦争の遺産ともいうべき短期債の大量供給は「当局を困惑させる恒常的な原因」であったこと，および，さらには借り換えの重要性を反復する原因となった，と言及した[236]．国債の平均残存期間に関する明示的なデータは一切示されていないが，『ラドクリフ委員会報告書』の公刊の1年後に，業務局長室は国債の平均残存期間について，驚くべき事実を認めた．残存期間を延長するあらゆる努力にもかかわらず，1953年3月31日から1960年3月31日までの期間に，14.2年から12.7年に減少した[237]．その後も改善はまったく見られず，満期までの平均期間は12年から13年近辺にとどまった[238]．

国債市場におけるイングランド銀行の立場は，徐々に介入主義的なものに変化した．1964年初め，ホーラムは，「イングランド銀行は徐々に市場が機能する上での要となってきた」ことを認めた．イングランド銀行が市場に介入しない時には，「イングランド銀行の意図は市場を主導することではなく，市場に

追随することが事実であったにもかかわらず」，ジョバーたちは「介入が与える価格と売買高に関する安心できる指針」に事欠いた．その結果，「市場はいとも簡単に失われ，不確実性を増した．そして，市場の勢いは容易には回復しなかった」[239]．彼は1965年にも同様の見解を表明し，近年の国債市場の展開は「発行部が最後のジョバーとしてすぐに行動する準備の良さ」に大きく依存している，と書いている[240]．その後の数年間にわたり，国債の市場性を確保する意図で行われた介入の程度はいっそう強化された．その後，イングランド銀行は，この介入が行きすぎたことをCCCのもとで政策が変更されたときに認めた．

マネーマーケットにおける市場操作と戦術を見分けることはいっそう難しくなった．マネーマーケットの基本は，政府の資金需要の未充足分を満たすことであった．受け取り（歳入）と支払い（歳出）との日々の不足は大蔵省短期証券の発行によって充足され，またバンクレートを有効にする目的で，当局はマネーマーケットにわずかの資金不足を創り出す．割引商会はイングランド銀行からいつでも資金供給を受けることができるが，それには罰則金利が適用される．マネーマーケットにおける操作の種々の側面は『四季報』のコメントの中で説明されており，これらの説明はイングランド銀行が秩序だった市場を確立する望みをどのようにして追求しているかを明らかにする証拠として受け止めることができる．これらの説明は，大方の予想通り，公刊されるという性格上，部分的に問題を解明するだけにとどまっている．また，多くの場合，大蔵省短期証券金利の動向についての説明以上のものではない．ときおり，この説明資料は市場で何が起こっているのかについての見識を提供している．たとえば，1966-67年の冬に，毎週の入札で提供される大蔵省短期証券の金額が急減したが，それは割引市場と外部の入札者との間の競争の激化と一致していた．この事態を背景にして，イングランド銀行は日々の市場操作に若干の支障をきたした．マネーマーケットの金利の低下を阻止するために，イングランド銀行は「大胆な規模で罰則的貸出を行うこと」が必要であると判断した．クラークの後任として割引部長に就任したジェイムズ・キーオ（James Keogh）が行ったと同様な経験が次の冬にも繰り返し生じることを「嫌悪する」，とフォードは後に発言した[241]．ストレスのたまるほど，その後の結果はぞっとするもので

(a) 大蔵省短期証券の買い上げ

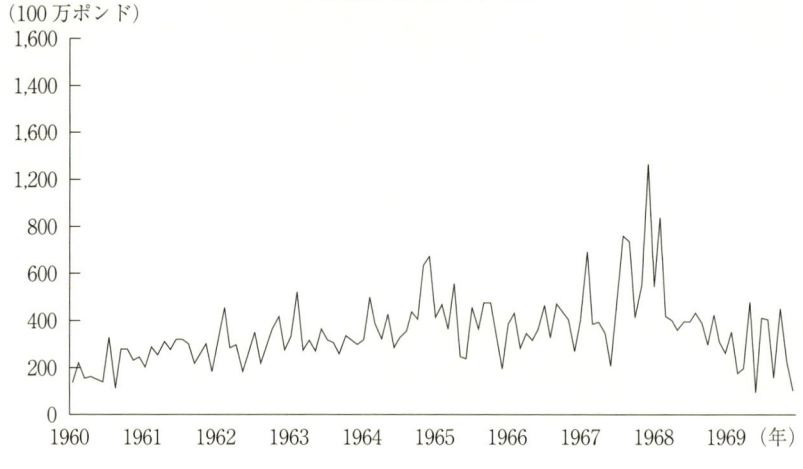

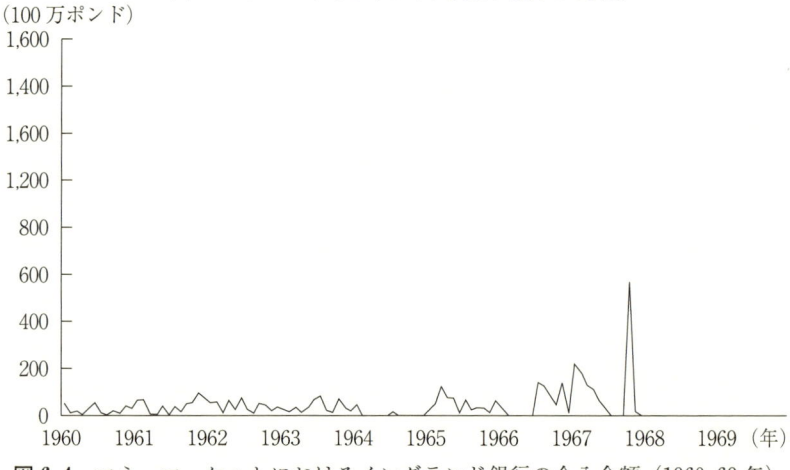

図 6-4 マネーマーケットにおけるイングランド銀行の介入金額 (1960-69 年)

あった.マネーマーケットへのイングランド銀行の介入のデータもまた,明確な説明を示さなかった.図6-4は,毎月の介入額や介入の頻度,年間の介入総額を示している.介入頻度と介入額の双方でもっとも大きかった介入は,大蔵省短期証券の購入によるものであった.これらの介入活動は,ともに1967年末に向けて増加した.大蔵省短期証券の売却による余剰現金の吸収はあまり頻

(c) その他の貸付

(100万ポンド)

図 6-4（続き）

繁には行われず，週当たり1回以下であった．もっとも，介入総額は増加したが．大蔵省短期証券はイングランド銀行のマネーマーケットにおける操作の中心にあり，現金不足を創出したり解消したりする手段であった．マネーマーケットにおいてイングランド銀行の操作が頻繁に行われているにもかかわらず，データ，それも日々のデータが利用可能な場合においても，多くの情報をそこから引き出すことはできなかった．バンクレートあるいはそれよりも高い金利での貸出の形での支援策もまた，変動の激しい状況を示していた．半期末のバランスシート上の必要を満たすための少数の貸出を除けば，1964年にこの種の貸出が一切行われなかったことはもっとも注目すべき事柄である．1966年初めにも同様のことが当てはまる．貸出とは異なり，1966年以降のオーバーナイト借入もまた顕著であった．ここでもまた，この種の集計量レベルのデータから市場介入の戦術についての情報を見分けることは難しく，またそれらは文書として書きとめられなかったもう1つのものであった．

5. 新しい手法：現金預金制度

1960年代に残っていた論点は，「その他」の銀行に対する信用規制をどのよ

うにして拡張するかであった．1967年予算の中で，キャラハンはその他銀行を規制する新しい制度の導入を発表したが，それは概論に毛が生えた程度のもの以上ではなかった．しかし，フォードはその制度の立案作業を推し進め，その後しばらくしてある文書を回覧した．その文書はきわめて冗長であるが，紛れもなく内容を的確に捉えた主題を備えていた．すなわち，「イギリスの民間部門および海外における顧客への銀行貸出に対するいっそう効果的な公的影響力を確保するための新しい制度の諸提案：ある程度の信用抑制が必要とされるが，硬直的な量的上限規制が不必要な状況において」[242]．5月半ばまでに，この提案は「銀行貸出の規制」と略称されるようになった[243]．本質的には，それは現金預金制度であり，どの銀行を対象範囲に含めるのか，預金は付利預金とするのかどうか，これらの預金を関連づけるのはどのバランスシート項目，すなわち負債なのか資産なのか，といった問題が取り扱われていた．そして後者，すなわち資産が，信用抑制の目的に直接関連する手段を利用可能にするという意味で，より魅力的であるとされた．他方，規制対象となる銀行の種類が多様であるということで，資産を目標とすることは公平さを欠くと判断され，またこれを理由に，フォードは預金を選好した．

　この新しい制度はその他の銀行に対する公的影響力の程度を確保することを意図して設計された．というのも，最初1958年に特別預金制度が着想された時以来，その他の銀行の重要性が増大してきたためである．貸出は2億から8億ポンドへと増加し，銀行部門全体の増加の20%を占めるに至った．この増加は，部分的には，信用規制への反動であるともいえよう．規制対象の範囲については，銀行自体の定義が存在しないので，手形交換所加盟銀行以外に，銀行統計の作成のために銀行と認定された125行の金融機関にも適用されることになった．もっとも重要な要点は，この制度がわかりやすい公平なものであることとされ，イングランド銀行は「強制的ではあるが，可変的な現金預金をその他の銀行がイングランド銀行に積むだけのこの制度」によってこの要点がもっとも良く達成できる，と結論づけた．特別預金と同様に，この新しい制度は銀行の預金負債に関連づけられている．しかし，この提案書は特別預金を「資産凍結手段」として説明したが，これとは異なり，現金預金は「収益凍結手段」と位置づけられた．したがって，特別預金の魅力となった大蔵省短期証券

金利のような金利を支払う代わりに，現金預金に対する金利は「相当な金利罰則」を伴うものでなければならなかった．アレンはゼロ金利を主張したが，その他の人々はバンクレートの半分の金利が望ましいと考えた．これは銀行収益にとっての脅威であったが，現金預金は特別預金よりも潜在的には負担が大きいので，当局は信用政策の目的について明白で曖昧さのない指針を公表することが重要であると論じられた．銀行は自らが関知しない何かをすることによって罰則を受けるべきでない[244]．

その後，最初の協議が行われ，9月に完了した．この協議からホーラムが導いた第1の教訓は，「われわれは新規の考え方を伝える難しさをあまりにも過小評価していたこと」であり，将来は理解を確実なものにするためにはこれまで以上の努力をしなければならない，ということであった．多くの銀行は，新しい制度は利潤に対する正当性を欠く攻撃であると理解した．これを除くと，明らかになった主要な論点は，銀行の大半が預金に対してではなく資産に対して作用する制度を選好するという点であった．しかし，ホーラムとフォードは預金に基礎を置いた制度の優越性を信じて疑わなかった[245]．幸運にも，反対派たちが同調したので，イングランド銀行はこの論点を押し付ける圧力を掛ける必要から免れた[246]．協議の結果が1967年10月末に大蔵省に伝達されたが，その時までにポンドの平価切り下げがより切迫した問題になっていた[247]．緊急経済対策パッケージの一環として，手形交換所加盟銀行に対する貸出上限が再び課された．ポンド建て貸出総額は1967年11月15日に到達した水準（すなわち，100％の上限）以下に抑制されなければならなかった．使途が確認できる輸出取引のための金融は適用を除外された．もっとも，この措置は，適用を除外された貸出の詳細を毎月報告するという形で追加的な管理負担を生じた[248]．新しい貸出上限の終了期日は示されなかった．

現金預金に関するイングランド銀行の1967年10月の書簡に対して，大蔵省は公式の返信を送付するのに数カ月を要した．ゴールドマンが控えめに述べたように，その遅延は「大蔵大臣の交代と緊急事態の発生による」ものであった[249]．しかしながら，大蔵大臣はイングランド銀行の考え方を受け入れ，イングランド銀行は修正案について再度協議する権限を与えられた．4月に，ペイジ（第1副業務局長）は，イングランド銀行はこの制度を公表する立場にあ

ると判断し，1968年6月発行の『四季報』で公表した[250]．定式化されている現金預金制度はイングランド銀行の典型的な工夫であった．その性質は進化的であり，既存の機構の上に構築されており，徹底した見直しは一切不要であり，立法措置も回避され，そして「銀行」という用語を定義する必要なく済まされた．特別預金と同様に，この新しい政策手段がどのように作用するのかはおそらく完全には明確ではなかった．そして，この制度が実際に実施されることがなかったために，その影響を評価することさえできなかった．当時の経済情勢がこの制度を棚上げにし，フォードが望ましいと考えた最大1年間よりも長い期間にわたって貸出上限が利用され続けた．この新しい制度がイングランド銀行にもたらす相当額の利潤に関する議論については一切言及されることはなかった．ときにその利潤は「当惑に値するほど」であったのだが．

『ラドクリフ委員会報告書』に続く1960年代に，金融政策とは何か，金融政策は何を達成できるか，そして金融政策はどのように実施されるのかをめぐってかなりの混乱が生じた．当局は，直接規制の利用を超えて先を見通すことに困難を覚えた．バンクレートは，本質的には，対外目的のために温存された．国内目的のためには，利用可能な政策手段の有効性に関する合意はほとんど存在していなかった．たとえば，新しく考案された規制手法である特別預金（これは既存の規制手段に取って代わることになっていた）がどのように作用すると期待されているのかは規定されていないし，またどこにもその説明がなかった．それは流動性比率に作用すると考えられていたのか，あるいは現金準備比率に作用すると考えられていたのか，あるいはただたんに指標，すなわちもう1つ心理的効果を狙った手段であったのか．その目的は一度も詳細に述べられなかった．そして，まもなくして，その有効性が疑問視されるようになった．この制度はその他の規制手段に取って代わるものと想定されていたが，まもなくして，その他の手段が再び課されて，利用し続けられた．流動性比率の調査への復帰が行われ，それに変更が加えられた．イングランド銀行のマネーマーケットでの操作は，金利政策への信頼性の欠如あるいは金利政策の利用の必要性に対する嫌気のために，不利益を被った．操作の主要な目的は政府の日々の資金需要を金融することであり，市場を資金不足状態にとどめることであった．しかしながら，イングランド銀行から必要な現金を入手できる割引商会の権限

は，割引商会が現金を入手することができる金利の問題を未解決のままに放置し，そして罰則金利があまりにも低くなる可能性も放置した．国債市場におけるイングランド銀行の操作はしばしば市場を混乱させた．イングランド銀行は，国庫の資金需要が円滑にまた滞りなく充足されることを確実にする上で重要な役割を果たしてきた．これを実行するためには，イングランド銀行は国債市場を投資家から見て十分に魅力的なものにするように準備し，それは投資家が市場価格近くで容易に売却できることを確実にすることを意味した．したがって，その定義は一度も明確にされたことはないが，市場を「秩序あるもの」にすることを目的としてきた．この市場秩序を達成するために，イングランド銀行は〔投資家の〕予想に働きかける努力をし，心理作戦に訴えてきた．イングランド銀行は暗黙のヒントを与え，多様な手段によってイングランド銀行が望ましいと考える結果を合図したり，ほのめかしたり，暗示を与えた．あるいはさもなければ示唆しようと試みた．しかしながら，このような暗号化したメッセージはしばしば市場参加者を困惑させた．2006年にイングランド銀行で開催された「旧来の」国債市場の機能に関するセミナーで，イングランド銀行は何を達成しようと努力していたかを説明した．すると1960年代と1970年代の市場参加者たちは，そのセミナーで初めてイングランド銀行の意図が理解できたことを暴露した[251]．

多様でしばしば曖昧な目的が多様な手段で追求されてきたことを考慮すれば，どれほどのことが達成されたのかを示すことは困難である．インフレーションは確かに十分に対処されたとはいえないし，そのことは長期金利の上昇と国債価格の崩落に反映された．大部分の可能性について徹底的な討論がなされ，開かれた考え方が証明されたけれど，頻繁に考え方が変更され，部外者の混乱を招き，その限りにおいてそれら自体がいっそうの問題を生み出した．このような状況は1970年代まで継続した．その間，主要な問題点は，金利の利用に失敗したことであった．「帳簿（Books）」と呼ばれた総裁の朝礼において，日常業務の問題や業務手法が討議された．それはきわめて重要な会議であった．しかし，記録は一切残されていない．

注

1) おそらく Sayers（1958）は例外である．
2) Cairncross（1996）．
3) この時期の有用なサーベイについては Griffiths（1970 pp. 23-29）； Hodgman（1971）; Goodhart（1973）を参照．またこの時期全体にわたるサーベイについては Middleton（1966）を参照．
4) Hollom, 'Possible alternative methods of restricting credit in the UK', draft, 23 May 1957; 'Some possible modifications in technique', draft, 11 June 1957, C40/917.
5) Cobbold to Mynors, 21August 1958, C40/917.
6) Cobbold to Tuke et al., 25 June 1958, G1/76.
7) Mynors to Robarts and Mynors to Peppiatt, both 8 November 1957, C40/917.
8) Fisher to O'Brien, 11 November 1957, C40/917.
9) Parsons to Mynors, 11 November 1957, C40/917.
10) Bank of England, 'Some possible modifications in technique', September 1957; Radcliffe, *Memoranda*, Vol. 1.
11) Mynors, Note, 23 December, 1957, C40/704.
12) O'Brien to Mynors, 8 January 1958, C40/704.
13) O'Brien annotation on Compton to O'Brien, 17 January 1958, C40/704.
14) O'Brien to Cobbold, 'Special deposits', 15 April 1958; O'Brien to Cobbold, 'Special deposits', 5 May April 1958, C40/704.
15) Mynors, 'Credit policy', 22 May 1958, G1/76.
16) Mynors, 'Credit squeeze', 10 June 1958; Mynors, 'Special deposits', 12 June 1958, G1/76.
17) Cobbold, Governor's note, 4 June 1958, G1/131.
18) Cobbold to Tuke et al., 25 June 1958, G1/76.
19) Mynors to O'Brien, 26 June 1958, enc. 'Cobbold speaking brief'; Mynors, 'Credit policy', 27 June 1958, G1/76; Hollom, 'Special doposits', 30 June 1958; Minutes of meeting of chief executive officers of the clearing banks, 30 June 1958, G1/76.
20) Hollom, Note for record, 3 July 1958, G1/76.
21) Amory to Cobbold, 1 July 1958 and Cobbold to Amory, 3 July 1958, G1/75.
22) HC Deb, 9 May 1956, Vol. 552, cc227-1364.
23) 'Credit control: plan of action', December 1957, C40/704; Aide memoire, June 1958; 'Special deposits', August 1958, C40/705.
24) King（1958）．
25) Radcliffe, 'Report', paras. 505-511; HMT, 'Restraints on lending', MC(59)16, 23 September 1959; O'Brien to Armstrong, 9 October 1959, enc. 'Prescribed liquidity ratios or special deposits', 9 October 1959; Armstrong to Hollom, 25 January 1960, enc. revised draft, 'Special deposits scheme'; Hollom to Arm-

strong, 12 February 1960, enc. revised draft, 'Special deposits scheme', 12 February 1960, C40/705.
26) Compton, 'Note of a meeting at the Treasury ... 7 February 1958', C42/4.
27) O'Brien to Cobbold/Mynors/Hawker, 'Bank rate', 28 February 1958, C42/4.
28) Cobbold, Copy of note left with Chancellor, 10 March 1958, G1/76.
29) Cobbold to Mynors, 21 March 1958, C42/4.
30) Mynors to Cobbold, 21 March 1958, G1/76.
31) Speech by Cobbold at the annual dinner of the Machine Tool Trades Association at Grosvenor House, 26 March 1958, G13/1.
32) G13/1 の講演を参照.
33) Radcliffe, 'Evidence', 11 July 1957, question 262.
34) *Evening Standard*, 26 August 1959, cutting in C42/5.
35) Radcliffe, 'Evidence', 11 July 1957, questions 263-264.
36) Cobbold interview with Robin Day, broadcast ITN, 'Tell the people', 18 May 1958, G13/1.
37) Mynors, Notes, 13 and 24 November 1959, G1/77.
38) Mynors to Cobbold, 13 February 1959, G1/77.
39) Hollom to Hawker/Cobbold/Mynors, 17 February 1960, C42/5.
40) Cobbold, Governor's note, 26 January 1961, C42/5.
41) Makins, 'Interest rates', 3 December 1959; Mynors to Maudling, 6 December 1959; Mynors to Heathcoat Amory, 8 December 1959; Armstrong, Note for record, 24 December 1959, G1/77; Cairncross (1991b, 221-222).
42) 'Extract from William Armstrong note for record dated 24.12.59', C40/705.
43) Lee to Cobbold, 2 February 1960; Cobbold to Lee, 4 February 1960, C40/705.
44) Anthea Bennett (HMT) to G.K. Willetts (central clerk CBID working in Casher's Department), 22 February, enc. HMT, 'Special deposits scheme', 16 February 1960; HMT, 'Note of a meeting ... 24 February, 1960, Bank of England, 'Special deposits — possible timetable', 3 March 1960; HMT, 'Note of a meeting ... 3 March 1960, 7 March 1960', C40/705.
45) Cobbold, Notes, 19 March 1960; HMT, 'Note of a meeting ...16 March [1960], C40/705.
46) Cobbold, Governors's note, 31 March 1960, C40/705.
47) Mynors, 'C.L.C.B. meeting; 4 February 1960, 5 February 1960; Cobbold to David Robarts (CLCB) and Cobbold to W.R. Ballantyne, 16 February 1960; Cobbold, Governor's note — 'Special deposits', 22 March 1960, C40/705.
48) 'Notes for the Governor's meeting with clearing bank chairmen, 29 March 1960', 29 March 1960; Cobbold, Governor's note, 7 April 1960, and Governor's note — 'Special deposits', 8 April 1960, C40/706.
49) Hollom, Note for record — 'Special deposits: clearing banks', 14 April, 1960, C40/706.

50) O'Brien to Hawker/Cobbold/Mynors, 'Special deposits. The Governor's note of the 8 April', 12 April 1960, and Mynors annotation, 12 April, C40/706.
51) Hawker to Cobbold, 26 April 1960, enc. 'Special deposits: Scottish banks', 26 April 1960, C40/706.
52) Cobbold to Amory, 27 April 1960; Amory to Cobbold, 27 April; 'Special deposits: programme', C40/706. 'Special deposits. Announcement by the Bank of England', 28 April 1960; 'Background brief for the press', 28 April 1960; Edward de Rudolf (Principal, Cashier's Dpartment), Note for record − 'Special deposits', 28 April 1960; letters to individual clearing banks and other organisasions and cables to central banks, 28 April 1960, C40/707; HC Deb, 28 April 1960, Vol. 622, cc395-396.
53) Press announcement, 23 June 1960; Wynn-Williams to Hollom, 23 June 1960, C40/708. また 'The procedure of special deposits', *BEQB* 1(1): 18, December 1960 を参照.
54) C40/707 にある回答を参照.
55) Franks to Cobbold, 10 May 1960; Cobbold to Lee, 11 May 1960; Cobbold to Franks, 11 May 1960, C40/707.
56) Macmillan (1972, p. 221).
57) Alford (1972, pp. 331-335); Tew (1978a, pp. 226-227); Board Trade, Press notice, 28 April 1960, C40/727.
58) Radcliffe, 'Evidence', paras. 12029-12033; Tew (1978a, p. 231).
59) 'Guilt-edged market', 25 February 1960, C42/13.
60) Allen, 'Guilt-edged market: 19 February 1960 onwards', 3 March 1960, C42/13.
61) 'Extract from Deputy Governor's memorandum dated 25.2.60', C42/13.
62) HL Deb, 29 February 1960, Vol. 221, c489.
63) Hollom to Hawker/Mynors, 'Interest rates', 2 March 1960; HL Deb, 8 March 1960, Vol. 221, c861.
64) Allen, 'Gilt-edged market: 19 February 1960 onwards', 3 March 1960; Hollom, Note for record, 4 March 1960, C42/13.
65) Obrien to Hawker/Cobbold, 30 March 1960, C40/457.
66) O'Brien to Mynors, 'Government loan operatons', 9 September 1960, C40/448.
67) Blackaby (1978, pp. 16-17); 経済局の計算では, 抑制の総額は国内総支出の約 0.33% であった. Bretherton (1999, pp. 25-26).
68) O'Brien to Hawker/Governors, 'Release of special deposits', 22 March 1961; O'Brien to Hawker/Cobbold, 'Special deposits', 20 April 1961, C40/708; Informal Court record, 20 April 1961, G14/149; 'Note of a meeting − 21st April, 1961', G1/252; Committee of Treasury minutes', 26 April 1961, G8/79.
69) Cobbold, Governor's note, 7 June 1961; Mynors, Note, 14 June 1961; HMT, 'Note of a meeting ... 15 June, 1961', 19 June 1961, G1/252.
70) HMT, 'Note of a meeting ... 12 July 1961', G1/252; O'Brien to Cromer/Mynors,

第6章 ラドクリフ以降の国内金融政策　　　　371

　　'Monetary measures', 11 July 1961, C42/5.
71) O'Brien to Hawker/Cromer/Mynors, 14 July, 1961, C40/1209.
72) O'Brien to Hawker/Cromer/Mynors, 'Bank advances and special deposits', 5 July 1961, C40/708.
73) Cromer to Franks (chairman, CLCB), 25 July 1961, C40/700.
74) Franks to Cromer, 27 July 1961, C40/700.
75) O'Brien to Hawker/Cromer/Mynors, 'Bank advances and special deposits', 5 July 1961, C40/708; O'Brien to Hawker/Cromer/Mynors, 13 July 1961, C40/1209.
76) Cromer, Letters to various banking organisations, 25 July 1961; Hawker to J. Gibson Jarvie (chairman FHA), 25 July 1961; Hawker to G.F. Corber (chairman IBA), 28 July 1961; Hollom, Note for record – 'Finance House Association', 27 July 1961, C40/700.
77) Dorey (2001, p. 55).
78) HC Deb, 26 July 1962, Vol. 663, c1757; Dorey (2001, p. 59).
79) Blackaby (1978, pp. 21, 362).
80) O'Brien, 27 September 1961, C42/6.
81) O'Brien to Cromer, 'B.R.', 2 October 1961, C42/6.
82) *Evening Standard*, 5 October 1961, p. 1.
83) Cromer to Mynors/O'Brien/Hawker, 11 October 1961, C42/6; Mynors, 'Bank Rate', 16 November 1961, G1/252.
84) O'Brien to Mynors/Cromer, 'The Governor's note of 11th October', 17 October 1961; Fforde to O'Brien /Allen, 'Hot money', 19 October 1961, C42/6.
85) O'Brien, 31 October 1961, C42/6.
86) Cromer, Governor's note, 11 October 1961; O'Brien to Mynors/Cromer, 'The Governor's note of 11th October', 17 October 1961; Allen, 'Bank Rate', 31 October 1961, C42/6; Hawker to Cromer, 28 October 1961; Cromer, 'Top secret draft', 30 October 1961, G1/252.
87) Hubback to Smallwood, 3 November 1961, enclosing 'Note of a meeting ... 1 November 1961, G1/252.
88) 'Press guidance', 2 November 1961, C42/6.
89) Hubback to Smallwood, 25 January 1962, enc. 'Note of a meeting ... 23 January 1962', G1/253.
90) Hubback to Smallwood, 2 March 1962, enc. 'Note of a meeting ... 1 March 1962', G1/253.
91) 'Note of a meeting ... ', 28 May 1962, G1/253.
92) Cromer, 'Special deposits', 4 May 1962, C40/1207.
93) Hollom to Stevens/Parsons/Cromer/Mynors/O'Brien, 'Special deposits', 9 May 1962; Mynors, 'Special deposits', 11 May 1962; Parsons to Mynors, 'Special deposits', C40/1207.
94) 'Release of special deposits: letters to banking associations, etc.', 30 May 1962,

C40/1207.
95) Errol to Lloyd, 18 April 1962; Hollom to O'Brien/Cromer/Mynors, 'To-day's meeting with the Chancellor', 25 April 1962, C40/1209.
96) 'Extract from Deputy Governor's memo dated 18.5.62 on his conversation with the Chancellor', C40/1207
97) O'Brien annotation on Hollom, Note for record – 'Hire purchase', 13 February 1963, C40/1210.
98) Parsons to Cromer, 25 September 1962, G1/253.
99) 'Extract from Deputy Governor's memo on conversation with W.M. Armstrong, 4 and 11 September 1962, C40/1207.
100) Hollom to I. de L. Radice (HMT), 5 October 1962, C40/1207.
101) Cromer speech at the Lord Mayor's dinner, 3 October 1962, *BEQB* 2(4): 261, December 1962.
102) Mynors, 'Special deposits', 8 November 1962; Extract from the Deputy Governor's memo dated 23.11.62. on conversation with the Chancellor of the Exchequer; Hollom to Radice, 28 November 1962, C40/1207.
103) O'Brien to Armstrong, 19 December 1960, C40/708.
104) Cromer, Governor's note – 'Special deposits', 4 May 1962, C40/1207.
105) 例えば，Acrill and Hannah (2001); Green (1979) を参照．
106) Allen, 'Effect of special deposits', 14 September 1960, C40/708.
107) Armstrong to O'Brien, 14 December 1960, enc. HMT summary and paper, 'The special deposit scheme', 7 December 1960, C40/708.
108) HMT, 'The special deposit scheme: did it work?', January 1963; Thornton to Hollom, 21 March 1963, C40/1207.
109) Coleby interview with Sir Jasper Hollom, 12 January 1995.
110) Ackrill and Hannah (2001, p. 200). これは実現された収益ないし損失以前の未公表の利益に基づいている．
111) 若干の議論については Griffiths (1970) を参照．
112) Mynors, 22 November 1962, G1/253.
113) Hollom to Radice, 2 January 1963; 'Brief for interviews with the press 3.1.63,'; Mynors to Lord Monckton (chairman, CLCB), 3 January 1963, C42/11.
114) Sir Frank Lee to Tom Caulcott (Maudling's PS), 31 August 1962, enc. Maudling to Lee, 29 August 1962, C42/11.
115) Hollom to O'Brien/Cromer/Mynors, 'Differential Bank Rate', 10 September 1962, and O'Brien, Annotation, 11 September 1962, C42/11.
116) Cromer to Armstrong, 18 October 1962, C42/11.
117) Hollom, Note for record – 'Differential interest rates', 5 November 1962; Armstrong to Cromer, 16 November 1962, enc. HMT, 'The Governor's "technical device"', 12 November 1962; Hollom to O'Brien/Cromer/Mynors, 'Lending to the discount market at a rate other than Bank Rate', 19 December 1962; O'Brien

to Cromer/Mynors, 'Lending to the discount market at a rate other than Bank Rate', 19 December 1962; HMT, 'Note of a meeting ... 20th December 1962, 21 December 1962, C42/11.
118) Hollom to Stevens, 5 April 1963, C42/11.
119) Bank of England, *Annual Report*, year ending February 1964; Register of bill and bond issues by tender, C10/3.
120) Cromer to Armstrong, 16 November 1964, C42/11.
121) Clarke to O'Brien/Cromer, 'The Treasury bill tender', 13 December 1962. 同様の議論が1967年に再び表面化した．Galpin to Keogh, 'Treasury bill tender', 25 May 1967, C47/53.
122) O'Brien, Note, 13 December 1962, added to Clarke to O'Brien/Cromer, 'The Treasury bill tender', 13 December 1962, C47/53.
123) Cromer, Annotation, 20 December 1962, on Clarke to O'Brien/Cromer, 'The Treasury bill tender', 13 December 1962, C47/53.
124) Bank of England, 'Bank liquidity in the United Kingdom', *BEQB* 2(4): 248-249, December 1962.
125) Allen to O'Brien/Hollom, 'Below-zero special deposits', 21 January 1963; Paul Brader (Chief Cashier's Office) to Thornton, 'Variable liquidity ratios versus special deposits', 24 January 1963; Hollom to O'Brien/Cromer/Mynors, 'Special deposits versus variable liquidity ratios', 7 February 1963; Fforde to O'Brien, 'Special deposits versus variable liquidity ratios', 11 February 1963; Allen to Hollom/O'Brien, 'Liquidity ratio', 13 February 1963, C40/1203.
126) Hollom to O'Brien/Cromer/Mynors, 'Banking liquidity', 7 March 1963, C40/1203.
127) O'Brien to Cromer/Mynors, 'Banking liquidity', 21 March 1963; Cromer, Annotation, 8 April 1963, C40/1203.
128) Extract from Deputy Governor's memo dated 8.3.63; Cromer, Note, 12 March 1963; O'Brien, Note for record, 12 March 1963, C40/1203.
129) Cromer to Armstrrong, 11 April 1963, C40/1203.
130) Mynors to Cromer, 24 April 1963, C40/1203.
131) Hollom to O'Brien/Mynors, 'Liquidity conventions', 24 April 1963, C40/1203.
132) Allen, 'Liquidy ratio', 25 April 1963, C40/1203.
133) Fforde to Obrien/Mynors, 'Liquidty conventions', 25 April 1963, C40/1203.
134) Hollom, Note for record − 'Liquidty conventions', 8 May 1963, C40/1203.
135) Cromer to Armstrong, 10 May 1963, C40/1203.
136) Hollom, Note for record − 'Banking liquidity', 22 May 1963; O'Brien, Annotaton on Radice, 21 May 1963, C40/1203.
137) Hollom, Note for record − 'Banking liquidity', 23 May 1963, C40/1203.
138) Maudling to Cromer, 5 June 1963, C40/1203.
139) Cromer to Thomson, 17 September 1963, C40/1204; Cromer speech at the Lord

Mayor's dinner, 16 October 1963, *BEQB*, 3(2): 295, December 1963.
140) Cromer to Armstrong, 12 March 1964; Amstrong to Cromer, 18 March 1964; Cromer to Viscount Monckton of Brenchley (chairman CLCB), 20 March 1964, C40/1204.
141) Hollom to O'Brien/Cromer, 'New issue', 13 March 1962, 5A44/13.
142) Hollom, Note for record — 'New issue', 15 March 1962, 5A44/13.
143) Whittome to O'Brien/Cromer/Mynors, 14 June 1962, C40/1159.
144) O'Brien, Annotation on Whittome to O'Brien/Cromer/Mynors, 13 June 1962; Armstrong to O'Brien, 15 June 1962, C42/7.
145) Armstrong to Padmore, 3 July 1962, C42/7.
146) Hollom to 'O'Brien/Cromer/Mynors, 'Long-term interest rates: comments on the draft note by Mr. William Armstong', 5 July 1962; also Cromer, 'Long-term interest rates', 9 July 1962; Hollom to Cromer/Mynors, 9 July 1962, C42/7.
147) 'Extract from the Deputy Governor's memo dated 6.7.62 … ', C42/7.
148) Cromer to Lee, 9 July 1962, C42/7.
149) HMT, Long-term interest rates', 10 July 1962, C42/7.
150) Whittome to O'Brien/Cromer, 16 October 1962, C40/1160.
151) Hollom to 'O'Brien/Cromer/Mynors, 20 December 1962, C40/1160.
152) O'Brien to Rickett, 27 February 1963, C42/7.
153) Bank of England, 'Monetary policy: long-term rates of interest', 27 February 1963, C42/7.
154) Whittome to O'Brien/Cromer/Mynors, 22 July 1963, C42/7.
155) Guy de Moubray to O'Brien, 'Long-term rates of interest', 23 July 1963, C42/7.
156) Cromer to Armstrong, 23 July 1963, C42/7.
157) J.V. Ormsby to Moule, Draft 'Treasury bill tender', 2 February 1968, C40/1466; 'The Treasury bill', *BEQB* 4(3): 187-189, 1968.
158) Radice to Hollom, 28 November 1963: Anon. note to O'Brien/Mynors, enc. Unsent draft letter to Radice, filed 29 November 1963, C40/1154.
159) Clarke to Whittome, 'The weekly Treasury bill tender', 30 January 1964, C47/53.
160) Clarke to Hollom/Morse/Cromer/O'Brien, 'London Discount Market Association', 5 April 1965, C47/32; Morse to Hollom, 'Discount market's syndicated tender', 8 October 1965; Blunden to Hollom/Morse, 'Syndicated tender', 13 October 1965; また，ブランデンの追伸も参照．Blunden to Clarke, 'Syndicated tender', 6 December 1965, C40/1466. クライブ・ディスカウント社についてはHollom/Morse/O'Brien, 13 December 1965, C40/1466 and Discount Office file, C47/6 を参照．
161) O'Brien, Annotation, 4 January 1966 on Hollom to Morse/Cromer/O'Brien, 'Syndicated tender', 21 December 1965, C40/1466.

162) LDMA, 'Report of the sub-committee', LDMA1/82; Hollom to Morse/Cromer/O'Brien, 'Syndicated tender', 21 December 1965; Clarke to Hollom/Cromer/O'Brien/Morse, 'Syndicated tender', 2 February 1966; Morse to Cromer/O'Brien, 'Money market operations', 18 March 1966; Hollom to Morse/Cromer/O'Brien, 'Syndicated tender', 30 March 1966; Blunden to Hollom, 'The Bank's operations in the discount market', 27 April 1966, C40/1466. LDMA Minute Book, 17 and 24 January, 1 and 7 February, 22 April 1966, LDMA1/2; LDMA notes, 1 April 1966, LDMA1/15.

163) Bain (1965, pp. 62, 68-69); Crouch (1964, p. 918).

164) Griffiths (1971).

165) J.V. Bailey (Deputy Chief Cashier) to O'Brien, '63-day Treasury Bills', 4 May 1960, C40/1154.

166) O'Brien to Hawker/Cromer/Cobbold/Mynors, '63-day bills', 14 September 1960, C40/1154.

167) Hollom to O'Brien, '63-day bills', 30 April 1963, C40/1154.

168) Morgan (1997, p. 185); Stewart (1977, pp. 36, 120); Wilson (1971, p. 3).

169) Morgan (1997, p. 210); Jay (1980, p. 166).

170) Murphy (1979, p. 794); Fels (1972, pp. 138, 258-267); Mottershead (1978, p. 428).

171) Cromer to Armstrong, 6 August 1965, G3/146.

172) Allen, 'Next round', 13 October 1964; McMahon to Allen, 'Next round', 14 October 1964, G1/253.

173) Aubrey Jones to O'Brien, 1 February 1967, enc. Jones, 'The prices and incomes policy after mid-1967', 27 January 1967; O'Brien to Jones, 3 February 1967, G1/254.

174) Hollom, Note for record, 2 June 1965 and 22 June 1965, C40/1252.

175) Morse, Note, 22 June 1965, and O'Brien, Annotation, 28 June 1965, C40/1252; 'Extract from Mr. Morse, memo dated 13.7.65 ... '; C40/1253.

176) HMT, 'The Chancellor's group on monetary policy. Note of a meeting ... 29 October, 1965 ... ', 8 November 1965; HMT, 'The Chancellor's group on monetary policy. Note of the meeting ... 22 November, 1965 ... ', 6A50/1; HMT, 'The Chancellor's group on monetary policy. Note of a meeting ... 3 February 1966 ... ', C40/1254.

177) CCO, 'Restriction of bank credit', 9 November 1964; Hollom to Stevens/Cromer/O'Brien, 'Restriction of bank credit', 2 December 1964; 'Extract from the Deputy Governor's memo dated 2.12.64 ... '; Stevens to Goldman, 2 December 1964; Thornton, Note for record – 'Governor's letter on credit restraint, 8 December 1964', 9 December 1964, C40/1205.

178) Cromer to Thornton, 8 December 1965, C40/1205.

179) Alford (1972, p. 353).

180) Morse to Cromer/O'Brien, 'Future course of Bank Rate', 8 February 1965, G1/254; Hollom, Note for record, 28 January 1965; Allen to Cromer, 'Bank Rate', 8 March 1965, C42/9.
181) Hollom to Allen/Parsons/Cromer/O'Brien/Morse, 'Monetary policy', 25 March 1965, C42/9.
182) Hollom, Note for record, – 'Meeting with the Chancellor on the 13 April', 13 April 1965; Extract from HMT, 'Note of meeting in the Chancellor of the Exchequer's room', 13 April 1965; 'Extract form Mr. Morse note dated 27.4.65 ... ', C42/9; Cromer to Callaghan, 28 April 1965; Hollom to Morse/Cromer/O'Brien, 'Special deposits-market response', 29 April 1965, C40/1207.
183) Armstrong to Cromer, 11 May 1965, C42/9; 1957 年 9 月 19 日から 1958 年 3 月 20 日までは 183 日であった；1964 年 11 月 23 日から 1965 年 5 月 20 日までであれば 178 日間になっていたであろう。6 月 3 日までは 192 日間であった。
184) 'Extract forn the Deputy Governor's memo dated 26.5.65 ... ', C42/9.
185) Hollom to Cromer, 'Bank rate and hire purchase', 31 May 1965, C42/9.
186) Hollom, Note for record – 'Bank rate and hire purchase', 3 June 1965; 大蔵省の見解については Ian Bankcroft (HMT), Note for record, 2 June 1965, C42/9 を参照。
187) HC Deb, 3 June 1965, Vol. 713, c1973; 'Press guidance', 3 June 1965, C42/9; Cairncross (1996, pp. 124-125); Wilson (1971, pp. 106-107).
188) 'Extract from the Deputy Governor's memo on a Governor's conversation with Sir Denis Rickett, 30.4.65', C40/1205.
189) Cromer to Thomson, 5 May 1965, C40/1252.
190) Cromer, Letter to various banking organisations, 7 May 1965, C40/1252.
191) Cromer to Thomson, 27 July 1965, C40/1253.
192) Morse to Goldman, 5 July 1965, enc. Bank paper on 'commercial bills', nd, C40/1253.
193) Thornton, Note for record – 'Request to the clearing banks for restriction of commercial bill holdings', 18 May 1965, C40/1252.
194) Cromer to C.C. Dawkins (chairman, LDMA), 7 May 1965, C40/1252.
195) Dawkins to Cromer, 14 May 1965; Hollom to Allen/Cromer/O'Brien, 'Credit control and the discount market', 19 May 1965; Clarke, 'Credit control in the discount market', 25 May 1965; Cromer to Dawkins, 31 May 1965, C40/1252.
196) Morse, Letters to the chairmen of the Hodge Group, Wagon Finance Corporation, Capital Finance, Ford Motor Credit, Vauxhall & General Finance Corporation, Western Credit, F.C. Finance, Goulston Discount, 28 June 1965, C40/1252.
197) Thornton, Note for record – 'Vauxhall & General Finance Corporation Limited', 16 July 1965, C40/1253.
198) Keogh (Deputy Chief Cashier) to Morse, 'Credit control', 23 July 1965; J.N.R. Barber (Director of finance, Ford) to Morse, 26 July 1965; Morse to Barber, 18

August 1965, C40/1253.
199) Hollom to Fforde, 'Ford Motor Credit', 30 September 1966; Keogh to Fforde, 'Ford Motor Credit Company, Ltd.', 20 October 1966, C40/1282.
200) Morse to Thornton, 'Ford Motor Credit Company', 27 July 1965, C40/1253.
201) Hollom to Morse/Cromer/O'Brien, 'Credit control', 9 September 1965, C40/1253.
202) Hollom to Morse/Cromer/O'Brien, 'Banking sector credit', 3 November 1965; Morse to Cromer/O'Brien, 'The 105% limit', 3 November 1965, C40/1254.
203) Cromer, Annotation, 4 August 1965, on Thornton to Morse/Allen/Cromer/O'Brien, 'Credit policy', 30 July 1965, C40/1253.
204) HMT, 'Credit control', June 1965, C40/1252.
205) Hollom, Note for record – 'Credit control', 22 June 1965, C40/1252; Morse to Goldman, 5 July 1965, C40/1253.
206) 'Note of meeting in Mr. Morse's room on 8 July', 9 July 1965, C40/1253.
207) 'Credit control', 29 October 1965, C40/1254.
208) Radcliffe, 'Report', para. 527.
209) Allen to Cromer/O'Brien, 'Credit control', 10 November 1965, C40/1254.
210) Morse to Cromer/O'Brien, 'Credit control', 1 November 1965, C40/1254.
211) Morse to Rickett, 15 December1965; HMT, Note of meeting on 3 February 1966, C40/1254. 大蔵省の覚書が1966年5月にイングランド銀行に送られ，多くの走り書きのコメントを引き出したが，正式な回答はなかった．HMT, 'A continuing system of credit control based on a private sector lending ratio', 23 May 1965, C40/1281.
212) Morse to Cromer/O'Brien, 'The 105% limit', 3 November 1965, C40/1254.
213) McMahon to Morse, 'Credit restraint in 1966/67', 3 January 1966, C40/1254.
214) Cromer to Thomson, 1 February 1966, C40/1254.
215) Morse to Cromer/O'Brien, 'Possible tightening of credit squeeze', 29 April 1966, enc. Wood (EID), 'The clearing banks and 105', 29 April 1966, C40/1282; Extract of CLCB minutes, 5 May 1966.
216) Cromer annotation on Heaseman to Morse/Allen/Cromer/O'Brien, 'The banks and the 105% ceiling', 20 May 1966, C40/1281.
217) Price (1978, pp. 150-151); Hollom to Morse/Cromer/O'Brien, 'The C.L.C.B. and the credit squeeze', 4 May 1966; Morse to Cromer/O'Brien, 'Adjustment of the credit ceiling for S.E.T.', 17 June 1966; 'Extract from Mr. Hollom's memo dated 1.7.66 ... ', C40/1281.
218) Thornton to Fforde/Hollom/O'Brien/Parsons, 'Selective employment tax and the 105% ceiling', 4 July 1966; Allen to O'Brien/Parsons, 'Selective employment tax', 4 July 1966; O'Brien to Armstrong, 7 July 1966, C40/1281; HC Deb, 12 July 1966, Vol. 731, c1198.
219) Hollom to Morse/Cromer/O'Brien, 'Money market operations', 15 March

1966, C40/1466.
220) 'O'Brien, 'Money market', nd but draft dated 21 March 1966, C40/1466.
221) CLCB, 'Note of a meeting held at the Bank of England at 3:00 p.m. on Wednesday, 27 July, 1966', C40/1281; Wood, Note for record – '105%: meeting with the clearing banks 27.7.66', 3 August 1966; Fforde to 'O'Brien, 'Draft press notice about credit restriction', 8 August 1966; Bank of England, Press announcement, 9 August 1966, C40/1282.
222) Roger Lavelle (HMT) to Hugh Harris (Governor's secretariat), 15 August 1966, enclosing Lavelle, 'Record of meeting ... 11th 1August', 15 August 1966, C40/1282.
223) Thornton, Note for record – 'Clearing bank advances-September 1966'; 'Extract of Deputy Governor's memo on a conversation with Mr. Goldman, dated 28.9.66', C40/1282.
224) F.J. Roper (EID) to Thornton, 'Guernsey: credit restriction'; Thornton to Lovell (HMT), 28 November 1966, C40/1283.
225) Fforde to O'Brien/Parsons/Allen/Hollom, 'Possible relaxation of restrictions on bank credit', 17 October 1966, C40/1282.
226) 'Credit control after the 105% ceiling', 12 January 1967, C40/1283.
227) Hollom to Rickett, 3 February 1967, enc. 'Credit control after the ceiling', 3 February 1967, C40/1283.
228) Heasman to O'Brien/Allen/Hollom, 'Credit control after the 105% ceiling (the Chief Cashier's memorandum of 12th January)', 13 January 1967, C40/1284.
229) Hollom, Note for record – 'Credit control after the ceiling', 13 February 1967, C40/1283.
230) Rickett to Hollom, 16 March 1967; Hollom to O'Brien, 20 March 1967; Fforde to O'Brien/Parsons, 'Credit control', 21 March 1967, C40/1284.
231) Goldman to Armstrong, 'Credit policy after the ceiling', 30 March 1967, copy in C40/1284.
232) Lavelle, 'Record of a meeting ... 4th April 1967 ...', 6 April 1967, C40/1284.
233) HC Deb, 11 April 1967, Vol. 744, cc1000-1001. 同時に詳細はイングランド銀行により確認された. Bank of England, 'Credit restraint in 1967/68', 11 April 1967, C40/1284.
234) Hollom to Morse/Cromer/O'Brien, 'The case for a new long-dated Government issue', 31 August 1965, 5A44/40.
235) Radcliffe, 'Report', para. 533.
236) *Ibid.*, para. 549 and table 26.
237) 'The gilt-edged market', 20 September 1960, C40/13. 同じ試みが米国では「オペレーション・ツゥィスト (Operation Twist)」の名前で行われた.
238) この傾向は1970年代にも続いた. もっとも例外は1973年で, この時には満期までの期間は14.5年に飛び上がった. Downton (1977, p. 320); Wormell (1985, p.

18).
239) Hollom to Cromer/Mynors, 20 January 1964, C40/1170.
240) Hollom to Morse/Cromer/O'Brien, 'The case for a new long-dated Government issue', 31 August 1965, 5A44/40.
241) Fforde to Keogh/Page, 'Treasury Bills', 24 November 1967; Keogh to Page/Fforde, 'Treasury Bills', 4 December 1967, C40/1466.
242) Forde to Parsons/Allen/Hollom, 13 April 1967, 5A171/1.
243) Bank of England, 'The control of bank lending', 19 May 1967, 5A171/1.
244) *Ibid.*
245) 協議に関する文献については 5A171/2 を参照; Wood to de Moubray/Hollom, 'Cash deposits', 5 September 1967, 5A171/2; Hollom to O'Brien, 'Credit control over "outside" banks', 15 September 1967, 5A171/3.
246) John Read (Deputy Chairman, BOCBA) to O'Brien, 11 September 1967; Hollom, Note for record – 'Control of bank lending', 20 October 1967, 5A171/3.
247) Hollom to Goldman, 27 October 1967, 5A171/3.
248) Bank of England, Notice on 'Credit restriction', 19 November; O'Brien to Stirling (CLCB) and others, 19 November 1967; Hollom to various banks (over 40 in total), 19 November 1967, C40/1291.
249) Goldman to Hollom, 25 January 1968, 5A171/3.
250) Letter, 8 February 1968 in 5A171/4; Page to Fforde/Hollom/O'Brien/Parsons, 'The cash deposits scheme', 3 April 1968, 5A171/4; Bank of England, 'Control of bank lending: the cash deposits scheme', *BEQB* 8(2): 166-170, June 1969; この記事の写しも銀行に送付された. 5A171/4 の手紙参照.
251) 'The old Gilt-edged market', witness seminar, 22 March 2006 www.lombardstreetresearch.com/witness_seminars/2006_gilt-edged.html (accessed 13 November 2009).

写真1 キャメロン・コボルド(総裁,1949-61年),1959年当時.

写真2 ハンフリー・マイナーズ(副総裁,1954-64年).

写真3　イングランド銀行本店，スレッドニードル・ストリート，1950年代半ば．

写真4　クローマー伯爵（総裁，1961-66年）が1961年にイングランド銀行に到着．入口には上級門衛がいる．

写真5 レズリー・オブライエン（総裁，1966-73年），1963年の執行理事の時．

写真6 モーリス・パーソンズ（副総裁，1966-70年）．

写真7 ロイ・ブリッジ（総裁アシスタント，1965-69年）．

写真8 イングランド銀行印刷工場，デブデン．

写真9　ジャスパー・ホーラム（副総裁，1970-80年），1962年の業務局長の時．

写真10　ジョン・フォード，1966年の業務局長の時．

写真11 ジェレミー・モース（執行理事，1965-72年）.

写真12 イングランド銀行のニューチェンジの建物.

写真13　毎週の大蔵省短期証券入札での仕分け作業.

第7章
その他さまざまな活動と成果

　1950年代および1960年代には，イングランド銀行は，今となってはもはや中央銀行の業務とはみなされず，現代中央銀行論を学ぶ学生を困惑させさえするような多くの機能を果たしていた．たとえば，戦間期の遺産として産業金融の組成に参画し，ときには実際にその資金を供給し続けたのであった．同行はまた，シティに影響を及ぼすものについては何事にも鋭い関心を抱き，あらゆる合併の動きを監視した．中央銀行業にとって良かれと感じたことには何事にも大いに関わるようになり，海外での中央銀行業の振興に時間と資金を費やした．加えて，銀行券の発行などの一連の事項に直接の責任を負い，幅広い分野にわたることがたびたびあり，たとえば10進法化のような事柄についてアドバイスを求められることがしばしばあった．この章は，そうしたいくつかの分野におけるイングランド銀行の活動を描くとともに，1960年代末におけるイングランド銀行の財務状況に関する外部調査結果を踏まえて，そうした活動を評価するものである．外部調査の結果とは，1つはイングランド銀行が指名した経営コンサルタントによるもの，もう1つは評価を付託することに同行が合意した特別調査委員会によるものであるが，これらの結果についても触れることとする．

1. 産業金融

　イングランド銀行は，1920年代から産業金融にはしっかりと関与してきた．モンターギュ・ノーマン（Montagu Norman）は，国からの干渉をそらすための1つの手段として産業金融に携わってきたし，それから，「マクミラン報告

書」の後には，イングランド銀行は20世紀後半まで存続した産業金融課 (Industrial Finance Division) を設けていたのである．第2次世界大戦の終結直後から，さまざまな種類の利用者に金融への道を拡大するための多くの構想が立てられ，頭文字の乱立となった．低金利で貸出を行ったり，その他の種類の支援を供給した上に，いくつかの組織では株式を保有するなど，イングランド銀行は，これらのほとんどの構想において熱心な役割を担ったのであった[1]．

コモンウェルス開発金融会社 (Commonwealth Development Finance Company; CDFC) は，イギリス連邦（コモンウェルス）に属する発展途上国，その中でもとくにスターリング・ポンド地域の国際収支を強化する可能性がある国々，におけるプロジェクトを促進するために民間部門の資金ファンドを用いる目的で，1953年に創設された[2]．当初の授権資本は1,500万ポンドで（1959年には3,000万ポンドに増加），その株式はさまざまな工業，商業，鉱業，海運業，そして金融業の企業によって保有された．しかし，イングランド銀行が過半数の株式を保有していたのである．同行は1956年までに340万ポンドの出資を行い，資本金が増やされた時にはさらに210万ポンドを追加して支払った．案の定，CDFCの年次報告書は興奮した口調でその達成事項について記したが，イングランド銀行はその組織運営について少しも満足していなかった．1963年にホーラムは，この組織が達成したことは「感動をもたらすというよりも，むしろまあまあな程度のものである」と断言し，ほとんどその肩をもたなかった[3]．2年後にホーラムは，「やっかいな混乱」に陥った同社の財務状況について，「民間企業にとっては非常にまずい宣伝となる」ような財務状況の会社に同情を寄せるのは困難である，とした．13年の間にCDFCは2回しか配当せず，100万ポンド以上の準備金を積み立てていた[4]．イングランド銀行がもっとも懸念していたのは，同社があまりにも慎重で，増資をするたびにいつもイングランド銀行に期待しているように思われることであった．しかし，そうした同社の期待も退けられた．1964年にオブライエンは，同社は10年間のただ乗りが許されてきたが，イングランド銀行がいつまでもCDFCにスプーンで食事を与えるような過保護扱いをする理由はない，と同社に伝えたのであった（もっとも，同行は3年後もいぜんとして同じことをいっていたのであるが）[5]．

同社の主な問題点の1つはトップ・マネジメントであった．フレデリック・ゴッドバー会長（Frederick Godber，後のゴッドバー・オブ・メイフィールド卿，Lord Godber of Mayfield）が創設以来 CDFC のトップであった．ゴッドバーは石油産業における業績で著名であったが，CDFC ではそれほど活動的ではなかった．ともあれ，彼はとうに70歳台に達していたのであった．1956年以降の社長はスタンリー・ホア（Stanley Hoar）であった．彼は，かつてイングランド銀行の海外・外国局副局長であったことがあるが，以前の雇い主に信頼感をもたせるようには見えなかった[6]．ゴッドバーとホアはともに1968年に辞職した．新しい会長となったジョージ・ボールトン（George Bolton）は，このような場合によく見受けられるように，直ちに CDFC に切迫感を注ぎ込んだ．ドイツやスイスのパートナーと共同で外貨建て資産を増大するなどコモンウェルスの内外での同社の企業活動を拡大し，新しい企業名にしても良いかもしれないような戦略に向けて，諸々の計画が描かれた．こうしたアイデアの概略をオブライエンに説明したうえで，ボールトンは，これが駄目ならば自分が納得できる現実的な代替案はもはや同社の清算しかない，と伝えた[7]．しかし，慎重さに欠ける CDFC への不満もあって，その時イングランド銀行はこうした提言を「やりすぎ」とみなした[8]．結局，1969年の3月にオブライエンはボールトンに，同社の活動範囲を拡大しても構わないが，それは政府の為替政策に反する形で行われるべきではない，と伝えた．その後まもなく，CDFCはその活動範囲をポンド地域外を含めた他の国々に拡大すること，その際には借入よりも株式発行に多くのウェイトを置くことが承認された[9]．それにもかかわらず，すぐに，イングランド銀行は再び CDFC を助けなければならなくなり，1970年に，期間5年間，年利3％で125万ポンドの貸出が合意された．これは，イングランド銀行のバンクレートが7％，「優良」商工業向け貸出金利（the commercial 'blue chip' lending rate）がそれに1％上乗せされる水準であった時のものであった[10]．

　産業金融公社（Finance Corporation for Industry; FCI）と商工業金融公社（Industrial and Commercial Finance Corporation; ICFC）はともに，その起源をノーマンの総裁としての最後の数カ月間に見出すことができる．その間に彼は，大戦後の時期において産業がいかに再建されるべきか，深く思いをめぐらして

いたのであった[11]．イングランド銀行は，「1945年にICFCとFCIの形を決めた利害関係者グループの中で中心的な役割」を果たした[12]．両社はともに，通常のビジネス・チャネルを通じては資金を調達することが難しい，あるいは不可能である，と考えられる企業に対して信用を供与する目的で創設されたのである[13]．創設されるや，FCIは主に鉄鋼産業向け金融に関与するようになった．同社の授権株式資本は2,500万ポンドで，そのうちイングランド銀行の出資は30％，残りは保険会社とインベストメント・トラストが占めていた．払込済み資本金は50万ポンドであったので，イングランド銀行の株式保有額は15万ポンドであった[14]．1968年に準備金の資本金化が行われた結果，払込済み資本金は250万ポンドに増加し，イングランド銀行の株式保有額は75万ポンドに増えた．

　イングランド銀行は，CDFCを支援することには消極的であったが，FCIのケースでははるかに寛容であった．1957年から1958年にかけて同社が財務上の困難に陥った後，1958年8月に3段階の合意が取り結ばれた．まず，株主としてのイングランド銀行への株式払い込み請求が行われるに先立って500万ポンドが支払われた．配当金の支払いが6％を超えない限り，この500万ポンドは5年間にわたり無利子（おおよそ100万ポンドに相当した）であった．次に，FCIは，他の銀行からの借入総額がいったん5,000万ポンドを超えたら，手形交換所加盟銀行（クリアリング・バンク）からの資金5ポンドにつき1ポンドの割合で，イングランド銀行からさらに500万ポンドの借入を行うことができた．これによって，総計8,000万ポンドの借入限度額が与えられたことになった（5,000万ポンド＋手形交換所加盟銀行からの2,500万ポンド＋イングランド銀行からの500万ポンド）．イングランド銀行のこの貸出は銀行部の通常の貸出として，バンクレートプラス0.5％（ただし最低金利水準4％）とされた．同じ条件が手形交換所加盟銀行からの貸出にも適用された．最後に，鉄鋼業において先々生じる可能性に関連して，別の500万ポンドの緊急融資のための規定が設けられていた[15]．マイナーズは副総裁を辞したあと，FCIの会長に就任した．彼は，のちにイングランド銀行からの500万ポンドの借入に腹を立てることとなるが，その500万ポンドを「もし実施されなかったら，われわれはおそらく生き残れなかったと思われる，そんな切羽詰まった救済措置を絶

えず思い出させるものだ」としていた[16]．こうはいうものの，いぜんとしてわからないのは，どうしてイングランド銀行が介入する必要があると考えたのか，という点である．

1960年代の半ばには，鉄鋼業の再国有化が再び重要な政治課題となっていたが，その問題の決着が不確実なために，民間の鉄鋼会社は市場で資金を調達することが明らかに難しくなった．1965年9月にマイナーズはこのことをオブライエンに指摘し，その時点でのFCIの貸出限度額8,000万ポンドでは資金需要に対処するのには不十分かもしれない，とほのめかした．彼は，1958年の合意に含まれている鉄鋼業向けの500万ポンドの緊急融資の規定はまだ使うことができるかどうか尋ねた．オブライエンは，書簡のはじめに「イングランド銀行は助けになりたいと考えているだろう」と書き加えた[17]．マイナーズはまた手形交換所加盟銀行にも働きかけ，銀行側は，イングランド銀行による資金供与と歩調を合わせる形で1,000万ポンドまで貸出を増やすことに合意した．これは近いうちに行われる予定となっており，その結果，FCIの借入限度額は総額1億ポンド（手形交換所加盟銀行から8,500万ポンド，イングランド銀行から1,500万ポンド）にまで増えることとなった[18]．実際には，イングランド銀行からの1,000万ポンドの供与枠は利用されなかった．

鉄鋼業の再国有化は明らかにFCIに問題を突きつけた，なぜならば，同社は主要なビジネス源を失ったからであった．鉄鋼業向けは，同社の貸出残高の57％に達していたのである[19]．1968年6月の年次総会における会長スピーチの中で，マイナーズはFCIの将来の展望について慎重な見方を示し，その年の末までにはすっかり悲観的になっていた．彼はオブライエンにこっそりと，「5年近くも経過したが，どうしたらFCIが今後もこれまで通りにやっていけるのか私にはわからない……従業員は何週間も，もしかしたら何カ月もの間，本当に何もやることがなくずっと座り続けることになるかもしれない」と打ち明けた[20]．これがFCIの将来に関する話し合いの始まりを刻することとなり，それは最終的には，ICFCと合併し1973年に産業金融会社（Finance for Industry）を創設することになったのである（第15章を参照）．

ICFCは，中小規模の工業・商業企業の拡大や発展に向けて金融面での支援を行うために設けられた[21]．その狙いは，「他の貸し手や金融機関を補うこと

であり，それに取って代わるものではなかった」[22]．ICFC は，最小額 5,000 ポンドから最大額 30 万ポンドまで，技術開発やプラント・設備のリースに加えて，造船業にも融資した．イングランド銀行は，株式資本の総額 1,500 万ポンドの 3％ の 50 万ポンドを出資した．残りは，手形交換所加盟銀行（86％）とスコットランド系の銀行（11％）が引き受けた[23]．1962 年には株式資本は 2,000 万ポンドに増額され，新たに発行された 1,000 ポンド株式のうち 167 株がイングランド銀行に割り当てられた．1964 年に株式資本が 2,250 万ポンドに増額された時には，イングランド銀行に対してさらに株式が割り当てられ，1966 年までにイングランド銀行は 4,000 万ポンドの株式資本のうち 120 万ポンドを保有するに至った．ICFC はまた 2,250 万ポンドの借入資本を有しており，イングランド銀行は当初はこのうちの 75 万ポンドを保有し，それはその後 1959 年には 100 万ポンドにまで増額された．ICFC の借入資本は総額 7,000 万ポンドであり，6 つの別々の社債から成っていた[24]．1959 年に ICFC は民間企業から公的企業に転換し，その結果，初めて市場で資金を調達することができた．1960 年までに同社は，900 を超える企業に対して永久資本か長期の融資を供与するに至った[25]．クーピーとクラークは，ICFC の存続にとってイングランド銀行は不可欠の存在になったと見ている．

> この会社を当初から練り上げ，手形交換所加盟銀行に参画するように強要しつつ説得したのはイングランド銀行であった．それと同様にイングランド銀行は，政府が金融界にさらに介入することを避けるためとの論法を用いて，同社の支援負担を放棄しようと手形交換所加盟銀行が絶えず画策するのを食い止めた[26]．

クーピーらは，ピアシーやキンロスの経営手法が ICFC の永続性を確実なものとしたとはいうものの，「イングランド銀行の後見がなければ，それは十分なものではなかったことは確かであった」とも主張している[27]．すなわち，イングランド銀行は，他の企業の場合と同じやり方で ICFC を支援するように求められたわけではなかったのである．

イングランド銀行と関係を有するもう 1 つの金融機関が農業抵当公社

（Agricultural Mortgage Corporation; AMC）であり，同公社は農業用不動産に第一抵当権を設定して長期の融資を行うために1928年に創設された．AMCの株式資本はイングランド銀行と主要な手形交換所加盟銀行によって保有されていた．AMCの創設時にイングランド銀行は，その資本として20万ポンドを供した．AMCの資金源の大半は公募発行債券によるものであった．AMCは，「公社発行の債券に対する追加支援としての保証基金と諸出費への毎年の補助金を提供するため」に，無利子融資のかたちで政府からの財政援助も受けていた[28]．1968年には，イングランド銀行は総額9,800万ポンドに達する13本の債券を管理していた[29]．

イングランド銀行名義のCDFC，FCI，ICFCの株式は，証券管理信託会社（Securities Management Trust; SMT）によって保有された．SMTは，「イングランド銀行に支援された枠組みに同行自身が資金を提供する経路」として1929年11月に設立された同行の完全保有子会社であった[30]．1945年にFCIとICFCが創設されたことに伴い，SMTはその本来の必要性はなくなったが，イングランド銀行の代わりに一定の投資を行うための手段として存続した．1964年12月，株式はイングランド銀行の管理下に移され，SMTが受け取る配当や利子はもはやなくなった[31]．

1966年に，産業の再編成を奨励し促進するために産業再編公社（Industrial Reorganisation Corporation; IRC）が設立された．労働党政権は，効率性を改善し生産性を高める再編成，合理化，そして企業合併を促進するために，そうした組織が必要であると信じていた[32]．本質的にIRCは政府の組織ではあったが，イングランド銀行は，産業を近代化することを好ましいと考え，IRC設立のために設けられたさまざまな委員会に代表を出すことを確約した．イングランド銀行は，設立に伴う初期費用を賄うためにわずかながらも支援も行った．例によって，イングランド銀行は，同公社の会長の人選に関する見解も求められた．コートールズ社の会長であるサー・フランク・カートン（Sir Frank Kearton）が最有力であった．カートンはそのポジションにふさわしい経験と熱意をもっていたが，クローマーは確信がもてず，モースもまた，「業界内で多くの敵を作るがさつな態度があり，チームを率いるよりも1人で行動しがちである」と疑問に思っていた[33]．クローマーもモースもともにリー・ゲッデズ

(Reay Geddes) が好ましいと考え，そして結局そのポストを手に入れたのはゲッデズであった[34]．IRC 設立に向けた法制定が議会を通過するのに時間を要したので，当初の支出に間に合わせるためにイングランド銀行は5万ポンドの貸出を行った．さらに，土地・建物の賃貸借契約が結ばれた際に求められた保証金は，その時点では大蔵省にその権限がなかったので，イングランド銀行が支払った．

イングランド銀行は，IRC の設立に際して口を挟んだのと同じように，その縮小についても意見を求められた．保守党はつねに IRC を嫌っており，そのため 1970 年 10 月に新大蔵大臣のバーバーが廃止すると宣言した時も驚かなかった[35]．その1カ月後，ICFC の 25 周年記念夕食会において，オブライエンは IRC がなくなったことに遺憾の意を表明した[36]．IRC, FCI, ICFC の合併が検討されたが，イングランド銀行はそれを妙案とは考えなかった．IRC の解散の後で誰がその資産を管理するべきか，という問題もあった．イングランド銀行は，IRC のポートフォリオを銀行部に組み入れることはしたくなかったし，たとえば証券信託のような組織を復活させて，そのメカニズムを通して IRC の事業を取り扱う仕事を引き受けるということも好まなかった[37]．結局，1973 年までロスチャイルドが貿易産業省（Department of Trade and Industry; DTI）に資産の管理と処分について助言し，同年 IRC は最終的に解散された．

さまざまな企業を通じて求められた間接的な産業支援に加えて，イングランド銀行は，政府に促されたものではあるが，フェアフィールド造船機械会社（Fairfield Shipbuilding and Engineering）に直接介入した．同社はクライドの造船業になくてはならないポジションを占めていたが，長らく問題を抱えていた．イングランド銀行がこの会社を支援したのはこの時が初めてではなかった．1932 年に同行は借入枠を供与し，15 万ポンドの貸出を実行し，そのうち4万5,000 ポンドが返済された．この融資は 1935 年にバンク・オブ・スコットランドに移管された[38]．この会社は，1960 年代半ばに4年連続して損失を被り，1965 年 10 月に管財人が任命されていた．同じ頃にゲッデズ委員会では，どのような改革によれば世界市場の中で英国の造船業界が競争力を有するようになるか，検討の過程にあった[39]．イングランド銀行を代表するモースと何度も会

合を重ねた後に，ゲッデズは，少なくとも委員会の結論が報告されるまでは，フェアフィールズ社の将来を未定のままにしておくことが国家のためになるとの結論に至った．1965年の11月に大蔵大臣は，翌春まで造船所の存続を確実なものにするために，イングランド銀行が管財人に向けてバンクレート（6％）で100万ポンド以内の貸出を行う，と発表した．イングランド銀行は，1946年借入（管理および保証）法第2条によって損失保証されることとなっていたが，これはそれまで行使されたことがなかった権能であった[40]．この資金は，バンク・オブ・スコットランドを通じて段階的に貸し出されることとなっていた．クローマーはこの枠組みに納得せず，大蔵省の保証がバンク・オブ・スコットランドに直接付与される仕組みを提唱したが，それはそうすればイングランド銀行はこの問題から関係がなくなるからであった．クローマーは，大蔵省による枠組みはイングランド銀行に対して，同行としては受け入れることができない責務を負わせることを意味すると主張した[41]．イングランド銀行としては，大蔵省によって提唱されたこの支援策は金融的にも経済的にも意味がないものであるので，たとえ政府保証に支えられたとしても，それに同行の名前が結びつけられるとしたら遺憾である，と強く感じてもいたのであった[42]．しかしキャラハンは納得せずに突進し，イングランド銀行による貸出について公表してしまった．

そのイングランド銀行からの貸出では，ゲッデズが報告するまでフェアフィールズ社の操業を維持するという目的を達成できないことが直ちに明らかになった．船舶を完成するまでの造船所の建造能力を保証しないと危機に瀕する造船契約がいくつかあったのである[43]．造船所の規模を縮小するのか，維持しようとするのか，急いで決める必要があった．操業を維持するために，政府は新会社グラスゴー・フェアフィールズ社を設立し，同社は1966年1月に造船所を引き継いだ．新会社の200万ポンドの資本金については，貿易省が半分の100万ポンドを普通株式で，100万ポンドの無担保社債をすべて引き受けた．イングランド銀行からの借入金100万ポンドはリボルビング資金として扱われ，同行はフェアフィールズ社およびその子会社のフェアフィールド・ローワン社に1960年代末から1970年代にかけてずっと関与し続け，その間に政府による保証は数度にわたり更新された．イングランド銀行とバンク・オブ・スコット

ランドとの間での資金供与とその返済の複雑な過程は1970年代の半ばに最終的に終了し, 資本金と未払いの利子は1974年の夏に完済された[44].

　イングランド銀行がこうした組織に関与することはどのように理解されるべきであろうか. それは, ノーマンによって引かれた線に一致するのは明らかであり, そうした組織の創設をイングランド銀行は支援したのであった. さらに, イングランド銀行の存在は, 他の金融機関に参加を納得させるものとなった. しかし, その創設の時期には企図された機能が発揮される必要があると理解されていたものの, 1950年代, そして1960年代までに世の中は変わってしまった. そうしたわけで, マイナーズがIFCに関して悲観的な見通しを行い, 1969年にリケットがオブライエンに, CDFCは今だったら創設されないことは確かであろう, と語ることとなったのである. イングランド銀行による介入や支援に関していえば, これは決してはっきりと述べられることはなかったものの, 同行は倒産事業には関与したくはなかったのかもしれない. しかし, どのような理由にせよ, イングランド銀行は当初から深く関与してきてもおり, それにはおそらく道徳的な義務感があったのである. そして, ボールトンやマイナーズといった人々がイングランド銀行と密接な関係を有していたという事実を完全に無視することは難しい. おそらく, イングランド銀行がこうしたさまざまな範囲の利害関係を有するような時期においては, 中央銀行がそのような行動をとることは不可解なことであるとは誰も思わなかったのである.

2. イングランド銀行とシティ

　シティを監督し, シティを代表したいとのイングランド銀行の気持ちは, もっと理解しやすい. その気持ちがとくにはっきりしていたのが合併の動きに対してであり, それは当初は銀行界であったが, さらに幅広い分野でも見受けられた. 1918年のコルウィン報告書以降, 銀行の合併は比較的少なく, 政府もイングランド銀行も長年にわたり, 「5大銀行」を含むいかなる合併にも反対である旨を明らかにしてきた. しかしながら, 1960年代までに合併への反対は減り, イングランド銀行の中に, より効率的な銀行セクターを生み出す手段として何らかの合併を提唱する人々が間違いなく存在していたのである (第9

章を参照）[45]．

　もっとも著名な合併のひとつがバークレイズ銀行とマーティンズ銀行とのものであった．マーティンズ銀行は何度も他行から，とくにロイズ銀行から言い寄られていたが，いつも抵抗していた．しかし，1967年，しだいに合併の可能性があるように思われてきた．9月までに，マーティンズ銀行はナショナル・プロヴィンシャル銀行を除く「5大銀行」すべてからアプローチを受け，それについてはマーティンズ銀行会長のサー・カスバート・クレッグ（Sir Cuthbert Clegg）が総裁と会った時に議論された．オブライエンは，マーティンズ銀行と外国の銀行あるいは海外銀行とが結びつくことは論外であると主張し，また，「イングランド銀行は5大銀行のうちの2つが結びつくことは祝福しないが，その他の結びつきについては原則として反対しない」とも説明した[46]．オブライエンはとくに，マーティンズ銀行とバークレイズ銀行ないしミッドランド銀行との結合は，あまりにも大きすぎる銀行を生じさせるので，消極的であった[47]．しかし，1カ月後に彼は変心し，「もし歓迎できる提案が出されるのであれば」，そうした合併を禁じる理由はないとした[48]．企業買収戦（takeover battle）がおおっぴらに行われるのを何としてでも避けるために，オブライエンは，マーティンズ銀行と「5大銀行」の代表者たちを一堂に集めて，企業買収過程のルールを議論させた．その際には，マーティンズ銀行の会計事務所であるクーパー・ブラザーズ＆リブランド社が，マーティンズ銀行の株式取得に関心を表明した銀行に対して，利益，資産，準備金，その他の関連情報の詳細を秘密裏に提供することとなる．それから諸銀行は申し込みを行い，その中のベスト3が検討の対象として選ばれることとなる[49]．買付は，1968年1月26日までにイングランド銀行で受理されなければならなかった[50]．株式売却の公示が12月になされ，1月の締切日までに受理されたのは2つ（バークレイズ銀行とロイズ銀行からのもの）だけであった．

　一方で，「5大銀行」の小さい方の2行，すなわちナショナル・プロヴィンシャル銀行とウェストミンスター銀行とが，1968年1月26日に合併するとの意思を表明した．これは，その当時，イギリスの銀行史上で最大の合併であった．注目すべきは，話し合いが発表前のわずか10日の間に行われたことである．この2行は，株価を考慮するとマーティンズ銀行に条件を提示するのは無

意味であり，両行で合併するべきであるとの結論に達したのであった．オブライエンはその組み合わせを好ましいものとみなし，大蔵省も反対しなかった[51]．こうした賛同もあって，このケースを独占・合併委員会（Monopolies and Mergers Commission）の判断に委ねる必要はなかった．シティの大方にとって，ロイズ銀行がマーティンズ銀行を買収するのは今や確実と思われた．それどころか，すでに原則的な合意に達したと示唆する向きもあった[52]．バークレイズ銀行とロイズ銀行だけがマーティンズ銀行への申し込みを行ったことを知って，ピーク（バークレイズ銀行）とトムソン（ロイズ銀行）が会い，バークレイズ銀行，ロイズ銀行，マーティンズ銀行の3者合併を提案した．銀行の規模が明らかに議論のポイントであった．アメリカの銀行がしだいに力を増し，規模が大きくなるのに対抗しなければならなかった．バークレイズ銀行の観点に立てば，ロイズ銀行の参加は自行の海外との接点をさらに強化することに利用でき，バークレイズ銀行が「非常に巨大な顧客の非常に大きな要望」に応えられるようになることを保証するものであった[53]．3行は，合併は「外国銀行と競うためのより大きな身の丈」をもたらし，経営資源をより上手に利用し，新しい技術を発展させることを通じて経営の効率性を高める，と主張した[54]．ウィントンによれば，

> 銀行業においては，産業との釣り合いをとるためにより大きなまとまりが必要であった．すなわち，支店の閉鎖，経営管理とコンピュータ作業の効率化によって経営資源を節約することが可能となるであろう．3行がもっている海外での権益を合わせて発展させることは，変化し世界的な広がりをもった英国の貿易業者のニーズに対応できるようなより大きな広がりをもたらすであろう．国際的な銀行業を営み海外で競争するためには，大きなまとまりを必要としていた[55]．

ウィントンはまた，合併してナショナル・ウェストミンスター銀行とするという計画（National-Westminster proposal）のニュースに接して，ロイズ銀行は取り残されたくなかっただけである，ともほのめかしている[56]．

2月8日の公表はシティに衝撃を与えた．『バンカー』誌は重大な疑問の念

を表明し,「彼らの提案は,これまで英国の銀行界の競争をゆがめてきた諸制限を取り除くことに役立つこともなく,頭でっかちの銀行構造を作り出すであろう」と結論づけた[57]. 首相は,この動きに乗り気ではなく,この件は独占委員会に委ねられるべきであると決定し,オブライエンは,同委員会が報告を出し政府がその姿勢を明らかにするまでは,いかなる合併についても受け入れるつもりはないであろう,と述べた[58]. 実際のところは,同総裁はこの合併に賛成であったのであるが,「内閣が違うことを決定したら,その合併の話を支持する必要があるとは考えないであろう」と明言していた[59]. 委員会は合併計画に反対した[60]が3分の2の多数が得られず,問題はホワイトホールに戻り,伝えられるところによれば,そこでもまったく合意が得られなかった[61]. 3行の会長は7月に,それぞれの頭取を伴ってオブライエンとともに,ロイ・ジェンキンズ (Roy Jenkins) 蔵相とアンソニー・クロスランド (Anthony Crosland, 貿易省大臣) と面談した. その1週間後にクロスランドは,合併は公益に反すると政府が委員会に同意した,と公表した. この合併はいっそうの集中を促すことにつながるかもしれず,その結果,最終的には非常に好ましくない2銀行体制となるかもしれない,とも考えられたのである[62]. しかしながら,政府はマーティンズ銀行が他の1行と結びつくことには異論はなく,そしてバークレイズ銀行が最良の条件を提示したので,この申し込みは受け入れられた. 合併は1969年12月15日に実施された[63].

合併はロンドンの手形交換所加盟銀行に限られていたわけではなかった. 1967年に,ロイヤル・バンクとナショナル・コマーシャル・バンク・オブ・スコットランド (両行ともにすでにナショナル・アンド・コマーシャル・バンキング・グループの傘下行であった) が,ロイヤル・バンク・オブ・スコットランド・リミテッド (Royal Bank of Scotland Limited) の名の下で合併することに合意した. 総裁はその合併の過程でずっと報告を受けており,「スコットランドは長い間銀行が多すぎる状態であった」として,反対しなかった[64]. 1970年には,バークレイズ銀行が保有するブリティッシュ・リネン・バンクがバンク・オブ・スコットランドに組み込まれ,また同じ年にナショナル,ウィリアム・ディーコンズ,グリン・ミルズの3行が合併し,ウィリアムズ・アンド・グリンズ・バンク (Williams and Glyn's Bank) が創立された. ホーラム

はこれを,「わが国の銀行システムのいっそうの合理化に向けた, 小さいながらも有益な動き」とみなしていた[65]。

手形交換所加盟銀行は, ファイナンス・ハウスやその他の銀行子会社のような金融機関との利害関係も強めていった. 1967年9月には, ミッドランド銀行は, シティの有力なマーチャント・バンカーのひとつであるモンターギュ・トラスト社の株式資本の3分の1を買収したと発表した[66]. これは, 手形交換所加盟銀行がマーチャント・バンクの株式を購入した初めてのことであり,『バンカー』誌によれば,「手形交換所加盟銀行とマーチャント・バンクとの間の伝統的な『境界線』を徐々に曖昧にしてしまう重要で画期的な出来事」であった[67]. 同社はマーチャント・バンカーであるサミュエル・モンターギュ, スイス・ガイヤツェラー・ツーアモンド銀行, および2つの保険ブローカー会社から成り1963年に創設された持株会社であるが, ミッドランド銀行はこの会社の株式に870万ポンドを支払った[68]. イングランド銀行はその交渉について把握しており明らかに何らの反対も唱えなかった, とプレスは報じた[69]. しかし, 事実はそうではなく, 合意を知ってオブライエンは怒ったのであった. ミッドランド銀行の頭取であるハワード・サックストーン (Howard Thackstone) が, 1966年12月に総裁と内々に話をする中で, その連携についてついでに曖昧に言及していたものの, オブライエンはその後, 発表される当日の昼食後にプレス発表文の原稿を示されるまで, 何も聞いていなかったのである. モンターギュ社とミッドランド銀行との提携についてはしばらく前から両者の間で内々に検討されていたが, どちらの側も彼に相談していなかった. この事実がオブライエンを非常に不快にさせたのであった[70]. のちにクローマーならびにチャールズ・ハンブロ (Charles Hambro) との話し合いの中で, オブライエンは「英国の銀行に関する限りではミッドランド銀行のモンターギュ買収の件は前例となるものの, 外国の銀行がロンドンのマーチャント・バンクの2/3以上の株式を獲得することを認める用意はできていない」と語った[71]. 1970年9月, もう1つ別の合併の兆しが見えた. 今度はロイズ・ヨーロッパとバンク・オブ・ロンドン・アンド・サウス・アメリカ (BOLSA) との間のことであった. BOLSAは国際的な銀行として発展したがっており, ヨーロッパにもっと満足できる拠点を望んでいた. この結びつきは「何らかの有益な多様性を

もたらし」，BOLSA の資本が少々足りないという問題を克服するであろう，とフォードは考えた．この件は「望ましい展開」とみなされ，イングランド銀行は「その懐胎期間中は控えめに奨励する姿勢」をとった[72]．新会社ロイズ＆BOLSA・インターナショナル（Lloyds & BOLSA International）は 1971 年 5 月に設立された．会長のパーソンズはこの間ずっと顔を見せることもなく，1970 年 12 月に身を引いた．その後任者としてゴードン・リチャードソン（Gordon Richardson）に話が持ちかけられたが，断られた[73]．

　長い間合併に反対していたイングランド銀行の姿勢はなぜ変わったのか．考えられるのは，合併は商業銀行システムをより良くする方法ともみなされてきたが，アメリカの銀行がさらに強力になり，銀行の規模がその強さの一部であると考えられるようになったことである[74]．クローマーは規模論をとらなかったが，イングランド銀行内の他の人々は，そのうちでもっともはっきりしていたのはフォードであったが，ある程度の効率的な再編成を支持していた．さらに，これとは別の考え方もあった．ロンドンとシティを国際的な金融センターとして育てたいという願いは強く，大規模化への流れにイングランド銀行が抗することができないのであれば，むしろ同行は，少なくとも守護者の役割を堅持していると見られるよう，合併の動きの展開を把握しておきたいと思っていたのである．

　イングランド銀行はまた，主として 1968 年 3 月の買収・合併シティ・パネル（City Panel on Takeovers and Mergers）の創設を通して，銀行以外の合併の動向にも関心をもった．この組織は，新しい「買収・合併に関するシティ・コード」（City Code on Takeovers and Mergers）の運用をチェックするのが目的であった．最初のコードは 1959 年に公表されたが，企業の買収に関してすべての株主を公正かつ平等に扱うことを確実なものにするために，コボルドのイニシアティブのもとで設けられたシティの作業部会が生み出したものであった．そのコードは 1968 年に改訂され，より厳しくなったコードの運用をチェックするためにパネルが設置された．オブライエンは，イングランド銀行にはそのパネルを設ける全責任があるとしていた[75]．これは，いかにもシティの評判を維持したいというイングランド銀行の願望らしいものであり，とりわけ，イングランド銀行が「シティのモラルの守護者」であり続けたいというオブライエ

ンの願望を反映したものであった[76]．同パネルは，買付の前および買付募集期間中の両方におけるシティ・コードの解釈に関する特定の問題を扱った．パネルは，買付行為に関する事項について何らかの対応が必要であると感じると，それをとり上げた．特定の企業買収や合併にメリットがあるかないかではなく，それが行われる方法に関心があったのである．パネルはまた，懲罰を課すさまざまなケースだけではなく，進捗状況に関する報告を聴取し，政策への疑問や裁定への反論を検討することもあった[77]．

パネルのメンバーは，シティの作業部会を代表する組織から引き抜かれた．総裁の要請で，マイナーズが初代の議長を務めることを承知し，ピーター・クック（Peter Cooke）が最初の事務局長に任命された．2人とも企業買収や合併について多くを知らず，クックは「暫くの間は盲人を引率する盲人であった」と白状していた[78]．マイナーズは1年余を務めた後にショークロス卿（Lord Shawcross）に引き継いだ．パネルの議長となるマイケル・バックス（Michael Bucks）に宛てた手紙の中でオブライエンは，イングランド銀行は「この試みを心より支援し，効果的に行われるのを確実にするために必要なサポートは何でも行うつもりである」と強調した[79]．1969年5月には，当座預金部のパネル口座に3,500ポンドが振り込まれる措置がとられ，各四半期末には1,000ポンドが振り込まれた[80]．この金額は1969年8月には各四半期1,450ポンドに増やされた．イングランド銀行はパネルの活動の費用を1972年まで負担し，この年に総支出額の半分は他の組織がもつことが決められた．イングランド銀行はまた，1970年9月にロンドン証券取引所に移る前まで，ニューチェンジにおけるパネルの仮事務所も提供したが，それにはおおよそ4,500ポンドかかった．イングランド銀行は新しい部屋を借りる費用を負担し，パネルの使用に供する事務所を準備するのに6,500ポンドを費やした[81]．

苦難のスタートであったにもかかわらず，1971年までに同パネルは「シティの風景の欠くべからざる一部」となり，その権威も一般的に受け入れられるようになった[82]．活動のレベルは高かった．1968-74年の時期には，パネルは2,000件の提案を取り扱い，1970年に41件，1971年に47件，1972年に50件と，多くの買付に反対した．パネルが成し遂げたことの評価判断は難しい．シティ・コードに反していると認められると，関係当事者の大騒ぎを生じかねず，

そうした論争はプレスに漏れることがしばしばであった[83]．パネルは法によって定められた組織ではなく，このことがパネルを批判にさらすこととなった．パネルが有するこの規制上の弱点が多くの批判の原因となったのである．とくに，パネルは情報を得る権限をもっていなかった[84]．それどころか，協力を拒否されたり，名誉毀損で訴えるとの脅しに直面するなど，パネルの権威は損なわれていった．その結果，1971年にパネルは，情報を求め，証人を召喚し，宣誓の上で口頭での証言を求めたり，中傷や名誉毀損訴訟からの免責を求める権限など，いくつかの法的な支援を要請することを検討した．しかし，パネルがその時点で備えている柔軟性や非公式性といった多くのものを失うことなく，法的な権限や特権を獲得することはあり得ないであろう，との考え方もあった[85]．9月の後半までには，ショークロスは法的権限を求める必要はないと考えるようになり，イングランド銀行はその件に深入りする必要がないことに同意した[86]．しかし，3年後にも，それは問題点として残っていた．パネルの1974年の「年次報告書」への序言の中でショークロスは，法的な裏付けがないのは歯が欠けているようなものだ，といった批判を断固として拒絶している．彼は「パネルの決定を無視するのは勇敢な企業，個人」であり，「しかも大馬鹿な企業，個人であろう」と主張した．実のところ，これは大げさに言っているだけのように思われ，パネルが実際に及ぼすことができるダメージは，企業の評判を落とすことだけであった．

1968年にシティの評判が再び問題となった．この年，巨額の損失を抱え，為替切り下げの結果として倒産の可能性があった（そのような恐れがあった）商品取引業者にイングランド銀行は金融支援を提供した．海外局長のロイ・フェントン（Roy Fenton）が述べたように，イングランド銀行は，通常であれば業者はそうした損失を繰り越すだろうと考えるのであるが，この時の状況は「例外」であった．こうした会社は，ポンド・スターリング地域諸国の現地通貨建てで購入する契約を結び，同時に対応する販売をポンド・スターリング建てで行う契約も結んでいた．損失が表面化しなかったのは，現地通貨が下落しなかったという実情によるものであった．実際のところ，そのリスクに気づき，こうした契約を先物でカバーしようとした業者もいたが，これは為替管理規制に従って拒絶された．コーヒー，原綿，脂肪種子などさまざまな商品が巻き込

まれたが，もっとも難しい問題はナイジェリアで生じた．企業の代表者たちがイングランド銀行と協議し，政府に働きかけ，その苦境に関してプレスの取材を受け，議会では質問が出された．当初予想された損失額3,000万ポンドという見積もりは的外れであることがわかり，急いで1,000万ポンド以下に，さらに500万ポンド以下に縮小した[87]．

　この事案に介入したいというイングランド銀行の意向は，2つの考え方に基づいていた．1つは，先物によるカバーが欠如していることであり，この点についてホーラムは「為替カバーができない状況に対する責任から完全に逃れられない」としぶしぶ認めていた．もう1つの，より説得力のある点は，ロンドンの商品市場とシティの評価全般に重大なダメージを与えるリスクであった．少なくとも，この考え方によって，イングランド銀行が影響力を及ぼすものと一般的に認められている範囲の中に，この事案は入れられたのであった．フェアフィールズ社に言及する中でホーラムは，「このような目に見えない利益をもたらす分野では，公平に議論して，たとえばスコットランドの造船所と同じように，われわれに直接の利益をもたらすと考えるべきであった」と断言している．彼は，イングランド銀行はかなり「穏やかな」条件で融資をしてもよいと示唆していた．フォードは，それが業者をビジネスにとどめ，損失を負担させることとなるとして賛同した[88]．イングランド銀行が1968年1月末に正式に商品市場融資を提供するまでに，取引業者との厳しい交渉とホワイトホールとの協議が2カ月間続いた．イングランド銀行は最大500万ポンドまで利用可能とし，それが比例按分され，各事案における融資はネット損失見込額の80％を超えないものとした．18社からの応募が受け付けられ，その合計損失額は400万ポンドを超えた．諸勘定を精査した後で，イングランド銀行は324万ポンドを融資した．最小額は4,000ポンド，最大額は66万3,000ポンドであった．融資は5％の金利で，6カ月賦で均等に10回に分けて返済されるものであった．この場合には何ら秘密にされることはなく，この支援については「年次報告書」に詳述された[89]．

3. 海外中央銀行の支援

イングランド銀行は，自らの役割をシティの事柄だけに限定したわけではない．世界中で中央銀行の創設と発展を助けてきた長い歴史があり，それはさまざまな方法で 1950 年代，1960 年代，そしてそれ以降も続けられた．イングランド銀行は，海外で働くスタッフを派遣し，海外の中央銀行員のためにイングランド銀行内で研修コースを提供し，新たな金融機関の創設や運営に関して助言を行った．1960 年代と 1970 年代の間に，イングランド銀行はその支援の範囲をはっきりとアフリカの各地にまで拡大し，50 カ国以上の銀行と関係をもった[90]．海外の中央銀行を振興するのは目新しいことではなかった．再び，話はノーマンと結びつく．彼は，1920 年代および 1930 年代に「英連邦自治領」（Dominions）やその他の地域に中央銀行を設立し，それを発展させることを促し，そうした中央銀行との密接な関係を促進したのである．特定の諸問題に関して権威ある助言や手助けがなされた．戦間期に，イングランド銀行は，カナダ銀行やニュージーランド準備銀行の創設の際に「受け身ながら状況に応じた」役割を果たしただけでなく，南アフリカ準備銀行やオーストラリア・コモンウェルス銀行とも密接に関係していた[91]．イングランド銀行は，いくつかの中央銀行には総裁も派遣した．国際的な金融協力にかけたノーマンの熱意はコボルドに引き継がれ，彼は，海外の中央銀行と優れた個人的な関係を育てあげていた[92]．

こうした動きをもっとも詳しく研究したのが，1965 年から 1972 年の間に総裁アドバイザーを務めたエリック・ハズラム（Erick Haslam）である．1974 年にハズラムはマクマーンから，海外の新しい中央銀行創設に際してイングランド銀行が果たした役割について歴史的なサーベイを書くように求められた[93]．『中央銀行の創設：イングランド銀行の役割 1948-74 年』（*Central Banks in the Making: The Role of the Bank of England 1948-74*）がその成果であった．全 3 巻に及ぶその本は，アフリカ，中近東，アジア，カリブ海の 50 以上の国々における通貨委員会（currency board）や中央銀行の創設，発展に際してのイングランド銀行の関与の歴史を調べたものであった[94]．ハズラムは，1945 年

から1974年までの間にイングランド銀行出身の男性と数人の女性によって占められた，中央銀行およびそれ以外の金融機関における300近くの海外ポストをリスト・アップしている．この本は，そのところどころに批判的なコメントが見られることや校閲がまったく欠けていることから，本の中で議論されている何人かの個人を苦しめかねないと考えられ，限られた人々の間にしか配布されなかった．

　イングランド銀行は，新しく設けられる，あるいは出来上がったばかりの金融機関への人の派遣や運営の援助を求められることがしばしばあった．イングランド銀行の職員は選ばれてさまざまなポストへ出向した．そうしたポジションへ派遣されたのは大多数が男性であったが，代わりに女性が派遣された場合もあった．イングランド銀行のスタッフを海外のポストに派遣することは第1次大戦末期から続いていたが，1945年以降と比べれば関係者の数は比較的少なかった．植民地が独立を獲得するにつれて，それまでの通貨委員会は植民地主義のシンボルと見られるようになり，「植民地帝国」(the Colonial Empire) に奉仕してきた金融機関は，新しく独立した国々では引き続き受け入れられる可能性が低くなった．しかし，植民地は自らの政治的な自由を希求する一方で，安定した金融システムを生み出すためにはイングランド銀行の専門知識がいぜんとして必要とされていた．新たに独立した国々は金融問題でうまくスタートすることが重要である，とイングランド銀行は信じ，支援するための適任者を見出す努力をしたのであった．出向は，そうした諸国とイングランド銀行との間の関係を良好なものとするのに益するだけではなく，出向によって得られる知識や経験は戻ってくるとかなりの強味となり得たのであった．

　イングランド銀行のスタッフが海外のポストに任命される条件は2つの部類に分けられた．引き続きイングランド銀行員でありながら海外に送られる人々と，イングランド銀行を離れることを求められるが海外の雇用主との契約期限が終わる3カ月前以内にイングランド銀行に戻る選択ができる人々，であった．後者の条件は，総裁とか副総裁といった政策決定を行う上級ポストを占め，それゆえに，新任地の組織へ忠誠を示さなければならない人々に適用された．ほとんどの場合，派遣はイングランド銀行を辞めることにはならなかった．海外ポストへの任命は6カ月から10年にわたり，総裁から秘書にまで及んだ[95]．

支店出身者も何人かはいたが，さすがに，派遣されたスタッフはかなりの割合が海外局（Overseas Department）の出身者であった．ほとんどの人がイングランド銀行に15年以上在籍しており，世代としては30代半ばか40代前半が一般的であった．

　派遣の要請に応じることを決心するのは必ずしも容易ではなかった．得難い経験をすることができ，より上級の地位で働ける可能性があったものの，不都合な点もあったのである．1971年にフェントンがモースに語ったように，「イングランド銀行内部での業務活動が全般的に拡大し，ロンドンに残った方が昇進の展望がより開けるとの気持ちが若いスタッフに高まっていた．加えて，より良いポストを欲しがる姿勢が強まったことも相俟って，海外での仕事は君のキャリアに良いぞ，と示唆しても，若いスタッフはあまり乗ってこなくなった」[96]．派遣は家族にもかなりの変化をもたらすことを意味するので，妻や子供たちの存在が問題をいっそうややこしくする可能性があった．ジョン・スモールウッド（John Smallwood）は，かつてコボルドからクローマーへの総裁更迭期において総裁の個人秘書（Governor's Private Secretary; GPS）を務めていたが，新設のウガンダ中央銀行副総裁への就任の招聘を家族の理由で断った．その直後に，彼は他の部局に異動していった[97]．こうしたことから，イングランド銀行では独身者を狙いがちとなった．1972年から1976年まで国際通貨基金（IMF）の執行理事代理を務めたピーター・J．ブル（Peter J. Bull）は，イングランド銀行に戻ると，シンガポールで働くつもりはないかと急に尋ねられた．ブルには家族がいなかったが，そのポストを引き受けるとロンドンでの生活の楽しさを逸してしまうだろうと感じ，断った．その結果彼は，イングランド銀行内部でより魅力に欠けるイースタン・ブロックの仕事に回された．のちにブルは，もしもシンガポールの仕事を引き受けていたら，最後は業務副局長になったかもしれない，と想起している．こうした要請に「ノー」と言うのは，必ずしも賢明なことではなかったのである[98]．

　国外で居住する経験は，そのポストによって大きく異なっていた．気楽で充実した時間を過ごす者もいた．しかし，状況が必ずしも容易ではなく危険ですらある場合もあった[99]．派遣候補者たちはこれから出て行こうとする国について簡単な説明を与えられものの，アドバイスする者自身が直接経験したことが

ほとんどないので，現地での毎日の生活について実際的な洞察力を与えるのには十分ではなかった．したがって個々人は，かなり不安定な状況に直面した．しかし，ほとんどの人が「うまく適応し，能力を発揮した．非常に短い期間に完全に異郷の環境に放り込まれたことを考えると，これは驚くべきことであった」[100]．現地にはいくばくかの「反英国的偏見」を示す民族主義者がいたかもしれないが，ほとんどの場合，派遣者は何ら邪魔されることもなく自分の仕事をうまくやっていった．しかし，イングランド銀行の籍を外れ，実際に新たな配置先へ忠誠心を移すことが求められた者たちは，それでも「ロンドン的な思考方法」を捨て去ることが難しいことがときにあり，利害の衝突が生じると，慎重に事を運ばないと十字砲火を浴びる可能性があった[101]．派遣者の配偶者にとっては，その生活はいっそう容易ではなかった．イングランド銀行は，派遣者の妻についてはほとんど何も配慮しなかった．それどころか，「妻や家族については，付いて行くのが当然であると考えられることが多かった．彼らは，実際よりももっと多く配慮されるべきであった」[102]．これは，海外で働く香港上海銀行（HSBC）のスタッフの妻たちの経験とは対照的であった[103]．

　任期が終わるやいなや，海外派遣者はほとんど例外なくイングランド銀行に復帰した．元アドバイザー代理であったスタンリー・ペイトン（Stanley Payton）は，1965年にジャマイカ銀行の総裁職から復帰し，昇進し10年後には海外局の局長になった[104]．ローデシア・ニアサランド銀行の副総裁であったマクギリヴレイ，ナイジェリア中央銀行総裁であったフェントンもまた，スレッドニードル・ストリートに戻り，それぞれ海外局の副局長と局長になった[105]．しかし，イングランド銀行に戻っても適応するのが難しい人が多かった．イングランド銀行における職務の性質が派遣先のそれと比べて面白くも，きつくもないという事実から，フラストレーションが生じる可能性があった．このことは，ワシントンへ行った人々にも当てはまった．たとえば，デイヴィッド・サマセット（David Somerset）は，IMFでヤコブソンの個人アシスタントとして働いた後でイングランド銀行に復帰するやいなや，総裁個人秘書としての職務が非常に平凡に思われた[106]．地位の後戻りに直面して，ほかでの昇進の機会をめざしてイングランド銀行を去った人もいた．以前所属していた機関にとどまった者もいた．アンドリュー・クロケット（Andrew Crockett）は

第 7 章　その他さまざまな活動と成果　　　409

その 1 人であった．彼は 1972 年に専務理事の個人アシスタントとして赴いたが，イングランド銀行に復帰せず，IMF に残りリチャードソンを大いに困らせた[107]．

　1950 年代に弾みがついたコモンウェルス諸国への支援は，1960 年代の半ばにピークに達した．実際のところ 1964 年には，パーソンズが言うには，イングランド銀行は「かなり伸び切り，派遣する人を見つけられるぎりぎりのところにまで達していた」のであった[108]．派遣者は 1960 年代後半には減り始め，あらゆるレベルの任命が現地職員に替わられ始めたので，1975 年には最低の 13 人にまで落ち込んだ．それにもかかわらず，派遣の基準は 1970 年代に厳しくなったものの，派遣者数は 1975 年以降には再び増え始めた．1978 年にはイングランド銀行は 25 人のスタッフを派遣していたが，これは 10 年前と同様の人数であった[109]．

　海外でイングランド銀行が果たした役割が全体としてうまくいったかどうか，判断を下すことは難しい．1955 年から 1978 年の間に，イングランド銀行はさまざまな外国中央銀行に向けて 6 人の副総裁と 8 人の総裁要員を指名したが，そのほとんどがアフリカ諸国であり，その期間は 1 年から 5 年に及んでいた．イングランド銀行はまた，何とかして支援の地理的な範囲を拡大した．ときには難しい問題もあって，東アフリカにおいて個々の中央銀行を創設する経験は，「格別幸せなことでも実り多いことでもなかった」[110]．海外に出た者の中には，そのポストにあまりにも長く留まりすぎた者もおり，実際よりももっと早目にイングランド銀行が引き揚げることができたと思われる者もいた．その結果，「そのもてる時間と技能が，少なくとも，有効には活用されなかった場合がままあった」[111]．このようには記述しているものの，ハズラムによる評価は本質的には肯定的なものである．「マネーの供給，政府がもつ資金と短期債務の管理，銀行決済，為替管理，そして基本的な統計情報や分析結果の提供など，限定され実務的ではあるが，それにもかかわらず根本的な分野において，イングランド銀行が参画した事業のほとんどは，とてもやっていられないような人手不足に直面することがたびたびあった中において，賞賛に値する成果を生み出した」[112]．

　この時期を通して，コモンウェルス諸国の中央銀行スタッフもまたスレッド

ニードル・ストリートを訪れ，中央銀行やロンドンにおける金融制度の枠組みについて理解を高めた．ノーマンの時代に戻ったようなスターリング・ポンド地域の中央銀行総裁の年次会議が開催された．イングランド銀行は，その中央銀行協力の一環として彼らを歓迎した．年間を通して訪問者がやってきて銀行内部を案内されたが，それは大変好評であった．こうした人々の数は，1960年代半ばから1970年代半ばまでに急激に増えた．海外からの訪問者は，1965年には300人であったが，1974年には90カ国，1,000人を超えた[113]．

1950年代後半には，もっときちんとした制度が出来上がった．1956年に，ガイ・ワトソン（Guy Watson）は，イングランド銀行においてコモンウェルス諸国中央銀行サマー・スクールを開催するべきであると提案した．多くの植民地が独立に向かっていく歩みを考えると，それは，それらの諸国が新たな中央銀行を担う人々を教育するのを支援する緊急の必要性があることを示していた．ワトソンは，「教育と宣伝（それは，あからさまなものではないが）」の両方の必要があると考えた[114]．クロウショーはこの考え方に同調した．「植民地の心に早目に中央銀行主義の種子を植え付けたい」[115]．ポンド地域のメカニズムとロンドンが提供している決済上の利便性について明確に理解をするよう促すのは，英国の利益であった．この研修課程はまた，イングランド銀行にとって，将来の上級幹部との協力のための基礎を築く良い機会であった．講師は主にイングランド銀行から引っ張り出されたが，シティ，諸大学，政府部局，そして銀行協会から出てもらった人もいた．とくにイングランド銀行と関連づけて金融と商業のセンターとしてのロンドンを学ぶことが，研修カリキュラムの大きな部分を占めたが，コモンウェルス諸国における中央銀行業に関する研修項目や，中央銀行がない地域における諸問題に関する項目もあった[116]．講義（その多くは英国における通貨システムの構造に充てられていた）が研修コースの中軸を占めていた．講義を補うために，シティの市場や他の金融機関，そしてイングランド銀行のオフィスを訪れることもあった．

1957年の4月と6月に6週間以上にわたって研修コースが試行的に実施された．13人が参加し，そのうち10人がコモンウェルス諸国から，3人がイングランド銀行から参加した．この研修は，講師でありゲスト・スピーカーであったセイヤーズが期待を裏切ったものの——伝えられるところによれば「ほと

んどの人が失望し，好意的に受け取られなかった……打ち解けず，無関心で，見下していたように見えた」——成功とみなされた[117]．コモンウェルスに属さない諸国からの問い合わせの数が増え，研修の対象範囲を拡大するかどうかを検討する中で，ド・ムーブレイは「研修は今や時代の流れであり，もしわれわれがその流れに応えなければ，他の中央銀行がやるであろう」と主張した[118]．しかし，それを拡大するとの考えは，参加者の数がとんでもないものになるとして却下された．さらに，コモンウェルスに属さない諸国からの受講生用に別の研修を実施するという選択肢は，上級職員に及ぼす負担を勘案すると，実現可能性があるとは考えられなかった．しかしながら，イングランド銀行は研修への招致をコモンウェルス諸国にとどまらず，1963年には南アフリカとエール（アイルランド）へ拡大し，さらに1973年にも拡大し，このときにはイタリア，フランス，そしてドイツが参加した．研修コースは2年に一度，南東アジア，ニュージーランド，オーストラリア（SEANZA）の中央銀行研修コースと交互に開催され，イングランド銀行はこのSEANZAの研修コースに，経験を積んだ幹部職員を客員の専門家として派遣した[119]．この研修コースはのちに中央銀行研究センター（Centre for Central Banking Studies; CCBS）に組み込まれた．CCBSは，市場経済への移行に乗り出した東ヨーロッパおよび旧ソヴィエト連邦諸国の中央銀行からの教育需要が増えたことに呼応して，1990年に設立されたものであった[120]．

4. 銀行券発行と10進法化

　少なくとも公衆にとっては，イングランド銀行のもっとも目に見える活動は銀行券の印刷と流通であった．これは1694年の創設以来イングランド銀行が行ってきたことである[121]．銀行券発行は膨大な事業で，職員数では圧倒的に最大の活動であった．保証発行は1956年の20億ポンドから1966年の28億ポンドへ増加した．1960年代の終わりには32億ポンドであった．流通銀行券の枚数は1950年の11億9,700万枚から1969年には15億3,900万枚に増加した．イングランド銀行券の製造は1956年にその目的で建てられた巨大なデブデン（Debden）工場に移動した．1960年代前半にはイングランド銀行は平均して毎

営業日に600万から800万枚の銀行券を製造した．デブデンでは1,600人以上が新銀行券の製造，検査，梱包，および使い古した銀行券の廃棄に従事していた．欠陥がないようにするためにすべての銀行券が検査され，各検査員は1日当たり最低1万5,000枚の銀行券を取り扱うことが期待されていたが，平均はもっと高かった．スレッドニードル・ストリートでは，イングランド銀行は季節的な変動と印刷工場からの供給の途絶もありうるので，そのための準備として新銀行券を保蔵していた．銀行券の寿命を予測し，銀行券流通の動きを分析することも本店で行われた[122]．

1960年代の初めに，「C系列」の銀行券が発行され，女王の肖像を初めて示すものとなった．大蔵大臣は1954年にある議員から女王の肖像が銀行券に表示されるべきであるとの提案を受け取った．また，オブライエンは1955年1月に業務局長になった時に，この考えを強く支持した[123]．女王が合意したということが1956年7月に公表されたが，それから1960年3月に1ポンド銀行券に女王の肖像が現れるまで4年もかかった．非公式の理事会が業務局長に銀行券のデザインについて助言したが，肖像をデザインする仕事は，銅版画家・彫師王立協会の会長であるロバート・オースティン（Robert Austin）により行われた．それは困難な仕事であった．多くの試みがなされ，オースティンはときにはくじけそうになった．とくに透かしのデザインに直面したときにはなおのことであった[124]．オースティンによる女王の顔のデザインについての覚書に，オブライエンは次のようにコメントしていた．それは良くできているが，「顔の下半分は，いささかあまりにも『みすぼらしい』……これらの最初の努力の成果は明らかに，総裁がイングランド銀行の中の他の部署に示すことができるほどのものではない．外部に対してはなおのことである」[125]．オースティンが1961年に辞任したとき，オブライエンに，仕事は楽しかったが，困惑することもあり，「しばしば，時間的な予定の方が仕事の内容よりも優先されたようであった」と述べた[126]．デブデンでのことを思い出して，カッベイジは，「彼の仕事について賛否の論争が生じたことは彼にとっては不幸で失望することだったに違いない」と書き記している[127]．もともと，10シリング，1ポンド，5ポンド，10ポンド紙幣は当初すべて同じ大きさになるように提案されたが，盲人代表の要請で銀行券の大きさは金額の大きさにつれて大きくなること

第 7 章　その他さまざまな活動と成果

が確定した[128]．コボルドはまた 2 ポンド券に賛成していたが，これは 1959 年 11 月に政府により却下された[129]．新しい 1 ポンド銀行券がついに発行されたとき，かなりの批判を浴びた．批判は系列番号の配置から，女王の姿が似ていないということまで，多岐にわたった[130]．この系列の 2 番目の銀行券は 10 シリングで，1961 年 10 月に製造され，続いて，1963 年に 5 ポンド，1964 年に 10 ポンドが製造された．5 ポンド券と 10 ポンド券はレイノルズ・ストーン（Reynolds Stone）の仕事で，女王の肖像の新しいデザインが使われた．10 ポンド券が発行されたのは，ドイツによる偽造が現れたために 1943 年に 10 ポンド以上の券面の銀行券発行が撤回されてから，20 年ぶりのことであった[131]．

1968 年 3 月に新たなシリーズが公表されたが，これには新しい女王の肖像，新しいデザインのブリタニア像〔英国を象徴する矛と盾を持ち，ヘルメットをかぶった女性像〕，および裏に歴史上の人物が描かれた．ハリー・エックルストン（Harry Eccleston）のデザインだが，彼は優れた彫り師，図案家で，かつ，画家であった．絵のある「D 系列」の最初は 1970 年 7 月の 20 ポンド券であった．シェークスピアの肖像とロメオとジュリエットのバルコニーの情景が特徴であった[132]．このシリーズの他の人物にはウェリントン公爵（Duke of Wellington）が 5 ポンド券に（1971 年 11 月），フローレンス・ナイティンゲール（Florence Nightingale）が 10 ポンド券に（1975 年），アイザック・ニュートン（Isaac Newton）が 1 ポンド券（1978 年）に登場した[133]．C 系列の 1 ポンドと 10 ポンド券は 1979 年 5 月 31 日に法定通貨ではなくなった．また D 系列の最後の銀行券となる 50 ポンド券はクリストファー・レン（Christopher Wren）とセント・ポール寺院を描き，1981 年に発行された[134]．

偽造が問題であり，つねに，特定の贋造に対する懸念があった．1963 年と 1964 年には，「1 ポンド券のとくに巧みな偽造に関して心配」があった．1968 年 10 月には，オブライエンは常務委員会に「過去 1 年には偽造数の顕著な増加」があり，もっとも問題だったのは C 系列の 5 ポンド券であった，と述べた[135]．銀行券のデザインの複雑さを増すことが偽造を防ぐために必要であった．彫り込んだ人物像を入れることが偽造者に挑戦する有効な要素であった．というのもわずかでも違っているとはっきりと表情が変わってしまうからである[136]．

銀行券の用紙の唯一の供給者は，1724年以来イングランド銀行と結びついているポータルズ社 (Portals) と呼ばれる企業であった．イングランド銀行はこの会社の株式を保有していた．1947年に，相続に際してポータル家の保有株式の市場評価を可能にするために，ポータルズ社は公開会社になった．このために，ポータルズ社の大量の株式が市場に出た際には，イングランド銀行が株式保有を増加させるべきかどうかという問題が生じた．ペッピアットは会社の支配が「非友好的ないし中立的な手」に入った場合には「都合が悪い」との見解を表明した[137]．ポータル卿とその他の大株主が死亡したために，イングランド銀行は1949年と1950年に株式をかなり大量に購入した．これらの取引によって，イングランド銀行は17％の株式を保有するようになった．株式は12シリングと13シリング6ペンスの間の価格で購入されたが，額面額の10シリングで評価され，イングランド銀行には全体で66万8,000ポンドの費用がかかった．イングランド銀行の保有株式は1950年代半ばに減らされ，またポータルズ社もその準備金を資本化したので，1963年に，イングランド銀行は150万株，全体の14％を保有していた[138]．この時点でポータル家は会社の株式のかなりの部分を売却することを考えていたので，ホーラムはイングランド銀行の利益を守るためにその保有を増加させることを勧告した[139]．こうして，さらに50万株が65万1,856ポンドの費用で購入された．その後，さらに多くの取得がなされ，イングランド銀行の保有は1968年までに330万株，30％に達した．その段階で，常務委員会はこれ以上のまとまった追加は不要であると決定した[140]．戦略的に必要と考えられたこれらの株式は少なくとも250万ポンドから300万ポンドの支出で購入されたのである．1989年に，イングランド銀行はポータルズ社の株式を処分し，4,200万ポンドの利益を得た[141]．

イングランド銀行が助言を求められた一例は10進法化の議論の場合であろう．10進法化への関心は17世紀にまで遡るが，初期の試みは成果をもたらさなかった[142]．1950年代にはますます多くの国が10進法化しており，1960年代の初めには，英国は採用していない数少ない国の1つであるように見えた[143]．実際，オブライエンは次のように述べた．「もし，英国が10進法の通貨を採用しなければ，あっという間にそれを採用していない唯一の独立国になるだろう」．「10進法でない通貨の唯一の保有国」であることがなぜ，「かなり

第 7 章　その他さまざまな活動と成果　　　415

のハンディキャップ」になると彼が考えたかはあまりはっきりしない[144]．彼の論じたところでは，移行期の困難が終われば，節約が費用を比較的短期間に上回るであろう．節約として主張されたのは，学校で算数の教育が簡単化されること，通常の事業活動に恩恵があることであり，また，貨幣の計算に含まれるいくつかの段階がなくなるので，誤りが減少することであった．しかも，10進法化をしないと輸出分野で，事務機械産業に不利になるであろうし，事務機械のすべての利用者にとって費用が高くなり，選択を狭めるであろう[145]．すべての人がこれらの論点を確信したわけでもなかった．たとえば，ニーマイヤはポンドに関する制度をいじくることには消極的であった．彼は「12の倍数に多くの便宜」を見ており，「どれほど非論理的であろうとも，変更がこれまでの価格やチップを上昇させることはないだろう」と確信していた[146]．アレンもまた，くだんの利点には感心せず，それを本当に必要としているとは見受けられなかったので，反対であった．彼が主張するところでは，事務機械は現在のシステムを完全にうまく取り扱える．さらに，「10進法化された鋳貨を使用することがどのように『教育を単純化』するのか理解できなかった」[147]．

　1960年5月に，これまで10進法鋳貨への変更の費用と意義について調査をしてきた英国科学振興協会と英国商業会議所協会は，『10進法鋳貨とメートル法：英国は変わるべきか？』という報告をまとめた．これは過去40年間で初めての公式の研究であった[148]．その年の遅くに大蔵省は変更の望ましさと実行可能性について検討するために「10進法通貨作業部会」（Decimal Currency Working Party）を設立した．大蔵省，イングランド銀行，王立造幣所（Royal Mint），貿易省（商務省；Board of Trade），および郵便局からの代表が参加し，活発な議論が行われた．3つの主な提案があった．(1)ポンドを維持し，それを1,000単位に分割すること，(2)ポンドを維持し，それを100単位に分割すること，(3)10シリング制を採用し，10シリングが基本的な単位として機能し，セントは1ペンスより少し価値を増す．これはポンドをやめて，「クラウン（Crown）」ないし「クラウン・スターリング（Crown Sterling）」という新名称を採用することを意味した[149]．10進法通貨作業部会ではイングランド銀行だけがポンドを維持することに賛成であったが，他は10シリング制に賛成であった[150]．しかし，オブライエンは，「もしポンドを維持するなら，10進法化す

るべきではないが，ポンドを維持することの重要性が後者を諦めることを正当化するとは思わない」と述べた．彼の考えでは，10シリング単位の10進法が受け入れるべきであり，彼は「人々は部分的には感傷的理由からポンドに大いに執着しているが，もし，変更が行われれば，過去が完全に忘れ去られるまでに長く時間がかかるとは思えないし，また，現行制度から新しい10進法へのもっとも単純で可能な移行によって実利を得る（一般大衆に関する限りもっとも重要な面である）に違いない」と述べた[151]．クローマーは業務局長の見解を共有した[152]．このように，ポンド―セントを受け入れるか10シリング制にするかどうかについて意見は分かれていた．ブリッジは，10シリング制の利点は強いとは思ったが，ポンドを放棄したくなかった．もし，10シリング制が採用されるなら，ポンドはなくなるか，50％減価するだろうと主張した．当然ながら，ブリッジはポンドがかなり心理的な重要性をもっていると論じた[153]．さらに，ポンドからの離脱によって英国通貨に対する海外の信認が乱されるかもしれない[154]．

　南アフリカの10シリング制への移行の成功と10進法化に対する公衆の関心の高まりを受けて，大蔵大臣，セルウィン・ロイド（Selwyn Lloyd）は1961年12月に科学者で，行政官でもあり，事業家でもあるハルズベリー卿（Lord Halsbury）を10進法通貨の調査委員会の長として任命した[155]．イングランド銀行からの「補佐役」，ならびに王立造幣所と大蔵省からの補佐役が委員会を助けた[156]．委員会に対して意見を表明するイングランド銀行の草案に，クローマーは次のように書いた．「ポンドを維持する論旨をより強力に押し出すようにしてもらいたい．さらに中身を濃くするためにわれわれが追加できる文書はもうないのか」[157]．イングランド銀行の公式の立場が1962年4月26日に理事会で認められた．それによると，ポンドの国際的な地位とロンドンの活力に満ちた金融センターとしての地位がポンドの後ろ盾になる決定的な要因として再度強調された[158]．1963年9月の報告では，ハルズベリー委員会は4対2の過半数でポンドを主要な単位として維持することと，ポンド―セント―半セント制の採用を勧告した．少なくとも3年が変更を準備するのにかかり，その費用は遅れがなければ，1億ポンドになるであろうと推定された[159]．1966年3月1日にキャラハンはポンドが主要な単位として維持され，1ポンドは100単

位に分割され，その単位は旧ペンスの 2.4 ペンスの価値になることを公表した．変更の準備には 5 年が充てられた．

　10 進法通貨委員会（The Decimal Currency Board）が 1966 年 12 月に助言団体として設立され，10 進法通貨法案（the Decimal Currency Bill）が女王の同意を得た翌年 7 月に法的な機能を与えられた[160]．準備期間には新制度に公衆が慣れることも含まれるが，10 進法通貨委員会が政府の省庁と緊密な連絡をとって，この時期の調整を行った．6 種類の 10 進法鋳貨が発行される予定であった．すなわち，3 つの銅貨（半ペンス，1 ペンス，および 2 ペンス）と 3 つの銀貨（5 ペンス，10 ペンス，50 ペンス）である．鋳貨流通の問題を緩和するために，5 ペンスと 10 ペンスは 1968 年に発行され，シリングやフローリンと並行して使用することができた．現行の 1 ポンド，5 ポンド，10 ポンド，20 ポンド銀行券は維持されたが，10 シリング券は 50 ペンス鋳貨に変わった．もっとも，両者は 1969 年 10 月の議論のあった鋳貨の導入後も並行して流通した[161]．英国は 1971 年 2 月 15 日月曜日（「D 日」）に公式に 10 進法化した．交換の準備をするために，すべての銀行が 2 月 11 日木曜日から 2 月 15 日月曜日まで，4 日間通常の業務を停止した．イングランド銀行では準備に大規模な訓練が行われ，その結果，イングランド銀行における移行は円滑かつ効率的に行われた．ポンドが維持されたので，変更を促進するためのイングランド銀行の役割は最小限で済んだ．鋳貨発行は王立造幣所の責任であったので，そこがほとんどの仕事を請け負った．イングランド銀行では，国債登録簿と当座預金勘定残高が変換され，在庫鋳貨が交換され，出納機械が変更された．全体として，10 進法化は注意深く検討され，組織的に管理された変更であって，大きな混乱にはならなかった．

5．イングランド銀行の財務

　1960 年代のイングランド銀行の財務状況は 1950 年代から円滑に推移してきた．1950 年代のように 1960 年代の収入は確実に増加した．それも利子率が高かったためという同じ理由による．1960 年 3 月と 1970 年 2 月の間の総収入は 2 億 3,400 万ポンドで，そのうち，1 億 4,900 万ポンド（64％）は銀行の預け金

表 7-1 イングランド銀行の収入源 (1960-70 年)

(100 万ポンド)

以下の月に終わる年度	英国政府証券の利子[a]	割引手形と貸出の利子	国債管理業務[b]	手数料,料金,および賃貸料	雑収入[c]	合計
1961 年 2 月	12.9	1.7	2.1	0.3	2.0	19.1
1962 年 2 月	12.9	3.2	2.4	0.2	2.0	21.0
1963 年 2 月	11.3	2.0	2.2	0.3	1.8	17.7
1964 年 2 月	11.2	2.1	2.2	0.1	1.8	17.7
1965 年 2 月	13.5	2.6	2.1	0.3	1.9	20.5
1966 年 2 月	16.2	3.3	2.1	0.3	1.7	23.8
1967 年 2 月	17.0	4.0	2.2	0.3	1.3	25.0
1968 年 2 月	15.4	6.3	2.5	0.5	1.3	26.2
1969 年 2 月	19.2	6.7	2.4	1.3	1.4	31.3
1970 年 2 月	19.3	6.5	2.6	1.7	1.6	31.9

a. 政府証券および大蔵省短期証券.
b. 長期 (funded) 債と短期 (unfunded) 債の管理, その他の債券の発行・借換と償還.
c. 発行部, 為替管理, EEA 他によって行われた業務への料金.
出所:半期勘定, ADM6/97-100, 202-203.

表 7-2 イングランド銀行総支出 (1960-70 年)

(100 万ポンド)

以下の月に終わる年度	賃金[a]	年金	合計	一般[b]	不動産[c]	合計
1961 年 2 月	5.0	0.8	6.0	1.2	0.6	7.9
1962 年 2 月	5.3	0.9	6.4	1.3	0.7	8.4
1963 年 2 月	5.5	0.9	6.5	1.4	0.8	8.7
1964 年 2 月	5.6	1.0	6.7	1.5	0.9	9.1
1966 年 2 月	6.4	1.1	7.7	1.6	1.0	10.3
1965 年 2 月	6.6	1.2	8.0	1.8	1.2	11.0
1967 年 2 月	6.9	1.2	8.2	2.0	1.2	11.4
1968 年 2 月	7.3	1.3	8.8	2.6	1.3	12.7
1969 年 2 月	7.8	1.3	9.3	2.8	1.4	13.5
1970 年 2 月	8.3	1.4	9.9	3.2	1.5	14.6

(人件費: 賃金, 年金, 合計)

a. 総裁・副総裁と理事の報酬を含む.
b. 営業および運営経費.
c. 地方税および維持費.

(bankers' balances) で購入された英国政府証券の利子からもたらされた. 割引手形と貸付に対する利子も 170 万ポンドから 650 万ポンドに大幅に増加し, 60 年代に全体の 16% を占めた. 政府に対する国債管理業務の提供によって得られる収入は年 200 万ポンドで, 変化がなかった. 他方, その他の代理業務 (為

表 7-3 イングランド銀行粗利益と純利益 (1960-70 年)

(100 万ポンド)

以下の月に終わる年度	粗利益[a]	税引前利益[b]	税金	税引後利益	税引後および配当支払い後利益[c]	利益の配分 資本支出の償却	利益の配分 将来の支出のための準備金	利益の配分 他の準備金への移転
1961 年 2 月	11.7	11.0	4.6	6.4	4.6	0.0	0.5	4.4
1962 年 2 月	12.6	11.9	5.4	6.5	4.8	0.0	1.5	3.3
1963 年 2 月	9.0	7.8	3.3	4.5	2.7	0.0	2.1	0.6
1964 年 2 月	8.7	7.4	3.1	4.4	2.6	0.9	1.5	0.3
1965 年 2 月	10.2	8.8	3.8	5.1	3.3	0.1	1.8	1.5
1966 年 2 月	13.5	12.0	5.2	6.9	5.2	0.0	2.9	2.3
1967 年 2 月	14.1	12.7	4.2	8.5	6.8	0.2	5.8	0.8
1968 年 2 月	14.0	12.7	4.4	8.4	6.6	1.4	5.3	0.0
1969 年 2 月	20.0	18.6	7.3	11.3	9.6	0.0	6.5	0.0
1970 年 2 月	12.9	11.4	4.3	7.1	5.3	0.4	4.3	0.6

a. 経常収入と資本所得マイナス経常支出.
b. 老齢年金のための資本債務控除後.
c. 「配当支払い」は 170 万ポンドの大蔵省への年間支払いである.
出所：半期勘定, ADM6/97-100, 202-203.

表 7-4 イングランド銀行準備 (1960-70 年)

(100 万ポンド)

以下の月に終わる年度	第 1 勘定	予定外出費準備金	中央銀行業	不動産	年金	英国政府証券	証券管理信託	その他	合計
1960 年 2 月	16.5	5.0	1.5	5.6	5.2	30.0	10.2	3.9	77.9
1961 年 2 月	17.0	8.0	1.5	4.3	5.3	30.0	11.0	3.9	81.1
1962 年 2 月	17.0	11.3	1.5	3.8	6.3	30.0	11.0	3.9	84.8
1963 年 2 月	17.6	11.3	1.5	3.7	7.3	30.0	11.0	3.9	86.3
1964 年 2 月	17.9	11.3	1.5	4.2	7.3	30.0	11.0	3.9	87.1
1965 年 2 月	19.4	11.3	1.5	5.5	7.4	32.0	12.3	3.9	93.2
1966 年 2 月	23.7	11.3	1.5	7.8	7.4	32.0	12.3	3.9	99.8
1967 年 2 月	24.4	11.3	1.5	11.6	7.4	32.0	12.3	3.9	104.4
1968 年 2 月	24.4	11.3	1.5	13.6	7.4	32.0	12.3	3.9	106.5
1969 年 2 月	24.4	11.3	1.5	15.5	10.5	32.0	12.3	3.9	114.4
1970 年 2 月	25.0	11.3	1.5	16.4	10.5	32.0	12.3	3.9	116.0

出所：ADM6/197; ADM6/200.

替平衡勘定および為替管理）からの収入は年 200 万ポンドから 150 万ポンドへ減少した．1960 年代末の総収入は年当たり 3,000 万ポンドで，1960 年代初めより年当たり 1,000 万ポンド以上多かった．同じ時期に支出も年当たり約 600 万ポンド増加した．これは主に賃金増加の結果であるが，一般運営費や不動産

費用も増加した．利益は十分満足のいく以上の水準で，課税後の平均は年当たり690万ポンドであった．配当支払いを引いた後で，1960年代を通じて総額ほぼ5,000万ポンドが準備に移転された（表7-1から表7-4まで）．

この10年間のおもな資本支出はイングランド銀行のいくつかの地方支店の再開発を含んでいた．リヴァプール支店は約30万ポンドの費用で近代化され，サウサンプトン支店の金塊置き場は5万2,000ポンドの承認された支出で再建された．「近代化の必要性によって」，ブリストル，バーミンガム，マンチェスター，リーズ，およびニューカッスルの支店を改築することが必要になった，とイングランド銀行は説明した．これらの支店は19世紀の半ばないし後半に建てられたが，「現在の仕事をこなすにはまったく不適切」であると考えられていた．拡張や改築の余地が限られているので，新たな場所に建て直されなければならなかった[162]．いくつかの新しい支店の建設は騒動を引き起こした．ブリストル支店の建設に対して，地域住民が抗議した．というのも，それは歴史的な地域にあり，その建物は外見が冴えないからであった．ニューカッスル支店にポートランド石とスウェーデン花崗岩を使うイングランド銀行の決定も北部の産業を軽くあしらうものだと批判された[163]．新しいブリストル支店は1963年に開店し，マンチェスターとバーミンガムの支店は1970年に完成した[164]．リーズとニューカッスルの支店は翌年完成した．支店の正確な費用は明らかでないが，最終的な支出の推定が記録に残っている．すなわち，ブリストルは50万ポンドを少し超え，バーミンガムは170万ポンド，リーズは250万ポンド，マンチェスターは300万ポンド，ニューカッスルは200万ポンド，したがって，新しい支店の建物全体では970万ポンドであった[165]．

ローハンプトンでも改築工事が行われた．スポーツ・クラブは期待されたほど使われていなかったので，もっと多くの職員を惹きつけるために水泳プールと室内体育館を建設するべきだとの提案があった．50万ポンド以上の費用の見積もりの新しい施設が1968年夏に承認され，1970年に完成した[166]．この新しい施設の建設によって，以前には別々にあった男性と女性のスポーツ・クラブが合併された．会員の増加を予想して，建物はより良い便宜を提供できるように変更された．ブルは総裁に，国内景気不振のおりに「理事会がこの支出を承認できると感じたことは素晴らしいことである」と述べたのに対し，総裁は

第7章 その他さまざまな活動と成果　　421

表7-5 政府業務のために生じたイングランド銀行の損益*（1960-68年）

(1,000ポンド)

以下の月に終わる年度	国債管理業務	為替管理	預金銀行業	その他	合計	損失控除後の余剰
1960年2月	860	354	139	—	1,357[a]	4,855
1961年2月	938	160	1	21	1,120	5,492
1962年2月	934	192	(68)	39	1,097	5,284
1963年2月	1,145	239	128	50	1,562	3,441
1964年2月	1,778	352	247	53	2,430	3,726
1965年2月	2,045	429	207	90	2,771	4,542
1966年2月	2,050e	800e	120e	300e	3,351	7,167
1967年2月	n/a	n/a	n/a	n/a	4,170	9,249
1968年2月	n/a	n/a	n/a	n/a	4,540	9,226

*（ ）は利益.
a 雑費の4を含む.
出所：Neatby to Hollom/Morse/O'Brien, 'Profits', 9 November 1965; Hollom to O'Brien, 'Bank profits', 1 January 1962, G15/12.

「経済状況の改善を待っていたとしたら，建物は決して建てられなかったであろう」と，返答した[167]．オブライエンはクラブの強力な支持者であった．しかし，1960年代の理事会のメンバーの中には，クラブを閉鎖し，その土地を売却するべきだ，と示唆していた者が，少なくとも1人はいたことは明らかであった[168]．

近代化はイングランド銀行におけるコンピュータの役割の拡大にも及んだ．その広範な利用は一夜には起こらなかった．1970年に，イングランド銀行の使っていたコンピュータはまだ4台にすぎなかった．にもかかわらず，技術の普及は職員数を減らす重要な要因となった．たとえば，国債登録の磁気テープへの移行によって，国債局の職員数は5年間で1,700人から1,350人に減少した．コンピュータによる元利金支払いの作業は1960年に始まったが，1965年までにイングランド銀行によって支払われた元利金のすべてがコンピュータによって行われ，200人近くの職員を減らした．1968年以降，当座預金と小切手決済業務，給与支払い業務とその他の銀行業務および統計業務はコンピュータに移行された[169]．

イングランド銀行の利益と，配当支払いおよび代理業務に対する大蔵省への課金の関係についての全問題が争点として残った．国債業務の損失は累積を続け，為替管理でも赤字が生じた．1967-68年の会計年度にこれらの業務の総損

失は450万ポンドに達した（表7-5）．これは政府への課金水準を徐々に減らそうというイングランド銀行の意図的な戦略の結果であった．こうして，為替管理の実際の費用は180万ポンドに倍増したのに，大蔵省へ提示された請求書は68万8,500ポンドから5万ポンドへ減らされた．為替平衡勘定の実際の運営費用は1968-69年に35万ポンドであったにもかかわらず，何も課金されなかった[170]．

こうした戦略はイングランド銀行の財務状況について大蔵省の関心をかわし，どのような形にせよ1946年法の第1条(4)項への変更を避けるためのものであった．大蔵省は完全にかわされたわけではなかった．1962年4月に，リーはクローマーにその問題を見直すべきかどうかを尋ねた．微妙な問題であったので，手紙は厳密に個人的かつ機密なものとされ，対内的にも対外的にもどの書簡でも参照されることはなかった．クローマーはリーに，そのことに関して調査を始めたと，口頭で答えた[171]．1つには，オブライエンはイングランド銀行の利益についてどのような形にせよその詳細を開示することには反対であったが，「われわれがF.G.L.［フランク・リー（Frank Lee）］から不意打ちを加えられるまで，」放っておいても構わないであろうというところまでは譲歩した[172]．調査はマイナーズ，オブライエン，ホーラム，およびニートビによって実行され，「イングランド銀行の利益」に関する徹底的な関係書類一式が準備された．彼らの結論は，配当支払いについて通常の調査をすれば，結局，損益勘定を開示せざるを得なくなるであろうというものであった．それは「1946年に確立されたイングランド銀行と政府の関係の根本的な変化」になるので，抵抗しなければならない．さらに，費用以下で仕事をする政策は継続されるべきであるが，リーのやり方によって促されたと思われるほど急いで行われるべきではない．いっそうの削減への最良の候補は為替管理と為替平衡勘定（EEA）である[173]．総裁とリーがこの問題を1962年7月に再び議論したときに，書簡の交換をすべきだとの合意に達した．リーの後継者，アームストロングはこれを実行しようと2, 3度試みたが，1964年4月にクローマーに今はこれまでの取り決めを変更する必要はないと言われ，これを受け入れた[174]．

法人税の出現が1965年にいっそうの見直しを促した．ニートビはこれによって大蔵省への年間の支払いを増加する機会となるかもしれないと示唆し，ホ

第7章 その他さまざまな活動と成果

ーラムとモースも彼を支持した．モースは，長年にわたって確立した手続きについていくらか進歩的であったので，イングランド銀行の上級職員のレベルでたなぽた的な利益を最小限にしようとして時間が浪費されるやり方を好まない，と文句を言っていた[175]．しかし，オブライエンは変更には反対であった．まず，銀行の支店を改築するための計画や，フェアフィールズ社のような思いがけない支出を例に挙げて，準備を積み上げる根拠が依然としてあると考えていた．オブライエンがさらに論じるところによると，大蔵省への支払いは20年間170万ポンドで変わらないが，大蔵省のための業務によって生じた損失を考慮に入れると，名目的な利益は全体で450万ポンドであった．この利益は業務に係わる費用をさらに減らすこと，すなわち，為替管理の名目手数料を5万ポンドとし，EEAの運営への課金をなくすことによって，増加させることができると考えていた．なぜ，このようなアプローチの仕方なのか．オブライエンはいつかは法定支払いが見直され，変えられ，必然的に大蔵省はイングランド銀行の数字を検査することを要求するだろうと考えていた．もし，イングランド銀行がこの要求を拒絶すると，1946年法を変える動きとなるかもしれず，そうなると改定は「この特定の論点」に限定されないであろう．したがって，オブライエンは当面1946年法のどんな変更も引き起こさないようにするのに熱心であった[176]．この問題はこの後，ときおり，取り上げられた．1967年にモースは業務費用全体に課金し，配当支払いを変えるようにまだ言い張っていたが，オブライエンは変える必要は何もないと再度述べた[177]．

その後，1969年の初めに，ホーラムが過去20年間の状況を要約したときに，彼が示したのは，イングランド銀行は適切な余剰を出さなかったことは一度もなかったということである．実際は正反対だったのであり，「われわれの収入の主な源泉である銀行の預け金残高の積み上がりをもたらすインフレーションとわれわれの稼得資産への高い利子率との複合効果の下で，われわれの余剰は当時困惑するような高水準に向かっていた」のであり，政府のための業務で損失が発生していなかった場合には，もっと高くなっていたであろう，とホーラムは書き記している[178]．今や，変化を求める外部からの圧力が生じていた．すなわち，議会の特別調査委員会が調査を始めようとしており，経営コンサルタントがイングランド銀行についての仕事を始めるように任命され，手形交換

所加盟銀行の財務開示が議論されていた．論議の的は，年間支払い額を増加させ全面課金を導入するかどうかから，どのようにこれらのことが実施されるべきかに急速に移行するであろう．

イングランド銀行の特別な活動には，フェアフィールズ社，IRC，CDFC，ICFCおよびFCIを通じた産業支援，シティ・パネル，およびイングランド銀行の支店の改築が含まれるが，これらの活動に対してイングランド銀行が支出した金額は約2,550万ポンドになる．貸付は返済されたので，このすべてが支出ではない．また，それは非常に大雑把な推計として捉えるべきであり，おそらくすべての隠された支援を考慮に入れたものではない．にもかかわらず，それでも驚異的に高い数字であり，1960年代に準備に移転された5,000万ポンドの60％に当たる．残念ながら，イングランド銀行の勘定の性質では，この資金すべての源泉を跡づけることは難しい．

6. 外部調査

どれほどうまくイングランド銀行が成果を上げているかという疑問は1960年代でもまったく消え去っていたわけではなく，時代のはやりにしたがって，経営コンサルタントによる調査を依頼することが決められた．コンサルタントに依頼するという1969年のオブライエンの決定は重要なものであった．イングランド銀行は1966年以来コンピュータ・コンサルタントの専門家は雇用していたが，外部者による全面的な調査は許されたことがなかった[179]．1968年2月に，アドバイザーのジェームズ・セルウィン（James Selwyn）は，「さまざまなグループがイングランド銀行を顕微鏡で覗いてみたいという願望を膨らませている」と記していた．また，イングランド銀行は傷つきやすいので，「外部の批判を撃退するためにはより強力な立場にいる」ことが必要であった[180]．セルウィンはコンサルタントによる調査によって「われわれ自身のよりはっきりした姿」が明らかになるだろうと主張した[181]．そのうえ，外部からの批判に対する恐れが，多数の会社や国有化された産業が当時コンサルタントの専門家を訪問していたという事実と相まって，総裁の決定に貢献したかもしれない．

理事会は1968年8月にマッキンゼー社を招聘してイングランド銀行を調査させることに合意し，その任命は10月に公表された．総裁は，現在の組織構造の中で仕事が的確に遂行されていることに満足はしているが，イングランド銀行が「業務の性質と範囲の変化に適切に適応していることと，経営組織の分野における現在の発展動向を完全に利用することとを確実なものにしたいのだと，マッキンゼー社のスタッフに述べた[182]．マッキンゼーの選択は論争の対象となった．セルウィンの示唆したところによると，政府の省や国有化された産業が米国のコンサルタントを使うことについて議会で最近問題にされているので，そのような会社がもっとも優れた英国の会社に比較して「著しく優れている」のでなければ，そのような会社は避けるのが望ましい．後の覚書で，彼は次のように付け加えた．「イングランド銀行は世界的なイメージであり，現在の経済的な不確実性の下で，米国のコンサルタントを選べば，多くの敵意のある論評がなされるかもしれない[183]．イングランド銀行はDPRM社およびアーウィック・オー・アンド・パートナーズ社（Urwick, Orr and Partners）を含む一連の会社を検討したが，マッキンゼー社がもっとも適切だと判断した．マッキンゼー社はインペリアル・ケミカル・インダストリーズ（Imperial Chemical Industries; ICI），シェル，ブリティッシュ・ペトロリアム（British Petroleum; BP），およびリーヴァ・ブラザーズ（Lever Brothers）のような他の大会社や郵便局，英国鉄道省（British Railways Board），および英国放送公社（British Broadcasting Corporation; BBC）のような公共団体をすでに取り扱っていた[184]．実際，このときには，マッキンゼー社は「経営コンサルタントの中ではブランドネームとして認知されて」いた[185]．

　マッキンゼー社を選んだことは世間の関心と論評の洪水を引き起こし，この決定は英国のコンサルタント会社に対する信認を損なったように思えた[186]．このときは「私は英国を支持している」キャンペーンの時期であった．驚くこともないが，英国の経営コンサルタント会社は前面に出て批判を展開し，彼らの代表はオブライエンとの会合を求めた．首相も介入するように要請された[187]．1968年11月に下院で詰問された時，首相はイングランド銀行のコンサルタントの選択について疑念を表明した．しかし，イングランド銀行の決定が覆ることはなかった．

マッキンゼー社は 1969 年 2 月に仕事を始め，そのプロジェクトは 1 年間続いた．費用は当初は 17 万ポンドと見積もられていたが，実際の料金総額は 14 万 2,900 ポンドであった．アルコン・コピサロー（Alcon Copisarow）博士に率いられたマッキンゼー社は組織のあり方と経営プロセスを調べ，どのような改革によってイングランド銀行がもっと効果的で効率的に運営できるようになるかを決定するように要請された．印刷工場を除いて，支店を含めたすべてのイングランド銀行の活動が対象となった．調査は，より詳細な調査を必要とする分野をあぶり出すために広範な問題を見る「診断フェーズ」と，指摘された分野をさらに精査する第 2 フェーズとから成り立っていた．

1969 年 9 月末に第 1 フェーズの報告書が提出されたが，その結論は総じてイングランド銀行により受け入れられた．マッキンゼー報告の指摘によれば，イングランド銀行の業務の質と職員の素質は高いが，資源の効果的な利用は組織，政策，および手法を改革することにより改善されうる．イングランド銀行はその主要な活動と責任をより緊密に関係づけ，政策アドバイスを形成するための手続きを改善し，財務管理と人的管理の改善によって資源管理を向上させるための手段を講じるべきである．その結果生じる主な改革は総裁が議長を務める正式の政策委員会を設立すること，より包括的な予算と費用の管理システムを導入すること，コンピュータ開発，手法研究，業務測定，および職務評価を扱う独立の局を作ること，さらに，キャリア・プラニング，経営訓練，および業績評価の手法改善を行うことであった[188]．第 2 フェーズの報告書は 1970 年初めに作成され，なかでも，理事会の諸委員会，総務関係部局，経済情報，銀行券発行，および支店の業務活動に焦点を合わせていた．

最初は，イングランド銀行ではコンサルタントを入れることについて不安があった．おもに，それによって職員の数が減らされるのではないかという恐れがあった．オブライエンは後に，彼の決定は「私の近しい同僚の多くによって恐怖にも近いもの」として受け止められていたことを認めた[189]．非常勤理事のロベンズ卿（Lord Robens）は経営コンサルタントの有効性について懐疑的で，優良な内部チームの方がもっと向いているであろうと信じていた[190]．しかし，全体としては，この調査は前向きな動きとして見られていた．オブライエンはコピサローにイングランド銀行はこの会社との連携を「大いに楽しん

第7章　その他さまざまな活動と成果　　　427

だ」と語った[191]．イングランド銀行は「われわれのために果たしてくれたマッキンゼー社の努力をとても喜び，また，コピサローが集めて指揮したチームの能力に非常に感銘を受けた」[192]．イングランド銀行はマッキンゼー報告の提案を受け入れ，それに従って行動した．事実，対応の速さはシティにとっては驚きであった[193]．1970年5月に，イングランド銀行は「経営管理アドバイザー（Management Services Adviser）」と「予算・管理会計部長（Controller of Budgets and Management Accounting）」職を公募した．この広告は『タイムズ』紙によると，イングランド銀行が全面的にマッキンゼー報告の勧告を受け入れたことを示していた[194]．

　しかし，マッキンゼー報告の実際の効力は限定的であった．この報告書によってもたらされた唯一の顕著な変革は，コンピュータと総務業務を提供する新しい経営管理局（Management Services Department）をヒースマンを局長として1970年6月に作ったことであった．再編は経済情報局（EID）でも行われた．マッキンゼー報告の論じるところによると，情報の生産と収集，およびその分析と解釈にはその情報がイングランド銀行の内外の利用者に伝達される手法と同様に改善の余地がある．経済情報の範囲はEIDの中に独立した研究部門を創出することによって拡張されるべきであり，分析グループならびに部門金融グループは拡大されるべきである．こうして，1970年3月に，アドバイザーのディックス=ミロがEIDの副局長になり，イングランド銀行内で経済アドバイスを開発するために新しく創設された経済局（Economic Section）の局長になった．同時に，グッドハートがアドバイザーに任命されて，やはり，新しい局のメンバーになった[195]．業務局と総務局の再編も行われた．また，1970年3月に経営開発課が新しく任命された経営開発マネジャーの下でキャリア・プラニング，業績評価，および経営訓練の最良の手法を策定するために設立された．ド・ムーブレイ（元EIDの副局長）がこのポストに任命された[196]．予算管理システムを導入し維持するために，財務管理者のポストが設けられ，ジョン・ルーミンズ（John Rumins）が任命された．

　マッキンゼー社が調査を実行している間に，国有化産業特別委員会（SCNI）もイングランド銀行に対する調査を行っていた．同委員会は長い間イングランド銀行を調査するように主張していたが，キャラハンが大蔵大臣であ

ったときには当初抵抗していたが，後任のジェンキンズは1969年に調査開始の許可を与えた．その目的は，1946年法以来強まってきた政府とイングランド銀行との関係を公衆が理解できるようにすることであった．LSE の金融 (money and banking) に関心をもつ経済学者レズリー・プレスネル (Leslie Pressnell) が，特別アドバイザーに任命された．委員会は機能と組織，イングランド銀行と政府の財務的な関係，およびイングランド銀行の説明責任を調査した．委員会の付託範囲としては，経済政策，金融政策，為替管理，および為替平衡勘定（EEA），ないし，銀行としてのイングランド銀行の役割の問題には立ち入らないこととされていた．ジェンキンズは委員会に白紙委任を与えることは望まず，イングランド銀行の大蔵省との秘密の関係は守られなければならないと感じていた[197]．全体で26人の証言者がおり，5人はホワイトホール〔政府〕から，6人はイングランド銀行から，8人はシティから，4人はプレスから，3人は学界からであった．証言は1969年4月から1970年3月までの11カ月の間に行われた．オブライエンは9回にわたって出席し，通常はホーラムが随行し，ときにはイングランド銀行の事務局長のピーター・テイラー (Peter Taylor) が随行した．また，イングランド銀行も多数の資料（papers）を提出した．

1970年5月に発表された報告書に記載された主要な批判の1つはイングランド銀行の財務諸表の公開がないことであった．翌日，『デイリー・ミラー』紙は「スレッドニードル・ストリートのオールド・レディーは帽子と肩掛けを脱いで，透け透けの（シースルー）ドレスを着るように言われた」と書いた[198]．イングランド銀行は長い間秘密に覆い隠されてきたので，もっと開放的にするようにとの要求は部外者には歓迎された．委員会はラドクリフ報告書以来，とりわけ『四季報』の導入によって，変化が生じてきたことは認めたが，公表される資料の水準はまだ不十分であると，感じていた．情報の公開という点で，イングランド銀行は明らかに他の中央銀行に遅れていた[199]．委員会によれば，イングランド銀行は他の国有化産業と比較できる財務諸表を公表すべきであり，したがって，拡充された『年報』には資産と負債，収入と支出，および利益と損失の計数が，含まれることが求められた．イングランド銀行がもう少し秘匿性を弱めるようにという提案は総裁を警戒させた，と報じられ

た[200]．総裁の論によると，イングランド銀行の秘密的な性格は，ノーマンがしたように「陰徳を施す」ことを意味しているので，公開の拡大はその独立性を脅かすものであった[201]．

「レズリー法王は不謬か？」と，他の新聞の見出しは尋ねた[202]．委員会によればそうではない．「公的な団体が誰に対しても説明責任がないというのはまったく不適切」であった[203]．同紙の論ずるところによると，イングランド銀行は他の国有化産業とまったく同様に，議会に対して責任を有するべきである．おもにその歴史によって他の産業とは違うとイングランド銀行は考えたいのであるが，委員会はイングランド銀行も他の公的企業と同じように取り扱われるべきだと信じていた．また，イングランド銀行の効率性に関する関心もあった．そのことについては大蔵省も不確かであったし，誰もそれを適切に評価する立場にないということは認識していた．報告書は，イングランド銀行は何年もの間非効率に運営されてきた可能性があり，今後もそうしつづける可能性があると論じた[204]．委員会は，実際にはそうではないと信じていたが，「秘密で保護され，検査されない機関は自らを批判的にみることがなく，自己満足に陥る危険性がある」と警告した[205]．この他にも次のような提案があった．資本支出は他の公的機関の資本支出と同じ検査にかけられるべきである．イングランド銀行は銀行部の利益を，準備と運転資本として合意された分を留保した後，政府に支払うべきである．また政府のために実施されている業務費用の全額を課金するべきであり，これには為替管理の執行，EEAと国債の管理が含まれる．新しい地方支店，いわゆるタージマハールも攻撃された．というのも，それらは費用にほとんど注意を払わずに建設されてきたからである．さらに，委員会は，理事会のバランスは執行理事の方のウェイトが高められるべきであるというラドクリフ卿の見解を支持した．非常勤理事が総裁にとっての情報伝達の経路を提供するという考え方はもはや有効ではなかった[206]．彼らに説明することは公的な説明責任を適切に果たしたことにはならないので，彼らは有益な役割を果たしてはいなかった[207]．イングランド銀行は将来もまた国有化産業委員会によってときどき調査されるべきであるとされた．

5月のプレス・コンファレンスでは，「イングランド銀行は調査に決して反対はしなかったし，また，これ以上はないほど協力的であったと言われた．総

裁自らがつねに非常に礼儀正しく，さらに委員会に彼らが望む物を自ら進んで提供した」[208]．翌月，オブライエンが明かしたところでは，彼は「報告書とその評判に大満足であった」[209]．しばらく経ってから振り返っても，質問を受けるプロセスは「刺激的で楽しかった」ので，彼と委員会のメンバーとの関係は「非常に友好的」であった．彼は自分自身この分野ではとくに技量があると信じていた．ミカードは「いつももっとも礼儀正しいだけでなく知的で洞察力がある」と見られていたが，彼がプレス・コンファレンスでイングランド銀行を厳しく論評したので，総裁は「下品な政治的な動物が勝ちやがった」と結論づけた[210]．

報告書が成功であったかどうかについての部外者の見解は分かれていた．『バンカー』誌は，イングランド銀行に対して「多くの有益な光が当てられた」と考えて肯定的に評価した．同誌は，イングランド銀行と大蔵省の関係は「以前よりもずっと明らかに」なるとともに，イングランド銀行内部では恐れられていたにもかかわらず，報告書が「困惑するとか不名誉なものを引きずり出す」ことはなかった，とした[211]．『フィナンシャル・タイムズ』紙は，報告書がイングランド銀行と政府の間の関係の将来の役割にかなりの影響を与えるだろうと考えた．それに対し，『サンデー・タイムズ』紙は委員会の勧告はイングランド銀行の本当に重要な事柄については何の違いももたらさないだろう，と論じた．委員会は金融と通貨情勢に関する多くの知識をもたずにイングランド銀行に迫り，しかも十分に突っ込まなかったと批判された[212]．こうした評価にもにもかかわらず，それはイングランド銀行に対して何らかの影響を及ぼした．委員会の勧告に従って，イングランド銀行は1971年の『年報』にその財務諸表を公表し始め，新しい課金制度が1971年3月に施行された．

7. 内部組織と理事会

1950年代から1970年代まではイングランド銀行の基本的な組織構造にはほとんど変化がなかった．理事会，総裁と副総裁，および執行理事の下に，一連の局が並んでいた．生じた変化は比較的小さく，イングランド銀行の運営の仕方にはほとんど影響がなかった．経済研究により大きな役割が与えられたのを

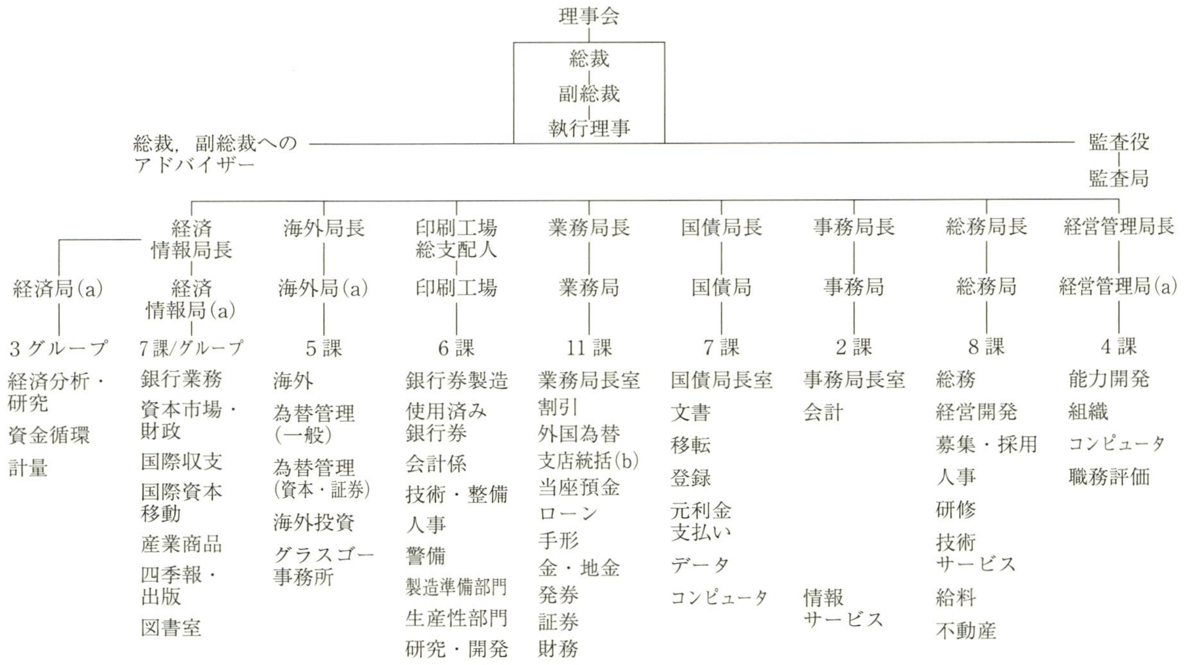

431

```
                        理事会
                          |
                    ┌─────┴─────┐           監査役
                    │  総裁     │           監査局
                    │ 副総裁    │
                    │執行理事   │
                    └─────┬─────┘
```

総裁, 副総裁への
アドバイザー

経済情報局長	海外局長	印刷工場総支配人	業務局長	国債局長	事務局長	総務局長	経営管理局長
経済情報局(a)	海外局(a)	印刷工場	業務局	国債局	事務局	総務局	経営管理局(a)
7課グループ	5課	6課	11課	7課	2課	8課	4課
経済分析・研究	海外	銀行券製造	業務局長室	国債局長室	事務局長室	総務	能力開発
資金循環	為替管理(一般)	使用済み銀行券	割引	文書	会計	経営開発	組織
計量	為替管理(資本・証券)	会計係	外国為替	移転		募集・採用	コンピュータ
	海外投資	技術・整備	支店統括(b)	登録	情報サービス	人事	職務評価
	グラスゴー事務所	人事	当座預金	元利金支払い		研修	
		警備	ローン	データ		技術サービス	
		製造準備部門	手形	コンピュータ		給料	
		生産性部門	金・地金			不動産	
		研究・開発	発券				
			証券				
			財務				

3グループ

銀行業務
国際収支
国際資本移動
産業商品
四季報・出版
図書室

図7-1 イングランド銀行の組織機構, 1970年

注: 財務監督役はまだ任命されていないので図にも示していない。
(a) 経済局, 経済情報局, 海外局および経営管理局にアドバイザーがいる。
(b) 支店があるのは, バーミンガム, ブリストル, リーズ, リヴァプール, マンチェスター, ニューカッスル・アポン・タイン, およびロー・コーツ (ロンドン) である。

別とすると，業務局長帝国 (Chief Casher's empire) はイングランド銀行の中心にとどまった．1960年代の前半にはイングランド銀行は6つの主要な局に組織されていた．すなわち，業務 (Cashier's)，国債 (Accountant's)，中央銀行情報局 (Central Banking Information Department; CBID)，事務 (Secretary's)，総務 (Establishments)，および印刷工場 (Printing Works) である．中央銀行情報局 (CBID) が1964年3月に廃止された時点で，海外局が再建され，経済情報局が創設された結果，局の数は7つに増加した．図7-1が示すように，1970年代初めまでに局の数は，経営管理 (Management Service) 局が追加されて8つに増加した．為替管理が海外局から独立した1973年に9番目の局が創出された．事務局，経営管理局，および監査局と総務局の一部とが合体して，新しい管理局 (Administration Depatment) が創設された1976年にさらに変化があった．これらの局の内部でもこの時期を通じて変化があった．割引部は消滅し，監督部門が拡大した．海外局と経済情報局 (EID) も，分析的な業務と統計的な業務の間のよりはっきりした組織上の区別をするために再編された[213]．それでも，イングランド銀行の全体の構造は変わらなかった．しかし，遠からずして，イングランド銀行の創設以来実質的に機能してきた組織形態から，まったく違った新しい組織形態へ発展させる方向へ考えが変わることになった（第16章参照）．

　1960年代初期の職員総数を確定するのは難しいが，1960年代の中頃からはもっと容易にわかるようになっている．1960年代中頃の本店での総数は4,000人あたりを変動していた．国債局が最大であるが，人数は1964年の1,600人から1970年の1,200人に減少した．次は業務局で，およそ1,000人であった．常勤の銀行職員数は4,500人であった．他方，技術職やサービス職員やデブデンの職員を含む職員総数は約7,000人であった．また，多数のパートタイムの女性が国債局と印刷工場で働いていて，その数は800人から900人の間であった．デブデンは別にして，イングランド銀行で最大の局は今や業務局で，平均1,250人で，そのうち345人が支店で働いていた．国債局も60年代を通じて1,000人以上を雇用していた[214]．1960年代の為替管理の人数は1960年代初期のおよそ250人から1970年までに500人に倍増し，1970年代の終わりにはおよそ750人に増加した．

1970 年代には大卒者の雇用が増加し，採用は 1972-73 年の 24 人から 1975-76 年の 48 人に倍増した．その後，為替管理の廃止後，職員が過剰になったため新規雇用は 18 人に減少した．1970 年代半ばにはオックスフォードとケンブリッジ以外の大学からの大卒者の方がより多く採用された．イングランド銀行に入行するにあたって，大卒者は 9 週間の基礎的な訓練と銀行業と経済学の課程を含む研修を受講した．彼らはその後，2 年から 3 年を EID か海外局で過ごし，金融および経済データの収集と分析に従事するのが典型的であった．発展コースも提供され，上級職の可能性のある人々は「上級訓練コース」を選択し，かなりの見込みを示した入行者には大学院の学位を取得する選択肢があった[215]．大卒者は 20 歳台半ばに（監督役的な）初級管理職に就くことが期待され，30 歳台半ばに中間管理職（ミドル・マネジメント）に就くことが期待されていた．しかし，すべての者が満足していたわけではない．1970 年 3 月，苦情を記した覚書に 31 人の大卒者が署名した．彼らは大卒の資格など必要としない「無駄で欲求不満をもたらすような」単純作業にあまりにも多くの時間が費やされていると感じていた．さらに，給与の構造は「不適切で近視眼的」とみなされた．イングランド銀行以外では給料は最初の数年間で急激に増加し，のちに横ばいになる傾向があった．イングランド銀行内部では，逆の事態が生じていた．大卒者はまた，自分たちの実績に対する支払いが不十分だと思っていた[216]．総務局長（chief of establishments）からの反応は，イングランド銀行は「構造上やむを得ない制約を受け入れる心構えのある大卒者にとっては，興味深く，報われるキャリア」を提供している，というものであった[217]．

　イングランド銀行は 1960 年代を通じて十分な給与を支払い続けた．1968 年には，上級職員は 7,000 ポンドから 1 万ポンドの収入を得た．また，局長はもっと多くの収入を得た（表 7-6）．業務局長職は 1 万 6,000 ポンドで，銀行職員のなかでもっとも高いままであった．総裁と副総裁，理事の報酬は 4 年ごとに検討され，調整された．1961 年に総裁の俸給は 1 万 5,000 ポンドで，副総裁は 1 万 3,000 ポンドであった．これらは 1964 年にそれぞれ 2 万ポンドと 1 万 6,000 ポンドに増加し，1968 年までにこの数字は 2 万 5,000 ポンドと 1 万 8,000 ポンドになった．これらの数字は国有化産業の会長の数字よりもはるかに上で，後者は 1 万 1,000 ポンドから 1 万 6,000 ポンドであった[218]．執行理事は任命時

表 7-6 イングランド銀行の上級職員 (1969年3月)

名前	入行時点	職位	就任時点	給与(ポンド)
ジョン・フォード(John Fforde)	1957	業務局長	1966年7月	15,325
ロイ・ヒースマン(Roy Heasman)	1932	国債局長	1967年5月	12,374
ピーター・テイラー(Peter Taylor)	1939	事務局長	1968年3月	10,217
チャールズ・ホワイト(Charles White)	1928	総務局長	1963年5月	11,125
ゴードン・フォーティン(Gordon Fortin)	1932	印刷工場総支配人	1964年3月	9,876
ジョフリー・タンズリー(Geoffrey Tansley)	1928	代理人, ロー・コーツ支店	1961年4月	7,776
ケネス・アンドリューズ(Kenneth Andrews)	1939	業務局副局長	1967年4月	10,800
リチャード・バルフォア(Richard Balfour)	1935	業務局副局長	1965年4月	10,400
ジョン・ペイジ(John Page)	1941	業務局副局長	1967年4月	8,514
ジェームス・キーオ(James Keogh)	1937	割引部長	1964年10月	10,400
ロイ・フェントン(Roy Fenton)	1929	海外局長	1965年3月	11,352
マイケル・ソーントン(Michael Thornton)	1938	経済情報局長	1968年7月	11,250
ガイ・ド・ムーブレー(Guy de Moubray)	1943	経済情報副局長	1968年7月	9,600
ジョージ・プレストン(George Preston)	1939	外国為替部長	1967年3月	8,032
ジェームズ・ハンフリー(James Humphrey)	1928	事務副局長	1968年3月	7,379
ベイシル・モーンダー(Basil Maunder)	1928	国債副局長	1963年3月	8,628
アファラ・モーンセル(Aphara Maunsell)	1936	総務副局長	1968年7月	9,400
クリントン・スミス(Clinton Smith)	1932	総務副局長	1968年7月	9,200
スタンレー・ブラックラー(Stanley Blackler)	1939	当座預金部長	1966年8月	5,506

出所: 1969 House List, E20/178.

に1万4,000ポンド受け取り, 再任命時には1万5,250ポンド受け取った.

こうした状況は1970年代初期に少し変化した. 当時はロンドン中心部の他企業における同様の仕事の給料の方がもっと高かったので, それがおもな理由

第7章　その他さまざまな活動と成果　　　435

となって職員がイングランド銀行を辞めていった．若い女性職員の評価について，あるマネジャーは書いていた．「イングランド銀行に入ることは当初は魅力的であるかもしれないが，金銭的に得られるものが釣り合わなければ，その魅力は急速に色あせる」[219]．1973年には，他企業での収入が高いので，このままではイングランド銀行は若い事務職員を失い続けるだろうということが認識された[220]．1972年7月に男女平等な支払いがイングランド銀行に導入され，すべての女性は男性の仕事と同じないし同様の仕事に雇用されている場合には，平等な取り扱いを受けることが保証された．それは1964年以来求められてきたことであった．1968年にイングランド銀行は5回に分けて（もっとも女性職員は後に1969年まで実施を遅らせることに同意したが），平等な支払いをすることに同意し，3年後には完全に実施された．

　雇用環境は好ましいものが続いた．求人パンフレットは従業員が利用できる一連のスポーツと社会活動に焦点を当てていた．『オールド・レディー』誌は，多数のスポーツチームが活躍していることや演劇活動について四半期ごとに最新のレポートを掲載することにより，これらの施設を多数の人々が利用している証しとなっている．また，1976年の特別委員会で批判の対象とされる福利厚生もあった．これらには住宅ローンと教育ローンの制度，旅行用のシーズン・チケット向け無利子貸付，昼食への補助，「特定目的」のための無担保個人貸付が含まれていた．その貸付の利子率は2％から3％であった．それに加えて，寛容な，無拠出年金制度があった．もちろん，職員にそのような便宜を提供するのは，金融機関の中でイングランド銀行だけではなかった．しかし，同時代のインフレ率を考慮に入れると，利子率は極端に低く，当時の実質では−20％を超えていた．特別委員会は，現行の金融環境の下ではそのような便宜も公衆が負担しなければならない種類の負担と同程度のものにする時がきたと，示唆した[221]．『デイリー・ミラー』紙の見出しは「役得をたたき切れ．国会議員がイングランド銀行職員の大もうけを攻撃」であった．イングランド銀行のプレス担当官であったジョージ・モーガン（George Morgan）は次のように不満を述べた．すなわち，結局，変化が起こることは避けられないが，新聞によって問題の見通しが立たなくされた，と[222]．1978年の内部の見直しによって，1979年には住宅ローン制度の改善が実行された．それによると，新

表7-7 イングランド銀行理事会理事（1958-79年）

理事	就業期間	就任時の年齢	出身業界
【執行理事】			
サー・ジョージ・エイベル（Sir George Abell）	1952-64	47	海外勤務（インド）
サー・キリル・ホーカー（Sir Cyril Hawker）	1954-62	53	イングランド銀行
サー・ジョン・スティーヴンズ（Sir John Stevens）	1957-65	43	イングランド銀行
モーリス・パーソンズ（Maurice Parsons）	1957-66	46	イングランド銀行
レズリー・オブライエン（Leslie O'Brien）	1962-64	54	イングランド銀行
モーリス・アレン（Maurice Allen）	1964-70	55	イングランド銀行
ジェームズ・ベイリー（James Bailey）	1964-69	55	イングランド銀行
ジェレミー・モーズ（Jeremy Morse）	1865-72	36	銀行
ジャック・デーヴィズ（Jack Davies）	1969-76	57	大学行政
ジョン・フォード（John Fforde）	1970-82	48	イングランド銀行
クリストファー・マクマーン（Christopher McMahon）	1970-80	42	大蔵省／イングランド銀行
クリストファー・ダウ（Christopher Dow）	1973-81	57	大蔵省／OECD
ジョージ・ブランデン（George Blunden）	1976-84	53	イングランド銀行
【非常勤理事】			
サー・チャールズ・ハンブロ（Sir Charles Hambro）	1928-63	30	マーチャント・バンク（Hambros）
ローレンス・キャドベリー（Laurence Cadbury）	1936-61	46	食品（Cadbury Brothers）
サー・ジョン・ハンベリー・ウィリアムズ（Sir John Hanbury-Williams）	1936-63	43	産業（Courtoulds）
サンダーソン卿（Lord Sanderson）	1945-65	50	海運（Shaw Savill）
キンダーズリー卿（Lord Kindersley）	1947-67	47	マーチャント・バンク（Lazards）
ジョフリー・エリー（Geoffrey Eley）	1949-66	45	金融／証券ブローカー
マイケル・ベイビングトン・スミス（Michael Babington Smith）	1949-69	47	銀行（Glyn Mills）
バイセスター卿（Lord Bicester）	1954-66	56	マーチャント・バンク（Morgan Grenfell）
サー・ウィリアム・ピルキングトン（Sir William Pilkington）	1955-72	49	産業（Pilkington Brothers）
ウィリアム・ケズィック（William Keswick）	1955-73	51	通商／貿易（Jardine Matheson）
サー・アルフレッド・ロバーツ（Sir Alfred Roberts）	1956-63	58	労働組合
サー・ジョージ・ボールトン（Sir George Bolton）	1957-68	57	イングランド銀行
クローマー卿	1961-66	42	マーチャント・バンク（Barings）
ネルソン卿	1961-87	44	産業（English Electric）

表 7-7（続き）

理事	就業期間	就任時の年齢	出身業界
サー・モーリス・レイング (Sir Maurice Laing)	1963-80	45	建設
サー・ウィリアム・キャロン (Sir William Carron)	1963-69	61	労働組合（AEU）
サー・ヘンリー・ウィルソン・スミス (Sir Henry Wilson Smith)	1964-70	60	大蔵省／産業（Powell Duffryn）
セシル・キング (Cecil King)	1965-68	64	ジャーナリスト
ロベンズ卿	1966-81	55	政治家／鉱山（National Coal Board）
サー・ロナルド・ソーントン (Sir Ronald Thornton)	1966-70	64	銀行（Barclays）
ゴードン・リチャードソン (Gordon Richardson)	1967-73	51	投資銀行（Schroders）
サー・エリック・ロール (Sir Eric Roll)	1968-77	60	エコノミスト
サー・ジョン・スティーヴンス (Sir John Stevens)	1968-73	55	イングランド銀行
サー・ヴァル・ダンカン (Sir Val Duncan)	1969-75	56	鉱業／産業；Rio Tinto
サー・シドニー・グリーン (Sir Sidney Greene)	1970-78	50	労働組合
サー・アドリアン・キャドベリー (Sir Adrian Cadbury)	1970-94	40	食品（Cadbury Schweppes）
レオポルド・ド・ロスチャイルド (Leopold de Rothschild)	1970-83	42	銀行（N.M・Rothschild）
ウェア卿 (Lord Weir)	1972-84	38	技術者（Weir Group）
ジョン・クレイ (John Clay)	1973-83	45	マーチャント・バンク（Hambros）
サー・ヘクター・レイング (Sir Hector Laing)	1973-91	49	食品（United Biscuits）
サー・アラステーア・ピルキングトン (Sir Alastair Pilkington)	1974-84	54	事業（Pilkington）
サー・ロバート・クラーク (Sir Robert Clark)	1976-85	52	マーチャント・バンク
ジョフレー・ドレイン (Geoffrey Drain)	1978-86	59	労働組合
サー・デイビット・スティール (Sir David Steel)	1978-85	61	石油（BP）

出所：Bank of England, *Annual Report*.

たな入行者は住宅購入に際して特定されたいくつかの住宅金融組合の中から融資を受けなければならなかったが，利子率はイングランド銀行の補助によって5％に引き下げられた[223]．

クローマーが総裁になったときに，理事会のメンバーは1950年代以来変わっていなかった．実際，クローマーが1961年1月に非常勤理事としてイングランド銀行に赴任したとき，彼は4年ぶりの新規の任命であった．60年代と

70年代に9人の執行理事が任命された．総務に責任をもつ執行理事は1964年まではジョージ・エイベル（George Abell）であった．その時点で，元国債局長のジェイムズ・ベイリー（James Bailey）が就任した．1969年にはジャック・デーヴィズ（Jack Davies）がベイリーを引き継いだ．デーヴィズは1952年以来ケンブリッジ大学任命委員会（Cambridge University Appointments Board）の委員長として卒業生をイングランド銀行に推薦するのに貢献してきたが，彼を有名にしたのは，1934年にケンブリッジ大学とオーストラリア人とのクリケットの試合で，有名なオーストラリアの打者，ロナルド・ブラッドマン（Donald Bradman）をカモにした投球であった[224]．デーヴィズは1976年に引退し，代わりにブランデンが就任した．

1960年代と1970年代の非執行理事は金融業者，産業家，および労働組合代表のお馴染みの混合であった（表7-7）．いくつかの会社，とくに，キャドベリー・アンド・ピルキングトンズ社（Cadbury and Pilkingtons）は理事会に継続的に家族のメンバーを送り込んでいた．10進法化に関するハルズベリー委員会のメンバーであるロナルド・ソーントン（Ronald Thornton）の任命は理事が「5大銀行」の1つから選ばれるようになった最初の合図であり，過去からの重要な決別を示した．つまり，モースも手形交換所加盟銀行のグリン・ミルズ銀行（Glyn Mills）出身であったが，同行は小さかった．1967年にゴードン・リチャードソン（Gordon Richardson）が，1947年以来理事であったが再任を望まなかったキンダーズリー卿に替わって任命された．将来の総裁となるリチャードソンはそのとき51歳で，シュローダーズ商会の会長であった．1年後に，新聞の大立者，セシル・キング（Cecil King）が首相と政府を攻撃し，国の対外準備の数字がでっち上げられていると主張した1968年5月10日の『デイリー・ミラー』紙に掲載した後の記事の後，辞任して話題になった．サー・エリック・ロール（Sir Eric Roll）は経済学者である非執行理事の稀な例であった．彼は総裁候補として一度ならずとり上げられて評判となったが，1977年に退職した．多くの理事が長い間勤めていた．1960年代の退職に際してキャドベリー，ハンブロ，ハンベリー＝ウィリアムズ，およびサンダーソンは合計すると107年間も理事会に列していたことになる．

理事会への任命プロセスは1960年代と1970年代には以前の数十年間よりも

透明になったわけではなく，総裁と副総裁の任命よりも不透明であった（第5章参照）．理事会と政府は，総裁の任期が終わりの頃になると，後任候補者の名前を思い浮かべていたが，わずかな候補者のリストがどのように作成されたのかは明らかでない．理事会の古参の非執行理事が大蔵大臣に会って，個々人について議論するが，その後の主導権は完全に大蔵省にあった[225]．大蔵大臣は首相と見込みのある候補者について議論し，いったん，決定されると，任命は王室によってなされた．この他の理事の任命では，総裁は，常務委員会に相談した後，候補者の名前をもって大蔵大臣に持ち込んだ．ある覚書によると，「総裁が副総裁と執行理事の選択について個別的には疑問を投げかけられるとしても，任命に関する公式の手続きは少しも変わらない．これらの人物は総裁の『常勤の同僚』になるので，実際には，総裁の意向が非常に特別な重みをもつようになるのは当然である」[226]．いつパーソンズが自分の副総裁になるのかオブライエンにとってわからなかったことを考えると，このことは奇妙にみえるかもしれないが，そのとき以降も事態はほとんど変わっていないようにみえる．2005年の演説で，ロンドン・スクール・オブ・エコノミックスの学長で，イングランド銀行の元理事であったハワード・デーヴィズ（Howard Davies）は「新しい法王やダライ・ラマを決める手続きの方が米国連邦準備制度の議長，イングランド銀行の総裁，あるいは欧州中央銀行（ECB）の総裁の任命に先立つ手続きよりも不透明さは少ない」と主張した[227]．

パーカー審判とラドクリフ報告書に遡って，理事会における非執行理事の問題は議論の対象となってきたが，1970年に特別委員会でも再びとり上げられた．委員会への証言で，ラドクリフ卿はこれら理事の役割について率直に，執行理事と非執行理事の間のバランスは「今日では適切であるとは受け取られてはいない」ので，前者の数を増やし，後者の数を減らすべきであるとの考えを述べた．ラドクリフはまた，常務委員会で非常勤理事が大多数を占めなければならないとの内部規則を非難した．それは「古い時代の名残」であった．特別委員会はその報告書の中でこれらの見解を支持し，1946年法はあまりにも硬直的で，適切な時期に，理事会のバランスは執行理事の方が多くなるように改正されるべきであると提案した．委員会には非常勤理事が大きな影響力をもったか明らかではなく，彼らが何らかの本質的な役割を果たしたかどうかについ

ても懐疑的であった[228]．

　1976年に非常勤の役割について質問されたときに，リチャードソンは，それ以前の文書で表明された所感に同意しないと述べた．同総裁の意見では，彼らは有益な役割を果たしていた．すなわち，「彼らは貴重でもっとも役に立つ情報をわれわれに提供している．つまり，もっとも便利な形で，しかもそう言っても差し支えなければ，非常に安い形でわれわれが手に入れることができる反響板であると思う」．この最後のコメントは，非執行理事がいぜんとして1946年法で規定された額である年当たり500ポンドしか支払われていないという事実に言及したものであった．これらのコメントは報告書でもとり上げられ，同報告書では，1970年以来，状況は実質的には変化していないが，「以前の批判は強すぎるように思えるので，バランスを正すべきであると思う」と述べられた．そして，報酬の水準を念頭に置いて，委員会は「国家にとっては非常にわずかな費用でイングランド銀行の12人の非常勤理事によって提供されるサービスへの感謝を記録する」義務があると感じたのであった[229]．

　ウィルソン委員会は会社の役員会と非執行役員の一般問題を簡単に考察していた．そのおもな主張は，非執行役員は存在価値があるが，その採用範囲はできるだけ広くするべきで，高貴な良家の家柄に限定されるべきではない，というものであった．バンクレート漏洩物語の時に影の大蔵大臣であったウィルソンは，イングランド銀行とその非常勤理事に良い印象をもっていなかった．20年以上たった後では，彼はそれほど批判的ではなかった．これらの理事は内部の委員会に出席することによって有益な役割を遂行し，総裁・副総裁に対しては反響板を提供し，しかもウィルソンにとっては重要なことだが，総裁の「政府からの準独立性」の立場を支持していた．しかし，非執行理事をその才能に応じて任命する現在の制度には多くの問題があるものの，委員会は，個々人が選抜される現在の範囲があまりにも限定的だと感じていた．理事会の構成はラドクリフ報告書の時代からほとんど変化がなく，保険，住宅金融組合，および非ビジネスの代表者が明らかに不在であった．2つの比較的穏やかな勧告があった．すなわち，非執行理事はより広範な背景から採用するべきである．そして，任期の最大限は4年の任期を2回とし，かつ，継続性と「新しい血の導入」を実現するために理事の任命時期をずらすべきである[230]．1970年代の終

第7章　その他さまざまな活動と成果　　　　　　　　　　441

わりにこの規則が実行されていたなら，5人の理事が資格をなくしていたであろう[231]。

注
1) Sayers (1976, pp. 314-331).
2) 'The Commonwealth Development Finance Company', *Reserve Bank of New Zealand Bulletin*, July 1959; 'Memorandum to the board of directors: finance for development within the commonwealth', 21 December 1960, C40/565.
3) Hollom to O'Brien 'C.D.C./C.D.F.C.', 16 August 1963, C40/1179.
4) Hollom to Bailey, 'C.D.F.C.', 27 October 1965, C40/1601.
5) Dudley Allen to Hollom, 'C.D.F.C.', 22 January 1964, C40/1179; G.L.Wheatley to Hollom, 'C.D.F.C. – financing', 10 August 1965, C40/1601; Colin Condren to Andrews, 'C.D.F.C. dividends', 9 November 1967; Andrews to Bailey, 'C.D.F.C. dividends', 13 November 1967, C40/1602.
6) ホアは1946年にイングランド銀行を辞し，インターナショナル・バンク（The International Bank）を経て1955年にCDFCに加わった（Godber to members of CDFC, 14 February 1956, C40/559）.
7) Dudley Allen to Fforde/Bailey/Parsons, 'C.D.F.C.: new policies', 26 June 1968; Bolton to O'Brien, 4 July 1968, C40/1602.
8) Dudley Allen to Fforde/Parsons, 'C.D.F.C.: new approaches', 12 July 1968, C40/1602.
9) O'Brien to Bolton, 19 March 1969; CDFC, 'To all shareholders', 22 April 1969; CDFC, *Report and Accounts*, year ending 31 March 1969, C40/1603.
10) この貸出は，同社が，ローデシアの中央アフリカ電力向け貸出の未返済から生じる潜在的な損失を埋め合わせることができるようにするためのものであった。Page to Fforde/O'Brien, 'C.D.F.C.: Rhodesia', 6 October 1970; Page to Berkoff (MD, CDFC), 16 October 1970, C40/1604; Cawley to Mayes, 'Commonwealth Development Finance Corporation', 19 September 1977, C40/1608.
11) Fforde (1992, pp. 704-727).
12) Coopey and Clarke (1995, p. 13).
13) *The Financial Times*, 27 June 1959, p. 5.
14) Piercy, 'Memorandum for the Governor from Lord Piercy: a short note on I.C.F.C', 16 August 1961, C40/532.
15) Agreement between FCI and Bank of England, 12 August 1958; O'Brien to Hawker/Cobbold/Mynors, 'Finance Corporation for Industry Limited', 16 September 1958, C40/536.
16) Kinross, 'FCI and the Bank of England: the crisis of 1958', 18 February 1980, NLS 8699/3; cited in Coopey and Clarke (1995, p. 107).
17) Mynors to O'Brien, 23 September 1965, C40/1173.

18) Hollom to Morse/O'Brien, 'Finance Corporation for Industry', 30 September 1965; 'Extract from minutes of meeting of Committee of London Clearing Bankers held on the 7 October 1965'; O'Brien, Note for record – 'F.C.I.', 7 October 1965; Cromer to Mynors, 14 October 1965, C40/1173.
19) Coopey and Clarke (1995, p. 108) によれば，9,900万ポンドのうち 5,600万ポンドを占めるとしている．
20) FCI, 'Chairman's speech at the twenty-third annual general meeting held on Wednesday, 26 June, 1968'; Mynors to O'Brien, 24 December 1968, C40/1423.
21) Thornton, 'Industrial and Commercial Finance Corporation Limited: historical material for the Deputy Governor's speech at the 21st anniversary dinner', 9 September 1966, C40/1172.
22) Keogh to Crick/Lambert, 'F.C.I. and I.C.F.C.', 29 May 1958, C40/532.
23) Lord Piercy, 'A short note on ICFC', August 1961, enc. with Piercy to Cromer, 16 August 1961, C40/532.
24) C40/532 と C40/1172 を参照．
25) *The Financial Times*, 22 June 1960, p. 10.
26) Coopey and Clarke (1995, p. 74).
27) *Ibid.*, pp. 74, 79–82.
28) Bank of England, 'Principal changes in the British monetary system since 1931'; Radcliffe, 'Memoranda', Vol. 1, p. 21.
29) Somerset to Andrews/Hollom, 'Agricultural Mortgage Corporation stocks management and issue charges', 5 February 1968, 1A140/5.
30) Sayers (1976, p. 325).
31) Cromer, 'Minutes of a meeting of directors ... 2 December 1964 ... ', SMT1/8.
32) L. Petch to Sir Richard Clarke, 'Industrial Reorganization Corporation', 30 September 1965, 5A164/1.
33) Morse, 'Industrial Reorganization Corporation', 16 December 1965, 5A164/2.
34) Cromer to Roll, 3 January 1966; Morse, 'Industrial Reorganization Corporation', 12 January 1966, 5A164/3.
35) Hague and Wilkinson (1983, p. 3).
36) 'Extract from the Deputy Governor's memo on the Governor's conversation with Mr. Rawlinson, 4 November 1970', 5A164/4.
37) 'The Dissolution of the IRC', 24 November 1970, 5A164/4.
38) Extracts from minutes of the Committee of Treasury, 29 January 1936, G14/59; Saville (1996, p. 595).
39) この委員会は 1965年2月に任命され，1966年3月に報告書を提出した．*Shipbuilding Inquiry Committee 1965-1966*, cmnd. 2937 (HMSO, London, 1966)
40) 同条は,「グレート・ブリテンにおける産業，あるいはその一部の再建あるいは発展に資する目的」の融資を保証する権能を大蔵省に付与していた．HC Deb, 4 November 1965, Vol. 718, c1235.

第 7 章　その他さまざまな活動と成果　　443

41) Walker, Note for record ― 'Fairfields', 3 November 1965, C40/517.
42) 'Extract from the Deputy Governor's memo on a Governor's conversation with Mr. Goldman, 3 November 1965', C40/517.
43) Note of a meeting, 16 November 1965, C40/517.
44) C40/521 を参照．
45) Fforde to Parsons, 'Draft P.I.B. report', 10 May 1967, C40/1654.
46) O'Brien, 'Governor's note', 15 September 1967, G1/490.
47) *Ibid*.
48) O'Brien to Armstrong, 26 October 1967, G1/490.
49) 'Draft press announcement to be issued after hours on Monday, 12 February, 1968', 15 January 1968, G1/490.
50) Ackrill and Hannah (2001, p. 174).
51) O'Brien, 'Governor's note', 23 January 1968, G3/267.
52) *The Times*, 27 January 1968, pp. 11,21.
53) Ackrill and Hannah (2001, p. 179).
54) 'Summary of the report of the Monopolies Commission on the proposed bank mergers', 12 July 1968, G15/102.
55) Winton (1982, p. 197).
56) *Ibid*.
57) *The Banker* 118(55): 196, March 1968.
58) O'Brien, 'Governor's note', 9 July 1968, G3/268.
59) O'Brien, 'Governor's note', 10 July 1968, G3/268.
60) Monopolies Commission, *Barclays Bank Ltd, Lloyds Bank Ltd and Martins Bank Ltd, a Report on the Proposed Merger*, 15 July 1968.
61) Kenneth Andrews to Fforde/O'Brien/Parsons, 'Monopolies Commission Barclays/Lloyds/Martins amalgamation', 4 July 1968; Hollom to O'Brien/Parsons, 'Bank mergers', 16 July 1968, 7A108/4.
62) HC Deb, 25 July 1968, Vol. 769, c991.
63) Tuke and Gillman (1972, p. 18). Ackrill and Hannah によれば，バークレイズ銀行はマーティンズ銀行を得るために，その価値以上の金額を支払った．Ackrill and Hannah (2001, p. 182).
64) O'Brien, 'Governor's note', 13 December 1967, G1/490.
65) Hollom to Sir Antony Part (permanent Secretary, Board of Trade), 11 March 1969, G1/490.
66) O'Brien, 'Governor's note', 19 September 1967, G3/266.
67) *The Banker* 117 (500): 831, October 1967.
68) Homes and Green (1986, p. 238).
69) *The Daily Telegraph*, 20 September 1967, p. 2.
70) Kynaston (2001, p. 343).
71) Parsons, 'Note of the Governor's conversation with Lord Cromer and Mr.

Charles Hambro', 12 October 1967, G3/266.
72) Fforde to R.R.D. McIntosh (Department of Employment), 10 September 1970, G1/491.
73) Hollom, Note for record — 'B.O.L.S.A.', 30 December 1970, G1/491.
74) Ackrill and Hannah (2001, p. 172-173).
75) O'Brien, Memoir, pp. 86, 88.
76) Interview with Peter Cooke, 27 March 2006.
77) The Panel on Take-overs and Mergers, *Annual Report*, year ending 31 March 1969, pp. 7-9, 10; year ending 31 March 1970, p. 4.
78) Interview with Peter Cooke, 27 March 2006.
79) *The Times*, 27 March 1968, p. 21.
80) Balfour to Ian Fraser (Panel on Take-overs and Mergers), 13 May 1969, C45/80.
81) Balfour to P.R. Fraser (Bank of England secondment to the panel), 17 December 1969, C45/80.
82) Fforde to Sir Charles Whishaw (Freshfields), 27 May 1971, C45/80.
83) より詳細な説明には Kynaston (2001, pp. 375-383) を参照.
84) Fraser to O'Brien, 'Some notes on the future of securities regulation', 10 March 1971, C45/80.
85) Whishaw to Fforde, 14 July 1971, C45/80.
86) Shawcross to O'Brien, 24 September 1971; Cooke to Whishaw, 29 September 1971, C45/80.
87) Fenton to Morse/O'Brien/Parsons, 23 November 1967, 24 November 1967; Anthony Nicolle (NID), Note for record — 'Commodity markets: devaluation', 29 November 1967; McMahon to Hollom/O'Brien/Parsons, 'Commodity dealers' losses', 7 December 1967, 6A351/1; newspaper cuttings in 6A351/2; HC Deb, 7 December 1967, Vol. 755, c378W.
88) Hollom to O'Brien/Parsons, 'Devaluation-commodity markets', 30 November 1967; Fforde to O'Brien/Parsons, 'Commodity markets', 1 December 1967, 6A135/1.
89) Bank of England, 'Commodity market loans', 25 January 1968; list of applications dated 5 February 1968 and other correspondence, C40/1600; Bank of England, *Annual Report*, year ending February 1968, p. 24, year ending February 1969, p. 16.
90) Eric Haslam (1979), *Central Banks in the Making: The Role of the Bank of England 1948-74* (private circulation).
91) Sayers (1976, pp. 209,513).
92) Haslam, *Central Banks*, p. 1102. この時期には, リチャード・ホーレット (Richard Hallett) が北ローデシア銀行の総裁 (1964-68年) で, スタンリー・ペイトン (Stanley Payton) がジャマイカ銀行の総裁 (1960-64年), そしてその後

第 7 章　その他さまざまな活動と成果　　　445

任がリチャード・ホール（Richard Hall）であった．ロドニー・カネル（Rodney Cunnell）がリビア国立銀行の副総裁であった（1958-60 年）．E39/5-6．これらのファイルには，イングランド銀行によるすべての海外派遣任命者のアルファベット順リスト（国別，機関別）が入っている．

93) *Ibid*., p. vii.
94) *Ibid*., pp. 1119-1145. ポール・テンペスト（Paul Tempest）による，1970 年代初にカタール・ドバイ通貨委員会へ派遣したことの説明については，*Old Lady* (December 2004, pp. 148-149) を参照．
95) Hennessy（1992, p. 306）．
96) Fenton to Morse, 17 March 1971, E39/2.
97) Obituary, *The Independent*, 21 December 2007, p. 40.
98) Interview with Peter J. Bull, 29 February 2008; Haslam, *Central Banks*, p. 18.
99) Haslam, *Central Banks*, p. 2.
100) Hennessy（1992, p. 308）．
101) Haslam, *Central Banks*, p. 1107, 1113.
102) *Ibid*., p. 22.
103) Kinsey and Green（2004, p. xiii）．
104) G17/45 を参照．
105) G17/14 と G17/34 を参照．
106) Interview with Pen Kent, June 2005.
107) 彼は後に 1989 年に常勤理事としてイングランド銀行に戻り，また，1994 年から 2003 年にかけて BIS の総支配人でもあった．
108) Parsons, 'Note', 15 October 1964, E39/1.
109) Haslam, *Central Banks*, p. 1099. なぜ増えるようになったのか，はっきりとしない．
110) *Ibid*., pp. 1108-1109.
111) *Ibid*., p. 1111.
112) *Ibid*., p. 1109.
113) Bank of England, *Annual Report*, year ending February 1974, p. 23.
114) Watson, 'Commonwealth central banking summer school', 1 October 1956, OV21/26.
115) Crawshaw, 'Central banking course — colonial candidates', 1 November 1956, OV21/26.
116) 'Central banking course syllabus', 14 June 1957, OV21/26.
117) Crawshaw, 12 June 1957, OV21/26.
118) De Moubray, 'Central banking courses', 31 March 1960, OV21/26.
119) SEANZA の研修コースについては OV21/44 を参照．
120) 4A73/1 を参照．
121) もっと詳細については Duggleby（1994）と Hewitt and Keyworth（1987）を参照．Byatt（1994）はこの時期の新銀行券のデザインについて詳しく説明している．

Hennessy (1992, 4章) はそれを 1960 年まで延ばしている。イングランド銀行券のさまざまの事項についての論文は，印刷と流通，イングランド銀行券の歴史を含めて，『イングランド銀行四季報』〔*BEQB*〕に載っている。以下を参照。'Bank note printing', *BEQB* 1(2): 24-28, September 1961, 'The note circulation', *BEQB* 5(1): 39-45, March 1965; 'The growth in demand for new bank notes', *BEQB* 6(1): 3-39, March 1966; 'Changes in demand of bank notes', *BEQB* 5(3): 248-249, September 1965; 'The Bank of England note: a short history', *BEQB* 9(2): 211-212, June 1969.

122) 'Bank note printing', p. 24; 'Functions and organisation', p. 235; Growth in demand for new bank notes', pp. 37, 39, 41; Cubbage, 'A further history', para. 18. 7, PW6/9; interview with Oliver Page, 21, October 2005.

123) Extracts from the minutes of the Committee of Treasury, 22 December 1954, G14/28; Hennessy (1992, p. 150).

124) *Ibid.*, p. 155.

125) O'Brien, 'Queen's head £1 note', 19 October 1956, G14/28.

126) Austin to O'Brien, 13 October 1961, G14/28.

127) Cubbage, 'A further history', Vol. 2, para. 30.3-13, PW6/10.

128) Hewitt and Keyworth (1987, p. 126). 1928 年以前には，すべてのイングランド銀行券が金額の如何にかかわらず，同じ大きさであった。

129) Extracts from the minutes of the Committee of Treasury, 18 November 1959, G14/28. 興味深いのは，米国の 2 ドル紙幣にはジェファーソンの肖像があるが，広く使われたことはなく，実際，モンティセロのジェファーソンの家以外では滅多に見られなかった。

130) Hennessy (1992, p. 158).

131) Duggleby (1994, p. 61).

132) Hewitt and Keyworth (1987, p. 129).

133) Duggleby (1994, p. 62).

134) これはイングランド銀行にとっては初めての多色刷りの凹版印刷の銀行券であった。

135) 'Forgeries', 2 July 1969, G14/27.

136) 'Bank note printing', p. 25.

137) Peppiatt, Annotation, 12 July 1949 on Bernard, Deputy Governor's note, 'Portals', 11 July 1949, G29/83.

138) 'Portals' shares', 14 April 1954; O'Brien to Hawker/Cromer/Mynors, 'Portals Limited', 7 November 1958; Mynors, 'Portals', 4 November 1963, G29/83.

139) Hollom to Cromer/Mynors/O'Brien, 'Portals Limited', 6 November 1963, G29/83.

140) Thornton to Bailey, 'Portals (Holdings) Limited', 26 April 1967; Committee of Treasury, Note, 9 August 1967, 3A26/1.

141) 購入された株式のうち，250 万株の価格だけが判明している（253 万ポンド）。こ

の数字は評価損の費用を除外している．利益は勘定の中の例外項目として示された．Bank of England, *Annual Report*, year ending February 1989, p. 22.
142) 19世紀と20世紀初期になされた試みの議論については，'The Bank of England and earlier proposals for a decimal coinage', *BEQB* 10(4): 454-358, December 1970. を参照．
143) Moore（1973, p. 24）．
144) O'Brien, 'Decimal currency', 4 November 1960, G14/31.
145) O'Brien to Armstrong, 'Decimal currency', 16 November 1960, G14/31.
146) O'Brien, 'Decimal currency', 4 November 1960, G14/31
147) Allen to O'Brien, 'Decimal coinage', 31, May 1960, C40/196.
148) Moore（1973, p. 24）．
149) 10シリング制は後に南アフリカ（1961年2月），オーストラリア（1966年2月），およびニュージーランド（1967年7月）で使用された．
150) Hollom, 'Decimal currency', 4 May 1961, C40/197.
151) O'Brien, Annotation on Hollom, 'Decimal currency', 4 May 1961, C40/197.
152) Hollom, Note for record – 'Decimal currency', 9 May 1961', C40/197.
153) 'Bank views on question of a decimal currency', 27 July 1960, C40/197.
154) 1962年の夏にパー・ヤコブソン（Per Jacobsson）とロンドンに向けて飛行しているときに，ピーター・クック（Peter Cooke）は英国がポンドで10進法化するか10シリング制に移行すべきかを聞かれ，クックは次のように応じた．「私にはわかりませんが，イングランド銀行は，英国はポンドで10進法化するべきであり，10シリング制ではないと考えている」．ヤコブソンは，「なるほど，それこそが私が大蔵大臣に言うことだ」と述べて，実際にそうした．Interview with Peter Cooke, 27 March 2006.
155) Moore（1973, p. 26）; HC Deb, 19 December 1961, Vol. 651, c1134.
156) Moore（1973, p. 27）．
157) Cromer annotation on Hollom, 'Decimal currency', 6 April 1962, G14/31.
158) Bank of England, 'Decimal currency memorandum', 26 April 1962, G14/31.
159) Cromer, 'Decimal currency – Sent to Governors of foreign banks', 24 October 1963. ADM1/25.
160) Appendix C, 'Press conference – 15 February programme and press release', note by public relations officer, 31 January 1968, C40/1455.
161) 10シリング紙幣が鋳貨に置き換わるべきかについては多少の議論があった．総裁は鋳貨に懸念をもったが，もし，導入することを決めたなら，それは初めは紙幣と並行して使用されるようにして，いずれか不人気なものが排除されるべきだと考えた．'Extract from Deputy Governor's note 11 November 1966 ...', C40/1453.
162) *First Report from the Select Committee on Nationalised Industries. Bank of England*（SCNI 1970）, 5 May 1970, 258, question 2110, p. 290.
163) 新聞の切り抜きを参照．G26/11-13.
164) ブリストル支店のより詳しい議論については Hennessy（1992, pp. 284-289）を

参照.
165) G26/7, 9, 11-13, および 16 を参照.
166) Extracts from minutes of the Committee of Treasury, 22 December 1965, and 11 September 1968, G14/336
167) Interview with Peter J. Bull, 29 February 2008; Bond and Doughty (1984, pp. 279-282); Tempest (2008, pp. 113-116).
168) *Old Lady*, December 1982, p. 158.
169) Bank of England, *Annual Report*, year ending February 1965, p. 16; year ending February 1966, p. 20; year ending February 1967, p. 24; year ending February 1969, p. 47.
170) 為替管理費用については ADM6/54-56 を参照. EEA については ADM6/49 を参照.
171) Lee to Cromer, 9 April 1962, Cromer to Lee, 10 April 1962, G15/11.
172) O'Brien to Mynors, 25 April 1962, G15/11.
173) Mynors to Cromer, 'Bank profits', 28 June 1962, G15/11.
174) Neatby, 'Bank profits, 27 July 1962; Armstrong to Cromer, 4 October 1962, G15/11; Armstrong to Cromer, 13 March 1964; Neatby to Cromer/O'Brien, 'Bank profits', 18 March 1964; Cromer to Armstrong, 30 April 1964; Armstrong to Cromer, 5 May 1964, G15/12.
175) Neatby to Cromer/O'Brien, 'Banking Department profits', 23 September 1965; Neatby to Hollom/Morse/O'Brien, 'Profits', 9 November 1965; Morse and Hollom annotations, G15/12.
176) O'Brien to Cromer, 'Profits', 25 November 1965, G15/12.
177) Morse to Neatby, 22 May 1967; O'Brien, Annotation, 21 December 1967 on Neatby to O'Brien/Parsons, 'Bank Act 1946', 31 October 1967, G15/308.
178) Hollom to O'Brien, 'Bank profits', 1 January 1969, G15/12.
179) Coleby interview with Alcon Copisarow and Peter Taylor, 5 June 1996.
180) Selwyn to Bailey, 26 February 1968, G39/1.
181) Selwyn to O'Brien, 7 May 1968, G39/1.
182) 'Notice to staff, management consultants', 25 October 1968, G39/1.
183) Selwyn to Fforde, 31 May 1968 and 22 July 1968, G39/1.
184) 4大会社は Associated Industrial Consultants, P.A. Management Consultants, P.E. Consulting Group, および Urwick, Orr, and Partners であった.
185) Mckenna (2006, p. 182)
186) Anthony Frodsham (chairman, Management Consultants Association) to O'Brien, 29 October 1968, G39/1.
187) Frodsham to Wilson, 30 October 1968, G39/1.
188) 'Press notice', 28 January 1970, G39/3.
189) O'Brien, Memoir, p. 98.
190) 'Extract from the informal court records', 8 August 1968, G39/1.

191) O'Brien to Copisarow, 13 August 1970, G39/3.
192) Draft, 23 December 1975, G39/3.
193) *The Times*, 24 February 1970, p. 18.
194) *The Times*, 12 May 1970, p. 25.
195) 'Press announcement', 19 February 1970, 5A78/1.
196) Bank of England, *Annual Report*, year ending February 1970, p. 41.
197) *The Financial Times*, 7 February 1969, p. 17.
198) Daily Mirror, 29 May 1970, p. 25
199) その仕事中に，委員会は米国を訪問したばかりでなく，オランダとドイツ連邦共和国の中央銀行を非公式に調査した．
200) Garvin (1970, p. 1186).
201) SCNI 1970, 'Report', para. 254.
202) *The Daily Mail*, 29 May 1970, p. 13.
203) SCNI 1970, 'Report', para. 269.
204) *Ibid*, para. 266.
205) *Ibid*, para. 267.
206) *Ibid*, para. 128.
207) *Ibid*, para. 129.
208) Morgan to Taylor, 29 May 1970, 5A7/1.
209) 'Extract from the Deputy Governor's memo on the Governor's conversation with Sir Douglas Allen, 4 June 1970', G38/5.
210) O'Brien, Memoir, p. 97.
211) The Banker, 120(533): 691, July 1970.
212) The Financial Times, 29 May 1970, p. 12. The Sunday Times, 31 May 1970, p. 60.
213) Bank of England, *Annual Report*, year ending February 1976, p. 20.
214) 職員数を跡づけるには，C6/7, F27/1, E27/1, E27/2. および1A179/23 のファイルを参照．また1970年からはイングランド銀行『年報』を参照．
215) Bank of England, 'Careers for graduates', 1975, 6A247/11.
216) Davies に至る種々の署名，9 March 1970, 8A314/1.
217) Kenneth Andrews to Davies, 'The graduates' note of the 9 March 1970', 20 March 1970, 8A60/1.
218) G15/222 を参照．
219) A.W. Miller, 22 October, 1973, 6A61/3.
220) Goodman to Thomas, 'Miss G.B. Hancock', 18 May 1973, 8A60/4.
221) 住宅ローン額の算出は複雑で，職位を含む多数の要因に基づいている．1976年の特別委員会は給与の7倍の住宅ローンがあったことに言及している．1970年代の急激なインフレーションの中で，2％の住宅ローンはイングランド銀行にとどまる強力な理由となった．*Seventh Report from the Select Committee on Nationalised Industries. The Bank of England* [SCNI 1976], 20 October 1976,

672. 'Report', paras. 122 – 123, およびイングランド銀行従業員との議論による. 詳細については, Bank of England, 'Fringe Benefits', SCNI, 1976, 'Evidence', Appendix 4. を参照.
222) Morgan, Note for record, – 'Select committee report', 8 December 1976; Morgan to Taylor/Page, 14 December 1976, 5A7/1
223) 'Housing assistance scheme', May 1978, 8A282/2, および 8A282/1-3 の他の資料.
224) *The Times*, 10 May 1934, p. 6.
225) Anthony Loehnis, 'The Bank's non-executive directors', 29 March 1979, ADM10/49.
226) *Ibid*,
227) Howard Davies, 'What future for central banks?' lecture delivered at the London School of Economics, 24 November 2005.
228) SCNI 1970, 'Report', paras. 120-129, 134; 'Evidence', question 1737.
229) SCNI 1976, 'Report, paras. 134-138; 'Evidence', question 555.
230) Committee to Review the Functioning of Financial Institutions, 'Report' (Wilson Report), June 1980, cmnd. 7937, paras. 918, 1294-1300.
231) 適切なガバナンス慣行（good governance practice）によれば一般に最大限2期の任期だけを勤めることを意味していたのに対し, 1998年イングランド銀行法は任期を3年間に変えた.

第8章
ポンド：切り下げからスミソニアンへ

　1949年の平価切り下げが通貨問題に対して多少の解決を与えたようにみえるのに対して1967年の切り下げはそうではなく，ポンドは苦闘を続けた．いっそうの切り下げやその他の徹底した方策の可能性が直後から浮上した．同時に，悪化する国際通貨問題があった．米国では，国内政策が国際的配慮にますます優先したので，ドルやその他通貨に対する圧力が強まった．金もまた圧力にさらされた．ポンドはこれらの問題から容易に切り離されることはなかった．そして平価切り下げ後の数年間，緊張は制度全体を呑み込むほど高まった．新しい種々の取り決めが1970年代初頭から半ばにかけて続いたが，それら取り決めは構想によったのではなく，より多くは問題の解決を見出すことに失敗した結果のせいであった．ポンドの切り下げに関連して金プールの崩壊が続いた．英国に新しいスタンドバイ取り決めの条件を受け入れさせるIMFの強制と引締め政策があり，続いてポンド地域の諸問題に対する解決の試みがあった．変動相場に関する論争，そして〔資本の〕流出，流入を阻止する為替管理も存続し，国際通貨制度改革も試みられた．

　ポンド切り下げに対する直接的な反応は十分に予測可能であった．総裁が切り下げ後の最初の公開講演を行った時，積年にわたる失望感が伴っていた．彼は切り下げが投機家や外国の銀行に責任があるという神話のせいにしたかった．1967年に不運があったかもしれないが，本質的に失敗はまずい政策と不十分な経済パフォーマンスによるものであった[1]．彼はまた，切り下げが海外のポンド保有者に失望と当惑をもたらしたことに対して心から遺憾の意を表明した．キャラハンは退任し，1967年11月30日，ロイ・ジェンキンズ（Roy Jenkins）が大蔵大臣に就任した．ポンドの切り下げはブレトンウッズ国際通貨体

制の終わりの始まりとなった．しかし，11月からの数年間は切り下げがうまく作用するかに注意が集中され，当初6カ月がもっとも困難な時であった．

1967年のほとんどのマクロ変数は失業率を除いて劣悪にみえた．失業率の管理は中心的な課題の1つであった．それでさえ期待された水準には達しなかった．1967年の失業率は2.3％で，1966年から上昇していた．1966年は失業率が1.5％を超えることが政治家にとってタブーとなった年であり，失業率はその後5年間上昇し，1972年には3.8％に達した（表1-1）．経常収支は悪化して1967年には2億8,400万ポンドの赤字となり，1969年まで回復する兆しがなかった．1969年にようやく黒字に転じて，1970年も黒字が持続した．このことを反映して為替レートはこの時期，当初，圧力にさらされたが，相当の介入に支えられて1968年と1969年には2.38ドル近くにとどまった．それから上昇して2.40ドルを上回り，残りの短い期間には強含みで推移した．為替レート以上に準備は対外的な困難を反映したが，第5章で叙述したようなやり方で歪みは続いた．インフレも圧力が増して，1967年は2.5％まで下落していたが，1968年は4.7％，1969年は5.4％まで上昇した．（さらに1970年代の半ばには上昇を続け，そのピークでは年率30％近くまで上昇した．）切り下げ後3年間，インフレは明らかに大きな懸念であった．政策アドバイザーや政策立案者の間ではフィリップス曲線に対する信念が続いた．それによると，もし失業率の低下を伴うならば，やや高いインフレ率が許容できるであろう（もちろん，当時でもフィリップス曲線に対する重大な学問的挑戦がなされていた）[2]．そのうえ，インフレは物価・所得政策の操作によって抑制できるという信念があった．しかし，その望みは達成されなかった．

切り下げ後は当初，さまざまな反応が国内でも国外でもみられた．また初期の効果と必要な補完的な対策が欠如したことに対してもさまざまな見方があった．この後者はIMFの最初のコンサルテーションの主要な懸念であった．懸念は貨幣量管理（マネタリー・コントロール）に関する激しい議論を引き起こし，最終的には名目金利に焦点を当てた市場の秩序維持という観点から貨幣集計量に対するより細心な注意へと政策上のシフトがみられた．切り下げによる約束された利益が確認されるまでには時間がかかったが，その間に，国際通貨制度へ他の脅威が現れた．当時いわれていた理論的枠組み，すなわち信認，流

動性および国際収支調整の諸問題のうち最初のもの——信認問題が金市場に現れた．金市場では危機が金プールの廃止と金の二重価格制形成へ繋がった．第2の流動性問題は緊急の関心をしだいに国際通貨制度改革，とくに世界的な流動性増加のための計画へ向かわせた．最終的には特別引出権（SDRs）の導入によってこの問題は達成された．しかし，SDRsが導入された時にはその必要性はほとんど消滅していた．国際収支調整問題は，取り組まれはしたが，通貨改革に関する広範な議論のなかで解決されなかった．英国はポンド残高に関してより長期的に取り組むべきいっそう緊急な必要があった．これはほとんど国際決済銀行（BIS）をとおして解決された．最後に，ユーロカレンシー市場の持続的成長とそれに関する混乱が続いた．ユーロカレンシー市場は1950年代に現代的な形態で出現し，1960年代に巨大な成長をとげたが，流動性とインフレとに脅威をもたらすと考えられて懸念が増大した[3]．

1. ポンド切り下げとそれ以降

　ポンド切り下げが発表された11月18日，土曜日，午前9時30分にモースはシュバイツァーをIMFに訪ねた．執行理事会が午後3時に開催され，そこで英国の要求するIMF一般借入協定（GAB）案が議論される予定であった．スタンドバイ信用の原則が合意され，要求した案が承認された後，GABに関する会議が開催される見込みであった．IMFに対する提案は1965年のものと酷似した14億ドルの信用枠の供与であり，これは4億ドルの金売却，GABの下での5億2,500万ドルの借入，既存のIMF保有額4億7,500万ドルの使用から構成された[4]．集中的な交渉は数日間続き，大蔵大臣が要求する基本合意書の内容および英国がどのような条件を受け入れるかに成否がかかっていた．IMFとのコンサルテーションは11月19日，日曜日に始まり，ケアンクロスが公表された対策の影響を概説した．対策にはインフレ管理も含まれていたが，IMFには不十分と思われた[5]．IMFチームを率いた財務担当理事のリチャード・グーデ（Richard Goode）は，シュバイツァーが英国政府の「貨幣目標」（'monetary objective'）をとくに知りたがっていると述べた．ロンドン訪問を予期した1967年11月17日のIMFの説明文書において，銀行純資産合計に

対する量的な目標が設定された．それは民間借入および公的借入両方の明確な制限によって裏づけられていた[6]．しかし，英国ではあらゆる種類のマネーサプライ（貨幣供給）目標に関して強い懐疑があり，ケアンクロスはラドクリフ〔委員会〕気質で「この国の経済の『流動性ポジション』は大部分が不確実性の関数である」[7]と述べた．グーデは貨幣目標についての「彼の意見」への傾倒を強く求めた．当事者の間には大きな隔たりが存在したのである．その証拠をソーントンの発言「彼がその不合理性に説得されるほど心が広いとは思わない」に見ることができる[8]．

この不一致が論争の原因であり，実際，会議はほとんど完全な停止に追いこまれた．アームストロングは量的な目標に強く反対して大蔵大臣にそれを拒否し，もし必要なら，IMFの援助を見合わせるよう助言した．当時の状況下ではこれはほとんど現実的ではなかった．グーデは英国が脅しをかけていると疑い，IMFが融資をしないことはできないだろうと英国は確信していると上司に報告した[9]．英国チームはIMFの基本合意書の草稿が受け入れがたいと思った．「あなたはIMF派遣団の草稿を見たであろう．それをわれわれは受け入れることはできない」[10]．これは基本合意書に関する進展が遅いことを意味した．しかしながら会談は日曜日の夕方まで続いた．そしてその時点で，基本合意書を一晩で起草することが取り決められた．

それからIMFのために予定表が作成された．それではIMF派遣団が水曜日にロンドンを発ち，金曜日に理事会を開き，土曜日に各国へ承認を求め，そして次の週の月曜日にパリでグループ・オブ・テン（G10）会議が開催されることになっていた．計画がリークし，提案されたスタンドバイ信用枠供与は困難になっているという考えが広がるのが恐れられた．この恐れから計画が破綻しなかったことは重要であった[11]．基本合意書の最終案は1967年11月23日にIMFへ送られた．それは強い決意を含んでおり，国際収支黒字や公共支出削減という点でいくつかの目標が列挙されているが，相手側によって望まれるほどのものではなかった．基本合意書によれば，政府の主要な目的はいぜんとして国際収支の黒字化，高い成長率，完全雇用であった．より具体的には，国際収支に関して政府は年当たり5億ポンドの改善を，1968年の後半に2億ポンドの黒字を追求していた．公共部門借入必要額は10億ポンドに抑えられる

ことになっていた．すでにとられた方策は「銀行信用」の拡大を「1968年のマネーサプライの増加が絶対額においても対GDP比においても1967年の現在の推定値よりも小さくなるよう保証する」[12]ことを意味した．

　2, 3カ月後，ソーントンはマネーサプライを主題にした論文を書いた．そこでは基本合意書で使用した用語は「われわれが明示的な目的として『マネーサプライの管理』をしていないことを明確にするように選択された」[13]と述べている．彼らはマネーサプライの正確な予測をしなかったが，1968年には約6億ポンドを目指した．これは国際収支に関する楽観的な仮定を含んでいた．そうであるなら，国内信用拡張（Domestic Credit Expansion; DCE）は3億ポンドになったであろう．IMFはDCEを3億ポンドにするためには，予測される国民総生産（GNP）を許容しないような金利水準が必要とされるであろうと感じていた．彼らは国際収支が実際に黒字になるならばマネーサプライ予測をより高めにする用意があったであろう．結局，マネーサプライは約6億ポンド増加したが，国際収支は黒字にはならなかった．切り下げ直後の意図はこれくらいのものであった．

　新しい大蔵大臣が1967年11月30日に英国下院で所信を表明した時，野党の相手であるアイエン・マクレード（Iain Macleod）は「これに付随する諸条件ほど露骨なものはない，とわれわれは認識している．……望ましい政策に関する共通の見解はあるのか」と応戦した．ジェンキンズは「誤解をまねく報告書にもかかわらず，それとは反対に，IMFはこの信用に対して条件を付与していない」[14]．と答えた．他の諸国は英国が受けているように思われる寛大な処遇や英国があらゆる種類の条件を受け入れないことに激怒していた[15]．意外なことに，厳しい条件は付与されていなかった．しかしそれなら，そもそも，1960年代の諸問題や基本的問題の処理に失敗したことは確かに謎である．というのはIMFが条件を課すことは正常な手続きであり，60年代の後半にそれは，スタンドバイ信用あるいは信用枠供与の際に国内信用の上限を取り決めることを意味した．融資条件（コンディショナリティ）の起源ははるか1952年まで遡り，その年にスタンドバイ信用の取り決めが発展した．1958年にパラグアイに対して条件が課された時，英国の執行理事はこれが前例とみなされるべきでないと記録することを望んだ．しかし1967年末の英国にとっては，段

階的調整条項も，実績条項もなく，信用供与の上限もほとんど存在しなかった．監視計画が存在し，要求されることに対する強力な提案があるだけであった．このことは IMF 内で議論を引き起こし，その結果，明示的な法的制裁が加えられる融資条件の原則が生まれた（1969 年）[16]．しかしながら，スタンドバイ信用契約が取り決められるときに定められる約束に従って，またより一般的には IMF の慣行に従って，IMF のコンサルテーションは 1968 年 2 月に開始することが予定され，その際に進捗状況の評価が実施されることが期待された．

　1967 年 11 月末，IMF スタンドバイ信用の交渉がなされている同じ時期に，15 億ドル超，期間 3 カ月の支援信用供与が BIS を介して組成されていた．この取り決めはずっと容易であり，IMF との場合のような長期の交渉期間を経ずに決められた．それはヨーロッパ諸国の中央銀行から 7 億ドル，カナダから 1 億ドル，そして日本からの 5,000 万ドルで構成されていた．また BIS が 2 億 5,000 万ドルを追加し，そして米国連邦準備銀行（FRB）がそのスワップ・ラインに 5 億ドルを追加した．この信用枠供与は 1968 年，1969 年にかけて数回，更新されたが，最後には 1970 年 3 月に失効した[17]．

　平価切り下げ問題が取り沙汰されていた過去 3 年間において何度か，切り下げは厳しい引締め政策に代替するものではないと指摘する者もいた．1966 年半ば，オブライエンは，総裁に就任するとすぐに，大蔵大臣に長い書簡を送って彼の考えを説明した．彼は当時の雰囲気に乗っかって切り下げをもくろもうとは思わなかった．しかし彼は前任者と同様に，時流に逆らって，国際収支調整はいわゆる「デフレーション」による必要もあると認識し，少なくとも暗黙のうちには，成長と完全雇用という目的に挑戦した．切り下げが議論されることになった場合でさえ，それは厳しい措置を伴う必要があるとオブライエンは主張した．調整は為替レートによってだけでは達成できなかった．厳しい金融・財政政策も必要とされたであろう．オブライエンはデフレーションが十分に試みられなかったと感じた．

> ……切り下げはわれわれがデフレーションの厳しさから回避する機会を与えることにはならない．その厳しさは状況が求める政治家の手腕を伴い，それだけがわれわれを切り抜けさせるかもしれない．切り下げはそのこと

が伴わないならば，そして実際それが伴った場合でさえ物価のインフレーションを意味する．……国内需要と生産能力に対するすでに確立した管理のもとでの切り下げも1つである．そのような前提条件のない切り下げは災厄である[18]．

そのような「デフレーション」的な方策の導入に対する躊躇がある一方で11月には多少のことがなされた．バンクレートは6.5%から8%に引き上げられ，割賦信用条件は引き上げられ，銀行融資の上限は1967年11月15日の水準に維持され，さらに公共支出の削減およびいくらかの増税がなされた．これらの方策に続いて，1968年1月には公共支出のきわめて大幅な削減（7億ポンドが実施される）が行われ，その後1968年3月には緊縮予算が組まれた．しかし国際収支は悪化を続けたので，1968年半ば（6月17日）に英国は1967年のIMFスタンドバイ信用から14億ドルを引き出した．

ポンド切り下げに対する他国の反応はまちまちであったが，だいたい予想されていた．一種の裏切りの感覚があったが，多くの同情があり，長い間ありそうなことであったので驚きはなかった．たしかに他の者より感情を傷つけられ，快くは受け取らなかった者もいた．米連邦準備制度（Fed）は長い間，切り下げには反対であったが，マーティンは今やそれを不可避なことだと了解した．しかし，ニューヨークのヘイズやクームズは狼狽し，英国は為替レートを維持するために短期資金に依存し続けるべきであったと考えた．クームズは切り下げを全般的な混沌へ至る最初の一歩であると判断した．ある意味では彼は正しかった[19]．ハズラムは極東を訪問した．説明のための派遣団には理解が示されたが，彼は「すべての人はがっかりさせられたと感じており［ブリッジは欄外に予想どおり，「われわれも」と書いた］……彼ら〔訪問国〕は準備の減少については忘れることはないであろう……われわれが飲もうと決定した薬の効果についてはきわめて懐疑的である［再び，ブリッジは欄外に「われわれも」と記した］と報告した[20]．アイルランドは悲しんだが驚くことはなく，ポンドに追随することをあらかじめ決定していた．ザンビアは「激怒」した．ニュージーランドとオーストラリアからは非難はなかった，などなど．

切り下げに続く数週間，英国では，再度の切り下げが必要かもしれないとい

う少なからぬ暗い恐怖があった．切り下げからちょうど2週間後，オーブリー・ジョンズ（Aubrey Jones）はニューヨークの米国商工会議所で講演してポンドは2年以内に再び切り下げられるかもしれないと警告した[21]．次の日ポンドが強い圧力にさらされたのは意外ではなかった．日々の市場レポートに，ブリッジは「もう1つの不安な1日．リトル・オーブリー［ジョンズ］，噂の的の人物」と所見を述べている[22]．11月末，いまやベアリングズ商会に戻り，私人としての立場にあったクローマーはハーマン・アブス（Herman Abs）博士（ドイツ銀行の前役員で当時，同銀行のスポークスマン）や，ホルトラップ，ウィルフリッド・ボームガートナー（Wilfrid Baumgartner）（前フランス銀行総裁），ウィルフリッド・グース（Wilfried Guth）（クレディットアンスタルト・フュア・ヴィーダーバウ），ジアンニ・アグネリ（Gianni Agnelli）（フィアット）などの有力な銀行家や実業家とポンドと共通市場に関して話しあっていた．会談はすぐに切り下げに向かい，需要を削減するための厳しい手段によって十分に支持されていない，という合意に達した．この意向をクローマーはオブライエンに伝えた．彼が言っているように，この見解はとくに新しいものではなかった[23]．

イングランド銀行のなかでは憂鬱な反抗の態度が広がっていた．12月20日マクマーンはフェントンとモースへの書簡で，われわれは現在の為替レートから切り離される機会が至るところにあり，もしそうなら変動相場制以外にはないであろうと述べた．それでは問題は，そのための計画をもつべきであろうか．答えはノーである．

> われわれはIMFの規則を破ることになるであろう．それから何も期待できないであろうし，おそらく1日や2日の通告を彼らに出す以上のことを望まないであろう．まったく同様なことが米国にも適用されるであろう．われわれの行動によってドルをぐらつかせることになるであろう．彼らからの同情や援助を期待することはできない．またわれわれはそれを求めようとはとくに期待しない[24]．

これは通常は穏やかで冷静なマクマーンではない．それは彼がストレスを負

って働いてきたことや急いで必要な方策をとるという政府からの支持がなかったことの反映かもしれない.

しかしながら，これはそう見る人もいるように，この災厄に対するたんなる自動的な反応ではなかった．1968年1月末，モーリス・アレン（Maurice Allen）はセシル・キング（Cecil King）に2月の再切り下げの可能性は五分五分であると彼が考えていることを伝えた．そして2週間後キングがクローマー前総裁と一緒に食事をしたとき，クローマーはポンドの崩壊なしには予算演説日（3月19日）にたどり着けないであろうという見解を表明した[25]．興味深いことには，1968年1月末，ポンド地域作業部会が「ポンドの信頼性の回復」，「分散への圧力の抑制」，「対外余剰の積み上げと債務の返済」など全般的に凡庸な言い方で報告した時も，部会は重大な疑問をもっていた．作業部会はまた平価2.40ドルの破棄というより極端な手段も考えていた．これは作業部会の外部で議論されることにはならなかったが，モースはその報告をアレン，ホーラム，ブリッジ，フォード，レズリー・クリック（Leslie Crick）（総裁アドバイザー）そしてジョン・カービシャー（John Kirbyshire）（アドバイザー）に回覧することに同意した．なお最後の2人はそれぞれラテン・アメリカと北アメリカの専門家であった[26]．したがって，早くも1月には，イングランド銀行の最高レベルでは再度の切り下げに関する論議が方々で行われていたのである．

切り下げ直後，有名なシンク・タンクであるブルックリン研究所による英国経済への評価が公表された．そのなかで，リチャード・クーパー（Richard Cooper）は14％の切り下げを国際収支の対外黒字必要額を獲得するのに十分すぎるものであると熱烈に支持した[27]．しかし，黒字あるいは黒字化へのどんな流れも顕在化するのにはたいていの人が考えるよりも長くかかった．国際収支の改善の緩慢さに関して書かれたものはたくさんあった．Jカーブの観点からの同時代の分析もみられた．これは切り下げに続く国際収支の時間経路上の想定された型である．貿易収支のパターンは強力な回復の証拠が現れるまえに一種の悪化がみられた．経験的な現象に関する説明によれば，それは取引価格の急激な変化と取引量のラグの結果である．したがって輸入の価額は上昇し，輸出の価額は減少するので，経常収支は悪化する．ハロッドは1969年の著作のなかで「貿易収支のありそうな推移はJ型カーブとして描かれるであろう」

と述べた.また彼は英国が予期せぬほど長い期間,下り坂局面にあり続け,1969年5月現在,上昇局面に移行する気配はいぜんとしてないと述べた[28].Jカーブに関しては大いに議論された.それを発見した人々にとってはその持続期間は1年から3年の間であった.英国の場合は貿易収支額が黒字に転換しはじめたのは1969年半ばであった.同年末には,経常収支黒字は4億1,500万ポンドであった.しかし1969年4月には緊縮予算となり,金融も引き締められた.それはIMFからの圧力の結果であった.

1968年3月の予算前の2月にIMFのフォローアップ会議が開かれた.経済開発協力機構(OECD)がその会談に初めて参加することになっており,それは主に第3作業部会(WP3)の論文準備のためであった.しかし,OECDには国際収支予測のような微妙なものとみなされる書類は与えられないようにされた.IMFはOECDの参加には熱心でなかったし,大蔵省がOECDのチーフ・エコノミストであるダウの参加を望んだのでとくにそうであった.かつて大蔵省に所属していたダウは当時,英国経済に関する彼の研究――『英国経済の管理1945-60年』――を完成させていた.それは以前の雇用主からはこの主題に対する決定版だとみなされた.1968年のスタンプ記念講演で,サー・ウィリアム・アームストロング(Sir William Armstrong)は戦後の経済政策を回顧して,過去10年は経済政策が成功であったと考えた.その証拠をダウのなかに見出すことができた.あなたたちは「クリトファー・ダウによって1964年に出版された著書に求める以上のことはできない」.この著書はまぎれもなくケインジアン的な分析である.したがって大蔵省にとっては幸運であり,IMFには不運であった.結局,ダウは出席せず,他のOECD代表が出席した[29].

コンサルテーションでは多くの関心が政府の借入必要額と貨幣量の増加に向けられることが予想された[30].必然的に困難な領域があったが,要求されることに関する大雑把な合意が成立し,グーデの閉会声明は予想されたこととはいえ,公平であると考えられた.IMFは消費の成長率に関心を示し,国際収支予想の背後にある前提のいくつかを懸念した.そしてIMFは借入必要額を厳しく圧縮し,貨幣集計量に関する方策を要求した.非銀行部門への国債の販売に関しても懐疑的であった.勧告のなかには3月の予算では最終支出を4億か

ら5億ポンド削減すべきであり，その結果，借入必要額は5億ポンドから7億ポンドの範囲にするべきであるということが含まれていた[31]．

しかし，予算前でさえ行動が必要であった．3月はじめ，ポンドに対する信認は危機的なくらい低下していた．当局は短期信用を求めて時間を費やした．1968年3月7日，ジェンキンズが同僚たちに内閣の議事録に記録しないという条件で3カ月以内に2度目の切り下げを予告したという逸話がある[32]．金危機の進行は顛末の不可欠な一部である．3月中旬，金プールを議論するワシントン会議において中央銀行によるポンド支援のための10億ドル以上のいっそうの援助が合意された．このなかには米連邦準備銀行のスワップ総額が20億ドルに達するいっそうの信用枠供与が含まれていた[33]．

1967年12月半ば，総裁は大蔵大臣に書簡で英国が外国為替準備を10億ドル保有しており，そのうち約半分が「われわれの財産」であると述べていた．次の月までには，同残高は変動して，それぞれ8億ドル，3億ドルになった．一方，各国中央銀行，BIS，スイスの銀行，そしてIMFに対する英国の債務は合計約50億ドルに達した．さらにIMFへの債務の最終返済期限は1970年となっており，これは返済を1968年中に始めなければならないことを意味した．しかしながら，1968年の国際収支予測は決して黒字ではなかった．さらに各国が（準備通貨を）ポンドから分散化するという潜在的な問題があった．英国がこの問題に適切に対処することを世界各国に説得できなければ，「われわれは国際通貨制度が混沌に陥るのを回避することはできない」．これがオブライエンの警告であった．「われわれの事態は危機にあり，あなたに頼んでこの書簡を首相に見せることが義務であると私は思っている」と彼は付け加えた[34]．総裁も副総裁もその債務を調達することが次の2年間にどれほど困難かを考えて，この事態に取り組んだ．3月にオブライエンはダグラス・アレン（Douglas Allen）に，14億ドルのIMFスタンドバイ信用枠全額を直ちに引き出すべきであると述べた[35]．公表された準備は1968年の最初の4カ月間にわずかに増加（7,900万ドル）したが，それは14億8,900万ドルの借入純増によってのみ可能であった．

1968年3月のバーゼル会議でBISが未使用のIMFスタンドバイ信用枠引出権に関連する責任からイングランド銀行を免除した時，総裁は駆け引きの余

地を確保した[36]. しかしながら中央銀行に対する短期債務に関しては早急に何かを行う必要がある状態であった. 大蔵省の役人によって米国財務省のファウラー (Henry Fowler) へ送られる手紙が起草され, それには連邦準備のスワップ協定の下でのイングランド銀行による引き出し5億ドルは返済可能である, しかし, さらに5億ドルを期間2年のローザ・ボンドによって調達する必要がある, それは「われわれにおおいに必要になっている息継ぎ時間を与えるだろう」と記されていた. 取り決めが結ばれ, 連邦準備のスワップ協定が完全に再編成されていたならば, 信認には役立ったであろう. 金危機のためにイングランド銀行は一定の変更を示唆していたが, その後, 金市場は3月15日に閉鎖され, ファウラーへの手紙は送付されなかった[37]. ワシントンでは多くの提案がなされ, そのなかにはポンド残高の封鎖も含まれていた[38].

3月18日, プレストンは総裁に「われわれはきわめて多額の資金を必要としている」と言って, スタンドバイ信用枠の全額 (14億ドル) を「ただちに」引き出すことを提案した[39]. 総裁はその旨をアームストロングに話し, ドルの準備が極端に低下して――「操作できる資金は1億ドルに満たない」――, 外貨の流入の兆候はまったくない, と説明した. また中央銀行間スワップのなかには返済の必要なものもあった[40]. オブライエンはずっとシュバイツァーと親密に接触してきており, 必要なすべての取り決めに関わっていた. しかし, シュバイツァーは, 英国がもしポンドの新平価から離脱させられるならば, そのスタンドバイ信用はもはや供与されないであろうと率直に説明した. これが行動を急いだ最大の理由であった. しかしいくつかの複雑な要因と, 月末の粉飾決算の必要性があったので, オブライエンは引き出しを4月に行うべきであると提案した[41]. 大蔵省はそれがどのように提供されるか, そしてそれがポンドの信認へ与える効果に対して疑問をもっており, その代わりに大蔵大臣のファウラーへの未達の書簡での提案を復活させようとした[42]. 5月, オブライエンは大蔵省のアレンにまったく憂鬱な言い回しで手紙を書いた. 彼は差し迫った債務と外貨の状況を詳細に概説した. 「1964年以降負ってきた債務の総額は64億9,600万ドルである」. 公表された準備は27億7,300万ドルであったが, 市場先物が19億2,200万ドルあった. 窮状は明らかであった. 連邦準備, 米国財務省とのスワップの更新をめぐる交渉が継続されたが, 楽観はできなかった.

第8章　ポンド：切り下げからスミソニアンへ　　　　　　　　　　　463

オブライエンがIMFからの早期の引き出しを必要としつづけたのはこのような文脈であった[43]．圧力が強まって，4月のバーゼル会議で中央銀行はいくつかの債務をできるだけ早く借り換えることを熱望した．ついに6月，引き出しは実行され，その替り金は中央銀行債務残高の一部と連銀スワップ全額の返済のために使われた．しかし，それはIMFの提案していた貨幣量管理の必要性に対する根拠をかなり認めた後であった[44]．

　これらすべての渦中にあって，予算案は3月19日に公表され，だいたい，承認された．ポンドはこれを背景に強くなり，さらにSDRsに関するストックホルム合意によっていっそう増価した．過去と同じように，目前の危機が過ぎたので，公定歩合はその後8%から7.5%に引き下げられた．6月末と7月初めにかけて巨額の〔外貨の〕減少によって，イングランド銀行が再び連邦準備スワップ取り決めに頼らねばならなくなった．そして1968年7月末までに引出額は3億5,000万ドルに達した．それは8月には3億ドルに減少したが，9月はじめには4億ドルに増加した[45]．その後，11月，多大なポンド支援は連邦準備からのいっそうの引き出しを必要とした．1968年末までに，スワップ信用枠供与20億ドルのうち11億5,000万ドルが利用された[46]．同利用金額は1969年中変動し9月にはまだ10億ドルであった．それが完全に返済されたのは1970年2月であった．

　これら数年にわたる対ドル為替レート〔原文は外国為替および準備残高，著者に確認の上訳者訂正〕の変動は図8-1，市場介入については図8-2に見ることができる．為替レートは新平価2.40ドルを十分上回って始まったが，その後下落して1968年3月には2.41ドルから2.39ドルになった．何日かは，買い支えのために2億ドル以上が支出された．その後，多少，回復したが年半ばにいっそう下落して2.3850ドルを下回った．それからさらにかなりの買い支えがあり，為替レートは回復した．それが年末には再び下落した．買い支えは11月と12月の2週間に集中し，介入額は10億ドルを超え，それまでで最大のものとなった．為替レートは2.3850ドルを維持した．ブリッジは11月15日，これを予期して「波乱の黒雲」と記した．次の日は「非常に酷い1日」となった．事態は11月20日にいっそう悪化して，ロンドン市場は閉鎖された．バーゼル会議後の12月10日，『タイムズ』紙は「もはやポンドに対する信用

(a) 1968年

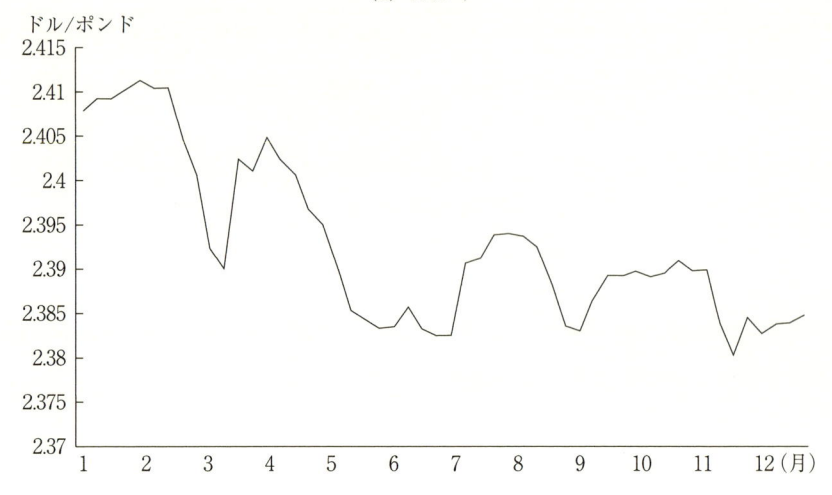

(b) 1969年

出所：*BEQB*.

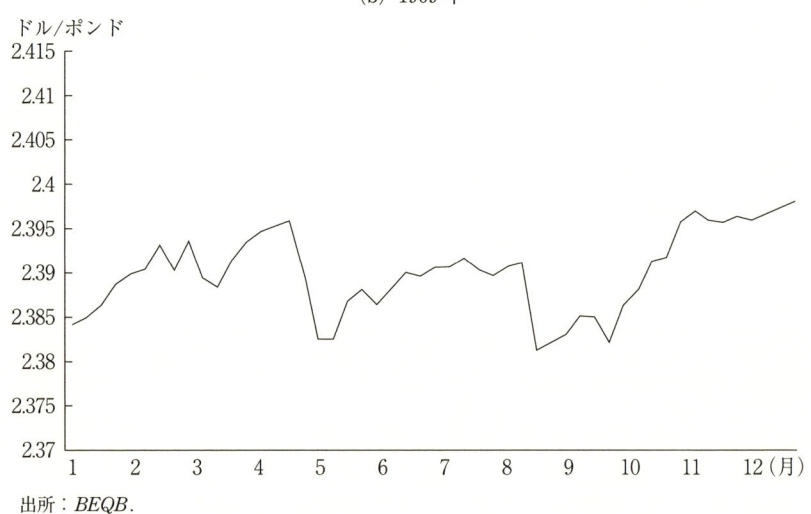

図 8-1 週間為替レート（対米ドル直物）

第 8 章　ポンド：切り下げからスミソニアンへ　　465

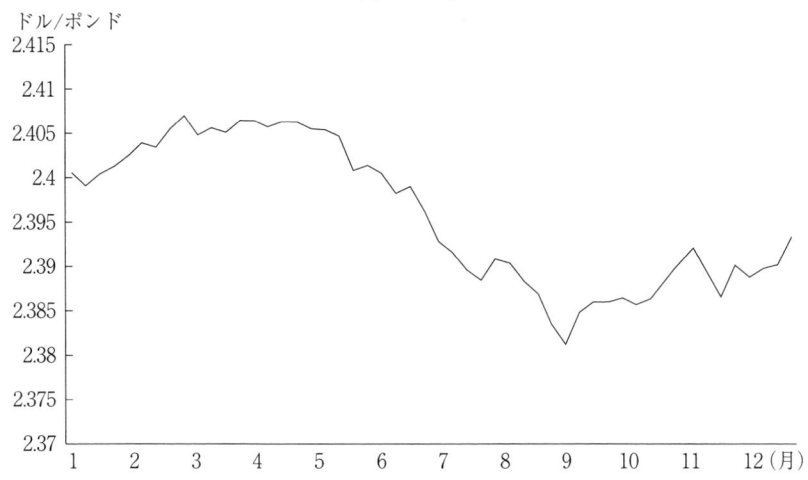

(c) 1970 年

(d) 1971 年

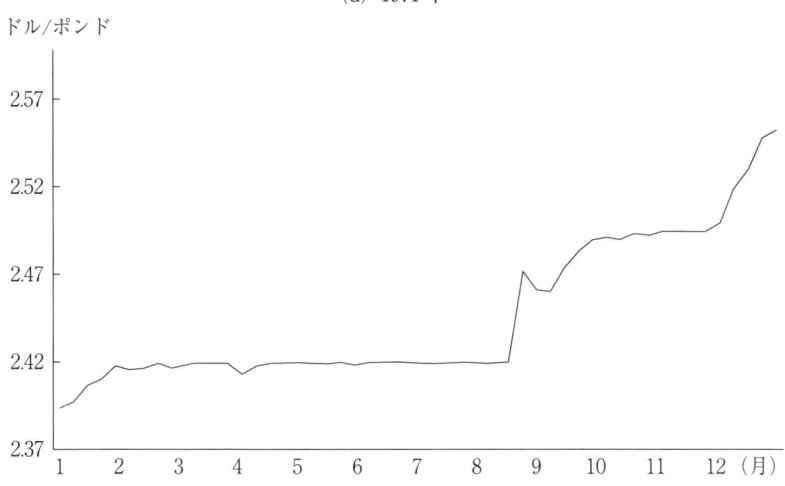

図 8-1（続き）

(a) 1967年

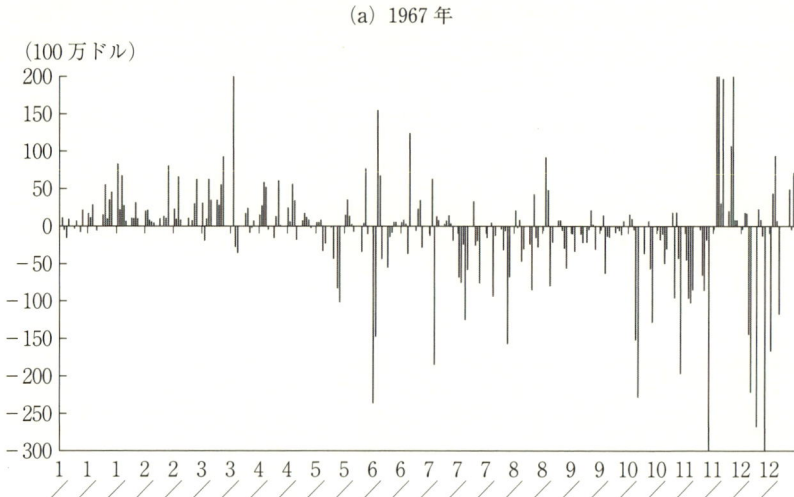

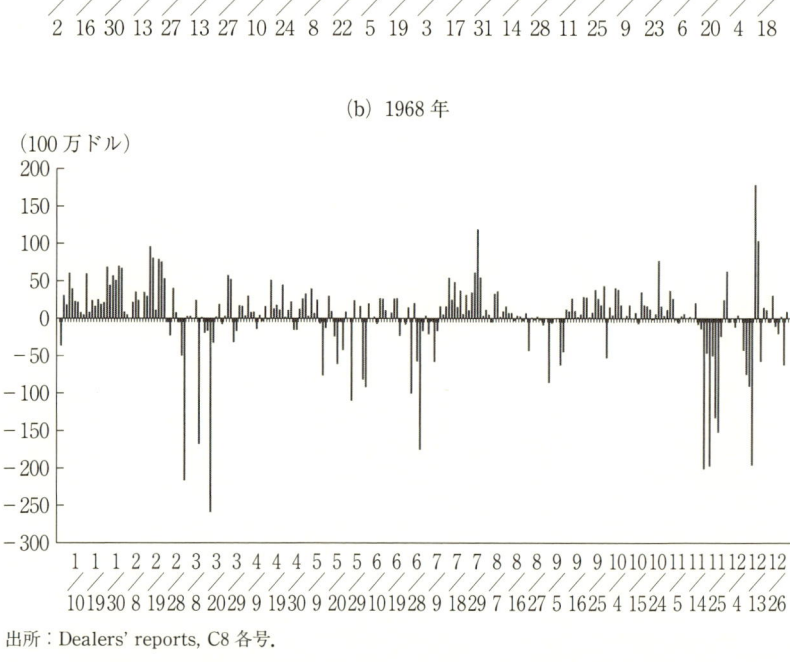

(b) 1968年

出所：Dealers' reports, C8 各号.

図 8-2 外国為替市場におけるイングランド銀行の日次取引額

第8章 ポンド：切り下げからスミソニアンへ　　467

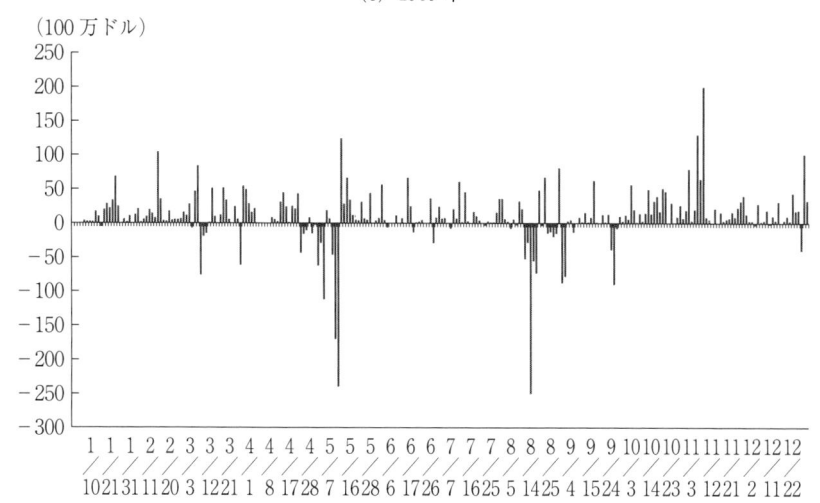

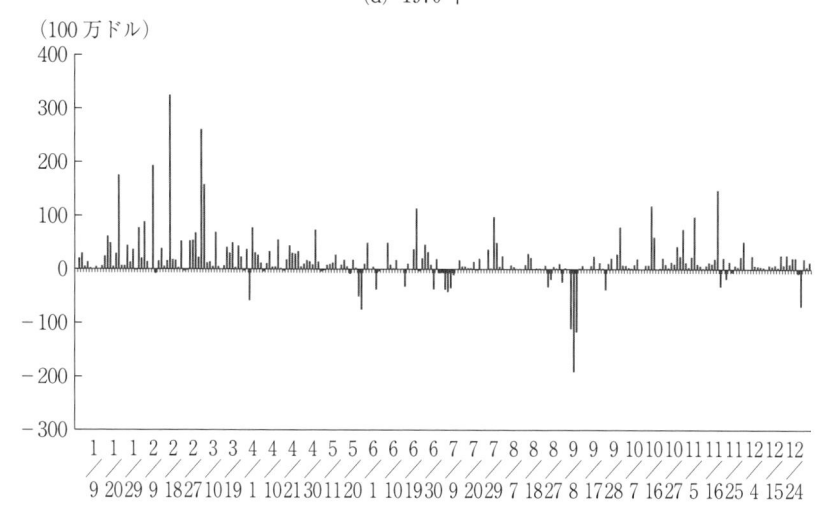

(c) 1969年

(d) 1970年

図8-2（続き）

(e) 1971年

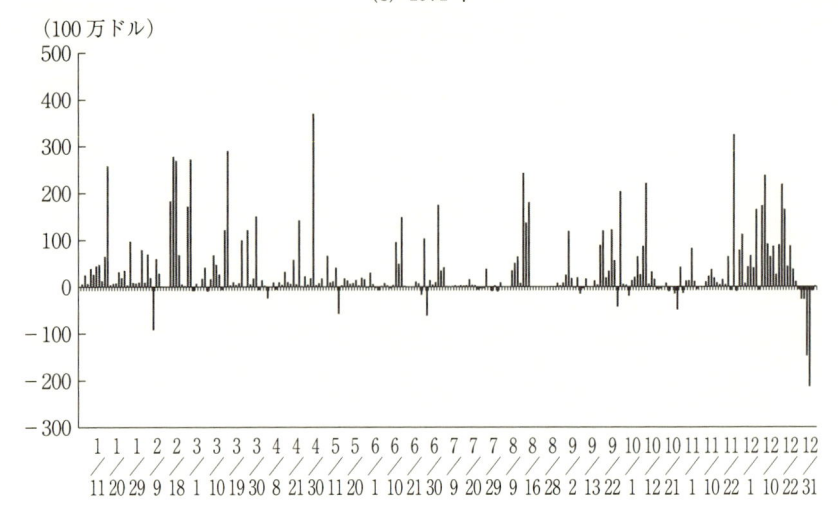

図 8-2（続き）

供与はない」と大見出しを掲げた．次の日は「大陸から弱気売り」が殺到した．
しかしその後，貿易収支額がきわめて良好になったので，為替レートは急速に
反転した[47]．

　為替レートは1969年に低水準でいつもほとんど2.39ドルを下回ったが，い
くつかの点で波乱はより少なかった．大規模な買い支えがなされたのはその年
の5月と8月の2つの時期であった．この時期，ブリッジは概してとげとげし
かった．5月5日の月曜日，前週の金曜日について「険悪な金曜日」と表現し
た．2日後，彼は「雲が積みあがっている」のを見たが，5月9日の最悪の金
曜日については論評しなかった．年半ばについては「軟弱な」，「のろまな」が
為替市場に対するブリッジの言葉である．フランス・フランが切り下げられた
次の日の8月11日，月曜日，市場は予想より整然としていた．しかし，水曜
日にはイングランド銀行の見解は［為替レート管理のための］大蔵大臣の介入
は時機を得ていなかったとなり，同行は「終了近くまで大量のドル売りを強い
られた」．ブリッジは「為替レート管理における無責任な政策的介入」と付記
した[48]．しかしながら1969年の第4四半期，国際収支がついに黒字に転換し，

為替レートは増価し，ドル準備が一部回復するなど，兆候は改善した．1970年の前半はこの兆候が持続し，為替レートはきわめて安定して2.40ドルを上回り，さらにドル準備の保有量はかなり増加した．外国為替市場は地合が変化して平穏になった．しかし1970年6月以降為替レートは下落しはじめ，9月まで持続的に低下して，2.3813ドルに達した．しかし第3四半期の低下は冷静に受けとめられたようである．その後2.38ドルに接近するに従って大量のポンド買いが起こって，再びレートは年末まで持続的に改善されていった．

次の年1971年はおそらくもっとも注目すべき年であろう．為替レートは8月に至るまでずっとほぼ完全に平価に等しいか2.41ドルを上回っていた．これは，非常に改善され，また改善されつつある対外収支を反映したものであり，当局が外国為替準備をいっそう積み上げることを可能にした．ドルの金との交換性が中断した1971年8月以降，為替レートは突然，2.47ドルに上昇し，当局が外貨準備をいっそう蓄積した場合でさえ，この年の残りの期間，確実に強くなった．スミソニアン協定は新レートとしてポンドを2.60ドルに設定したが，その後もポンドは図に示されるように，それがフロートする1972年の半ばまで安定していた[49]．

今われわれが準備に注目して，これらすべてが準備残高の変化にどのような意味を有したかを正確に確認できれば，便宜であろう．不幸にもさまざまな理由から，すでに5章である程度述べたように，それは不可能である．公表された準備額の数字は図8-3に見られる．それらは市場が注目していたものなので多少の価値はあるに違いない．しかしその場合でもその数字は限定されるべきである．誰よりもこの点に通暁していたロイ・ブリッジ（Roy Bridge）は準備額の数字は「1964年10月以来手加減が加えられているので今や何の意味もなさず，このことは広く周知のことである」と述べていた[50]．たしかにそれらは勘定の真実を示してはいない．1960年代に公表された数字は25億ドルから30億ドルの水準にとどまっていた．切り下げ直後，それは27億ドルであった（1967年12月）．それが1968年にかけてゆっくりと減少し，1969年に入ると，5月には24億ドルという低水準に達した．その後，回復して1971年半ばまでに35億ドル，1971年末には66億ドルとなった．1960年代前半には，準備はほとんどすべてが金で保有されていた．その割合が90%を下回ることはめっ

(100万ドル)

出所: *BEQB* と *Economic Trends* から算出.

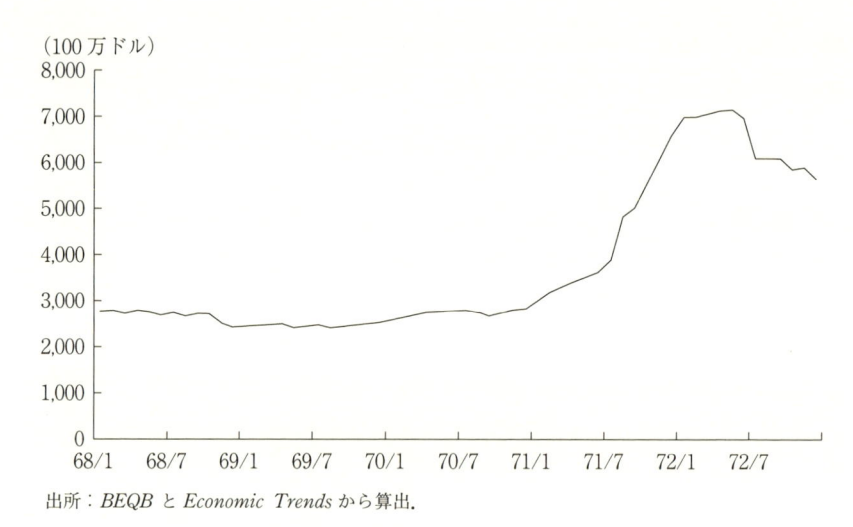

図 8-3 英国の公表〔外貨〕準備額（月次，1968-72 年）

たになく，1964 年には 96% までになった．しかしながら，外国通貨での大量の借入によってこれは変化した．1967 年 11 月金の割合は 36% の低水準に達したが，1969 年末には約 60% に復帰して 1970 年第 3 四半期までその水準で推移した．その後，軌道は下降線をたどり，1971 年終わり頃には 20% を大きく下回った．

1960 年代の〔外貨〕準備構成の変化（図 8-4）はかなり単純な理由から説明できる．一部は準備通貨が 2 つ存在することに関連しており，他は金が何らの収益を生まない点に関連している．1964 年までイングランド銀行は準備通貨が他の準備通貨ではなく独立の資産によって裏づけられるべきであると主張していた．次の数年間にこの論拠は瓦解させられた．1971 年にはイングランド銀行の考えは，金価格の変化が遠い先のことであり，米ドルの切り下げの可能性はあるものの，そのタイミングは数年先であるだろういうものであった．したがって，ドルを保有し BIS とのスワップ債務残高はドルではなくて金によって返済することが決定された．とにかく 1971 年前半にイングランド銀行はたとえ望んだとしてもより多くの金を取得できないと感じていたのであり，そのことについて過度の懸念はなかった．さらに，ヨーロッパ経済共同体

第8章 ポンド：切り下げからスミソニアンへ　　　471

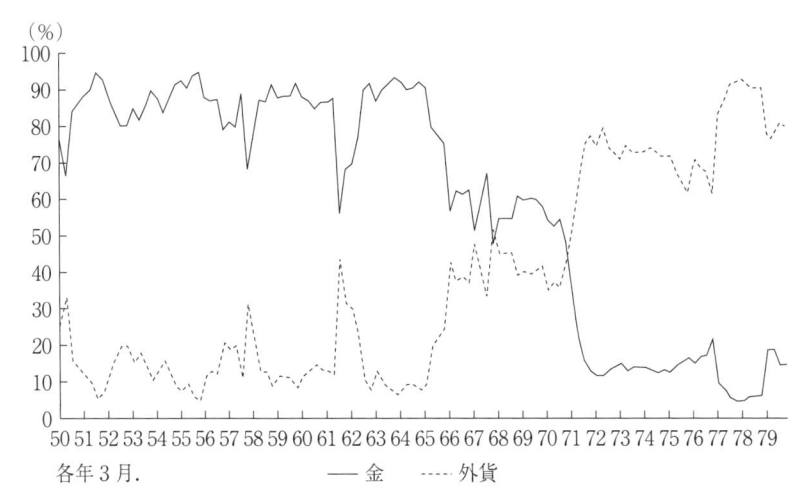

```
(%)
100
 90
 80
 70
 60
 50
 40
 30
 20
 10
  0
   50 51 52 53 54 55 56 57 58 59 60 61 62 63 64 65 66 67 68 69 70 71 72 73 74 75 76 77 78 79
   各年3月．　　　　── 金　　⋯⋯ 外貨
```

出所：*BEQB* と *Economic Trends* から算出．

図8-4 英国の準備に占める金および交換可能外貨の割合（月次，1950-79年）

（EEC）への加盟の可能性を考えて，金をベースにした資産の割合は約50％という当時の水準で維持されるべきであった[51]．これらの考え方が5月のはじめに政策委員会で議論されたとき，総裁は唯一の選択肢は準備における金の構成を下げることであると言ったが，そう選択しようとは思っていなかった[52]．1971年秋に金の大部分は国際機関に行った．すなわち過去のIMFからの借入債務の支払い，および金拠出部分の割当額増加へ使用された．また1960年代末頃からの金スワップ5億ポンドを返済するためにBISに行った．興味深いことに，行動の自由という点では，イングランド銀行がすべての計画をたて，準備をどのように保有すれば最良であるかを判断し，一定の協議を行って大蔵省によって承諾された[53]．大蔵省の役人メアリー・ヘドリー＝ミラー（Mary Hedley-Miller）の言で証明されるように，「イングランド銀行が『自分たちの』領分として保持しようとする事柄については，書くよりも議論する方がよいであろう．彼らは自分たちの書簡を意識的に非常に短くしている」[54]．

　公表された準備額の数字に何らかの用途はあるが，多くの点でそれは誤解を招くものである．それは日常的に粉飾決算が施されているだけではなく，さまざまなタイプの借入や引き出しに対する取り扱いが違うことによって不可避的

に歪められた．おそらく「真実」の全体像を提供することは不可能であろう．これらの借入がどの勘定を通ってどの道筋を進むのか必ずしも明らかではない．英国の債務の全体像は表 8-1 で与えられている．1963 年に対外債務超過はなかったが，次の 3 年間で債務は増加して 1967 年の末頃に 50 億ドルに達した．その後，確実に増加して 1968 年末にはピークに達して 80 億ドル超となった．それから，しだいに減少して 1971 年初めに 20 億ドル，1971 年半ばに 10 億ドルになり，公的部門の外貨借入を除くと 1972 年 4 月に完済された．資金には 3 つの源泉があった．IMF，BIS と各国中央銀行，および若干の外貨預金であった．当初は大半が第 2 グループから調達され，第 3 グループからは相対的に少なかった．切り下げ後の債務残高の大部分は BIS と中央銀行に対してであり，この状態は 1970 年半ばまで続いた．その他に対する債務はその後 1971 年

表 8-1 英国への援助残高合計，四半期 (1967-72 年)

(100 万ドル)

月末	IMF	ポンド資金でのその他借入	海外の通貨当局によって預けられた外貨預金	公的部門の外貨借入	合計
1967 年 12 月	1,508	2,990	463	0	4,961
1968 年 3 月	1,508	3,957	768	0	6,233
1968 年 6 月	2,908	3,573	965	0	7,446
1968 年 9 月	2,823	4,039	674	0	7,536
1968 年 12 月	2,723	4,842	506	0	8,071
1969 年 3 月	2,400	4,692	374	0	7,466
1969 年 6 月	2,700	3,958	585	50	7,293
1969 年 9 月	2,675	3,987	684	113	7,459
1969 年 12 月	2,650	3,384	360	120	6,514
1970 年 3 月	2,400	1,570	0	120	4,090
1970 年 6 月	2,381	1,125	0	120	3,626
1970 年 9 月	2,364	1,502	0	120	3,986
1970 年 12 月	2,328	958	0	120	3,406
1971 年 3 月	1,639	0	0	243	1,882
1971 年 6 月	1,620	0	0	316	1,936
1971 年 9 月	996	0	0	316	1,312
1971 年 12 月	1,081	0	0	366	1,447
1972 年 3 月	1,055	0	0	366	1,421
1972 年 6 月	0	2,608	0	366	2,974
1972 年 9 月	0	0	0	366	366
1972 年 12 月	0	0	0	366	366

出所：*BEQB*．

2月までに完済された．為替管理の特別取り決めの下，地方政府による外貨借入のためにその他少額の債務があったが，それは1972年後まではそれほど増加しなかった．

1968年末，透明性の発揮という点ではいささかめずらしいやり方で，イングランド銀行は1966年初めからの中央銀行およびその他からの支援の顛末を語ることができるであろうと希望を表明した．ジャーナリストたちが1965年以来，『四季報』は情報価値がないと不平を言っていたので，これに少しせかされていた．1969年夏に，債務残高がなかった1963年からの全貌を明らかにする論文を『四季報』に掲載するべきであるという提案がなされた．この論文に関する作業が開始され，論文のいくつかの草稿が大蔵省との間で頻繁にやりとりされた．ついに1969年11月には校正刷りが準備され，その許可のために予定通りに大蔵省に送られた．大蔵省は事実，協力的であったが，この動きは，大蔵大臣が拒否したので最後の段階で挫折した．大蔵大臣が対外債務の小史を提供することに反対したのは，1969年9月末の債務残高が1968年3月のものよりも大幅に上回るからであった．その時は彼の最初の予算時であり，彼が事態を管理してきた責任があるといわれる可能性があった．ジェンキンズは，より良好な数字が入手できるまで完全な開示を延期し，その時点で彼自身が開示することを望んだ．実際には，作業は1971年半ばまで続いた．しかし，この段階で別の人間が関与し，イングランド銀行内では別の種類の問題が提起された．それはたとえば，政府について完全な情報を持って行動するとは限らない相手から承認してもらうべきではないといった問題であった[55]．この論文は決して日の目を見なかった．

2. 金市場の危機

貨幣量管理に関するIMF提案が議論され始める前に，国際分野ではすでにより壊滅的な事件が発生していた．もっとも直接的に重大であったのは金市場の危機であった．それはすぐに金プールの崩壊をもたらした．金プール取り決めの終わりの始まりは1967年末頃から1968年初めであった．ポンド切り下げの直後，関心は他の通貨に移った．そして今度は金に対してであった．金市場

に起こっていたことは，より広範な制度に対する懸念を生じさせた．

　信頼性を向上させるために企図された金プールは切り下げの後で最大の試練にさらされた．切り下げ時にはこれまでにない金購入ラッシュが生じた．金プールの喪失額は切り下げ後の週に5億7,800万ドル，11月には8億3,600万ドルとなり，年末前に10億ドルを超えた[56]．1967年末までに，金価格を最低水準で管理するためには，金プールを強化する必要が明らかになった．多くの拠出参加国は金市場に無限に金を投入することはできなかった．フランスは1967年6月に事実上，金プールから撤退した．そのニュースは英国の切り下げの次の月曜日に不都合にも漏洩した．『四季報』はこれを外交的に，フランスは「7月にプールの積極的役割を降りてしまった」と表現した[57]．

　この危機を解決しようとしてソロモンの「金証書計画」など多くの計画が出現した[58]．1967年の末頃，ロンドン金市場を閉鎖する選択肢が考慮されるようになった．しかし，イングランド銀行は閉鎖がドルの信認を傷つけると考えて，賛成しなかった．ライリーはこの考えを支持した[59]．さらに総裁は，米国が金プールを推進したいと考える限り，英国はそれを支持すべきであると考えた．彼は市場が「強力な安定化要因」であり続けたと信じていた[60]．他の選択肢には金価格の引き上げという，オブライエンの好みも含まれていた．しかし，米国はしばしばかつ精力的に自分たちが金価格を引き上げることを否定した．切り下げは米国では，英国の場合にそうであったように，考えられないことであった[61]．この立場は1960年代の残りの期間の後続の政権でも維持された．金価格引き上げへの主要な反対論はそれがインフレーションをもたらすというものであったが，オブライエンの考えでは米国人は「ドルの神聖さと全能性に対してより関心を示し，金に対してドルを切り下げるという屈辱に耐えることはできなかった」[62]．1960年代には，金の価格を2倍にして名目価格を1オンス70ドルとすることに賛成する者がいたが，1960年代半ばには，より穏やかなその半分の引き上げでさえ米国の準備を200億ドル以上も増額することになったであろうし，おそらく制度の存続を数年延ばすことができたであろう．米国は同時にまた最大の金産出の1つであるソ連やもう1つの大きな金産出国である南アフリカのアパルトヘイト体制を利するあらゆる行動に反対した．また金価格が再度，引き上げられるかもしれないという疑念も起こった．11月

の末頃，米国からロンドンへの巨額な金移動が起こったが，それは市場での需要を満たすのに十分な供給を確保するためであった．しかし，結局，これも十分でなかった[63]．

1968年1月の初め，米国はドルから金の裏づけをはずした．不吉な前兆であった．ロンドンにおける金の公定価格を維持するために金プールは1967年11月から1968年3月中旬までの間に30億ドル以上の金を売却した．3月10日になっても金プールのメンバーはいぜんとしてプールを存続しようと考えていたが，その重圧はあまりにも大きくなっていた．3月14日300トンの金（3億8,500万ドル）が米国の金準備から売却され，次の日にも同様のことが要求されると予想された．それが起こる前に1968年3月15日，金市場は米国の要求によって閉鎖された．1968年3月16日と17日，ワシントンでの緊急会議において，金プール操作の終焉が決定された．公的な介入のない民間市場で価格が決定される二重価格制度が提案された．イングランド銀行は反対した．二重価格制度が完璧な解決策と考える者は誰もいないのに，この提案はほとんどの代表団の支持を得た[64]．ロンドン市場は1968年4月1日まで閉鎖され，そして再開されるとすぐに，金の民間売買は自由市場価格で実施され，1日2回の価格設定方式が確立された．この取り決めはその後2年間どうにか持ちこたえた．

金プールの功績に対する全面的な評価はまだ行われていない．どんな安定性が達成され，どれくらいのコストで，そして誰がそれを負担したのか．それは「BISの存在によって促進された多国間協力の典型例であった」のか．……「金プールはその基礎にあるファンダメンタルズが価格設定者としてのプールの信認を傷つけないかぎりで，価格のギャップを埋めるのにうまく機能した」のであろうか[65]．初期の数年では，いくつかの偶発的事情が成功の構図を歪曲させた．最初の3年間，金の供給は需要を上回った．参加者は13億ドルもの金を取得することになった．しかし1966年以降，2つの準備通貨の信認の低下と金生産の減少があいまって合計35億ドルの販売超過をもたらした．さらに参加者のなかにはこの制度の維持を共通の利益だと考えない者もいた．その他の国もあったが，とくにフランスは，対外準備としてドルを使用することはインフレを助長すると考えた．そしてそのルールを破った者に対する懲罰的な

処置はなかった[66]．それは一種のカルテルであり，危険な兆候が現れ，あるメンバーがその他の者より先に逃亡しようとする時，カルテルは崩壊する．この場合，先導して脱出したのはフランスであった．フランスによる金購入のニュースが露見するや否や，ゲームは終了した．

3. IMFの融資条件——DCE目標

金プールの崩壊は1960年代の不可避の出来事の1つにすぎなかった．それはいっそうさまざまな欠陥に対する注意を引き，貨幣量管理という基本的な問題に対処することが必要とされた．IMFの視点からみると，切り下げ時の貨幣量管理に関するIMFの批判に対する英国の対応は不十分であった．したがってIMFは諸問題を議論できる専門家会議を提案した．IMFは開放経済のマネーストックを国内信用創造ないし国内信用拡張（DCE）として「正しく」定義づけることから開始した．英国には貨幣量管理に関するどのような話題に対しても相当な抵抗があり，DCEという特殊な見解に対しても抵抗が示された．IMFは英国を教育することが必要と信じ，DCEを中心的な論題とするセミナーを提案した[67]．不幸にも，イングランド銀行の文書はここでも失われており，セミナーの準備，運営，継続調査および結末の記録は残っていない．しかし，大蔵省は会議の議事録を含むいくつかの文書を提供しており，事態の成り行きの概要は述べることができる．

　DCEを定義するには問題があることがわかったが，その概念の核心は比較的，明白であった．閉鎖経済の場合，DCEはほぼ広義の貨幣集計量に等しいであろう．しかし開放経済では信用拡張は国際収支の赤字を介して海外に漏れる可能性がある．したがって高率での信用拡張が対外赤字を伴う場合にはそれは低率での貨幣量の拡大と両立可能である．（事実これは1968年に生じたようにみえる．）このようにDCEはいくつかの対外取引を調整した国内マネーサプライの1つの尺度であった．したがって国内マネーサプライの増加は，何であれ対外支出によって削減されるであろう．国際収支が関心事となり，釘付け（pegged）為替相場制である時には有用なのがDCEの魅力であった．

　セミナーの最初の会合は1968年10月に開催され，そのなかには大蔵省から

第8章 ポンド：切り下げからスミソニアンへ

ケアンクロス，カルドア，ポズナーそしてラヴェル，イングランド銀行からはアレン，マクマーン，事務局のクロケット，そして IMF からポラクがいた．彼らは4日間にわたって会合し，さまざまな種類の論文を検討した．最後の日の1968年10月21日にポラクが見事なまとめを行なった[68]．チューはセミナーがイングランド銀行と大蔵省にとっての公式見解の主要な触媒の1つになったと主張している[69]．

　イングランド銀行のなかにはマネーサプライに一定の役割をあてる必要があるという意識は醸成されていた（第9章参照）．しかし，切り下げと IMF のコンサルテーション以後に特別な刺激が与えられたことは確かであった．1968年初め，ソーントンは貨幣集計量にもっとも懐疑的な人物であったが，マネーサプライに関する覚書を準備し，ホーラムにより広範な議論を企てるように促した．マネーサプライに好意的であったモーリス・アレンはケアンクロスに手紙を書いた．「われわれが IMF に英国の貨幣に関する整合的な資料を提供するつもりならば，われわれは何かをする必要がある」[70]．また保守党議員ジョン・ビッフェン（John Biffen）が1968年3月27日，議会審議で，「大蔵大臣は1968-69年の会計年度の間にどの程度のマネーサプライの増加を予想しているか」と質問したことに示されるように，この問題に対するより広範な関心が持たれ始めていた．用意された答えは「マネーサプライの増加は政府の行動だけでは決定されない．しかし，1968-69年のマネーサプライの増加は1967-68年のそれよりも小さいと予想している」はずであった．しかしながら，大蔵省の金融担当大臣ハロルド・リーヴァ（Harold Lever）は大蔵大臣に代わって答え，原稿から離れて，貨幣量の増大は「われわれの支配下の外部にある非常に多くの要因」によって影響されると述べた．その答えはイングランド銀行の少なくとも一部の部署では非常に好意的に支持されるものであった[71]．ソーントンはフォードとアレンに覚書を送って「あなた方はリーヴァ氏の原稿に従わなかった補足答弁に対して経済情報部（EID）と喜びを共有したいかもしれない．……われわれはリーヴァ氏とそのような同盟を結ぶことを決して期待していなかったが」．アレンは覚書に「われわれはリーヴァ氏がサー・ラルフ・ホートレー（Sir Ralph Hawtrey）の著作をもっと徹底的に読むべきであると勧めることができるだけである」と記した．そしてオブライエンは「WMA, CC,

CWM, MJT [アレン, フォード (業務局長), マクマーン, そしてソーントン] はこの件について私と相談したほうがいい」と付け加えた[72]。

10月, 保守党議員の「ジョック」ブルース=ガーダイン ('Jock' Bruce-Gardyne) は切り下げとIMFに立ち戻ってもう1つの議会質問をした.「大蔵大臣は基本合意書11行目の達成についての進捗状況報告を行うつもりですか」. 答えは, 同パラグラフは約束ではなくただ期待を表明しただけで, その期待を改訂する必要はない, であった[73]。しかし, イングランド銀行が何かをする必要があり, ついに10月この問題に関する作業部会がアレンによって提案された. 部会はモース, ディックス=ミロ (Dicks-Mireaux) そしてグッドハートと書記のクロケットで構成された. これはイングランド銀行における貨幣に関する本格的な作業の始まりであった.

さらに, イングランド銀行内ではIMFのセミナーのための特別なかなり独自の準備をしなければならなかった. このことは長い間知られていた. 事実, イングランド銀行は同会議のために (23のうちの) 3つの論文を用意した[74]。そのうちの1つは「マネーサプライの定義」という題名で無署名だったが, アレンよりもずっとソーントン風であった. それはマネーを定義するのがどれほど困難で, どんな定義に関しても合意に達するのが難しい, と不満を述べていた.「多数の人々はおそらくマネーサプライを支出のために『入手可能な』資金を測るものとみなすであろう. ……しかし,『入手可能』によって何を意味するのか」と論じた時, 議論はラドクリフ委員会にまで戻っていた[75]。多くの時間と議論が制度的要因や慣行さらに制度や慣行が許容することに費やされた.

IMFからの2つの基調論文は, どちらもオーストラリアのエコノミストでIMFの特別研究部門主幹であったヴィクター・アーギ (Victor Argy) によって書かれ, 中心問題に焦点を当てていた[76]。最初の論文はイングランド銀行が嘆いていた種類の貨幣乗数モデルを使ってマネーサプライのプロセスを議論することから始めていた. (論文が欠落しているので) イングランド銀行の反応は想像することしかできない. 論文はまた, イングランド銀行がもっとも嫌いで, ある場合にはイングランド銀行内では残酷にも「馬鹿」と言われていたマネタリー・エコノミストであるクラウチの著作を広範かつ好意的に引用していた[77]。それはさらに1960年代英国で展開された, 公開市場操作論争を論評し

ていた．その論争の寄稿者のなかにはクラウチ，ニューリン，クランプ，そしてザワツキが含まれていた．イングランド銀行の中のある者は両論文に対して否定的でかつ皮肉な言葉を使って殴り書きしている[78]．ポラクがセミナーを総括したとき，彼は英国の貨幣統計を批判し，もっと努力してそれを収集するよう促した．彼はまた頻繁なIMFのコンサルテーションのなかで多くの誤解を招いた責任はDCEの役割に関する見解の相違にあった事実を嘆いた．彼はなぜイングランド銀行は戦争以降，現金比率ではなく流動性比率を操作しているのか不思議に思っていた．そして，彼はなぜイングランド銀行が現金準備を直接操作する手段として大蔵省証券を対象とした公開市場操作を行わないのか質問した．ソーントンの答えは，それがマクミラン報告に遡り，その後に流動性比率システムが確立し，「戦後には金融政策に対する全般的関心はなくなった」というものであった[79]．セミナーのDCEへの関心の集中はIMFの見解の結果であり，したがって貨幣集計量への関心が高まり，ラドクリフ的な意味での流動性は価値を失った．英国の役人は定義上，統計上，そして政策調整上の問題があると不満を言い続けた．彼らはDCE目標が操作上の問題を抱えていると主張した．そして決定的であったのは，彼らがその目標を採用するならば，おそらく国内の経済的，社会的目的と対立する金利政策を採用することになるであろう，と述べたことである．変わらなければならなかったのはこのことであった．そして1969年に変わり始めた．マネーサプライが重視されると，国債市場でのイングランド銀行の戦術行動が再考され，その変更が促された[80]．

セミナーの次の週，ソーントンがイングランド銀行の作業部会の考えを復活させ，グッドハートが中心になることを提案した．マクマーンは同意し，作業は11月半ばに始めることが提案された[81]．1969年の初め，イングランド銀行はこの方針に沿って真剣な作業を開始し，信用創造やその他に関するIMF仮説を検証した．1969年2月，グッドハートは「国内純信用創造」を定義し，アレンのためにいくつか試算を行った．アレンはこの定義に異議を挟み「それは間違いだと思う」として，その定義がどのように導かれるのかに関するより完全な分析と説明を行った[82]．この月末頃，大蔵省のベルとエドワードはどちらもDCEに関する別々の論文を準備した．後者の論文は，DCE目標を受け入れた時に何が必要とされるのかを，問題がIMFとともにさらに進んでしま

う前に，大蔵大臣が知ることのできるようにするものであった[83]．何が DCE の正しい定義であり，実際に諸変数の関係がどのように結びついているのかに関して大蔵省とイングランド銀行の間にはまだ大きな隔たりがあった．そして，1969年の初めでさえ，IMF へどのような数字を明らかにするのかに関して合意がなかった．にもかかわらず，DCE の定義について IMF と合意し，「了解事項の覚書」のなかで規定された．すなわち「銀行部門（イングランド銀行銀行部を含む）による公的部門および民間部門に対する全貸出（非居住者へのポンド建て貸出を含むが対外投資のための民間部門への外貨建て貸出を除く）プラス国内非銀行保有の紙幣および鋳貨の変動額プラス公的部門への対内貸出」である[84]．

1969年前半，IMF との新しいスタンドバイ協定が要請されると思われた時，それは1967年11月に適用されたよりも厳しい条件を受け入れなければ提供されないであろうと認識された．IMF は明らかに DCE 目標の確実な実行を要求するであろう．これに対して説得力のある対応をしなければならないであろう．当局は四半期の数字を作成する必要があり，もしそれが年々の目標からあまりにも乖離した場合には，是正措置を取らなければならないであろう．そして事実，IMF との5月の協定のなかには「1969/70年会計年度の意図された結果と矛盾しない適正な四半期ごとの国内信用拡張の道筋を」つける約束があった[85]．考慮されるタイプの措置はいぜんとして本質的には銀行融資の上限に作用することであった．しかしながら，それに公的部門借入必要額 (PSBR) への措置や非銀行公衆への公的部門債務の販売を減額する措置が加わった．大蔵省のエドワードは大蔵省がこれら3つの可能性のどれかに基づいて自由に行動できる限り，大蔵省は非常に喜ぶであろうと論じた[86]．イングランド銀行では，グッドハートの唯一の異議はマネーサプライ（あるいは DCE）が所得変化を引き起こすというエドワードの含意に対してであった．イングランド銀行はずっと市場の秩序を重視してきたのだから，「われわれは，経済条件の変化が……マネーサプライの一定の関連した変化をもたらすのを許容してきた」と彼は論じた．もし金融市場（とくに国債市場）に戦略上の根本的な変化が生じているのならば，それまでの関係はもはや持続しないであろう[87]．

1969年4月のジェンキンズ予算において，彼は DCE を堅持することを強調

した．これは一部には，IMF からのスタンドバイ信用枠供与をさらに調達するための準備であった．1969 年 5 月，彼は 10 億ドルを調達するために IMF に 2 度目の基本合意書を提出した．基本合意書には 4 月予算法案とその目的が再述され，はっきりと IMF による DCE 目標を受け入れた．

> 政府の目的と政策は，1970 年 3 月末で終わる年度における民間および公的部門の国内信用拡張が 4 億ポンドを超えないことを意味する．この額は 1968-69 年の 12 億 2,500 万ポンドと比較される．四半期ごとの国内信用拡張の過程が，そのなかには中央政府の借入必要額が含まれるが，この年度全体に意図された結果と矛盾しないよう保証すること，およびこの目的のために適切な措置を取ることが政府の政策である[88]．

6 月 20 日金曜日，10 億ドルのスタンドバイ信用枠供与は承認された[89]．6 月 25 日の議会演説のなかでジェンキンズは再度，DCE 目標の達成の必要性を強調し，金融政策の方針にとって DCE がマネーサプライよりも優れた指標であると確信したと発表した[90]．

　DCE をめぐる作業は 1969 年を通して続き，9 月，この問題に関する『四季報』の付録が出版された．DCE は，通貨当局の観点から，相手別アプローチ（counterparts approach）によってもっともよく提示されていた．イングランド銀行は 1952 年から 1968 年までの間の最終支出合計の変化率とともに DCE の変化率に関するいくつかの数字を，両者間のかなり密接な対応関係を示すグラフとともに作成した[91]．実際には，『四季報』の論文では報告されていないが，クロケットとプライスはさらにいくつかの統計作業を行い，これらのシリーズ間の関係が乏しいことを示す相関係数を作成していた[92]．とにかく 1968 年の経験はこの概念の価値が，同時代人にとって満足のいくものであることを証明した．その年，マネーサプライは彼らの数字に従うと約 10 億ポンドだけ増加した．しかし，対外勘定の赤字は政府資金調達に対してさらに約 10 億ポンドを提供した．このようにマネーサプライは 10 億ポンド増加し，他方 DCE は 20 億ポンド増加した．DCE はより良い指標と考えられた．グッドハートはこれを次のように表現した．

DCE 仮説によれば，対外赤字がファイナンスされるのは以下の場合だけである．(1)マネーサプライを一定に維持するように，DCE を増加させる．あるいは(2)DCE は一定にして，その結果マネーサプライは減少させる．DCE 目標の目的は当局に選択肢(2)の追求を強いることである[93]．

いぜんとして懐疑が広がっていた．1969 年の半ば，クロケットは国内信用が創造される時，それはマネーストックに追加されるか海外に漏出するかであろうと重要な点を指摘した．もし前者なら，その後の年々の支出を増加させ続けたであろうし，後者なら，そうはならなかったであろう．彼は「それは，最終的には，ミルトン・フリードマン（Milton Friedman）の教義の論理的展開にはならない」と付け加えた[94]．8 月ジョン・ボウルター（John Boulter）は不平を付言した．便宜的に大雑把に述べると DCE はマネーサプライの増加プラス国際収支赤字に等しい．しかし，信用は通貨ではない（「DCE の起源はポラクであってフリードマンではない」）．そして大事なことは，問題は国際収支ではなくてむしろ公的部門が調達する対外金融であった．彼が指摘しているように，この 2 つは数億ポンドも異なり，違う方向に動く可能性があった．この種の問題点は 1969 年から 1970 年にかけてたんにイングランド銀行内だけでなくそれに関心を持っていた外部者との書簡においても指摘され続けた[95]．

フォードは懐疑的でひょうきんだった．1969 年 10 月初め，彼は次のように書いた．

> 総裁および大蔵大臣はどちらもマンションハウスでの講演で指標，警報信号などとしての DCE をたいへん推奨しようとしている．マネーサプライより優れていると考えられるこの「今年のコンセプト」は，当局が「じっと見守ら」なければならず，われわれが「進路をはずれた」かもしれないとそれが示す時にはいつも留意しなければならないものである．DCE は当局が今やこのように確信しているものとして記述されるであろう．われわれは過去にはこの重要性に十分に留意を払わなかったが，今期はこれまでになく留意し，将来にわたって見守り続けるであろう．公衆は，最高の権威をよりどころに，このことを受け入れるように求められている．

彼はさらに言い続けた．DCE が 1969 年前半，目標値に数億ポンド不足しており（総裁の講演ではそれは目標値に対して満足なものとされたが），1970 年の決定的に悪い環境を示している．その結果，彼らは前年になした過ちと反対の過ちを犯す危険に瀕している．「この非難が正当ならば，われわれは金融政策を経済の安定化ではなく不安定化のために実施する罪を犯している」[96]．

1967 年終わり頃から 1969 年の出来事は金融政策の見方に重要な変更をもたらした．切り下げ後にインフレの上昇があり，政策は十分に引締め的ではないと感じる批判者の数が増加した．名目利子率をみればそう思われるかもしれないが，インフレと学問的な議論のなしたことは，実質レートと名目レートを区別する必要性を明らかにしたことであった．そのうえ，政策方針は貨幣集計量を観察することによってよりよく判断されるであろう．それは疑いもなく知的転換の始まりであった．

4. 人事異動

1960 年代の終わりにイングランド銀行は 2 人のもっとも卓越した「海外担当」者パーソンズとブリッジを失った．切り下げ後まもなくしてイングランド銀行を離れた 2 人だが，彼らは切り下げと無関係ではなかった．1969 年 11 月，パーソンズが 1970 年 2 月の終わりに退職することはやや時期尚早に公表された．彼は 1970 年 7 月ボールトンを引き継いで，ロンドン・アンド・南アメリカ銀行（BOLSA）の会長になった．パーソンズもオブライエンもその任期を 1970 年 7 月に終えることになっていた．これがオブライエンを悩ませた．ボールトンが BOLSA の後継者として彼をオブライエンへ提案した時，オブライエンはこれに同意し，パーソンズはこの申し出を受け入れた[97]．しかしながら，BOLSA のこの地位はパーソンズを移動させるために作られた地位であったかもしれない．彼は 1966 年にナイトの爵位を受けた後，1970 年に KCMG〔聖ミカエル＝聖ジョージ上級勲爵士〕に任じられ，その後 1970 年から 1972 年にかけてジョン・ブラウン社（John Brown and Co.）の取締役となった．

パーソンズは代表的な国際通貨外交家として高い名声を得ていた[98]．おそらく彼は一般借入協定（GAB）の成立において重要な役割を果たしたのであろう．

彼は「人並みはずれた魅惑的な物腰，権威ある態度，専門分野についての見識，明快な説明能力を兼ね備え，これによって国際交渉の最前線につくことができた」[99]．経済論議に興味のない経験豊かなスイスやドイツの中央銀行家を説得することにおいてパーソンズの右に出る者はいなかった[100]．1957年からは執行理事，1966年からは副総裁として彼は主に対外案件に関わってきた[101]．しかし副総裁としては控えめであった．彼は1967年の切り下げにひどく動揺し，同事件に対する「心からの自責の念」によって「現実否認の状態」に陥った[102]．切り下げ後，彼が業務から離れたことは人目を引いた．とくに前職の副総裁としての積極的役割を前提に，彼の対外および国内事情の専門的見識を考えればそうであった．オブライエンとパーソンズは長い間ライバルであった．彼らの間には年齢差は2歳しかなく，イングランド銀行には1年以内に入行した．どちらもノーマンの個人秘書，業務局の上級職を務め，執行理事となった[103]．サミュエル・ブリッタン（Samuel Brittan）はパーソンズの支持者で，次のように書いている．「提案された計画のなかで取っている重大なリスクに対してきわめて真剣に，しかしもったいぶらない声で警告するとき，彼はほんとうに自分の主題を認識し，あたかも貨幣文明の蠟燭が今にも消えるかのように打診する．強い印象を与える一派として急進的立場に誰もいないのは彼の欠点ではない」[104]．1960年代の終わりにパーソンズの役割が低下したのは病気の結果であった．彼はずっと老齢疾患を患っていたように思われる．そして精神状態の衰えが彼を決定的な意思決定から外させたのかもしれない．ホーラムは総裁が不在でパーソンズがホワイトホールに行くことになっていた時，誰かが「われわれは彼を1人で行かすわけにはいかないでしょう」といった時のことを思い出していた．何歳から病気が深刻になり，より広く知られていたかは不明である．オブライエンはイングランド銀行内の誰も彼が病気であることを，離職してBOLSAの会長となった時でさえ知らなかったと主張している．しかしながら，ホーラムは副総裁としてのパーソンズが「明らかに非常に衰えていた」ことを確かに思い出していた[105]．

40年勤めた後，ロイ・ブリッジ（Roy Bridge）は1969年10月18日イングランド銀行を離職して，シティのいくつかのアドバイザー職に就いた[106]．イングランド銀行は外国為替の専門家を失っただけでなく，重要な人物をなくし

た.『タイムズ』紙は彼の市場心理に関する知識を「計り知れない」と評した[107]. クームズによれば, 1960年代の国際通貨市場を動揺させた一連のポンド危機を通して, ブリッジは「おそらく多大なコストをかけて一定の相場水準を維持するのか, あるいは撤退してより多くの損失のリスクをとるのかを決定したので, 市場のあらゆる技術的, 心理的諸力を油断なく警戒していた」. さらに彼は, 「物腰柔らかく, 冷静な交渉者」で外国の中央銀行家の見地からは信頼に値した[108]. 国際的には彼は最大級の敬意を得た. 彼の最大の挑戦は, これが最後には彼を負かしたのであるが, 切り下げの回避であった. 彼はパーソンズとともに激しく切り下げに反対した. 切り下げは彼に甚大な代償を払わせ, 気落ちさせた. 彼はポンドをあらゆる犠牲を払って守ることが義務であると考えた. その後1967年11月の終わりまでには, 彼は自分が失敗し, 自分だけでなく英国も苦しみ困っている, と思うようになった. 彼は対外関係における任務を認められて1967年CMG〔聖ミカエル=聖ジョージ3等勲爵士〕に叙された.

ブリッジは人を惹きつける好人物でフォードが言ったように「影響を与えやすく熱中的」であった[109]. ブリッジは非常に社交的で彼の手にシガレットがないことは稀で, 面白い話をいつもしてそれを数カ国語で話すことができた[110]. ブリッジがイングランド銀行にいた時, ローザムは決して「私の仕事場で, 後にも先にもそんなに笑ったことはなかった」[111]. 彼は慕われていた. ブリッジとパーソンズが去った後, マクマーンとモースがやってきて国際問題を指揮した.

5. ポンド協定

切り下げ後でさえ, 緊急の問題はいぜんとして為替レートであり, イングランド銀行の主要な貢献はポンド残高「問題」との継続的な取り組みであった. ポンド残高のうちの海外ポンド地域 (OSA) 保有部分が安定化するならば, 新平価を維持する問題はほとんどが消滅したであろうし, 変動相場制のようなより極端な行動の必要性を回避できたであろう. こうして信認を高め, 国際通貨制度のための長期計画の必要性があった一方で, 英国の1968年初めのより緊

急の懸念はポンド残高であった．1962年末には38億6,300万ポンドであったポンド残高（公的保有残高23億1,200万ポンド，民間保有残高15億5,100万ポンド）が約50%増加して1973年には名目額で59億3,400万ポンドとなり，これまでで最大になった（図8-5）．しかし，実質価格ではそれは約33億ポンドに減少していた[112]．ポンド残高取り決めの改定が必要とされていることが明らかになり，1968年春にBISおよびその他の中央銀行との議論が開始された．1968年7月バーゼルで，ポンド地域諸国がポンドから「多様化」するために引き起こされる準備の減少を防ぐために，期間3年20億ドルの信用供与に関する基本合意が成立した．ポンド地域諸国は60カ国以上あり，ポンドの保有を説得しなければならなかった[113]．

イングランド銀行のポンド地域作業部会はしばらく前に設置されていたが，1967年12月，フェントンを議長にして再招集された．1966年の終わりに作業部会が最後の報告を出した時，その結論は1966年のバーゼル信用枠供与をより長期の取り決めに転換する必要があるということであった．切り下げ後，英国の政策に対してだんだん信頼と信認が失われ，海外ポンド地域の準備の多様

出所：*BEQB*.

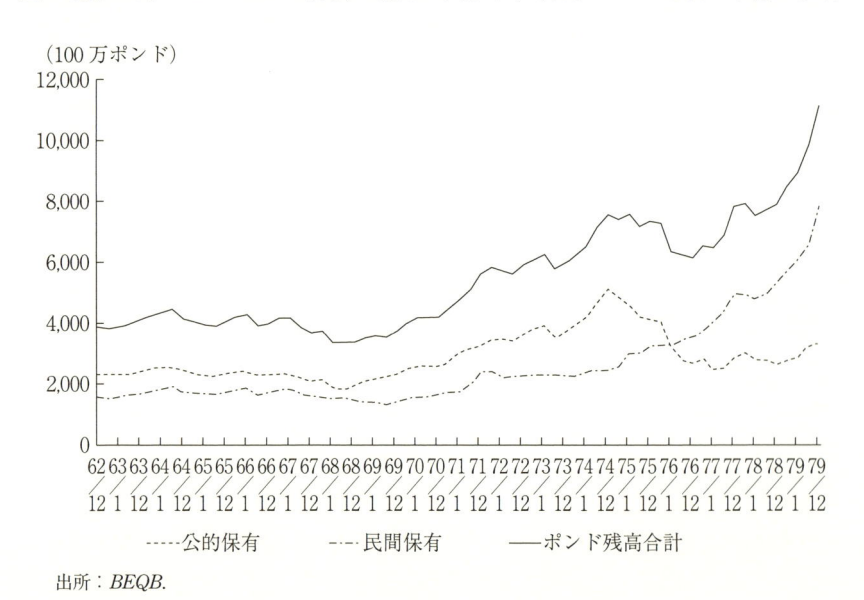

図8-5　ポンド残高（1962-79年）

第8章 ポンド:切り下げからスミソニアンへ　　　487

化から生じる圧力の増加が認識された．対応策は第1に外交であった．「われわれはあらゆる意図を学び，彼らを思いとどまらせるために，必要ならハイレベルの代表を使っても，われわれの全説得力を使う準備をしなければならない」[114]．しかしながら作業部会はまた他のどんな可能性が存在するかを詳細に論議し，意に反したことではあるが，為替管理の強化も検討することを強いられた[115]．

　切り下げは準備通貨としてのポンドに関するイングランド銀行の見解を変更させるものではなかった．事実，どちらかといえば，切り下げは準備通貨としてのポンドを強化した．1968年初め，フォードは返済に十分な黒字を積み上げることに悲観的で，思慮深い戦略——返済を可能にするような経済政策——の一部として長期ローンを得ることに賛成した．もしこの戦略が成功するならば，それは「ポンドの準備通貨としての役割を維持するであろう．私は，これが評判のよくないものだとしても，正しい目的だと信じている」と彼は述べた．彼はさらに進めて，EECとの交渉のなかで，もし英国がEECに加入することになれば，ポンドの準備通貨として存続のために良い事態となる，と論じた．「(ドゴール)将軍が反対し，リュエフがあざけり，トリフィンがもったいぶり，ベネルックス当局が心配で蒼ざめるかもしれないが，十分に発展した共同市場は経済装置の一部として，外部世界が保有でき，国際取引の媒介(vehicle)として使用できる準備通貨を取り込む必要があるであろう」[116]．そしてその通貨はフォードによればポンドとなるであろう．マクマーンはこれに同意した．「私はたいていの人々(少なくともイングランド銀行内の)はポンドの準備通貨としての役割を，媒介通貨としての役割はいうまでもなく，本当に「終了」させようとする試みは間違っていることに同意するであろう」[117]．モースはこれらの見解を完全に支持していた．1968年に彼らは2つの基本的問題，すなわちOSA〔ポンド〕残高の減少という危険および中央銀行からの短期債務の借り換えの必要性に直面していた．モースは減少に対してはローンを選好し，中央銀行債務に対してはIMFの利用と中央銀行信用の更新によって切り抜けようとした．しかしその時，彼は問題を提起した．われわれはポンドの準備通貨としての役割の低下に意図的に取り組むべきであるかどうか．彼の答えは，否であった．「私はわれわれがポンドの準備通貨としての役割の低下のために

意図的に取り組むべきであるとは考えない」[118]．1960年代のイングランド銀行がポンドの準備通貨としての役割の低下に賛成してきたかとモースに質問したとき，彼はこれをまったく否定した[119]．そしてマクマーンもまたはっきりとこの考えを否定した．1960年代に準備通貨としてのポンドに反対する気分が高まっていたが，イングランド銀行もその一部なのかと問われたとき，「それを聞いて私は非常に驚いた．イングランド銀行一般には，われわれがそれ（準備通貨としてのポンド）を廃止するべきだという考えは決してなかった」と述べた[120]．

　1968年の春，イングランド銀行はBISないしIMFによるポンド残高のための信用枠供与を提案したが，より弾力的で「利用しやすい」という理由でBISの方を選んだ[121]．この提案の本質はポンド地域諸国が準備の一定割合をポンドで保有することに同意し，その見返りに米ドルで計ったその準備の価値の維持を保証することであった．イングランド銀行と大蔵省はどちらもずっとそのような保証に反対していた．この問題が切り下げ後に再び浮上したとき，それは費用がかかり，そのような保証を受けないポンドの信認に影響を与える可能性があるため否定された．ポンド地域作業部会が1月に報告を行ったとき保証の問題を提起したが，このような状況の中ではそれは説得力のあるものとはほとんど考えていなかった．しかし，1968年3月以降に問題解決の努力が強まり，この問題が再び議題にのぼった．手始めとして，セーフティネットだけが議論された．その時，フォードはセーフティネットに代えて保証を提案した．モースはこのどちらにも賛成した[122]．1968年5月，マクマーンはバーゼルの専門家会議でとくにポンド地域のセーフティネットに関して報告を行った時（専門家グループはその他にモース，ローとプレストンであった），スウェーデン中央銀行のスヴェン・ジョゲ（Sven Joge）とスイス中央銀行のフリッツ・ロイトワイラー（Fritz Leutweiler）が海外ポンド地域の保証に強力に賛成したことを記録していた[123]．その前日，パーソンズはヴァン・レネップ（Van Lennep）に会っていた．後者は，もしポンド域諸国がそのポンド残高を国際収支決済需要の充足のためにだけ使用する，換言すればポンドをSDRsのために策定されていたのと同じやり方で取り扱うならば，「ポンド地域諸国は彼らのポンドの保証を要求する権利があるであろう」と公言していた．おそらく，

この考えはパーソンズのものなのであろうが，英国はそのような保証を提供する必要があったであろう[124]．しかし6月までに，事態は変化して，保証を提供しないリスクは今やそれを提供するリスクよりも大きくなった[125]．BISで中央銀行との間で策定される提案は必要な時には引き出すことができる中期信用枠の供与となるであろう．6月のBISの年次総会では20億ドルの信用枠供与が議論され，6月の会議後に発表されるであろうという談話があった．しかしこれは時期尚早であった．7月の会議で合意に達するというのが希望となった[126]．

20億ドルの信用枠供与に関する合意への道のりは比較的，簡単であった（それは結局，BISが行ったことであり，その存在理由でもあった）．しかし，各中央銀行はポンド地域諸国が安定化のために行う拠出に対する何らかの保証を望んだ．この信用枠供与は「ポンド地域保有者によるポンド残高の合意された基本水準を下回る場合にその変動を相殺する」であろう[127]．期限3年の終了時点の信用枠の引き出しによる純債務は，次の5年間にわたって返済されることになっていた．しかし，合意はポンド地域諸国が示す抑制と信用枠供与が純粋に国際収支問題によって引き起こされる準備の減少を賄うためにのみ使用されることを条件としていた．BISはまたいくつかのポンド地域諸国が非ポンド準備をBISに預け入れることを望んだ．第2の問題，すなわちポンド保有者に対する説得の問題は潜在的にずっと大きな問題であった．ポンド地域を支配したのは比較的少数の国（オーストラリア，シンガポール，マレーシア，ニュージーランド，香港，アイルランド共和国が主要な割合を占め，全体で10カ国に満たない国が当時の全ポンド残高の約半分を保有していた）であったが，1968年の夏に，64カ国の間で合意のための交渉が行われた[128]．29カ国が5年間の協定を締結した．35カ国が最初は3年間で，延長可能な協定であったが，1971年に33カ国が延長した[129]．

しかしながら，ポンド地域諸国を説得してそれらの準備の実質的部分をポンドで保有させることは難しいことがわかった．交渉はときどき，厳しくまた引き延ばされた．興味深いのは，大蔵省（ダグラス・アレン（Douglas Allen））はすでに，イングランド銀行が交渉チームを結成するという提案を受け入れていたことである[130]．交渉は諸国が準備として保有する最低ポンド比率

(MSPs)とそれに対する保証の範囲，そのための負担金を中心に展開された．交渉された最低ポンド比率は期待されたよりも小さかったが，それよりもわずかに大きな比率を保有するいくつかの非公式の合意もあった．重要な保有者に対する最低ポンド保有比率は40％が一般的であった．7月の初めでも，保証のための負担金を課すべきで，それはできるだけ多い方がいいという主張がいぜんとしてあった．さもなければ，保証されないポンドが流入し，そして米ドルさえもが保証されるポンドへ転換するよう仕向けられたかもしれない[131]．保証されたポンドの保有者は実際にはドル資産を保有していたのであった．しかし，ポンドで支払われる利子を受け取っており，それはドルの利子よりも高かった．ポンド残高のいかなる動きも，これら金利が相対的にどのように動くかに依存したであろう．7月半ばまでに多くの協定の草稿が用意され，なかには交渉が妥結したものもあった[132]．しかし，7月末から3つの主要な地域，オーストラリア，クウェート，マレーシアに努力は集中していた．

最大のポンド残高保有国の1つであるオーストラリアはその提案に対してもっとも強く反対し頑なであった．大蔵省の第二事務次官フランク・フィギャーズ（Frank Figgures）は1968年夏オーストラリアとの交渉に数週間を費やしたが，不首尾に終わった．8月23日，キャンベラの英国高等弁務官から再び，進展はみられないと報告を受けた時，オブライエンは土壇場で紛糾をおさめ，彼自身が合意に漕ぎ着けた[133]．彼はローと一緒に1968年8月29日，オーストラリアに向けて出発し，どのようにまったく隠密に旅行したかを記録した．隠密に旅行したのは，派遣団の存在が知られ，失敗に帰したと知られたら甚大な損害を与え，おそらくこの計画は破綻したであろうからである．彼らは偽名を使って旅行し，航空機の貨物室を使ってこっそり海外に運ばれた．（これはイングランド銀行のまったく新しい行動ではない．すでに1932年8月モンターギュ・ノーマン（Montagu Norman），別名クラレンス・スキナー教授（Professor Clarence Skinner）によるニューヨーク旅行によって先鞭をつけられていた——「外套姿で，顎鬚をつけ，黒の幅広のつば付ソフト帽を被って霧で覆われたサウサンプトンの波止場に現れた」[134]．）オブライエンの一団は金曜日に出発して，次の金曜日のバーゼルでの会議に行くために，その週の水曜日に戻ってこなければならなかった．そのバーゼル会議は計画全体と結びついてい

たのであろう．彼らはジョン・ゴートン（John Gorton）首相と財務大臣ビリー・マクマーン（Billy McMahon）と日曜の夕方に会い（フィギャーズは同席せず）合意に到達した．彼らはロンドンに帰ってきた時，見つかることなく航空機からこっそり連れ出された[135]．

オブライエンは，彼自身とイングランド銀行の貢献を非常に誇りに思っていたので，次の月曜日，『タイムズ』紙がピーター・ジェイ（Peter Jay）の筆になる，すべてはハロルド・リーヴァによって指揮されたという挿話を報道したとき，激怒した[136]．「私は月ロケットのように起き上がり，怒りでただわけのわからないことを口にしていた．……イングランド銀行に対する，私自身に対してはもちろん，不当な扱いには我慢できなかった」．彼はそのとき一緒にダウニング・ストリート 11 番で食事をした大蔵大臣に不満を言った．オブライエンは『タイムズ』紙に電話を掛けて，編集長のリーズ=モッグがすぐに彼に電話するよう要求した．（彼は電話したが，すぐにではなかった．おそらくそれでもうまく行ったであろう．）オブライエンに爵位が授与されることになり，当面しばらくは延期されたが，彼を慰めるのに役立った[137]．

ついに，バーゼルで協定が成立し，1968 年 9 月 9 日に公表された．その協定は 1968 年 9 月 25 日に発効した．1966 年の取り決めの下でのさらなる引き出しは行われないし，負債残高は 1971 年 6 月までの 2 年間で返済されるであろう[138]．いぜんとして未決事項があったが，基本はしっかりしていた．まだ署名していないイエメンやマレーシアのような国もあった．オブライエンはモースに過去 6 カ月にわたって関与したすべての人々に彼の感謝の意を伝えるよう頼んだ．イングランド銀行はこれまで，同時にこんなにも多くの国々との交渉に関与したことはなかったのであり，こんなにも多くの職員が専心没頭したこともなかった．これは，ときどき言われるような 1960 年代のイングランド銀行の必要以上の職員配置，あるいは緊急時の職員配置を擁護する，もう 1 つの暗黙の正当化であった．危機時にはいつでも招集できる良質な人々がいたのである．2 日後，アレンはオブライエンに手紙で大蔵大臣の祝辞を伝え，「イングランド銀行とあなた個人の果たしたきわめて重要な役割」に言及した[139]．それから作業はイングランド銀行が起草に関与した白書に移った[140]．対処する必要のある問題は，保証を，たとえばポンドがフロートしなければならない

ときに，どのように実施するかであった．1969年初めにはイングランド銀行がポンド協定のために大蔵省から保障を取り付けられるかという懸念があった．その後，この保証はきわめて秘密性の高いイングランド銀行-大蔵省計画「ヘカベ（Hecuba）〔ギリシャ神話に出てくるトロイア王の妃〕」と結び付けられた[141]．

　20億ドルのバーゼル信用枠供与によって，ポンド地域諸国の準備が合意された最低基準30億8,000万ポンドを下回る時には，英国はドルを引き出すことができた．事実，協定が公表されたときその残高はその水準を下回っており，ドルの引き出しはほとんど直ちに始まった．1968年10月末までに6億ドルが引き出された．しかしその後，改善がみられ，1969年9月までに6億ドルを返済できた．そのうえ，さらなる引き出しは必要なかった．イングランド銀行はポンド協定を「この年の重大な成果」と考えた[142]．これらの交渉の後，その他の要因もあって状況は改善した．1968年末頃から1972年まで間断なく流入があり，その結果，ポンド保有はこの間に27億ポンド増加した．しかし1968年9月に締結されたポンド協定は最初，3年間有効で1971年9月に失効することになっており，返済期限は1973年から1978年であった[143]．1970年には関心は1971年以前に必要とされるかもしれないことに向かっていかざるをえなかった．

　1971年初めにポンド協定の更新に関する準備が熱心に行われ始めた．最初，これは3年間の協定を変更なしに2年延長するという単純明快な更新について議論された．しかしながら，取り決めの当事者双方から紛糾が持ち上がった．バーゼル信用枠供与について，米国財務省の通貨問題担当次官であったポール・ヴォルカーは，更新に際してフランスの参加を望んだ．イングランド銀行はこれを危険な見解として拒否し，信用枠供与の更新がポンド体制の将来と結びつくことを避けたかった[144]．米国はまた自身の拠出を削減することを提案した．イングランド銀行は，それが実行されたならば，カナダと日本が手を引き，バーゼル信用枠供与はヨーロッパ問題の様相になってしまうであろう，と懸念した．なおかつ，ポンド残高は当初の数字を6億5,000万ポンドほど上回っており，引き出しの必要性は遠のいていた．

　1971年2月，首相は更新が望ましいと信じられず，切り下げの場合にはポ

ンド保有者に対して巨額を支払わなければならないことを心配した．総裁は更新が抗しがたい問題であると主張した．その要点は，保証が失効することを許容するならば，われわれが切り下げを行おうとしていると思われ，（ポンド地域からの）離脱を誘発するであろう，というものであった．彼はさらに，このバーゼル協定が過去3年間の国際通貨制度の安定に寄与した，と主張した[145]．地政学的な要因もまた関係していた．というのは，もし英国が論議の的になっている南アフリカへの武器輸出を進めるならば，ポンド残高の主要な保有者のなかから大量の引き出しが起こる恐れがあったからであった．シンガポールはそのような引き出しの可能性のある国であった．にもかかわらず，1971年3月，すべてのポンド地域諸国に対して無条件の更新が提案された．ローが言うように，更新は「全般的な信認を大いに鼓舞するものとしての価値を表示する」と思われた[146]．しかし，1971年3月の外国為替市場の状況を前提にすれば，2つの主要ポンド残高保有国，シンガポールとマレーシアがドルによる保証を心配して，ドイツマルク（DM）あるいは円のような他通貨での保証を提案したことは驚くべきことではなかった．マレーシアはドルの切り下げを恐れてとくに抵抗した．7月までに，36カ国と3年間の協定に到達した．このうち，23カ国は何の変更もない更新に満足することを示唆していた．その中には，重要なオーストラリアも含まれていた．その他の国の中にはより低い最低ポンド比率について交渉したいと思っていた国があった．

それから米国の爆弾が8月に投下され，すべての過程を混乱に陥れた．その時，ポンドは切り上げられ，変動幅が拡大され，保証は新しいレートでなされる可能性があった．こんなときでさえ，9月初めには，30カ国が更新を受け入れ，未決定は6カ国にすぎなかった．そして1971年9月17日36カ国中34カ国が合意したと報告された．そこにはシンガポールも含まれていた．マルタ，リビアが拒否したが，それほどの痛手ではなかった[147]．

6. ポンド防衛の方策

再度の切り下げへの恐れに誘発されたポンド残高への取り組みに加えて，それが万一起こった場合の行動計画が練られた．イングランド銀行のなかではほ

とんどすべての作業はマクマーンとモースが行った．どちらもイングランド銀行では比較的，新人でそれぞれ1964年，1965年に採用された．次の数年では，あらゆる予見可能な事態に対処するため，多くの秘密性の高い計画が作成された．大蔵省はもっとも徹底した行動であるポンド残高の封鎖の準備を始めた．この計画に対してはイングランド銀行が激しく反対した．封鎖に代わる主要な代替案は変動相場制の導入であった．しかしそのどちらに対してもイングランド銀行は「絶望的な行動」と表現した[148]．イングランド銀行はポンド残高封鎖よりも変動相場制を好んだが，多くの人にとっては一方が他方を暗示した．さまざまな不測の事態に対処するため，暗号名の下イングランド銀行と大蔵省合同の秘密グループによっていくつかの計画が検討された．「ブルータス（Brutus）〔紀元前1世紀のローマの政治家〕」作戦は最初のもので1968年3月に準備された．それは「クランマー〔16世紀前半のイングランドの宗教改革者〕」として知られるようになり，公的準備が尽きた際にはポンド残高を封鎖するための作戦であった．これは本来，大蔵省の立場であったが，イングランド銀行によって抵抗された．1968年7月に開始された「ヘカベ」は対外準備が尽きた場合の緊急事態計画であり，当局は変動相場制を選択するというよりも余儀なくされるものであった．「プリアモス〔ギリシャ神話に出てくるトロイアの王〕」は為替平価再調整の結果としてポンドを守るための一時的な変動相場制であった．「テレマコス〔ギリシャ神話に出てくる人物で，父とともに母に求婚する者を殺戮した〕」は，ポンド保有の交換性に対する為替取引を制限して個々の国によるポンド残高の引き出しに対して戦う計画であった．「ポロニウス〔シェイクスピア『ハムレット』中の人物，饒舌で子煩悩な内大臣〕」は資本流入規制に対するものであった．「ブランドン〔16世紀前半の軍人，ヘンリー8世の妹メアリー・チューダーと結婚〕」と「ミニブランドン」はポンド地域諸国に対する為替管理導入計画であった．英国所有の外貨資産（投資）を動員するための作戦は「ブートストラップ（靴紐）」と呼ばれ，後に改名して「アンドロクレス〔ローマの伝説上の奴隷〕」となった．さらに「オレステス〔ギリシャ神話に出てくる人物で，父殺害の復讐のため自分の母とその愛人を殺した〕」は，「ヘカベ」作戦を支援するために，立法なしに導入できる代替的な広範囲の輸入の量的制限を提供した．「ベイタウン」は1971年までは十全

には展開されなかったが，切り下げ作戦であった．「パリヌールス〔イエアネスの船の舵手で，舵をとっているうちに眠りの神に襲われ，海に落ちて漂着したところの住民に殺された〕」は，ポンドの変動相場制を選択して導入する作戦であった．「プロテウス〔ギリシャ神話に出てくる変幻自在な姿と予言力を有した海神〕」は，米国の金輸出停止に対処する作戦であった[149]．IMF からの特別支援を扱う「コンカラー〔1066年イングランドの征服王，ウィリアム (William) 1 世〕」もあり，他にドイツの切り上げに対処するために計画された「ガリレオ」があった．サミュエル・ブリッタンが書いたように，「ギリシャ文字はさまざまな異なる緊急事態計画を考案するために使い尽くされた」[150]．しかし，状況の変化によって計画のいくつかはすぐに不要になった．

すでに1967年12月に変動相場制が話題となっていた．マクマーンは，現在の為替レートを離れるのならば，変動相場制以外にはありえないと主張していたが，緊急事態計画をとくに必要とするとは考えていなかった．アームストロングは何もしないでいることに賛成できないので，イングランド銀行と大蔵省との共同行動への期待を表明した．マクマーンはライリーと会談するよう頼まれ，この問題のあらゆる側面に関して長い，徹底的な，ときには飽き飽きする対話を始めた[151]．1968年中の議論はポンド残高保有国との交渉で起こっていること，および交渉が失敗したら必要とされるかもしれないことと密接に結びついていた．この問題は，合意に達してポンド地域諸国と協定が締結された時点である程度まで解決された．しかし，いくつかの他の要因を背景としたポンド危機の脅威が続いたことによって緊急事態計画は存続することになった．ともかくも，1968年2月，マクマーンとライリーは仕事を続け，英国が変動相場制を余儀なくされる状況に対処するための新しい論文ならびに変動相場制の帰結に関する論文を委託された[152]．1968年3月，多少ともパニックの様相が示された時，マクマーンは総裁に手紙を書いて3つの可能性を詳しく述べた．第1は，ポンドのレートを維持し，そのために必要な信用を調達すること．第2は，ポンドを封鎖すること．そして第3は変動相場制であった．第1は米国にとって魅力的であった．米国は英国に対する支援を強要していた．第2が息継ぎ期間を与えることは間違いなかったが，長期的には非常に有害であったであろう．第3の選択は少なくとも英国が対外準備の喪失を止めることを意味し

たであろう[153]. 3月17日, 日曜日, パーソンズ, ホーラム, ブリッジ, マクマーンが出席した大蔵省での会議において, 大蔵省は強力に変動相場制に反対し, それに替わって第1の選択肢を選んだ[154].

3月までに, この計画は暗号名「ブルータスⅠ」をもらっていた[155]. 大蔵大臣ロイ・ジェンキンズ (Roy Jenkins) はこの計画の立案者であると主張した. 1999年『タイムズ』紙が明らかにした時, その見出しは「ブルータス」は海外での休暇, 奢侈品——2, 3の例をあげるならばフランス・ワイン, スイスの時計, 季節外れの葡萄——の輸入を禁じた, であった. この話によるとハロルド・ウィルソン (Harold Wilson) と一握りの閣僚だけしかこの計画を知らなかった. この種の措置の愚かさの1つはウィルソンが「鮭の缶詰をリストに入れるか否かをめぐって悩んでいた」という事実によって明らかにされている[156]. 議論は果てしがなく, 次の2年間でもほとんど進展しなかった[157]. もし米国が金から離脱することになれば, ヨーロッパ通貨は金に対して50％切り下げ, ドルに対して既成事実を示すべきである, とマクマーンは示唆した.

1968年7月に, マクマーンはいらいらして総裁に手紙で緊急事態計画は「いまや制御不能」になったと述べていた.

> 世界の終わりのためにきわめて精緻な計画を生み出した封鎖を支持するグループがいる. ……それに投入されてきたすべての知的努力にもかかわらず, それは実行不能で破滅的である. 同時にこれとは異なって変動相場制を支持する作業部会がある. その想定の1つは, 変動相場によって封鎖を避けるようにすべきである. ……いわゆる「金とドル・グループ」もあり, ……彼らは多くの外部的な災厄を変化していく起こりそうもないこととみなしている. 輸入供託金を考える他のグループもいる[158].

さらに多くのグループがあった. ブリッジは大蔵省から出されてくるものを論評するよう求められた時, きまって辛辣であった. ラテン・アメリカの歴史の中にしまい込まれたいくつかの例があり, そこでは為替管理が変動相場制と一緒に使用されたが, もちろん両者は両立しなかった.「もし英国が変動相場制を強制されるならば, 何らかの意味をもつと考えられる方策は次のものであ

ろう．(a)おそらく1カ月間ではないとしても，少なくとも2週間，為替市場に介入しない．(b)すべての為替管理をすぐに撤廃する．そして［(c)もちろん，中央ヨーロッパの名前のついた政府アドバイザーをすべて公然と追放する．］」大蔵省の考えは根本的に間違いである．変動相場制に移行してそれから議論されてきた方策を押しつけることは「1ポンドが究極的には1セント以下の価値になるという予想に導くようなシャハトの臭いを強烈に嗅ぐ」ことになるであろう[159]．政府のアドバイザーを特定することはわけなくたやすかった．

1968年初めのポンド協定あるいはバーゼル取り決めの締結成功に続いて，イングランド銀行は「クランマー作戦をひとまず終えよう」と願っていた．この時点で実際には終了しているはずであった．だが，大蔵省は断念したというわけではなかった．モースは大蔵省の文書について「ダグラス・アレンが試してみたがっている多くのあまりにも恐ろしい項目を含んでいる」と書いた．新しい計画が芽生えていた．マクマーンは疲れていた．10月，彼は総裁に手紙で「あなたをこのトロイアの一対（プリアモス王とヘカベ妃）のことで悩ませなければならないのではないか思う」と述べた．11月，大蔵省では「昨日，この問題に関するもう1つの混乱したつまらない会議が開かれた」[160]．1969年の初め，モースは緊急事態に関する多数の論文をまとめることを提案し，アレンはこれを受け入れたように思えたが，そこからは何も生まれなかった[161]．1969年の間にいくつかの経済指標に改善の兆しがみられたが，議論は漫然と続いた．「一時的な変動相場制」が再検討されたが，モースによって抑え込まれた．彼は「そのような概念は存在しない，というイングランド銀行にお馴染みの見解を提起した」[162]．1970年の末に一時的変動相場制の話が再登場した時，関心は変動相場制を管理することに移っていた[163]．

英国の経済的パフォーマンスは1969年半ばから少なくとも一時的に上向きはじめ，1969年，1970年，そして1971年の3年間の予算は黒字となった．1971年の予算は記録的な水準であった．そして対外勘定にも改善がみられた．論議中だった多くの方策のうち，為替レートの弾力性に関するものがよりいっそう注意を引くようになった．為替管理へ再度頼ることは，もっとも関心を失った1つであった．

弾力的な為替レートに関する論議はこの間まったく立ち消えてしまったわけ

ではなかった．1945年のミードから始まり，1952年のロボット・グループを経て1955年再びミードに戻り，さらに1950年代末のリーズ=モッグへ連なり，1960年代にもいぜんとして声があがっていた．その後，1960年代末にもう1つの頂点に達した．1969年，ハーリー・ジョンソン（Harry Johnson）による経済問題研究所（Institute of Economic Affairs; IEA）の小冊子『弾力的為替レート論』（'The Case for Flexible Exchange Rates'）の発行がさらに論議を刺激した[164]．「弾力的」という用語法にはしばしばあいまいさが残るが，ジョンソンはそれを自由変動相場制（free-floating）の意味で使っていた．ジョンソンの見解が今やより豊かな土壌の中で芽を出した．このことは1968年からのイングランド銀行内の議論から明らかである[165]．

ミードに次いでジョンソンは，おそらくこの国でもっとも卓越した国際経済学者であり，英国での公的な知的生活の歴史を有していた．（彼は1958年ラドクリフ委員会への証言を行い，新聞・雑誌での経済論議への常連の寄稿者であった．）したがって彼の見解は真剣に受け取られた．またそれが表明されたのは，知的状況が変化して，世界中の外国為替市場の騒乱によって既存の制度の再検討が余儀なくされている時であった．ジョンソンの論議の一部は周知のものであった．すなわち，中央銀行がいつも固定相場制を選好したがるのは，それが中央銀行に威信と政府に対する政治的権力を与えるからである．そして中央銀行はこの制度を管理することを委ねられ，「当然にも政治家よりも責任をもってこの役割を果たすことができると考え，それらを明け渡すのに当然に抵抗する」[166]．しかし，ジョンソンの主要な論点は変動相場制が国際収支の制約を撤廃し，政策に特別の自由度を与えることであった．彼の議論はたんに学問的であっただけではなかった．というのは彼が当時の状況の中で，変動相場制の実現可能性を論じていたからである．ポンドの変動相場制に反対する議論は，ポンドの準備通貨としての役割がそれを不可能にしているとか，あるいはIMFのルールがそれを承認しないというものであった．しかし，ポンドの衰退とポンド保有者への保証を与えた1968年のポンド協定によって「英国は公的保有者からの非難を恐れることなく」変動相場制を採用することが可能になっていた[167]．

1969年の初め，イングランド銀行と大蔵省は実際に米国連邦準備と為替レ

ートに関して秘密会談を開始した．興味深いのはニクソンが変動相場制を支持する3人を彼の経済諮問委員会に任命していたことである（ヘンドリック・ハウタッカー（Hendrik Houthakker），ポール・マクラッケン（Paul McCracken）そしてハーバート・スタイン（Herbert Stein)).しかし会談は決裂し，英米通貨関係に変化をもたらした[168]．4月にワシントンで再び会談が開かれたが，英国はヴォルカーが興味をもっていないという印象をもって会談を終えた[169]．

にもかかわらず，1969年8月にフランスの11％の切り下げ，そして9月にドイツの9％の切り上げがあり，10月に連邦準備は為替レートの弾力性に対するもう1つの調査を提案した．再び，用語は限定された意味で使われた．その調査はその範囲が変動幅の拡大およびクローリング・ペッグにわたったが，完全な変動相場制は排除されていた[170]．クームズはこの年の初めに連邦公開市場委員会（FOMC）に国際情勢は「これまで直面したなかで最大の危機である」と警告した[171]．しかし，行動はとられず，ともかくも事態がすぐにこれらの論議を追い越すことになったのであろう．

為替管理はときおりポンド支持のために利用されていた．また，ポンドをめぐる交渉が決着がつかずに頼りなく推移した1968年半ば，「ヘカベ」計画は危機勃発時にポンド地域における徹底的な為替管理を導入することを具体的に扱っていた．もし「ヘカベ」計画が失敗したならば，既存のポンド残高は封鎖されたであろう．ブランドン計画もまた為替管理に関する特殊な提案を含んでいたが，1970年代初めにそれを実施することはEECへの加盟提案および為替レート制度の変更と複雑に絡み合っていた．モースは為替管理の変更がEECへの加盟要件とリンクされるべきであると警告した[172]．これはすぐに現実となった．というのは，1972年5月の発表によって，EECのある一国（あるいはノルウェーまたはデンマーク）で雇用されることになっている英国の居住者は「ポンド資産を通常の許容額を超えて，自分たちの意向を満たすのに必要な限り，当該国へ移転することが認められるであろう」からである[173]．それにもかかわらず，しばらくの間，為替管理は以前と同様に実施され，ある時には厳格化され，また他の時には緩和された．種々のいじくり回しが1969-72年を通して続けられた．移出民の資産の持ち出し制限，不動産通貨と投資通貨市場との統合，輸出事務のいくつかの緩和，小切手保証カードの海外での使用の許可

などである．1969年にこれらはほとんどが，さまざまな緊急事態が起こった場合にポンドを防衛するための秘密計画の議論と密接に結びついていた．

　1971年8月の米国の対策の後には，いくつかの国が自国通貨を変動相場にしようとする時に何をするべきか，というより一般的な問題が浮上した．資本流入を防ぐためには新しい対策が必要とされた．1971年8月に公表された準備額は好調で国際収支予測も良好であったので，投機的な資本流入が起こりそうになり始めていた．（バンクレート引き下げへの動きもまた検討されていた．）9月，英国の競争力と一致すると考えられていたポンドの対ドルレートはドル準備の蓄積をもたらし，それは過剰と考えられるほどになった．「われわれの唯一取れる態度は対ドル相場をどこかに定め，たとえば2.52ドルにして，そのレートを維持する準備をすることであろう」[174]．10月に，為替管理部は銀行に外国為替取引を報告させることの有用性に関して再考していた．取引を偽装する多くの方法があり，報告は「事実上，意味をなさないであろう」[175]．しかしながら，この時までに焦点は為替レートに向かった．議論は，許容する用意があり，流入するかもしれないドルの全額を受け入れる用意ができるのがどのレートであるか，についてであった[176]．1972年の半ばにケアンクロスは，その時はすでに大蔵省を退いていたが，為替管理の影響に関する分析を行った．彼はなぜ変動相場になっていた1972年の方がそうでなかった1971年よりも為替管理が厳しかったのか，また国際収支が大幅に黒字であった1971年の方が大幅な赤字であった1961年よりも為替管理は厳しかったのか問うた．逆説的であるが，為替管理がより厳しくなればなるほど資本流出が大規模になった[177]．

7. 国際通貨制度改革

　1960年代後半に国際金融システムへの信認を高めるために多くの対策がとられた一方，より根本的な行動もまた必要であることが確認された[178]．国際通貨改革が必要であるという認識は1960年代初めから勢いを増していた．その時の焦点は新しい国際準備資産であった．G10が調査を実施した1963年，彼らは近い将来に関しては楽観的であったが，より長期では金と外貨準備が不

十分になるかもしれないと感じていた．1965年この問題を調査するためオッソラ・グループ（Ossola Group）が結成された．ソロモンはメンバーとなり，「準備創造の問題に関する偏見のない調査」を進めるようにマーティンから激励された[179]．ジョンソン大統領は国際通貨取り決めに関する委員会を任命した．そして秘密裏に高級官僚から構成される研究グループ（デミング・グループ）も任命し，ポンドに対する圧力を除去する対策を考えさせた[180]．1967年8月，IMFのSDRs創設に関する緊急対策が合意された．それは長い交渉の結果であり，準備資産（英国と米国の目標）とクレジットライン（EECの目標）の要素の混成物のようなものとして決着した[181]．SDRsは既存の割当額に比例して配分され，全取引はIMFの特別勘定を通じて行われた．最初の配分は1970年1月1日になされ，その後2年間にさらに2度配分された[182]．

1968年の最初の数カ月，政治的な革命の雰囲気があり，政治的不確実性がヨーロッパの大半に広がった．これに外国為替市場の混乱が伴って，ポンドは再びまた減価した．ポンドの状勢はきわめて深刻であったので，総裁は11月のバーゼルの定例会議で他の中央銀行総裁に次のように述べた．もしドイツが切り上げずにフランスが切り下げることになると，英国政府は為替レートを自由に変動させるか輸入の量的制限措置を導入せざるをえないかもしれない[183]．ドイツ・マルクが強くなり，フランス・フランが減価するにつれて外国為替市場の閉鎖が俎上にのぼった．ドイツは外部からの切り上げ圧力に抵抗していた．たいていのドイツ人は1961年の切り上げに不満であったが，1968年にはドイツ連邦銀行（Bundesbank）はそれに賛成していた．そしてブレッシング（Karl Blessing），オットマー・エミンガー（Otmar Emminger），ハインリッヒ・アームラー（Heinrich Irmler）はすべて中央銀行評議会で切り上げに賛成の議論をした．しかし，ドイツ経済担当大臣であったカール・シラー（Karl Schiller）は「ばかげた行為」として切り上げを退けた[184]．ドイツはボンでの緊急会議を提案した．英国は同意し，次のように言ってきわめて大きなカードを切るように思われた．もしポンドが変動相場を余儀なくされ，英国経済に損害が及ぶならば，英国の「NATO（北大西洋条約機構）への拠出と西側の防衛は深刻な影響を受けるであろう」[185]．

ポンドの減価に対する英国の直接の対応はさらなるもう1つの「デフレ的」

対策パッケージであった[186]．モースはその時フランクフルトのジョハンズ・タンゲラー（Johannes Tungeler）（ドイツ連邦銀行）のオフィスにいたクームズからの電話を受けた．彼はドイツの切り上げはないであろうと述べた．G10会議に対する米国の要求はドイツのこの切り上げ拒否によって執拗になった．ドイツは1960年代を通して米国との暗黙の取引の一部としてドルを一貫して支持し，それによって巨額のドル債務の吸収と引き換えに米国による軍事的保護を獲得していた[187]．1966年にNATOから撤退していたフランスは良くても毛嫌いし，最悪の場合は敵対的でさえあり，米国との良好な関係を深める必要を感じていなかった[188]．すでにドイツにいたファウラーは，週の残りの3日間，20日から22日まで主要な市場を閉鎖することを望んだ．しかし，オブライエンはそれが事態を「破滅的に拡大」させ，それに続く投機に英国がもっともさらされるであろうという理由で強く抵抗した．実際，オブライエンはこの会議にまったく熱心でなかった．イングランド銀行は切り上げをしないという発表が「ポンドに壊滅的な結果」をもたらすと信じていた[189]．

しかしながら，G10会議は進められ，その主要な目的はフランスの切り下げがあまりにも大きくなるのを阻止することであった．会議は多くの理由から不満足なものとなった．モースが報告しているように，計画性がなく，運営がまずく，開くべきでなかった．オブライエンはこの会議を「嘆かわしい出来事」と考えた．憎悪がすぐに表面化した．英国の大蔵大臣（ジェンキンズ）がマルクの7.5%の切り上げを提案し，これは「バーゼルで中央銀行総裁たちのコンセンサスとして」合意されていると主張した．この時，「不満の嵐と喧騒」が引き起こされた．イングランド銀行総裁が中に割って入り，5%の切り上げでは十分でないと信じており，他の何人かの総裁も同意していると思うと言う必要があった[190]．モースは「議長を務めるシラー教授は狭量で，人の仲を裂くようなおしゃべりであった．そして底流にある『（中央銀行）総裁対（経済担当）大臣』という感情の対立も主な源泉であった」と述べている．報道陣はつねに説明を受けていたが，ときどきは明らかに反英国的なやり方であった．「ある時，ドイツのスポークスマンは英国が切り下げるべきだと提案さえした」[191]．ブレッシングは「同僚の不満をそれ以上聞きたいと思わなかったので」怒って会議を離れた．代わりにエミンガーが出席したが，この会議をこれ

まで参加した通貨会議のなかでもっとも不愉快なものであると思った[192]. 会議の終わりに発表されたコミュニケは，切り上げをしないというドイツの決意を繰り返し，フランスへの20億ドルの信用供与を公表した．それだけであった．会議は失敗であったかもしれないが，平価の変更の必要性を認識する道筋への次の一歩となった．長い論戦とシラーの転向（1969年3月）の後，結局1969年9月，9％の切り上げが実施された．

　ボン会議は疑いもなく戦後の国際通貨情勢のなかで最悪の経験となった．そして数年間にわたって関係の修復はほとんどみられなかった．1969年の平価の一方的な変更は全面的に広がっていたまずい感情を持続させただけであった．1970年5月，カナダドルは再び変動相場制に移行した．米国は自身の国内問題を追求した．1971年3月，マルクとギルダー両方へのラッシュの後，ドイツ連邦銀行は公定歩合を引き下げた．ヨーロッパ諸国はドル準備の大部分を金に交換した．ドイツは1971年5月，単独で変動相場制に移行した．しかし5月の終わり，米国は切り下げも，金価格の変更も行う意思がないといぜんとして公言した．しかしながら，米国議会合同経済委員会が1971年8月に1つの報告書を発表し，ドルは過大評価されているが，そこからの出口はない，と述べた．この月の後半，米国はドルの金への交換性を停止せざるをえなくなった．1971年8月15日のニクソンの対策は事実上，この体制を終焉させた[193].

　1971年の夏，以前よりも強い信念をもって変動相場制が支持され，主要な参加者の間で徹底的な議論が続いた．しかしながら，多くの人はまだ気が進まず，固定相場制度の規律がなくなれば，インフレがより猛威をふるうであろうといぜんとして信じていた．最終的には，1971年12月半ばワシントンのスミソニアン博物館で，より広い変動幅を有した新平価を設定する協定が結ばれた．ブレトンウッズ体制の1％ではなく2.25％の変動が認められ，その結果，ヨーロッパ諸通貨はドルに対して4.5％だけ変動可能となった．したがって，ヨーロッパ通貨相互間では9％まで変動できることになった．ベルギー中央銀行は同行の『レビュー』誌で「これは固定相場制というよりも変動相場制のようである」と述べた[194]. しかし，米国はいぜんとして不承不承の参加者であり，「国際的な目標が国内経済目標の行く手を塞ぐようなまねはさせない」と決意していた[195].

8. ユーロ市場

　ユーロカレンシー市場は 1960 年代の中央銀行による国際流動性と国内金融政策に関する議論において決して縁遠いものではなかった．いわゆる市場の濫用や危険を懸念する議論があった．批判に共通したのはユーロ市場が巨額の国際流動性を創出し，それによってインフレ圧力を生み出すというものであった．それが貿易その他の金融を容易にしていたことは疑いなかった．インフレ圧力がどこに由来するかはあまり明らかではなかった．政府や中央銀行が国際流動性を探し求めているまさにその時に，民間の流動性の創造に不満をいうのはたしかに奇妙であった．後者は前者を不要にしていた．第 2 の不満は巨額なユーロカレンシーの国際的移動が個々の国のマネーサプライに対する管理能力を無効にするというものであった[196]．これはおそらくもっとも広範に申し立てられ，受け入れられた主張であった．BIS でさえ確信がもてないように思われた．「インフレに関する限り，ある国のユーロ市場での借入によって民間部門が国内の信用逼迫を回避できるかもしれない」[197]．しかしこの議論は説得力をもたない．その他のことは別にして，ユーロ市場の資金は通常は M3 までのマネーサプライのどのような定義にも含まれないであろう．資金の最終的な使途に関する情報は不十分であるが，大部分は貿易金融に使われたという共通の理解があった[198]．モーリス・アレンは 1968 年，マネーサプライに関してケアンクロスに手紙を書いた時このことを認識していた．彼は『フィナンシャル・スタティスティックス』誌が「あたかも居住者が保有するユーロダラーは英国のマネーサプライの一部とみなして」ポンド預金とユーロカレンシー預金とを識別することに失敗した，と述べた[199]．

　批判はしばしば次のような形をとった．すなわち米国の当局が 1966 年および 1968-69 年に行ったような金融引締め政策をとるならば，米国の銀行は海外（主としてロンドン）支店で保有する（預金）残高を本国に送還するだけで当局を出し抜くことができるであろう．ウッドとマッドは簡潔な分析と短い論駁によってこの主張が間違いであることを論証した．

米国のマネーサプライへ与えるユーロ市場取引のネットの効果は実際には取るに足らない．ユーロダラー市場の取引は最近の M1 の成長に対して有意に寄与することはなかった．さらに……ユーロダラー取引の M1 への効果がどうであっても，米国の当局はこれを相殺する能力をもっている．同市場の存在は連邦準備制度が米国のマネーストックを管理する能力を縮減させなかった[200]．

米国銀行が資金を還流させる可能性について否定する人は誰もいないが，それは連邦準備がマネーサプライ管理能力を喪失したことを意味しない．どの程度の資本移動性があるのか，どのような為替制度なのかが重大な問題であった．イングランド銀行はこの点であいまいさの要素を残し，次のように言及した．「米国の商業銀行にとってユーロ市場がとくに国内の信用逼迫の際の資金源泉としての役割を増した」[201]．そして，問題が生じる場合に限り，資本の移動性が高まった世界での金融政策の運営の困難さをイングランド銀行は強調した．

もう 1 つの不満は，通常は赤字国に働くであろう調整圧力が弱められるために国際的な金融の安定性が損なわれることであった．金融安定性の定義は経済学者と中央銀行にとって厄介なだけではなかった．国際的な金融安定性はまさしく余計な概念かもしれない[202]．各国は通常ユーロ市場から，IMF ローンに付帯する種類の条件なしに，借入可能であったので，必要な調整が行われないであろうという不満があった．銀行が疑わしい顧客に貸し出すかもしれないということがときどき，言われる．これに対する答えは確かになぜ？である．また銀行は短期（コール）で借り長期（1〜3 カ月）で貸す危険がある．しかし，これは銀行が行うことである．クローマーが「動揺することなく，注意深く見守ろう」と書いた時，彼はイングランド銀行の全般的な立場を表明していた[203]．この種の不満に対する主な対応はユーロ市場が規制されるべきだというものであった．これがたとえ賢明な対応であったとしても，問題はユーロ市場を規制することが可能かということである．ユーロ市場は規制を回避するために誕生し，より規制の少ない管轄国に移動する傾向があった．

興味深いことに，イングランド銀行はユーロ市場の発生期および急速な発展期を通じて規制に関してほとんど関心を示さなかった．イングランド銀行は

「市場を観察しより詳細でより定期的な情報を要求する，という総裁からの示唆」以上に何かを行うことが可能で，行うべきであるとは考えていなかった[204]。1963年の初め，イングランド銀行の非常勤理事であったチャールズ・ハンブロ（Charles Hambro）はユーロ市場の成長率に関してマイナーズに懸念を表明した。マイナーズはリスクの存在を認識していたが，正しい進路をとる用心深い銀行家を信頼し，リスクに対して問題にしなかった。そして次のように論じた。

> ロンドンの銀行，とくにマーチャントバンクは，専門知識と国際的なコネクションを有しているので，ユーロ市場業務にたんに従事しただけでなく，積極的に参加したことはまったく自然である。ロンドンが利益をあげてうまく行うことができるのは，とくにこの種の業務である。このことを根拠としてイングランド銀行には，最大のシェアを握り，かつ拡大しているロンドンの行く手を妨げるどのような理由も存在しない。もしロンドンでのこの業務を妨げることになったら，それはその他の中心地に移転し，その結果ロンドンの収益は減るであろう[205]。

イングランド銀行は『四季報』にユーロ市場に関するいくつかの調査を公表していたが，最初の公式見解を表明したのは1971年になってからであった。それは総裁がシカゴの銀行家倶楽部で講演をした時であった[206]。オブライエンはまったく寛大な見解を表明した。数年後，マクマーンも同様な立場をとった。彼はユーロ市場が資本市場の統合に果たした貢献および世界貿易の拡大を可能にし，国際収支の不均衡をファイナンスする資金供給を支持した。彼もまた国内の通貨管理に関してはどのような脅威も感じなかった。問題は単純に資本の流出入であった[207]。イングランド銀行のこの寛大な見解をすべての者が共有したわけではなかった。米国はユーロ市場を懸念して次から次にどのように管理するかを考えた。1969年2月ブリマー総裁はユーロダラーが必要準備に服さないという理由でその規制を望んだ。連銀総裁のほとんどがこれに賛成した。1969年半ば，米国銀行はユーロダラー市場で週当たり10億ドルを借り入れていた。そして8月に規制が導入された[208]。ヨーロッパ諸国はユーロ市

場を既述した多くの点，とくに危険な資本移動が増大し国内の金融政策の効果を阻害し，さらに国際通貨システムを危険にさらすという点で問題であると考えた．

BISは長い間，ユーロ市場の成長に関して興味をもち，データの収集と普及を奨励し，その『年報』において同市場を記述し，分析した．1969-70年にとくに劇的な成長がみられた時，BISはいっそうの議論のための公開討論会を開催した．そして1971年，ユーロ市場に関するG10常設委員会が設置され，「ユーロ市場の存在とその業務から発生する政策的課題を研究した」[209]．委員会は市場の規制手段の可能性を議論した．ユーロカレンシー市場への参入に対する国内規制，ユーロ銀行に対する必要準備の設定そしてユーロカレンシー市場に対する合同公開市場政策の採用などであった[210]．

とくに英国での基本的問題は，さまざまなところで言われてきたように，釘付け相場制と自らの支出の抑制が不可能な政府の下での完全雇用と経済成長の追求であった．英国より良好であった国もあったし，その背後には多くの理由があった．しかし英国の完全雇用，拡張政策，およびその結果としての過剰な政府支出は国際収支圧力とインフレを説明する要因の上位を占めるに違いない．国内的目標と対外的目標との間にしばしば対立があったとすると，本来的にはインフレと外国為替の厳格な規制との間で選択がなされなければならなかった．実際には，国際収支問題は一時的なものにすぎないか，あるいは最初は短期でその後は長期の借入で解決できると考えられた．1960年代の大きな教訓はいわゆる「トリレンマ」であった．すなわち，金融政策の独立性，資本移動，固定相場制が同時に存在することの不可能性であった．英国の立場は大国の歴史を有した中規模国であることと，準備通貨としてのポンド，およびいぜんとして存続するポンド残高問題によって複雑になった．加えて，固定相場制度ではないが，釘付け相場制度であるという問題があった．

注
1) O'Brien, Speech at the Overseas Bankers Club, 5 February 1968; *BEQB* 8(2): 171, June 1968.
2) Friedman (1968); Phelps (1967).
3) 起源と初期の発展に関しては第5章を参照．

4) Maude to Armstrong, Telegram, 18 November 1967; Peter Edgley to Fenton, 'I.M.F.: activation of G.A.B.', 18 November 1967, 4A160/5.
5) Hubback to Rickett, 19 November 1967, 4A160/5; De Vries (1985, pp. 433-437); Cairncross (1997, pp. 247-255).
6) Richard Goode and Albin Pfeifer (IMF Deputy Director, European Department), Paper, 17 November 1967, IMF C/UK/810 missions.
7) Thornton to Hollom/Parsons, 19 November 1967, 4A160/5.
8) *Ibid.*
9) Thornton to O'Brien, 22 April 1968, 5A 175/1; Alan Whittome (IMF Director, European Department) to Schweitzer, 22 November 1967, IMF C/UK810; Schenk (2010, Chapter 5).
10) Hubback to Rickett, 'Letter of intent', 20 November 1967, 4A160/5.
11) Morse to O'Brien/Parsons, 'Fund mission', 21 November 1967, 4A160/5.
12) Hubback to Peter Baldwin (HMT), 23 November 1967, enc. Callaghan to Schweitzer [the letter of intent], 23 November 1967, 4A160/5.
13) Thornton to Raw, 22 April 1968, 5A175/1.
14) HC Deb, 30 November 1967, Vol. 755, cc643-644.
15) James (1996, p. 190).
16) Dell (1981) を参照.
17) さまざまな理由から，信用枠供与の実際の金額は表題の数字よりも少なかった．詳細については EID3/297 and 1A155/1, and Bridge to O'Brien, 'Central bank credit facilities November 1967/March 1968', 4 September 1968, OV53/39 を参照．
18) O'Brien to Callaghan, 15 July 1966, G41/1.
19) Kirbyshire, Note for record – 'U.S.A and Canada', 22 November 1967, OV44/144.
20) Haslam, 'Devaluation, visits to Kuala Lumpur, Singapore and Hong Kong 19-24 November', 1 December 1967, OV44/144.
21) Kahn, 'Enquiry into the position of sterling January 1966-February 1968', 12 August 1971, Vol. I, p. 41, EID1/6.
22) Market report, 7 December 1967, C8/35.
23) Cromer to O'Brien, 1 December 1967, OV44/144.
24) McMahon to Fenton/Morse, 'Contingency planning', 20 December 1967, 7A114/1.
25) King (1972, p. 171).
26) Sterling Area Working Party, 'Report', 25 January 1968; Fenton, 'Sterling Area Working Party', 30 January 1968; Fenton to Morse, 30 January 1968, OV44/116.
27) Cooper (1968. pp. 188-195).
28) Harrod (1969, p. 265).

29) Kirbyshire, Note for record – 'I.M.F.: U.K. consultaions', 19 January 1968; Evan Maude (UKTSD) to Hubback, 24 January 1968; Kirbyshire to Morse/Fenton, 'I.M.F.: U.K. consultations', 26 January 1968; Hubback to Goldman, 26 January 1968; Hubback to Maude, 1 February 1968; HMT, 'I.M.F./O.E.C.D. consultations, February 1968', 9 February 1968, 4A160/6; Armstrong (1968, p. 15); Dow (1964).
30) Callaghan to Schweitzer, 23 November 1967, 4A160/5.
31) Kirbyshire to Morse/Parsons, 'I.M.F.: U.K. consultations', 28 February 1968, 4A160/6.
32) Middlemass (1990, pp. 193-194), citing Crossman's diary.
33) 詳細は EID3/297 にある; Roper to Page et al., 'Bulletin article: "special assistance for the reserves: 1964-70"', 23 April 1971, 6A179/1.
34) O'Brien to Jenkins, 11 January 1968, G41/2.
35) Parsons to Armstrong, 7 March 1968; O'Brien to Allen, 21 March 1968, G41/2.
36) Gabriel Ferras (BIS) to O'Brien, 22 March 1968 (telegram), and 8 April 1968, OV44/160.
37) Bank draft, 13 March 1968; Fenton to Hubback, 14 March 1968, 4A160/7.
38) Armstrong to Jenkins, 16 March 1968, OV53/38.
39) Preston to Bridge/O'Brien/Parsons, 'I.M.F. drawing', 18 March 1968, 4A160/7.
40) 'Extract from the Deputy Governor's memo dated 27 March 1968 ...', 4A160/7.
41) O'Brien to Armstrong, 21 March 1968, G41/2; 'Extract from the Deputy Governor's memo dated 20.3.68 ...', 4A160/7.
42) Morse, 'Talk with Sir Denis Rickett and Mr. Goldman: Friday 22 March', 25 March 1968; Jenkins to Fowler, 25 March 1968; 'Extract from Deputy Governor's memo dated 27.3.68 ...'; 'Extract from Mr. Hollom's memo dated 10.4.86 ...', 4A160/7.
43) O'Brien to Allen, 6 May 1968, G41/2.
44) Bruce MacLaury (FRBNY) to Bridge, 'Sterling', 14 February 1969, 6A83/3.
45) Coombs (1969, p. 51).
46) *BEQB* 8(4): 356, December 1968.
47) Bridge annotation, 'Foreign exchange and gold markets, Tuesday 10 December 1968', 11 December 1968, C8/36.
48) foreign-exchange market reports, C8/37; Jenkins (1991, pp. 280-281) を参照.
49) 実質為替レート (1974年1月=100) によると, 1966年6月の同レートは111であった. 切り下げ後それは94となった後, 1968年1月には93に下落したが, 1969年中旬には95に, さらに1971年中旬には100となった. これらの指数は相当に注意して扱われるべきである.
50) Bridge to Morse, 12 December 1968, 7A114/8.

51) 'The disposition of reserves', 24 March 1971 (written by Sangster and Hallet), 6A134/1.
52) Peter J.Bull, 'Policy Committee. Meeting of 6 May 1971', 27 May 1971, 6A134/1.
53) Alan Bailey (HMT) to Peter Gregson (No. 10), 18 October 1971, enc.'The composition of the United Kingdom's reserves', 15 October 1971, T312/3302; Hedley-Miller to Rawlinson, 13 November 1969, T312/3416 TNA.
54) Hedley-Miller to Rawlinson, 13 December 1971, T312/3302 TNA.
55) Morse to O'Brien, 'Disclosure of central bank assistance', 25 November 1969; Figgures to Morse, 26 November 1969; Francis John Roper (EID), 'Bulletin article: "Special assistance for the reserves: 1964-1970"', 23 April 1974; John Sangster to Hallett/Thornton, 'Bulletin article "Special assistance for the reserves 1964-1970"', 29 April 1971, 6A179/1.
56) Meltzer (2009, p. 702). 米国の金の喪失の一部は英国による購入によって隠蔽された：'What the market did not know, of course, was that only a $250 million purchase of gold from the United Kingdom saved the United States from a still larger loss'. FOMC, Memorandum of discussion, 12 December 1967, http://www.federalreserve.gov/monetarypolicy/fomchistorical1967.htm.
57) *BEQB* 8(1): 5, March 1968.
58) Solomon (1982, p. 115).
59) Parsons, 'Note of discussions in Frankfurt on November 26', 27 November 1967, G1/285; Ryrie to Rickett, 23 November 1967, T312/1735 TNA.
60) O'Brien to Rickett, 14 August 1967, T312/1735 TNA.
61) Sorensen (1965, p. 408).
62) O'Brien, Memoir, p. 74.
63) 米国からの莫大な金の空輸が米国空軍、連邦準備、および財務省の協力によって行われた；FOMC Minutes, 27 November 1967; 何台ものトラックが高速道路をヒースローからイングランド銀行へ続々と向かった。
64) McMahon, 'Top secret note', 14 March 1968, OV53/38.
65) Borio and Toniolo (2005).
66) Eichengreen (2007, pp. 64-66).
67) Thompson-McCausland to Allen, 29 May 1968, 7A136/1. トンプソン=マコースランドは1965年から1968年にかけて国際通貨問題に関する大蔵省の顧問であった。
68) Edwards, MS (IMF) 1st-4th, 'Monetary seminar (International Monetary Fund) minutes of proceedings' 2 January 1969, 7A353/1.
69) Tew (1978a, p. 247).
70) Allen to Cairncross, 16 February 1968, 5A175/1.
71) HC Deb, 2 April 1968, Vol. 762, c164.
72) Thornton to Fforde/Allen, 'Money supply', 5 April 1968, and Allen and O'Brien annotations, 5A175/1.

73) Andrew Edwards (HMT) to Lovell, 'PQ on letter of intent and money supply', 10 Octorber 1968, 5A175/1; HC Deb, 15 October 1968, Vol. 770, c72W.
74) The Bank papers were MS(IMF)(68)14, 'The effect of interest rates on demand', 8 October 1968; MS(IMF)(68)19, 'Defining the money supply', 14 October 1968; MS(IMF)(68)20, 'Some observations on official operations in the gilt-edged market', 15 October 1968, 7A353/1.
75) MS(IMF)(68)14, 'Defining the money supply', 14 October 1968, 7A353/1.
76) MS(IMF)(68)2, 'Money instruments, the money supply and interest rates in the United Kingdom'; MS(IMF)(68)3, 'The impact of monetary policy on expenditure-with particular reference to the United Kingdom'.
77) Goodhart annotation on Gibson to Burman, 30 January 1970, 2A128/3.
78) たとえば，MS(IMF)(68)2 and 3, 7A353/1 を参照．
79) MS(IMF)4th, 'Monetary seminar (International Monetary Fund): note of proceedings on final day of seminar', 21 October 1968, 7A353/1.
80) Althaus (1969, p. 1176).
81) Thornton to McMahon and Allen, 'Money supply: how to get there', 30 October 1968, 5A175/1.
82) Goodhart to Allen, 'Quick calculations of net domestic credit creation', 7 February 1969; 'The tautologies of net domestic credit expansion', 10 February 1968; Allen to Goodhart, 'Tautologies: N.D.C.C.', 11 February 1969, 5A177/1.
83) Geoffrey Bell to Figguers, 21 February 1958, enc. 'Thoughts on domestic credit expansion'; Edwards, 'IMF standby and overall credit ceiling', 21 February 1969, 5A177/1.
84) Edwards, 'Domestic credit expansion and the central government borrowing requirement. Final agreement reached with the IMF staff on target and ceiling figures and on definitions', 16 June 1969, Annex C, 22 May 1969, 5A177/2.
85) Edwards, 'Domestic credit expansion …', 22 May 1969, Annex B, 5A177/2.
86) Edwards, 'IMF standby and overall credit ceiling', 21 February 1969, 5A177/1.
87) Goodhart to Allen, 'Overall credit ceiling', 24 February 1969, 5A177/1. これはグッドハートのルールの初期の暗示であったのであろうか．Chrystal and Mizen (2003) を参照．
88) HC Deb. 23 June 1969, Vol. 785, c1010.
89) De Vries (1985, pp. 348-349).
90) HC Deb, 25 June 1969, Vol. 785, c525.
91) 'Domestic credit expansion', *BEQB* 9(3): 363-382, September 1969.
92) Crockett/Price to Goodhart, 'The relationship between T.F.E. and D.C.E.' 24 July 1969, 5A177/2.
93) Goodhart, Annotation on Clews to Boulter, 13 April 1970, 5A177/3.
94) Crockett to Goodhart, 'D.C.E.: a dissentient view', 30 June 1969, 5A177/2.

95) Boulter to Dicks-Mireaux, 'Money supply, the balance of payments and D.C.E.', 29 August 1969, 5A177/2.
96) Fforde to O'Brien/Parsons, 8 October 1969, 5A177/3.
97) *The Times*, 21 November 1969, p. 21.
98) *Old Lady*, December 1978, pp. 190-191.
99) *Ibid.*, p. 191.
100) Brittan (1964, p. 63).
101) *The Times*, 26 July 1978, p. 16.
102) Kynaston (2001, p. 361).
103) O'Brien, Memoir, p. 100.
104) Brittan (1964, p. 63)
105) Coleby interview with Sir Jasper Hollom, 11 January 1995.
106) *The Times*, 7 November 1969, p. 27.
107) *The Times*, 20 September 1969, p. 11.
108) *Old Lady*, December 1969, p. 224.
109) Fforde (1992, p. 186).
110) Coombs, 'R.A.O. Bridge'.
111) *Old Lady*, December 1978, p. 190.
112) 'Overseas sterling balances 1963-73', *BEQB* 14(2): 162-175, June 1974.
113) これらの交渉に関しては OV44/160-88. 参照。
114) Draft, Sterling Area Working Party conclusions, 9 January 1968, OV44/116. この最終報告は 'intensive financial diplomacy' に言及していた。
115) Sterling Area Working Party, 'Report', 25 January 1968, OV44/116.
116) Fforde, 'Report of Sterling Area Working Party', 30 January 1968, OV44/116.
117) McMahon, 'Note for the Governer', 1 February 1968, OV44/117.
118) Morse to O'Brien/Parsons, 1 February 1968, OV44/117.
119) Interview with Sir Jeremy Morse, 1 June 2005.
120) Interview with Sir Kit McMahon, 6 July 2005.
121) Morse, Note for record – 'The extension of the Basle arrangements', OV44/159; Morse to Ferras, 5 March 1968, enc. 'The future of the sterling balances', OV44/160; Toniolo (2005, p. 424).
122) Fforde to O'Brien/Parsons, 'Safety net', 17 May 1968, and Morse annotation, OV44/161.
123) McMahon, 'OSA safety net', 29 May 1968, OV44/162. ある報告によると，ローはクレヴァスから退避して過ごした3時間の間にこのポンド残高問題を解決したらしい. Tempest (2008, pp. 85-86) 参照。
124) Parsons to O'Brien, 28 May 1968, OV44/162; Schenk (2010, Chapter 8).
125) McMahon, 'O.S.A. sterling balances', 5 June 1968, OV44/163.
126) Dowler, Note for record, 21 June 1968, OV44/164.
127) Bank of England, *Annual Report*, year ending February 1969, p. 13.

128) 1968年9月のポンド残高総計27億7,800万ポンドのうちオーストラリアが3億2,900万ポンド，香港が3億600万ポンド，アイルランドが2億8,800万ポンド，クウェートが1億9,400万ポンド，ニュージーランドが1億2,000万ポンド保有していたので，これら5ヵ国だけでほほ半分を保有したことになる．Bennett to Fenton, 6 September 1968, 7A114/5.
129) 'Overseas sterling balances of 1963-1973', *BEQB* 14(2): 162-175, June 1974.
130) O'Brien to Morse, Handwritten note, 25 July 1968, OV44/164.
131) Morse to Figgures, 2 February 1968, OV44/166.
132) Donald Macdonald (manager, Banking Department, BIS) to Raw, 19 July 1968, OV44/168.
133) Fenton to O'Brien/Parsons, 'Sterling negotiations', 13 and 16 August 1968, OV44/169; Dudley Allen (at British High Commission, Canberra) to Fenton, 23 August 1968; Fenton to O'Brien/Parsons, 'Sterling negotiations' 27 August 1968, OV44/170.
134) Hargrave (1937, p. 1).
135) O'Brien, Memoir, pp. 79-80. ローはオックスフォードのブレイズノーズでオーストリアの首相と一緒に，しかも同じボートを一緒に漕いだこともあるので連れていかれた．
136) *The Times*, 9 September 1968, p. 1.
137) O'Brien, Memoir, p. 81.
138) Unpublished *Bulletin* article, 'Use of credit facilities with foreign monetary institutions', 20 November 1969, 6A179/1.
139) Allen to O'Brien, 12 September 1968, OV44/172.
140) 白書の草稿はOV44/174にある．*The Basle Facility and the Sterling Area*, October 1968, cmnd. 3787; Treaty Series No. 118 (1968), *Exchange of Notes and Letters Concerning the Guarantee by the United Kingdom and Maintenance of Minimum Sterling Proportion by Certain Overseas Sterling Area Governments*, November 1968, cmnd. 3834, and Miscellaneous No. 20 (1968), *Exchange of Despatches and Letters Concerning the Guarantee by the United Kingdom and the Maintenance of Minimum Sterling Proportion by Certain Overseas Sterling Area Governments*, November 1968, cmnd. 3835.
141) R.S.Symons (HMT) to Pyaton, 12 March 1969, enc. 'Hecuba. Sterling agreements: implementation of the guarantees'. 12 March 1969, OV44/179 12/3/69.
142) Bank of England, *Annual Report*, year ending February 1969, p. 12.
143) Morse to Figgures, 12 September 1968; Donald Harry Curzon (EID) to Hawkins, 'New Basle arrangements', 13 September 1968, 6A83/3. 1966年の短期信用枠供与は漸次的に清算され，1969-71年にかけて6億ドルが返済された．*BEQB* 8(4): 357, December 1968.
144) Fenton to O'Brien, 10 February 1971, OV44/189.
145) Ryrie, Note, 23 February 1971, OV44/189.

146) Raw to O'Brien, 2 March 1971, OV44/190.
147) Allen to Coleby, 17 September 1971, OV44/193.
148) この件に関するやや詳しい顛末は Treasury papers in Oliver and Hamilton (2007) を参照.
149) 2A105/2 参照.
150) Brittan (1970, p. xii).
151) McMahon to Fenton/Morse, 'The question of planning for floating', 20 December 1967; O'Brien to Parsons/Morse/McMahon, Governor's note, 3 January 1968, 7A114/1.
152) McMahon to O'Brien/Hollom, 'Floating', 8 February 1968; Ryrie to Michael Hawtin (HMT), 28 February 1968; HMT, 'Note of a meeting in Sir William Armstrong's room on Tuesday, 5 March 1968 at 5.00 p.m.', 7A114/1.
153) McMahon to O'Brien/Parsons, 14 March 1968, OV53/38.
154) Hollom, Note for record, 18 March 1968, OV53/38.
155) Bennet to Fenton, 16 March 1968, 7A114/1.
156) *The Times*, 1 January 1999, p. 4.
157) McMahon to Morse, 20 March 1968, 7A114/2.
158) McMahon to O'Brien, 18 July 1968, 7A114/5.
159) Bridge to Morse/O'Brien, 18 July 1968, 7A114/5.
160) McMahon to O'Brien/Parsons, 14 October 1968, 7A114/6.
161) Morse, 'Hecuba', 29 January 1969, 7A114/10.
162) McMahon, Note for record – 'Contingency planning', 11 July 1969, 7A114/11.
163) さまざまな緊急事態計画それぞれの完全な説明については J.W.Harvey(HMT), Note for record, 6 January 1971, T312/2908 TNA を参照.
164) Johnson (1969). ジョンソンの表題は, 1950年に覚書として書かれ, 1953年に公表されたフリードマンの「現代の古典的小論『弾力的為替相場論』」への敬意を表している. フリードマンは1950年にマーシャル援助を扱っている米国の機関の顧問をしており, 当時のヨーロッパの資本の流出入に対する規制に対して強い思いをもっていた. 彼の解決策は, 為替管理の必要性をなくすであろう変動相場制であった. しかし, フリードマンは, ジョンソンがやろうとした方法での固定相場を退けるものではなかった.
165) Middleton (2002).
166) Friedman (1968b, p. 12).
167) *Ibid*., p. 36.
168) Oliver and Hamilton (2007, p. 499).
169) *Ibid*., pp. 500-502.
170) Meltzer (2009, pp. 734-9).
171) *Ibid*.
172) Bennett to Fenton/Morse. 'Exchange control relaxations', 8 December 1969, 4A112/4.

173) Bank of England, *Annual Report*, year ending February 1973, p. 21.
174) Sangster to Fenton, 'External monetary policy', 7 October 1971, 4A112/4.
175) Thornton to O'Brien, 8 October 1971, 4A112/4.
176) 資本流入を阻止するために採られた別個の2つの為替管理対策があった．1つは1971年8月31日，もう1つは1971年10月7日に導入されたが，その後1971年12月19日に撤廃された．
177) Caircross, 'UK capital controls', 18 July 1972, 4A112/5.
178) Bordo (1993).
179) Solomon (1982, p. 81). グループはイタリア銀行のリナルド・オッソラ (Rinaldo Ossola) にちなんで名づけられた．
180) デミング・グループは通貨問題担当次官，フレッド・デミング (Fred Deming) に率いられた．
181) 'Post war monetary and economic policy', September 1967, OV38/90.
182) Williamson, (1965). イングランド銀行はまた1969年，ハーシュによるクローリング・ペグに関する研究を承知していた．Peter Hayward (Oversea Office), 'The crawling peg', 6 Feburary 1969. またイングランド銀行はチューによるIMFの意思決定に関する論文の存在も知っていた．同論文はモーリス・アレンによってチューのための序論に続いて書かれたものである．Tew to Allen, 21 January 1969 OV38/94. 参照．
183) David Hancock (HMT), 'Note of a meeting ... 18 November 1968', 7A114/7.
184) Holtferich (1999, p. 135).
185) HMT, 'The Bonn conference', November 1968, OV44/130.
186) Morse, 'The course of events on Tuesday, 19 November 1968', 19 November 1968, OV44/130.
187) Eichengreen (2004, p. 8).
188) これらの地政学的なより完全な説明についてはGavin (2004) を参照．
189) HMT, 'The Bonn conference' November 1968, p. 6, OV44/130.
190) Morse to O'Brien/Parsons, 'Bonn meeting: 20-22 November', 25 November 1968, and O'Brien annotation, 26 November 1968, OV44/130.
191) HMT, 'The Bonn conference' November 1968, p. 11, OV44/130.
192) Holtfrerich (1999, p. 385).
193) これらの出来事に関するきわめてすぐれた説明についてはJames (1996) を参照．
194) Quoted by Buyst et al. (2005, p. 208).
195) James (1996, p. 238).
196) Bell (1973, pp. 8-12) 参照．ジョフリー・ベルは1963年，英国大蔵省からセントルイス連銀へ派遣されていたが，連銀のレビュー誌にこのテーマに関する論文を発表した．その論文に関して，パーソンズは「彼がこのテーマを正確には理解していないという印象を与えていると思う」と評した．Parsons, Annotation, 9 January 1964, on Selwyn to Parsons/Bridge, 'The Euro dollar market', 6 January

1964. この年の末, ベルは『バンカー』誌に1つの論文を発表した [Bell (1964)]. その論文はブリッジが大蔵省の人としては「きわめて常軌を逸し」たと考えたものであった. 'He might be presumed to have specialized knowledge'; Bridge annotation on Selwyn to Bridge/Parsons, 'Euro dollar market-paper by Bell (H.M. T.)', 23 June 1964, 6A123/1.
197) BIS, *Thirty-fourth Annual Report*, June 1964, p. 141.
198) たとえば, Tether (1961, p. 399) を参照.
199) Allen to Cairncross, 16 February 1968, 5A175/1.
200) Wood and Mudd (1977). 同じ論点のほとんどはフリードマン (1970) によって指摘されていた.
201) 'The Euro currency business of banks in London', *BEQB* 10(1): 34, March 1970.
202) Wood (2003).
203) Jardine to Stone, and Cromer annotation, 20 November 1963, EID10/22.
204) Selwyn to Stevens, 'Currency deposits [meeting held on 7 August 1962]', 16 August 1962, EID10/21.
205) Mynors to Hambro, 29 January 1963, EID10/22.
206) 'U.K. banks' external liabilities and claims in foreign currencies', *BEQB* 4(2): 100-108, June 1964; O'Brien speech to the Bankers' Club of Chicago, 27 April 1971, *BEQB* 11(2): 224-231, June 1971.
207) 'Controlling the Euro-markets', *BEQB* 16(1): 74, March 1976. これは1976年3月マクマーンが『フィナンシャル・タイムズ』紙／『インヴェスターズ・クロニクル』紙によって開催された 'The Euro-markets in 1976' コンファレンスで行ったスピーチをややふくらませたものであった.
208) Hackly, Board minutes, 19 February 1969, p. 11; Meltzer (2009, p. 740).
209) Toniolo (2005, p. 465).
210) *Ibid.*, p. 466.

第9章
競争と信用調節への道

　1971年5月に「競争と信用調節（Competition and Credit Control; CCC）」を導入する方針が公表された．その時点において，それは第2次世界大戦以後の金融政策の最大の変更であると期待されていた．さらに，それはイングランド銀行の一般的な特徴であった漸進主義ではなくて断固たる方針転換であることが示されていた．いくつかの要素が同時に発生していた．規制への不満および銀行業における競争の促進の必要性への関心が高まっていた．そして，需要関数の安定性を示唆する貨幣についての研究は，貨幣量の増大のコントロールにおいて利子率の役割が増大したことを指摘していた．圧力の下で，公開市場操作を利用する必要性が受け入れられた．しかしながら，1960年代半ばから1971年への道は，まったく平坦なものではなかった．

1. 規制への不満

　1960年代において，イングランド銀行は規制について，とりわけ貸出の上限規制についての不満をしだいに募らせていった．要するに，イングランド銀行はそれらを信じなくなっていたのである．それらは不平等であり，強制することが難しく，あまりに多くの抜け道があり，大蔵省との関係を気まずくさせるものであるというのである．このすべてのことは1967年以前においてわかっていたものであるが1970年まで存続し続けた．その時期は規制が国内金融政策の主要な手段であった時期であった．
　手形交換所加盟銀行（クリアリング・バンク）への貸出上限規制は1967年4月に撤廃されたが，その後，平価切り下げの時期に再導入された．その時期

に手形交換所加盟銀行は貸出を1967年11月15日の残高を上回ることのないように要請された．手形交換所加盟銀行以外のその他銀行（非加盟銀行）は，1965年3月の残高の105%を上限とするよう求められていたが，10月31日の水準以下とすることを要請された．輸出向金融のための信用供与は対象外とされた[1]．非加盟銀行は再び100%水準から始めることに不平を洩らした．しかし，フォードは例外措置をとる余地はないとした．平価切り下げが実効性をもつためには，「当局は，アノマリーおよび不公平には厳しい態度で臨まなければならないのであり，当初の時期に妥協することにより，それ以後の時期において毅然とした措置をとる能力を弱体化させることがあってはならない」と主張した[2]．

さらに，平価切り下げ以降の時期において，フォードはバンクレートの効果について悲観的な見解をもっていた．「現状では，8%のバンクレートは現在の政策の有益な要素というよりは失敗の兆候である」と[3]．そのバンクレートは国内信用需要を大きく抑制し，平価切り下げは痛みのない選択肢ではなかったという事実の重要なシンボルではあったが，それは短期資金をロンドンに引き寄せなかった．イングランド銀行はバンクレートの引き下げを望んだが，国内および対外要因は「慎重かつ漸進的アプローチ」[4]を推奨した．バンクレートは，1968年3月の緊縮予算の後で0.5%引き下げられ，1968年9月には同月におけるバーゼル協定および貿易収支の改善を受けて0.5%引き下げられ，7%となった[5]．

銀行貸出の水準および方向について当局は懸念し続けた．5月には，貸出がトレンドを離れて拡大する場合には「公開の警告」を発することが決定された．しかし，5月21日には何らの措置もとる必要がないことが合意された[6]．そして翌日には大蔵省が，輸出目的を含むすべての貸出を包摂する新たな貸出上限規制によるいっそうの金融引締めを主張するという劇的な転換があった[7]．どうしてこのような突然の方針転換があったのであろうか．マネーサプライの見通しについて懸念した国際通貨基金（IMF）の視察の影響は大きかった．また，経済社会調査国民研究所（National Institute of Economic and Social Research; NIESR）の『レビュー（*Review*）』の当時の最新号においては，1969年半ばまでの経常収支赤字の予想がなされ，そして輸入規制の発動が提唱されていた．

こうして大蔵大臣およびイングランド銀行総裁は即時の信用引締めに合意した[8]．新たな貸出上限として1967年11月の残高の104％が定められ，それ以前には除外されていたカテゴリーも今や上限内に含められなければならなかった[9]．

手形交換所加盟銀行は激昂した．オブライエンがやや控えめな表現で記したところによるとロンドン手形交換所加盟銀行委員会（CLCB）のロバーツとサー・アーチボルド・フォーブス（Sir Archibald Forbes）は，新たな規制が導入されるまでのスピード，コミュニュケーションの欠如，および規制が厳しいことについて「非常に困惑した」．彼らはまた，公的セクターはいぜんとして借入が自由にできるという状態にある一方，規制が民間セクターに課されるという，お馴染の不平を述べていた[10]．イングランド銀行もまた，NIESRの提唱の影響を取り除こうと望む政府の性急さに苛立っていた．そしてフォードは，信用政策の次の変更は正常への復帰であると考えていた[11]．手形交換所加盟銀行が政府とより直接的な交流をもつべきであるという提案に関しては，オブライエンは率直に以下のように語った．「私は，銀行が政府のところへ定期的に駆け込むことを許容しないであろう．大蔵大臣と銀行の双方はともに，この点について私がどのように感じているかを承知している」[12]．もし手形交換所加盟銀行が5月の出来事について狼狽していたのであれば，事態はより悪化しているであろう．

1968年8月半ば，オブライエンは，新たな貸出上限に合わせるための猶予期間は現時点で終わったとみなされるべきであるという主旨の書簡を各銀行に送った．上限規制は守られてはいたが，貸出の基調は増加傾向にあった．彼は，銀行が自主的な規制方式が有効であることを示す重要性に同意すると確信をもっていた．もしそうでなければ，「よりフォーマルな規制方式」を除外することはできないと警告した[13]．ロバーツは，十分な時間が経過したかどうかに反駁し，もっと時間をくれと訴えたが，どのような譲歩も得られなかった[14]．オブライエンが不在である時に，パーソンズは「平価切り下げ以来の進展に限界があったことを考慮すると，「われわれは，あなた方の現時点での努力がどの程度成功しつつあるのかを見守り，事態を進行するままにまかせる立場に立つことは断じてできない」と反論した[15]．たとえ8月の数値が受入れ可能なもの

であったとしても，現在の信用規制を「厳しく順守」しなければならず，借入需要はあまり重要ではない目的の貸出の削減によって規制に合致したものとしなければならない．この趣旨の公開の声明が出されるであろう[16]．

　割賦販売の条件は 11 月に厳しくなったが，アレンはその効果に疑問を抱き，銀行貸出へのいっそうの規制を提案した．輸出および造船関連の固定金利貸出を規制対象から再度除外することを望み，消費をより強力に抑制するために銀行に対個人貸出の制限を要請することを提案した．しかし，銀行との協力関係は「ひどく傷んで」おり，銀行はただ「上限規制を耐え抜く」だけであったかもしれない．それにもかかわらず，オブライエンは高水準の需要および輸入がより厳しい規制を正当化すると信じ，1967 年 11 月中頃の残高の 98% の水準へと上限を変更することを求めた．その水準はそれ以前の上限よりも 1 億ポンド程度低いものであった．割引商会および実際上固定金利の輸出向け貸出を行っていないその他の金融機関に関しては，102% の上限が提案された．オブライエンは，輸入規制のような非常に厳しい手法は避けたいと考えていたが，しかし，それらが場合によっては必要とされるかもしれないとも考えていた[17]．11 月の国際通貨制度の混乱の後で，大蔵大臣はデフレーション的措置の緊急対策を発表した．これには銀行信用の引き締め，間接税の引き上げ，およびイングランド銀行総裁が恐れていたような「輸入預託金制度」の形での規制が含まれていた[18]．新たな上限は，加盟銀行の場合は 1967 年 11 月半ばの残高の 98% とされ，一方，ファイナンス・ハウスの上限は 1967 年 10 月末の残高の 98% へと引き下げられた[19]．

　この件に関しては，いくつかの通知が発せられていた．オブライエンは，11 月の初めに手形交換所加盟銀行に対してこれから起こりそうな事態について警告を与え，11 月 19 日に提案に関する公式の通知を出した[20]．対策を事前に通知しても，不満を小さくする効果はほとんどなかった．手形交換所加盟銀行は，信用制限の重荷が民間セクターに不公平に課せられていると不平を述べた．『イヴニング・ニューズ』紙は，「銀行は政府の貸出抑制に猛反発」との見出しで，その書簡について報道した．そして，その書簡について，実際のところ，イングランド銀行総裁と大蔵大臣とが会談した際に話し合われたことは間違いないと推測した[21]．

1969年2月，バンクレートの水準は7％であった．しかし通貨当局は，それ自体はラドクリフ原理からの逸脱ではあるが，とくに国内経済の拡張を抑えるためにその引き上げを望んでいた．外的要因からの引き上げ論はとくに強くなかった．しかし国内経済に関しては，オブライエンは，その根拠はより確かなものがあると感じていた．バンクレートは不自然なほどに他の短期金利に比べて低かった．その引き上げは信用引締めの効果的な補強措置となるであろう．そしてもし近いうちに発表される貸出の計数が，手形交換所加盟銀行の3月までの貸出目標の達成がほとんど進展していないことを明らかにするのであれば，引き上げ論はさらに強いものとなるであろう．オブライエンは，1％の引き上げに賛成であった．それよりも引き上げ幅が小さければ，それは動きとして小さすぎるとみなされ再度の引き上げがすぐに必要となるような有害な期待をもたらすことになると思っていた[22]．ブリッジは，それが平価切り下げと関連があり，8％のバンクレートは警鐘に聞こえ，また国際的には平価切り下げの副作用が発生するかもしれないと警告し，異議を唱えた[23]．しかしながら，期待はずれの貸出の計数を受けて，2月27日にバンクレートは8％に引き上げられた．その日の午後，ジェンキンズとオブライエンは，手形交換所加盟銀行の会長たちと刺々しい雰囲気の会合をもち，そこで海外要因ではなく国内要因がこの引き上げが必要となった理由であると説明した．大蔵大臣とシティ・エディターとの会見も含めて，多くの記者会見が行われ，そこでもこの点が強調された[24]．

1969年の大半は，手形交換所加盟銀行に98％の上限を遵守させる努力に費やされた．年初においては，手形交換所加盟銀行の貸出額は1.4億ポンド（3％）以上も増えていた[25]．甘言，説教，脅しそして処罰といったすべての手段が用いられたが，ほとんど成功はしなかった．手形交換所加盟銀行からは，最善の努力にもかかわらず，上限の遵守はできないであろうという決まり切った予告が発せられていた[26]．もちろん，銀行はつねに課せられた上限を遵守するのが難しいと不平をいうものである．しかし，このたびは彼らが脅しで言っているわけではないという証拠があった．銀行は，顧客が既存の貸出枠を利用するが，その貸出枠は全貸出残高を大きく上回るものなので，新たなビジネスの制限が不十分なものになるという点が上限の遵守をとりわけ難しくしている

と主張した．フォードが述べたように，もし銀行が完全に信じていなかったということがなかったのならば，「98％は不可能な上限であったと結論づけざるを得ないのである」[27]．大蔵省においては，フィギャーズは，後日において数字を変更することは容易なので，98％という数字にそれほど重点を置くべきではないと主張していた．より重要なことは，大蔵省が手形交換所加盟銀行との対立を避けることを熱望していたことである[28]．この点に関しては，イングランド銀行は，上限目標の逸脱を常態化することなく上限を遵守すべきであると頑固に主張し続けた．

ファイナンス・ハウス協会（FHA）はつねに不安を抱え，会長のヴィクター・アディ（Victor Adey）はイングランド銀行に対し数多くの抗議を行っていた．彼は，ある昼食時にフィギャーズに長々と話しかけていたし，1969年1月のFHAの年次晩餐会において大蔵大臣を前にフラストレーションを爆発させていた．これらの不満の一般的な内容は，課される上限規制が不公平であるというものであった[29]．イングランド銀行はどのような例外規定についての見通しも示しはしなかったが，不満については若干の共感を抱いていた[30]．カーライルが認めているように，上限規制が金融機関グループ内においてもグループ間においても不公平に運用されてしまうことは避けられないものであった．「このため当局はそれを可能な限り早期に解除したいと望んでいたのである」[31]．これは規制を忌避する多くの率直な表現のひとつであった．

「山高帽」書簡およびパーラーズへの招待は，数年にわたって頻繁に使用されていたが，切れ味の悪い有効とはいえない武器となっていた．これらの伝統的手法の対極にあるものは，正式な指令を出す可能性であった．1946年法に規定されているこれらの権限は，それまで使用されることはなかった．しかし1969年1月，オブライエンは指令の採用を一時的に提起したが，すぐに引っ込めた．銀行の挑戦を誘発することは望んではおらず，指令はイングランド銀行と銀行の間の関係の性質を恒久的に変化させるだけで，その指令によって達成されるものがほとんどないことが恐れられた[32]．彼の大きな懸念は，指令を出した後においても銀行が上限を守ることに失敗するかもしれないことであった．そのような結果は1946年法の評価を下げ，より強固な法制を望むという政治的な騒動を引き起こしかねない．「これが銀行界の望むことであり，イン

第9章 競争と信用調節への道

グランド銀行が望ましいと考えることでもあるというのは大いに疑わしい」[33]．

その他の手段は罰則措置である．3月に，モースは他の諸国においてはどのような罰則規定があるのかを問い，オランダにおいては要求された総額を超過する貸出を行った銀行には罰金が科せられていることを学んだ．フォードはこれを支持しなかった[34]．しかし，オブライエンは興味を示した．そして事務次官との会談の後に，彼は以下の通り記した．「アレンは，私と同様に，上限を守ることができない銀行に追加的な制限を課す何らかの手段を切望している」[35]．4月初め，総裁はCLCBの代表に上限を遵守するのに十分な進展がなければ，その際は即座に規制を強化する措置をとることになるであろうと語った[36]．この措置は，5月に実施された．上限を2%超過しているという残念な計数を受けて，特別預金への支払金利は6月2日から半分とされた[37]．CLCBの書面による回答によれば，ロバーツは，こうした動きは「貸出の水準にまったく影響を与えないであろう」として，それを銀行が政府の政策を支持してできる限りのことを行っている状況に「不適切なもの」と切り捨てた[38]．それにもかかわらず銀行は事実上自主的に罰金を払い続けていた．数カ月後，フォードは，この措置は銀行に上限を守る財務的なインセンティブを与えることを想定していたと記したが，しかし他方で，それは「困難で微妙な時期において，公衆の眼には，厳しい信用政策の推進を維持するために考慮された戦術的動き，と見えるようにするもの」[39]であると認めた．

その他の問題点は，規制の抜け穴であった．1967年および1969年に，イングランド銀行は，証券ブローカーが銀行からコールの取り入れもしくは短期の借入を行い，これを信用規制を回避する手段として用いている，という申し立てに気がついた．「その他コールマネー（Other money at call）」は，その供給が「各種金融市場の効率的な技術的オペレーションを担保するために」[40]必要であるとイングランド銀行が考えていたので，制限の対象とはならなかった．イングランド銀行は，この慣行を迅速に停止させた[41]．1969年にこの件が再度検討された際に，フォードは，このポジションが悪化したと考える理由はほとんど見出せなかった[42]．1965年以前において商業手形に関しては，注意を喚起する書簡が数回にわたり出された[43]．イングランド銀行は，手形交換所加盟銀行が割引市場からの商業手形の購入を減らし，貸出を増加することにより

その埋め合わせを行うことが起こる可能性をつねに認識していた．1969年初めに，手形交換所加盟銀行の商業手形保有額は1968年夏対比で1億ポンド減少しており，手形の漏出がどの程度かが懸念されていた．そしてそうした懸念にもかかわらず，手形の保有額は減少し続けた[44]．

「アイルランド漏出（Irish leak）」は，銀行がダブリンの子会社ないしは系列会社によりポンド建ての貸出を迂回して行う重要なオフショア銀行業務であった．イングランド銀行が初めて当該業務についての報告を受けたのは1969年3月であったが，同業務はイギリスの統計数値には反映されず，アイルランドの中央銀行は多大な協力を提供することは不可能であったために，当該業務の調査には数カ月を要した．本件は割引部の部長であったキーオに委ねられ，彼は主としてアイルランドに関係があるアメリカ系銀行を訪ね，それらが当該業務にどの程度関与しているかを調査した．当然のこととして，それらの銀行はそうした業務に関与していないことおよび将来的にもそうした業務を拡大させることはないと断言した[45]．フォードは，これによって当該業務がコントロール可能な状態になったとみなしたが，オフショア銀行業務はこれ以上発展しないという思い込みをもってはいけないと注意もしていた．ホーラムは，「私は，本件は真に勝利することが期待できない「堤防を指で守る」ようなことであると考えている」と付け加えた[46]．

業務を開始したばかりのバークレイカードもまた関心を集めていた．大蔵省および貿易省においては，カードによる与信枠の拡大が割賦販売規制およびイングランド銀行による信用規制の通告を無視することになるのではないかという疑いがあった．イングランド銀行は国内で最大の手形交換所加盟銀行がガイダンス通達に違反するという状況を受け入れることができなかった．まもなくして，バークレイズはカードのスキームを修正することに同意した[47]．全体としては，信用制限の重大な侵害の原因となるような漏出は存在しなかったといえるであろう．それらは限界的なものであったが，それでも上限規制の施行には問題があることを示すものであった．上限規制が存在する限り，規制回避行為が考えだされるのである．この調査および取り締まりには費用がかかる．そして抜け道を塞ぐための行為には予期しない結果が生じることがある．しかし，警告を発する以上のことはできないのがしばしばであった．

1969年5月の「罰金（fine）」の導入は，手形交換所加盟銀行に共同歩調をとらせる最後の試みであったとみなすことができる．そこには政策の首尾一貫性というものはなかった．最新の貸出の数値は実際に「非常に悪く」，加盟銀行は平均的に目標値を約5％上回っていたのであり，「すべての大銀行が違反状態にあった」[48]．イングランド銀行総裁は手形交換所加盟銀行に対し重ねて説得を行い，他方でイングランド銀行と大蔵省の担当者が数値を良く見せる粉飾を施すような声明を作成しようと試みた[49]．9月にも同様の事態が発生した．再度，当局は自制し，注意深い表現による声明に頼った[50]．政府と銀行の間に緊張が高まる兆候もあり，ジェンキンズとオブライエンが「ビッグファイブ」〔5大銀行〕の会長たちと会合をもったが，ぎこちないものであった．フォードによれば，銀行は，もし信用制限を自らがさらに推し進めるのであれば，銀行自身の経営が政府寄りで，あまりにも政治的である，とみなされることを恐れていた[51]．

1969年10月には政策の変更がようやく見えてきた．10月の前半に，大蔵省は，上限規制をいくぶん超過することを認めるか，目標の設定数値を修正するか，あるいはバンクレートでの短期輸出金融については規制の適用除外とすることにより，98％の目標値を幾分緩和することを望んでいると強くほのめかした．これらの選択肢のうちの最後のものは1億2,500万ポンドを制限されるカテゴリーから除外することとなった．しかし，オブライエンは，そのような動きには賛意を示さず，IMFもまたそれを好ましいとは思わなかった．彼は，貸出の現行水準は受入可能なものであり，規制当局はもはやその緩和を追求していない，と銀行に言うべきであると考えていた[52]．大蔵省は，他の数値を代わりに用いることなしに98％を廃止する手段を見つけようとしていた[53]．

11月に輸入預託金制度が継続されることおよび秋に信用引締めを再検討することが表明された[54]．オブライエンはジェンキンズに「手形交換所加盟銀行は，貸出に現在課されている制限のいっそうのそして非常に思い切った強化なしには98％の目標値に近づくことはないであろう．われわれは今やこのことを認識すべきである」と語った．実際，彼は規制当局がこのことをずっと前から知っていたことを認めた．しかし，公式には，「市場操作を行って……われわれは確かに数値目標を達成してきた．そして98％についてのわれわれの経

験は他の数値を採用することをためらわせた」と述べた．他方，暗示的であれ明示的であれ，上限を撤廃すると，銀行がその活動を拡大させ，イングランド銀行が実績を評価したり行動を起こしたりする際の明確な基準がなくなるというリスクが生じた．イングランド銀行総裁は，新たな上限規制を志向していると語ったものの，この段階での自身の関与については慎重であった[55]．それにもかかわらず，彼は制限の維持を望んでいた一方で，そこにおける柔軟な取り扱いも望んでおり，このことが新しい目標値の設定を困難にしていた．「明らかに望ましくないもの」は，「ごまかしによりジレンマを隠蔽すること」であった[56]．しかし，決定されたのはごまかしであった．手形交換所加盟銀行は，非公式に彼らが貸出を98%の水準に削減する必要はもはやないと言われた．公式には，イングランド銀行の声明には上限について事実上撤廃されたという表現は見当たらなかった[57]．イングランド銀行は，規制にうんざりしていたし，撤廃を技術的な理由によるという観点から正当化した．11月および12月の貸出の計数はまあまあのものであり，大蔵省は98%の規制が撤廃されたことについて公式声明を出したがっていた[58]．しかしながら，イングランド銀行は，いぜんとして慎重であり，1970年4月の予算の時期まで何の声明も発せられなかった[59]．

　1969年秋，大蔵大臣は銀行が信用拡大を制限せざるをえなくさせる代替的な手法について至急検討するように事務方に命じた．サー・ダグラス・アレン (Sir Douglas Allen)（その前年に大蔵事務次官であったサー・ウィリアム・アームストロング (Sir William Armstrong) の地位を受け継いだ）が部会長を務めるイングランド銀行と大蔵省の作業部会が立ちあげられ，2週間以内にたたき台を作成することを目的とした．この非公式会合はすぐに「マネタリー・ポリシー・グループ (Group on Monetary Policy)」と呼ばれる本格的な委員会へと発展した[60]．そこにおける審議事項も広範囲なものであった．マクマーンがフォードに語ったところによれば，「アレンのグループは，より広い問題を取り扱っているのであり，それが立ち上がった当初よりもより基礎的，理論的な問題を議論しようとしている」[61]．ホーラム，フォードおよびマクマーンは，イングランド銀行を代表して参加していたが，グループは，アレン，フィギャーズ，マクドーガル，ポズナーおよびロバート・アームストロング (Robert

Armstrong）を含めた大蔵省の幹部職員が多くを占め大蔵省によってリードされていた．グループの仕事は，1970年のイースター前に中間報告書を作成することであり，実際それは作成されたが，何ら革新的な提言が盛り込まれたものではなかった[62]．規制は，引き続き，指針（ガイダンス）を重要な要素とする既存の固定の流動性比率および特別預金（1966年7月以来2%水準で変更されていない）の利用にしっかりと基礎づけられていた．特別預金に罰則金利を適用するといったケースは存在しないように思われた．実際，イングランド銀行は，自主的なものであり罰則規定を伴わないものと言われたこのスキームを，新法制の導入なしに推進することができるのかを疑問としていた[63]．その他の銀行にとっては，適用可能な唯一の手段は貸出上限規制と未だ採用されたことのない現金預託金制度であった．要約すれば，勧告は，手形交換所加盟銀行については従前の貸出上限規制を撤廃し，貸出の規制は個別のもしくは共通の指針および特別預金の頻繁な利用によって行い，その他の銀行については，現金預託金を課すという脅しを背景に指針を出し，そしてすべての銀行に対しては，直ちに特別預金もしくは現金預託金を課すことはなく，特別預金への罰則金利については撤廃する，というものであった．この時点において金利を規制の手段として使用するということは真剣に考えられてはいなかった．

　大蔵大臣は，迫りくる総選挙のことを考慮していたことは疑いもないが，予算演説時にバンクレートの引き下げを表明することについて迷っていた[64]．この焦燥感についてはしばらく措くことにしても，オブライエンによれば，彼は予算が過度に拡張的であると思われることについては心配していたが，0.5%の引き下げについての意見は賛否「半々」であった．これを埋め合わせるために，彼はその時点で特別預金の若干の「名目的な」請求を提案した．ジェンキンズはバンクレートを7%にしたがっており，同時に特別預金を請求するという考えも魅力的であると考えていた．両者は，彼らが「攻撃」として課したものがもはや攻撃とはみなされなくなっていたことから，特別預金への付利は復活されるべきであるということについて一致した．オブライエンは，当該政策パッケージは銀行に歓迎されるであろうとの見解であり，ジェンキンズは，予算演説において3つの要素すべてを表明したいと語った[65]．

　4月の予算における金融政策の概観において，ジェンキンズは，それは「ど

のような基準に照らしても非常に厳しいものであった」と述べた．1971年3月までの1年間で，銀行貸出は5%の増加が許された．しかし，大蔵大臣はついに手形交換所加盟銀行に対して上限規制は撤廃される，また特別預金は「必要に応じて自由に」使用されるが，預託請求は危機対策と捉えられるべきではない，と述べることができた．追加の0.5%の預託請求（スコットランド系銀行は0.25%）が発表された．最後に，大蔵大臣は，政治的な劇場の露骨な一幕として，利子率に言及し，バンクレートは翌日から7%に引き下げられると語った．このような例があったのは1951年11月の金融政策の復活の時であったが，しかし今回は，予算演説においてバンクレートの変更が語られた初めてのケースであった．イングランド銀行によるプレス発表はこれと同時に行われた[66]．これらすべての手段にもかかわらず，その後の6カ月間において貸出は要求されたよりも速いペースで増加し，1970年10月末にはイングランド銀行は，ロンドン手形交換所加盟銀行には3.5%，スコットランド系銀行については1.75%の特別預金を追加で請求した[67]．

　政策転換を褒めるとすれば，1970年4月の声明は従前の政策手段の使用の焼き直しではなく，キャラハンが1967年に述べたものとも若干異なっていた．選択肢は明らかに限られていて，フォードが記しているように，「1967年に多くの苦痛を伴って困難とともに交渉された現金預金制度は，規制当局にとって有効ではないので，他の手段に置き換えられるべきである，と今や考えられている．しかし，このように表明することに大きな意味など見出せなかった」．いずれにせよ他の政策手段はまだ開発されていなかった．

2. 手形交換所加盟銀行：合併・競争・カルテルおよび改革

　規制を嫌悪する感覚が増大するのと並んで認識されたのが，より競争的な銀行セクターが望ましいということであった．1963年の広範に報じられた講演において，イングランド銀行総裁は手形交換所加盟銀行の行動に関していくつかの重要な関心を示した[68]．1965年夏，フォードが総裁のアドバイザーとなった際に，彼は銀行システムについての2部構成の報告書を作成した．経済情報局（EID）のジョン・ルース（John Luce）とジョン（ジャック）・マクドウ

ォール（John（Jack）McDowall），およびモースと共同で書かれた第1部は，1950年代以降の銀行の発展の概観である．それは，統計的分析に基づいた一見したところ論議の余地のない叙述であった．手形交換所加盟銀行は，多くの点において非効率が存在するが，余裕をもってリードしており，他方，マーチャント・バンクは革新的な傾向があり，海外銀行はユーロダラー・ビジネスにおいて急速な拡大を示してきた．第2部はフォードが単独で書いたものであり，彼の一匹狼的な傾向が示されていた．とくに，彼は公共の利益に関連して，イングランド銀行による介入は効率性を増加させると主張した．彼は，この主張が「革命に近い強調点の変更」であり，非常にデリケートな問題であることを認めていた．彼は，イングランド銀行が，より大規模な独立したマーチャント・バンクの形成を奨励し，その際には直接的な資本参加を通じる一時的な金融支援の提供を検討することまで考えていた．これと反対方向の極論としては，イングランド銀行は「望ましくない」合併を防止するために罰則を設けることができるというものがあった．フォードは，イングランド銀行は手形交換所加盟銀行の効率性についてほとんど理解していないことを認めていたが，しかし，手形交換所加盟銀行は資源の「不経済的利用者」であり，とくにこの国が「オーバー・バンク」（すなわち支店の過剰）の状態にあるのではないか，と思っていた．彼の意見によれば，「浪費」は正されねばならなかった．合理化がその答えであった．彼は，「ビッグスリー」となることがもっとも望ましく，それらが互いに，そして規模を拡大したマーチャント・バンクと競争する状況を考えていた．このような状態をもたらすために，ともかくも後に労働党政権による独占および競争制限的慣行法制によりもたらされることになるような，独立的な調査を彼は強く支持した[69]．フォードの見解は疑いもなく急進的なものであり，おそらくはわざと挑発的にしたものであった．しかし，それらはイングランド銀行の外部にある計画や効率化への熱意と結びついたものであった．クローマーは，この報告書に対して大いに不満であった．もしそれがイングランド銀行の「現実に存在している」銀行システムの評価であるとか，改革論議の基礎として用いられるのであれば，「非常に困惑する」と公言し，フォードの提言がそれ以上進展することはなかった．クローマーの不満の中心は，報告書が「シティの「感覚」およびこれまで受け継がれてきた多くの特性や伝統を

反映していない」という点にあった．彼は，「われわれ自身の啓発のためにも，またコンピュータの指示により国民経済を運営したいと思っている人々の利益にとっても」統計数値の作成における「恣意的な分類」の使用はよくないことであると非難した．さらに，クローマーは，規模はそれ自体が資産であることにも納得しなかった．というのも「世界からみればシティを正統化し続けるもの」は，合理化ではなく，「企業および進取の精神（initiative）」だからである．彼は，その報告書を「興味深い理論的研究」と表現し，必要とされているのは「シティ・オブ・ロンドンの実際の銀行業の広範な経験に根ざした」より進んだ研究である，と結論づけた．その研究とは，フォード的なものではなく，よりクローマー的なものを意味した[70]．

合併および銀行の独占的力がその後の数年間において進展したので，正しかったのはフォードであった．合併によりロンドン手形交換所加盟銀行の数はラドクリフ委員会報告の時期の11から1970年には6に減少した．しかし，バークレイズとロイズの合併が阻止されたことは，フォードが望んでいた「ビッグスリー」へのステップを妨げた．手形交換所加盟銀行はまた，全国物価所得委員会（National Board for Prices and Incomes; NBPI）による，配当，手数料およびサービスについての調査によって注目を浴びた．バンクレートおよび金利の一般的水準といった金融政策に関する問題は審議事項ではなかったが，NBPIは付託事項に止まることができないので，イングランド銀行は苛立った．実際，クローマーは，政府が最初に報告を求めた段階においてさえ非常に怒っていた．総裁としての任期の最後の月にあった彼は，辛辣な書簡をキャラハンに送り，シティ，銀行およびポンドの地位を擁護し政府を非難した．彼は，報告の付託は経済の現状とは何の関係もなしに政治的な動機からとられたと解釈される決定であるとみていた．それは「政治的理由によるシティへの攻撃である」とみなされる．それだけにとどまらず，それは資源の浪費であり，結論の出ないものとなりそうである．そして，銀行はポンドの安定策のような政府の金融政策の遂行にすべての面において協力してきたが，この報告の付託は政府がこのことを理解していないという印象を与えるものであることを，キャラハンに思い出させた．同時に，彼は，提出が間近となっていた鉄鋼業の再国有化法案がポンドに打撃を与え，これらの2つのニュースが「為替の不確実性を増

大させる」と非難した．彼の捨て台詞こそが年代物のクローマーであった．「大蔵大臣閣下，私は疑いもなく貴殿に次のことを託さねばなりません．私の信念では，このような時期にこのようなことを行うのは国の金融状態をさらに大きく損なうことになるでしょう」[71]．

新総裁はクローマーのように芝居じみた行動をとらなかったが，それにもかかわらず報告が金融政策の領域に迷いこんでこないように注意深く見守っていた[72]．NBPIは，銀行から口頭および書面による意見聴取を行ったが，イングランド銀行と大蔵省からは書面だけによる意見聴取を行った．1966年末に，イングランド銀行，大蔵省および手形交換所加盟銀行は，問題の進め方への不満を表明し，調査が利益および準備金の開示の問題へと進んだ事実にも当惑した．オブライエンはアームストロングに，もし報告が「総裁自身の守備範囲に侵入した」ならば，物議を醸すことになると警告した．そして1966年12月のオーブリー・ジョンズ（Aubrey Jones）との会談の後に，「おそらくわれわれが持て余しているのは，教育や説得がまったく容易ではないことである，と私は考える」と記した[73]．モースは数カ月後に，ジョンズが「誇大妄想癖の強い」人物であり，いくつかの分野においては健全であるが，「明らかに門外漢である金融政策のより深い分野にまで侵入する」傾向のある人物であることを知ることとなった[74]．

報告書の草案への当初の反応は良好とはとても言えないものであった[75]．数日後に，モーリス・アレン（Maurice Allen）は「たとえジョンズ氏の報告書が自己満足にすぎないものであっても，そのなかの3ないし4つの点は修正されなければならない．そうでなければその間違った考えのいくつかは公衆の精神をずっと傷つけることになるであろう」と皮肉った[76]．ジョンズがイングランド銀行を訪ねた際に，オブライエンは，あまりに多くの主張があり，議論に十分な理由づけがされていないことから，報告書の草案には多くの批判を受ける隙がある，と彼に語った．再び，ジョンズは，付託事項をはみ出さないこと，および金融政策には近づかないように要請された．総裁は，ジョンズが，非常に多くの証言を求め「彼らの意見および結論を有識者の間でテストしようと試みることなしに」長大な報告書を発表したラドクリフ委員会と同じ過ちを繰り返すことは望まない，と付け加えた[77]．

1967年5月に公表された報告書は，銀行が手数料を過大に徴求してきたわけではないとしていたが，金融システム全体はその構造を改善する必要があると結論づけた．主な勧告は，手形交換所加盟銀行は相互の間の競争の範囲を拡大すべきであり，貸し手としての役割を拡大すべきであること，とくに住宅ローンおよび割賦信用の分野に直接参入すべきであること，銀行は利益および準備金を完全に開示すべきであること，支店ネットワークの無制限の拡張は規模の経済に不利に働くので不経済であること，行員の大幅な削減は確実に行われるべきこと，および銀行はその開店時間を柔軟にする実験を行うべきことであった[78]．

イングランド銀行と大蔵省は，彼らが報告書を認めていないというマスコミの噂が流れるのを抑えようと試みたが，マスコミはそのように報じた．あるプレスリリースは，報告書がそれ以前には公表されていなかった手形交換所加盟銀行の総利益，コスト，利鞘という貴重な情報をもたらすこととなり，金利および手数料に関する現在のやり方の多くを変更するための重要な提言を行ったと報じた[79]．10月のマンション・ハウス講演において，オブライエンは，「銀行および規制当局は，示唆に富む報告書を注意深く検討中である」[80]と語った．しかし，1968年1月までに，報告書は黙殺され，失敗であったことが明らかになった．1966年のキャラハンへの最後の書簡で述べていたクローマーの当初からの問題点の指摘は，十分な根拠があったことが証明された[81]．

しかし，NBPIも当局から対応を求められた独占委員会も両者ともに，手形交換所加盟銀行の批判に狙いを定めていた．その問題について検討するための小委員会を発足させることが決定され，ノッチンガム大学の経済学教授のブライアン・チュー（Brian Tew）にアドバイザーとして参加することが求められた．この「銀行研究グループ」（その存在が広範に知られていたわけではないが）は1968年9月に大蔵省で第1回の会合を開き，その後も，カルテルを終了させることの検討，より特定すれば，預金，貸出金およびコールマネーの利率についての集団協定について検討するために会合を継続した．同グループにおける審議が行われていた時点において，1964年の協定の金利構造がまだ有効であった（表9-1）[82]．協定を撤廃することと上限規制の間には，銀行が利益を生みだす貸出を増やすことができなくなるので，矛盾が存在し，これが困

表 9-1　手形交換所加盟銀行協定貸出金利（1968 年 8 月）

顧客のタイプ	適用金利	備考
国有企業（大蔵省による保証）	ベースレート（最低 4%）	資金が割賦金融に使用される場合はベースレート＋0.5%
地方公共団体	ベースレート＋0.5%（最低 4.5%）	「ブルーチップ」レート
住宅金融組合	ベースレート＋0.5%（最低 4.5%）	
保険会社	ベースレート＋0.5%（最低 4.5%）	
その他商工業（ファーストクラス）	ベースレート＋0.5%（最低 4.5%）	
割賦金融会社	ベースレート＋1%（最低 6%）	最低金利
輸出金融（ECGD による保証）	(1)ベースレート（最低 4.5%） (2)5.5% 固定金利	期間 2 年未満 期間 2〜15 年
その他商工業およびすべての民間顧客	自由，ただし「ブルーチップ」レート以上	
中期造船金融（保証付き）	5.5% 固定金利	期間 8 年未満（特別な状態の場合は 10 年未満）技術省による

出所：イングランド銀行「手形交換所加盟銀行：協定金利」1968 年 8 月 20 日，付録 1，C40/1324.

難な問題であった[83]．こうしてカルテルについての長期的な考察は，短期的な検討により歪められたのであった．

　1968 年 10 月，手形交換所加盟銀行と競争についてのこのような議論の中で，新たな金融機関である国民振替（ナショナル・ジャイロ）が設立された．ジャイロとは銀行口座を保有していなくても，賃金小切手を現金化し，料金請求書の支払いを行い，送金を可能にする資金振替の集中システムのことであり，このアイデアは以前から存在した．ラドクリフ報告は，郵便局がそれを運営することを提言し，そのアイデアは 1964 年に政権の座に就いた労働党政権により熱狂的に取り上げられた．相談は受けたものの，イングランド銀行はこの件についてはほとんど無関係であった．種々のサービスへの需要の予測やその他の楽観的な前提は疑わしいものであり，それは「高価な実験」となるかもしれないと思われていた[84]．このことは証明された．営業の水準は残念なものであり，ジャイロは 1970 年代中葉に困難を抱えることとなり，法改正が行われ，資本構造を変更し，提供できるサービスの範囲が拡大された．

　（情報）開示の議論は，効率性，コスト，銀行の定義および銀行と規制当局

の関係の問題を浮かび上がらせた．歴史的には，銀行は内部のないしは秘密の準備金を形成し維持してきた．それらは利益の変動をならすために使用され，それにより非常に安定的であるという外観が保たれてきた．1945年，コーヘン委員会 (Cohen Committee) は，銀行への信頼感は非常に重要なものであり，秘密準備金の存在は許容され続けるべきであるとの判断を下した[85]．これについては1948年会社法の付属規定8に盛り込まれた．上訴院判事のジェンキンズ卿 (Lord Jenkins) を委員長とする会社法に関する委員会は，報告書を1962年に発表したが，同委員会もまたコーヘンと同様の理由で例外措置を維持することを認めていた．しかし，ジェンキンズは，世論は変化していると感じ，例外措置は原則としては良いことではなく，銀行のケースは純粋に便宜的なものであるとの反対意見を付記していた[86]．

イングランド銀行は，助言は与えるが，何らかの証言を委員会に対して提出することはしないと決定していたので，これをすべて第三者として見守っていた[87]．この段階において，ホーカー，オブライエン，クラークらの幹部はそれらの事項は過去においてと同じように放置されると考えていた．しかし，その後の数年においてイングランド銀行の考え方は情報開示へ向かって変化した[88]．ホーラムとウィットムは，例外措置はきわめて根拠が薄弱であると論じており，1963年2月には，オブライエンはこの見解を受け入れていた[89]．モースは，手形交換所加盟銀行からイングランド銀行にやってきたが，すでに例外措置を嫌っていた．一部は原則的立場からだが，それだけでなく「私自身の経験からして，それ（秘密準備金）は銀行にとって明らかに不利益である，と私は信じている．……各銀行のひと握りの内部者を除いて真の利益を秘密に保つことは，そのコストやその他の評価の妨げとなり，結果として銀行の効率性および収益性を低下させた」からである[90]．クローマーは，何らかの改革が必要であることに同意した[91]．クラークはいぜんとしてこれに反対し，1966年の時点で「銀行システム全体にとっての秘密準備金の必要性はまだ大きいものがあり，正当なものである」[92]と論じた．この間，貿易省（商務省）および大蔵省は，イングランド銀行と協議して，海外銀行，マーチャント・バンクおよび割引商会には引き続き例外措置を認めるが，手形交換所加盟銀行には完全な開示を求める，新しい会社法案について検討を進めていた[93]．手形交換所加盟銀行はこ

のような動きに反対しており，彼らの気分が NBPI 報告の公表によって好転することはなかった．『バンカー』誌によれば，手形交換所加盟銀行は困難な夏および秋に直面していた，のである[94]．

　CLCB は 1966 年 10 月に（情報）開示に対する反対論の概要を説明した．大蔵省からイングランド銀行の見解を求められた際に，フォードは，例外措置を継続する方に傾いていると回答した[95]．フォードは，パーソンズと同様に，明らかに手形交換所加盟銀行に影響されていた．フォードは，彼の関心のある主題，銀行の経済効率性についても触れ，NBPI が言ったことは規制当局に代替的な監視の手段を与えることになるが，それは開示なしでも継続可能である，とみなした[96]．続いて，オブライエンはゴールドマンに，非開示弁護論は「彼が当初考えていたよりはるかに強いものがある」と語り，このことをアームストロングへの書簡においても繰り返した[97]．ホーラムは，いぜんとしてこれらすべてを説得力のないものと判断し，彼自身は開示に強く賛成すると表明した．彼はまた効率性を維持するという論議に不安を感じ「われわれは本当に，市場の力に通常は委ねられている仕事をわれわれ（商務省はもちろんのこと）が引き受けるべき，と考えているのか」と尋ねた[98]．

　規制当局に対してのみ開示を行わせるという妥協は，多くの政治的根拠から受け入れられないと思われた．NBPI 報告が可能になりしだい速やかな完全開示を求めた時点において，当局はそれを支持する意見を受け取っていた[99]．ホーラムがその年の遅くに述べたところによれば，開示はその時点において認めざるをえないものであり，それを逆方向にもっていくことは困難であった[100]．この問題はしばらくの間平静さを保っていたが，1969 年 9 月に，法制化の機先を制して，手形交換所加盟銀行は 1970 年 2 月までに完全な開示を自主的に行うことを発表し，多くの解説者を驚かせた[101]．同じ時期に，イングランド銀行は国有化産業特別委員会（SCNI）からの財務諸表の開示を求める圧力に抵抗していた．1969 年 11 月の同委員会からの質問に対し，オブライエンは，銀行との同質性を否定し，「われわれの立場は特別なものであり」，手形交換所加盟銀行がその立場を変更したことはイングランド銀行がそうするべきであるということを意味するわけではない，と反論した[102]．しかしながら，その後1971 年に開示が実施された．

3. 貨幣とマネタリー・コントロール

　1950年代において，イングランド銀行はノーマンの強烈な個性の影響をいまだ大きく受けており，経済分析ないしはエコノミストの活躍する余地はあまりなかった．このことの一部はイングランド銀行の活動の特質，その歴史および金融政策が限定的な役割しか果たしてこなかったことから理解可能なものである．しかしながら，そのことは完全に理解可能なものではなく，ラドクリフ委員会にとっても理解可能なことではなかった．したがって同委員会の勧告には，よりいっそうのデータ収集および経済分析，経済学部の卒業生の採用およびより経験を積んでいる大学の経済学者を出向させることが含まれていた．イングランド銀行に大学の経済学部の卒業生を引きつける際の問題点の一部は彼らの明確な役割の欠如であり，この問題はしばらくの間続くことになった．そうであるにもかかわらず，そのような専門能力を有した人材を獲得する必要性は，とくに学界における進歩を考えるならば，年々増大していった．新しい学説の源泉のひとつは米国においてミルトン・フリードマン（Milton Friedman）の指導のもとに発展したものであり，1950年代に経済学における研究成果が増加していた．経済学の理論研究の分野における大きな出来事は，フリードマンとシュワルツによる1963年の『米国金融史』（*Monetary History of the United States*）の出版であったが，この本は各所で書評され，そのほとんどは非常に好意的なものであり，膨大な議論を刺激した．貨幣の役割については，いつのまにか関心がもたれなくなっていたが，それが再び議論されることとなったのである．

　1960年代の金融政策の最重要項目は為替レートであった．この時期の英国において，貨幣量の伸びを抑制することは検討すべき課題ではなく，おそらくほとんど探知能力の外にあった．実際，そのことは一般に議論の対象とはなっていなかった．そのことは固定相場制度の下での経済学の見解からは出てこなかったのである．ラドクリフの世界が主流であった．1960年代の中頃にイングランド銀行においてなされた貨幣についての議論は，ほとんどは銀行貸出への適切なアプローチに関連して行われた．流動性比率にせよ現金比率にせよ銀

行貸出の規制にとって非常に重要であったからである．ド・ムーブレイは，当時業務局長であったホーラムに手紙を書いているときに，マイナーズが彼は現金比率が非常に重要なものであるといまだに考えていると語ったことを思い出している．ルースへの短い手書きのメモにおいて，ド・ムーブレイは，ラドクリフ委員会の犯した最大の誤ちは「マネーサプライ」を退けたこと，および「流動性」を導入したことである，と思うと付け加えた[103]．しかし，当時においてはこのような留保は非常に珍しかった．ド・ムーブレイおよびマイナーズは紛れもない少数派であった．

1960年代初めおよび中葉に，ラドクリフ報告の中核的命題に対して少数派による持続的な攻撃が加えられた．早い時期における攻撃のひとつは新しい正統派の本質とみなされるもの，すなわち，大蔵省短期証券の供給と銀行預金の供給の間には強い正の相関関係があるというものに対してであった．新しい正統派の処方箋は，資金調達・資金放出を通した大蔵省短期証券の操作であった．言い換えると，財政黒字の手取り金による大蔵省短期証券の償還と財政赤字をファイナンスするための大蔵省短期証券の発行であった[104]．クラウチは，短期証券の供給の調節は不必要で不十分であると論じた．それ以前の10年間において，大蔵省短期証券の収縮が銀行預金の拡張を伴った顕著な場合が3度あった．現金供給の調節が銀行預金の調節を行うのに十分あるという正統派の発想は，実証されてきていた．「(現金) 供給の調節は，銀行預金を調節するために必要かつ十分である」[105]．この分析にはいくつかの点で異論があった．それはしばしば同じ立場の人々よっても発せられ，クラウチは，それらを受け入れて自説を修正したが，彼の基本的な立場は不変であると主張した．（同種の批判の多くは，国債市場の役割についてもなされたが，それは本書の後の方で取り扱われる．）

ニューリンは，クラウチが「綿密な数値処理分析を用いることにより，大蔵省短期証券の発行削減が預金削減のための十分条件ではないことを明らかにし」，さらに彼が「私自身の記述的な説明を反論の余地なく立証した」と語った[106]．チューは，『エコノミック・ジャーナル』誌の同じ号において，クラウチが言及した有名な経済学者は誰も，銀行預金の量が大蔵省短期証券の発行量により決定されるとは主張していないと論じた[107]．どちらかといえば銀行の

流動資産比率は,銀行預金の拡張の上限を単純に設定するためのものであった.これに対して,クラウチは銀行は市場からすべての流動的な資産を買い上げ,それに合わせて(預金の限界コストは,つねにもっとも低い収益資産の最低利回りよりも低い)預金を拡大すると答えた.銀行がこのようにできなかった理由は,それ以上の預金に対応する現金準備を保有していなかったか,保有できなかったからである.クラウチは,1966年の論文でこの問題を再び取り上げ,特別預金の利用に同様の分析を適用し,同様の理由からそれを否定した.しかし,彼は説得力のある唱道者に必要とされる魅力には欠けていたように思われる.彼は,銀行預金の決定についてのセイヤーズの論文を仮借のない言葉で否定した[108].さらに,1966年にイングランド銀行総裁に彼が送った論文において,決して巧妙とはいえない書き方で,「マネーサプライを決定するプロセスを調節するにあたって,イングランド銀行が技術的に無能であることを自ら証明してきた.このことは,前の章で提示した理論的分析および実証的な証拠により明らかであると思われる」と述べた.そして,イングランド銀行の幹部は「通説的な金融理論の見解に従って,与えられた仕事をこなすために限られた能力を最大限に活用している」と述べた[109].

トニー・クランプ(Tony Cramp)は,1960年代中葉にロンドン大学ユニバーシティ・カレッジから出向していたが,次々に出てくる多くの学術的文献にコメントした.実際,彼はこのことを彼の主要な役割であるとみなしていた.彼は,「外部の見解を,無視するというのは傲慢なことである.奇妙に思える考え方を無視することでさえ,それらが奇妙でありすぎない限りは,大きな価値のあるものを逃すことであるかもしれない」と書いた.そして彼は,このことがヴィクター・モーガン(Victor Morgan)教授の最近の「提案」がどのように評価されたかの理由であると感じていた[110].ド・ムーブレイは,そのような見解を直ちに否定した.「あなたは,私がモーガンのいうことのほとんどに一般的には同意していると聞いても驚かないでしょう.……彼の銀行券発行額の増加率を制限すべきであるとの見解――それは50頁の論文において1頁分しかないのですが――は,イングランド銀行内の多くの読者が目にしているパンフレットを批判するものであることは疑いようもありません」.(これは当時の現金比率規制もしくは後のマネタリーベース・アプローチへの初期的反論

とみなせるかもしれない．)「われわれは，最近の数カ月に過去数年におけるよりもさらに急速に増加しており，国民所得よりもさらに急速に拡大しているマネーサプライをもう少しよく見た方が良いかもしれない」と結んだ[111]．さらには他の中央銀行からの貢献もあった．1964年9月にパリで行われたSUERFセミナーに参加した後，クランプは，以下の通り記した．「大陸の中央銀行は，イングランド銀行がもはやめざしてはいない独自の活動領域や中央政府の一般経済政策とは別の目的をいまだに唱える傾向がある．それゆえに彼らは，貨幣数量説のような理論を支持する傾向があり，それが彼らにいくらかの成功への希望を与えている」[112]．イングランド銀行内においては，マネーサプライのコントロールを支持するような声はほとんどなく，そのような声があったとしても完全に無視されるか排撃された．

　イングランド銀行の外部からの変革への圧力は，1965年のIMFの要求が最初であった．それはスタンドバイ（借入枠）協定交渉に続く基本合意書において，貨幣量の伸びについての約束が含まれるべきであるとしていた．イギリスの当局者は，そうした考え方を入れることを退けようとした．しかしIMFはそれ――結果ではなく約束――を受け入れさせることに成功した．しかしながら，当局の貨幣への態度は良くて両義的といえる程度のものであった．1965年の大蔵省の信用についての草案文書は，明示的に貨幣量と利子率についての考察を拒絶していた[113]．マクマーンは，イングランド銀行も同様に考えるべきであると推奨したが，一方で当時の発展の方向にも敬意を示し，以下の文言を差し挟んだ．「米国においては，種々に定義される貨幣量と総支出額の関係についての多くの研究がなされてきた．何らかの相関関係が特定の期間においては観察された．しかし，その関係が政策の基礎として使用するに十分なだけの頑健性をもっているかには，非常に大きな不確実性が残っている」[114]．マクマーンの提言は最終文書には含まれなかった．他方，同じ1965年に，大蔵省は2つの論文をイングランド銀行に送付した．ひとつは10月の「マネーサプライ」であり，もうひとつは11月の「英国におけるマネーサプライの変化：1954年から1964年」であった．後者は，経済局のジョフリー・ベル（Geoffrey Bell）とローレンス・バーマン（Lawrence Berman）という2人の職員によって書かれたものである．彼らはそれが『エコノミカ』誌に掲載されること

を望んだ．ケアンクロスはその論文はイングランド銀行から許可を受けるべきと思っていて，アレンがそのことをなしうる人物であると考えていた．イングランド銀行内部においてこれらの論文にコメントできる者はほとんどいなかった．アレンは最初の論文に対し短いコメントを述べたが，その内容はごく一般的なものであった．好運にも，経済学者のアンドリュー・ベイン（Andrew Bain）がその直前にケンブリッジ大学からイングランド銀行に移ってきており，彼は貨幣についての最新のアカデミックな議論についての簡単なノートを作成することができた[115]．ほぼ同時期に，マクマーンはベインにマネーサプライを決定するのは何かと尋ねた．ベインはすぐに27頁にわたる「ノート」に表と図を加えたものを作成し返答した．続いてすぐに，関連するテーマについてさらに多くのノートが生まれた．アレンがマクマーンに「フリードマンやモディリアニ等の議論は結局のところどういうことなのか非常に興味がある」と語った際においても，マクマーンはベインに尋ね，ベインはその議論の概要を記した短いノートを提出した[116]．

マネーサプライについてのベインの論文は，1966年1月初めに開催されたEIDの会合においても引き続き議論された．その会合においてマクマーンは，さらに遡った実証的研究を求めた．新しいバージョンのものが5月に出され，それは「四季報論文草稿」と呼ばれた[117]．9月には，それは1966年12月の『四季報』に掲載される予定となっていた[118]．ベインにとって不幸なことに，その論文の掲載は見送られた．アレンとフォードは，論文の分析が「全般的に不十分」であり「現時点における論争を十分に考慮」していないと断じた[119]．1968年におけるエピソードを回顧して，マクマーンは，ベインの論文が『四季報』に掲載されなかったのは，「この非常に重要なテーマについてのイングランド銀行の見解が整理されていなかったというのが大きな理由である，と私は信じる」として，イングランド銀行はこの分野に「気軽に」参入することを望まなかった，と書いている[120]．この論文が日の目を見るのにはさらに2年を要したのであった．

1967年から68年にかけてのIMFからの圧力は非常に大きく，一方で引き続き抵抗はあったものの，回避することはできなかった．当局は明確な試みを行う必要性を受け入れなければならなかった．そして，実際に貨幣量の伸びを

抑制することに，当局にとって心地よく感じることのできる言葉で表現すれば，成功したのである．1969年に国内信用拡張（domestic credit expansion; DCE）についての論文が『四季報』に掲載されたが，同論文はときに新しい思考方法のシグナルを与えるものと解釈された[121]．後にウィルソン委員会（Wilson Committee）が述べたように，「1967年末において，政府はIMFによる国内信用拡張の制限を導入するべきとの要請を受け入れることを決定し，貨幣集計量が金融政策の運営においてより重要な役割を演じ始めた」[122]．ウィルソン報告は，IMFが1969年に国際収支の改善の手段として貨幣集計量を使用すると宣言した際に「金融政策の役割の可能性はこれにより一段と強化された」[123]，とも記している．しかしながら，政策の大転換があったか否かについては明確ではない．DCEについての『四季報』の論文は，マネーストックの動向は金融情勢をよく表す指標ではない，との見解を改めて表明していた[124]．さらに重要であったのはグッドハートとクロケットによる1970年の『四季報』の論文「貨幣の重要性」であった[125]．この論文はイングランド銀行にとって重大な転機となるものであったとさえ言ってよいであろう．それはイングランド銀行内において数人の金融経済学者の影響力が強まり始めたことを表すものであり，早くも1973年には貨幣集計量を注視する方向への多少の動きがあった．1976年には明示的な貨幣量目標がイングランド銀行により採用された．しかし，この点については本書の後の部分において語られる．

　これらの変化は，重要であるとの認識が高まってきている分野で増加している学術論文の解釈に，イングランド銀行内部の独自のエコノミストが貢献することが必要である，ということを同行が初めてしっかりと認識したことを示したものである．この段階において，活動は目立たない裏庭においてのみ行われていたが，それにもかかわらず，行われていたのであり，幹部はそれを知っていた．そして，それが非常に早くから行われたという事実は興味深い．1979年7月の『四季報』は「しかしながら，1966年以降，マネーサプライの増加（とくに近年においてはポンドM3の増加率）のトレンドをコントロールすることに強調の重点はシフトした」[126]，と主張した．ここには多少の曖昧さが存在する．強調の重点がシフトしたのは確かに1966年以降であるが，それは実際には1968年にIMFの要請があって以降のことであった．

4. 貨幣集計量についての初期の関心

　貨幣集計量の動向に関する限り，最初の重要な一歩に至る道のりはDCEであった．IMFの援助を受けるためのDCE目標の受け入れの説明は，第8章においてすでに簡単に記したところである．しかし，この章においては，貨幣集計量の新しい焦点としてその役割という観点から異なった検証が必要であろう．たとえある考えをまとめるためだけであったとしても，またある立場を守ろうと準備するためであったとしても，イングランド銀行は貨幣の役割について調査の必要性を認識した．DCEについての議論が進行するとすぐに，広義貨幣とDCEの区別が曖昧なものになり始めた．始点は1968年のIMFの提案によるセミナーであった．それは結局10月に開催され，マスコミの論調はその多くがケインズは死に，シカゴ学派が大勝利を収めたといった類のものであった[127]．このような事態はIMFを動揺させ，その顧客の国々を動揺させる恐れがあった[128]．IMFは，大蔵省がイングランド銀行よりもIMF寄りで従順である，という見解を作り上げた．このことはその通りであったであろうが，「1968年のIMFセミナーの後においてさえも，大蔵省はいぜんとして懐疑的であった」とケアンクロスは回想していた[129]．

　セミナー後のしばらくの間，DCEの概念について決着を見た段階でも，議論はそれが意味するもの，そしてそれはどのように使用することができるのか，また，するべきかという点で継続していた．大蔵省とイングランド銀行は，その考え方を別々に発展させていった．大蔵省のラヴェルは，以下の通り書いた．「その概念はいささか機械的であり，まだ証明されているわけではない，実需の生成がマネーサプライの特別な貢献によるものであるという特定の理論的概念に基づいている．……われわれは国内信用拡張の主たる目的を状況が悪化した際の早期の警戒システム以上のものではないとみなす必要がある」[130]．その同じ週に，イングランド銀行のグッドハートは統計を作成する計算作業を進めていた．彼はモーリス・アレン（Maurice Allen）に渡したノートに1968年の「マネーサプライ」の増加率を提示した[131]．これはイングランド銀行における多くの意見交換の出発点であった．その月の下旬にグッドハートは同義的に用

いられる2つほどの用語を用いた.「このことはマネーサプライ(もしくは信用創造)の変化を示すものである」[132]と, 後のカーライルによるノートは, DCE の概念について「最初から最後までまったく馬鹿げている」と記述していた. それから, カーライルによれば, この否定はマネーサプライのどんな定義についても拡張できるものであった[133].

　イングランド銀行は, いまだすべての問題点を明確に把握していないことを気にかけていた. 総裁は, イングランド銀行が公式にマネーサプライにどのような態度をとるのかを決定することを望んでいた. EID の局長のソーントンは局内の主要メンバーに意見を求め, EID の統一見解であり, 10 年以上にわたる以前の考えをまとめたものであり, また業務局長の教義と彼が信じていたものであり,『四季報』の哲学であったもの, すなわち, それは不可知であると主張する強い声明の草案を作成した[134]. マクマーンは, それよりもかなり用心深かった. 彼は, イングランド銀行が貨幣の重要性を軽視してきて, 事実上無視してきた可能性さえあると信じていた. 彼は, 1966 年の『四季報』のためにベインにより準備されたが, 掲載されなかったマネーサプライについての論文に対する総裁の態度を思い出していた.「良くも悪くもイングランド銀行と大蔵省の分析や政策提言はこれまでケインジアンのフレームワークにより行われ, マネーサプライについてはそれほど重視してこなかった. 当然のことながら, われわれは間違っているのかもしれない」と書いた. 彼は何にもまして実用主義であった.

　　単純にそしていささか突然にマネーサプライに重要な変数として特別の地位を与えることは, もし経済がどのように動くのかについてのわれわれの新しい見解を明確に説明することができないのであれば, われわれは少々愚かであり, 少々偏向しており, 少々反動的であり, そしてそれらすべてをもっていると思わせることになる. われわれは大蔵省と両手を用いて戦うことはできたのであり, われわれの立場を徹底的に守る準備をするべきであった. IMF は喜んだかもしれないが, われわれが考えていることを, なぜわれわれがそう考えるのかが正確にわかるまで, IMF でさえわれわれの改宗に多少とも懐疑的になるであろう.

彼は，イングランド銀行が貨幣について何かしら真剣な行動を今やとらなければならず，そうすれば「IMF およびわれわれが間違った方向に進んでいたと感じていた評論家に対して，われわれが前向きに進もうとしている意思を『見せる』」ことになる，と強く信じていた[135]．1968 年の夏中，EID はマネーサプライの数字を準備し，さまざまな点にコメントしていた．

9月に情勢は盛り上がりを見せてきた．ポズナーはマクマーンにマネーサプライに関する心配される点についての書簡を送った[136]．その月のうちにピーター・ジェイ（Peter Jay）は，イングランド銀行がその問題についての徹底的な見直しを行っていると『タイムズ』紙に語り，関心を煽った．ソーントンは以下の通り記した．「その条件はわれわれにとって決定されており，すべての人々はわれわれがコンテストのどちらの側につくかを聞くことを今や待ち望んでいる．われわれはこのことを受け入れなければならない．ピーター・ジェイと彼が改宗させた人々は，総裁が『シカゴ学派』を支持するか反対するかを決定する顕微鏡的分析についてどのように語ろうとも，それに従うであろう」．そして彼は総裁に次のマンションハウス講演においては，彼を「『シカゴ学派』とレッテルを張るようなマスコミ」[137]を招待するのを避けるべきであるとの書簡を送る必要性を感じていた．その講演において，総裁は貨幣とその重要性についていくつか短く言及したが，その言及は実際のところ非常に退屈なものであった．

> マネーサプライは政策の究極の唯一の目的になることはできません．……ある種の人々が信じているようにマネーサプライのコントロールは中央銀行の技術の適切な使用の問題にすぎないという見解を私は受け入れません．これにはもっと重要な基本的問題が含まれています[138]．

これと同じ時期に，大蔵省は次の IMF セミナーへの準備をその目的の一部とする「民間セクターの流動性」についての作業部会を提案した．マクマーンはそれに関わっており，最近イングランド銀行に採用されたグッドハートに彼をアシストするように望んだ[139]．マクマーンは，その問題についての自らの立場を準備しており，10 月には総裁に「マネーサプライに注意を向けるべき

である」というノートを渡していた．彼の議論は，イングランド銀行はすべての方面から攻撃を受けているというものであった．このほとんどの部分は戦後における経済のパフォーマンスが良好ではなかったことによるものであり，とくに近年の状況が非常に悪いことによるものであった．彼の見解によれば，専門家よりも政治家の方に責任があった．しかしそれにもかかわらず，マネーサプライのようなものを赤信号として使用するしかるべき理由があった．たとえそれをあまり信頼していなくても，IMFが政府に何らかの圧力をかけることはできたであろう．彼は，マネーサプライが経済活動に与える影響について何らかの研究を開始することは有意義なことであると信じていた．批評家たちは，政府に中央銀行の政策の意味することを十分に認識させるために中央銀行の力をよりいっそう発揮することを望んでいた[140]．

　イングランド銀行と大蔵省の間にあるこの問題についての相違点がどのようなものであろうとも，両者ともにIMFの要求する条件には応答しなければならなかった．そしてイングランド銀行と大蔵省は具体的な問題に関する合同演習を開始した．1969年の初め，マクマーンは，その問題はイングランド銀行内部において作業中であったと指摘した（グッドハートがやってくる以前であったが）．そして，この問題について予断をもつことは望まないものの，実証研究を基にして明らかになることは，「控えめに言っても，経済におけるマネーサプライの因果的役割に関しては疑わしい」と彼は考えていた．アレンはそこまで確信はもっていなかった．「問題になっている『実証分析』によれば結論は明らかではないという見解を表明しても，グッドハートは私に反対しないと思っている」[141]．

　それから，DCEの新しい概念をどのようにしてより広範な人々に伝えるかに関心がもたれるようになったが，それはいささかの茶番に終わった．5月に大蔵省は，『エコノミック・トレンド』誌にある論説を掲載する準備を進めていた．イングランド銀行は，1969年6月の『四季報』に解説のための論説を掲載することを検討していた．しかし，何も行われないうちに，大蔵大臣は「DCEは英国の公式の検討により導き出された英国の概念である．それはIMFからわれわれに押し付けられた，われわれ自身が信じていないものではない」[142]ことを明確にするように望んでいる，と大蔵省から伝えられた．この

ため，アレンは慌ててグッドハートにこの概念がどこからやってきたものなのかを尋ねた．グッドハートは，IMF にとっては創設以来の概念である（「IMF が活動を開始した直後の非常に早い時期まで遡ることができる」）が，それが非常に明確な形で出てきたのは 1957 年のポラクの論文からである，と説明した[143]．(それがイギリスにおいて形成された概念であるというでっちあげは，連邦準備からイングランド銀行へのある訪問者を当惑させた．「私は，DCE がポラクによる概念であるのか，それともロンドンにおいて何かしらの着想が得られたものであるかについて，いまだ結論を出していない．」[144]) このことはイギリスが仕事に着手したように見せるため，文献を遡る必要性を生じさせた．なぜなら，もし英国モデルが作られていたのであれば，異なった様相をしていなければならないからである．その一方で，大蔵省が『エコノミック・トレンド』誌に掲載する論説は，最高レベルにおいて議論されていた[145]．モーリス・アレンによる最終稿についてのコメントは肯定的なものではなかった．DCE がイギリスの当局者の仕事に起因することにしようとすることは別にして，彼は「なぜ英国の当局者がこのハーブを栽培してきたかを説明しようとする試みはよくわからないものである」とみなした[146]．それにもかかわらずイングランド銀行は，DCE の統計を作成していた．その統計は『四季報』に掲載されると思われていたが，この概念を守るために大蔵省から距離を取るべきであり，『四季報』が数字を公表する主たる出版物となることは止めるべきであるとの意見をもつ者もあった．なぜなら「編集の自由を失うことと『四季報』への大蔵省の介入の拡大——おそらくホワイトホールの意向がわれわれのより優れた判断よりもわれわれの出版物の頁の中で支配的になる点にまで影響を与えること——」が懸念されたからである[147]．

　これらのことは問題の核心に迫るものではなかった．IMF が多かれ少なかれ要求したのは，DCE の調節を実行し，それを真剣に履行することであった．第 1 に，それが英国のアイデアであると主張しようとすることは馬鹿げたことではあるが，しかしそれはしぶしぶながらも受け入れられた．明確な信念がなかったとしても統計の作成がこれに続いた．何らかの指標として何らかの方法で使用されるということよりも，そのことが IMF を満足させるものであることが重要であった．1969 年 11 月の大蔵省における会合において，ポズナーは

仮定のこととしてグッドハートに質問をした．「もしわれわれがマネーサプライを調節できるとして，われわれはどのようにその調節を実行したらよいのであろうか」．この「明らかにおもしろくない質問」について考えている時に，グッドハートは「われわれは来年の DCE の目標をどのように選択すべきであるか」と問い返した[148]．その際のノートにおいて，彼は DCE の概念および使用方法についていくつかの疑問点を指摘した．そのタイトルは「DCE の未来，もしくは IMF が去った後にわれわれは何をなすべきか」であった．彼は，DCE は経済に変動が発生した際に変動する指標（「温度を測る温度計」のように）として使われてきたが，その動き自体は経済の変動に影響を与えてこなかった――「われわれは公共の利益のためにこのような態度を維持してきた」――と論じた．彼は，それは経済全体の発展をよく示す指標ではないが，しかしそれは金融政策の一般的推進力を比較的よく示す計測器であったと論じた．「もし金融政策が経済の調節に何らかの重要な影響を与えているのであれば，その際には，DCE の調節を進めることが経済の調節を行う助けになるであろう」[149]．ソーントンは，彼らが確かに「DCE について多くを知ることなしに，また証明することができないままに」しばらくの間 DCE を受け入れなければならなかった，と語った[150]．1970 年 1 月初めに，グッドハートが主張したのは，DCE によって全体的な貨幣集計量に注意が移りつつあること，DCE 目標の使用は「貨幣量の変化による，準自動的な安定効果および調整プロセスのある程度の受け入れ」を意味すること，および，マネーサプライの変化率はこのような方法で方向づけられるべきであること，であった．彼は個人的にはこのような考え方には懐疑的であった．しかし，彼は，DCE を金融情勢の重要な指標としてみなすことは「貨幣集計量に関しても予測するための鍵となる前提」を意味する，と議論を先に進めた[151]．

　イングランド銀行は，ようやく DCE に関する論説を 1969 年 9 月号の『四季報』の付録として掲載した．これは基本的にはグッドハートによって書かれたものであった．この論説は DCE が国内に起源をもつとのフィクションを間接的に認めていた．「金融問題についての最近の研究の評価から指標計測器の概念が採用されることになった．これについては，1969 年 5 月の『エコノミック・トレンド』誌の「マネーサプライと国内信用」という論文に示されてい

る」[152]．『四季報』のこの論文はイングランド銀行の内外から多くの問い合わせを呼び，議論を巻き起こした．証券ブローカーのグリーンウェルズ社 (Greenwells) のゴードン・ペパー (Gordon Pepper) のような外部の人間は，必ずしも成功しなかったが，DCE の計数を国際収支の計数と結びつけてその意味を理解しようとした．グッドハートは，計数を追いかけることは容易ではない点で，彼に同意せざるをえなかった[153]．イングランド銀行内部においては，クルーズ (EID) が尋ねた．「DCE は何を測定するのか？」．それは狭義貨幣の測定と一致しうるものなのか，さらに，もし DCE が指標でないとしたなら，なぜ『四季報』の論文はずっと続くものとしてそれに言及しているのか[154]．

実践的レベルにおいては，フォードは 1970 年第 2 四半期の DCE およびマネーサプライの増加を金融緩和に由来するものにできるかどうかについて決定しかねていた．そしてマクマーンも「マジック」ナンバーを信奉することへの嫌悪感を共有していた．興味深いことに，マクマーンはこの段階において「貨幣量目標 (monetary targets)」という言葉を使い始めていた[155]．そして 7 月末にグッドハートはマクマーン宛ての「貨幣量目標」という題名のノートを書いていた．それは DCE についてたまたま使われたことであったが，その時点までにそれらの用語は互換性のあるものとして使用されるようになっていた．「全体的貨幣量目標に関して政策の何らかの見直しが必要である」と思われていた．彼は金融政策を「中立の状態から若干引き締め気味に……それはマネーサプライの本年中の上昇率を 8% あたりからから 8.5% とすることを容認するものであるが」維持する必要があると続けた[156]．その時点ですでに暗示的な貨幣量目標のある種の提案は存在していたのであった．実際，その少し前にアンドリュー・ブリットン (Andrew Britton) による大蔵省の論文「金融政策とマネーサプライ」に対するコメントにおいて，グッドハートは，「討論の出発点にすぎないが，われわれは貨幣集計量目標を採用するべきである，ということを異議なしに当然のように考えている」と書いていた[157]．このように貨幣量目標についての議論は 1970 年初めから開始されていたのであった．

1968 年のロンドンにおける議論を取りまとめるための IMF のフォローアップセミナーが 1970 年 4 月にワシントンで開催された．残念なことに，またも

やこのセミナーにイングランド銀行から論文は提出されなかった．そしてイングランド銀行の資料からは同行から誰が参加したかさえ知ることができないのである．実際には，グッドハート，クロケットおよびディックス=ミロが参加した．その会合についての大蔵省の資料によれば，大蔵省とイングランド銀行の間には合意が存在した．しかし，しばしばそのようなことはなかったといわれる[158]．われわれは，大蔵省とイングランド銀行の間の意見の相違がどのようなものであったのか，もしくは実際イングランド銀行の見解はどのようなものであったのかについて，明確な見解をここで示すことはできない．いずれにせよ，3日間の日程で開催されたフォローアップセミナーにおいて，議論は金融政策の理論からDCE目標のモニタリングについてまで行われた[159]．IMFは今や上機嫌であった．その時点では経済カウンセラーであったポラクはシュヴァイツァーに以下の通り語った．

> 1968年10月の最初のセミナーにおいては，ほとんどの主要な論点において共通の理解に達することは容易ではなかった．……重要な進歩は，国際収支の回復が要請されている際に銀行信用の目標の総計が非常に重要であるということについて，今や幹部たちが留保なしに受け入れていることである．われわれの間には貨幣の役割の重要性についてほとんど相違はない[160]．

このようにして，少なくとも1968年半ば以降においては，イングランド銀行と大蔵省の間において，DCEとマネーサプライに関する相当に集中的で広範囲にわたる議論がなされていた．そしてこのことはその後10年にわたって継続した．マネーサプライについての論文については後にまた検討することにして，次は面白い幕間の出来事についてみることにしたい．

5. ラドクリフ後の10年

イングランド銀行内部において，貨幣集計量およびマネーサプライについて議論するある程度の準備は整っていた．しかし以下のエピソードが示す通り公

式的なスタンスはそれほどオープンなものではなかった．1969年10月25-26日の週末にかけて，ラドクリフ報告の出版10周年を記念するコンファレンスがサセックス州ホープで開催された．CLCBによる資金援助を受けて，ハリー・ジョンソン（Harry Johnson）を代表とした学者により組織されたその会合には60人が参加した．その多くは大学の経済学者および銀行のエコノミストであったが，大蔵省からは5人の代表が，イングランド銀行からはマクマーン，ソーントン，ディックス＝ミロおよびグッドハートが参加した．そのような異なる分野の専門家によるこの種の会合は，イギリスにおいて初めてのものであった．イングランド銀行は無署名の論文「ラドクリフ以降の金融政策運営」[161]を提出した．DCEとマネーサプライに関してなされているすべての議論を考えると，その論文でそれらの内容が含まれているものと期待されていた．実際は，それらについてはついでに触れられただけであり，公式声明として，イングランド銀行の見解には実質的な変更はないというメッセージが出されたように思われた．同コンファレンスの参加者の1人による感想は，「ラドクリフは生きている，やれやれ．そしてスレッドニードル・ストリートに住んでいる」[162]であった．

1968年8月に，同コンファレンスの企画が初めて論議された際に，この企画はイングランド銀行内部においては一般的に歓迎された．ジョンソンはマクマーンに「ラドクリフ報告以降の金融政策運営：政策担当者の観点から」という題名の論文を提出するよう求めた．マクマーンは，イングランド銀行内部において，そのような論文を提出することは「議論につきもののナンセンスさの一部」に反論することになるかもしれないのであり，ともかく，もし論文提出を断った場合は，「われわれは馬鹿とみられるか，もしくは異常なほどに秘密主義であるとみられるかである」と論じた[163]．業務局長およびEIDが草稿を準備することが決定され，その一方でオブライエンとダグラス・アレンは完成論文がイングランド銀行と大蔵省の共同論文として発表することは意味があると合意していた[164]．

最初の草稿はEIDの次席であるクリス・ワイルズ（Chris Wiles）により書かれたが，同論文は，グッドハートのコメントも含まれるが，主としてマクマーンの仕事であった[165]．ソーントンは，どのようなイングランド銀行と大蔵

省の共同論文も参加者を落胆させることは間違いなく，統計の発展といった異論の出ないようなテーマを論じて「金融政策の分析が欠如していることへの過度の弁明を避ける」ようなものとなるのでないかと感じていた．さらに，コンファレンスへの参加者は，イングランド銀行が実際に何を行い何を考えているのかを質問するよりも，たんなる思いつきの研究を求め，同論文を無視するであろう，と彼は正しく予測した[166]．大蔵省はとくに国債市場とDCEについての政策に関心を示した．ロバート・アームストロング（Robert Armstrong）は，DCEについて何も言及しないことは「夜間に吠えなかった犬と同様に問題である」，イングランド銀行と大蔵省の両者がそのテーマについて論説を発表したという状況ではなおさらそうである，と語った[167]．このような批判に対応するために，マクマーンはDCEへの「最小の挨拶」と彼が呼ぶものを付け加えた[168]．コンファレンスが開催されるまで1カ月を切った時点において，大蔵省は論文に距離を置くようになった．アームストロングはソーントンに，「われわれが選択するべきであった用語で正確にすべてが書かれたわけではない」[169]と語った．彼は，共同で発表するのではなく，大蔵省は相談を受け，内容については一般的な合意を得ているという文章を付記した上で，イングランド銀行が論文を提出するべきであると提案した．マクマーンがオブライエンに指摘したように，彼に写しを送ったということは，実際には，その論説は『四季報』の論文と同様の地位を与えられたのである[170]．

　マクマーンは1969年には別の論文を発表しており，その際には自ら署名していた．それはモーリス・マン（Maurice Mann）による1960年代の米国と英国の金融政策についての論文にコメントしたものであった．彼は非常に簡潔にイングランド銀行の見解（ラドクリフ報告および経済学主流派の大部分の見解についても）を要約した．イギリスにおいては，第1に，非常に柔軟な財政メカニズムが存在する．第2に，公共部門が大きく，「利子率もしくはその他の金融上の変数にまったく反応しない」．第3に，大量の国債によって公開市場操作の使用が制約されている．第4に，銀行システムが集中的である．これらの要因が「市場的」金融政策よりも規制――貸出上限規制や消費者信用規制といった――をもたらしたと彼は論じた．彼は，イギリスにおいては金融政策におけるマネーサプライの役割について関心が近年高まってきていることに注意

した．このことは部分的には規制のもたらしたことについての不満によるものであった．彼は，「イギリスの政策決定プロセス」には大きな改善が必要であると信じていた．「おそらくこれには過去におけるよりも金融政策の重視が含まれることになろう」．そして彼は喜んでそれを前に推し進めたのであった[171]．

ホープ・コンファレンスの様子に関しては，尾ひれの付いた話があって予想されたよりも早く『四季報』に論文が掲載されることになった．そのコンファレンスは民間の仕事であったが，学者の1人として参加したブライアン・グリフィス（Brian Griffiths）の署名入りの記事が『オブザーバー』紙に掲載された時に，失望が広がった[172]．それはジョンソンがグリフィスに新聞に掲載するためにコンファレンスの報告を要請して書かれたかのように思われた．ジョンソンは，ブライトンから汽車で帰る際に『オブザーバー』紙のフランシス・ケアンクロス（Frances Cairncross）と一緒であり，彼女に掲載を頼んだ．そして彼女はグリフィスにこの記事を書いてもらったのであった．新聞の編集者は記事を切り刻み，そしてイングランド銀行の論文から，それ以前の10年間の経済政策の失敗という一文を引き出すことにより，センセーショナルな記事にした[173]．イングランド銀行からその証拠を得るために，SCNIが同論文を1部欲しいと求めたことから，この一文は「厄介な」ものとなった．これに反対はなかったものの，大蔵省はこの一文を修正することを望んだ．問題となったのは次の文章であった．「ある意味では，1959年時点において英国が直面していた主要な経済上の問題点のどれ1つとして解決されたとはいえず，その中のもっとも重要ないくつかの点はより悪化したので，経済政策は簡単にいえば失敗したといえるかもしれない」．オブライエンはマクマーンから，大蔵省は「鎮痛剤以上の何か」を求めている，と伝えられた[174]．大蔵省の見解は，その前年に行われたスタンプ記念講演においてサー・ウィリアム・アームストロング（Sir William Armstrong）が，それ以前の10年間の経済政策は大成功を収めてきたと主張していたことを思い起こせば，おそらくは驚くにあたらないであろう．結局，特別委員会は同論文を読まなかったので，決定は必要でなかった．

『オブザーバー』紙の記事でイングランド銀行に下院議員（MP）や外国の大使館から論文を欲しいとの要求が殺到したが，論文はオックスフォード大学出

版局により出版されるコンファレンスの会議録集に掲載されるということで，要求は拒絶された．状況はさらに混迷することとなった．ホーブ・コンファレンスのスポンサーのひとつであった『バンカーズ・マガジン』誌が，会議録集の出版以前に論文等の要約を独占的に掲載しようとしたからであった．この動きに対して，イングランド銀行の論文の利用を拒否されたライバル誌の『バンカー』誌が猛攻撃を加えることとなり，会長のロビンズ卿（Lord Robbins）は，モーリス・アレンとダグラス・アレンの両者に対して差別的な取り扱いについて抗議した．問題は今やイングランド銀行総裁や大蔵大臣レベルにまで達し，同論文は，ちょうど印刷される時点にあった1969年12月の『四季報』に掲載することが決定された．会議録集の出版社と『バンカーズ・マガジン』誌の両者は，この決定を渋々ながら受け入れた[175]．マクマーンは総裁に，そのコンファレンスは貴重な訓練であり，もし同様のイベントが企画された際には，イングランド銀行はこれを歓迎すべきであり，資金的な援助さえ用意するべきであると語った．しかし彼はまた，ジョンソンに対して，『オブザーバー』紙の記事およびその余波について，イングランド銀行および大蔵省の両者の評判を傷つけるものであり，将来の協力関係を危うくするかもしれない，と苦言を呈していた[176]．ある距離をもって眺めるならば，このことはすべて取るに足らないことであるが，当局者の敏感度および政策立案者と学術的専門経済学者との間の関係を示すものではあろう[177]．

6. 貨幣の重要性

　DCEの研究と並んで進められたのが貨幣についての広い範囲の研究であった．IMFは，イングランド銀行と大蔵省の両者に，明らかDCEについて論議を行わせるのに重要な役割を果たし，間接的には貨幣および金融政策についての一般的な議論をよりスピードアップさせるのにも重要な役割を果たした．このことは1960年代中頃には始まっていた．しかしそれが確実に強まったのは1968-69年以降のことであった．最初は，議論は「貨幣的変数が実物経済に与える影響の伝達過程」に関して行われ，インフレーションについては行われなかった[178]．クロケットの論文はIMFセミナーのために用意されたものではな

かったが，ディックス=ミロは，それが「バックグラウンドとして役立ち，そのセミナーのために特別に用意された多くの論文よりもよっぽど面白い」と思った[179]．

1968年10月中旬，フォードは総裁と副総裁に，『タイムズ』紙がイングランド銀行はマネーサプライの問題について徹底的な見直しを行っていると主張している，と報告した．彼は，これが事実と異なると指摘したが，そうするべきと思っていた．このことは，ペパーがマネーサプライについての論文を書き，イングランド銀行の注意をひいたのと，おおよそ同時期であった[180]．議論が進展するにつれて，1968年にイングランド銀行内部にマクマーン，ディックス=ミロ，グッドハートおよびクロケット（後にホーブ・コンファレンスに参加する者たち）をメンバーとする小グループが形成され，なにがしかの公式性が付与された．この「マネーサプライ・グループ」の第1回の会合は，1968年12月10日に開催され，そこではマネーサプライについての論文を1969年6月の『四季報』に載せる準備をするべきであると提案された．（その論文はソーントンを除いてグループの外には配布されなかった．）IMFとの報告会合が予算後に予定されていたので，会議の進行に緊急性が加えられた．グッドハートは，クロケットの助けを借りて，米国と英国における理論的および実証的な知識の現状を概観するレポートの草稿を書くことを承諾した．この研究が「貨幣の重要性」という論文となったのであった[181]．

このグループが形成されてから数週間の間に数回の会合がもたれた．そこでは，発表され注目を浴びているいくつかの学術論文と中央銀行の文献が討議された［たとえば，アラン・ウォルターズ（Alan Walters）の「景気拡大期と縮小期における貨幣」，カール・ブランナー（Karl Brunner）の『セントルイス連銀レビュー』誌に載った論文――そこにおいて彼は「マネタリスト」という用語を早い時期から使用していた――，およびアンダーソンとジョーダンの経済安定化のための金融行動と財政行動についての論文であった][182]．1969年1月には，グッドハートは近年の実証分析の結果を要約した付録つきの報告書を完成させていた[183]．この段階でこの論文は1969年9月の『四季報』に掲載される予定となっており，その題名は「貨幣の重要性？」というものであった．題名の疑問符は後日外されることとなった[184]．マクマーンは，モーリス・ア

レンとセイヤーズを将来の会合に招待するように提案し，グッドハートにその際に彼らに尋ねる質問を準備するように求めた．グッドハートは，近年の計量経済学的研究はセイヤーズがラドクリフ委員会報告でとった立場を否定するものであるという見解を彼に示すことにいくらかの不安を感じるとしながらも，「質問は議論全体の中心が本当はどこにあるかを示すもので，それをはぐらかすことはできない」と語った[185]．質問は，マネーサプライは名目金利よりも金融姿勢を表す優れた指標であるという提言とともに提起された．セイヤーズは計量経済学的な分析結果に懐疑的であり，彼の回答は納得いくものでなかった．

7月には，マネーサプライに関する立場は以下のようになっていた．「ほとんどまったく見当違いであったが，膨大な量の研究は理論上は当局がマネーサプライのさまざまな基礎をコントロールできることを示すという課題にのめりこんでいった」[186]．「われわれは，マネーサプライ（もしくは他のいかなるマネーの量）のコントロールが，支出を直接的にコントロールするためのとりわけ満足のいく手段であったし，あるし，ありうる，という主張を保証する証拠があるとは信じない．とりわけ，この国に存在するとわれわれが信じる市場構造の制度的内容においては信じられない」[187]．この文章は最終稿においては削除され，その次の段階で，題名から疑問符が取り去られた．（ニューヨーク連銀の論文は，ちょうどこの時期に「貨幣はどの程度重要なのか？」[188]という題名で発表されたのであるが．）この時点までに，同論文は1969年10月に予定されていたIMFセミナーに提出されると考えられており，1970年3月の『四季報』掲載予定と考えられていた．しかし，12月にセミナーは開催されないことになり，同論文が発表される時期についてはまだはっきりとはしていなかった．1970年2月に，モースは最終稿を高く評価し，それを「海外部門の忙しいアドバイザーたちおよびその他の者が時間を見つけて読むだけの価値がある」と考えた[189]．その月に，同論文は金融政策に関する大蔵省グループのために大蔵省に送られた[190]．

1970年4月にマネタリーポリシー・グループが中間報告を提出した後に，ダグラス・アレンは，同グループはその後「金融理論と金融政策との関係を含む諸問題，およびこの関係についてのすべての不確実性を考慮した上でどのよ

うにして当局は信頼しうる金融政策を策定できるかに主として集中して取り組む」べきであると提案した[191]．これは金融政策の貨幣管理に対する貢献を調べるものであった．この仕事は，金融理論と金融政策への知的関心の高まりを背景として開始されたものであった．それは戦後の政策が失敗してきており変更が必要であるといわれるかもしれない鍵となる分野を検討しようとしたものであった．それはまず，その効果には不確実性が存在し，財政政策の効果の不確実性は増大してはいるものの，金融政策は財政政策よりも調整が容易であると理解するという立場から始められた．

　同グループの1970年5月の会合において，グッドハートの論文が議論の対象となった．大蔵省の議事録では，グッドハートの要約は以下のように記録された．すなわち(1)彼はラドクリフ報告には反対である，(2)彼は，金利の効果は非常に激しくそして混乱を招くものであるから，金融政策は運用が難しいと考えている，(3)彼は，貨幣集計量は金利よりも金融政策の引き締め度を表すのに優れた指標であると考えている，と．それに続く議論は多岐にわたった．通貨当局は金融政策の目標を必要とするか．もし必要とするならば，それは金利かマネーサプライか．それは貨幣の流通速度の安定性に依存するのか．しかし，「金利の目標を設定するよりもマネーサプライの目標を設定する方が賢明かもしれない」との感覚も存在した．しかし，過去におけるよりも名目金利のいっそう大きな変動を意味するかもしれない．マネーサプライ・コントロールは「コスト・プッシュ・インフレーションが発展するのを防止することができる」といった混乱もいぜんとして存在していた．この点については，それは「フィリップス曲線の安定性に依存するのであり，おそらくは企業部門の財務状態にも依存する」と結論づけられた．そのような政策は，国債管理の困難性を増大させるという点が指摘された．しかし，同グループは，DCEに関する普及した政策は，「何やらマネーサプライ目標の香りがする」ということについては認めた[192]．

　1971年3月の同グループの最終報告書は，16ヵ月にわたる検討を反映したものであった[193]．まず，同報告書は政策に対してラドクリフ報告がその発表後10年間にわたって強大な影響力を及ぼしたことを指摘した．その見解は金融政策には控えめな役割しかないというものであった．それから，1960年代

末に DCE が登場し，それにより大きな注目が与えられた．1960 年代においては，銀行貸出を抑制しようとする方法のいくつかの欠陥がより明白となってきた．そして，同グループはラドクリフ報告にきわめて批判的となり，マネーサプライが重要な役割を演じるという議論を提示するようになった．このことは決してマネタリズムへの転向を意味したわけではなく，同グループ内においては貨幣に関連するほとんどの事項について議論が続いた．同報告書は，通貨当局は金利水準を問題としないことはできないのであり，その過度な変動を問題としないこともできないということをとくに強調した．しかし，同グループは貨幣量の増加ルールという考え方に完全に同意しないわけではなかった．開放経済体制に関連する問題についても時間が割かれた．とくに金融引締めスタンスの問題点およびそれに伴う資本移動が逆方向となる程度についてであった．DCE はこの問題を解決するものと思われており，とりわけ，それがマネーサプライ目標を政府の外貨準備の増加目標と結びつけて規定されるのであれば，そうであった．しかしながら，同グループは国内システムを隔離するための規制についても検討しなければならないと引き続き信じていた．

　1970 年 4 月の予算の時点では，特別預金を含めた規制措置が一般的に是認されていた．さらに同グループの国債管理と国債市場についての考え方は曖昧であった．しかしながら同グループは金融政策は曖昧ではない方法で決定されなければならないと信じる段階に達していた．マネーサプライの変化が，「金融スタンスの変化を読み解くためのよい手段を提供しているように思われる」という点は受け入れられていた[194]．同報告書は年間のマネーサプライ目標を想定するまで進み，そのようなスキームはマネーサプライの増加の最近のトレンドを考慮に入れなければならないし，破壊的な行動は避けなければならないと警告した．このことは，それまで行われていた金利の段階的調節から離れることを意味することも受け入れられた．

　金融政策についてのアレンのグループと並行して，大蔵省もまた別の方法で議論のペースを速めようとしていた．1970 年の 2 月および 3 月にロバート・アームストロングはマネーサプライの定義を議論するための会合をもった．会合にはイングランド銀行からグッドハート，ボウルターおよびギルバート・ウッド（Gilbert Wood）が参加した[195]．作業部会が設立され，そこにおいてはマ

ネーサプライの定義について合意され,その計数を公表することが合意された.1970年9月に『四季報』はマネーストックの適切な定義についてのイングランド銀行の考え方についての短い論説を掲載した[196].M1,M2およびM3についての四半期ベースの計数は1963年に遡って掲載され,その後の『四季報』において新規データが加えられた.しかしながら,それはまだ順調な航海といえるようなものではなく,議論は1971年に入っても継続しており,新たな問題点が提起された.それは未達勘定をどう取り扱うかとか,イングランド銀行の手許現金をどうみるか等の問題であった.そして大蔵省の一部には四半期ごとの計数ではなく月次の計数を公表するように強く望む向きもあった.1972年12月,『四季報』は広義および狭義マネーの月次および四半期の計数の時系列の変化についての新しい2つの表について解説する別の短い論説を掲載した[197].

それにもかかわらず,1970年代の初めにおいてはインフレーション対策としてマネーに働きかけるという発想はほとんどなかった.1970年10月のイングランド銀行総裁のマンションハウス講演は,インフレーションが起きつつあること,およびそのコストについて警告したが,その解決策としての厳しい金融引締め政策や緊縮財政政策については否定した.マネーサプライおよび国内信用が適切とされるよりも速い率で拡大してきたが,「私は,通貨当局が月ごとのマネーサプライの増加率をきっちりと調節できる……もしくはこの特定の大きさの動きに影響を与えようとすることに優先順位が置かれるべきである,という考えを受け入れることはできない.現実の世界は非常に複雑であり,政策の目的はあまりに多岐にわたるものなので,われわれにとって単純なルールに依存することはできない」[198].これがイングランド銀行の代表者の見解であり,それはマクマーンによって支持されていた.彼は,シェフィールドで1970年9月に開催された貨幣研究グループのコンファレンスでフリードマンと長時間にわたる討論を行っていた.その際のフリードマンの説明は,望ましいインフレ率を選択し,それに可能な生産の上昇率を加える,そうするとこのペースにあわせて進む名目所得の上昇率が得られるというものであった.フリードマンは,これを行うためのもっとも簡単でおそらくは唯一の方法は適切なマネーサプライ目標(ターゲット)を設定することであると信じていた.マク

マーンは，ポズナーへの書簡においてこれらすべての概要を記し，「このすべては十分に整然としていて論理的である．それは望ましい名目所得の成長率が実際に達成されることを確実になしうるか否かに単純に依存している．フリードマンは貨幣量を通じてこれを達成できると信じているから，彼は幸福である．私はそれを信じていないので，私は幸福ではない」[199]．

1968年にチャールズ・グッドハートがイングランド銀行に入行した時に，彼以前の非常に多くの新入行員が言われたように，「イングランド銀行は銀行であって研究機関ではない」と言われた．しかしながら，彼は早い時期に環境を変化させ，問題を解決したように思われる．彼は確かに，イングランド銀行内部にあってほとんど研究機関に在籍しているかのように振る舞う人々が存在する場があるように，その道を整備するのに決定的役割を果たしたのであった．1971年までに，学術的スタイルの論文を執筆したり，外部の論文を読みコメントをしたりする非常に多くの活動があった．イングランド銀行内部で行われていた研究に学者が参加するように提案がなされた．外部からの参加者には，マイケル・ハムバーガー (Michael Hamburger)，マイケル・アーティス (Michael Artis)，デイヴィッド・レイドラー (David Laidler)，マイケル・パーキン (Michael Parkin)，モーリス・ペストン (Maurice Peston) 等が含まれていた．内部からの参加者には，ライオネル・プライス (Lionel Price)，ジョン・タウンエンド (John Townend)，レズリー・ディックス=ミロ (Leslie Dicks-Mireaux)，クロケットおよび当然であるがグッドハートが含まれていた．アメリカにおいてなされた計量的手法を用いた金融の研究のいくつかが，同様の方法により英国の計数を用いてなされた．マネーストックの決定要因，マネーと所得の因果関係，短期金利や長期金利とインフレーションの関係，その他についてであった[200]．

7. 国債市場とマネーマーケット

公開市場操作は，疑いようもなく貨幣集計量の調節のために必要とされたが，それは1960年代においてはそのために使用されなかった．もしそれが実行されていたならば，市場において変化が必要とされていたであろう，そしてそれ

を複雑なものにしたのがこの間の出来事に対する反応であった．それらのうちで第1のものは平価の切り下げであった．平価切り下げの直後には，バンクレートは8％で，国債への非常に大きな需要が発生した．市場は11月20日月曜日には閉鎖された．しかし，その翌日にフォードは「今日はわれわれが記憶する限り英国国債市場においてもっとも素晴らしい日であった．10時15分までにわれわれは3つのタップ債4億ポンドのほとんどの部分を売却することができた」と記した[201]．これまでの状況では，1967年3月末までの3ヵ月間で6億ポンドの純売却があったが，1営業日に1億ポンド売却できたのはそれまで2度の経験しかなかった．発行部保有の国債はほとんどなくなった．ガバメント・ブローカーはすでに，長期のタップ債（1995-98年満期・6.75％利付き国債）は在庫がなくなりそうであり，金利を調節するためにはその代わりとなるものを何か供給しなければならない，と警告を発していた．唯一の解決策は同じ銘柄の国債をその時点の市場価格で追加発行することを発表することである，と彼は考えた．結局，追加の6億ポンドの発行の目論見書が急遽用意された．その価格は，94.5であり，1966年10月に発行された同じ銘柄の国債の価格よりも3.25低かった．発行までの期間が短かったことから，応募者は非常に少なく，発行部が5億9,940万ポンドを引き取ることになった[202]．平価切り下げ直後は荒れたが，以降1967年の最後の数週間には市場は落ち着き，12月に終了する四半期ベースでは，2億9,700万ポンドの純売却があった．

その後の2年間はジェットコースターのようであった．1968年の抑制的なスタートの後，イングランド銀行は第2四半期に5億ポンドの国債を購入した．その後，9月までの3ヵ月間に4億1,300万ポンドの国債を売却し，その後の6ヵ月で9億1,100万ポンドの国債を購入した．その後，1970年3月までの1年間で9億9,800万ポンドの国債をネットで売却した．強力な介入があったにもかかわらず，1967年10月から1970年3月の期間において，2億8,300万ポンドの国債がネットで売却された．国債価格は1969年夏までは下落し，その後12ヵ月間上昇した．利回りは1969年6月には歴史的高水準に達し，その翌月には1994年満期償還の9％国債の発行が発表されたが，これは1694年にイングランド銀行が設立された際の政府借入の8％以来の高いクーポンレートであった[203]（もっともこれら2時点のインフレ期待は非常に大きく異なるが）．

1968年夏，フォードはイングランド銀行の国債市場の操作（オペレーション）には非常に多くの批判が存在すると記した．イングランド銀行内部から匿名による批判がいくつかあり，フォードによれば，それらは現行のシステムが「長期金利の上昇に対して望ましくないブレーキをかけ，マネーサプライには政策に反する影響を与え，（逆の方針の場合には）望ましくないほど急速な金利の低下を促進することとなっている」と主張した．加えて，IMFはイングランド銀行の説明に懐疑的であり，何人かのIMF理事は国債市場への介入は行われるべきではないとの見解を表明した．最終的に，大蔵省内の「青年トルコ党」もイングランド銀行の手法に疑問を抱くようになった．特徴的であったのはフォードの対応であり，彼は論理的な厳密さを要求した．すなわち，別のシステムにおいてのみ実現可能であることを，イングランド銀行が現行システムにおいてしないことについて批判するのは間違っている．彼は続けて，新方式のメリットとデメリットの適切な評価が行われるべきであるとした[204]．

　「継続的な資金調達」システムにおいて，イングランド銀行は期近債を購入し，発行部の〔国債〕を売却し，満期債の借り換えを行うように努めた．他方，政府の純借入要求の資金調達のための新規売却はタップ債を通じて調達した．これらの手続きは，「日々の借り換えおよび新規の借入を可能な限り円滑に行うために秩序のある市場状態を保持するものであり，そのためにわれわれは市場への介入を行ってきた．このことがいぜんとして主要な動機である．「良きにつけ悪しきにつけ，この介入への意思は，市場がガバメント・ブローカーに要求するなら，ある価格においてわれわれがつねに取引を行う用意があるという慣行として受け入れられ，英国内の他のどのような証券よりも国債をより『市場性のあるもの』としてきた」と彼は続けた．この市場性は，イングランド銀行が非常に大きな量の取引を行う準備があるという事実により支えられていた．それゆえに国債の大量保有者は，市場を混乱させることなく，もしくは彼らが困るような水準にまで価格を動かすことなしに1日で購入もしくは売却が可能である，と理解している．結果として，フォードは，大体のところ，より多くの国債が公的機関以外に保有され，そうでない場合よりも低い利回りとなっていると考えていた．金利が上昇している際に期近債以外の国債を購入することはこのシステムにおける「内在的に固有な本質的なこと」であり，日々

の介入を止めるということは実際にはシステム全体を変更することになるのである．変革の結果生じることは，政府借入コストの上昇であり，銀行および非銀行部門の国債保有の減少であろう．彼はこれを上回る変革の利点をほとんど思いつかなかった．批判者は，この点を考慮して，システムを変更した際に起きるであろう結果を検討するべきである[205]．

システムがどうあれ，フォードにはラドクリフ方式で国債を市場価格よりはるかに低い価格で売却するという時間はほとんど残されていなかった．市場金利が7％の時点において，タップ債もしくは新発債を7.5％ないし8％で売り出すことは「完全に馬鹿げたこと」であった．もし「主要な借り手が，警告なしに長期の債券の価格水準を大きく変化させがちであるし，そうしがちであることが知られているとしたならば」市場は機能しないであろう．その唯一の結果は，「一連の全体的な無秩序状態」であろう[206]．そして，もちろん，イングランド銀行がもっとも激しく嫌うひとつのものがあるとすれば，それは無秩序状態である．フォードが国債を売却するために価格を低くするということを拒否したのは，ラドクリフ委員会での証言以来一貫して述べられてきたイングランド銀行の政策の継続性の問題にすぎないのであった．

1968年10月にイングランド銀行はIMFに対して国債市場における操作（オペレーション）の概要を示し，その一般的戦術について説明し，擁護した．大規模な資金調達および借り換えのオペレーションを行うために，また国債の優れた市場性を維持するために，とりわけ活発で秩序だった市場が要請されていた．継続的な介入がないとすれば，そのようなオペレーションは「困難であり，うまくいかない」であろう．そして資金調達のためのテクニックが完全に有効であることを担保するために，すべての満期の国債にわたって介入を行うことが必要であった．介入は〔価格〕支持を意味するわけではなかった．それどころかそこにおいては「われわれがその価格が正しいと判断とした場合には，国債を購入する用意がある」必要があった．日々の市場において存在を示すことで，イングランド銀行は国債の市場性を強化してきた．もしイングランド銀行がそのような行動をとらなかったとしたならば，マーケット・メーカーは，国債を吸収することはできずに，「売り値と買い値の差が非常に大きい」気配値を提示しなければならなくなるであろう[207]．

もちろん，危険は存在した．イングランド銀行は，介入が「日中における非常にわずかな価格変化以外は認めない」ということになりかねなく，ここから他の政策目的と摩擦を起こす可能性のある，より一般的な公的価格支持へ転化する可能性のあることは認めていた．実際，このことは後日生じた．イングランド銀行は，「非常に注意深く，できるだけ支配的な地位にいるわけではないかのように行動することを余儀なくされていた」．イングランド銀行は，ガバメント・ブローカーを通じてジョバーに大量の国債に入札するように要請することはしなかったのであり，市場価格より低い価格で国債を売りに出すこともなかった．その代わりに，イングランド銀行はジョバーがガバメント・ブローカーのところにやってくるのを待った．イングランド銀行が取引することを選択した価格は，「市場価格の中間」である必要はないが，「つねに秩序だった市場と調和的でなければならなかった」．場合によっては，イングランド銀行は「広範囲の国債を支配的な価格で購入する活発な買い切り主体」として市場に参加した．しかし，このような行動は非常に稀にしか行われず，外生的な理由により，公然たる価格支持がないと「極端に無秩序な状況」が発生しかねない場合にのみ行われた．このように説明して，イングランド銀行は，売買の価格についての戦術の変更により，「それらが必要であり，そして政策の広い目的と整合的であるとわれわれが考えるかどうかにかかっている調整を助けるもしくは抵抗する」ことができたと主張した[208]．

ラドクリフ委員会での証言はさておき，1968年10月のIMFとのセミナーは，イングランド銀行と大蔵省が外部者が同席する中で国債オペレーションについて議論した非常に珍しいケースであった．IMFはイングランド銀行による継続的な介入に懐疑的であり，株式市場における激しい値動きは投資家の参加を思いとどまらせるわけではないと指摘した．議論のほとんどはイングランド銀行の金利水準への影響力および国債販売における高金利の効果についてであった．たとえば，もし長期金利をうまく押し上げることができたならば，公衆への大量販売は促進されるであろう．しかし，イングランド銀行は，市場が望んでいる水準を抑制するかもしくは促進するかの影響力には限度があり，バンクレートのような何らかの外部環境の変化なしにはこれを超える影響を与えることは不可能であると論じた．イングランド銀行の正統的政策が強調された．

手法は限られており，目を見張るような販売を達成する劇的な工夫は不可能であった[209]．

1968年10月中旬，フォードは，マネーサプライについての，およびIMFスタッフの執着心によって当局がその戦術や手法を変えさせられるというすべての「噂話」を憂慮していた．フォードは，「積極的な販売」といった用語は国債についての弱気な見方を広めざるをえないと不平をもらした．販売不振の計数は，市場のさらなる下落の原因となりかねない．そして，フォードは，イングランド銀行が「利回りが8％近くにならない限り，そしてなるまで」退却しなければならない，と示唆した．業務局長（フォード）は金利がこの水準を超えるのを，それが「未知の領域」であることから，渋ったのである．何よりも彼が考えていたのは，イングランド銀行が無秩序状態を避け，そしてマネタリー・コントロールの発展をほのめかしながら「シカゴ学派がいまや責任を負っているといった粗雑な議論の登場」を避けるべき，であった．したがって，フォードは，最善の戦略は「成り行きを見守ること」であり，公衆に向けて語りかけることは少なければ少ないほど良い，と結論づけた[210]．

フォードが予言したとおり，11月に芳しくない販売統計が発表され，その後に市場は「軟調となった」．イングランド銀行は，大量の国債を購入することを余儀なくされると感じた[211]．市場は「極度に神経質で敏感となっていて」，イングランド銀行がその戦術を大幅に転換しなければならないというマスコミの報道も助けとはならなかった[212]．1週間後，ホーラムはフィギャーズから，おそらくは初めてのことであろうが，大蔵省は意見を述べたり議論に参加したりする機会を与えられずに国債市場に多額を費やすことを望まない，と告げられた[213]．

5年以上の期間にわたる市場操作についての総裁による初めての書簡は，イングランド銀行の市場における近年および将来の戦術の評価を行った．もし長期金利にさらなる上昇圧力がかかった場合には，イングランド銀行は，通常のやり方に従って取引を継続し，そして国債の購入量を最小にするように戦術を調整し，「安全と判断する迅速さで退却する」べきである．状況が強気に転じた場合には，イングランド銀行は，「国債を躊躇なく売却するが，利回りの上方への突然の逆転を避ける」準備をするであろう．それから，総裁は，緊急対

策は国債市場を管理する方法を根本的に変革することによって強化されるべきである，という大蔵省のあからさまな提案に向かった．彼は，国債を管理する方法についての現行の取り決めが，公衆が国債の一部を現金に換えるのを妨げることを難しくしており，取り決めの変更により現金化を防げられるならばそれは望ましいことである，と根本的な問題を理解できた．とくに，「もしガバメント・ブローカーが市場から決して国債を買わないとしたならば，どれだけ〔現金化の阻止が〕容易になるであろう」．彼はこのことを理解したが，受け入れることはできなかった．彼はクローマー風のいい方で，「この希望的観測は最高度に危険である．このように見ていると私は皆さんに警告しなければならない」．彼は，部分的撤退が相当量の国債の貨幣化なしに金利の望ましい調整を可能とするというすべての議論を否定し，その詳細な分析を提示した．このことは「幻想」である．市場の状態には深刻な影響を伴う不可逆的な変化がいぜんとして生じるであろう．そしてガバメント・ブローカーが後に再び登場する際には，投資家は「天国からの贈り物として」売却の機会を利用するであろう．オブライエンは，ガバメント・ブローカーの撤退は「政策の破滅的な失敗」となるであろうと信じる，と述べて結論とした．彼は，現行のシステムは完全ではなく，さらに調査を行う用意はあるが，しかしながら「その間においても，われわれは現在の方針に即して市場の管理を続けるべきである」．とした[214]．

1968年末および1969年初め，市場は軟弱なままであった．利回りは歴史的高水準に上昇し，マスコミは当局の戦術について憶測を流し続けていた[215]．イングランド銀行内部では，警戒感が蔓延していた．ホーラムは，イングランド銀行が釘付け〔価格を釘づけにして固定〕（「最悪の解決」）したり市場を無理やり抑え込んだりしてはならないと思い，市場操縦のために最大限の余地を保持することの重要性を認識していた[216]．1969年4月の予算審議に際して，緊張が和らぐ一瞬があった．ある議員が，ガバメント・ブローカーはミルトン・フリードマンとマーティ・フェルドマン（Marty Feldman）（当時の人気コメディアン）を区別できないと，申し立てていた[217]．その翌月は全国紙のストライキがあった．オブライエンはロンドン割引市場協会（LDMA）の代表者に「ピーター・ジェイ（Peter Jay）（『タイムズ』紙の経済編集者でイングラ

ンド銀行を批判する代表的な人物の1人）の書いたものを読まなくてすむのは本当に助かる」と告白した．伝えられるところによれば，総裁は「長髪のエコノミストにうんざりしており」，彼らがこれほど自由に語り理論づけする限り，国債市場の運営は難しい，と続けたようである[218]．

1969年の予算の1週間後，オブライエンは，ジェンキンズに，マネーサプライのコントロールおよびIMFの視察に関する現在の議論は国債市場の雰囲気に大きな影響を与えており，イングランド銀行が市場から完全に退場しなければならないと広範な人々に思われていると語った．彼はこれには反対した．ひとつの可能性は，強固な下限を設けることであった．しかし，オブライエンは，その下限が維持できるかどうかが不確実であるために，このような状況下では無謀であるとした．最終的に，当局は，市場の期待を逆転しようと試みながらも利回りの上昇を許容して，現在と同様に市場に同調してゆっくりと進み続けることができた．もしイングランド銀行が大量の国債を取得するのであれば，政府はIMFとの交渉において難しい立場をとらされることになろう．そのような大量購入は，金利のかなりの上昇というコストを払っても，避けるべきであった．当局は下限を制定する機会を見つけようとはしていたけれども，直近の未来においては市場に同調してゆっくり進むことが唯一の現実的な方策であるとの一般的な合意が存在した．オブライエンは，ホーラムとフォードに同調して，イングランド銀行の国債購入がすべて市場に悪影響を及ぼすというIMFの批判について疑問を表明した．多くの機関投資家が後により安い価格で買い戻すために国債を売却している証拠があった．イングランド銀行は，注目されたのはネットの売り手であった期間に集中していたことから，その操作の効果は誇張されていると考えた．普段はイングランド銀行に懐疑的なジェンキンズは，要約して，その週には国債の大量購入を避けるために価格の急激な低下に備えるべきである，とイングランド銀行の代表に語った．もし市場が4月末に向けて健全な方向に向かう兆しを見せる場合には，信頼を回復し，売却を行うために下限が設定されるであろう[219]．

イングランド銀行は，その後，1968年4月から1969年4月の間の同行の国債市場におけるオペレーションの概要を作成し，ホーラムの言葉によれば「教育」のために，それを大蔵省に数部，IMFに1部送った[220]．この概要が示し

たところでは，イングランド銀行が大量の国債を購入したのは，主として期近債からなる短期物の国債であった．長期物の国債では，1968年9月から1969年4月の間に，長期金利が7.5％から9％近くにまで「上方に調整された」が，このような状況は「イングランド銀行が残存期間の長い国債をネットで大量に購入することなしに」達成されたものであった[221]．全体的に，この文書は，市場の環境が良くない時点においても，継続的な資金調達により達成されることについて楽観的であった．

4月には，ほとんどの議論は，国債市場にとって財政黒字が意味すること，および，ネットの売却総額と区別されるものとしての，国債の満期構成の相対的な重要性についてであった．2つの重要な点が強調され，その両方がイングランド銀行のオペレーションに関する伝統的な自由を侵害するものとみなされた．ジェンキンズは，金利に圧力をかけるのか，もしくは供与する支援額に圧力をかけるのかについて選択の基準がある，したがって，毎日の市場日報を作成するとともに市場運営方針の一般的な指針について合意を得ることが有効である，と語った．オブライエンは指針を作成することを引き受け，他方で市場日報の準備はきちんと進められており，イングランド銀行が大蔵省に累積の計数を含む売買データおよび利回りの数値を示す形式を整えた報告書を提出することに同意した[222]．

1969年5月に合意された指針によれば，公的なオペレーションの主要な目的は，「すべての満期の国債のネットの販売量を最大化することもしくは（場合によっては）ネットの購入量を最小化することである」と述べられた．とくに重要なのは，「1969年から70年の国内信用拡張を制限しようとする観点」であり，そしてすべてのオペレーションはこの目的を追求するために行われた．中長期物の国債の場合は，市況が良くない時には，イングランド銀行は売りに出される国債の買い付けを拒まないであろう．しかし「そうではあっても，金利の上昇を避けるというのが政策目的ではない」．イングランド銀行は，「もし主目的からしてそのような行動が最善と判断する際には，その時点の市場価格よりかなり低い価格で買い付ける」．国債に持続的な需要があるとの見込みがある場合には，イングランド銀行はネットの売却を「持続可能なペースで可能な限り大量に」行うようにオペレーションを行う．この方式は，「利回りの

どのような低下も防ぐということと整合的ではありえない。市場が公的政策の目的が価格の上昇を防ぐことにあると信じた場合には，国債に対する需要が持続可能だということはありえない」。長期物のタップ国債の売却が再開される時点での利回り水準は，イングランド銀行と大蔵省の交渉によることとなった。短期物の国債についても政策目的は同様であり，ネットの購入量を最小化すること，もしくはネットの売却量を最大化することである。しかしながら，3つの要素が追加される。非銀行部門の投資家への売却が望ましく，一時的で投機的な銀行への売却は長期的には主要目的にそぐわない。短期物の利回りに対する態度は，バンクレートをどの方向へ導こうとしているかの指標として見られそうである。および，償還に先立って国債を購入して満期構成を平準化することは継続されるが，このようにするとしても，再度述べるが，主要目的が重要視される[223]。このような文書が編集されたのは初めてのことであり，オブライエンはそれを「避けられない革新」と表現したが，熱心に推進することはなかった[224]。日次報告および協同した政策決定は，イングランド銀行と大蔵省の間での国債についてのやりとりが主として新規発行の認可に限られていたコボルドとクローマーの時代からの劇的な変革であった。

1960年代末にイングランド銀行はその操作の余地を改善するために操作方法にいくつかの技術的な改良を行った。ひとつの変更点は償還が近づいた期近国債の購入に関連したものであった。イングランド銀行は償還が近づいた期近国債については「残存期間の金利にその時点のTBのレートを適用し」，それらの国債の4分の3までを「広範に知られた慣行として」購入することとしていた[225]。1969年5月，償還まで3カ月以内の国債の公式な購入価格については，もはやTBレートと関係なく決定されると発表された。このことは国債の購入時期についての選択幅を大きくし，この新方式は1969年8月に最初に適用された[226]。その後まもなくして，フォードは，このことは「われわれにとって金利政策をより多く使用し，国債売却政策をあまり使用しないで済ますことを可能にした」と語った。イングランド銀行は，長期金利の急激な上昇が今や大量の国債を購入しなくても可能となり，金利の大幅な低下が少量の国債を売却しても可能となった，と信じた[227]。

1952年に，当時の業務局長であったケネス・ペッピアット（Kenneth Peppiatt）はどのように国債市場において操作するかの方法を設計した．後にフォードが調べたところ，そのような文書が残されることはきわめて稀であり，そのようなものとして，彼の公的な『イングランド銀行史 1941-1958 年』の中で文字通り復元する価値があるもの，と彼は思った[228]．1950 年代末以降のそれに続いた介入に彼は異議を唱え，それは再び行ってはいけないと思っていた．そうであるからこそ，彼自身が業務局長であった時期にそのような活動がピークになったことは皮肉なことである．しかし，彼は国債市場における操作をあまり介入的でないものにする上で鍵となる役回りを演じていた．

　マネーマーケットにおいては，平価切り下げは操作（オペレーション）の再評価をもたらした．最初に，深刻な困難が発生した．1967 年 11 月 17 日の大蔵省短期証券（TB）の入札において，市場は 98 ポンド 8 シリング 0 ペンスで入札し，平均割引率は 6 ポンド 8 シリング 3.1 ペンス（年利 6.43% ないしは 3 カ月 1.6%）であった．翌日にバンクレートは 8% に引き上げられた．市場は翌週月曜日に閉鎖され，LDMA の代表者たちはイングランド銀行における 3 つの会議に出席した．総裁は，イングランド銀行は各商会の入札玉を入札レート付近で買い戻すであろうとの個人的な提案を行い，介入した．オブライエンはこのことを最高レベルの機密事項とし，LMDA に対してどんなことがあってもこの取引の詳細を漏らしてはならないと強く要請した[229]．その結果，その次の入札においては 98 ポンド 2 シリング 1 ペニーの史上最低落札価格が実現した．また平価切り下げ直後においては，国債の大量購入が市場における深刻な資金不足を起こしていた．

　翌月，フォードは総裁と副総裁に，銀行および割引商会が TB の売却を渋っているので，イングランド銀行が窮地に陥っている，と警告した．この状況は市場における TB の量が不足していることによるものであり，イングランド銀行による日々の操作量の削減を伴うものではなかった．実際，国債市場および外国為替市場の不安定な状況により，操作は増幅していた．それゆえに，フォードは「TB の量は減少しているが，われわれは大量の操作を行おうとしてとり残されている」[230] と書いた．事態は高い金利とその後の低下予測という事実によっていっそう悪化し，TB は割引商会にとって相対的に魅力的なものとなり，彼らはイングランド銀行や銀行に TB を売却しなくなっていった．

手形交換所加盟銀行もまた，TB を売却すると市場からの新たな購入によって補充することが難しくなっていることを知り，イングランド銀行へ TB の売却を渋る主体へとなっていった．フォードがみたところでは，イングランド銀行が入札レートをあまりにも大幅にかつ急速に低下させたくないと望んでいることを割引商会が理解した場合に起こりそうなことであるが，その時の入札に際して割引商会は少額の割り当てを受けるにすぎないであろう．その限りにおいて，彼らは売却を控え続けるであろう．こうしてイングランド銀行は，TB の購入を通じて資金不足を簡単に緩和することができず，市場金利でのオーバーナイト貸出に頼らなければならなかった．オーバーナイト貸出は市場を日々資金不足の状態に保つための，および短期金利を維持するための戦略の一部としてイングランド銀行によりすでに頻繁に使用されていた．この政策それ自体は，イングランド銀行に TB を売却して市場が利用できる TB を供給する機会を減少させ，TB の不足を増幅した．

　フォードは，その後に，問題点を少なくする方法をみつけようと試みた．それは容易なことではなかった．さまざまな奨励策や罰則が考えられた．フォードによれば，主要な原因は市場参加者の何人かが「マネーマーケットのゲームを熱心にプレーする」ことをしないことによっていた．……「このゲームにおいて TB は主要な「駒」であり，もしプレイヤーの何人かがその「駒」を退蔵するならば，ゲームが成立しがたくなるということは驚くべきことではない」[231]．フォードは，スムーズなマネーマーケット操作は TB が自由に移動することに依存している，これを認めたがらないことは「中央銀行としてのわれわれの操作（オペレーション）を大きく妨げるものである」と語った．この分析を通して彼がイングランド銀行のもっとも望ましい戦略として推奨したのは，勧告であった．それを有効とするために，それは総裁により発せられた．手形交換所加盟銀行および割引商会への書簡は起草されていたが，「協力」への要請は口頭で行われた．12 月に行われた LDMA の正・副会長のスタントンとジェッセルとの会談において，オブライエンは割引市場が「試合を開始する」よう要請した．その見返りとして，イングランド銀行は，慢性的な資金不足状態にする政策をやめて，より正常な市場状態に向けて努力する，と語った．LDMA はまた，手形交換所加盟銀行が TB を定期的に売却するように要請さ

第9章 競争と信用調節への道

れる，と告げられた．オブライエンはこの新しい政策を「絶対に公表してはならない」と強調した[232]．

　約束した通り，イングランド銀行は1968年を通じて，その戦術を徐々に変更していった．当初，市場はいぜんとしてTBの売却をできないか望んでいなかったので，イングランド銀行は市場レートでのオーバーナイト貸出を継続した．イングランド銀行はこの水準の貸出は好ましくないと思っており，それゆえに2つの特別の操作により貸出を削減しようと試みた．2月中旬に1億ポンドのTBが3月に市場へ売り戻すことを条件に購入された．しかしながら，このことはイングランド銀行の市場への貸出を停止することには結びつかなかった．それは1968年3月28日のピーク時には2億2,800万ポンドまで拡大し，同月中の総貸出額は15億ポンドに達した．同じ時期に，市場は国債保有額を増やしていた．イングランド銀行はこれを是認しない旨表明し，4月11日の操作で短期物国債を2億ポンド購入した．それ以降の同年中において，国債保有を削減しようとするいっそうの努力が行われ，年末時点にはイングランド銀行はマーケットへの貸出を削減することができたから，これは成功であった．割引部の市場の年間レビューは，オーバーナイト貸出の使用を説明した．それは，ある1日における資金不足をその直後の数日の余剰を取り除くために先へ転がす短期の便宜的措置であり，このようなものとして利用するのが当初の目的であった．この年のその利用はこの目的のためだけに使う意図で意識的に抑制された．1969年のマーケットへの貸出は制限された．貸出は行われず，資金不足に対しては商業手形の買い取りが行われた[233]．結局のところ，これは前年と比較しての劇的な変化であった．

　1969年にイングランド銀行が発表したラドクリフ以降の金融政策のサーベイにおいて，新しい並行金融市場（parallel financial markets）の発展が記述された．一番に論じられていたのはユーロダラー市場であったが，国内においても，ポンド建て銀行間資金や地方公共団体預金の市場があった．商業手形の使用が再開され，ポンド建て譲渡性預金が導入された（表9-2）．これらの代替市場はTB市場と並行して成長した．しかしこれらの市場の金利はTB金利との間に固定的な関係ないし正式な関係は存在しなかった[234]．それらは手形交換所加盟銀行が「カルテル」協定により取り決めている金利にも従わなかっ

た．イングランド銀行はこれらの並行市場における操作を行わなかったが，長期間にわたる信用制限や上限規制，およびその暗黙のカルテルの容認がそれらの成長に多大の貢献をしたことはおそらく間違いない．

地方公共団体の超短期のマネーマーケットは1950年代まで遡ることができる．1960年代初め，資金量は10億ポンド程度であったが，1960年代末には20億ポンド程度まで順調に増加した．典型的には，その60％から70％までは7日間までの短期借入であった．銀行間市場のデータが初めて収集された1962年末には，その金額は小さく，ポンド建て預金は9,600万ポンドにすぎなかった．その後の成長は急速であり，1969年末までに，預金残高は合計14億3,800万ポンドになった．地方公共団体市場と同じように，銀行間市場は短期借入ファシリティを提供し，そのほとんどが期間14日以内であり，魅力的な金利を付け，そして預金の想定外の流出に対するバッファーとみなされていた．それは「コールマネー・タイプ」の流動資産も提供していた．主な市場参加者は，引受商会と海外銀行であった．EIDの分析によれば，1965年末までは米系銀行が銀行間資金のネットの貸し手であったが，1967年半ば以降は，引受商会がより恒常的な参加者となった[235]．

ポンド建て譲渡性預金（CD）はロンドンでは1968年に初めて発行された[236]．それは最初にアメリカで考え出され，1961年以降銀行がレギュレーションQ

表 9-2　並行マネーマーケット残高（1961-70 年）

（100 万ポンド）

月末	インターバンク市場 預金	インターバンク市場 貸出	譲渡性預金 ポンド	譲渡性預金 ドル	地方公共団体短期（12 カ月未満）総計	地方公共団体短期（12 カ月未満）7 日未満	手形 TB	手形 英国手形
1961.12	N/a	N/a	―	―	1,116	716	N/a	N/a
1962.12	131	191	―	―	1,178	676	N/a	N/a
1963.12	229	298	―	―	1,394	831	1,624	657
1964.12	266	333	―	―	1,762	1,152	1,304	800
1965.12	366	421	―	―	1,798	1,257	1,389	860
1966.12	484	510	―	81	1,807	1,327	1,180	920
1967.12	704	684	―	249	1,918	1,468	1,182	949
1968.12	1,059	1,123	165	597	1,952	1,496	1,071	1,111
1969.12	1,483	1,567	442	1,541	1,982	1,429	820	1,249
1970.12	1,694	1,747	1,089	1,650	1,982	1,374	1,370	1,478

出所：『イングランド銀行四季報』．

の影響に対抗するものとして使用された．ドル建て CD は 1966 年 5 月にロンドンに出現した[237]．当初のイングランド銀行のスタンスは CD を認可しないというものであり，代わりに銀行に対して子会社を通じての預金吸収によって競争することを奨励した[238]．とくにクローマーは，「アメリカからの輸入品」と称するものに不寛容であった[239]．それは 1963 年のことであったが，4 年後に問題は再び表面化した．アメリカに本拠を置くファースト・ナショナル・シティ銀行がロンドン支店での CD の発行を認可してほしいと要請してきた．フォードの見解によれば，今や状況は完全に異なっていた．ポンド建て定期預金をめぐる競争はかつてよりもはるかに激しくなり，その時点の金利は TB 金利よりも「いくぶん高め」になっていた．ここにおいて彼は，銀行間市場が今や「萌芽期ではなく繁栄期にある」，そして一般的に貨幣金利は今や「公的な影響力が非常に強く残っているものの，公的な影響力に緊密に従うことはより少なくなってきた」と記述した．彼は 1963 年に CD を認可しなかったことにより達成されたものは「ほとんどない」として，今やそれに対する反対は取り下げるべきであると勧告した[240]．興味深いことに，オブライエンはイングランド銀行の当初の規制を支持していなかったと公言した．これはおそらく，クローマーの見解のその時点における重要性を示すものであろう．しかしながら，彼の発言は「私は確かに米系銀行に最初に CD を発行させようとはしなかった」というものであった[241]．この発言は 1967 年 4 月のことであった．イングランド銀行が金利を測定し，助言を求められ，技術的な細部に合意して 1968 年 10 月に最初のポンド建て CD が発行されるまでに 18 カ月を要した[242]．当初の成長は目を見張るというよりは着実なものであり，1 億 6,500 万ポンドから 1969 年の上半期には 2 億 8,100 万ポンドとなったが，その後は急速に拡大した．1970 年 12 月には残高が 10 億ポンドとなり，2 年後には 49 億ポンドとなった．

　これらのすべてが割引商会の資産ポートフォリオの変化に反映された．1960 年代を通じて総資産は約 2 倍となった（10 億ポンドから 18 億ポンド）．しかしその 1960 年代末の資産構成は大きく異なるものとなっていた．この時期の初めには，TB および英国国債が総資産の 80% を占めていたが，この割合は 1969 年までに半減した．TB はこの間に 40% から 20% になり，1970 年末に

は10%以下となった．この反面，割引市場は短期の債券の保有を大きく伸ばし，商業手形ビジネスの再興があった．後者は，割引市場資産の約10%から30%と40%の間に増加した．割引商会はCDの流通市場を組織し，その保有額は1970年には10%を占めた．割引商会は新しい変化しつつあるマネーマーケットの挑戦に適応しなければならなかったのであり，同様のことはイングランド銀行にも言えることであった．

アカデミックな経済学の発展とIMFからの圧力が合わさったことから，1960年代のイングランド銀行は貨幣の役割についてある1つの見解に到達せざるをえなかった．さらに，イングランド銀行は，貸出の規制操作にだんだんと不満を抱くようになっていって，銀行業における競争の強化が必要であるとみるようになった．しかしながら，もしこれらの問題に取り組むならば，マネーマーケットと国債市場における変革が必要とされた．もちろん，これらのすべての要素は，平価切り下げにより増幅された．そしてイングランド銀行は，自らが都合が良いと判断するペースで動いていた．もちろん，金利を十分に高く上げたり，ないしは金利の変動を許容することは拒否した．同時に，イングランド銀行は，大蔵省からの干渉の増大を快く思わなかった．大蔵省は一部には，DCEのような貨幣集計量に注目しだしたことから，またその武器庫として国債市場を使用する必要性から，干渉を強めていった．そして，市場での操作にも関心を高めたのであった．1960年代における古いスタイルの独立性は脅威にさらされ始めた．

注

1) Bank of England, Notice on credit restriction, 19 November 1967; O'Brien to Stirling (chairman, CLCB), 19 November 1967 and letters to other banking organisations and banks, C40/1291.
2) Fforde to Hollom, 'Credit restrictions', 14 December 1967, C40/1291.
3) Fforde to O'Brien/Parsons, 'Bank rate', 30 January 1968, C42/9.
4) Fforde to Morse, 'Money rates', 1 March 1968, C42/9.
5) Press guidance, 21 March and 19 September 1968, C42/9; *BEQB* 8(4): 341, December 1968.
6) Goldman to Sir Douglas Allen, 17 May 1968, enc. Lovell/Goldman, 'Policy on bank credit', 17 May 1968; Fforde to O'Brien, 'Credit policy', 22 May 1968, C40/1293.

第 9 章　競争と信用調節への道　　　　　　　　　　　　　　　　　　　　　　575

7) Radice to Michael Hawtin (private Secretary to William Armstrong), 22 May 1968, enc. 'Policy on bank credit', 22 May 1968, C40/1293.
8) Radice to Hawtin, 23 May 1968, C40/1293; NIESR, *Review* 44: 10-13, May 1968.
9) Robert Armstrong, Note for the record – 'Control of bank credit', 24 May 1968; O'Brien to David Robarts (chairman, CLCB), 23 May 1968, enc. Bank of England, Notice on credit restriction, 23 May 1968. 書簡は他の 9 つの銀行組織に送られた．FHA はそれ以前には除外されていた貸出を 1967 年 10 月 31 日の 100% の上限とするもののうちに含めることを要請されていた．O'Brien to A. Victor Adey (Chairman, FHA), 23 May 1968, C40/1293. この点についての説明はケアンクロスのものとは食い違っている．彼はイングランド銀行が「公式のアドバイスとは反対に」引き締めを始めたことを主張している．Cairncross (1996, p. 212).
10) Hollom to O'Brien, 'Credit restraint', 24 May 1968; O'Brien, Governor's note: 'Credit restraint', 27 May 1968'' R.T. Armstrong, Note for record, 30 May 1968, Sir Archibald Forbes to O'Brien, 6 June 1968, enc. Robarts/Forbes to O'Brien, 6 June 1968, C40/1293.
11) Fforde to O'Brien, 'Credit restrictions: prior consultation with banks', 4 June 1968, C40/1293.
12) O'Brien, Annotation 4 June 1968, on Fforde to O'Brien, 'Credit restrictions: prior consultation with banks', 4 June 1968, C40/1293.
13) 'Extract from Mr. Hollom's memo dated 9.8.68 …', O'Brien to Robarts, 13 August 1968, C40/1293.
14) Robarts to O'Brien, 16 August 1968, C40/1293.
15) Parsons to Robarts, 20 August 1968, C40/1293.
16) 'Extract from Mr. Hollom's memo dated 9.8.68 …', Bank of England, Press announcement, 30 August 1968, C40/1293.
17) O'Brien to Sir Douglas Allen, 15 November 1968, 3A8/1.
18) 'Mechanics of import deposit scheme', filed as 22 November 1968, 3A8/1; *BEQB* 8(4): 342, December 1968.
19) Parsons to Robarts, 22 November 1968, enc. Bank of England, 'Notice: credit restrictions', 22 November 1968. 同様の書簡は他の 9 つの銀行組織に送られた．Parsons to Adey, 22 November 1968. 補足ノートは 12 月に発表された．Bank of England, 'Credit restrictions: explanatory notice to banks' 17 December 1968, 3A8/1 を参照．
20) Hollom, Notes for record – 'Credit restraint: the big five', 'Credit restraint: the clearing banks', 'Credit restrictions: banks other than the clearing banks', Credit restrictions: visit to Northern Ireland', 25 November 1968, 3A8/1.
21) Robarts to O'Brien, Draft, 27 November 1968; Robarts to O'Brien, 28 November 1968; 'Extract from Mr. Morse's memo dated 4.12.68 …', *Evening News*, 2 December 1968, cutting in 3A8/1.
22) Fforde to O'Brien/Parsons, 'Bank rate', 11 February 1969; HMT, 'Note of a

meeting ... 17 February at 3:00 p.m.', 19 February 1969, C42/10.
23) Bridge to O'Brien, 'Bank rate', 25 February 1969, C42/10.
24) Armstrong to Dowler, 'Meeting with selected City editors', 26 February 1968; Press guidance, 27 February 1969, C42/10; HMT, 28 February 1969, 'Note of a meeting ... 27 February at 4:30 p.m.', 3A8/2.
25) 'Clearing banks', 18 February 1969, 3A8/2.
26) Hollom to O'Brien/Parsons, 'Clearing bank advances', 9 January 1969; O'Brien, Governor's note – 'Bank advances', 9 January 1969, 3A8/2; Wood, Note for record – 'Meeting with the chief executive officers 27 February 1969', 3 March 1969; Fforde, Note for record – 'Credit restrictions', 14 March 1969, 3A8/3; O'Brien, Governor's note, 26 March 1969 (on a visit by Sir Archibald Forbes [Midland Bank]), G3/269.
27) Fforde to O'Brien/Parsons, 'Special deposits', 11 February 1969, 3A8/2.
28) Hollom to Parsons, 'Credit restrictions', 28 January 1969; Pen Kent (GPS), Note for record – 'Credit restrictions', 30 January 1969, 3A8/2.
29) Adey to Parsons, 24 December 1968, 3A8/1; Edwards (HMT) to Page, nd, enc. Armstrong to Lovell, 3 January 1969; Adey to Parsons, 12 February 1969, 3A8/2; *Credit* 10(1): 2-7, March 1969.
30) Parsons to Adey, 14 January 1969; O'Brien to Adey, 25 February 1969; Fforde to chairmen of various finance houses, 26 February 1969, 3A8/2; Hollom, Note for record – 'Finance Houses Association', 26 March 1969, 3A8/3.
31) Carlisle to Page, 'Finance Houses Association's compliant about ceiling controls', 10 January 1969, 3A8/2.
32) Parsons, 'Note of Governor's conversation with Mr. Robarts', 14 January 1969, and O'Brien, Annotation, 16 January 1969, 3A8/2.
33) Fforde to Parsons, 'Your meeting with the C.L.C.B. on Monday, 27 January', 23 January 1969, 3A8/2. この問題は1969年9月に再度検討された。Page, Note for record – 'Use of Section 4 of the Bank of England Act 1946', 9 September 1969; Lovell to Page, 19 September 1969, 3A8/5.
34) Michael Balfour (Adviser) to Morse, 'Credit controls-penalties', 12 March 1969, Fforde to O'Brien, 'Credit controls-penalties', 18 March 1969, 3A8/3.
35) 'Extract from the Governor's memo date 19.3.69 ...', 3A8/3.
36) Note for record – 'Meeting with clearing bankers, 31.3.69', 1 April 1969, 3A8/3.
37) Hollom, Note for record – 'Bank advances', 29 May 1969, 3A8/3; Wood, Note of record – 'Meeting with the chief executive officers, 29 May 1969', 5 June 1969, 3A8/4; O'Brien to Robarts et al., 30 May 1969, 5A148/1.
38) Hollom to O'Brien, Note for record – 'Bank lending' 29 May 1969; Robarts to O'Brien, 3 June 1969, 5A148/1.
39) Fforde, 'Rate of intererst on special deposits', 19 November 1969, 5A148/1.

40) Fforde to Radice, 10 January 1968, C40/1292.
41) Fforde to O'Brien/Parsons, 'Call money lent by banks to stockbrokers', 19 December 1967, C40/1291; Fforde to O'Brien/Parsons, 'Credit restriction: other call money', 4 January 1968; Hollom to CLCB and others, 10 January 1968; Fforde to Radice, 10 January 1968; Fforde to 48 banks, 10 January 1968, C40/1292.
42) Wood to Blunden, 'Money at call', 12 March 1969; Fforde to Armstrong, 14 March 1969, 3A8/3.
43) Fforde to Robarts, 22 July 1968; Hollom to Robarts, 9 August 1968, C40/1293; Wood to Thornton/Fforde/Hollom, 'Commercial bills and the discount houses', 18 February 1969, 3A8/2.
44) Wood to Thornton/Fforde/Hollom, 'Commercial bills and the discount houses', 18 February 1969; Wood to Fforde, 'Brief for meeting with the chief executive officers, 27 February 1969', 27 February 1969, 3A8/2; Wood, Note for record – 'Meeting with the chief executive officers, 27 February 1969', 3 March 1969; Fforde to Michael Wilson (chairman, CEOs of the London clearing banks', 6 March 1969; Fforde to Hollom, 'The "bill leak"', 11 March 1969; Willson to Fforde, 14 March 1969, 3A8/3.
45) Morse to Hollom, '102 per cent ceiling/leaks from Ireland?', 26 March 1969; Fforde to Hollom, 'Offshore banking', 8 May 1969; Wood, Note for record – 'The Irish banks. Mr. Hollom's visit to Dublin and Belfast, 19-21 May 1969', 9 June 1969, 3A8/3.
46) Fforde to Hollom/O'Brien/Parsons, 'Offshore banking: Irish leak', 3 July 1969, and Hollom annotation, 3A8/4.
47) Robert Armstrong (HMT) to Kenneth Andrews (Deputy Chief Cashier), 6 December 1967; Page to Fforde/Hollom, 'Credit restrictions-Barclaycards', 14 December 1967; Fforde to Hollom, 'Credit restriction-Barclaycards', 15 December 1967; Wilde to Fforde, 20 December 1967, Fforde to Hollom, 'Barclaycards', 20 December 1967; Fforde to Wilde, 22 December 1967, C40/1291; Ackrill and Hannah (2001, pp. 184-191).
48) Hancock, 'Note of a meeting ... 27 August 1969', 3A8/4.
49) Fforde, Note for record – 'The Governors' meeting with the clearing bank chairmen: 29.8.69'; Hollom to O'Brien, 'The banking figures', 29 August 1969, 3A8/4; Unsigned [but is Figgures] to Hancock, 'Implications of the latest bank lending figures', 2 September 1969, 3A8/5.
50) Armstrong to Hancock, 'Bank advances', 25 September 1969; Fforde to O'Brien, 'September banking figures', 26 September 1969; 'Extract from the Deputy Governor's memo dated 26 September 1969 ...'; Hancock to Hayles (HMT), 29 September 1969; 'Extract from the Chief Cashier's memo dated 30.9.69 ...', 3A8/5.

51) Hancock, 'Note of meeting ... 11 September 1969', 12 September 1969, 4A116/8; Fforde to O'Brien, 'September banking figures', 27 September 1969, 3A8/5.
52) Fforde to Hollom, 'Credit restrictions', 6 October 1969; Fforde to O'Brien,, 'Credit restrictions', 14 October 1969; 'Extract from Mr. Morse's memo 16.10.69 ...'; Lovell to Neale, 16 October 1969, enc. Lovell, 'Bank credit policy', 16 October 1969; 'Extract from Mr. Hollom's memo 20.10.69 ...', 3A8/5.
53) Armstrong to Hancock, 20 October 1969, 3A8/5.
54) HC Deb 21 October 1969, Vol. 788, cc952-954, 957.
55) O'Brien to Armstrong, 22 October 1969, 3A8/5.
56) 'Extract from Mr. Morse's memo 22.10.69 ...', 3A8/5.
57) Hollom to O'Brien, 'Credit restrictions', 23 October 1969; Hancock, 'Note of meeting ... 27th October 1969', 27 October 1969; O'Brien, Governor's note — 'Clearing bank advances' 27 October 1969; Bank of England, 'Note for guidance on October banking figures', 27 October 1969, 3A8/5.
58) 'Extract from Mr. Morse's memo 3.12.69 ...'; 'Extract from the Deputy Governor's memo 17.12.69 ...', 3A8/5; Fforde to O'Brien/Parsons, 'Credit restriction', 22 December 1969; Armstrong to Fforde, 22 December 1969, 3A8/5.
59) 'Extract from Mr. Hollom's memo dated 1.1.70 ...'; 'Extract from Mr. Hollom's note dated 9.1.70 ...'; O'Brien to Jenkins, 9 January 1970; 'Extract from Deputy Governor's note 14.1.70 ...', Armstrong to Fforde, 15 January 1970; 'Extract from Mr. Hollom's memo dated 16.1.70 ...'; Hollom to O'Brien, 27 January 1970, 3A8/6.
60) Hancock, 'Note of a meeting ... 27th October 1969', 27 October 1969; Fforde to Hollom, 'Credit control', 28 October 1969; Hollom to O'Brien, 'Bank credit', 29 October 1969, 3A8/5.
61) R.P. Culpin (HMT), 'Working party on control of bank credit ... Friday 28 November ...', 9 December 1969; McMahon to Fforde, 'Monetary policy', 5 December 1969, 6A74/1.
62) MP(70)15 (final), 'Interim report on controlling bank lending to the private sector', 25 March 1970, 6A74/3; Interim report, para. 13.
63) MP(69)6, Bank of England, 'Rate of interest on special deposits', 19 November 1969, 6A74/3.
64) Hancock, 'Meeting ... 25th March 1970', 26 March 1970, 3A8/6.
65) William Ryrie (Principal Private Secretary, HMT), Note for record — 'Bank Rate and credit policy', 3 April 1970, 3A8/6.
66) HC Deb, 14 April 1970, Vol. 799, cc1221-1236. Bank of England, Press announcement, 14 April 1970, C42/10.
67) Page to O'Brien, 27 October 1970; Bank of England, Press announcement, 29 October 1970; Page to various banks, 29 October 1970, 5A148/1.
68) 'Speech by the Rt. Hon. the Earl of Cromer, Governor of the Bank of England,

at the 400th anniversary dinner of Martins Bank Limited on Thursday, 25 April 1963', G13/2; cuttings in ADM38/122.
69) Fforde to O'Brien/Morse/Hollom/Clarke, 'The banking sector', 14 April 1965, enc. 'Implications of changes in the British banking system', parts I and II, ADM35/6.
70) Cromer, Governor's note, 9 June 1965, ADM35/6. フォードによるこのエピソードについての再録についても参照. Fforde to Richardson, 'Secondary banking: the antecedents', 20 January 1978, 7A149/2.
71) Cromer to Armstrong, 28 March 1966; Rickett told Morse that the reference was 'intended to gratify the Trade Unions'; 'Extract from Mr. Morse's note dated 14.6.66 …'; Cromer to Callaghan, 15 June 1966, C40/1652.
72) 'Extract from Mr. Hollom's memo dated 6.7.66 …', C40/1652.
73) 'Extract from Mr. Hollom's memo dated 2.12.66 …', C40/1652; O'Brien, 'Governor's note', 20 December 1966, C40/1652.
74) Morse, 16 March 1967, C40/1653; Morse to O'Brien, 1 February 1967, C40/1653.
75) Fforde, 'Prices and Incomes Board', 5 April 1967, C40/1654.
76) Allen, 3 April 1967, C40/1654.
77) O'Brien, 'Governor's note', 6 April 1967, C40/1654.
78) Allen, 'Report No. 34 of the National Board for Prices and Incomes', 31 May 1967, C40/1655; 'The Committee of London Clearing Bankers Comment on the Report of the National Board for Prices and Incomes on Bank Charges', October 1967, C40/1655.
79) HMT, Press notice on P.I.B report on bank charges, 24 May 1967, C40/1655.
80) 'Speech by Sir Leslie O'Brien, G.B.E., Governor of the Bank of England, at a dinner given by the Lord Mayor to the Bankers and Merchants of the City of London on Thursday, 26 October 1967', C40/1655.
81) 'Extract from Mr. Hollom's memo of 5.1.68', C40/1655.
82) Neville Nagler (Assistant Principal, HMT), 8 October 1968, enc. 'The case for terminating the clearing banks' agreement'; Bank of England, 'The clearing banks' collective agreements', 20 August 1968, C40/1324; CLCB, 'Extract from minutes of meeting of chief executive officers of clearing banks held on the 18 June 1964', C40/1089. 銀行業における競争制限の歴史的経緯についての他の見解については Pressnell (1970) を参照. Wood to Fforde, 'Banking Study Group. Revised draft report of 11 March', 13 March 1969, C40/1225.
83) HMT, 'The clearing banks' cartel. Report of the Banking Study Group, 12 May 1969; Neale to Dowler, 'The control of bank credit and the clearing bank cartel', 20 June 1969, C40/1325.
84) Radcliffe, 'Evidence', 23 January 1959, questions 13105-13136, and 'Report' paras. 960-964; Morse to Goldman, 12 July 1965; Keogh to Morse/Cromer/O'Brien, 'Post Office giro', 29 July 1965, C40/1234.

85) *Report of the Committee on Company Law Amendment*, June 1945, cmnd.6659, para. 101; Capie and Billings (2001a).
86) *Report of the Company Law Committee*, June 1962, cmnd. 1749, paras. 399-407; Note of dissent, pp. 211-216. ゴードン・リチャードソンは同委員会の委員であった.
87) Hollom to O'Brien/Hawker/Cobbold/Mynors, 'Company law committee', 10 May 1960, C48/304.
88) Clarke to O'Brien, 'Jenkins Committee-hidden reserves', 7 December 1960; O'Brien to Hawker/Mynors, 'Jenkins Committee-hidden reserves', 19 December 1960; Hawker Annotation, 21 December 1960, on O'Brien to Hawker/Mynors, 21 December 1960, C40/614.
89) Hollom to O'Brien/Cromer/Mynors, 'The Companies Act. Position of exempt and non-exempt private companies', 25 January 1963; Whittome to O'Brien/Cromer/Mynors, Companies Act 1948 – eighth schedule', 8 February 1963; O'Brien, annotation, 8 February 1963, C40/614.
90) Morse to Cromer/O'Brien, 'Banks and discount companies, exemptions under the Companies' Act', 24 February 1965, C40/614.
91) Morse, 'Note for the record – Banks and discount companies, exemptions under the Companies' Act', 27 May 1965, C40/614.
92) Clarke to Hollom, 5 January 1966, C40/1340.
93) Blunden, Note for record - 'Banks' hidden reserves', 10 January 1966; Hollom to Radice, 17 January 1966, C40/1340.
94) *The Banker* 116(485): 429, July 1966. 本法案に関してロビー活動を行ったのは手形交換所加盟銀行だけではなかった. 当時パートナーシップ形態であったロスチャイルドは, 新法案にパートナーの追加を可能とする条項を望んだ. イングランド銀行はそのような企業組織の形態は現代銀行業において不要であると考えていたため, それを後押ししなかった. ロスチャイルドは, 総裁に対し, 彼らの名前が「富を得るためのとてつもないアイデアを呼び起こすものであり, その事実が知られたならば失望を呼ぶことから」株式会社にはなろうとは思わないと語った. O'Brien, Governor's note – 'N.M. Rothschild and sons', 8 November 1966, C40/1340.
95) Stirling to O'Brien, 21 October 1966; O'Brien to W.Armstrong and Sir Richard Powell, 24 October 1966, enc. CLCB, 'Companies bill', 21 October 1966, C40/1340.
96) Fforde to O'Brien/Parsons/Hollom, 'Companies bill: future of schedule VIII', 27 October 1966, and Parson's annotation, 27 October 1966, C40/1340.
97) 'Extract from Deputy Governor's memo dated 28.10.66 ...'; O'Brien to Armstrong, 31 October 1966, enc. 'Companies bill: future of eighth schedule', C40/1340.
98) Hollom to O'Brien/Parsons, 'New companies bill', 9 November 1966, C40/1340.
99) Hollom, note for record – 'Companies bill: disclosure', 7 March 1967, C40/

第 9 章　競争と信用調節への道　　581

1341; NBPI Report, *Bank Charges* 34, cmnd.3292, May 1967, pp. 56-58.
100) Hollom to O'Brien, 'Disclosure', 24 October 1969, C40/1341.
101) *The Banker* 119(524): 999-1001, October 1969.
102) SCNI 1970, 'Evidence', question 1093.
103) De Moubray to Hollom, 'Control of the money supply', 30 April 1964; de Moubray to Luce, 8 May 1964, EID4/196.
104) Crouch (1963, 1964)
105) Crouch (1963, p. 92)
106) Newlyn (1963, pp. 857-859)
107) Tew (1965, pp. 859-860)
108) Crouch (1963, p. 185)
109) Crouch, 'The special deposits farce'. 同論文は総裁に提出された．1 June 1969, 3A8/4.
110) Morgan (1964); Cramp to de Moubray, 'Control of the money supply, etc.', 15 July 1964, EID4/196.
111) De Moubray to Cramp, 'Professor Victor Morgan on monetary policy', 16 July 1964, EID4/196. ド・ムーブレイはパー・ヤコブソンとの関係が深いことにより影響を受けていた．
112) Cramp to de Moubley, 'S.U.E.R.F. [Societe Universitaire Europeene de Recherches Financieres] seminar in Paris, 26-27 September 1964', 30 September 1964, EID4/196.
113) HMT, 'Draft memorandum on credit control', 2 July 1965, C40/1253.
114) McMahon to Morse, 'Draft report on credit control', 5 August 1965, C40/1253.
115) HMT, Draft: 'The money supply', 26 October 1965; Cairncross to Rickett, 29 November 1965; Rickett to Morse, 30 November 1965, enc. 'Changes in the money supply in the United Kingdom, 1954 to 1964'; Allen to Cromer/O'Brien, 'Money supply, 9 November 1965; Andrew Bain (EID) to McMahon, 'The money supply and the level of income', 3 December 1965; Morse to Rickett, 17 December 1965, 6A50/1. この論文は後に公表された．Bell and Berman (1966) を参照．
116) Bain to McMahon, 9 December 1965, enc. Bain 'Some factors affecting the money supply', 9 December 1965; Allen to McMahon, 16 December 1965; Bain to McMahon/Allen, 'The money supply controversy (*American Economic Review*, September 1965)', 30 December 1965, 6A50/1.
117) Bull, Note for the record [on a meeting held on 3 January 1966], 10 January 1966; interim work was in Bain to Heasman et al, 'The money supply 1952-65, 18 February 1966, 6A50/1; Bain to Heasman et al, 'The money supply 1952-65: draft *Bulletin* article', 3 May 1966, enc. 'The money supply 1952-65', 3 May 1966, 6A50/2.
118) Bull, Note for the record — 'The money supply 1952-65', 31 May 1966; Bain to

Allen, 18 July 1966, enc. 'The monetary liabilities of the U.K. banking sector, 1952-65'; Bain to Heasman et al., 9 September 1966, enc. 'The monetary liabilities of the U.K. banking sector, 1952-65', 6A50/2.
119) Bain to de Moubray/Heaseman, 26 September 1966, 6A50/2.
120) McMahon to O'Brien, 'Money supply and the *Quarterly Bulletin*', 25 April 1968, 5A175/1.
121) 'Domestic credit expansion', *BEQB* 9(3): 363-382, September 1969.
122) Wilson Report, p. 79. この部分には方針転換をウィルソン自らの功績とする要素があった。
123) *Ibid.*, p. 16.
124) 'Domestic credit expansion', p. 363.
125) Goodhart and Crockett (1970). 貨幣量と支出変数の動向の関係についての関連する業績としてCrockett (1970) についても参照。
126) 'The gilt-edged market', *BEQB* 19(2): 137, June 1979.
127) 一例として、'Is Keynes Defunct?', *New York Times*, 6 November 1968.
128) Polak to Acting Managing Director, 'Publicity on the monetary seminar', 6 November 1968; IMF, Research Department Immediate Office, Director J. Polak, Box 35, Folder 6.
129) Cairncross (1996, p. 270).
130) Lovell, 'The IMF concept of total domestic credit', 3 February 1969, 5A177/1.
131) Goodhart to Allen, 'Quick calculation of net domestic credit creation', 7 February 1969, 5A177/1.
132) Goodhart, 'Overall credit ceilings', 24 February 1969, 5A177/1.
133) Carlisle to Goodhart, 16 May 1969, 5A177/2.
134) Thornton, 'Money supply', 22 April 1968; Thornton to O'Brien, 22 April 1968, 5A175/1.
135) McMahon to O'Brien/Parsons, 'Money supply and the quarterly *Bulletin*', 25 April 1968, 5A175/1.
136) Posner to McMahon, 11 September 1968, 5A175/1.
137) *The Times*, 19 September 1968, p. 22; Thornton to O'Brien, 'Money supply', 4 October 1968, 5A175/1.
138) Governor's Mansion House speech, 17 October 1968; *BEQB* 8(4): 410, December 1968. ソーントンはこの部分の草稿に確実に関与していた。
139) McMahon to O'Brien/Parsons, 17 September 1968 and McMahon, Annotation, 18 September 1968, 5A175/1.
140) McMahon to O'Brien/Parsons, 7 October 1968, enc. McMahon, 'Paying attention to the money supply', 4 October 1968, 5A175/1
141) Allen to O'Brien, 'Domestic credit expansion', 20 March 1969, 5A177/1.
142) Edwards to Armstrong, 'DCE pamphlet', 10 May 1969, 5A177/2.
143) Goodhart to Allen, 2 June 1969, 5A177/2.

144) Stephen Taylor (chief, Flow of Funds and Savings Section, Federal Reserve) to Hilliage, 22 July 1969, 5A177/2.
145) Morse to Allen/O'Brien/Parsons, 'Article on D.C.E. for *Economic Trends*', 20 May 1969, 5A177/2.
146) Allen to O'Brien, '*Economic Trends* article on D.C.E.', 22 May 1969, 5A177/2.
147) Norman Brodick (EID) to Thornton/Goodhart, 'Publication of DCE figures', 2 July 1969, 5A177/2.
148) Goodhart to McMahon/Dicks-Mireaux/Crockett, 'Money supply group, control over D.C.E. and the money supply', 20 November 1969, 5A177/3.
149) Goodhart, 'The future of D.C.E. or what is to be done when the I.M.F. have gone', nd, 5A177/3.
150) Thornton to Dicks-Mireaux/McMahon/Goodhart, 'The future of D.C.E.', 25 November 1969, 5A177/3.
151) Goodhart to Thornton, 'The future of D.C.E.', 9 January 1970, 5A177/3.
152) 'Money supply and domestic credit: some recent developments in monetary analysis', *Economic Trends*, pp. xxi-xxv, May 1969.
153) Goodhart to Dicks-Mireaux, 'Greenwell's fixed interest commentary', 26 May 1970; Goodhart to Gordon Pepper (Greenwell's), 2 June 1970, 5A177/3.
154) Clews to Goodhart, 'The government/banking nexus', 22 April 1970, 5A177/3.
155) Fforde annotation on McMahon to O'Brien/Hollom, 'Surveillance of DCE', 17 July 1970; McMahon to O'Brien/Hollom, 'Surveillance of DCE', 21 July 1970, 5A177/3.
156) Goodhart to McMahon, 'Monetary targets', 31 July 1970, 5A177/3.
157) Britton (2001) 参照. HMT, Group on Monetary Policy, MP(70)14, 2 March 1970, 6A74/3.
158) Thornton, annotation on HMT, Group on Monetary Policy, MP(70)18, 'The commercial bill problem-a note by the Secretary', 12 May 1970, 6A74/4.
159) HMT, Group on Monetary Policy, MP(70)19, 'Report on the United Kingdom/IMF monetary seminar in Washington, April 1970', 1 June 1970, 6A74/4.
160) Polak to Schweitzer/Southard, 'United Kingdom – monetary seminar', 6 May 1970, IMF, Research Department Immediate Office, Director J. Polak, Box 35, Folder 7; W.A. Beveridge, memorandum for files – 'U.K. Monetary seminar', 7 May 1970, ibid.
161) 'The operation of monetary policy since the Radcliffe Report', *BEQB* 9(4): 448-60, December 1969.
162) Croome and Johnson (1970), p. 234. J.R. ウィントン (ロイズ銀行エコノミック・アドバイザー) が討論者であった.
163) Thornton to Allen/Parsons/O'Brien, 18 November 1968; Johnson to McMahon, 22 January 1969; McMahon to Thornton /Fforde/Hollom /Allen/O'Brien / Parsons, 'The question of a Bank of England paper for the post-Radcliffe

conference', 12 February 1969, 6A72/1.
164) O'Brien to Allen, 26 February 1969; Allen to O'Brien, 4 March 1969, 6A72/1.
165) Wiles to Thornton, 23 July 1969, enc. Draft 'The Radcliffe Report-ten years after', 21 July 1969; McMahon to Thornton, 26 August 1969, enc. Draft 'The Radcliffe Report-ten years after', 6A72/1.
166) Thornton to McMahon, 1 August 1969, 6A72/1.
167) Armstrong to McMahon, 19 August 1969, 6A72/1; 'Domestic credit expansion'; HMT, 'Money supply and domestic credit. Some recent developments in monetary analysis', *Economic Trends* 187: xxi-xxv, May 1969.
168) McMahon to Thornton, 'Ten years after Radcliffe', 26 August 1969; Armstrong to Thornton, 22 September 1969, 6A72/1.
169) Armstrong to Thornton, 2 October 1969, 6A72/2.
170) McMahon to O'Brien, 7 October 1969, enc. 'The operation of monetary policy since the Radcliffe Report', 6A72/2.
171) McMahon (1969, pp. 549-552).
172) *The Observer*, 2 November 1969, p. 13.
173) Gordon Costello (Deputy Secretary, Secretary's Department), Note for record − 'The Hove Seminar', 3 November 1969, 3A38/3.
174) McMahon to O'Brien, 'The Bank's paper for the Hove Conference and the Select Committee', 11 November 1969, G38/3.
175) Geoffrey Maynard (editor, *The Bankers' Magazine*) to McMahon, 7 October 1969; Robbins to Maurice Allen, 14 November 1969; Armstrong to McMahon, 18 November 1969; Armstrong to Douglas Allen (copy to McMahon), 19 November 1969; 'Extract from the Deputy Governor's memo dated 21.11.69 …'; Maurice Allen to Robbins, 26 November 1969; McMahon to Maynard, 2 December 1969, 6A72/2.
176) McMahon to O'Brien, 'The Bank's paper for the Hove Conference and the Select Committee', 11 November 1969, G38/3; McMahon to Johnson, 28 November 1969, 6A72/2.
177) ホーブ・コンファレンス後，学界，イングランド銀行，銀行，政府からのメンバーがとくに通貨関連の事項を議論するフォーラムとしてマネー・スタディ・グループが設立された．また，その後数年間にイングランド銀行が代表を派遣するその他のコンファレンスが組織された．そのうちのひとつが1970年シェフィールドで開催されたものであり，その他のものとしては1971年にロンドンで開催されたものがある．その内容については Clayton et al. (1971) および Johnson and Nobay (1971) を参照．
178) Crockett to Dicks-Mireaux, 1 October 1968, enc. 'The money supply and expenditure', nd, 2A128/1.
179) Dicks-Mireaux, to Thornton/Allen, 3 October 1968, 2A128/1.
180) *The Times*, 15 October 1968, p. 21; Fforde to O'Brien/Parsons, 'The money

supply', 15 October 1968; Fford to Thornton, 'Greenwell & Company', 17 October 1968; Pepper to Wood, 23 October 1968, 2A128/1.
181) McMahon to Allen/O'Brien/Parsons, 'The money supply', 12 November 1968; Crockett, Note for record – 'Money supply committee', 11 December 1968, 2A128/1.
182) Goodhart to McMahon/Dicks-Mireaux/Crockett, 'A.A.Walters: Hobart paper on the importance of money', 13 December 1968; Goodhart to McMahon, 'Note on article in *F.R.B., St Louis, Review*, November 1969', 15 January 1969, 2A128/1; Walters (1969); Brunner (1968); Anderson and Jordan (1968).
183) Goodhart to McMahon/Dicks-Mireaux/Crockett, 'A background note on the issues involved', 6 January 1969; Crockett to McMahon, 'Money supply group', 17 January 1969, 2A128/1. クロケットの貨幣の流通速度の問題についての論文は3月に議論された．グッドハートは，この論文の結論は反ラドクリフ的で親フリードマン的であるとコメントした．グッドハートは，カナダにおける貨幣の流通速度について次の論文を書いた．'A stable velocity function for Canada', in *Economica*, 1969, pp. 314-315.
184) Crockett to McMahon, 'The velocity of circulation of money', March 1969, and 'Money supply group', 25 March 1969, 2A128/1.
185) Goodhart to McMahon, 'Money supply group', 7 May 1969, 2A128/2.
186) 'The importance of money', 8 July 1969, p. 6, 2A128/2.
187) *Ibid.*, p. 11.
188) Davis (1969).
189) Morse annotation on McMahon to O'Brien/Parsons, 'The importance of money', 17 February 1970, 2A128/3.
190) McMahon to Allen, 25 February 1970, 2A128/3.
191) Allen, 'The next stage of the Group's discussions', MP(70)16, 14 April 1970, 6A74/4.
192) D.A. Harding (HMT), Group on Monetary Policy, MP(70)9th meeting (minutes), 21 May 1970, 6A74/4.
193) HMT, Group on Monetary Policy, MP(71)1 (final), 25 March 1971, 6A74/5.
194) *Ibid.*, para.70.
195) Goodhart, Note for record – 'Definition of money supply and D.C.E.', 25 February 1970; Boulter, Note for record – 'Definition of money supply', 6 March 1970, 5A175/2.
196) 'The stock of money', *BEQB* 10(3): 320-326, September 1970.
197) 'New money stock tables', *BEQB* 12(4): 512-513, December 1972.
198) Lord Mayor's dinner speech, *BEQB* 10(4) 473-476, December 1970.
199) McMahon to Posner, 16 September 1970, 2A128/4.
200) 2A128/7-9 参照.
201) 'Tuesday, 21 November, 1967', market report initialled by Fforde, C41/5.

202) Painter (HMT) to Radice (HMT), 20 November 1967; Note to O'Brien, 'New tranche of $6^3/_4$per cent Treasury Stock 1995/98', 21 November 1967; Fforde to Radice, 21 November 1967; Andrews to O'Brien/Parsons, 'Issue of £600 million $6^3/_4$per cent Treasury Loan 1995/98', 24 November 1967, 5A44/44.
203) Fforde to Armstrong, 2 July 1969; Armstrong to Fforde, 3 July 1969; Fforde to O'Brien, 'Issue of £400 million 9 per cent Treasury Loan 1994', 23 July 1969, 5A44/45; *BEQB* 9(4) 287-288, September 1969.
204) Fforde, Aide memoire, 'The Bank of England and the gilt-edged market', 26 July 1968, 3A92/16; Andrews, Annotation, 1 August 1968, 'As handed to Brian Rose (I.M.F.) for use within the mission only'.
205) *Ibid.*
206) *Ibid.*
207) Bank of England, 'Some observations on official operations in the gilt-edged market', 15 October 1968, 3A92/16.
208) *Ibid.*
209) Monetary seminar (International Monetary Fund), MS (IMF) 3rd meeting, 18 October 1968, 7A353/1.
210) Fforde to Figgures, 12 November 1968, enc. 'Gilt-edged market: prospect for long-term interest rates in the U.K.', 12 November 1968, 3A92/16.
211) Fforde to O'Brien (by hand to Basle), 'Gilt-edged market', 15 November 1968, 3A92/16; *BEQB* 9(1): 15, March 1969.
212) Fforde to O'Brien, 'The gilt-edged market up to lunch time today 18 November', 18 November 1968, 3A92/16.
213) Hollom, 'Conversation with Mr. Figgures and Mr. Goldman, 25 November 1968', 26 November 1968, 3A92/16.
214) O'Brien to Sir Douglas Allen, 28 November 1968, 3A92/16.
215) HC Deb, 17 December 1968, Vol. 775, c343.
216) Fforde to Hollom/O'Brien/Parsons, 'The gilt-edged market', 19 December 1968, and Hollom, Annotation, 20 December 1968, 3A92/16.
217) HC Deb, 15 April 1969, Vol. 781, c1097. ダニエルは比較したことについては否定したが，その真偽については議論しなかった．Fforde to O'Brien, 16 April 1969, 3A92/16 を参照．
218) LDMA reports, 2 May 1969, LDMA1/32.
219) Hancock, 'Note of a meeting ... 22 April, 1969', 3A92/16.
220) Hollom to O'Brien, 'I.M.F', 25 April 1969, 3A92/16.
221) Bank of England, 'Operations in the gilt-edged market: 1 April 1968 to 19 April 1969', 24 April 1969, 3A92/16.
222) Armstrong to Fforde, 18 April 1969; Armstrong to Fforde, 24 April 1969, 3A92/16; Andrew Edwards (Principal, HMT), 'Note of a meeting ... 28 April 1969', 3A8/3.

223) Fforde to O'Brien, 'Gilt-edged market: "guidelines for official operations"', 14 May 1969, enc. 'Guidelines for official operations in gilt-edged', 3A92/16.
224) O'Brien, Annotation 28 April 1969 on Fforde to O'Brien/Parsons, 'Draft guidelines for operations in gilt-edged', 28 April 1969, 3A92/16.
225) 'Official transactions in the gilt edged market', *BEQB* 6(2): 144, June 1966.
226) *BEQB* 9(3): 288, September 1969; 'Operation of monetary policy', p. 456.
227) Fforde to O'Brien/Parsons, 'The long term rate of interest', 30 September 1969, 3A92/17.
228) Fforde (1992, pp. 648-649). フォードは引用元を示していない. Peppiatt to Cobbold/Bernard/Mynors, 'Gilt-edged market', 1 January 1952, C42/12.
229) LDMA, '20 November 1967. Meeting no. 3 held at 5:00 p.m.', LDMA1/16.
230) Fforde to O'Brien/Parsons, 'The money market', 12 December 1967, C40/1466.
231) *Ibid.*
232) O'Brien, Annotation, 21 December 1967, on Fforde to O'Brien/Parsons, 'The money market', 12 December 1967; Draft letter to chairmen, clearing banks, and LDMA, 12 December 1967, C40/1466; LDMA notes, 22 December 1967, LDMA1/31.
233) Discount Office, 'Discount market annual reviews, 1968 and 1969', C47/40.
234) Bank of England, 'Operation of monetary policy', p. 451.
235) EID, 'The inter-bank sterling market', 4 August 1966, EID4/13; Jennifer Jeffreys (EID) to David Nendick, 'The sterling inter-bank market', 8 October 1969, 6A59/1; *The Banker* 117(495): 415, May 1967.
236) CDは最低5万ポンド, 最高50万ポンドで1万ポンド刻みで発行できた. 期間は3カ月以上, 5年以下であった. 金利は発行銀行においては固定されていた. それは (割引商会が形成する) 流通市場で取引可能な譲渡可能の商品であった. 'Sterling certificates of deposit', *BEQB* 12(4): 487-495, December 1972.
237) Anthony Bushell (EID) to Thornton, 'London dollar certificates of deposit', 10 June 1966, C40/1089; Bank of England, 'The London dollar certificate'.
238) Fforde to Hollom, 'Sterling negotiable certificates of deposit', 31 March 1967, C40/1322.
239) Cromer, Annotation, 29 April 1963, on Hollom to O'Brien/Cromer/Mynors, 'Negotiable certificates of deposit', 24 April 1963, C40/1088.
240) Richard S. Vokey (vice president, First National City Bank) to Hollom, 14 March 1967; Fforde to Hollom, 'Sterling negotiable certificates of deposit', 31 March 1967, C40/1322.
241) O'Brien, Governor's note – 'Sterling negotiable certificates of deposit', 10 April 1967, C40/1322.
242) C40/1322-4の文献を参照; *BEQB* 8(4)347, December 1968.

第10章
競争と信用調節

　1970年代は英国の貨幣，金融，ならびにマクロ経済の歴史において，経済協力開発機構（OECD）に加盟する他の多くの国々と同様に，この世紀で最悪の10年間になる．英国ではインフレーションが（戦時，平時を問わず）記録上最悪の水準に達し，深刻な金融不安がここ100年以上の間で初めて生じた．それまでで最大の資産価格崩落が起き，実体経済の実績は19世紀末以来のどの時期よりも悪くなった．1970年代が始まる時点では，そのうちのどれ1つとしてあからさまになっていたわけではないが，いくつかの不吉な前兆はあった．1967年の平価切り下げは効果を出すのに予想よりも長い期間を要し，貸出規制の効果には深い疑念が抱かれ，インフレーションは昂進していた．1970年6月に新たに選出された保守党政権は，競争を促進し，1960年代の介入主義的，計画的アプローチから離れることを決めているようであった．しかし，インフレーションは失業水準に敏感に反応するもので，本質的に非貨幣的現象であるという信念がいまだ存在していた．いずれにしても，1971年に失業が増加し始めた時には，新しい進路が設定されているとはとてもいえなかった．そして，1960年代の諸政策がほとんど即座に逆転されたのである．
　1970年代が始まった時，政府は，経済成長率を引き上げることは可能であると思っていた．そして，それを開始した．1973年に劇的な経済成長が起こったが，続く2年はマイナス成長になり，1980年にも再びマイナスになった．失業率は，70年代初めの約2.5%から，終わりの7.5%へ増加した．成長への突進は貨幣量増加にある程度反映した．M3増加率は，1970年に前年の2%から16%へと劇的に急騰した．それは1973年に27%のピークに達し，70年代の中頃にほとんど1桁まで鋭く引き下げられたが，終わりには16%に戻った．

停滞あるいはマイナス成長と猛烈なインフレーションとの結合は,「スタグフレーション」として知られるようになった.

1960年代後半と1970年代のインフレーションは世界的な現象であったが, 英国の経験はほとんどのOECD諸国より悪かった.「世界の貨幣拡張率上昇の最終的な結果」は大部分, 合衆国の金融政策に帰すことができるとする貨幣的な説明が, ごく少数によって提案されつつあった[1]. しかしながら, 大多数の中央銀行はそれをなかなか受け入れず, それについて何をすべきかわかっていないように思われた. 学界ならびに国際機関からの圧力は強くなりつつあったかもしれないが, 根深い思想や慣行が変わるには時間が必要である. イングランド銀行においては金融最前線で多少の行動が起こってはいたが, 受身的かつ不承不承で, 貨幣は以前に考えられていたよりもっと重要かもしれないという事実以上のことを認めることはなかった. インフレーションは貨幣的現象であるということが受け入れられるまでには, まして貨幣はそれを抑えるために調整されうるということが受け入れられるまでには, いまだ長い道のりが残っていた.

1. 新方式の定式化

1970年に新しい政府が競争を真っ先に重視したことは, イングランド銀行がその「新方式」を推し進めるのに必要とした励ましを同行に与えたといって良いであろう. いくつかの明確な要素が育ってきて, その道を準備していた. 1つは貸出に対する規制（とくに上限規制および量的規制）への不満であり, 1つは銀行業における競争拡大の願望であり, そしてもう1つは貨幣量増加を規制する必要であった. さらに, それらに関連して, マネーマーケットと国債市場における操作についての懸念もあった. 1960年代を通して, より長い期間を想定して問題点のいくつかに取り組もうとする諸々の試みがあったが, それは例によって短期的な危機にかき消されてしまった. 1969年9月に, その時は海外局の局長補であったトニー・コールビ (Tony Coleby) が, 引き締め期間中には機敏な金利政策によって補完される, 現金預託金を利用する, 競争への抑制がない銀行システムに賛成する意見を出した. グッドハートはこれに

反応して，金融システムの管理に関する諸問題について詳しく述べた[2]．この新しい構想が，再び短期的な必要にかき消されてしまったのである．しかしフォードは，コールビやグッドハートが提案した「このより長期的な任務」を「決して忘れられてはならない」(強調は原文)と力説した[3]．

1970年予算の後，フォードは，「マネタリーポリシー・グループ」に対して手形交換所加盟銀行（クリアリング・バンク）のカルテルに関する検討に戻るように求めた[4]．マンチェスター大学から出向できていた経済学者のウィリアム・ホワイト（William White）は，どのような変更も金融システムに対して大きな影響を与えないであろうと主張した[5]．フォードは，問題なのはカルテルの存在ではなくて，公的な規制装置であると応じた[6]．そこには，いくつかの基本的な想定があった．すなわち，望ましい発展は手形交換所加盟銀行によって受け入れられるべきである．規制が課されねばならないとしたら，その場合は比率規制の方が好まれるであろうし，それらは，少数かつ同質の，またはそのどちらかの銀行があるところでもっとも容易に機能するであろう．非加盟銀行およびファイナンス・ハウスは，銀行業務の全範囲にわたって加盟銀行の競争を妨げている公的に課された制約によって保護されるべきではない．そしてどんな新しいシステムも，参加銀行に競争する自由を提供し，他方で同時に，個々の銀行に対する貸出上限規制を必要としない信用調節を当局が実施できるようにするべきである．フォードは，もし銀行の75%（規模で）が参加しそうなら，その時は計画が実行されるべきであると進言した．

彼の初期の草案には3つの主要な要素があった．第1は，銀行が，イングランド銀行に預託する現金で1.5%，他の具体的に定められた流動資産で13.5%，この2つから構成される最低15%の流動性比率を維持することに同意すること．（ホーラムは，「準備率」の方がもっと適切な条件かもしれないと示唆した．）第2は，参加者が，大蔵省短期証券の利率で利子が支払われる特別預金制度に同意すること．最後は，いろいろなタイプの預金に対する利率についての協定がそのまま残ること．そのようなシステムは，一律の流動性比率と，信用調節の諸目的のために特別預金を媒介にして流動性比率を変化させる効果的な手段とを，提供するであろう．この流動性ルールは，「そこを通してわれわれが作用することができる効率的なマネーマーケット」を実現し，それを維持

するであろう．これらの方針に沿ったシステムは，手形交換所加盟銀行，それ以外の銀行，およびファイナンス・ハウスに，加わりたいと思わせるのに十分魅力的であろう．さらに，それは「親子合併」すなわち加盟銀行と彼らのさまざまな子会社・関係会社との間の合併を促進するであろう．このシステムに加わらなかった銀行は，制限的な規制と競争拡大の両方の可能性に直面するであろう．もちろん，フォードは，これは押し付けられる解決策であるが，他の案の「不可能性あるいは無効性」によって余儀なくされたものであると認識していた．彼は，「この構想は実施に値すると思いませんか」と問いかけた[7]．

　実施に値すると思われたようで，経済情報局と業務局長室の両方で作業が続けられ，1970年10月にフォード論文「将来における信用の調節」に帰結した[8]．そして，その時には業務局長になっていたペイジが，その論文を大蔵省に送付した[9]．この論文は革命的なことは何もいわず，現金預託金制度（運用中のではなく出番を待っているもの）について，その適用をファイナンス・ハウスへも拡張する可能性を含めて，たんに漸進的で自発的な再交渉を提案しただけであった．だがそれは，カルテルや流動性比率についての変更のような，他の改革へと進むためのワンステップになったといえよう．おそらくもっと驚くべき内容は，短期利子率をより頻繁に，より大きく変動させることによって，引き締めを支援しようということであった．しかしながら，バンクレートをそのように使うことは2つの大きな不都合を生むであろう，という主張があった．第1に，基軸的な金融兵器としてのバンクレートの「オーラ」のせいで，少なくともはじめのうちは，変更がたんなる技術的調整以上の意味をもつものとみなされることになる．第2に，バンクレートがもっと頻繁に変わるということが一度定着したら，かなりの投機が起こる．これらの障害について，イングランド銀行は，もしバンクレートが「市場短期利子率の変動を導くより，むしろときどきはそれに追随する」ものであれば，静まっていくであろうと思っていた．たとえば，大蔵省短期証券の利率は，バンクレート以下に維持され続けるのではなく，むしろパラレル・マネーマーケットの利率に即して動くことができるようになるであろう．これらの構想は，ダグラス・アレン（Douglas Allen）のマネタリーポリシー・グループにおいて，長い間議論されていたものである[10]．

その後，1970年のクリスマス・イブの日，フォードは，その問題に関する「好奇心をそそる感動的なノート」と彼が呼んだものを提出した時，議事資料の中に緊急と記入した[11]．それはマクマーンおよびペイジとの議論の後に組み立てられたのであるが，具体的な提案についてはフォードだけが責任を引き受けた．彼は次のように見ていた．すなわち，1971年4月までに外部の銀行（非手形交換所加盟銀行）は，「中断されることなく続いてきた貸出上限規制に第2次大戦よりも長期間にわたって従わされることになるであろう」．他方，手形交換所加盟銀行は「少しだけ不快さが減る」記念日を祝うことになろう．これは容認できることではないので，イングランド銀行はシステム改革の領域で「攻勢に転じる」べきである，と．イングランド銀行は，エドワード・ヒース（Edward Heath）の新しい保守党政権が斬新な方式を受け入れることを望んでいた．しかしフォードがいうには，大蔵省は，金融政策を少しでも援くするものに対して「神経過敏で」かつ「敵意を抱いて」おり，利子率政策をもっと自由にすることには「懐疑的で」あり，彼らの閣僚たちが競争の拡大という可能性に関心を引かれる場合を「心配」している．このように，フォードによれば，大蔵省の官僚たちは事態を前進させる気持ちをほとんど示していなかったのであり，彼らは実際，イングランド銀行の構想はいずれ再検討するとして脇へ置いておきたいという態度をかなり明白にしていた．このことから，彼は，秋に提案した一歩一歩接近してゆく「もの柔らかな売り込み」方法では十分でないので，イングランド銀行は今やもっと断固とした「強引な売り込み」を試みなければならない，と結論を下した．さらにこれを越えて，彼は公開の調査にさえ賛成した[12]．

　それからフォードは，いくらか「乱暴な一般論」を，イングランド銀行が貸出上限規制や銀行カルテルの有害な効果に関して愚痴を繰り返すだけで行動が伴わないならば同行の信頼性が痛手を受けるという事実を含めつつ，展開し始めた．さらに悪いことには，銀行部門のあり方は「金融政策の要求に明白に従属する」ものであってはならないという，イングランド銀行の「基本的な，かつ正しい見解」と，その時の状況が食い違っていた．銀行業というものは「正当な商業活動」であり，しばしば「時の政府に不便をかける」が，かといって「諸銀行を公的政策のたんなる奴隷にしようとする誘惑」は阻止されねばなら

なかった.「緊急事態は緊急の方法を必要とする」というのが現在の取り決めを擁護するのに使われる弁明であった.しかし,それはいったん認められたら消滅してしまうものである.それでフォードは,「いわゆる緊急事態とは,むしろ物事の通常の状態である」とみるべきであると思った.結局,彼は次のように主張した.

> 根本的な変革に賛成する者は,ある程度,信念を伝道し続けねばならない.もし競争には効率と革新を促進する力があると信じていないのなら,その時はおそらく,銀行に対する貸出上限規制という長く続いている制度に反対すべきではないであろう.しかし,競争が何らかの長所をもっているとしたら,われわれはそれを抑制するような制度をもつべきではない[13].

それから彼は,7カ月前に念入りに練られていた,銀行システムの一律的な規制システムを追求する彼の構想に戻った.すなわち,利率協定カルテルの緩和,現金および流動性比率のそれぞれ1.5%および12.5%への引き下げ,そして特別預金の利用である.

このすべては,フォードのきわめて特徴的な流儀においてなされていた.徹底的,論争的,挑戦的,そして大げさな修辞の花盛り.それは疑いもなく,1957年にイングランド銀行に入って以来,またおそらく全生涯において,彼が書いたもっとも重要な文書であった.5カ月後,協議資料が発行され,国債市場の管理に対する改革が実施された.それから,さらにその4カ月後,新しい政策――競争と信用調節――が現実になった.これは,慎重な金融機関には,ほとんど無謀なスピードであるとみなされたかもしれない.

フォードがロールス・ロイス社危機(第15章参照)に注意を向けねばならなかった時には,クロケット(Crockett)がその仕事を引き継いだ[14].彼がはじめに前提においたのは,「銀行システムの中にいる諸機関の間の競争を抑制する装置はどんなものであれ,資源の誤配分という危険を伴う」ということであった.押し付けられた貸出上限規制の網の目とカルテルとは,2つのそういう装置であった.「一律的で競争的な銀行システム」という目標を達成するために,いくつかの基本原理が提案された.第1に,貸出に対する上限規制は廃

止され，カルテル協定の公認は撤回される．第 2 に，一律の「準備率」が，銀行とみなされることを望むすべての機関に対して，低い水準に定められる現金比率あるいは約 15％ の流動性比率のどちらかで，適用される．第 3 に，銀行とみなされることを求めなかった機関の活動に対しては，制限が課される．第 4 に，信用調節は，特別預金の預託請求ならびにマネーマーケットと国債市場におけるもっと柔軟な操作とを通じて，諸々の準備率を変化させることによって達成される[15]．

　提案された予定表では，1971 年予算における大蔵大臣の一般的声明，定められた比率の実施に先立つ銀行との交渉期間，そして新しいシステムが機能することが明白になってからの貸出上限規制の正式撤廃，が想定されていた．1972 年予算までに移行期間を完了するのが目標であった．ペイジのように，この新しい運営体制がただちに実施されねばならないとは思わず，「われわれの手法の変化から生じる銀行業務慣行における変化」に任せておくのを好む人たちもいた．彼はまた，現金預託金制度は不当に中傷されており，もっと競争的な銀行システムや銀行貸出に対する高度の抑制を実現できると「想定するのは無駄」である，と考えていた．さらに言うなら，つねに最初にバンクレートを動かすということなしに短期利子率の変化が引き起こされる手法を修正できるというのは，「幻影」にすぎないのであった[16]．

　クロケットは，論文を起草する際，流動性比率に対して現金比率がもつ長所に相当の注意を払っていた．彼は，流動性比率の下では，当局が信用を抑制しようと努める時は準備資産の不足が作り出されて，準備資産の利回りが引き下げられるであろうと主張した．銀行は，受け入れがたい低収益の形態で資産の 15％ を保有することを強いられると予想するかもしれない，と彼は考えたのである．特別預金は流動性比率に対する効果を 10 年前の導入時以来もっていたのであるから，これはクロケットがとるにしては奇妙な立場のように思われる．そのメカニズムは変わっていなかった．それは，流動性比率を圧迫し，それによって信用を制限して利子率を上昇させるように設計されていたのである．いずれにしても，クロケットは，現金比率の方が銀行と交渉するのにより容易であろうと思ったのでそちらを好んだのである．また彼は，現金比率は管理の観点から利点をもっているということも主張した．フォードは，自分とペイジ

は現金比率に関するクロケットの主張に完全には納得していないと総裁・副総裁に話し，その論文の，大蔵省に送られるバージョンは準備率についてしか論じていなかった[17]．

　新方式がもっぱらイングランド銀行の作品であったのは，驚くべきことではない．それは，何といっても，同行の専門知識の主要な分野を必要とした．すなわち貸出に対する規制の施行，シティならびにシティの競争認識に関する知識，国債市場ならびに外国為替市場における市場技術，そして「国内信用拡張（DCE）／貨幣集計量」に対する働きかけであった．また，完璧な秘密が求められる（イングランド銀行にとってはその点は何の問題もない）国債市場に対する変更のような，新方式の中の諸々の構成要素もそうであった．驚くべきことは大蔵省との議論の欠如である．この規模の改革ならばどのような提案であっても，長期間にわたって大蔵省と密接な協議をする問題になっていたと思われて当然であろう．しかし，そうはなっていなかった．イングランド銀行が同行の提案する改革について大蔵省に通知するのが適当であると考えたのは，ようやく最後の段階になってからであった．実際，明らかにされたのが非常に突然であったので，大蔵省の多くの人々には，自分たちはその計画について通告されるまで何も知らなかった，それはただ自分たちの上に落下してきた，という印象が残されている．たとえば，大蔵省の事務次官であったクロームアム卿（Lord Croham）〔ダグラス・アレンと同一人物〕は，後に，自分はその文書が大蔵大臣のところに行く前には見せられておらず，自分のスタッフの中にも彼に報告することなく見た者はいなかったであろう，と語った．彼は，それ以前に続けられたやり取りについては何も知らなかったのである．また，当時の国内金融局主席経済アドバイザーであったフランク・カッセル（Frank Cassell）は，「私は，1971年の競争と信用調節の『衝撃』を思い出す．大蔵省がその文書の草稿（先行する議論は行われていなかった）を初めて受け取った時，国内金融局側にいるわれわれは，完全に投げ倒された」と書き送ってきた[18]．しかし，ファイルからは，進行している作業についてイングランド銀行は1月に大蔵省の官僚に知らせており，アレンには2月12日にその文書が6部送られたことが浮かんでくる．その数週間後にアレンは，イングランド銀行とのある会議で，その計画に関する短いメモが大蔵大臣に提出されるであろうと言ってい

る[19]．もっとも，たとえそうであったとしても，それは通常の基準からするとまったく手遅れであった．

　大蔵省が特定の要素について懐疑的であり，かなりの説得を要したことは本当である．そして，議論の時間は確かに短かった．オブライエン〔この時点のイングランド銀行総裁〕が提案の概略を3月12日に大蔵大臣に書き送る以前には，大蔵省の官僚たちは，その問題については記録に残る会議をわずか3回しか開催していなかった[20]．大蔵省の主な心配は，移行期の間，金融政策の統制が失われないかどうかであった．実際，イングランド銀行自身の予想は，継続中の貸出上限規制の下においてよりも銀行貸出は増加するであろう，したがって特別預金を預託させる，あるいは金融予測において想定されているよりも高い利子率を採用することが必要になるかもしれない，と示唆していた．フィギャーズは，利子率の引き上げが「政府にとっては非常に困る」ものになるであろうと言っていた[21]．ここで決定的であったのは，貨幣需要関数の安定性についてのイングランド銀行の作業であった．これはフォードとクロケットの草稿作成においては，どんな形にせよ明示的には大きく扱われていなかったが，それが今や討論の中に放り込まれたのである．3月初めに大蔵省に渡された，新方式がもたらす定量的な意味を探る論文は，全貨幣ストックもその増加率もともに上限規制の賦課によって影響されてこなかった，と述べていた．これは，上限規制の撤廃は何も影響をもたらさないことを意味するものではなかったにもかかわらず，「撤廃は，貨幣集計量総計においてよりも貨幣ストックの各構成部分においていっそう顕著な変化を誘発する可能性がある」とされた．マクマーンのアレン宛て補足書簡は，「新方式の下で理論的に起こりうるとされる信用拡張のようなものは，もしそれが導入されたとしても起こりそうにはない」と結論した[22]．これらの議論は決定的であった．グッドハートが後に書いたように，それらは，銀行貸出に対する規制は時間の無駄であり，その代わりに利子率が利用されうると大蔵省を説得するのに使われた．このようにして「競争と信用調節（competition and credit control; CCC）」への道が開かれていったのである[23]．

　協議が提案されて，総裁と大蔵大臣の会談が行われた後に，大蔵省の文書は，大蔵省が「銀行家たちとの討議に直接関与」することに総裁が同意したと記録

した.しかし,オブライエンは,その「同意した」の横に「彼ら(大蔵省)とは緊密に接触を続けること!」と書き込んだ[24].大蔵省は明らかに代表を確保するのに必死であった.翌週,オブライエンは,ホワイトホール〔官庁街,ここでは大蔵省を指す〕によるもう1つの「記録用メモ」の中の表現に異議を唱えて,はじめの部分に「どうぞ記録してください——私は銀行とのどんな会合についても大蔵省の出席に同意しなかった」と書き加えた[25].これらの交渉において,承認された議定書の効力を弱めるようなことはありそうになかったのであり,またオブライエンはそういうことにうるさい人物であった.

1971年3月の予算案において,バーバー〔この時点の大蔵大臣〕は,金融調節の手法における柔軟性を拡大すると宣言した.彼は,この領域においては準備作業が行われてきており,その構想が当局,銀行,およびファイナンス・ハウスによって今から十分に検討されるであろうと言った.それからバーバーは,ちょうど刊行されたばかりの消費者金融に関するクローサー報告に言及し,同報告の割賦販売規制廃止要求を拒否した.最後に,新しい構想が議論されている間は銀行貸出に対するガイドラインを維持することがいぜんとして必要になるであろうが,彼は,銀行貸出は四半期につき2.5%の率で増加することが許されるであろうと言った.それ以上の詳細は,96の団体や銀行に対してイングランド銀行から送付された通知によって告げられた.手形交換所加盟銀行は,その貸出を1971年6月までの四半期に1970年3月水準の7.5%以上増加しないよう要請された.ファイナンス・ハウスにも同じ割合が適用されたが,その他の銀行に対する数字は9.5%であった[26].

3月初め,総裁は,ロンドン手形交換所加盟銀行委員会(CLCB)代表者のフォーブズ(ミッドランド銀行の会長)およびエリック・フォークナー(Eric Faulkner)(ロイズ銀行の会長)に,根本的な改革が近い将来にあるかもしれないということをすでに内報していた.オブライエンは,「銀行業分野もいっそう競争的な時代に入るという見通しにフォークナー氏の両眼が輝いたのは,いかにも彼らしい」と書き留めた[27].オブライエンはさらに,さまざまな銀行組織の代表者たちへの非公式な要旨説明の新たなラウンドを開始し,計画している改革の本質を説明した.予算案発表の前日,オブライエンはフォーブズとフォークナーに再び会った.フォーブズは国債市場に影響があるかどうかを尋

ねたが，総裁は答えるのを避けた[28]．4月の最初の2週間の間に，総裁は，スコットランドの手形交換所加盟銀行，ロンドン割引市場協会（London Discount Market Association; LDMA）各社の会長たち，引受商会委員会，そしてファイナンス・ハウス協会（Finance Houses Association; FHA）のそれぞれの代表者たち，ならびに諸々の外国銀行の代表者たちと会った[29]．オブライエンの希望は，イングランド銀行が4月19日に協議資料を出すことであった[30]．その最初の草稿は1971年3月22日付となっている．この計画はたいていの文書において通常「新方式（new approach）」と呼ばれていたが，この草稿が「競争と信用調節」という表現が用いられる最初の機会になったようである[31]．イングランド銀行は，大蔵省の助力も得て協議資料のいろいろなバージョンを少なくとも半ダース作成したが，オブライエンの意向にもかかわらず発表は1カ月遅れた[32]．

2. 市場操作における改革

協議資料が遅れたのは，おもに提案の中の国債市場に関する面を固めようとする試みのためであった．ガバメント・ブローカーのピーター・ダニエル（Peter Daniell）は，すでに1970年の4月と11月の間に，価格変動幅のいっそうの拡大を許容するとか，あるいは発行部がある1日に購入する国債の額を制限するというような，国債市場の管理において考えられるいくつかの改革の輪郭を描いていた．ただし，運営上の観点からにせよ，あるいは国債の市場性に対して影響が起こりそうであるという理由からにせよ，どちらにしても実行可能であると思われるものはなかった．しかし，マレンズ社（Mullens）はまた，他のもっと根本的な選択，とくに証券取引所から政府証券を撤去し，アメリカ式スタイルに沿って「ディーラー組織」を設置するというのも魅力がないと考えていた．そういうやり方は債務期限の著しい短期化をもたらすであろう，と予測された[33]．もう1つの関心事は国債市場のイメージであった．価格変動はいちだんと「猛烈」になりつつあって，報道機関は市場を「賭博師の天国」と評していた．キャピタル・ゲイン課税の導入（1965年）のせいであるという説明がなされたが，導入後には，以前には市場を安定させる作用があった「ア

ノマリー入れ替え (anomaly switches)」に保険会社がもはや携わらなくなったのである．また，当局の売買戦略も関係していた．4つの主要な目標がダニエルによって提起されていたが，そのうちの3つ，すなわち秩序ある市場，国債の償還，そして債券の満期の長期化は，十分に良く知られていた．4つ目が新しいもの，すなわち「マネーサプライの増加を避けるよう努めること」であった．ダニエルは，イングランド銀行と大蔵省のこれに関する過敏さは秩序ある市場の維持に関してよりも上回っていたと考えた．彼は続けて説明した．イングランド銀行は1968年12月以前には，通常，中位の市場価格に非常に近い水準で進んで売買した．しかし，1969年の初め以降，買いは中位の市場価格よりかなり下の価格で行われがちになり，そのことは，相当に下がった水準で買い戻そうとする機関投資家による売却を促進することになった．結果として，「比較的小さな出来事に対して猛烈な価格変動が」起こった．ダニエルは，価格の動きを安定化させるために戦術を修正することを求めたのであった[34]．彼は，1952年と1958年の間には，大銀行の1つが売り手であった場合には臨時の買い値がつけられたのであるが，短期の国債だけが買われたことを詳しく説明した．その政策は1959-62年の期間にも継続されたが，しかし市場が「負担をかけられすぎた」時には国債に対する「悪い買い値」がつけられた．これは1960年2月に起こったことである．1962年以降，「売り出される国債をつねにすべて買う準備をしておく」という戦術が「しだいに発展した」．「国債市場をそっくりまとめて放棄するという『上からの命令』を回避するために，1962年以前に広く行き渡っていた政策に，ともかくある程度まで立ち戻るのが妥当」であるように思われる，と彼は主張した．マレンズ社は，市場取引高の収縮は避けられないであろうが，その多くは投機的なものであるから，それは悪いことではないと思っていたのである．さらに詳しく言えば，満期が1年以上の国債は決して買い切らないこと，自由に入れ替えられるけれどもそれはより短期の国債に対してだけであること，および「価格が適切で国債が求められている時に」売れるようにしておくこと，等々を含むいろいろな方法が列挙されていた．変種としては，満期の期限を5年まで伸ばすこと，もし売り手が手形交換所加盟銀行であるとわかっていたら買うこと，および具体的に定めた範囲内で売りと買いどちらの方向でも入れ替えること，が含まれていた[35]．

第 10 章　競争と信用調節　　　　　　　　　　601

　これらの構想は，1970 年 11 月にフォード，ペイジおよびマレンズ社の会合で議論された．ダニエルとゴア・ブラウン（Gore Browne）は，マネーサプライならびに国内信用拡張（DCE）に関するホワイトホールの懸念が市場に根本的な変化をもたらすであろう，という彼らの見解を何度も繰り返した．彼らは，「避けられない事態」を待つより，むしろこれを進ませようと決意していた．しかし，彼らは，イングランド銀行が彼らの提案を「革命的すぎる，あるいは不必要」とみなすのではないかと懸念していた[36]．事実はそうではなかった．フォードは，国債市場の管理において改革が必要になっているかもしれないことを認めた．彼は，「現在の義務的取り決めに代わる，満期が近いものを除く裁量的な買いオペの復活」を計画中であった．それは疑いなく市場性を弱めるであろうが，もし新しい取り決めが採用されたら，イングランド銀行が選択した価格での義務的な買い入れを維持するのは困難になるであろう．「国債市場が下落し，売りに出される国債をわれわれが通常のやり方で買い入れてマネーサプライを膨張させている時に必ず出てくる例の非難は，システムが自由になればなるほど，……ますます大きな打撃を与えるようになるであろう」[37]．

　ペイジが 1971 年 1 月に手法を再評価することになる出発点は，国債の取引をやめることがもたらす損害がどんな利益よりも相当に大きくなりそうなことであった．これを裏づけるために，彼は，市場から撤退することの危険性について警告している，オブライエンの 1968 年 11 月の大蔵省宛書簡から長い抜粋を付け加えた．その時ペイジは，「マネーサプライ増加率の短期的変動から生じると一部の人によってみなされている，経済発展の望ましい経路に対する悪影響については疑っていること」を認めた．彼はまた，中長期の国債を「一時的に換金する」機関によって多くの害悪がもたらされているということも疑っていた．というのは，イングランド銀行は通常ごく短期間のうちにそれらを再売却できたからである．しかしながら，ペイジは教条的ではなく，マネーサプライについては自分が誤っているかもしれないことを，そしてまた市場にとどまることへの賛成論は現在の手法が「変えられない」のを意味するわけではないことを，ともに認めていた．彼は，価格設定におけるより大きな柔軟性を通じて短期の売買業者を失望させようとするイングランド銀行の試みは，市場の変動をより大きくし，部分的には投機を刺激しただけであるということも認め

た．ペイジは，個人的には，これが「耐えられない」こととは思わなかったのである．しかし，もしそれが耐えられないもので，マネーサプライの短期的な変動が重大な影響をもつとしても，だからといって改善策は現在の手法の完全な放棄であるということにはならないと，彼は主張した．彼は，マレンズ社の線に即して，「われわれの 1962 年以前の操作方法，あるいは何かそれに近いものへ復帰する可能性を検討する」ことを求めたのであった[38]．

　マレンズ社は，1971 年 2 月に国債管理に関する彼らの構想を精密化した．表明された目的は，現在の償還および発行方法の継続を可能にするために市場の一般的な統制を維持できるようにすること，しかし同時に，マネーサプライに関する心配があるので大量の国債を取引する必要をなくすこと，また市場にいる大規模な売買業者を刺激することを避けること，であった．その計画には 3 つの構成要素があった．第 1 に，例外的な状況にある時にイングランド銀行の裁量によって，という場合以外には，満期まで 1 年以上ある国債の買い切りは行わない．第 2 に，売り切りは，価格が適切な時にはつねになされる．第 3 に，入れ替えは「より短期なものに対してはつねに，より長期なものに対しては範囲の定められた満期グループ内部においてのみ」，売りと買いどちらの方向にも行われる．提案された満期グループは，0〜5 年，6〜15 年，16〜25 年，26 年以上，であった．こうして，たとえば，ある 30 年国債はいつでも 10 年債に対して売ることができる．ある 10 年国債はいつでも満期が 9 年までのものに対して売ることができる．10 年国債はまた，より長い満期のものに入れ替えることができるが，その満期グループ内部のものに対してだけ，すなわち 15 年ものまでである．ダニエルは，市場に対する影響を予測するのは難しいが，取引高は減りそうであり，公衆によって保有される債券はおそらくより短い期間のものになるであろうし，イングランド銀行が利子率を統制するのはより困難になるであろう，と記した．にもかかわらず，彼は，「市場が良好で活発なものであり続けない理由は私には思いあたりません」と続けた．そして決定的であったのは，ガバメント・ブローカーの見解では，次の満期ものの買い戻しと国債発行が継続できそうであったことである[39]．

　ペイジはダニエルに賛成し，総裁・副総裁に，提案は満期が近づいているものと入れ替えることによって投資家が国債から退出していく能力を抑制すると

述べた．そしてペイジの主張では，もしそのような変更が導入されるとしたら，そのことは，新方式に関して銀行と協議を開始する時点において明らかにされねばならなかった．その時に想定されていた予定表では，それは4月初めを意味した[40]．ペイジの説明によれば，継続的借り換えの手法を改善し，国債の市場性を保つために公的操作が拡張されていたので，1962年までは「われわれは，買い切りにおいてであれ売り切りにおいてであれ，あるいはあらゆるイギリス政府証券のなかである公債を別のものと交換する方法によってであれ，かなりの代償を払ってでも取引する用意をしていた」．この手法に対する主な批判は，「政府債務の現金化に対して黙って従うことを当局に強いるものであり，それによって国内金融政策を弱める」というものであった[41]．そこで，新しい提案の輪郭が描かれたのである．フォード，マクマーン，およびペイジが3月に大蔵省へ行った時，2つの鍵となる疑問が提起された．すなわち，政府債務の市場性に対して望ましくない影響を与えそうか．そして，この変更はより良いマネーサプライ管理をもたらすか．大蔵省はまた，新方式のその他の部分は国債管理に関する提案を実施しなくても採用できるのかどうかを知りたがった．イングランド銀行は，与えそうな影響に関しては，おそらく債務の平均満期の短縮化が起こるであろうし，また利子率は今までよりかなり高くなるかもしれないという，ガバメント・ブローカーの見解を提示した．マネーサプライの点では，この計画の主要な利点は，現在イングランド銀行に課されている，手形交換所加盟銀行から国債を買う「義務」が除去されることであった．銀行が容易には保有国債を処分できないということは，特別預金のもっと柔軟な使用を構想している信用調節の新方式にとってきわめて重要なことでもあった[42]．

4月の初め，イングランド銀行，ガバメント・ブローカー，および少数の基幹的市場関係者が参加する，高度に秘密の協議が何度かあった．反応はショックから激励までさまざまであったが，イングランド銀行は，全体として，協議を実施したことはきわめて有益であったという感じをうけた[43]．もっとも重要な議論は，2大国債ジョバー，ウェッド・ダラカー社（Wedd Durlacher）およびアクロイド・アンド・スミザーズ社（Akroyd and Smithers）の上級パートナーとのものであった．彼らは，イングランド銀行の提案が「最高に迷惑な」ものであると思い，当局が何らかの形での抜け道条項を提供しない限り，新しい

取り決めの下で倒産の危険を冒すことなしに長く営業できるとは考えなかった．ヒュー・メリマン（Hugh Merriman）（アクロイド・アンド・スミザーズ社）は，要求された場合にはイングランド銀行がジョバーの帳簿から一定の最高限度額まで国債を引き取るという，秘密の「最後の拠り所」協定を提案した．ダニエルは，この特殊な取り決めには納得しなかったけれども，何らかの方法で「ジョバーを支える」ことが初期においては必要であると確信した[44]．オブライエンとホーラムはガバメント・ブローカーに，「メリマン計画」には同意できないが，イングランド銀行は何か他の形での援助を考慮するであろうと述べた[45]．しかし，その後に設けられたセーフティネットは，ここで示唆されたものと非常に似ている．

　これらの交渉において注目の的であったのは，イングランド銀行は証券取引所のジョバーを通じてのみ国債操作を行い続けるべきか，それともアメリカ的な債券取引方式の方へ少し動くべきか，という点であった．改革に関する協議が行われた時，ロンドン割引市場協会（LDMA）のハリー・グッドソン（Harry Goodson）が，割引商会は12カ月以下の国債についてイングランド銀行と直接に取引できるようになるのかどうかを尋ねた．フォードは乗り気になっていたが，それは「微妙な領域」であり，いずれにしても「われわれは1週間したら証券取引所から店頭市場へ移るというわけにはいかない」と認識していた．おそらく彼は，12カ月以下の国債はマネーマーケットと証券取引所の両方を通して取引されうると示唆したのであろう[46]．ダニエルは反対して，ペイジに，自分はその考えには「極度に不満」であると言った．実際，彼の考えでは，どんな新しい取り決めの目的もそういうことが生じるのをきちんと避けるべきであった．彼は，満期が短いものを直接取引することにも何らかの道理があるのかもしれないけれども，それを割引商会に限定するのは難しいであろうと主張した．ダニエルは，自分の利益のためであることを否定しつつ，イングランド銀行は「直接取引に対して断固として反対」しなければならず，「そして，証券取引所の中の国債市場を機能させるために全力を尽くすべきである」と強調した[47]．2日後にダニエルは，総裁・副総裁は「アメリカ的なタイプの市場についての提案をすべて捨て去ってしまった」と報告した．もっとも，彼は，まだ「いくらかこの考えに取りつかれていた」フォードがその会合に出

席していなかったと，意味ありげに付け加えていた[48]．

　ペイジは，4月に総裁・副総裁に概要を伝えた時，5つの点を指摘した．第1に，国債市場における介入規模の重要な変更には，一般に，きわめてもっともな事情があった．第2に，提案を即座に導入したら，手法の修正というよりむしろ「実質的には別の国債市場を創造すること」になるであろう．第3に，別の市場には利点があるかもしれないが，それは目下のところイングランド銀行の狙いではない．第4に，混乱と市場性制約とを避けるために，もともとの提案において認められていたよりもさらに多くの支援を市場に提供する必要があるようである．最後に彼は，イングランド銀行の日々の操作のための余地を制限するのでメリマンの計画は受け入れられない，と繰り返した．しかし，イングランド銀行は2大ジョバーに「大規模損失抑制（stop-large-loss）」措置を提供する必要があった．ペイジは，次のような了解事項の基本概略を説明した．必要な場合には営業終了時にジョバーから買い切りで引き取る用意がある国債の量と最低価格をイングランド銀行が毎朝提示する．さらに，貸付あるいは売却・買い戻し取り決めのいずれかで，資金調達のための手段も設けられるであろう．その他の内容としては，入れ替えに関する多少の自由裁量，タップ価格公表制度への復帰の可能性，そして，求められた場合には，イングランド銀行に対して帳簿の状況を毎日開示することのジョバーによる保証，が含まれていた．以上のすべては，3ヵ月の移行期間後に行われる再検討の論題になるであろう．実際には，このうちの大部分はガバメント・ブローカーによってすでに提案されていた．さらに，ペイジには協議資料の中の国債に関するパラグラフに付け加えたいことがあった．「ご存知のように」と，彼は総裁・副総裁に次のように言った．

　　私は，われわれが提案している改革に賛成する金融政策論議の若干についていまだ懐疑的でありますが，そのことを遺憾には思っていません．しかし，国債市場における当局の介入の減少は，理屈としては，銀行システムにおける当局の介入の減少とぴったり対をなすものであるという主張に，私はますます引きつけられています．

もし銀行がより自由に彼らの事業を行うなら,そのときは投資家もまた,当局からの市場干渉なしにより自由に彼らの取引を遂行するべきである,と彼は続けた[49]．

同じ日に,ホーラム,フォード,ペイジ,およびブローカーたちはその文書を議論し,採用されている方針に概ね満足した[50]．次の日,ペイジは大蔵省に,提案は国債の市場性を維持するのに役立つであろうと述べた．彼は,協議資料が当局の市場介入の減少は一般的に望ましいという点に言及した理由を説明した．また,それによって新しい取引業者が市場に誘い込まれることを望んでいた．ペイジはやや譲歩して,「1962年からのわれわれの介入の拡大は市場を委縮させる効果を伴っていた．介入の減少は,もし秩序正しく行われ,唐突なものでないならば,他の人々の参入を促進するであろう．このように信じる理由がある」と述べた．セーフティネットは,「次に満期になる国債以外の買い切りから完全に撤退するわけではないという,2大ジョバーに対するわれわれからの秘密の通知」によって提供されるであろう．少なくとも次の3カ月間以上,イングランド銀行は,一般的には,具体的に定められた限度までの小額を「きわめて懲罰的な価格」で買う用意がある．これは,ジョバーが取引の継続は彼らを大きなリスクにさらすと思う場合に,彼らに逃げ道を提供するものとなるであろう．さらに,ジョバーは,バンクレートで7日間借入という形での,小さな「最後の拠り所」の便宜も提供された[51]．

割引市場に対する影響もまた,同時に検討されていた．1960年代においては,イングランド銀行は取り決め――シンジケート買付と入札に対する全額応札――を,運営上の便宜として,また大蔵省短期証券利率に対する影響力を同行に与えるものとして,理解していた．割引部副部長のロドニー・ギャルピン (Rodney Galpin) は,新方式の下でもこれを継続することは可能であろうと考えていた[52]．ホーラムは確信がもてなかった．実際のところ,彼は,イングランド銀行がシンジケートの継続を奨励するために何かをするべきであるとは考えていなかったのである[53]．そのことはさておき,銀行に対する提案,とくに適格資産に関連する提案は割引市場の活動に影響を与えるであろうから,イングランド銀行は何らかの統制を及ぼしうることを望んでいた．ペイジの提案は,割引商会は何らかの「公共部門債比率」を守るべきである,というものであっ

た．そこには2つの要素があった．(1)銀行システム内の他の機関〔割引商会以外の機関，すなわち一般の銀行〕に対しては彼らの資金量のその部分に基づいて，どんな利率であれイングランド銀行に預託する特別預金が求められる．これが受け入れられるので，割引商会は非銀行資金の12.5%を公共部門債に投資すること．(2)銀行借入資金についてもある比率，たとえば50から65%を同じように投資すること．これは，銀行システム内の他の機関に対する扱いと一致するし，割引商会に置かれる要求払い預金を銀行にとっての適格準備として算入することと釣り合う．そして，増加したコールマネーの100%を割引市場が商業手形あるいは譲渡性預金証書に使用することを妨げるであろう[54]．以上の構想は，再び大蔵省との協力の下に4～5月の間に発展させられ，LDMAに対して提出された文書の中に協議のための叩き台として据えられた．交渉戦略の一部として，イングランド銀行が公共部門債の保有に対して考えていた比率は伏せられた[55]．

3. ベールを脱いだCCC

「競争と信用調節」は，1971年5月14日金曜日午後3時30分に発表された．しばしば「緑書」と呼ばれたが，それは実際にはイングランド銀行の協議資料であり，政府の立法上の手順の一部ではなかった．ジョバーの会合もまた招集され，その場でガバメント・ブローカーが直々に，国債市場におけるイングランド銀行の売買に関して予定されている変更を説明した．ダニエルは，新しいシステムを機能させるための協力を懇願して話を終えた．それから彼は，もし新システムが機能しなければ代替システムが開発されるかもしれないと警告して，言った．それは「この部屋の中にいるわれわれにとって良いものではありえない」[56]．

イングランド銀行は，協議資料の写しを同封して，各国中央銀行，一般銀行および銀行団体に向けて約150通の書簡を送った[57]．それは，現行の流動性規制および貸出に対する量的規制がこれに取り替えられ，同時に手形交換所加盟銀行の利子率に関する協定が廃止される，と提案の要点を描いていた．金融政策の手法は，「銀行およびファイナンス・ハウスの貸出に影響を及ぼす特定の

方法にあまり依存せず,利子率の変化にもっと依存するようになる.そして,この変化は銀行システム全体にわたる準備資産比率に基づいた特別預金の預託請求によって支援される」,と説明された.同様の措置は預金取扱いファイナンス・ハウスに対しても適用される. 2つの要となる要素は,すべての銀行は「具体的に定められた特定の準備資産をポンド建て預金債務に対して決められる比率以上に保有しなければ」ならないこと,および「イングランド銀行が求めた場合にはそれだけの額の特別預金を同行に預託しなければ」ならないこと,であった.その文書によれば,最低準備資産比率の遵守は「金融政策の運営のための,良く知られている確かな基礎を当局に提供する」ことになる.準備率は 12.5% にすると提案されていたが,その準備を構成するものについても概略が述べられていた.そして,その準備資産の中に入れられているイングランド銀行預け金残高の水準については,ロンドン手形交換所加盟銀行と討議する必要があることが指摘されていた.国債操作における改革は直ちに影響を与えるはずであった.イングランド銀行は,残存期間が 1 年以下のものは除いて「国債の買い切り要求にはもはや応えないようになる.イングランド銀行は,「自らの裁量およびイニシアティブによってのみ」残存期間が 1 年超の国債を購入する権利を留保する.イングランド銀行は,「債券の残存期間が過度に短期化する」場合を除いて,「自らの選択した価格で」国債の交換を引き受ける.そしてイングランド銀行が売りたいタップ債および他の国債に対する買い付けには,対応する用意がある.これらの変更は,イングランド銀行が「約 10 年前に」市場において占めていた立場へ戻ることを意味した[58].オブライエンは,このシステムの基本的目的は「信用の配分が何よりもまずその費用によって決定される」ようにすることである,と力説した[59].

　国債市場に対してすぐに現れた影響は,予想されていた通り,発表翌週のかなり激しい下落であった.報道機関の論評は,その多くを,改革を消化しようと試みている市場のせいにした——市場は「暗闇の中で,あるいはむしろすっきりしない夜明けの灰色の光の中で」動いていた[60].もっと幅広い他の諸提案に関しては,新聞の見出しが飛びついてくるような領域は明らかにほとんどなかった.『サン』紙の「あなたの財布を狙って戦う銀行」と,『エコノミスト』誌の「そうです,ついに,シティの革命」という見出しだけが,競争の新時代

に大いに興奮を煽った．意見はいろいろあったけれども，提案は画期的出来事であるというのが大多数の合意であった．『エコノミスト』誌は，イギリス金融史が作られたと主張した．一方『タイムズ』紙は，それは「あらゆる銀行家が仕事人生の中で読むことになりそうなもっとも重要な文書」で，ほぼ間違いなく『ラドクリフ委員会報告書』と同等のものであるとまで推奨した[61]．

学者およびその他のエコノミストは，CCC 提案を議論する機会を与えられ，6月に50人が貨幣研究グループのセミナーのためイングランド銀行へ招待された．その出席者の1人，ミッドランド銀行のエコノミスト，ジョン・ウォズワース（John Wadsworth）は，これは「250年以上の間でイングランド銀行が誰かに意見を求めた初めての機会」であると論評した．誇張かもしれないが，しかし，これは外部の専門的なエコノミストがイングランド銀行の中で政策を討論した最初の機会の1つではあった．非常に多くの人が出席したので，やはり見解は多様であった．すなわち，これは正しい方向への一歩である，妥協である，イングランド銀行にとって逃げ道のある着想の寄せ集めである，強硬な措置はないであろう，上限規制は必ず復活するであろう．そして誰にも，自分自身のもっともお気に入りの準備率があった．提案については多数の批判があったけれども，セミナーは成功であると思われた．参加者のほとんどにとって，セミナーはイングランド銀行に足を踏み入れた初めての機会であったが，マクマーンは，セミナーが好ましい印象を与えたと確信した[62]．

しかし，セミナーにおける議論全体から2つの重要な主題が確認できる．その1つは準備率であり，もう1つは国債市場であった．一方の極には，比率は設定しないで，おそらく特別預金の助けも借りながら（ほとんどの人が特別預金の維持に賛成していた）公開市場操作を全面的に信頼してやっていくのを好んでいた人々がいた．もっとも，比率を設定する場合についても，より狭い比率を支持する人々（グリフィス）や，現金比率を志向している人々（ニューリンとパーキン）がいた．イングランド銀行が完全に認めたように，どのような比率にも過渡期の問題や健全性の問題が伴うであろうが，比率（公表されていなかった）に到達する費用と困難はたいていの銀行にとって厳しすぎるものではないであろう．しかしながら，現金比率は問題外であった．彼らは，それが機能することはわかっていたが，それが引き起こす激動に対処する準備ができ

ていなかった．それは，マネーマーケットや割引商会の慣行における巨大な変化を必要とするであろう．彼らは，そこまで革命的になる覚悟はしていなかったし，提案されている比率が現金比率のように機能するであろうということで満足していた．

国債市場に関しては，成功はこれにかかっている（ニューリン）が，このシステムは異なる方向へ引っ張る金融・財政政策――イングランド銀行の影響力を超えるもの――を乗り越えることはできない（オッペンハイマー），というのが有力な見解であった．ペパーは，国債市場は国内および海外の両方の取引から生じるマネーサプライの変化を中立化しなければならないと主張した．イギリス経済の開放性を考慮に入れると，それには多くのことが必要になる．さらに，市場は国債の独占発行者としてのイングランド銀行の気紛れな思いつきに適応しなければならないであろう．彼は，市場は自分自身でこのすべてをすることはできないので他の手法による助力を必要とするであろう，と結論づけたのである．彼は，攻撃的な公開市場操作は無秩序な市場をもたらすであろうと言ったが，彼の長い経験によれば，イングランド銀行はそういうものを許容しないはずであった．セミナーが計画に何らかの変更をもたらすことはなさそうであった．しかし，そのセミナーは，イングランド銀行に，前方に横たわっていそうな危険に対する警告を出していたのかもしれなかった[63]．

イングランド銀行は，1971年の5月から9月の間にすべての主要な銀行団体とも，さらにまた多数の個々の銀行とも，幅広い協議を行った．割引商会との協定は直ぐに締結された．LDMAは従来通り毎週の大蔵省短期証券入札に全額応札するが，シンジケート買付は廃止する．その代わりに，それより上ならどんな価格でも割引商会が短期証券に自由に応募できる最低引受価格を設ける．また彼らは，少なくとも配分された割当額は入札しなければならない．協議資料は割引市場に関しては2つの最低公共部門債比率が設定されるであろうと想定していたが，フォードは市場の代表者たちに，もし市場の，銀行借入資金と非銀行借入資金の割合が変わらないのなら，その場合は単一の比率が容認されるかもしれない，と述べた[64]．7月の終わりまでに，割引市場に対する新しい取り決めが固められた．各々の商会は，日次ベースで，その総借入額の50％以上の公共部門債を保有することに同意する．LDMAは従来通り大蔵省

短期証券全額の入札に応じ，その代わりに，イングランド銀行は最後の貸し手としての便宜供与を割引市場だけに限定し続ける．最後の点として，商会は，「粉飾決算」を目的として銀行と意図的な取引はしないことに同意した．これらすべては書簡の交換により確認され，そしてまた，イングランド銀行によって発行された文書によって公表された[65]．

ロンドンの加盟銀行からは要求に応じるつもりでいるとの請け合いがあったにもかかわらず，協議はなかなか進展せず，フォーブズは扱いにくい人物であった[66]．CLCBは，新方式には彼らを「差別する」諸側面があると感じていた．すなわち，質的なガイダンスがまだ出されるかもしれない．住宅金融組合（building society）や貯蓄銀行と競争する能力が制限されるかもしれない．手許現金が準備資産から除外された．同様に現在は流動資産である固定利率の輸出および造船信用も，準備資産から除外された．適格手形のわずか2％しか準備資産として算入されなくなった．そして適格負債の2％を，無利子でイングランド銀行預け金残高として預託しなければならなくなった．何よりも，既存の特別預金および銀行の過剰流動性に対処するために国債を発行するという，イングランド銀行の提案があった[67]．

イングランド銀行は，準備資産比率に算入できるものの範囲を，手形交換所加盟銀行が求めるように広げるのを渋った．なぜなら，それは流動性をあまりに高水準のままにとどめてしまうからである．7月の数字に基づくと，手許現金を算入すると5.5％の追加になり，また固定利率貸出はさらに4.4％の追加をもたらす[68]．しかし，イングランド銀行預け金残高を適格負債の平均1.5％まで減らすことは合意された[69]．借り換えの問題は，新方式の企てすべてをだめにするほどの力をもっていた．オブライエンがペイジから言われたように，「信用を拡張するための準備資産という形態での手形交換所加盟銀行の能力がかなり制限されることを示せないならば，われわれは，新しい取り決めの導入に大蔵省あるいは大蔵大臣の同意を取り付けることができないであろう」[70]．しかし，フォーブズはオブライエンに対して，借り換えの提案はイングランド銀行が初めて直接に手形交換所加盟銀行の国債投資政策に介入しようとすることを意味する，と不満を言った．総裁はこれに反論して，イングランド銀行は，1951年に行われたように（大蔵省短期証券の市場保有が1.75％利

付き連続借換国債〔整理公債〕10億ポンドの発行によって減らされた時のこと），「たんに新しいやり方のために道を片づけようとしているだけである」と主張した．オブライエンはフォーブズに，ホワイトホールは，銀行が「大量の過剰流動性をもってスタートを切る」ことがない場合のみ新しい計画に同意するであろう，ということを強調した[71]．CLCBから提出されたデータでは，提案されている最低12.5％に対して，1971年7月の準備資産は16.6％（17億5,200万ポンド）であった．7月中に準備資産の範疇に入る他の国債を考慮に入れると，準備資産の状態を，イングランド銀行がもっと受け入れやすいと思っている数字すなわち15％までに減らすためには，約3億6,000万ポンドを〔長期国債に〕借り換える必要があるであろう．さらに，特別預金の3億9,250万ポンドが残っていた．こうしてイングランド銀行と手形交換所加盟銀行は，借り換えられる総額としては7億5,000万ポンドで決着した[72]．これらの数字は大蔵省に送付され，問題を大蔵大臣に委ねることが合意された[73]．総裁と大蔵大臣が8月に会った時，バーバーは9月10日に発表する姿勢を示した[74]．

その他の銀行との間には，解決されねばならない問題がいくつか残っていた．スコットランドの手形交換所加盟銀行は，彼らの歴史的発展状況や他と異なる特徴が，地域的な経済的要因と相まって，提案に部分的修正を施すことを正当化するはずであると主張した．おもな不満は，準備資産比率に関してと，特別預金が，スコットランド人向けのより低い率を伴わず，すべて共通にされていることに関してであった．適格資産に関しては，スコットランドの銀行券に対する保証として保有されているイングランド銀行券が算入されず，またスコットランドでは通常は流動資産とみなされている取り立て中の小切手も参入されないことに，スコットランド人は動揺した[75]．ペイジからの最初の応答は好意的なものではなかった．それで，バンク・オブ・スコットランド総裁ポルワース卿（Lord Polwarth）からオブライエン宛ての，サー・ウォルター・スコット（Sir Walter Scott）の著作を引用しながらの私信を含む，さらなる嘆願が生まれた．イングランド銀行は，不安は誇張されていると強く主張した．にもかかわらずオブライエンは，特別預金に関して「多少の軽減」の可能性を示唆する，少しなだめるような書簡をあえて送った[76]．スコットランド人は，唯一の純粋にスコットランド的な特徴すなわち発券については多少の余裕を認めるよ

第10章 競争と信用調節

うイングランド銀行に強く求めて，彼らの運動の手を緩めなかった．彼らは，スコットランドの銀行券がCCCの脅威に見舞われていると示唆する新聞記事の情報源であることは，きっぱりと否定した[77]．イングランド銀行によって検討されたある譲歩は，1845年の銀行券（スコットランド）法以来ずっと固定されたままになっていたスコットランドの保証準備発行の増加を認めるというものであった．しかし，それは独自の立法を必要とすることで，議論を巻き起こすかもしれなかった．より容易な選択は，そしてそれを発見したことでフォードが業務局を称賛したものは，1年につき約60万ポンドになる，発券に対する印紙税の廃止であった．これは財政法の1条項によって，あまり注目されずに実施することができた．それが，9月初めにスコットランドの手形交換所加盟銀行の同意を獲得するのに十分魅力あるものであったのである[78]．

北アイルランドの銀行との間にも同様の問題があった[79]．誰もが認めるように，その地方における政治的・経済的状況は非常に微妙であったが，ペイジは，北アイルランドの銀行は少なくともこの枠組みに入るのは彼らにとって適切であるということを原則的に認めるべきである，と思っていた[80]．フォードは北アイルランドと密接なつながりをもつ人物であったが，8月の後半にベルファストへ行き，北アイルランド銀行家協会の代表者たちに述べた．イングランド銀行はこの地域特有の諸問題を認識しており，このシステムを当地の銀行に押しつけることを望んでいないが，当地の銀行がただ計画から除外されるだけということはありえないであろう．彼は，準備資産比率への同意を取り付けることができたが，その詳細についてはいっそうの検討の後に決定されることになった[81]．

ファイナンス・ハウスとの交渉は，協議資料発表後ほとんどすぐに開始されたが，もっとも長引いた．ファイナンス・ハウス協会（FHA）には，いくつかの異議があった．協会は，定められているような資産を自己の貸借対照表に保有する必要はないようなファイナンス・ハウスに対しても，12.5%の準備資産比率が一律に適用されることを懸念していた．また，預金取り扱いはすべての金融会社に当てはまることではないので，この計画が預金取り扱いを重視していることについても心配があった．さらに，もしファイナンス・ハウスが信用調節の目的のために銀行として扱われるとしたら，その場合には預金者保護

法の目的からも，同法が規定する除外規定の適用によって，彼らは銀行とみなされるべきであろう．イングランド銀行はその方向への動きに納得していたが，大蔵省と貿易産業省は乗り気ではなかった[82]．若干の譲歩が提案された．すなわち，取り決めは総預金債務が500万ポンド以上のFHA会員のみに適用され，そして「問題が未解決」のままでも，これらの商会は銀行の地位を与えられることにされた．準備率の水準もまた議論に取り上げられた．ただしペイジは，イングランド銀行がさまざまな利率で特別預金を発動する権利を保持するであろうと警告した[83]．それでもFHAは，会員が銀行と同じ程度まで準備資産を保有することによって損失を出さねばならないのは不合理であると考えて，7.5％がもっとふさわしい数字であると主張した．フォードは10％の提案で応じた[84]．結局，16のファイナンス・ハウスが10％の準備資産比率に従うことを決めた[85]．

　以上のような諸々の組織との議論は，イングランド銀行が自ら望んだ一律的システムを確保するためにはきわめて重要であった．それは大部分うまくいった．ロンドンでは地域的な特質にほとんど関心が払われていないという愚痴があったかもしれないが，ホーラムがスコットランド人の場合について記したように，彼らはたんに，「連合王国の他の部分においてどのような事態が進んでいようとも」，策をめぐらす自由をもつことができなかっただけなのである[86]．とくに，CLCBの協力が得られたことは決定的で，それは他のすべての人に歩調を合わさせることを意味した．オブライエンが8月にゴールドマンに語ったように，彼はスコットランド人に対しては譲歩をしたくなかった[87]．ロンドンの手形交換所加盟銀行も，彼らにもそれを与えるように望むからである．しかしながら，他のすべての機関と最終的に合意に到達したので，CLCBは，新しい計画を同委員会自身が受諾したことを含む書簡を1971年9月7日に送付した[88]．

　それからは，計画が進んでいく道に障害物はなかった．イングランド銀行は1971年9月10日に，基本計画に対して合意の上でなされた修正をわかりやすく説明する「準備率と特別預金」という文書とともに，手法の変更を説明する通知を発行した．28％の流動性比率は12.5％の最低準備資産比率に取って代わられた．準備資産は，イングランド銀行に保有する預け金残高（手形交換所

加盟銀行に対しては1.5％），大蔵省短期証券，法人税準備証書，コール・ローン，満期まで1年以下のイギリス国債，そしてイングランド銀行での割引に適格な地方公共団体短期証券ならびに商業手形（前者は適格債務の最大2％までが限度）から構成される．実際には，これは，以前の流動性比率を縮減し，かつ再規定することであった．手許現金およびその他の以前に認められていた流動性資産を算入したら，比率は22％になっていたであろう．変更は1971年9月16日に発効した[89]．こうして協議資料で説明されていた新しい規制体制がわずか4カ月の間に，かつ完全に自発的に，合意され，導入されたのであった．『エコノミスト』誌は，同誌が「銀行業革命」であるとみなしたこの体制を歓迎する一方，以下のように述べた．「イギリスの国内金融制度全体のこの徹底的な改革が……立法条項の主題とならなかったことは，本当に述べる価値がある．議会はほとんどそれを議論しなかった．それはすべて，シティにおける民間の秘密会議において紳士たちの協定として整えられた」[90]．

4. 運用中のCCC

CCCの導入後になると，何が達成されたのか，またどのように機能しているのかについて，多くの意見が現れた．金融政策についてもまた，いっそう率直な議論が生じた．とは言っても，その問題を扱う現代の研究者は驚かないであろう．彼らはおそらく，関心が甦ったおおよその原因は1972年半ばにおける変動為替相場の採用と，それによって与えられた，金融政策を独自に遂行できる新しい自由であったと思うであろう．しかしその時点では，大蔵省においてもイングランド銀行においても，そういう議論はなかった．第1に，変動相場が続くということは明白ではなかった，あるいは一般に認められていなかった．さしあたり考えられていたのは，固定ないし釘付け相場へ復帰することであった．もう1つ言えば，理論的態度は広く受け入れられるものになっていなかった．

しかし，注目はマネーストックに移っていた．フォードが表明したように，イングランド銀行は1971年に古いものと単純なものを捨て去った．貸出上限規制は廃棄され，消費者信用に対する規制は停止された．銀行カルテルは廃止

され，国債市場への支援は大きく撤回させられた．「もう1つの特色は，……われわれが捨ててしまったものに代わる，1つの新しい平易な目標として，より広い定義のマネーストック（M3，毎月公表される）を明確に採用したことであった」．彼は，金融政策がもっと明快に表現されること，そして「特定の定義のマネーストックそれ自体にあまり排他的に関連づけないで」，むしろいろいろな指標や他のデータに関連づけることを求めた[91]．彼は，ロンバード協会における副総裁の演説がこの方向にスタートを切ったと感じていた．ホーラムが古典的な彼のスタイルで述べたことは，CCC が利子率により大きな役割を与え，より広い貨幣集計量へと注目を向けた一方で，過去に保持されていた関係は1972年に崩壊してしまった，ということであった．その前年の M3 の増加は26％であった．M3 の大きな増加はインフレーションの原因あるいは症状，またはおそらく両者の少しずつかもしれない，と彼は論じた．「イングランド銀行にいるわれわれは，今日の状況において何らかの形態の所得政策が役割を果たすかもしれないと思っている．……金融政策は影響力をもつ多くのもののなかの1つである」[92]．このように，その話には過去の日々からの大きな変化は必ずしも入っていなかった．それゆえ，フォードは，選択的信用調節が議題に上げられねばならないと主張するところまで突き進んだ．彼は最後には，現在の制度上の決まり，すなわち「各段階にさまざまな程度の垂直的な意思疎通および支配があり，そしてさまざまな見せかけの集団作業を伴う，大蔵省とイングランド銀行との間の奇妙な連絡の階梯」について，不平を言った．彼は，業務局長がこれに関する文書を提出するべきであると考えた[93]．ペイジは滞りなく文書を提出し，フォードの分析に同意して，政治家があまりにも影響力をもちすぎていて，「その結果，諸々の決定が必ずしもつねに合理的になされてきたとは思えない」と嘆いた[94]．バンクレートが閣僚たちによって凍結されるのを避けるために，最低貸出利率（MLR）が導入された．しかし，大蔵省の官僚たちは，彼らに課された政治的説明への要求には共謀して答えた上で，それに対して生じた批判についてはすべてイングランド銀行に負わせた．

新方式は，特別預金と公開市場操作の支援を得つつ，バンクレートを含む利子率をいっそう柔軟に使用することにこれまでより大きな役割を認めていた一方で，CCC が導入された時点においては，その柔軟性がどのようにして実現

されるのかは未解決のままであった[95]. 困難の1つは, ラドクリフ報告以来, イングランド銀行がすべて先導したとはいえ, バンクレートの変更は大蔵大臣の正式な承認でもって実施されてきたことであった. イングランド銀行は, この状態から解放されることを熱望していた. バンクレートの変更を, 従来通り大蔵大臣の関与が必要な政策変更に関係するものと, 市場操作の目的のためにイングランド銀行が必要であると判断する技術的な調整との, 2つの明らかに異なる範疇に分割してはどうかという提案が, 1971年の終わりまでに出てきた. 予想される危険は, 大蔵省が日々のマネーマーケット操作に過大な関心をもち始めるかもしれないということであった. この着想をめぐってはほとんど前進がなく, イングランド銀行は1972年の夏までに提案を死んだものとみなすようになった. 大蔵大臣の方は, たとえ小さくとも, バンクレート変更に関する責任はどんなものであれ放棄することはできないと思っていたのである[96].

しかしながら, 金融の状況がその着想の復活を促した. 1972年の前半における貨幣量増加はきわめて急速であった. M3は第1四半期に4.5%まで増加し, 第2四半期には7.5%増加した[97]. バンクレートはポンドが変動相場制になった1972年6月に5%から6%に引き上げられたが, イングランド銀行はすぐに7%へのいっそうの引き上げを主張した. 伝えられるところによると, 首相はそういう動きには完全に反対であった. 8月にペイジは2つの可能性を思いついた. 1つは, バンクレートを使わないままにして, イングランド銀行が同行保有の大蔵省短期証券の価格を通じて全面的に操作するというものであった. しかし彼は「バンクレートを博物館に入れることについては非常に用心深かった」[98]ので, この考えを重要視することはなかった. もう1つは, 「変動する」バンクレートをめざすものであった. すなわち, バンクレートを市場利率に結びつけ, それとともに変動することが許されるようにする. 市場利率とは, いうまでもなく大蔵省短期証券の利率である. ただし, イングランド銀行の主導による段階的な利子率変更が排除されるわけではなかった. ペイジの告白によれば, 彼はある段階では変動バンクレートが魅力的であると思ったが, その後, それは市場を案内者もなしに放置することになるという理由で——そこには本質的な意味がほのめかされていたのであるが——見解を変えた. 結局, 2つの選択肢はともに「大きな技術的長所がなく, 閣僚たちがバンクレ

ートを変更するのを嫌がるという問題を避けて通るための策以上のものではない」，と彼は考えた[99]．さしあたり，彼はバンクレートに執着することを選んだのである．

次の数カ月間にわたって，閣僚たち，とくに首相は，それがもたらす政治的影響を理解していたがゆえに，7%への引き上げを認めることを拒否し続けた．インフレーションは年率7.2%で進行していた．イングランド銀行は，政治家たちの恐れがインフレーションを操作不能の率から抜け出せなくしてしまうことを心配した．実際，1972年の9月初め，大蔵省短期証券の利率はバンクレートを超えた．大蔵省の官僚たちは引き上げの必要性を受け入れ，そしてバンクレートに付加されている重大性を「弱める」手段に関してさらに議論を行った．ペイジの以前の心配にもかかわらず，変動バンクレートが議題に戻ってきた．直近の入札における大蔵省短期証券の平均割引率に0.5%を加えて，さらにそこからもっとも近い0.25%刻みにまで切り上げたものを基本とする，一定の方式のもとで利率を自動的に決める考えが出てきた．大蔵大臣の承認があるならば必要な場合には利率の変更を管理する自由がイングランド銀行にあるので，その方式は必ずしも絶対に許されないものではなかった．現在のような状況においては，利率が新しい水準に適合するまで，その自動的方式の実施は一時的に停止されるであろう．「バンクレート」という表現は発表方式上の理由からもあまり目立たなくなるであろうし，0.25%という区分の導入もまた，旧来の取り決めと新しい取り決めの間の違いを強調する助けとなるであろう．ペイジは変更が9月に実施できることを望んだが，結局，「最低貸出利率(minimum lending rate: MLR)」——新しいメカニズムはそう呼ばれた——は10月にようやく導入され，バンクレートの270年間に終焉がもたらされた[100]．

MLRは，毎週の金曜午後に大蔵省短期証券入札の結果と同時に知らされた．したがって，毎週の木曜日にイングランド銀行の正面玄関と証券取引所の立会場で同時にバンクレートを発表するという，長年続いてきた伝統もまた終わることになった．公衆向けに示された，MLR導入の公式的理由は以下の通りであった．MLRとは，バンクレートがもつ重大性をCCCの下で縮小させるものであり，そして，金融政策における大きな変更を表明することなしにマネーマーケットにおいて求められる柔軟性の増大を可能にするものである．それは

また，借入を抑止するための罰則として大蔵省短期証券利率を上回る利子が生じることを確実にするであろう．この方策は金融報道機関には一般に好意的に受け止められたが，『バンカー』誌は，バンクレートの「仮面を剝いだこと」をイングランド銀行が後になって後悔するようになるかもしれないのではないかと，あえて問いかけた[101]．その方法の実施は，その利点が何であるにしても，即座に影響を及ぼすのは間違いないと思われていた．バンクレートは1972年6月以来，6%で動いていなかった．1972年10月13日の最初のMLRは7.25%で，その年の終わりに9%に達した（表10-1）．4年後に振り返った時ペイジにわかったのは，イングランド銀行が適切であると判断したこれらの利率は規制システムの変更がなければ達成できなかったであろう，ということであった[102]．

表10-1 バンクレートまたは最低貸出利率の変更（1971-73年）

日付	変化（%）	新利率（%）
バンクレート		
1971.4.1.	−1	6
1971.9.2.	−1	5
1972.6.22.	1	6
最低貸出利率		
1972.10.13.	1.25	7.25
1972.10.27.	0.25	7.5
1972.12.1.	0.25	7.75
1972.12.8.	0.25	8.0
1972.12.22.	1.0	9.0
1973.1.19.	−0.25	8.75
1973.3.23.	−0.25	8.5
1973.4.13.	−0.5	8.0
1973.4.19.	0.25	8.25
1973.5.11.	−0.25	8.0
1973.5.18.	−0.25	7.75
1973.6.22	−0.25	7.5
1973.7.20.	1.5	9.0
1973.7.27.	2.5	11.5
1973.10.19.	−0.25	11.25
1973.11.13.	1.75（管理された変更）	13

出所：*BEQB*.

CCCが1971年9月に実施された時，特別預金の残高（ロンドンの手形交換所加盟銀行は3.5%，スコットランドの加盟銀行は1.75%）は全額払い戻された．将来の操作のための新しいガイドラインが大蔵大臣と合意されたが，そこには，新方式の下では特別預金をより柔軟なやり方で使用しようという意図が込められていた[103]．ただし，「柔軟な」が意味するところは明白ではなかった．CCCの下での最初の預託請求は，それについてすでに数カ月間議論されていたにもかかわらず，1972年の終わり近くになって発せられた．オブライエンは11月7日にバーバーに書簡を送り，政府の大規模な資金調達のせいで銀行システムの流動性が年末に緩和されることは明らかであると説明した．多量に保有されている1973年5.25%利付き大蔵省国債が準備資産として扱われるようになるので，銀行の準備資産比率はパーセントで3ポイントも上昇するからである．したがって，オブライエンは1%の預託請求を行うべきであると進言した．その後にタイミングに関して若干の議論があったが，イングランド銀行は11月9日，11月30日に0.5%の払い込み，12月14日に残りの払い込みで，預託請求が11月15日に行われると発表した[104]．これに続いて，すぐ翌月にも2%の預託請求が行われ，1973年1月に2回分割で払い込まれた[105]．1973年の4月と5月には，イングランド銀行は，それが特別預金の柔軟な使用を証明する良い機会になるし，拘束を解かれた現金は銀行による国債の購入に使われるかもしれないという理由で，0.5%の引き下げを主張し続けた．伝えられるところでは，大蔵省は大臣に5月中頃の引き下げに同意するよう進言したが，結局これは実現せず，特別預金の総計は3%のままであった[106]．

イングランド銀行が国債市場で操作を行う方法が改革された直後の過渡期においては，売買は「より薄く」，価格も「より不安定」であると言われたにもかかわらず，市場は順調であった[107]．1971年の終わりから価格が下落し始め，それは1974年の終わりまで続いた（図10-1）．純売却額は平均すると年10億ポンド以下になるが，かなりむらがあった．純購入になった四半期が2つあって，それは，ポンドの変動相場制への移行，および1974年末の需要が全般的に乏しい市場状態と一致していた．新しい操作体制の狙いが宣言されていたにもかかわらず，首相は1972年の夏まで，市場を支え価格の下落をとめるために何かできないのか問い続けた．ヒースはまた，操作の偽装を試みるためにガ

第 10 章　競争と信用調節　　　　　　　　　　　　　　　621

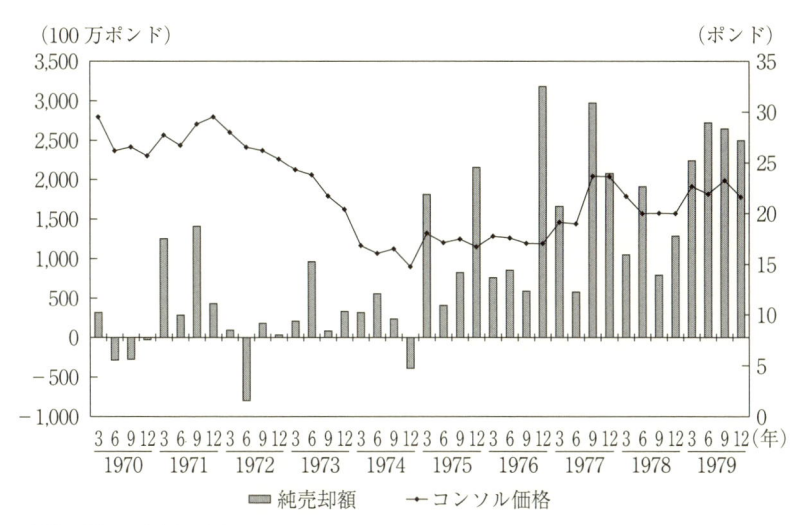

出所：*Financial Statistics*.

図 10-1　国債の四半期別純売却（または購入）額とコンソル価格（1970-79 年）

バメント・ブローカー以外の業者を通して介入することが可能かどうかを知りたがった．大蔵省は，CCC の下でマネーサプライを重視するということは，過去におけるよりも利子率の大きな変動が起こることを意味する，と説明した．利回りの上昇は，インフレーションへの恐れ，急速な貨幣量増加によって強められた恐れのせいであった．大規模な介入は費用がかかるであろう．利子率を 1% 下げるためにはおそらく 8 億ポンドから 10 億ポンドをマネーサプライに加えることになるであろう，とヒースは言われた．加えて，利率の上昇は，投資家を国債の購入に誘い込むのに不可欠であった．他の経路による介入に関しては，イングランド銀行は現行の取り決めで満足しているといわれていた．控え目な操作を偽装することはできるが，いずれにせよ大規模な操作は突き止められるであろう．イングランド銀行は，当局が市場において目的を達成しようとするのを邪魔されているとは感じていなかったのである[108]．イングランド銀行に操作方法の変更を求める要請が増えていくのは，70 年代の後半のことになる．

　1971 年以降の金融の混迷は，首相が CCC の再評価を求める事態を 1973 年

3月にもたらした.これに含まれそうなのは,「競争」と「信用調節」が両立できるのかどうか,貸出上限規制はより良い選択でありうるのかどうか,信用配分の問題,制裁の利用,そして市場管理の問題であった[109].過去18カ月間に関するペイジの当面の見解は,金融政策に関する決定は政治的要因に大きく影響されてきており,イングランド銀行はひとり置き去りにされていた,というものであった[110].評価は4月に完了し,5月初めに簡略版が首相および大蔵大臣に提出された[111].見直しに際して,若干の言葉づかいに関する意見の不一致がイングランド銀行の中にあった.そしてとくに,新方式を最初に正当化した根拠の中での貨幣の役割をめぐって相違があるようであった.オブライエンはある注釈において,「私の心の中では,マネーサプライのより効果的な管理の重要性が大きくなった」と述べた[112].再評価の最終版は,CCC に先立つ時期において,(1)マネーストックの変化,(2)量的な制限に対立するものとしての利子率の変動,(3)銀行システムにおける競争的効率の必要性,を重視する方向への移行があったと指摘した.1965年論文に始まるフォードの構想の起源を思い起こすと,これは,CCC が競争を推進力としてどのように発展してきたかについての話を,完全にひっくり返したものである[113].

再評価は,新方式に向けられてきた,いくつかの主要な批判に取り組んだ.批判の1つは,マネーサプライあるいは銀行貸出に対する規制がなされてきておらず,それゆえ1972年以降の急速なインフレーションは新しい政策の必然的帰結である,というものであった.もう1つは,当局は新しいシステムの操作上の特性を十分に理解しておらず,そのことが金融政策の能力を弱めてしまった,というものであった.これら2つの点から浮かび上がってきたのは,見直しがもっとも重大な非難とみなしたこと,すなわち新しいシステムはイングランド銀行が貨幣あるいは信用の量を調節するのを不可能にした,ということであった.再評価は,こういうことすべてについてほとんど非を認めなかった.そして,いずれにしても事態は起こったであろう,あるいは新方式が非難されるべきではない,と弁護した.たとえば,1972年にもっと大きな制限をしたら,全般的な経済政策に逆らうことになっていたであろう.上限規制が何年も実施されていた後では,金融仲介再開過程における貨幣量増加は避けがたい.住宅および土地価格の上昇は,どんなシステムが機能していてもおそらく起こ

ってしまったであろう．全般的にみれば，新方式はまだ18カ月間しか機能していなかった．しかもそれは，競争をゆがめるものが是正されつつある過渡的局面であった．一般的な結論は，CCCの基礎にある原理を限られたわずかな経験に基づいて早まって危険にさらすべきではない，ということであった．いくらかの修正は必要であったが，「ここまでの経験を，この国にもっと競争的で効率的な金融仲介システムを提供しようという試みを否定するものとして見ることは，まずできない」のであった[114]．CCCにおいて重要であり続けるとされた利子率が貨幣量増加を抑制するのに必要とされるところまでは上がらなかったことには，イングランド銀行は言及しなかった．

　主として技術的な論点として位置づけられるものであるが，再評価においてはいくつかの懸念が強調された．1つは割引市場の規制に関係する問題であり，イングランド銀行も，割引市場では若干の予期せぬ歪みが生じてしまったことを認めた．じつは，1973年の初め，ロンドン割引市場協会（LDMA）は自らの懸念をイングランド銀行に知らせ，追加的な準備資産の創出という方法を含む，いくつかの解決策を提案した．それらはイングランド銀行に拒否されたが，その理由は，それらが銀行システムに対する圧力を弱めることを意味するからであった[115]．LDMAはまた，最低貸出利率（MLR）方式も批判したが，これについてはイングランド銀行の中にある程度の共感がみられた．ペイジは，その方式が不完全であることを認めた．しかし，前年の秋には「イングランド銀行の貸出利率を政治的闘技場の外へ出す」必要があり，それがとりうる最善の進路であった．彼は，その方式を軸にその周りでイングランド銀行が機動的に操作できる，というようにする修正が最終的には可能になることを希望していた[116]．イングランド銀行は，現行の公共部門債比率50％を民間部門貸出倍率に置き換え，それによって割引商会の帳簿管理により大きな融通性を与える，という提案をした．若干の交渉の後，割引商会は，資本金および準備金の20倍という，彼らの民間部門貸出（公共部門資産として定義されたもの以外の全資産）に対する上限を守ることで合意した[117]．ペイジは6月の初め，大蔵省に計画の概要を示した．彼の説明によれば，短期の公共部門債の不足がとくに大蔵省短期証券の利回りを他の短期資産に比べて押し下げ，商会によるその証券の保有があまり利益をもたらさなくなった．つまり現在の規制比率の存在が，

より高い利益を生みだす民間部門債との入れ替えを制約していたのである．交渉によって合意された変更は，1971年に定められた取り決めを弱体化させることなく，それらの歪みを排除することになるであろう．それはまた，「大蔵省短期証券の人為的低利回りを排除し，それによって最低貸出利率の人為的低水準を排除する」のに貢献するであろう．しかし，イングランド銀行は，もし変更が今後数週間以内になされるなら，利回り（そしてそれゆえ MLR）の上昇は大きくはならないであろうと判断していた[118]．

他に考慮すべき問題としては，ロンドンの短期利率が国際利率に同調していないという事態があった．MLR は 1973 年の前半に低下して，6 月に 7.5％ という低い点に達した．他の諸国では利率は上昇していて，7 月までに逆ざやが相当大きくなった．すなわち，ポンドの銀行間利率と 3 カ月ユーロダラー利率の差が 1.5％ になった．そのことは短期資金にとってロンドンを魅力のないところにし，国際収支経常勘定の悪化と同じく，ポンドへの圧力の一因となった．さらに，銀行流動性が増加しつつあり，マネーサプライの増大が心配の種であった．したがって，イングランド銀行と大蔵省の幹部は，金融政策の方向に対して変更が求められているのかどうかを検討した．そして，MLR 方式は一時停止されるべきであり（一時停止は認められていたが，それまでのところ利用されていなかった），利率は 7.5％ から 8.5％ へ「管理される」べきであると勧告した．他方で同時に，1％ の特別預金預託請求もありうると勧告した．それを，民間部門貸出への新たな制限を割引商会に対して導入するための機会にするべきである，ということもまた議論された．以上は一括案として提出されたのであるが，大蔵省は実際には，海外利率からの圧力が和らぎ，それによって MLR 方式の一時停止が不必要になることを望んでいた．大蔵大臣も MLR を動かすことには強く反対していたといわれる．諸方策の実施が予定されていたのは 7 月 19 日木曜日であった[119]．結局，発表はその日に行われたけれども，それは，特別預金を総計で 4％ にする 1％ の預託請求と，割引市場に影響する変更を含むだけであった．MLR を「管理する」引き上げはなかった．しかし割引市場に対する措置は，予測されていた通り短期利率の上昇をもたらした．割引商会は入札価格を急激に引き下げ，大蔵省短期証券の平均割引率は 1.5％ 近く上昇し，それは 7 月 20 日に MLR を 9％ に押し上げるのに十分であった．

国際利率は次の週も上昇し続け，ポンドに対する圧力も続き，そして MLR は 7 月 27 日にさらに 2.5% 上がって 11.5% になり，イングランド銀行の利子率としては戦後の最高記録となった．この利率は，イングランド銀行がオーバーナイト借入を連続 3 日間強要することによって，効果あるものにされた[120]．2 つの割引商会が，当然起こる短期債券価格の下落のために苦境に陥り，イングランド銀行は密かに支援に踏み込まねばならなかった．それらの取引は，市場を通してではなく直接行われた[121]．

これらの変更の直後に，イングランド銀行は MLR 取り決めを再検討して，次のように主張した．以前の体制の下でなら 1972 年 12 月における上昇（1%）や最近の 7 月における上昇を引き起こすのはもっと困難であったろう．したがって，この経験はシステムが満足するべきものであったことを意味している．確かに，せいぜい 1 週間のうちに 4% も上がるのを，他のやり方でも閣僚たちが受け入れたと信じるのは難しい．それでもやはり，いまだ問題はあった．バンクレートは短期利率についての当局の見解に関して明快な指針を提供してきたのであるが，それがなくなったので，大蔵省短期証券利率が不安定になってしまった．さらに，イングランド銀行は，とくに大蔵省短期証券利率が不安定な場合には，つねにそれに従おうとしていたわけではなく，市場を操縦するためにさまざまな手段を使っており，その程度も高まりつつあった．加えて，大蔵省短期証券利率に対するイングランド銀行の影響度は，とくにそれが下方に動いている時には不十分で，その結果，MLR の下落を容易にはとめることができなかった．イングランド銀行は，干渉の水準が「すでに大きい，あるいはすぐに大きくなるので，新旧の取り決めの間の相違は維持するほどの価値がないくらいきわめて小さくなった」のかどうかは，議論になりうると思っていた．しかし，経験がもっと必要であった．いずれにせよ，バンクレートを決定する元の方法へ戻ることを提起するのは難しかったであろう．こうして，この段階においては，現行の取り決めが継続されるべきである，と結論が下された．ただし，大蔵省短期証券利率の下落に対して MLR を自動的に下げなくてもよい権限をイングランド銀行に与える修正が加えられた．その取り決めが最終的に終焉を迎えるのは 1978 年中頃になるが，イングランド銀行が，実施し始めて 1 年に満たないうちに，MLR メカニズムについて実質的な疑いを抱いたこと

は明白である．

　オブライエンが辞任したのは，以上に述べてきたすべてのことの途中においてであった．彼は，イングランド銀行で46年間過ごし，総裁としての2期目の任期途中であったが，1973年2月8日，すなわち彼の65歳の誕生日に，6月30日に引退すると発表した．オブライエンの言うところでは，彼は1971年に大蔵大臣に対して65歳で引退すると知らせており，バーバーが2年後に念を押しつつ辞職する日付を尋ねてきたのであった[122]．セシル・キング（Cecil King）の主張では，「オブライエンは，テッド［ヒース］の金融的・商業的考え方に十分に素早くなじむと思われなかったので……解任された」，「十分に従順でなかったために仕事を失った」のである[123]．キングはしばしばものごとを大げさに言うが，オブライエンとヒースならびにオブライエンとバーバーの間で不和が増大しつつあったのは本当である．

　総裁としてのオブライエンの実績についての見解はさまざまである．ある人々にとっては彼は「第一級の総裁であった」，また「偉大な総裁」でさえあり，そしてイングランド銀行の「卓越した専門家」の1人であった[124]．クローマーと政府との間の不穏な関係の後であったので，オブライエンはずっと素直であると見られたけれども，彼は全面的に従順であったわけではないと感じていた人々もいた．死亡記事は，彼が冷静で，難局の中にあってさえ動揺することはめったになかったことを述べている．しかし，彼はときおり，とくに彼が当然相談されるはずと思っていた案件に関して相談されなかった時，爆発した．オブライエンは，仕事への取り組み方においては機敏で，手堅く，決断力があった．彼は，しばしば自分の成功を，良い時に良い場所に居合わせた幸運のお陰にした．彼は，シティの中でも，他の中央銀行家たちからも，申し分なく尊敬されていた．オブライエンは，1973年にロスベリー候オブライエン男爵になり，一代貴族に列せられた．イングランド銀行を去った後でも，彼はシティにおいて有力な役割を果たし続けた[125]．

　オブライエンの後任はゴードン・リチャードソン（Gordon Richardson）であった．彼は，任命される前はシュローダーズ商会〔マーチャント・バンク〕の会長であり，また1967年以来イングランド銀行の非常勤理事でもあった．彼は第116代の総裁であった．57歳なので，オブライエンが道を譲るべきと

考えていたような若手ではなかったが，リチャードソンが理事に任命されていたのは，いくぶんかは継承を念頭においてのことであった．そして，彼は，先任理事たちが首相に対して推薦した人物であった．他の候補者はモース，エリック・フォークナー（Eric Faulkner）であり，さらにモーガン・グレンフェル社のサー・ジョン・スティーヴンズ（Sir John Stevens）（前イングランド銀行執行理事）も予想屋によって挙げられていた．リチャードソンはノッティンガム高校で教育を受け（そこで彼は首席生徒であった），ケンブリッジのゴンヴィル・アンド・カイアス・カレッジ（Gonvill and Caius College）で法律を専攻し，1950年代の中頃までに会社法の有力な専門家として名声を確立した．彼は1957年にシュローダーズ商会に入り，1962年に副会長に，1965年に会長になった．彼は，1960年代のロンドンにおいて同社の好業績を推進した中心人物であった[126]．すでに1966年に，クローマーの後を継ぐのは彼だと予想する人もいた[127]．彼は保守党政府の商業・金融観に共感をもっていると予想されていたけれども，実際には労働党にも好意的で，とくにデニス・ヒーリー（Denis Healey）大蔵大臣と良好な関係を保っていた[128]．リチャードソンは，直前の前任者2人と同様に，困難な時期に引き継ぎ，前任者たちと同じく，就任した最初の月に利子率が上昇した．

しかし，新総裁の任命と新方式の採用は，過去との完全な決別をもたらさなかった．相変わらず銀行に対する「指示的ガイダンス」条項があった．それは，新時代になってからは1972年8月に初めて用いられた[129]．リチャードソンは1973年7月に，銀行貸出の増加ならびにそれに対応するマネーサプライの増加をもっとも心配していると，手形交換所加盟銀行の会長に述べた．彼は，もしこの傾向が続くなら制限的な行動をとらねばならず，それには直接的規制が含まれるかもしれないと警告した．そういうことは歓迎されないであろうが，「個人貸出は，もし規制されないとすると，『競争と信用調節』のアキレスのかかとになるであろうことは認識されねばならなかった」[130]．それから，1973年9月の第2週に，追加の総裁ガイダンス書簡が出された．それは，2年間の活発な競争を経て，銀行システムは「十分に貸し出されている状態にいっそう近づいて」おり，銀行に対しては今や小額預金の獲得を制限することが求められる，という説明をした．銀行は，ただちに，そして次の通知があるまで，1万

ポンド未満のどんな預金についても支払利子を9.5%までに制限するように要請された。リチャードソンは，上限規制に関する1960年代の書簡を思い出させる言葉で，輸出信用と産業投資向け金融には優先権を与えるが，他方，個人や不動産開発への貸出は制限するよう求めた。個人の貯蓄に対する競争の制限は住宅金融組合にも拡張された。それは，組合がそのような指示を受けて従うことになる最初の機会であった[131]。

リチャードソンのガイダンス書簡は，金利裁定取引の問題も取り上げた。再預金を目的とする銀行からの借入は，CCCの見直しにおいても注目された問題であった。「ラウンド・トリッピング（round tripping）」として知られるようになった金利裁定においては，借り手は未使用の当座貸越枠を引き出して，それからその資金をより高い利率で，たとえば譲渡性預金証書（CDs）や銀行間市場に再預金することができた。それがもたらしのは，M3と利子率の両方の上昇であった[132]。リチャードソンは，いくつかの銀行によるそういう取引を削減する最近の努力を歓迎し，金利裁定はマネーマーケットに不必要な圧力をかけると警告した。そして，あらゆる銀行に「貸出枠のこういう乱用を油断なく見張り，積極的に戦う」ことを督励した[133]。イングランド銀行はまた，手形交換所加盟銀行に，どうしたらそういう裁定取引を制限できるのかを検討するよう求めた。彼らの返答は，中央銀行がパラレル・マネーマーケットにおいても操作を行うべきであるというものであった[134]。1973年の終わりまでに貿易とマネーサプライの数値が悪化し，そして石油輸出国機構（OPEC）の第1次石油価格引き上げが起きた。また，とくに全国炭坑労働組合を巻き込んだ深刻な労使関係不安も生じた。ヒースは11月13日に非常事態を宣言した。同じ日，イングランド銀行は2%の特別預金の預託請求を行い，同時にMLRの管理された変更が初めて実施され，11.25から13%に引き上げられた。このニュースに市場は驚き，ジョバーが適切な対応を決める間，国債の取引は一時的に停止された。これに対する反応は，第2次大戦以降における最大の国債下落であった[135]。

大蔵大臣は，CCCに対する影響と高利子率の効果に関して懸念を述べるために，11月15日に総裁へ書簡を出した。それは金融政策への露骨な政治的介入であった。バーバーの記録によると，ヒースは数度の機会に，信用を調節す

る唯一の効果的な方法は「利子率を耐えられないほどに高い水準まで引き上げること」のようであるという懸念を表明していた．ヒースはまた，CCC は，その利点にもかかわらず，「政府の全体的な経済戦略と政治的社会的優先事項の観点からは予期せぬ，望ましくない結果」をもたらしてきた，と考えていたといわれる．したがって首相は，「その短期的結果と長期的影響の両方において不利益のより少ない」代案を求めていたのである．バーバーは，銀行貸付の規制に関するイングランド銀行の新しい構想を強く求め，次のように述べた．CCC の基本的原理を覆したくはないが，「マネーサプライの水準を規制するために，利子率の上昇だけにあまり依存しないで対処できる方式を見つけるべきである．われわれがこれに首相の注意を引くことができるかどうかは緊急の課題である」．さらにバーバーは，「古い方法は，それらがもつ他の欠点にもかかわらず，政治的に耐えられない水準まで利子率を上げないで，ある程度の規制を不完全ながら実現した．多くの人々にこのように思われるこの方法の是非を，首相の前で示さなければならないであろう」と確信していた[136]．しかし，それが難問であった．

　その後，新しい手法がイングランド銀行によって工夫された．それは当初には「補足的計画」と表現されたもので，つまり現行の CCC に対する追加であった．その計画の下では，銀行は，M3 の目標値に結びつけられている許容増加額を超える有利子預金の一部を，無利子でイングランド銀行に預金しなければならなかった．この計画の起源は，CCC の見直し，およびそれに続く議論の中に見出すことができるが，グッドハートが述べたように，その基礎にある哲学はまったくわかりやすいものであった．「われわれは，利子率を押し上げることや上限規制に戻ることなしに，M3 に対してもっと規制を及ぼす立場にあることを求めた」[137]．それは，特別預金とは何のつながりもなかったが，しかしすぐに「補完的特別預金」(supplementary special deposits: SSDs）として，後には「コルセット」として，知られるようになった．特別預金が避けられないものだったのに対し，SSDs は，銀行が目標増加率を犯した時にのみ預託されるものであった．

　ペイジは，CLCB との会合に先立って，11 月中頃にリチャードソンに要点を伝えた．もし追加的な手法が銀行システム全体に適用されねばならないのな

ら，その場合は「補足的預金が……実現性としてはもっとも有望であるようにみえる」[138]．信用上限規制の影響力に関する議論が復活したが，CCCの下でそういうものは廃止されてしまっており，イングランド銀行にはそれらの再導入への意欲はほとんどなかった．フォードは，財政の拡大があまりに急速であったと不満を述べた．それはありふれた話であったが，フォードによれば，「その現在の発現状況は，おそらくわれわれが今までに経験した最悪の例であり」，そして「銀行システムに直接規制を押しつけることによってそれを隠蔽しようとする試みは……ほとんど何も得ることはできない」のであった[139]．グッドハートは，銀行の金融仲介を止めても，企業は銀行から他の信用経路へ迂回するだけであり，したがってどんな規制を導入しても，大部分うわべだけのものになるにすぎず，実体経済に対しては測定できるような影響をほとんどもたないであろう，と警告した．彼は，おそらくもっとも害が少ない選択は，無利子の補足的預金という形式で，銀行の有利子預金の上昇基準以上の増加に対してある率を課すことであろうと主張した．有利子預金がM3の中でもっとも早く伸びる，かつもっとも大きい構成要素である，というのが主な理由であった[140]．その計画は，すべての銀行と預金取り扱いファイナンス・ハウスに対して適用されることになっていた．基本的には，金融機関の有利子適格負債（interest-bearing eligible liabilities: IBELs）の定められた率（当初は6カ月間以上で8％）を超える増加分の50％まで，イングランド銀行に無利子で置かねばならなかった[141]．それは直ちに発動されることになっていたが，最初の6カ月間，補完的預金は要求されなかった．1960年代における上限規制についての場合と同じく，銀行との議論は，さまざまな不満，変則，そして特別の申し立てを噴出させた．2つの一般的な問題が明るみに出た．1つは，小さなIBELベースしかもたない新しい金融機関の成長が8％制限によって妨げられることである．もう1つは，その計画が発表された時にはすでに貸付約束を確定してしまっている銀行が，それらの約束を守ると許容増加率を超えるかもしれないことであった．解決策は，前者については最低免除額300万ポンド（後に500万ポンドへ引き上げられた）を，後者については移行措置を，それぞれ導入することであった[142]．

いっそうの引締め措置は12月にバーバーから発表され，増税と公共支出の

削減も含まれた．割賦購入規制が1971年7月以来久しぶりに再導入され，クレジットカードに関する最低返済月額が引き上げられた．SSDsもベールを外した．これらに伴って，特別預金の11月預託請求の規模は2%から1%へ減らされた[143]．

　狙いは，CCCによって規制を可能な限り廃止し，銀行部門に競争を導入し，貨幣量増加に対するより優れた規制能力を獲得することであった．公開市場操作と利子率の両方が，より大きな程度で，そしてより大きな目的のために，利用されることになっていた．貨幣集計量がこれまで以上に注目されることになったが，それは1つには，インフレの時期においては利子率が金融政策の姿勢を示すものとしてあまり役立たないという根拠に基づいていた．しかし，こういったすべてのことについて，CCCは1つの「大惨事」（ゴウランド）であり，「全体として失敗した」（D.P.オブライエン，もっとも冷静な学問的審判の1人）ものとして評価されてきた．しかしながら，貨幣爆発の中に存在していた，いくつかの要因の因果関係のもつれをほどくことは容易ではない．イングランド銀行は，もっと強硬に不平を言ってもよかったのかもしれない．ヒース政権の全般的な拡張的経済政策，とくに財政拡張と貨幣拡張があった．これらについては，イングランド銀行はほとんど何もできなかった．だが，イングランド銀行も，CCCの後に現れる金融仲介の復活の程度を予想し損ねた．そして，またしても利子率を活用し損なった．これらに対する責任は，いくらかはイングランド銀行に帰せられるし，またいくらかは政治家たちに帰せられる．イングランド銀行によれば，中心的問題は，利子率と広義貨幣集計量との間の安定した関係が1971年以降に崩壊したことであった．しかしながら，たとえその関係が変わったとしても，利子率の役割が依然として存在するのは確かであった．オブライエン教授は，利子率に関するイングランド銀行の声明を「知的には筋が通らない」と評した．イングランド銀行は1973年に，（空前の）13%になっているMLRについて，利子率の上昇がどれだけ必要かは計算できないと主張することになっていた．しかし，同行は，利子率がそんなに高い水準でも実質利子率はマイナスであるということに言及できなかった．オブライエン教授はさらに，イングランド銀行の文書が書き留めているように，満期まで1年以下の国債をすすんで買う態度は金融部門のポートフォリオ構成に影響し，

流動性を増やすであろうが,「しかしこの洞察は, 少々驚いたことにこれ以上深められなかった」と述べた[144]. イングランド銀行はむしろ, 次のような原則に基づいて進み続けた. 銀行は彼らの流動性が逼迫させられる時に国債の売却を強いられるであろう, そうすると利子率が上昇するであろう. 事態が意図されたように動いていないことが明白になった時には, SSDsという新しい方策が設計された. これは別の名前での規制への復帰そのものであったけれども, イングランド銀行自身はそのことを深刻に受けとめなかったように思われる.

　1974年が始まると, 週3日労働が実施された. 炭鉱労働者のストライキを終わらせる交渉が決裂した後, 2月7日にヒースは, 総選挙が3週間ほど後にあると発表した. 労働党は少数政権を組織し, ウィルソンは大蔵大臣にデニス・ヒーリー (Denis Healey) を指名した. さらに, 1973年の終わりに, ロンドン・アンド・カウンティ社 (London and County) およびシーダー・ホールディングズ社 (Cedar Holdings) の破綻が起きていた. それがセカンダリー・バンキング危機を引き起こすことになる.

注

1) Johnson (1972, p. 335).
2) Coleby, 'A new deal for the banks', September 1969; Wood to Fforde, 'A new deal for the banks', 10 October 1969; Goodhart to Fforde, 'A new deal for the Banks', 20 October 1969, 3A8/5.
3) Fforde, 'Credit control', 28 October 1969, enc. with Fforde to Hollom, 'Credit controls', 28 October 1969, 3A8/5.
4) Fforde to Hollom, 'Group on Monetary Policy', 16 April 1970, 3A8/6.
5) William White (Economic Section) to McMahon, 4 May 1970, enc. 'Possibility and implications of a change in the clearing banks' collective agreement', 4 May 1970, 3A8/6. ホワイトは, 後にカナダ銀行の副総裁になり, それから国際決済銀行 (BIS) において経済アドバイザーおよび金融経済局長になった.
6) Fforde to McMahon/Hollom, 'Further thoughts on the bankers' cartel (based, inter alia, upon a reading of White's paper of the 4 May)', 13 May 1970, 3A8/6.
7) *Ibid*.
8) Page to Fforde/O'Brien/Hollom, 'Credit control: finance houses and consumer credit', 1 May 1970, enc. 'Control of finance houses', 1 May 1970; Fforde to Hollom, 22 May 1970; Coleby to Page, 'Control of finance houses', 29 May 1970, enc. Peter Edgley, 'Control of finance houses overseas', 28 May 1970, 3A8/6;

第 10 章 競争と信用調節

Willetts to Cooke, 'The legal basis for credit control', 2 June 1970; Wood to Thornton et al., 'Homogenising the banks', 12 June 1970; Page to Fforde, 3 July 1970, enc. 'Monetary policy: outline paper', 3 July 1970; 'Homogenisation', 15 July 1970; Page to Fforde, 'The future of credit control', 20 August 1970, 3A8/7; Willetts to McMahon et al., enc. Fforde draft, 'The future of credit control', 6 October 1970, 3A8/8.

9) Page to O'Brien, 'Monetary policy: restraint on bank and finance house lending', 13 October 1970; Page to Allen, 14 October 1970, enc. Bank of England, 'Monetary policy: restraint on bank and finance house lending', 14 October 1970, 3A8/8.
10) MP(70)16, 19 October 1970, 6A74/5.
11) Fforde to O'Brien/Hollom, 'Banking system (and credit control)', 24 December 1970, 3A8/9.
12) *Ibid*.
13) *Ibid*.
14) 'A new approach to credit control and the banking system, draft synopsis', 8 January 1971; Crockett to Fforde/McMahon/Thornton/Page, 22 January 1971; 'Money market interest rates in the New Approach', 25 January 1971, 3A8/10; Fforde to O'Brien/Hollom, '"New approach" (Credit control and the banking sector)', 5 February 1971, enc. 'A new approach to credit control and the banking system', 3A8/11.
15) 'A new approach to credit control and the banking system', 3A8/11.
16) Page to Fforde, 'Credit control', 2 February 1971, 3A8/11.
17) Crockett, 'The choice of ratios in the "new approach"' 3A8/10; Fforde to O'Brien/Hollom, '"New approach" (Credit control and the banking sector)', 5 February 1971; Fforde to Allen, 12 February 1971, enc. 'A new approach to credit control and the banking system', 3A8/11.
18) Interview with Lord Croham, 17 March 2008; Cassell, Private communication with author, 26 October 2008.
19) Fforde to O'Brien, 13 January 1971; 'Extract from Deputy Governor's memo dated 13.1.71 ...', 3A8/10; Fforde to Allen, 12 February 1971, 3A8/11; D.A. Harding, 'Minutes of a meeting ... 9 February 1971 ...', 1 March 1971, 3A8/12.
20) O'Brien to Barber, 12 March 1971, 3A8/12.
21) Fforde to O'Brien/Hollom, 'Budgetary measures and the "new approach"', 9 March 1971, 3A8/12.
22) McMahon to Allen, 2 March 1971, enc. 'A new approach to credit control: some quantitative implications'; Harding, 'Minutes of a meeting ... 8 March 1971', 3A8/12.
23) Goodhart (2003, pp. 25-27).
24) O'Brien, Annotation on Ryrie, 'Note for record', 16 March 1971, 3A8/12.

25) O'Brien, Annotation, 26 March 1971, on Ryrie, 'Note for record', 25 March 1971, 3A8/12.
26) HC Deb, 30 March 1971, Vol. 814, cc. 1371-1374; Willetts to Fforde, 'Credit control notices', 29 March 1971; Bank of England, Notice – 'Bank and finance house lending', 30 March 1970, 3A8/12.
27) O'Brien, Governor's note – 'New style credit control', 3 March 1971, 3A8/12.
28) Fforde to O'Brien/Hollom, 'The Governor's conversation with Sir A. Forbes and Mr. Faulkner on Monday, 29 March', 30 March 1971, 3A8/12.
29) O'Brien, Governor's note – 'Credit control: new look', 1 April 1971; Hollom, Note for record – 'The new approach', 7 April 1971; Fforde, Note for record – '"The new approach" (Finance Houses Association)', 7 April 1971; Fforde, Note for record – '"The new approach" (Accepting Houses Committee)', 7 April 1971; Hollom, Note for record – 'The new approach', 14 April 1971 (two letters), C40/1482.
30) 'Extract from the Deputy Governor's memo on the Governor's conversation with Sir Douglas Allen 24.3.71'; Fforde to O'Brien/Hollom, 'The Governor's conversation with Sir A. Forbes and Mr. Faulkner on Monday, 29 March', 30 March 1971, 3A8/12.
31) Page to Fforde/O'Brien/Hollom, 'The new approach', 22 March 1971, 3A8/12.
32) Harding, 'Minutes of a meeting ... 26 March 1971', 30 March 1971, 3A8/12; 'Extract from the Deputy Governor's memo on the Governor's conversation with Mr. Neale 2.4.71', C40/1482.
33) Mullens & Co., 'The market in British government stocks', 28 April 1970, 3A8/6.
34) Peter Daniell to Page, 'Market management', 9 September 1970, 3A8/8.
35) Mullens, 'Notes for possible alterations in our role in managing the gilt edged market', 6 November 1970, 3A8/9.
36) Gore Browne, 'Notes on a meeting yesterday evening between Mr. Fforde, the Chief Cashier, T.A.G.B. and myself with reference to memorandum of the 6 November', 3A8/9.
37) Fforde to O'Brien/Hollom, 'Banking system (and credit control)', 24 December 1970, 3A8/9.
38) Page to O'Brien/Hollom, 'The gilt-edged market', 26 January 1971, C40/1481.
39) Daniell to Page, 'Suggestions for alteration of Issue Department's role in the gild edged market (with reference to out memorandum of the 6th November 1970', 3A8/11.
40) Page to O'Brien/Hollom, 'Gilt-edged market', 12 March 1971, 3A8/12.
41) Page to Painter, 18 March 1971, 3A8/12.
42) Harding, 'Minutes ... 26 March 1971', 30 March 1971, 3A8/12.
43) Mullens, 'Possible alteration of our role in the gilt edged market', 2 April 1971;

第 10 章　競争と信用調節　　　　　　　　　　　　　　　　　　　　635

　　　Cooke, 'Official management of the gilt-edged market (Informal consultations about proposed modifications of technique)', 5 April 1971; Fforde to O'Brien/Hollom, 'Gilt-edged market', 8 April 1971, C40/1482.
44)　Mullens, 'The gilt edged market', 7 April 1971; Merriman to Gore Browne, 8 April 1971; Fforde to O'Brien/Hollom, 'Gilt-edged market', 8 April 1971, C40/1482.
45)　Daniell, Note, 15 April 1971; Merriman to Daniell, 15 April 1971; Daniell to Gore Browne, 16 April 1971, C40/1482.
46)　Fforde to O'Brien/Hollom, 'Gilt-edged market', 8 April 1971, C40/1482.
47)　Daniell to Page, 14 April 1971, C40/1482.
48)　Daniell to Gore Browne, 16 April 1971, C40/1482.
49)　Page to O'Brien/Hollom, 'Gilt-edged market', 19 April 1971, C40/1482.
50)　Hollom to O'Brien, 19 April 1971, C40/1482.
51)　Page to Robert Painter(HMT), 20 April 1971, C40/1482. また Draft 'The new approach: the gilt-edged market', 4 May 1971, 3A8/13 を参照。ジョバーのための借入便宜についてさらに詳しくは、C40/1410 and 1411 を参照。
52)　Galpin to Keogh/Page, 'A new approach to credit control and the banking system. The discount market', 25 March 1971, 7A97/1.
53)　Hollom, Annotation, 30 March 1971, on Page to Fforde/O'Brien/Hollom, '"The new approach": the discount market', 26 March 1971, 3A8/12.
54)　Page to Fforde/O'Brien/Hollom, '"The new approach": the discount market', 26 March 1971, 3A8/12.
55)　Cooke to Painter, 8 April 1971; Page to O'Brien/Hollom, 'The new approach: the discount market', 29 April 1971, C40/1482; Page to Painter, 4 May 1971, enc. Bank of England, 'Competition and credit control: the discount market', May 1971; Douglas Henley (HMT) to Page, 6 May 1971; Page to Fforde/O'Brien/Hollom, 'The new approach: the discount market', 6 May 1971; O'Brien to HF Goodson, 14 May 1971; Bank of England, 'Competition and credit control: the discount market', May 1971, 3A8/13. 公共部門債：英国政府大蔵省短期証券、地方公共団体短期証券・債券、満期まで5年未満の英国国債および地方公共団体債。
56)　Daniell, 'Announcement to jobbers of proposed new gilt edged methods', 5 May 1971, 3A8/13.
57)　Bank of England, 'Competition and credit control', May 1971; letters to various organisations in 3A8/13.
58)　Bank of England, 'Competition and credit control', May 1971, 3A8/13. これは以下に再録された: *BEQB* 11(2): 189-193, June 1971.
59)　O'Brien 'Key issues in monetary and credit policy' address at the International Banking Conference, Munich, 28 May 1971, 3A8/14.
60)　*The Daily Telegraph*, 18 May 1971, p. 17.
61)　*The Economist*, 22 May 1971, pp. 70-75; *The Times*, 17 May 1971, p. 18.

62) McMahon to O'Brien, 'Seminar on competition and credit control', 1 July 1971; Tony Latter and Lionel Price, 'Money Study Group seminar on competition and credit control, Oak Room, 15 June 1971', 29 June 1971, 3A8/17.
63) *Ibid.*
64) Galpin, Note for record – 'The new approach: the discount market', 20 May 1971; Tom Hohler (King & Shaxson) to Keogh, 26 May 1971, 3A8/14; Goodson to Galpin, 28 June 1971, 3A8/16; Page to O'Brien, 'Direct dealings in gilt-edged with the discount market', 15 July 1971, 3A8/17; Page to Goodson, 29 July 1971, 3A8/18.
65) Page to Goodson, 29 July 1971, 3A8/18; reply 9 August 1971, 3A8/19; Page to Fforde/O'Brien/Hollom, 'New approach: discount market', 5 July 1971; Galpin to Page/O'Brien/Hollom, 'Discount market: new arrangements', 1 July 1971, 3A8/17; Page to O'Brien, 'Competition and credit control. The discount market', 20 July 1971, 3A8/18.
66) Page to O'Brien/Hollom, 'The new approach: clearing banks', 28 May 1971, 3A8/14; 'Extract from Mr. Fforde's memo dated 23.6.71 on the Deputy Governor's conversation with Mr. Rawlinson'; Hollom, Note for record – 'The new approach – clearing banks', 29 June 1971, 3A8/16; Page to O'Brien/Hollom, 'Competition and credit control. Clearing banks', 8 July 1971; 'Extract from Mr. McMahon's note on the Governor's conversation with Mr. Neale 16.7.71', 3A8/17.
67) Page, Note for record – 'Competition and credit control. Clearing banks', 13 July 1971, 3A8/17.
68) Page to O'Brien, 'Competition and credit control. Some outstanding points', 16 July 1971, 3A8/17.
69) Page to O'Brien/Hollom, 'The clearing banks', 3 August 1971, 3A8/19.
70) Page to O'Brien, 'London clearing banks: funding', 27 July 1971, 3A8/18.
71) Hollom, Note for record – 'The Governor's conversation with Sir Archibald Forbes', 3 August 1971, 3A8/19; Fforde (1992, pp. 402-406); Bank of England, 'Some features of monetary history', para. 7; Radcliffe, 'Memoranda', Vol. 1.
72) Page to Fforde/O'Brien/Hollom, 'Competition and credit control. Clearing banks: funding', 13 August 1971; 'Extract from Deputy Governor's note for record on the Governor's conversation with Mr. Neale 13.8.71', 3A8/19.
73) Fforde to Henley, 16 August 1971; HMT, 'Note of a meeting... 17 August [1971] ...'; Wood, Note for record – 'New approach: meeting at H.M.T. 17.8.71', 18 August 1971, 3A8/19; Henley to Fforde, 19 August 1971.
74) Ryrie, Note for the record, 24 August 1971, 3A8/20.
75) Committee of Scottish Clearing Bankers, 'Note of meeting between the Committee of Scottish Clearing Bankers and the Chief Cashier of the Bank of England held at the Bank of England, London, on Friday, 11 June 1971', 3A8/15;

Page, Note for record – 'Competition and credit control. Scottish banks', 26 July 1971, 3A8/18; Saville (1996, pp. 696-697).
76) Page to Burke (chairman, CSCB), 6 July 1971, 3A8/17; Lord Polwarth (Governor, Bank of Scotland) to O'Brien, 28 July 1971 (two letters). ポルワースは，スコットランドの5ポンド以下の銀行券を回収するというイングランドの計画に抗議した，スコット (Scott) の「マラカイ・マラグラウサーの手紙 (letters of Malachi Malagrowther)」に言及した. 3A8/18; Page to O'Brien/Hollom, 'The Scottish and Northern Irish banks', 4 August 1971; 'Extract from the Deputy Governor's memo dated 4.8.71 on the Governor's conversation with Sir Archibald Forbes and Mr. Faulkner', O'Brien to Polwarth, 5 August 1971 (two letters), 3A8/19.
77) Polwarth to O'Brien, 10 August 1971; Page, Note for record – 'Competition and credit control. Scottish banks', 13 August 1971; James Ogilvy Blair-Cunynghame (chairman, Royal Bank of Scotland) to O'Brien, 17 August 1971, 3A8/19.
78) Cooke to O'Brien/Hollom, 'Competition and credit control. Scottish banks', 24 August 1971, with Fforde annotation, enc. on 'Scottish banks' note issue', nd; Cooke to Henley, 25 August 1971, 3A8/20; Cooke to Fforde/O'Brien/Hollom, 'Competition and credit control. Scottish banks', 1 September 1971; CSCB, 'Note of a meeting of chairmen and chief executives of the Scottish clearing banks with the Governor of the Bank of England held at the Bank of England on 2 September, 1971; Burke to O'Brien, 7 September 1971, 3A8/21.
79) David Russell (Chairman, NIBA) to O'Brien, 16 July 1971, 3A8/17.
80) Page to O'Brien/Hollom, 'The Scottish and Northern Irish banks', 4 August 1971, 3A8/18; O'Brien to Russell, 11 August 1971, 3A8/19.
81) Fforde to O'Brien/Hollom, 'New approach: Northern Ireland', 24 August 1971; Fforde to Henley, 26 August 1971, 3A8/20; A.A. Ketley (Secretary, NIBA) to Fforde, 1 September 1971, 3A8/21.
82) Malcolm Wilcox (chairman, FHA) to O'Brien, 17 May 1971; Fforde to O'Brien/Hollom, 'F.H.A. and the new approach (progress report)', 27 May 1971, 3A8/14; Peter Filmer, 'Meeting with the Finance Houses Association, Friday, 4 June 1971', 11 June 1971; Wilcox to Fforde, 14 June 1971, 3A8/15; Page to O'Brien, 'Competition and credit control. Progress report', 8 July 1971; Henley to Page, 14 July 1971, 3A8/17.
83) Page to O'Brien, 'Competition and credit control. Finance houses', 30 July 1971; Page to Wilcox, 30 July 1971, 3A8/18.
84) Wilcox to Page, 6 August 1971, 3A8/19; Stephen Clarke (EID), 'Meeting with the Finance Houses Association. Wednesday, 11 August 1971', 20 August 1971, 3A8/20.
85) Ryrie, Note for the record, 24 August 1971; Fforde to Wilcox, 27 August 1971,

3A8/20; G.A. Cooke (vice-chairman, FHA) to Fforde, 2 September 1971; J.B. Damer (Secretary, FHA) to Fforde, 23 September 1971, 3A8/21.

86) Hollom to O'Breien, 'The Scottish banks', 11 August 1971, 3A8/19.
87) 'Extract from Deputy Governor's note on the Governor's conversation with Sir Samuel Goldman 11.8.71.', 3A8/19.
88) Forbes to O'Brien, 7 September 1971, 3A8/21.
89) O'Brien to Barber, 8 September 1971, and reply, 5A148/1; Bank of England, Press notice and notice — 'Credit control — the new approach', both 10 September 1971, 3A8/21; 'Reserve ratios and special deposits', September 1971. Further definitions were given in December 1971, 'Reserve rations: further definitions', *BEQB* 11(4): 482-489, December 1971.
90) *The Economist*, 18 September 1971, p. 69.
91) Fforde to O'Brien/Hollom, 'Monetary Policy', 27 March 1973, 6A50/8.
92) Hollom speech on 11 April 1973, *BEQB* 13(2): 201, June 1973.
93) Fforde to O'Brien/Hollom, 'Monetary Policy', 27 March 1973, 6A50/8.
94) Page to O'Brien/Hollom, 2 April 1973, 6A50/8.
95) 'Competition and credit control: further developments', *BEQB* 13(1): 51-55, March 1973. 北アイルランドの問題は1972年9月に解決された．次を参照．Hollom to David Russell (chairman, Northern Ireland Bankers' Association), 17 May 1972; Russell to Hollom, 19 June 1972, 3A8/23; Hollom to Russell, 3 July 1972; Russell to Hollom, 19 September 1972, 3A8/24.
96) Page to Fforde/O'Brien/Hollom, 'Money market management: Bank rate', 22 December 1971; Page to Henley, 26 January 1972; Page to Fforde/O'Brien/Hollom, 'Bank Rate', 17 August 1972, C40/1392.
97) *BEQB* 13(1): 90, March 1973.
98) Page to Fforde/O'Brien/Hollom, 'Bank rate', 17 August 1972, C40/10.
99) *Ibid*.
100) Page to O'Brien/Hollom, 'Special deposits and Bank rate', 18 September 1972, C42/10; Treasury/Bank monthly meeting on monetary policy, 15 September 1972; O'Brien to Barber, 3 October 1972, C40/1392. 「公式バンクレート」という言い方は2006年5月に復活した．Bank of England, *The Framework for the Bank of England's Operations in the Sterling Money Market*. May 2006, p. 3.
101) Bank of England, Press notice, 9 October 1972, 4A139/5; *BEQB*12(4): 442-443, December 1972; press cuttings in ADM38/6; *The Banker*, Vol. 12(2): 1365-1366 (November 1972).
102) Page to Fforde/Richardson/Hollom, 'Bank rate v. minimum lending rate', 31 December 1976, C42/10.
103) O'Brien to Barber and reply, both 8 September 1971; Bank of England, 'Special deposits. Technical arrangements', September 1971, 5A148/1.
104) O'Brien to Barber, 7 November 1972; 'Extract from the Deputy Governor's

note dated 8.11.72 ...'; Barber to O'Brien, 8 November 1972; Bank of England, 'Press announcement', 9 November 1972, 5A148/2.
105) O'Brien to Barber, 20 December 1972; BoE, press announcement, 21 December 1972, 5A148/2.
106) Cooke to O'Brien, 'Special deposits', 17 April 1973; 'Extract from the Deputy Governor's note on the Govenor's conversation with Mr. Littler 25.4.73'; Page to Fforde/O'Brien/Hollom, 'Short-term interest rates', 8 May 1973; 'Extract from Mr. McMahon's note on the Deputy Governor's conversation with Mr. Henley 11.5.73.'; Fforde to O'Brien/Hollom, 'Special deposits (conversation with Mr. Wass)', 14 May 1973, 5A148/2.
107) Page to Fforde/O'Brien/Hollom, 'Monetary policy', 23 June 1971; Cooke to Page/Fforde, 'Gilt-edged market turnover', 1 July 1971, 3A92/1.
108) Letter from Armstrong to Bailey, 'Dictated over the telephone by Mr. Downey, H.M.T.', 12 June 1972; Bailey to Armstrong, 14 June 1972, 3A92/1.
109) Downey to Wass, 30 March 1973; HMT, 'Note of a meeting ... 2 April [1973]', 5 April 1973; Willetts to Fforde, 'Review of the new approach', 10 April 1973, 6A50/8; Willetts/Marcus Miller to O'Brien et al, 'Review of the new approach', 13 April 1973; Dicks-Mireaux to Wass, 27 April 1973, enc. Bank of England, 'Review of the new approach', 27 April 1973, 3A28/25.
110) Page to O'Brien/Hollom, 'Monetary policy', 2 April 1973, 3A8/25.
111) 'Extract from Mr. Fforde's memo dated 25.4.73 ...; Fforde to Wass, 25 April 1973; O'Brien to Fforde, 25 April 1973, 6A50/9; O'Brien to Barber, 4 May 1973, enc. 'Competition and credit control: a review and reappraisal', 4 May 1973, 6A50/10.
112) O'Brien, Annotation attached to Dicks-Mireaux to O'Brien et al., 'Review of the new approach', 19 April 1973, 6A50/9.
113) グッドハートは1977年に，「新しいシステムは，貨幣集計量を金融政策の主目的の尺度としてもっと重視するように設計されていた」と書いていた．Goodhart to GPS, 28 March 1977, enc. 'Monetary control in the UK', 6A50/21.
114) Bank of England, 'Review of the new approach', 27 April 1973, 3A28/25.
115) Page to O'Brien/Hollom, 'The discount market', 15 February 1973, 7A58/5.
116) Page to Fforde, 'The discount market', 9 April 1973; Fforde to O'Brien/Hollom, 'The discount market', 16 February 1973; 'The London discount market', enc. with Page to Fforde/O'Brien/Hollom, 'The discount market', 20 March 1973, 7A58/5.
117) Roger Barnes (Deputy Principal, Discount Office) to Fforde, 12 and 26 April and 18 May 1973, enc. Notes for record of meetings with LDMA; Galpin to Fforde, 11 and 16 May 1973, enc. notes for record of meetings with LDMA, 7A58/5.
118) Page to Downey, 8 June 1973; Downey to Page, 11 June 1973, 7A58/5.

119) Allen to Bailey (HMT), 12 July 1973, enc. HMT, 'Monetary Policy'; Note by Treasury and Bank of England officials', 12 July 1973; Hollom to Richardson, 13 July 1973, 3A8/26.
120) Page to K.H. Whitaker (chairman, LDMA), 19 July 1973 and others; Bank of England, 'Agreements with money market houses', 19 July 1973, 3A8/26; Richardson to Barber, 18 July 1973; Bank of England, Press announcement, 'Special deposits', 19 July 1973, 5A148/2. *BEQB* 13(3): 269-279, 289-291, September 1973. 'Competition and credit control: modified arrangements for the discount market', *BEQB* 13(3): 306-307, September 1973.
121) Note by the Government Broker, 30 July 1973, 3A8/26.
122) O'Brien, Memoir, p. 134.
123) King (1975, pp. 271, 293).
124) *The Guardian*, 25 November 1995, p. 32; *The Economist*, 6 July 1973; Middlemas (1994).
125) O'Brien, Memoir, p. 140.
126) Roberts (1992, pp. 417, 422-425).
127) Cutting from *Daily Mail*, 12 January 1966, ADM38/23.
128) Interview with Lord Healey, 28 February 2006, and Healey (1990), p. 375.
129) O'Brien to banks, 7 August 1972, *BEQB* 12(3): 327, September 1972.
130) 'Extract from the record of the meeting at Bank of England 25.7.73 between the clearing bank chairmen and the Governors, 6.8.73', 5A148/2.
131) 利子の上限規制は1975年2月28日に撤廃された. Bank of England, *Annual Report*, year ending February 1974, pp. 7-8, year ending February 1975, p. 6.
132) Bank of England, 'Review of the new approach', 27 April 1973, 3A28/25; Fforde to Hollom, 'Managing upward pressures on the parallel rates', 29 August 1973, 3A8/26.
133) Bank of England, Press notice, 11 September 1973, 3A8/27.
134) C.E. Trott (chief GM, Midland Bank) to Page, 21 November 1973, enc. 'Report of the working party on overdraft arbitrage', 21 November 1973, 3A8/28.
135) Richardson to Barber, 13 November 1973; Bank of England, Press notice, 13 November 1973, 5A148/2; *The Times*, 14 November 1973, p. 23.
136) Barber to Richardson, 15 November 1973, G1/255. 1973年7月には、ヒースを金融的諸措置の一括案に同意させることについて懸念があった. Page to Fforde/Richardson/Hollom, 'Monetary policy', 4 July 1973, 6A50/10.
137) Goodhart to Dow/Fforde, 'The supplementary deposit scheme: a public exposition', 10 January 1974, 5A149/1.
138) Page to Richardson/Hollom, 'Meeting to-day [*sic*] with the CLCB', 14 November 1973, 3A8/28.
139) Goodhart to Richardson/Hollom, 'Ceilings on bank credit: some notes', 14

November 1973; Fforde to Richardson/Hollom, 'The case against ceiling controls', 19 November 1973, 3A8/28.
140) Goodhart to Richardson/Hollom, 'Alternative methods of direct control', 19 November 1973; Goodhart to Richardson/Hollom, 'A brief for the Governor's meeting with the Chancellor at the Treasury on Wednesday, 21 November', 20 November 1973, 6A50/12.
141) Bank of England, Press notice, 17 December 1973, 3A8/28.
142) Drake to Coleby/Page, 'Supplementary special deposits', 14 January 1974; Page to Fforde/Richardson/Hollom, 'Supplementary special deposits', 25 January 1974, 5A149/1.
143) HC Deb, 17 December 1973, Vol. 866, cc952-966; *BEQB* 14(1): 3, 37-38, March 1974.
144) Gowland (1982, p. 13); O'Brien (1992, p. 412).

第11章
セカンダリー・バンキング危機

　英国の銀行業は，19世紀の第3四半世紀から1970年代までは非常に安定していた．その安定は，安易に，銀行間のカルテルの結果であるとの説明がなされることがよくある．しかし，1914年より前にはカルテルは存在せず，また20世紀を通してみても，銀行業の資本収益率は他の経済分野のそれとかけ離れていたわけではなく，それは独占的モデルというよりもむしろ競争的モデルに整合的な特徴点をもつものである[1]．もちろん，それには多くの説明が可能であり，そうした安定性には多くの要素があることはいうまでもない．重要なことは，銀行が自らの適正な資本，現金そして流動性の比率を見出したということである．第2次世界大戦後，このうち後者の2つの比率は当局の指示のもとで変えられることとなる．そして，当時はこうした言葉では説明されはしなかったものの，イングランド銀行は金融の安定に責任があったのである．銀行システムがこれほど長い間非常に安定的であったという事実は，この問題がほとんど議論されなかったことを意味していた．しかし，実際には，イングランド銀行はシティで生じたあらゆることを見つめ，シティ全体の雰囲気から個々人の行動に至るまで，すべてのことに関する情報を収集していたのである．この点に関するイングランド銀行の中心人物は割引部長（the Principal of the Discount Office）であった．その仕事は，競争と信用調節（Competition and Credit Control; CCC）実施後には一段と難しいものとなりつつあったし，1973年末に生じたセカンダリー・バンキング危機（The Secondary Banking Crisis,それは波乱に満ちた1970年代においてイングランド銀行が巻き込まれたもっとも劇的な出来事のひとつであった）に際しては，厳しい視線にさらされた．
　このセカンダリー（二次的な），あるいは「周辺の」（fringe）銀行部門は1950

年代後期と1960年代初めに生まれ，インターバンクの卸売りマネーマーケット（wholesale money markets）で資金を借り入れて主として不動産向け融資を行う組織であった．1971年から73年にかけての景気拡大的経済政策とCCCによる刺激のもとで急速に成長し，その後1973年中に流動性困難に陥ったのである．セカンダリー・バンキングの伸長を取り巻いていた陶酔感は徐々に信認危機（crisis of confidence）を拡大させ，最終的にはイングランド銀行が，手形交換所加盟銀行（クリアリング・バンク）およびスコットランド系銀行とともに，「ライフボート」（救命艇；Lifeboat）として知られるようになる支援グループを発足させることになった．危機の後半期には，その金融部門を守ることが必要であるとの理由から，スレイター・ウォーカー社やエドワード・ベイツ社のような他の機関にも，イングランド銀行による単独の支援がなされた．イングランド銀行は国有化産業特別委員会（SCNI）で1976年に説明し，1978年にはウィルソン委員会における証言の中でこの支援に関する公式の説明を行っており，後者については同じ年の『イングランド銀行四季報』に論文が再掲載された[2]．この証言は当該危機に関するその後の二次的文献の基礎を形作るものであり，なかでも，マーガレット・リード（Margaret Reid）が著して影響力を及ぼした『セカンダリー・バンキング危機，1973-75』（*The Secondary Banking Crisis, 1973-75*）はいまだにもっとも詳細な説明である．危機に関する多くのイングランド銀行アーカイブ資料が失われており，危機に関するここでの説明を十分望ましいものとすることはできず，実際には多くの点でもそうであるように，他の資料に依存しなくてはならなかった．しかしながら，イングランド銀行の関与に関する史料がいくつか存在している．

1. 問題発生の初期の兆候

この危機の話の中にはいくつかの要素が存在している．危機の背景には，CCCにおける銀行部門の自由化と，危機に先立つ3年間における金融の爆発的膨張があった．周辺銀行自体の発展があった．銀行部門をめぐっては，公式認定と非公式認定の複雑な階梯があったものの，法規定が整備されていった（第12章を参照）．1960年代の主要銀行は多くの規制のもとに置かれていたが，

第 11 章　セカンダリー・バンキング危機　　　　　645

　その一方で「周辺銀行」(fringe banks) は，その言葉が示唆するように，そうした規制の外側で営業していた．そして，実際のところ，そうした規制は，周辺銀行が出現した理由を説明するものである．周辺銀行は主要銀行よりも高い金利を払っていたが，利益を出しながら成長した．卸売りマネーマーケットの発展がその成長を助けた．新興の「並行した」あるいは「卸売り」ポンド・マネーマーケットを通じて，周辺銀行は短期の流動性金融に従事した[3]．その外貨建て貸出は急速に拡大し，ポンド建て預金については手形交換所加盟銀行よりも高い金利をつけた．

　周辺銀行の多くは123条企業の証明書をもっていたが，それは，周辺銀行を，銀行認定の階梯の一番下の桟に据え付けるものであった．1970年までに，そうした証明書のどれかを有する企業は78社あった．そのうちおよそ30社は貸出上限規制に抵触していたものの，イングランド銀行は，123条企業は一般的に関心を寄せるほど大きくはないと見ていたのである[4]．1970年2月の報告の中で，割引部副部長のリチャード・ホール (Richard Hall) は次のように述べている．

　　周辺銀行の大半は規模が小さく，それに対して厳格な管理を実施しようとするのは現実的ではないものがほとんどである．しかしながら，注意を引きつけ，あるいはわれわれから何らかの便宜を受けることが必要になるほど十分に大きな規模になりしだい，われわれは可能な限り大きな制約を課して，監督しようとする．銀行は大きくなればなるほど，それを監督することが適切なものとなると言っておそらく差し支えないであろう．年度末のバランスシート上の計数しか把握していないような小規模銀行の場合には，必ずしも完璧なものでなくともよい……．こうした金融機関をわれわれの報告体制の中に組み込み，「統計報告銀行」(statistical banks) として認定するならば，より綿密な規制を行うことになるであろう．しかし，われわれはそうすることに消極的であった．なぜならば，そうすることは小規模銀行の認可を，そしておそらくその健全性についての責任を伴うが，われわれは責任をとる覚悟も備えもないのである[5]．

以上のことは CCC より前のことであった．この新たな施策は，長い間にわたって銀行に継続的に適用されてきた諸制約によって，周辺銀行が確固としたものとなることが可能になったとみなし，その諸制約を除去したものであった．CCC の導入に伴いイングランド銀行は，「周辺銀行は相対的に重要性を失うレベルにまで縮小するであろう」と信じた[6]．いったん他の既存銀行がビジネス機会を求めて自由に競合し始めれば，周辺金融機関が生き残る見込みは乏しいと信じられていたのである[7]．しかし，キーオによれば，周辺銀行が「危険な存在となった」のは CCC 以後のことであった[8]．姿を消し去るどころか，周辺銀行は活況を呈した．それは拡張的な経済政策，とくに金融政策に支えられたものであり，事実，産業を刺激することをめざした金融が結果的には不動産開発の拡大をもたらしたのであった[9]．インフレーションが生じるかもしれないとの懸念は株式取引とそのブームを刺激した．しかし，株式市場は1972年5月にピークに達し，その後ブームは不動産に移った．1970年代初頭に，ヒース政権が不動産開発の拡大規制を緩和したことがこのブームを助長した．さらに，土地委員会が廃止されたが，これは，土地所有者にとっては不動産の開発価値を全体として回復させる動きであり，結果として不動産企業株式の劇的な上昇をもたらした[10]．住宅用・商業用不動産の購入と開発への融資という，儲けの新たな機会が周辺銀行にもたらされた[11]．不動産部門への銀行貸出は，1971年2月の3億6,200万ポンドから1974年2月の25億8,400万ポンドへと614％も増加した[12]．この融資は，ごくわずかの手数料で，あるいはまったく手数料なしでなされ，マネーマーケットからの短期借入による資金調達で賄われた[13]．『エコノミスト』誌は「慎重な当事者ならば通常はもっているはずの正常な用心深さ」はどこへいってしまったのか，と不思議がり，不動産市場は「いささか狂ってしまった」と確信した．そして，不動産関係者は「石を金に変え続けることができるであろうか」と疑問を呈した[14]．不動産融資の増大は続き，1972年8月付および1973年9月付のイングランド銀行総裁による指針書簡の中でその抑制が要請されたにもかかわらず，増えたのである[15]．後に言われることになるように，「不動産価格が急速に上昇している中にあっては，それはこの道しかないように見受けられた．最終的には，上昇する家賃と不動産価値が健全な利益を保証してくれるとみなされたので，購入した不動産がも

たらす賃貸収入よりも当初の資金借入コストのほうが大きいかどうかなど，問題になることさえもなかったのである」[16]．

　厳密には銀行とはいえない金融機関の行動においても，危機に至るいくつかの兆候が明らかに見受けられた．そのひとつがクラウン・エージェンツ（Crown Agents）であった．クラウン・エージェンツは，物品，サービス，資本を調達するなど，英国における植民地の商業・金融上の代理者として活動するために，英国政府によって1833年に創設された．その役割は，公社ならびにコモンウェルスの内外を問わず独立諸国家の政府のための業務も含まれるように，20世紀の前半に拡大した[17]．エージェンツは，植民地政府などに代わって，材料や設備を購入し，検査し，船で送り出し，紙幣や貨幣の印刷鋳造を取り計らい，専門家としてのアドバイスを行い，人的サービスを提供し，さまざまな金融サービスを取り計らった．1968年には，エージェンツは80の政府と160以上の公的当局，国際的組織のために活動していた．1960年代の終わり頃から，クラウン・エージェンツは，伝統的な活動を続けつつも，自らの勘定を使って銀行関連業務にも従事し始めた．こうした経営の多角化は，植民地域が独立するにつれて業務が衰退してしまうとの懸念によって促されたものであり，わずかであった資本金と準備金を増強したいとの念願があったのである[18]．エージェンツは巨額の資金をロンドンのマネーマーケットから借り受け，周辺銀行や不動産開発業者に貸し付けた．自己勘定の取引部門であるフィンヴェスト（Finance Department Investment Account; Finvest）の業務は急速に拡大し，1968年末の5,800万ポンドが1年で1億2,700万ポンドになり，そして「1970年末には，クラウン・エージェンツは，4億300万ポンドの資金を扱う，事実上の銀行業務といえるものを営んでいた」[19]．この金額は1973年には4億7,200万ポンドにまで増大した[20]．しかしながら，エージェンツは，そうした業務に伴う諸リスクを把握するのに必要な技能をもったスタッフも専門知識ももっていなかった[21]．

　1970年4月に『サンデー・タイムズ』紙に掲載されたチャールズ・ロー（Charles Raw）による批判的な記事は，セカンダリー・バンキングの世界に最近クラウン・エージェンツが積極的に関わっていることに対して注意を喚起した．チャールズ・ローは，金融問題を調査している数少ない真摯なジャーナリ

ストの1人であり，当時のイングランド銀行総裁のアドバイザーであるルパート・ロー（Rupert Raw）の息子であった．ホーラムはキーオにその記事のことを尋ねた．彼の返事はエージェンツの独特で異常な立場を浮かび上がらせるものであった．すなわち，クラウン・エージェンツは銀行ではなく，したがって信用規制に服さない．会社でもないので，したがって会社法に服さない．また，政府の一部門でもなく，したがって，ホワイトホール（英国政府）に対しても公式の責任は負わない[22]．それにもかかわらず，イングランド銀行はエージェンツによる資金調達と投資の性格について懸念を抱き，エージェンツからさらに多くの情報を得ようとした[23]．イングランド銀行はまた，この問題を大蔵省に提起したが，両者ともこの問題の責任を引き受けることは望んでいないように見受けられた[24]．結局，こうした議論の結果，退官した高級官僚であるサー・マシュー・スティーヴンソン（Sir Matthew Stevenson）が議長を務める委員会が任命され，クラウン・エージェンツの立場，職務，金融業務について検討することとなった．1972年3月の報告の中でスティーヴンソンは，クラウン・エージェンツの銀行および投資活動については説明責任が十分に果たされていない，としたが，クラウン・エージェンツの金融業務の運営は適格なものであり，「自己勘定」による業務を継続することが許されるべきである，とした．この結果は政府によって伏せられ，1977年にフェイ報告書（Fay Report）が公表されるまで明らかにされなかった[25]（第12章を参照）．関係当局は，別の金融機関との合併あるいは提携を含め，取り得る対応について議論を続けた[26]．イングランド銀行は，エージェンツの銀行業務を担当するために，確実に自らの幹部職員が任命されるように模索したが，うまくいかなかった[27]．この銀行業務の問題はCCC制度に持ち込まれ，1973年半ばに至って，健全な銀行営業に関する諸規制，準備資産規制および特別預託金の適用をエージェンツが受け入れることが合意された．これは，別の銀行子会社を設立して実施されることとなっていた．それにもかかわらずこの子会社は，設立はされたものの状況の変化にあわなくなり，機能することはなかった[28]．

スコットランド卸売協同組合（Scottish Co-operative Wholesale Society; SCOOP）の銀行部門が，譲渡性預金証書（CDs）の先物取引に「気が狂ったようにコミット」していたことが原因で，1972年から73年にかけての冬に経営

困難に陥った時に，もうひとつの問題が発生する兆候が現れた[29]．元下院議員（MP）で大蔵省官房長（Chief Secretary to the Treasury）のダイアモンド卿（Lord Diamond）が 1973 年 2 月に，理由の説明抜きでオブライエンないしホーラムとの緊急面談を求める電話をイングランド銀行にかけてきた．同卿は，イングランド銀行の支援が間に合わないならば多くの失業が生じるであろうと警告したが，ダイアモンドの選挙区がグロスターであったため，これはもしかしたらコンコルドに関連したことかもしれない，とルース（当時は産業部門専担アドバイザー）を含めて大慌ての推測が飛び交った[30]．しかし，そうではなかった．SCOOP に関するものであった．総裁は多忙であったので，ダイアモンドはホーラムと会い，SCOOP の銀行部門が資金繰りに非常に苦しんでいることを説明した．同部門は 9,000 万ポンドのポンド建て CD を資産として保有しており，そのほとんどについてインターバンク市場を通じる資金調達で賄っていたが，当該 CD がもたらす利回りはその調達コストを下回っていた[31]．さらに，同部門は，市場水準よりも低い金利で総計 3 億 6,500 万ポンドを超える CD を追加的に引き受ける先物の確約をしてしまっていた．その時点での金利動向を前提とすると，予想される損失額はおおよそ 2,500 万ポンドくらいと見込まれた．イングランド銀行の資金援助がなければ，SCOOP は支払い不能となる大きなリスクに直面していた．そのような破綻は CD 市場を崩壊させ，また，協同組合運動にも悪影響を及ぼすこととなるであろう[32]．

　イングランド銀行は，SCOOP の主要な取引相手が手形交換所加盟銀行であり，まず間違いなく SCOOP を破滅させるようなレートで取引を行っていることを突き止めた[33]．ホーラムは実現可能な解決策を探り始めた．彼は，この件は銀行界の問題であるとして，政府を巻き込みたくはなかった．1，2 の手形交換所加盟銀行を巻き込むことが模索された，すなわち，SCOOP の先物 CD の最大の取引相手であるニュージーランド・ナショナル銀行（National Bank of New Zealand）と関係を有しているロイズ（Lloyds）銀行か，あるいは，卸売協同組合（Co-operative Wholesale Society; CWS）の主要銀行であるナショナル・ウェストミンスター（National Westminster）銀行か，であった[34]．イングランド銀行は，金融市場の支払い義務を処理するために手形交換所加盟銀行とシンジケートを組んだ．それは，SCOOP の商業取引部門を崩壊させ

リスクがあったものの，SCOOP の銀行部門を支えるものであった．そこで SCOOP は CWS と合併し，SCOOP の銀行部門は CWS の完全子会社である協同組合銀行（Co-operative Bank）に移された．SCOOP の銀行部門における預金はすべて協同銀行によって保証された[35]．

手形交換所加盟銀行はイングランド銀行に対して，損失の一部を負担するように求めた．ホーラムはフォークナーに対して，その損失はロンドン手形交換所加盟銀行，スコットランド手形交換所加盟銀行，そしてイングランド銀行との間で，税引き前利益額をベースとして分担されるべきであると申し出た．そして，そのベースによれば，このシンジケート団の中でのイングランド銀行の負担比率は 3% となるものであった．この申し出は「金額が少なすぎて話にならない」ものであり，スコットランドの銀行に過度に負担を課すものであるとみなされた．しかしながらホーラムは，イングランド銀行は先物 CD 市場には関与しておらず，また同行以外は事実上すべて関与していたことから，イングランド銀行の損失負担比率は不釣り合いに少ないものであって然るべきだと考えていた．これに対して手形交換所加盟銀行側は反発し，イングランド銀行はもっと多くの負担を負うべきであると強調し，CD 市場において支障が生じることが避けられないとなれば，イングランド銀行はその責任を果たさないこととなる，と主張した[36]．ホーラムはこの議論に引きずり込まれるのは拒んだが，5% にまで引き上げる姿勢は示した．彼は，SCOOP の先物取引の相手方として手形交換所加盟銀行が提供することを引き受けたシェアを前提に，断固としてそれ以上負担しようとはしなかった[37]．ペイジはまた，主要銀行の中には「その銀行の大きさに比して途方もなく不釣り合いな金額の取引であり，『SCOOP の名前を利用して』非常に無責任に振る舞ったものもあった」とも述べている[38]．後に 1973 年 5 月になって，この損失は以下のように分担されることが合意された．すなわち，まず CWS が 1,000 万ポンドを負担し，次にシンジケート団が 1,000 万ポンドを負担し（イングランド銀行はその 5% を負担する），さらに次の 500 万ポンドを CWS が負担する．そして，この 2,500 万ポンドを超える損失は，イングランド銀行，手形交換所加盟銀行，CWS の間でさらに協議する，というものであった．1974 年 5 月にその 2,500 万ポンドの損失水準に近づいてきたため，協議が再開された[39]．1976 年 7 月に，いっ

そうの追加負担の上限を200万ポンドとするとの条件のもとで，2,500万ポンドを超えるSCOOPの損失の50%をシンジケート団が負担することで合意された．

SCOOPの出来事は啓示的である．それは，新しい競争環境の中で商売をしていただけであると許容されるかもしれないにしても，手形交換所加盟銀行側にある程度のいい加減さがあったことを示していた．また，「規制されていないポンド建てインターバンク市場で未熟な取扱者が取引を行うことの危うさ」も明らかになった[40]．そして，CCC以後の新たな経営環境における一種の無鉄砲な行為を示していたのである．『デイリー・ミラー』紙はこのコンソーシアムについて驚愕して報じている．「これは，この種の初めての取り組みであるが，最後の取り組みではないかもしれない」と[41]．

2. 危機の拡大とライフボート（救命艇）の始動

SCOOP問題は大きくは協同組合自体の活動の結果であったが，手形交換所加盟銀行の動きによって救われるものではなかった．それどころか，経営環境の変化を示すものであった．1973年中の国内経済の状況は，生き延びるのが困難となることをさらに深めるものであった．すなわち，最低貸出利率（MLR）は7月の7.5%から年末には13%へと上昇し，国際収支は悪化し，第1次のオイル価格ショックが報じられ，資産価格は急激に上昇した．その時，すなわち11月末に，ロンドン・アンド・カウンティ・セキュリティーズ社（London and County Securities）はマネーマーケットを通じた預金取り入れを継続することができず，流動性困難に陥った．これが，セカンダリー・バンキング危機となるものの真の始まりを刻することとなった．ロンドン・アンド・カウンティ社（London and County）は，1969年にロンドン・アンド・カウンティ社（アドバンス・アンド・ディスカウント；Advance and Discount）という金融会社のホールディング・カンパニーとして創設された．1970年代の同社の会長兼社長は，法廷弁護士を本業とし柔道の専門家でもあった（後者の専門性は必要がなかったが）ジェラルド・カプラン（Gerald Caplan）であった．1971年には，自由党の党首ジェレミー・ソープ（Jeremy Thorpe）が経営権の

ない役員に就任している．このグループは活発に投資とリテール・バンキングを行い，後者については全国に21の支店を有する子会社，ロンドン・アンド・カウンティ・セキュリティーズ社を通じて行っていた．

ロンドン・アンド・カウンティ・セキュリティーズ社は1967年に123条企業の証明書を与えられ，1969年には100万ポンドの資本金と200万ポンドの預金とを有する公開企業となった．同年5月に証券取引所で初めて売買された時の株価は1株当たり25ペンスであった．1970年代の初め頃，ロンドン・アンド・カウンティ社は，短期マネーマーケットでの手広い活動によってその業務が劇的に拡大した．1972年5月には株価は400ペンスに跳ね上がった．利益は1969年の5万8,000ポンドから1973年3月期決算年度には360万ポンドにまで膨れ上がった[42]．資本の発行と払い込みのテンポが遅れ，1973年下期にはロンドン・アンド・カウンティ社の好調に変化が見え始めた．株式市場が全般的に低下するのと歩調をあわせて，同社の株価が下落し始めたのである．同社の業況について思惑が巻き起こり，その状況は，ロンドン・アンド・カウンティ社の監査法人ハームード・バナー社（Harmood Banner）のパートナーの1人が，同社の計数の解釈について重大な見解の相違があるとして辞した時にも改善しなかった[43]．

1973年3月から11月までの間イングランド銀行は，キーオがカプランと同社のその他の役員との間を通じて，ロンドン・アンド・カウンティ社と接触を保ち続けた．しかし，キーオが入手した計数やバランス・シート情報は，1973年3月期の推計最終監査済みバランス・シートだけであった．それ以外には何ももたらされなかった[44]．公衆からの負債額に対する，コールや短期通知で利用可能となる資産額との比率を眺めて，ロンドン・アンド・カウンティ社は十分な流動性残高を有している，とイングランド銀行は信じていた[45]．事実，現金残高はひどく膨張しており，非常に流動性に富むとの印象を与えるものであった．それにもかかわらず，キーオは1973年の夏にはロンドン・アンド・カウンティ社の状況について気を揉み，経験豊富な銀行家であれば同社の銀行業務を再建できるであろうと期待して，マーチャント・バンクであるヒル・サミュエル社（Hill Samuel）出身のドナルド・バーズリー（Donald Bardsley）を同社の役員に任命することができた．バーズリーはキーオと密接なコンタクトを

保ち続けた.彼は,長期貸出によって同社グループが危険なほどわずかな流動性しか有していないことを発見し,1973年3月31日以降ロンドン・アンド・カウンティ社の財務あるいは取引状況には重要な変化はない,との誤った記載がなされた1973年10月の株式売り出しのための開示文書は適切ではないと考えた[46].11月12日,わずか4カ月間の同社勤務の後に,バーズリーはキーオに電話をかけて辞意を表明した.その10日後に,彼は個人的な問題を理由にして辞した[47].その辞職が11月26日に公になると,ロンドン・アンド・カウンティ社の倒産は切迫しており,避けられないとの疑念を強めることとなった[48].

株価は劇的に落ち込み,同社はマネーマーケットでの預金取り入れの継続に困難を来たすようになり,小口の預金者もまた資金を引き出し始めた[49].11月28日にはイングランド銀行で,同社が流動性困難に陥ったとのマーケットでの噂を議論する会合がもたれ,キーオ,ギャルピン,カプランとその他の同社の取締役や幹部職員,そして監査法人の代表2名が出席した.同社取締役の1人は,現下の流動性不足問題を解決できると確信していると断言したが,イングランド銀行側は,ロンドン・アンド・カウンティ社は週ごとの計数を提出するべきであると提案した[50].翌日の夜遅くキーオは,ロンドン・アンド・カウンティ社の主要支援先であるイーグル・スター保険(Eagle Star Insurance)がマーチャント・バンカーのカイザー・ウルマン社(Keyser Ullman)に招集した会合に出席し,そこでロンドン・アンド・カウンティ社は翌週には倒産するであろうと言われた[51].キーオはそれから,11月29日金曜日の早朝に,ロンドン・アンド・カウンティ社の主要決済銀行であるナショナル・ウェストミンスター銀行最高経営責任者のアレックス・ディッブズ(Alex Dibbs)に電話をかけ,同日午前8時にディッブズのオフィスで会合をもつこととなった.キーオもディッブズも,セカンダリー・バンクのファースト・ナショナル・ファイナンス社(First National Finance Corporation; FNFC)のパット・マシューズ(Pat Matthews)の友人であり,2人の要請でマシューズもその会合に招かれていた[52].

11月30日,ロンドン・アンド・カウンティ社は,イーグル・スター保険,ユナイテッド・ドレイパリー社(United Drapery),ナショナル・ウェストミ

ンスター銀行，そしてカイザー・ウルマン社との間で「会社の今後の存続可能性と預金者の保護の手段を探るため」の話し合いが順調に進んでいる，と発表した[53]．しかしながら，株価は低下し続け，その月の初めに 200 ペンスであった株価が 40 ペンスとなった時にロンドン・アンド・カウンティ社の株式取引は停止された．ハンブロズ銀行 (Hambros) の助言に従って，FNFC は自らの取引に専念したいとして，支援を申し出たがらなかった．12 月 3 日月曜日，FNFC の代表者たちはナショナル・ウェストミンスター銀行でディッブズと副頭取のシドニー・ワイルド (Sidney Wild) に面談するために出かけた．キーオも同席した．イングランド銀行，ナショナル・ウェストミンスター銀行はともに，支援がなされるべきであると信じていると明言し，FNFC は救済に加わることに同意した．コンソーシアムの内容についてはその月曜日の午後 11 時に至って最終的な合意に達した．コンソーシアムは，FNFC, カイザー・ウルマン社，イーグル・スター保険，そしてユナイテッド・ドレイパリー社がそれぞれ 500 万ポンドを提供し，合計で 2,000 万ポンドを融資することに合意した．FNFC は，マシューズを副会長に就任させ，ロンドン・アンド・カウンティ社の経営を引き受けることとなった[54]．経営会議のメンバーは交替させられ，カプランは 1973 年 12 月 4 日に辞任した．ソープは 2 週間後の 12 月 17 日に同社を辞した．

ロンドン・アンド・カウンティ社問題のニュースは，1973 年末にセカンダリー・バンキング部門への信認危機を誘発した．12 月 1 日，『タイムズ』紙は「シティ，銀行グループが困難の大危機に直面」と第 1 面の大見出しで報じた[55]．数日後のある記事は，「なぜこのように多くのセカンダリー・バンクがこれほど急速に発展したのか，大銀行はその理由について厳しく検討し，自らのためにも，シティ全体のためにも，対策を打つべきである」と勧告した[56]．多くのセカンダリー・バンクが依存しているマネーマーケットからの調達預金が引き出され，多くの銀行グループが流動性の維持困難に直面した．この状況は，金利上昇と不動産価値の下落（それは資産を急いで現金化することをさらに難しくした）によっていっそう悪化した[57]．

別の銀行も問題を生じていた．1958 年創設のシーダー・ホールディングズ社 (Cedar Holdings) は二番抵当モーゲージ貸出 (second-mortgage lending) に

関わっていた．同社は小口預金の勧誘に熱心で，当座預金口座に付利し，そうした期間の定めのない預金にシェリー酒用のグラスや小型ヨットなどの「景品」をつけるなど，大々的な広告キャンペーンを展開していた[58]．1969年から1973年12月までの間に，シーダー社の預金は250万ポンドから7,500万ポンドにまで増大したが，この7,500万ポンドのうち1,000万ポンドは小口預金であった．同社は総計約7,400万ポンドの貸出を行い，その70％は中期の二番抵当モーゲージ貸出であった．原資のほとんどはごく短期の借入であったが，最長15年に及ぶ期間で貸し出された．多くの周辺銀行と同様に，シーダー社の資本も長期貸出もそのほとんどが不動産関係であった．当然のことながら，ロンドン・アンド・カウンティ社の問題が引き起こした全般的な信認危機が，シーダー社の流動性ポジションに関する市場の懸念を引き起こし，その短期のマネーマーケット取り入れ預金の大部分は継続されなくなった．シーダー社の総計25％を保有する4つの組織，すなわちフェニックス生命保険（Phoenix Assurance），電力庁（Electricity Council），全国石炭庁（National Coal Board），ユニリーヴァ年金基金（Unilever pension funds)による会合が招集された．これらの組織は2,500万ポンドをつぎ込んだが，それでは十分ではないことが判明した．株価は資金の流出を反映し，年初の90ペンスから11月30日（ロンドン・アンド・カウンティ社の株式取引が停止された日である）には27ペンスにまで下落し，その後12月18日には10ペンスにまで低下した．この時，証券取引所は同社株式の取引停止を迫っていたのであるが，前例のない事態に直面してイングランド銀行は，救済作戦が合意されるまでは何も行われるべきではないと証券取引所に伝えた，とチャールズ・ゴードン（Charles Gordon）は断言している．それからイングランド銀行は12月19日にシーダー社に関する会合を招集した[59]．

　ロンドン・アンド・カウンティ社の経営困難を注視しつつ，また，広範囲にわたるセカンダリー・バンクへの預金取り付けが始まったことが明らかになったことから，キーオは12月14日に問題に対処するための周辺銀行常設委員会（Fringe Banks Standing Committee）を設置した．同委員会は短期のものであった（12月14日から27日の間に総計8回の会合がもたれた）が，重要な役割を果たしたように思われる．ミッドランド銀行，ナショナル・ウェストミン

スター銀行，バークレイズ銀行，ロイズ銀行，そしてウィリアムズ・アンド・グリンズ（Williams and Glyn's）銀行からの代表者から成り，彼らはみなイングランド銀行に集まり，問題銀行の状況とそうした銀行に与える支援の範囲について議論した．第1回目の会合は12月14日金曜日の午後にキーオのオフィスで開催されたが，銀行代表者たちは会合の目的についてばらばらな見込みを抱いていた．自動車の割賦販売グループであるムーアゲート・マーカンタイル社（Moorgate Mercantile）の問題にとくに関連したものであると考えていた者もおれば，シティの小規模銀行に関するもっと一般的な問題を議論するためと考える者もいた[60]．第2回目の会合でキーオは，困難に直面していると思われる企業名の情報交換することを提案した．ワイルドはそうした企業名を9社承知していた．会合の過程を通じて，ボウメイカーズ，ブリティッシュ・バンク・オブ・コマース，トライアンフ・インベストメント，メデンス・トラスト，シーダー，トウェンティエス・センチュリー・バンキング，FNFC，マーカンタイル・クレジットの各社における問題が確認され，これらの問題会社はすべて，後日支援グループによってその第1回目の会合で引き受けられることとなった．1973年12月19日に開催された周辺銀行常設委員会の第4回会合で，後日ホーラムが作成することとなるものの原型と言ってよい提案がワイルドからなされた．ワイルドは，共同救済作戦に必要な巨額の支援金額を供給するために，（10億ポンドを超える）基金の設立を提案したのであった[61]．実際のところこの数字は，中心となる支援グループで最終的に合意されたものに非常に近いものであった．ワイルドの計画における金額は，支援する銀行の適格債務金額に基づくものであり，ワイルドはまた，預金者保護法の適用除外となっている引受商会や特定の他銀行もこの支援金積立計画に拠出するべきである（これは，後日のホーラムによる「合意項目」には含まれてはいない要素であった）と提案した．イングランド銀行は，ワイルドの提案に基づく「支援基金」（Support Fund）と題されたペーパーを配布し，12月21日の第6回目の周辺銀行常設委員会に向けてこの計画に関するさらにもうひとつペーパーを作成しようとした[62]．その会合でキーオは，「その日の午後に総裁が，手形交換所加盟銀行団の議長に対して，緊急の流動性問題よりも幅広いすべてを包括する対応策について語る予定になっている」ので，支援基金に関するさらなるペーパー

第11章 セカンダリー・バンキング危機

は配布しないと告げた[63]．ホーラムがワイルドの提案に気がついていたかどうか不明ながら，シティ関係者が資金を持ち寄りプールしておくとのアイデアの概要が知られていなかったことは確かであった．要するに，そのアイデアは19世紀末のベアリングズ危機（Barings crisis）の解決策がベースとなったものであった．最後の会合は1973年12月27日に開催され，「より高いレベルの関係者」によって支援システムの最終的な付託条件と仕組みが設定され，その日の午後に総裁と手形交換所加盟銀行との間で承認された[64]．キーオの周辺銀行常設委員会に関して興味深いのは，トップが関与したりトップと相談したりすることがなかったということである．ホーラムは関与しておらず，後にインタビューされた時に，彼はこの委員会の存在を思い出せなかった[65]．

　1973年12月19日水曜日は，多くの人にとって長く忘れられない日となったであろう．リチャードソンは2つのグループを別々にイングランド銀行に招集した．すなわち，バークレイズ銀行（シーダー社の取引銀行）および4つの主要な法人株主の首脳とともに午前中に会合し，4大手形交換所加盟銀行の会長たちとは午後に会った．この会合は長くかかった．後に『エコノミスト』誌が書いたように，「キャメロット（Camelot）では，非常に多くの騎士の腕をしっかりとからませねばならなかった」〔キャメロットは，アーサー王伝説において同王の宮廷が置かれた城．城内には円卓が置かれ，そこにアーサー王のもとに，多くの一騎当千の騎士が集ったとされる〕のである[66]．会合は昼食をまたがっては続くまいと考えていた人が多かったが，午前10時頃から翌朝3時まで続いた[67]．会合でイングランド銀行は，解決策の合意に至るまで同会合は終了しないことをはじめから明らかにして，救済パッケージが用意されるようにかなりの圧力をかけた．翌朝，12月20日にはシーダー社は営業を再開する予定であった．もし再開しなかったら，ドミノ効果が生じることが懸念された．ド・ライル卿（Lord De L'Isle, フェニックス生命保険），ヒュー・ジェンキンズ（Hugh Jenkins, 石炭庁），そしてバートン・ジョンソン（Burton Johnson, 電力供給産業）は全員シーダー社を支援する必要性について納得した．しかしながら，ユニリーヴァ社のコブ・ステンハム（Cob Stenham）を納得させるのが難しかった．2つの場面でホーラムと衝突したステンハムは，1度目には，決心するまでに30分しか残されていないと同副総裁に言われ，その日の別の場

面では，ユニリーヴァ社の会長であるサー・アーネスト・ウッドルーフ（Sir Ernest Woodroofe）をたたき起して呼び出せと迫られた．ステンハムは，自分は一介の事務員のように扱われる覚えはないと答え，この問題は完全に自分の手中にあると主張した[68]．最終的にはステンハムは同意し，財務アドバイザー，弁護士，証券ブローカーたちがイングランド銀行に送られ，価格について協議した．その日の後刻，終日シーダー社のオフィスで待機していたジャック・モリソン会長（Jack Morrison）とその子息のマイケルに率いられた執行役員たちが，フェンチャーチ・ストリート（Fenchurch Street）からわずかの距離をイングランド銀行まで歩き，本館1階で不安気に待っていた．買収価格を聞くや否や，役員陣は署名を拒絶した．その時，ケネス・コーク（Kenneth Cork）が問題決着を助けるように要請された．コークは，1970年代の英国最大の企業破綻処理請負業者であるW.J.コーク・ガリー社（W.J. Cork Gulley）のシニア・パートナーであった人で，「コークの名前を聞かせられるだけで，至るところの企業を恐怖におののかせた」と言われていた[69]．シーダー社の役員会は同意を渋り時間を要求したが，「倒産企業に引導を渡すとのかなりの評判」をとっていたコークは，他の選択肢はないと明言した[70]．合意文書を書き直して，コークは何とか多数を説得することができ，その日の終わり（翌日の未明）までに，バランス・シートの資産額を補償する7,200万ポンドが確定した[71]．イングランド銀行が200万ポンド，バークレイズ銀行が2,200万ポンドを提供した[72]．その翌日，巨額の預金引き出しに直面して，シーダー社の株式の市場取引は停止された．

　この7,200万ポンドが危機を鎮静化するであろうとの期待は誤っていた．この支援のニュースは他の周辺銀行にも問題があるとの噂を誘発し，12月21日には『タイムズ』紙の第1面は，信認危機はより悪化への転換点を辿っていると伝え，「セカンダリー・バンキング部門における現在の緊急事態は深刻に受け止められなければならない」と警告した[73]．その時，多くのセカンダリー・バンクが大規模な預金引き出しに見舞われ，株価は劇的に下落した――リチャードソンが「恐怖の伝染」（contagion of fear）と表現したことが広がったのである[74]．12月21日金曜日は，偶然にも，総裁の手形交換所加盟銀行の会長らとの月例会合の日であり，ホーラムや他の上級職員が出席していた．議論の内

容は項目ごとに記録されていた．この段階では，危機の規模がどのくらいとなるか，イングランド銀行は明白な考えを有していたわけではなかったが，信認が全面的に崩壊する可能性があり，問題が厳密な意味での銀行部門に及び，それによって経済全体を損なう可能性がある，と総裁は警告した．この段階でイングランド銀行は，全面的な可能性に拡大する前にひとつの雪崩が起きる可能性を止めなければならないと信じていた，と後に彼は回想している[75]．

問題金融機関に対して支援を提供するべきとの総裁の提案について，はじめは手形交換所加盟銀行がすべて完全に支持したわけではなかった，という見方もいくつか存在する．とくに，ミッドランド銀行はどちらかといえばはっきりせず，同行会長のフォーブスは異なる見解を取りがちであった．しかし，最終的には，さしたる言い争いもなく，全員が協調することに合意した．会合は90分後には終わり，「ライフボート」(救命艇：Lifeboat) として知られるようになる支援グループのおおまかな概念が了承された．その日，プレス(報道機関)向け声明は以下のように述べている．

> イングランド銀行は，手形交換所加盟銀行と共同して，そうしたケースにも迅速に検討を加えることができ，事態を全体として絶えず見直すことができるような機構を設立した．同機構は正常に機能しているが，さらに強化されつつあり，追加的な支援が必要であり，かつ正当なものであることが示された場合には，預金者を保護するために，当該預金受け入れ会社の流動性を強化するための措置が取られてきたのであり，また今後も取られるであろう[76]．

クリスマスの間に，ホーラムは支援作戦の細部について書き出した．彼の熟慮の結果は，「救済作戦：合意項目」と題した4ページの文書となった．おおよその前提は，イングランド銀行と手形交換所加盟銀行は「もっとも密接に協調して事にあたり」，その他の参加するのがふさわしい金融機関は適宜支援グループに加わるというものであった．融資とそれに伴う損失は同グループが分担する．この支援作戦は，「関連銀行」，すなわち援助を要する銀行と「もっとも密接な関係」を有する手形交換所加盟銀行が紹介する支援要望者に関して，

「管理委員会」によって調整される．管理委員会は支援要望を4つのカテゴリーに分類する．すなわち，Aは支援グループによって完全に支援され，リスクは共同分担して負担される，Bは支援グループの資金で完全に支援されるが，関連銀行がリスクを負う，Cはさらに調査が行われるまでの，リスクの共同分担負担による暫定的な支援，そして，Dは支援なし，である．管理委員会が支援に合意する際には，新たな業務の引き受け，資産の換金，取締役会の設置や経営者の交替といった事項に関して条件を付与することは自由であった．この計画の構造や経理の詳細もまた，この文書に述べられていた．

リチャードソンはホーラムに「引受商会出身の気が利いた若い人」を1人，この業務の運営に引き入れるべきであると提案したが，ホーラムは曖昧な姿勢をとり，むしろ自分自身を管理委員会の委員長にどうかと推した．彼は，自分が副総裁として委員長の椅子に座れば，手形交換所加盟銀行は「より上級の代表を任命せざるを得なくなり」，何か問題が起きた場合には「かなり容易にCLCB［ロンドン手形交換所加盟銀行委員会］に移し替えることができ，経営者たちをうまく抑えさせることができる」と信じていた[77]．12月27日にリチャードソンは，支援グループの細かい点について議論するために手形交換所加盟銀行会長らとのもうひとつの会合を招集した．論点のひとつは，イングランド銀行が救済作戦に何らかの資金提供を行うべきかどうか，ということであった．リチャードソンは7.5％の参加比率を提案し，加盟銀行側がこれを気前が良いものとみなしてくれるよう希望した．しかし，加盟銀行側はそのようにはみなさず，10％の比率を提案した．そこでリチャードソンは，自分としては支援作戦の中でイングランド銀行がふさわしい役割を果たすことを望んでおり，もし会長らが「10％が正しい数字であると強く感じるのであれば，それに同意しよう」と述べた[78]．こうして10％の比率が決着し，同時にイングランド銀行はシーダー・ホールディングズ社に同じ比率を投入した．残る90％は，手形交換所加盟銀行の間で，各行のそれに先立つ6カ月間における適格負債総額の平均に基づく公式を用いて分担された．これは定期的に計算し直されて変わるものであったが，ざっと見て以下のような比率となった．すなわち，ナショナル・ウェストミンスター25.5％，バークレイズ24.7％，ミッドランド17.1％，ロイズ12.4％，ロイヤル・バンク・オブ・スコットランド3.4％，ウ

ィリアムズ・アンド・グリンズ 2.6％，バンク・オブ・スコットランド 2.6％，そしてクライズデール 1.7％ である[79]．のちに，1978 年 6 月にこの合意事項は正式文書化された[80]．

　この資金をプールする支援作戦に取って代わる他の案も，詳細について，そしてもっと致命的には時期について確定できないものも検討されていたようであった．「救済作戦」に関する日付がない記録の中で，ホーラムは検討し得る 3 つの事態を提示している[81]．第 1 は，（個人預金にせよ市場預金にせよ）預金引き出しによって流動性が脅かされている会社ながら，「将来的に存続できる」と見込まれる企業を支えることである．第 2 は，長期的な展望を調べる間，一時的に「現状を支える」ことである．最後は，少なくとも損失が生じないためには処分するほかに有効な展望が開けない時に，売却か清算かいずれかのために引き継ぐことである．第 1 の事態は損失を伴うものであってはならないが，第 2，第 3 の事態では，「最後には利益で相殺する可能性があるものの，損失を伴うかもしれない」．ホーラムは「介入に関する中心的な議論は，もちろん利益を得られる可能性があるかどうかではなく，むしろ，金融システムに大きなダメージを与える連鎖反応につながる崩壊を避けることであった」と書いていた．それから，その記録は実際に採用された支援計画とは異なり，救済作戦を担う組織の提案について述べていた．2 つの可能性，すなわち，産業金融公社（FCI）の活用か，あるいは，この目的のために特別に新たな会社を設立するか，が検討された．FCI は「出来合い」のものであり，その株式は適切に，すなわち銀行によって保有されていた．しかし，資金の借入力は限られており，株主に機関投資家はいなかった．したがってホーラムは，それはせいぜい暫定的な仕組みであると考えた．少額の資本ながら，「借入を行い，保証を受けられ，また保証を与えることができる幅広い力をもった」新たな会社を創設できるであろう．その借入は，マネーマーケットの資金を「支えることが望ましいと思われる」ところへ流すために使われるであろう．株主には手形交換所加盟銀行と主要な機関投資家が含まれる．どんな損失も，手形交換所加盟銀行の適格負債額に応じて，また，ある程度は他の金融機関の規模に応じて，そして「あまり多くないシェアが」イングランド銀行によって分担される，とホーラムは提案した．明らかに，この種の計画は確定するのに時間を要したであろう

表 11-1 1973 年 12 月 28 日の管理委員会初回会合で議論された金融機関

名称	関連銀行
London & County	National Westminster
Duboff	National Westminster
Cannon Street Acceptances	National Westminster
First National Finance Corporation	National Westminster
Morris Wigram	National Westminster
Burston Finance	National Westminster
Twentieth Century Banking Corporation	National Westminster
Wintrust	National Westminster
Cedar Holdings	Barclays
First Maryland	Barclays
Northern Commercial Trust	Barclays
Guardian Property	Barclays
Mercantile Credit	Barclays
Medens Trust	Midland
Triumph Investment	Lloyds
Bowmaker	Lloyds
Vavasseur	Lloyds
David Samuel Trust	Williams & Glyn's
Cripps Warburg	Williams & Glyn's (単独)
British Bank of Commerce	Bank of Scotland

出所：Control Committee minutes, 5A197/1.

し，1973 年末の時点では，時間は非常に重要であった．しかし，ホーラムが書き残したこと以外に，事態が進展したと示すものもないのである．

　管理委員会の最初の会合は，イングランド銀行本店の八角形の大会議室で 12 月 28 日に開催された．ホーラムが委員長を務め，手形交換所加盟銀行の代表はロバート・ランシマン（Robert Runciman, バンク・オブ・スコットランド），ジム・ダイソン（Jim Dyson, バークレイズ），ウィリアム・スミス（William Smith, クライズデール），エヴァン・ヴォーガン（Evan Vaughan, ロイズ），ワイルド（Sidney Wild, ナショナル・ウェストミンスター），スチュアート・グラハム（Stuart Graham, ミッドランド），アレク・リッチー（Alec Ritchie, ウィリアムズ・アンド・グリンズ），そしてウィリアム・ライオール（William Lyall, ロイヤル・バンク・オブ・スコットランド）であった．キーオも同席し，割引部のロジャー・バーンズ（Roger Barnes）が書記を務めた．この最初の会合で，20 のセカンダリー・バンクの名前が検討対象とされた．ナショナル・

第11章 セカンダリー・バンキング危機

ウェストミンスター銀行はそのうちの8社の関連銀行であり，バークレイズ銀行は5社の関連銀行であった（表11-1）．この段階では，金額はかなり不確かなものであったが，関連銀行からおおよそ1億5,000万ポンドが12の金融機関にすでに貸し出されていたのは明らかであり，それどころか，「さらに可能性が高い貸出金額」は総額3億ポンド以上に上っていた．求められる支援額の規模について驚きがほとんどなかったことは明らかであった．ホーラムも銀行代表者たちも「巨額に達する」ことを確信していた[82]．

管理委員会（Controlling Committee）は，すぐに「管理委員会（Control Committee）」として知られるようになり，急速にその仕事のペースを上げていった．1974年1月末までに公式議事録を作成する12回の会合が開催され，2月末までに8回の会合，そして3月末までにさらに8回の会合が開催された．その後は，1974年8月末までに50回以上の会合が開催されたが，頻度は減った．1975年6月に開催された第100回目の会合の機会には，杯を挙げて記念された[83]．ホーラムが1984年1月に開催された管理委員会で最後の委員長を務めた時，それは202回目の会合であったが，彼は，10年間委員長を務めた後を振り返り，彼特有の注意深さを伴って「ライフボートの終了という言葉は，おそらく今や視野に入ってはいるものの，それを語るのは早すぎる」との見解を述べた[84]．

関連銀行は検討対象となる事案を管理委員会に持ち込み，事実関係を確定し，データを集めて説明し，対処方策の勧告内容を作成する責任を有していた．そのうえで，管理委員会は何がなされるべきか決定した．関連銀行はまた，支援貸出について，それが適切でかつ実施可能であるか，もしそうであるならばどのような形でなされるべきか，といった助言などを行った．さらに関連銀行は，支援を受けた企業の進展状況をモニターし，管理委員会に報告し，必要ならば便宜供与の変更を勧告しなければならなかった[85]．主たる判断基準は，その企業に支払い能力があるかどうか，流動性支援がなされたら生き残れるとの合理的な展望があるかどうか，という点であった．管理委員会はまた，各支援業務への参加を求めることができる実質的な機関投資家株主が存在しているかどうか確かめようとした．その企業に支払い能力がないならば支援は与えられなかった．援助は「預金の還流」を通して行われた．預金者はセカンダリー・バン

クから預金を引き出し，より安全である手形交換所加盟銀行に預けていた．要するに，手形交換所加盟銀行はこの預金をセカンダリー・バンクに預け戻したのである．セカンダリー・バンクはなぜそのように鼓舞される必要があったのであろうか．結局，セカンダリー・バンクは手形交換所加盟銀行の顧客であり，もし健全であり存続が可能であれば，そうした還流の意味があるのである．支援資金は蓄えられて，割引部に設けられた「マネー・デスク」を通じて配分された．「必要資金」は希望先が業務を遂行するのに必要な市場資金の最低限度額と定められ，希望先の関連銀行によって午前10時までにマネー・デスクに電話で報告された．どのような日でも，こうして報告された金額を超える資金は，いったんは関連銀行によってオーバーナイト・ベースで供与され，翌日マネー・デスクを通じて置き換えられた．マネー・デスクはその日の要求額を集計し，支援グループに分配し，そのうえで支援グループの各メンバーに支払いの詳細を電話で伝えた．同じ日の午後，マネー・デスクは，実行された貸借の証拠としての効力を有する取引明細を記載した確認書を貸出銀行に発行した[86]．毎日，向こう24時間に貸し出される必要がある金額を決定した後，マネー・デスクはすべての手形交換所加盟銀行にどの程度の資金拠出となるかを電話で告げた[87]．個々の銀行への資金拠出の要求は500万ポンド以上とすることが管理委員会で合意されていた[88]．各資金受け入れ先の合計金額は支援銀行の間で各銀行の適格負債平均額に応じて分配され，支援銀行は資金希望先が短期間（通常1ヵ月）で返済し得るように適切な貸出を行った[89]．貸出はオーバーナイトか，1週間，1ヵ月間，あるいは3ヵ月間の固定期間で行われたが，3ヵ月間を超えることはなかった．支援貸出の金利は，「適切なインターバンク金利をベースとする金利が課され，管理委員会が付随リスクを認識すれば，それに沿ったマージン（1.5から2％が典型的であった）が付け加えられた」[90]．バーンズは，委員会内部の関係は良好で「業務遂行がめちゃくちゃになるようなか駆け引き」といったものはなかった，と回想している[91]．

1974年1月15日，リチャードソンはシティ連絡委員会の会合で，セカンダリー・バンキング危機について語った．彼は，どちらかといえば楽観的に「一時は拡大しているように思われた信認の崩壊は止まり，それどころか逆に消えてしまった」と断言した[92]．他の関係者もまた，潮が変わり始めたと感じた．

表 11-2 ライフボートの総残高（四半期別，1974 年 3 月～1977 年 12 月）

(100 万ポンド)

四半期末	支援グループ共同リスク分	イングランド銀行リスク分	関連銀行リスク分
1974 年 3 月	390.2	なし	96.1
1974 年 6 月	443.4	16.0	214.7
1974 年 9 月	994.3	25.0	66.3
1974 年 12 月 9 日（最大）	1,189.3	—	—
1974 年 12 月	1,181.7	33.7	70.2
1975 年 3 月	1,173.4	122.1	67.5
1975 年 6 月	1,148.5	121.2	65.4
1975 年 9 月	949.9	114.3	59.9
1975 年 12 月	913.5	93.3	59.2
1976 年 3 月	876.1	56.3	57.1
1976 年 6 月	827.2	77.1	56.0
1976 年 9 月	774.4	94.9	51.3
1976 年 12 月	782.7	153.8	50.4
1977 年 3 月	752.1	142.1	50.4
1977 年 6 月	731.7	125.2	45.5
1977 年 9 月	713.8	113.1	44.4
1977 年 12 月	676.5	122.0	45.2

出所：Briefing paper, 13 January 1978, for SCNI hearings, 2A170/1.

その数日前に『サンデー・テレグラフ』紙は，「われわれは現下の危機を脱しつつある」と確信して，「非常に注意深いながらも楽観的な記述」を掲載した[93]．しかしながら，1 月中にさらに 5 つのセカンダリー・バンクの名前が管理委員会に提示され，このうち 3 つが支援グループに追加される結果となった．この月末には，ライフボートは 25 の法人に 3 億 3,100 万ポンドを貸していた[94]．2 カ月後には，共同負担リスク（カテゴリー A）の支援額は 3 億 9,000 万ポンドへ増え，さらに「自己リスク」の支援額が 9,600 万ポンド残っていた（表 11-2）．

クリスマスの前の新聞では，セカンダリー・バンキング部門における危機についていくつかの論説がなされていたにもかかわらず，1 月にはプレスでの報道は不思議にも消えていった．その月初めにはセカンダリー・バンクのトライアンフ・インベストメント社（Triumph Investment）と J.H. ヴァヴァサー社（J.H. Vavasseur）の株価下落と並んで，コーンヒル・コンソリデイティド社

(Cornhill Consolidated) の問題についていくつか言及されていたが，イングランド銀行の救済作戦に何らかの注意が払われるようになったのは月末になってからであった．1月28日，『タイムズ』紙は，米国の週刊金融誌『バロンズ』に掲載されようとしている，英国の30の周辺銀行が経営困難に陥っているとする記事に注目した．これによって『タイムズ』紙は，「公衆は氷山の一角を見たにすぎない」と書かざるを得なくなった．『バロンズ』誌の記事はまた，イングランド銀行が危機の全容を秘密に保つように努めてきたこと，「シティの信用が大きく損なわれないように」救済作戦に従事してきた人々に沈黙するように指示していたこと，などを示唆していた．その翌日マーガレット・リードは，『フィナンシャル・タイムズ』紙に，「銀行によるライフボートはいかにして救済したか」という記事を寄せた．これが「ライフボート」という用語の初めての使用であった[95]．彼女はまた，危機を管理するために，どのようにして手形交換所加盟銀行がイングランド銀行とともに，「過去2カ月間，できる限り秘密裡に行動したか」描き出した．このように，支援作戦については公には語られることはほとんどなく，この金融危機が過去50年の間でシティが目撃した最大のものであったとのリードの記事でさえも，（『フィナンシャル・タイムズ』紙の）12面にひっそりとしまい込まれていたのであった．

報道が限られていたことは，少なくとも，プレスが危機を悪化させることがなかったことを意味する．1970年代には透明性は限られており，後に生じるケースよりは関与する人間は少なく，その結果として情報の流出はずっと限られていたのである．そして，シティにおいてイングランド銀行が占める立場とそのパワーは，同行が多くの情報流出をコントロールできることを意味しており，実際に同行はそうしたのである．また，その当時は，探索好きな金融ジャーナリストははるかに少なく，そうしたジャーナリストも彼らが書いた記事も，一般的に当局の意向にかなり沿ったものであった．そして，当局の意向は，事件を露わにしない方に傾きがちであった．イングランド銀行は，異なる行動をとっていると同行が感じた人々を叱るのに遅れをとることは決してなかった．総裁がリーズ=モッグ（Rees-Mogg）を呼び出したのは，以前見られたちょうど良いその一例であった．したがって，1973-74年の危機においては，人々を興奮させるような報道はほとんどなかったのである．1973年12月にロンド

ン・アンド・カウンティ社の外で預金引き出しの行列ができたとの1枚の写真が『フィナンシャル・タイムズ』紙に掲載されたが，劇的なものはほとんどなかった．メディアは法に挑戦するようなことを何かしでかすつもりはなかったのである．それで，イングランド銀行が論評掲載を阻止するためにプレスにD通告（D-notices）〔英国政府機関が，機密保持のために特定の報道を差し止める旨を報道機関に発する通告〕をたたきつけたと，当時の金融ジャーナリストの1人が35年後に（不正確ながら）回想したことはほとんど報道されなかった．こうしたことはあり得ないことであったのであり，そのような手筈を整えることさえもあり得ることではなかったが，イングランド銀行はそのようなことをする立場にあり，またそうする気になっていたとの雰囲気を反映している[96]．リードはキーオにもブランデンにも信頼された友人であり，主要な記事を作成した[97]．その記事は，イングランド銀行が準備して明らかにしたものであるかのように思われた．

　『バンカー』誌は1974年2月に以下のように報じた．

> ナットウェスト銀行はこうした多くのケースに該当した——「同行は私が1つもつ前に，その帳簿に12ものセカンダリー・バンクを抱えていた」と別の銀行家はほとんど喜ばんばかりにコメントした．というのは，旧ウェストミンスター銀行はシティで大きなビジネスを営んでいたが，それにナショナル・プロヴィンシャル銀行のロンドンにおけるビジネスが合併の際に加わったのである．それで，セカンダリー・バンクへの広範囲の預金取り付けがマネーマーケットを通じて拡大したことが明らかになる前に（12月半ば），7日かそこいらの空白が生じたのである．

この記事は事実，事態の深刻さのゆえに，ジャーナリストは「極端に控え目でなければならない……．少なくとも，今日まだ存続している多くの金融機関が生き残らないであろう，といえる」と締めくくっていた[98]．これでさえも，イングランド銀行に関わる限り，微妙な線を歩んでいたのである．

　1974年1月にロンドン・アンド・カウンティ社の話を決着するために，その状況を貿易省（商務省）が調査することが合意された．2月，ロンドン・ア

ンド・カウンティ社の将来に関する提言に管理委員会は合意することができず，イングランド銀行は，2つの子会社，すなわちロンドン・アンド・カウンティ・セキュリティーズ（銀行部門）とオーバーシーズ・フィナンシャル・トラスト（ホールディング）社 (Overseas Financial Trust (Holding) Ltd.) の50％のシェアを名目的な金額で取得することを提言した．残るシェアはFNFCが取得し，親会社であるロンドン・アンド・カウンティ・セキュリティーズ・グループは清算されることとなった[99]．3月までには同社の問題点の全貌が明らかになり，計画されていたコンソーシアムによる支援は放棄された．ロンドン・アンド・カウンティ社への調査の報告が1976年に公になると，カプランの不正行為が露わになった．彼は自己の目的のために，そしてロンドン・アンド・カウンティ社の株式を購入するために，架空名義の口座を保持していた．「株式買い占め」システム，これを通じて，ロンドン・アンド・カウンティ社の顧客と役員は，会社から提供されるローンを使って同社の株式を購入することが求められたのであるが，このシステムもまた調べられた．株式購入のために，これもまたカプランによってコントロールされていた子会社を通じて，かなりの金額の資金が貸与された．カプランは「自分の取得範囲だけではなく，自己の資金源（それは通常は銀行そのものであったが）をも偽っていた」ので，監査役はまんまと騙された．これに加えて，年次財務諸表に記載された現金の金額を増やすために決算が粉飾され，それはありふれた行為であるが，その規模は許され難いものであった[100]．ロンドン・アンド・カウンティ社は偽りの株価の創出とその維持の罪，「はっと息をのむほどの規模の」詐欺罪で1980年に起訴された．その他の罪状には，窃盗，書類偽造，偽造書簡の譲渡，債務減免の不正獲得が含まれていた[101]．この段階までにカプランは国を逃げ出し，1979年にはカリフォルニアからの本国送還をまんまと逃れた．イングランド銀行は，ロンドン・アンド・カウンティ社は銀行とはみなされず，連合王国の登録銀行 (registered banks) に対するイングランド銀行による非法定監督制度の枠外にあった，とギャルピンが回想していたとする証拠を提出した[102]．2人の従業員が詐取を図りカプランと共同謀議した罪で有罪とされ，懲役18カ月，執行猶予2年の判決を受けた[103]．

3. ライフボートとその後

　セカンダリー・バンキング危機は3つの段階から成っていた．第1段階，すなわち1973年11月から1974年3月では，本質的に流動性問題であった．これは，預金還流を通じて解決された．周辺銀行から引き出された預金はほとんどが，ライフボートに配置されることとなる銀行に預金され，そうした預金はライフボート作戦を通じて，支援される金融機関へ戻されたのであった[104]．流動性問題に続いたのが支払い能力問題であった．これが1974年3月から12月までの第2段階であり，資産価値の崩壊とインフレの昂進を背景として生じた．第3の局面として，1975年にイングランド銀行が信認危機の拡大を避けるために慎重に企業救済を行ったことが続いた．不動産会社の倒産が周辺銀行やその他の銀行にもたらす影響に鑑みて，そうした事案も管理委員会で説明されるべきである，と4月4日の管理委員会の議事録に記載されていた．これは，何らかの支援の義務を負うというものではなかった．また，そうした支援が実現しそうになったことは明らかながら，実際には生じなかった[105]．その翌月，巨大な不動産帝国ウィリアム・スターン社（William Stern）が問題を起こした．スターン社は2億ポンドの借入残高があり，それによって2億5,000万ポンドの資産（主に産業用および商業用不動産から成っている）を保有していた．不動産の多くは売却できないか，賃貸できないものであり，同社は深刻な流動性不足に直面した．スターン社やその他の不動産グループの経営破綻は，ライフボート支援額の急速な拡大をもたらした．たとえば，ユナイテッド・ドミニオンズ・トラスト社（United Dominions Trust; UDT）とFNFCはスターン・グループに対して2,200万ポンドの与信残高があり，ライフボートの最大の借り手になることとなった．両社とも，マネーマーケット預金を確保することがしだいに難しくなりつつあると判明した1974年5月に問題に直面した．国内最大のファイナンス・ハウスであったUDTは，しばらくのあいだ経営困難に陥ったが，管理委員会の名簿に記載されていることがたとえ知られることとなったとしても，自社に不利な公表を行うリスクは冒したくなかった．ときおり生じる流動性確保が難しい日には，バークレイズ銀行とイングランド銀行が，利

用可能な信用枠を追加供与することができていた[106]．1974年7月にUDTはカテゴリーAとしてライフボートに加えられ，8月16日には3億2,000万ポンドが貸し付けられた[107]．

この局面の間に，危機は国際的な様相を帯びた．まず，ドイツの民間銀行であるI.D.ヘルシュタット（I.D. Herstatt）が過大な外国通貨取引を行っているとの噂が1973年の夏に流布した．ドイツ連邦銀行監督局がヘルシュタットの状況を調べ始めたが，ヘルシュタットの外国為替の損失が途方もなく大きいことは，1974年6月22日の週末まで明らかにならなかった．緊急会合が開催されたが，救済の試みが失敗に終わると，監督局は直ちに措置を講じて，1974年6月26日に同行の営業を停止した[108]．この件は，テルアビブのイスラエル・ブリティッシュ銀行（Israel-British Bank）の倒産や，ロイズバンク・インターナショナル（Lloyds Bank International）ルガノ支店が外国為替で3,300万ポンドの損失を被ったこととともに，「国際銀行界を非常に神経質に」したのであった[109]．

1974年7月末には，共同リスクのライフボートへの貸出総額は6億7,480万ポンドに達し，そのうちの5億6,570万ポンドは基金として共有され，1億910万ポンドは関連銀行から単独で貸し出されたものであった[110]．8月には，不動産市場や資本市場が崩壊した結果として，ライフボート支援額がかなり増加すること，とくにUDTとFNFC向けが増加することに手形交換所加盟銀行は懸念を示した．加えて，発行商会協会（Issuing House Association）のメンバーであるカイザー・ウルマン社も経営困難に陥った．支援額が減るという兆候は何もなかった．最近のUDT支援額が急速に増大しているのは，ライフボートの他のグループも同様の足取りを辿る可能性があることを示していると考えられ，UDTの状況を前提とすれば，全体の支援貸出額は危険なほどの高水準，おそらく20億ポンド以上の高水準に達する可能性がある，と本当に信じられていた[111]．手形交換所加盟銀行の心配はまた，手形交換所加盟銀行や引受商会といった「中核機関が無傷である」のは疑わしい，とメディアや一般公衆が信じていることからも生じていた[112]．したがって，手形交換所加盟銀行は，シティの一般的な健全性だけではなく，彼ら自身の状況についても心配していたのである．手形交換所加盟銀行は，預金の受け入れ先としての自分た

ちへの信認が危険にさらされず，預金者の資金が危険に陥らないように，そして，バランス・シートのゆがみが「資本・預金比率が受け入れ難いほど低いレベルにまで下落しない」ように，貸出残高を抑制するべきであると感じていた[113]．すなわち，手形交換所加盟銀行は，支援総額に上限を設けることにより，彼らの貸出額が限定されるべきであると確信したのである．さらに，手形交換所加盟銀行は，週3日操業制の結果として流動性が非常に不足するであろうと見込まれる産業を支援するようになるのに備えなければならないと確信した（とくにミッドランド銀行）ために，自分たちの拠出分に制限を加えることが賢明であると感じていた，と後にフォークナーは回想している[114]．フォークナーと（バークレイズ銀行の）アンソニー・テューク（Anthony Tuke）は，手形交換所加盟銀行が提供を求められる支援の規模に関する懸念と，全体の支援額に制限を設けることが必要であることをイングランド銀行に伝えたのである[115]．この段階でCLCBがコミットした金額は10億ポンドであった．テュークは，20億ポンドの上限値が設けられるべきであると主張し，フォークナーは15億ポンドが望ましいとした[116]．その2日後に，ホーラムとフォードはテューク，グラハム，そしてジョン・プライドー（John Prideaux, ナショナル・ウェストミンスター銀行会長）と面談した．CLCB側はさらに状況を検討し，支援作戦に巨額の資金を注ぎ込み続けねばならないのではないかとかなり心配していると警告した．「彼らは，自分たちの基本的なビジネスを損ないかねないレベルにまで，そのコミットメント額を拡大するわけにはいかなかった」のである．そこで，12億ポンドの上限が合意されたが，この金額は「手形交換所加盟銀行の株主資本額のおよそ半分に当たり，当初見込まれていた金額の2倍」であった[117]．この上限は，全体としてグループ拠出金（イングランド銀行の分を含む）に適用され，共同リスクでの貸出金（カテゴリーBのケースは除外）に連関していた[118]．また，調査が実施された場合に限り，さらに新たな企業がライフボートに受け入れられるとの合意もなされた．

　1974年，手形交換所加盟銀行は，資本金の制約のためにもうこれ以上は貸し出せないと訴えていた（表11-3）．銀行は経営の安全性と資本の適正性を確保するために独自の方法を見出していた．19世紀後半には，銀行の資本・資産比率は16%を超えていた．しかし，その比率はゆっくりと低下し，戦間期

表 11-3 手形交換所加盟銀行の株価とバランス・シートの詳細（1970-75年）

銀行／年	株価 最高	株価 最低	株価 年末	株式資本	総額	資本比率(%)
Barclays						
1970	414	268	334	337.2	3,996.1	8.4
1971	622	327.5	578	423.9	4,356.7	9.7
1972	492	298	455	470.8	5,653.2	8.3
1973	468	277	295	532.3	6,841.6	7.8
1974	340	108	118	554.5	7,423.7	7.5
1975	325	112	293	613.6	7,575.1	8.1
Lloyds						
1970	338	256	318	265.0	2,438.7	10.9
1971	618	310	576	283.9	2,622.3	10.8
1972	850	601	712	308.2	3,070.4	10.0
1973	361	197	222	483.3	3,873.4	12.5
1974	267	92	102	491.5	4,630.5	10.6
1975	265	94	232	517.8	4,947.9	10.5
Midland						
1970	354	238	293	259.5	3,691.5	7.0
1971	552	287.5	514	279.3	4,467.7	6.3
1972	530.5	348	478	314.1	5,896.5	5.3
1973	503	267	295	468.7	8,215.5	5.7
1974	345	115	128	592.4	9,940.2	6.0
1975	308	122	282	714.7	10,364.9	6.9
National Westminster						
1970	398	256	325	355.6	5,544.0	6.4
1971	630	323.75	584	395.2	6,648.5	6.0
1972	492	300.5	455	539.3	8,760.8	6.2
1973	473	257	277	901.3	11,849.6	7.6
1974	312	90	98	947.1	13,585.7	7.0
1975	275	88	240	993.4	14,659.7	6.8

出所：株価は『エコノミスト』誌，バランス・シートは『バンカーズ・アルマナック』1970-75 より転載．

までにはその半分以下の約7％にまでなった．さらにそれは低下して，1950年代には史上最低の水準に達し2.6％となった．この水準は危険なほど低いと見受けられるが，銀行は戦時中から国債を過分に保有していたことが思い出されるべきであり，したがって，資本はおそらく完全に適正であった．それにもかかわらず，銀行は増資を希望したが，資本発行委員会（Capital Issues Com-

第11章　セカンダリー・バンキング危機

mittee) に阻まれていたのである．こうした中にあってもいくばくかの回復がみられ，戦前のバランス・シートが徐々に回復し，新規増資の制限が取り除かれるにつれて，同比率は1960年代にはおおよそ6％にまで戻ってきた[119]．1969年の全面情報開示の直前には同比率は6％であったが，ある程度は情報開示のお陰で8％に上昇した．しかしながら，そうなった途端に急速なインフレーションが資本勘定を再び損なった[120]．したがって，1974年の半ばに，銀行が自らの資本にかかるそうした特別な圧力に神経質になることは驚くべきことではなかった．

　この時点では，新たに資本を増やすことも容易ではなかった．株式市場は過去2年間にかつてない最大の下落を被っていた．フィナンシャル・タイムズ産業株価指数は1972年5月の533から1974年12月の160へ下落した．銀行株式はその中でもさらにいっそう悪化した．ナショナル・ウェストミンスター銀行は最悪であり，1971年の最高値630から1974年には90へと下落した（そして1975年には88へと下がった）が，他の手形交換所加盟銀行も大同小異であった（不思議なことに，資産価格の崩壊についてイングランド銀行はほとんど，あるいはまったくコメントしなかった）．こうした環境のもとで増資を展望することは好ましいものではなかった．1975年の初めまで市場は改善し始めなかった．どのように転換点が到来したのか，いくつかの話が残っている．ひとつは，1974年12月に何人かの大投資家が，下落はすでに行きすぎていると決めた，というものである．プルーデンシャル保険の2人の主任投資責任者，ピーター・ムーディ (Peter Moody) とエドワード・ハチェット (Edward Hatchett) は取引仲間を昼食に誘い，そこで，2,000万ポンドまでの積極的な買いに乗り出すことに合意した．彼らの行動が功を奏したのかどうか異論は残るものの，1975年1月1日に162であったFT株価指数 (FT30) は，1月末にはほぼ50％上昇し240に達した．そしてそのあとも上昇し続けた．その後は，増資にかかる圧力は緩和し始めたのである[121]．

　1974年11月，トライアンフ・インベストメント・トラスト社 (Triumph Investment Trust) が支払い不能に陥った．トライアンフははじめから支援グループのリストに載せられていた．1974年初めには，管理委員会は，支援グループがしだいに縮小され資金の返済を受けるであろう，との点で一致してい

た.しかし,そうはならなかったのである.さまざまな他の措置が検討されたが,ライフボートはその支援を撤回した[122].その結果プレスは,支援作戦が崩壊の危機に瀕していると報じた[123].共同リスクで提供された金額は1974年11月には11億4,160万ポンドであった[124].それから,巨大なナショナル・ウェストミンスター銀行が崩壊の淵に立っているとの噂がシティ中に広がった.ナショナル・ウェストミンスター銀行がイングランド銀行から巨額のスタンドバイ・クレジット枠を獲得したという推測が株式市場に伝わり,その結果同行の株価は,年初に記録したピークの312ペンスから11月29日には90ペンスにまで下落した.イングランド銀行はそうしたスタンドバイ枠の存在を否定し,プライドーは,そうした噂は「完全に根も葉もない」と主張するプレス声明を発した.皮肉なことに,それはロンドン・アンド・カウンティ社の崩壊後1周年に当たる日であった.

　1974年12月半ば,支援総額は12億ポンドを超え,イングランド銀行は自らのリスクで5,000万ポンドのUDT向け貸出を引き受けていた.12月20日,ナショナル・ウェストミンスター銀行,バークレイズ銀行,ロイズ銀行,そしてミッドランド銀行は,基金とは別に,短期の資金を各行1,000万ポンドずつ拠出することで合意した.大蔵省のゴードン・ダウニー（Gordon Downey）は以下のように記している.

> 支援作戦の能力を超えて事態が悪化したら……政府による直接介入（それには,たとえば政府による損失補償を付与して手形交換所加盟銀行による支援措置を拡大することも含まれる）が求められるであろう.こうした対応策や,それ以外の考えられる方法が別々の緊急対応計画として検討されている[125].

1974年の末には,25の企業が支援グループから貸出を受けており,共同リスクの貸出は総計でおおよそ11億6,000万ポンドであった.このうちおおよそ80％は,割賦販売信用事業に従事する企業への貸出が占めていた[126].
　清算はより大きな損失を伴い,ライフボートに載せられている他社におそらく逆効果をもたらすであろうとして,FNFC,UDTの両社の再建計画が練ら

れた．FNFC の消費者信用部門はまだ営業しており，利益をもたらすことができるので，他の活動から引き離され通常通り業務を継続した．残りのビジネス——ほとんどが不動産関係であったが——は数年間かけて縮小された．これはおそらく，初期段階のグッドバンク（good banks）/バッドバンク（bad banks)・アプローチであることを暗示させるものであった〔バッドバンクは，金融機関の不良資産を買い取り，管理・処分を行うことを目的に設けられる機関．当該金融機関から不良資産を切り離し，正常資産だけの金融機関（グッドバンク）として再建することで，損失拡大を食い止め，財務状況を改善し，ひいては金融システム全体の健全化を図ることが目指される〕．再建が認められると，FNFC 社はその優良銀行としてのステータスを放棄する許可を申請し，受理された．その結果，準備資産と特別預金が解放され，支援グループからの借入を減らすために，したがって，ローンを維持するコストを減らすために使われた．1976 年 7 月には UDT の資本再編が合意に達し，それによって，2 つの主要株主であるプルーデンシャル保険とイーグル・スター保険が，両社の株式保有の再編とともに，さらに 1,000 万ポンドの社債（loan stock）に応募した[127]．

　クラウン・エージェンツは，銀行危機が直撃して自分自身が経営困難に直面していたにもかかわらず，重要な株主あるいは高額預金者である他の金融機関が，貸出を増やす，あるいは最低限預金を引き出さないといった形で何らかの支援に貢献するように圧力を受けたのと同じく，特定のセカンダリー・バンクを支援するようイングランド銀行から督促されていた[128]．イングランド銀行は，エージェンツの貸出内容に問題があること，不良投資があることは知っていたが，問題の本当の程度についてはまだ認識していなかったのである[129]．1973 年の末ころ，トライアンフ・インベストメント・トラスト社の銀行子会社である G.T. ホワイト社（G.T. Whyte）が，その「マネーマーケット預金の取り付け」を経験した．直ちに支援が供与され，1974 年 1 月 2 日にイングランド銀行は，トライアンフ社の株主と預金者の会合を設けた．同社グループの預金は総額 8,000〜9,000 万ポンドに達し，短期ものが主であり，流動性に欠ける長期資産に投じられていた．まず明らかになったのは，すべての短期預金が満期に引き出された場合には 2,400 万ポンドの支援が必要になる，ということ

であった[130]. クラウン・エージェンツは同社グループに1,700万ポンドの預金および貸出を有していたが, 圧力をかけられて, 既存貸出のロール・オーバーと500万ポンドの追加貸出を行うことを承諾した. エージェンツはまた, ライフボートの要請に基づき, FNFC, バーストン社, そしてノーザン・コマーシャル・トラスト社へも間接支援を行った. エージェンツによる直接, 間接の支援総額は後に2,600万ポンドに達した. もっともこの数字には, 危機が勃発する前に行われた長期の貸出が含まれているために, イングランド銀行はこの数字が正確かどうか疑っていた[131]. 最近のエージェンツ史の研究によれば, 「受動的」および「積極的」な支援を通じた非公式な貢献はおそらく1億1,000万ポンドほどであったとしている[132].

クラウン・エージェンツは, 不動産価格の崩落の結果, 新たな問題に巻き込まれた. エージェンツはかなりの金額を不動産部門に融資し, また自己のポートフォリオで投資していた. 1974年4月4日, イングランド銀行は, エージェンツがスターン・グループ問題に巻き込まれていること (3,500万ポンドがスターン社に貸し出されていた) を知り, 同グループが崩壊した場合には厳しい影響がもたらされることに気がついた. サンダーランドによれば, 4月11日に会合があり, 席上でリチャードソンは, イングランド銀行がサポートすることを示唆しながら, エージェンツとバークレイズ銀行に「スターンが存続可能になるように手当てする」ことを求めた. その結果, クラウン・エージェンツはスターン・グループにさらに325万ポンドを注入した[133]. リチャードソンは, 状況を打開する唯一の道は公にすることをできるだけ避けることだと感じていた[134]. イングランド銀行はまた, クラウン・エージェンツがこの他にも, いくつかの脆弱な企業に多額の貸付をしていたことを知らされたが, 同行は数週間後までこれらの問題の程度について大蔵省には警告しなかった. ギャルピンと大蔵省幹部は, エージェンツの状況についてもっと深く理解し, 広範囲の預金引き出しに結びつくほど同グループへの信認が痛手を被るのであれば, 対応可能な処置について議論しようと努めた[135]. エージェンツ側は, スターン社が崩壊しても深刻な影響を受けるわけではないと言っていた. しかし, エージェンツがそれに巻き込まれていることが知られれば, 全面的な信認危機を引き起こし, 預金取り付けを引き起こす恐れをもたらすであろう. そうなると

今度はエージェンツがセカンダリー・バンクに預けている預金を回収するであろうし，それはその部門にいっそうの困難を生じさせることとなったであろう[136]．のちにホーラムは，イングランド銀行が，クラウン・エージェンツは「破綻しているか，あるいはその可能性が高い」のは間違いないと考えて，その会合に臨んだと回想していた．誰もバランス・シートを持参せずにきたので，1通の封筒の裏にバランス・シートが描かれた[137]．セカンダリー・バンクが経験した困難と不動産部門の崩落によって，エージェンツは悲惨な財務的苦況に陥った．エージェンツは銀行ではないので，周辺銀行へ追加貸出を行い，預けている資金を回収しないことによって支援グループを助けてきたという事実だけでは，ライフボートが助けの手を差し伸べるに値する十分正当な理由にはならない，とホーラムは述べた．したがってホーラムは，政府による支援が唯一の現実的な選択肢であると強く主張した[138]．

1974年10月，かつて不動産管理庁（Property Services Agency）にいたジョン・カックニー（John Cuckney）がクラウン・エージェンツの会長に就任した．同月に彼は，エージェンツの不動産貸出や商業銀行業務を懸念してホーラムと面談し，「首脳陣がまったくお手上げである」ことを認めた．クーパーズ・アンド・リブランド社（Coopers & Lybrand）が，とくに銀行業務とマネーマーケット業務に関して，エージェンツの支払い能力と流動性の状況について報告するよう求められた[139]．提出された報告によれば，流動性の問題だけではないことを示していた．クラウン・エージェンツの支払い能力に疑問があったのである[140]．カックニーが12月にリチャードソンに話した時，リチャードソンは，イングランド銀行は可能と思われることは何でもするが，支払い能力に疑問がある組織に対して暫定的な流動性支援を供与することは難しいであろう，動ける唯一の人々は，クラウン・エージェンツの実質的な持ち主である政府である，と言った[141]．これは現実となり，1974年12月に政府は，8,500万ポンドの返済条件付きの補助金によってクラウン・エージェンツを支援したのである．準備と流動性のとりあえずの危機に対処するために，イングランド銀行もまた5,000万ポンドのスタンドバイ枠を与えた．それ以降エージェンツは，不動産とセカンダリー銀行業務から秩序立って段階的に手を引き始めた．

エージェンツの歴史を改めて振り返ると，イングランド銀行の言いなりにな

ってつぶれたことが大いに非難されている．クラウン・エージェンツが通常通り取引することがイングランド銀行の利益であったがゆえに，同行は，エージェンツに支払い能力がないことを海外開発省および大蔵省にわざと隠し，それどころかその能力があるかのような印象を与えた，とサンダーランドは主張している．エージェンツがかなりの損失を生じたと言ってしまうと，その信認に影響し，危機を安定化させようとする目論見を脅かすこととなったであろう．その倒産はまた，ライフボートにさらに重荷を負わせることになったであろうし，8月に銀行が貸出限度を設けてしまったので，イングランド銀行にいっそう大きな金融負担を負わすことになったであろう．エージェンツのひどい状況を知っていれば，イングランド銀行は支援を迫るべきではなかったが，同行はエージェンツのシティへの忠誠心に付け込み，ライフボートを支援するように非公式に促したのであった．エージェンツには，イングランド銀行からの圧力を拒む経営力はなく，支援した企業が倒産した時には，エージェンツはかなりの金額を失ってしまった[142]．イングランド銀行にすれば，クラウン・エージェンツの貸出帳簿にはいくつかの問題点があること，いくつかの不良投資をもっていることをその当時知っていたことを，イングランド銀行は1976年に大蔵省に伝えていたが，同行は，他の人と同様に，全般的状況が本当に深刻であることをわかっていなかったのである．それゆえにイングランド銀行と支援グループは，クラウン・エージェンツを他の責任ある金融機関と同じようにみなしたのであった．そのうえ，クラウン・エージェンツは，貸し手および（あるいは）株主としてまだ実質的にコミットしてはいないセカンダリー・バンクやその他の金融機関に対しては支援を行うことは求められなかった[143]．その結果として生ずる関与は，イングランド銀行にとっていっそう厳しいものとなったのである（第12章を参照）．

4．3つの救済

1975年3月，当時の銀行監督の責任者であったブランデンは大蔵省に対して，イングランド銀行は，支援作戦を当初の段階よりはうまくかつ適切に実施していると語った．今やイングランド銀行は，危機は収まっているとの感触を

有していたが，信認を立て直すことはいぜんとして重要なことであった[144]．このことを念頭に置いて，イングランド銀行は，ライフボートには乗っていない3つの機関，すなわちスレイター・ウォーカー社（Slater Walker），エドワード・ベイツ社（Edward Bates），そしてウォレス・ブラザーズ社（Wallace Brothers）を救済する活動を独自に起こした．これは危機の第3段階を画するものとなった．イングランド銀行は，そのような業務を引き受ける動機は「ライフボートを設けた動機自体と何ら変わりはない，すなわち，預金者を守り，銀行システムの信認が阻害されるような打撃を避けるためである」と強く主張した[145]．スレイター・ウォーカー社とベイツ社のケースでは，イングランド銀行は実際にそれらの企業を買収した．異例なことではあるが，こうしたことが起きるのはこれが初めてではない．1921年には，イングランド銀行はアングロ・オーストリア銀行（Anglo Austrian Bank）を引き継いでいたのである[146]．1970年代のこの3つの救済は，時間と資金という点で，イングランド銀行からその非常に多くの経営資源を奪うこととなった．

　スレイター・ウォーカー・セキュリティーズ社（Slater Walker Securities Limited; SWSL）は，産業持株会社として発足し，のちに主に投資金融グループになったものである．創始者のジム・スレイター（Jim Slater）は，ロンドン北部のウェンブリー出身の建築業者の息子であった．スレイターは1929年に生まれ，16歳の時に学校を卒業しロンドンの会計士事務所に入った．会計士の資格を得たのち，クーパー・ブラザーズ社（Cooper Brothers）やその他の企業の会計士として経験を積み，1963年にレイランド・モーターズ社（Leyland Motors）の販売副責任者に任命された[147]．1960年代末には，彼はそのキャリアの頂点に達していた．その社会的，学歴上の背景は彼がシティの中ではアウトサイダーであることを意味していたが，その投資アナリスト，株式トレーダーとしての能力は広く知られており，金融の天才とみなす人もいた[148]．実際のところ1969年には，『シティ・プレス』誌は，この「感じの良いハンサムな人物」は，もし利益を生み出すだけのためにそんな賞が設けられたならばオスカーを獲得するであろう，との印象をもっていた[149]．イングランド銀行もまた，スレイターを好意的に見ていた．キーオは，その「剃刀のように鋭い神経」，「素晴らしい記憶力」，そしてすぐれた集中力を称賛した[150]．

しかし，1970年代の初め，スレイター社の成功にも衰えが見え始め，1975年にはその存続には外部の援助が不可欠となり，イングランド銀行は同社グループを救うために介入した．スレイターが新聞の見出しに出ないことはほとんどなかった．

ウスター選出の保守党国会議員であるピーター・ウォーカー（Peter Walker）と共同して1964年に設立されたSWSLは，金融アドバイスや投資銀行業も併設した，多くの不動産企業や投資企業の持株会社であった[151]．1965年から1975年の間に，SWSLは重要な変化を遂げた．同グループは，産業持株会社から，いくつかの産業，金融企業に大きな投資上の利害関係を有する銀行・金融サービス会社になったのである．1973年にはSWSLの株式は，シティの中で，過去10年間でもっとも利益を上げた株式との評価を得た．しかし，セカンダリー・バンキング危機の後に同グループは経営縮小に追い込まれ，ほとんどの海外投資と多くの英国内資産を売却した[152]．

イングランド銀行の主な関心事項はSWSLの銀行子会社にあった．これは1965年4月にスレイター・ウォーカー・アクセプタンシィズ社（Slater Walker Acceptances）として設立され，1965年11月にスレイター・ウォーカー社（Slater Walker Limited; SWL）と改称された．この会社はスレイター・ウォーカー社グループの銀行として機能し，1970年1月にラリ・ブラザーズ社（Ralli Brothers）の完全な支配権を獲得した後には，公認銀行の地位を得た．1971年にはキーオは，SWLは「その安定性は疑うべくもない……有力なマーチャント・バンク・グループ」になった，と感じている[153]．実際のところ，1971年12月には，スレイターの名前は，イングランド銀行理事の候補者として挙げられていた[154]．1973年になってもまだ，イングランド銀行はSWLの運営状況に満足していた．しかし，こうした状況は1974年に変わった．経営陣と，そしてスレイター自身とも定期的に議論が行われたにもかかわらず，イングランド銀行はSWLの健全性について判断するのに十分詳細な情報を得ることが困難になった．1974年9月以降は，イングランド銀行はSWLに迫り始め，12月にホーラムがスレイターに会った際には，いくつかの面談において同社グループの代表陣が説明することができない取引がいくつかあった，との懸念を伝えた．イングランド銀行は，SWLの財務状況はSWSLとの関係

に依存していることがわかったが，その正確な関係は明らかではなかった．ギャルピンはのちに，「どこまでが本当の企業内的な取引であるのか，その範囲がわれわれには明らかにされず，銀行の役員たちは，グループにも銀行にも外聞を憚る秘密はない，と繰り返し断言した」ので，SWL はある程度計画的なごまかしの罪を犯していたのだ，と述べた[155]．

この事例は，巨大で複雑な企業グループの銀行子会社を監督することの問題点を浮き彫りにしていた[156]．イングランド銀行内の分析結果はもはや，SWL の融資の 24% が SWSL からかなりの資産を購入した企業に向けられたものであることを示していた．おそらくこれは「不運な一致」であったかもしれないが，これに関連する SWL の紐付き活動をきっちりと調査することが必要なことは明らかであった[157]．グループと関連のない銀行ビジネスについての懸念もあった，すなわち，イングランド銀行は，SWL が貸出過剰である（貸出が預金の 95% に達していた）と感じていたのである．グループの流動性は急激に悪化し，SWSL にはその子会社銀行を支援する力があるのか，大きな預金取り付けが生じても長く生き残ることができるのか，疑問があったのである[158]．

さらに懸念されたのが SWL の極東での活動であり，とくに，シンガポールで営業しているハウ・パー・ブラザーズ・インターナショナル社（Haw Par Brothers International）と，1972 年に設立された SWL の香港子会社でディーリング会社であるスパイダー社（Spydar）への 1,450 万ポンドの貸付であった．両社はともに SWL の経営の安定を脅かした．スレイターはハウ・パー（Haw Par）との関係で悪評が立ち，SWL を巻き込んだ一連のいかがわしい株式取引によって問題が生じた．役員の個人的な利益のための株式取引にスパイダー社が使われているとのシンガポールの金融大臣からの告発を受けて，シンガポールと香港の当局は同社のグループの調査を開始した．産業金融関係の総裁アドバイザーであったサー・ヘンリー・ベンソン（Sir Henry Benson）は，「これらの東方諸国にロンドン・シティの原則や伝統を持ち込むことをせずに，彼（スレイター）は役員たちが自らの利益を上げることを許すためにいかがわしい仕組みを用いていた……．イングランド銀行がこの問題に関して私とおおむね同様に確信するのであれば，総裁がジム・スレイターに対してきっぱりとそ

の旨を伝えることを期待する」と，明らかに不満を示した[159]．SWL が極東に関与していることは，もしかしたらスレイターの会長としての地位をリスクにさらす可能性があり，間違いなく同銀行の信認を損ないかねないことに気がついて，フォードは状況をしっかり見据え，危機に備えて緊急事態計画を作るべきであると提唱した[160]．

イングランド銀行は，預金取り付けが起きた場合に（それは同時に SWSL を倒産させる可能性があった），SWL の預金者を守るための計画を立てた．しかし，イングランド銀行はいぜんとして，このグループについてさらに情報を必要としていた．1975 年 9 月にスレイターがフォードとブランデンに会った時，彼らは，SWL の経営の安定性と，スパイダー社ならびにハウ・パー社の関連事項について議論した．スレイターは，インサイダー取引の告発に反駁する証拠を有している，極東におけるグループの活動は法に反してはいない，と主張した．SWL について尋ねられると，スレイターは，グループによる同銀行の支援能力に関する詳細を添えて，同銀行の脆弱性に関する判断結果を提供しようと言った．彼は，SWL を通じて同グループの経営資源が枯渇する公算があると見ており，ロスチャイルドとの間で同社を引き継ぐ合意に達することができると考えていた．そうでなければ，スレイターの親密な友人であり事業の仲間である，キャヴェナム・フーズ (Cavenham Foods) 会長のジェイムズ・"ジミー"・ゴールドスミス (James 'Jimmy' Goldsmith) との提携であった．ゴールドスミスはこの提携によりすでに SWL の 10% の株式を保有していた．イングランド銀行は，いかなる提案にせよ，進展するものであれば，相談にあずかることを希望した．スレイターが示唆したもうひとつの選択肢は引退であり，家族のためにもっと多くの時間を費やしたいと言った．実のところ，彼は，1973 年にヒル・サミュエル社 (Hill Samuel) との合併計画が頓挫して以来，シティを去ることを考えていたのである．しかし，スレイターが去っても問題は解決しないとイングランド銀行は述べた[161]．9 月にスレイターは，SWL の経営状態についてさらに詳細な報告を行った．彼は，グループの資産は SWL を支えるのに十分であるが，キャッシュフローの点で問題が起こる可能性があると考えていた．したがって，支援が必要になろう[162]．ブランデンからすると，スレイターは，SWL の全預金を支えるグループの能力についてあまりに

も独りよがりすぎていた．それでも，イングランド銀行は今や，より明確な救済規模をつかみ，SWSL の経営資源を用いることができるので過度の負担なしにかなりの支援を与えられると考えたので，ブランデンは喜んだ[163]．9月末には，スレイターはイングランド銀行に，SWL の経営状態に関する計数を報告した．SWL への預金取り付けが生み出す流動性圧力の見込み額の推測が試みられ，イングランド銀行はまた，SWSL がスタンドバイ枠の担保として差し入れることができる証券類の詳細を知らされた[164]．10月には，リチャードソンはスレイターに対して，スタンドバイ枠のための正式な合意に向かって話を進めたいと語ったが，いぜんとして同グループについてさらに多くの情報が必要であった．スレイターは，彼自身と彼のグループの弱点について神経質になっていると思われ，銀行業や事業から抜け出したい，SWL を売却したいとの考えを強めた．アメリカン・エクスプレス（American Express）から示された関心は一時的なもので，バンク・オブ・アメリカ（Bank of America）は可能性が遠く，スレイターは依然としてゴールドスミスを選択肢のひとつとして考えていた[165]．イングランド銀行はこの解決法には熱心ではなく，結局ゴールドスミスは買い値をつけようとはしなかった[166]．

　1975年10月24日，スレイターは辞任しゴールドスミスを後継者に指名した．イングランド銀行はこれに反対しなかった[167]．しかし，ゴールドスミスの信用は確固たるものではなかった．彼は競馬に勝って 8,000 ポンドを獲得したのち，17歳でイートンを卒業し，その後の5年間はギャンブルに没頭した．あるイングランド銀行の記録は，「あたかも不動産売買ゲームのモノポリーで遊んでいるかのように会社を売買するその性癖」について触れ，銀行家の気質ではないとコメントしている[168]．大蔵省もまたその指名には確信がもてなかった．

> 事業に大失敗し，イングランド銀行がその人物評価を見誤ったかもしれない過去の「シティ」の人物の轍を踏むとすると，今回も，スレイター・ウォーカー事件に深入りしたイングランド銀行は，ゴールドスミス氏が適任であると完全に満足しているものと思う……．彼は金融界の人物としてはほとんど認められておらず，それどころか，一般公衆が見る限り，彼の評

価はプレイボーイで山師のそれである[169]．

彼は間違いなく利口であり，これまで会った中でもっとも頭の回転が速い人物の1人である，とホーラムが信じたほどである[170]．イングランド銀行に促されて，ゴールドスミスのいとこのロスチャイルド卿（Lord Rothschild）が，ロスチャイルド銀行のアイボー・ケニングトン（Ivor Kennington），ハンブロズ銀行のチャールズ・ハンブロ（Charles Hambro）とピーター・ヒル=ウッド（Peter Hill-Wood）とともに，役員会に参加した．新しい役員会は，SWLに追加的な資本2,500万ポンドを注入するためにグループの預金を用いることに合意した．労働党の国会議員団は，1948年会社法に基づき，株式取引に関してSWLに対する政府の調査を要求したが，それが信認に及ぼす影響を認識していたイングランド銀行は反対した[171]．その代わりに，イングランド銀行理事会は，ピート・マーウィック・ミッチェル社（Peat Marwick Mitchell）とプライス・ウォーターハウス社（Price Waterhouse）に同グループの財務状況を調査するよう指名し，ゴールドスミスは商務省に調査結果を常時報告することを約束した[172]．

イングランド銀行の主たる目的は，総額9,500万ポンドを擁するSWLの預金者を保護することであった．1975年，スレイター・ウォーカー・インベストメンツ社（Slater Walker Investments）は30万の人々のためにユニット型投資信託で2億5,000万ポンドを運用し，生命保険ならびに損害保険会社であるスレイター・ウォーカー保険会社（Slater Walker Insurance）は，総額4億2,500万ポンドの生命保険証券を発行していた．これに加えて，負債総額1億3,700万ポンド，2万9,000人の年金受給者を擁する年金システムがあった[173]．SWLへの預金取り付けを防ぎ，その預金者を保護するために，イングランド銀行は10月24日に，密かに1億3,000万ポンドのスタンドバイ供与枠を準備した．この供与枠の中には，SWSLのポンド建て社債の買い戻しの財源として2,300～3,000万ポンドが含まれていた．しかし，社債信託証書の制限規定によりこれが難しくなったので，11月にはスタンドバイ供与枠は7,000万ポンドに減額され，そのうち6,100万ポンドは社債に関係のない預金者を助けるためのものであった．

SWSL は，英国で 3,000 万ポンドの英国社債発行によって 2 万 4,000 人以上の保有者から，また 7,500 万ポンドを海外の投資家から，借り入れていた．これらの資金調達は特別の契約条項を伴っており，1975 年 12 月に SWSL は，ポンド建て社債の債務履行に関連して困難に陥った．同グループとしては，制限条項のうちもっとも面倒なものを除くためにその年の末に借入のうちの一定額を完済する必要があった．もしそうしないと，すべての社債を額面通りに 1 億 500 万ポンドをかけて払い戻さねばならないというまったく別の危険があったのである[174]．イングランド銀行の調査によれば，SWSL が独自に資金を調達できる展望はほとんどなく，イングランド銀行が唯一利用できる支援源であるように思われた[175]．この支援を与えるか，あるいは同グループを清算に追い込むか，決めねばならなかった．「かなりの内面的葛藤」の末に，イングランド銀行は，社債の返済の引き金を引くのを避けるために受け入れ可能な他の方法を見出せなかった．それゆえ同行は，1975 年 12 月，最大 4,000 万ポンドまでの貸出ポートフォリオ元本に保証を与えた[176]．放ったらかして 12 月に倒産していたら，イングランド銀行は 4,500～5,500 万ポンドの損失を被ったであろう[177]．同グループ問題の複雑さは，その財務状況を取り囲む不安定さと相まって，イングランド銀行が損失の完全保証のための条件を協議することができないことを意味した[178]．同時に，イングランド銀行はまた，SWL がもっとも制限の厳しい条件を有する社債を返済できるようにするために，1,400 万ポンドの枠を認めた．その保証のもとで要求された金額を返済する義務を受け入れる代わりに，SWL は，要求された金額の 125% が返済される時まで，イングランド銀行に利益を譲り渡すことに合意した．SWSL と SWL は，イングランド銀行に返済する義務の負担を免れた年末バランス・シートを作成することができた[179]．保証に伴うイングランド銀行の財務状態をできるだけ保護するために，SWSL は SWL の新規増資に応じることに同意し，SWL はイングランド銀行の承諾なしでは配当を支払わないことに合意した．1975 年 12 月 4 日に，総裁が大蔵大臣にスレイター・ウォーカー社の概要を説明した時に，情報は狭い範囲内にとどめておくべきであることが合意された[180]．イングランド銀行は断固として，自らがその財務面に関与していることを公にはしないとの姿勢であった．

1976年9月，スレイター・ウォーカー社の1975年報告書と財務諸表が株主に郵送された時，イングランド銀行が関与していることが公に知られた．『バンカー』誌は，イングランド銀行は同グループに金融支援を行うのを早まったと後悔しているのだろうか，と疑問を投げかけ，「イングランド銀行は，資金が戻るにしても，長く待たされるかのように思われる」と付け加えた[181]．シェフィールド選出の国会議員，フランク・フーリー（Frank Hooley）ははっきりと不快感を示した．彼は，大蔵事務次官のサー・ダグラス・ウォス（Sir Douglas Wass）に宛てて，なぜ「見せかけの詐欺師の活動を支えるために」金が使われたのであろうか，と書き，「経営困難に陥った製造業の企業が，自らを救うために，数百万ポンドの金を求め，懇願し，説得せねばならない一方で，なぜイングランド銀行はひどいシティの詐欺師を救うことができるのか」と書き添えた[182]．

1976年と1977年を通して，イングランド銀行とSWSLの役員会は，グループの将来を決定するための協議を絶え間なく行った．1976年の夏には，SWLは地方のオフィスを閉鎖し，ジャージー，ガーンジー，そしてマン島の3つの子会社を売却した．ゴールドスミスは再生のためのさまざまな計画を工夫したが，イングランド銀行の資本欠損を増やすとか，株主に直ちに支払うとか，独立した銀行業としてSWLを継続するといったように，いくつかの反対するべき要素があったがゆえに，ひとつとしてイングランド銀行に受け入れられるものはなかった．SWSLが保有する収入を生まない資産は，社債信託証書に定められたSWSLの借入限度を破りかねない損失を生み出した．イングランド銀行がおもに心配していたのはSWLの支援であり，SWSLの件に引きずり込まれたくはなかったのである．したがって，議論はSWLを売却するべきか，清算するべきか，に集中した．1977年6月，この問題はイングランド銀行理事会で議論された．ゴールドスミスは，イングランド銀行が2つの不動産（ロンドン中心部所在のかなりのオフィス棟であるオイェズ・ハウスと，ロンドン近郊バークシャーのワーキンガム所在の125エーカーの土地）とあわせてSWLを購入することを含む新たな再建提案をもっていた．リチャードソンは，もし清算されたら，イングランド銀行は自らが着手したことを達成し損なったとの印象を与えるかもしれないと確信していた．それにもかかわらず，

内在する問題を長いこと検討した後で，理事会は清算が望ましいとの結論を出した．当該不動産の売却価格は市場価値をはるかに上回るものであったからである[183]．リチャードソンは大蔵大臣に会って，満足できる再建提案を工夫することができなかったと説明した．ヒーリーは，清算が信認に及ぼす影響は，それを1975年に行っていた場合よりは確実に少ないことを了承した[184]．

　SWSLの役員陣はイングランド銀行理事会の決定に驚き，不安を感じた．もしSWSLがイングランド銀行から支援を受けなかったら，おそらくポンド建て社債信託証書に定められた借入限度額を破ることとなり，それは，今度はグループの他の未払いの借入のほとんどについて払い戻しを求める引き金を引くこととなり，それによって清算に帰着するものであったからである．SWSLは再建提案の改訂版を出してきた．リチャードソンは，6月21日にヒーリーに会いに行き，これらの条件を協議した．SWSLの対応として，もしSWSLの清算が求められるのであれば，清算人は，その清算にSWLを巻き込もうとするかもしれない，そしてそれは，今度はイングランド銀行を訴追に巻き込むことになるかもしれないことをSWSLが明らかにした，とリチャードソンは語った．イングランド銀行が負ければ，同行が負うコストは再建のコストよりも大きなものとなったであろう．したがって，リチャードソンは再建案の採用に傾き，純粋に採算重視の立場にいるならばこの選択肢を選ぶであろう，と思っていた．大蔵大臣とウォスは，最終的な決定責任は総裁に帰せられると明言した[185]．イングランド銀行の緊急理事会でかなり議論された後に，その修正提案を採用することがイングランド銀行の最良の利益となり，幅広い公益となることが合意された．

　この合意のもとでイングランド銀行は，SWLを350万ポンドで購入し，SWSLに流動性を供給した．このことは，銀行事業をグループのその他の部門から切り離すこととなった．SWSLにさらに流動性を供給するために，SWLがフェター・レインとワーキンガムにある自由保有不動産を650万ポンドで購入し，前者（SWSL）の既存の抵当借入750万ポンドの返済責任を引き受けることが合意された．SWLはまた，米国企業コーンウォール・エクイティズ社（Cornwall Equities Limited）の1988年満期の額面1,000万ポンドの転換証券を購入し，税務負担の損失の埋め合わせとしてSWSLへ300万ポンド

を支払った[186]．合意に沿って，SWSL には 3 本の社債を償還するために必要とされる 1,420 万ポンドが供与されたのである．同社の 2 つの健全な構成企業であるブリタニア・フィナンシャル・サービス社 (Britania Financial Services) とアロー生命保険会社 (Arrow Life Insurance) は合併し，ブリタニア・アロー・ホールディングス社 (Britania Arrow Holdings Limited) となり，ハンブロズ銀行がその経営と貸出債権の回収を続けた．SWL は営業を行っている銀行ではあるが，新たな業務は引き受けなかった．1977 年 9 月にいったん取引が完了すると，イングランド銀行はハンブロズ銀行の支援を受けて，SWL の縮小に向かった．ホーラムが会長になり，ペイジとコールビが取締役に就任した．

ライフボートを使わずにイングランド銀行が支援した著名なケースの 2 番目は，マーチャント・バンク（投資銀行）のエドワード・ベイツ社 (Edward Bates) であった．セカンダリー・バンキング危機の中での諸問題を経て，この会社の経営困難は 1976 年に土壇場に至った．これはかなりのところ，ベイツ社がその事業を強化してきた分野である海運市場の悪化によるものであった．イングランド銀行はスタンドバイ枠供与で救済することとなり，再編交渉の結果，新たなグループ，すなわちアライド・アラブ銀行 (Allied Arab Bank) とイングランド銀行所有で資産流動化のための会社であるエドワード・ベイツ・インベストメンツ社 (Edward Bates Investments Limited)（これは本質的に資産の処分のための手段であった）を創設することとなった．

エドワード・ベイツ社は 1839 年にボンベイで創設され，1848 年にはリヴァプールにも設立された．20 世紀初めまでは，同社は主として東インド交易と海運業に関係をもっていた．それからエドワード・ベイツ社は，第 1 次世界大戦の間はその活動をマーチャント・バンキングに集中したが，戦間期および第 2 次世界大戦後のしばらくの間はどちらかといえば動きを止めていた．1967 年，新たな持株会社エドワード・ベイツ・ホールディングズ (Edward Bates Holdings; EBH) が，100% 子会社のエドワード・ベイツ・アンド・サンズ (Edward Bates & Sons; EBS) とともに結成された．同じく 1967 年には，EBS は公認銀行資格を申請した．イングランド銀行は EBS を「完全にまともな先」とみなしていたが，諸基準に合致するほど「機能面で十分な備えができて

いる」かどうか疑っていた．EBS が公認を獲得するためにはさらに 6 年かかり，ちょうどセカンダリー・バンキング危機が勃発した 1973 年 12 月 20 日に獲得した[187]．

1973 年，EBS は企業金融，投資管理そして保険を含めた一連の銀行サービスを提供していた．1972-1973 年の不動産ブームの中で，EBS は不動産開発に深く関与するようになり，ブランツ銀行（Brandts Bank）の何人かが EBS の役員会に加わってからは，同社は船舶金融も引き受け始めた．ブランツはかなりの間ギリシャの船主に金融を提供してきており，EBS がその船舶貸付資産のポートフォリオを築くために融資枠を提供した[188]．1973 年 3 月から 1974 年 3 月までの間に，融資は 1,700 万ポンドから 7,100 万ポンドにまで拡大し，同期間に預金は 4,800 万ポンドから 1 億 3,100 万ポンドへと増加した[189]．

1973 年 12 月にセカンダリー・バンキング危機が起きた時，EBS のピーター・ブラント会長（Peter Brandt）はギャルピンに対して，同社は何ら困ったことにはなっておらず，十分な流動性資産を保有していると保証した[190]．それにもかかわらず，わずか 7 カ月後に彼は，過去 3 カ月間に 3,800 万ポンドの預金が失われたことを明らかにした[191]．EBS は，周辺金融機関の経営困難に続く信認悪化の拡大に対して免疫がなかったことが判明した．預金の流出は，EBH が 1973 年 8 月におおよそ 550 万ポンドで買収したウェルフェア保険（Welfare Insurance）に伴う問題によって加速された．EBH はまた，同保険会社のソルベンシー比率を基準適合の水準に維持するために，新株にさらに 200 万ポンドを投じた．この資本注入にもかかわらず，ウェルフェア社の事業は 1974 年を通じて傾き続け，その経営困難が一般に知られると，EBS の信認は傷つき預金が流出し始めた[192]．そこで，1974 年 9 月に EBS は管理委員会を頼り，バークレイズ・バンク・インターナショナルが，EBS の船舶貸付資産ポートフォリオのうち 7,500 万ポンドを再金融した．ウェルフェア保険は 1974 年 12 月に，ロンドン・アンド・マンチェスター保険会社（London and Manchester Assurance Company）とナショナル・ウェストミンスター銀行に，おおよそ 970 万ポンドの損失を出して売却された．

それから EBH は，問題解決の方法としてアラブの金融機関に顔を向けた．最初の議論は 1974 年 11 月にカイロをベースとするアラブ・インターナショナ

ル銀行 (Arab International Bank) となされ，同行は，英国の公認銀行に投資する目的でアラブ系諸銀行と金融機関のコンソーシアムを形成することに関心をもっていた[193]．また，ルクセンブルグ籍の持株会社で，そこを通して多くの有力なアラブ人が個人的な富を投資していたファースト・アラビアン社 (First Arabian Corporation) に株式を売却するとの提案もなされた．イングランド銀行はこれには関与していなかった．しかしギャルピンは，ファースト・アラビアン社は「好ましくない企業」と思っており，アラブ人が25％以上の権益を得ることを好まなかった[194]．1975年5月，サウジアラビアの大蔵大臣の息子であるアブドラー・ビン・ムサイド・ビン・アブドル・ラーマン王子 (Prince Abdullah Bin Musaid Bin Abdul Rahman) が率いるファースト・アラビアンが，3年以内にもう15％を追加購入するオプション付きで，株式の25％を134万ポンドで購入した．イングランド銀行は，EBSを支援する倫理的な責任を受け入れると記した書簡をファースト・アラビアンから受け取るとの条件で，いやいやながらこの購入に同意した．イングランド銀行はまた，準備資産を形成することができるように，500万ポンドの短期貸付枠をEBSに供与することに同意した．EBSは，巨額の預金を引きつけることができず，1975年11月まで何度かこの融資枠の更新を要請した[195]．

1976年，イングランド銀行はEBSの海運，不動産向け資産の内容について懸念し始めた．海運向け貸出は，貸出総額の中で非常に高い比率を占めていた．EBSはあるギリシャ人の船主向けに600万ポンドの貸出残高を保有していたが，ラグラン・プロパティ・トラスト (Raglan Property Trust) 向けにも約400万ポンドの残高があった．イングランド銀行が見ていた通り，「EBSからの，不動産のかなり投機的な目的への貸出やギリシャの海運市場向けの貸出に対して必要な引当金の規模は，同グループの支払い能力に疑問を抱かせるもの」であった[196]．それどころか，ハンブロズ銀行が行った調査の結果は，同社には支払い能力がないというものであった．5月初めには，EBHの株価は10日間で40ペンスから20ペンスへ下落し，5月13日にEBHは，「財務状況を解明する……まで」証券取引所での株式取引を株価20ペンスで停止することを求めた[197]．それからEBSは，預金引き出しに対応するために支援が必要となった．同社には6,700万ポンドの預金があり，そのうち半分はアラブからのもの

であった.週末にかけて,EBS 役員会,ファースト・アラビアン,イングランド銀行との間で長時間にわたる激しい議論が行われた.EBS の財務状況の複雑さや不安定性のために,同社がライフボート基金の適切な受取人であるとは思われなかった.そこで 5 月 17 日にイングランド銀行は,ファースト・アラビアンと合同で,EBS の無関係な預金者を保護するために,10 万ポンドずつ引き出せる 8,000 万ポンドのスタンドバイ枠を認めた[198].ファースト・アラビアンもまた,向こう 5 年間,最大 600 万ポンドまでとの条件で,EBS の最終的な不足額の 10% を負担することに同意した[199].これにより,財務状況の適切な評価がなされる間は,基準からみると支払い能力がないにもかかわらず,EBS の役員会は取引を継続することができた.株式の取引停止のあと,イングランド銀行とファースト・アラビアンは,EBS と EBH が被った損失の程度を報告するようにプライス・ウォーターハウス社に求めた.その結果,EBH,EBS 両社ともに巨額の引当金が必要であることが判明し,それは,1976 年には EBH は 1,720 万ポンドの資産が不足する(その後,1976 年 11 月には 2,800 万ポンドに改められた),というものであった[200].

EBH と EBS の再建協議は時間を要した.イングランド銀行は,その損失を最小限に抑え,アラブが投資している公認銀行の倒産がロンドンに及ぼすどのような影響をも避けることに熱心であった.多くのアラブの利害関係者と議論が行われ,イングランド銀行は,資産流動化のための会社(realization company)の創設によって,バランス・シート上の欠損をなくしていくとの提案を編み出した.これは実現し,事業に新たな資本を注入してくれる第三者に EBS を売却することが計画された.イラク生まれの銀行家サビ・シュクリ(Sabih Shukri, ヨルダン系アラブ銀行の前ロンドン支店長)が,自分は EBS の買収に関心があるかもしれない何人かのアラブ関係者を代表しているとイングランド銀行に伝えてきた.1976 年 10 月,シュクリのアドバイザーが大まかな提案を出し,イングランド銀行はその事業の 10% 以上は手形交換所加盟銀行が所有するべきであると求めた.当初はバークレイズ銀行ではどうかと検討されていたが,同行はアラブ連盟ボイコット・オフィスのブラックリストに載せられており,そのため除外された.ミッドランド銀行は見込みがあったが,同行はすでに 2 つのアラブ系のグループに関与していたので,参加できないこ

とが決まった．1977年1月には，ナショナル・バンク・オブ・アブ・ダビ (National Bank of Abu Dhabi) との間で，実現に至らなかった企てがもう1つ持ち上がった．これには，当時世界でもっとも金持ちの男と言われていた，アラブ首長国連邦のロンドン大使モハメド・マディ・アル・タジール (Mohammed Madhi Al Tajir) が関与していた[201]．しかしイングランド銀行は，この男には「しっかりとした助言と銀行に関する専門性を与えてくれるには頼りにできない」ことがわかり，また，彼がバンク・オブ・ロンドン・アンド・ザ・ミドル・イースト (Bank of London and the Middle East) の銀行業に関係していることが，不利なコメントをもたらした[202]．ある略伝は彼を「素晴らしい頭脳をもった聡明な人物である……良い友人にもひどい敵にもなり得る……動物のように素直で，あるいは詐欺師のように口先がうまくもなり得る」と描写していた[203]．

1977年4月，シュクリは，ナショナル・ウェストミンスター銀行が4年間にわたり20%を保有し経営管理権をもつこと，アルタジール銀行 (Altajir Bank) が20%を保有し，コンソーシアムが60%を保有すること，を提案した[204]．ギャルピンは，再建計画の中に国際的な定評のあるアラブ系銀行が参加することは大いに重要であるとイングランド銀行が考えていることを明らかにしたが，アルタジール銀行がその基準に合致するかどうか疑問に思っていた．シュクリは，エドワード・ベイツ社に関する交渉が行き詰まると，金融面でも政治面でも英国と密接に協力しようという，当時進展しつつあったアラブ側の政策を台なしにする可能性があるとほのめかし続けていた[205]．ナショナル・ウェストミンスター銀行は交渉を進める意思を示していたが，その後手を引いた．同行のリー=ペンバートン会長（そして将来のイングランド銀行総裁）は，1977年6月初めに総裁に会って，アルタジールと提携することに消極的であることを表明した[206]．ナショナル・ウェストミンスター銀行は，再建提案から離れることを決定したのである．しかし，バークレイズ銀行に対するアラブのボイコットが解除されたのに伴い，コンソーシアムにバークレイズ銀行を巻き込むことが再び模索された．

1977年8月に，バークレイズ・バンク・インターナショナルがEBSの株式資本の20%を引き受け，アラブとほかの投資家で構成されるコンソーシアム

が残る80%を獲得することが最終的に合意された．イングランド銀行の条件にもかかわらず，アルタジール銀行が含まれていた[207]．この再建された銀行は公認資格を取得して，アライド・アラブ銀行（Allied Arab Bank; AAB）となった．イングランド銀行は，バークレイズ銀行が参加することが，「再建提案の魅力」を高めるのみならず，AABがシティや国際金融市場で受け入れられるうえで重要であると見ていた[208]．同行に対するイングランド銀行の1976年スタンドバイ枠は損失補塡に充てられ，したがって，新たな株主がEBSを引き受ける前に，イングランド銀行は，EBSインベストメンツ（EBSI）と呼ばれる完全所有の資産流動化会社を通じて，EBSによる海運業向け資産ポートフォリオのすべてを含めた，一定の貸出や資産を取得していた．これはEBSの純資産価値が名目値にまで戻るのを支え，これにより，きれいなバランス・シートをもった同行をコンソーシアムが継承できるようになった[209]．この資産流動化会社は，イングランド銀行が任命した役員会により，プライス・ウォーターハウス社が運営した．サマセットが会長に，バーンズが役員になり，デイヴィッド・マレット（David Mallett）が両者の代理人（alternate）を務めた．イングランド銀行はまた，EBSIを通して，EBHがもつ140万ポンドほどの小さく高収益銀行であるポミエール銀行（Banque Pommier）の持分83%を取得した．イングランド銀行は，フランス当局と相談して，この銀行を買ってくれる適任者を見つけるつもりであった．1977年10月，EBSは，すべての子会社とそれら子会社向けの貸出を含めた，そのほとんどの資産をEBSIに売却した．その翌日EBSは売却され，EBHは清算された．

　こうした特別の取り扱いの3番目であり，「セカンダリー・バンキング危機の最後の犠牲者」は，ウォレス・ブラザーズ社（Wallace Brothers）であった[210]．エドワード・ベイツ社と同様に，ウォレス・ブラザーズ社は主にインド交易に利を求めて19世紀の中葉（1863年）に創設された．そのマーチャント・バンキング活動は1960年代に拡大し，1970年6月には，グループのすべての銀行活動を引き継ぐために，ウォレス・ブラザーズ持株会社（Wallace Brothers Holdings; WBH）の子会社としてウォレス・ブラザーズ社が設けられた．さまざまな子会社を通じて，ウォレス・ブラザーズ社の関与は，マーチャント・バンキング，金融コンサルタント，商品ブローキング，そして保険ブロ

ーキングに及び，オーストラリア，ジャージー，そして南東アジアでの海外業務を有していた．1972年3月には，公認銀行E.D.サッスーン・バンキング・カンパニー（E.D. Sassoon Banking Company）を買収し，ウォレス・ブラザーズ・サッスーン・バンク（Wallace Brothers Sassoon Bank）に改名され，1974年にはサッスーンの名前は削られて，同行はウォレス・ブラザーズ・バンク（Wallace Brothers Bank; WBB）となった[211]．問題のほとんどはWBBにあった．1976年の夏までWBBの社長であった「悪運強い」（'Jinx'）ジェレミー・グラフティ=スミス（Jeremy Grafftey-Smith）は，割引部と密接な関係を保ち，キーオは彼を「熱狂的で想像力が豊か」としていた[212]．

　WBBの大株主のひとつがクラウン・エージェンツであり（27%を保有していた），1974年12月にエージェンツの経営困難が報じられた時には，一時的な流動性問題に備えてイングランド銀行はWBBに500万ポンドの無担保スタンドバイ枠を認めた[213]．これは毎月更新され，1975年6月に終了した．9月にグラフティ=スミスはこのスタンドバイ枠の復活を求めてきたが，イングランド銀行は，WBBの財務状況に関する詳細な分析がまず必要であるとした[214]．この分析プロセスのはじめに，マーレイ・アースキン（Murray Erskine, 銀行・金融市場監督担当）は，「ピサの斜塔のように，重力の法則に抗し続けるウォレス・ブラザーズの力は注目すべき驚きである」と書いたが，年次決算の数字は悪いとの見通しであった[215]．不動産価値の下落に対して巨額の引当金が必要であった（貸出全体の半分，大口貸出の90%以上が不動産によって担保されていた）[216]．したがって，1975年7月期年度決算報告書では，総計280万ポンドの貸出に対する異例の引当金が含まれ，その結果140万ポンドの税引前欠損となった[217]．1975年12月，その報告書が公開されると同時期に，イングランド銀行は，6カ月間さらに500万ポンドの無担保スタンドバイ枠を供与することにしぶしぶ同意した．それには，さらに調査を行った後でなければ更新しないとの但し書が付いており，リチャードソンは，「非常に詳しい調査」を行うのはやむを得ない状況であると考えていた[218]．

　1976年夏には，WBBはイングランド銀行の主要問題先リストに載っていた．難しいのは，年度決算でさらに引当金が必要となることであり，それはいっそうの欠損を意味し，同行の資本を毀損するであろう．WBBはイングラン

ド銀行の認定銀行であり，長年の顧客であり，イングランド銀行は同行を支援しなければならないであろう，とペイジは考えた．プライス・ウォーターハウス社は報告書の作成を求められ，クラウン・エージェンツは，たとえば追加的な社債に応募することで支援を与えるよう求められた[219]．クラウン・エージェンツは，プライス・ウォーターハウス社の報告書が作成されるまで，どのような形にせよ支援を申し入れることを拒絶し，たとえその報告書が作成されても，その答えは否定的なものとなりそうであった[220]．クラウン・エージェンツ自体が経営困難に陥っており，政府から資金を引き出す以外には追加的な株式応募の財源を得られない状況にあるということは，大株主としてWBBを助けるべきであるとのイングランド銀行の意見を変えることにはならなかった[221]．プライス・ウォーターハウス社の報告書は読むと陰鬱な気持ちにさせられたが，周辺銀行の活動実態を暗示するものであった．貸出3,300万ポンドはそのほとんどすべてが不動産向けであり，名目価値1,400万ポンドの貸出20件に対して540万ポンドの引当金が求められていた．他の企業への投資についても，これもまた主として不動産関連であったが，資本損失となるであろう[222]．キャッシュフローの困難もまた認識され，10月半ばには短期的な対策として，イングランド銀行はWBBに1,250万ポンドの資金枠を提供した，ただし，従前の枠とは異なり，今回は有担保であった．エージェンツが支援しないのはその株式保有の大きさと矛盾しており，エージェンツはその責任を果たすべきであるという気持ちから，イングランド銀行はいぜんとしてクラウン・エージェンツの態度についていらだちを感じていた[223]．

　長期的な解決方法が必要であり，それは買い手を見つけ出すことを意味した．いくつかの候補があったが，イングランド銀行には，大きな海外銀行グループで，バーバー元蔵相が会長を務めるスタンダード・チャータード銀行（Standard Chartered）がもっともふさわしいと感じられた．海外貿易の利害を通じてすでに長期にわたる関係があったのであり，もしWBBが清算されるようになれば，スタンダード・チャータード銀行もまた，多少の損失を被る可能性に晒されていた．さらに，ブランデンから銀行監督の任を引き継いだクックは，この時期に至るまで同行はどんな「ライフボート」にも巻き込まれたことがなかったと指摘した[224]．11月に総裁がスタンダード・チャータード銀行に会っ

た時に，リチャードソンは，迅速な対応が必要とされている，財務諸表が公表される前に解決方法を見つけたい，と述べた．支援の可能性がはっきりとして，その会合の結果は好ましいものであった[225]．その3日後，ギャルピンはスタンダード・チャータード銀行に対して，同行がメインの救済者とはなるが，必要があればイングランド銀行は，「目立たない援助」を差し伸べる用意がある，と伝えた[226]．しかしながら，その救済者の候補は，WBBが「純不足額830万ポンド，50％の引き当てが必要な『ひどい』貸出内容，価値よりも少なくとも100万ポンド以上にも評価された抵当不動産を含め過大評価された資産，恐ろしいほどの運営コスト，そして頭でっかちのスタッフ」など，非常に惨憺たる状態にあるとの結論に達したのであった[227]．同社は本質的には清算候補であったが，リチャードソンはそのようには考えたくはなかった．セカンダリー・バンキング危機は今や終息し始めており，イングランド銀行は，信認が徐々に回復するのを妨げたくなかったのであり，新たな倒産を公にすることでスレイター・ウォーカー社やエドワード・ベイツ社の再建交渉がより困難になることも望んでいなかった[228]．したがって，イングランド銀行は，スタンダード・チャータード銀行による買収を促し続けた．

　スタンダード・チャータード銀行が，子会社のスタンダード銀行を通じてWBHのすべての株式資本を取得するという複雑な計画が立てられた．この計画は，1982年におけるWBHの純資産価値に関して，公式に基づいて算出される100万ポンドを超えない「繰延べ支払い」（deferred consideration）の対価として，実施された．イングランド銀行からは，同行が約束した多くの目立たない援助があった．イングランド銀行は，スタンダード銀行に100万ポンドの暫定購入価格相当額を融資し，それをエスクロー勘定（貸出と預金は利子がつかない）に置いた．スタンダード銀行は，純資産価値の不足額が70万ポンドを超えない範囲まで，WBBの貸出ポートフォリオと不確定債務を保証し，それに該当する補償金がイングランド銀行からスタンダード銀行に供与された．加えてイングランド銀行は，たとえWBBが清算に至ってもスタンダード・チャータード銀行はその貸出残高以上の損失は被らない（その限度額は70万ポンド）ことを保証したコンフォート・レターを出し，また，WBBに対してキャッシュフローの必要額に備えて3,000万ポンドの有担保資金枠も供与した．

不足見込み額は600万ポンドとされ,そのうち70万ポンドはスタンダード・チャータード銀行が,530万ポンドはイングランド銀行が分担した[229]。さまざまな混乱により1977年3月末まで交渉は完了しなかったものの,原則的合意は1976年12月7日に発表された[230]。

この救済にあたって,業務の縮小は1981年12月で終わることが期待された。当初の補償金は,主にWBBに大きな不良債権損失が生じた時に備えて供与されることが考えられた。同社の資産の中には流動化するのが難しいものがあることが分かるにつれ,同グループを支援する補償計画は結果的に1983年,1985年,そして1987年に延長され,資産流動化の計画は1989年から90年にかけてようやく完遂した[231]。

5. 評価

管理委員会は,全体で26企業の支援を承認した。このうち18社は123条企業であり,5社は公認銀行か127条銀行であった。ライフボートが引き受けた企業のうち8社は管財人の管理下に置かれるか,あるいは清算された。4銀行は何とか生き残りライフボートを離れた。さらに5つの金融機関をイングランド銀行が同行独自のリスクを負って援助した。1975年末には,ライフボートの援助を受けている企業の数は8社に減り,1978年にはUDTとFNFCを含めた4社だけとなった[232](表11-4および11-5)。

リチャードソンはその危機対応についておおむね高い称賛を受けた。「気をつけていないと」,『サンデー・タイムズ』紙は書いた,「ゴードン・リチャードソンは,将来のすべての総裁が判断されるイングランド銀行総裁の模範となってしまうであろう……総裁は今や傑出した中央銀行プロフェショナルである」と[233]。同紙によれば,チャーチル風に言うと,それは彼の「最高の時期」であった[234]。キナストンは,リチャードソンが「共同支援作戦の原則を幅広く受け入れてもらうために,その驚くべき説得力をすべて展開した」と述べている[235]。しかし,リチャードソンは,ライフボートの細かい点には決して関与しなかった。ブランデンが言ったように「それはジャスパーに任せていた」のである。ホーラムは危機に対処するにあたって決定的な役割を務め,彼の冷

表11-4 セカンダリー・バンキング危機において、ライフボートを通じて支援を受けた金融機関

(100万ポンド)

名称	支援開始年月	最大引出し額（その年月）	支援終了年月または1978年1月の残高	状況（1978年1月現在）
カテゴリー A				
Edward Bates & Sons	74年9月	2.5＋US＄67.3, DM7.1（75年11月から76年1月）	77年9月	再建. EBS Investments
Beverley Bentinck	74年1月	0.8（74年4月）	75年3月	Britannia Credit Trust と改名し，通常のクレジット業務を再開.
Bowmaker	74年1月	89.0（74年12月）	75年12月	通常取引を再開
British Bank of Commerce	74年1月	10.0（74年10月から74年11月）	75年1月	National Grindlays により合併.
Burston Finance	74年1月	25.5（74年12月から75年8月）	17.1	75年2月に管財人管理下に置かれる.
First Maryland	74年1月	5.0（75年1月から75年3月）	75年1月	75年1月に管財人管理下に置かれる. Barclays銀行が追加リスクを負う.
First National Finance Corporation	74年1月	362.0（75年9月から75年12月）	241.7	1976年3月に再建計画. 75年10月に遡及して実施.
Keyser Ullmann	74年9月	65.0（75年3月）	76年8月	通常取引を再開.
Knowsley	75年6月	33.5（75年7月）	25.5	Algemeneと合併したうえで，Northern Commercial Trustの不動産ローンを吸収.
London and County Securities	74年1月	39.8（75年4月から76年6月）	25.2	75年3月任意清算.
Medens Trsut	74年1月	0.9（74年10月から74年11月）	75年6月	通常取引を再開.
Mercantile Credit	74年1月	167.0（75年4月から75年5月）	75年8月	Barclays銀行に合併.
Morris Wigram	74年1月	7.6（74年12月）	75年7月	Schlesingersに買収され改名.
Northern Commercial Trust	74年1月	34.0（75年5月から75年6月）	75年6月	Algemene銀行に買収される.（Knowsleyを参照）
Sterling Industrial Securities	74年10月	2.0（74年11月から75年4月）	76年10月	Duncan Goodricke Investmentsに買収される.
Triumph Investment Trust (G.T. Whyte)	74年1月	30.2（74年12月から75年4月）	25.2	74年11月に管財人管理下に置かれる.

第11章 セカンダリー・バンキング危機

表 11-4 (続き)

(100万ポンド)

名称	支援開始年月	最大引出し額 (その年月)	支援終了年月または1978年1月の残高	状況 (1978年1月現在)
Twentieth Century Banking Corporation	74年1月	31.8 (74年8月)	74年3月	P&Oに合併.
United Dominions Trust	74年7月	430.0 (74年12月)	300	取引を継続.
Vavasseur	74年1月	10.2 (75年11月)	5.6	Hambrosの管理下で再建.
Wagon Finance	74年1月	6.0 (74年4月から75年7月)	76年7月	通常取引を再開.
カテゴリーB				
Audley Holdings	74年1月	1.7 (74年9月から75年2月)	75年5月	75年5月に管財人管理下に置かれる.
Cannon Street Acceptances	74年1月	40.0 (74年10月から75年2月)	74年9月	74年9月に管財人管理下に置かれる.
Cedar Holdings	74年1月	21.7 (74年3月)	75年2月	再建.
Duboff	74年1月	4.0 (77年11月から現在まで)	4.0	間もなく管財人管理下へ.
Guardian Property	74年1月	2.8 (74年1月から現在まで)	—	74年6月に管財人管理下に置かれる.
David Samuel Trust	74年1月	(75年11月から現在まで)	—	74年5月に管財人管理下に置かれる.

出所: Briefing paper, 13 January 1978, for SCNI hearings, 2A170/1.

　静な取り組みが管理委員会のスムーズな運営を確固たるものとしたのである[236]. 彼はまぎれもなく，首尾一貫して「理想の父親」であり，「ライフボートの船長」であった[237].

　イングランド銀行は，救済作戦は成功であったと信じ，この問題を調査するよう特別に指示を受けた1978年の議会特別調査委員会での証言で，ライフボートを進水させたことが正当であったと主張した. リチャードソンは，同じ状況に直面すれば，躊躇することなく同じ戦略的決定を行い，同じように動くであろう，と言った[238]. そもそもイングランド銀行は，信認の喪失が拡大することを防ぎ，したがって金融危機を避けることは自らの義務であると感じていた. 同行は，自らを金融システムの守護者とみなしていたが，これは，19世紀に進化してきた役割であった. はたしてその決定は正しかったのか. むちゃ

表11-5 セカンダリー・バンキング危機において，イングランド銀行単独の支援を受けた金融機関

(100万ポンド)

名称	支援開始年月	最大引出し額（および年月）	支援終了年月または1978年1月の残高	状況
First National Finance Corporation	74年1月	10.0 (74年1月)	74年2月	共同リスク・カテゴリーAへ移行.
United Dominions Trust	74年6月	100 (75年1月から75年9月)	76年8月	共同リスク貸出額を12億ポンド以下に保つために単独貸出.
London & County Securities	74年12月	9.9 (75年4月)	6.3	London & Countyの子会社銀行に縮小（清算前）.
London & County Securities	—	0.2	0.2（残存）	譲渡証書を取得（清算後）.
Cannon Street Acceptances	—	1.62	76年10月	譲渡証書を取得（清算後）(76年10月に償却).
David Samuel Trust	77年4月	2.6	2.6	National Westminster, Williams & Glyn's と特別協定.
Slater Walker	75年11月	54.8 (76年12月)	54.4	再編.
Jacobs Kroll	75年11月	1.1 (76年9月)	0.7	Slater Walker Limited のために譲渡証書を取得.
Thames Guaranty	76年8月	0.5	0.4	ポルトガルの株主と共同で譲渡証書を取得.
Wallace Brothers Bank	76年10月	13.0 (77年10月から現在まで)	13.0	下記の Standard Bank を参照.
Standard Bank	77年4月	1.0	1.0	上記 Wallace Brothers の縮小と関連.
Edward Bates & Sons	76年5月	55.1 (77年4月)	77年10月	再編，および下記の EBS Investments を買収.
EBS Investments	77年10月	32.9	32.9	上記 Edward Bates & Sons を参照.
Ionian Bank	77年1月	なし	77年12月	縮小過程において考えられる流動性問題に対応する資金供与枠を設定，利用実績なし.

出所：Briefing paper, 13 January 1978, for SCNI hearings, 2A170/1.

くちゃな周辺銀行は倒産に追いやられてもよかったかもしれない。1974年10月，『バンカー』誌は「支援作戦はそのスタートから誤解されており，もっと多くの腐ったりんごが地上に落ちることを許されるべきである，と信じている

銀行家もいる」と報じた[239]. 国会議員のフランク・フーリー（Frank Hooley）は1975年にこの考え方を強調する手紙をリチャードソンに書いた. 彼としては, 周辺銀行界の「詐欺師たち」は「倒産し, ピストル自殺する」ことができたわけであり, イングランド銀行どころか主要な銀行までもが心配するのはなぜなのか, わからなかった. さらには, 支援作戦は「結局のところ最後にはイングランド銀行自体が介入してきて, どんなむきだしのスキャンダルでも救ってくれるので, この国の金融界の『うぬぼれ屋たち』にとって, 役に立たない, いかがわしい取引について先々あまり心配する必要がない, と示唆しているように見える」のである[240]. 彼の言うことにも一理あった.

　イングランド銀行が危機に対応する方法についてはあまり異論がないにしても, 綿密な銀行監督を効果的に遂行するにしては割引部があまりにも小さすぎる, との実態は批判された. すなわち,「割引部の人的資源は銀行システムのスケールにまったく圧倒されており, 15人が300の銀行を監督していた」のであった[241]. 1974年の銀行協会でのセカンダリー・バンキング危機に関する説明の中で, 総裁は「銀行としての完全な公式認可を受けなくとも, そしてそれに伴う監督を受けなくとも, 預金取扱金融機関が繁盛することが可能であった」と言った[242]. イングランド銀行は, 周辺銀行よりも海外銀行やファイナンス・ハウスを気にしていたのであった. イングランド銀行がウィルソン委員会での証言の中で述べているように, 同行は「銀行としての完全な認定を求める重要な競争相手となる時に限っては関係の発展を求めるが, 厳密な意味で銀行界に該当しない企業とは, いかなる公式, あるいは恒常的なコンタクトも保たなかった」[243]. そのために, 確立した銀行システムと同じ監督体制のもとにイングランド銀行が置かなかった結果として, 多くの周辺銀行が倒産したとみなされたのである.「イングランド銀行による銀行システムの紳士的な管理手法は, 危険きわまりないほどに不十分であった. 正当な血統ではないからと言って123条企業とファイナンス・ハウスを厳密な金融検査の対象から排除したのは馬鹿げたことに見える. なぜならば, そうした企業は, より大きな監督が絶対に必要であると思われるからである」[244]. 回想の中でキーオは, 周辺銀行の倒産は, 確立した銀行システムと同じ監督体制のもとになかったという事実によるものではない, と論じた. イングランド銀行はセカンダリー・バンキン

グ・システムを監督しようと企てたが，それは「まったく監督できないもの」であった，と彼は主張したのである．「認定銀行と同じように，割引部の多くの時間が『周辺銀行』に割かれたことはほとんど間違いないことであった」とキーオは述べた[245]．イングランド銀行は，すべての主要周辺銀行およびいくつかの小銀行と密接な関係をもつようになり，信用調節体制に関する協力を求めるために，大きな周辺金融機関とはコンタクトをもった[246]．実際に，1973年6月には，500万ポンド以上の適格債務をもつと考えられるこうした「種々雑多な預金取扱会社」の中からおおよそ30社に対して，簡約版バランス・シートの形で収支報告書を出すことを要請した．この報告書によりイングランド銀行は，そうした金融機関にまで信用調節を拡大するべきかどうか検討することができた[247]．さらに，銀行の格が上がることを期待してイングランド銀行に近づく周辺銀行が多かった．「盗作に近い行為をした機関を除いたほとんどの先が，われわれが年次バランス・シートを見ていることを確認した上で，認定銀行とまったく同じように来行して証明したいと言った……われわれは，彼らに自分たちのバランス・シートについて考えさせ，その当時ではすべて若干アカデミックに見えたが，イングランド銀行の方式をわかるようにさせようと努めた」とキーオは述べていた[248]．イングランド銀行からの警告やアドバイスにもかかわらず，そうした会社を経営する人々に銀行経験がなかったため，アドバイスが無視された，と彼は主張した．イングランド銀行は，経験を有し信頼するに足りる人物に周辺銀行を経営するように話をして，周辺銀行の経営を改善しようと努めたが，うまくいかなかった．こうしたことを踏まえて，主たる問題点は，周辺銀行の監視が欠けているというよりもむしろ，「周辺銀行自体にとってもシステムにとっても，やっかいな存在から脅威へと成長するそのスピード」にあった，とキーオは感じていた[249]．

　キーオの弁解にもかかわらず，非難はどこかに降りかからねばならず，それは割引部長としての彼の足もとに落ちてきた．キーオは，イングランド銀行に（戦時中の勤務を含め）37年間勤務した後，57歳で1974年12月に早期退職した．ある金融ジャーナリストによれば，彼は「冷酷に，そして強引に……船外に投げ出された」．彼は公式の身代わりであり，イングランド銀行から出ることを強制されたのであった[250]．イングランド銀行が非難されるべきか議会特

別調査委員会に尋ねられた時,リチャードソンの返答は謎めいていた.

> 私は,その時期にイングランド銀行で該当する職権を備えたポジションにいた人々について語ると気がめいるが,彼がもっていた監督権限の限度はどの程度が妥当であったか,抜本的に異なる見解をとっていたら,危機が顕現化した実際の様相がいくぶんか異なっていたかもしれないことを,彼らが否定するとは私には思えない[251].

周辺銀行の倒産について説明する際には,キーオは他の人物についてではなくて,たんに彼のコントロールが及ばなかった要因を指摘した.彼は,「『周辺銀行』が成長していた期間には,残りの銀行システムはわれわれの味方ではなく,われわれが彼らを巻き込もうとしても,気にかけなかったのは確かである」と言った.彼はまた,セカンダリー・バンクに責任を負う人々に警告したにもかかわらず,彼らは経験のない「やり手の金融業者」であったので,無視された,と主張した[252].しかし,リチャードソンは「何が起きようとしているのか予見するべきであったし,これから起きるかもしれないことの危険性について,もっと早くレズリー・オブライエン(Leslie O'Brien)に忠告しておくべきであった,と信じて疑わなかった」.リチャードソンは,キーオはしくじったと本当に信じて疑わなかったのである[253].これはおそらく,リチャードソンがシュローダーズ銀行にいた時から始まった両者のまずい関係に起因していた[254].チャールズ・ゴードン(Charles Gordon)は,キーオを「イングランド銀行の中にはなかなかいない風変わりな人物」であると思っていた,「スケープゴートとしていささか大げさに非難されたが,彼が主たる接点となった周辺銀行に関して,イングランド銀行がその詳しい知識は言うまでもなく基礎的な知識をも欠いていたことの責任の多くを負わなくてはならない」と確信していた[255].イングランド銀行の行内誌『オールド・レディー』は「キーオの生来の根気,頑固な個性,関係者の中でも無類の知識によって,彼は破局を防ぐ上で欠かすことのできない要素となった」と記しているが,他方で,フォードは総裁宛てのメモの中で,1970年頃,理由ははっきりしないものの,キーオを部長のポストから除こうという企てがなされたと回想している[256].ある同僚は,「キー

オは，情報の糸を引き出す機会をもっているイングランド銀行唯一の上級幹部であったが，その引き出した情報の分析は得手ではなかった」と表現した[257]．確かに，すべての非難を1人に集中するのは厳しすぎた．また，構造面での失敗でもあったと感じられてもよかったかもしれない．そして，イングランド銀行の内外で誰もシステミックな問題が生じるとは思っていなかったことを忘れてはならない．11月に危機が勃発した後でさえも，どんなに大きなリスクにさらされた人でも，その緊急性を認識し損ない，信用危機（credit crisis）が波及するスピードがわからなかった人もいたのである．これは，その当時マーカンタイル・クレジットの非執行役員であったサー・マーチン・ジェイコム（Sir Martin Jacomb）が後日批判したことであった[258]．

イングランド銀行は，1970年代初めに生じた問題を理解していたのであろうか．確かにその数年間は一連の金融スキャンダルや事件が起きた．マネー・ストックの爆発的増大とそれに伴う不動産ブームは明かな兆候であった．いくつかの金融紙は1973年半ばから懸念を表明していた．『バンカー』誌の判断は次のようなものであった．

> 1973年のマネー・サプライの「狂ったような流出」と「自由奔放な」金融情勢——『バンカー』誌は1973年7月と9月にまさにこうした言葉によってこの両者に注意を惹きつけた——は，必ずや投機的な過剰を生じさせるものであった．イングランド銀行はもっと早くこれらを突き止めるべきであった．シティの騒がしい新興のマネーマーケットの粗野なタイプの人々が言っていることに，もっと耳を傾けておくべきであった．そして，こうした新たな「銀行」が何をしようとしているのかわかった時点で，それを止めるために，イングランド銀行はその非公式なパワー（総裁の眉毛 the Governor's eyebrows）を用いるべきであった．クラウン・エージェンツについてもっと大きく叫ぶべきであった．スコットランド協同組合の問題で示されたように，警告的な予兆があった……イングランド銀行はこうしたことをもっと深刻に受け止めるべきであった[259]．

セカンダリー・バンキング危機の間に行われた支援作戦の費用はわかりにく

い．1978年の議会調査特別委員会への証言の中でリチャードソンは，総費用は12億5,000万ポンドから13億万ポンドであると述べた．これは，共同リスク分（このうちイングランド銀行が10%を拠出）の12億ポンドと，イングランド銀行単独で追加された金額から成っていた．引き当てられた金額とは別に，イングランド銀行が被った実損について求められて，彼はその数字を約500万ポンドとした[260]．リードは，イングランド銀行の支援作戦の総額は，ライフボート，スレイター・ウォーカー社そしてベイツ社を含めて，約10億ポンドに達したと推定している[261]．1984年に書かれた内部記録では，イングランド銀行の費用はおおよそ8億ポンドから9億ポンドの段階であったろう，と推定されている[262]．ロンドン・アンド・カウンティ社に限れば，イングランド銀行の費用は「おおよそ400万ポンドであり，うち300万ポンドは単独支援に帰せられ，100万ポンドを少し超える金額が支援グループの援助のうちのイングランド銀行分担分に帰せられる」と1988年に算出されている．支援グループの他のメンバーにかかった費用はおおよそ1,100万ポンドであった[263]．1995年にジョン・ルーミンズ（John Rumins）が書いたものによれば，イングランド銀行の1974-80年の期間における支援作戦の「引当金」総額は，スレイター・ウォーカー社向けの3,790万ポンドとエドワーズ・ベイツ社向けの3,230万ポンドを含め，おおよそ1億1,300万ポンドであった．中心となるライフボート作戦については，イングランド銀行自体の損失分担額は1980年までに920万ポンドであった．さらに，「支援作戦へのコミット総額は，損失引当金額よりももちろんはるかに大きかった．総額13億ポンドがライフボートを通じて貸し出され（そのうちイングランド銀行のシェアは10%であった），3億ポンド以上が単独でイングランド銀行から貸し出された」[264]．支援作戦に係る損失引当金の大きさは，イングランド銀行の他のワーキング・ペーパーで確認される（表11-6）．言うまでもなく，資産は流動化され続け資金は回収されたので，1994年には1970年代の支援への引当金は償却されて5,500万ポンドにまで減少した．その実像は深刻なインフレーションが続いた20年間の影響によってかなり曇らされているものの，この金額が，その時点での少なくとも会計用語でいう損失を表していると言ってよいであろう．不満が残るかもしれないが，セカンダリー・バンキング危機がイングランド銀行に実際にどのくらい

表11-6 支援作戦に関わるイングランド銀行の損失引当金

(100万ポンド)

	支援グループ分[a]	分担分[c]	単独支援分 Edward Bates	単独支援分 Wallace Bros	単独支援分 Slater Walker	その他[d]	合計	総計
1974年2月~1980年2月								
1974年	3.0[b]	0	—	—	—	—	0	3.0
1975年	2.8	0.05	—	—	—	10.5	10.5	13.3
1976年	1.2	2.4	—	—	20.0	8.6	28.6	32.3
1977年	2.3	0.2	20.4	3.8	7.2	(0.6)	30.8	33.3
1978年	0.1	0.1	13.3	1.9	9.4	0.7	25.3	25.6
1979年	0.2	0	2.0	1.3	1.4	0.8	5.5	5.7
1980年	(0.5)	(0.07)	(3.4)	0.9	(0.001)	0.1	(2.6)	(3.2)
総計	9.2	2.7	32.3	7.9	38.0	19.9	98.1	110.0
1974年2月~1994年2月								
引当金総計	1.3	2.2	25.5	(0.03)	7.8	17.9	51.2	54.7
償却	(1.3)	(2.2)	(25.5)	0.03	(7.8)	(17.9)	(51.2)	(54.7)
1994年3月1日の引当金	0	0	0	0	0	0	0	0

a. Triumph Investments, Burston Finance, First National Finance Corporation, J.H. Vavasseur, London & County, Knowsley & Co.
b. 一般引当金.
c. David Samuel Trust, Scottish Co-operative.
d. Jacob Kroll, Israel-British Bank, Cannon St. Acceptances, Goulston Banking, G.T. Whyte, Whyte Gasc, London & County, Duboff Brothers.
出所：Working paper on provision for losses, 7A369/1.

の費用をかけさせたのか，その決定的な数字を計算することはできないように思われる．

　イングランド銀行はなぜこうした業務にすべて関与するようになったのか．いくつかの理由があったが，支援を正当化するために用いられた主たる理由は，これら支援先が公認銀行であるという事実であった[265]．イングランド銀行は長い間，自らを金融システムの健全性に責任を有すると考えてきたのであり，最上級の銀行認可資格を帯びた公認銀行が倒産するに任されるとしたら，その際の銀行システムの評価へのダメージは深刻なものとなる可能性があると信じてきた．金融への信認は脆弱なものであり，現下の危機が比較的速やかに安定

化されても，公認銀行が倒産したら，その安定性を危うくしたかもしれないのであった．こうした銀行を無視したら，他の支援業務を危険にさらしたであろうし，まだ支援していないがその存在にイングランド銀行が気づいている他の特定のケースに疑問を投げかけ，したがって，信認を傷つけ，他の弱い銀行への預金取り付けを引き起こすであろう[266]．これが，セカンダリー・バンキング危機について，議会特別調査委員会，ウィルソン委員会のいずれの証言においてもイングランド銀行がとった方針であり，30年後にインタビューされた際に何人かの担当者が主張した方針も同じであった．それにもかかわらず，1975年のスピーチの中でブランデンは，公認銀行の地位を軽く扱っていた，すなわち，「とくに，公認銀行の地位は，実際よりも重要であると考えられることがままある．……しかしそれは，イングランド銀行や大蔵省が責任を引き受ける，あるいは承認する，より広範なお墨付きを意味するものではない」と[267]．リチャードソンもまた，その重要性を軽く扱った．しかし，当時新たに導入された監督措置における信認（credibility）の概念は，それとは異なる考え方であった[268]．公認銀行の倒産を防ぐことは，金融システムへの信認を維持するために必要であると思われたが，イングランド銀行は，ロンドンの国際的な信認が傷つかないことも切望したのである[269]．さらに具体的に国際面に与える影響への考慮もまたその役割を果たした．たとえば，EBSはアラブがかなりの株式を保有しており，それが崩壊したら英国とアラブとの関係を傷つけたであろう．スレイター・ウォーカー社のケースでは，イングランド銀行は，必死になってユーロ・カレンシー市場で英国の借り手が最初に倒産することを避けようとした[270]．

この危機は，イングランド銀行がその資源を使って独自に取り扱った業務のひとつであり，大蔵省はそれに満足していた．大蔵省のある記録には，「ある点で，総裁は支援作戦への政府の関与を求めたが，大蔵大臣は，これは銀行界の問題として解決するべきものとみなすと指示した」との事実が言及されていた[271]．リチャードソンは大蔵大臣に1974年1月3日の管理委員会の取り決めについて語り，その後で，大蔵省は書簡で，管理委員会の活動状況，事態の推移をイングランド銀行が見ている方法，手形交換所加盟銀行のコミットの範囲について尋ねてきた．議会で質問を受ける時には，ホーラムは首相に資料の要

点を説明するように努めた．イングランド銀行がどこまで支援するかは，言うまでもなくその経営資源に依存していた．そして，もっと情報を提供せよとの大蔵省からの圧力にさらされた．1977年9月，ウォスは総裁に対して，さまざまな支援作戦へイングランド銀行がコミットする範囲と種類に関する情報について，イングランド銀行と大蔵省との間でもっときちんと取り決める必要があるとの書簡をしたためた．イングランド銀行は，ときどきは情報を提供したものの，ウォスは定期的に書面による報告が欲しかったのである[272]．ブランデンは，蔵相は十分な情報をもっており，もしもっと情報が必要ならば直接イングランド銀行に来るべきであると確信していたので，こうした提案に応じなかった．ウォスの提案は「徹底的に抵抗するべき，われわれの独立性への大きな挑戦である」とみなされた[273]．クックは，書面の報告にはイングランド銀行が大蔵省に提供する口頭報告に付け加えることはほとんどないとして，ブランデンの見解に同調した[274]．総裁の反応を不満として，ウォスは1年以上の間，イングランド銀行に圧力をかけ続けた．1978年6月，リチャードソンはついにウォスに対して「かなり困惑している」ことを認めた．彼の考えでは，支援作戦はイングランド銀行とその理事会の責任であって，「大臣のそれではない」のであった[275]．ウォスはいぜんとして，公的な資金がリスクにさらされていないことを確認するために，イングランド銀行は大蔵省に情報を提供し続けるべきであると考えており，イングランド銀行ではウォスのこうした執拗さを煩わしく感じていた．

　イングランド銀行の最後の貸し手（the lender of last resort）としての役割についても考慮されてよいかもしれない．イングランド銀行は，19世紀の間に，成熟した最後の貸し手といってもよい段階にまで発展した[276]．何度かの金融危機の経験を通じて，流動性への需要が突然高まった時にどのように対応するべきかを学んだのである．そして，商業銀行もまた，まずまずの収益性と安定性をもたらすような妥当な現金・流動性比率に至る独自の道筋を見出すという役割を果たしてきたのである．1870年代には，そのシステムは適切に機能するものとなり，もはや金融危機が生ずることはなかった．ときどき銀行の倒産があったが，それはそのシステムが健全に機能している一部にすぎなかった．イングランド銀行が，個別の銀行の救済措置（最後の貸し手というよりも「危

機管理」と呼んでもよいかもしれないような活動）を組織化する必要性を感じる——1890年代のベアリングズのような——場合もあった．こうした場合には，イングランド銀行は，まったく資金を貸さなかったであろう．最後の貸し手の概念は，個別の銀行に対するよりもむしろ市場全体に貸し出すこと，そしてそれによって依怙贔屓をしているとの非難をかわすこと，という言い方でもっともうまく定義される．古い割引市場では，これが理想的な形で行われた，すなわち，一連の流動化しやすい資産（基本的には良質の商業手形と大蔵省短期証券）はイングランド銀行において誰でも現金化できたのである．

　それでは，なぜイングランド銀行は1973-74年にはこの古い手法を捨てて，非常に多くの個別銀行の問題を解決するのに多くの時間と資金を費やしたのか，こう尋ねられるのはもっともかもしれない．少なくとも3つの答えが考えられる．その当時そのように説明されがちであり，それどころか，その後も多くの人が捨てきれないでいた答えは，公認銀行は倒産が許されない，というものであった．倒産は，すべての銀行を直接的に，あるいは間接的に公認したイングランド銀行の体面を傷つけるものである．これが最近繰り返し聞かれる見解である[277]．しかしながら，内在するモラル・ハザードは別として，この見方はイングランド銀行の立場を誇張している．すでに触れたように，リチャードソンもブランデンも，公認銀行の資格は誇張されるべきではないと，のちに述べている．この答えの中でイングランド銀行に関係があるとすれば，同行は長い間シティに対する評判を気にしていたということであったろう．いかなるものであれ，シティの金融機関とその権威の体面を汚すものは，避けるべきであった．しかしこれは，金融界の安定を維持するためにとられた施策の類いを本当に説明しているものではない．2番目に考えられる答えは，CCCの導入の後，金融システムが実際のところかなり変わってしまった，というものである．CCC以降多くの銀行が現れ，そして多くの，あるいはほとんどの銀行が，既存の事業や，不動産や外国為替における新たな種類の事業にしのぎを削って競争していたのである．今までとは異なる金融システムに対しては，異なる方法が求められると考えても良かったかもしれない．しかし，この2つの説明はいずれも，とても納得できるものではない．おそらくもっと重要な第3番目の答えは，1970年代の初めの数年間に金融の拡大が非常に速かったため，その拡

大を抑えるように努めろ，との圧力が高まったことである．最後の貸し手としての行動が流動性の注入に結びつく限り，当局としては，現下の状況では，最後の貸し手としての行動は避けたかったことであった．もっと目標を絞った方法が望ましいと当局は決めたのかもしれない．この説明には，こうした目的のために割引窓口指導の手法を使うことは絶えて久しかった，と付け加えてもよいであろう．それにもかかわらず実際のところ，振り返って見ると，さらに広い範囲でのパニックに発展しなかったという意味で支援作戦は成功であったけれども，もっと少ない費用で，そしてモラル・ハザードを生じる危険を伴わずに，同じ結果を達成できたかもしれない，とも思えるのである．

注
1) Capie and Billings (2001).
2) 1977年12月14日の下院において，デニス・スキナー (Dennis Skinner) は，イングランド銀行によって供給された資金は納税者のものであると主張して（もちろん，それは納税者の金ではなかった），ライフボートを調査するように求めた．SCNIによる1976年の報告は，問題を十分に追求していないように受け止められたのである．同委員会のメンバーであるラッセル・カー (Russell Kerr) はプレスに対して調査の必要性を語り，『ガーディアン』紙は1977年11月23日に，支援作戦は国有産業化特別委員会が調査するのにふさわしい分野であると報じた．支援作戦に関してより多くの情報を求める労働党の左派メンバーからの声が強まったことに呼応して，SNCIの下部委員会Cが証言を取ることが決定した．これは，1978年1月18日と25日にリチャードソン，ホーラム，ブランデンそしてテイラーが登場して行われた．
3) Revell, *The Banker* 118(511): 803, September 1968; 'UK banking sector', *BEQB* 9(2): 176, June 1969.
4) Hollom to Kirkpatrick, 'Control of fringe institutions', 2 January 1970, 2A70/4.
5) Hall to Hollom, 'Credit control – Section123 companies', 17 February 1970, 2A 70/4.
6) 'The secondary banking crisis and the Bank of England's support operations', *BEQB* 18(2): 232, June 1978.
7) Keogh, Note for record – 'The Fringe', 5 June 1974, 7A95/1; Dyer (1983, p. 47).
8) Keogh, Note for record – 'The Fringe', 5 June 1974, 7A95/1.
9) Reid (1978, p. 25). 資産バブルに関してはCongdon (2005) を参照．また6A328/1を参照．
10) Reid (1982, p. 62); Scott (1996, p. 184).

11) Richardson speech to the Institute of Bankers on 5 February 1974, *BEQB* 14 (1): 54, March 1974; Reid (1982, pp. 66-67).
12) Scott (1996, p. 183).
13) Dyer (1983, p. 47); Richardson, 'Fringe banks (speaking note)', 15 January 1974, 6A395/2.
14) *The Economist*, 18 March 1972, p. 7.
15) Bank of England, 'The 1970's property boom', May 1977, 1A179/41.
16) *The Banker* 124(580): 553, June 1974.
17) Sunderland (2004, p. 13; 2007, p. 1).
18) Hollom, 'The Fay Report', 3A161/182.
19) *Report of the Tribunal Appointed to Inquire into Certain Issues Arising Out of the Operations of the Crown Agents as Financiers on Own Account in the Years 1967-74* [Croome-Johnson Report], 26 May 1982, HL149, HC364, para. 4.85.
20) *Ibid.*, para. 5.03.
21) Blunden, Statement for the Tribunal, 9 August 1978, 7A329/12.
22) Keogh to Hollom, 'The Crown Agents', 7 May 1970, 7A329/1.
23) *Ibid.*; Hollom, Annotation on Keogh, Note for record — 'Crown Agents', 16 July 1970, 7A329/1.
24) Hollom, Statement for Tribunal, 31 August 1978, 7A329/12; Page, Annotation on Keogh to Page, 'Crown Agents', 19 November 1970, 7A329/1.
25) *Report by the Advisory Committee on the Crown Agents* [*Stevenson Committee*], 24 March 1972, 1 December 1977, HC50, 1977-78.
26) Memorandum by Lord O'Brien, 9 August 1978, 7A329/12.
27) Hollom, Statement for Tribunal, 31 August 1978, 7A329/12.
28) Brief for Judge Fay's visit to the Governor on 12 February, 10 February 1976, 7A329/6.
29) Page to O'Brien/Hollom, 'Scottish C.W.S.', 6 April 1973, C40/1316.
30) Luce, Annotation on James Noakes (GPS) to O'Brien/Hollom, 22 February 1973, C40/1316.
31) Hollom, 'The Scottish Co-operative Wholesale Society Limited', 23 February 1973, C40/1316.
32) O'Brien to Barber, enc. 'Scottish Co-operative Wholesale Society Limited' 13 March 1973, G3/317.
33) Interview with Sir Jasper Hollom, 12 October 2007.
34) Hollom, Note for record — 'Scottish Co-operative Wholesale Society Limited' 9 March 1973, C40/1316.
35) Draft press release, 'Scottish Co-operative Society Limited' 9 April 1973, G3/317.
36) Hollom, Note for record — 'Scottish Co-operative Society—recent developments', 3 April 1973, C40/1316.

37) Hollom to O'Brien, 'The C.L.C.B. and Scottish C.W.S.', 17 April 1973, C40/1316.
38) Page to O'Brien/Hollom, 'Scottish C.W.S.', 6 April 1973, C40/1316.
39) Hollom to Richardson, 'SCOOP, note for today's C.L.C.B. meeting', 9 June 1976, C40/1318.
40) Faulkner to Hobson, 9 February 1983, Lloyds TSB Archive, HO/Ch/Fau/5.
41) *The Daily Mirror*, 21 April 1973, p. 2.
42) Bank of England, 'Secondary banking crisis. Support group operation', draft, 19 October 1977, 1A179/11.
43) Department of Trade (DoT), *London and County Securities Group Limited*, 1976, p. 227.
44) Bank of England, draft, 10 July 1980, 8A170/1.
45) Barnes to S. Silver (Freshfields), 16 September 1980, enc. Galpin, Evidence for London and County, 8A170/1.
46) DoT, *London and County*, pp. 205-219.
47) 割引部の日誌は，キーオがバーズリーに11月23日に会ったことを示しているが，議論の内容についての記録は残されていない．C55/138.
48) DoT, *London and County*, p. 56.
49) Bank of England, 'Secondary banking crisis. Support group operation', draft, 19 October 1977, 1A179/11.
50) Galpin, Evidence for London and County, 16 September 1980, 8A170/1.
51) *The Sunday Times*, 22 January 1978, p. 63.
52) 割引部の日誌によれば，キーオはディッブズやマシューズと頻繁にコンタクトを取っていた．C55/138.
53) *The Times*, 1 December 1973, p. 1.
54) Bank of England, 'Secondary banking crisis. Support group operation', draft, 19 October 1977, 1A179/11.
55) *The Times*, 1 December 1973, p. 1.
56) *The Times*, 3 December 1973, p. 21.
57) Bank of England, 'Secondary banking crisis. Support group operation', draft, 19 October 1977, 1A179/11.
58) *The Banker* 123(568): 729, June 1973.
59) Gordon (1993, pp. 193-208); *The Banker* 124(575): 16, January 1974.
60) 'Meeting held in Mr. Keogh's office at the Bank of England, 3 p.m. Friday, 14 December, 1973; Lloyds TSB Archive, HO/Ch/Fau/5.
61) Note for record – 'Fringe banking', 19 December 1973, HSBC141/019.
62) Note for Mr. Trott, Mr. Graham, Mr. Cave, Mr. Kneale from C.W. Linton, Fringe Banks Standing Committee Fifth Meeting, 20 December 1973, HSBC141/019.
63) Note for record – 'Fringe banking', 21 December 1973, Lloyds TSB Archive,

第11章 セカンダリー・バンキング危機　　　713

HO/Ch/Fau/5.
64) Note for Mr. Trott, Mr. Graham, Mr. Cave, Mr. Kneale from C.W. Linton, Fringe Banks Standing Committee Eighth Meeting, 27 December 1973, HSBC141/021.
65) Interview with Sir Jasper Hollom, 12 October 2007. バーンズもまた委員会の存在を思い出せなかった (interview with Roger Barnes, 27 September 2007).
66) *The Economist*, 5 January 1974, p. 79.
67) ホーラムは，イングランド銀行には午前9時30分頃に入る習慣であった.
68) Gordon (1993, pp. 225-227); *The Daily Telegraph*, 6 November 2006.
69) Pimlott (2004). コークは後にウィルソン委員会のメンバーとなった.
70) Interview with Sir Jasper Hollom, 12 October 2007.
71) コーク自身の説明についてはCork (1988, pp. 93-95) を参照.
72) Ackrill and Hannah (2001, p. 207).
73) *The Times*, 21 December 1973, pp. 1, 15.
74) *The Select Committee on Nationalised Industries (Sub-Committee C). Minutes of Evidence, Session 1977-78, 18 January 1978, Bank of England Report and Accounts for the Year Ended 28 February 1977*, 166-I, question 2, 27.
75) *Ibid.*, question 2. Kynaston (2001, p. 491) は，イングランド銀行は「潜在的な危機にさらされたセカンダリー・バンクが自分たち自身により自律的に金融支援を整えることを認めたくなかった」と述べているが，それは考えられない状況に思われる.
76) Bank of England, Press release, 21 December 1973, HSBC ACC141/019.
77) Interview with Sir Jasper Hollom, 12 October 2007.
78) CLCB, 'Note of a meeting held at the Bank of England at 3.15 p.m. on Thursday 27 December 1973', Lloyds TSB Archive, HO/Ch/Fau/5.
79) Draft heads of agreement between Bank of England and the clearing banks, 10 April 1974, HSBC ACC141/030.
80) Minutes of the Control Committee, 21 and 28 June 1974, 5A197/1; *The Banker* 124(584): 1181, October 1974; Reid (1982, p. 17).
81) Hollom, 'Rescue operations', nd, but some time in November-December, 7A244/1.
82) Interview with Sir Jasper Hollom, 12 October 2007.
83) Control Committee minutes, 5A197/1-2; Interview with Sir Jasper Hollom, 12 October 2007.
84) 'Minutes of the 202nd meeting of the Control Committee held on Tuesday, 24 January 1984', 7A369/5.
85) Bank of England, 'The secondary banking crisis', pp. 233-234.
86) Rescue Operations, Heads of Agreement, 27 December 1973, 6A/260/1.
87) Reid (1982, p. 17).
88) 'Minutes of the second meeting of the Controlling Committee 31 December

1973', 5A197/1.
89) Bank of England, 'Secondary banking crisis. Support group operation', draft, 19 October 1977, 1A179/11.
90) Bank of England, 'The secondary banking crisis', p. 233.
91) Interview with Roger Barnes, 27 September 2007.
92) Richardson, 'Fringe banks (speaking notes)', 15 January 1974, 6A395/2.
93) *The Sunday Telegraph*, 13 January 1974, p. 24.
94) Note for Mr. Trott, Rescue Operations, 25 January 1974, HSBC ACC141/024.
95) *The Financial Times*, 29 January 1974, p. 12. この記事は，レオナルド・マザー (Leonard Mather, ミッドランド銀行副会長) が支援作戦を 'The National Joint Stock Bankers' Lifeboat Institution' と言及していることを引用している．
96) Tim Congdon, Seminar, Queen Mary College, 30 January 2008.
97) 割引部の1973年，1974年の日誌を参照．C55/138-139. ホーラムはリードに語ることを断ったが，彼女が記事にすることは認めた．Interview with Sir Jasper Hollom, 12 October 2007.
98) *The Banker* 124(576): 87-89, February 1974.
99) 'Minutes of the nineteenth meeting of the Control Committee on Friday, 22 February', 5A197/1; *The Banker* 124(577): 210, March 1974. 清算は1975年3月に行われた．FNFCは，1974年10月にロンドン・アンド・カウンティ社向け支援の大部分を償却した．*The Banker* 124(584): 1179, October 1974.
100) DoT, *London and County*, pp. 22-23, 68, 252-253, 258-259.
101) *The Times*, 25 February 1981, p. 3; *The Times*, 28 February 1981, p. 2.
102) Barnes to S. Silver (Freshfields), 16 September 1980, enc. Galpin, Evidence for London and County, 8A170/1.
103) *The Times*, 18 April 1981, p. 2.
104) Bank of England, 'The secondary banking crisis', p. 234.
105) 'Minutes of the twenty-ninth meeting of the Control Committee on 4 April 1974', 5A197/1; interview with Roger Barnes, 27 September 2007.
106) 'Minutes of the thirty-seventh meeting of the Control Committee on 30 May 1974', 5A197/1.
107) 'Minutes of the fifty-first meeting of the Control Committee Friday, 16 August', 19 August 1974, 5A197/1.
108) Balfour to McMahon, 'I.D. Herstatt', 4 July 1974, 3A49/2.
109) Bank of England, 'The secondary banking crisis', p. 235.
110) Bank of England, 'Secondary banking crisis. Support group operation', draft, 19 October 1977, 1A179/11.
111) CLCB memorandum — 'The support operation', 16 August 1974, Lloyds TSB Archive, HO/Ch/Fau/5.
112) Faulkner, 'Memorandum on visit to the Governor on 13 August 1974', Support Group, 16 August 1974, Lloyds TSB Archive, HO/Ch/Fau/5.

第 11 章　セカンダリー・バンキング危機　　　　715

113) CLCB memorandum – 'The support operation', 16 August 1974, Lloyds TSB Archive, HO/Ch/Fau/5.
114) N.C.H. Falls (Governor's office) to Hollom, 'Wilson Lifeboat paper', 21 April 1978, 1A179/18.
115) CLCB, 'Informal note of discussion on 15 August 1974', Lloyds TSB Archive, HO/Ch/Fau/5.
116) Note of a meeting at the Bank of England, The Rescue Operation, 19 August 1974, HSBC ACC141/35.
117) Note of a meeting at the Bank of England, The Support Operation, 21 August 1974, HSBC ACC141/36.
118) Barnes, 'Minutes of the fifty-third meeting of the Controlling Committee on 30 August 1974', 2 September 1974, 5A197/1.
119) Billings and Capie (2007)
120) Wilcox (1979).
121) Dennett (1998, pp. 338-340); *The Daily Telegraph*, 25 May 1974, p. 23.
122) Note for the chairman, 'Rescue Operation – Triumph Investment Trust Limited', 21 November 1974, HSBC ACC141/038.
123) Laurence Airey (HMT) to Fforde, 26 November 1974, TNA T233/2842.
124) Fforde to Airey, 29 November 1974, TNA T233/2842.
125) Downey, 'Banking support operation', 20 December 1974, TNA T233/2842.
126) Bank of England, 'Secondary banking crisis. Support group operation', draft, 19 October 1977, 1A179/11.
127) *Ibid.*
128) Bank of England, 'The secondary banking crisis and the Bank of England's support operations', paper for Wilson Committee, 1A179/18.
129) Blunden to Jordan (HMT), 14 January 1976, 7A329/6.
130) Bank of England, 'Triumph Investment Trust Limited', 29 October 1976, 7A329/11.
131) 'CA part in the Lifeboat operation', November 1977, 7A329/3; *Report by the Committee of Inquiry Appointed by the Minister of Overseas Development into the Circumstances Which Led to the Crown Agents Requesting Financial Assistance from the Government in 1974* [Fay Committee], 1 December 1977, HC 48, paras. 347-354.
132) Sunderland (2007, p. 231).
133) *Ibid.*, p. 232. この会合についてはイングランド銀行の史料にも記録がなく，公式調査結果の中にも述べられていない．
134) Richard King (Ministry for Overseas Development), Note for record, 3 May 1974, 7A329/4. サンダーランドは，これは，不動産開発業者を強く批判していた労働党の新しい大臣が融資を妨げるのではないか，とイングランド銀行が思ったためである，としている．

135) Galpin, Note for record —'Crown Agents', 9 May 1974, 7A329/4.
136) J.B. Unwin, 'The Crown Agents and property companies: record of meetings held by Mr. Wass at the Treasury on Monday, 13 May 1974', 15 May 1974, 7A329/4.
137) *The Times*, 2 December 1977, p. 24.
138) 'The Crown Agents and property companies: record of meetings held by Mr. Wass at the Treasury on Monday, 13 May 1974', 7A329/4. 説得力があるものではないが，イングランド銀行がクラウン・エージェンツを支えるのをためらったのは，「1世紀にわたる論争」の結果であり，イングランド銀行は「エージェンツから受けた多くの侮蔑の復讐の機会をおそらく探していた」とサンダーランドは確信している。Sunderland (2007, p. 237).
139) Hollom, Note for record – 'Crown Agents', 18 October 1974, 7A329/4.
140) Blunden to Richardson/Hollom, 'Crown Agents', 2 December 1974, 7A329/4.
141) Blunden, Note for record – 'Crown Agents', 6 December 1974, 7A329/4.
142) Sunderland (2007, p. 239).
143) Blunden to Jordan, 14 January 1976, 7A329/6.
144) Unwin to Downey, 4 March 1975, TNA T233/2842.
145) Brief on support operations, filed 1 March 1978, 1A179/17.
146) 'Proposals to share and loan stock holders', 3A124/1. この会社はブリティッシュ・トレード・コーポレーションと合併しアングロ・インターナショナル銀行になり，イングランド銀行はこの銀行の支配的な株式を所有した．
147) Keogh, 'James Derrick Slater, F.C.A.' 13 December 1971, 6A70/2.
148) 'Foreign banks in London annual review', *The Banker* 125(597): 1235, November 1975.
149) *City Press*, 8 May 1969, p. 3.
150) Keogh, 'James Derrick Slater, F.C.A.' 13 December 1971, 6A70/2.
151) ウォーカーは1965年に影の内閣のメンバーとなり，ヒースおよびサッチャー政権で閣僚の地位を得た．彼はスレイター・ウォーカー社を1970年に離れた．
152) *The Evening Standard*, 1 August 1973, p. 40; *The Economist*, 1 November 1975, p. 72. さらに詳しくは6A70/1-3を参照．
153) Keogh, 'James Derrick Slater, F.C.A.' 13 December 1971, 6A70/2.
154) Erskine, 'The Slater Walker rescue', January 1978, 8A17/1.
155) Galpin to Hollom/Richardson, 'Slater Walker/Edward Bates/Wallace Brothers', 25 October 1976, 6A70/17.
156) Galpin to Richardson/Hollom, 'Slater Walker Securities Limited', 4 September 1975, 6A70/5.
157) Erskine to Galpin, 'Slater Walker Securities Ltd.', 5 September 1975, 6A70/5.
158) Galpin to Richardson/Hollom, 'Slater Walker Securities Limited', 4 September 1975, 6A70/5.
159) Benson to Blunden, 12 September 1975, 6A70/5.

第11章　セカンダリー・バンキング危機　　　　717

160) Fforde to Hollom/Richardson, 'Slater Walker Limited', 3 September 1975, 6A70/5.
161) Blunden, Note for record – 'Slater Walker', 8 September 1975, 6A70/5.
162) Slater to Blunden, 18 September 1975, 6A70/5.
163) Blunden to Fforde, 'Slater Walker', 22 September 1975, 6A70/5.
164) Galpin to Blunden/Fforde/Hollom/Richardson, 'Slater Walker Securities Limited', 30 September 1975, 6A70/18.
165) Blunden to Fforde/Richardson/Hollom, 'Slater Walker', 7 October 1975, 6A70/6.
166) Mallett to Galpin, 'Slater Walker Securities Ltd', 2 March 1976, 6A70/10.
167) Blunden to Fforde/Richardson/Hollom, 'Slater Walker', 21 October 1975, 6A70/18.
168) Ian Clarke/Erskine, 'James Goldsmith', 17 October 1975, 6A70/6.
169) Unwin to Bridgeman, 27 October 1975, 6A70/18.
170) Interview with Sir Jasper Hollom, 12 October 2007.
171) Raw (1977, p. 346).
172) Paper for Court, 'Slater Walker Securities Ltd. Background briefing to December 1975 Accounts and circular to shareholders', 14 September 1976, 3A161/190.
173) Slater Walker, *Directors' Reports and Accounts 1975*, 2A185/1.
174) Paper for Court, 'Slater Walker Securities Ltd. Background briefing to December 1975 Accounts and circular to shareholders', 14 September 1976, 3A161/190.
175) Slater Walker Securities, 4 December 1975, 5A142/1.
176) Paper for Court, 'Slater Walker Securities Ltd. Background briefing to December 1975 Accounts and circular to shareholders', 14 September 1976, 3A161/190.
177) Plenderleith (GPS) to Monck, 1 October 1976, enc. 'Slater Walker', 6A70/17.
178) Richardson to Healey, 13 September 1976, G3/339.
179) Paper for Court, 'Slater Walker Securities Ltd. Background briefing to December 1975 Accounts and circular to shareholders', 14 September 1976, 3A161/190.
180) Blunden, Note for record, 4 December 1975, 6A70/18.
181) *The Banker* 126(608): 1103, October 1976.
182) Hooley to Healey, 23 September 1976, 6A70/18.
183) Formal Court minutes, 16 June 1977, 3A161/190.
184) Monck, Note for record, 22 June 1977, 6A70/18.
185) *Ibid*.
186) Erskine, 'The Slater Walker rescue', January 1978, 8A17/1.
187) Galpin to Hunter, 'Edward Bates & Sons Ltd', 8 August 1967, 7A260/1.

188) Price Waterhouse report, Pt. 1, p. 29, 9 July 1976, 7A289/1.
189) *Ibid.*, p. 12.
190) David Tyler, Note for record – 'Edward Bates & Sons Ltd.', 13 May 1976, 7A260/4.
191) *Ibid.*
192) Paper for Court, 'Edward Bates & Sons Limited (EBS)', 21 July 1977, 3A161/197.
193) Barnes to Hollom, 'Edward Bates', 26 November 1974, 7A260/2.
194) Galpin to Blunden/Hollom, 'Edward Bates', 21 March 1975; Galpin to Hollom, 4 April 1975, 7A260/3.
195) Somerset to Page, 6 October 1975, 7A294/1.
196) Paper for Court, 'Edward Bates & Sons Limited (EBS)', 21 July 1977, 3A161/197.
197) Galpin, Note for record – 'Edward Bates & Sons', 13 May 1976, 7A260/4.
198) 'Edward Bates: draft answers to press enquiries 28.7.77', 7A260/17.
199) Paper for Court, 'Edward Bates & Sons Limited (EBS)', 21 July 1977, 3A161/197.
200) R.D. Broadley (Barings), 'Summary of the current situation for information of possible banking investor', 9 November 1976, 7A260/12.
201) Galpin, 'Edward Bates', 17 February 1977, 7A260/15.
202) Galpin to Hollom, 'Edward Bates/National Westminster Bank', 29 March 1977, 7A260/16.
203) Galpin to Richardson/Hollom, 24 March 1977, enc. 'FCO note on Al Tajir', 7A260/16.
204) Galpin to Hollom, 'Edward Bates', 7 April 1977, 7A260/16.
205) Mallett, Note for record – 'Edward Bates & Sons Limited', 28, April 1977, 7A260/16.
206) Plenderleith, Note for record, 1 June 1977, 7A260/14.
207) このコンソーシアムは，Al-Mubarakah Finance Holding Company (51%), Sanctuary Investments Ltd. (2.5%), Alhamdoulilah Finance Foundation (6%), そして Altajir Bank (20%) から成っていた。
208) 'Edward Bates: draft answers to press enquiries', 28 July 1977, 7A260/17.
209) *The Daily Telegraph*, 2 August 1977, p. 15.
210) Mallett, 'Extension of the indemnity arrangements for Wallace Brothers (London) Limited' 18 December 1985, 7A311/8.
211) 7A302/1 and 7A302/2.
212) Keogh to Page/Fforde/Governors, 'Crown Agents', 3 June 1970, 7A388/6.
213) Galpin to Blunden/Hollom, 'Wallace Brothers', 17 December 1974, 7A302/2.
214) Galpin to Somerset/Fforde/Richardson/Hollom, 'Wallace Brothers Bank Limited', 23 September 1975 and annotations by Fforde and Hollom, 7A311/1.

215) Erskine to Mallett/Galpin, 'Wallace Brothers Bank Ltd.', 2 October 1975, 7A311/1.
216) Erskine, Note for record – 'Wallace Brothers Bank Ltd.', 20 October 1975, 7A311/1.
217) Galpin to Page/Fforde/Richardson/Hollom, 'Wallace Brothers Bank Ltd.', 5 December 1975, 7A311/1; Wallace Brothers Bank Limited, *Annual Report and Accounts*, 1975, in 7A302/3.
218) Galpin to Page/Fforde/Richardson/Hollom, 'Wallace Brothers Bank Ltd.', 5 December 1975 and Richardson annotation, 14 December 1975; Somerset to Grafftey-Smith, 23 December 1975, 7A311/1.
219) Galpin to Page/Fforde/Richardson, 'Wallace Brothers Bank', 6 July 1976, and Page annotation, 6 July 1976; Gill to T.M. Rawcliffe (Price Waterhouse), 19 July 1976, 7A302/4.
220) Gill, Notes for record – 'Wallace Brothers', 16, 29 and 30 July 1976, 7A302/4.
221) Fforde/Richardson/Hollom, Note for record – 'Crown Agents and Wallace Brothers', 25 August 1976, 7A302/4.
222) Alan Savery to Gill/Galpin, 'Wallace Brothers. Price Waterhouse report', 11 October 1976; Galpin to Page/Richardson/Hollom, 'Wallace Brothers Bank Limited', 14 October 1976, 7A302/5.
223) Margo Ringle, Note for record – 'Wallace Brothers Bank', 18 October; Galpin to Hollom, 'Wallace Brothers Bank Ltd.', 20 October 1976, 7A311/1. Cooke to Richardson/Hollom, 'Wallace Brothers Bank Limited', 14 October 1976, 7A302/5.
224) Cooke to Richardson/Hollom, 'Wallace Brothers Bank Limited', 14 October 1976, 7A302/5.
225) Plenderleith to Galpin, 'Wallace Brothers', 5 November 1976, 7A302/5.
226) Atkinson, Note for record – 'Wallace Brothers Bank Limited', 8 November 1976, 7A302/5.
227) Plenderleith, Note for record – 'Lord Barber's call on the Governor', 23 November 1976, 7A302/5.
228) Wallace Brothers, Speaking notes for the Governor, 23 November 1976, 7A302/5; Mallett, 'Wallace Brothers Bank Limited – indemnities', 2 July 1980, 7A311/3.
229) Galpin to Page/Richardson/Hollom, 'Wallace Brothers', 29 November 1976, 7A302/5; Galpin to Richardson/Hollom, 'Wallace Brothers', 3 and 5 December 1976; 'Wallace Brothers' (handed to Deputy Governor evening 6.12.76), 7A302/6; Atkinson to Galpin, 'Standard Bank Ltd/Wallace Brothers (Holdings) Ltd.', 19 April 1977, 7A302/7.
230) Standard Chartered Bank, News release, nd, filed as 7 December 1976, 7A311/1; Atkinson to Ian Keynes/GPS, 'The Standard Bank/Wallace Brothers & Co.

(Holdings) Ltd. Agreement', 29 March 1977, 7A302/7.
231) Mallett, 'Extension of the indemnity arrangements for Wallace Brothers (London) Limited', 18 December 1985; Mallett to Somerset, 'Wallace Brothers Group', 1 December 1987; Kentfield to Blunden, 'Wallace Brothers', 23 January 1989, 9A208/2.
232) Reid (1978, p. 30).
233) *The Sunday Times*, 29, January 1978, p. 53.
234) *Ibid*.
235) Kynaston (2001, p. 488).
236) Reid (1982, p. 194).
237) *The Sunday Times*, 7 August 1977, p. 45.
238) *The Select Committee on Nationalised Industries (Sub-Committee C). Minutes of Evidence, Session 1977-78, 18 January 1978, Bank of England Report and Accounts for the Year Ended 28 February 1977*, 166-I, question 3.
239) *The Banker* 124(584): 1181, October 1974.
240) Hooley to Richardson, 9 October 1975, TNA T233/2842.
241) Moran (1986, p. 94).
242) Richardson speech to Institute of Bankers at Bristol, 5 February 1974, *BEQB* 14(1): 54, March 1974.
243) 'Supervision of banks and other deposit-taking institutions', *BEQB* 18(3): 383, September 1978.
244) Channon (1977, p. 106).
245) Keogh, Note for record – 'The Fringe', 5 June 1974, 7A95/1.
246) *Ibid*.
247) Bank of England, 'Miscellaneous deposit-taking companies', 28 March 1977, 5A208/1.
248) Keogh, Note for record – 'The Fringe', 5 June 1974, 7A95/1.
249) *Ibid*.
250) Christopher Fildes, *The Spectator*, 18 May 1991, p. 21. キーオはその後，国際通貨基金の海外アドバイザー団に参加し，新たな通貨当局の仕事を手助けするためにシンガポールで3年間を過ごした．
251) SCNI, Briefing material, January 1978, 2A170/1.
252) Keogh, Note for record – 'The Fringe', 5 June 1974, 7A95/1.
253) Coleby interview with Sir George Blunden, 20 March 1997.
254) Interview with Barnes, 27 September 2007.
255) Gordon (1993, p. 235).
256) *The Old Lady*, December 1975, p. 256; Fforde to Richardson, 'Secondary banking: the antecedents', 20 January 1978, 7A149/2.
257) Private communication with Roger Barnes, September 2008.
258) Interview with Sir Martin Jacob, 23 September 2008. 彼自身が危機の到来はわ

からなかったことも認めた.
259) *The Banker* 128(625): 19, March 1978.
260) *The Select Committee on Nationalised Industries (Sub-Committee C). Minutes of Evidence, Session 1977-78, 18 January 1978, Bank of England Report and Accounts for the Year Ended 28 February 1977*, 166-I, question 43.
261) Reid (1982, p. 190).
262) Mallett to Quinn, 'Losses in the secondary banking crisis', 9 November 1984, 7A311/5.
263) Note for record – 'London & County –Cost to the Bank', 25 August 1988, 7A369/2.
264) Rumins (1995, p. 59-60).
265) 1984年にイングランド銀行は,もうひとつ公認銀行,ジョンソン・マッシー (Johnson Matthey) も救済している.
266) *The Daily Telegraph*, 18 May 1976, p. 17.
267) Blunden, 'The supervision of the UK banking system', *BEQB* 15(2): 189, June 1975.
268) Fforde to Richardson/Hollom, 'Slater Walker Limited', 3 September 1975, 6A70/5.
269) Mallett to Kibble, 'Loss arising from the acquisition of Edward Bates and Sons Holdings Limited unsecured loan stock', 13 August 1981, 7A344/2.
270) *The Select Committee on Nationalised Industries (Sub-Committee C). Minutes of Evidence, Session 1977-78, 18 January 1978, Bank of England Report and Accounts for the Year Ended 28 February 1977*, 166-I, question 47.
271) Downey to Airey, 11 December 1974, TNA T233/2842.
272) Wass to Richardson, 16 September 1977, 7A244/1.
273) Blunden to Richardson, 'Support operations', 23 September 1977, 7A244/1.
274) Cooke to Richardson/Hollom, 'Support operations', 7 October 1977, 7A244/1.
275) Richardson to Wass, 'Support operations', 9 June 1978, 7A244/1.
276) Capie (2002).
277) Discussion with David Mallett, 6 November 2007. Interview with Roger Barnes, 27 September 2007; Sir Jasper Hollom, 12 October 2007; and Rodney Galpin, 10 October 2007.

第12章

銀行業の監督

　20世紀の後半において，市場経済はこれに代わる他のモデルよりも優れており，競争は一般に最適な成果を促進するのに望ましいという見方が進展したが，それは銀行業には当てはまらなかった．銀行業では，ある大家の言葉を引用すれば，「破綻の社会的コストは自由な競争がもたらすいかなる利点をも上回る」のである[1]．このため，ある種の規制が必要とされる．銀行業における規制の議論は，一部は非対称情報の問題に由来する．介入を行った場合に得られる便益ほどには，市場はうまく機能しない．しかし，重要な外部性もまた存在する．「普通の」企業が破綻した時には，その株主が損失を被る．しかし，銀行が破綻した時は，預金者もまた損失を被る．もしある1つの銀行の破綻により他の銀行の預金者一般が不安になるような場合には，現金あるいはより流動性が高い資産や質への逃避が起きるリスクが存在する．このことは決済システムに潜在的な脅威が存在することを意味している．預金者の不安を和らげる1つの方法は，保険の提供である．しかし，たとえ保険が存在しないか，あるいは存在しても不適切と見られるか信用されていない場合であっても，当局は自由に使える強力な手段をもっている．現金の発行者が，それは通常は中央銀行であるが，条件はつくものの流動性がいつでも利用可能であることをあらかじめ明らかにしておくことにより，銀行に安心を与えることができる．すなわち，最後の貸し手の役割である．

　これが19世紀に英国で発展した制度である．イングランド銀行は，すべての優良（特定）資産に対し，これを現金に換える用意ができていた．一度このことを銀行が理解していれば，良くバランスのとれた資産構成を維持している限り心配はなく，銀行は必要な時に必要な現金を手に入れることができるので

ある．どんなに経営が優れた銀行であっても，自分に何の落ち度もないのに預金取り付けに遭遇する可能性はあったが，どのような預金引き出しの求めにもいつでも対応することができた．特段述べるほどの規制は存在せず，非常に軽妙な非公式の監督があるだけであった．発展した銀行システムは，わずかに異なるいくつかの業務分野に分かれた高度に集中化したシステムであった．小売銀行が卸売銀行から分かれるなどである．自主規制クラブが発達しており，ここが会員の諸問題に対応した．クラブは入会を制約し競争を制限し，このため消費者は商品により高い価格を支払うこととなった．そうしたシステムに関し多くの議論を行うことは可能である．いずれにしてもこのシステムは 1920 年代から 1960 年代後半まで，本質的にほとんど変わらないまま存続してきた．しかし，その頃までには，このシステムによる銀行保護のコストがあまりにも高いと考えられるようになり，それがより大きな競争を導入する動機の 1 つとなった．

　政治家やジャーナリストは，1950 年代から 1960 年代の期間，金融政策に関する見解は表明したものの，金融システムや銀行監督についてはほとんど語らなかった．後者については，銀行業の教科書や学界の研究において際立って特徴となる題材ではなかった．この点に関し，イングランド銀行も慎重な取り組みに終始した．イングランド銀行のはっきりしない態度が，監督に関する議論がほとんど行われなかった理由の 1 つである．もう 1 つは，金融システムが長期にわたってきわめて安定していたことである．そして歴史的観点からは，中央銀行の危機管理や最後の貸し手機能の役割の中に「監督や規制措置の大規模な実施は含まれていなかった」[2]．このように監督については論点とはならず，また銀行システムの監督が中央銀行の機能か否かに関する議論もほとんどなかった．本書が対象とする時代の終わりまでに，状況は劇的に変化し，銀行監督はそれ自体で学問として花開いた．監督の改善及び預金者の保護を目的とした規制を公式化し成文化するよう国内および国外の両方から圧力があった．イングランド銀行はこれに抵抗し，非公式で法律によらない伝統的で軽妙な方法を守ろうと努めた．1979 年銀行法 (1979 Banking Act) の成案過程においては，イングランド銀行はその主要な目的を達成することに成功した．しかしこの法律は，銀行監督が一段と公式化，法令化，官僚主義化する方向へ移行する始ま

りを示すものでもあった．

1. 1950年代および1960年代の監督

「監督」という言葉はラドクリフ報告書の索引の中に載っておらず，このテーマは同報告書自体において注目されていなかった．ラドクリフが金融政策にもっぱら関心があり金融システムの安定には関心がなかったことは言うまでもないが，ともあれ金融システムは安定的であった．ときたま不正や過誤の事例が存在したが，これに対しては，その時点での監督体制が機能するとみられていた．

　イングランド銀行は「組織と機能」に関するラドクリフへの意見具申の中で，「他の銀行への公式の規制および考査の義務は存在しない」と述べている．歴史的にみれば，銀行がイングランド銀行に保有する口座の維持を拒否する可能性が有効な制裁であったが，1946年法では，公共の利益のため必要であるとイングランド銀行が考えた場合には，銀行から情報を徴求することおよび銀行に勧告を行うことがイングランド銀行に認められていた．このことは，大蔵省の承認の下，そうしたイングランド銀行の要請に応じる旨の指令を発する権限によって担保されていた[3]．これらの権限は一度も行使されなかった．同報告書はイングランド銀行と金融システムのその他の要素との関係について広く取り扱っているが，それは主として市場操作や金融政策の遂行に関する文脈においてであり，プルーデンスや安定性の理由よりも信用調節の目的に影響を及ぼす可能性があるかどうかというものであった．イングランド銀行は引受商会の資本力，流動性および一般的状況を十分把握しており，また割引商会の活動についてかなりの知識をもっていた．後者は「父親的な監督」とみることができた．すなわち，イングランド銀行は「良き親」として振る舞い，「築き上げた地位を維持しようとする子供を助けるため」全力を尽くし，「子供が立派に活動していく権利を確保した」[4]．同様の類推でいえば，イングランド銀行がこれ以外のわがままな子供たちをどの程度しつけることができるか，しつけるべきなのか，あまりはっきりしていなかった．

　銀行監督には法的権限に基づくものとそうでない場合があり，後者では法律

や厳格性よりむしろ非公式性や柔軟性を強調していた．これは他の多くの国々と対照的であったが，イングランド銀行はこの英国の方法の利点をしばしば擁護した．これは「総裁の眉」と言われる世界であり，道義的説得の世界であり，金融機関はこうした非公式な体制の中で発せられた警告によく対応した．割引商会には十分な注意が払われ，イングランド銀行はある1つの商会，ナショナル・ディスカウント社（National Discount）の業績について1960年代に繰り返し懸念を抱いていた．結局，イングランド銀行はナショナル社にジェラード・リード社（Gerrard Reid）との合併を勧めることとなった[5]．引受商会および，程度は小さいが手形交換所加盟銀行も同様の体制の下にあった[6]．国内的にも国際的にも新しい形態の金融機関が発達したのに伴い，イングランド銀行当局はより大きな挑戦に直面することとなった．1つの重要な点は秘密主義であった．情報はごく少数の人々に限定されていた．1978年，フォードは過去を振り返りながら次のように述べている．監督は，「実際のところ，当時の総裁と副総裁，割引部長，せいぜい2，3名の補佐（事件に関する彼ら自身の情報は限られていた）によって，外国為替部幹部からの限られた助力も受けながら，実施されていた」[7]．これ以外の人々はいずれも除外された．情報はイングランド銀行の「目と耳」である割引部によって集められた．その多くは，割引部が金融機関の状況や評判に関する見方や意見を聴くことによって，市場から集めたものであった．見解は理事会の銀行業出身メンバーからも得ることができた．イングランド銀行の監督の関心はそのほかの問題にも及んだ．たとえば，シティにおける上級職員の人事や合併の可能性に関して日常的に助言を求められていた．英国の銀行は，まず割引部に相談することなしに他の銀行に「結婚の申し込みを行う」ことはない，とギャルピンは1972年に述べている[8]．

　個人的にいえば，いささか後知恵ではあるが，この体制には欠点が認められた．割引部長が金融機関を非難することは，その批判が「シティの『エスタブリッシュメント』の中から出され支持されたもの」でなければ困難であった，とフォードは見ていた．さらに割引部長は情報源の意にかない続ける必要があり，そうでなければ彼は仕事を遂行することができなかった．もし「意にかなわない」ことになれば，割引部長は直ちに他のポストへの屈辱的な異動を覚悟しなければならなかった．このことはヒルトン・クラーク（Hilton Clarke）の

前任者の身にも起きており，1970年頃にもキーオを罷免する試みがなされた[9]．さらにこの制度には自主規制の要素も存在し，イングランド銀行は「従わない連中」を同調させるために1つのグループの協力に一部頼った．たとえイングランド銀行が手形交換所加盟銀行を巻き込もうとしても，彼らは提案に快く応じることもなく周辺銀行を気にかけることもなかった，とキーオは由々しくも感じていた[10]．

法的規制を行うことの特徴は，イングランド銀行に銀行システム全体に対する規制の権限を与えるようなものではなかった．「市場による認定と法的な認定の両者の混合形態の中から，一つひとつの認定に基づき示された一連の段階，つまり地位の階層と呼ばれるものが形成され，会社は，評判と専門知識が向上するに伴い上位の階層に進出することができた」．「最高位の認定を獲得した」会社のみが「イングランド銀行から真の意味での銀行と認められた」[11]．銀行の定義とは，割引部長がこれが銀行であると述べたものである，という見解もあった．

会社の登記，設立や年次報告書の作成義務を定めた一般的規制のほかに，銀行に影響を与える特別の要件もあった[12]．1947年為替管理法（1947 Exchange Control Act）の下では，「公認銀行（authorised banks）」のみが外国為替を取り扱い，非居住者に自由に勘定を開設する資格を与えられた．彼らは幅広く委ねられた為替管理業務に関する権限も行使した．完全に公認される前の6カ月から12カ月の期間に限って外貨市場に参加するという暫定的な許可も与えられた[13]．大蔵省は，イングランド銀行の助言をもとに，公認銀行の名簿を保有するよう求められた．1948年会社法（Companies Act 1948）には，貿易省（商務省）は，銀行がもっているいくつかの会計上の特権，とりわけ秘密準備金の保有などの特権を享受する銀行の名簿を作成するとの条項が含まれていた．こうした取り扱いを受ける機関は「付属規定8の銀行」と呼ばれた．この名簿に記載の名前はその大部分が歴史的な由緒がある先として決定されたものであった．1967年以降記載の追加はなく，1970年代までにいくつかの機関が自発的に特権を取り止めた．1948年法は好ましくないと考えられる会社名の使用も禁止した．実際に，貿易省（商務省）は「銀行」，「銀行家」，「銀行業」という言葉の使用を厳格に管理した．イングランド銀行はこれを監督システムにとっ

て有益な支援であると考えた．もっとも，抜け穴はあり，「信託」，「保証」といった言葉を含んだ名前はすでに認められていた[14]．

　会社法および為替管理法による認定に加え，預金者保護に関する法律が存在した．株式発行による増資は1948年会社法によって規定されていた．ところが，1958年不正（投資）防止法（Prevention of Fraud (Investments) Act 1958）では，銀行が自己の勘定以外で証券を取り扱うためには，あらかじめ許可が必要とされていた．その許可の主要な基準は企業の信用と経営についての評判であった[15]．しかし，これらの法令はどれも預金の受け入れを取り扱っていなかった．1950年代を通じてイングランド銀行はそのことについて心配していた．1950年代中頃に，預金の受け入れを規制する権限を与えた信用取引法を導入する動きがあった．ホーラムの考えた枠組みでは，免除された先以外の機関は，毎年，商務省に許可申請を届け出て，かつ定められた財務条件を満たすことが要求されていた[16]．1957年，政府の支援を受けられずにこの発案は実現されず，フォードの意見では機会を逃すことになった[17]．その後，1950年代末に，とくにMIAS不動産グループの破綻など小額投資家が損失を被る注目すべきケースがいくつかあった[18]．これに伴い，当然行動が要請されることとなった．この段階でイニシアティブは商務省がとり，省内に部局間作業部会が設けられた．ラドクリフ委員会も何か意見を述べることが期待されたものの，結局，委員会はこの件に関し何も言わなかった[19]．1959年11月，商務大臣であったモードリングは，投資家を保護するため政府は新しい法律を検討中であることを公表した[20]．大蔵省は今や責任を認めており，オブライエンによれば，「近年の出来事によってパニックに近い状態に揺れた」[21]．12月に提出された関係省庁の諸大臣への提案において，預金を集める機関は公開企業として扱われ，監査済み会計報告の公表を義務づけられるべきであると勧告された．さらに広告に関する性格と内容が定められた．そのほか，登録機関により，預金受入機関に対する登録の様式が検討され，監視されることとなった．大蔵大臣は考えられる登録スキームについて，関係者と協議するよう幹部に要請した[22]．

　一方，トーリー党の保守的議員であるパーシー・ブラウン（Percy Browne）は，おもに預金受入機関に詳細な業務内容を提供させることによって投資家の保護を図る1948年会社法を修正する議員法案を発表した．1960年3月の第2

読会において，経済大臣のアンソニー・バーバー（Anthony Barber）は，次の会期で法制定がなされるのは確実とみられたので，ブラウン法案を取り下げるよう説得に努めた[23]．大蔵省の事務方が 1960 年 5 月に関係省庁の諸大臣に提出した案では，包括的な法律内容から後退し，代わって，もし必要とされれば一段と厳格に対応できる余地を残した最小限の規制内容に賛成するものであった[24]．オブライエンはこの案を「臆病なもの」と考え，登録機関に適切な権限をもたせるよう総裁が大蔵大臣に強く促すよう求めた[25]．したがって，17 日の間に立て続けに送られたエイマリ宛ての 2 つの書簡の中で，コボルドはせっついた[26]．法案の準備が始まったものの，大蔵省は疑いをもち始め，手形交換所加盟銀行の間には法案に反対する動きが生まれつつあった[27]．1960 年 12 月，法案の取り扱いは商務省に戻されるべきであると関係省庁の諸大臣が決定した旨をオブライエンはアームストロングから聞いた[28]．その後の作業にもかかわらず，法案は出てこなかった[29]．内務大臣で議会のリーダーのバトラーは，報道によれば，法案の成立は実務的要因よりも政治的要因に依存していると考えていたので，イングランド銀行は明らかに失望した．オブライエンは新たな MIAS 型の事案を回避することが「いま行動をとるもっとも実際的な理由」であると反撃した．新たなスキャンダルが発生するまで法案成立を遅らせることは，近視眼的というべきことであった[30]．

　1962 年 3 月，ファイナンス・ハウス協会（Finance Houses Association; FHA）を解散させて競争を強めることが，法案をできるだけ早く成立させることになるかどうか，大蔵省はイングランド銀行に尋ねた．ホーラムはリスクは低いと考えたが，オブライエンはもし FHA の近年の出来事により何らかの行動が強く求められるようになったとすれば，この動きを積極的に促進させたいと述べた[31]．クローマーは大蔵省への書簡の中で，この点を上手に強調し，これにより法案に一段と高い優先権が与えられることとなった．しかし，議会の立法予定表の中にこの法案のための審議枠を確保するのは難しかった．9 月に，クローマーは彼の主張を，今度は大蔵大臣に対して繰り返し述べ，大蔵大臣も関心を共有すると答えた[32]．11 月 20 日，立法化を支持し続けてきたブラウンが，法案がいつ提出される見込みかを尋ねた時，「議会での時間を見つけられしだい直ちに」との返答を得た[33]．事実，法案は翌日に提出され，そして

預金者保護法（Protection of Depositors Act）は 1963 年 7 月 10 日に女王の裁可を得た．

法案に関する長期の議論の中から原則に係わるいくつかの疑問が浮かび上がった．第 1 に，法律は誰に対して適用されるのか．1960 年の法案の説明では，すべての金融機関が対象になると仮定されていた．このことは手形交換所加盟銀行を喜ばすものではなかった．法案全体の狙いは支持するものの，条項は彼らに適用される意図があることを知って驚くとともに心配した．十分な財務情報はすでに提供しており，登録機関による権限の行使は銀行と顧客の間の関係を損ないかねないと手形交換所加盟銀行は主張した．さらに，銀行はすでに当局による監督をかなり受けており，それ以上になると銀行に問題があるとの評判を国内外で受けることになりかねない[34]．オブライエンは手形交換所加盟銀行が高い評判を受けていることは認めているものの，もしここを除外すれば，それ以外の多数の金融機関も同様の取り扱いを必ず要望することになり，取り扱いに区別をつけることができなくなる．こうした理由から，すべての預金受入会社を含めることは避けがたいことである，と彼は主張した[35]．ヒルトン・クラークも免除に反対したが，銀行側に譲歩することなしには誰もが満足する文書が出てきそうにないことを認めた．こうして付属規定 8 の銀行を免除するという区別がなされた．その対象となる会社の一覧表は 100 社を超えた．手形交換所加盟銀行が 20 行，マーチャント・バンクが 16 行，割引商会が 13 社，残りは海外銀行であった[36]．しかし，不明瞭な部分が残っていた．たとえば，ロスチャイルドは，明らかに銀行であったが，私的パートナーシップということでこの一覧表に載らなかった．さらに特別のケースを設けることに反対すると宣言してわずか数カ月後，イングランド銀行は，その他の会社が加入するインセンティブを提供するため，FHA 加盟メンバーを免除するよう大蔵省に説得を試みたが，失敗に終わった[37]．

第 2 の疑問は，会社名や広告において，「銀行」および関連する言葉を使用することに関する厄介な問題である．名称に「銀行」の言葉を含まない銀行およびその言葉を含む「ノンバンク」の例が数多く存在するので，この問題は多少厄介であった．前者にはクーツ（Coutts），グリン・ミルズ（Glyn Mills）が含まれる．後者には少なくとも 10 社があり，もっとも著名なのがロンバー

ド・バンキング社（Lombard Banking）である[38]．商務省は新設会社がこの言葉を使用することについて禁止する権限を持っていたが，ロンバード・バンキング社のように1947年以前に名称が登記されている場合や海外銀行が使用している場合はどうすることもできなかった．商務省は「銀行」という言葉もそこから派生する言葉も，細かく説明する中で用いられる場合には禁止することができなかった．大蔵省はそうした言葉の使用は付属規定8の機関のためとっておくべきであり，必要ならば会社はその名前を変更しなければならないと考えた．1963年に施行された法律は広告における「銀行」，「銀行家」および「銀行業」の言葉の使用を禁止したにもかかわらず，この考えは廃棄された[39]．

　結局，最終的な枠組みとなった1963年預金者保護法は，「預金投資の不正勧誘」を罰した．預金の勧誘にあたり，誤解を招きやすい，あるいは誤った，不正直な説明や約束を行う罪を犯したとみられる人は，最大7年の禁固刑または罰金あるいはその両方に処せられた．同法は関連する法的手段とともに，広告に関する制限を導入し，監査報告書の提出を明記し，規制を遵守しない企業を解散させる権限を商務省に与えた．預金を広告するすべての会社に適用されたが，付属規定8の銀行は免除された．この免除は，強制的な登録もなく登録機関も存在しないという事実とともに，最終案が当初の提案をいくぶん弱めたものとなったことを意味していた[40]．ホームが述べるように，目的は穏当なものであり，マネーを「周辺会社」に投資する危険を減らしはしたものの，「現に起きている進行中の損失に関する多くの警告を預金者に与えることは決してなかった」[41]．イングランド銀行は後に次のように述べている．預金者保護法のもつ欠点にもかかわらず，公衆が銀行とその他の預金受入機関を区別できない危険はほとんどなかったのであり，また監督機構は，「どのような重要な機関といえども，もしイングランド銀行が管理する非公式の監督のもとにいなければ，実際上，安易に，問題なく，故意に，自分を銀行と呼ぶこともできなければ，銀行として受け入れられることもない」程度には機能していた[42]．

　さらに銀行と貸金業者との違いについても「法的あいまいさ」が存在した．このことは，控訴院における1966年のUDT社対カークウッド社（Kirkwood）訴訟になったほどの重要な含意をもっていた．判断は，真の銀行業務とは何か，そして1900年貸金業者法第6(f)条の免除者かどうか，にかかって

いた[43]．ファイナンス・ハウスのユナイテッド・ドミニオン・トラスト社（United Dominions Trust; UDT）はその目的から銀行であると裁決されたが，結果は事態をいっそう混乱させることに貢献しただけであった．その結果，1967年会社法第123条には，免許のない貸金業者への告訴から貸金業者を守る新しい認定が設けられた．第123条の証書保有者は，1900-27年貸金業者法の目的にとって，真の銀行業務を行っている企業であると記述された[44]．商務省は，イングランド銀行と相談の上，証書を公平に発行することのできる銀行の特徴となる「目標」基準のリストを作成した．そして，もし必要ならば，関係省庁の諸大臣は議会でこれらの決定を擁護することができた．基準には，最低資本金が25万ポンドであることや小切手帳の発行，当座および預金勘定の提供といった銀行サービスの範囲の規定が含まれていた．企業の活動，預金の源泉，貸出の広がりに関して詳細な質問状を商務省に返さねばならなかった[45]．すべての申し込みについて割引部はすぐに相談を受けることとなったものの，当初は，証書はイングランド銀行と関係なく発行された．イングランド銀行であれば独自の情報に基づいて自らの見解を交えるかもしれないが，商務省には「もし他のすべての基準が満たされているのであれば，わずかな評判を拠り所に適用を拒むことは実際上不可能である」ことが明らかになった[46]．もう1つのおもな不都合は，証書が発行されたとしても，その後も基準が維持されていることをチェックする正式の手続きが存在しないことであった．実際，発行後に証書が無効になることもなかった．1967年会社法は預金者保護法の適用免除の範囲を「第127条銀行」へも拡張した．このリストへの掲載は，イングランド銀行と商務省の間の合意によるものであったが，100万ポンドの最低資本金，幅広い銀行サービス，適切な流動性，「十分に広がりのある」貸付，経営の質，高い評判に基づいていた[47]．最終的な認定は金利の受け取りおよび支払いを企業に認めている1970年所得・法人税法第54条であった．第123条の証書ほど面倒ではないものの，同様の基準があった[48]．これはすべて官僚のチェックを伴うものの，監督というほどのものではほとんどなかった．

　時間的には，新しく設立された国内企業は，6カ月以内に不正防止法の免許を取得し，2～3年のうちに第123条証書あるいは内国歳入庁の第54条認定を取得するものと割引部は考えていた．公認の地位を得るには8～15年を要し，

第 12 章　銀行業の監督　　　　　　　　　　　　　　　　　　　　　733

その約 2 年後に預金者保護法の適用免除が認められることとなるであろう[49]．
　これらすべての法的な認定は政府各省の責任のもとに行われるが，イングランド銀行の助言が求められた．認定にあたっては次のことが考慮された．評判と地位，業務の性格，銀行業の標準に従っていること，種々のバランスシート比率，すなわち公表債務が「自己」資本の 10 倍を上回らないこと，アクセプタンスが「自己」資本の 4 倍を上回らないこと，直ちに現金化できる資産を少なくとも預金の 3 分の 1，アクセプタンスの 5 分の 1 を保有していることである[50]．長い歴史を有し評判を得ている企業は，すべての認定を保有することが期待され，多くの場合，割引部の使用する諸比率を承知しており，これを守っていた．もっとも，第 123 条企業については，おそらくそうではなかった[51]．
　これらの法的な認定に加え，意欲的な企業が「銀行業の認定をめざして階段」を登りつつある状況や銀行がそれをどのように見ていたかを示す指標が数多くあった．ロンドン手形交換所加盟銀行委員会（Committee of London Clearing Banks; CLCB）から交換所コードナンバーを割り当てられていること，英国銀行協会（British Bankers' Association; BBA）の会員であること，イングランド銀行に当座預金勘定を保有していること，『バンカーズ・アルマナック』に掲載されていること，イングランド銀行がその企業の手形を保有していること，引受商会委員会（Accepting Houses Committee）の会員であること，などである[52]．これらの多様な形での経営健全性基準は，1970 年代後半の法律制定の際，きわめてやっかいなものとなった．
　『イングランド銀行四季報』で公表する銀行データを収集するため，イングランド銀行はどの機関からデータを収集すべきかを決めなければならなかった．選定された機関は「統計報告義務のある銀行」と呼ばれ，公認銀行，付属規定 8 銀行，第 127 条免除銀行から成っていた．1971 年 9 月以降，統計報告義務のある銀行は，競争と信用調節（competition and credit control; CCC）の下で最低準備・資産比率を維持する機関と同じであった．1970 年 4 月には，統計報告義務のある銀行 229 行のうち 100 行近くは海外銀行であった．1972 年 10 月までには，その数は 283 行に増加し，1 年後には 323 行となった[53]．それ以降の年に発生した多くのことは，このリストに掲載されていない機関に関係する事柄であった．

2. 周辺機関からの圧力と欧州からの圧力

1960年代を通じ，イングランド銀行と大蔵省は，その他金融機関，とりわけ割賦販売金融会社（hire-purchase finance houses）の規制問題を数回にわたり検討した．この検討の中で，ときどき預金者保護のことが言及されたものの，「規制（control）」という言葉は監督とはほとんど関係がなく，すべては金融政策や信用引締めと関係して使用された．このことは後に面倒なこととなった．というのも，イングランド銀行が信用調節の目的の観点からそうした機関を認めていたとすれば，それはある程度銀行業の地位があることを含意していたことになるからである．CCCが検討されていた時，ファイナンス・ハウスを対象に含めること，それに伴いファイナンス・ハウスを銀行あるいは銀行に近いものとして取り扱うことの含意について議論があった．CCCには大規模な非銀行機関を包含することがある程度意図され，より小規模の周辺企業は消滅するとの予想があった．しかし，CCCは信用の調節に関することであり，監督についてではなかった．

1973年の初め，500万ポンド超の預金を有する第123条企業は30を超え，預金合計は5億5,500万ポンド以上に達していた．信用調節という主要問題とは別に，銀行業の認定の点から，より大規模な周辺銀行を包含する形にCCCをどのように拡張するかという問題があった．たとえば，12.5%の準備・資産比率を周辺銀行に適用することは，これらの機関を統計報告義務のある対象先とすることを意味する．しかし，その対象先のリストは一定の認定を有する機関のために確保されているものであり，市場から見た地位――「一定の名声」――を示している．実際，このことは，統計報告義務のあるリスト先銀行が他のリスト先銀行より低い金利で資金を借りることができるという事実によって示された．たんに規模の観点から周辺銀行を認めることは，統計報告義務のある対象先は「機関の地位や評判よりも，むしろ信用調節の要請からのみ決定される」とイングランド銀行が考えていることを意味する[54]．ファイナンス・ハウスに10%の準備・資産比率を適用すれば，より低金利の借入の利点を与えるものとならず，したがって，周辺銀行にとって魅力に乏しい．これは，イン

グランド銀行の権威の問題および周辺銀行を強制的に加入させることができるかどうかの問題を生じさせる．1946年法第4条（同条は指令を認めている）の適用に関しては，銀行業の条件について法律が定義してこなかったので不明確であった．それにもかかわらず，銀行業の地位を獲得したいとする願望から，もし強制すれば，これらの機関は適用に同意するだろうと予想された．不明確な点は残しながらも，金融政策の目的から検討された周辺銀行の問題が，銀行部門の監督に関するより幅広い検討を引き起こすこととなったのは明らかであった．

いずれにしても，数社と接触しバランスシートのデータを収集したものの，イングランド銀行は第123条企業の詳細をほとんど知らなかった．1973年6月，割引部が，38の周辺銀行に対し特別預金の責務とともに準備資産要求を適用することを知らせる文書を作成した時，イングランド銀行が適格債務の水準に関し適切な考えをもつことができるよう，周辺銀行に報告書の提出を求めた[55]．その結果，2社のみが統計報告義務のある銀行に組み入れられ，12.5%の比率を維持するよう求められた[56]．11月，ペイジは，企業は10%の取り決めに参加するよう求められる段階に達したと報告したが，それ以降，周辺危機が進行して動きは進展しなかった[57]．

CCCの導入から危機の到来までの期間，周辺銀行はイングランド銀行の監視のもとにあった一方，監督に関する議論は，主としてヨーロッパ経済共同体（European Economic Community; EEC）の銀行指令に対応する必要性から，強く進められた．銀行業法の調整に関する委員会の関心は1960年代後半に遡る．1969年に作業部会が設立され，1972年の初めまで会合が続けられた．討議の結果，威圧するような名前の文書，すなわち「信用機関の『独立した運営主体』の活動に関する取り決めと行使のための法的，行政的規定の調整に関する指令草案」が作成された．草案の指令は41の項目に及んでいるが，すべての信用機関の公認化について述べており，所要資本，経営能力，法的形態に関して規定している．また預金者保護の規定も存在していた．健全性比率，単一借り手への巨額の信用供与といった重要事項の当局への報告も含まれていた．EEC加盟国間でのこうした情報の交換も含まれていた．作業部会に出席したイングランド銀行代表の1人であるフランク・ホール（Frank Hall）は，もし

草案が原案のような形で採用されたならば,「法的権限を付与されたかなりの監督組織」が設立されたであろう,とフォードに語っている.しかし,草案はさらに討議されねばならず,いくつかの点に関して議論の余地があったので,ホールは最終稿が採用されるには長い時間を要するであろうと考えた[58].プロセスは官僚的であった.専門家のパネルを通じた議論によって改訂された指令が作成されるが,それは閣僚理事会に送付され,さらに交渉のために各国代表の常設委員会に送付される.ホールとギャルピンは,大蔵省のニゲル・ヴィックス (Nigel Wicks) とともに,1972年11月の専門家グループに出席した.2日間の大半はある1つの事項を議論するのに費やされた.英国の代表は,英国の漸進的な認定システムと指令を支持する大陸の免許の概念との間には,根本的な違いが存在することを明らかにした.そして,その違いを埋める容易な方法はないように見えた.ホールにとって明らかなことは,最終的には何らかの指令が成立するということであり,このためイングランド銀行はそれへの対応と交渉方針を決定しなければならないということであった[59].

　銀行指令と英国システムの基本的特徴との間には潜在的な相違点が存在した.英国は法的な免許の原則と詳細な規制の両者に難しさを抱える唯一の国であった.間違いなくこれは,英米法とローマ法という異なる法的体系の影響でもあった.この観点から,イングランド銀行には3つの選択があった.すなわち,指令に反対する,現行システムを強化する,免許システムを設立する,の3つである.反対の可能性は非現実的であるとして直ちに放棄された.いずれにしても,イングランド銀行は,少なくとも部分的にせよ,指令に応じる方向へ動く積極的な理由がいくつか存在すると考えた.1つは,もし英国が規制の外側に居続けるならば,その他のEEC諸国において免許を得ることができなかった低レベルの信用機関に対し隠れ場を提供することになる,という正当な批判にさらされるであろうというものである.規制のないことが実際上利点をもたらしてきた点が認められなかった.いっそう重要なことは,国内の圧力により当局が将来同じような行動をすることになるかもしれない可能性である.イングランド銀行の文章では改めて「周辺機関」の成長について触れられており,その文章はいくつかの個々の機関が公衆から巨額の預金を受け入れていると述べている.「これらの機関のうち1つでも2つでも破綻したら,当局を困らせ

ることになるであろう」．さらに，これらの「上昇志向の強い銀行」の多くは，銀行業認定に向けての議論を行うよう割引部に求めた．そして，こうした面談の中で，イングランド銀行はこれらの銀行のバランスシートの状態についてしばしば幅広くアドバイスを与えた．そうした機関が破綻した際に，「イングランド銀行は暗黙のうちに，その健全性に対し少なくともある程度の責任を引き受け，受け入れるような行動をとっている」．加えて，周辺機関に対する利用可能な制裁は不明瞭であった．こうして「政治的圧力を刺激しいっそう厳格なシステムが採用される前に，これらの機関の行動を監督するため当局の権限をいくぶん穏やかな形で強化することによって，この不十分な状態を今や改めるべきである，という議論が続くことになった」．その後に当然生じると考えられる反応に関していえば，イングランド銀行は排他的な法的免許システムに反対であった．それは，当初控えめな形で導入されるものであったかもしれないが，「いくつかのきわめて重大なリスクと危険を請け負うこと」を内包しており，とりわけ取り扱う範囲と複雑性を増大させることは避けられないものであった．したがって，イングランド銀行の見解は，「明らかにもっとも魅力的なアプローチは，特権と認定に関する現行システムを発展させることである」[60]というものであった．このことを総裁に説明する際，フォードは主たる目的はホワイトホールと対話を開始することであると述べた．指令に関し妥協点を求めることは，「ともかく物事を始めたいと考えているわれわれにとって，それが可能になる」という利点をもっていると彼は考えた．フォードにとって，現在の機構をもとに対策を築くというその文書の結論は，新しい法的な権限を作り上げるよりも「明らかに好ましい」ものであった．とはいえ，このアプローチは，結局のところ，EEC の受け入れるところではないかもしれないことも彼は認めていた[61]．

　この件は，1973 年 3 月，大蔵省と貿易産業省（DTI）の間で検討されたが，反対することには賛同できないということ以外には，結論が出ないことがわかった．貿易産業省の態度は怒りをもたらした．貿易産業省の代表たちは，主要な問題点を「理解しておらず」，今後の法律制定に向けてスタンスを変えていく「気持ちがまったくない」ものであった，とバーンズは伝えている．このことは，クラウザー報告をもとにした消費者信用法案と関連があり，同法案は貸

金業者法を廃止し，したがって第 123 条企業の終わりを意味するものであった．ウォスとフォードはともに法案の問題点を指摘した．前者は，これにより英国当局は銀行指令に関する交渉において「危険にさらされる」と批判し，後者は，第 123 条企業が消滅すれば，「認定の階梯および現行限度を超える信用調節の拡大の両面において，イングランド銀行に対し大きな問題」を持ち込むことになると説明した．ウォスは幅広い免許権限を会社法の中に含めることができるか否かを尋ねたが，貿易産業省によれば同法はそうでなくとも長すぎるのであり，問題があり過ぎるとしており，提案は明らかに「はねつけられた」[62]．

翌月，英国の専門家グループの代表たちは，あまり詳しくせず柔軟性をもたせること，とりわけ提案された諸比率を簡素化することを主張しようとして，他の代表国から多くの支持を得た，とフォードは報告している．イングランド銀行の提案に関し，正式な免許システムは結局のところ避けられないとの見方に大蔵省は到達しつつある，とフォードは伝えている[63]．その後フォードは，現行の英国法をもとに指令に適合させることができるとはいえず，預金取扱機関に対する簡素な免許法案を作る選択肢が検討されるべきであるという結論を固めるに至った[64]．一方，銀行指令自体は困難に遭遇する．9 月に 5 つの条文が 2 日間にわたる作業グループにおいて議論されたものの，ホールが述べるように「議論のペースは大慌てであった」．物事が進展しているとの考えは「錯覚」であった[65]．EEC 副委員長のアンリ・シモネ（Henri Simonet）は，10 月にロンドンを訪れた際，現在の草案はあまりに複雑であるとして，建設的な対案を提出するよう連合王国ならびに他の加盟国に求めた[66]．それにもかかわらず，クック（当時，総裁アドバイザー）は，いくつかの段階を経てきたものの，「彼ら（EEC 委員会）は，現在の完全にそろった範囲を最終目的と考えている」と感じた．しかし，彼は「もしわれわれが最上位の銀行国家の地位を維持しようとするのであれば，現下の懇願（cri de coeur）には積極的に対応する用意がなければならない」と確信していた[67]．バーンズの考えは，協調するのは総論に限定されるべきであり，指令はきわめて簡単なバランスシート比率を伴った免許付与のための基本的条件に限定される，と委員会に提案することであった．これでは，現在の条文のうち 9 カ条だけが必要とされるにすぎないこととなる．しかし，重大な問題が存在していた．というのは，その提案は，預金

取扱機関に関するある種の法律を導入する必要性を英国当局が受け入れることを含んでいたからである[68]．

　銀行免許法案に関して，バーンズはその基本目的に焦点を絞った．それは，預金者に対し「資金を預けることを選択したどの機関においても，預金の適切な安全水準」を提供することであった[69]．これはすべての預金取扱機関をよく知りかつ認可した「管轄当局」によって達成されるであろう．例外はあるが，知られていないか認可されていないどのような機関も預金の受け入れを行うことは違法である．管轄当局は認可された主体が適切な資本，流動性，経営を維持していることを確かめるであろう．誰が管轄当局であるかについては，イングランド銀行の役割とも関連する重大な問題を提起することになった．1つのモデルは，イングランド銀行は完全に認定された銀行の監督のみに関与し，他方，その他の預金取扱機関は別の管轄当局が監督するというものである．もう1つのモデルはイングランド銀行がすべての機関に対し正式の責任を有すると考えるものである．バーンズはこの場合のリスクは次の点にあると指摘した．すなわち，「イングランド銀行から現在はるかに遠くに位置する」預金取扱機関が「現在監督している機関の場合と同じように前向きに対応しないかもしれず，このためイングランド銀行の実利的アプローチによる微妙なバランスは厳しい試練にさらされるかもしれない」[70]．しかし，この段階ではまだすべてが不確かであり，確固たる結論には達していなかった．

　1階層モデル（イングランド銀行が全機関を監督する）と2階層モデル（認定銀行と預金取扱機関を別々に監督する）の相対的利点について，イングランド銀行内では検討が続けられた．後者の場合，管轄当局はイングランド銀行と貿易産業省であることを意味していた．2階層システムの目的は，認定銀行に対してかなり非公式の監督制度を「少なくとも外観上」保持し，他方，「免許システムとホワイトホールによるかなり厳しい規制に従わせることにより，『周辺機関』のあらゆる迷惑行為を確実に取り去るものである」，とフォードは総裁に説明した[71]．しかし彼は，政治家が実際にこうした線に沿って法律を採択するかどうか，あるいは2階層システムが永続的であるといえるかどうか懸念していた．1つの危険は，あまり重視すべきものではないものの，非公式の権限下にある機関が破綻することにより，イングランド銀行のもつすべての監

督権限が失われ，貿易産業省に移ってしまうかもしれない，ということである．イングランド銀行が管理する1階層システムは，もう1つのモデルのもつ困難性を回避できるものの，はるかに多くの資源を監督のために投入することが必要となり，「われわれは必然的に考査員を導入することになるであろう」[72]．これらのすべてについて見解は分かれた．1階層システムの支持者は現行システムの問題点を重視し，より積極的かつ競争的な銀行システムにおいては，「現実」として，「非公式性がより少ない方法」へ向かう動きがどのような場合も要求されると考えた．他方，「われわれが現在行っている方法を（発展的に）維持していくことをもっとも重視する」人々は2階層システムを支持する傾向にあり，同システムの備えている手法は受け入れ可能で永続性があると強調した[73]．翌年，このことが討議の中心問題となった．イングランド銀行内では見解が分かれたものの，明らかにリチャードソンは2階層システムを堅く支持した．

　セカンダリー・バンキング危機が発生する前の1973年末頃，監督問題に関し少しばかり進展があった．周辺機関をCCCの中に入れることはいくつかの問題を惹起したが，このことが預金取扱機関を含めた法案を検討する理由ではなかった．法案は欧州との妥協のために必要とされたのであり，本当は進みたくなかった方向にイングランド銀行を説得するために考えられた国内法案であった．したがって，キーオは何かが行われていると的確に論じていたかもしれないが，それはあまり気乗りのしないことであった．当然のことながら事態は劇的に変化することとなった．12月の初め，免許計画の必要性を詳述した追加草案は，ロンドン・アンド・カウンティ社（London and County）事件によって，銀行でない大規模の預金取扱機関の不安定な位置づけに関心が引きつけられることになった，と記している[74]．12月19日には周辺銀行の危機により事態は前面に出ることとなった．フォードは，この関心事は過去に行ってきた討議や会合の結果であり，近年の出来事によりその緊急性が増した，と説明した[75]．

3. 危機の結果

　1973年最後の週に，総裁は「監督機能」に関する会合を招集した．このため割引部は現在の監督システムの由来を調べ，今後考えられるいくつかの方法を提案した[76]．議論の出発点は，いくつかの小さな技術的な変更は別として，「イングランド銀行がさらに行動をとる必要はない」ということであった．その根拠は「非認定機関の提示する高い預金金利を利用したい人々は完全に自分のリスクでそうするのであり，当局はそうした機関の支払い能力についてどのような責任も負うことはない」というものであった．だが，「議会や報道機関がそうした自由放任主義的姿勢を認める」のかどうかは疑わしい．欧州からの圧力に加えて，これらの国内からの圧力により法律制定はある段階で必要となるであろう．したがって積極的な行動を即座にとり始める断固としたケースであるように感じられた．このため，考えられる法案の形態と1階層システム，2階層システムそれぞれの賛否について準備することになった[77]．

　1974年2月初め，リチャードソンは「現在の制度を拡張しなければならないとする結論を避けることは困難である」と認めた．また彼は，漸進的な認定システムは，疑いもなく利点を有するものの，「公衆にとって複雑かつ理解が容易でないもの」となることも認めた．しかし，「監督の複雑な法制度は，進取の精神と革新を抑えるコストを払って困難を発生させないように見えることに成功するだけであろう．これに向けて急いで行動する必要があるとは思えない．金融センターとしてのわれわれの特別の強さは，非公式な規制を変化しつつあるビジネスの手法に対応させていくことにあった．私自身はこの実際的な利点を犠牲にしたくない」とも考えた．それにもかかわらず，彼はある種の公式の枠組みは結局必要とされるであろうと結論した[78]．

　リチャードソンが1月初めに大蔵大臣に会った際，バーバーは1975年に必要な変更を行うことをめざして，銀行業の法律に大きな改革を行うことを受け入れた．同様の見解は，ホーラム，フォード，キーオが貿易消費者問題担当大臣のジョフリー・ハウ（Geoffrey Howe）と1月中旬に会った時にも述べられた．月末にウォスはフォードに対し，彼自身が議長となり，できる限り早く

DTI とともに再検討を行うべきであると提案した[79]．その間，イングランド銀行は割引部と協力し独自の検討作業を続け，全信用機関に免許を付与する法案の概要を記した草案を準備した．ギャルピンはヒュー・ペッピアット (Hugh Peppiatt) に写しを送り，定義と免除に関して，イングランド銀行の法律アドバイザーのフレッシュフィールズ (Freshfields) 法律事務所に見解を求めるよう頼んだ．それは問題のある領域であったので，その回答はあまり役立つことはないであろうとペッピアットは認めていた．キーオが述べたように「それは長い道の始まり」であった[80]．

　イングランド銀行は，ウォス・グループの検討課題についてその立場を留保していたが，再検討を躊躇したのは検討課題の詳細さの問題を超えたところにあった．フォードは典型的なスタイルで課題を進めていった．彼は6つの提案を行った．すなわち，新しい制度は監督機能をイングランド銀行とDTIの間で分割して維持するべきではない．新しい制度は認定銀行と周辺銀行の間に「最近設けた壁」を存続させるべきではない．新しい制度は政府部門（すなわちDTI）の監督権限を拡大させるべきではない．新しい法律が制定される間にも，世界は静止していない．どのような場合でも「監督機能は，法案が可決されなくても金融機関を取り巻く状況によって発展するし，またそうあるべきである」．現在ある周辺機関がなくなるとか，認定されていない銀行業機関が将来新たに現れることはないとも想定すべきではない．新規の認定銀行に対する現在の監督水準は強化されるべきである．もし，これらの提案が受け入れられるならば，3つの積極的な結論を導き出すことができる，とフォードは述べた．第1に，「イングランド銀行は，周辺銀行業問題の経験において果たした役割の中から事実上出てきた『管轄権限』の拡張を強化し，発展させるべきである」．フォードは，「危機時にセカンダリー・バンクにわりあいと好意的な態度」を示した見返りに，イングランド銀行がセカンダリー・バンクの監督を行うことは，これとトレードオフにあると考えた．それは，周辺銀行をCCCの制度に取り込む意図を伴っていた．第2に，当分の間，公認銀行の認定手続きと基準あるいは預金者保護法の免除は継続するべきである．最後に，管轄権限の拡張が政府によって認められその存続が許されること，すなわち，すべての預金取扱機関の監督をイングランド銀行に委ねる免許法により法的根拠を与え

ることを確実にする手段として，提案されたホワイトホールの作業部会が設けられるべきである．これらの結論が同意されれば，次にフォードは3つの現実的な問題を取り扱うことになる．すなわち，より幅広い責任に対処できる体制へと割引部を整備・再編すること（ペイジはこれに関する文書を準備しつつあった），周辺銀行が服する監督の性格を定義し認定銀行の取り扱いと矛盾のないものとすること，作業部会において大蔵省とDTIをうまく取り仕切ること，である．フォードは作業部会を引き伸ばすとかイングランド銀行の「真の意見と意図」を隠す理由はないと考えていた．そこで彼は，イングランド銀行は議論の土台として使う監督に関する全体的な文書を準備するべきであると示唆した．さらに「イングランド銀行は将来，監督について完全な執行責任を引き受けるようになること，もし新法が成立すれば，イングランド銀行はこの点に関し大蔵省に対し責任をもつようになること，これら2つの仮定がともに出発点にあるのであれば」，討議は容易となるであろうと彼は考えた[81]．

　事態が進展する前に総選挙が行われ，労働党が政権に復帰したが，新政権の姿勢はどのようなものか明確でなかった．今後の展望を再検討した際，フォードは立法の見通しは不確かであるものの，消費者信用法案が再提出されるため，認定に関する第123条は「今や瀕死の状態にあると見なければならない」と考えた．フォードは監督に関する選択肢を再考することにした．一見したところ，もっとも魅力的に思えた案は，監督の機能を「現在の占領地域内」とするよう展開させることであると彼は考えた[82]．それは，為替管理法と預金者保護法によって完全に決定される認定銀行と，今やイングランド銀行の指導を受ける以外にない周辺機関ということであった．このアプローチを採用すれば，イングランド銀行の願いであった新しい法律制度の必要性を回避することとなり，同行は「現在の仕事を続ける」ことになる．しかし，フォードはより長期的には2つの理由からこの選択肢についてあまり楽観視していなかった．第1に，「新規の周辺」がある段階で現れるだろうという恐れがあった．フォードは，周辺機関が現れた時，信用の調節にせよ監督の関連にせよ，これに対処する能力に十分自信があるわけではないと指摘した．加えて彼は，問題の恒久的な解決を図るため法律制定に向けて現在の機会を利用しないということは近視眼的であると感じた．第2に，免許システムの導入に関する銀行指令案とEECの

要求は，何年かは放置しておくとしても，永久にこれを無視することはできない．そしてフォードが述べたように，「ブリュッセルにおいてより厳密な規制に反対してきたわれわれの原則論は周辺機関危機によって弱められたことを認めなければならない」．これらの要因によって，免許法案は本格的な検討に着手する方向に向かった．その結果，「少なくとも周辺機関の危機がわれわれに示した新しいフロンティアに関し」，イングランド銀行は現在の監督制度の再編と拡張を推し進めるとともに，ホワイトホールの作業部会における免許法案の検討を強化することをフォードは勧告した．フォードは最後に警告を出していた．ホワイトホールの議論ではよりいっそう幅広い問題が提起されるが，イングランド銀行の関与は「望ましい法案を監督分野に限定して検討すること」であった．このことはイングランド銀行にはお馴染みの心配事であった．銀行業分野の法律制定の見通しが語られるたびごとに，1946年法で確立した（政府との）関係が変更されるかもしれなかったからであった．

5〜6月の間，バーンズとフォードはリチャードソンが書き直した監督に関する草稿に取り組んだ[83]．草稿では，危機の結果，イングランド銀行はすべての大規模非銀行預金取扱企業を包括するため監督の領域を広げていると説明していた．監督対象となる主な基準は，1973年初めの議論とは違って，預金の一定限の最低水準であった．法令遵守に関して，もし企業がイングランド銀行の監督に服することを拒むか，その指導に従わない場合には，「イングランド銀行はそのことを公にし，市場の力による効果の発揮に期待した」．監督は，企業の財務状況に関する頻繁かつ詳細な報告書の徴求と分析によって強化された．法的免許の問題は慎重に取り扱われた．積極的な議論は抑制され，EECについては何も触れられなかった．他方，法的権限の付与により「近いうちにわれわれのシステムはその非公式で柔軟な性格を失うであろう．イングランド銀行の地位は，銀行業界の上級メンバーやリーダーというよりも，むしろ法的権限をもった行政官の方向へと決定的かつ後戻りできない変更を経験することになるであろう」．さらに「イングランド銀行と銀行システムの間の非公式で親密な関係は弱体化し，自主規制に代わって政府の権威と政府の責任をしぶしぶ受け入れることになるであろう」．結局，イングランド銀行は法的免許の必要性をほとんど認めず，そうしたシステムのもたらす不利な点を懸念していた

のである．加えて，現在の状況は，当局が新しい法律を検討していると公にすることさえ有害である，とイングランド銀行は警告した[84]．

イングランド銀行の中で銀行危機によりもっとも大きな被害を受けたところは割引部であった．1974年2月初め，ペイジは割引部の傷が深まっていることをすでに示唆しつつあった．銀行危機以前でさえ仕事量はつねに増大しており，今後も増え続けるように思われた．加えて，現在の制度ではイングランド銀行と諸銀行の関係についての仕事は割引部長自身に過度に集中しており，割引部が自己完結的存在として仕事を行う傾向を生み出していることにペイジは懸念を示した．これに対処するため，ペイジは，割引部が独立した運営主体として存続することを廃止し，その通常業務の大半を業務局（Cashier's Department）内に移すことを提案した．彼はまた，いくつかの新しいポストの創設を提案した．そこには監督とポンド建てマネーマーケット関係に責任をもつ副業務局長（Deputy Chief Casher）も含まれていた．キーオは，外された感はあるにしても，「総裁アドバイザー」としてとどまることが提案されたが，割引部長という歴史的な名称は姿を消すこととなった．キーオは1977年3月に退職の予定であったが，「騒動から退くことを喜んで受け入れ，将来の計画に大きな貢献を行った」といわれている[85]．

ホーラムはペイジの原則論に賛成し，「現在の割引部の機構では，銀行システムに対してより幅広く詳細に満足のいく監督を行うことは不可能である」と認めた．しかし彼は，「すでに非常に広くなった」責任分野を業務局長に追加することが正しいことであるとは思わず，銀行業の監督機能を分離することが好ましいと提案した．「経営健全性の確保や同様の理由のために行われる監督はかなり大規模な業務となりつつあるだけではない．監督に関して形成されつつある基本的根拠と原則は金融政策の考え方とは明らかに異なるものであり，この分離はわれわれの運営構造の中に望ましい形で反映されるべきである」．長期的には，これは主として国内金融担当の執行理事に対して報告する分離独立した局の創設を正当化するものであったが，短期的には，業務局内の独立した部が国内金融担当理事に対して直接に報告するものであった[86]．分離独立は前総裁のオブライエンによって支持された．彼は，総裁に直接アクセスできるという割引部長のもつ特別の地位は，どのような組織改編においても失われる

ことはないと確固として考えていた一方，変更の必要性は「まったく明白」であることも認めていた．割引部は限られた資源で「驚くほどの業務を遂行した」が，「かなり増強されることになったとしても，現在の組織では今や業務が膨大すぎる」．業務自体は業務局内の適切な部署で遂行できるにしても，イングランド銀行が現在の諸問題と真剣に取り組んでいることを示す新しい局を彼は望んだ[87]．

適切な組織構造が結局どのようなものになろうと，割引部の時代が終わろうとしているのは明らかであった．終わりは1974年7月18日にやってきた．割引部の業務は，密接に関連しているものの独立した2つの機能に分割された．すなわち，銀行業システムの監督と，マネーマーケットとの間の日々の取引である．銀行・マネーマーケット監督（Banking and Money Market Supervision; BAMMS）という新しい部署が業務局内に設けられ，副業務局長に任命されたギャルピンがマネーマーケットとの間の日々の取引を指揮した．銀行監督の責任はブランデンに委ねられた．これはイングランド銀行の上級メンバーがこの領域に関する明確な責任を付与された最初であり，BAMMSから人と資金を与えられた．キーオに関しては，彼が新しい体制に貢献する機会はほとんどなく，1974年末に退職した．もっとも彼のスケジュール日誌はその年の夏以降空白であった．公には，イングランド銀行は管理体制の変更について，セカンダリー・バンキング危機のはるか以前から検討していたと主張した．このことを立証する証拠はほとんどないが，増大する仕事量を割引部が処理できるかどうかという議論は実際よく行っていた．また，この変革は，監督機能の分離独立に向けた動きを部分的に表すものであったが，規制方法の変更を示すものではなかった．『バンカー』誌が指摘したように，この組織の改編は「銀行業システムの規制に関するイングランド銀行の伝統的方法を根本的に変更するようなものではなかった」[88]．

4. プルーデンス報告

監督体制の再編に伴い経営資源が追加された．1960年代中頃，割引部は部長，副部長，補佐それに約10名のスタッフから構成されていた．つづく数年

のうちに，いくつかのポストが設けられ，総計20名となった．1974年の改編後に新設されたBAMMSは7つの上級職位と30名のスタッフを有した．5年後，1979年銀行法施行直前には，その数は77名に増加した（1989年までに，スタッフは200名となった）．構成割合でいえば，監督はイングランド銀行において小規模なものからもっとも急成長した分野となった．対照してみると，為替管理においては，1970年から1979年の廃止の時までの間，200名のスタッフが追加されていた[89]．

スタッフの追加が必要とされた1つの理由は，データ収集，いわゆるプルーデンス報告とその分析の改善のためであった．この新しいペーパーワークはクーパーズとリブランドの支援の下に1974年5月に始まった．彼らは，銀行からの報告の内容と頻度および資本金の水準に関して助言した[90]．急速な進展の結果，ブランデンは銀行が9月30日に最初の報告を履行するように決定した．8月の最初の週，ブランデンは，クーパーズとの議論を終えプルーデンス情報において不足している主要項目が確認された，と総裁に伝えた．それらには，ポンド建ての預金債務と債権の満期構成，各種のカテゴリーの総計の中で大きな割合を占める債務と債権，スタンドバイ・ファシリティーズ，未引き出し当座貸越，供与された貸出と引受，株主資金の詳細が含まれていた．戦術として，新しい要求に関し銀行協会と交渉する時間はなく，交渉しても一斉に反対され遅れる結果に終わるだけであったであろう．そのうえ，通常のやり方である協会を通じて行うよりも，むしろ要求は個々の銀行に直接伝えられた．主要な3団体（CLCB，AHC，BBA）へは一般的に提案が伝えられた．個々のケース毎に別々にチェックされたものの，大半の周辺銀行が対象範囲に含められた[91]．ブランデンは一時的に例外とする多くの銀行を提案したが，それには手形交換所加盟銀行，FHAのメンバー，海外支店のネットワークにより業務を行っている銀行，すべての外国銀行が含まれていた．イングランド銀行は，資本比率に関し手形交換所加盟銀行との今後の話し合いに予断をもちたくなかったが，「彼らの状態に関してプルーデンスの観点から緊急に検討する必要性」はおそらくなかった．話し合いはファイナンス・ハウスとも続けられた．外国銀行を除外したのには2つの理由があった．第1に，これらの支店に対する最終的な責任は「親銀行とその母国の金融当局」にあるという原則の問題によるもので

あった．第2は，実際的な問題であった．新しい制度は「たんなる統計的な仕事として」片づけてしまうことはできず，プルーデンス報告書は個別のインタビューによってフォローアップされることが意図されていた．その仕事は，もしすべての外国銀行を対象とした場合，しかるべき時間内に完了することが不可能であった[92]．

新しい制度は1974年8月に公表された．統計と信用調節の要件を満たすために設計された報告に加えて，イングランド銀行は監督目的のより多くの情報が定期的に与えられることを望んだ．このため，ほとんどの銀行は新規に追加的報告を四半期ごとに求められることになり，第123条証書を保有するその他の預金取扱企業も同様の報告の提出を求められることとなった．さらに，銀行監督部署が報告の中に含まれる情報に関して報告機関の経営者と議論するということも，イングランド銀行は説明した[93]．

これらを実施するには相当の仕事量が要求され，インタビューの前には分析とコメントシートを準備しなければならなかった．また各銀行の代表者とのインタビューには最長1時間半が充てられた．業務はブランデン，ギャルピンそれにギャルピンの4名の上級スタッフ（バーンズ，クレイク，ブリアリー，ギル）の間で分担された．第1ラウンドで報告を提供する先はほぼ130機関であったが，ブランデンは仕事の完了には5～6週間を要すると予想した．この点に関して，フォードはスタッフの増強を再検討するべきだと考え，ホーラムは「優秀で若い会計専門家」を派遣する考えを示した[94]．1974年末の実施結果報告において，この実施は「実り多いもの」であり，個別企業に関するイングランド銀行の知識は増大した，とギャルピンは考えた．少数の例外はあったものの，この実施は銀行に喜んで受け入れられた．128の銀行および周辺企業のうち，4社は月ベースで報告を提出することが求められ，3社は定期的な進捗報告を示すことが求められた．また報告はいくつかの異なる潜在的問題を明らかにした．ブランデンは事態が大変うまく進んだことに良い意味で驚いたと述べたが，そのことが今後よく知られるようになるであろうと確信した[95]．

新たな報告は，約100の統計報告義務のある銀行に加え，40ほどのその他の大規模預金取扱企業によっても提供されることになった[96]．計画は直ちに拡大され，FHAメンバーの30社が1974年12月31日に最初の報告を行うよう

求められた[97]．1975年3月には，規模の点から以前は除外された多くのその他預金取扱機関からも情報が求められることとなった[98]．手形交換所加盟銀行はこれに参加していなかったものの，1976年から1977年にかけて実施された最初のラウンドにおいてプルーデンスのインタビューを受けることとなったが，驚かれることはなかった[99]．

報告に関する設計と技術的内容，それに続く結果の分析，そして運営プロセス自体を改善するため多くの努力がなされた[100]．たとえば，潜在的な支払い不能問題を評価するため周辺銀行に求める会計情報と質問様式に関する作業があった[101]．回答を一定の基準でスコアリングした結果に基づく早期警告制度の考えもあった[102]．1977年初め，すべての機関を検討する必要をなくすために，10組の報告をもとにリスクベースの監視手続きを形式的に分類する動きがあった[103]．大量の仕事があり，これらの増大する監督業務をこなす能力は際立っていた．プルーデンス上の流動性規制，適正自己資本の尺度，連合王国外での業務，カントリー・リスクの銀行エクスポージャーへと関心が向けられるに伴い，新しい要素が追加された．これら多くは国際的な監督の進展によって促進されたものであった[104]．いくつかの圧力にもかかわらず，そうした基準に絶対的な数値は存在しないとイングランド銀行は思い続けた[105]．

海外銀行の在英支店の監督に関しては，「支店と本店は法的に分離できず，支店業務の監督とその預金の安全に対する基本的責任は本店を監督する当局にある」というのがイングランド銀行の基本原則であった[106]．また，支店の受入国は当該支店の流動性の監視と経営行為に対し責任を有するという，バーゼルのグループ10（G10）メンバーの一部によって主張された議論もあった．協会などの団体の犯した罪が金融センターとしてのロンドンの評価を傷つける心配もイングランド銀行にはあった．1977年夏，クック（1976年にブランデンが執行理事に任命された時，クックがBAMMSのトップになった）は海外銀行の支店とより密接な連絡をとることを主張した．実際的観点だけから見れば，海外銀行の支店は160ほどもあったので，このことは難しい問題を抱えることになった．この業務は非公式かつ任意ベースで実施され，監督というよりむしろ連絡を改善する方法とみなすべきであると彼は示唆した．それは全体を対象とするものというよりは，むしろ対象を個別に選択して行うものでもあった．

新しい議論を始めるための原則的文書は発行されなかったが，1978年7月発行の『イングランド銀行年報』では，支店に対する第一義的な責任は親銀行の母国の監督当局にあることが繰り返し述べられた[107]．これはG10のアプローチと明らかに衝突するという事実をダウは問いただした．イングランド銀行の方針にもかかわらず，責任分担の概念はいまだ発展途上にあった．とはいえ，クックは「われわれの関与の程度はグループの中で最下位近くにあった」ことを認めねばならなかった[108]．

もう1つの問題は，プルーデンス報告に含まれている情報をどのように利用するかということであった．ブランデンは，報告の分析により銀行業務に関する数多くのいっそう包括的で最新の実状が得られることを期待した．もしそうした情報をより早く利用可能であったならば，1973年の混乱は未然に防ぐことができたであろうとまで主張した[109]．そうした情報は，高いリスクを有する機関を一覧表にまとめた早期警戒の1つの形を提供するものでもあった．一覧表は，懸念の現実の原因，あるいは潜在的な原因の別にさまざまなカテゴリーに分けられた．1976年12月には一覧表に載った機関は32社であったが，1977年7月に29社に減少し，1979年9月には27社となった．問題機関の多くは，セカンダリー・バンキング危機に関係していた[110]．それにもかかわらずリチャードソンは，スレイター・ウォーカー社（Slater Walker），エドワード・ベイツ社（Edward Bates），ウォーレス・ブラザーズ社（Wallace Brothers）の経験した困難はプルーデンス監督の欠陥によるものではないかと心配していた．事実，これら3社のすべては最初から「問題リスト」に載っていた[111]．さらにBAMMSは，その期間に警戒を要する先の情報の要約を毎月作成し，1978年にはこれらの報告書やその他の資料を検討する月次の監督会議を開始した．リチャードソンはこの会議の目的を情報の流れを改善するためのものと考えていたが，このことはある点でBAMMSが孤立していることを示唆するものである[112]．

プルーデンス装置の発展にはネガティブな面が存在した．発展の初期の1974年にもデータ収集が拡充されていたが，ギャルピンは報告が過度に複雑化する危険を心配した[113]．6カ月後，バーンズは，調査が時間の経過とともにいっそう詳細になり，監督対象機関のすべての文書へと拡大し，これがイング

ランド銀行の資源を逼迫させ，分析の質を希薄化させることに警告を発した．さらにバーンズは，計数とインタビューの検討はプロセスの一部にすぎず，「個々の機関についての噂，新しい流行の出現や新しい技術の進展を確認する」ため，市場に出向きよく見て回ることも等しく重要である，と述べた[114]．彼はそう言わなかったが，これはもちろん割引部の伝統的な機能の1つであった．過度な情報がもたらすマイナスの影響に関する同様の懸念については，1978年中頃 BAMMS のリチャード・ファーラント（Richard Farrant）も「四半期ごとに詳細な定例分析を行うことは監督の水準を下げる」ことにならないかどうか疑った，と述べている．あまりに細かくなると全体を見失うことになりかねない．1970年代中頃は情報を獲得する明確な必要性が存在したので，このことは過去の政策を否定しようとするものではない．今やこの予備的局面は終了し，現在の必要性にあったものへと仕事を修正しなければいけない[115]．

1979年までに重点は変わりつつあった．それまでのアプローチは追加の報告により補足された銀行統計データに基礎を置くものであったが，今や，国際的議論と総裁に強く支持された監督に関する統合アプローチに一段の重要性が置かれるようになった．このことは，既存の統計ベースはプルーデンスの目的にとって適切でないと考えられているということを意味した．同時に，信用調節の必要性は連合王国の店舗だけに焦点が当てられる一方，プルーデンス監督は各企業の「全体の姿」にますます関心が寄せられた[116]．

5. 法律制定に向けて

監督に関するイングランド銀行の見解について1974年7月末に総裁と大蔵大臣とが議論した際，イングランド銀行はホワイトホール主導の作業部会に参加することで合意に達した[117]．初回の会合において，野心的で非現実的と思える3つの目的が設けられた．すなわち，銀行および金融機関の現在の構造，法的認定と非公式な認定の混同を明確化すること，何が銀行を構成するのか，それをもっと正確に定義し，預金者の保護および金融システム全体の健全性の両者にとってもっとも効率的な監督システムを確立すること，省や部局の明確な責任範囲を定めること，である[118]．したがって議論は，イングランド銀行

が7月に作成した文書および商務省が預金取扱企業に関する自身の責任を記した文書をもとに行われた．最初の会合の後，ホワイトホールはすでに免許法のようなものを制定したいと考えている，とフォードは判断した．というのも，当局は法制定により監督がいっそう良くなると考えたからではなく，現在の法律と「権限のない責任」の程度とに不満をもっていたからであった．商務省は預金者保護法を嫌っており，それが強化されるよりむしろ廃止されることを望んでいたとも，彼は述べている[119]．

3回の会合を終えた後，大蔵省の代表は「柔軟で，裁量的で，協同的に」規制するという議論を受け入れたものの，イングランド銀行は「預金取扱者に対し単純な免許システムを追加することによって現在の制度が強化されることはない」という点を説得できなかった，とブランデンは報告した[120]．預金者保護法は効果がなく，それは免許システムに取って代わられるべきであり，イングランド銀行が唯一の規制当局であるべきだという商務省の見解に大蔵省は大きな影響を受けた，と彼は言った．さらにホワイトホール当局者は，現在の制度の下では，危機が去ってもイングランド銀行がセカンダリー機関に対し十分なグリップを保持できるか明らかに懸念しており，また，他のEEC諸国との調和の必要性に関しても極度に心配していた．彼らは，小さな修正措置以外は変更なしとするか，あるいは預金者保護法に代わりイングランド銀行が管理する単純な免許システムとするか，の選択を示した提案を関係省庁の諸大臣に出すことを望んだ．イングランド銀行はスキームの作成を求められたが，そのことは同行が免許システムを実際に必要とすると認めたわけではないという条件つきであった．ブランデンは，「新しいシステムに関する基本文書となるものの作成を大蔵省に委ねるのは大きな危険がある」と語って同意した[121]．ブランデンは，イングランド銀行の関与がないのに準備されたものなので，「法案は銀行法ではなくて，銀行法によって廃止される1963年預金者保護法を拡張したものである」と強く主張した[122]．

提案の概要は1974年12月中旬までに準備された．それは，いかなる個人や機関も免許をもたずに預金の受け入れは許されない，というものであった．免許の付与はある特定の基準を満たしているかどうかで決まり，もしその基準を満たさなければ，免許を許可しないか取り消すことができた．「銀行」と「銀

行業」という言葉の使用を制限する規定も含まれており，免許はあるが未指定の機関でも預金保険スキームに参加することが要求された．イングランド銀行が唯一の免許当局であった[123]．この最後の点は，免許付与当局と議会の関係やイングランド銀行の独立性の侵害に繋がりはしないかという難しい問題を発生させた．これを回避するため，ブランデンは「預金取扱者免許委員会」を提案し，そこには大蔵大臣と総裁が委員として入り，スタッフ，場所，事務のすべてをイングランド銀行が提供するとした．委員会は免許，預金保険，「銀行」名の使用に関する事柄を取り扱い，議会の監視を受けなければならないが，他方その他の銀行監督は引き続きイングランド銀行が取り扱うことにより，伝統的な独立性は維持されるとした．しかし，この案はあまりに複雑であるとして却下され，その代わりに，イングランド銀行との関係の内実については明確にはされなかったが，大蔵大臣が主務大臣とされた[124]．

　1975年の初め，預金取扱機関の免許と監督に関する法的システムの創設を勧告する提案が，1975-76年会期の議会での立法化を目指して，関係省庁の諸大臣に出された．しかし，イングランド銀行は，そうしたシステムが「うまく設立される」ことは可能であると確認していた一方，総裁はそれが望ましいシステムであるかどうかに関しそれとは別の勧告を提出したいと望んだ[125]．総裁への説明の際，フォードは，イングランド銀行は提案の起草に貢献したものの，正式にはそれに関係のない形となっており，総裁の見解を大蔵大臣に知らせる必要がある，と繰り返し述べた．イングランド銀行は現在の制度について最小限の変更にとどめることを唱えていたという事実にもかかわらず，フォードは結局，法的免許を求める——関係省庁の諸大臣，官僚，EECからの——圧力がかなり強かったため「立法化の原則に抵抗することは賢明でない」と結論を下した[126]．それはリチャードソンが同意できる結論ではなかった．

　4月初め，総裁は提案された免許システムについて大変心配していることを大蔵大臣にはっきりと示した．総裁は，周辺機関の脆弱性に対応するために，英国銀行業の中心部にもそうした規制を適用することの正当性を見出すことができず，彼は，免許は非銀行預金取扱機関に限定して適用され，それは新しい厳格な預金者保護法によってなされることを望んだ[127]．フォードが「免除ルート」と呼んだこのアプローチは全員一致の支持を得なかった．もう1つ，彼

が「アンブレラ方法」と呼んだものがあった．理解しにくい入り組んだ書簡の中でフォードは，免除ルートが好ましいケースがあるものの，それはかなりうまくいった場合であると主張した．彼は1946年法が変更された場合に何が起きるかを深く心配し続けていた．銀行監督がイングランド銀行に託された場合，免除ルートでは同行が法の修正の影響を受けやすくなるが，他方，イングランド銀行に特定の法的責任を与えるアンブレラ方法の場合には，「大蔵省の干渉から銀行監督を守ることを実際に示すことができる」，とフォードは考えた[128]．フォードはこの点を強く感じていたが，他の人々の説得にほとんど成功しなかった．マクマーンは個人的に同情を表明したが，フォードはこれに，「私はほかの誰をも納得させることができなかった」と感謝の気持ちを伝えた[129]．

　総裁は，包括的な法的傘の下ですべての預金取扱いシステムに免許と監督を導入するという提案に対し，基本的に反対の態度を続けた．彼は，提案に含まれている狙いや目的の多くを支持したものの，「正す必要のある悪癖は，セカンダリー・バンキング部門，つまり『周辺機関』の免許と監督にあり，銀行システムの中心部にあるのではない．両者に対し同一のシステムを用いることは不適当かつ有害である」と述べた．彼は，「いつでも適用することができ，かつ非公式」な制度により「われわれの銀行システムには，他の多くの国の羨望の的である厳格性を伴わない安全性が与えられている」とまで主張した．現在の制度を「疑うことなく維持し」，「銀行と非銀行の区別を完全に明確化する」ため，彼は4つの提案を行った．第1に，新しい預金者保護法を設けるべきこと．第2に，新法は非銀行預金取扱機関の免許，監督，保険に関する提案を含むべきこと．第3に，1963年法によりイングランド銀行から銀行と認められた預金取扱者は，その規定から免除されるべきこと．最後に，免除されなかった機関はいかなる状況下においても銀行と称することが認められないこと．総裁は，同法の施行に関しては，その施行責任と銀行の監督責任は分けられねばならないと強力に主張した．総裁は，商務省がこの分野からの解放を望んでいることを承知し，イングランド銀行が法的免許当局であるべきであるという提案を受け入れた．リチャードソンは，新しい機能を実施するためイングランド銀行内に新しい部署を設置するつもりであった[130]．彼はこの草案の作成において重要な役割を演じ，最終版は銀行監督に関する彼自身の確固たる見解が表

されたものであった．

　6月，フォードは総裁に対し，大蔵省の改訂提案は今や「あなたが免許法の承認のために必要であると指摘した条件を満たしている」と述べた．リチャードソンはその条件に同意し，これが1975年6月13日のウォスとの「協定」として知られるようになった[131]．9月，法案の見通しは1976-77年の会期になるものの，大蔵省は議会の想定質問と白書を2カ月以内に作成する予定である，とブランデンは報告した[132]．この時セカンダリー・バンキング危機が発生してから2年が経っていた．

　1975年秋，白書の作成が迫ってきた[133]．イングランド銀行の代表の1人であったギルは，白書作成の重圧からいくつかの要素の検討が「おおざっぱで急ごしらえのもの」になった，と考えた[134]．2月には未解決の問題が3つあった．それは，預金保険のスキーム，議会への説明責任，1948年会社法の付属規定8の免除規定を維持するかどうか，である．フォードは，これに最低資本要件と広告の規制を追加した[135]．引き続き検討する中で，このうち3つは直ちに決着した．白書には預金保護スキームが含まれ，その対象はイングランド銀行が望むように免除先も免許取得預金取扱者も含み，機関自身が資金調達を行うべきであると決定された．加えて，白書は，再びイングランド銀行の望む立場に立って，付属規定8の廃止に言及せず，最低資本要件の概念を記述した．ただし，その数値は示さなかった[136]．これにより，説明責任，より具体的にいえば，免除の地位の付与と取り消しは上訴手続きと広告規制の対象になるのかどうかということは残されたままとなった．

　大蔵省は議会に対し適切な説明を行うため，免除に関するイングランド銀行のいかなる決定にも上訴手続きが含まれることを望んだ．しかしフォードは，大蔵省への上訴を認めると，イングランド銀行がこれまで行ってきた同種の手続きにもこれを採用しなければならないとして反対した．「これはほとんど目的のないプロセスであるというだけでなく，本来関与する機関の明確で責任ある判断が，2つの公的組織による明確性に欠けた，結局は責任のない判断にとって代わるプロセスであるようにわれわれには思える」[137]．このことは，こうした主観的事柄はイングランド銀行だけのものである，と言う主張の遠回しの表現であった．広告に関し，イングランド銀行は法的に強制する規制の考えを

好まず，法案の多くはガイドラインに基づくものであり，起訴でなく取り消しという制裁であった．大蔵省は，代わりに規制を出す権限を抑制した妥協法案を持ち出したが，これは免許部門と免除部門の両者に適用されるか否かに関し意見が一致しなかった．フォードは，大蔵省サイドが2階層構造の原則と銀行部門は法的規制を必要としないとの考えを無視する傾向を見せており，そうした態度はよりいっそう明らかになった，と述べた[138]．

　大蔵省は，白書が「新しいシステムの必要性と利点を強調する一方，古いシステムにもメリットがある」と示唆することを抑制するように望んだ．イングランド銀行のアプローチはこれと反対の傾向にあった[139]．第4版を読んだ後，ギャルピンは，大蔵省が草稿を作成した結果として，「免許機関を監督する方法と免除部門に適用される方法の間に実質的な区別が引かれない」段階へと進んでいることに気づいた[140]．もしフリーハンドが与えられるとすれば，イングランド銀行は免除機関が法の対象外にいることをもっと明示的に示すことを望んだであろうが，全体として，内容にはかなり満足した[141]．4月末までに大蔵省の担当大臣への提案が準備された[142]．これには未解決の問題が説明されており，白書も第6版を重ねた．5月中頃，ヒーリーがリチャードソンと話をした時，彼は，銀行システムをより良く規制するため法律が必要であるという前提の説明から始めた．しかし，同意された2階層アプローチの下では，免除部門が免許部門よりはるかに大きくなっており，このことがスキームの受け入れを難しくしていることを彼は心配していた．彼は，免除の地位を付与することを拒否した場合に上訴することがないのは，「オールド・ボーイ」たちが議会への説明責任なしに決定を行ったかのように見えると考えた．リチャードソンは，法案は監督の質を改善しようとするものではなく，対象範囲を拡大しようとするものであり，加えてそれはEECの責務を果たす都合の良い方法である，と返答した．彼は，上訴の規定のない状況の下では，現在のシステムを変更する必要性はない，と思っていた．彼は，上訴を審理する者，たとえば勅選弁護士（Queen's Counsel; QC）に，イングランド銀行より優れた判断を行うことが期待されるとは思いもしなかった．ともあれ，もし上訴が支持されるのであれば，イングランド銀行は自らが信頼できないと思った機関に対して責任をもつことができるであろうか．大蔵大臣はこれらの議論を是認したものの，政

第 12 章　銀行業の監督　　　　　　　　　　　　　　　757

治的な困難，議会からの困難に直面すると強調した．彼は，結局，「反対投票の正当性」を導入することはできず，検討のためさらに時間を必要とした[143]．

　6月，改訂作業が集中的に行われた[144]．イングランド銀行も免除機関と免許機関との間の境界を明確にしようと試みた[145]．7月，国務大臣と総裁は，イングランド銀行に対する調査の一部として，まもなく提出される白書に関して，国有化産業特別委員会（Select Committee on Nationalised Industries; SCNI）から質問を受けた[146]．その後さらに修正を行った結果，最終草稿が7月後半に完成し，「預金取扱機関の免許と監督」と題する白書が1976年8月3日に公刊された．イングランド銀行が付与した免許を有する機関だけが預金取扱業務を行うことが認められた．免許を取得するため，企業は法の定めたある一般的条件とイングランド銀行の定める予め公表されているプルーデンス基準を満たさねばならなかった．基準には最低資本金・準備金，経営経験そして過去の業績が含まれた．これらの機関へは継続的な監督が実施され，もし基準がもはや満たされないと判断される場合には，イングランド銀行は免許の取り消しや一時停止を行うことができた．そうした決定への上訴は大蔵省に対し行うことができた．イングランド銀行は一定の預金取扱機関に対し新たに銀行としての法的な認定を与えることができ，これにより，これらの機関を免許規定から免除することができた．ここでも一定の基準を満たさねばならなかったが，現在の主要な銀行部門は新しい認定に適格であると考えられた．このグループに対する監督制度は現行のまま変更されなかった．法案におけるその他の主要な要素は，銀行の名称と預金保護の枠組みに関することであった．前者は「銀行」の名称の使用を認定銀行だけに限定した．後者は十分には進展しなかったが，イングランド銀行が運営する強制的なもので，ポンド建預金を1万ポンドまでカバーした[147]．

　白書は概して好意的に受け止められた．ただし，手形交換所加盟銀行は強制的な預金保護の枠組みに不安を感じた．彼らの心配を『エコノミスト』誌がとり上げた．同誌は提案が一般的に詳細を欠いているとも考えた．銀行システムにとって実行可能な草稿となるためにはもっと数多くの議論が行われる必要がある，と同誌が提言するのにさほどの洞察力はいらなかった．『バンカー』誌の中で，ジャック・レヴェル（Jack Revell）は，白書が，伝統的な監督の柔軟

性を維持しながら，EEC との調和が必要な点を認めることに成功した，と考えた．しかし彼の意見では，認定グループと免許グループへの分割はあまりに露骨であり，彼は2グループ以上に分けるもっと「漸進的」アプローチに賛成の意見を述べた．彼は，システムを有効に運営するための十分に高い能力をもった監督者がいるかどうかについても心配した[148]．1976年10月，イングランド銀行に関する SCNI の報告書が公刊されたが，そこには提案がもたらすメリットに関する見解は記述されていなかった[149]．

白書は，2階層概念が4つの領域において薄められていた点で，イングランド銀行が望んでいたものとは異なっていた．第1に，イングランド銀行は，主要部門のメンバーの地位は，たとえその監督の詳細な規定が法的なものではなかったとしても，法的ベースに基づいていなければならないことを認めていた．第2に，イングランド銀行は，認定の拒否あるいは取り消しに対し上訴の権利が存在することを認めた．第3に，預金保護スキームは両部門をカバーし，法的基盤を有している．第4に，大蔵省は，イングランド銀行と協議の上，預金の広告を律する規制を定める権限を有している．これは形式的には両部門に適用されるものの，免除部門には使用されないとの理解であった[150]．法案審議の中で，2階層構造はしだいに侵食されていき，立法の進展につれてイングランド銀行はますます戦っていかねばならなかった．

白書が形を整えていく中で，監督に対するイングランド銀行の対応に関し同行からいくつかの意見表明がなされた．もっとも有名なものは1975年3月にロンドンでブランデンが行った講演である．その講演はその後『イングランド銀行四季報』に再掲された[151]．それは，立法の背景，システムの特色そして近年の進展にまで及んでいた．ブランデンは長い進化の過程を強調し，イングランド銀行の監督に対するアプローチは「柔軟的，個人的，漸進的，協同的」であり続けることであると力説した[152]．イングランド銀行は監督に関する古いスタイルの人的アプローチを放棄していなかった．ブランデンは，報告機関の代表との定期的な議論こそ，「この新しい職務遂行の明らかにもっとも重要な部分である」と述べた．そして討論がモットーであり，イングランド銀行は「取り調べ的な試験ではなく，双方向の意見交換」を求めているのであった．さらに，そうした対話こそ，「考査員チームを送り込み銀行の帳簿を調査する

というほかの諸国で採用されている技法より，銀行業の優れた慣行を維持するのにもっと貢献する」ものである，とブランデンは思っていた[153]．ブランデンの講演の最後のトピックスはプルーデンス比率であった．彼は，この尺度は有益な道具であり，他のアプローチを補助するものであるが，イングランド銀行は「銀行の強さが厳格なバランスシートの諸関係によって完全に評価できると主張するアプローチはどんなものであれ受け入れなかった」ことを明らかにした[154]．ブランデンの講演は，銀行監督制度に対する注意深く構成された強力な擁護論であり，制度の柔軟な性質に格段の重要性を置いていた．イングランド銀行総裁も1975年11月のルクセンブルグでのセミナーにおいて，法的規制と自主規制の適切なバランスを考慮しながら同様の意見を表明した[155]．白書が法案へ，それから法律へと進展するにつれ，イングランド銀行は監督について表明してきた信念を試し擁護するため闘わねばならなかった．

6. 監督の国際的協調

1970年代半ば，国際銀行業務において大きな損失を被るいくつかの問題となるケースが存在した．その事例は，ロイズ銀行ルガーノ支店，テルアビブのイスラエル・ブリティッシュ銀行（Israel British Bank）やニューヨークのフランクリン・ナショナル銀行（Franklin National Bank）の破綻，そしてもっとも有名なのが西ドイツのヘルシュタット銀行（Bankhaus Herstatt）の破綻であった．これらは銀行監督における国際的協調の必要性を提起することとなった．『イングランド銀行四季報』の1論文が認めるように，1970年代初めを振り返った時，銀行監督が新しい国際的な金融機関，市場，センターの発展とペースを合わせていなかったのは明らかであった．監督機関はほとんど国内の問題に専念し，他国の銀行監督に責任がある機関との接触はほとんどなかった[156]．

銀行監督に関する国際協調の始まりは1972年であり，この時，EECの諸問題を議論し，特定のケースに関する情報を交換するため非公式の「連絡グループ」が設けられた．よりいっそう重要であったのは，1974年12月にG10諸国の中央銀行総裁が，G10諸国にスイス，ルクセンブルグを加えた国をメンバーとする常設委員会を設立したことであった．この委員会は，銀行監督当局の常

設委員会 (Standing Committee of Banking Supervisory Authorities), 銀行規制と監督業務に関する委員会 (Committee on Banking Regulations and Supervisory Practices), あるいはバーゼル監督者委員会 (Basle Committee of Supervisors) とさまざまに呼ばれるが, 通常は最初の委員長の名をとって単にブランデン委員会として知られている. ブランデンは, その後イングランド銀行における監督の仕事から離れた事実があるにもかかわらず, 混乱を避けるために1977年まで委員長にとどまった. 必要な資格を備えたクックがブランデンの後継者となり, 1988年までその地位にあった. このため, 委員会での委員長の役割は厳格に中立的なものと考えられていたにもかかわらず, イングランド銀行は影響力を発揮できる立場にあった. 12カ国はそれぞれ2名の代表者, 1名は監督の専門家, もう1名は外国為替の専門家を送り, 事務局は国際決済銀行 (BIS) が提供した. 最初の会合は1975年2月にバーゼルで開催された[157].

委員会の設立にあたって, 総裁達は国際的な早期警戒制度の検討を何よりも優先して行うことを望んだ. 最初の3回の委員会ではこのことが検討され, 6月にブランデンによって予備的報告書が作成された. 潜在的危険を確認する責任は, 国際的性格をもつものであったとしても, 各国の監督制度から生ずるべきであるが, 委員会は既存の制度の中で改善すべき多くの領域についても言及した. これらの中には, 他国で用いられている手法についての認識を深めること, 監督当局間における情報交換の壁を取り除く方法を探ることが含まれていた. もっとも重要なことは, 国際的銀行業務のどのような分野であろうと, 監督されないものはないという点を確実にするよう努めるべきである, と委員会が考えたことである. これは, 母国当局が監督を行っているのであるから受入国当局は当該機関の監督を行わなくてもよい, 逆の場合は逆, と考えることから発生する危険に対するものであった. これに関しては, 詳細な作業がすでに始まっていたので, 近々報告書の提出が見込まれた[158].

銀行の外国拠点への監督に関する報告書が1975年9月に完成した. それは, 委員会が各国当局間の協調のためのおもなガイドラインとみなしたものを示した. おもな狙いは, どのような銀行の外国拠点も監督を免れ得ないことを確実にすることであった. そして各国は自国領域内の外国機関を監督する義務をもつことに同意した. ただし, それは母国の責任を完全に免じるものではなかっ

た．すべてがカバーされているのが望ましいことに加え，監督が適切であることも重要であった．受入国と母国の監督当局間の協調が，適切な監督を達成するのに役立つであろう．そして，これがブランデン委員会の主要な目的の1つであった．受入当局と母国当局の間の責任の分担も検討された．それは明確に分けられるものではなく，機関の種類によるものであったが，一般的には，流動性は受入当局の問題であるのに対し，支払い能力は基本的に母国の問題であった．監督を改善し，協調を促進するため，委員会は，当局間の情報の交換と監督当局による調査に関し制約を減らす努力を行うよう要請した[159]．1975年12月，報告書は中央銀行総裁たちの承認を受け，その後各中央銀行と監督当局の間に広く配付された[160]．1981年の『イングランド銀行四季報』の論文は次のように述べている．

> この初めての同意の重要性を強調しすぎることはない．それは協調に関する最初の，そしてもっとも重要なステップを前に進めたことを示した．その当時の情勢の圧力のため行いやすかったステップであったとしても，その後の協調の努力の基礎を築いた大きな業績であった[161]．

後に，このガイドラインは「バーゼル議定書（Basle Concordat）」としてよく知られるようになった．

その間，EEC銀行指令草案に関する作業は続いた．簡略版が1974年から検討されたが，これは最初の詳細な提案よりも一般原則を表明したものであった．草案にはまだ包括的調和という究極の目標が含まれていたものの，イングランド銀行は，草案が同行の哲学により合ったものであると感じた[162]．1974年12月，草案はEEC委員の承認を受け，その後理事会機構に移った．1975年5月，草案は欧州議会によって討議され，「信用機関の規制」に関する指令が1977年12月に採択された．1979年12月に英国はこれを遵守することを約束した[163]．

現在クック委員会として知られている，1970年代後半の作業の主要な領域には，統合とカントリー・リスクが含まれていた．委員会は最初に統合アプローチの利点を1978年に勧告し，総裁たちはこの原則を強く支持した．統合によって，銀行の国際業務は，すべての外国支店も含めて，監督上の目的のため

に1つのものとされた．これにより銀行の全体のリスク量がいっそう明瞭となり，業務の実施場所にかかわりなく母国の監督者は自国の基準を適用することが可能となる．カントリー・リスクは，たとえば外貨建て準備を維持しようと政府がとった行動のため，その特定の国の借り手が借入の返済を行うことができないか，あるいは返済しようとしない可能性に関するものである．基本的には，これは信用リスクの別の形態にすぎず，商業上の判断の問題であるが，委員会は，可能な限り最善のデータを提供することが銀行の貸出判断の助けになると考えた．BISは銀行の債権の満期構成に関する半期データの作成を開始し，いくつかの国の当局はカントリー・リスク量の評価手法を開発した．こうした作業の多くは，委員会の初期の関心事であった銀行と監督者との間における国境を越えた情報の流れを改善することに繋がっていた[164]．

この10年間における国際的監督の重要性の高まりを示す1つの指標は，1979年7月にロンドンで開催された会議であった．イングランド銀行がクック委員会と共同で開催した会議には，約80カ国から150名を超える監督者が出席した．会議はこの種の行事の最初のものであり，とりわけ協調を促進し相互の問題を議論するため世界各国から監督者を招くという会議の主要目的は成功したと感じられた．開会の辞においてリチャードソンは，聴衆に対し，世界経済のかなり暗い見通しへと話を進める前に，1975年ガイドラインを賞賛した（彼は「議定書」という言葉を使わなかった）．彼は英国の協調的で柔軟な監督システムの利点についても触れた．議定書の写しが代表たちに配付された．閉会の辞においてクックは，草案の新版が作成されその内容が広く世界の監督当局の承認を得られるかどうか，委員会は注視していると述べた[165]．そうした願いが達成されるにはかなりの時間が必要であった[166]．

7. 銀行法（1979年）

この法案の作成には2年近くを要した．その間，CLCB，FHA，BBAとの間の協議も続けられた[167]．1976年9月の最初の草案は多くの問題をもたらしたため，ギルはどこからスタートするべきか判断に苦労した[168]．とくに3点が目立っていた．第1の問題は，そして繰り返し起きた問題であるが，諸規定

が銀行部門と免許部門にほぼ等しく適用される点であった．ギルは，両者は別々に取り扱われ，免許部門の規定がより詳細なものであると考えていた．第2は，資本，適切な経営，銀行サービスの範囲，評判といった認定や免許の基準をどれほど具体的なものにするかという点であった．ギルは，基準を決定し公表するのは，大蔵省の同意の上，イングランド銀行に任せられるものと考えた．最後に，イングランド銀行は，大蔵省が草案に入れることを望んだいくつかの権限と責任，たとえば広告に関する規制，大蔵省の店舗への立ち入り調査権については不満であった．

　1976年10月，クックは総裁と大蔵大臣との間で取り交わされた協定の解釈を再びとり上げた．すなわち，同法案は，主要銀行部門には含まれない預金取扱機関の免許制に関する新しい法的システムを規定するものであり，「疑問の余地のない銀行」である機関は，法的規定を免除されて「道義的説得による自発的システムというイングランド銀行の伝統的アプローチのもとに」監督される．この点は白書の中ですでに弱められていた．クックは，大蔵省が「銀行部門のその他の多くの活動領域についても法的な傘を拡大する」ことにより，2つの部門の違いをいっそうなくしていこうとしているように思われると警告した．この点は，「政治的に受入れ可能」と認められるものという大蔵省の判断に動かされがちであった．クックは，もしイングランド銀行がある部門の監督権限はもっているものの別の部門に対してはもっていないという枠組みを受け入れるならば，いくつかの分野で問題が生じることを予感した．法案に示されたプルーデンス基準の問題も「かなり不鮮明」なものであった．大蔵省の主張は，法案にこうした面を含めれば，イングランド銀行に付与される幅広い裁量権限の議会承認が容易になるということであった．クックは，銀行部門の監督基準は完全に法案から切り離すべきであるとイングランド銀行は主張するべきであると考えた[169]．その後，関係省庁の諸大臣は議会の次の会期に法案の提出を行わないと決定し，法案は1977-78年の会期に延期されたことがわかった．これにより進捗は遅れたが，作業は続けられた[170]．

　1977年3月には大蔵省は認定銀行の取り扱いをがらりと変えた文書を作成した[171]．新しい大蔵省の担当国務大臣のデンジル・デーヴィズ（Denzil Davies）は「古いタイプの法律家」であった．彼によれば，同法はできる限り

包括的かつ明示的でなければならず，それ以外のいかなる根拠のもとでも議会において法を通過させることは出来ないと述べている．たとえば，彼は同法が「高い地位と評判を得ている，とはどういうことか」を明確に定めることを望んだ．フォードは，草案の欄外に「それを議会の立案者が決めるのか？？」と書き込んだ[172]．イングランド銀行の幹部は，草案が1975年6月の「協定」の了解とは異なる方向にあることに失望した．イングランド銀行は「協定の条件を実行するのに必要とされる場合にのみ，認定銀行に影響を及ぼす法の規定に同意する」ことを「断固示す」べきである，とフォードは考えた．リチャードソンは，苛立たしい調子で「国務大臣は私と大蔵大臣との合意について何か考えをもっているとは思えない」と書いた．「嵐の雲が迫りつつある」とクックは警告した[173]．

認定銀行に関して，「イングランド銀行の判断の基礎が法の中で完全に確定されていなければ，議会の意識として同行への裁量権は認めないであろう」というのが，大蔵省の姿勢であった[174]．大蔵省は，協定を無視する選択を行うか，それとも「むしろそれを推し進めるため法案の規定を当初の考え方から変更するよう検討を迫られるか」，どちらかであった[175]．デーヴィズの介入と協定の明白な無視により，事態は複雑化するだけであった．一方，大蔵省の最新の草案では，免許部門と免除部門の区別は事実上行われていなかった．

論争を巻き起こす事項が未解決のままであった．大蔵省はイングランド銀行に立ち入り調査権を付与することを望んだが，それは「イングランド銀行が考えるものと異なり，検査に類似したシステムを意味していた」ため，同行は反対した．いずれにしても，それはイングランド銀行に備わっていない役割であった．プルーデンス基準に関しては，詳細にわたってきちんとされすぎているように思われた．特定の比率を制定することは阻止されるべきであった．「そうしなければ，われわれの監督手法は硬直化し，発展の余地は限られるであろう」とギルは述べた[176]．手形交換所加盟銀行の会長たちに語った中で，リチャードソンは「これまで海外において広く賞賛され，金融センターとしてのロンドンの地位に大きく貢献してきた銀行監督システムを放棄することは間違いである」と述べた[177]．

法案は，イングランド銀行が当初考えていた単純な免許法よりも，今やより

長く，より複雑なものになった．きわめて納得のいかない点は，最終草案が，先へ進めるという関係省庁の諸大臣の圧力により，イングランド銀行と大蔵省の間で合意に至らなかった命令に基づくものとなったことであった．未解決の問題としては，救済の権限，秘密情報の開示，料金，そしてもっとも重要なプルーデンス基準が含まれていた．このうち最後の点に関しては，イングランド銀行は次のように確信しているとクックは再述している．すなわち，基準についてより詳細な説明を公表することは望ましいものの，それは面倒な手続きによってしか変更できない法的規定に縛られるべきではない，イングランド銀行の監督行動には「最大限の柔軟性」が留保されることが必要である，と[178]．

1977年の秋には，議論の進展は一進一退であった．10，11月に，もし法案が廃案となった場合どうなるかについてイングランド銀行は検討した[179]．今や法案を1979年までに法律とすることはできない可能性が明らかなように見えた．クックの選挙予測では「現在の議会が長く続く見込みは高くなかった」．もちろん，すでに明らかにされたように，キャラハンは総選挙を遅らせようとした．さまざまな策略が考えられ，その中には，新政権とともに「より良い法案（イングランド銀行の言葉）」を作成することを願って，法案を意図的に遅らせることも含まれていた．必ずしも何もしないことを述べたものではないが，クックはイングランド銀行が効果的な監督を行うことができるようにするためには，急いで法律を作る必要性はないと主張した．小さな問題はあったものの，「現在の規制の下で，馬と馬車が悪い駆者に御されているといった大きな欠陥は存在しなかった」のであり，雑多な預金取扱者に関する限り，「1973-74年以降，彼らはイングランド銀行の監督が伝える地位を尊重しており，おおむねわれわれの忠告を受け入れている」[180]．さらに彼は，イングランド銀行の監督手法は法律がなくともなお向上させることができるのであり，対象範囲を拡大する必要性もないと考えた．むしろ，クックは，周辺機関をより幅広く取り込むことよりも，ロンドンに所在する国際的銀行の支店に関する情報を改善することに頭を悩ませた．立法の見込みが小さくなったためクックもこうしたことを率直に認めるようになったのかもしれないが，いずれにしても法案は12月に再び議論の俎上に戻ってきた．議会での質問に答えて，デーヴィズは会期の後半に草案の条項を公表したいと述べた[181]．

プルーデンス基準は未解決の問題のままで残っており，合意を得ることは難しそうであった[182]。法案の草稿に含まれていた細目はイングランド銀行が考えていたものよりはるかに多く，同行はとくに，議会記録の中に数値比率を書き入れることに反対した．イングランド銀行は「法案に定められたプルーデンス基準の概念をごっそりと法案の表面から」取り除くことを望んだ[183]。ホーラムはこのことをしっかりデーヴィズに説明し，「ガイダンス，目安あるいは情報なら受入れ可能であるが，公式でかつ公表された基準は受け入れることができない」と述べた[184]。クックは法案が全体として銀行，報道機関，公衆にどのような形で示されるのかについても心配した．2階層構造，とりわけ認定銀行と免許部門の取り扱いの「非対称性」について，また前者の管理体制が後者のそれよりも明らかに厳しさの点で劣るのはなぜかについて，必ず質問が出ると彼は考えた．クックによれば，そのことはイングランド銀行にとっては十分明らかなことであったが，「外部からシステムを見る人々にとっては必ずしもそうではなかった」[185]。未解決の点はいくつかあったものの，最終形態では「イングランド銀行と大蔵省の間において原則に関する大きな相違はない」と感じられた[186]。

しかし，ホーラムが7月にデーヴィズに書簡を送った際，総裁は現在の法律文章にコミットすることはできず，ある条項の修正を望んでいる，と再度述べた．法律文書は「必要以上に複雑」であった．リチャードソンも，提案された「1978年銀行法」という法案名称は，「銀行でない機関，そして銀行と呼べない機関を幅広く」取り扱っているので「不適切」であると感じた．それは「預金保護法」と呼ぶ方がよかった．しかし，「現在の銀行システムに対するイングランド銀行独自の監督を損なうことなしに，同行が法案で提案された幅広い機能を実行できるベースとして，総裁は法案が目論む姿を受け入れる用意があり」，草案条項の早期の公表にも反対しない，とホーラムは述べた[187]。デーヴィズは，この法案は，ほとんどの人々が「銀行業」の仕事と考えることに関わるものであったので，「銀行法案」の名称がふさわしいと考えた[188]。銀行法案の条項を含んだ白書およびそれと別個の信用組合法案が1978年7月に発表された[189]。

リチャードソンは理事会において，本立法の必要性は，すべての信用機関に

対し事前公認制を導入し，銀行でない預金取扱機関を適切な管理の下に置くという EEC 加盟国の責務から生じたものであると説明した．当初考えていたよりも長くかつ複雑なものとなったが，法案の草稿は，銀行と親密かつ非公式の関係を守り，法的枠組みによって制約されない業務遂行上の柔軟性を残すという彼の関心事を満たしていた．彼はまた，これはすべて（1946年）イングランド銀行法とはまったく別個のものであり，相互に関連したり何らかの暗黙の関係が存在するわけでもないことを明確にした[190]．

ブランデンの3つの基準（柔軟性，協同性，漸進性）で法案の草稿を評価した時，ファーラントは，認定部門に対する非公式の監督に関しシステムはなお協同的であると思った．彼は，法的権限はめったに使うことのない「準備」であると考えた．とはいえ，法律，先例，判例法に頼ることは業務遂行上の柔軟性を弱める働きをするであろう．そこには進歩の含意と，もし下層から上層へ自由に移動することが許されなければ「上の階層では，多くの銀行が停滞し，残りの銀行も保護され競争にさらされない」という危険とが含まれていた．下の階層に対する制限は，とくに銀行という名称の使用禁止といった「きわめて厳しい」方向に向かった．ファーラントは「もしある機関が銀行サービスの提供を行っていると示すことさえできないとすれば，その機関はどのようにして銀行になることができるのであろうか」と問うた．彼は，2つの部門の間のどこに線を引くかを決めることは，システムが目的を果たし成功する上で，重要な含意を有する，と結論を下した[191]．『バンカー』誌が，横木一本の梯子は漸進的であり得るかどうかを問うなど，イングランド銀行自身の基準と比較して法案を評価する者がいた．『バンカー』誌はまた，時々刻々と変化する規制の仕組みはイングランド銀行と銀行の間の関係に有害な効果をもたらす，という見解を表明した「シティの有力銀行家」による2つの論文を掲載した．こうはいうものの，白書に対する銀行界の反応は一般に好意的であり，その後の議論は順調に進んだように思われた[192]．

銀行法案は1978年11月に下院の第1，第2読会を経て，12月に委員会の段階が始まった[193]．クックは，修正動議に関する限り「労働党左派からのトラブルが生じる可能性はない」と総裁に伝えた．しかし，弱体化したキャラハン政権を攻撃しようとする野党からはかなり多くの修正が提出された．さらに深

刻なことに，提案された2階層システムの工夫および競争制限とみなされた免許部門による銀行名称の使用の禁止に関して野党は疑問をもっているように見えた．この中には，法案のいくつかの部分は，「麻痺状態の社会主義の忍び寄り」とか「過保護と介入主義」の押しつけと同じである，とみなす保守党からの非難など，敵意の香りが漂うものもあった．イングランド銀行自身はこうした攻撃によってほとんど傷を受けなかった[194]．新年に入り，事態は急速に進展し，雰囲気も政治性を弱めていった．保守党は2階層システムに反対することを止め，もし政権を握れば同じ制度を提出するであろうと認めるまでになった[195]．委員会の段階は1月末に終了し，法案は1979年2月14日に反対者のいない下院の第3読会を迎え，その後上院へ移された[196]．3月28日，キャラハンは議会の信任投票で敗北し，5月3日に選挙を実施する宣言を行った．銀行法は1979年4月4日に女王の裁可を受けた．翌日，リチャードソンは理事会において，本法律はイングランド銀行が「既存の監督制度の有効性に多大の貢献を行ってきた銀行との密接な関係を毀損することなく，柔軟に業務を遂行することができる枠組みを提供するもの」と信じていると述べた[197]．

　最終的に銀行法は，4部52条および7付属規定から成っている．預金を受け入れるすべての機関は，イングランド銀行から認定銀行の認可を受けるかあるいは免許の取得によって認可を受けなければならない，としていた．銀行法は，これらの機関に対するイングランド銀行による継続的な監督，預金に関する広告規制，銀行の名称と類似名称の使用の規制について規定を設けた．預金保護制度もあった．これは別の委員会によって管理され，当初の基金は総計500～600万ポンドであった．少数の例外を除けば，すべての機関はこの制度に預金高に比例した金額，ただし最低2,500ポンド，を拠出する義務があった．預金者のために保護される預金は最大1万ポンドまでとされた[198]．

　7月，銀行法は1979年10月1日から施行されると発表され，それ以降は，新しい預金取扱会社は認可を受けることなしには設立できなくなった．すでに取り扱っている預金業務については，1980年3月31日までに業務継続のための認可申請を行わねばならなかった．銀行監督のハンドブックがイングランド銀行によって作成され，そこには銀行法の要約と潜在的な申請者にとって必要となる手続きや情報が記載された．これは1979年9月に発行され，約1,400

部が2週間のうちに利害関係者に配付された[199]．600件を超える申請が受け付けられたが，多数の機関は最終締切直前にイングランド銀行に姿をみせた．それらの多くはイングランド銀行が名前を聞いたこともないところであった．1980年4月の最初に発表したリストでは，認定銀行208行，免許機関39行，検討中365件が示された．1981年2月には当初の申請について，認定銀行279行，免許機関259行のリストが示された．11件で認可が拒否され，65件が最終決定前に申請を取り下げた[200]．

新しい枠組みによる監督に関する法律が議論され施行されようとしている正にその時，クラウン・エージェンツ（Crown Agents）に対する調査によって，古い非公式の監督システムの欠点が世間の注目を浴びることとなった．スティーヴンソン委員会はすでにエージェンツの初期の活動について調査していた．すなわち，エージェンツが1974年末に政府の援助を要請するに至った状況を調査するため，1975年4月に新しい委員会が任命されたのであった．エドガー・フェイ（Edgar Fay）判事を議長とするその委員会は1977年12月に報告書を作成し，ホーラムはそれを「クラウン・エージェンツが深みから脱出するためにありとあらゆる投機的事業にはまり込んでいった恐ろしい物語」と評した[201]．フェイは，エージェンツの損失はまずい経営によるものというより無能力によるものであったとの結論を下した．イングランド銀行も含め，誰1人として批判から逃れるわけにはいかなかった．「イングランド銀行が政府から独立していることをわれわれは評価するが，同行は政府によるシティでの主要な連絡先である．イングランド銀行がこの事件において実際よりも重要な役割を演じても不合理なことではなかったであろう」．さらに，イングランド銀行はトラブルの徴候を発見し，大蔵省へ最初の警告を見送った一方，それ以降同行は重要な役割を果たさなかった．しばしば相談を受けたにもかかわらず，イングランド銀行は傍観したままであった[202]．しかしホーラムは，それはイングランド銀行の責務ではなく，エージェンツは「政府の創造物」であり，したがってフェイの描くイングランド銀行の役割は不正確である，と信じていた[203]．

フェイ委員会に続き，1978年2月にクルーム＝ジョンソン（Croom-Johnson）判事を長とする審判が行われることとなり，1967-74年における自己勘定によ

る金融業者としてのクラウン・エージェンツの業務遂行が調査された[204]．それはクラウン・エージェンツが抱えた損失責任を割り振る仕事であった．審判では98名の参考人から260日間にわたり口述証言が聴取された．その中には，リチャードソン，ホーラム，オブライエン，フォード，ブランデン，ギャルピン，キーオ，ペイジ，バーンズが含まれていた．中心的問題は，イングランド銀行はエージェンツの活動を監視または管理する何らかの責任を有していたのかどうか，そしてイングランド銀行，大蔵省，海外開発省はなぜもっと素早い行動をとることができなかったのかということであった．リチャードソンとホーラムは，責任は政府にあり，いったん政府がエージェントの支援に同意した場合はとりわけそうであると強硬に主張した．それでもイングランド銀行は大蔵省に潜在的危険を警告していなかったため，いくつかの批判を受けることとなった．審判に従えば，これについての主たる責任はホーラムにかかっていた．「われわれは，クラウン・エージェンツの生存が脅かされる恐れを迅速に大蔵省へ報告できなかったことが過ちであったと思う」．さらに，政府が承知していることを確かめることなく支援業務に参加するようエージェンツに仕向けたことについても，彼は批判された[205]．結局，エージェンツに対する主たる責任は内閣にあるとされた．ただし報告書は，内閣，大蔵省，イングランド銀行の間で責任の混乱が生じていたことを強調していた．数多くの活動があったが，何事も達成されることはなかったという事実を隠した行為や文書がやりとりされた．会議は何事も決定することなく終わり，そして何らの行動も合意には至らなかった．誰も主導権を握ることはなかった[206]．クラウン・エージェンツは銀行でなかったので，ある点でこのエピソードは，この時期における銀行監督の責任を決定する問題点を縮図的に示していた．

　これまで進展してきた銀行監督における非公式な構造のもとでは，さまざまな当局者の中で責任はどこにあるのか明確でないように見える．このことが，周辺銀行にしてもクラウン・エージェンツにしても，「彼らは銀行でなかった」という弁護を許すことになった．CCCのもとで銀行業にいっそうの競争が導入されたことに伴い，監督に求められる変革についてもっと考慮されて良かったかもしれない．しかし，別の取り組みをしていればセカンダリー・バンキング危機を防げたかどうかはまったく明らかでない．イングランド銀行は，周辺

銀行に影響を与えるような力はなかったと主張したのであり，すでに見たように，キーオは，周辺銀行はいくつかの理由から「監督の外」にあったと主張した[207]．もちろん彼はこのことをスケープゴートにされた自己の立場から述べているが，この危機に関係のなかったフォードも同様の考えを表明した．フォードもまた，「歴史的にまだそういう状況になかった」初期の段階において，イングランド銀行が監督システムを変更する行動をとらなかったからといって同行にその責めを負わせるのは不当であると感じていた．さらに彼は次のことも認めている．すなわち，イングランド銀行自身が「金融システムの一般的健全性に責任を有していると公に述べている（あるいはそう述べることが許された）」ことが非難されるであろうし，「もし正直に問われるとすれば，明白な危機が発生するまで，そうした責任を果たす責務をまったく有していないことを承知しておくべきであった」．周辺銀行危機の後に出てきた批判の中には，適切な保護措置が当時もそれ以前にも実際は存在していなかったにもかかわらず，人々はそれが整っているとばかり思ったことによるものもあった，とフォードは述べた．さらに「オールド・レディーには甘言に大変影響を受けやすいところがあり，まったく気がつかずに発揮されるある種の神秘的な影響力を自分はもっていると信じるようになった」[208]．このことは少なくとも，監督への取り組みには完璧なものはないことを示すものであったが，それは総裁と業務局長にだけ示されたものであった．

　監督への取り組みの変更と1979年銀行法は，セカンダリー・バンキング危機の必然的な帰結であった，と通常考えられている．原因と結果は明白であるように見えた．しかしEECの銀行指令の影響も認めるべきである．このことが預金取扱者に対する認可や免許の制定をイングランド銀行に何よりも優先させることになった．簡単な法案の草稿は，1973年末に危機が発生する前にすでに準備されていた[209]．政治的にも何かを行うべきであるように見えた．さらに，イングランド銀行は，公には，危機は監督システムに何らかの重大な誤りがあることを示すものではなかったと強く主張した．このため経営資源の使用も既存の体制をたんに拡張するものであった．

　法的制度の観点からは，イングランド銀行は望んでいたものの大部分を実現した．認定銀行の監督に関する既存の方法を保持した2階層システムや，固定

化されていないプルーデンス基準がそれである．オブライエン卿は，1979年11月のアーネスト・サイクス記念講演において，「規制を行う者も受ける者も」両者とも連合王国で最初に一般化された銀行法に満足している，と述べた．彼は，同法が「用心深いが思いやりのある中央銀行の監視の目のもとにビジネスの自由」を損うことなく秩序と節度を確保するものであり，「英国の銀行業界を担うわれわれすべてはそのことを非常に重視している」と結論づけた[210]．ここは1979年法の成功について完璧に分析する場ではないが，この点については法改正が起きるまでに長い期間を要しなかったと言えば十分であろう．1984年のジョンソン・マッシー銀行の破綻の後に続いて，1985年には新総裁のロビン・リー=ペンバートン（Robin Leigh-Pemberton）による報告書および銀行監督に関する白書が公にされた．新法は1987年銀行法となったが，同法はとりわけイングランド銀行がその前の10年間に創設に向け大いに注力した2階層構造を廃止してしまった．イングランド銀行による監督が拡大した理由の1つは認定銀行のジョンソン・マッシー（Johnson Matthey）銀行の破綻にあった．これに焦点を当てた報告書はそれ自体が破綻の1つの帰結であった[211]．

注
1) Grady and Weale (1986, p. 35).
2) Goodhart and Schoenmaker (1995, p. 542).
3) Bank of England, 'Constitution and functions', June 1957, Radcliffe, 'Memoranda', Vol. 1, p. 5.
4) Radcliffe, 'Report', paras. 186-189, 361.
5) ジェラード・アンド・ナショナル・ディスカウント社（Gerrard and National Discount Company）は1970年に設立された．ホーラムは，同社はほどなく「市場のレイムダック」になるであろうとフランク・フィギャーズに述べた．Hollom to Figgures, 10 July 1969, 7A233/1. Files C47/11 and 7A233/1 が全物語をカバーしている．
6) Fforde (1992, pp. 749-760). 手形交換所加盟銀行の場合，「5大銀行」の会長は総裁に会うように容易に呼び寄せることができた．
7) Fforde to Richardson, 'Secondary banking: the antecedents', 20 January 1978, 7A149/2.
8) Galpin to Keogh/Fforde, 'Banking mergers, etc.', 4 July 1972, 7A3/3.
9) Fforde to Richardson, 'Secondary banking: the antecedents', 20 January 1978,

7A149/2. フォードは「ロー・コーツ支店へ飛ばされた」人物の名前を明かさなかった. 実のところ, それはクラークの直前の前任者ではなく, それより前の人であった. ダグラス・ジョンズは1949年に割引部長に任命されたが, 1952年7月にその職を「自ら」手放した. 『オールド・レディー』誌に載った彼の死亡記事には, ジョンズは業務局長の仕事を奪われ, 「ストランド・ストリート」から暇を出されたことに憤慨したと自ら述べた, と記されている. *The Old Lady*, September 2000, p. 136.

10) Keogh, Note for record — 'The fringe', 5 June 1974, 7A95/1.
11) Bank of England, 'Supervision of banks and other deposit-taking institutions', *BEQB* 18(3): 383, September 1978.
12) 有益な要約として, Allsopp (1975) を参照.
13) Brian Gent to Coleby, 'Overseas banks in London', 20 March 1978, 7A212/4.
14) Bank of England, 'The supervision of banks', July 1974, 7A222/2.
15) Banking supervision in the United Kingdom', enc. with Galpin to GPS, 'Supervisory function', 31 December 1973, 7A222/1.
16) Hollom to Peppiatt/Cobbold, 'Hire Purchase', 16 March 1956, C40/721; Cobbold to Makins, 16 November 1959; O'Brien to Armstrong, 12 May 1959, C40/110; O'Brien to Cobbold, 'Protection of depositors', 26 May 1960, C40/111.
17) Fforde (1992, p. 777).
18) 1955年設立のモーゲージ・インベストメント (アルバート・スクエア) 社 (Mortgage Investment (Albert Square), Ltd.) は, 資産運用と投資のため不動産貸出や不動産購入を行っていた. 同社への検査が開始されたのは, 預金者への資金返済ができなくなった1958年であった. その年の末にMIASは破綻した. 翌年の裁判において, 財務上不健全な企業に投資を行い公衆から詐取した罪で5名が有罪の判決を受けた. MIASの負債は100万ポンド, 資産は25万ポンド以下であった. *The Times*, 13 October 1959, p. 6, 23 September 1959, p. 10, and 9 December 1959, p. 8.
19) O'Brien to Armstrong, 12 May 1959; Whittome to O'Brien/Hollom, 7 July 1959, Anthony Carlisle to Hollom/O'Brien, 'Protection of depositors', 27 October 1959, C40/110; Board of Trade, 'Protection of depositors bill, second reading brief', 28 November 1962, C40/1099.
20) HC Deb, 26 November 1959, Vol. 614, c570.
21) O'Brien to Hawker/Cobbold/Mynors, 'Mr. Greaves and hire purchase', 12 November 1959, C40/110.
22) HMT, 'Protection of depositors', 9 December 1959; Figgures to Hollom, 12 January 1960, C40/111.
23) Companies Act of 1948 (Amendment) Bill, 11 November 1959; HC Deb, 18 March 1960, Vol. 619, cc1631-637; 1681-1686.
24) Carlisle, 'Note for record — protection of depositors', 12 May 1960; HMT, 'Protection of depositors', 23 May 1960, C40/111.

25) O'Brien to Cobbold, 'Protection of depositors', 26 May 1960, C40/111.
26) Cobbold to Amory, 1 June 1960; Cobbold to Amory, 17 June 1960, C40/111.
27) E.W. Maude (HMT) to Hollom, 5 August 1960; O'Brien to Hawker/Cobbold/Mynors, 'Protection of depositors', 18 August 1960; O'Brien to Hawker/Cobbold /Mynors, 'Protection of depositors', 21 September 1960; Hollom, 'Note for record — Protection of depositors and control of financial institutions', 30 September 1960; HMT, '... meeting ... 29 September, 1960 ...', 5 October 1960, C40/111.
28) O'Brien, Note for record, 24 November 1960, C40/111.
29) HC Deb, 16 February 1961, Vol. 634, c177W; 21 February 1961, Vol. 635, cc26-27W; 28 February 1961, Vol. 635, cc1365-1366; 23 March 1961, Vol. 637, c558; 2 May 1961, Vol. 639, c114; 21 November 1961, Vol. 649, c.108-109W; 28 November 1961, Vol. 650, c215-216; Home Affairs Committee, March 1961 HA(61)28; Maude to Hollom, 15 May 1961, C40/1098.
30) O'Brien to Hawker/Cromer/Mynors, 'Protection of depositors', 26 July 1961, C40/1098.
31) O'Brien, Annotation on Hollom to O'Brien/Cromer, 'Protection of depositors bill', 20 March 1962, C40/1099.
32) Cromer to Lee, 5 April 1962; Lee to Cromer, 3 May 1962; Cromer to Maudling, 13 September 1962; Maudling to Cromer, 14 September 1962, C40/1099.
33) HC Deb, 20 November 1962, Vol. 667, c997.
34) O'Brien to F. Keighley (chief general manager, National Provincial Bank), 25 August 1960; A.D. Chesterfield (chief general manager, Westminster Bank) to O'Brien, 12 September 1960; O'Brien to Cobbold/Mynors/Hawker, 'Protection of depositors bill', 15 September 1960, C40/111.
35) O'Brien to Chesterfield, 16 September 1960, C40/111.
36) Phelps (HMT) to Rudolf, October 1961, enc. 'Names of companies treated by the Board of Trade as banks and discount companies for the purposes of Paragraph 23(3) of the Eighth Schedule to the Companies Act, 1948'; Clarke to Rudolf, 'Depositors bill', 27 October 1961; Rudolf to Rhodes (HMT), 3 November 1961; Rhodes to H. Osborne (BoT), 29 November 1961, C40/1098.
37) Hollom to Radice, 14 December 1962; Radice to Hollom, 19 December 1962, C40/1210.
38) ロンバード・バンキング社 (Lombard Banking) は付属規定 8 に入るための申請を何回も行った. Fforde to Clarke, 'Companies Act, 1948. Protection depositors Act, 1963', 1 October 1963, C48/173 を参照.
39) Carlisle to Hollom, 23 February 1960, enc. Figgures to Osborne (BoT), 23 February 1960; Carlisle to Hollom, 'Protection of depositors. Restriction of use of word "bank", 29 February 1960; HMT, 'Protection of depositors. Use of the words "banker"and "Banking", etc.', 2 March 1960, C40/111.

第12章 銀行業の監督

40) Protection of Depositors Act 1963, 10 July 1963: Statutory Instruments 1963, Nos. 1353 and 1397.
41) Hollom to O'Brien/Cromer, 'Protection of depositors bill', 20 March 1962, C40/1099.
42) Bank of England, 'The supervision of banks' July 1974, 7A222/2.
43) Megrah (1968, pp. 490-524).
44) Discount Office, 'The present system', enc. With Galpin to GPS, 'Supervisory function', 31 December 1973, 7A222/1.
45) Ibid.
46) Ibid.
47) Discount Office, 'Banking supervision in the United Kingdom', enc. with Galpin to GPS, 'Supervisory function', 31 December 1973, 7A222/1; note on 'Criteria against which applications for exemption from the Protection of Depositors Act 1963 shall be judged', 3A8/28.
48) 'Banking supervision in the United Kingdom', enc. With Galpin to GPS, 'Supervisory function', 31 December 1973, 7A222/1.
49) Ibid.
50) Ibid.
51) Ibid.
52) Discount Office, 'Other minor banking type recognitions', enc. with Galpin to GPS, 'Supervisory function', 31 December 1973, 7A222/1.
53) 'U.K. Banking sector', 1 April 1970, 3A8/6; BEQB 12(4): 573-575, December 1972; BEQB 13(4): 538-541, December 1973.
54) Bank of England, 'Credit control and the fringe', January 1973, 3A8/25.
55) HMT, 'Note of a meeting held in the Treasury on 27 March 1973 to discuss credit control and the fringe', nd; Wass to Fforde, 16 April 1973, 3A8/25; Drake, Note for record – 'Credit control: fringe banks', 27 March 1973, 6A50/8; Discount Office to various fringe banks (list attached), 19 June 1973, 3A8/26.
56) Page to Chairman of Wintrust Securities, Ltd., and G.T. Whyte & Co., Ltd., 19 September 1973, 4A116/22.
57) Page to Richardson/Hollom, 'Section 123 banking companies', 5 November 1973, 3A8/28.
58) Commission of the European Communities, 'Draft directive for the co-ordination of the legal and administrative provisions for the taking up and exercise of the "independent operator"activities of credit institutions', July 1972; Frank Hall (Assistant to Chief Cashier) to Fforde, 'Draft directive on the co-ordination of legal and administrative provision relating to credit institutions', 12 September 1972, 7A3/3; Hall to Page/Fforde, 'Draft directive on banking supervision', 20 October 1972, 7A3/4.
59) Hall to Page/Fforde, 'Group on co-ordination of banking legislation. Meeting

of 13-15 November', 20 November 1972, 7A3/4.
60) Bank of England 'E.E.C. draft directive on the co-ordination of legal administrative provision governing credit institutions', 29 January 1973. 文書は大蔵省へ送付された. Fforde to Wass, 29 January 1973, 7A3/16.
61) Fforde to O'Brien/Hollom, 'Draft directive on the harmonization of banking regulation within the E.E.C.', 12 January 1973, 7A3/16.
62) Barnes, Note for record – 'E.E.C. Banking Directive', 14 March 1973, 7A3/5.
63) Fforde to O'Brien/Hollom, 18 April 1973, 7A3/5.
64) Fforde to Richardson/Hollom, 'E.E.C. draft directive on banking legislation', 16 October 1973, 7A3/7.
65) Hall to Page/Fforde, 'Group on co-ordination of banking legislation. Meeting of 12-13 September', 19 September 1973, 7A3/7.
66) Barnes to Page/Fforde, 'E.E.C. banking directive', 24 October 1973, enc. draft paper 'E.E.C. banking directive', 24 October 1973, 7A3/7.
67) Cooke to Page/Fforde/Richardson/Hollom, 'E.E.C. banking directive', 16 November 1973, 7A3/7.
68) No author (but Barnes), 'E.E.C. banking directive', 16 November 1973; Cooke to Downey, 4 December 1973, 7A3/7.
69) Barnes to Page/Fforde, Banking licensing bill', 15 November 1973, 7A222/1.
70) *Ibid*.
71) 'The licensing and supervision of deposit-takers', 19 December 1973; また以下も参照. 'The supervisory function: one tier or two tier', 31 December 1973, enc. with Galpin To GPS, 'Supervisory function', 31 December 1973, 7A222/1.
72) 'The licensing and supervision of deposit-takers', 19 December 1973, 7A222/1.
73) *Ibid*.
74) 'A licensing bill for deposit takers', draft, 5 December 1973, 7A222/1.
75) Fforde to Richardson/Hollom, 'The supervisory function', 19 December 1973, enc. 'The licensing and supervision of deposit-takers', 19 December 1973, 7A222/1.
76) Galpin to Noakes (GPS), 31 December 1973, 7A222/1.
77) 'The way ahead' enc. with Galpin to Noakes, 'Supervisory function', 31 December 1973, 7A222/1.
78) 'Richardson speech to the Institute of Bankers, 5 February 1974', *BEQB* 14(1): 55, March 1974. 同様の趣旨のことを, リチャードソンは6月にウォスに対し述べている. すなわち, 「突発的, 劇的な動きは信認を悪化させかねないので, 事態は静かにかつ堅実に」移るのが望ましい. 'Extract from DG's note 28.6.74...', 7A222/2.
79) 'Extract from Mr. Dow's note on the Deputy Governor's conversation with Mrs. Hedley-Miller 16.1.74.'; Wass to Fforde, 28 January 1974, 7A222/2.
80) Galpin to Fforde, 3 January 1974; Galpin to Huge Peppiatt [Freshfields], 7

January 1974; Peppiatt to Galpin, 17 January 1974; Keogh, Annotation on Galpin to Keogh/Fforde, 'Bank licensing', 5 February 1974, 7A222/2.
81) Fforde to Richardson/Hollom, 'Supervision of deposit-taking institutions', 6 February 1974, 7A222/2.
82) Fforde to Richardson/Hollom, 'Supervision', 13 March 1974, 7A222/2.
83) Fforde to Richardson/Hollom, 23 May 1974, enc. 'The supervision of banks' (first draft); second draft with Richardson annotations, nd; Fforde to Richardson/Hollom, 6 June 1974, 7A222/2.
84) Bank of England, 'The supervision of banks (memorandum by the Bank of England)', July 1974, 7A222/2.
85) Page to Richardson/Hollom, 'Cashier's Department', 6 February 1974, 0A46/2.
86) Hollom to Richardson, 'Cashier's Department. The Chief Cashier's note of 6 February', 21 February 1974, 0A46/2.
87) O'Brien to Richardson, 11 March 1974, enc. 'The Discount Office and bank supervision', invited comment, 0A46/2.
88) *The Banker* 124(583): 1045, September 1974.
89) 'The supervision of the UK banking system', 北ウェールズ・バンゴアのユニバーシティ・カレッジ欧州金融研究所が1975年3月17日にロンドンで開催したセミナーにおけるブランデンの講演の短縮版, *BEQB* 15(2): 190, June 1975; Bank of England, *Annual Report*, various.
90) Ian Cobbold, Note for record – 'Prudential returns from the banks', 28 May 1974; Galpin to Brandon Gough (junior partner, C&L), 21 June and 16 July 1974; Gough to Galpin, 24 July 1974, enc. paper on banking supervision, 7A222/2.
91) 管理委員会の保護下にある周辺銀行，とくにリストラ中の先は含まれないケースがあった．
92) Blunden to Richardson/Hollom, 'Prudential returns', 7 August 1974; Blunden, Note for record – 'Prudential returns', 14 August 1974, 7A222/2.
93) Bank of England, Press notice, 20 August 1974, 7A222/2.
94) Blunden to Page/Fforde/Richardson/Hollom, 'Prudential returns', 1 October 1974, and Fforde and Hollom annotations, 7A222/2. Subsequently, David Mallett, from William Brandt's, joined as a 'banking supervision accountant' in 1975; discussion with David Mallett, 6 November 2007.
95) Galpin to Blunden/Fforde/Richardson/Hollom, 'Prudential returns', 12 December 1974, and Blunden annotation, 16 December 1974, 7A222/2.
96) Blunden to William Balfour, 'Prudential returns: press briefing: questions and answers', 19 August 1974, 7A222/2.
97) Blunden, Note for record – 'Prudential returns: F.H.A.', 1 October 1974; Letter to finance houses, 6 November 1974, 7A222/2.
98) Richard Tyson-Davies to Barnes/Galpin/Blunden, 7 March 1975, 7A222/3.

99) Wood to Cooke/Page, 'Prudential interviews with the clearing banks 1976/77', 14 April 1977, 7A319/1.

100) Jeremy Huddle/Alan Savery to Blunden, 'Prudential returns', 17 December 1974, 7A222/2; Huddle/Savery to Barnes/Galpin/Blunden, 7 March 1975; David Mallett to Galpin, 22 August 1975, enc. 'The prudential review and interview', 7A222/3. さまざまな改訂を伴う一連の形態（BS, Q3, S2, Q6, および Q7）について は 7A222/5 を参照. Ian Kerr, Note for record —'Prudential analysis and interviews', 16 February 1976, 7A222/4; Noakes (Chief Cashier's) to 'all group leaders', 'Pre-interview notes', 20 October 1976; Noakes to Galpin, 'Prudential analysis: feedback', 21 October 1976, 7A222/5.

101) Mallett to Galpin/Blunden, 'Secondary bank insolvency — the profit and loss account as a guide to solvency', 3 October 1975, 7A222/3.

102) 「セイバリー検査」として知られている. Savery to Galpin, 'Prudential statistics', 17 September 1975, 7A222/3; Savery to Gill/Galpin, 'Prudential analysis', 15 March 1976, 7A222/4; Noakes to Gill/Galpin, 'The Savery test', 17 January 1977, 7A222/6.

103) Noakes to Galpin, 'Interviews', 10 January 1977, 7A222/6.

104) John Anderson (EID) to William Hawkins/Walter Hillage, 'Country risks', 20 September 1976, 7A222/5; Savery, 'Capital adequacy', 5 November 1976, 7A206/2; Anderson to John Mutch/McMahon, 'Country risks' exercise: BIS consolidated data', 23 June 1977; Paul Allen to Gent/Galpin, 'IRBO report on UK banking supervision', 18 July 1977, 7A222/7; Hall to Fforde, 'Liquidity exercise', 15 June 1978, enc. 'Prudential liquidity controls', nd, 7A222/10; Mutch to McMahon, 'Bank exposure to country risk', 17 July 1978, 7A222/11; Bank of England, 'The capital and liquidity adequacy of banks', *BEQB* 15(3): 240-243, September 1975.

105) Briefing note, 'Banking supervision in the United Kingdom', prepared for use of Advisers travelling abroad, July 1977, 7A222/7. On the origin of this note, see Galpin, Note for record – 'Liaison with the Overseas Department', 14 February 1977, 7A222/6.

106) Cooke to Galpin/Coleby, 'Discussion with overseas banks' branches', 12 August 1977, 7A222/8.

107) Noakes to Galpin/Cooke, 'Supervision of overseas bank branches', 3 May 1977, 7A222/7; Cooke to Galpin/Coleby, 'Discussions with overseas banks' branches', 12 August 1977, 7A222/8; Cooke to Coleby, 'Discussions with overseas banks' branches', 15 September 1977, 7A212/3; Bank of England, *Annual Report*, year ending 28 February 1978. およそ 160 行の銀行との討議は 1978 年 11 月に一巡した. イングランド銀行はその結果に勇気づけられた. Michael Lockett (BAMMS) to Nicolle/Cooke, 'Discussions with branches of overseas banks', 24 November 1978, 7A212/5.

108) Dow to Cooke, 'Supervision of foreign banks', 13 July 1978; Cooke to Dow 'Supervision of foreign banks', 27 July 1978 7A212/5.
109) 'The supervision of the UK banking system', p. 191.
110) Cooke to Richardson/Hollom, 23 July 1976, 7A221/2; Erskine to Galpin, 'High risk list', 22 December 1976 7A319/1; Gent to Cooke/GPS, 'High risk list', 22 August 1977, 7A222/8; Barry Hoffmann, 'Risk list—end-September 1979', 19 October 1979, 7A222/13.
111) Noakes to Richardson/Hollom, 'Slater Walker/Edward Bates/Wallace Brothers', 25 October 1976, 7A302/5.
112) For example, Peter Conoboy (BAMMS) to GPS, 'BAMMS monthly summary-February 1978', 1 March 1978; Coleby to Cooke/Richardson/Hollom, 'Meeting on banking supervision, Monday, 20 March', 16 March 1978, 7A222/9. Papers for period from December 1978 onwards in 7A282/1.
113) Galpin, Annotation on Huddle/Savery to Blunden, 'Prudential returns', 17 December 1974, 7A222/2.
114) Barnes to Galpin/Blunden, 'Banking supervision', 20 June 1975, 7A222/3.
115) Richard Farrant to Barnes, 'The quarterly round', 23 June 1978, 7A222/10; Mallett to Farrant/Barnes, 'The quarterly round', 7 July 1978, 7A222/11.
116) Farrant to Barnes, 'BAMMS statistical returns', 19 April 1979, 7A222/12; Farrant to Barnes/Coleby/Cooke, 'The statistical base for prudential supervision', 13 July 1979; Derrick Ware, 'Statistics for prudential supervision', 18 July 1979, 7A222/13.
117) Mick Folger to Noakes (GPS), 1 August 1974, 7A213/1.
118) SBS(74) 1st, 7A213/1.
119) Fforde, Annotation, 4 September 1974 on SBS(74)1st, 7A213/1.
120) Blunden to Fforde/Richardson/Hollom, 'Banking supervision', 14 October 1974, 7A213/1.
121) *Ibid.*
122) Blunden, 'Licensing deposit-takers', 25 November 1974, 7A213/1.
123) Blunden to Fforde/Richardson/Hollom, 'Licensing deposit-takers', 25 November 1974; Fforde to Airey, 18 December 1974, enc. Bank of England, 'Licensing deposit-takers', December 1974, 7A213/1.
124) Blunden, 'Licensing deposit-takers', 28 October 1974; Blunden to Richardson, 'Licensing', 2 April 1975, 7A213/1.
125) Downey to Blunden, 5 February 1975, enc. Airey, 'Supervision of the banking sector', February 1975, 7A213/1.
126) Fforde to Richardson/Hollom, 'Whitehall working party on the supervision of the banking sector', 26 February 1975, 7A213/1.
127) Christopher France (PPS to Healey), Note for record (of a meeting on 3 April 1975), 3 April 1975, 7A204/1; Blunden to Richardson/Hollom, 'Licensing',

7 April 1975; Page to Fforde/Richardson/Hollom, 'Supervision'; Blunden to Richardson/Hollom, 'Supervision', 22 April 1975; Blunden to Richardson/Hollom, 'Supervision', 29 April 1975, 7A204/1.
128) Fforde to Richardson/Hollom, 'The licensing question', 9 April 1975, 7A204/1.
129) McMahon and Fforde, Annotations on Fforde to Richardson/Hollom, 'The licensing question', 9 April 1975, 7A204/1.
130) 'Supervision of deposit-taking institutions', 30 April 1975, 7A204/1.
131) HMT, 'Note of a meeting ... 6 June 1975'; Airey to Fforde, 10 June 1975, enc. 'Banking supervision: possible outline legislative framework'; Fforde and Richardson, Annotations on Airey to Fforde, 10 June 1975, 7A213/1.
132) Blunden to Richardson/Hollom, 'Banking supervision', 23 June 1975; Blunden, Note for record —'Licensing', 22 September 1975, 7A204/1.
133) Lawrence Airey (HMT, Deputy Secretary) to Fforde, 10 October 1975, 7A179/1.
134) Gill to Galpin/Blunden, 'H.M.T. working party on licensing', 4 December 1975, 7A179/1; CSCI(76)1, 14 January 1976 (second revise of draft white paper), 7A179/2.
135) Couzens to Fforde, 9 February 1976; Fforde to Richardson/Hollom, 'White paper on licensing of deposit-taking institutions', 13 February 1976; Fforde to Couzens, 17 February 1976, 7A213/1.
136) HMT, 'Note of a meeting ... 20 February 1976, resumed ... 27 February', 12 March 1976, 7A213/1; Fforde to Richardson/Hollom, 'White paper on licensing of deposit-takers', 2 March 1976, 7A185/1.
137) Fforde to Couzens, 5 March 1976, 7A185/1.
138) Fforde to Richardson/Hollom, 'White paper on licensing of deposit-takers', 2 March 1976, 7A185/1.
139) Gill to Cooke, 'White paper on licensing', 22 March 1976, 7A185/1.
140) Galpin to Cooke/Fforde, 'Licensing white paper', 24 March 1976, 7A185/1.
141) Draft paper to Galpin/Cooke, 'White Paper on licensing', 1 April 1976, 7A185/1.
142) Jordan to Cooke, 30 April 1976, enc. Jordan, draft — 'Banking supervision: the outstanding issues', 29 April 1976, 7A185/1.
143) Nick Monck (HMT), 'Note of a meeting held in the Chancellor of the Exchequer's room, H.M. Treasury, at 5:15 p.m. on Thursday, 13 May 1976'; Cooke, Note for record — 'Licensing of deposit-taking institutions. Meeting with the Chancellor, Thursday, 13 May', 14 May 1976, 7A185/2.
144) Fforde to Richardson/Hollom, 'Licensing: draft white paper', 10 June 1976, enc. 'Draft white paper (amended version of the sixth draft)', 10 June 1976; Bridgeman to Cooke, 22 June 1976, enc. 'Draft white paper: eighth draft (22 June 1976)'; Bridgeman to Cooke, 28 June 1976, enc. 'Draft white paper: ninth draft

(25 June 1976)', 7A185/2; Cooke to Fforde/Richardson, 'Licensing of deposit takers white paper', 2 July 1976, 7A185/3.
145) Gill to Cooke, 'The boundary between exempt and licensed institutions', 7 June 1976; Cooke to Richardson, 'The boundary between exempt and licensed institutions', 7 June 1976; Cooke to Richardson, 9 June 1976; Plenderleith to Monck (HMT), 11 June 1976, 7A207/4.
146) SCNI 1976, 'Report', para. 180.
147) Cooke to Fforde/Richardson/Hollom, 'White paper', 19 July 1976; Cooke to Fforde/Richardson/Hollom, 'Licensing of deposit-taking institutions white paper', 22 July 1976,7A185/3; Gill, Press briefing, 2 August 1976, 7A186/1; *The Licensing and Supervision of Deposit-Taking Institutions*, cmnd. 6584, August 1976.
148) Minutes of Court, 5 August 1976; note of 'The licensing and supervision of deposit-taking institutions', G14/348; *The Economist*, 7 August 1976, pp. 56-57; Jack Revell, 'Reforming UK bank supervision', *The Banker 126(607)*: 1021-1023, September 1976.
149) SCNI 1976, 'Report', paras. 180-200.
150) Cooke to Fforde/Richardson/Hollom, 'Banking Legislation', 7 October 1976, 7A210/1.
151) 'The supervision of the UK banking system'.
152) *Ibid.*, p. 190.
153) *Ibid.*, p. 191.
154) *Ibid.*, p. 192.
155) Richardson speech 'Given at a seminar on "Banking tomorrow" held in Luxembourg on 27-28 November 1975', *BEQB* 15(4): 367-369, December 1975.
156) Cooke, 'Developments in the co-operation among banking supervisory authorities', *BEQB* 21(2): 238, June 1981.
157) 'Annotated agenda for meeting of the committee on banking supervision, 6-7 February 1975', 6A115/5. 参加国は、ベルギー、カナダ、フランス、西ドイツ、イタリア、日本、ルクセンブルグ、オランダ、スウェーデン、スイス、英国、米国であった。'Speaking notes for Basle, December 1975', 6A115/2; Richardson to Zijlstra, 11 March 1977, 6A115/4.
158) Blunden to Michael Dealtry (BIS), 24 March 1975, enc. 'Discussion draft of a report to the Governors on an international early-warning system', 6A115/5; Blunden to Zijlstra, 24 June 1975, enc. Blunden, 'Preliminary report to the Governors of the Group of Ten countries and Switzerland by the chairman of the committee of banking regulations and supervisory practices on international early-warning systems', 20 June 1975, 6A115/1.
159) Blunden to Zijlstra, 26 September 1975, enc. Committee on banking regulations and supervisory practice, 'Report to the Governors on the supervision of banks'

foreign establishments', 26 September 1975, 6A115/1; 'Introductory remarks by Mr. Blunden on 13 October to the Group of Ten Governors about the report on supervision of foreign banking establishments', 13 October 1975, 6A115/2.
160) Dealtry to Blunden, 18 December 1975, 6A115/2.
161) 'Developments in the co-operation', p. 239.
162) Barnes to Keogh/Page/Fforde, 'E.E.C. banking harmonization', 13 March 1974; Cooke, Note for record − 'Talk with Hutton, 18.3.74', 19 March 1974; Barnes to Keogh/Fforde, 'E.E.C. banking harmonization', 20 March 1974, 7A3/7; Cooke, Note for record − 'Banking harmonization (a new draft directive)', 15 May 1974, 7A3/8.
163) Hall, 'EEC banking directive', 5 November 1974; Cooke, Note for record, 6 December 1974, 7A3/8; Fenton to McMahon/Richardson/Hollom, 4 January 1975, enc. 'The current situation in the EEC', 7A3/9; European Parliament, Minutes of proceedings, 15 May 1975 (copy in 7A3/10); 'First Council Directive 77/780/EEC of 12 December 1977 on the coordination of the laws, regulations and administrative provisions relating to the taking up and pursuit of the business of credit institutions', *Official Journal*, L322, 17 December 1977, pp. 30-37.
164) 'Developments in co-operation', pp. 241-243; 'The Basle Committee on banking regulations and supervisory practices', June 1979, 7A341/4.
165) Cooke, 'Brief for Basle', 7 September 1979; Cooke to Zijlstra, 9 October 1979, enc. with Cooke to GPS, 10 October 1979, 7A341/7; 'International conference of banking supervisors, London, July 5-6 1979. Record of proceedings', 7A341/3; 'International conference of banking supervisors, *BEQB* 10(3): 298-301, September 1979; 'A colloquy of custodians', *The Banker* 129(642): 17-19, August 1979.
166) 議定書の改訂版は1983年に完成し（銀行の外国支店に対する監督の原則）、この増補版が1990年に公刊された。これらは1992年に一組の最低基準として再び公式化された。
167) 協議については、papers in 7A200/1 を参照。
168) Gill to Cooke, 'Contents of licensing bill', 23 September 1976, 7A210/1.
169) Cooke to Fforde/Richardson/Hollom, 'Banking legislation', 7 October 1976, 7A210/1.
170) Cooke to Fforde/Richardson/Hollom, 'Licensing bill', 25 November 1976, 7A210/1.
171) Gilmore to Cooke, 22 March 1977, enc. draft policy paper, 7A210/2.
172) Fforde, Annotation on Gill to Cooke, 'Licensing legislation', 29 March 1977, 7A210/2.
173) Gill to Cooke, 'Licensing legislation', 29 March 1977, and annotations by Cooke, Fforde, and Richardson, 7A210/2.
174) Chris Thompson, Note for record − 'Licensing: the Treasury policy paper', 13

第12章　銀行業の監督

April 1977, 7A210/2.
175) Cooke to Richardson/Hollom, 'Banking legislation', 22 April 1977, 7A210/1.
176) Gill to Cooke, 'Licensing policy paper', 3 May 1977, 7A210/2.
177) 'Extract from minutes of meeting 4.5.77 between the chairmen of the London clearing banks and the Governors', 7A204/1.
178) Cooke to Richardson/Hollom, 'Banking legislation', 26 August 1977, 7A210/4.
179) 'Extract from minutes of meeting between the chairmen of the London clearing banks and the Governors 7.9.77', 7A222/8; Barnes to Coleby/Cooke, 'The future of bank supervision', 28 October 1977 and 7 November 1977, 7A204/1.
180) Cooke to Fforde/Richardson/Hollom, 'Banking supervision', 9 November 1977, 7A204/1.
181) Diana Seammen (HMT) to Hall, 11 December 1977, 7A180/1; HC Deb, 16 December 1977, Vol. 941, c550.
182) HMT, 'Banking legislation: note of a meeting held on 22 December 1977 in the Treasury', 7A204/1; Gilmore to Coleby, 26 January 1978; Hall to Gilmore, 2 March 1978, 7A206/2.
183) Cooke to Hollom, 'Banking legislation', 10 March 1978, 7A180/2.
184) R.M. Bent, Note of a meeting – 'Banking legislation: meeting with the Deputy Governor [on 26 April 1978]', 26 April 1978, 7A180/2.
185) Cooke to Richardson/Hollom, 'Banking legislation', 24 April 1978, 7A180/2; Cooke to Richardson/Hollom, 'Banking legislation', 28 June 1978, 7A180/4.
186) 草稿については, file series 7A180/1-7 を参照. Malcolm Law (BAMMS), Note for record – 'Banking bill: draft clauses', 14 July 1978; Hall to J.M. Romanes (Freshfields), 26 July 1978; Seammen to Hall, 31 July 1978; Law, Note for record – 'Banking bill: draft clauses', 18 August 1978, 7A180/5; Hall to Richardson/Hollom, 'Draft legislation on deposit-taking institutions', 30 June 1978, 7A180/4.
187) Hollom to Davies, 4 July 1978, 7A211/1.
188) Davies to Hollom, 7 July 1978; 7A211/1.
189) *Banking and Credit Unions Bills*, cmnd. 7303, July 1978.
190) Court minutes, 20 July 1978; 'Banking legislation. Speaking note for Court, 20 July', G14/348.
191) Farrant, 'Banking bill', 8 September 1978, 7A204/1.
192) *The Banker* 128(630): 27, August 1978; *The Banker* 128(632): 19-27, October 1978; *The Banker* 128(633): 25-30, November 1978; Diana Seammen to Hall, 1 November 1978, enc. Seammen to Gilmore, 26 October 1978, 7A183/1; specific representations also contained in 7A183/1.
193) Hall to Cooke/Richardson/Hollom, 'Draft banking bill', 23 October 1978, listed range of issues still being worked on, 7A180/6.
194) Law, Note for record – 'Banking bill: committee stage', 1 December 1978;

Cooke to Richardson/Hollom, 5 December 1978; Law to Cooke, 'Banking bill — committee stage third sitting — Tuesday, 12 December', 14 December 1978; Law to Cooke/Fforde/Richardson/Hollom, 'Banking bill', 15 December 1978, 7A184/1.

195) Law to Cooke, 'Banking bill — committee stage fourth sitting — Tuesday, 16 January', 17 January 1979; 'Banking bill — committee stage seventh sitting — Tuesday, 25 January', 26 January 1979, 7A184/1.

196) Law to Cooke, 'Banking bill', 31 January 1979 and 19 February 1979, 7A184/1.

197) Minutes of Court, 5 April 1979; speaking note 'Banking bill', G14/348.

198) 法律の詳細な解説については，Vaughan (1987) を参照．

199) Bank of England, Press notice, 20 September 1979; Margaret Peskett (BAMMS) to Barnes, 'Banking supervision handbook', 4 October 1979, 8A8/2; Bank of England, *Handbook of Banking supervision*, August 1979.

200) Banking Act 1979, *Annual Report by the Bank of England*, 1979/80 and 1980/81.

201) Hollom, 'The Fay Report', 3A161/182.

202) *Report by the Committee of Inquiry Appointed by the Minister of Overseas Development into the Circumstances which Led to the Crown Agents Requesting Financial Assistance from the Government in 1974* [Fay Committee], 1 December 1977, HC 48, para. 421; サンダーランド (Sunderland (2007, pp. 179-221)) は，クラウン・エージェンツに関するフェイとそれに続くクルーム=ジョンソンの調査はあまりに厳しすぎて，批判の多くは正当化されないと主張した．

203) Evidence of Sir Jasper Hollom, 9 June 1976, 7A329/6.

204) *Report of the Tribunal Appointed to Inquire into Certain Issues Arising out of the Operations of the Crown Agents as Financiers on Own Account in the Years 1967-74* [Croom-Johnson Report], 26 May 1982, HL 149, HC 364.

205) *Ibid.*, paras. 20.86, 20.129, 20.133.

206) *Ibid.*, para. 31.12.

207) Keogh, Note for record — 'The fringe', 5 June 1974, 7A95/1.

208) Fforde to Richardson, 'Secondary banking: the antecedents', 20 January 1978, 7A149/2.

209) リード (Reid) も危機と EEC 指令の「二重の影響」を認めている．

210) O'Brien, 'The Banking Act 1979', The Ernest Sykes Memorial Lecture, 1979, Institute of Bankers.

211) *Report of the Committee Set Up to Consider the System of Banking Supervision*, cmnd. 9550, June 1985. また，たとえば Hall (1999, pp. 27-39) を参照．

写真14 「タージマハル」―イングランド銀行ニューキャッスル支店.

写真15 イングランド銀行の金保管庫.

写真16　イングランド銀行の理事会（1971年）．中央奥から時計回りに，レズリー・オブライエン（総裁），ジャスパー・ホーラム（副総裁），キット・マクマーン（執行理事），サー・シドニー・グリーン，エードリアン・キャドベリー，レオポルド・ド・ロスチャイルド，ジャック・デーヴィズ（執行理事），サー・ヴァル・ダンカン，サー・エリック・ロール，サー・ジョン・スティーヴンズ，ゴードン・リチャードソン，ロベンズ卿，ジェレミー・モース（執行理事），サー・モーリス・レイン，ネルソン卿，ピルキングトン卿，ウィリアム・ケジク，ピーター・テイラー（事務局長）．欠席：ジョン・フォード（執行理事）．

写真17　キット・マクマーン（執行理事，1970-80年）．

写真18　チャールズ・グッドハート（経済アドバイザー，1968-85年）.

写真19　1970年代のイングランド銀行外国為替ディーラー室.

写真20　ジム・キーオ（割引部長，1967-74年）．

写真21　クリストファー・ダウ（執行理事，1973-81年）．

写真22 ジョン・ペイジ（業務局長，1970-80年）．

写真23 ゴードン・リチャードソン（総裁，1973-83年）．

第13章
貨幣量目標とマネタリー・コントロール

　競争と信用調節 (competition and credit control; CCC) には移行期の問題がいくつか伴うことは不可避的であった．その問題のあるものは予期されたのであったが，他のものは十分には予期されていなかった．金融情勢は，偶然，同時に実施されたヒース政権の拡張政策によって著しく困難になった．石油価格の上昇のような外生的ショックやそれに付随する為替レートの変動が付け加えられた場合，そのような政策は混乱に終わる．マネタリー・コントロール（貨幣量管理）に取り組む必要度は強まり，その後，貨幣集計量や貨幣量目標 (monetary targets) の論議がいよいよ浮上し，1976年にはついに顕在化し，公然のものとなった．それらの貨幣集計量や貨幣量目標に対する信念がどれほど確固としたものであるのか，あるいはそれらを達成するコミットメントがどれほど強いものであるのかは，不明瞭なままであった．インフレーション対策として実施されたものは，いぜんとして，大きく所得政策に力点が置かれていた．金利がより積極的に使用されはじめたのは，1979年に新たな保守党政権が出現した後であった．

　貨幣変数は100年間驚くほど安定してきたが，1970年代にはまったく異なった変化を示すようになった．貨幣乗数 (M3) は1870年から1970年まで4近くで安定していたが，1970年に入り急激に上昇し，1981年までにはほぼ10に達した．非銀行民間部門の行動と銀行部門の行動を反映する乗数の構成要素はそれぞれ異なる経路をたどったが，それらは比較的説明が容易な経路であった．銀行の準備・預金比率 (R/D) については言及するべきことはあまりない．第2次世界大戦以降，手形交換所加盟銀行（クリアリング・バンク）に課された8%の最小必要準備率は1971年まで存続した．CCCに引き続いて導入され

た新しい準備率は，短期政府証券などの証券類を準備資産として保有することを認め，そしてより小さな現金部分が特定された[1]．(1981年に準備資産比率が廃止され，現金準備が金融機関の多数に拡張適用された．) 非銀行民間部門の現金・預金比率もまた引き下げられた．この説明の主要な部分は，間違いなく，銀行からその他金融機関への資金流出という事実にある．クリアリング・バンクの預金は，銀行とほぼ比較しうる住宅金融組合や信託貯蓄銀行など，その他の金融機関の預金よりも増加率がかなり低調であった．個人部門は資産を選択する余地が拡大し，金利は再び活発化し，個人部門は金利差を今まで以上に重要視するようになった．しかしながら，このことよりも重要なことは，CCCの後，銀行は当座勘定に付利をはじめ，その他金融機関から預金を引き寄せた．この説明の資金流出以外の部分は，インフレーションの加速化であった．なぜなら，現金保有の機会費用の増大に伴い，現金需要は低下することが予想できたからである．そして，インフレ期待の急変がいっそうの影響を及ぼすものと予想できた．

1. 貨幣量目標に関する発言

早くも1973年には非公表ながら貨幣量目標が存在していた，とする逸話が形成された．しかし，この逸話は証拠となる文書が残されているわけではない[2]．何か思い切ったことを行うことが必要とされ，そして国際通貨基金 (IMF) 融資が必要とされ，この際にはIMFが貨幣量の増加を抑制する断固とした行動を要求するであろうと認識されたのは，貨幣量目標に本格的な関心が集められる前の1976年のことであった．貨幣量目標に関する最初の公的な発言は，あいまいな表現ではあったが，1976-77年の貨幣供給（マネーサプライ）増加の量的上限を大蔵大臣が提示した，1976年7月の大蔵大臣の政策措置の中で行われた．しかし，この発言は，同年12月にIMFによって課され，その「基本合意書」('Letter of Intent')の中で承認された国内信用拡張 (domestic credit expansion; DCE) 目標によって直ちに取って代わられる宿命にあった．

1970年代の初めに貨幣量目標に注目が集められたのは，一部には，外部か

第13章 貨幣量目標とマネタリー・コントロール　　793

らの圧力の結果であった．1971年6月に，あるアメリカ人エコノミストがイングランド銀行の知人へ，マネタリストのエコノミストにとって貨幣量目標が必要であることは明白である，と論じた論文を送った．しかし，中央銀行がこの見解に強い嫌忌感を抱いていたことも同様に明白であった[3]．イングランド銀行が感じたのは，まさに，この嫌忌感であった．大蔵省はおそらくもっと寛容であった．(大半の政治家は寛容ではなかった．ヒース政権のアドバイザーであったアラン・ウォルターズ (Allan Walters) は絶望的になり数カ月後に辞任した．)いずれにしても，貨幣量目標への動きは緩慢であった．1972年4月，大蔵省の1972-73年経済見通しは，金融政策を「一般的な需要管理の不可欠な部分」として利用することを受け入れた[4]．貨幣供給量に数値目標は与えられなかったが，それにもかかわらず大蔵大臣は大蔵省官僚の助言を受け入れ，「現下の政策は1972/73会計年度に約20％の貨幣供給（マネーサプライ）増加率目標の実現に向けられるべきである．この20％という数字は，現行水準の金利が大きく上昇しないならば，実質産出高と物価の見通しを所与として，イングランド銀行が作成した貨幣需要方程式が示唆している貨幣供給増加率から要請されるものである」．(これは，真に異例の政策目的である．)もしわが国経済が急激な拡大局面に突入したならば，その際には，より多くの公債を非銀行民間部門に売却することによって，貨幣供給を抑制しなければならない．そして，「当局は，バンクレートの変更や特別預金の預託請求によって適切に支持される公開市場操作を通して，金利を望まれる上方に変化させることを追求するべきである」[5]．これは，CCCの目的を繰り返したものにすぎない．大蔵省およびイングランド銀行の官僚たちは，貨幣供給量統計を精査し，政策を検討するために定期的に会合をもつことになった．イングランド銀行はCCCの導入時点に設立された貨幣調査委員会 (Monetary Review Committee) をすでに有しており，貨幣動向を調査し，報告するために毎月会合を開いていた[6]．グッドハートは，大蔵省は「定期的にかつ柔軟に検討することはいうに及ばず，金融政策の運用を検討する」能力も意欲もまったく有していない，と主張した[7]．この金融政策に関する最初の月例合同委員会は1972年5月に開催された．ダグラス・アレン (Douglas Allen) が議長となり，その会合の意図は新たな論点に大蔵大臣の注意を喚起し，政策勧告を提言することであった[8]．その

後，1974年10月に，「大蔵省/イングランド銀行マネタリーポリシー・グループ」(Treasury/Bank Monetary Policy Group; MPG) と呼ばれた正式の委員会になった．しかしこれらの取り決めを合同の意思決定のための十分検討された機構を表現しているとみなすことは誤りであろう．

1973年にイングランド銀行はCCCの導入後生じた大きな混乱にいぜんとして苦闘しており，その大混乱に伴う一時的な要素とそれよりも深刻で根本的な貨幣の増加とをどのように識別するかに取り組んでいた[9]．10月のマンションハウス（ロンドン市長公邸）における総裁講演の中で，リチャードソンは「経済の成長率とインフレーションのペースを減速させるには貨幣拡張のペースを減速させることを必要とする」と述べた[10]．グッドハートは総裁の講演を受けて，貨幣を定義することがどれほど難しいことであるかについて，『四季報』の12月号でさらに論究したいと考えた．カーライルはグッドハートの論考に関心を抱いた．彼の言葉によると，貨幣は計測できないのではないか，仮に計測できたとしても，貨幣をコントロールすることはできないのではないか，もし仮に貨幣をコントロールすることができたとしても，そのことが何に対してどのような影響力を発揮しうるのかは明確でないと疑った．しかし，彼のような年老いた冷笑家に対してもこの論文は訴えるものがあると思った．困惑した思いを抱きながら，彼は「どちらにしても，イングランド銀行は何ら実質的な影響力を発揮しえないのだ」と付け加えた．ソーントンも貨幣に関して彼と同様の見解を抱いていたが，それにもかかわらずグッドハートの論考を『四季報』に掲載することを却下した[11]．

イングランド銀行は1973年初めにクリストファー・ダウ (Christopher Dow) を採用したが，それによって金融政策の議論があまり進展したようには見えない．ダウの職歴は，大蔵省に始まり，経済社会調査国民研究所 (NIESR)，および経済協力開発機構 (OECD) であり，そこから彼は57歳で1973年3月に採用された．彼は経済担当の執行理事に任命されたが，イングランド銀行の外部から執行職にストレートで就任した最初の人物であった．ダウの主張は本質的にはケインジアンであったが，彼の主張をはっきりと理解することはしばしば容易ではなかった．1973年にM3が年率20%以上で増加していた時に，過去6-12カ月間における金融政策が拡張的であるのか否かを判

定することは難しい，と彼は考えていた．金利が過去最高水準近くにあった 1973 年前半において，その金利が投資決定に影響する 1 つの議論になり始めた，と彼は主張した．しかし，この要因は実質金利が実際にはゼロまたはマイナスであったという事実を無視していた．彼は短期金利の上昇は国債の売却に悪影響を及ぼすと考えたが，それは過去に行われた論争を蒸し返すものであった．彼は，国債の売却を容易にするために短期金利の低下を望んでいた．彼はまた，社会的および政治的な理由から住宅ローンを初めて借りる者の条件を緩和することに注力した．彼は，銀行に対して全般的な指針を通告し，「ある特定種類の借入に対して数量制限」を設けることに熱心であり，割賦購入規制を復活することを望んだ[12]．7 月になると，彼はさらに過去に逆戻りした．経済状況を調査し，かつ対外的な関係を考慮に入れた後，国内にも影響を与えるが，主として対外的な効果のために金利の引き上げが必要である，と彼は主張した[13]．彼はまた，共通農業政策が「為替レートの変動から生じる輸入食料価格の上昇から相当の期間にわたりわが国を」保護した，と考えた．これ以上に介入主義的な発言も聞かれ，経済資源は輸出と投資のためにシフトさせて投入するべきである，と彼は主張した[14]．

　9 月にダウは「貨幣供給はどのくらいのペースで増加するべきか」と質問した．彼は，自分の見解は過去のイングランド銀行の見解と異なっており，現在の経済情報局（EID）の見解とも異なり，またそれは政治的にも厄介なことである，と述べた．彼は，最低貸出利率（minimum lending rate; MLR）が 1972 年 6 月の 5% から 1973 年 9 月には 13% に変化したという事実には言及しなかった．しかしながら，彼の執筆時において，この変化は金融政策が大幅に引き締められたことを意味した．これはもっともらしいことであるが，インフレ期待が金利よりも速い速度で上昇していたならば，金融政策は緩和基調なのであった．しかし名目金利の上昇は，彼の考えに影響したかもしれないが，彼の主張の一部を構成するものではなかった．ダウは，貨幣供給の増加を大幅に低下させる経済的論拠があまり根拠のあるものではないと考えた．そしてさらに，彼の考えでは 14% であった貨幣国民所得の増加率よりも高い貨幣の「中立的な」増加率が存在する，と考えた．彼はさらに続けて，18% の M3 の増加率は許容できる政策の予兆であるかどうかと問い，許容できない政策であると結

論づけた．彼は，貨幣拡張率を減速させる3つの可能な方法があると考えた．すなわち，民間部門に対する貸出の上限規制，金融部門の公的部門債務保有の最低比率，およびオペレーションによる銀行の流動性比率の引き締め，である[15]．

インフレーションが16％以上で推移していた1974年を通して，イングランド銀行と大蔵省における議論は，住宅金融や住宅ローン金利およびどのように住宅金融組合を取り扱うべきかをめぐるものであった．また，欧州経済共同体（EEC）が提起した，EECにおける金融手段の調和問題が議論の大半を占めた．もっとも，多くの金融手段が多くの国で利用されていないのにどのように調和を図るのかという問題は障害になるとはみなされていなかった[16]．しかしながら，イングランド銀行と大蔵省における支配的な議論は，金融政策とは何か，金融政策をどのように説明するべきか，金融政策をどのように公表するべきか，そして究極的には，金融政策をどのように実施するべきかであった．1974年初頭，貨幣量増加をコントロールする望みは補完的特別預金（supplementary special deposits; SSDs）にかかっていた．SSDs制度を7月からさらに6カ月間延長することが4月に決定され，1.5％の月間増加率が容認された[17]．最初のSSDsは7月に預け入れられ，総額600万ポンドを14行の銀行が払い込んだ．この操作の残りの7カ月の間，SSDsはそれよりもはるかに少額で，払い込んだ銀行数は半減した（表13-1）．1975年の最初の数カ月間，金融情勢は大幅に緩和されたと思われた．利付き適格負債（IBELs）の認可された額は基本額よりも18.5％の増加であった．ロンドンの手形交換所加盟銀行の増加は基本額のわずか7.75％にすぎず，10.75％という大幅な増加余地を残していた．ペイジは，このコントロールは効果がなく，SSDs制度を停止するに十分な根拠がある，と結論づけた．この結論を支持するもう1つの議論があった．この制度には主要な欠陥といわれた問題，すなわち，個々の銀行は基準日における相対的なポジションに凍結され，相互の相対的関係を動かすことができない，という問題があった．SSDs制度の停止によって，これに対処できる．これらの諸点についてはほとんど意見の相違はなく，必要な場合には再稼働しうるという条件つきで，1975年2月にSSDsの停止が発表された[18]．

初期の貨幣集計量はDCEであり，それに対する要請は1970年に失効した

表 13-1 補完的特別預金額（100万ポンド）と対象銀行数（1974-78年）

	合計	銀行数	第1トランシェ	第2トランシェ	第3トランシェ
1974年7月17日	6	14	—	2	—	—	6	12
8月21日	1	7	—	2	—	1	1	4
9月18日	2	5	—	1	—	1	2	—
10月16日	1	6	—	1	—	1	—	—
11月20日	2	6	—	—	—	—	2	6
12月11日	2	6	—	—	—	—	2	6
12月16日	1	5	—	3	—	—	1	2
1月15日	2	4	—	—	—	3	2	1
2月19日	—	3	—	—	—	1	—	2
1977年5月18日	1	5	—	03	—	1	1	1
6月15日	5	—	4	—	—	—	1	—
7月20日	1	4	—	2	—	—	—	2
1978年11月15日	1	7	—	7	—	2	1	1
12月13日	2	5	—	5	—	2	1	1
1月17日	2	4	—	4	—	3	1	1
2月21日	3	5	—	5	—	4	2	3
3月21日	2	3						
4月18日	1	4	—	4	—	2	—	2
5月16日	4	4	—	4	1	3	3	2
6月20日	9	6	—	6	1	3	7	3
7月18日	2	6	2	6	—	1	—	—
8月15日	10	14	6	14	3	5	2	3
9月19日	4	10	3	10	—	2	—	1
10月17日	1	12	1	12	—	2	—	—
11月21日	3	8	—	8	—	4	3	3
12月12日	3	8	—	8	—	4	3	3
12月17日	19	20	10	20	8	7	2	2

出所：*BEQB*.

が，1970-71年の新しい目標が1970年4月の予算書で発表された．翌年，対外的ポジションが好調の場合にはあまり妥当性がないとして，大蔵大臣はそれを廃止した．この公然とした目標の廃止は，「DCEは1971年3月30日に死亡した．安らかに眠れ」とするカーライルの注釈を引き出した．その後，DCEが通貨当局によって議論されることはほとんどなくなったが，データは『四季報』の中で公表され続けた[19]．しかし1974年末にサミュエル・ブリッタン（Samuel Brittan）が『フィナンシャル・タイムズ』紙上でDCEに関する問題を提起した時，同論考は総裁の注意を引き，グッドハートはその論考に回答を

具申するように要請を受けた[20]．このことによって過去の問題へ逆戻りしたが，それは貨幣集計量，とくにM3よりも広義の貨幣集計量に関するさらなる議論の始まりを意味した．（欧州経済共同体の（金融手段）調和グループもまた「第1次流動性および第2次流動性という概念」を支持した[21]．）

　1975年の夏までに，その後の3年間にわたる貨幣供給量の推定が行われていたが，これらはすべてカウンターパート方式に関連して算定された．この期間における議論は，借入必要額を所与とした際に達成可能なものを条件として行われることがほぼ常であった．フォードは，「景気後退期において」実施されてきた種類の慎重な金融政策の遂行が適切であり，そのような金融政策が大いに役に立ったと考えた．そして彼は，今や流動性が回復されなければならない，と考えた．貨幣供給量は金融政策のパフォーマンスの判断指標として利用できた[22]．7月末以前に大蔵大臣との議論のために何かを生み出す圧力が大きくなりつつあった[23]．8月にフォードは消費者信用のこれからの姿について苦慮していたが，それは1973年末に規制が再び課されて以来，低迷していたからである[24]．

　イングランド銀行の外部で展開されていたインフレーションをめぐる論争の多くは，1960年代にほとんど進展を示さなかった．たとえば，オーブリー・ジョーンズ（Aubrey Jones）が『新たなインフレーション：物価と所得の政治学』（1973年）を著したとき，彼は，お説教や公共部門への依存，あるいは失業の増大を受容することといった既存の解決策が不十分なものであることを認めた．しかしながら，彼はマネタリー・コントロールを受け入れることからはだいぶ異なった立場に立っていた．その代わり，現存の物価・所得政策の改善に焦点を当てた．この改善は，公正さや変則性，例外的事例という観点から表現されていた．彼は，特定の賃金交渉に直接介入する必要性が存在し，理想的には，すべての賃金引き上げ要求が提出される1つの組織体が存在するべきである，と主張した．『エコノミック・ジャーナル』誌にこの著書の書評を書いたG.D.N.ワーズィクは，「もし現代の混合経済においてインフレーションを抑制するべきであるなら，継続して〔価格・賃金交渉を〕裁定する組織体を伴う物価・所得政策が不可欠である」と論じた[25]．ワーズィクは，同書の議論がきわめて巧みに展開されているので，同政策を信用していない人々も転向する

可能性が十分に高いのではないかとさえ考えた.

　インフレーションが年率約25%で昂進を続けていた1975年中ごろに，インフレーションの原因を説明し，その抑制策を詳述した白書が公表された．この白書によれば，1972年以降のインフレーションの昂進は輸入原材料と食料価格の上昇，とりわけ石油価格の増大に起因していた．しかしながら，その他諸国の大半も同様にこれらの輸入価格増大に直面していたが，そのインフレーション率はかなり低率であった．白書は，フィリップス曲線とコストプッシュ・インフレ仮説の双方を信奉する旧来の観念を反映した抑制策を提案していた．白書は，政府や英国産業連盟（Confederation of British Industry; CBI），労働組合会議（Trades Union Congress; TUC）が「大量の失業を意図的に生み出すことよりも，賃金引き上げ率の縮小」によって，インフレーションを抑制するべきであるとの意見で一致している，と述べた[26]．価格統制は継続されるべきであった．しかし，政府支出を抑制するとともに，貨幣供給量の増加を抑制するための措置がとられるべきであるとする注釈も示していた．しかしながら，当時もっとも尊敬されていた政府アドバイザーのカルドアは，1976年末においてもなお「インフレーションの主原因は労働組合の好戦性の高まり」であると主張していた[27]．A.J.ブラウンが『グレート・インフレーション，1939-1951年』という彼の初期の研究の続篇として，1950年代から1980年代の世界のインフレーションを調査したが，その中で彼はインフレーションの主原因が諸コストの増大である，とする従前の仮説を繰り返し述べた[28]．貨幣供給量は諸コストの増大を賄った．これらの著者は第一級の経済学者たちであったので，イングランド銀行はこのような見解から離れた立場をとってはいない，と考えられる．このような見解に対する大きな変化は新進気鋭の若い世代の登場を待つ必要があったし，実際そのような著作が現れつつあった[29]．しかしながら，この大きな変化は彼らの構想をどのようにして政策に具体化するのかという多くの問題を新たに生み出すことになった．

　政策当局の内部に異なった視角からインフレーション問題を考える論者がいた．たとえば，1976年初頭に，大蔵省の若いエコノミストであるマイケル・ビーンストック（Michael Beenstock）が貨幣とインフレーションに関する論文を著し，それがイングランド銀行へも伝えられた．グッドハートは，その論文

が明らかにしたことはただ貨幣需要関数が長期においては比較的安定していることである，とカッセルに述べ，そのことが「重要な問題」であるのかに思いをめぐらした[30]．ビーンストックは，主要な論点は「輸入材のコストと同じように，賃金コストは長期においてインフレーションを引き起こすことができないこと，そして長期においてインフレーションは本質的に貨幣的現象である……．労働組合は，失業を引き起こすことができるにすぎず，インフレーションを引き起こすことはできない」と回答した．ビーンストックは，これが「重要な問題」である，と確信していた[31]．これよりも緊急に回答する必要があったのは，『タイムズ』紙に掲載されたリーズ゠モッグの論文記事「9.4％の過剰な貨幣供給量はどのようにして9.4％のインフレーションをイギリスにもたらしたのか」であった[32]．グッドハートは，その論文記事よりも厳密な研究がイングランド銀行の内部で行われたこと，および強い因果関係がまったく検出されなかったこと，しかし何らかの因果関係が検出された場合においても，その因果の方向は所得から貨幣への関係であった，とイングランド銀行の正副総裁に述べた．しかしながら，彼はそのイングランド銀行内部の研究は1971年までの期間に関するものであり，実際には，リーズ゠モッグの研究結果は1971年以降の期間において妥当するものであった[33]．為替レート制度の相違に関する議論はなかった．イギリスのインフレーションに関するおびただしい数の論文に大きな関心がよせられたが，その大半はロンドン・ビジネス・スクール (London Business School; LBS) の「マネタリスト」のモデルであった．1976年中ごろ，首相と大蔵大臣，大蔵省のピーター・ミドルトン (Peter Middleton) およびイングランド銀行のエコノミストたちとの間では，この問題の詳細かつテクニカルな側面に関して長大な書簡が往復されていた[34]．議論は展開されたが，それが政策行動に反映されたのはそのずっと後のことであった．

　それがどうであれ，1975年には，インフレーションが過去最高の値に到達する寸前に，ダウは，イングランド銀行が考える金融政策のあるべき姿および金融政策がどのように作用するのかに関する基本的な議論を再開した．彼は〔公共部門〕借入必要額に関してきわめて広範に記述した[35]．フォードはこの問題をいつもの回りくどいやり方で議論し，以下のように結論づけた．

第13章　貨幣量目標とマネタリー・コントロール　　801

　私は，自分自身がマネタリストの立場にいくぶん近づきつつあると感じています．あるいは，少なくとも，それは，われわれが（そしてその他多くの人々も）物価と所得および公共部門借入必要額（PSBR）の領域において望ましいと考える状態を実現しようと努める手段として，イングランド銀行が少なくとも部分的には受け入れることができる立場であるとする考え方に，私自身が共感を覚えるように感じています[36]．

　マクマーンの考えははっきりしていた．財政政策は金融政策よりもその効果が強力であり，公的支出の水準はあまりに高すぎる，そして「20世紀後半の民主的な工業国においては，広範な国民の同意に基づいた多少とも継続的な所得政策の支援によってインフレーションを封じ込めることが初めて可能となるであろう」〔と述べた〕．（所得政策はそれまでの20年間，成功しないまま実施されてきた政策である．所得政策は間違いなく瓦解状態にあると判定されていた．）貨幣供給量の厳密なコントロールを彼が支持した唯一の理由は，それが政府支出に削減圧力を加える手段であったからである．マクマーンは，「もし貨幣供給量増加の目標についての公的な声明を獲得することができるならば，それは大蔵大臣の首に絞首縄をきつく巻きつけたことを意味する．しかし，絞首縄を付けることを大蔵大臣に説得することなどありえないでしょう．しかしながら，それを試してみることはできるかもしれません」[37]．

　10月初めにダウは「貨幣供給量目標を採用することのインプリケーションは何か」と題する1編の論文を総裁に送付した．この論文は次のような多くの問題を提起した．すなわち，貨幣供給量の拡張率はいくらか，それは公的な目標であるべきか，金利に与える影響は何か，どの程度までの金利上昇が耐えられるか，どのような貨幣集計量が望ましいのか，M1か，あるいはM3か．

　　これらの諸問題に対する解答はマネタリスト的［ママ］目標を採用する本当の精神に依存している．(1)ある極端なケースでは，貨幣供給量の数字を良く見せるが，金利への影響をできれば回避するために，きわめて冷笑的に目標を採用することができる．――貨幣にもっとも近似したもの，すなわち超短期かつ流動性の高い資産の，非銀行部門による保有を大幅に拡

大させることを意味する，と私は想定しています（要するに，「いかさま行為」）……．(2)実際上，前もってこのような一般的な見解について決定したいとは思わないでしょう．言い換えれば，ある段階で，われわれが耐えることができると考える金利の限度まで進んだと考えるようになるかもしれません．そして，われわれは「いかさま行為」に近いところまで行こうと望むことになるでしょう[38]．

これは皮肉と混同とがないまぜになったものであった．ダウは，グッドハートがもう 1 編の論文を準備するべきだと考えたが，実際彼は論文を執筆した．その中では，イングランド銀行が金融情勢の先行きについてますます不安を募らせるようになり，調査の必要を考えるようになった，と記述されている．〔公共部門〕借入必要額と起こりそうな貨幣供給量の増加に関する冗長な分析の後，その論文は即時の政策行動は必要としないが，不測の事態に備えた対策は進めるべきであるとする結論を示しただけであった．リチャードソンもまたロンドン市長公邸での晩餐会の前に緊急の調査をするようにヒーリーを急がせた．その月の後半における「大蔵省/イングランド銀行マネタリーポリシー・グループ」（MPG）の会合で，大蔵省の事務次官補であるマイケル・ブリッジマン（Michael Bridgeman）を議長とする作業部会が設置されたことが確認された[39]．

ブリッジマン作業部会はまだ審議中であったが，貨幣量増加率が 9.5% まで低下したので，当面の情勢は緩和した．そのため，緊急の調査はその後 2 年間の見通しに焦点を絞った．金融政策の目的について，同部会報告書は大蔵大臣が貨幣供給量の増加がインフレ圧力を加速させてはならないとの意向を数度にわたり表明したことを指摘した．この指摘は，M3 で測られた貨幣供給量の増加は名目国内総生産（GDP）の成長率以下に抑制されるべきことを意味すると解釈された[40]．この方策の見識が今や疑問視されることになった．大蔵省は何を目標とするべきか，貨幣か，あるいは金利か，と問いを発した．目標は明示されなかったが，ある状況の下では，一方は他方よりもより安定効果が強い．しかし，実際のところ，大蔵省は，通貨当局がそれらの一方を排他的に選択することは考えられない，と主張した．当局は貨幣量の増加率に無関心でいられ

第13章 貨幣量目標とマネタリー・コントロール

ることはないが，同様に，金利の水準に無関心でいられることもない，のである[41]．ブリッジマンの主要な政策に関する結論は，既存の目的があいまいであったこと，つまり GDP のほとんどすべての増加に対しても貨幣を供給することができ，貨幣的諸要因が反インフレ政策を危険にさらすことが決してないようにするには不十分である，とした．同作業部会は，将来における金融政策の目的は，「予算に関する判断の一部として選定され，予算後にも先々検討される M3 増加率についての特定の数値目標として表明されるべきである」ことを勧告した．このことにより，金融政策に安全装置を組み込むことができる．この目標を公表するべきか否かについては，同部会はそのいずれに利点があるのかに関して意見が割れた[42]．

これらの諸問題のすべてが 1976 年 1 月初めに MPG で審議された際に，意見の大きな不一致が生じた．たとえば，若干の参加者（グッドハートによれば，大蔵省からの参加者）はマネーストックの役割がそれによって表現される目的にとって十分に明瞭でないと思っていた．そして，公表することに対する支持は事実上皆無であり，もし公表するならば，それに固執しなかったという批判を招くだけに終わるであろう[43]．ダウはイラついており，金融政策の目的を説明する現行の方式に対する拒絶反応があり，何事にも合意することに失敗している，とフォードに不満を述べていた[44]．グッドハートの評価はそれよりもいくぶん肯定的であった．彼は，報告書のもっとも重要な結論は「PSBR が慢性的に高水準である現下の状況下では，金利の引き上げは貨幣量の増加を抑制する上でとくに有効性を欠いている．それは高水準の国債売却の効果が高水準の利払いによって大部分相殺されてしまうからである」，と考えた．しかしながら審議の全般的な論調はイングランド銀行が望んだよりもかなり否定的であり，公表されるものであれ，あるいは内密なものであれ，金融政策の目的が何であるかを定義したり，あるいは擁護したりする明確な観念は存在していなかった．グッドハートは，「非マネタリスト的な」金融政策の説明をわれわれが考案することが何にもまして重要となっており，その説明は知的な信頼を集めると同時に，貨幣集計量についても適切に顧慮したものでなければならない」，と結論づけた[45]．

ダウとグッドハートとの間には審議のいくつかの領域において明白な意見の

不一致が存在しており，それが1976年1月のダウの要請に対するグッドハートの返答の中で明確に示されていた[46]．同じ月の後半に，グッドハートはもっと腹蔵なく話していた．

> 貴殿〔ダウ〕は「名目国民所得の増加と多かれ少なかれ一致する貨幣量の増加率は，いぜんとして1つの規範とみなされるべきである」……，と示唆されています．私も，またブリッジマン作業部会その他の委員も，この方式を受け入れる用意はありません．……貴殿は，名目国民所得を，財政政策や物価政策のようなその他の諸要因によって決定され，ことさらに貨幣的手段によって影響を受けないようにしておく方式を志向されているように見受けられます．ブリッジマン作業部会は金融政策にもっと介入主義的な役割を追求していました．

さらに多くの腹蔵のない話がそれ以前にあった．「結局のところ，貴殿は『当面のところでは市場の諸力に同調して進み，マネーストックの増加をほとんど認めないことに利点があるように思われます』と述べて，議論を終えておられます．この利点が何であるのか私には理解できません．それがなぜ利点なのでしょうか」[47]．

この論争の趣きをさらに示唆するために，同日のフォードからダウに寄せられた文書を少し長く引用する価値がある．フォードは重要な論点の整理において才気に溢れているが，彼には複雑なもう1つの側面があり，この場合においては，とりわけ理解しにくい仕方で叙述している．その文書の主題は「金融政策の諸目的（苛立ちへの貢献）」と題されており，彼は以下のように記述した．

1. 1月19日付の覚書の中で，CAEG［すなわち，グッドハート］は次のように述べている．
    (i) 1ページ，「きわめて狡猾な質問，すなわち，金融政策の制限の程度を貴殿は一体どのようにして計測されるのでしょうか．……
    (ii) 4ページ，「われわれはどのようにすれば金融政策のスタンスを正確に計測することができるのでしょうか」．

第13章　貨幣量目標とマネタリー・コントロール　　　　　　　　　　805

2. 1月19日付の覚書の中で，貴殿は以下のように述べておられます．
パラグラフ3，「……金融政策の主眼は，原理的には，……から判断することができます」．そして，その同じパラグラフの後段で「……いずれの指標も金融政策に対する完全に信頼に足りる指針ではありません……」

1. 用語法の差異が重要ではないとか，あるいは本質的ではないと私は考えません．何かを計測することは，それを判断することと同じであるようには思えません．しかし，実際のところ，その差異は何でしょうか．ぎこちないかつ不完全な類推を用いれば，航空機の飛行速度と高度とはそれらの数値を記録する機器によって計測することができます．しかし，操縦士は単純な航空機を着陸させる最終段階では，彼の飛行速度（そして時には，彼の地上速度）と地上からの高度，そして必要とあれば風による横滑りを目視と感覚との結合によって絶えず判断し，計器に頼ることはほとんどないでしょう．操縦士の判断の良し悪しに従って着陸の良し悪しが決まるのです．

結論に至る前に，類推をその極限にまで拡張してもっと多くのことがこの後に続く．

11. したがって，手続きの連続ないし循環——計測，判断，説明，評価，決断——があります．そして，すべてを包含する質問「われわれはどのようにすれば金融政策の推進力を正確に計測することができるのでしょうか」は厳密な試験の下では消滅します．それは質問ではなくなり，したがってそれに対する正解も存在しない．だからそれについて心配しないでください[48]．

その2日後，ダウは正副総裁宛てに書簡をしたためたが，それは「ホプキンズ［ママ］が最初からずっと貨幣集計量の増加によって金融政策の諸目的を特定することについて疑念を抱いていた」，との不満を漏らすためであった．ダ

ウはその際に，マネタリストを装い，貨幣量目標が金融政策の諸目的を示すより優れた指針であることをホプキンに納得させることを期待していたと主張したのである[49]．その後，グッドハートがこの問題に立ち返った時に，その同じ見解を支持し，1973年以来「イングランド銀行はM3についての未公表の数量化された貨幣量目標を採用し，操作することを追求してきた」と，彼は主張した．しかしながら，彼は続けて「政府は1976年末まで貨幣量目標の採用に反対してきた」と述べた[50]．1980年代初めの経緯を映し出すように，フォードは，1973年以降に政界や市場の見解がM3に敏感に反応するようになり，M3の推移が政策運営上の強力な制約要因となったのはその後のことであった，と述べた[51]．

2. 貨幣量目標

1976年3月末に，リチャードソンはヒーリーに対してPSBRの規模とその後に起こりうる貨幣供給量の拡張について注意を怠らないように警告した．彼は，今度の4月の予算は「金融政策についての断固としたスタンスの声明」を含めるべきことを要請した[52]．結局，ヒーリーは，予算演説の中で，貨幣供給量の増加によってインフレーションをたきつけることは望まないと述べ，彼のめざすものは「貨幣供給量の増加が現行価格で表示される経済成長と需要についての計画と整合的なことである」，と述べた．この演説内容は，その会計年度におけるM3の増加率が12％ないし13％であることを意味すると広く一般に解釈された．

ポンドの為替レートは1976年3月末に急落し始め，このため議論の応酬が激化し夏まで続いた．ヒーリーが6月7日月曜日に53億ドルにものぼるポンド防衛策を発表した際，彼は同時に，貨幣供給量の増加がインフレーションを刺激することは許されない，と再び繰り返した．しかしながら，この防衛策は，貨幣供給量の増加率を5％とする特定の限度を直前に主張していた『エコノミスト』誌にとって十分なものではなかった．同誌は，同時に，イングランド銀行が「貨幣供給量を，制御することはいうまでもなく，計算することさえできないといつも繰り返し述べてきた，と論評した[53]．しかしながら，その2週間

第13章　貨幣量目標とマネタリー・コントロール　　807

後，リチャードソンは貨幣量目標をもつことの潜在的な利点について積極的に発言した[54]．ブリッジマン作業部会のもう1人の委員はM3についての部内目標の設定を勧告した[55]．ある委員は貨幣量目標を公表するべきであると考えた．イングランド銀行は，「今年の明示的な貨幣量目標を，来年についてのいっそうより低い目標についての確約と一緒に，示さなければならない」と主張した[56]．これを徹底させるために，リチャードソンは貨幣供給量の増加率の限度を12%にする意図をヒーリーが表明する必要性を強調した[57]．その翌日，大蔵大臣は自らの声明の中で，PSBRを10億ポンド削減することを狙った対策の概要を明らかにした．彼はまた，本会計年度全体として，「貨幣供給量の増加率は約12%に達するはずである」，そして「この対策の結果は，インフレーションを抑制するというわれわれの目的と完全に両立する」と述べた[58]．その同じ日にヒーリーはリチャードソンに書簡を送り，その中で，明示的な目標の問題に関して熟慮を重ねたが，目標を公表しないことに決定した，と述べた．彼は，彼が選択した言葉で総裁に満足してもらえることを期待した．

> 1976/77年の貨幣供給量増加率が約12%に達するはずであると述べた際に生じるあいまいさについて貴殿は批判があるかもしれません．貴殿はおそらく正しいでしょう．しかし，私はその点に気がついていないわけではありません．もし急がされれば，私としては，もちろんこれはその目標を達成するのに必要ないかなる是正措置をも自動的に採用するという確約を伴う種類の目標ではない，と申し上げることになるでしょう[59]．

大蔵大臣の声明の草稿を読んだグッドハートは，その当時の金融政策が何であるのか，この声明が政策スタンスの変更を示唆するのか，とあれこれ思いをめぐらせた．これは指針なのか，目標なのか，あるいは予想なのか．フォードは解明しようとベストを尽くした．

> 大蔵省は，「それは目標ではないが，予想以上のものである」と述べている．われわれは実施上の目的のための「指針」であると述べているが，大蔵省がそこまで踏み込むことはない［であろう］と想定している．大蔵省

はそれが何であるかについては述べず，それが何ではないと述べるだけにとどまっている．とくに，もしもある一定期間にわたり実績が予想以上の

ものから乖離した場合，自動的に政策行動をとる約束をすることに大蔵省は否定的である．しかし，そのような乖離が大蔵省にとって懸念材料となることは認めている[60]．

　金融政策の目的と目標のこの話と並行して，貨幣供給量の増加に対するもっとも影響力の強い操作手法は何かという実務的な問題が存在していた．1976年の夏の間，有効に機能すると考えられた唯一利用可能な手段はSSDs，すなわち「コルセット」[61]であった．その後，コルセットの準備のための作業が進められたが，その概要は11月まで完成しなかった．その作業はやがてDCEが導入されるとの理解のもとで進められ，「衝撃効果」をもたらすことを意図していた[62]．利付き適格負債（IBELs）の増加率は最初の6カ月間は3％に，その後の2カ月間は0.5％に設定された[63]．SSDsの詳細がロンドンのIMF調査団に提示された時，彼らはそれを認めず，SSDsがかなり速やかに段階的に廃止される確証を得ようとした．彼らはSSDsを「部分的な信用割当制度」とみなし，それがDCEに与える影響に懸念を示した．このIMFとの協議の間，IMFの為替・貿易関係局の副理事であったオーストラリア人エコノミストのデイヴィッド・フィンチ（David Finch）はマネタリーベース・コントロールを強く要求したが，イギリスの担当者たちはこれに反感を抱き，その手法はイギリスにおいてこれまで一度も使用されておらず，イギリスの金融システム全体の構造に関して数多くの問題を惹起するであろう，と述べた．実際のところ，今回のIMFからの融資の引き出しの期間では何も実現することはできなかった．しかし，1977年5月に予定されている次回の年次協議に向けて何らかの準備をすることが決められた[64]．

　ヒーリーもまた，1976年7月の声明のなかで，金融引締めの結果，十分な融資を受けられない産業が生じるリスクがあることを指摘していた．その後，イングランド銀行による優先分野（製造業，輸出拡大・輸入抑制分野）への融資の増加が行われるべきとを強調した指針が出され，その他の分野（「個人分野，不動産会社分野，純粋な金融取引分野」）への融資の制限が実施された[65]．

これは実質的には，1973年9月に出され，その後も解除されていなかった指針を再現した声明であった．そして，1976年11月とまた1977年にも再度，その声明は繰り返し出された．この指針は質的なものであると想定されていたものの，それは次第に「暗黙の量的規制」となり，融資額の上限の性格を有するようになった．1978年に，ペイジはこの声明が不満足なものと考え，既存の融資規制を維持する要請を廃止する新しい指針が出された[66]．

1976年危機の際にも特別預金が再度課された．特別預金の預託請求が9月になされ，10月に1％が追加され，11月にはさらにあと1％が追加された

表13-2 特別預金の変更（1972-79年）

日付	預託請求（％）	合計（％）
1972年12月	1	1
1973年1月	2	3
1973年10月	1	4
1973年12月	1	5
1974年2月	−0.5	4.5
1974年4月	−1	3.5
1974年5月	−0.5	3
1976年1月	−1	2
1976年2月	1	3
1976年10月	1	4
1976年11月	1	5
1977年1月	−2	3
1977年2月	−1	2
1977年3月	1	3
1978年6月	−1.5	1.5
1978年7月	0.5	2
1978年8月	−1	1
1978年9月	1	2
1978年10月	1	3
1979年2月	−2	1
1979年3月	−1	0
1979年5月	2	2
1979年7月	−2	0
1979年9月	2	2

出所：BEQB．

（したがって，総計で5％）（表13-2）．この10月の引き上げは13％から15％へのMLRの管理引き上げを伴うものであり，その目的は貨幣量増加率を緩和することであると表明された[67]．まもなくして，予想より少ない政府借入必要額と予想より多い国債売却額が「準備資産ポジションに過度の圧力をもたらす」ことがわかった[68]．この状況が持続したので，12月までにイングランド銀行は特別預金の追加を1977年1月28日まで延期することを要求した[69]．ヒーリーとウィットム（1964年にイングランド銀行を辞職し，IMFの欧州担当理事に就任）[70]はともにこの要求に反対したが，リチャードソンがウィットムに告げたように，マネーマーケットにおける「きわめて多大な」資金不足の見通しが存在し，国債は堅調であり，そして新しいタップ発行国債が利用可能で

あった．この延期要求がその時点で公表されなければ，特別預金の解除をその後実施せざるを得なくなり，そしてそのことは誤ったメッセージを市場に送ることになったであろう．この延期は「マネーマーケットの熟達した管理の単純な行動」であった[71]．ウィットムは「IMFは命令を出すことができないことはいうまでもありません」として最終的に譲歩し，その日の後半には，ウィットムが不本意ながらも黙認したことをリチャードソンは明らかにした．その後，リチャードソンは，もしその日の請求が延期されなかったならば，国債のさらなる巨額の売却がさらに多額の特別預金を解除するための圧力を生み出したであろうと大蔵大臣に強調した．これらの事態に直面したヒーリーは態度を軟化させた[72]．金融情勢についてのイングランド銀行の分析が正しかったことが明らかとなった．イングランド銀行は1月中旬に2%の特別預金が17日に返却されること，そして1%の追加的請求を取り消したことを公表した．このような政策変更がなされたのは，準備資産ポジションが「現在の金融政策の必要性を超えて極端に逼迫している」ことによるものであった[73]．

多額のPSBRの資金調達，インフレーションへの対応，そしてポンド為替問題への取り組み，これらすべては国債市場操作への重大な挑戦として現れた．しかし，貨幣に対するよりいっそうの強調および貨幣量目標の到来もまたいくつかのインプリケーションを有していた．関連する諸大臣はいうにおよばず，実務家や学者，報道関係者から多くの論評が現れた．イングランド銀行はそのうちのいくつかには失望させられた．『バンカー』誌の一論考は，「イングランド銀行がいかにして金融政策の運営に失敗したのか」と断言していた[74]．それにもかかわらず，イングランド銀行は金融政策の手法や方策に関して自責の念はなく，頑固な態度を貫いた．もっともこのような論評や解説の回覧は一般的に部内者にだけ限定され，部外者は彼らの意図を推測するだけであった．時には批判者がイングランド銀行に呼ばれることがあった．金利と貨幣供給量に関する論文記事を『タイムズ』紙に書いて，堅調な市場に対するイングランド銀行の態度について論評したティム・コンドン（Tim Congdon）は，その後で，ペイジが訂正を出すことができるように頼まれた．この若いジャーナリストは平静を保ち，「金融政策には多大の混乱した考え」がいぜんとして残っていると示唆した[75]．慣例を破ってこの問題について総裁に直接に書簡を送った証券

ブローカー商会のあるパートナーにまで批判が及ぶほどであった．ガバメント・ブローカー（Government Broker）は，これは「異常な」事件であるが，大多数の人々が「われわれよりも彼らの方が国債市場をもっと上手に運営できると考えている」状況を反映している，と公言した[76]．イングランド銀行は，外見上は批判を受け付けない態度を装い，国債市場をどのように運営するべきかについてはイングランド銀行がもっとも良く熟知しているという意思堅固な態度を貫き通した．

1970年代に発行された国債の回数と売り出された総額（名目額）の双方は，その前の10年間の数値を上回っていた（図13-1）．1970年代に至る利回りの長期的な下落傾向の後，1975年初頭から市場は反転し始めた（図13-2）．1975年と1979年の間に総額330億ポンドにのぼる大量の国債純売却が生じた．そのうちのある四半期はとくに堅調であった．1976年12月に終わる3カ月間に32億ポンド，1977年7月と9月の間に30億ポンドが売却された．売却額の落ち込みもあり，1977年6月に終わる四半期には5億7,800万ポンド，1978年9月に終わる四半期には7億9,300万ポンドしか売却できなかった．日次の国債売却額を示すデータでは市場の好調と不調の波はいっそう明白であった（図13-3）．イングランド銀行の国債市場管理に対する外部からの批判の多くを誘発し，大蔵省高官や大臣たちの関心を増大させたのは，これらの市場の変動であり，貨幣量目標を導入した後はとくに顕著であった．この市場の変動は，必要とされる国債売却額の水準に関する，これまで以上に明白な数字と評価をもたらす結果となった[77]．

CCCが発表された時に国債操作手法の変更が導入されたにもかかわらず，期近物国債以外の国債の購入が実施された．ジョバー〔マーケット・メーカー〕のための秘密の安全装置取り決めは一時的な措置としてのみ意図されたが，実際には，この制度は1971年9月にさらに3カ月間更新されることになり，その後も存続することになった．この制度の最初の利用が1971年10月に報告されているが，その後は，制度の利用を判別することができなくなった．当然のことながら，CCCの下でも「残存期間1年以上の国債の買い切りを自らの裁量と主導権で実施する」権限をイングランド銀行は留保した[78]．

この時期に頻繁に行われた批判の1つは，イングランド銀行が新種の国債を

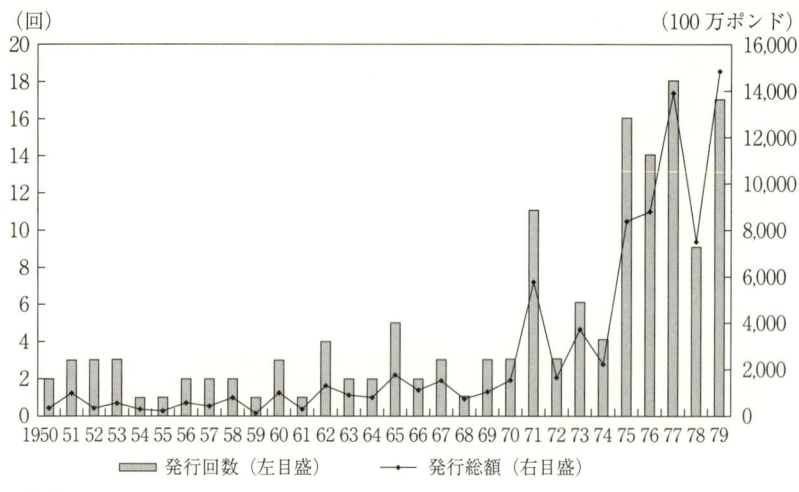

出所：BoE, *Annual Reports*.

図 13-1 新規国債の発行回数と発行総額（1950-79 年）

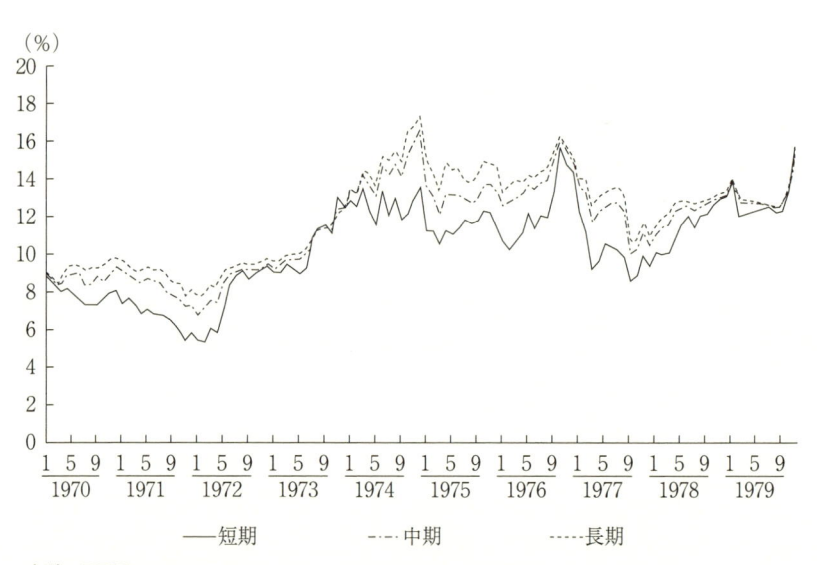

出所：*BEQB*.

図 13-2 短期，中期および長期国債の利回り（1970-79 年）

第 13 章　貨幣量目標とマネタリー・コントロール　　　　813

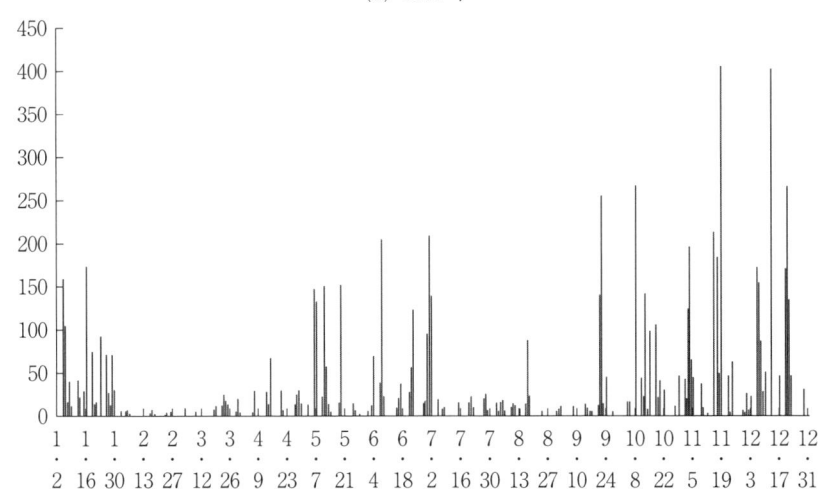

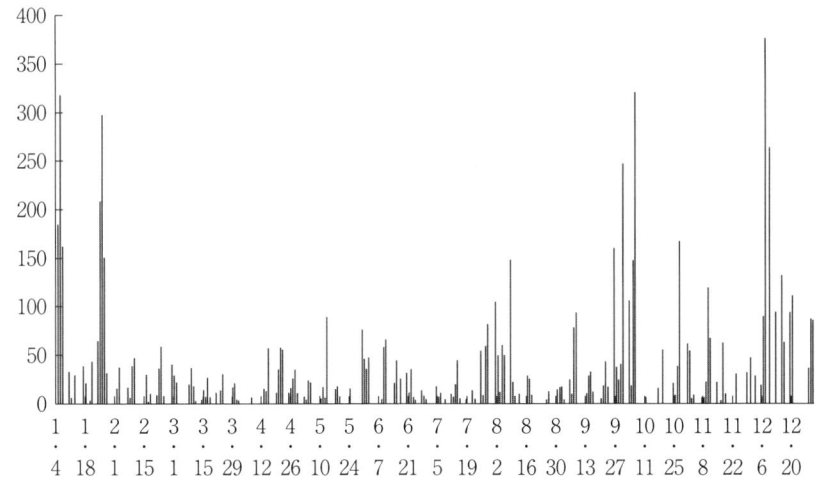

(a) 1976 年

(b) 1977 年

出所：C11/69-71.

図 13-3　日次の国債売却金額

(c) 1978 年

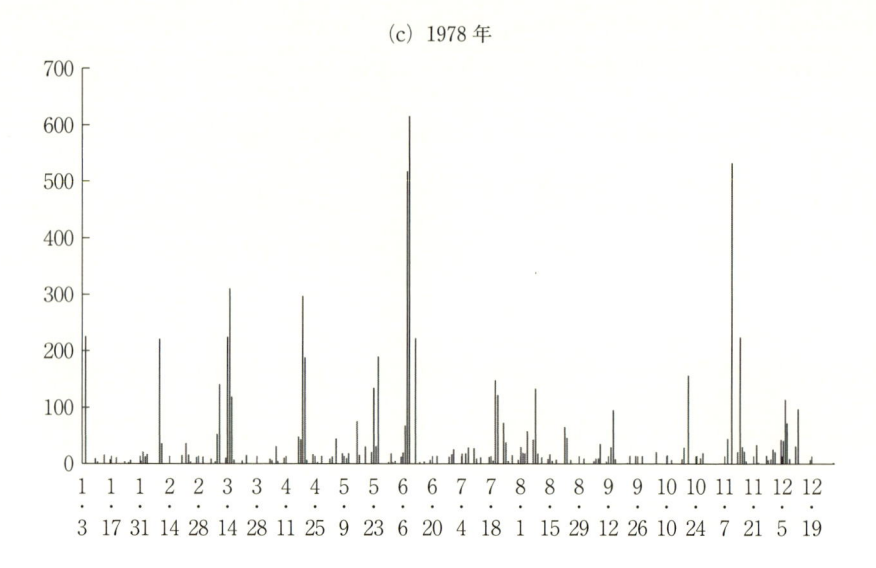

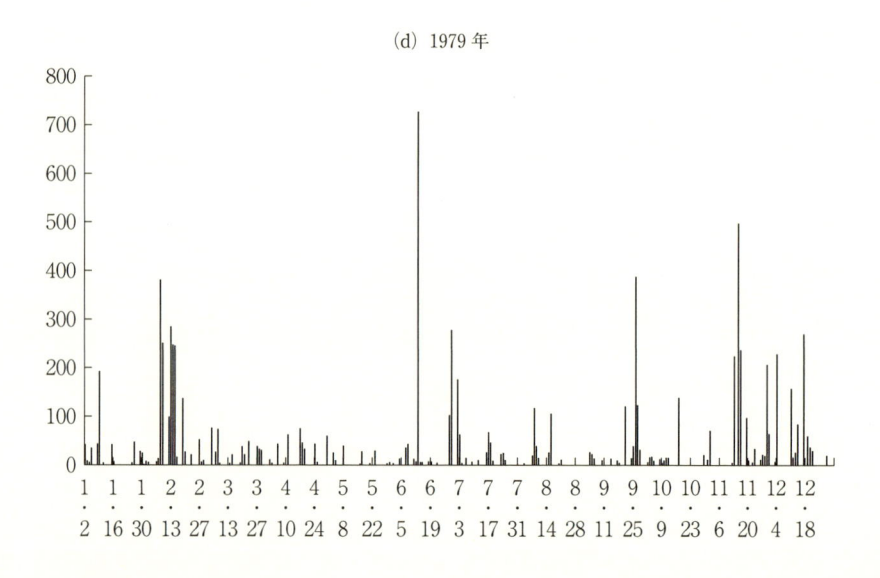

(d) 1979 年

図 13-3 (続き)

開発するのに手間取っているというものであった．新しい種類の国債が検討されていたので，おそらくこの批判は公正ではない．実際，いくつかの限られた実験が行われた．1973年には転換国債と低クーポン国債の両方が発行された．前者の国債は9％利付きの1980年満期大蔵省転換国債であり，1980年にその保有者に2000年満期の国債に転換するオプション（選択権）を付与した国債であった．その2年後，ブリッジマン・グループは新しい変動利付き国債と（物価）連動型国債を検討する必要があると提案し，これがMPGによって是認された[79]．イングランド銀行は，変動金利，もしくは可変金利国債は投資家にとって必ずしも魅力的ではないかもしれないと考え，そして，当局が利回りの適正水準について不確実であるとの印象を与えるため，かえって国債の売却を妨げるかもしれないと考えた．それはペイジが好ましいと考えなかった1つの「工夫」でもあった[80]．貨幣量目標の採用後にも引き続いて検討が重ねられたが，それはそのような金融手段〔新種の国債〕が公的な売却の経路を円滑化する手段となり，マネーストックの短期的な増加を膨張させることにつながる不毛な期間を回避するからであった[81]．しかしながら，ガバメント・ブローカーは，国債市場が機能不全に陥った場合には，転換国債も「あるいはその他今までに聞いたことがないような新奇な国債」も導入されることがないように希望した[82]．

イングランド銀行は国債ジョバーの能力について心配していたが，外部からの参入を許すことができなかった．ロンドン手形割引市場協会（LDMA）は，その会員業者が期近物国債をイングランド銀行と直接取引することを希望したが何回も拒否された．もう1つの挑戦が1972年に引受商会（マーチャント・バンク）が設立したARIEL（Automated Real-Time Investments Exchange Limited：自動・即時〔売買執行〕投資取引所有限会社）システムから提起された．1974年2月から同社は，きわめて競争的な取引コストで大口投資家間の直接取引サービスを提供する，コンピュータ化された証券取引システムを稼働させていた．証券市場の細分化は望ましくないが，しかし証券取引所の活性化が必要であり，証券業は現代のニーズに応じるために，とくに自動化技術によってそれに応じるために，自らをより効果的に適応させるのには，実験をすることができなければならない，とイングランド銀行は考えていた[83]．1976

年6月にコールビ（市場担当の業務局次長）は ARIEL 社を訪問し，感銘を受けた[84]．しかし，イングランド銀行は国債市場で ARIEL 社が業務を営むという考えにあまり好感を抱かず，実際にはそのようないかなる動きに対しても一貫して反対し，試行期間におけるごく限られた数の国債取引ついてさえ反対した[85]．イングランド銀行は，それが国債市場の構造的弱体化につながるのではないか，そしてそれが次には，政府の借入資金を調達し，金融政策目的を達成するイングランド銀行の能力を傷つけるのではないか，と懸念した[86]．ARIEL 社に対する懸念にもかかわらず，イングランド銀行は国債取引の決済を改善することに反対ではなかった．証券取引所と合同である研究が開始され，1977年8月にコンピュータ・ベースのシステムを「中央国債部（Central Gilts Office）」に維持するべきことを勧告した．その原則を確認した，イングランド銀行と証券取引所の合同研究会が 1979 年に結成され，その後，「即時」取引システムの開発は 1986 年の「ビッグバン」とともに実現した[87]．

その間，イングランド銀行は，批判に対する対応を内部資料として用意しつつあった．グッドハートは，公共部門債務の大規模な売却を再開する方策を考え出さなければならない，と指摘した．1945年以降の国債市場の管理は構造的な大成功を収めてきたし，それはその他の諸国に存在していたよりも広範で深い市場であったという事実にもかかわらず，国債市場にはいぜんとして欠陥があった．とくに，当局が必要な時に国債を売却することができなかったこと，そして「数カ月に及ぶ軟調な市場によって大量の国債売却が中断された」時期が存在した．M3 や DCE の量的目標がこれらの困難をいっそう悪化させることがあった．市場を刺激するための新しい金融手段〔新型国債〕はすべて有効であったが，グッドハートにとってその手段は問題の核心を突くところまでは機能しなかった．すなわち，「投資家が国債を購入したいと考えて近づいてくる時まで，われわれは待たなければならなかったし，それは彼らに購入してほしいとわれわれが考える時ではなかった」のである．グッドハートが望んだことは，貨幣集計量の増加を調節するために，大蔵省短期証券市場を超えて，短期物の国債市場にまで競売（オークション）手法を拡張することであった．彼は，貨幣量目的と関連した売り出し数量の短期国債・短期証券を毎週競売に付すことを考えた．それは，国債市場の乱高下を防止するための未公表の最低下

限価格制とも異なり，国債利回りは，イングランド銀行によってではなく，市場で設定されることを構想していた．彼は，多くの市場関係者の反対があること，また，開発には時間がかかること，そして業務局長室でその当時考えられていたこととは一致しないことを自認していた．しかしながら，彼は「それが前へ進むための正しい方法であるとする経済学者たちが一般的に受け入れている勧告であるという信念に基づいて」提案した[88]．

コールビは，貨幣量目標の導入が国債市場での売却の変動の激しさに関心を集中させることになった，と主張した．彼は，現行の手法が売却額の変動よりも利回りの変動を和らげることを大きく強調した．もっとも，1968年までの状況と比べれば，この強調は取るに足らない程度のものであった．コールビは可能性のある改革を，積極性の低い改革と積極性の高い改革の2つに分類した．積極性の低い方策には，新しい金融手段〔新型国債〕の利用や操作慣行の変更（市場はより高い利回りへより迅速に進むことが認められた），および，貨幣量データをより迅速かつ頻繁に公表することが含まれていた．積極性の高い方策には，市場よりも相当低い水準にまでタップ価格を引き下げることによって利回りを急激に引き上げるようにイングランド銀行が主導すること，およびイングランド銀行が入札（テンダー）もしくは金融機関グループとの協議引受・販売（プレーシング）による売却を通して，国債の価格を指定する買い手を集めることによって国債の売り出しに圧力をかけることが含まれていた．コールビは，競売手法が12カ月満期を超えて拡大するべきかどうかについては迷っていたが，いかなる実験も短期物に限定するべきであるとする点で，グッドハートに同意した[89]．

11月にペイジは，国債市場は銀行部門以外における売却額の最大化に失敗した，あるいは国債の円滑な売却に失敗したとする批判，あるいはその両方の批判に取り組んだ[90]．彼は3項目にわたる改善策を提案した．すなわち，発行する国債の種類，現行の取り決めの下での管理手法，および取り決め自体の抜本的変更である．新しい証券について，ペイジは，変動利付き国債と転換国債の双方についての作業が進展していることを指摘した．〔物価〕指数連動型債券はこれらとは別の問題であり，それが高いインフレーションの持続を受容するべきであるとのインプリケーションを伴う恐れがあるとしてイングランド銀

行内部ではあまり評判がよくなかった．それ以外の管理手法に関して，業務局長は例によって自分の見解に自信をもっていた．タップ国債の値付けのベースを変更するための提案，および入札方式または競売方式の利用は一顧だにされなかった．「私の経験が示すところによれば，これら2つの改善策がその基礎をおいている仮定は脆弱である．これに意義を唱える人がいるかもしれないが，私はそのように判断する以外にない」．これら2つの改善策はランダム（行き当たりばったりの無原則）性と恣意という要素を国債市場に導入することになる．彼には，投資家の自由を抑制するために追求されたいかなる提案を考慮する時間もなかった．彼は，政府の政策やインフレーションと金利の先行きが不確実な状況では投資家の行動は変動の激しいものにならざるを得ない，と指摘した．不確実性の原因を減少させようと努力するよりも，入札方式による国債発行の協議引受けを主要な投資家に義務づけることによって市場の変動制を抑制することを批判者たちは望んでいる，とペイジは述べた．彼は，そのような協議が実際に調整可能であるとは考えず，したがってその提案は何ら解決策を提示するものではないとした．彼は，法律に基づいた指令による厳格な投資規制がそれによって生じることを懸念した．イングランド銀行は過去にこの提案を検討したことがあり，2つの主要な結論に達していた．第1に，国債の大量の取得は「耐え難いほどの抑圧的な規制」によってのみ可能であること，そして第2に，必要な立法を法律として制定するのに要する12ないし18カ月の間は国債を売却することが困難であること，である[91]．

「無知や正確な情報に基づかない批判を排除する」ために報道機関との関係を改善すること，およびイングランド銀行と投資機関との間の直接的な交流の機会を増やすことについても検討が加えられた．最近の事例からみて，フォードは，報道関係者が「彼らの読者に信じてもらいたいと考えているほど正確な情報に基づいて報道していない」という印象をもっていた．直接の交流に関して，市場関係者との内密の協議が2度にわたり実施された．その第1の機会は1971年の市場調節方式の変更に先立つものであり，ジョバーとの安全網に関する取り決めが実施された時であった．第2の機会は提案されていた変動利付き国債に関して意見聴取が実施された1975年9月であった．しかしながら，イングランド銀行と機関投資家との間で，おそらく総裁・副総裁との会合や昼

第13章　貨幣量目標とマネタリー・コントロール　　　　　　　　　　819

食会の形で，もっと多くの交流を求める議論があった．それはイングランド銀行がお返しをする必要がなく，「イングランド銀行の意向を漏らす」機会を与えると考えられたのであった[92]．

また彼は「ヨーク老大公 (Grand Old Duke of York)」問題，すなわち，噂となったイングランド銀行の国債販売戦術の問題にも取り組んだ．これは，MLRを引き上げ，その後に引き起こされる国債利回りの上昇が魅力となって買い手を引きつけ，低調な国債売却を押し上げる，というものであった[93]．そして，国債売却後に国債投資家の利益を維持するために短期金利の低下傾向をイングランド銀行は工作した．彼は，この仮説は「真実を戯画化」したものである，と主張した．もちろん，MLRの変更は国債の利回りと売却高に影響を与えるが，この仮説から金利がこのような目的のためにだけ決まって引き上げられ，これ以外の理由がまったくない時に金利が引き上げられた，とする結論に短絡的に飛びつくことは「馬鹿げたこと」であるとも主張した．それに先立つ15カ月間に生じた事象を丹念に点検して，フォードは，短期金利の引き上げはすべて「ヨーク老大公」作戦を支援するものであるとする「根強く助長された神話」を受け付けなかった．「この古参兵〔老大公〕はその他の人々を支援するために創出された状況をうまく利用しているのではないだろうか．そうだとすればそのような工作をしたことでイングランド銀行を非難することは誰もできないであろう」[94]．

しかしながら，市場の状況から判断すれば，「ヨーク老大公」作戦によって国債の売却は回復した．1976年9月初旬にM3を12％の指針目標へ引き戻すためには，大量の国債売却が必要とされ，また金利の引き上げ（彼はMLRの1.5％〔ポイント〕の引き上げを示唆した）も必要とされる，とコールビは議論していた．もっともこれだけでは十分条件ではなかった[95]．国債売却は改善しなかった，そこで「国債ストライキ」と誰かが呼んだ言葉が作りだされた．もっとも，この言葉はイングランド銀行がこれまで使用してきたものではなかった．そのため，「ドラコニス (Draconis) 作戦」の下で，MLRが15％にまで引き上げられたが，おそらく国債売却の回復を狙った行動であった[96]．ヒーリー，リーヴァ（現ランカスター領担当大臣）および多数の大蔵省高官に，リチャードソン，フォード，ダウ，ペイジ，グッドハートおよびカービーシャー

が加わった会合が10月に開かれ，次の貨幣供給量統計データが10月18日に公表された時に予想されるポンドに与える悪影響を防止し，また7月の目標を達成する必要およびIMFとの次回交渉とに備える必要という状況の中で，金融調節方法が検討された．M3の予想増加率は19％でDCEの予想増加額は109億ポンドであった．リチャードソンは相当大量の国債売却が必要であるが，現在の金利構造の下ではこの売却は不可能である，と主張した．フォードはMLRの2％〔ポイント〕の引き上げ（事実，2％〔ポイント〕および3％〔ポイント〕の引き上げに基づいた別のパッケージがすでに準備されていた）を要求した．他方，大蔵省は財政政策手段を支持する傾向が強かった[97]．大蔵大臣は2％〔ポイント〕の引き上げが必要であることを受け入れたが，間接税に関する何らかの政策行動が金融調節の悪影響を緩和するかもしれないと思いをめぐらせた[98]．巧妙に仕組まれた金利引き上げが10月8日に公表されたが，それは明らかに誰をも驚かせるものであった[99]．金利引き上げの真の理由が何であれ（グッドハートは，その引き上げが主として対外ポジションの落ち込みによって引き起こされた，と主張した），国債利回りは大量の国債売却が再開される水準にまで上昇した[100]．

1976年10月にロンドン市長公邸において大蔵大臣とイングランド銀行総裁は一体となって見解を披露した．前者〔大蔵大臣〕はポンド建てM3（£M3）目標が採用されることになると述べ，後者〔イングランド銀行総裁〕は公に発表される貨幣量目標の使用を是認した．1976/77年の貨幣量目標は£M3について9〜13％であり，今や£M3が重要であることが明らかとなった[101]．しかし，ポンド危機が起こるや否や，直ちにIMFに引き戻され，再びDCE対する強い関心へ向かった[102]．実際，1976年7月からイングランド銀行と大蔵省の高官たちは，DCEの管理が将来の追加的金融支援の主要な判断基準の1つであるとする強い期待に基づいてDCEについて議論してきた[103]．IMFは明確に，DCE目標を要求しており，貨幣量目標との併用ではなかった[104]．その詳細は「基本合意書」（第14章を参照）の中で説明されており，1976/77年のDCEの上限は90億ポンドに設定されていた．イングランド銀行総裁・副総裁への説明の中で，ペイジは貨幣供給量目標が「退けられ」ており，DCEの実績基準が，「これと調和する，ある変動幅で表示された貨幣供給量の増加と一

緒に課され」ていることに注意を喚起した[105]．

イングランド銀行の公式の立場は目標に対する熱烈な支持ではなかった．リチャードソンは1977年初めの演説で慎重な論じ方を提示し，同様の見解が同年6月の『四季報』にも反映された．すなわち「したがって，目標というものは金融政策の議論に焦点を当てることに役立ち……，そして新しい疑問や新しい形で古い疑問を提起することがある．貨幣量目標の有用性についての判断や貨幣量目標の運用の方法についての判断を確定的に下すことは時期尚早である」．同『四季報』はさらに続けて，過去3年間の貨幣量増加は穏やかなものであったけれども，「昨年，目標とされる貨幣供給量増加を公に示すことが望ましいように思われた」[106]．同時に，グッドハートが述べているところによれば，当時執筆中であったコンファレンス用の論文は，貨幣量目標の利点に関して，イングランド銀行が非公式に認めているよりも，より積極的な支持を公然と表明したものであった[107]．

3. 貨幣量増加に影響を与える試み

1976年末には，M3の目標が公表されていた．目標達成のために利用される主要な政策手段の適合性と同様に，その目標を達成するという約束がどれほど強いものであるかについて疑問が呈された．利用可能な政策手段としては，特別預金，補完的特別預金（SSDs），準備資産比率，最低貸出利率（MLR）および公開市場操作があった．これらの政策手段は相互に代替的であるとはみなされず，状況に応じてまた異なった程度に応じて，すべての手段が必要とされた．すなわち，1つの目標に対して5つの手段が存在した．しかしながら，これらの手段の欠陥は認知されており，若干の改良や周到な変更も実験的に行われたが，目標を達成する困難さは解決されずに残った．

CCCのもとで特別預金は弾力的に利用されたという主張にもかかわらず，その利用された期間の大半において変更されなかった．2度の危機（1973年と1976年）と「技術的平準化」の3つの事例を例外として，1973年初めと1978年末との間にわたって，特別預金は実質的に3％に貼り付けられていた（図13-4）．1977年1月の市場逼迫時に，イングランド銀行は特別預金の「解除と

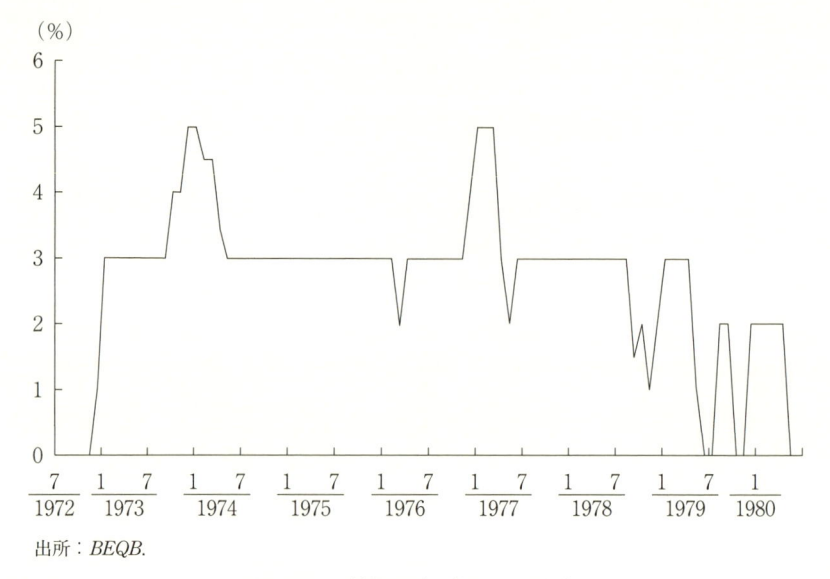

図 13-4 特別預金（1972-80 年）

出所：*BEQB*.

再請求」を発表しなければならなかった．この手法が初めて利用されたのは，大幅な税収増加と着実な国債売却の結果として，準備資産比率が最低限度の 12.5% 以下に低下すると思われた 1976 年の初めであった．ペイジが警告したように，銀行はマネーマーケットで短期金利の上昇をもたらすような行動を取りそうであった．イングランド銀行は 1 月 19 日に特別預金の 1% を解除し，大量の政府支払金が準備資産に追加されると予想された 2 月 10 日に再度預託させることになった[108]．1977 年の解除と再請求はこれと同様の操作であった．すなわち，1 月 31 に特別預金 1% が返済され，3 月 10 日に再請求されたが，これも同じ理由に基づく措置であった[109]．この措置のさらなる利用が 1978 年夏に生じた．この場合も，不必要な高金利を回避し，マネーマーケットの運営を容易にすることが目的であり，さらに 1979 年にも再度実施された[110]．

　それにもかかわらず，特別預金は M3 の増加を抑制することに成功しなかったのみならず，その解除も貨幣量拡張を加速しなかった，と思われた．その理由の説明としては，準備不足に対処する際に，銀行が資産を調節するのではなく，負債管理を実施する慣行を開始したことが挙げられた．すなわち，それは

たんに銀行がマネーマーケットや譲渡性預金市場，銀行間市場で必要な資金を入手するようになったことを意味した．1971年以降，この負債管理は政策手段としての特別預金の使用をかなり複雑なものに変えた．グッドハートとウッドはともに，CCCが導入された時に負債管理重視への移行を予見した者はイングランド銀行の内外を問わず誰もいなかった，と述べている[111]．1978年に大蔵省は，特別預金は効果がなかったという結論を受け入れた[112]．

1977年5月のポジションを精査したペイジは，年初以来SSDs制度が効いていなかったことに言及した．彼はその理由を1976年秋の金利の急騰の影響などの要因に帰した．彼は銀行の資金需要が抑制された状況が続くと期待したものの，いかなるリスクもとることを望まなかったので，「おそらく，過剰に慎重になって」，月当たり0.5%の増加を許容しながらあと6カ月間この制度を継続するべきである，と結論づけた[113]．ペイジは，グッドハートの支持もあり，その後3カ月以内にこの制度を停止する機会をとらえるべきであると勧告した．彼は，SSDsの復活は「せいぜい貨幣量増加率にきわめてわずかの効果をもたらすにすぎない．若干の銀行が新規の融資提供をやめたり，若干の銀行顧客に融資の申請を思いとどまらせるかもしれないが，しかしそれ以上のものではない」と判断した[114]．払い込まれたSSDsは無視できるほどの額であり，ごく少数の銀行だけがその対象であった（表13-1を参照）．銀行システム内の利付き適格負債総額は許容限度を6.5%下回っており，そのためこの場合もまた十分な余裕があり，同制度は効力がなかった．同制度の停止は1977年8月の第2週に発表された[115]．

〔SSDsの〕効果を評価する際に若干の相反する矛盾した感情が存在していた．比較的最近において設計され，実施されたばかりの措置を拒絶することにためらいが存在したことは理解できることであった．たとえば，グッドハートは貨幣拡張を抑制する上で比較的有効な手段としてSSDsを控えめながら擁護する見解を表明したが，同時にその効果をそれ以外の諸要因の効果と峻別することが困難であることも認めていた．その他の諸要因とは，1つには金利であり，もう1つはセカンダリー・バンキング危機の直後の時期にあった銀行家が示したより慎重な経営姿勢であった．1976年の〔SSDs〕導入は，高金利と追加的な抑制措置と時期が一致していた．しかし，SSDsが人為的な歪みや競争

の阻害を生むこと，そして銀行は自行のバランスシートを再編成することによって SSDs の再導入を予想した対応をはかることができると認識されていたにもかかわらず，この措置を継続して実施することは正当化されると考えられていた．このことは，SSDs に対する信用を失わせないためには，この措置を控えめに実施する必要があることを意味した[116]．

　負債管理もイングランド銀行のマネーマーケット操作に対する慎重な態度をいっそう強めた．当局が流動性を縮減しようと望んだ場合，M3 の増加傾向が生じるなど，少なくとも短期的には，逆の結果となった．1977 年には，12.5% の準備比率は「銀行の業務をコントロールする上で，たとえあったとしも，ほとんど役に立たない」こと，そして，もし準備比率が廃止されたとしても，市場操作は現在と同じようにいぜんとして継続することができること，これらのことがイングランド銀行内部で広く受け入れられるようになっていた．イングランド銀行の部外者もまた準備比率の効果には懐疑的であった．マネー・スタディ・グループのある会合では，100 人の出席者のうち 1 人も 12.5% の比率を支持しなかった[117]．大蔵省はこの比率を廃止することに消極的であったし，グッドハートによれば，準備資産比率の廃止が貨幣集計量を平準化する能力を獲得するために必要な手順であることをイングランド銀行内部の大半が受け入れていたが，銀行が自行の準備ポジションを調節することを銀行間市場にいぜんとして期待していたので，その比率の廃止は十分でなかった．量的緩和の一種である．1 つの計画は，発行部の預金を手形交換所加盟銀行に預託することであった．イングランド銀行が大量の国債を売却し，市場が資金不足に陥った場合，イングランド銀行はこの現金を預金として銀行に預託することができる．この計画は，特別派手な発表をしないで，逆特別預金として利用することができるし，またアメリカ型の制度に非常に接近した基本的な操作として日々利用することができる．そしてこれは大きな変更を意味した[118]．もう 1 つのグッドハートの提案は，準備比率をまったく使わない操作であった．この提案は部外者には非常にしまりのないものように見えるかもしれないが，彼はこの提案が銀行システムをコントロールする能力を実際に低下させるとは思っていなかった[119]．フォードは，準備比率制度はセントラル・バンキングを「目立つ」ように演出するが有効なコントロール力を伴わない，と感じていた．そして，

目立たないがコントロール力は高い制度として，1971年以前の制度の修正版と彼自身が呼ぶものを支持した．その制度は，「第一線」準備比率に代わる小さい運転残高現金比率，銀行への発行部預金の預託，大蔵省短期証券の入札利回りにリンクするのではなく，日々変動する価格で実施される短期証券操作（オペレーション），および MLR の管理，から構成されている[120]．大蔵省がこの制度を好ましく思わないことは事前に予想されていたし，また鳴り物入りで導入されてからわずか6年しか経過していない制度を変更することに当惑させられたかもしれない[121]．しかしながら，この論争は現金ベースあるいはマネーベースの操作概念に近づいて行った．

　マネタリーベース・コントロールは，決して新しい概念ではないが，有力になった考え方であった．しばらくの間，何らかの合意された立場があるべきとする認識がイングランド銀行内部にあった．外部圧力には3つの源泉があった．すなわち，1つはアカデミックな論文，次はシティ〔金融街〕，そして第3はIMF であった．ある提案の直接の起源がどこから発生しているのかを正確に識別することはつねに困難であった．イギリスのマネタリーベース論争もその例外ではなかった．この論争を1844年まで歴史を遡らせることもできるが，より最近の事例では，1976年初めにブリストルの大学のナイジェル・ダック（Nigel Duck）とバーミンガムの大学のデイヴィッド・シェパード（David Sheppard）が，それぞれ独自に，現金ベース・コントロール制度に類似した制度を支持する論文をイングランド銀行に送付した（彼らは「準備預金」と呼ばれる特別に創出された準備資産を通してコントロールすることを構想した）．しかし，この考えはグッドハートによって却下された[122]．シティにおけるマネタリーベース制度に対する熱意は主としてグリーンウェルズ社（Greenwells：証券ブローカー）によって，厳密には同社のゴードン・ペパー（Gordon Pepper）によって主として推進された．1977年1月に彼らはこの問題に関する彼らの紀要（リチャードソンはそれを読むことを望んだ）の1つを配布し，その翌月にペパーは，ロンドン・スクール・オブ・エコノミックス（LSE）のロジャー・アルフォード（Roger Alford）が企画したセミナーで「貨幣供給コントロールためのメカニズム」と題する報告をした．グッドハートはそのセミナーに出席しており，シティおよび金融機関からのエコノミストを含む多くの聴衆

がいたと報告している．彼は，聴衆が現行の準備比率制度をほとんど支持しなかった，と指摘している[123]．その18カ月後に，リチャードソンとフォードがグリーンウェルズ社で昼食会を開いた時に，ペパーはマネタリーベース・コントロールに対する支持を再び表明する機会とした[124]．

他の諸国（とりわけスイス）がマネタリーベース手法を実施していたことを別にして，1976年11月の協議においてIMFから直接的な奨励があった．しかしながら，1977年5月に予定される次の協議において何を協議の対象にするのかについて期待に相違があった．イギリス側はマネタリー・コントロールの手法に関するごく一般的な協議を望んでいた．フィンチは，現在アメリカ・ワシントン特別区のイギリス大使館の経済担当公使であるライリーに協議のための論題をいくつか伝えた．これを知ったグッドハートは直ちに懸念を表明した．というのは，この協議は「わが国がすでに一種の『マネタリーベース』制度を有しているという仮定に基礎を置き，また議論される論点はこの制度をいかにうまく機能させるのかという点にあり，……〔これは〕イギリスの金融システムの機能に関する相当な誤解を明らかに示している」からである，と彼は述べている[125]．

IMFとの協議が開催される前に，イングランド銀行の金融政策運営に対する理解を深めかつ共感を高める，金融政策に関するセミナーを開催することが良い思いつきではないか，と総裁は考えた．しかし，グッドハートはそれが良い思いつきであるとは考えなかった．そのようなセミナーは異なる見解を収束させるというよりも，むしろ二極化する可能性の方が高かった．「たとえば，ブラウン大学におけるマネタリズムに関するコンファレンスは激論（とくに，トービン対フリードマン）と呼ぶべきものでありながら，誰の意見も変化させることはなかった」．CCCに関するコンファレンスは真の協議と呼べる代物ではなかった．イングランド銀行の考えはすでに固まっていたからである．しかし主要な論点は，「総裁の心中にあった最重要の事柄がマネタリーベースであり，そして彼はすみやかに論文を手に入れたかった」，という点である[126]．

IMFとの協議のためのグッドハートの準備はイングランド銀行内部における活動状況の大がかりの調査と報告書に発展した．これには国債市場の変更のための提案が含まれているが，この文書は，補完的特別預金の2度の適用の後，

貨幣拡張の鈍化が生じたものの，そのいずれの場合もこの制度が「それ単独で，あるいは主として用いられた」ものでなかったことを受け入れた．しかしながら，同制度の成果はそれほど悪いものではない，とグッドハートは思っていた．CCCの後に続く調整に要する期間，および，たとえば1973年末までに採用された現在の政策の方向性を考慮に入れれば，貨幣供給の平均増加率のその他の諸国との比較ではイギリスは良好であった[127]．彼は，マネタリーベース制度の導入に懐疑的であった．貨幣制度の既存の構造は円滑な貨幣量増加を維持することに役立っておらず，またその当時実施されていた準備比率の操作には相当大きな不満が残る，と彼は考えていた．しかしながら，彼は現金比率への変更が問題を解決するという考えを拒絶した．アメリカのウィリアム・プール (William Poole)（「彼のマネタリスト的傾向にもかかわらず」良い考え）の漸増的現金比率に関する最近の考え方を探求することは価値があると考えた[128]．

グッドハートの調査文書は包括的であったとはいえ，欠陥に対する明確な改善策は何も提供しなかった．この結果，彼はフォードおよびコールビとともに，カナダもしくはアメリカが何らかの解答を有しているかどうかを確かめるために，1977年春に北米への旅に出た．一般的には，彼らは解答を見出せなかったが，北米訪問の後，M1についてもう一度再検討が行われた[129]．フォードは現況について再び興味深いコメントを加えた．1976年中ごろの変更は重要なものであり，その変更は「マネタリスト的な見解へと大きく近づいたこと」を意味していた，と彼は回想した．（ダウはこれを拒絶した．）フォードは，需要管理とほとんどあるいはまったく関係のない反インフレ政策を導入することに戦略的に重要なものとしてその理論的根拠を見つけたのである．そのような制約がなければ，その制度は「歯止めのきかないインフレーションへと向かう危険性が高い状態」にとどまるであろう．フォードは，自分が新しい考えや他人の意見を柔軟にとり入れることを示した．彼は（相当長い）覚書を以下のように締めくくった．

> 私は，この覚書で議論された論点の多くに関して，私の以前の考えを変更したという論評を最終的に受け入れる．そして，たとえば，『タイムズ』紙や *FT*〔『フィナンシャル・タイムズ』〕紙がイングランド銀行の現状に

関して主張した諸見解に対して，私がこれまで考えていたよりも言うべきことがもっと多く存在する．この点を経験によって思い知らされたことを私は受け入れる[130]．

IMFとの協議に備えて，グッドハートの考えは，全般的な目的，方法，およびマネタリー・コントロールの問題点に関する8頁の文書に凝縮された．その文書では，マネタリーベース問題はどっちつかずの扱いであった[131]．フィンチは，マネタリーベースは情報を有していること，また流通中の銀行券に銀行の預け金（バンカーズ・バランス）を加えた数値を集計することは比較的容易であり，週次の集計でさえも可能であること，そして，これらの時系列数値の変動はM3について生じていることの早期警報を提供すること，を主張した．グッドハートとペイジはその周知の変動から学ぶことがあるかどうかについて強い疑念を示した．もっとも彼らは，その命題を検証するために実証研究を実施することを申し出た[132]．この実証研究からの計量経済学的結果は，「われわれの大半が期待したものと同じほどに悪い結果，あるいは期待よりも悪いもの」であった．副業務局長のデイヴィッド・サマセット（David Somerset）は，多大の努力がわかり切った結果——「とにかく，銀行券とバンカーズ・バランスがどのように変動するのかに関する実際的な知識を有する者であれば誰にもわかり切ったこと」，を証明するために必要とされたという事実に不満を抱いた[133]．（EEC調和作業部会），とくに欧州委員会の経済アドバイザーのミシェル・フラティアンニ（Michele Fratianni）によるマネーストック・コントロールに関する研究はヨーロッパでは重要視された．しかしイングランド銀行は，その研究結果がイングランド銀行内において彼らの見解を再検討するほどには良好なものではなかった，との報告を提出した[134]．)

経済協力開発機構（OECD）加盟の多くの国が，1970年代中ごろまでに，貨幣集計量に関する何らかの目標を採用した．それにもかかわらず，どの貨幣量目標を使用するべきか，あるいはそれはある一定の数値か，あるいは幅のある数値か，さらにローリング目標なのかあるいは固定目標なのか，などをめぐってきわめて長時間の議論が延々と続いた．1977年を通してみれば，イングランド銀行内では，これらの論点が前面に現れた．M1対M3に関するグッドハ

ートの4月の裁断は，前者に大きな重要性を置く強い議論が存在するが，結局は，M3の重要性を葬り去ることが容易にはできないという理由で，後者も注視するべき貨幣集計量として「存続させる」ことが望ましいとされた．M3の支持が支配的になったのは，財政政策および為替レート政策を金融政策と調整する手段として，M3に対応するカウンターパートとなるPSBRや銀行貸出，国債売却，および対外資金移動との結びつきを示す能力であった[135]．M3をコントロールする困難さを一部の理由として，1つ以上の集計量を目標とする必要があるとの見解が生じた[136]．「M1およびM3からなる二重目標を採用することを支持する見解は強力である，とわれわれは考える」[137]．リーヴァはこの考えを好ましく思わず，いずれにしても貨幣集計量としてのM1には納得していなかった．（これら2つの貨幣集計量が一定期間にわたり異なった方向に変動する可能性の問題を提起する者は誰もいなかった．）ヒーリーはこれに同調し，そしてどちらかの指標が好ましくない動きを示している時には，批判者がその変数を注視する点を付け加えた．ウォスもまた懐疑的であった[138]．イングランド銀行と大蔵省は，£M3が次の年も目標として存続するべきであるという点で合意し，大蔵省はDCE上限を国際収支が軟化した時のために予備に取っておくことを付け加えた．

4. 金利の伸縮性

　適切な目標をめぐる論争は継続しており，またコントロール手法の有効性についての疑念も継続していたが，他方でMLRの有用性をめぐる疑念もまた存在していた．1977年の初頭に，ペイジは，イングランド銀行がMLR方式を廃止し，バンクレートの直接的かつ伸縮的な管理で置き換えることを検討している，と大蔵省に伝えた．「金融政策の目標は貨幣供給によって，もしくは国内信用拡張によって計測される貨幣拡張率の量的目標によって定義されることは，今や公然と認められている．……金融政策の運営が伸縮的な金利を必要とすることは論理的な帰結である」．管理されたバンクレートはこのことを認識し，短期金利政策を「明るい光の下」に置き，コントロールをより効果的にし，そしてイングランド銀行の市場との関係にみられる周期的に生じる緊張を取り

除く．それが否定したことは，バンクレートが市場金利の決定において卓越した力をもち，「わが国の経済状態のバロメーターとして」機能していた1971年9月以前の状態に復帰することであった[139]．

MLR方式の導入以来，その市場性の特徴にもかかわらず，イングランド銀行が手形市場や入札の巧みな操縦といった，自らの操作によって金利に影響を及ぼすことができたことは公然の秘密ですらなかった．金利引き上げは入札額の増大もしくはイングランド銀行の売買価格の引き下げによって効果的に達成することができた．金利の上昇傾向は，イングランド銀行自らが入札する（これはイングランド銀行が偽装することによって実行できた）ことによって，あるいは入札価格が判明したと同時に入札を終了することによって抑制することができた．金利の押し下げは入札額の削減や売買価格の引き上げによって達成できた．もっとも，実際の効果を上げるためには，国債市場での〔イングランド銀行の〕介入が必要とされた．金利の低下傾向を抑制するためには，入札額の増加と売買価格の低位維持が行われた[140]．ある割引商会によると，MLRが大蔵省証券入札利回りと連結していることを市場は望んでいた．この連結が割引商会に大きな影響力を与えたからである．しかしながらこの連結は，イングランド銀行が市場金利に影響を及ぼす制度としては十分に機能していなかった．問題は，イングランド銀行が行う市場操作（たとえば，オーバーナイト物もしくは7日間物の貸出）を通して繰り出す種々のシグナルの有効性が，それまでよりもっと明示的なメッセージを出さなければならないほど，弱体化したことであった．この結果，イングランド銀行の一言一句は「過剰なまでに分析される」ことになった[141]．

1977年まで，管理されたMLRの変更は，1973年11月の11.25%から13%，および1976年10月の13%から15%への2回しか実施されなかった．ペイジによれば，イングランド銀行が市場を通して操作したのは4回あった．たとえば，1975年7月にイングランド銀行は市場に対して7日間物貸出を実施し，次に行う入札で何をイングランド銀行が期待しているかを明らかにした．この結果，7月25日にMLRは10%から11%へと上昇した．その他の変更は，まるで同じように管理された変更であるかのように，しばしば新聞紙上で明示された．大蔵省短期証券利回りの上昇が適切であったと判断したのは市場であ

表 13-3　最低貸出利率の変更（1974-79 年）

日付	変更幅（％）	新しい利率（％）
1974 年 1 月 4 日	−0.25	12.75
2 月 1 日	−0.25	12.5
4 月 5 日	−0.25	12.25
4 月 11 日	−0.25	12.0
5 月 24 日	−0.25	11.75
9 月 20 日	−0.25	11.5
1975 年 1 月 17 日	−0.25	11.25
1 月 24 日	−0.25	11.0
2 月 7 日	−0.25	10.75
2 月 14 日	−0.25	10.5
3 月 7 日	−0.25	10.25
3 月 21 日	−0.25	10.0
4 月 18 日	−0.25	9.75
5 月 2 日	0.25	10.0
7 月 25 日	1.0	11.0
10 月 3 日	1.0	12.0
11 月 14 日	−0.25	11.75
11 月 28 日	−0.25	11.5
12 月 24 日	−0.25	11.25
1976 年 1 月 2 日	−0.25	11.0
1 月 16 日	−0.25	10.75
1 月 23 日	−0.25	10.5
1 月 30 日	−0.5	10.0
2 月 6 日	−0.5	9.5
2 月 27 日	−0.25	9.25
3 月 5 日	−0.25	9.0
4 月 23 日	1.5	10.5
5 月 21 日	1.0	11.5
9 月 10 日	1.5	13.0
10 月 7 日	2.0（管理された変更幅）	15.0
11 月 19 日	−0.25	14.75
12 月 17 日	−0.25	14.5
12 月 24 日	−0.25	14.25
1977 年 1 月 7 日	−0.25	14.0
1 月 21 日	−0.75	13.25
1 月 28 日	−1.0	12.25
2 月 3 日	−0.25（管理された変更幅）	12.0
3 月 10 日	−1.0（管理された変更幅）	11.0
3 月 18 日	−0.5（方式の一時停止）	10.5
3 月 31 日	−1.0（管理された変更幅）	9.5
4 月 7 日	−0.25	9.25

表 13-3 (続き)

日付	変更幅 (%)	新しい利率 (%)
4月15日	−0.25	9.0
4月22日	−0.25	8.75
4月29日	−0.5 (方式の一時停止)	8.25
5月13日	−0.25 (方式の一時停止)	8.0
8月 5日	−0.5	7.5
〔 〕月12日	−0.5	7.0
9月 9日	−0.5	6.5
9月16日	−0.5	6.0
10月 7日	−0.5	5.5
10月14日	−0.5	5.0
11月25日	2.0	7.0
1978年 1月 6日	−0.5	6.5
4月11日	1.0 (管理された変更幅)	7.5
5月 5日	1.25	8.75
5月12日	0.25	9.0
MLR方式の終了		
6月 9日	1.0	10.0
11月10日	2.5	12.5
1979年2月 9日	1.5	14.0
3月 2日	−1.0	13.0
4月 6日	−1.0	12.0
6月15日	2.0	14.0
11月10日	3.0	17.0

出所: *BEQB*.

ったけれども, 1975 年 10 月の 11% から 12% への引き上げは, このような趣旨で演出された. そしてこの判断は公式の見解ともたまたま一致していた (表 13-3 を参照). ペイジは市場の諸力とイングランド銀行による積極的な政策との間の語義上の識別は判断の問題であることを認めた[142]. もっとも最近では, 1976 年 9 月の 1.5% 〔ポイント〕の上昇は市場を通して生じたが, 新聞の評論はまるで管理された引き上げであるかのように報道した. イングランド銀行にとって, ときとしては, 「市場の陰に隠れる」ことが好都合であったが, ペイジはそのことが少なくとも当局による主導性の「部分的な放棄」を意味しており,「金融市場における中央銀行としてのイングランド銀行の権威を毀損している」, と述べた. そのうえ, 短期金利の適切な経路についてのイングランド銀行の見解が割引市場で成立する金利と異なる場合には明らかな不利益が生じ

た．イングランド銀行は自らの見解を広く行き渡らせることができるが，しばしばそれは割引商会が自らの経営的判断に反する行動をとるように強制することになり，その結果，ストレス（圧迫感）を生み出すことになった．それに加えて，大蔵省短期証券に対する割引商会以外の入札の規模が増大したことにより，割引市場におけるイングランド銀行の独自の影響力が低下し，そのために市場を同調させるように努力したり，実際に同調させるためにこれまでよりもさらに公然とした明示的なシグナルに訴えることを余儀なくされた．これを背景として，ペイジは「われわれがコントロール力を喪失するリスクがある」との懸念を示し，MLR 方式を継続するのか，あるいは管理されたバンクレート方式へと逆戻りするのかの明確な選択肢が存在すると考えた．結局のところ，彼は後者を選好したが，それは「貨幣管理の手段の1つに対する完全なコントロール力を回復するもの」として積極的に主張できるものであった[143]．

　概して，政治家たちの自叙伝は自らが果たした重要な役割を強調したり誇張したりする傾向がある．ヒーリーは，1976年9月に，国債の売却を復活させるためにどのようにして1.5％〔ポイント〕だけ「金利を引き上げざるを得なかった」のかを説明している．しかし彼はまた，イングランド銀行が1976年3月に金利の低下を見過ごすことによって大きな失敗を犯し，ポンドの為替レート下落を悪化させた，と主張している．しかし彼は，ポンドの減価がわずか0.25％であったことには言及していない．これら2つの事例はいずれもが「自動的な」MLR 方式の期間中に生じた．事実，ヒーリーはそのような決定に関与することをいつも歓迎したわけではない．1975年末にMLRの0.25％引き下げを検討するために，ウォスは彼に電話をかけたが，伝えられるところによれば，ヒーリーは「クリスマスだというのに，彼はなぜそのように些細なことに悩まされているのか」と尋ねた[144]．ヒーリーは後日，彼とキャラハンとがともに，この期間中，金利に関する時間を食う決定に直接に煩わせられた，と不満を漏らした[145]．

　大臣たちの懸念を認識していたので，大蔵省の高官たちは完全に管理された金利方式へ移行することには消極的であり，むしろ彼らの関心はその方式の修正に向けられた[146]．1977年2月3日，12.25％から12％へとMLRを引き下げることによって金利の急激な下落を防止しようとイングランド銀行が努力し

ていた時に，管理された MLR の引き下げが行われた[147]．3月10日に12%から11%への管理された MLR の変更がもう1回行われた．その翌日，MLR方式が修正されることが公表され，もし市場の金利変動が下落方向であれば，イングランド銀行は金利を不変にとどめるか，あるいはその公式の算定によって指示される変更幅よりも少ない幅だけ変更する権利を留保することになった[148]．これらの権限は3月18日および25日に MLR を10.5%にとどめるために行使され，これに続いて同月末に管理された MLR が9.5%にとどめられた．イングランド銀行は4月末と5月初めに再び介入して，MLR を8.25%に維持した．その後，金利は通常の市場メカニズムを通して下落が認められ，10月までに MLR は5%まで低下した．もっとも，同年初めには，MLR は14.25%であった（表13-3を参照）．

　金利低下に与えた影響の1つはポンドの為替レートの急激な上昇であった．資金流入が国内の金融政策に与える影響を緩和するために大規模な為替介入が行われた．介入の効果は不確実であったが，£M3 が現行の目標の上限である13%を破るかもしれない可能性があった．実際のところ，9月と10月には，為替レート，貨幣量目標および MLR の問題は総裁と大蔵省および高官たちとの間の政策論議の最優先の関心事であった．国内の貨幣量目標を達成するために金利が主として用いられたならば，為替レートの安定は放棄するか，あるいは為替レートに影響を与えるほかの手段を見出さなければならない[149]．この時までに，彼らは，もし為替レート目標とマネーサプライ目標との間に矛盾が生じた場合には，後者が優先されるべきことに合意していた[150]．資金流入と金利の低下とは国債市場に影響を及ぼした．大量の国債売却は中和的効果を発揮したが，これを継続することはますます困難になってきた．リチャードソンはヒーリーに，1977-78年の貨幣量目標を達成することは不可能になるであろうし，また月当たり6億ポンドが必要な国債平均売却額はさらに資金流入を阻止する以外には達成することができない，と告げた．10月末に，資金流入が£M3 に対していっそうの拡張的影響を及ぼすリスクを排除するためにポンドの為替レートの上限を撤廃することが決定された（第14章参照）[151]．

　その後，MLR は11月25日に5%から7%へ上昇したにもかかわらず，それはきわめて不満足な仕方での上昇であった．イングランド銀行は管理された

第13章　貨幣量目標とマネタリー・コントロール　　　　835

上昇を望んだが，政府はそれを望まなかった．そこでイングランド銀行は市場を通じて調節することを余儀なくされ，LDMA に対してイングランド銀行が 2% の上昇の実現を望んでいるが，それ以上ではないという強力な暗示を示した．このことが実現し，イングランド銀行は市場の諸力が公式見解と一致したと公然と発言することができた．しかしながら，その次の週に MLR が 8% に，そしておそらくは 9% にまで上昇するのではないかとの思惑が広がった．大蔵省の大臣たちは当惑し，キャラハンは 7% が適正水準であると宣言することを可能にする議会質問をさせてまでも干渉すると脅迫するほどであった．イングランド銀行は，適切な是正が〔市場で〕なされており，さらなる金利上昇を望んでいないことを表明する声明を 11 月 30 日に発表する行動に出た．この行動は，MLR の 2% の引き上げが意図されたものであり，その事後的管理であると解釈された．リチャードソンは，これらの出来事を首相に説明することを余儀なくされ，首相は，大蔵大臣と同様に，MLR 制度の見直しを要請した．イングランド銀行の選好は，いぜんとして，算定公式に基づいた制度を完全に管理された金利で代替することであった．しかしフォードは，イングランド銀行がさらに大きな独立性を獲得する方策をひそかに練っているとの疑惑を招かないように，この点をホワイトホール（政府・大蔵省）に丁寧に説明する必要があると警告した[152]．

　1978 年初頭，ゴードン・リチャードソン（Gordon Richardson）はシティ大学において一連のメイズ・レクチャー（同講演のスポンサーであるシティ・オブ・ロンドンの元市長，メイズ卿の名前にちなんで命名された）の口火を切った[153]．彼の講演「金融政策の運営に関する省察」は広範囲の注目をあつめ，その後数年にわたり頻繁に引用された．講義の中で，彼は 1970 年代を通じて金融政策がどのように変化したかを考察した．その考察において，彼はイングランド銀行によって開発された路線に沿って歴史を書き換えることに貢献した．たとえば彼は，CCC は二重の目的をもっていた，と述べた．その 1 つは非効率な諸規制を廃止することであった．これはその通り正しい．もう 1 つは，「今や，貨幣集計量に重要性が付与された．貨幣量の増加率は金利という市場の手段によってコントロールするべきである」，とする点である[154]．これまで考察してきたように，この点は必ずしも正しくない．この点は別にして，講演

は1970年代における諸展開についての立派なサーベイである．それは主としてグッドハートによって執筆され，リチャードソンの場合には往々にしてあてはまるが，1人以上の人物が関与していた．この場合では，他の貢献者はダウであった．講演は多大の改訂やそれに付随する討論を伴ったが，残念ながらそれらの文書類は残存していない．

1978年に経済状況は再び悪化しはじめており，MLRの経路は上昇傾向にあった．意外なことに，6.5%から7.5%へのMLRの管理された引き上げは大蔵大臣によって1978年4月の予算の中で公表された．この引き上げは貨幣量増加の抑制のために，また内外の短期金利を一致させるために総裁が圧力をかけたものであった[155]．その翌月，MLRを9%に引き上げる，あと2回の「市場の諸力に基づく」上昇が生じた．その後，管理された態勢へと再び戻っていった[156]．それを正当化する理由は，公表されている目標を達成する必要度が大きく強調されるようになったことであった．この決定に到達する際には，市場が金利に関する当局のシグナルを今まで以上に注視するようになり，またこれらのシグナルがますます明示的な形で与えられようになったことが認識されていた．その結果として，金利はもはや市場で決定されているとはほとんどいえなくなっており，実際には当局がMLRに対する主要な責任をすでに担っていることをイングランド銀行は受け入れた．管理された金利に移行することは，金利に対するより大きなコントロール力を与えることであり，当局の見解を一層開かれたものにする．したがって，バンクレートに関する金利の変更は，イングランド銀行によって毎木曜日に公表されることになった．しかしながら，これが旧来の硬直的な制度への回帰を意味するとのメッセージを与えることを回避するために，MLRという名称が留保された．報道機関を納得させるには，これでは不十分であった[157]．『フィナンシャル・タイムズ』紙は「別名ではバンクレート」という記事で先導した．『サン』紙の見出しは「昔のバンクレート制への逆戻り」とした．『サンデー・タイムズ』紙は「なぜバンクレートは活動を再開したのか」と解説した[158]．

量的コントロールも再び検討課題として復帰した．SSDsの再導入が明らかに予想されていた．というのは，1978年前半にイングランド銀行は「水増し」の明白な証拠をつかんでいたからである．すなわち，銀行はSSDsを予期して

第13章　貨幣量目標とマネタリー・コントロール　　837

　IBELsを増加させつつあったし，またこのこと自体がマネーマーケットの歪みを生み出していたからである[159]．この状況をグッドハートが5月に調査したが，彼は「コルセット」が金利の大幅かつ全般的な上昇を伴わずに，£M3の中の厄介な要素，すなわち有期預金と預金証書（CDs）を制御することが可能かもしれない，と再度主張した．これまでに考察してきたように，コルセットは一般に〔銀行間の〕競争と個別銀行の成長を妨げるし，またこの量的コントロールの実施期間が長いほどこれらの悪影響はさらに増加した．もしこの状況の観察者がこの規制メカニズムが「コントロールあり，コントロールなし」ベースで運用されているとみなした場合には，人為性や非効率性も生じやすい．そこで，グッドハートとフォードは，「条件付き」コルセットを提案した．これは，当局が量的コントロールの再導入を検討していることを発表するが，「このコントロールがしっかりと定着する前に」解除されることもある，と発表する方式である．その結果として，銀行がまるでコルセットが適用された場合と同じように行動することが期待された．これはイングランド銀行の心理学的操作の典型例である．実際，グッドハートはこの企画が「まさに奇をてらう」手法であることを認めており，それは実施されなかった[160]．
　適切な目標に関する関心も再び生じた．フォードは，目標変数として£M3を廃止し，M1によって置き換える，という彼の主張を繰り返した[161]．グッドハートによれば，彼らは，金融政策の主眼として£M3を選択することによって必要以上に政策運営を困難なものにした．そのうえ，国債管理に対して示唆されていた改革案は£M3を今以上に効率的に制御することを許さなかった．いまやグッドハートは，彼らがM1の方向に向かって進行するべきである点でフォードに同意したが，「しかし，われわれが，そして大蔵省がPSBRを金融情勢の動向と関連づけることを可能にする，より広義の貨幣集計量によってM1を補完する必要は依然として存在している」，とした．彼はさらに続けて，もし「コルセット」の再導入を余儀なくされる場合には，その再導入が指標としての£M3の価値を低下させること，そしてM1こそが注視するべきより優れた貨幣集計量であることを公に指摘することによって，彼らはやむを得ないことを潔く行うことができる，と述べた[162]．
　6月初旬までに，イングランド銀行内での話題は「厳格な」政策パッケージ

の必要性に関するものになっていた．コルセットの運用に関して若干の不安がいぜんとして存在していたが，それはとくに，1971年以前の経験が「半永久的な直接規制の状態へと押し流されるとの不安」を意識させたからである．しかし状況は緊急を要すると感じられ，コルセットは£M3の増加率を8～10％の目標の下限を実現させるのに十分なほど引き締める必要があった．コルセットはMLRの代替手段ではないので，MLRの2％〔ポイント〕の引き上げが推奨された．貨幣集計量としてのM3についての不安は平穏な時期まで待たなければならないであろう[163]．総裁と大蔵大臣はこの政策パッケージを検討するために連日（6月6日～7日）会合をもった．リチャードソンの考えでは，中心問題は財政政策目標と金融政策目標との首尾一貫性を市場に納得させることであった．これには，金利を低水準に抑制することを当局が可能にするために設計されたものではないことを明示するために，財政側に関するもっとも強力な声明とコルセットの利用，およびMLRの引き上げを必要とした．首相は政策パッケージについて確信がなく，劇的な要素の少ない控えめな発表を行い，金融措置については通常通りにイングランド銀行が発表することを望んでいることが露見した．リチャードソンは，政策パッケージをこのような形に分割することに市場は十分にうまく反応しないことを明確にし，分割に反対した．また，MLRの引き上げなしにコルセットを再導入することを望まなかった[164]．この政策パッケージは1978年6月8日にヒーリーによって発表された．それにはMLRの9％から10％への引き上げとSSDsの再導入が含まれていた．許容されたIBELsの増加率は6カ月間にわたり4％で，その後の同制度の延長は1カ月当たり1％と明記された[165]．当初は，この第3局面の間，対象となった総預金と銀行数は少ないままにとどまった（表13-1を参照）．

1979年4月4日にMLRが13％から12％へ引き下げられた．この変更は，本書の執筆対象期間の終わりにいかにして実施されたのかという点を解明するのに役立つ可能性があるという意味で興味深い．労働党は3月28日に信任投票を否決され，5月3日の総選挙実施が公示された．イングランド銀行は平常通り指導力を発揮し，その変更を勧告した．しかし不信任を突きつけられた政府が果たしてこの金利引き上げを是認することができるのであろうか．政府は野党と協議するべきであろうか．大蔵省事務次官はこれを記憶しておらず，わ

れわれがその経緯を知るべき文章も一切残されていない．

　マネタリーベース・コントロールはいぜんとして討議され続けていた．1978年3月に，『エコノミック・ジャーナル』誌はダックとシェパードの論文を公刊した．グッドハートはいぜんとして否定的であった．「これは馬鹿げた考えであると私は思う」とEID（経済情報局）部長のデイヴィッド・ウォーカー（David Walker）に話した[166]．彼は応答論文を寄稿したいと考えたが，するべきもっと重要な仕事があると告げられた．それにもかかわらず，彼とリチャード・コグラン（Richard Coghlan）（EID）は空き時間を見つけて応答の草稿を執筆した．5月までに，グッドハートは再度ウォーカー宛てに書簡をしたためたが，強調点がわずかに異なったものとなった．

> マネタリーベース・コントロールは重要な問題です．IMFやEECからペーパーまで多くの部外者はマネタリーベース・コントロールの採用によってわれわれの金融運営操作がいくぶん容易となり，また効率性も改善すると考えています．総裁は頭を悩まし，先日再びこの問題について私に問い合わせがありました．

イングランド銀行にその見解を開示するようにとの圧力が継続するであろう，と彼は述べた[167]．実際，ダックとシェパード論文は『フィナンシャル・タイムズ』紙でサミュエル・ブリッタン氏によって肯定的に取り上げられた．ブリタンは，「期待できる多くの提案と同じように，この提案は基本的に単純であり……．これは基本的には，修正を加えた現金比率制度である」と記した[168]．フォードは厳格なベースマネー・コントロール制度に反対したが，驚くべきことに，ダウはそれに賛成した．あるいは少なくとも彼は，その提案に反対するべき事態は論証されていないし，真剣に検討されるべきである，と考えた．彼は，より強力に見えるコントロールおよび金融政策のより迅速な調整が提供される点にとくに魅力を感じていた[169]．1978年にEIDは『四季報』のためにマネタリーベースに関する論考を作成した．その論考のスタンスはいぜんとして懐疑的であった．実際，フォードはその問題にきわめて長期にわたって没頭せざるを得なかった人々に対して「深甚なる同情の意」を表明した[170]．

5. 公開市場操作

　1977年刊行のグッドハートの「代表著作」の中で，彼は，数年にわたって当局は相当額の国債売却を実現することができたが，その売却は短期マネーマーケットの平準化を達成することができたことを意味しているのではなく，あるいは達成することを意図したことを意味しているのでもない，と指摘している．これは，タップ発行方式〔あらかじめ定められた価格で少しずつ市場に売り出す方式〕による売却がその理由である．当局は市場の先導に追随することを望んだという事実，またガバメント・ブローカーは買い手がやってくるまで待たなければならなかったという事実の結果，市場の期待の変化に応じて，好調な取引活動の期間と不調な取引活動の期間とが交互に生じていた．銀行貸出とPSBRの拡張は将来における金利の上昇期待を生み出すことになりやすいので，この状況は国債売却の助けとはならなかった．その結果，当局に不利な「構造的偏見」が存在した．「貨幣集計量の推移を平準化するために国債を売却する必要がない時に国債を売却することはきわめて容易であり，その逆も真であった」からである．公に発表した貨幣量目標を採用することはこの問題を悪化させた．貨幣集計量の予定経路から貨幣集計量が少しでも逸脱すると，当局は貨幣集計量の上方への変動を抑制するために金利を引き上げる，したがって国債を売却するとの見解を生じるからである．そうなると，人々はますます国債の購入を控えるようになり，当初の逸脱をいっそう悪化させることになった——「自動的な不安定性内蔵制度」であった．彼はそれから，操作手法の修正や提案された新しい金融手段（新型国債），および入札発行による売却への変更などを検討した．彼は新型国債については懐疑的であったが，短期物での実験を排除することはなかった．彼の結論は確固としており，「当局の操作方法を変更するために主張されている主要な諸提案を採用することには強い疑念があり，とくに入札発行方式への転換はそうである」，と表現されていた．彼は，最近の新機軸が国債売却のパターンを平準化しかつ制御することを希望し，またより抜本的な変更に着手する前に，これらの方策を試すことを望んだ[171]．その1年後，その後の展開を検討した時，グッドハートは分割払込み発行

第 13 章　貨幣量目標とマネタリー・コントロール　841

（part-paid issue）が有益な助けとなると考えたが，変動金利国債は期待されていたほどには平準化機能に成功しなかったことを認めた[172]．

　1977 年を通して，当局は国債売却に頭を悩まし続けた[173]．その問題の一部は，市場が為替レート政策について確信がもてなかったことであるが，賃金交渉の妥結や貨幣集計量の増加率に関する不安も存在していた．このような不確実性の下では，投資家は資金を投下するべき利回りを決定することができない．新しい手段や手法はこのような不確実性の一部を取り除くためのものであった[174]．分割払込み国債は応募金額の一部が応募の時点で払い込まれ，その残りの払い込みは政府の予想される資金需要に合わせて時期が設定された．それは，国債発行に対する大幅な応募超過があった後に導入され，銀行システムの外側から資金の流れを円滑化することを意図し，その後それは成功した適応であることが判明した[175]．

　この期間のもう 1 つの特徴は，国債市場に対する政府の高い関心，あるいは政府の干渉である．大蔵省高官たちは所要売却額および新規発行額に関するいっそう詳細なブリーフィングにまで関与し，政府は国債市場操作や手段についての問題や，またどのような統計情報を公表するべきかについてまで影響を及ぼした[176]．とくに，リーヴァから頻繁な干渉があった．彼は，1977 年 11 月にイングランド銀行と国債について討議した際，マネーストックについて過大な不安を示すことによって国債市場を不安定化させたとして，イングランド銀行を非難した．そして，イングランド銀行は飛びかかるために待ち伏せている神経質な猫という印象を避けるように努めるべきである，と述べていた[177]．公表された貨幣量目標の出現以来，その目標を達成するために必要な国債売却水準についての先入観がいっそう大きくなったことは間違いない．首相と大蔵大臣へはつねに情報が送られ，彼らは政策問題よりも国債市場操作に鋭敏な関心を抱くようになった．

　1978 年 1 月にキャラハンは，直近の数週間にわたりイングランド銀行が国債売却に成功していなかった理由を知りたいと思った．彼は，不確実性が国債市場を麻痺状態に陥れ，大量売却の見通しはまったく立たないとの報告を受けた[178]．5 月までに，ヒーリーは，公共部門の資金調達をもっと確実性の高いものにするように国債市場の構造を変更できないかと思うようになった．彼は，

機関投資家が「国益を考慮しないで」その国債ポートフォリオの構成を自由に管理することができる，と不満を漏らした[179]．国債売却が低迷していた（そして連続5日間売却額がゼロであった）うえ，入手可能な直近の月次の数字は，必要とされる平均売却額の5億ポンド以下の1億ポンド強にすぎなかったので，不安はいっそう募った．国債を投資家に強制的に買わせる可能性はイングランド銀行の肝を冷やした．フォードが指摘したように，それは間違いなくイングランド銀行が貨幣量目標の公表を主張した時に考えていたことではなかった．この問題をヒーリーが6月初旬に再度取り上げ，リチャードソンに機関投資家が国債への投資に関心を示していないことに首相が不安を表明し，また総裁が主要なブローカーとファンドマネジャーに介入することを望んでいる，と告げた．リチャードソンは，直接的な介入は前例がなく，逆効果を招き，そして政府の立場の弱さを露呈する，と警告した[180]．イングランド銀行は，国債管理の改革だけで現状を改善することはできないし，いかなる金融措置よりもPSBRを削減することの方が政府の意図を示すうえでより説得力が強いとして，譲らなかった[181]．リーヴァは自らの独特の見解を力説し続けたが，貨幣集計量のコントロールに対するいっそう広範な調査を含む，市場運営についての再検討に同意した[182]．「マネタリー・コントロール・レビュー」は1975年の『ブリッジマン報告書』および1976-77年のイングランド銀行自身の調査を受け継ぐ主要な政策再評価である[183]．

　ヒーリーは，現行の資金調達取り決めが「現在要求されているだけの柔軟性と洗練性でもって現状の必要を満たすことができているのか」と疑問を呈し，そして合衆国やドイツ，フランスのような諸国は〔わが国と〕同様の制度的および手続的な困難を抱えているようには見えないと述べた．その後彼は，貨幣供給の変動の回避や国債販売における硬直性，入札方式採用の拒否，新しい金融手段を開発することへの嫌気を含む，関心事の主要な領域を提示した．おそらく彼は，これらの諸問題に関してイングランド銀行および大蔵省においてすでに始められていた机上の仕事の存在に気づいていなかったが，いずれにしても新しい報告書を作成しなければならなかった[184]．

　大臣たちは動揺を隠せなかったが，フォードは，「若干の新旧傍論：国債に関して」と題する彼の代表的な覚書の1編を著した．彼は，国債管理の現行制

度に関して「ときにはギクシャクした制度であるかもしれないとはいえ，定着している売却手法は，長年にわたる期間において，英国政府の継続した，ときには莫大な額に達する資金需要を成功裏に満たすことが実際に可能であった」，と記した．しかし貨幣供給，DCE および PSBR に関する公表されたコミットメントは，それらが達成されなかった時には，「何かを行う意図」を表現したものである．このことが諸問題を引き起こした．手詰まりから生じるストレスが現行の手法に対する批判を生み出し，そして新しいタイプの国債の導入や発行価格の引き下げ，大口投資家との直接対話などの提案へと導いた，と彼は主張した．フォード独特の比喩を用いて，以下のように記した．

その間，写真撮影には慣れていたが，それを楽しむ術をいまだに学んでいなかったピアニストたちは，何の永続的な目的もなく，道具を傷つけ破壊することは間違いであり，その後にすぐにもそれを必要とするかもしれない，と強く訴えた．ピアニストたちは，「『からくりや外見だけを飾りたてること』によって，あるいは『売れるとなれば，どんな価格でも国債をとつじょ売却すること』，あるいは『インフレーションに対する戦いは最終的には放棄されるという期待を作り出す』（インデクセーション）ことによって，あるいは『ごり押しの圧力』によって，借入要求額についての不確実性を一掃することができると，どうして考えることができるのか」，と叫んだ．そのうえ，ピアニストたちは，より上層の当局に，「この問題の一部は，貨幣量目標を不規則で気紛れな統計数値［M3］の形で表現することに起因している．というのは，M3 の月次の実績は国債市場における公的な操作とあまりにも直接に関係しており，そして国債市場の神経をあまりにも大きく乱しがちだからである．このようにお考えにならないのですか」，と提案するかもしれない．

しかし何にもまして，フォードは，政府と機関投資家との間の表立った政治的な対立関係を回避したいと望んだ．対立は「『公益のために』，機関投資家に事実上『指示する』ことや，また『CGBR（中央政府借入必要額）』の『管理された資金調達』につながるかもしれない」からである[185]．

首相の不安は持続し，そして9月中旬に，キャラハンは再び専門家会議を開催するべきであると示唆した[186]．イングランド銀行と大蔵省の高官たちは，首相の国債市場戦術に対する批判が実際には若手エコノミストで首相官邸のアドバイザーであるギャビン・デーヴィズ（Gavyn Davies）の批判であることに気づいた．ブリッジマンとエディー・ジョージ（Eddie George：国債市場担当の業務局副局長）は，デーヴィズと会談した際に初めて，彼はイングランド銀行の一般的な議論を完全に受け入れているが，キャラハンが不満に感じているのは国債売却の増加やその平準化についてほとんど何もできていないという印象をもっているからであること，を知ることになった．デーヴィズは，キャラハンが資金調達における難局がさらに生じるのではないかということにイライラしており，さらに国債運営について外部の調査のような形で依頼するようになるのではないか，と伝えた．ブリッジマンとジョージは，この問題を，おそらく『緑書』の形で，世間に公表することが有益かもしれないということで意見が一致した．これは『四季報』の計画された論考の形をとるかもしれない，と彼らは示唆した．これは1978年6月にフォードが提案したアイディアであり，また彼がリチャードソンに繰り返し伝えたものであった[187]．国債に関する広範な論争は，より緊急性の高い問題，とりわけ貨幣量目標の延長を議論する必要によって，中断された[188]．いずれにしても，10%から12.5%へのその後のMLRの引き上げが国債市場を回復させ，多額の国債売却を可能にした．しかしながら，かなり多額の国債をその年の残りの期間およびその後もいぜんとして売却しなければならないことは明白であった[189]．

1970年代の後半の時期の1つの特徴は，タップ国債の応募超過が数回も発生したことである．たとえば，1977年1月の初めの数週間は国債市場の歴史において「もっとも劇的なものの1つ」であった[190]．新規発行の短期債はほぼ2倍の応募超過となり，長期タップ国債は4日以内に売り切れ，改めて12億5,000万ポンドという前代未聞の大量の国債が売り出された．その2カ月後には，1992年満期の12.25%利付き国庫国債8億ポンドに対して総額30億ポンド超の応募申込があった．それ以外の事例も続いて発生したが，もっとも評判が悪い事例が1979年2月に発生した．この事例は，その後，「ウォトリング・ストリートの戦い」あるいは「ニューチェインジの暴動」など種々の呼称

で知られるようになった．2種類の国債が関係していた．すなわち，5億ポンドの中期債，1987年満期の13.25%利付き国庫国債と8億ポンドの長期債，2000/2003年満期の13.75%利付き大蔵省国債であった．それぞれの応募額は38億1,700万ポンドと52億1,200万ポンドであった．これほど大量の応募があったためにニューチェインジの扉が10時1分に閉じられ，すでに建物の中にいた者ですら，その全員が応募書類を提出することができなかったほどである．その後，イングランド銀行はこのことに不満を抱いたブローカーから山のような抗議文書を受け取り，そのうちの2社は証券業審議会（Council for the Securities Industry）に公式の抗議文書を提出した．この訴えは不首尾に終わり，イングランド銀行はその事態について頑なに謝罪を拒む態度を維持した．その理由として提出時間の最後の最後まで様子見を決め込んだ多数の応募者への対応を期待することはできない，と主張した[191]．後にガバメント・ブローカーとなる，国債ブローカー商会，ペンバー・アンド・ボイル社（Pember and Boyle）のナイジェル・アルサウス（Nigel Althaus）は，イングランド銀行はある意味では獲得したものすべてを要求しているとペイジに告げた．彼は，「国債の発行を容易にするためにイングランド銀行が投機を奨励しているとの印象を抱かないではおれない」と考えた．これは，彼にとって尊厳を失う行為であった[192]．10年以上後に，この戦いによる大混乱は，25年間にわたる公的な国債市場介入の不可避的な帰結である，とある評論家は受け止めた．秩序のある国債市場を実現しようとしたイングランド銀行の試みによって，イングランド銀行はたびたびその行動があまりにも遅くなり，そして最終的には最大の無秩序状態を生み出してしまったのである[193]．

　イングランド銀行はブローカーの激怒に対して公然とは動じなかったが，水面下では，今までよりも広範な関連事項についての検討が行われていた．その後まもなくして，ブライアン・クウィン（Brian Quinn; モーガンの後任となった広報担当者）は，先の出来事がマネタリー・コントロールに関する一連の論争を再燃させるための口実として報道機関によって利用されている，とフォードに助言した．彼はこれらの論争のなかでイングランド銀行がもっと積極的な態度をとることを要請し，論文や文書，講演を公表したり，また選り抜きのジャーナリストや評論家，学者との晩餐会の計画を提案した[194]．計画されてい

た国債市場についての『四季報』論文は予定通り1979年6月に公刊され，その大半はジョージの手によるものであった．その論文は部外者の評論家の批判に立ち向かい，現行の方法を弁護する内容であり，改革のための工程表ではなかった[195]．

6. マネタリー・コントロール

1978年6月中旬にフォードはリチャードソンに，イングランド銀行は金融政策の広範な見直しに着手するべきであると提言した．彼は，イングランド銀行が従来公式に表明してきた諸見解を凝縮した主要な見直し対象を強調した．たとえば，現行の準備資産比率の段階的な廃止やすべての銀行を対象にしたより低率の現金比率および銀行流動性についての新たな健全性指針による代替，主要な公表された貨幣量目標としてのM3によるM1の代替（これにより目標とする貨幣集計量の短期的変動から国債市場の管理を遠ざける），そして現行の国債売買システムの保持と新たな短期証券（6カ月〜24カ月物）を追加する可能性に関する公開の討論である[196]．フォードは，「金融情勢の現状に対してわれわれが感じている多大な不安と不満」を表明した．彼は，1976年の貨幣量目標公表への移行がコントロール方法やコントロール変数自体の顕著な変化を意味するとは従来考えられてこなかったが，「その後の経験は，その考えが間違いであることを今や示唆している」ことを強調した．イングランド銀行はM3の欠陥（「その他のマクロ経済指標との分析上および統計上の連関はこのうえなく良いが，コントロール変数としての行動特性は驚くほど劣悪である」）を百も承知していたものの，事態が改善するかもしれないし，目標が達成されるかもしれないし，PSBRの圧力が減退するかもしれないし，市場はM3の不規則な行動とうまくやっていくかもしれないという希望的観測から政策を推進してきた．しかし，希望的観測は実現しなかった，とフォードは論じた．金融政策についての以前の見直しは現状維持を支持していたことに対して，彼は，今や取り決めそれ自体を変更する時機に至った，と述べた．これは，コントロール変数もしくはコントロールの方法の変更を意味した．後者はそれ単独では信頼するに足りないので，前者に対する本格的な検討が必要とされた[197]．典

型的なフォード流の表現方法によると，M1 への移行はケインズ主義，マネタリズムから前コペルニクス的天文学までを包括するものであり，その移行を主張するグッドハートの論文に対して，フォードは応答する時間的余裕をいぜんとして有していた[198]．

このことからイングランド銀行と大蔵省が「マネタリー・コントロール・レビュー」の一環として合意した作業計画が進展した．その計画は，それぞれの貨幣集計量の妥当性を対象としていた．すなわち，コントロール・システム，とりわけマネタリーベース，為替レートに関する欧州との合意への動きに対する英国のコミットメントの含意，およびたとえば住宅金融組合を包含するより広範な貨幣集計量（後に M5 と呼称されるもの）を開発するような技術的な論点である[199]．この作業の概要が 1978 年末に編纂された．見直し作業は主としてイングランド銀行の強い主導で実施され，大蔵省の高官たちは大臣たちに何も提出しようとはしなかった．しかしながら，主としてミドルトンとともに，相当の作業が実施されたが，それは貨幣集計量についての理論的根拠や適切な貨幣集計量の選択をめぐっては大きな意見の不一致がいぜんとして存在していることを確認するものとなった．大蔵省は £M3 に執着しており，イングランド銀行は，M1 と M5 には定義上および統計上の諸問題が顕著であったにもかかわらず，後者の貨幣集計量を推奨していた[200]．この見直しは別にして，イングランド銀行のスタンスは若干異なるものがあった．リチャードソンはウィルソン委員会に対して，£M3 は唯一の指標ではないけれども，もっとも優れた一般的指標であること，またマネタリー・コントロールの手段は適切なものである，と告げた[201]．

1978 年末にかけて，新しい貨幣量目標——1979 年 4 月までの銀行会計年度の貨幣量目標は 8% から 12% の幅であった——に対して再び検討が行われるようになった．当時の議論はインフレーションに立ち向かう所得政策との関連で行われており，8% から 12% の貨幣量増加率は名目所得の予想値と矛盾のないものであったが，PSBR や国債売却との関係で問題が生じるかもしれなかった．先行き 6 カ月間の予想値は良好なものではなかったが，8% から 12% の変動幅を維持することが決定された[202]．即時の金融措置によって支援されれば信用できるとみなされ，MLR は 11 月 10 日に 10% から 12.5% に引き上

げられた．これは海外の短期金利の上昇と国内の金融情勢見通しについての不確実性を反映した動きであるとの説明がなされた．「不満の冬」の間における労働不安もまた，圧力を加えた．市場金利は上昇し，大蔵省短期証券利回りがMLRを上回ることが現実となった．リチャードソンは，MLRを引き上げないと金融政策が弱体化しているという印象を生み出すであろう，と警告した．その結果，MLRは1979年2月8日に14%へ引き上げられた[203]．その時までに，1979/80年のインフレーション予想は10.5～12%へと1978/79年の9%よりもいっそう悪い見通しとなった．それだけではなく，イングランド銀行は国債売却についても悲観的であった．しかしながら，金利の上昇を受けて，£M3の10%の増加が予想された．したがって，貨幣量目標を8～12%からおそらく6.5～10.5%へと引き下げることを擁護する議論があったが，それは決して明確なものであったとはいえない[204]．その後，短期金利が急速に低下をはじめ，14%への引き上げのわずか3週間後に，MLRは13%へ引き下げられ，イングランド銀行はこの措置について何らかの安定性を取り戻したかったとの声明を出した．これを強化するために，イングランド銀行は割引市場への期間1週間の融資を実行した．しかしながら，ポンドの強さと短期金利のさらなる下押し圧力の結果，4月初めに12%へのもう一段の引き下げが行われた[205]．この時までに，キャラハンは下院での信任投票に敗れ，そして総選挙が公示された．

　保守党政権の成立が金融政策にとって何を意味するのかについての思考実験はイングランド銀行の内部ですでにでき上がっていた．1971-73年の経験がイングランド銀行についての疑念を多くの保守党員に与えていた．さらに，保守党は金融分野の知識を有する専門家アドバイザー（たとえば，ペパーやグリフィス）を有していたという事実がその関係をいっそう難しいものにした．しかし，保守党政権と1976年以降「保守党的な政策を実質的に採用してきた」とみなされてきた労働党政権との間にマクロ経済政策に関して大きな相違があるとはほとんど考えられなかった．1つの相違点は，保守党が金融政策はインフレーションを制御するために利用しうると考えており，貨幣量目標を堅持すると明確に公約していたということである．アドバイザーの何人かは「何らかの形のマネタリーベース・コントロールに理論的に傾倒している」という事実の

認識があり，イングランド銀行はその議論の論拠を明確にせざるを得ないことがはっきりしていた[206]．これをめぐる議論はすでに国債（ジョージ）およびマネタリーベース・コントロール（グッドハート，フォードおよびホットスン）に関する『四季報』論文の草稿としてすでに準備されていた．1979年6月に公刊された論文は，もっとも極端なマネタリーベース・コントロールの考えを攻撃する傾向にあり，マネタリーベース・コントロール提案には反対した．ウォーカーの主要な提案は，「ハイパワードマネーと名目所得との間には強い因果関係が存在する，しかもその因果関係はほぼ確実にハイパワードマネーから名目所得である」，という見解には根拠がないことを示すことによって，その提案に「引導を渡す」ことができるというものであった[207]．J.R. サージャント教授（その当時はミッドランド銀行のグループ経済アドバイザー）は貨幣量目標の問題に取り組み，マネタリーベース・コントロールを擁護していたが，これに対する反感から「ディック・サージャント（Dick Sargent）はもっと分別のある学者だと私は考えていた」とグッドハートがフォードに書き送った．フォードは「私も同感である．しかし彼の経済学はつねにきわめて『機械論的』であり，あるいは，少なくとも，われわれがともにオックスフォード〔大学〕で同期生であった時にはそうであった」と返信した[208]．

総選挙の2週間後，ペパーは，イングランド銀行がかなりの期間マネタリーベース・コントロールについて研究をしており，『四季報』に論文1編を掲載する計画を立てている，とマーガレット・サッチャー（Margaret Thatcher）首相に告げた．サッチャーは，大蔵省がこの論文を早急に検討することを希望し，また彼女は大蔵大臣のジョフリー・ハウ（Geoffrey Howe）に彼自身の見解を求めた[209]．首相のこの対応の最初の結果は，7月18日に開催された政府上層部のセミナーであり，首相をはじめ大蔵省の担当大臣たち，政府の高官たち，そして総裁と業務局長が出席した．マネタリーベースに加えて，金融政策の諸目的や金融情勢の見通し，および国債市場が討議された．このセミナーは膨大な量の文書を生み出し，とくにこの主題に関する最近の寄稿論文，たとえばペイジやグリフィス，ジェフリー・ウッド（Geoffrey Wood）による論文を含んでいた[210]．このセミナーでリチャードソンは彼らが準備資産比率の廃止を提案している，と述べた．彼はマネタリーベースに偏見をもっていないこと

を主張した．すなわち，貨幣供給をコントロールする現行の方法は完全ではなく，マネタリーベースの方が優れているかもしれないとはいえ，これは大きな構造の改革を伴うものでもある，と．これらの討議を要約して，首相は，イングランド銀行と大蔵省がマネタリーベース・コントロールに関するより詳細な研究に共同して取り組み，協議と将来の公刊を進めるように，と述べた．この作業は翌年の『緑書』として結実した[211]．

1979年中ごろに貨幣量目標達成の議論にいっそうの緊急性が生じ，これは間違いなくインフレーション目標を達成するためにこれらの目標を使用するという新政権の決意の表れであった．新政権の直接規制に対する嫌悪にもかかわらず，貨幣量目標を達成することを確実なものにするための試みとして直接規制の利用拡大へ逆戻りする計画も検討された[212]．6月にハウとリチャードソンは，貨幣供給量の増加や民間部門向け銀行貸出，政府借入に関する厄介な数値について討議した．リチャードソンとハウは，その翌日にMLRを2％〔ポイント〕引き上げて14％とすることで合意した．目標幅から乖離して変動する貨幣供給の数値に対する唯一可能と考えられる対応策であった．その夕刻に総裁と大蔵大臣は首相を訪問したが，首相は住宅ローン金利への跳ね返りを心配していた．しかしリチャードソンとハウは，「われわれが初めて使用する金融政策手段は有効でかつ明白なものでなければならない」と断言した．首相は納得したわけではなかったが，彼らの助言を受け入れ，6月12日にMLRの変更が公表された[213]．

特別預金とSSDsは1979年中も継続して施行されたが，1980年1月以降は再施行されなかった[214]．準備資産比率の下では，特別預金が銀行流動性の圧縮に有効でないこと，そして短期的にはむしろ悪影響を与えることがしばらく前から明らかであった[215]．1979年4月にSSDsの3カ月間の延長が公表された．この段階では，9％の罰則のつかない限度に対して，利付き適格負債（IBELs）の増加率は5.8％であったが，その後「コルセット」が強化され始め，そして初めて手形交換所加盟銀行も預金させられる対象金融機関となった[216]．もう1回の延長，6カ月間が1979年11月に公表されたが，10月の為替管理の廃止によって同制度の実施が脅かされた．このため，イギリス国外で取引を仕組むことでSSDsの効果を回避しないように求める言質が各種の銀行団体に求

第 13 章　貨幣量目標とマネタリー・コントロール　　　　851

められた[217]．1980 年 3 月にハウは，現在の適用期間が終了する同年 6 月に同制度は廃止される，と発表した[218]．その最終の月に，手形交換所加盟銀行とその子会社は補完的特別預金の大半，4 億 5,600 万ポンドのうち 4 億 3,800 万ポンドを占めていた[219]．

　コルセットの効果分析は，M1 と海外ポンド建て預金の変動が所与の£M3 を確実に達成するための手法として IBELs をコントロールすることの有用性を著しく弱めていることを示唆した．「これはセーフティ・ネット概念を否定するものではなく，コルセットをステイ（鉄の支索）ではなくイラスティック（弾力性のある素材で布地）で構築する重要性を強調するものである」．（これらのことを理解している人は，鉄骨よりも鯨骨が選好されるべきではないかといぶかった．）予想を超える銀行貸出と PSBR は予想よりも大規模な国債売却と赤字の対外要因によってちょうど相殺された．その結論は，コルセットは目標幅を達成することに成功する責任を負うものではない，ということであった．むしろ，「強引な国債の販売政策」がコルセットをうまく機能させなかったということである．危機に陥った時，イングランド銀行は金利政策に頼らざるを得なかった．そしてまた，年末にかけて，見解のもう 1 つの変更が生じた[220]．

　コルセットに対する幻想は，1979 年 10 月の為替管理が廃止された後では，それによって回避の可能性が一段と高まったため，多かれ少なかれ完璧に消滅した．しかしながら，為替管理の廃止は金融仲介の復活（re-intermediation）を生み出して貨幣供給量の数値を増加させるであろう．もっと重要なことは，政府が貨幣供給量を制御することに本気で臨んでいるとみなされなくてはならないことである，とハウは主張した．政府は国債市場を再び機能させ，そして MLR を機能させることを必要としていた．「16％ への移行以外のものであれば何でもカヌート王の行動と今ではみなされ，貨幣量目標に執着するというわれわれの決意に疑問が投げかけられるであろう．このように私は強く助言を受けている」．興味深いことに，第 2 のもの，すなわち，MLR の引き上げは「総裁が関与するべき問題である」と彼は付け加えた[221]．ほぼ同時点の 11 月に，マクマーンは，イングランド銀行も政府もともにこの段階で信頼性を失う余裕はまったくない，と主張し，強気を演じ，そしてその強気を演じ続けるように，と勧めた．彼は，「金利面でオーバーキル」を実行することを提案した．

彼は，それが次の木曜日に2%以下を意味することを望んだが，その変更と同時に，コルセットは消滅することになるとの発表をしなければならなかった．彼はまた，貨幣量の増加が受け入れがたいほど高いが，マネタリー・コントロールの新しい方法が見つけられるであろう，と発表することも提案した[222]．同月後半にMLRは17%に上がった．

同年末に向かって生じた人事異動の結果，この議論はいっそう白熱し，複雑化した．ロンドン・ビジネス・スクールの紀要（『エコノミック・アウトルック』誌）掲載予定の論文の草稿が1979年10月に大蔵省に送付された．この論文はアラン・バッド（Allan Budd）という単一の著者名で刊行されたが，実際はテリー・バーンズ（Terry Burns）との共著論文であった．この論文は，インフレーションや実質産出高の予想および貨幣需要関数を自信満々に発表した．これらに基づいた将来の貨幣量増加の特定の数値目標も含んでいた．グッドハートが強い論調で反対を表明したので，意見交換が続き，その論文を「首尾よく中立化した」としてグッドハートが満足した後の1979年11月26日に『エコノミック・アウトルック』誌が公刊された．しかしこのことは，大蔵大臣に対するその他の諸影響とともに，インフレーションと貨幣量目標に関する中期的な思考の始まりを画した[223]．

1970年代の執行理事として，フォードは国内の金融政策に関するイングランド銀行の見解の中核的存在であった．「30年以上にわたってイギリスの金融問題を主導する役割」を果たした後，彼は1982年に（国内金融担当）執行理事を退任した．実用主義がおそらく彼の顕著な特徴であった[224]．彼は自分の意見を直截に述べ，そして力強くそれを伝え，また自らの論点に執着した．イングランド銀行における彼の仕事は経済分析および貨幣分析についてのイングランド銀行の能力を先々進展させるための基礎を築いた．彼はときに，彼の過剰に潤色され，複雑な文書スタイルのゆえに読者を失うことがあった．私信においては，彼はどちらかというと控えめでありながら，ピリッとした風刺のきいたユーモアのセンスをもっており，また彼の後輩たちや経験の浅い同僚たちを支援していた．総裁としてのエディ・ジョージ（Eddie George）は，彼は「尊敬だけでなく，大いなる愛着」も生み出した，と回想している[225]．フォードと並んで，金融政策の中核的存在であったのはチャールズ・グッドハートで

第13章　貨幣量目標とマネタリー・コントロール　　　　853

ある．彼は，イングランド銀行に加わった1960年代後半から本書の対象期間の終わりまでの間，イングランド銀行が実施した金融政策のすべての中心にいたことは事実である．これらの期間にわたって，彼はイングランド銀行にその主要な知的能力を提供し，またイングランド銀行が自らの経済チームを構築する真の始まりを画した．1980年代中ごろに彼は学者生活に戻っていったが，彼はその後もアドバイザーとして活躍し，1997年に設立された金融政策委員会の創設委員となり，イングランド銀行との密接な関係を維持した．

7. 結論

　金融手段〔金融資産〕の詳細に関する多くの議論があり，また金融政策とは何かについて苦痛に満ちた議論が行われたが，金融政策が重要問題であるという信念の証拠は思ったよりも少ない．ウォスが1978年にケンブリッジで経済管理の諸問題に関する講演をジョニアン・ソサイエティのために行ったが，彼は貨幣量目標に対してまるで不熱心であった．彼は貨幣と物価との関係について懐疑的立場を保持したが，彼は賢明に適用される目標は当局の意図について市場に安心感を与えると考えた．「もしこの目標が賢明な経済運営を妨害するのではなく，むしろそれを促進するとすれば，その目標は当局とその目標に反応する市場の参加者の双方によって理知的に受け入れられる必要がある」[226]．ウォスが懐疑的であったとすれば，ヒーリーは嘲笑的であった．彼は，もし自分が大蔵省に対して大きく優越していることがあるとするならば，それは彼が経済学を学んでいなかったことである，と好んでよく述べた．貨幣に関して，貨幣の適切な定義をした者は誰もいないし，貨幣をどのようにコントロールすればよいかを知っている者も誰もいなかった，と記している．さらに，貨幣に関する統計は信頼に足りない，とより激しい口調で述べた[227]．「マネタリストの妖術を信用している民間銀行家や中央銀行家にお目にかかったことは一度もない」と続けたが，もし市場がその妖術を信じたならば，もうそれを無視することはできなくなる．「市場を満足させるために，われわれがつねに非公式に作成していた貨幣量予測を公表することを私は始め，その後それを貨幣量目標として説明した」[228]．

イングランド銀行が貨幣量目標を採用することをいやいや受け入れたことを考えれば，正当な問いはその目標を達成するためにイングランド銀行は何をしたのかである．当事者たちは，十分なことが実行されたとはいえない，と考えていたことは間違いなかった．1977年5月にイングランド銀行で開催されたIMFセミナーの後に，そのIMFチームの2名，エド・ブラウ（Ed Brau）とアダルバート・ノブル（Adalbert Knobl）が，確かに公に発表された貨幣量目標は存在していたが，イングランド銀行がその目標を確実に達成するためにはほとんど，あるいはまったく何もしなかった，とプライスに語った．プライスは，分割払込み国債や変動金利国債の発行のような数多くの新機軸が実施され，また詳細は特定されていないがそれ以外の進展にも検討が加えられた，と説得力を欠く仕方で反論した．ブラウは，どのような種類の会議で貨幣量目標が検討されたのか，誰が決定を下したのか，どのような基準に基づいて決定が下されたのか，とプライスを問いただした．プライスは，公明正大に振る舞い，何も漏らさなかったが，IMFチームはイングランド銀行のやり方は「きわめていい加減なものであったに違いない」との印象をもってイギリスを去った．フォードはそれに匹敵する「徹底的な調査」についてフィンチから報告を受けた．フォードは，M1をもっと利用することができることを受け入れたが，銀行預け金残高の週次の数値はこの関連では有益な意味はまったくなく，また銀行の流通量は意味があることもあればそうでないこともある，と述べた．彼は，「信頼性に欠ける貨幣集計量の短期的な変動に関するマネタリストの過大重視は，ときに熱狂的な非マネタリストによって貨幣集計量をペテンにかけられるものと受け取られる」，と結論を下した[229]．

混乱状態がいつ終わり，そして自分勝手な誤解がそれを引き継いだのかを見分けることはときに難しい．マネタリー・コントロールについてのイングランド銀行の見解が何であったのかはあまりはっきりしていなかった．イングランド銀行の内部において見解に相違があり，その見解も変化していた．健全通貨の長い歴史を有していたにもかかわらず，反マネタリズムの見解が存在し，マネタリスト的と解釈されうることなら何でも反抗する頑な態度もあった．1971年以降，貨幣集計量の経路に対する懸念が増大しつつあった．しかしながら，もし貨幣供給量の増加がマネーマーケットや国債市場，外国為替市場における

第13章　貨幣量目標とマネタリー・コントロール　　　855

イングランド銀行の政策行動の正味の結果であったとすれば，望ましい結果を達成するためにその政策行動がこれらの市場で作用していたという何らかの証拠が存在しているはずである．批評家たちはそのような証拠は不十分であると考えた．金利がその作用の大部分を果たしたと想定されたが，1970年代の大半を通して金利が一定の名目水準以上に上昇することは政治的に受け入れられない状況の下で，その目的を達成するために SSDs が利用された．前述したとおり，SSDs は成功しなかった．

　イングランド銀行内部において，高度な経済学の進展の流れに遅れないようについていく進歩がみられたことは疑いないけれども，貨幣やインフレーションに関する議論はその当時利用可能であったいくつかの重要な要素をいぜんとして無視していた．しばしば表面化した問題は，より優れた経済モデルが利用可能であるのになぜそれらが実際に使用されないのか，ということであった．たとえば，トーマス・セイヴィング（Thomas Saving）は10年以上前に金融政策に関する用語集の作成に着手していた．すなわち，金融手段，指標，近似目的（目標），および最終目的である[230]．これはイングランド銀行における指標や目標についての議論を情報として提供していなかった．価格目標に対立するものとしての数量目標とは何かに関するきわめて膨大な文献もすでに存在していた．金利目標が物価水準を不確定のままにとどめるとするゆるぎない主張が存在した．プールは，もしマネーマーケットが財市場に比べて予測できないショックにさらされやすいとすれば，当局は金利目標を採用するべきであり，またもしその反対の場合には，当局はマネーストックを目標として採用するべきであることを示した．しかし，これよりもさらに強い主張が提示可能であった．もし名目所得水準の安定性ではなく，物価水準の安定性が最終目的であるとすれば，期待に関するある仮定を所与として，貨幣供給量ルールは物価水準の確定した先行きの動きを示す．固定為替相場制度および変動為替相場制度が貨幣供給に与える影響に関しても相当な文献が存在していた[231]．

　1970年代の後半にフットが貨幣量目標の問題に関する論文を報告した時，イングランド銀行の両面性を暴露した．その報告の冒頭で，彼は「多くの先進国経済における，金融政策の目的ではなく，その説明の仕方の1970年代における主要な変化は，金利目的の追求から何らかの貨幣集計量の増加率目標の公

式の発表への移行であった」（傍点は引用者補足），と述べた．この文章は信念と責任の欠如をうまく捉えている．この論文はイングランド銀行におけるいつもの起草手続きに従っており，その論文のすべての段階においてグッドハートとフォードが目を通していた[232]．フットは，変動為替相場制度への移行により金融政策が為替レート維持義務から解放された後，目標を導入した人々は目標（DCE を別にして）を達成する見通しが改善したことに同意し，また長期にわたる反インフレ政策のスタンスを強化しつつあったが，しかし彼らは短期的なマネタリー・コントロールを達成しようと努力していなかった，と続けて述べている．1973 年や 1976 年において，このうちの 1 つでも妥当したことを示す証拠はあまりない．彼が検証した諸国における目標達成度合いについてのフットの評価は，目標設定の前後における貨幣集計量と産出高の増加率についての簡単な観察に基づいて判定された．大半の国が失敗した．しかしながら，検証方法の欠陥を別にして，イングランド銀行が貨幣量増加予想に基づいて目標を選択していたことが問題であった．最初の目標に続いて実施された金融引締めが主としてポンドの〔対外価値の〕崩壊の結果であり，また 1977 年にポンドが〔その価値を〕回復した時には，貨幣集計量に対する関心が薄れていた可能性がある．1970 年代の最後の数年には，インフレーション対策として利用されたのは依然として所得政策であった．

　大蔵省は，財政政策と為替レート政策の実施の議論をしないで，貨幣量目標を議論することはできない，と主張していた[233]．貨幣集計量の増加が PSBR の資金調達と民間部門への銀行貸出との正味の結果であるとみなされていたが，彼らは PSBR が財政政策ではないと強調した．銀行貸出が不変にとどまったとしても，PSBR は多くの理由で変化することが可能である〔，とした〕．この関係を検証するために多くのシミュレーションが大蔵省の大型マクロ経済モデルを使用して実行された．それにもかかわらず，もしこれらの検証を実行するために必要とされる情報がその当時存在していたなら，「総需要の水準をわれわれが望む水準につねにとどめることを確実にできる十分な情報をわれわれももっていたであろう」，とある評論家が指摘した[234]．

　それにもかかわらず 1970 年代についての経済史文献はいまだ集積されているとはいえない．しかし，この 10 年は経済経験や経済思想，経済政策におけ

る主要な転換点であることがますます明白になりつつあるために，経済史家の注目をますます集めつつあることは間違いない．〔1970年代の〕研究はすでに着手されており，とくに，インフレーションの経験の特質と説明に関しては着手されている．この研究の大半は，必然的に，グレート・インフレーションが最初に発生したアメリカ合衆国に関するものである．しかしながら，インフレーションはアメリカでは最悪の状態にまでは進行しなかった[235]．イギリスについていえば，1970年代は変動/管理為替相場制度，急増する貨幣供給量およびインフレーションの昂進で幕を開けた．〔ポンドの〕為替レートは減価しつつあり，そして外貨準備はそれを防衛するには不十分であった．そのうえ，金融市場は金融の不安定性を伴っていた．1970年代半ばまでに，金融危機が発生し，インフレーションは30％に接近しつつあり，そして失業率は高く，さらに上昇しつつあった．主要な焦点は経済成長と雇用であり，そして金融政策の能力について懐疑的な見方が残っていた．実績に比べて，イギリス経済の潜在力について過大に楽観的な見方が存在していたように思われる．

　1970年代はまた，イングランド銀行内部における，貨幣経済学の理論的発展に対する自覚と関心の増大およびイングランド銀行の技術的な専門知識を改善する願望によって特徴づけられていた．たとえば，EIDの経済部が経済予測を導入したのは1970年代の初めであった．ロンドン・ビジネス・スクールがそのための経済モデルを利用可能にした1973年に最初の作業が開始された[236]．このモデルによってイングランド銀行のエコノミストたちは短期分析と短期予測を準備することができるようになり，そのことにより大蔵省の経済見通しや政策決定についてイングランド銀行の幹部が討論することを可能にした．1977年までに，経済予測部門に7名の専任スタッフが雇用され，そのうちの4名はエコノミストであり，そして3名はデータを準備してプログラムを組み，そしてモデルを走らせる補助スタッフであった．経済予測を重複させることについてイングランド銀行内部には若干の批判があったし，また大蔵省と国有化産業に関する特別委員会は単一の経済予測モデルが使用されるべきであると提案した[237]．イングランド銀行は，その提案は資源を節約することにはならないとして反対した．また「1つのシステムを共同で使用することは，イングランド銀行の研究活動の成果を十分に検証するうえで重大な障害となる」，

と考えた[238].

注
1) Capie and Rodrik-Bali (1986).
2) たとえば, Smith (1987, p. 59) を参照；1973 年に「イングランド銀行は秘密の貨幣供給量目標を設定しはじめた」.
3) Meigs to McMahon, 21 June 1971, enc. Meigs and Wolman, 'Central banks and the money supply', 2A128/7.
4) HMT, 'Monetary policy 1972-73', 13 April 1972, 6A50/6. この文書は（グッドハートによっておそらく誤って）カッセルの仕事であるとみなされた.
5) HTM, 'Monetary policy 1972-73', 13 April 1972, 6A50/6.
6) Goodhart to Atkinson et al., 'Surveillance of monetary developments', 17 September 1971, 6A142/1.
7) Goodhart to McMahon, 'Monetary policy 1972/73', 19 April 72, 6A50/6.
8) HMT, 'Monthly meeting on monetary policy', meeting held on 19 May 1972, 23 May 1972, 6A50/6.
9) Dicks-Mireaux, 'The money supply and its control', 3 September 1973; Fforde, 'The money supply and its control', 19 September 1973; Dow, 'The money supply', 21 September 1973, 6A50/11.
10) *BEQB*, 13(4): 476, December 1973.
11) Goodhart to Thornton, '"What do the monetary aggregates show?": a proposed *Bulletin* article for December', 23 October 1973, and Carlisle, Annotation, 24 October; Thornton to Goodhart, 23 October 1973, 2A128/11.
12) Dow to Fforde, 16 May 1973, enc. 'The possible future stance of monetary policy', 6A50/10.
13) Dow to Richardson/Hollom, 25 July 1973, enc. 'The economic background to monetary policy', 6A50/10.
14) Dow to Richardson/Hollom, 26 July 1973, enc. 'Possible lines of a public statement on monetary policy in the context of the external situation', 6A50/10.
15) Dow, 'The money supply' September 1973, 2A128/11.
16) 6A50/13 を参照.
17) Coleby to Fforde/Richardson/Hollom, 'The supplementary special deposits scheme', 19 April 1974; Bank of England, 'Notice to banks and deposit-taking finance houses. Supplementary special deposits', 30 April 1974, 5A149/2.
18) Page to Fforde/Richardson/Hollom, 'Supplementary special deposits', 21 February 1975; Page to Downey, 24 February 1975; Bank of England, 'Notice to banks and deposit-taking finance houses', 28 February 1975, 5A149/5.
19) HC Deb, 14 April 1970 Vol. 799, c1232; 30 March, 1971, Vol. 814, c1323; Tony Carlisle, Annotation on MP (71)1, 6A74/5.

第13章 貨幣量目標とマネタリー・コントロール

20) Richardson, Annotation, 24 December 1974, on cutting from *The Financial Times*, 19 December 1974, 5A175/6.
21) Goodhart to Fforde, 'D.C.E.', 10 January 1975, enc. 'Domestic credit expansion' (draft), 10 January 1975, 5A175/7.
22) Fforde to Richardson/Hollom, 'Monetary policy 1975/77', 8 July 1975, EID4/200.
23) Dicks-Mireaux to Richardson, 15 July 1975 enc. Michael Bridgeman (Under Secretary, HMT) to Airey, 'Counter-inflation and monetary policy', 15 July 1977; Fforde to Richardson/Hollom, 'Monetary policy and the PSBR, etc.', 17 July 1975; Graham Kentfield, Note for record – 'Monetary policy 1975/6-1976/7', 17 July 1975, EID4/200.
24) Fforde to Richardson/Hollom, 'Consumer credit', 27 August 1975, EID4/200.
25) Jones (1973); Worswick (1973, p. 1282).
26) *Attack on Inflation*, cmnd. 6151, July 1975.
27) Kaldor (1976, p. 710).
28) Brown (1955, 1985).
29) たとえば Laidler (1975); Laidler and Parkin (1975); Williamson and Wood (1976).
30) Goodhart to Cassel, 17 July 1976, 6A7/2.
31) Beenstock to Goodhart, 23 March 1976, 6A7/2.
32) *The Times*, 13 July 1976, p. 14.
33) Goodhart to Ian Plenderleith (GPS), 'Money supply and inflation', 13 July 1976, 6A7/2.
34) Bray to Dow, 11 July 1977, and subsequent correspondence in 6A7/2.
35) Dow to Fforde, 'Monetary policy', 23 September 1975, EID4/200.
36) Fforde to Dow, 'Monetary policy (Dialogue des sourds)', 24 September 1975, EID4/200.
37) McMahon to Dow, 'Monetary policy', 26 September 1975, EID4/200.
38) Dow to Richardson/Hollom, 'What are the implications of adopting a monetary target?', 6 October 1975, 6A50/17.
39) Fforde to Airey, 9 October 1975, enc. Bank of England, 'Monetary policy', October MPG(75)6th meeting, 24 October 1976, 1A151/1.
40) 1975年4月の予算書の中で、ヒーリーは「私は、貨幣量の増加がインフレ圧力に大きな影響を及ぼした1972年と1973年の経験の繰り返しを避けるために、貨幣量の増加率をしっかりとコントロールすることをめざしている。」と述べた.; HC Deb, 15 April 1975, c279.
41) Middleton to Bridgeman, 31 October 1975, enc. 'Possible monetary policy objectives', nd, 6A50/17.
42) MPG(75) 17, 'Review of monetary policy. Report of the Treasury/Bank working party', December 1975; Bridgeman, 'Note by chairman of the working

party', 23 December 1975, 1A151/1.
43) MPG(76) 1st, 7 January 1976, 1A92/1.
44) Dow to Fforde, 'The Bridgeman Report and the aims of monetary policy', 9 January 1976, 6A50/18.
45) Goodhart, 'The report of the Treasury/Bank (Bridgeman) working party', 12 January 1976, 6A50/18.
46) Goodhart to Dow, 'A statement of monetary aims', 19 January 1976, 6A50/18.
47) Goodhart to Dow, 'The aims of monetary policy', 21 January 1976, 6A50/18.
48) Fforde to Dow, 'Aims of monetary policy (a contribution to irritation)', 21 January 1976, 6A50/18. Page enjoyed the complex analogy. Like Fforde, he had been in the RAF and still 'remained fond of the Tiger Moth'. The reader could be excused for believing this was Henry James rather than Fforde. Page, annotation, 22 January 1976, on Fforde to Dow, 'Aims ...', 1A92/1.
49) Dow to Richardson/Hollom, 'The aims of monetary policy', 23 January 1976, 6A50/18.
50) Goodhart (1989, p. 357).
51) Fforde (1983). この論文は, 1982年5月のニューヨーク連邦準備銀行 (FRBNY) のコンファレンスで発表された.
52) Goodhart to Richardson, 'Whither monetary policy?', 26 January 1976; Cassell to Goodhart, 12 February 1966, enc. 'Targets for monetary policy'; Couzens to Fforde, 2 March 1976; Couzens to Fforde, 19 March 1976, enc. 'Operational factors' (of a monetary target), 6A50/18; Richardson to Healey, 30 March 1976, enc. 'Monetary policy : the next two years', 30 March 1976, 6A50/18.
53) *The Economist*, 5 June 1976, pp. 9-10.
54) Speech given to the annuel conference of the Chastered Institute of Puplic Finance and Accountancy, 18 June 1976, *BEQB* 16(3): 325, September 1976.
55) HMT, 'Policy and the monetary aggregates', nd, filed as 2 June 1976; Goodhart to Fforde, 'Money supply targets', 4 June 1976; Couzens to Fforde, 14 June 1976; Treasury/Bank working group, 'Internal monetary targets', nd, filed as 29 June 1976, 6A50/18; Bridgeman to PPS, 4 June 1976, TNA T386/116.
56) S.N. Wood (HMT), 'Note for record, 5 July 1978; Hopkin to Wass, 15 July 1976, TNA T386/116; Bank of England, 'A monetary target', 19 July, 1976, 6A50/19.
57) Richardson to Healey, 21 July 1976, 6A50/19.
58) HC Deb, 22 July 1976, Vol. 915, cc2018-2019.
59) Healey to Richardson, 22 July 1976, 6A50/19.
60) Goodhart to Dow, 'The presentation of monetary policy', 22 July 1976, and Fforde, Annotation, 23 July 1976, 6A50/19.
61) 「コルセット」という用語はギルバート・ウッドによる造語である; *The Old Lady*, March 1980, p. 44; Goodhart (2003, p. 27).

第13章　貨幣量目標とマネタリー・コントロール　　　861

62) Coleby to Fforde, '"Corset" preparation', 11 November 1976, 5A149/6; Wood to Page, 'The corset', 11 February 1977, 5A149/7.
63) Bank of England, 'Notice to banks and deposit-taking finance house. Credit control', 18 November 1976, 5A149/6.
64) Goodhart, Note for the record – 'IMF discussions: supplementary special deposits (Tuesday, 16 November p.m.)', 17 November 1976, 5A149/6; Goodhart, Note for record – 'IMF discussions: monetary performance criteria (Thursday, 18 November a.m.)', 18 November 1976, 6A399/1; Bridgeman to Ryrie (UKTSD), 6 April 1977, 6A50/21.
65) Wass to Richardson, 9 September 1976; Bank of England, Press notice, 22 July 1976, C40/1430.
66) Page to Richardson/Hollom, 'Directional guidance to banks and finance houses', 29 March 1978; Bank of England, Press notice, 11 April 1978, C40/1436; Peter Ironmonger, Note for record – 'Directional guidance', 10 October 1978, C40/1440.
67) Bank of England, Press notices, 16 September and 7 October 1976, 5A148/5.
68) Page to Bridgeman, 4 November 1976; Bank of England, Press notice, 5 November 1976, 5A148/5.
69) Page to Richardson/Hollom, 'Special deposits', 9 December 1976, 5A148/5.
70) オブライエンはウィットムに対して1969年に業務局長のポストを提案したが，彼はIMFにとどまることを決意した．Coleby interview with Alan Wittome, 1994.
71) Plenderleith, Note for record – 'Special deposits', 10 December 1976, 5A148/5.
72) Bank of England, Press notice, 10 December 1976, 5A148/5.
73) Bank of England, Press notice, 13 January 1977, 5A148/5.
74) Griffiths (1976, p. 1411).
75) Cutting from *The Time*, 7 August 1976: 'Come back Peter Jay, all is forgiven' was Quinn's annotation alongside; Congdon to Page, 16 August 1976, C40/1430.
76) Mullens, Note, 26 October 1976, C40/1430.
77) For example, Price/T. Sweeney to Plenderleith, 'Gilt sales required to meet DCE and £M3 objective', 1 June 1977; Michael Hewitt/Ironmonger, 'Gilt sales required to meet monetary objectives', 21 September 1977, 3A92/6.
78) Blunden to Page/Fforde/O'Brien/Hollom, 'Loan facilities for gilt-edged jobbers', 15 September 1971; O'Brien/Cooke, Note for record – 'Safety net', 29 October 1971, 3A92/1; Coleby to Page/Fforde, 'Techniques in the gilt-edged market,' 6 October 1976, 3A92/5; *BEQB* 12(3): 318, September 1972; トニー・コールビの「旧い国債市場」での講演，証言セミナー，2006年3月22日，www.lonbardstreetresearch.com/witness_seminars/2006_gilt-edged.html（accessed 13 November 2009）.
79) MPG(75)17, 23 December 1975, and annex IV to the main report, MPG(75)18, 23 December 1975, 1A151/1.

80) Page, Annotation on Fforde to Richardson/Hollom, 'Monetary policy over the next few weeks', 26 August 1976, 1A92/1.
81) Mullens to Page, 14 October 1976; Coleby to Page/Fforde/Richardson/Hollom, 'A convertible gilt', 27 October 1976; Fforde to Richardson/Hollom, 'A convertible gilt', 1 November 1976, 3A92/5.
82) Mullens, Note, 12 October 1976, C40/1430.
83) Cooke to Richardson/Hollom, 'Securities regulation', 2 December 1975, 6A385/5.
84) Coleby, Note for record – 'Visit to Ariel', 7 June 1976, 6A385/6.
85) Cooke, Note for record – 'Ariel', 20 May 1976, A385/6.
86) Cooke to Page, 'Ariel and the gilt-edged market', 25 June 1973, 3A92/2; George to Page/Richardson/Hollom, 'Ariel and gilt edged', 13 October 1978; Bank of England, 'Ariel', enc. with Ricardson to John Baring, 22 December 1978, 3A92/8.
87) Bank of England, *Annual Report*, year ending February 1987, p. 17; year ending February 1979, p. 19; year ending February 1981, p. 12. また Michie（1999, Chaps. 11 and 12）も参照．
88) Goodhart to Coleby, 'Initiatives in the gilt market', 17 September 1976, 3A92/5.
89) Coleby to Page/Fforde, 'Techniques in the gilt-edged market', 6 October 1976, 3A92/5.
90) Page to Bridgeman, 11 November 1976, 3A92/5.
91) Page to Fforde/Richardson/Hollom, 'Gilt-edged market management', 4 November 1976, 3A92/5.
92) Fforde to Richardson/Hollom, 'Gilt-edged market', 26 November 1976, 3A92/5.
93) この用語はモーガン・グレンフェル社のジョン・フォーシスに端を発し、『フィナンシャル・タイムズ』紙でアンソニー・ハリスによって使われた、といわれている．
94) Fforde to Richardson/Hollom, 29 November 1976, 3A92/5.
95) Coleby to Fforde/Richardson/Hollom, 'Policy action tomorrow', 8 Septenber 1976, C40/1430.
96) Browning (1986, p. 83).「ドラニコス」はある包括的な金融調節策のためにつけられた秘密の暗号であった．
97) Bridgeman, 'Monetary measures', 4 October 1976, 7A167/1.
98) Monck, 'Note of a meeting ... 5 October 1976', 6 October 1976, 7A167/1.
99) Mullens, Note, 12 October 1976, C40/1430. ヒーリーは、もしジム・キャラハンが2％の引き上げを受け入れなかったならば、辞任するつもりであると迫った、と述べている．Healey (1989, pp. 430-431).
100) Goodhart to Richardson/Hollom/Fforde, 'Debt management and monetary

targets', 30 November 1976, C40/1430.
101) Bank of England, 'Monetary targets in the UK', July, 6A50/22. 記録資料では M3 への言及はしばしば £M3 を意味した．
102) Price, 'Monetary objectives and instruments in the United Kingdom', February 1977, 6A50/22; Bank of England (1984), p. 47.
103) Goodhart to Dow, 'DCE', 28 July 1976.
104) Atkinson to Thornton, 'Definition of DEC', 27 September 1976, 5A175/7; Atkinson to Stephen Matthews (HMT), 29 October 1976, enc. draft 'The definition of DCE and money supply in relation to monetary targets', 29 1976; Robert Atkinson, Note for record – 'Performance criteria: discussion with the IMF', 12 November 1976; Thornton to Page, 'Publication of DCE', 13 December 1976, 5A175/8; Middleton to Alan Lord/Wass, 2 November 1976, 1A92/2.
105) Page to Fforde/Richardson/Hollom, 'Publication of DCE and money supply statistics', 29 December 1976, 5A175/8.
106) Speech given to the Institute of Bankers in Scotland, 17 January 1977, *BEQB* 17(1): 48–50, March 1977; *BEQB* 17(2): 151, June 1977.
107) Goodhart to Thornton/Dow, 'SUERF colloquium', 30 June 1977, 6A50/22.
108) Page to Richardson/Hollom, 'Special deposits', 14 January 1976; Bank of England, Press notice, 15 January 1976, 5A148/5.
109) Bank of England, Press notice, 27 January 1977, 5A148/6.
110) George to Fforde/Richardson/Hollom, 'Release of special deposits', 14 June 1978; George to Page/Fforde/Richardson/Hollom, 'Special deposits', 13 July 1978; Bank of England, Press notice, 17 and 27 July 1978; 'Extract from note of meeting held at 11 Downing Street 26.7.78'; Page to Richardson/Hollom, 'Special deposits', 30 August 1978; George to Hollom, 'Special deposits', 18 September 1978, 5A148/7; Bank of England, Press notices, 15 February, 5, 15, and 26 March, 5 and 27 July 1979, 5A148/8.
111) Goodhart to Fforde/Dow/Page/Thornton, 'Provisional *Bulletin* article on special deposits and supplementary special deposits', 31 January 1977, 6A50/20; Wood, 'Money market arrangements and the reserve ratio', draft, 7 July 1977, C40/1433.
112) HMT, 'The use of special deposits', 28 June 1978, C40/1437.
113) Page to Richardson/Hollom, 'Supplementary special deposits', 9 May 1977; Page to Couzens (HMT), 11 May 1977; Bank of England, 'Notice to banks and deposit-taking finance houses. Supplementary special deposits', 12 May 1976, 5A149/7.
114) Goodhart to Page, 'The supplementary special deposit scheme', 5 August 1977; Page to Richardson/Hollom, 'Supplementary special deposits', 5 August 1977, 5A149/7.
115) Bank of England, 'Notice to banks and deposit-taking finance houses', 11

August 1977, 5A149/7.
116) Goodhart to Fforde/Dow/Page/Thornton, 'Provisional *Bulletin* article on special deposits and supplementary special deposits', 31 January 1977, 6A50/20; Goodhart to Loehnis, 'Wilson questions on monetary policy: redraft', 24 November 1978, 5A203/3.
117) Price to Fforde, 'Alternative reserve ratios', 21 March 1977, 6A50/21.
118) Goodhart to Fforde/Richardson/Hollom, 'The Treasury bill market and 'Treasury' (Issue Department) deposits', 29 March 1977, 6A50/21.
119) Goodhart to Fforde/O'Brien/Hollom, 'Monetary control', 1 March 1977, 6A50/21; Goodhart, Annotation on Page to Goodhart, 'Monetary control', 22 April 1977, C40/1432.
120) Fforde to Page, 'Money market arrangements', 10 June 1977, C40/1433.
121) Wood to Fforde/Coleby/George, 'Money market arrangements', 24 June 1977; Wood to Fforde, 'Money market arrangements', 14 July 1977, C40/1433; Fforde to Richardson, 'Monetary control', 27 May 1977, 6A50/22.
122) Duck to Goodhart, 28 January 1976, enc. Duck and Sheppard, 'A proposal for the control of the U.K. money supply', November 1975; Goodhart to Duck, 3 February 1976, 6A7/2.
123) Price to Plenderleith, 'Pepper on a UK "monetary base"', 14 January 1977, 1A92/2; Goodhart to Fforde, 'Gordon Pepper on "Mechanisms for controlling the money supply"', 23 February 1977, 6A151/2.
124) Fforde, Note for record — 'Greenwell's', 10 July 1978, 3A92/7.
125) Finch to Ryrie, 6 April 1977; Bridgeman to Ryrie, 6 April 1977; Goodhart to Page, 'Seminar on "base money"', 14 April 1977, 6A50/21; Ryrie to Bridgeman, 9 May 1977, 6A50/22.
126) Dow to Goodhart, 'The idea of a seminar on monetary policy', 1 February 1977; Goodhart to Dow, 'The idea of a seminar on monetary policy', 3 February 1977, 6A50/20.
127) Final version of 'Proposal for improving monetary control', section A, p. 13, enc. with Goodhart to Richardson/Hollom, 'Monetary control', 26 April 1977, 6A50/21.
128) ライオネル・プライスによって行われたこの評価の結果は，本質的に否定的であった．Price to Fforde, 'Incremental cash ratios', 16 March 1977, enc. 'Incremental cash ratios： an appraisal', 6A50/21.
129) Goodhart, Note for record — 'Discussion on monetary control techniques with Bank of Canada and US monetary authorities, 28 April-5 May', 23 May 1977, 6A50/22; Goodhart to Fforde, 'Proposal for improving monetary control: a note on subsequent developments', 27 April 1978, 6A10/1.
130) Fforde, 'The state of the art', 28 April 1977, 6A50/21.
131) Goodhart to Fforde/Richardson/Hollom, 'Monetary control', 1 March 1977,

第13章　貨幣量目標とマネタリー・コントロール

6A50/21; Bank of England, 'Monetary control in the United Kingdom', 18 May 1977, 6A50/22.
132) Price, 'IMF monetary base seminar', 26 May 1977, 6A50/22.
133) Price to Goodhart, 'Monetary base paper for IMF', 21 October 1977, and Somerset, Annotation, 26 October 1977, 6A50/23; Price to Kent (UKTSD), 3 November 1977, 6A50/24.
134) Michele Fratianni, 'Speaking notes on money stock control problem: the European experience', これは国債管理とマネタリー・コントロールに関する会議で発表された. 21-23 November 1977; Goodhart to Price, nd, 6A50/24; Goodhart to Page, 'Monetary base and money stock control in the EEC', 16 January 1978, 6A50/25.
135) Price to Atkinson/Hillage/George, 'M2 as a monetary aggregate', 22 December 1977, 5A175/9.
136) Goodhart to Coleby, 'M1 vs M3', 21 April 1977, and Fforde, Annotation, 26 April 1977, 6A50/21; Goodhart to Fforde, 'Fixing a target for M1', 15 September 1977, 6A50/22; Goodhart to Fforde, 'Monetary targets', 8 November 1977, enc. 'Which M for emphasis', 6A50/24.
137) Bank of England, 'Monetary targets, 1978-79', 15 November 1977, 6A50/24.
138) Tony Battishill, 'Note of a meeting ... [1]7 November 1977', 21 November 1977, 6A50/24.
139) Page to Bridgeman, 26 January 1977, C42/10.
140) Page to O'Brien/Hollom, 'Special deposits and Bank rate', 18 September 1972, C42/10.
141) Price, Note for record – 'Petherbridge [Senior Managing Director, Union Discount] on monetary control and the discount market', 23 March 1978, 6A50/26.
142) Page to Downey, 15 July 1975, C42/1394; Page to Ryrie (UKTSD), 18 June 1976, C42/1395.
143) Bridgeman to Coleby, 15 November 1976; Page to Fforde/Richardson/Hollom, 'Bank rete v. minimum lending rate', 31 December 1976, C40/1395.
144) Page to Richardson/Hollom, 'Interest rates', 24 December 1975, 1A151/1.
145) Healey to Callaghan, 18 May 1978, C40/1397.
146) Galpin to Page/Fforde/Richardson/Hollom, 'Minimum lending rate', 20 January 1977; Fforde to Richardson/Hollom, 'Minimum lending rate', 1 February 1977; Bridgeman to Fforde, 1 February 1977, 7A131/2. また割引市場との非公式の協議が行われた. Galpin, Note for record – 'minimum lending rate', 2 February 1977, 7A131/2.
147) *BEQB* 17(2): 162-163, June 1977.
148) Bank of England, Press notices, 10 and 11 March 1977, 4A139/5. この考え方はすでに1973年に示唆されていた. Page to Richardson/Hollom, 'Bank rate', 8

August 1973, C40/1392.
149) Goodhart to Richardson/Hollom, 'The money supply and exchange inflows', 1 September 1977, C40/1434.
150) McMahon, 'Exchange rate and inflows', 14 September 1977, C40/1434.
151) 'Exchange inflows and the money stock', 15 September 1977, enc. with Fforde to Richardson, 15 September 1977; HMT, 'Note of a meeting ... 20 October 1977', 24 October 1977, C40/1435; *BEQB* 17(3): 283, 294-296, September 1977; *BEQB* 17(4): 415, 426-428, December 1977.
152) Fforde to Page/George/Somerset, 5 December 1977, C40/1435; Battishill, Note for record, 23 November 1977; Ian Keynes (Governor's Office), Note for record, 30 November 1977; Healey to Callaghan, 30 November 1977; Richardson to Callaghan, 9 December 1977; Fforde to Richardson/Hollom, 'MLR', 30 December 1977, Page to Richardson/Hollom, 'MLR v. Bank rate. Round 2', 30 December 1977, C40/1396; *The Times*, 30 November 1977, p. 1 and 1 December 1977, pp. 1, 17.
153) メイズはシティ大学の銀行・金融学部の創設に尽力した．リチャードソンは1977年5月のある時期に招聘された．イングランド銀行が『四季報』の中でマネタリー・コントロールに関する知的な立場を明確に説明する準備をしていたことを示唆するフォードの覚書の上に，リチャードソンは「シティ大学へのグリフィス教授による招聘に関連して考慮した」と記している．Richardson, Annotation on Fforde to Richardson, 'Monetary control', 27 May 1977, 6A50/22.
154) Capie and Wood (2001, p. 17).
155) Bridgeman to Wass, 7 April 1978; Michael Williams (HMT), 'Note of meeting ... 10 April 1978', 10 April 1978; Bank of England, Press notice, 11 April 1978, 40/1397.
156) Battishill, 'Note of a meeting ... 10 May 1978', 11 May 1978, C40/1397.
157) Bank of England, Press notice, 25 May 1978, 4A139/5.
158) Press cuttings in ADM38/6.
159) Goodhart to Page, 17 February 1978; Atkinson to Page, 'Padding to IBELs at mid-February', 3 March 1978; Goodhart to Richardson/Hollom, 'Some notes on the corset', 23 May 1978, 5A149/8.
160) Goodhart to Richardson/Hollom, 'Some notes on the corset', 23 May 1978; Goodhart to Richardson/Hollom, 'A submission on the corset', 24 May 1978, enc. Bank of England, 'The reintroduction of the supplementary special deposits scheme', 24 May 1978, 5A149/8. また以下の後書きを参照．Fforde to Richardson, 19 May 1978, C40/1436.
161) Fforde to Richardson/Hollom, 'Money supply', 26 May 1978, C40/1436.
162) Goodhart to Fforde, 'Monetary woes', 30 May 1978, 6A50/27.
163) Goodhart to Richardson/Hollom, 6 June 1978, enc. Bank of England, 'The financial situation', 6 June 1978, 6A50/27.

第13章　貨幣量目標とマネタリー・コントロール

164) Battishill, 9 and 12 June 1978, notes of meetings held at 11 Downing Street on 6 and 7 June 1978, C40/1437.
165) Bank of England, Press notices, 8 June and 17 August 1978, 5A149/8, 3 April 1979, 5A149/9.
166) Goodhart to Walker, 'A proposal for the control of the UK money supply', 28 February 1978, 6A10/1.
167) Goodhart to Walker, 'The monetary base and other friends', 26 May 1978, 6A10/1.
168) Duck and Sheppard (1978); *The Financial Times*, 15 June 1978, p. 21.
169) 'Monetary management: an assessment of the problems and a programme for improvement', nd, but enclosed with Fforde to Richardson/Hollom, 6 July 1978, 6A10/1; Dow, 'Reflections on monetary control', 11 July 1978, C40/1438.
170) Draft, 'Monetary base control', filed as 25 September 1978; Fforde to Goodhart, 'Monetary base control', 26 September 1978, 6A10/2.
171) Goodhart to Richardson/Hollom, 26 April 1977, enc. 'Proposals for improving monetary control', C40/1432.
172) Goodhart to Fforde, "Proposals for improving monetary control': a note on subsequent developments', 27 April 1978, C40/1436.
173) Mullens, Note, 17 June 1977, C40/1433.
174) George to Fforde/Richardson/Hollom, 'The gilt-edged market', 29 June 1977; Page to Richardson/Hollom, Gilt-edged market', 22 July 1977, 3A92/6; HMT, Notes of meetings held at 10 Downing Street on 5 and 26 July 1977; Bridgeman to PPS, 12 and 25 July 1977; Mullens, Note, 25 July 1977, C40/1433.
175) Bank of England, *Annual Report*, year ending February 1978, p. 9; *BEQB* 19 (2): 140, June 1979.
176) たとえば Couzens to PPS, 3 November 1976, C40/1430; Bridgeman to Couzens, 15 December 1976, 3A92/5; Battishill to Wicks, 27 October 1977; Bridgeman to PPS, 1 November 1977, 3A92/6. これはデータの月次公刊に関係していた．Battishill, 'Note of a meeting ... 15 August 1978'; George to Bridgeman, 6 September 1978, C40/1439; George to Fforde/Richardson, 'Monthly publication of central government debt sales', 11 October 1978, C40/1440.
177) Fforde to Richardson/Hollom, 'Meeting with the Chancellor of the Duchy of Lancaster', 9 November 1977, C40/1435.
178) Bridgeman to PPS, 13 December 1977, 3A92/6; George to Fforde/Richardson, 'MLR and gilt-edged', 5 January 1978; Bridgeman to PPS, 26 January 1978, 3A92/7.
179) Battishill, 'Note of a meeting ... 17 May at 6.15 pm', May 1978; Healey to Wass, 17 May 1978, C40/1436.
180) Fforde to Richardson/Hollom, 'Money supply', 26 May 1978, C40/1436; Battishill, 'Note of meeting ... 6th June, 1978', 9 June 1978, C40/1437.

181) Page, 'The financial situation', 2 June 1978, 3A92/7; Bank of England, 'The financial situation', 6 June 1978, 6A50/27. これは大蔵大臣宛てに書かれた草稿文書であるが，送付された様子は見当たらない．
182) Nigel Wicks (HMT) to Jones (HMT), 30 May 1978 (two letters); Bridgeman to Page, 1 June 1978, enc. 'Gilt-edged market. Note by Bank and Treasury officials'; Battishill to Wicks, 2 June 1978; Lever to Healey, 9 June 1978; Wicks to Jones, 12 June 1978, 3A92/7. リーヴァは，国債市場における当局の操作の仕方に長年疑念を抱いていた．たとえば，Fforde to Richardson/Hollom, 'Meeting with the Chancellor of the Duchy of Lancaster', 9 November 1977, 6A50/24 を参照．
183) Wicks to Battishill, 22 June 1978; Bridgeman to Wiggins, 23 June 1978, 3A92/7; Healey to Wass, 28 June 1978; Wass to Richardson, 29 June 1978, C40/1437; Richardson to Wass, 5 July 1978, C40/1438.
184) Healey to Wass, 28 June 1978, C40/1437.
185) Fforde to Richardson/Hollom, 'Some obiter dicta, old and new, on gilt-edged', 13 June 1978, 3A92/7.
186) Wicks to Battishill, 17 October 1978, 3A92/8.
187) George to Page/Fforde/Richardson/Hollom, 'The Prime Minister's views on gilt-edged instruments and techniques', 31 October 1978; Bridgeman to Page, 31 October 1978; Fforde to Richardson/Hollom, 'Debt management', 2 November 1978, 3A92/8; Fforde to Richardson/Hollom, 'Some obiter dicta, old and new, on gilt-edged', 13 June 1978, 3A92/7; Bridgeman to Wass, 1 November, 1978, 7A174/4.
188) T.P. Lankester (Callaghan's PS), 'Note of a meeting ... 10 November 1978', 7A174/4.
189) Page to Fforde/Richardson/Hollom, 'Issue Department portfolio' 15 November 1978; Bridgeman to Healey PPS, 16 November 1978; David Green, to Page, 'Gilt sales for the year October 1978-October 1979', 17 November 1978, 3A92/8.
190) Mullens, Note, 14 January 1977, C40/1431.
191) Council for the Securities Industry, Press statement, 15 March 1979, および 7A356/9 の他の資料．
192) Althaus to Page, 25 July 1979, 3A92/10.
193) Pepper (1991).
194) Quinn to Fforde, 'The debate on monetary control', 8 March 1979, 3A38/5.
195) 'The gilt-edged market', *BEQB*, 19(2): 137-148, June 1979. 大蔵省はその草稿に目を通し，おおかた満足した；Littler to Fforde, 21 May 1979, 3A92/9. シティの国債市場取引の専門家からその論文についての論評を受け取った；たとえば，以下を参照：Nigel Althaus (Pember and Boyle) to Page, 25 July 1979, 3A92/10; John Forsyth (Morgan Grenfell) to Goodhart, 16 July 1979, C40/1445.
196) Fforde to Page, 'Domestic monetary arrangements', 16 June 1978; Fforde to

第13章　貨幣量目標とマネタリー・コントロール

Richardson/Hollom, 'Monetary control (your meeting on Wednesday this week)', 22 June 1978, C40/1437.
197) Fforde to Richardson/Hollom, 'Monetary control', 6 July 1978, enc. 'Monetary management: an assessment of the problems and a programme for improvement', C40/1438.
198) Goodhart to Fforde, 'Justifying M1', 26 June 1978, 6A50/27; Fforde to Goodhart, 'Justifying M1 (further thoughts following your note of 26.6.78)', 28 June 1978, C40/1437.
199) Michael Foot (EID), 'The Monetary Control Review: The Governor's meeting of 12 July and matters arising', 21 July 1977, 6A10/1; Fforde to Littler, 24 July 1978; Bridgeman to Wass, 'Monetary control: The gilts market', 24 July 1978, C40/1438.
200) Goodhart to Fforde, 'Monetary control review: Treasury papers', 28 September 1978, 6A10/2; Goodhart, Note for record – 'Monetary control review: progress report', 5 October 1978; Foot to Fforde, 'Policy issues arising out of the monetary control review', 20 October 1978; Fforde to Richardson/Hollom, 'The review of monetary control', 20 December 1978; Foot, 'The review of monetary control', 20 December 1978, 6A10/3.
201) Loehnis to Richardson/Hollom, 'Wilson Committee. Transcript of oral evidence', 13 December 1978, 5A203/3.
202) Goodhart to Richardson/Hollom, 'The roll-over to a new monetary target', 2 November 1978, 6A50/28.
203) Bridgeman to Page, 3 November 1978; Battishill, 'Note of a meeting ... 6 November 1978', 7 November 1978, C40/1441; Bank of England, Press notice, 9 November 1978, C40/1397; Richardson to Healey, 5 February 1979; Bank of England, Press notice, 8 February 1979, C40/1398.
204) Goodhart to Fforde/Richardson/Hollom, 'Monetary policy and the budget', 16 March 1979, 6A50/29.
205) Bank of England, Press notice, 1 March and 5 April 1979, C40/1398.
206) Goodhart to Fforde, 'Monetary policy under a Conservative government', 3 April 1979, 6A50/29.
207) Walker to Goodhart, 'Revised monetary base control paper', 18 May 1979, 6A10/4.
208) Goodhart to Fforde, 'Yet more on monetary base', 8 May 1979 and Fforde, Annotation, 9 May 1979, 6A10/4.
209) Lankester to Battishill, 18 May 1979, 6A10/4.
210) Hotson/Foot, 'Pepper on the monetary base', 5 July 1979; Goodhart, Note for the record – 'Monetary base', 6 July 1979; Foot/Hotson to Fforde, 'Wood on the monetary base', 10 July 1979; Goodhart to Fforde, 'Griffiths on the monetary base', 11 July 1979; Fforde to Richardson/Hollom, 'The seminar on monetary

policy', 13 July 1979, 6A10/4.
211) Lankester, 'Note of the seminar ... 18 July in the Prime Minster's room at the House of Commons', 19 July 1979, 6A10/4. 『緑書』に関する論文については 8A19/1-2 を参照.
212) Bridgeman to Geroge, 'Domestic monetary control and exchange control', 24 September 1979, 6A50/30.
213) Howe to Thatcher, 6 June 1979; Lankester to Battishill, 7 June 1979; Howe to Thatcher, 11 June 1979; Lankester to Battishill, 11 June 1979; Bank of England, Press notice, 12 June 1979, C40/1398.
214) 1980 年に関する詳細については 7A324/1 を参照.
215) Rachel Lomax (HMT) to Monck, 21 May 1981, 7A324/2.
216) P.T. Heard/N.W. Thompson (EID) to Atkinson/Page, 'Interest-bearing eligible liabilities (IBELs) banking, March', 20 April 1979; D.F. Swords to Ecklin/Page, 'Interest-bearing eligible liabilities (IBELs) banking, June', 18 July 1979, 5A149/9.
217) Bank of England, 'Notice to banks and deposit-taking finance houses: supplementary special deposits', 15 November 1979; John Beverly (Governor's Office), Note for record, 15 November 1979; Lord Armstrong (chairman CLCB) to Richardson, 10 December 1979, 5A149/9.
218) Goodhart to Fforde/Richardson/McMahon, 'The SSD scheme and the £M3 target in 1980-81', 4 March 1980; Bank of England, Press notice, 26 March 1980, 7A317/1.
219) T. Brasier (FSD) to Gill, 'Operational interest-bearing eligible liabilities (IBELs): banking, June', 10 July 1980, 5A149/10.
220) Green to Goodhart, 'The corset and money supply', 25 July 1979, 6A50/30; Green to Page, 'Extension of the corset', 7 November 1979, 6A50/31.
221) Howe to Thacher, 'Monetary policy', 9 November 1979, 6A50/31.
222) McMahon to Richardson/Hollom, 'Monetary measures', 6 November 1979, 6A50/31.
223) Draft letter, Goodhart to Budd, 24 October 1979, 6A50/31.
224) *The Guardian*, 10 May 2000, p. 22.
225) *The Old Lady*, June 2000, p. 84.
226) Wass (1978, p. 100).
227) Healey (1989, p. 382).
228) *Ibid.*, p. 434.
229) Fforde to Page/Goodhart/Price/George, 'IMF: monetary base seminar (LDDP's note of May 26)', 27 May 1977, 6A50/22.
230) Saving (1967).
231) Poole (1970).
232) Foot (1981, p. 13).

233) Middleton et al. (1981).
234) Laidler, Comments in Griffiths and Wood (1981, pp. 176-180).
235) たとえば,以下を参照：Blinder and Rudd (2008); DeLong (1997); Meltzer (2004); Gordon (1977); Velde (2004); またイギリスについては Nelson (2004) を参照．
236) Latter, 'Select committee: the Bank's ecoomic model', 16 January 1978, 4A90/3.
237) SCNI 1976, 'Report', para. 110.
238) Dow to Dicks-Mireaux, 'The select committee and the Bank's model', 9 December 1976, 4A90/2; Dicks-Mireaux to Dow, 'Select committee. "The Bank's forecasting model"', 24 January 1977, enc. 'Should the Bank have an independent forecasting model?', 4A90/2.

第14章
1970年代のイングランド銀行とポンド

　イングランド銀行は為替相場（レート）に対して，ある意味では18世紀以来となる長い間，責任をもっており，1930年代からは大蔵省に代わって為替平衡勘定（Exchange Equalisation Account; EEA）を運営し，外国為替市場におけるオペレーターとして，アドバイザーの役割を果たしてきた．しかし，1970年代にはその仕事は明瞭でなくなり，より困難になった．ブレトンウッズ協定の崩壊，それに伴う通貨の激動，準備通貨としてのポンドの問題，為替相場と容易には分離できないポンド残高の「過剰」，これらがすべて影響した．為替レートに関する限り，イングランド銀行は大蔵省に従属していたけれども，何をいかにできるかという点について，いぜんとして自由を保ち，意思決定の中心にいた．為替レート政策といえるようなものが出現するまでに長い時間がかかった．1970年代の初めの間は，事件の進展への対応に追われたのが事実であり，どのようなレートが望ましいのか，どの程度の対外準備が望ましいのか，「必要」なのかについて見識もなく，大蔵省と大慌てで協議した．新しいシステムが企画されるまではオペレーションを維持することに努力が集中した．しかし，1973-74年の石油価格高騰の波の中で改革の試みは放棄された．英国では方向が定まらず，1976年の危機で事態は頂点に達した．やみくもな拡張政策は破綻していた．決断とその後のパフォーマンスの改善には，適切な金融・財政政策についての遅々たる認識と受容，達成を待たねばならなかった．国際通貨基金（IMF）からの圧力と援助によって採用された政策が信認の復活を助け，ポンドは1970年代の終わりに徐々に回復した．

　1970年代を通じて為替レートの状況は，当時を支配した通貨・金融・経済的混乱から予想されるように，憂鬱なものであった．1970年代初めの激動の

後で，1973年初めにポンドの名目レートは約 2.40 ドルに定着した．1973年を通じて変動したが，1974年には 2.35 ドルのかなり安定した傾向が出現した．1975年第1四半期には再び 2.40 ドルに達したが，その後だんだんと低下し，2.00 ドルの上でその年を終えた．1976年にはさらに低下し，10月の最後の週に 1.59 ドルという低い点に達した．1977年には夏の終わりごろまで 1.70 ドルの上で安定していたが，その頃から上昇し始め，12月には 1.90 ドルを超えるまでに急上昇した．翌年には下落と上昇があったが，その年は 2.00 ドルを超えて終わった．1979年にも，変動はより大きかったが，上昇を続け，2.20 ドルあたりでこの時期を終えた（図 14-1）．1970年代の変動は，おそらく，新たに採用された「変動相場（フロート）」制度から予想されるものであった．

もちろん，ポンドの物語はそれだけを分離して語ることはできない．為替レートは相対価格であり，生じたことの多くは他の通貨に関連して，とくに米ドルに関連して説明できる．変動相場になってまもなく，イングランド銀行は，貿易加重平均ベースでの主要貿易相手国通貨のバスケットを考慮した，実効為替レートを計算し始めた．この実効レートが 1973 年半ばから一段と強調されているが，観測も取引もされない為替レートなので，一般大衆や新聞等ではほとんど関心を寄せられていない[1]．実効レートは報道機関を通じて1日に3回入手でき，時系列と計算方法は『イングランド銀行四季報』で公表された[2]．実効レートはスミソニアン協定以降の動き（大半は切り下げ）を捉えた（図 14-2）が，サングスターが主張したように，スミソニアン・レートに無条件の妥当性を与えているので，論議のある点である[3]．イングランド銀行と大蔵省，両者がともに用いたモデルは，貿易財の価格弾力性と2つの供給国の間での代替の弾力性とを考慮したものである[4]．しかし，それは，11カ国だけからの，1969 年のデータによる，貿易財だけの加重平均に基づいたものであった．計算は 1977 年 3 月に改訂され，いくつかの国が追加され，1972 年の数字から加重平均値が算定され，指数として示された[5]．実効レートは，1970 年代を通じて，1971 年 12 月の 100 から 1979 年の 70 あたりへと，年率にすると約 4% の下落で動いた．

為替レートを見るもう1つの方法は，それぞれの国の価格動向の相違を考慮し，（通常使われている名目レートでなく）「実質」為替レートを作成すること

第14章 1970年代のイングランド銀行とポンド　　875

出所：*BEQB*.

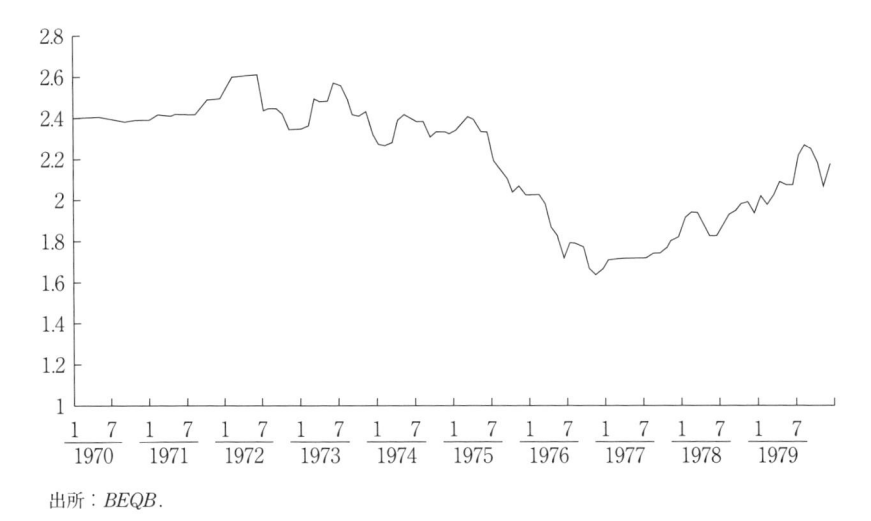

図 14-1　ポンドの対ドル為替レート（月次，1970-79年）

出所：*BEQB*.

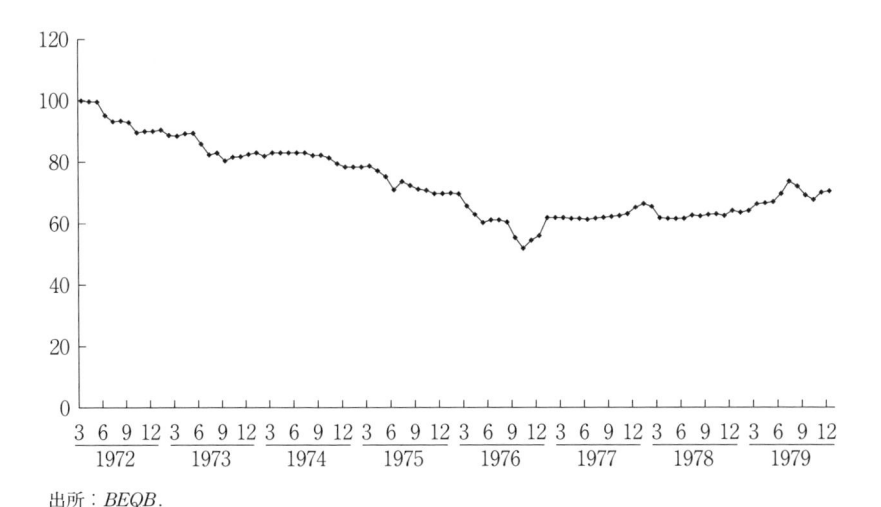

図 14-2　実効為替レート（月次，1972-79年）

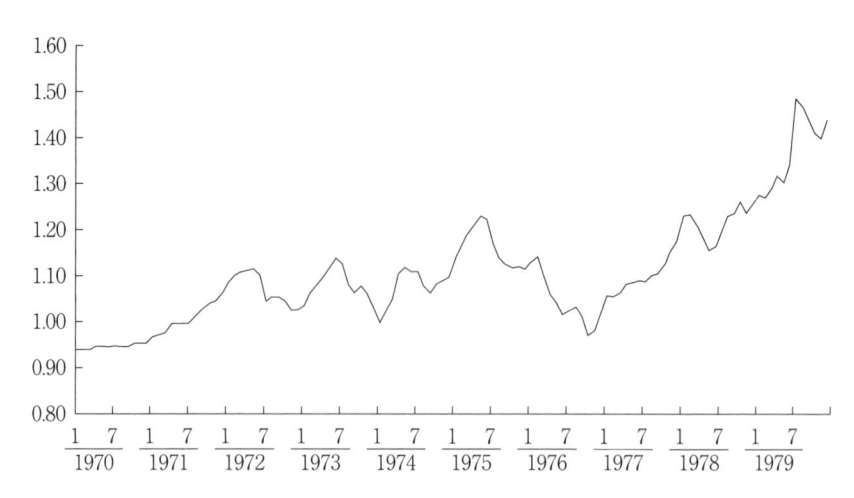

出所：イングランド銀行の行内計算．

図 14-3　ポンドの対ドル実質為替レート（月次，1970-79 年）

である（図 14-3 参照）．実質為替レートは 1976 年までほぼ平らであったが，その後の 1970 年代には明らかに上昇した．1970 年代末のポンドの対ドル名目レートは，70 年代初めとあまり離れていなかったが，英国の物価は米国の物価よりはるかに上昇していたので，ポンドの対ドル実質レートは 1.00 から 1.40 へと動いた．言い換えると，ポンドは 70 年代の終わりに〔初めと比べて〕40% ほど低下していた．

1.　為替レートと為替レート政策

　回顧すれば，1970 年代初めにブレトンウッズ協定が崩壊したことは明らかである．崩壊の時としてはさまざまな時点を選ぶことができる[6]．しかし，当時としては，崩壊を受け入れるのに気乗り薄であり，そのシステムの救済を試みる改革案が出回っており，その一部はより大きな決意をもって追求された．1971 年 12 月のスミソニアン協定は本質的には引き延ばし作戦であったが，システムの再生を目指す意図でもって真剣に討議が行われた．グループ・オブ・テン（G10）にスイスを加えたワシントンにおける 1971 年 12 月 17-18 日の会

議は，通貨の全般的再調整に合意した．米国議会当局は，貨幣金のドル価値を35ドルから38ドルへ引き上げる．金に対するドルの8％の平価切り下げである．新たなポンドの中心レートは2.6057ドルであり，IMFは介入通貨に対する各通貨の2.5％の変動を許容した．12月末のポンドのレートは2.55～2.56ドルで落ち着いていたが，2月初めまでに2.61ドルにまで上昇した．

おそらくブレトンウッズの考え方が支配していたので，1970年代の政策担当者は（およびその他の者も）システムが消滅した後でさえ釘付け（ペグ）相場のようなものを守る望みに取りつかれていた．より大胆な考えは通貨同盟であった．1969年のウェルナー報告がヨーロッパに通貨同盟の理念を持ち込み，1972年初めにヨーロッパ主要国は，後に「スネーク」として知られるようになる，通貨の変動幅を減らす試みに合意した．この時その方向への第一歩を歩み出したのである．けれども，この取り決めはすぐに破綻した．イギリスは1972年5月1日にスネークに参加したが，その加入は1973年1月のヨーロッパ経済共同体（EEC）に参加する前に好意を示すためと見られていた[7]．しかし，加入は完全な失敗であった．1971年後半には経常収支は黒字（剰余）であり楽観論があったが，1972年初めには黒字がなくなりつつある懸念が強まった．それでも1972年5月と6月にポンドは2.61ドルに堅実にとどまっていた．しかし，労使紛争は続いていた．全国的港湾ストライキが不可避に思われた6月15日に，ポンドからの巨額の流出が生じた．また，英国がEECに1973年1月1日に公式に加入する時，ポンド平価を切り下げる必要があるという信念もあった．巨額の支援にかかわらず，ポンドの流出は翌週も続いた．バンクレートは6月22日に5％から6％へ引き上げられたが，翌6月23日金曜日の朝，為替レート取り決めは放棄されたという声明が出された[8]．前の週に合計で25億ドルが支援に使われた．オブライエン総裁は，当時休暇でカンヌにいたが，驚くことに，ロンドンへ帰る予定だった当日にポンドが前日に変動相場となったことを，目を覚ましてから聞かされたと記録している．彼は，相談されるどころか，知らされてもいなかったのである．彼が巨額の損失を知ったのは後のことであった[9]．

ポンド（スターリング）地域諸国のほとんどはその時ポンドとの為替レートの結びつきを強め，英国は為替管理の措置を強化した．指定地域（Scheduled territories) は英国, チャンネル諸島, マン島, アイルランド, ジブラルタルに再定義された. その他のすべて地域は他の外国と同じに取り扱われ, 全面的な為替管理に従うことになった. ロンドン外国為替市場は閉鎖され, 6月27日火曜日まで閉鎖されたままであった. 為替市場が再開された時, ポンドは2.41ドルであり, 7月末に2.44ドルになった. したがって, イギリスは「スネーク」に8週間弱とどまったことになる. 崩壊の一因は, 前に議論したように, 英国と米国におけるそれまでの貨幣量拡大であった. 米国の貨幣量増加は1972年に年率12%で進み, 新たな為替レート取り決めが生き残る見通しはほとんどなかった. メルツァーが指摘したように, 「1971-73年は, 連邦準備の歴史において最悪のものであった. 連邦準備は価格統制の下での過剰な拡張という『罠にはまった』のではなく, それを選択したのであった」[10].

スネークから脱退した後, イングランド銀行は, 「1939年以降初めてポンドが完全に自由にフロート (変動) している」と述べた. この主張については本章の展開の過程でより徹底的に検討するであろう. イングランド銀行は, 市場を安定させるためにときどき介入するであろう, ともいっていた[11]. 実際, 為替平衡勘定 (EEA) の目的は変動を均すことであった. しかし, ポンドが最初にフロートした時, その意図は可能な時機がくれば固定制あるいは釘付け (ペグ) 制に復帰することであったが, このようなことは起こらなかった[12]. 70年代の残りの期間の大半に進展した事態は, ダーティ・フロートであった. 1972年の「フロート」は過去との戦略的断絶として行われたのではなかった. 単純に当時はその他の選択肢がなかったからである. 明確に考え抜かれた戦略はなかったのであり, しばしばそれが真実であるように, それは単純に事件への対応の問題にすぎなかった. しかし, 基底では近いうちに釘付け相場制に復帰する意図をもっていた. 2年近く後の労働党政権の選出は, どのような政策を追求するべきかについて何らかの合意が存在するまでに, 一定の時間がかかることを意味した.

公正を期するために言っておかなければならないが, 1970年代を通じて為替レート政策は混乱していた. 政策当局は, 為替レートは主要な政策考慮の対象でないという理由で, ある程度まで弁解できた. いぜんとして支配的であったケインジアンの枠組みと1930年代に由来していぜんとして広く流布してい

た弾力性ペシミズムのもとでは，為替レート調整が雇用と経常収支に与える効果は疑わしかった[13]．事態は次の理由からもいっそう悪化した．すなわち，その主題についての情報の流れが不十分で，イングランド銀行内部とイングランド銀行と大蔵省の間における適切な討論が欠如しており，また政府の政策も一貫しなかったことである．しかし，1970年代初めには，変動相場制を支持する雰囲気に疑いなく変わりつつあった．学界では精力的な議論が展開され，新聞でも広範な討論が行われた．それでも，固定相場制においてみられたと思われるような，安定を求める強い欲求もいぜんとして存在した．ポンド「問題」が同じ古い方法で作られ続けていた[14]．外国為替市場での活動も以前と同じように続けられた．日々の外国為替市場報告は，ロイ・ブリッジ（Roy Bridge）の辛辣なコメントは加えられていないけれども，以前と同じ調子であった．ポンド「問題」の解決も以前と同じであった．すなわち，さらにいっそうの為替レート保証等を与えるポンド残高についての交渉，為替管理の利用，および国際通貨システムの改革についての議論の継続，であった[15]．1972年半ばには政策は何もなかった．『バンカー』誌の編集者が当時指摘したように，イングランド銀行は「戦略的な政策目的に多くの信頼を置くことは決してなかった」のである[16]．

　イングランド銀行の金・外国為替部（Gold and Exchange Office）の構造とそれがどのように操作に影響を与えていたかを留意しておくことは有益である．その構造は次のようなものであった．外国為替部長には直属の3人の上級職員がおり，その下に1名のチーフ・ディーラー（市場担当）と1名の上級ディーラー（政策担当）がいた．彼らの下に，外国為替ディーラーたちがいた．加えて，部長や3人の上級職員からディーラーへ政策情報を伝え，またディーラーからの市場情報を部長等へ伝える「連絡役」がいた．外国為替では，部長は，業務局長を通さずに，執行理事や総裁と直接にやりとりした．大蔵省との意思疎通には困難が生じ，とくに担当者の地位によって影響されたが，頻繁な毎日の接触がはかられていた．大蔵大臣と総裁は，為替レートと支援にいくら使うかを決定する．それから，これが部長に伝えられ，部長は3人の上級職員の1人と討議する．次いで，おそらくはチーフ・ディーラーを巻き込んで戦術が討論される．チーフ・ディーラーは，たとえばブローカーを通してとか友好的銀

行を通してとか,操作を実行する方法を決定する。しかし,ディーラーたちが毎分毎分何をするべきか知る必要があるような圧力がある時には困難が生じた[17]。大蔵省では,ピーター・ハーロップ（Peter Harrop）が介入の額を注視し続けるべきと感じていたが,問題はそれが何であるかを見つけることであった。「われわれはイングランド銀行に尋ねたけれども,彼らは単純に新たな権限が与えられたと告げるだけであったので,あまり頻繁に尋ねるのは馬鹿らしく思えた」[18]。これは,おそらく,実効レートが役に立たないもう1つの領域であった。

1972年6月以後の意図は何らかの形の釘付けシステムへ復帰することであり,20カ国委員会が長期的展望を検討するために設立される過程にあった。しかし,ポンドがスネークから離脱してまもなく,モースはイングランド銀行政策委員会に,再固定のための戦略と戦術を研究する必要があると示唆した。これは大きな政策デザインではなく,たんに当時2.45ドルとなっていた釘付け相場にいかに戻るかであった。フェントン（海外局長）が座長となって正式に作業部会が設立され,「(1)ポンドが固定レートに復活する利益と不利益,(2)固定レートに復帰するためのもっとも有利な環境,タイミングおよびレート,(3)この動きと英国の政策の他の側面との関係,について調査し,報告し,勧告する」ことになった[19]。

再固定を支持する政治的要因には,次のようなものが含まれた。まもないEECへの加盟,平価システムへの英国の固執,および通貨改革への英国の主張,である。対外的な政治圧力は一般に2.40ドル以上のレートを保つことを狙っていた。高くて上昇しつつあるインフレーションも経済的制約であった。作業部会は,再固定の前に市場に影響を与える点で,レートを選択した後で何をなすべきかについても検討した[20]。即座の反論は,中期的な国際収支目標がない場合には適切なレートを選択できない,というものであった。実際には,数カ月前に,すでにイングランド銀行「ポンド地域作業部会」は年間の経常収支黒字の数字を2億ポンドと3億ポンドの間に設定していた[21]。国際収支についての最初の考察は外貨準備の状態であった。6月の大幅な流出の後でさえ,1971-72年における巨額の外貨準備改善（ほぼ2倍）を前提にすれば,外貨準備の増加を試みる必要がもはやあるとは思われなかった。そして,ポンド地域

作業部会の目標は妥当なものであると結論された[22]．

　フェントンはちょうど1カ月がすぎてから，2.40ドルのレートでは目標とされた3億ポンド近くの経常収支黒字を1975年に生み出せないであろうという評価を報告した．2.40ドルは多額の介入なしには1975年までもたないという大きなリスクさえあり，彼らは多額の外貨準備の使用を望まなかった．彼らは，インフレーションを5％かそれ以下に保つ政策を実行するべきと提案した．彼らはより長期には変動相場制に一定の魅力を見ていたが，政治的制約と長期的変動相場制の効果へのより確固とした信念の欠如から変動相場制に反対した．彼らの結論は，2.30～2.25ドルのレートでは目標を十分に満たせないであろう，外国が期待した2.40ドルのレートは資本移動によって崩壊するリスクがある，というものであった．明らかに，望ましいインフレ率を達成すること，および外国でとくにアメリカで何が起こるかに多くはかかっていた．彼らは1973年1月1日かそれ以前における2.40ドルでの再固定を，「次の3年以内にさらにいっそうの平価切り下げが必要となるかもしれないリスクを認めながら」勧告した[23]．

　フォードは直ちに2つの理由からこの報告に異議を唱えた．1つ目はインフレの低減についてであり，2つ目は「平価を変更する自由の継続に対するいかなる制限も受け入れないことが英国にとっては最高に（強調は筆者）重要である」ためであった．彼はインフレーションに焦点を当てることは大いに賛成したが，その実現を疑問視した．物価と所得に何らかの打開策を達成する政府の能力，いわんやインフレーションに取り組む方法が疑問だった．したがって，彼は次のように考えて勧告した．「国内インフレーションは，たとえば1974年におけるさらにいっそうの平価切り下げの問題を回避するほどに抑制されそうもない．（イングランド銀行は）この仮定の上で当面は戦術的に進まなければならない」．しかし，彼の主要論点は次の点について論争を引き起こすことであった．すなわち，「どのようにしてわれわれは為替レート政策の自由の継続を効果的に確保できるのか，そうする方法を知ることができるのか．われわれがこうすることができると思わない限り，1973年1月1日ないしそれ以前に為替レートの再固定を勧告するべきでない」．1973年1月1日に2.40ドルを保てないとすれば，割り切って再び変動相場の自由が保証されなければならない，

と彼は示唆した[24]．変動相場制はIMFのルールで規定されていなかった．IMFがそれを大目に見るのは反対がない場合だけであった[25]．

為替レートは1月1日に固定されなかった．フォードとマクマーンがともに懸念したのは，為替レートの再固定の延期によって政府が対外金融の緊急の課題を避けてしまうことであった．フォードはIMFの大規模なスタンドバイ（借入予約）とそれに付帯する条件について思い悩み，ホーラムもこれに同意し，付帯条件に公共部門借入必要額とマネーサプライ増加率の削減が含められるであろうと推測していた．前の6月の経験に照らして，割当額の2倍までのスタンドバイがあるとすれば，それで十分でなかろうか[26]．マクマーンは2.35ドルでの再固定を支持した．というのは「2.35ドルが無期限に正しいとわれわれが信じるからではなく，たんにかなりの間は2.35ドルを防衛し，それから下げるために，次の2，3年を運営するベターな方法であるかもしれないからである」[27]．幹部職員たちの恐れは正しかったけれども，これらは次の2年間は実現されなかった．

大蔵省のエコノミストは2.35ドルのレートは1973年末まで持ちこたえないであろう，このような計算としてはより正確に中期の「均衡」レートは2.16ドルである，と信じていた．一致した意見は，当面は変動相場とするべきである，というものであったが，これが意味することは不明確なままであった[28]．ドルに圧力がかかってくると，外国為替問題担当のブリッジの後継者リチャード・ハレット（Richard Hallet）はマクマーンに言った．「ごく近い将来の戦術的プランや次の数カ月の戦略的プランを示唆することは容易でない」．しかしながら，ハレットは，ポンドに2.40ドルのキャップ（上限）を維持すること，必要なら多額の外貨準備を取り入れること，公衆にこれらは非常に変動することを気づかせること，を示唆した[29]．

フォードは，国際通貨秩序の利益のために国内政策の一部の要素を犠牲にできる国は存在するかもしれないが，英国はそのような国の1つではない，と議論した．英国はひどい苦境の中にあり，インフレーション問題を（物価・所得政策を通じて）解決し，製造業への投資を増加する必要があった．このことを前提にすると，最優先の要求は，為替レートを2.35ドルに保つことであった．ポンドの年10％ほどの切り下げが許容されるという考えは間違っている．公

衆にとって理解できないであろうし，どのような場合にもそんなことが実現できるかは疑わしい．したがって，彼はIMFからのいっそうの借入と同時に，変動相場と対外借入の計画を示唆した[30]．彼らは4月以降に変動相場に移行することを意図していたが，長期的な為替レート戦略に欠けていた[31]．

オブライエンは最終的にこれらの線に沿って大蔵大臣へ書簡を送り，オプションを並べつつも，「これらの方法で何かが達成されるとしても，為替レート戦略が決定されなければならない」と結論し，2.30から2.35ドルのレートを保つことを主張した．高金利がこれを支援するであろうが，オブライエンは次の12カ月にわたって為替支援に20億ドルを費やす必要があるかもしれない，とみなしていた．彼はIMFからの借入やスタンドバイ取り決めには反対した．そうなれば2.30ドルのレートを保つことがさらに難しくなると思われたからである[32]．結局，これはほとんど問題にならなかった．というのは，2月の第1週と第2週にドルへの圧力が非常に強くなり，あらゆることが変わってしまったからである．けれども，為替相場へアプローチする視点からは，これが70年代の残りの期間の大半に続いた方法であるので，記録しておくことは価値がある．

1月と2月の初めに外国為替市場における混乱によって，イタリアは二重為替相場を採用するようになり，スイスは1月23日に変動相場へ移行した．米国貿易統計の1972年の数字の公表は60億ドルの赤字の可能性を示し，大量のドル売りを引き起こした[33]．各国中央銀行はドルへ巨額の支援を提供し，緊急の討議が行われ，米ドルは金に対して10％切り下げられた．2月12日に，ロンドン市場は閉鎖され（翌日には再開された），円はフロートした．ドルの平価切り下げの後で，ポンドは2.50ドルになっていたが，間もなく2.42ドルに下落した．その後に起きたことは，その他のどんなことよりもドルに関わっていた．国際通貨改革の動きに関する兆候はまったくなかったのであり，市場の懸念は大きくなっていった．3月1日に未曾有の規模のドル売りがあった．3月2日にロンドン市場は再び閉鎖され，3月19日まで閉鎖されたままであった．その時点ではもはや誰もドルを支援しなかった．3月10日と11日のブリュッセルとパリにおける会議の後で，ドイツマルク（DM）は金に対して3％再び切り上げられ，ドイツと他のEEC5カ国はドルに対してフロートするが，

相互の間では 2.5% のスプレッドを維持すること，が発表された．イギリス，イタリアとアイルランドはそれぞれ独自にフロートすることになった[34]．

　大蔵省は為替レートがやや後に下落することを望んでいたが[35]，そのことは別にして，広範な戦略を考慮する兆候はいぜんとしてなかった[36]．しかし，イングランド銀行は，「適切と思われる時に市場を支援するために将来の借入手取り金を，また同様な目的で次の 2, 3 カ月の間に現在準備にある過去の外貨借入手取り金から 3 億ドルまでを使用する」権限を与えられた[37]．

　11月までに，ポンドの為替レートは 2.4050 ドルであったが，貿易統計の悪化した数字がかすかに見えはじめ，テクニカル要因もこれまでよりポンドに有利でなくなった．ハレット（総裁アドバイザーになっていた）はどのように進むべきかについて彼の見解を提出した．それはすべて感触とうまくやっていけるかもしれない，というしろものであった．為替レートを，何もしないでもたとえば 2.36 ドルに（出発点からは 19% の実効切り下げ）することができるが，5,000 万ドルを使っても可能ならそこに保つべきである．2.36 ドルと 2.34 ドルの間では，2 億ドルまでを使う用意をするべきである．本当に深刻な攻撃が勃発して，2.34 ドルが可能でなくなった場合には，5 億ドルまでを使う権限が与えられる必要があろう．しかし，「受け入れ可能なコストの範囲内で，当面はポンドがそれを超えて進むことが許されない最終点」を心にとどめておく必要がある．ハレットは少なくとも数週間は 2.30 ドルを保つように試みるべきであると思っていた．多くのことは次の火曜日（11 月 13 日で，この日に最低貸出利率（MLR）と特別預金が引き上げられ，緊急事態が宣言された）に発表された諸措置への反応にかかるであろう[38]．マクマーンがこれらの見解を総裁に伝えた時，彼は「ディーラーたちが市場と接し続ける」ことが重要であると付け加えた．彼らはまた，11 月 13 日に許容できる支援のための数字について，大蔵大臣から明確な権限を得る必要もあるであろう．彼自身の見解は，その日に，19% の実効切り下げに 5,000 万ドル，その後 0.5% の切り下げごとに約 5,000 万ドル，ただし上限 2 億ドルを，使う権限をもつべきである，というものであった．彼は「われわれはフロートしており，われわれの政策は投機的動きを破綻させることである」とも言った[39]．

　11月の終わりに，マクマーンは欲求不満を表明した．彼は，ディーラーた

ちが使える金額に権限を与える原則を定めることは難しい,と感じていた.ディーラーたちが彼らの裁量で最低額でさえ介入できないなら,市場は当局が為替レートを諦めたと信じるであろう.彼はそうなると不安定になると信じた.ディーラーたちはまた,いつ介入するべきかについて裁量を必要とした.たとえば,1日につき 2,000 万ドルというよりむしろ 1 週間にわたって 1 億ドルが許される,といった具合である.ディーラーたちはときどき「小額の文字通り時間当たりの認可を得るために大蔵省へ」行かねばならなかった[40].したがって,彼が示唆したことは,特定の為替レートを防衛するためのものでなくて,かなりの裁量で使うことができる月ごとの最低額,たとえば 2 億 5,000 万ドルについて,次の 2, 3 カ月について認可を得るというものであった.大蔵大臣は総裁と会った時に金額については同意したが,それは月ベースで考慮されるべきであると考えた[41].

1973 年末,石油価格の上昇は外国為替市場の活動を著しく増加させた.10 月に石油価格は 66% 上がって 1 バレル 5 ドルとなり,1 月 1 日には 11.5 ドル,合わせて 4 倍になった.石油生産国は 1974 年に 600 億ドルの国際収支黒字を得ると予想された.石油価格の上昇は,シェル社やブリティッシュ・ペトロレウム社(BP)などイギリスの大石油会社が月に 8 億ドルにのぼる巨額を生産者に払わなければならないことを意味した.彼らはまた毎月多額のドルを受け取っていたが,為替管理規制は彼らがこれらのドルを留保し,その口座から支払いを行うことを許容するように変える必要があった.この問題の他の側面は産油国に多額のドル保有が集まったことであり,ロンドンの一部の金融業者は中東からかなりの額のドル長期性預金を引きつけようとする野心を抱いた.しかし,これには為替管理が定める,ドル建て譲渡性預金(CDs)の期間 5 年の限度を 10 年に引き上げる必要があった.石油価格上昇に対応して,IMF 専務理事ジョハンズ・ウィッテヴィーン(Johannes Witteveen)は,加盟国が石油関連国際収支赤字を満たすのを助けるための一時的オイル・ファシリティを工夫した[42].平価切り下げ,デフレーション,および輸入制限は適切な対応ではなかった.彼の提案は,国際収支黒字がある石油輸出国から IMF が借り入れ,不足国へ貸し出すという,リサイクリング計画であった[43].ファシリティは 8 月に設けられ,12 月までに加盟 9 カ国が特別引出権(SDRs)建てで 30 億を少

し超す額の借入協定を結んだ[44]．これが 1975 年にはより大規模なファシリティに引き継がれた．

鉱夫ストライキの結果，政府は 1973 年 12 月 13 日に電力使用を抑制する手段として 1 月 1 日から週 3 日労働制の導入を発表した（完全な週 5 日制は 3 月 9 日まで復活しなかった）．経常収支は 1973 年最終四半期と 1974 年 1 月に再び大きく悪化し，IMF へ大規模なスタンドバイを申請する計画があった[45]．けれども，面白いことに，外貨準備と為替レートの観点からは，予想されたものより興奮させるものは少なかった．実効レートでは，為替レートは最終四半期に改善していたが，次の 1 月にそのすべてを失った．外貨準備の一部が使われたが，多くはなかった．1974 年第 1 四半期には世界中で産出は鈍化し，物価は上昇していた．1974 年第 1 四半期の経常収支赤字は 10 億ポンドであったが，これは主として民間部門への海外投資と公的ポンド残高の増加（一部には石油生産国のより多額のポンド受け取りの結果である）によってファイナンスされた．外貨準備は 4,000 万ポンドだけ減少したが，4 月には 2 億ポンドほど増えた．ポンド・ドル為替レートは 1 月の 2.20 ドルから 6 月に 2.40 ドルを超すまでほぼ間断なく上昇し，その後その年の残りの期間に後退し，ちょうど 2.35 ドル以下になった．けれども，実効レートにより多くの注意が払われていた．第二事務次官（海外金融担当）のサー・デレク・ミッチェル（Sir Derek Mitchell）が 1974 年の為替レート戦略を提出した時，それはほぼ完全に実効レートで埋められており，その意図はスミソニアン水準に比べて 17〜21％ の減価に保つことであった[46]．減価は 1974 年 7 月に 16.9％，1974 年 12 月に 21.4％ であった．

1974 年を通してポンドの対ドルレートは 2.35 ドルで相対的に安定していた．実効レートも同じであった．同年の終わりの週になるまでほとんどまったく介入はなかった．外貨準備は 1974 年 1 月の 61 億 7,800 万ドルから 11 月 78 億 2,400 万ドルに増大し，その後 12 月に減少した．1974 年における穏やかな動きは大部分が次のことで説明される．すなわち，石油輸出国がポンド残高を約 22 億 2,000 万ポンド，約 50 億ドル増やすことで英国の赤字の大部分をファイナンスしたのである．イングランド銀行内部では「正しい」為替レートはどれか，および金利と借入，為替レートの間の関係，について議論が展開された．

ダウの見解は「要求される経常収支差額を生みだす」であろう為替レートを選択することであった．意味ありげに彼は次のようにも付け加えた．「将来の平均以上のインフレーションを予想して低い為替レートを選択することは非常にコストがかかる．もっと良い戦略は，適切と判断された点，すなわち，過大なインフレーションを為替の同等の減価によって相殺する点で，競争力を保つことである」[47]．経済情報局（EID）のアドバイザー，デリック・レイトン（Derrick Layton）は，為替の減価は病気の影響を緩和させる方法であり，インフレーションに付け加わる高価なものである，と指摘した．「病気自体を治療する方がはるかに良い」[48]．その月の遅く，ダウは為替レートの問題に次のように付け加えた．「それは知的直感の問題になるようである（たとえば，現在のレートが必ずしも競争的であると確信できないなら，私は『明らかに競争的』なレートが維持されるのを見たい）」．彼はさらに続けた．「われわれの為替レートが他の通貨一般，ましてやドルに対して（強調は原書）徐々に減価するであろうし，するべきであると想定する，より確固とした根拠があるようである」[49]．討論は最終的にはグッドハートが次のように言った時にある程度明瞭になった．変動為替レート制を採用するなら，政策手段は国内均衡を維持するために使われるべきである――「変動為替は経済にとって外的ショックからのバッファーとなるはずである．そうなると，外国為替に介入することは必要でなく，望ましくもない」．まったくその通りである．最近の論文のすべてはこの立場を拒絶してきた．長々と「望ましい経常収支差額や，原理的には変動為替レートからまったく外れて必要でない『均衡』長期為替レートを計算」するようになっている．われわれがより低い為替レートを政治的至上命令として受け入れる必要があるとすれば，為替レートを高く保つことはいずれ失敗して高価につくことを認めるべきである．戦術はこの点を基礎にするべきである[50]．

　1974年と1975年，およびその後の方向性のヒントのための予測を基にして，大蔵省は，1974-79年の5年間に100億ポンドの対外金融が必要になるであろう，と推定した．これにはさまざまな方法があるが，公的部門の外貨借入がより好ましい手段であった[51]．これを達成するために必要な支援を与え，実効レートをほぼ最近の水準に保つべきであり，このためのファイナンスは外貨借入から賄われるはずであった．外貨準備は1月に61億7,800万ドルであったが，

4月末にはかなりの額の公的部門借入のお陰で約69億ドルになるであろう[52]。

2. 外貨準備

変動相場は管理されたものであったので，外貨（対外）準備の状態が焦点として残り，市場の認識に影響を及ぼす要望が存続した．「どのような数字の外貨準備を今月発表するのか」という問題が，何年もの間総裁と幹部職員によって議論されていた[53]．数字を粉飾するためにスワップを使う慣行が1960年代に開発され，1970年代にも続けられた．ポンドが上昇し，外貨準備も増えつつある時には，大蔵大臣に金融緩和の圧力をかける者から外貨準備の規模を隠すために，ときに外国為替準備の30％にものぼるほど多くをポンドに転換するためスワップが利用された．加えて「大蔵省は真実の外貨準備の数字を，さもなければ公表数字に悩まされることを緩和するためだけに，スポット取引から先物取引にスイッチするか，あるいは対外借入を引き出すタイミングを図ることによって，ときどき『治療した』」[54]．したがって，イングランド銀行のオ

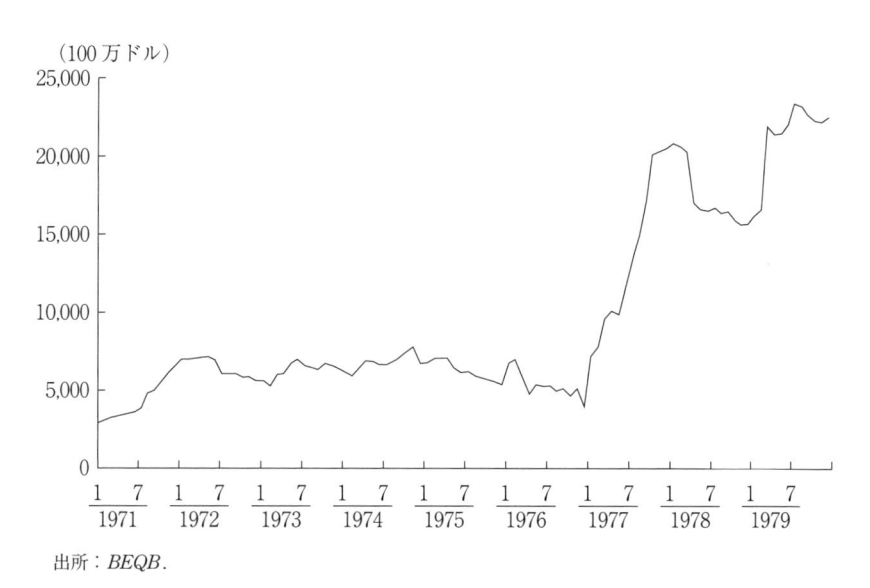

図 14-4　英国の公式外貨準備（月次，1971-79年）

出所：*BEQB*.

リジナルの数字から真実のシリーズを構成することは不可能に近い.

これらの理由から公式の公表数字における個々の年の数字に多大な信頼を置くことは賢明でない。しかし，それでも一般的な傾向はおそらく信頼できるものである（図14-4）．外貨準備は1970-71年に国際収支が急激に改善したので増大し，その後1976年に減少し始めるまでほぼ60億ドルで安定していた．それから，1977年末には200億ドルへの大飛躍があった．1978年の2つの四半期における若干の減少を別にすると，外貨準備は増強を続け，この時期を300億ドルで終えた．大きな動向に間違いはありえない．1970年代の前半には経常収支とポンドは弱かったが，財政・金融の引き締め，差し迫った北海油田からの石油への期待による財政改革など，さまざまな理由から1977年以降にポンドの為替レートは改善した．ポンドは，追放から帰還したローマの執政官のように全幅の自信をもって元に戻ったのであった．

外国為替市場における日々の介入の動きが図14-5に示されている．1970年と1971年の流れはほとんどすべて流入であり，唯一の本当に重要な支援が必要とされたのは，切り上げられた新平価が定められたその年の最後の週であった．1972年には6月の第3週の鋭く目立つ線が際立っている．その日1日だけで12億ドルが費やされた．1973年も再び流入の1年間であり，これが為替レートに反映された．このパターンは1974年にも続き，支援の介入はほとんどなく，一般に強い流入が続いた．1975年はずっと複雑であった．介入のコストがどれだけかという問題がしばしば持ち上がった．外貨準備の使用額について「正しい」数字をつかむ難しさは別にして，次の問題はどこで帳簿を締めるかの決定である．多額の外貨準備が，成功するかしないは別として，特定の日の為替レートを支援するために使われるかもしれない．その支援は，短期間あるいは長期間にわたって続くかもしれない．何をそのコストとして判断するべきなのだろうか．支援の効果を部分的にはその後の期間を通じて外貨準備に生じたことで判断できるかもしれないが，どこに締切点を定めるべきかは簡単なことでない[55]．

対外赤字のファイナンスの仕事は1970年代半ばには産油国の収入の増大で容易になり，イングランド銀行は国有化産業と地方自治体による対外借入計画を発展させる中心にいた．これは為替保証の下で行われ，借入外貨はイングラ

(a) 1972年

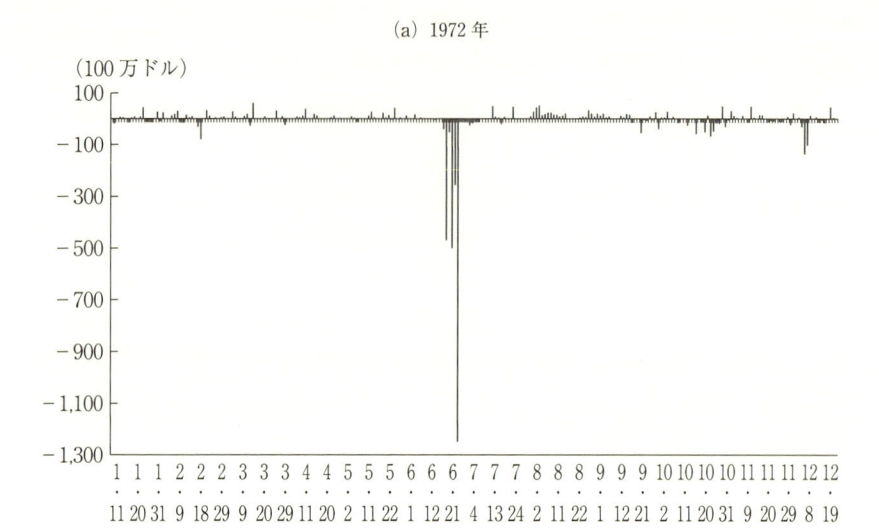

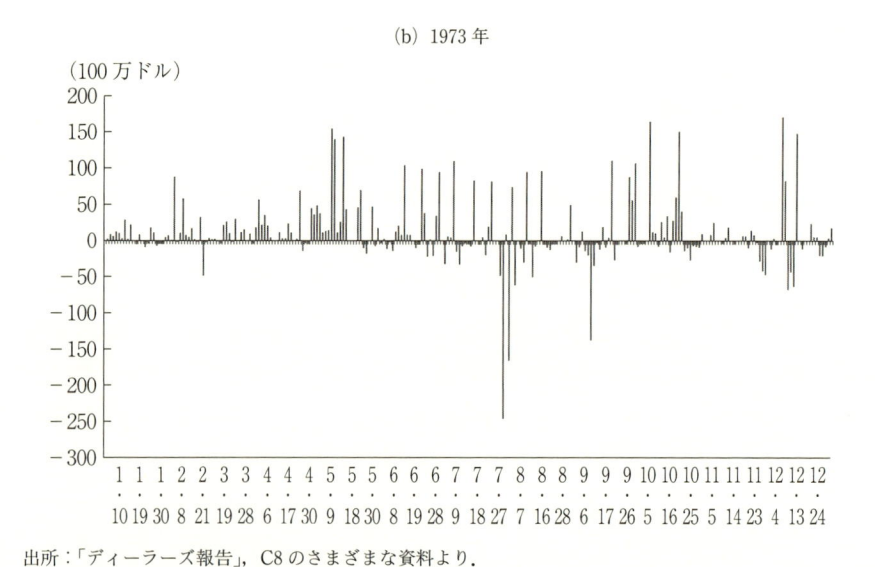

(b) 1973年

出所:「ディーラーズ報告」, C8のさまざまな資料より.

図14-5 イングランド銀行の外国為替市場における取引(日次)

第 14 章　1970 年代のイングランド銀行とポンド　　　　891

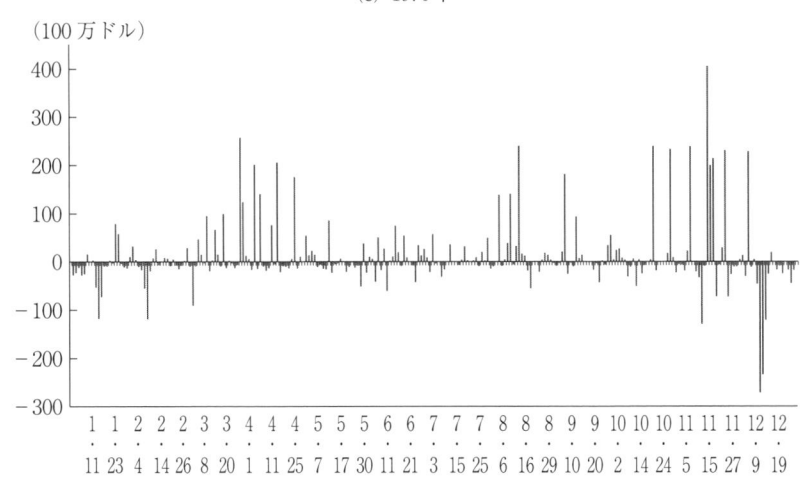

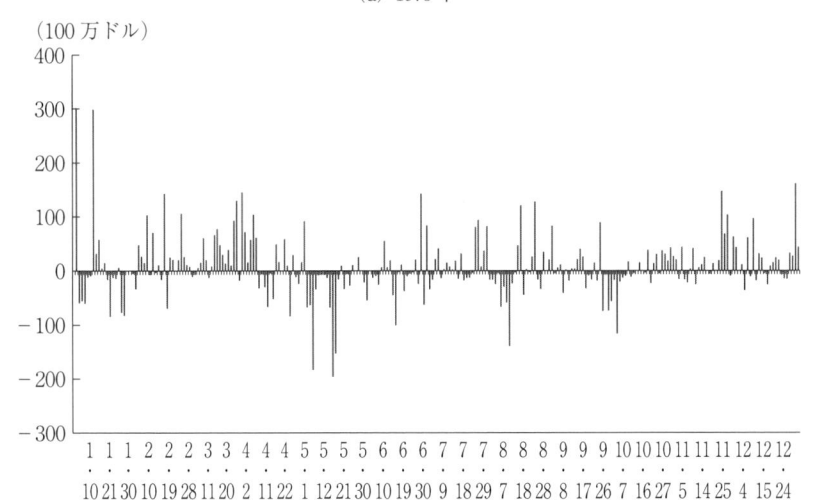

(c) 1974 年

(d) 1975 年

図 14-5（続き）

(e) 1976 年

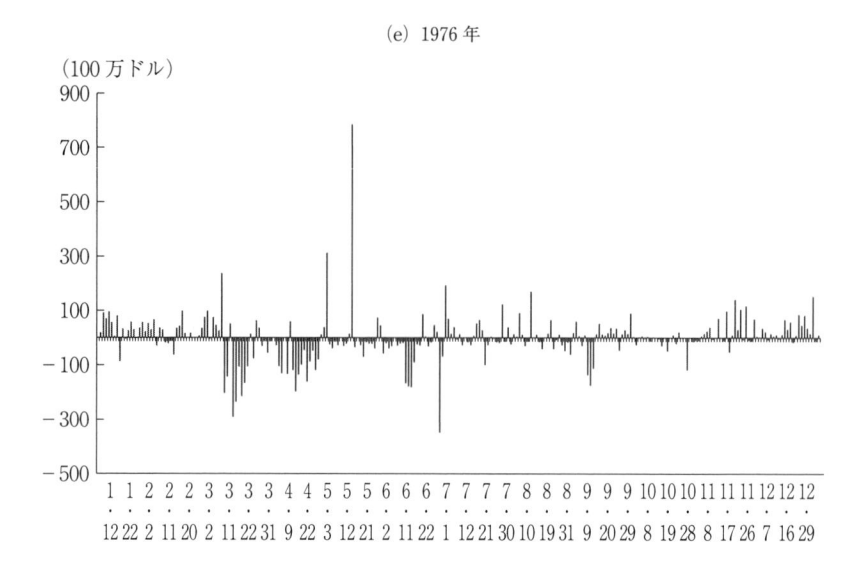

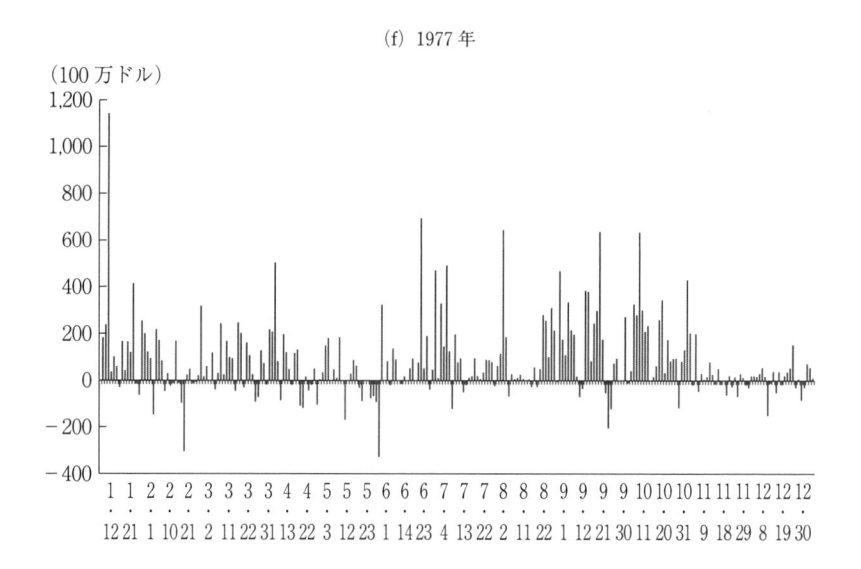

図 14-5（続き）

第 14 章 1970 年代のイングランド銀行とポンド

(g) 1978 年

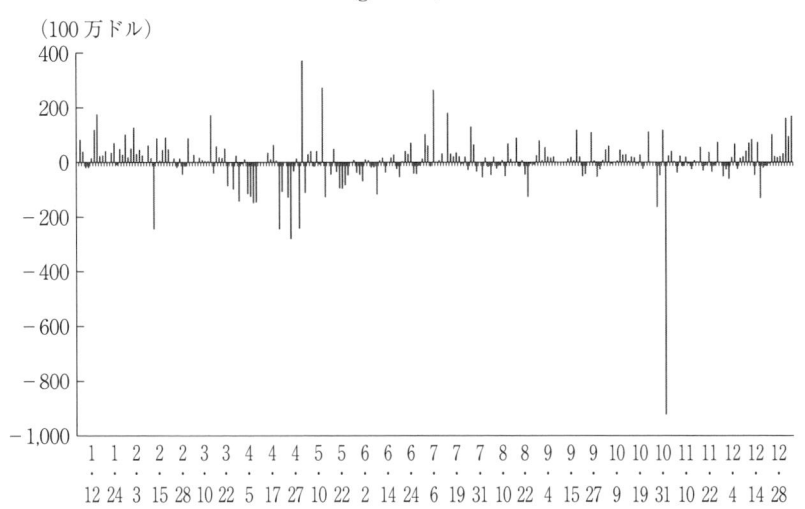

(h) 1979 年

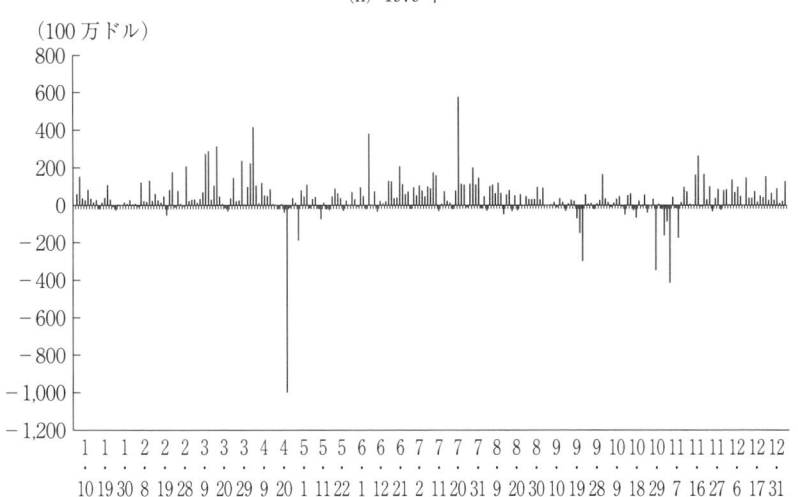

図 14-5（続き）

ンド銀行によってポンドへ転換された[56]．もちろん，このファシリティの利用も，より厳しい現実に直面するのを遅らせるだけと見ることができるかもしれない．そうであったかもしれないが，イングランド銀行は大蔵省とともに，公共部門の外貨借入を確保するために，サウジアラビア通貨庁（SAMA）と非常に秘密な討論に乗り出した．サウジアラビアは第3位の産油国で，資金が溢れていた．イングランド銀行との関係は，SAMAの上級ポジションがしばしばイングランド銀行からの派遣幹部によって占められていたので，非常に密接であった[57]．1975年末までにSAMAによる英国国有化産業への貸付は総額で7億7,500万ドルに達した．国有化産業は貸し手と直接に，あるいは選択した銀行を通じて貸付を交渉した．ほとんどの場合，取引は持参人払いノートやボンド（債券）の私的発行という形をとった．SAMAの名前はサウジが貸付を秘密にすることを望んだので文書には現れなかった．しかし，しだいに，マーチャント・バンクによって仲介されるよりもイングランド銀行と直接に交渉が行われるようになった．最初は1974年で，リチャードソンとペイジがSAMAの総裁と会い，SAMAとブリティッシュ・スティール社（British Steel）との間の固定金利で期間7〜10年の2億ドルの貸付を取り決めた[58]．ブリティッシュ・ガス公社（British Gas Corporation）や電力カウンシル（Electricity Council）などさらに多くの取引が予想されたが，イングランド銀行は，ある一時点では1公的機関のみが資金を求めることが認められる，行列順番制を採用した[59]．1975年2月には，マクマーンとミッチェルは，サウジアラビアが最短5年間に約10億ドルを貸し付けるという双務的金融取引のための会議に出かけた．SAMAはさらにもっと投資する意図があるように思えたので，ミッチェルとマクマーンは公共部門借入計画の基礎となるプロジェクトのリストを渡した．サウジはより長期の貸付に同意する準備はまだなかったが，北スコットランド・ハイドロ・エレクトリック・ボード（North of Scotland Hydro Electric Board）への1億5,000万ドル，ナショナル・コール・ボード（National Coal Board）への7,500万ドルの貸付を検討する用意があった[60]．1975年4月にイングランド銀行の1チームが再びサウジアラビアを訪問し，その条件を取り決めた．結局，1973年と1976年の間に，サウジアラビアはイギリスの国有化産業に外貨建てで12億9,500万ドルを貸し付けた[61]．当局はまたイランからも

借りようとした．1974年7月には，3年間にわたって，3つのトランシェで12億ドルが引き出されるはずの信用枠が取り決められた．ナショナル・ウォーター・カウンシル（National Water Council）が1974年7月に4億ドルを取り入れたが，その後1976年1月にイランが石油収入の不足を発表した時，第2，および第3トランシェについては困難が生じた．

　これらの活動の規模は，合計で1973年3月の6億ドルから3年後には70億ドル，1977末までには100億ドルへと増大した（表14-1）．これらの外貨建て借入に加えて，予算演説でヒーリーは，国際資本市場でかつて調達された額で最大の25億ドル，期間10年のユーロダラー・ローンを発表した[62]．手形交換所加盟銀行（クリアリング・バンク）は自分たちのバランスシートと比べた借入の規模に動揺し，資本比率を懸念していたので，これに熱心でなかった[63]．（同時期のセカンダリー・バンキング危機が救済作戦のために銀行に貸付を増やすことを要求し，資本比率にいっそうの圧力を加えていたので，このことは驚くにあたらない）．彼らは，貸付が2つの部分からなることを示唆した．15億ドルはクリアリング・バンクとその仲間たちによって集められるであろう．次の10億ドルはもっと広い範囲に拡大され，クリアリング・バンクがその額の引き受けを行うであろう[64]．ローンは，5月に仕上げられ，1980年代初めに4回の均等年賦6億2,500万ドルずつで返済されることになった[65]．

　「変動相場制」の開始は先物為替市場の活動に相当な商業的需要をもたらした．商業銀行等は一般に，釘付け為替相場制度の下で生じた通貨調整に際して行った限られたビジネス，一方方向の賭けでかなりうまくやっていた．1973年2月以降には，多くの商業銀行が為替レートの変動から利益を引きだした．たとえば，ナショナル・ウェストミンスター銀行は世界でも最大規模の1つの外国為替部門をもち，自行の顧客を助け，通貨問題を解決することで他の顧客を勧誘するために「道からはみ出す」攻撃的な方針を採用した[66]．先物市場での取引はこの一側面であり，完全に新しいものではないが，巨大な規模に発達することになった．

　次の2，3年間には，外国為替市場の利用者が，為替管理の制約を前提に，彼らが使用できる先物カバーの種類を変更する承認をイングランド銀行へ求めてきた．なかでも商品取引業者が目立った．事態は悪化した．ハンブロズ商会

896

表 14-1 英国への支援残高総額（1972-79 年，四半期）

(100 万ドル)

	IMF	ポンド対価のその他借入	海外通貨当局のイングランド銀行への外貨預金	公共部門外貨借入（返済後純額） 政府	その他公共部門	合計
1972 年 3 月	1,055	0	0	0	366	1,421
1972 年 6 月	0	2,608	0	0	366	2,974
1972 年 9 月	0	0	0	0	366	366
1972 年 12 月	0	0	0	0	366	366
1973 年 3 月	0	0	0	0	602	602
1973 年 6 月	0	0	0	0	1,337	1,337
1973 年 9 月	0	0	0	0	2,257	2,257
1973 年 12 月	0	0	0	0	2,982	2,982
1974 年 3 月	0	0	0	0	3,698	3,698
1974 年 6 月	0	0	0	0	4,737	4,737
1974 年 9 月	0	0	0	0	5,182	5,182
1974 年 12 月	0	0	0	1,500	5,592	7,092
1975 年 3 月	0	0	0	2,500	5,700	8,200
1975 年 6 月	0	0	0	2,500	6,069	8,569
1975 年 9 月	0	0	0	2,500	6,159	8,659
1975 年 12 月	0	0	0	2,500	6,421	8,921
1976 年 3 月	1,206	0	0	2,500	7,000	10,706
1976 年 6 月	2,051	400	630	2,500	8,059	13,640
1976 年 9 月	2,051	600	945	2,500	8,904	15,000
1976 年 12 月	2,051	0	0	2,500	9,609	14,160
1977 年 3 月	3,257	0	0	3,500	9,639	16,396
1977 年 6 月	3,643	0	0	3,500	9,695	16,838
1977 年 9 月	4,029	0	0	4,000	9,896	17,925
1977 年 12 月	4,029	0	0	4,000	10,013	18,042
1978 年 3 月	4,029	0	0	4,000	9,585	17,614
1978 年 6 月	3,109	0	0	4,350	9,230	16,689
1978 年 9 月	3,062	0	0	4,350	8,989	16,401
1978 年 12 月	2,152	0	0	4,350	9,345	15,847
1979 年 3 月	2,300	0	0	4,350	9,901	16,551
1979 年 6 月	1,209	0	0	4,350	9,545	15,104
1979 年 9 月	1,128	0	0	4,350	9,305	14,783
1979 年 12 月	1,048	0	0	4,350	9,187	14,585

出所：*BEQB*.

は1973年半ばにイングランド銀行へ，同行が外国為替ポジションで大規模なデフォルトに直面するかもしれないと警告した[67]．ハンブロズ商会は，引き渡しができないとほのめかしたある顧客と巨額の先物取引を行っていた．ワシントン駐在イギリス大使となっていたクローマー卿は総裁へ，関連する懸念を伝える書簡を出していた．ほとんどがイギリスの対米輸出業者で構成される在米英国商工会議所とのワシントンにおける会議において，クローマーは彼らがど

のように変動為替相場を思っているのかを尋ねた．すると彼らは，先物市場を大いに利用し，利益を上げていると答えた．クローマーは，彼らが損失を出す事態が生じることに悩みをめぐらした[68]．リチャードソンはロンドンで同じようなことを多く聞いていた．そして彼もまた，事態が変わりつつあることに悩んでいた．

　先物外国為替市場の問題が1974年半ばを支配した．外国為替市場における過大取引の結果としてドイツのヘルシュタット銀行が破綻し，イギリスとアメリカにおける銀行に影響を与えた．ヘルシュタット銀行の先物外国為替損失は当初4億7,000万DMと見積もられた[69]．とくにイギリスのある銀行，ヒル・サミュエル社がリスクにさらされ，多額の損失を出した．イングランド銀行が外貨で流動性問題を抱えた銀行を救済することが重要と思ったとしても，外国為替資源は非常に限られていたので明らかに限界に直面したであろう．EEAからの資金をこの方法に使用できるかは明らかでなかった．政策の枠組みを事前に大蔵省に通しておく必要もあるであろう．さらに，行動のスピードがこのような場合には不可欠であった．イングランド銀行は行動する代理人である必要があり，大蔵省からの免責を必要とするであろう．ともかくも，このような懸念があったので，いくつかの監督上の考え方がまとめられ，イギリスにある認可銀行と支店のすべてに，どのような危険があるのか，どのような行動が期待されるかを気づかせる書簡が送られた．それは為替管理の措置を強化する可能性を脅かした[70]．

　イングランド銀行は1964年から1967年の間に大規模に先物介入を実施したが，その経験は懲罰的なものであった．1971年遅くの諸問題の中で，ジョン・サングスター（John Sangster: 外国為替担当のアドバイザー）はフェントンに次のように語っていた．「非常に大規模な損失を招かずに，不可避なことを遅らせたり粉飾するような外国為替市場戦術はまったく存在しない．われわれはこのことを，先物ドルを平価切り下げ前に大量に売ることで，非常に巨額のコストをかけて学んだ」[71]．エドワード・ブラッドショー（Edward Bradshaw）は次のように見ていた．

　　ポンドに圧力がかかった時に先物ポンドをアウトライト（買い切り）で購

入することで為替レートを支持すべきという提案は，私見では，われわれが行った第2の最大の間違いであったであろう．第1は1967年以前のアウトライトとスワップ操作であった．……実際にはわれわれは「やってきてポンドを今売りなさい，3～6カ月の間非常に安い価格であなたのポンドの売却に補助金を与えましょう」と言っているのである．私は政府が補助金を支持していることを評価するが，なぜ非居住者が政府の補助金から利益を上げるべきなのであろうか[72]．

マクマーンは先物介入から利益を上げるかもしれない時があること，すなわち「比較的短い期間に市場が考えるよりもポンドの見通しが良くなる」と本当に信じる時を指摘した．さもなければ，それは「トラの背中にまたがるような」ものであった[73]．

ブラッドショーは1975年初めにイングランド銀行の観点から先物操作の問題にやや違った視角から立ち戻った．彼の指摘では，それ以前の5年間にわたってイングランド銀行は，スポット（現物）と短期の先物市場の操作を通じて，ポンドへの攻撃に反撃する点においてかなり成功していた．金融紙等の報道はこの点でイングランド銀行を称賛している．しかし，この種の活動は大規模なポンド危機に対処できないであろう．それでも，スポット介入と並行する3,6, 12カ月スワップの同様な操作は「過度の投機的ポジションが形成されるのを抑えるのに役立つであろう」．ディーラーたちは確かにこの武器を自由に使えることを望んでいた．彼は，大蔵省を怯えさせたのが「先物介入」という言葉だと考えた．彼は，1964年から67年にポンドが貸し出されていた市場で，現在イングランド銀行がポンドを借りる提案をしていることを説明するべきである，と示唆した[74]．サングスターがマクマーンに指摘したように，1960年代には，固定為替相場と非常に少ない外貨準備の政策に基づいて，先物とスポットでポンドを購入することでポンドを支えていた．今やこれと異なり，スポット・ポンド売却の資金調達コストを引き上げることが企図されていた[75]．

1975年半ばまでにブラッドショーは方針を変えた．彼のいうところでは，その年の前半に明らかになったように，イングランド銀行は「ポンドの空売りポジションに対して締め付けをかける力をひどく失ってしまった」．この原因

は産油国の大規模なポンド残高であった．産油国はユーロカレンシー市場にポンド残高を貸し出し，それが専門銀行を通じてスワップ市場への道を見つけていた．その手法でスポット・レートを制御することを可能にするように工夫できる，と彼は考えた．最近まで外国為替市場でポンドを制御していたが，最後の数カ月にその力を奪い取られてしまった，と彼は感じたのである．「制御を再び取り戻す方法を工夫できない限り，われわれは再び後手に回り，市場の投機業者にわれわれのバスを運転させなければならないであろう」[76]．

3. ポンド残高

ポンドの為替レート問題はポンド保有者の残高と密接に結びついていた．実際，イングランド銀行のポンド残高に関する見解はしばしば為替レート政策とほぼ同義であった．1968年のバーゼル協定はポンドからの分散をもたらさなかった点において一定の成功とみなされた．事実，1968年9月から1972年5月までほぼ間断なくポンド残高の増加があった．この増加はほぼすべて海外ポンド諸国からやってきた．非ポンド諸国からは実際に流出があり，民間残高は1970年代初めに約5億ポンドであり，不可欠な運転残高を提供できる最小の数字とみなされていた．

1968年9月に結ばれたポンド協定は期間3年で，2年間の延長規定を備えていた．この協定は1971年9月に至るまで，同様なバーゼル・ファシリティの更新とともに，適切に目的を達成していた．協定の下でのポンド価値保証の発動は，為替レート2.40ドルの1％下，2.3760ドルに決められていた．1971年12月に新たなスミソニアン平価が樹立され，ポンドは2.6057ドルとなった．保証レートは変わらないままであったので，1972年初めに一部のポンド保有者から不満が生まれた．とくにクウェートとバーレーンは保証レートを引き上げるように要求し，シンガポール，マレーシア，オーストラリアを含む他の国々にも不安があった．当時イングランド銀行の一部の者は1975年9月まで協定を延長するつもりで協定の早期再交渉を推進しようとしたが，オブライエンは遅延に傾いた．大蔵省内では鋭い分裂が生じていた．それから議論は，1972年6月にポンドがスネークを離れて変動相場に移行した時，大混乱に陥

った[77]．

「変動相場」に続いて，大蔵大臣は現行協定の再検討と改訂の可能性，1973年以降への延長を提案した．海外ポンド地域（OSA）からのおもな反応は，保証は2.60ドルで行われるべきであるというものであり，多くの国がドル以外の「計算単位」を望んだ．それでも，即座の行動を求める強い圧力はなく，ポンドがスネーク内部で再び固定され，国際通貨制度改革が実施されるまで待つという態度であった．大蔵省はその時現在の協定がそのまま残されるべきであると決定した[78]．

協定に基づく保証は，為替レートが2.3760ドル以下に下がり，その点にその後の30日間とどまった時に発動された．1972年10月25日，為替レートは始めてその水準に達した．（通常の商業銀行業では，そのコストが支払われる補償額より低い場合には介入して1日だけ為替レートをその上に押し上げるインセンティブがあるであろう．しかし，イングランド銀行はそのようにすることはできなかった．）為替レートは11月24日でもいぜんとして下にあり，補償が実行された．支払いは約5,900万ポンドに達した[79]．その後ポンドは改善されたので，1973年まで，新たなレートでのいっそうの支払請求はなかった．1972年秋から1973年春までポンドが流入したが，そのほとんどは中東産油国からのものであった．

1973年が明けるとほぼすぐに，再び更新の問題が議題に戻ってきた．更新反対論は次のようなものであった．ポンド残高はだいたい安定しており，他に行き場所はなく，更新はポンド残高を増やすことになり，OSAは厳しい交渉を求めるであろう[80]．大蔵省が再び熱心でなかったこともあって，1973年前半には進展はなかった．実際，アレンとミッチェルは両者ともに協定の打ち切りを望んでいた[81]．イングランド銀行は更新を支持しており，総裁はOSAの中央銀行総裁たちが何も進展していないことに失望していると報告した．決定的問題は，外国為替価値保証が発動される為替レートであった[82]．7月には大蔵省の立場に若干の変化の兆しがあった．ポンド〔価値保証〕協定が更新されるなら，バーゼル協定も更新するべきか，という問題もあった．この問題の検討が9月初めに簡単に行われたが，この時までに環境が激変したので（おもにポンド残高が発動水準をはるかに超えて増大した），バーゼル・ファシリティ

は不適切となり，その後失効することになった[83]．

多くの討議を経て，OSA 諸国のポンド残高に対して，最低ポンド比率（MSPs）を維持する見返りに，6 カ月間一方的な価値保証を提供することが決定された[84]．これは 1973 年 9 月 6 日に発表され，1968 年のポンド取り決めが期限切れとなる翌日に発効した．その時点で，適格ポンド残高のドル価値は 2.4213 ドル，すなわち 9 月 4 日から 6 日の 3 営業日における平均為替レートで保証された．適格残高は，1973 年 9 月 24 日もしくは 1974 年 3 月の最終営業日のいずれかの少ない額の，公的ポンド準備であった[85]．この段階における価値保証目的のポンド残高の最大保有国はオーストラリア，クウェート，ニュージーランド，香港，アイルランドの順番であった．これらの国々は合計 33 億 8,700 万ポンドの残高のうち，23 億 9,300 万ポンド，OSA 準備の半分以上を保有していた[86]．一方的宣言に対する反応は 10 月には徐々にやってきた．10 月末にはニュージーランドやクウェートを含めて 16 カ国が受け入れを確定した．アイルランドは 11 月に受け入れ，オーストラリアと香港は「たぶん」同意すると書き記された．最終的には，53 カ国が参加に同意した[87]．

それからすぐに 1974 年 3 月以降に起こるであろうことに対処しなければならなかった．追求された可能性の 1 つは，MSPs 要件の引き下げを伴うより限定された価値保証によるなんらかの段階的分散化であった[88]．複雑化させた一要因が，討議が進行中だった国際通貨制度改革の性格であった．海外局副局長のスタンリー・ペイトン（Stanley Payton）は，大蔵省高官がこの主題についてあまり考えていないと，不満を漏らしている．しかしながら，なんらかの安定が必要で，3 年間の協定が最善であり，必要な段階的分散化をファイナンスする方法を探すべきである，と合意された．明らかに，アレンは「ポンド残高から完全に逃れるために」80 億ドルの借入を望んでいた[89]．月末に，マクマーンはペイトンの見解を総裁に次のように言って伝えた．「われわれは今，翌 3 月以降のポンド残高についての適切な政策に関するイングランド銀行の見解を発展させなければならない」[90]．ポンド残高保有国のほとんどは分散化へのいっそうの自由を望んでいた．1973 年末のペイトンの理解では，大蔵省は段階的分散化を，ファイナンスが準備されることを前提に価値保証なしに行うことを望んでいた．イングランド銀行の幹部は段階的分散化を支持したが，価

値保証付きであった．外務省はさらに6カ月間の一方的宣言を望んだが，ペイトンはこれを危険であるが，閣僚にとっては魅力的とみなしていた[91]．イングランド銀行内部では実効為替レートによる価値保証についての仕事も進められていた．多くのOSA諸国は非ドル基準為替レートを要求し，実効為替レートはポンド価値のより優れた測定であった．どのような場合もイングランド銀行は実効為替レートを為替レート管理のより広範な諸問題に近づけて考えていたのである[92]．

12月と1月には多くの他の考えが討論された．何らかの形での価値保証の拡大から，その他にIMFの融資，ユーロダラー市場での大規模借入，価値保証付きの新たなポンド建て債券の発行，主要なポンド残高保有国との紳士協定などである[93]．大蔵大臣自身はさらなる価値保証を支持していたが，1974年1月に，大蔵省の一部は紳士協定を支持した．イングランド銀行はそれらが必要な安定をもたらすとは信じなかった．そしてマクマーンは，事態が駄目になる危険があると悩んでいた[94]．

ポンドは1973年10月と11月にはほぼ2.42ドルであり，コストが増大することはなかった．しかし，為替レートは12月に下落し始め，1月初めに2.28ドルに達した．為替価値保証のコストが増大し始めた．1973年9月から1974年3月までのポンドの日々の平均レートは2.3335ドルであったので，為替価値保証は8,000万ポンドのコストで実施された．1974年初めに，為替価値保証の継続についての計算は細かいが複雑なものになった．既存残高への価値保証が新たな残高にも拡大されるか否かの問題が持ち上がった．そのコストは巨額になるが，この点は別にしても，為替価値保証付きの残高合計は約16億ポンドであった．この半分がなくなると，当局はユーロドル市場で借り入れることができる．大まかな計算では，その時の借入コストは為替価値保証のコストより不利であった．

1974年3月に為替価値保証は再び延長され，この時は同年末までとなった．MSPsの10%の一律削減があったが，重要な変更は為替価値保証が（スミソニアン・レートのもと）18.35%の実効為替レートに基づくものとされた点であった．これは，再び一方的宣言であり，どのような交渉もなかった[95]．この申し出はポンド保有国53カ国に対してなされたが，最大保有国であったオー

ストラリアは参加を拒否した．その後 1974 年 10 月の総選挙後まで，この問題がさらに検討されることはなかった．為替価値保証は今やあまり関心を引かなくなっており，その重要性は減ってきた．参加国のポンド残高の 58％ だけが 1974 年宣言の対象にすぎず，その 40％ は産油国の保有であった．ナイジェリアは 9 億 7,700 万ポンドを保有したが，8,200 万ポンドだけが為替価値保証の対象であった．サウジアラビアはいかなる協定にも参加しなかったが，今や第 3 位の大保有国であった[96]．ポンド保有のパターンの変化，為替価値保証の継続による予想されるコスト，その有効性の限界，対象範囲の問題から，この取り決めは 1974 年末に失効させるべきである，と幹部たちが全員一致で決定した．大蔵大臣はこのアドバイスを受け入れ，11 月 12 日の予算で発表した[97]．1975 年初めにおけるイングランド銀行による評価は，6 年間にわたる為替価値保証が困難な時期における海外ポンド地域の公的ポンド保有の安定化に成功した，と結論している[98]．もちろん，これがポンド残高をめぐる討論の終わりではなかった．石油価格の上昇がポンド残高の規模と分布，およびその変動性を変えてしまったのである．1976 年に IMF の援助を追求した時にこの問題の議論に立ち戻ることになる．

4. 国際通貨システム改革：20 カ国委員会

　固定／釘付け為替相場を保持する望みがこの時期には一貫していた．1972 年 6 月以降に混乱が落ち着くと，IMF 総務会は国際通貨制度改革，ただし釘付け為替相場に基づいたもの，について交渉を行う暫定委員会を設置した．これは驚くことではなかった．1950 年代と 1960 年代に行われてきた仕事を基にして，1974 年までに新しい制度のデザインを決めることがめざされた．委員会の面倒くさい完全な名称は「国際通貨制度と関連問題の改革についての国際通貨基金総務会委員会」であったが，略して「20 カ国委員会 (C20)」と言われた．C20 は，改革が IMF と G10 の外部で行われるべきであるという米国政府高官の願いから生まれた．米国財務省は，G10 が EEC 支持に傾いているように思われるので，G10 に対して不満を抱いていた．アメリカの不満を意識して，IMF は総務会に改革を急がせた．アメリカの当局，とくに米国財務省の

通貨問題担当次官ヴォルカーは，IMFの最近の行動，とくに専務理事によるいくつかの公開声明にいらついており，IMFがアメリカの問題に関心を払っていないと感じ，熱心でなかった．彼らは，IMFから独立した高レベルの政府高官のグループが適任だと，主張した．最終的にはC20は暫定であるべきと提案された1972年に妥協が成立した．グループはIMF理事会から選出される先進国10カ国と発展途上国10カ国で構成されることになった[99]．C20は2層構造で，閣僚レベルと代理人レベルで構成された．C20はIMF総務会に報告した．代理人の役割は閣僚たちに勧告を提示することであった．報告の中で主要問題が整理され，それからC20は改革の最終的な形を交渉できるのであった．

イングランド銀行はこの過程で重要な役割を果たすはずであった．イングランド銀行の執行理事，モースが代理人の委員長に選出された．彼は1966年以降イングランド銀行における海外問題に責任を負ってきたが，今や執行理事の職を辞めなければならず，彼の海外問題担当の義務はマクマーンに引き継がれた[100]．モースと4人の副委員長——ロバート・ソロモン（Robert Solomon：米国，連邦準備理事会アドバイザー），アレクサンドル・カフカ（Alexandre Kafka：ブラジル，IMF執行理事），鈴木秀雄（日本，前IMF執行理事），ジョナサン・フリムポン=アンサー（Jonathan Frimpong-Ansah：前ガーナ中央銀行総裁）——からなる「事務局」が設置された[101]．モースはエディ・ジョージ（Eddie George）を個人助手に選んだ．モースはアメリカに行くのを渋り，またC20がワシントンとあまりに密接であるという印象を与えるのを嫌ったので，イングランド銀行が部屋とその他の支援を提供し，彼は大部分の時間をイングランド銀行内で過ごした．モースによれば「ワシントンにあるIMFのそれに匹敵するイングランド銀行の助力がなければ，あのような大規模の仕事を遂行することはおそらくできなかったであろう」．モースはイングランド銀行の総裁や幹部同僚たちと一緒にランチをとり続けた[102]．代理人会議は，2年の間，7ないし8週おきに，ワシントン，ナイロビ，ローマで開かれた．イギリスでは，アラン・ニール（Alan Neale）とマクマーンが代理人であり，カービシャー，ジョフリー・リットラー（Geoffrey Littler），アンソニー・ローリンソン（Anthony Rawlinson）がアドバイザーであった．イギリスのIMF執行

理事としてミッチェル（または代役としてピーター・ブル（Peter Bull））も出席する資格が与えられた[103]。

C20は為替レート・メカニズム，多様な準備資産の役割，国際収支調整過程，SDRの役割，および資本移動の問題に取り組んだ[104]。最初はその進展は遅々としていた．ミッチェルはオブライエンに事務局内では「ソロモンだけが本当にいい奴だ」と言っている[105]．モースは複数通貨介入について作業する技術グループを主宰し，イングランド銀行から強力な知的支援を受けた[106]．たとえば，サングスターはSDR介入の「非常に見事なシステム」を工夫し，強い支持を得た[107]．C20は1974年1月にローマで，もはや全面的な合意は可能でない，代わりに「改革のより段階的進化のプロセス」へ向かうと決定した[108]．外部環境が優先順位を変えてしまった．石油危機，高くて上昇しつつあるインフレーション，および国際収支難が強調点の移動を強いたのであった．C20が報告を完成すると，新たな総務カウンシルがC20の仕事を引き継ぐために設立されることになる．

「国際通貨システム改革概要」の最終版は，事務局内で数カ月間にわたる草稿の改訂を経て，1974年6月のC20の最終会合に提出された[109]．C20は最終的には1974年10月に解散された．モースは委員会の仕事の主要な業績を「これから先の時期における行動を左右する十分に強力な改革システムについての幅広い考えを定め，それに向かう段階的進化の過程を出発する」ものと要約した[110]．しかしながら，C20は失敗として思い出されている．モースは6月にその失敗を最終的に引き起こした原因を挙げている．高いインフレーションを含む外部的事件が一定の役割を果たしたが，興味深いことにモースは「政治的意思の欠如」，「当事者の，誰かが選択するものと正確に同じでないとしても，共通の利益のために合意し，一緒に行動する意思」の欠如について語っている[111]．デ・ヴリーズは，委員会が「事件によって」，すなわち高水準のインフレーションと国際収支難によって覆された，という型にはまった説明を拒否している．これらは実際には弁解として使われた．彼女の主張では「1973年のナイロビIMF年次総会の時でさえ，交渉が成功する見通しはすでに消え失せていた」．ブレトンウッズの成功を可能にした独特の環境が1972-74年には単純に存在しなかっただけである，と彼女は議論している[112]．ヴォルカーは，

石油価格の上昇が会議の進行を止める口実に使われたこと，に同意している[113]．

成功しなかったけれども，その結果はモースの立場に影響を与えるものでなかった．リチャードソンは，モースが委員会に注いだあらゆる努力を評価した．「大きな政治的かつ経済的な力が，C20 の努力にわれわれすべてが期待していた全面的成功の栄誉を与えるのを妨げたのは残念である．……イングランド銀行だけでなく国もモースが自身のために築き上げた評判を非常に誇りとするものである」[114]．モースはイングランド銀行に戻らず，1974 年にロイズ銀行の会長に就いた．まだ 45 歳であった．彼は総裁の候補でもあったが，リチャードソンが任命されたばかりで，その機会はなくなった．

5. 1976 年危機

1975 年が進むにつれてイングランド銀行は 2 つの危険に遭遇した．すなわち，(1)予想される赤字を借入でファイナンスできない，および(2)それに対処するために必要な財源がないまま 1972 年のような突然の危機を経験する，である．たとえば，イングランド銀行は「なんらかのきっかけで巨額の引き出しを行う必要があるかもしれないので」IMF の全額スタンドバイを望み，事前に技術的問題を解決しておくことを希望した[115]．為替レートはこの年ほぼ一貫して下落し，12 月にはちょうど 2 ドルとなった．実効レートは年初の 78.4 から年末に 69.9 へ下落した（スミソニアン協定レートから 21.6%，30.1% の下落）．介入はほとんど行われず，為替レートが無制限に変動することを認める政策がほぼ示唆されていた．これ以外に政策を示す証拠はなかった．大蔵省は，スミソニアン水準の 22% 下を守るというのはもはや意味がなく，「何が起こるかを見るために」為替レートは動くままにするべきである，という見解に到達しつつあった[116]．マクマーンは 4 月にいぜんとして為替レート政策がないと不満を漏らしていた．「為替レート戦略が現在どうあるべきか，大蔵大臣に提起するちょうどよい機会なのかどうかはわからないが，……確かにどこかの時点で徹底的な討論を行う必要があるであろう」[117]．大蔵省は，実効レートで 25% か 26% 下の水準を目標とすることを議論していたが，そうすることに

費やされる金額については気にしていなかった．さらに，大蔵省は「現在のかなり急激な下落の動きを」好まず，「われわれは抵抗するのでなく，実際にスムースにだけしなければならない」とイングランド銀行に印象づけた[118]．しかし，大蔵省の中にも，とくにデイヴィッド・ウォーカー（David Walker）のように，1975年4月からの12カ月における10%以上の実効減価を支持する者もいた．おそらくこれは，ポンドを心理的な取引水準の2ドルより下にするものとなろうが，ウォーカーはそれが競争上の立場を改善するであろうと主張した[119]．首相は8月に「大蔵省の為替相場を下落させるという公然の願望に対する懸念」を表明した．大蔵大臣は大蔵省のアドバイスに不満であり，アドバイスの多くは検討に耐えるものでないと語っていた．前大蔵省主計長官エドマンド・デル（Edmund Dell）が信じた「アドバイスは，適切な準備なしに，さらにいえば確信なしにもってこられることが非常にしばしばであった」という見解は正当化されよう．だがそれでも，大蔵大臣が何を望んでいたかは明らかでなかった．「彼は，異なる考え方の間でいぜんとして決心をつけられなかった．彼はいぜんとして自らの政策を欠落させていたように思われる」[120]．

　1975年は世界中に広がった景気後退の谷底であった．同年にイギリスのインフレ率はOECD諸国の平均の2倍以上に達する25%超であった．経常収支の赤字は1974年の半分以下であったが，ポンドは下落し2ドルに近づいた．IMFからの引き出しの可能性を考え始めるとしても，それにも多大な懸念があった．この要求がどのように受け入れられるかを調べるために，IMFへの打診を目的にライオネル・プライス（Lionel Price：イングランド銀行）とフランク・カッセル（Frank Cassell：大蔵省）が1975年8月に秘密裏に派遣された．緊急事態はいうまでもなく，その必要性をIMFに納得してもらわねばならなかった[121]．11月に1975年特別オイル・ファシリティに基づいて10億SDRが引き出され，7億SDRのスタンドバイ取り決めの要求が行われた[122]．イギリスのIMF理事ライリーは，石油価格の上昇がなかったならイギリスは赤字をファイナンスできたであろう，と主張した．IMF理事会は，イギリスがインフレ抑制に適切と考えられる措置，すなわち所得政策と公的支出の削減策を取っていることを受け入れ，申請を全面的に支持した[123]．イギリスの石油からはまだ収入がなく，実際にはいぜんとして船舶と施設設備の輸入に巨額

の支出があった．しかし，すぐに入ってきそうな大規模な収入の話もあった[124]．

1973-75年の景気後退の後でさえ，1976年はイギリスの経済生活の谷底として際立っていた．ある高官はそれを「深い淵を覗き込んでいる」と指摘した[125]．ほぼ4年に達する「変動」為替レートの後でも，いぜんとして明確な為替レート政策はなかった．労働党は，1974年3月に政権を握った時，どのような政策もなく，絶望的なほど準備なしに政権に就いたのであった．労働党のチームのある者によれば，「20世紀のイギリスの歴史の中で政権に就いた党で，これほど知的にも政治的にも結束がない比較例はなかった」．労働党は，短期的な，中期的な，そして長期的な政策のいずれももっていなかった．次の2年間にも何も変わらなかった．労働党は政権に就いたが，1960年代におけるよりも「いっそう分裂し，いっそうイデオロギー的で，労働組合の言いなりになる者にいっそう結びついていた[126]．1976年に首相が変わった時にも，分裂とイデオロギー，組合追従者はいぜんとしてそのままであった．一貫した政策はなく，政府はいつも守勢であった[127]．

為替レートに対してどこに責任があるかについて誰もはっきりしていなかったようである．当時の大蔵大臣，デニス・ヒーリー (Dennis Healey) は，誰がレートを決定しているのかと尋ねられた時（変動制のこの時期において），イングランド銀行総裁に話をし，両者の間で解決するであろう，と語った[128]．イングランド銀行の元幹部が同じ質問を尋ねられた時，彼らはそれを大蔵省の責任とみなす傾向にあった[129]．明らかに，どれだけの支援を与えるのか，特定のレートを保つためにどれだけの支出が許されるのかについて，誰かが指示を出さなければならなかった．市場の感触を報告し，何が達成できるかを示唆するディーラーと対話する可能性もなければならなかったであろう．このような対話は，大蔵省とイングランド銀行の間の良好ではない関係によって妨げられていた[130]．

1976年は，ポンドの一点停止の状態，2ドルの少しだけ上の明らかに安定的な水準で始まった．ほぼ2カ月の間，このような状態にとどまっていた．けれども，3月の初めに多くの要因から下落が誘発され，この年の遅くにIMFの支援が組織されるまで多かれ少なかれ下落が続いた．3月4日にポンドに最初

第14章　1970年代のイングランド銀行とポンド　　909

の圧力が加えられ，3月5日金曜日には市場が開くとすぐに再び圧力が加わり，ポンドは数分間で2.0120ドルから2.0070ドルへと下落し，それから午前の半ばには2.0031ドルになった．それから，MLR 0.5%のわずかな下方調整が引き金となって，「薄く極端に神経質な取引のなかで」午後1時18分に心理的に重要な壁である2ドルを割った．取引時間後の取引でポンドは1.9772ドルに下がった．支援には2億ドルが費やされた[131]．シティの当時のある説明では，ナイジェリアが，イギリスとの政治的なちょっとした紛争から，最近獲得して増えていたポンド保有を売却すると決定した．ナイジェリアは1975年初めの18億ポンドから1976年3月のちょうど8億ポンドへ保有額を減らしていた．3月9日にナイジェリアは保有を分散化したと発表したが，外国為替市場日報にはそのことへの言及はなかった．次の週にナイジェリアは自らそうでないことを示唆していた[132]．その週の報告の要約では，3月5日金曜日に2ドルという心理的壁がいったん打ち割られると，「ナイジェリアの売りが下落を開始したという根拠のない噂が広まるなかで，MLRの引き下げが発表され，非常に神経質な市場でポンドはさらに弱くなった」と判断された（強調は筆者）[133]．外国為替部門の責任者，サングスターによる総裁への説明では，ポンドは昼食時までは良好であり，強くなる兆候すら示していた．しかし，「ポンドの安定を歓迎しない大蔵省のある部分から警告の金切り声が強まっていることを前提に，実効減価が30.0%に近づくのを阻止することが必要，とわれわれは思った」．したがって，イングランド銀行はドルを購入した．しかし，「われわれが見すかされていることは不可避であり，その段階で市場はむしろ無愛想に逆転した」．通常では，それからイングランド銀行はポンドを購入したであろう．しかし「大蔵省のいっそうの減価を求める分子が，実効減価を30.1%で安定させようとしていると非難する」のが怖かった．アウトサイダーたちはイングランド銀行がかなりの下落を試みていると判断したので，それからは何をやるにも遅すぎた[134]．サングスターの後の議論では，3月に大蔵省はイングランド銀行に介入ルールの変更を強制し，「市場にわれわれが為替レートの引き下げを意識的に望んでいるように思わせようとした」のであった．これによって，当局のその後の為替政策の操作に対する市場の信認は破壊された[135]．総裁の個人秘書への覚書の中で，彼は翌日に次のように書いている．「大蔵省はいつ

も非常に注意して，われわれが言ったり書いたりすることがわれわれの間における相違を示唆するべきでないようにしている．彼らは3月4日の事件にとくに敏感であるに違いない．彼らはわれわれのすべてのアドバイスと判断に反対して政策変更を強制した．これに対するすべての非難の責任はわれわれが引き受けた」[136]．

次の月曜日にポンドは1日でこれまでの最大の下落を被った．ドルに対して4セント下落し，実効レートで1.6%を失った．大規模な売り手を示す証拠はなかった．1億4,200万ドルの公的支援は下落を止めることができず，ポンドは1.9287ドルを底として，その日は1.9445ドルで閉じた[137]．火曜日は落ち着いていた．日報の表現ではポンドは「ある程度の落ち着きを取り戻した」．しかし，水曜日には，中東からの2つの大規模な売りがポンドに再び圧力をかけ，2億7,400万ドルの再度の支援にかかわらず，為替レートは下落した．したがって，12月半ばから3月半ばまでの四半期を通して見ると，為替レートは3月4日まで堅調であり，この間に11月の12%から3月の9%へのMLRの一連の引き下げが行われた．その後に，為替レートは3月16日の1.9156ドルへと暴落した．当時（外国為替）アドバイザーであったデリック・バイアット（Derrick Byatt）は「問題は，政策目標が何であるかをわれわれが非常にしばしば知らなかったことである」と後に不満を漏らしている[138]．マクマーンが指摘したように，3月の経験は，「為替市場に影響を及ぼす多くの要因があるけれども，いかなる特定の時点においても圧倒的にもっとも重要な点は，中央銀行が何をしようとしているのかに対する市場の見解である」[139]．

大蔵大臣ヒーリーによれば，3月の崩壊はすべてイングランド銀行の失敗であった．イングランド銀行は2つの大きな誤りをした．3月4日，イングランド銀行はポンドがすでに圧力を受けている時にポンドを売り，市場はこれが市場を押し下げようとする政策の一部と信じた．それから，翌日，金利を引き上げるのでなく引き下げ（MLRは9%になった），そのため市場の懐疑を確認したようである．この分析は，もちろん，イングランド銀行が完全に独立であり，金利を設定し，ポンドの適切なレートを決定しそのレートを達成するための措置をとっている，ことを意味するであろう．イングランド銀行はその1つを行うことができるが，両方はできない．MLRについては一定の自由があっ

たというのは真実であるけれども，別のところで述べたように，これはほとんどが虚構であり，より正確には固定観念である．金曜日は毎週の大蔵省短期証券入札日であり，この時に短期金利が主要な MLR より下にあったことは明らかであった．したがって，MLR はこれらの金利に一致するように下落するのを許容されただけであった．ヒーリーは，市場を出し抜くのが中央銀行の責任であり，「1976 年 3 月にイングランド銀行がみじめにも失敗したのはその責任」と信じていた[140]．3 月 16 日のウィルソンの予期せぬ辞任の後を継いでキャラハンが 4 月 11 日に首相に就任したが，彼は別の考えをもっていた．次のように回想している．

> 大蔵大臣とイングランド銀行は 2 月に，当時 1 ポンドに対して約 2 ドルであった為替レートは非現実的に高いので，イングランド銀行がレートを少しずつ下げ始めることで明らかに合意した．しかしその操作は，外国為替ディーラーたちが画策中の出来事に気がついた時には手に負えないものとなり，ポンドは意図されたよりも早く，かつ大きく下落した．そしてイングランド銀行は為替レートをもちこたえるためにかなりの額の準備を使わざるを得なかった．

キャラハンは，1967 年の為替切り下げで頂点に達する 1960 年代のポンド問題の時期における大蔵大臣としての経験からひどく傷つけられていたが，今回は年初来のポンドに対する支援の規模にショックを受けた．彼は，ヒーリーにリチャードソンと会合をもちたいと語った[141]．首相の「シンクタンク」のメンバーの 1 人，ドナヒューは首相が「やり損なった為替切り下げ」に狼狽したことを思い出している[142]．しかし，デルは何の計画もなかったと言っている．ヒーリーは為替減価について決心することができなかっただけであった[143]．

このことは，1970 年代大半を通じて大蔵省の事務次官であったウォスによる非常に詳細な記述によっても支持されている．これが確認するところでは，1974 年第 3 四半期からの大蔵省の政策はポンドの減価をうまく進めることであった．しかしながら，1976 年 2 月にヒーリーはいぜんとして納得していなかった．「彼が賛成していたなら，……おそらく保証や補償の提案を携えて海

外の預金者に即時にアプローチする措置を基礎にして，……彼はさらに減価を進めることを望んだであろう」[144]．ヒーリーは，2月の遅くにアドバイザーたちに会った時，次のように言った．1975年の水準までのポンドの減価を受け入れる用意はあるが，その段階で大蔵省が主張していた6月までの10％の減価を受け入れる用意はない．3月1日にイングランド銀行で総裁と一緒に昼食をとった時，彼は減価について決心したが，どれだけか，方法，タイミングや政治的操作についてはまだであると語った[145]．望ましい減価をもたらすために大蔵省が当時考えていた手法は，翌週に市場によって不要なものとさせられた．ウォスはさらに次のようにも言っている．ナイジェリア中央銀行が売り注文を出し，イングランド銀行が通常の方法で適切にそれを執行したと報告してくるまで，大蔵省は3月4日の売却を理解していなかった．しかしながら，3月の第1週に起きたことは，大蔵省が2月の覚書において追求していたことと完全に一致していた．ともあれ，3月の外国為替市場におけるポンド支援には，12億ドル，イギリスの外貨準備のほぼ4分の1のコストがかかっていた．当時も，いつもと同じように，支援に使われた金額について乱暴な推測があった．事件のずっと後になって，いつも生真面目なデルは3月のその週について話し，介入は「ある時点で1日5億ドルの割合になるはずと報告された」と書いている[146]．かつてそれに近づいた日はなかった．

ウォスは，3月に達成されたことは大蔵省が望んだことであった，と主張している．

> 大蔵省はその幸運を信じることができなかった．大蔵省は18カ月間にわたって主張してきた道筋の政策と，大蔵大臣がつねに不安を抱いていたように思えるものを手に入れた．3月4日に続く週にポンドは2.0149ドルから1.9120ドルへ下落した．5％以上の減価であった．大蔵省が主張してきたものほど大きくはないが，正しい方向に向かう決定的な一歩であった[147]．

イングランド銀行に関する限り，その評判に加えられた打撃はかなりのものであった．この分野では一定の独立性をもって運営するという理念は激しくへこ

まされた．業務局長補佐のジェームズ・ノークス（James［Jim］Noakes）は3月第1週にスタンダード・チャータード銀行のディーリング・ルームを訪問した時のことを覚えていた．そこでのディーラーたちの最初の反応は，イングランド銀行ができの悪い戦術で下落を引き起こした，であった．しかし，「古参の者たちはこれを信じることができなかった．そこでよく考えて，この下落は意図的に作り出されたものであるという見解が出された」．彼らはイングランド銀行の腕が鈍ったことを受け入れようとしなかったので，下落はイングランド銀行のアドバイスに逆らって大蔵省に命令されたものと結論した．これはロンドン外国為替市場の重要性を損なう恐れがあるので，彼らは当惑した．「イングランド銀行の威信の喪失は，秩序ある市場を維持するその能力を衰えさせる恐れがあった」[148]．

3月に動き始めたものは，どのような措置によっても簡単には止めることができなかった．少なくとも2, 3カ月にわたる安定への願いにかかわらず，4月と5月にはポンドの対ドルのレートはさらに急落し，3月末の1.90ドルが6月初めに1.72ドルに近づいた．この2カ月間に実効レートで測った減価は，スミソニアン・レートの下33.7％から39.6％へ動いた．この期間の週を通じてかなりの額の介入があった．イングランド銀行はあるレートを維持しようと，あるいは少なくとも急落を阻止する，ないし急落の様相を阻止しようとした．合計5億4,400万ドルがこの2カ月間にポンド支援のために費やされた．市場日報は新たな名言をはき，著者の能力を拡大してくれた．「市場は，ポンドの基礎的弱さがさらなる下落を正当化するように展開することを恐れている」（4月1日）．「ポンドはいっそうの無秩序な後退を被った」（4月2日）．「ポンドは神経質に漂流し続けた」（4月5日）．「昨夜のニューヨークにおける売りの激しい発作は，ポンドに1.75セントのコストであった」（4月6日）．「平衡の回復」をほとんどと伴わないいっそうの「無秩序な後退」と「神経質」[149]．

為替レートがどのように管理されるべきかについての証拠を示す徴はいぜんとしてほとんどなかった．イングランド銀行総裁と大蔵大臣は4月21日に会い，明らかに「5月末までに費やすことができる最大の額は20億ドルの規模であろう」と合意した．けれどもこれは「介入に費やされるべき額についての見解の確定的表現として解釈するべき」ものではなかった．「この数字はまさ

に即興で作られたものであった」[150]．彼らが5月21日に再び会った時，金利引き上げを使うべきか，介入（支援）を使うべきかについて議論された．総裁はどちらか決めかねており，ウォスはMLRの0.5％かそれ以上の引き上げを望み，大蔵大臣は1％の引き上げを行ってもらいたかった．そして大蔵大臣は「これを行政的措置によって達成するべきか，あるいは説得によって達成するべきかを，イングランド銀行総裁とサー・ダグラス・ウォスに解決するように」任せた[151]．

5月21日にポンドは2.5セント下落し，「市場は，公的支援はないと推測した」[152]．5月末にマクマーンは総裁に為替レート政策について再び不満を述べていた．

> 戦略と戦術のいずれに関しても満足のいかない状態である．……首相と大蔵大臣は介入をやめる決定をしているように思われる．彼らは，おそらく，3月4日以降に費やされた30億ドルほどがほとんど無駄であった，と思っている．……為替市場においてわれわれが操作するのをまったくやめさせるのは，正しいことでありえない．……首相の金曜日の命令（介入しない）として出されたと思われるものまで，われわれはいつも本当に，どのような時もたとえば1,000万ポンドまでの操作の裁量をもっている，と信じていた．われわれが再びその裁量を明示的に確保することが絶対に重要である，と私は信じる．……もちろん，われわれが1日にたとえば2,500万ドルまで使える裁量をもっているとしても，われわれが毎日そうするであろう，ということにはならない．しかし，われわれがそうするとしても，将来のいつか，1週間に1億ドルを費やすとしてもそれは非常に驚くべきことでない，と私は思う[153]．

これは，この問題に関する政策の一般的欠如と，イングランド銀行と大蔵省の間におけるコミュニケーションの失敗についてのもっとも明示的な声明である．マクマーンは，これらの線に即してミッチェルに書いているが，次のように述べることで書き始めていることが混乱を示している．「われわれはそれを理解したので，われわれはそのとき外国為替市場にまったく介入しないという内閣

の命令のもとにあった」．問題は非常に根本的なものなので，とくに「われわれはそれを理解したので」は想定された命令との関連で曖昧に思える．ミッチェルの返事は手紙のその部分を無視し，マクマーンが示唆した2,500万ドルまでの裁量を基礎に進めることに満足し，いっそうの対話と毎週の見直しを望んでいた[154]．ポンドが維持される為替レートについての議論はなく，ある期間に費やすことができる金額がどれだけかだけが議論されたように思える．いずれにしても，最近合意された見解は2, 3週間のうちに再び崩壊してしまったようである．イングランド銀行総裁は，プエルトリコにいた大蔵大臣に電話して「市場から撤退するという昨日の決定の執行の猶予を求める緊急の要請」を行った[155]．

　IMFとの年次協議が5月17日から25日の週に予定されていた．フィンチが交渉を指揮し，ウィットムがその後の交渉に参加できることで合意されていた．フィンチは「すぐに危機が出現することはないので」その使命はうまくいったと回想している[156]．国内信用拡張（DCE）と貨幣のあまりにも急激な増大についての通常の関心を別にすると，彼らの主要な関心は公共部門借入必要額（PSBR）の規模についてであり，彼らはその削減を急いだ[157]．大蔵大臣は，適切な政策がとられていると信じて，これを頑なに拒否した．それでも，IMFは3月以降に展開した為替レートを満足のいくものと信じ，ポンドの下落に同調した．フィンチの閉会声明は，PSBRを緊急に削減する必要とその削減は大規模である必要に集中していた．（30億ポンドがやりとりされた数字であった．）為替レートについての会合もあり，「改善」の可能性が議論された．フィンチはそのような時がくるなら，外貨準備の再建を勧告できるであろうという見解を表明した[158]．リットラーは，IMFの報告が理事会に先だって回覧されていた7月まで政策一般においてとられていた方向については全般的に満足していたが，「IMFは断固とした行動を期待しており，それをできる限り早く行うことを望んだ，という事実は残る」と記録している[159]．

　為替レートを安定させる努力としてリチャードソンは，ニューヨーク連邦準備銀行（FRBNY）のスワップ・ファシリティから大規模に引き出す可能性について，連邦準備の議長アーサー・バーンズ（Arthur Burns）に話を持ちかけた．彼らは6月3日に2度話し合い，バーンズは同情的であった．しかし，彼

は全額（30億ドル）を引き出すのは難しいであろう，アメリカは財政面での措置を求めるであろう，そしてスワップを返済できない場合にはIMFに申請するべきである，と警告した．その日遅く，リチャードソンはヒーリーへ，目標はアメリカからの20億ドルとヨーロッパからの10億ドルの交渉とするべきである，と示唆した[160]．翌日，国際決済銀行（BIS）総裁ジルストラがリチャードソンに電話して，「諸中央銀行は現在の為替レートが異常に低いと考えていることを証明する」ためにポンドに対する相当の支援が組織されるべきである，と提案した[161]．なんらかの規律を課すためにIMFが関与することを熱望する者が大西洋の両側にいたのである[162]．適切な包括案がすぐに取りまとめられ，6月7日にヒーリーは，さらに3カ月間延長する可能性を含んだ3カ月間，53億ドルのスタンドバイを発表することができた．米国は20億ドルを拠出したが，外貨準備からの返済もしくは英国がより長期の支援を求めてIMFに行かねばならないことを主張した．したがって，無条件のBIS取り決めは条件付きになるであろう．これは疑いもなく中央銀行間協力の例であったが，ヒーリーは「すべての拠出国がポンドは当時過小評価されているという私の見解を共有したので，困難なしに信用を獲得した」と主張した[163]．発表の後，為替レートは3.5セント上昇した．その後は決して順調な航行でなかったが，いぜんとして何らかの支援が与えられ，ある程度の静穏と若干の回復が達成されたようにみえ，夏の間には為替レートはより高い1.70ドルのところまで上昇した．

　7月と8月には，外国為替市場における注意はヨーロッパの諸通貨とスネークにおける変更に当てられた．ポンドはよどみに静かにとどまり，目立たず幸せであった．しかし，多大な懸念があり，英国の高官とIMFの経営陣が秘密裏にスタンドバイ協定について予備的討論を行い，必要とされる可能性のある金額についてさえ検討していた[164]．8月の最後の週に新たな支援を示す証拠があった．8月25日朝の大蔵大臣とイングランド銀行総裁の電話会談で，ヒーリーは午前10時半までに支援についての確定見解を整えて戻ってくると語っていた．彼は今や「1億ドルに，総裁が本当に役立つと考えるなら，さらに5,000万ドルを加えて，1.77ドルの為替レートを防衛するために利用できるようにするべき」ことに同意した．もしこれらの額が不十分な場合には，為替レ

ートの下落を容認するべきであった．資金が費やされ，為替レートは9月に入るまで1.77ドル近辺にとどまっていた[165]．9月に入った時，ちょっとした不安が表明されたとしても，市場は静かであった．イングランド銀行は1.77ドルを床としてそれより上を試み，そこにとどまることを望んだ．けれども，閣僚たちと大蔵省は生じそうなコストについて悩んでいた．9月8日にキャラハンとヒーリーは1.77ドルを維持するための介入は中止するべきであると決定した[166]．今や，一段の労働争議問題と海員ストライキの可能性の話があり，「昨日の国際収支におけるポンド保有の減少の発覚，および海員組合の投票という暗雲を背景に，中東からの売り注文が膨張したので，……砂漠からの冷たい風がポンドを冷やしていた」[167]．9月9日にはさらに売りの爆発があり，為替レートをその床より下に追いやった．為替レートはより低い1.70ドルまで下がり，支援が1億ドルを超えた日は3日間もあった．それから市場は，9月27日に為替レートが1.70ドル以下に下がった時に驚かされた．「自由変動相場制になって以来初めてどのような支援もないことが，必要悪として受け入れられるというよりも，むしろ嘆かれた」[168]．急落は翌日，9月28日も続き，市場はある時点でパニックに陥ったように思われた．大蔵大臣とイングランド銀行総裁は，香港でのコモンウェルス（英連邦）財務大臣会議とマニラでのIMF会議に出かける準備をしていた．劇的事件の継続によってその日の遅くに総裁は予定をキャンセルしたが，ポンド暴落のニュースはさらに続いた．大蔵大臣はぎりぎりになってヒースロー空港から戻った[169]．（マクマーンが総裁代理として出かけた．）その日，為替レートは，新たな最低，1.6365ドルで終えた．ポンドは4日間の取引で8セント下落した．大蔵大臣の旅行キャンセルは，明らかに，包括的経済政策措置への希望をもたらし，為替レートの若干の回復が見られた．

　キャラハンが労働党大会で「転換点」演説を行ったのはその時であった．

> ……，非常に長い間，たぶん戦争以来ずっと，われわれは根本的変化に直面するのを引き延ばしながら，……生きながらえてきた．……われわれは支出を増やすことで景気後退から脱出できると考えてきた．……私はみなさんにそのような選択はもはや存在しないとまったく正直に言おう．……

それがうまくいったのは，インフレーションという薬をますます大量に投入することによってのみであり，……その後にはより高い失業率が続いた[170]．

ヒーリーは条件付き貸付を求めて IMF へ行かないことを決定していた．彼の7月の政策措置は部分的にはその必要を緩和することを狙っていた．しかし，為替レートの暴落と 1.50 ドルへ下がる過程にあるという恐れから，その政策は変更された．キャラハンが為替レート支援に支出することに反対し，輸入預託金のような他の措置も認めなかった．このため 9 月 29 日に IMF スタンドバイ・ファシリティ（借入予約枠）への申請が行われると発表された[171]．翌日，MLR が 15％ に引き上げられると噂され，為替レートは数分間で 3 セント押し上げられた．だが市場はまだ基本的に確信できないでいた．MLR の公式が停止され，「ドラコニス」〔包括的金融政策措置〕操作の一部として金利が 15％ に管理されたのは 10 月 7 日であった．その後の 10 月は静穏と不確実性が混ざった状況であり，為替レートは 1.60 ドルあたりにとどまっていた．それから 10 月末に向かって「安息日の雷鳴」がやってきた．マルコム・クロフォード（Malcom Crawford）による『サンデー・タイムズ』紙の 10 月 24 日の記事は，適切な為替レートは 1.50 ドルであるという見解を IMF のものとし，そのレートが IMF によって設定される借入条件の中に含まれるであろうとした．この記事が静かな進行を止めてしまった．また同じ日に，アメリカのテレビ番組「ミート・ザ・プレス」に登場したミルトン・フリードマン（Milton Friedman）がイギリスは崩壊の瀬戸際にある国であるという見解を表明していた[172]．最悪なことに，為替レートは 7.5 セント下落し（1 日の下落としてはそれまでの最大となる），実効減価率は 48.5％ となった．為替レートは 1.5730 ドルとなり，10 月 28 日木曜日には 1.5550 ドルへとさらに下がった．その日は「異常な噂のない」日であったが，10 月 29 日には「英国放送」（BBC）が，ポンド残高の処理のために 10 億ポンドのファシリティが交渉されているという話に信憑性を与え，周知させてしまった．もう 1 つの噂は IMF への申請が拒否されたというものであった[173]．

クロフォードの記事について多くのことが書かれており，その一部は当時

IMF が否定したことを挙げている．しかし，別の者は 1.50 ドルが提案された書類があったことをはっきりと記憶している[174]．また，ちょうど1週間後にウィットムとフィンチがマクマーンとペン・ケント（Pen Kent：英国の IMF 代理理事）に会った時，IMF は為替レートがさらに下がるとみている，と語っていた．翌日，ライリーはヘドリー＝ミラーに，フィンチが減価の工作に熱心であったと書いている[175]．さらに，IMF が 11 月に討論を開始した時，1.60 ドルの為替レートが「イギリスの競争力目的にとってほぼ正しい」ことを受け入れられる，と彼らは語っていた．しかし彼らは，競争力の維持のためにはいっそうの減価が本質的とみなしていた[176]．したがって，クロフォードの主張には何かの実体があったのであろう．

クロフォードの記事はイングランド銀行総裁をせき立て，大蔵大臣へ書簡を出して次のことを強調した．為替レートのコントロールを取り戻すことが決定的であるが，介入だけでは十分でなさそうなので，包括的政策措置が必要である．そして，イングランド銀行はあるプログラムを作成した[177]．この要点は国際収支の改善を急ぐこと，PSBR の削減，および金融市場を安心させていっそうの不安定による下落を阻止すること，であった．

ウィットムが指揮する IMF 使節団は，イギリス政府が決定力をなくしつつあるという恐れが増大する只中の 11 月にロンドンに到着した．けれども有望な点もあった．金利は上昇し，賃金争議は後退し始めていた．公共支出はまずまず納得できる方法で取り組まれていた．それでも IMF チームのメンバーは前回の訪問以来の比較的短い期間に生じた変化にびっくりさせられた．IMF の歴史家が述べているところによれば，ロンドンの雰囲気は緊張しており，「IMF スタッフと報道陣の出会いを減らすために，イギリスの高官はスタッフをホテルに仮名で登録した」[178]．これが発覚した時，それは IMF が厳しい政策を静かに課す方法として解釈された．ヒーリーが十分に厳しい政策をすでに実施していると信じると発表していたので，交渉は決して容易なものではなかった．クローマー卿は抵抗できず，次のように指摘した．われわれは，われわれよりも事態を慎重に組織した国々からの資金を求めており，彼らは条件を課すことを望みそうである．われわれはそれらを受け入れる準備をするべきである[179]．

交渉は本当に長引かされた．条件をできるだけ緩和させるように IMF へ圧力をかけるべく，キャラハンはフォード大統領や西ドイツのヘルムート・シュミット（Helmut Schmidt）首相を登場させようと試みたが，役に立たなかった．1976 年遅くにおける緊張はこのような状態であった．IMF のチームが 11 月 1 日に到着した時，首相は，ヒーリーによれば，彼らが到着後 2 週間の間，大蔵省高官に話しかけるのを認めなかった[180]．実際には，手続き問題の議論がほぼすぐに始まった[181]．使節団の主導的役割を果たしたフィンチは，次のように記録している．PSBR が削減されたことを確認したいという IMF の要望にウォスは大変ひどく憤慨した．「ある次官は戦後の社会改革を解体させるとして怒りを爆発させ，われわれを非難した」[182]．大蔵省の中にも少なくとも 1 人，意見を異にする者がいた．デレク・ミッチェル（Derek Mitchell）は IMF チームから離れているように警告されていた，と言っている．ミッチェルは大蔵省内では大きな疑いの目で見られていた．ウォーカーは後に次のように回想している．「ミッチェルはイングランド銀行と IMF を代弁し，それほどこの特定の思考が嫌われていた」[183]．フィンチはもう 1 つの注目すべき主張を行っている．彼とアラン・ウィットム（Allan Whittome）はイングランド銀行の 1 理事によって，ホテルの部屋が盗聴されている，と警告された[184]．本当か否かはともかく，雰囲気は明らかに非常に危険で不快なものであり，そうでなくても主張は野蛮に思われるものであった．

公式の全体会合は 11 月 18 日に大蔵省で行われた．ウィットムがインフレーション，失業，および PSBR についての多くの予測について質問した時，議論は良いスタートとならなかった．とくに懸念されたのは，輸入の増大，年初に IMF と合意したものを超える DCE の予測，および 6 月と 7 月以降に生じた全体的な見通しのかなりの改訂であった．通貨のいっそうの減価は必要なのであろうか[185]．ウィットムは予測に非常に当惑したので，ウィッテヴィーンと議論するために（コンコルドで）ワシントンに帰ろうとした[186]．経済のすべての側面についてさまざまなグループの会議も続いたが，どれも容易ではなかった．

主要会合を別にして，広範な戦略から詳細な技術問題にまでわたる小規模な会合と私的ディナー討論も行われた．ベースマネー・コントロール導入の可能

性をフィンチが提起したが，ブリッジマンによって拒否された．グッドハートがリットラーに，メディアがあらゆることがスムースに運んでいない事実をまもなく取り上げるであろうと言った時，リットラーは「気味が悪いどころか，これが水曜日までに市場に影響を与えるようになれば，内閣の精神を驚くほど集中させるかもしれない」と返答した[187]．

イングランド銀行と政府の間には明らかな相違があった．マクマーンは，経済社会調査国民研究所（NIESR）と経済的支配層が，ほとんど何もしないことを望んでいる内閣を支持していると不平を述べた．

> 論文のために書いてきたエコノミストも，またNIESRにいる者も誰一人として市場に関する十分な経験や感覚をもっていない．彼らの多くは，幅広い金融的要因を理解することができないようである．われわれにわかるのは，なんらかの根本的変化がもたらされなければ国が金融破綻の寸前にいるということである[188]．

彼はひどく憂鬱になって続けた．われわれがIMFの規律を全面的に受け入れず，IMFが課そうと望むものを緩めるように説得するなら，市場は確信をもたず，われわれが国債を販売することも，為替レートを保つこともできなくなるであろう．「われわれが必要なだけ十分に行動したことを市場が受け入れず，為替レートが下落し始めるなら，ロッカーに弾丸は残されていないであろう」．7月の包括策は，このようにしてはならないことへの警告であった．「多くの苦闘とすべてが不適切さのゆえに投げ出された」．適切な包括策があれば，今回のファイナンスは比較的容易であろう[189]．

12月5日になっても，交渉が成功するか否かは明らかでなかった．失敗の場合に備えた準備が必要になった．ウォスは，ナンバー10〔官邸〕の要請で，「内閣がIMFスタンドバイへの申請を進めないことを決定する場合の金融的混乱を最小限にする」方法について文書を準備した．もしそうなったなら，政府は要求された条件が厳しすぎるといい，それから望まれたものを達成する計画を提出しなければならないであろう．この計画には，PSBRの削減，税率の引き上げ，BP株式の売却が含まれるであろう．6カ月間の輸入預託金も発

表されるはずである．加えて，賃金を抑制し，輸出を促進するために，労働組合会議（TUC）と英国産業連盟（CBI）がチームを組むことが役に立つであろう．そうだとしても，いぜんとして信認が再確立しない大きなリスクがある．極端な場合には，一部の者が戒厳令経済へ向かう準備を始めた[190]．これに対してはイングランド銀行が強く抵抗した．それは「われわれの負債支払いの約束を破る」ことを意味し，ポンドの長期的展望と国際金融センターとしてのシティを破壊するであろう[191]．

　これらのすべてはともかくとして，12月11-12日の週末に最終的に合意に到達した．フィンチによれば，リチャードソンは「延長が必要とされたら辞任するように公然と脅されていた」[192]．IMFの専務理事はウィットムに対して「国際通貨基金の歴史において最大で，最長の，もっとも困難，そしておそらくもっとも重要な交渉」を行ったと賛辞を贈った[193]．ヒーリーは12月15日に下院に対して，2年間で33億6,000万SDR（23億ポンド）のスタンドバイ協定，IMFが承認したその種で最初のものを知らせることができた[194]．条件には次のことが含まれていた．公共部門借入は，1977/78年における予想の105億ポンドから87億ポンドへ，1978/79年の115億ポンドから87億ポンド以下へと引き下げられた．これらの削減は主として支出の削減で達成されるはずであった．DCEは1976/77年には90億ポンドに維持されるが，翌年には77億ドルに減少された．増税も行われ，イングランド銀行は獲得したBPの株式，おおよそ5億ポンドを売却しなければならなかった．このような圧力がかかり，政治的危機も非常に高まった．イギリスは支出を削減する方法としてドイツの防衛責任からの撤退や核抑止力の放棄を検討した．IMFのスタンドバイに加えて，ポンド残高の支援に新たなBISファシリティが組織された．そして，1977年1月にイングランド銀行は，資本市場で大蔵省のために15億ドルを調達したと発表した．これは，対外赤字をファイナンスするためにさまざまな手段が使われることを市場に確信させるのに役立った[195]．

　為替相場に関して「基本合意書」が言っていたのは，為替レートは内外の市場で製造業の競争力を維持するように管理されるであろう，であった．これは厳密には正確なものではなかった．基本合意書において，当局が当時のレートを過小評価と考えたことを示唆するものは何もなかった．しかしながら，イギ

リスのコストは「競争国」よりも早く上昇していたから,意味のある唯一の推論は,減価を意図しなければならない,であった.実際には,基本合意書が発表された後に為替レートは上昇した.

6. 危機とポンド残高の終焉

1976年におけるIMFへの訴えの成功は時にはポンド残高問題の解決の新たな試みと結びついていた.だが実際には,それは別々の問題であった.1973-74年における石油価格の上昇は,産油国のポンド保有を膨らませ,石油輸出国機構(OPEC)諸国が全体の70%以上を占める最大の保有者となった.これらには使途があり,保有高は変動が激しく,1975年3月に48億6,200万ポンドであったのが,1976年9月には23億7,900万ポンドに減少した.実際,ポンド残高の引き出しは危機の一要因であった.1976年末における公的残高は2,3年前の水準からは大きく減少したけれども,いぜんとしてポンドへの潜在的圧力の一源泉であった.この脅威を中立化させるために,以前のものと同様な新たな取り決めが追求された.1968年のファシリティのように,新たな取り決め(「第3グループ取り決め」として知られる)でも,残高の純減少がある時にだけ引き出しが行われるであろう.民間のポンド保有は,運転残高とみなされ,貿易取引目的のためにだけ保有されたので対象とならなかった.民間保有は広範に分散され,いかなる場合にも公的残高の場合のように個々の保有者に近づくことは不可能であったであろう.ファシリティは,3年目に更新可能な2年間の期間となる.返済は,引出期間の終了から4年間にわたって支払われるであろう.1977年1月に大蔵大臣がこの点について声明を出した時,技術的詳細はまだ詰められていなかった.決定は,1974年の石油価格値上げの後で生じたような問題を避け,「準備通貨としてのポンドの役割を秩序だって減らす」ことであった[196].ファシリティを引き出す資格は,IMFのスタンドバイ(1977年1月3日から発効)を引き出す資格の継続を条件としており,それはまた導入された政策をやりぬくことにかかっていた.

「第3グループ取り決め」において新しかったことは,イギリスが公的ポンド残高を減らすために試みる(「あらゆる道理に適った努力を行う」)という協

定であった点であり，その一手段が外貨建て債券の販売であった．これは，満期5〜10年の譲渡可能な「外貨建て『借換え』証券」であり，75％以下がドル建てで，保有者が英国国債から外貨建て債券へ乗り換える手段となるであろう．明確な保証が付けられなかったことも違っていた[197]．けれども，交渉は簡単ではなかった．米国財務省の通貨問題担当次官，エドウィン・ヨー（Edwin Yeo：ヴォルカーはニューヨーク連銀の総裁になっていた）はほとんど策略の余地のない（バーンズと一緒に作り上げた）立場でロンドンへやってきた．合意に到達し，ヨーは帰ったが，マクマーンは，首相がとくにIMFの関与と返済スケジュールについて不満なことに気がついた．（イングランド銀行はIMFの監視という考えを馬鹿にしていた．）後に，ライリーはミッチェルに手紙を書いた時，「専務理事自身を別にすると，イギリスに定期的に対処する少数の上級幹部だけが，われわれが提供する情報を利用しなければならない，といつでも規定できる」というウィットムの示唆を伝えた．マクマーンは空港でヨーを捕まえて戻ってきた．しかし，バーンズはこれに気がつくと，バーゼルへ行くことをキャンセルした．「危機の時期であった」[198]．

問題の核心部分は「道理に適った努力」が何を意味するべきかであった[199]．どのような努力がなされるかについて懐疑がもたれていた．フランス銀行の総裁クラピエは，5年前にイギリスは残高を減らす意向を表明したが「その努力の結果はこれまでのところあてにならなかった」ことを思い出し，フランスは協定に参加することを拒否した[200]．1月10日になってもファシリティの額について合意は得られなかった[201]．額は30億ドルに決まったが，詳細のすべてが解決したのはバーゼルにおける2月の会議においてであった．参加する中央銀行によってまとめられた30億ドルのファシリティの大半（16億ドル）はアメリカとドイツによって拠出されたものであり，イギリスはそこから，公的部門外貨借入控除後に公的ポンド残高が67億5,000万ドルを超えないことを条件として引き出すことができた．

イングランド銀行は直ちに，約5億ポンドの販売を目指して外貨建て債券売り出しの計画を作成し始めた[202]．使用する予定の外貨について発行国から許可を獲得する必要もあった．イングランド銀行の代理人による中東諸国の打診も行われ，友好的に受け入れられたが，その計画への熱狂はなかったように思

える[203]．マクマーンはミッチェルに2月の初めに会った時，外貨建て債券はあまり多く引き取られないであろう，と不安を表明していた[204]．債券の売り出しが行われた後の2月末にもっとも多く出された懸念は，債券の市場性ないし譲渡可能性，および関連する満期の長さについてであった[205]．しかしながら，この作業は，15者が合計3億9,500万ポンドの債券に応募したので成功と判断された．その半分弱はドル建て，残りがドイツマルク，円，スイスフランであった．インドが1億5,500万ポンドで最大の買い手であり，200万ポンドの小額も1，2あった[206]．

民間残高はより安定的であり，大部分が通常の運転残高レベルに近いものと思われた．資金は継続的に動いているので，半年（それ以外でも）ごとの正確な数字を挙げることは困難であった．しかし，ポンド保有が1977年半ばにその前の12月におけるよりも少なかったというのは事実と思われた．IMFはとくに月ごとの情報提供に満足しなかった．ウィッテヴィーンは，ポンド保有を減らすように各国政府を説得するために，道理に適った努力がなされたかについて判断しなければならなかった．彼はこれまでの場合よりももっと十分な情報が簡潔に伝えられることを望んだ．しかし，イングランド銀行はこれに抵抗し，専務理事はバーゼルの総裁たちの「召使い」であり，第一義的義務は総裁たちに対してであると指摘した[207]．この2年の間に30億ドルに頼る必要は生まれず，更新する選択も要求されなかった．ファシリティは1979年2月に失効した．民間保有は同じ時期に増大したが（図8-5参照），当局は両者の間での移行がなかったことに満足した．結局，「第3グループ取り決め」はポンドへの信頼の回復に際してある程度の役割を果たした，ということになろう[208]．

7．変化する運命

1976年危機に際してポンドの流出に対する新たなより厳しい管理が考慮されたのとほぼ同時に，流入に対する管理も考慮され始めた．1977年はポンドへの強い需要で始まり，その一部は年末残高の必要のせいにされたが，より多くはその年のイギリスの経済見通しの明白な再評価に関係づけなければならなかった．誰もがこれを確信したわけでなく，サングスターはポンドがその年に

下落するという見解であった[209]．しかしながら，ポンドへの需要は，一度だけ途切れたが，しばらくの間続いた．1月13日には約1億2,000万ドルが受け入れられた．その月を通じて需要が続いたので，為替レートを引き下げるための公的介入も続いた．「介入は市場にとって今やますます明らかであった，……コメントによれば，……一部には失望が感じられる」[210]．翌日には「当局によるますます強力な介入」が要求されるほどの需要であった．翌週も同様であった．1月27日木曜日のMLR 1％切り下げさえ，静かに受け入れられた．当局がこの新たな問題と格闘している1月中には政策に近いものが少なくともはっきり語られるようになった．これは1.60ドルから1.72ドルの範囲での安定が主目標であり，為替相場を引き下げる意図はない，というものであった．興味深いことに，サングスターはいぜんとして為替相場が1977年中は下落すると信じ，再びスワップを結ぶという考えを提起していた[211]．

1977年2月の始まりにおいてさえ，1月の大規模な流入はおそらく一度限りのものと信じられていた．だが，それは確かにそうではなかった．大きな転換が起こり始めていた．ポンドは1977年を1.70ドルで始め，その後の月々の多くで安定していた．外貨準備は急速に増大し始めた（図14-4参照）．少し前まで50億ドル近辺にとどめようと格闘していた外貨準備が，今や1976年12月の40億ドルから1977年1月に70億ドル超にまで跳ね上がり，6月の末には115億ドルへとさらに増大した．年末には200億ドルを超した．これらは巨大な前進であった．どのような額の売却もポンドを下げることはできないと思われた．為替レートは1977年を通して上昇し，1.9185ドルで終えた．10月末には上昇を抑えるいかなる希望もあきらめさせた[212]．グラインドレイズ銀行（Grindlays Bank）の財務部長がマクマーンに外国為替市場の無秩序な「思い出すことができる限り変動が激しい」状態についての不安を伝えるために電話してきた．マクマーンは同感を表明したが，市場はそれ独自の装置に任されており，落ち着くには間違いなくしばらく時間がかかるであろう，と語った[213]．

イングランド銀行と大蔵省のモデルはともに，1977年にはイギリス産業の競争力を維持するためには為替減価が必要であると勧告していた．これは本質的に，1976年12月のIMFへの「基本合意書」の中に暗黙に含まれ，ほとんどの報道機関が伝えていた見解であった．NIESRはこの線に沿って進んでい

たのであり，より限定されたやり方でOECDも同様であった．サミュエル・ブリッタン（Samuel Brittan）はマネタリストないし国際マネタリストの立場のもっとも明瞭な主唱者とみなされていた．この立場は金融政策が最初に為替相場へ，それからインフレ率へ影響を及ぼすとみていた．ピーター・ジェイ（Peter Jay）はこの陣営におり，ロンドン・ビジネス・スクールのエコノミスト，テリー・バーンズ（Terry Burns）とジム・ボール（Jim Ball）も同様で，米国財務省内にも支持者がいた[214]．概して，議論の重点は為替減価を企てることは賢明でなく，減価の動きには抵抗するべきでない，ということであった．いったんすべての他の手段が設定されるなら，おそらく，為替相場に自らそれ自身の水準を見つけさせるのが賢明であった[215]．

　1977年8月，ポンドがとくに強かった時，イングランド銀行は介入戦術を変更してポンドが上方にフロートするのを許容している，という株式市場における強い噂を多くの報道機関が伝えていた．報道機関は公式の発言を望み，噂が続いたので，報道官のジョージ・モーガン（George Morgan）が，マクマーンの同意を得て，ロイター社を通じて声明を出した．「イングランド銀行が7月27日以降に外国為替市場における介入政策を変更したという噂はまったく根拠がない，とイングランド銀行のスポークスマンが語った」[216]．これはイングランド銀行にとっては強い口調であった．しかし，たった2，3カ月後には公式の態度に変化が生じた．流入の規模は生活を難しくさせていた．1977年を通じて為替相場の安定を保つことが試みられた．批判はあったが，これは一般的な支持を獲得していたと判断される政策であった．この目標の達成は，ドルがそれ自身安定している時には難しくなかった．しかし，夏がくると，ポンドの安定は実効レートで表現しなければならなくなった．ホワイトホールの議論では，流入は為替相場の改善期待に基づくものであり，したがって適切な対応は金利の引き下げ，為替管理の緩和，国有産業債務25億ドルの返済，およびIMFからの11月分の引き出しを控えること，であった[217]．イングランド銀行内では，今やM3が一段と悩ましいものとなり，MLRのいかなる引き下げも望まなかった．為替管理の緩和と債務の返済には満足した．その後，彼らは為替相場の増価を容認するであろう[218]．

　事態は9月末に悪化した．アメリカから大規模なドルの流出が生じた．その

すべてがイギリスに到着したのではなかったが，到着した限りにおいて貨幣量管理（マネタリー・コントロール）への脅威になった．したがって，大規模な介入を避け，ポンドの為替レートは独自の水準を見つけることが許された．大蔵省は1977年に為替レートを1.72ドルに保つことを望んでいたが，9月以降には，為替レートを動くがままに任せ，注意を貨幣に向けた[219]．今や海外局長になったペイトンはこのことを悩み，ポンドの為替レートはドルの弱さと北海石油からの予想される利益に関係していることを警告した．進行するかもしれない脅威は，ポンドが増価し，たとえばアメリカに巨額の預金を保有している中東の石油生産者にとって，ポンドがより魅力的になることであった．したがって，ペイトンは現行の介入政策にとどまることを支持した[220]．バイアットもまた心配しており，サングスターに不満を漏らしていた．「過去18カ月の間を通じるトラウマの後で，市場の経験を完全に無視する政策がいぜんとして主張されているのはまったく信じられない」．彼は市場が望んだ方向に為替レートが動くように準備したが，無秩序な市場を恐れた[221]．資金の流入を前提にすると，上限を外す以外の代替策はほとんどなかったのであり，為替レートのある程度の上昇を許容する健全な理由もあった．完全な自由化は期待されなかったが，5％程度の上昇は容認できた．ベリルは競争力への打撃を懸念し，ウォスも彼に同意した[222]．もちろん，基底にある決定の理由は，IMFと合意した貨幣量目標の維持を流入が不可能にしていたことであった．

　ポンドの回復と外貨準備のかなりの増大を前にして，1977年初めにイングランド銀行は，政府に代わって15億ドルのシンジケート信用を交渉した．イギリス，アメリカ，ドイツの主要銀行グループによって主導されたローンは，公的外貨準備を確実な基礎の上で強化したいという望みの結果であった．イングランド銀行は政府のユーロダラー借入を「イギリスの信用状態が著しい改善を示しつつある時に，中期的対外金融の必要を満たすために国際銀行界の支援を獲得する機会」とみていた[223]．15億ドルは最初のIMF借入を超える1977年の国際収支上の資金調達ギャップをカバーするために必要とされた．IMF借入自体は大部分が1976年のG10引き出しの返済によって相殺されていた[224]．ドレスナー銀行会長，ジャーゲン・ポント（Jurgen Ponto）が1976年11月に資金提供に最初に関心を示した．1月に政府借入を進める決定が下された時，

イングランド銀行がポンドの以前の示唆を取り上げたのであった[225]。そこから，ローンは迅速にまとめ上げられた。リチャードソンはクリアリング・バンクの会長たちを招き入れ，彼らが3億2,500万ドル——ウィリアムズ・アンド・グリンズ（Williams and Glyn's）銀行が2,500万ドル，残りを各行7,500万ドルずつ，拠出するように提案した。バークレイズ銀行は「政府がさらに別の国際ローンを調達すると見られる政治的結果」を懸念したが，リチャードソンは，将来のさらなる国際収支赤字の見通しを前提にすると，好都合な市況を利用して秩序ある方法で資金を調達する措置をとることが正しいと思うと説明した。クリアリング・バンクはしぶしぶであったが，最終的にはその計画に協力することに同意した[226]。マクマーンはその作業の成功に対してクウィン（当時業務局長として働いていた）を称賛した。「彼がその計画の概要を考えだした。彼は細部にわたるまで彼の考えを最後まで徹底的に貫き，生じるすべての問題を予想していた。たぶん，もっとも重要であったことに，事態が悪化しそうに思えた時，実際にいくつかの点で確かに悪化したが，彼は決して勇気を失わなかった（しばしば私はこわばってしまったが）」。リチャードソンはマクマーンに感謝し，「非常によく考えられ，実行された作業」の成功を称賛した[227]。

1970年代の最後の2年間，対外指標は健全に見えた。ポンドの対ドル為替レートは1977年を2.00ドル近くで終えた。実効レートは1977年を通じて，また1978年にも基本的に変わらないままであり，それから1979年にスミソニアン基準価値の約30％以内にまで上昇した。公的外貨準備も大きく増大した。1977年には約50億ドルから200億ドルに増加した。1978年には若干減少したけれども，その後再び力強く増加し，1979年を225億ドルで終え，1980年には300億ドル近くまで上昇し続けた。ほんの2，3年前に比べると驚くほどの大転換であった。図14-5が示すように，介入は1970年代の最後の3年間にポンドの巨額の購入から巨額の売却へと変化した（1978年10月の9億8,000万ドルの数字はIMF買い戻しであり，1979年4月の数字も同様である）。

けれども，為替レート政策に関する限り，大きな前進はなかった。1978年初めに，経済担当の執行理事は次のように書いていた。「為替レート政策についての私の考えは現在のところあまりはっきりとしていない」。彼は，必要とされるのは「十分な減価」であると信じていたが，何に対して十分なのかは語

らなかった．経済政策の主要目標は「競争的」為替レートを維持することであった．このことは次のことを意味した．「われわれは実質為替レートを変えることができる．この点について私は9月号の『イングランド銀行四季報』の原則に固執する」．その原則が何であったのかを調べると当惑する．予想されたよりも小さかった為替レートの増価の利益をめぐる議論があった．しかし，原則といえるような強力なものは何もなかった．ダウは減価を望んでいたから，「信認を少しだけ，あまり大きすぎない範囲で損なうために」1978年に11～15％の貨幣量の増加を示唆していた．介入に関しては，彼は，いつどこで介入するかについて市場に推測させ続けることを支持した．「これを『曖昧な為替レート志向』介入と呼ぼう」[228]．貨幣はインフレーションではなく，為替レートに影響を与えることができる，という彼の見解が精緻化されることはなかった．

1979年が開くと，為替相場目標ないし相場帯（バンド）を設けるべきか，その目標やそれに向かう動きを判断するために使う基準は何かをめぐって議論が展開された．ポンドが強くなるにつれて，イングランド銀行は競争力が悪化することに悩んだ．大蔵省からイングランド銀行に移ってきたウォーカーは，インフレーションを減らす手段として強い為替相場が使えるかどうかに思いをめぐらし，パニックがそのテーマについて論文を準備すべきだとダウに示唆した．ダウはマクマーンにコメントした．「どのような結論もあまり厳密でないが，その主題をめぐって議論する論文で満足しよう」[229]．4月にウォーカーは，強いポンドと，彼が見るところでは選挙期間を通じて上昇し続ける可能性にやきもきしていた．彼は産業との交流から生まれたレポートに影響を受け，「為替レートへの上方圧力を抑えるための，着実で，必要なら，かなりの規模の介入を行うプログラム」を支持した．さらに，市場に「いっそうの増価は歓迎されず，高すぎるとみなされる」という警告を出すのが良いかどうかにも思い悩んでいた[230]．

次期政権のために用意された5月の要約論文は，為替相場を管理する可能性に対して最近高まりつつある懐疑はまったく正当化できない，という主張で始まっていた．1977年の初め以来イギリスは短期の市場トレンドに対して逆らってきたが，「基底的圧力が強すぎるとわかった」場合にはつねに為替相場を

第14章　1970年代のイングランド銀行とポンド　　　　　　　　　　931

動くままに任せる用意があった．その見解は次のようであった．ポンドは強すぎるが，北海石油のせいでそのままにとどまりそうである．イギリスは「市場の力の結果として出現する為替レートより，やや低いレートの方がうまくやっていけるであろう」．だが，実際には操作の余地はほとんどなかった．ヨーロッパ通貨制度（EMS）に参加する可能性も提起されたが，それはすぐに脇へ追いやられた[231]．

　イングランド銀行総裁が1979年にシティ大学でヘンリー・ソーントン記念講義の創設講演を行った時（前年に行ったメイ記念講義の創設講演と混同してはならない），彼は国際通貨システムをテーマに選び，1970年代の諸問題を回顧した．変動為替相場制がすべての回答を提供したという主張は誇張であり，その点に不一致はあり得なかった．批判者は，中央銀行は為替レートを完全に放置すべきである，と議論した．しかし，彼の考えにとって，これは「政策策定者が追求しようとする形式」の中にはないものであった．1971-73年の初期の経験はアメリカからの強大な金融的刺激によって邪魔された，と彼は認めた．しかし，それを別にしても，彼の感じでは，次の6年間も満足のいくものでなく，変動相場制には広範な幻滅があった．彼自身の志向は固定為替相場であった．彼は，当局が「為替相場と国内金融政策を競争的というより補完的な形で使う」ことを主張し，われわれの問題を改善するための「プラグマチックだが，なによりも協調的な努力」に賛成し，スネークをそのような体制のとくに成功した例とみなしていた[232]．

　為替相場の固定制への願望は継続した．70年代末におけるスネークの改良の試みにそれを再び見出すことができる．1977-78年におけるポンドの改善はこれらの提案と同時に起きており，それがとるべき正しい方向であるとイギリスでもかなり一般的に受け入れられていた．1972年のスネークが成功であったと判断することはできなかった．うまくいったのは，ドイツと政策や金利が密接に結びつき，親密に関係する一部の貿易相手の小国との取り決めであった．他の国にとってスネークは難しいことが明らかになり，一部の国にとっては不可能であった．だが，ヨーロッパからかなり離れたイギリスにおいてもいぜんとして固定為替相場制への広範な政治的支持があった．したがって，1978年に新たなスネークの提案が出された時，イギリスはそれを真剣に受け入れる用

意があった[233]．当時の影の内閣の大蔵大臣，ハウが後に述べたように，釘付け（ペグ）相場制に付随すると信じられた秩序への復帰の願望があったのである[234]．

　シュミットが作った早い時期の新提案にはイングランド銀行は乗り気でなかった．けれどもダウは「スネークに再び参加するとそうでない場合よりも低いレートになるかもしれない．……スネークに再び参加することに耐えられる可能性があるかどうかははっきりしない」と考えた．彼はしばしば反対のケースも提起し，最終的には「為替相場を安定的に保つだけよりもうまくやっていくことができる」のでスネークに参加しない方が良いであろう，と結論した．しかし，彼はまだ「スネークを再びもの欲しそうに」見ていた[235]．数週間後にマクマーンが総裁に要点を報告した時，彼は次のように記している．「何も出てこなかった時，これを止めたのはイギリスであると広められるかもしれない．もっとも EMU（Economic and Monetary Union: 経済通貨同盟）に関してこれは真実であるが．……われわれはもはや反アメリカ的ということを根拠にEMU に躊躇することはできないとも指摘された．アメリカは，公的にも私的にも，（それが何であるか知らないけれども）その考えを祝福している」[236]．マクマーンは 6 月にルクセンブルグで，ブンデスバンクの副総裁カール・オットー・ペール（Karl Otto Pöhl）と，たまたまそこにいたジルストラとに会い，滞在するように勧められた．ペールはイギリスが何らかのヨーロッパ通貨取り決めに参加することに関心があるかどうか尋ねた．マクマーンは，イギリス政府は関心があるが，それは「義務の対称性」にかかっている，と述べた．ペールはそれが何を意味するかはわからないと告白した．彼の主たる心配は，ジスカールとシュミット，そしておそらくキャラハンが，ブンデスバンクが好まない原則で何らかの計画に合意することであった．最後にマクマーンは「自らの手の内を見せて」，イギリスが改訂されていないスネークに参加すると発表した場合，どのような反応になるかを尋ねた．ペールはそれを歓迎しないと認めた[237]．1978 年 7 月にブレーメンで EMS が発表された．これは最初のスネークと同じように厳格に設計されていたが，スネークに参加しない国に対して当初はより広い幅の変動域（ワイダー・バンド）が認められていた．

8. 為替管理の終焉

　為替管理は為替レート管理の一部となっており，他にどのような手段が取られたとしても，ポンド・レート防衛のための緊急支援手段として，1970年代にはいぜんとして広範に使われた．そして，為替管理は絶えず調整されていた．実際，1970年代に為替管理に従事した人数は1970年の490人から1978年の750人に増大した．しかし，1970年代末は為替の大転機であったので，流出よりも流入を抑えるための管理の強化が議論された．1979年5月の初めに，為替管理を緩和することによってポンド・レートへの下方圧力を導入することが提案された[238]．

　イングランド銀行内には管理，とくに為替管理に対する反対の伝統があった[239]．コボルドやクローマーにまで遡る多くの有力者が激しく反対していた．反対の主張は，当時大蔵省を引退したケアンクロスが1972年にイングランド銀行に送った論文の中で指摘したように，1970年代初めに固定平価が放棄された時に一段と強まった[240]．1977年半ばには，グッドハートが為替管理からできる限り抜け出すことを主張し，大蔵省とイングランド銀行はともに為替管理撤廃の影響について作業を進めていた[241]．マクマーンとダグラス・ドーキンズ（Douglas Dawkins：為替管理のチーフ）も反対したが，タイミングが問題であった．

> 為替管理の撤廃に至る一連の事件は1977年に始まった．……10月に，対内直接投資，旅行，現金贈与および移住に影響する規則の緩和があった．イギリスのEEC内における直接投資とポートフォリオ投資に関する譲歩を含むいっそうの緩和が1978年1月1日から実施された[242]．

しかしながら，為替管理の残りを撤廃し，完全に廃止する決定が最終的に行われたのは1979年8月になってからであった．緩和と撤廃は別のことであった．

　1977年における為替レートの上昇とレートを低く保つための大規模な介入

が為替管理の緩和や撤廃の考えを促した．その月に，イングランド銀行は，ドイツの新聞記事を通して，為替管理を逃れるために使われるスワップの技術に気がついた．コンチネンタル・イリノイ（Continental Illinois）銀行はイギリスとアメリカの企業の間における固定為替レートで2億5,000万ドル，期間10年の外貨スワップを取り決めた．その記事によれば，「その手続きは新しいものであるが，イギリスの為替管理規則に違反するものでなかった」．コンソリデイティド・ゴールドフィールズ社（Consolidated Goldfields）はアメリカのハイドロ・コンデュイット社（Hydro Conduit Corporation）を買収しようとしていた．同社は2億5,000万ドルを受け取り，ポンドで同額をコンチネンタル・イリノイ銀行に預金した．それから，コンチネンタル銀行はポンドで2億5,000万ドル相当を望むアメリカの企業を見つけ，反対方向の同様なスワップを取り決めた．イギリスの金利はアメリカの金利より高かったので，アメリカの企業は年2%分の負担をコンソリデイティド・ゴールドフィールズ社に支払うことに同意した．罰則金利はこのようにして避けられた[243]．

　1979年2月に為替管理の廃止を主張して多くの注意を引きつけた影響力のあるパンフレットが出現したが，真剣な提案が現れたのは1979年5月の保守党の政権復帰の後であった[244]．大蔵省の金融担当大臣，ナイジェル・ローソン（Nigel Lawson）は大蔵省からのデイヴィッド・ハンコック（David Hancock）とイングランド銀行からのドーキンズが指揮する小規模のチームを設置した．1979年6月12日に新大蔵大臣ジョフリー・ハウ（Geoffrey Howe）は，為替管理を漸進的に解体する意図を予算声明で発表した[245]．緩和のペースはポンドの強さならびに経済問題が解決されるスピードによって影響されるであろう．予算で発表された最初の政策は対外直接投資を大幅に自由化することと特定の個人取引の限度を増やすことに集中し，対外ポートフォリオ投資についてはほんのわずかな動きだけであった．1979年7月半ばに，マクマーンは「いっそうの大幅な緩和や廃止，とくに銀行や商品市場等に対する健全性規制に対して完全な廃止がもたらす影響を慎重に検討するので，それができる秋までの廃止」には反対した[246]．

　リチャードソンも管理に反対であったけれども，相変わらず慎重さを主張し，「整然とした満足のいく仕方で一度にすべてを進めることは難しいと思う」と

第 14 章　1970 年代のイングランド銀行とポンド　　　　　　　　　　935

語った．これに反して，ウォスはもっと早く進めることを望み，「為替管理を完全に不要にするのに十分な強い立場」にいると信じていた．ハウは 10 月をいっそうの変更の目標と見ていた[247]．ポンドの強さが続いたので，為替管理の一段の緩和策が 7 月 18 日に出された．これには海外直接投資のファイナンスに対するすべての制限の撤廃が含まれ，ポートフォリオ投資の大幅な緩和も行われた[248]．『フィナンシャル・タイムズ』紙は新たな緩和が「為替管理装置の将来のすべてに疑問」が出されるまで進んだ，と感じた[249]．

　8 月遅くにローソンは，為替管理の一段の緩和が 10 月末に出され，次の 4 月の予算よりも遅くない時期にすべての制限を完全に撤廃する提案を求めた．ドーキンズは次のように書いている．

　　過去 40 年間のわれわれの経験が何かを教えるとすれば，それは為替管理制限が何も問題を解決しなかったことである．また，制限的システムは通常よりいっそう制限的な方向へ向かうバイアスをもつことも示している[250]．

イングランド銀行と大蔵省の幹部は，もはや実行可能な中間的な場所はなく，次の段階は完全廃止であるべきと結論した．しかし，廃止のタイミングは不確定であった．10 月か 6 カ月後の予算においてか，が選択肢であった．マクマーンは早い行動が信認を増し，政府にイニシアティブをとらせようと思っていた[251]．遅いよりもすぐに行動することを支持する議論が EMS への参加の可能性をめぐる議論の中にも見出された．参加は為替管理をいぜんとして実施したままではできなかった．「撤廃は，イギリスがようやく EEC 条約および OECD 資本移動コードの下での資本移動義務を完全に満たすことを意味した」[252]．しかし，フランスとイタリアは資本取引に関する支払い制限をまだ実施していた[253]．

　認識されていた問題の 1 つは，自由化が「コルセット」のようなマネーサプライの直接的管理の効果をなくすことであった．しかし，SSD（補完的特別預金）制度はともかくもその使命の終焉に近づきつつあると思われていた．マクマーンは次のように書いている．

金融政策を運営するにあたって永続的に役立つものとして為替管理に頼ることができると信じるのは，誤っており自己欺瞞である．このことに私は納得している．海外の重要な中央銀行のどこもそうはしていない．金融政策を維持するために為替管理の命脈を長引かせていると主張するのでは，われわれは批判者や市場に対して非常に弱い根拠に立つことになるに違いない[254]．

他の要因も作用していた．1つは北海石油であった．この利益は資本流出を抑制する必要がもはやないことを意味した．大蔵省は，北海石油が〔為替管理〕廃止の議論を強め，おそらく為替管理撤廃の手続きをそうでない場合よりも早めた，と確かに信じていた．第2は，政府の公的支出の削減という経済政策全体にかかわるもので，為替管理の撤廃はイングランド銀行と大蔵省のスタッフのコストだけで1,450万ポンドの節約を生み出すと推計されていた．わずかな額でも役立った．

1979年10月23日火曜日，ハウは，ローデシアに対する経済制裁のために必要なものを除いて，真夜中からすべての残りの制限が撤廃されると発表した[255]．このようにして，40年の期間を経て為替管理は終焉した．当時，イングランド銀行では支店とグラスゴー・エージェンシーでの100人を含めて，ほぼ750人が為替管理のために働いていた．6月の緩和の後で，イングランド銀行はすべての制限が撤廃される事態に備える準備計画を作成し始めた．7月には，まだ仕事に就いていなかった200人の新入行員の採用が取り消された．短期の通知であったので，これらの人々には3カ月分の給料が補償として提供された．大蔵大臣の10月の発表に合わせて，スタッフはニュー・チェインジにある講堂に集められ，ドーキンズから為替管理が廃止されることを告げられた．強制的に解雇するよりも，寛大な条件での自主退職計画が作られた．為替管理部門からの300人を含めてイングランド銀行全体では700人以上が退職計画を利用した．1年後に振り返って，ドーキンズは次のように結論した．「結局，イングランド銀行はその長い歴史におけるもっとも不快な激動の1つを相対的には無傷に生き延びたように思われる」．支店の従業員はロンドンほど雇用機会がなかったので，より大きな困難にぶつかった．ドーキンズは「社員募集市

場におけるイングランド銀行の評判は著しく損なわれ，その回復に数年かかるであろう」と認めている[256]．

　1979年10月に到来した為替管理の廃止はときどき，市場を完全に驚かせた保守党新政府による劇的なジェスチャーとして提示された．新大蔵大臣は「歴史的で，まったく予想されなかった発表」を行い，それは「容易には信じられない喝采と口笛」で迎えられた[257]．それは1つの時代の終焉であり，シティはそれをほとんど信じることができなかった．イングランド銀行においてさえ，選挙後のこんなに早い時期の動きを予想した者はほとんどいなかった．『フィナンシャル・タイムズ』紙のピーター・ノーマン（Peter Norman）にとってそれは「イギリスの戦後経済史における大転換点の1つ」であった[258]．ナイジェル・ローソン（Nigel Lawson）は「われわれの決定の決定的重要さを強調しすぎることはない」と述べている[259]．為替管理が撤廃されるのになぜそんなに長くかかったのかが不思議かもしれない．確かに，労働党政府がこれを推し進めることはありそうもなかった．労働党政府はいぜんとして，少なくとも国家企業庁（National Enterprise Board）を支持する分子をもった政府であり，資本の輸出を制限するだけでなく，むしろすでに輸出された資本がイギリス産業に戻ってくるように送還させようとしたであろう．廃止のすぐ後でも，労働党政府が権力に復帰するや直ちに為替管理を再導入するべきであると主張する者がいた．あまり予期されないところでは熱狂はなかったのであろうか．キナストンは「イングランド銀行の一部には権威の主要源泉の1つとして為替管理への本能的な愛着」があったと述べている[260]．これは支持することができない．イングランド銀行は，おそらくとくに金融政策と為替相場に対する権力が厳しく制限されていた時にシティにおける権力行使を享受したが，その管理に対する嫌悪は享受を上回っていたであろう．

　廃止の発表にシティとより広範囲なところで大きな歓喜があったようである．予想される受益者の側による管理の廃止に向けての努力が著しく欠如していたが，これは当惑することでない．それは，事を行う「英国流」でなかったからであろう．攻撃的なロビー活動はアメリカ的なやり方であり，1950年代と1960年代のイギリスではまだ発達していなかった．シティでは，誰かが示唆していたように，とくに管理の周りに多くのやり方がある時には，平身低頭し

たままにしている傾向があった．イングランド銀行はそれらが複雑なので会釈と目くばせによって少なくとも我慢できる水準にまで管理を避けられるようにした．また，広範囲の規制は解釈が難しく，ときにすぐには利用できなかった．イングランド銀行にとって，それを望ましいと思われるような寛大なものにすることが，別な手段の操作でもあった．

撤廃の評価はわれわれの扱う時期を超えてしまうであろうが，一瞥はしておこう．撤廃がポンドの外国資産への全面的な逃避をもたらすという恐れがあった．外国への資金の流出はあったが，それは大部分が一度限りのポートフォリオのシフトであった．1979年末に対外純資産の残高は約126億ポンドであった．5年以内にこれは700億ポンドにまで増えたが，この増加の大部分は新規の投資というよりも資産価値の変化から生まれた．

1970年代にはこの世紀のどの10年間のなかでも最大の経済的かつ金融的混乱があり，この混乱が為替相場と外貨準備に反映された．1970年代初めのブレトンウッズ体制の崩壊の後には，何ができるか，何をするべきかについて不確実な年が続いた．その結果がダーティ・フロート，管理フロートであった．イングランド銀行は，明確な戦略が欠如したままポンドとポンド残高の持続的な困難に対処したので挫折した．1976年に事態は危機に陥り，より適切な金融・財政政策が実施された後で，状況は改善した．それから1977年にかなり急速に改善し，70年代の終焉前にわずかな後退が起きるだけであった．為替管理が廃止され，外貨準備は膨大に増強され，ほとんどの債務が返済された後の1980年1月にポンドは2.27ドルであった．

1970年代の末にイングランド銀行は1970年代を通じて為替相場に何が起きたかを回想し，その説明を試みた[261]．貨幣量膨張について異論はなかった．1973年の環境では市場に任せたままでは為替相場に打撃的な動きとなる恐れがあると思われた．それから1973年末の石油価格上昇によっていっそう悪化した．介入は激しい変動を避けるために使われた．1976年3月まで為替レートは適切なものと思われた．そして当局はそこに保つように介入したが，それは下落の引き金を引いただけであった．1977年初めに為替レートが回復し始めた時，当局は再びそれを釘付けにしようと試みた．しかし，それは不可能であり，1977年には外貨準備の巨額の増大が続いた．10月に1.72ドルの上限が

放棄され，為替レートは比較的自由に変動することを許容された．

転機が画されたのは本当に 1979 年 5 月の選挙による保守党政府であった．金融政策はインフレーションの抑制のために使うことを明確にしたのとまったく同じように，対外面でもよりいっそうの自由とより少ない管理が追求された．

注

1) Hallet to Richardson, 'The dollar/sterling relationship', 15 May 1974, C43/786; Bank of England, *Annual Report*, year ending February 1974, p. 19.
2) Thornton to Hallett/McMahon, 'Continuous publication of the "effective depreciation"', 4 January 1974; Hallett to Hedley-Miller, 8 March 1974. 大蔵大臣は公表レートを「ポンドの世界価値」と名づけるように望んだ．Middleton to Morgan, 8 January 1974, 3A38/4.
3) Sangster to Hallett/McMahon, 'The effective exchange rate calculation for sterling', 21 December 1973, C43/129; Sangster to Hallett/McMahon/Dow, 'Exchange rate terminology', 30 May 1974, C43/786.
4) この点は，IMF の J.R. アータスと R.R. ロームバーグに多くを負っている．Artus and Rhomberg (1973) を参照．
5) 'The "effective" exchange rate for sterling', *Economic Trends* 248: xxix-xxxl, June 1974; Latter to Thornton et al., 'Effective exchange rate', 23 May 1974, 6A119/3; 'Effective exchange rates – revised calculation' *BEQB* 17(1): 46, March 1977.
6) ある者は 1968 年のような早い年をあげ，その寿命を 10 年だけとするであろう．ドルが金と離れた 1971 年 8 月も有力な候補である．別の者は 1974 年のような遅い年をあげている．「調整可能ではあるとしても，固定制の為替レートを作り上げたブレトンウッズの世界は 1974 年 3 月までに死滅した」(Dell, 1991, p. 4)．衒学的な者は〔崩壊の時点を〕固定為替レートから変動為替レートへの移行を認めた IMF 協定条約 (Charter) の第 2 次改訂の時点，1978 年 4 月をあげている．Tew in Kandiah (2002).
7) Bank of England, 'Notice to the market', 27 April 1972, 3A38/4.
8) HC Deb, 23 June 1972, Vol. 839, cc877-879.
9) O'Brien, Memoir, p. 124. おそらく，やむを得ずに，新聞発表は，総裁が実際には電話で事態の進行を知らされていた，と主張している．Morgan to Fforde/O'Brien, 30 June 1972,『イブニング・スタンダード』紙の切り抜きを含む，3A38/4.
10) Meltzer (2009, p. 788).
11) Bank of England, *Annual Report*, year ending February 1973, pp. 20-21.
12) フロートしたと言ったけれども，それは現実には管理フロートであった．もっとも，誰がレートをどのような理由で示唆しているかは，明らかでないものであった．

しかし，1973年半ばにダウがマクマーンに次のように書いていることを記すことは，おそらく考え方の指針となるであろう．すなわち，英国のような国は，国が目標としている経常収支差額や為替レートについて何らかの理念をもつべきであり，「国はそのレートの近辺を保つために介入するべきであり，純粋のフロートに参加するべきではない」．Dow to McMahon, 26 June 1973, 4A112/5.

13) Middleton (2002, pp. 125-126).
14) *The Banker* 122(557): 914-917, July 1972; Solomon (1977, p. 221).
15) Hallett to Morse, 'Market tactics', 28 October 1971, 3A49/1.
16) Pringle (1977, p. 30).
17) Coleby interview with Derrick Byatt, 27 November 1996. この情報はこれらチームの旧メンバーたちのお陰である．
18) Harrop to Walker, 'The exchange rate: Treasury/Bank relationship', 9 May 1975, TNA T358/208.
19) Morse to O'Brien, 'Working party on the sterling exchange rate,' 26 July 1972; Fenton to Page/Thornton, 'Working party on the sterling exchange rate,' 27 July 1972, OV44/128.
20) 'Working party on the sterling exchange rate', 27 July 1972, OV44/128.
21) Fenton to Morse/O'Brien/Richardson, 7 March 1972, enc. 'Report of the Sterling Area Working Party – March 1972', OV44/122.
22) Christopher Elston to Goodhart, 'The exchange rate,' July 1972; Coleby to Fenton/Morse, 'Balance of payments objectives for the U.K.' 4 August 1972, OV44/128.
23) 'Working party on the sterling exchange rate', enc. with Fenton to Morse/O'Brien, 5 September 1972, OV44/128.
24) Fforde to O'Brien/Hollom, 'Report on the working party on the sterling exchange rate', 7 September 1972, OV44/128.
25) Balfour to Morse/Fforde, 'Freedom of exchange rate policy – Mr. Fforde's note of 8.9.72', 18 September 1972, OV44/128.
26) Hollom to McMahon, 22 January 1973, 7A114/14.
27) McMahon to O'Brien, 22 January 1973, 7A114/14.
28) Fenton, Note for record – 'Sterling exchange rate', 1 February 1973, 7A114/15.
29) Hallet to McMahon, 'The exchange markets', 1 February 1973, 3A49/1.
30) Fforde to O'Brien/Hollom, 'Policy', 5 February 1973, 7A114/15.
31) McMahon to Hollom/O'Brien, 'The exchange rate', 6 February 1973, 7A114/15.
32) O'Brien to Barber, 9 February 1973, 7A114/15.
33) Dealer's reports, February 1973, C8/41.
34) *BEQB* 13(2): 127-30, June 1973.
35) Hollom to Allen, 15 May 1973, 7A/136/2; Allen to Hollom 25 May 1973, 7A136/2.

36) 彼らは，広範な目的のために，1％の実効的切り下げに等しいものとしてドルレートにおける 2.5％の下落を考えていた．Hallett to McMahon, 'Intervention policy', 9 November 1973, 3A49/1.
37) Hallett to Richardson, 16 August 1973, 3A49/1.
38) Hallett to McMahon, 'Intervention policy', 9 November 1973, 3A49/1.
39) McMahon to Richardson/Hollom, 'Intervention policy', 9 November 1973, 3A49/1.
40) McMahon to Richardson, 'Intervention', 28 November 1973, 3A49/1.
41) France (PPS to Healey) to Mitchell, 30 November 1973, 3A49/1.
42) De Vries (1986, p. 140).
43) De Vries (1985, p. 314).
44) *Ibid*., p. 330.
45) Mitchell, 'Possible IMF standby: brief for talk with Mr. Witteveen', 9 January 1974, TNA T358/128.
46) Mitchell, 'Management of the exchange rate', 25 April 1974, 4A112/6.
47) Dow, 'The level of the exchange rate', 23 April 1974, 4A112/6.
48) Derrick Layton to Dow, 'Interest rates …', 26 April 1974, 4A112/6.
49) Dow to McMahon, 'Interest rates …', 29 April 1974, 4A112/6.
50) Goodhart to Dow, 'How do we justify intervention to manage the exchange rate?', 1 May 1974, 4A112/6.
51) McMahon to Richardson/O'Brien, 'Economic strategy and its financing', 5 June 1974, 4A112/7.
52) Mitchell to Allen, enc. 'Management of the exchange rate in 1974', 25 April 1974, 4A112/6.
53) Price (2003, pp. 89-90).
54) Wass (2008, p. 134).
55) 70年代後半についての興味ある仕事は，'Intervention, stabilization, and profits', *BEQB* 23(3): 384-391, September 1983 である．
56) 為替保証 cover ファシリティは 1973 年 3 月の予算でバーバーによって発表された．HC Deb, 6 March 1973, Vol. 852, c247; Bank of England, *Annual Report*, 1974 onward.
57) Wass (2008, p. 50).
58) Page to Anwar Ali (governor, SAMA), 5 July 1974, 7A18/1.
59) France, Note for the record, 8 July 1974, 7A18/1.
60) Richard Turner (Adviser, Overseas) to Fenton/McMahon, 'Borrowing from Saudi Arabia', enc. draft 'UK borrowing from Saudi Arabia', 28 February 1975, 7A18/2.
61) C.J. Baker (HMT), 'Visit to Saudi Arabia and attached note for records', 30 January 1976, 7A18/4. 会議のノートはイングランド銀行海外局のアラブ研究家ポール・テンペスト (Paul Tempest) によって書かれた．

62) HC Deb, 26 March 1974, Vol. 871, c286.
63) *The Times*, 18 February 1974, p. 19; Hallet to McMahon/Richardson, and McMahon annotation, 25 February 1974, 6A374/4.
64) Hallett to McMahon/Richardson, 25 February 1974, 6A374/4.
65) Sangster to McMahon/Hollom/Richardson, 'Further meeting of the five main clearers about H.M.G.'s $2.5 bn. Loan', 20 September 1974, 6A374/5.
66) *The Evening Standard*, 11 April 1972, p. 47.
67) Hallett, Note for record — 'Hambros Bank Limited', 24 July 1973, 3A49/1.
68) Cromer to Richardson, 15 October 1973, 3A49/1.
69) Sangster to Thornton, 'Gold and foreign exchange meeting, Basle; I.D. Herstatt', 11 June 1974, 3A49/2. リードはヘルシュタット銀行の損失全体を 12 億 DM あたりと推定している. Reid (1982, p. 115).
70) Sangster to Hallett/McMahon, 'Hill Samuel & Herstatt', 17 July 1974; Hallett to McMahon, 'Rescue action in the Euro-currency markets', 25 July 1974; Sangster to McMahon, 'Control of Overseas Branches of U.K. Banks', 19 September 1974; Blunden to Fforde, 'Foreign exchange operations', 18 November 1974, 3A49/2.
71) Sangster to Fenton, 'Possible operations in the exchange markets', 7 October 1971, 3A49/1.
72) Bradshaw to Sangster, 'Operations in the forward market', 28 March 1974, 3A49/2.
73) McMahon to Richardson/Hollom, 'Forward intervention', 25 January 1974, 3A49/2.
74) Bradshaw to Sangster, 7 January 1975, 3A49/3.
75) Sangster to McMahon, 'Forward intervention', 16 January 1975, 3A49/3.
76) Bradshaw to Byatt, 'Control of forward margins/Euro£ rates', 24 June 1975, 3A49/3.
77) Stanley Payton to Fenton/O'Brien/Hollom, 'Sterling agreements: exchange guarantee', 1 February 1972; Payton to Morse, 'Sterling agreements', 21 February 1972; Hebert Tomkins to Payton/Fenton, 'Sterling agreements', 6 March 1972; Payton to Fenton, 'Sterling agreements', 7 March 1972, OV44/195; Tomkins to Morse, 'Sterling agreements. SARC meeting of 19 April', 21 April 1972; Payton to Fenton/Morse, 'Sterling agreements', 25 April 1972; 'Extract from the Deputy Governor's note of the Governor's conversation with Mr. Rawlinson 7.6. 72.'; Payton, Note for record — 'Treasury meeting: Friday 23 June', 24 June 1972; Barber to Heath, 26 June 1972; I.P. Wilson (HMT), Notes of meetings held in the Treasury on 29 and 30 June 1972, OV44/196.
78) Barber, 'The sterling arrangements of 1968 (continued), 1973 and 1974', 8 January 1975, OV44/219; Payton to McMahon, 'Sterling agreements: next steps', 12 January 1973, OV44/204. また OV44/197-201 を参照.

第 14 章　1970 年代のイングランド銀行とポンド　　　943

79) Bank of England, *Annual Report*, year ending February 1974, p. 22.
80) Payton to McMahon, 'Sterling Agreements: next steps', 12 January 1973, OV44/204.
81) Payton to McMahon/O'Brien/Hollom. 'Sterling agreements', 30 May 1973, OV44/206; Mitchell to D.C. Maughan (Private Secretary to Sir Douglas Allen)/A.M. Bailey, 13 June 1973, OV44/207.
82) O'Brien to Barber, 21 June 1973; Bailey to O'Brien, 22 June 1973, OV44/207.
83) McMahon to Fenton, 'Sterling Agreements', 2 July 1973, OV44/208; Payton to McMahon, 'The "Basle facility"and the sterling agreements', 4 September 1973, OV44/211.
84) Ewbank to Russell Barratt (HMT), 30 July 1973, OV44/208; Payton to Fenton/Richardson/Hollom, 'Sterling agreements', 24 August 1973, OV44/210.
85) Payton to Richadson/Hollom, 6 September 1973; HMT, Press release, 6 September 1973, OV44/211.
86) Barber to Richard Ewbank (Dupty Chief, Overseas)/McMahon, 'Sterling agreements', 10 October 1973, OV44/212.
87) Raymond Barber, Note for record – 'Sterling guarantees', 27 September 1973, OV44/211; Barber to Payton, 'Sterling guarantees', 19 October 1973, OV44/212; Barber, 'The sterling arrangements of 1968 (continued), 1973 and 1974', 8 January 1975, OV44/219.
88) Waker (HMT) to Fenton, 2 October 1973, OV44/212.
89) Payton to McMahon, 'Future arrangements for sterling', 15 November 1973, OV44/213.
90) McMahon to Richardson/Hollom, 'Future arrangements for Sterling', 28 November 1973, OV44/213.
91) Payton to McMahon, 'SARC', 12 December 1973, OV44/213.
92) Payton to McMahon, 'Future arrangements for sterling', 18 December 1973; Bank of England, 'An effective exchange rate guarantee', 18 December 1973, OV44/213.
93) The Sterling Agreements Renewal Committee (SARC), OV44/222.
94) Payton to McMahon/Richardson/Hollom, 'Sterling arrangements', 3 January 1974; McMahon to Richardson /Hollom, 'Sterling arrangements', 3 January 1974, OV44/214.
95) HMT, Press release, 15 March 1974, 3A38/4.
96) Barber, Note for record – 'Sterling guarantees', 11 October 1974, OV44/218; Barber, 'The sterling arrangements of 1968 (continued), 1973 and 1974', 8 January 1975, OV44/219.
97) Barber to Payton/Fenton, 'Sterling guarantees', 23 October 1974, OV44/219; HMT, Press release, 12 November 1974.
98) Barber, 'The sterling arrangements of 1968 (continued), 1973 and 1974', 8

January 1975, OV44/219; 'Overseas sterling balances 1963-1973', *BEQB* 14(2): 168-171, June 1974.
99) De Vries (1985, pp. 141-155).
100) *The Times*, 29 September 1972, p. 17.
101) Solomon (1977. p. 236).
102) Richardson to Morse, 8 November 1974, OV53/81.
103) Solomon (1977, p. 236); Williamson (1977, p. 68).
104) Deputies to Committee of Governors, Draft summary of meeting 72/1 (held on 29 September 1972), OV53/66.
105) 'Extract from the Deputy Governor's note 28 February …', OV53/69.
106) Coleby, interview with Sir Geoffrey Littler, 25 July 1996.
107) Littler to Mitchell, 'Steering brief for C-XX deputies', 21 March 1974, OV53/77.
108) Morse, Press conference, 29 March 1974, OV53/77.
109) 'Report to the board of Governors of the International Monetary Fund by the Committee on Reform of the International Monetary System and related issues', 14 June 1974, OV53/78.
110) Morse, Press conference, 14 June 1974, OV53/78.
111) Morse, Speech to International Monetary Conference, 7 June 1974, OV53/78.
112) De Vries (1985, pp. 264-270).
113) Samuelson and Barnett (2007, p. 176).
114) Richardson to Morse, 8 November 1974, OV53/81.
115) Hallett to McMahon, 5 February 1975, 4A112/8.
116) Hedley-Miller to Wass, 28 January 1975, TNA T358/207.
117) McMahon to Richardson, 3 April 1975, 4A112/8.
118) Hedley-Miller to Mitchell, 5 May 1975, TNA T358/208.
119) Walker to Mitchell, 11 April 1975, C43/787; Walker to Hedley-Miller, 21 October 1975; Walker to Sangster, 11 November 1975, C43/778; Colebydiscussion with Sir David Walker, 19 September 1996, 5A83/45.
120) Dell (1991, pp. 135, 180).
121) Cassell to Fogarty, 18 August 1975, TNA T354/416.
122) 金額についての議論については，Littler to Fogarty, 22 October 1975, TNA T381/12を参照；引き出しについては以下を参照，Mitchell, 'Fund drawing: meeting with Dr. Witteveen,' 27 October 1975, TNA T381/12; and Healey to Witteveen, 18 December 1975, TNA T381/13.
123) De Vries (1985, pp. 464-466).
124) これは新資源の経済への効果を無視するように思われる．しかし，当時はストルパー＝サムエルソンの議論のようなものはなかった．
125) 著者とウォスの会話，16 April 2008.
126) Dell (1991, pp. 12, 19).

第 14 章　1970 年代のイングランド銀行とポンド　　　945

127) Sir Geoffrey Littler, CCBH/Churchill College witness seminar, 'The changing climate of opinion: economic policymaking, 1975-9,' 28 October 2005.
128) Interview with Lord Healey, 28 February 2006.
129) Interview with Sir Kit McMahon, 14 March 2008.
130) Coleby interviews with Sir David Walker, 19 September 1966, and 28 February 1997 も参照．
131) Market report, 5 March 1976, C8/45.
132) *The Times*, 9 March 1976, p. 1 and 10 March 1976, p. 17; IED 'Monitoring movements in Miani official sterling holdings', 25 March 1976; Edgley to Payton/ McMahon, 'Nigeria: Ciroma speaks out on sterling', 26 March 1976, 8A210/15.
133) 'Foreign exchange and gold markets (15 December 1975-16 March 1976)', 17 March 1976, C8/45.
134) Sangster to McMahon/Richardson, 'Events of afternoon of the Thursday 4 March 1976', 5 March 1976, C43/779.
135) Sangster to Dow, 'Intervention policy', 4 October 1976, C43/781.
136) Sangster to Noakes, 5 October 1976, C43/781.
137) Market report , 8 March 1976, C8/45.
138) Coleby interview with Derrick Byatt, 27 November 1996.
139) McMahon to Richardson/Hollom, 'Exchange rate policy in the light of events of the past month', 8 April 1976, C43/779.
140) Healey (1989, p. 427).
141) Callaghan (1987, pp. 414, 417).
142) Donoughue (1987, p. 86).
143) Dell (1991).
144) Wass (2008, p. 176).
145) Monck, 'Lunch meeting note for record', 1 March 1976, 7A133/1.
146) Dell (1991, p. 206).
147) Wass (2008, p. 179).
148) Noakes to Byatt, 'Taking the cap off', 10 October 1977, C43/791.
149) Dealer's reports, April and May 1976, C8/45.
150) Baratt to Monck, 'Exchange rate', 26 April 1976, 3A49/4.
151) Monck (HMT), Note of meeting – 'The exchange rate and interest rates', 21 May 1976, 3A49/4.
152) Dealer's report, 21 May 1976, C8/45.
153) McMahon to Richardson/Hollom, 'Exchange market policy', 24 May 1976, 3A49/4. 数行のラインのスペースの中でさえ，ドルとポンドをこのように交互に使うのは珍しことではなかった．
154) McMahon to Mitchell, 24 May 1976; Mitchell to McMahon, 27 May 1976, C43/ 780.
155) Plenderleith, Note for record – 'Exchange market intervention', 28 June 1976,

3A49/4.

156) C. David Finch, 'Werribee to Washington, A career at the International Monetary Fund', unpublished manuscript, 1977, p. 82. フィンチはドイツの財務大臣カール・オットー・ペール (Karl Otto Pöhl) が協議の成功の鍵であったと述べている.
157) A.W. Batchelor, Note for record – 'IMF consultations', 25 May 1976, 6A399/1.
158) *Ibid.*
159) Littler to Monck, 13 July 1976, 6A399/1.
160) Plenderleith, Note for record – 'Telephone conversation with Dr. Burns: 3 June 1976', 3 June 1976; Monck, 'Note of a meeting held at No. 11 Downing Street at 7.00 p.m. on Thursday, 3 June 1976, 2A77/1.
161) Plenderleith, 'The Govenor's telephone conversation with Dr. Zijlstra: 4 June', 2A77/2.
162) Dell (1991, p. 219); Wass (2008, pp. 198-203). また危機の同時代の説明については Keegan and Pennant-Rae (1979, pp. 152-173) を参照.
163) Healey (1989, p. 427).
164) De Vries (1985, p. 467).
165) Monck to Plenderleith, 25 August 1976, 7A133/1.
166) Monck, Notes 3 and 8 September 1976 (of meetings held at 11 Downing Street on 1 and 8 September 1976), C43/781.
167) Dealer's report, 8 September 1976, C8/45.
168) Dealer's report, 27 September 1976, C8/45.
169) Interview with Ian Plenderleith, 21 July 2005; Wass (2008, p. 229).
170) Callaghan (1987, pp. 426-427). 彼の義息ピーター・ジェイ (Peter Jay) が講演内容の多くの部分に貢献している; Dell (1991, p. 236).
171) 申請は10月に行われた. Wass, 'The approach to the IMF', 18 October 1976, TNA T381/15.
172) *The Times*, 25 October 1976, p. 1.
173) Market reports, 25-29 October 1976; C8/45 を参照.
174) De Vries (1983, p. 470); Hickson (2005, pp. 116-117); Harman (1997, p. 173); Burk and Cairncross (1982, p. 68). しかし, たとえばビル・アレンはそのような論文の1つにコメントするように求められたと回想している. 'Conversation with Bill Allen', July 2008.
175) Kent, Note for record – 'Talk with Whittome and Finch', 7 October 1976, TNA T381/16; Ryrie to Hedley-Miller, 'IMF and exchange rate policy', 8 October 1976 TNA T381/16.
176) Barratt, 'Discussions with the IMF: the exchange rate', 19 November 1976, TNA T381/17.
177) Richardson to Healey, 25 October 1976, 7A133/1.

178) De Vries (1985, p. 469).
179) HL.Deb, 4 October 1976, Vol. 374, cc845-849.
180) Healey (1989, p. 430); Wass (2008).
181) Monck, 'Note of a meeting at 9:15 a.m. on Thursday, 4 November at No. 11 Downing Street', 4 November 1976, T381/17.
182) Finch, *op. cit*.
183) Coleby interview with Sir David Walker, 19 September 1996 and 28 February 1997.
184) Finch, *op. cit*.
185) Dicks-Mireaux, Note for record, 8 November 1976, 6A399/1
186) 大蔵省のモデルに彼らが寄せていたと思われる信頼の欠如に多くの問題がかかっていた．ビル・アレン（Bill Allen）は大蔵省モデル（MTA）に欠陥があるという事実に注意を引いていた．そのモデルは輸入をGDPの関数，輸出を世界貿易の関数としたが，使用された弾力性は，すべてが悲観的，すなわち絶えず悪化する貿易収支を意味した．1976年3月の大蔵省における会議でアレンは（エディ・ジョージ（Eddie George）と一緒に）その点を明らかにしたが，ポズナーがそれを退けてリースナーに訴え，支持を獲得するのに成功した．しかし，アレンが正しかった（後に，アンドリュー・ブリットン（Andrew Britton）によって支持された）．Allen, Note for record, 22 March 1976, 6A119/5.
187) Goodhart, Note for record – 'IMF discussions', 25 November 1976, 6A399/1.
188) McMahon, 'Conversation with the Chancellor on Sunday night', 26 November 1976, 7A133/1.
189) *Ibid*.
190) Wass to Monck (HMT), 'Plans contingent on a failure of the application for an IMF standby', 5 December 1976, 7A114/17.
191) Edwin Bennett to McMahon/Richardson, 6 December 1976, 7A114/7.
192) Finch, *op. cit*., p. 83.
193) De Vries (1985, p. 472).
194) HC Deb, 15 December 1976, Vol. 922, c1535; Healey, 'Letter of intent', 15 December 1976, 6A399/1.
195) Press notice, 24 January 1977, 4A39/23.
196) HC Deb 11, January 1997, Vol. 923, cc1260-1261.
197) George/Quinn to Payton/Page/McMahon, 'Sterling balances: foreign currency bond offer', 4A39/22.
198) Payton, Note for record – 'Facility for supporting sterling balances', 10 January 1977; McMahon, 'Sterling balances negotiations: London and Basle 8-11 January', January 1977, 4A39/22. 大蔵省の見解についてはMonck, 'Note for record', 7 March 1977, TNA T364/110を参照．
199) Payton, 'note for record – 'Facility for supporting sterling balances', 10 January 1977, 4A39/22.

200) Renee Larre (general manager, BIS) to Richardson, 19 January 1977, enc. draft 'Record of meeting of central bank governors, in Basle on 10 January 1977', 13 January 1977, 4A39/22.
201) Payton, Note for record – 'Sterling balance facility', 10 January 1977, 4A39/22. Alan Holmes was vice-president of the FRBNY.
202) George/Quinn to Payton/Page/McMahon, 'Sterling balances: foreign currency bond offer', 18 January 1977, 4A39/22.
203) Richard Turner to Payton/McMahon, 'Visit to Jeddah, Kuwait and Bahrain', 24 January 1977, 4A39/23.
204) McMahon, Note for record – 'Conversation with Sir Derek Mitchell', 4 February 1977, 4A39/23.
205) Baber to Payton, 'Offer of bonds', 28 February 1977, 4A39/24.
206) 'Sterling balances, Basle facility and foreign currency bonds', 23 May 1977, 4A39/27.
207) McMahon to Ryrie, 'Sterling balances', 27 July 1977, 4A39/27.
208) Mutch, 'Third Group Arrangement', 9 February 1979, 4A39/34; C.A. Enock to McMahon, 'UK experience in winding down the reserve role of sterling', 22 September 1981, 8A201/21.
209) Sangster to McMahon, 'Exchange rate policy', 12 January 1977, C43/788.
210) Foreign exchange reports, 18 January 1977, C8/46.
211) Barnes, Note for record, 17 January 1977, C43/788.
212) Wicks, 'Exchange rates and monetary policy. Note of a meeting held at Downing Street, at 11.00 am on 28 October 1977', TNA PREM16/208.
213) McMahon, Note for record, 3 January 1977, 3A49/5.
214) Williamson and Wood (1976) も参照.
215) Latter, 'The exchange rate debate', 1 June 1977, 3A38/5.
216) Morgan, Note for record, 16 August 1977, 3A38/5.
217) Wicks, 'Note of a meeting ... 5 September 1977', 15 September 1977, TNA T364/111.
218) Richardson to Healey, 16 September 1977, TNA T364/111.
219) Sir Geoffrey Littler, CCBH/Churchill College witness seminar – 'The changing climate of opinion: economic policymaking, 1975-79', 28 October 2005.
220) Payton to Richardson/Hollom, 7 October 1977, 7A114/17.
221) Byatt to Sangster, 'Taking the cap off', 7 October 1977, 7A114/17.
222) Wicks, 'Exchange rates and monetary policy, Note of a meeting at 10 Downing Street', 28 October 1977, C43/791. Keegan and Pennant-Rae (1979, p. 69) は, おそらくこの討論と思われるが, ポンドをフロートさせるための討論に, ウォスが出席していてその動きに反対した, と主張している.
223) Quinn, 'HMG's Euro-dollar borrowing', 14 January 1977, 6A374/9.
224) Plenderleith (GPS), Note for record – 'Dr Leutwiler's call on the Governor 4

February', 4 February 1977, 6A374/8.
225) Quinn to Plenderleith, 'Dresdner Bank A.G.', 28 January 1977, 6A374/9.
226) Quinn, Note for record – 'HMG rollover credit: meeting with clearing banks', 17 January 1977, 6A374/9.
227) McMahon to Richardson/Hollom, 'HMG loan'; Richardson, Annotation, 24 January 1977, 6A374/9.
228) Dow to Walker, 'Exchange rate policy', 10 January 1978, 4A112/13; *BEQB* 17 (3): 298-299, September 1977.
229) Walker to Dow, 'Paper on the exchange rate', 3 January 1979; Dow to McMahon, 'Project of a paper on the exchange rate', 4 January 1979, 4A112/17.
230) Walker to Richardson, 'Exchange rate and money', 4 April 1979, 4A112/17.
231) 'Exchange rate policy', 4 May 1979, enc. with Richardson to Howe, 4 May 1979, 4A112/17.
232) Richardson (1989, pp. 21-39).
233) Wood (HMT), 'Minutes of meeting ... 11 January 1978', 16 January 1978, 4A112/13.
234) Kandiah (2008, p. 23).
235) Dow to Walker, 'Exchange rate policy', 10 January 1978, 4A112/13.
236) McMahon to Richardson, 'Sherpa briefing', 6 June 1978, 7A155/2.
237) McMahon, 'Conversation with Poehl in Luxemburg 19 June 1978', 28 June 1978, 7A155/2.
238) McMahon to Richardson/Hollom, 3 May 1979, 4A112/17.
239) Lawson (1992, p. 39).
240) See Geoffrey Wood (EID) to Dicks-Mireaux, 'U.K. capital controls', 3 November 1972, 4A112/5. ケアンクロスの論文は翌年に出版された．Cairncross (1973) を参照．
241) Goodhart to Richardson/Hollom, 'The inter-relationship of monetary and external policies', 28 July 1977, 6A50/22; Peter A. Bull to Rachel Lomax, 'Effects of removing exchange controls', 4 January 1978, 4A112/13.
242) Buxton, 'UK exchange control', 20 October 1989, 4A165/9.
243) Translation from *Handelsblatt*, 6 October 1977; 'Swap operation provides a way round exchange control', 13 October 1977, 3A49/5.
244) Miller and Wood (1979).
245) HC Deb, 12 June 1979, Vol. 968, cc244-245.
246) McMahon to Richardson, 'Some points to make this afternoon', 13 July 1979, 7A133/1.
247) Hollom, Note for record – 'Exchange control relaxations', 10 July 1970, EC5/645.
248) John Townsend to Dawkins/Willetts/Mutch, 'Outward direct investment', 2 April 1981, enc. 'Outward direct investment and the abolition of exchange

control', 4A79/6; HC Deb, 18 July 1979, Vol. 970, c720W.
249) *The Financial Times*, 19 July 1979, EC5/685.
250) Dawkins, 'The future of exchange control', 20 August 1979, EC5/647.
251) N.J. Ilett, 'Note of a meeting ... 9 October 1979', 10 October 1979, EC5/652.
252) Norman to Poter, 'Exchange control', 13 October 1980, 4A79/6.
253) IMF, *Annual Report on Exchange Arrangements and Exchange Restrictions*, Washington, D.C., 1980.
254) McMahon, Draft letter to the Prime Minister — 'Exchange control liberalisation', 12 October 1970, EC5/652. BP株式の売却も一要因であった.
255) HC Deb, 23 October 1979, Vol. 972, cc202-214.
256) *The Old Lady*, January 1980, pp. 7-8.
257) Kyanston (2001, p. 585).
258) Press cuttings in 3A152/21.
259) Kynaston, 'Exchange controls', CASS Business School Conference, October 1999.
260) Kynaston (2001, p. 562).
261) I.D. Saville, 'The sterling dollar exchange rate', draft, 26 May 1978, 6A119/6.

第15章
イングランド銀行の業務の自由

　1950年から1979年まで，イングランド銀行は広範な活動にわたってかなり自由に運営されていた．もちろん，イングランド銀行は創立以来独立しており，19世紀末にはその公共的な責任が株主への義務よりも優先したが，それでもまだ独立して運営されていた．1914年の戦争の勃発によって，その独立性が強く試されることになったが，面目を保つ仕組みが工夫された．ノーマンが1930年代に自分は大蔵省の道具でしかなかったと苦情を述べたのは事実であるが，実際には，イングランド銀行はかなりの自立性をもって運営され続けた．国有化はその運営にあまり違いをもたらさず，ラドクリフ報告も同様であった．第2次大戦後，イングランド銀行は多くの点で自らを独立しているとみなし続けたし，独立性の主張が頻繁になされた．1950年代と1960年代を通じて，イングランド銀行は，為替レートを管理すること，政府債務を管理すること，為替管理業務を行うこと，金融政策の主導権を発揮すること，シティの面倒を見ること，などについてかなり任されていた．1962年にコボルドが述べたように，中央銀行は「その運営と政策の両方において」政府からかなり独立していなければ，その責任を遂行することはできないのである[1]．

　実際，1960年代には，（為替レート）目標があった．証言から明らかなように，イングランド銀行は独自のやり方でその目標を追求する自由があった．これはなかでもとくに，スワップを組み，信用を組成し，為替レートを守るために大規模な先物介入をすることを意味していた．われわれの時代のはじめには，バンクレート〔いわゆる公定歩合〕はおもに対外的な目的で使用されるとみなされていたのであり，バンクレートの動向はイングランド銀行によって操作されていた．金融政策では規制（controls）はイングランド銀行によって企画さ

れ，その実施はたいていイングランド銀行が主導した．銀行貸出の規制のために特別預金を工夫したのはイングランド銀行であった．特別預金を認めないとそれに代わるものは立法措置であるということを根拠に，手形交換所加盟銀行（クリアリング・バンク）に対して特別預金を売り込んだのであった．つまり，自発的に決めることがイングランド銀行と銀行にとって都合が良かった．マネーマーケットと国債市場では，イングランド銀行は神秘性と複雑さを奨励し，その特殊な専門的知識を大事にした．イングランド銀行には国債市場に関する「感触」があるので，同行は自由に操作することができた．同様に，主要銀行部門に対する監督は，非公式ではあったが，いぜんとしてイングランド銀行の領域であった．（金融機関への課金による）イングランド銀行の財源を賄う方法によって，暗黙のうちに，イングランド銀行は税金によった場合よりも自由に財源を賄うことが可能になった．代理店業務への課金が「赤字」になっていたのと同じ時期に「利益」が増加していたという奇妙な状況，ならびに，財務諸表を公表する必要がなかったことは，大蔵省へ多すぎる情報を開示することを避ける助けになった．イングランド銀行の地位は外部からは比較的議論の的とはならなかったし，いくつかの特別な例外を別とすれば，金融の新聞・雑誌等は出来事を調査するのではなくて，単純に報告するにとどまった．

　このような状況の多くは1970年代にも続いていた．競争と信用調節（CCC）はイングランド銀行が実施していたことであるが，最後までそのことについては何も知らなかったと述べている元大蔵省高官も数人いる．補完的特別預金（SSDs）は銀行貸出を管理するための別のイングランド銀行の工夫であった．セカンダリー・バンキング危機を解決するにあたってイングランド銀行は自分の資源を使うように任されていた．この危機の処理に伴ってイングランド銀行の資源は枯渇したが，まさにその時に「配当支払い」をめぐる大蔵省との紛争が強まっていた．周辺銀行の危機へのイングランド銀行の関わりに対するウォスの関心はブランデンによって「われわれの独立性に対する大きな攻撃」として述べられていた．銀行危機の結果として導入された二元的な監督への立法化は，イングランド銀行の，より正確には，リチャードソンの好みのモデルであった．

　イングランド銀行の独立性の別の側面は，同行が中央銀行の役割とは考えら

れないようなあらゆる種類の活動に従事していたということである．シティの国際的な金融センターとしての発展を促進させることは理解できることであったかもしれない．しかし，イングランド銀行はシティを越えて産業部門へ彷徨い出て，融資をして会社を救済した．もちろん，そのような関心はノーマンの時代にまで遡るが，1970年代にはこうした関心が復活した．とくに，リチャードソンは産業金融に密接に関わってきたという前歴があり，このことがイングランド銀行の内部でいっそうの刺激を与えた．2つの主要な産業会社，ロールス・ロイス社（Rolls-Royce）とバーマ・オイル社（Burmah Oil）が困難に直面したときに，イングランド銀行は中心的な役割を担い，また，産業金融の議論でも役に立った．イングランド銀行はこの分野での支援をするために多数の団体の創設を促進した上，イングランド銀行の中に産業金融ユニット（Industrial Finance Unit）を作った．その活動の自由によってイングランド銀行は，戦前と21世紀になって再び，その中核的な目的とされたことからはまったくかけ離れた多くのことを行うことができた．

　しかし，1970年代に変化が始まった．1972年以後，これまでのような為替レート目標はもはやなくなった．ダーティ・フロート相場では，大蔵省と絶えず協議を行う必要があった．国有化産業特別委員会（SCNI）による質疑のような多数の圧力によって，イングランド銀行はその勘定の公表の場合と同様に，精査されるようになった．この変化のなかでもっとも目に見える側面は金融政策が政治問題化することが多くなったことで，これは（イングランド銀行が支持していた）マネタリー・ターゲット（貨幣量目標）の公表に典型的に現れていた．マネタリー・ターゲットは問題を単純化し，政治家に焦点を合わせやすい対象を提供した．大臣が，マネタリー・ターゲットに影響を与える要因，たとえば，国債の販売，にすぐ関心をもち，そこから適切な技術や手段に関するイングランド銀行の見解を問いただし始めるのはおそらく不可避であった．対外的側面では，釘付け為替レートがなくなったので，大臣と大蔵省は守るべき適切な水準により影響力をもつようになり，またそれを達成するための資源も利用可能であった．報道機関や学界からの論評もより多くの情報に基づく耳障りなものになった．このようなことはすべて，イングランド銀行の独立性の立場に影響を及ぼした．

1970年代の後半にイングランド銀行では，何人かの高官が，独立性を重ねて主張するわけではないが，独立性を再定義することによって，これらの動向に対抗しようとした．この討議はときたま行われ，何ら明白な結論をもたらさなかったが，そのことによって，彼らが中央銀行は何をするべきと考えていたか，その政府との関係，および公衆の目にそれがどう映っていたかが明らかになる．実際，1979年以降は，イングランド銀行の自由度はいっそう厳しく侵食された．ある程度の業務遂行の独立性は1997年に回復されたが，このときには，再び，政府によって設定された目標があり，イングランド銀行はそれを達成するように任された．おそらくこの状態は，イングランド銀行が1950年代と1960年代に享受していた種類の業務遂行の独立性とあまりかけ離れてはいないものである．

1976年4月に，総裁はダウにイングランド銀行が何をするべきかについてのいくつかのアイディアを示すように依頼した．それらのアイディアのうちのおもなものは，イングランド銀行はもっと積極的に大蔵大臣に政策的な進言をするべきだということであった．本当に，この分野では大蔵省との間に「お互いの尊重」('parity of esteem')があるべきなのである．イングランド銀行がホワイトホールの委員会に座っているという，彼が言うところの「ラドクリフ後の決着」はイングランド銀行に必要とされていたことには不十分で，イングランド銀行に従属的な役割しか与えなかった．ダウの見解は，彼が共同執筆した経済協力開発機構（OECD）の報告の見解を反映していた．その報告では，金融政策に関して，政府に対してセカンド・オピニオンを提供するという点で中央銀行の主要な役割を考察していた．彼はまた，経済問題に関する公の議論において，イングランド銀行が各年に行う重要な講演の回数を増やすことで，もっと主要な役割を果たすことを望んでいた．イングランド銀行の公のイメージについては，彼の心に浮かぶ語句では，「控えめに見せびらかし，ぜいたく」であった．外見上の比較的小さなことでも何らかの近代化の恩恵に浴するかもしれない．ダウが疑問に思っていたのは，理事会室がビジネスに本当にふさわしい場所か，また，伝令は伝統的な桃色の上着を着続けるべきか，ということであった．彼は，「イングランド銀行にもそう見える可能性があるので，装飾的で必ずしも必要がない政府の一部門である」王室との類似性を見ていた．い

ずれの機関も映画を作成することで，そのイメージを強めようとしていた．もっとも，ダウの意見では，王室の方がイングランド銀行よりも勝っていた．理事会については，現在ではたいした役割を果たしていないので，その地位は再検討されるべきかもしれないと，ダウは考えていた．よりはっきりと，「諮問協議会（advisory council）」が提案された．その構成員はシティと産業界から等しく，すべての政治的な立場を網羅して等しく選抜される．そのおもな仕事は政策資料を検討することであり，儀礼的なことは省いて，また他の仕事（たとえば，昇進と年金）は他の所に委託してその下で取り扱われる．こうした方針に沿った動きが少しでもあれば，イングランド銀行の内部機構にも影響が及ぶはずであるが，ダウはこれらを棚上げにした[2]．それに続いたコメントや議論の形跡はまったくない．このことは1976年の残りの期間に起こった出来事と，リチャードソンしかその写しを受け取っていないという事実を前提とすれば，驚くには当たらない．とはいえ，いくつかの提案は確かに急進的であった．もし，SCNIが同じようなものを提案したとすれば，間違いなく激怒されたであろう．しかし，これは総裁に近い人によってイングランド銀行の中で生み出された文書であった．

　1年と少々経ってから，総裁，ダウ，クウィン，総裁の個人秘書（GPS）のプレンダーリース，および大蔵省の（しかし，すぐイングランド銀行に入行した）デイヴィッド・ウォーカー（David Walker）が会合した．また，アンソニー・レーニス（Anthony Loehnis）も同席したが，彼はシュローダーズ銀行の取締役で，リチャードソンにアドバイスするために付き添っていた．（彼は1960年代にはシュローダーズでリチャードソンの個人助手であった．）この会合の記録は「イングランド銀行を対外化すること」という表題がついた．この意味するところは以下のことである．すなわち，イングランド銀行は多数のさまざまなレベルで，その政策や業務を説明するのにより活発な役割を果たすべきである．その短期的な狙いはイングランド銀行に対する無知で的はずれの批評を防ぎ，対抗するためであるが，長期的には，「金融政策に関して独立した知的に健全なアドバイスの源として，イングランド銀行のより明確で認知された立場を確立し，国の経済政策の形成と方向についてイングランド銀行の目に見えた役割を増大させる」ことである[3]．これはダウが表明してきた見解と明

らかに一致していた．これらの目的を達成する手段には，講演（繰り返して），出版，セミナー，およびプレスとの関係などが含まれた．最後のものは伝統的にはイングランド銀行では重要度の低い活動であった．プレス担当者はいるが，金融ジャーナリストには総裁・副総裁，執行理事，および上級職員が適当に会っていた．しかし，一般的には，イングランド銀行は尻込みしがちで，起きたことにだけ対応しがちであった．レーニスが記すところによると，当該専門家によるジャーナリストに対する詳細な状況説明はほとんどなかったのであり，イングランド銀行の報道官がラジオやテレビで報道されることはほとんどなく，記者会見を行うことも稀であった．イングランド銀行はどんなことでも身をさらすことをいぜんとして嫌っていたのである．

1977年の夏の間にいくつかの反応があった[4]．ペイジは，イングランド銀行が政策について公に発言すると，その結果として政府への影響が失われることを心配していた．彼はまた「直感的な勘」に基づいた行動と「学問的で知的に尊敬できる分析的な仕事」との間にレーニスが設けた違いに対して大いに異議を唱えた[5]．実際には，ペイジはレーニスが意味したことを誤解していたかもしれないが，その弁論は啓発的なものであった．イングランド銀行が評価を得て影響を及ぼすことができるかどうかの鍵は「われわれのすべての業務運営において，可能な限り最高の専門的な能力と効率性を維持することにあり，また，われわれの行動を，市場の動向と金融機関，とくに銀行の事業についてできる限り完全に理解したうえで知らせることや，知識と経験に基づいた明確で優れた判断（勘とかその類の言葉で今日では叙述される表面的には流行らない資質）を下しているように見られること」である．フォードは同様の不安をもっていた．彼も外部との関係について触れているが，大事なのはそれが行われる流儀であると主張していた．「苛ついた『オールド・レディー』がPRの計略に訴えるというイメージを植え付ける」ことにだけ成功する戦略には危険性を見ていた[6]．

マクマーンとしてもレーニスが唱えたことの大部分に，とくに，もっとオープンにしたい，少なくとも，そのように見られたいとしたことに賛成であった．この目的のために，外部の経済学者を交えたより多くのセミナーや会議で，イングランド銀行がその姿勢について説明し，またその政策形成で遭遇するジレ

ンマを示すことができるようになることを彼は望んでいた．もちろん，学問的な激しいやりとりがあるであろうが，このことによって，イングランド銀行からの参加者は「啓発的な喜び」を得ることになるであろう．実際，リチャードソンはそのようになることを求め，連邦準備の同様の仕組みに基づいて，「学術コンサルタント専門委員会（Panel of Academic Consultants）」が樹立され，1977年10月に初めて会合をもった[7]．マクマーンはまた，ときには総裁の講演には「政府とその政治的支持者たちにとっては明らかに歓迎されない」趣旨が含まれていてもよいと感じていた．こうなれば，「大きな見出し」となり，イングランド銀行についてのコメントが変わるであろう．より密かに，マクマーンは報道の取り扱いとイングランド銀行が「とても正直に」報道しがちであるという事実について疑問に思っていた．これを続けることを支持する議論もあったと彼は認めたが，イングランド銀行がオフレコの発言をもっと計算高く政治的に行えば，「われわれのイメージを変え，新聞でもっと多くのスペースを得て，政策における原動力としてより多くの尊敬を得る」ことが可能になるかもしれないのであり，「また，われわれは実際に政策に影響を及ぼす能力を高めるかもしれない」[8]．

　この議論の多くを特徴づけたものは，イングランド銀行がどの程度まで「独立している（independent）」とみなされるのか，ないし，みなされるべきかという点であった．どのような中央銀行も完全に自立的ではあり得ないということは受け入れられていたが，いずれにしろ，「独立している」が何を意味するかは明らかではなかった．レーニスは，これはあまりにも情緒的な言葉だと考え，「別個である（different）」という表現を好んだ[9]．にもかかわらず，ダウのいうところでは，「イングランド銀行がその独立性の程度を強化することを実現したいと望める多くの方法」があった．それから彼は自分の初期の見解を再説し，イングランド銀行は経済政策問題についてセカンド・オピニオンを提供するべきであり，たんに業務執行者として行動するだけにとどまるべきではないというOECDでの仕事の成果を繰り返した．米国の例を引き合いに出して，イングランド銀行が議会の委員会に出席し，金融政策について定期的に報告しなければならないといったような，何らかの説明責任義務を負うことに利点があるとダウは見ていた．これは新たな役割について公に強調することにな

ると彼は感じていた[10]．

　マクマーンはこのことについては率直で，「実際上でも見かけのうえでも，イングランド銀行がより強い独立性をもつことを強く支持する気持ち」をもっていた．「これはわれわれの利益に適うばかりでなく，国の経済運営の利益のためにもなるであろうと私は信じている．また，私はそれを達成するためにわれわれは何らかの代価を払う準備をすべきである（私の考えではわれわれはそうするべきなのである）」．彼は，議会の委員会に報告するというダウの考え方に惹かれていて，この委員会でイングランド銀行と大蔵省の意見が相違したとしても災難だと考えるべきではない，と強調した．実際，それは歓迎すべきことであり，イングランド銀行の信頼性を増すことになるであろう．関連した問題で，マクマーンはイングランド銀行のさまざまなレベルの職員が提案やメモを準備することを考えていた．すでに見てきたように，これまでは，そういうことはなかった．マクマーンが言っていたように，「非常に注意深く検討された見解だけを，しかも非常に高いレベルの職員によって，大蔵省に伝える傾向があった」．マクマーンが述べているコスト（代価を払う）とは何のことであろうか．彼が思い描いていたのはシティについてであった．そこでは，唯一の代表者としてのイングランド銀行の伝統的な役割がある程度低下することは受容されなければならないであろう．同じことであるが，大蔵省はシティとの接点を増やそうとするであろう．マクマーンの見解では，潮の流れはイングランド銀行に有利に向かっていた．彼の言によれば，決して全員がマネタリストというわけではない経済学者たちが，より強い独立性の考えを彼に提案しており，また，保守党は明らかにそのことを真剣に検討していた．マクマーンは現政権の下でもとり得る小さな手段がたくさんあると考えており，イングランド銀行はたんに待つだけの「自己抑制の囚人」であるべきとは信じていなかった[11]．

　イングランド銀行が自らの見解をより自由にかつ公然と示すことができるかどうかということから，独立性についての他の論点が発展してきた．そのうちの1つは市場操作に関連していた．これはラドクリフまで遡る問題である．大蔵省がいくつかの金融操作の分野を侵食し始めたことをこれまでも見てきた．対外的および国内的双方の金融問題の日々の管理が，1970年代の中頃には政治的舞台の前面に出てくるようになり，大蔵省の役人と大臣は戦術面での決定

にますます加わるようになった．役人は「中央銀行のように判断をする習慣と中央銀行のように決定する想像上の能力」も発展させた[12]．フォードは，イングランド銀行がマネーマーケットでどのような行動をとるべきか，あるいはどのような国債を発行するべきかを決める大蔵大臣との会合を，あたかも2つの中央銀行が同じ政府に競って進言しているかのようであったと述べていた．彼は本当に認めたのであるが，イングランド銀行はこれに対していくつかの議論ではあたかも2つの大蔵省があるかのように議論の範囲を広げて対抗した．これは明らかにイングランド銀行にとっては満足できる状況ではなかったが，市場環境の変化によって結局はイングランド銀行が政策運営の自由を取り戻すであろうというのが一般的な感触であった[13]．

議論されたその他の論点は，イングランド銀行の組織とその内部問題の管理の自由，とくに，財務問題に関するものであり，このことについてはペイジとフォードの2人とも総裁に詳細を報告していた．業務局長は組織の構成要素を概説し，急激な組織改革は立法措置と一般的な政治的保証を必要とするであろうと警告していた．彼はあたかも改革の障害となっているかのように見られていた．しかも，彼は「政府は来て，去り，また変心するので，イングランド銀行は，予想できない間隔で立場を急激に変えながら進むよりも今のままとどまった方が良い」と述べていた．彼はおそらく，何も起こらないことを望んでいたのであろう[14]．フォードは，この類の問題になるといつも頼りにされ，実際，「感動的な空想飛行」を10日もかけて作成した．これはいかにも彼らしい力作であり，組織，1946年法，イングランド銀行と大蔵省の関係に幅広く跨るものであった．そこで生み出された成果は，既存の組織を変える必要はなく，協定によって，イングランド銀行に金融政策のための戦術的行動に備えた金融情勢の分析，見通し，提案を大蔵大臣に提出する新たな責任が与えられるというものであった．しかし，金融政策の目標の決定と大臣への提示は主として大蔵省に残り続けるであろう．それからフォードは，最後に，矛を降ろして「これらの頁に書いたように私が現在考えていることを，将来もそのまま考え続けるという自信はまったくない」と付け加えた[15]．

1. 国際金融センターとしてのロンドン

イングランド銀行が長い間携わってきた1つの分野は，ロンドンが国際金融センターとして発展するのを促すことであった[16]．ロンドンの高度に発達した金融市場，専門知識，および外国人に対して開放的なことといったすべてがビジネスを惹きつけた．1960年代の終わりには，「シティは，1914年の大惨事の前にそうだったように，再び金融の真に全世界的な中心になった．1960年には77の外国銀行（そのうち14は米国系）がロンドンに支店をもっていた．1970年には，159行（そのうち37は米国系）になった」[17]．1971年2月の，ギルドホールで開催された海外銀行家クラブでのオブライエンの年次総会講演は「ロンドンの銀行界の国際的な性格」を強調するものであった[18]．彼は，ユーロカレンシー市場で業務を営むためにロンドンにくる外国銀行の参入を歓迎したが，それは国際金融センターとしてのロンドンの成長の動力になるからであった．オブライエンはシティにおける革新を歓迎し，「この発明と発展の過程において，多くの異なる国家的背景をもつ銀行の間で相互にアイディアを豊かなものにしていること」を賞賛した．そのようなアイディアには銀行間市場と地方自治体市場の発展やファクタリングとリースのような新しい分野の発展が含まれていた．これらすべてが金融センターとしてのロンドンの役割を広め，かつ深めていた．また，ロンドンで営業を行う利点は，その「開放的で，柔軟で，個別事情に配慮した規制システム」にあった．実際，ブランデンの主張するところによると，ロンドンがこの分野でリーダーシップを発揮することを期待している人がほとんどであった[19]．また，『バンカー』誌も，規制を実施しているイングランド銀行の「物わかりの良い姿勢」が「最高に重要である」とみていた[20]．イングランド銀行は，「国際的な金融センターとしてのロンドンの役割の維持と発展は海外の金融機関が絶えず当地に居続けることに依存している」と主張していた[21]．ロンドンにおける外国銀行の数は増加し続け，『バンカー』誌が1978年11月に調査を公表したとき，合計395の外国銀行が存在していた．1979年版では400以上と推定した．他のどんな金融センターと比較してもおよそ倍の数の銀行が当時ロンドンに集まっており，その点では，ロ

ンドンがいぜんとして「圧倒的な世界の大金融センター」であることは確実であった[22]．

1971年の終わりにかけて，中央政策評価スタッフ（Central Policy Review Staff; CPRS）はシティの成長を抑制する要因を調べたいという希望を表明した．イングランド銀行はその計画が明らかに曖昧であることに懐疑的であったが，利害関係者と非公式の会合を組織することによって支援した[23]．1972年の半ばまでに，CPRSは銀行間研究機構（Inter-Bank Research Organisation; IBRO）に対して，金融センターとしてのロンドンの将来に関する研究を行い，「ロンドンの将来の発展を促進するために英国政府がとるべき行動を確認し，政府の行動によって取り除ける障害を確認するように」委託した[24]．イングランド銀行は，この仕事には関わっていなかった上，その報告はイングランド銀行の見解を反映していないことをはっきりさせることに熱心であった．ホーラムはその計画を「野心的すぎる」とみなしていた[25]．年末にでき上がった主要報告書は，主に，シティとホワイトホールの間の意思疎通の性格と政府の介入が将来のロンドンの発展をどのように助けるかに，関わっていた．とくに，報告書が推奨したのは，焦点にある当局が連携，後援，および促進の仕事に携わるべきであるということであった．イングランド銀行と政府のいくつかの省がこの仕事にふさわしいと考えられたが，報告書はこれを拒否して，別個の「タスク・フォース」を確立する方が良いとした．クックはこの報告書がイングランド銀行の現在の役割について分析不足であることを嘆いた．実際は，彼が指摘するところによると，報告書がイングランド銀行に最初に触れたのはイングランド銀行がこの研究について議論したがらなかったというコメントであった．全体として，この報告は「決してそうは言っていないが，イングランド銀行の将来の役割を大幅に減らすことを想定した絵になっている」[26]．これが現実のものとなることはスレッドニードル・ストリートでは受け入れられそうもなかったのであり，この後に作成された「総裁の覚書」は現状を強く擁護するものであった．驚くことでもないが，イングランド銀行はこの報告書が公表されることを望まず，事実，公表されなかった[27]．

1973年2月に，サー・アントニー・パート（Sir Antony Part；貿易産業省（DTI）の事務次官）の下にある小さな作業グループが会合し，この報告書に

対する公式の対応を検討した．もっとも緊急の課題は公表の是非で，DTI，CPRS，および内国歳入庁はこれを支持していた．フォードとウォス（彼はこの研究に対して強く批判的だった）は少数派であった[28]．イングランド銀行もDTIの政治工作のことを知っていた．DTIの事務次官は手形交換所加盟銀行会長たちに公表を拒絶しないように言い含めていたし，また，彼は会長たちにシティ問題に関するホワイトホールの常設委員会に加入するように，勧誘しようとしていた．それに対して手形交換所加盟銀行は，イングランド銀行の地位を損なうことは望んでいないと答えた．オブライエンはウォスに，DTIは自分の立場を「あまりにも露骨に」強化しようとしすぎる，と愚痴をこぼした[29]．大蔵省はこれを，反対派を試し，大蔵省とイングランド銀行を「現代社会の現実に合わせるのに抵抗している古くて視野の狭い組織」としてさらけ出そうという戦略の一環と判断していた．首相がDTIの企てに与する恐れもあった．このため，省庁間の調整委員会をその代わりに設置することで，自立的なタスク・フォースの考えを放棄する代案が出され，そして，シティ連絡委員会 (City Liaison Committee) をある程度強化し，拡大することも検討された[30]．これは作業グループでは概略受け入れられた．もっとも，フォードはDTIの事務次官が調整委員会の議長を務めるべきであるとの提案についてはいぜんとして警戒した．彼は，それは，強力な官庁の高官の手にシティの問題に関してあまりにも多くの権力を委ねることになり，その高官はいずれ，「金融システムの中心にいるイングランド銀行総裁の立場と張り合うようになる」であろう，と主張した[31]．イングランド銀行は，ロンドンの国際的な地位を高めようとしたかもしれないが，シティにおける自らの卓越した役割を維持しようとすることにも同じくらい関心があったのである．

　国際的な金融センターとしてのロンドンに関するいっそうの調査が1977年にイングランド銀行とロンドン手形交換所加盟銀行委員会（CLCB）の両者によって行われた[32]．イングランド銀行は双方の調査結果の類似点と相違点について説明した．国際金融におけるロンドンの役割がイギリス経済にとって重要な価値をもっていること，しかしこの状況が損なわれつつあること，先行きこれをくい止めて逆転させる手段が講じられなければならないこと，これらに合意するのは容易であった．イングランド銀行とCLCBは，ロンドンは他の金

融センターにビジネスを奪われることに対して自衛しなければならないと主張し，失われたビジネスは容易には回復できないであろうということを恐れていた．外国籍の金融機関は税と為替管理の変更に敏感で，他のセンターにすぐに移る可能性があった．英国の高い法人税の下では，米系の国際銀行には，その国際業務をバハマ諸島やケーマン諸島のような税率が低いかゼロの金融センターに移す誘因があった．このほかにロンドンの地位を蝕んでいる要因は，家賃と労働コストが割高であることであった．両報告書ともに，第2次大戦以降ロンドンがますます外国通貨のビジネス，とくに米国ドルのビジネスに依存するようになり，ポンドの役割の減少が国際金融にとって本来備わったセンターとしてのロンドンの資格を弱体化させてきたと強調した．このことは双方の調査結果の基本的な違いを明らかにした．つまり，イングランド銀行は，ポンドをベースにしていてはロンドンは国際銀行業の役割を遂行できないと認識していたが，CLCB は，ロンドンが自らの国際的に受け入れられる通貨を用いて国際的なビジネスを行える状況に戻ることを支持していた．イングランド銀行の見解は確かにより現実的であった．シティに対する公式の政策はいつも，「はっきりとした，確信をもった自由」であった．IBRO による研究の大げさな介入計画よりもむしろ，現在では，前進する方法として考えられるのは，不利な税と為替管理の影響を減らす施策を伴った，柔軟な規制の枠組みを維持することである[33]．しかし，1977年の夏にそのような動きはまるでなかった．

　1970年代を通じ，イングランド銀行はシティの中でその影響力を行使し，シティの見解を代弁しようとし続けた．イングランド銀行は諸見解を調整することを意図した種々の委員会を設立し，そのための事務局員を提供した．これらの委員会にはシティ連絡委員会や，ヨーロッパ，資本市場，会社法，税制，および通信等の分野を対象とする専門家グループが含まれていた[34]．イングランド銀行はまた，外国為替市場とポンド市場で秩序が保たれるように努めた．これは決して新たな野望ではなかった．英国が1931年9月に金本位制を離脱した時に，商業銀行は外国為替管理者委員会（Committee of Foreign Exchange Managers）を設立した．それは非公式で，しかも全体を代表する団体でもなかったが，ノーマンがそれを再編するべきだと示唆した1936年の夏までそのまま機能し続けた．新たな外国為替委員会（Foreign Exchange Committee;

FEC）は公式の団体であったが，その銀行構成員は変わらなかった．また，ノーマンの役割にもかかわらず，イングランド銀行はメンバーではなかった[35]．戦争中にFECは瀕死状態になったが，それは為替管理に関する問題は何であれ，外国為替小委員会（Foreign Exchange Sub-Committee）で扱われたからであった．この取り決めは1942年に明確にされ，FECは稀にしか会合せず，それもおもに，小委員会を任命するためであった[36]．ラドクリフは，ロンドンの外国為替市場には何の基本法も規則もなく，慣習によって律せられている，そしてFECが主として為替管理の問題に関与している，といわれた[37]．そのメンバーは手形交換所加盟銀行，引受商会，およびさまざまな外国銀行からなっていた．戦後，新たな団体，外国為替ブローカー協会（Foreign Exchange Broker's Association）が形成された．これは8つの大きなブローカー業者から成り立っていた．1960年代の後半までに，市場が大幅に拡大し，外貨預金の使用も増加した．この結果，1968年に同協会は再編され，外国為替・外貨預金ブローカー協会（Foreign Exchange and Currency Deposit Broker's Association; FECDBA）となった．その後の外国為替および外貨預金市場の発展によって，1973年末には合同常設委員会（Joint Standing Committee; JSC）が設立されるに至った．その意図は市場参加者，つまり，一方ではFECを構成する銀行と，他方ではFECDBAに属するブローカー，の間で定期的に円滑な意思疎通を図ることであった．JSCは4つの銀行と4つのブローカーから成り立っていた．ときどき，FECとFECDBAの承認を得て，JSCは市場で採用されるべき適切な慣行に関するガイドラインを出した．JSCはまた，機密保持や行動規則の深刻な違反を調査し，FECDBAへのメンバー加入申請の可否を検討し，さらに，それ以外にも，銀行やブローカー，あるいはその双方から提起される市場に関する問題や論点を検討した．イングランド銀行は議長と事務局長を出し，会合はイングランド銀行で行われた．イングランド銀行が，秩序ある市場の振興に資する改善策を喜んで支持したことは疑いの余地がない[38]．しかし，外国為替市場のメンバー構成について，FECDBAのメンバーではないブローカー，サラベックス社（Sarabex, Ltd.）に挑まれたときには，ちょっとした動揺が起きた．このケースは欧州委員会に持ち込まれたが，そこでは，長年イングランド銀行が取次手数料率の設定と，市場への新しい取次業者（ブローカー）の参

入の承認について責任をとることを受け入れていたので，競争確保規則への違反はなかったとされた[39]。

外国為替市場におけるこうした取り決めはポンド・マネーマーケットのモデルとしても機能した．おもに，スコットランド卸売協同組合（Scottish Co-Operative Wholesale Society; SCOOP）での出来事と，マーケットに関する知識を広めたいというイングランド銀行の願望の結果として，手形交換所加盟銀行と割引商会，引受商会から成る作業部会が1973年9月に設立され，ポンドの銀行間市場と預金証書（CD）市場の組織と手続きを見直すことになった．同部会は，概略 FECDBA の線に沿ったポンド・ブローカー協会の創設を推奨した．それから数年間の議論をへて，ポンド・ブローカー協会の設立が1979年7月に公表された．JSCの場合と同様に，その議長はイングランド銀行から派遣された．同時に，ポンド預金市場の取引についての行動規範が発せられた[40]。

2. ロールス・ロイス社の危機

イングランド銀行は金融機関の発展を促すことに，ましてや救済することだけに自らの役割を限定したわけではなかった．イングランド銀行はその活動範囲を産業部門や個々の会社の救済にまで広げていた．そのような一例がロールス・ロイス社であった．1970年代の初めに，近代英国史上もっとも傑出した会社の1つであるロールス・ロイス社が破綻した．この出来事はシティに衝撃を与えたのであり，国家的な悲劇だと見る人もいた．ある見解によると，同社は「街の人には『イングランド銀行と同じくらい安全』だとみなされていた」．その時代の学生の革命的熱気の下で，その破綻は資本主義の最後の断末魔のはじめの兆候ともみられた[41]。

ロールス・ロイス社の経営困難は，世界の航空機市場が一段と競争的になった1960年代に始まった．会社が生き残るためには米国で成功する必要があり，1966年に政府の援助を得て，米国の競争相手のプラッツ＆ウィットニー社（Pratt & Whitney）およびジェネラル・エレクトリック社（General Electric）に対抗しようとして，会社がこれまで取り組んだ中で最大でもっとも複雑なRB211エンジンの開発を始めた[42]．1968年3月に，ロールス・ロイス社はロ

ッキード1011航空機用の契約を獲得した．しかし，同社は「金融的安全性の限界をはるかに超えて技術的な野心に耽ることを許容されていたので」，エンジンの開発資金問題に直面した[43]．開発に要する時間と必要な費用が過小評価されていたのである[44]．航空機の設計変更に応じてエンジンも変更されたが，これによって費用はうなぎ上りに上昇した．1969年に経営困難が明らかになったときに，政府は産業再編公社（Industrial Reorganisation Corporation; IRC）にロールス・ロイス社の財務状況を調査するように要請した．産業再編公社は，1970年には510万ポンド，1971年には430万ポンドの損失が生じるであろう，との確信を深め，同社に1970年に1,000万ポンドを，（産業再編公社の理事がロールス・ロイス社の役員になるという条件で，1971年にさらに1,000万ポンドを）貸すことを決定した．これはロールス・ロイス社がずっと厳しい財務状況の下でもその仕事を継続できるように直近の流動性危機を緩和するためであった[45]．

1970年7月に，事態は危機的な状況に達し，オブライエンの注目を引くところとなった[46]．問題の本質は，当初推定された費用は7,490万ポンドであり，政府が，そのおよそ72％にあたる4,713万ポンドを約束した，という事実にあった．しかし，これは固定金額であり，技術的な問題で費用が1億3,750万ポンドに押し上げられた時に，政府の負担割合は34％に低下し，ロールス・ロイス社は9,000万ポンドを必要とすることとなった[47]．この段階で，同社は5,000万ポンドに達する当座貸越枠（その取引銀行であるミッドランドとロイズからそれぞれ2,500万ポンド）と13の引受商会のシンジケートから2,000万ポンドの引受枠をもっていた．9月末に，技術相が，公的部門と民間部門から各々2,500万ポンドの追加的な支援を行うことを提案した[48]．ロールス・ロイス社の威信と地位を考えれば，ホーラムはイングランド銀行がロールス・ロイス社の問題に関与するのは正しいことだと感じていた[49]．それがうまくいかないと，海外の信頼を失い，ポンドに短期的に不安定な影響をもたらすかもしれない．しかも，ロールス・ロイス社にとっては他の要素，とくに，英国の防衛計画にとってその軍事用航空エンジン事業が重要であるという問題があった[50]．大蔵大臣が総裁に「最低限の救済作戦」に乗り出すためにはどうするべきかを尋ねた際に，オブライエンは協力することには同意したが，銀行と保険会社は

巻き込まれることを嫌っていると注意した[51]．オブライエンは後に，「ヒース氏はおそらくほとんど真剣に，彼の意見によればとくに協力的でなかったある手形交換所加盟銀行を取り除くことができたなら，私へ爵位を提供すると申し出た」と回顧していた[52]．イングランド銀行，シティの金融機関，および政府を巻き込んだ会合は1970年10月中続いた．政府は援助を渋っているように見えたので，フォードは，「われわれが本来もっている産業技術がまだトップクラスにあることの重要な証拠とみなされる製品を作っている，イギリス産業界でもっとも威信のある企業が無理やり倒産させられることを政府は欲しているのですか」と尋ねた[53]．オブライエンは大蔵大臣に，金融機関は3,000万ポンドを供するかもしれないし，イングランド銀行は1,000万ポンドを喜んで提供するが，こうしたことはすべて，政府がさらに2,000万ポンドを提供し，政府が今後もロールス・ロイス社を支援し続けるとの保証を与えるという条件に依存している，と述べた．バーバーは，政府が際限なくコミットするのは現実的ではない，と答えた[54]．それから，11月には，政府は，必要だと推定されていた6,000万ポンドのうち，4,200万ポンドを計上する準備があると述べた．そこで，オブライエンはフォーブスとフォークナーに会って，残りの額について議論した．フォーブスは極度に消極的で，銀行がさらに資金を供給するとしても，そのようなことは誰に対しても2度としないのは確かだと述べた．（彼らが再び「ライフボート（救命艇）」に拠出するように呼び戻されたのはわずか3年後であった．）首相は喜ばなかった．「銀行が採用した，障害的とは言わないまでも厳しい姿勢は，まったくサー・アーチボルト・フォーブズ（Sir Archibald Forbes）のせいであり，……他の関係する銀行はもっと建設的で妥当な態度をとる用意があった」[55]．オブライエンは，ミッドランドとロイズの両行が提供することに同意していた500万ポンドは，とくに返済に関して厳格な条件が付いているが，妥当でない金額ではないとほのめかした．イングランド銀行自身は800万ポンドの貸出を申し出るつもりであった．政府資金が利用可能となるかどうかは，会計法人クーパー・ブラザーズ社（Cooper Brothers）によるロールス・ロイス社の調査が満足のいく結果を示すことを条件としていた．また，この段階で，引受商会シンジケートは，ロールス・ロイス社の商業手形が1971年4月に更新時期を迎えたときに，既存の引受枠2000万ポンドを継続

することに同意した．この時を振り返って，オブライエンは，「怒って強硬な首相の命を受けて，関係したシティの金融機関に強く圧力を掛けすぎたかもしれないが，ありがたいことに，取り返しのつかないくらい間違った結果をもたらすほど厳しすぎた訳ではなかった」と書いている[56]．これらの過程でイングランド銀行が入手していた情報は11月末まで公にはされなかった．その時点までは，政府の4,200万ポンドと必要とされた6,000万ポンドとの差額である1,800万ポンドはすべてロイズ銀行とミッドランド銀行によって提供されるものとみなされていた[57]．

1971年の初めに，状況は悪化した．ロールス・ロイス社の取締役会は，損失を出さずにロッキード社との契約を履行することはもはや不可能であり，したがって，RB 211計画を中止するのが最善だろうと考えた．オブライエン，フォード（彼は一時的にCCC提案に関する仕事を止めていた），ペイジ，ホーレット（Hallet），およびキーオ（Keogh）が2月初めに会合し，銀行システムはその重い負担を負うことはできるが，イングランド銀行は信用供与の備えがあるという声明は出さない方がよいとの結論に達した．また，この報道はポンドに悪い影響を与えるが，ポンド・レートが急落することは許すべきではなく，必要ならば支援を与えるべきことも了承された[58]．計画の廃棄を説明したプレス発表の草案が準備されたが，ニクソンがこれをヒースと議論するまで発表は延期された．引受商会シンジケートとの会合で，総裁は，ロールス・ロイス社問題の結果として深刻な困難に直面する引受商会に対してはイングランド銀行が支援することを保証した[59]．同社は1971年2月4日に管財人の管理下に置かれた．政府の4,200万ポンドは必要とはされなかったのであり，手形交換所加盟銀行からの1,000万ポンドやイングランド銀行からの800万ポンドの貸出の引き出しも行われなかった．他方，1971年4月以降ロールス・ロイス社への引受枠を更新するという引受商会の11月の約束も実行されなかった．ロールス・ロイス社の資産を管理するために，新しい，政府保有の会社であるロールス・ロイス有限会社（1971年）が設立された[60]．

クローマーはワシントン駐在の英国大使になったばかりであったが，彼もまた口を挟んできた．ロールス・ロイス社の破綻が公にされる前に相談がなかったことについて不満であったと伝えられている．彼は，RB 211が実現しない

場合の米国での反発についてロンドンでは十分理解されていない，と感じていた．元総裁は，米国での英国の評価を維持するために契約は再交渉されなければならないと確信し，オブライエンに対して，この問題でシティが果たすことができる役割があるかどうか見極めることを求めた．オブライエンは，この問題に対する責任はおもに政府にあると考えていた[61]．その後，実際に起きたのは以下のことであった．国防大臣のキャリントン卿（Lord Carrington）はRB 211についての技術的および費用上の調査を命じ，その調査は，エンジンを復活させることができ，問題を6カ月の延期とさらに1億2,000万ポンドのキャッシュフローの注入によって解決できると結論づけた．英国，米国の政府を含めた交渉の後に，ロールス・ロイス有限会社とロッキード社はRB 211の完成のための新しい契約に調印した[62]．

　政府による支援の正確な状況について，引受商会側からその後不満が出された．引受商会シンジケートは，1970年11月に準備された政府の資金が無条件に供されると信じていたが，今となってそれは実際には条件付きであるといわれて悩んでいた．まもなくして，政府の4,200万ポンドとクーパー・ブラザーズの報告書との関係を明らかにする記事が新聞に出た[63]．イングランド銀行はコメントを拒んで，前面に出てくることはなかった．オブライエンは，引受商会側が十分な情報が与えられなかったために，結果として実損を被ったと考えるのであれば，彼らの代表と会う準備がある，と伝えた[64]．にもかかわらず，11月のイングランド銀行の見解は，引受商会が（引受枠更新に）同意したときに，その主張のように誤解させられたわけではなかった，というものであった[65]．ロイズ銀行およびミッドランド銀行と共同してイングランド銀行は，シンジケートは「条件」についてわかっていることはすべて伝えられていたことを説明する回答を準備していた[66]．オブライエンは回答の草案をバーバーに送ったが，彼は「下院での自分自身の説明と矛盾しているので，歓迎しなかった」と伝えられた[67]．引受商会は彼らの不満に対する回答にいぜんとして満足はしなかったが，オブライエンは1971年9月初めに彼らの代表2人と会い，この問題をこれ以上追求すべきではないという合意になんとか到達した[68]．この危機はシティと政府の間の関係を傷つける結果をもたらし，イングランド銀行にとっては厄介であった．オブライエンはこのことは「在職中の心地よい経

験の1つではなかった」とコメントした．そして，「それ［最終的な結果］を達成するのに私が果たした役割に対して誰からも何の感謝もされなかった」と感じた[69]．確かに，ロールス・ロイス社を支援した彼の努力は銀行界での彼の立場を傷つけたように見える．イングランド銀行にとっては何の資金的コストもかからなかったかもしれないが，その評価は損なわれたように見える[70]．

　イングランド銀行はまた，この他にも，1970年代に資金繰り面での困難に陥ったいくつかの企業にも関与した．マージー・ドックス・アンド・ハーバー・ボード（Mersey Docks and Harbour Board; MDHB）はリヴァプール港の公的事業体であるが，1960年代後半に深刻な問題を抱え，1969年に総額180万ポンドの欠損を出した．状況は1970年にさらに悪化し，同ボードはその運営費用の支払いと増大する利子支払いが困難になった[71]．MDHBは2,000万ポンドのローンを求めて政府に打診したが，これは拒否された．同ボードは管財人が管理するところとなって，1971年にはマージー・ドックス・アンド・ハーバー会社として再建された．この件はイングランド銀行とは関係がないことのように考えられていたかもしれないが，イングランド銀行は，他の公的機関に対する場合と同様に，MDHBへの財務アドバイザーとして働いていた．1960年代にイングランド銀行は，同ボードに対して，それ以前に依存していた長期債券の発行に代えて，短期債券を通じて借入をするようにアドバイスしていた．これら短期借入に伴い金利が高くなったことが，同ボードの問題の一因となったと考える者もいた[72]．制定法上の公的機関の債券に対する市場の信認を維持したいとイングランド銀行が望んでいたことも，イングランド銀行が支援したもうひとつの理由であった．こうして，イングランド銀行はMDHBに対して限定的な支援を行ったのである．ホーラムとフォードは2人とも同ボードがその負債の支払いができなくなった場合，市場にもたらす影響を心配した．というのも，そのような機関は事実上信用リスクがないと見なされていたからである[73]．これはイングランド銀行には何らの費用も負担させなかったが，このエピソードはイングランド銀行が秩序ある市場につねに関心をもっていることを示した．

　1970年代半ばに資金繰り上の厳しい困難に陥ったもう1つの会社，ブリティッシュ・レイランド自動車会社（British Leyland Motor Corporation; BLMC)

にも少しだけ関心をもっていた．1974年の最終四半期に，BLMCは「4大」手形交換所加盟銀行に1億5,000万ポンドの借入を求めたが，銀行は政府支援の何らかの保証がなければ供与枠の追加的な拡張には応じようとしなかった．イングランド銀行は銀行代表，大蔵省幹部，および大蔵大臣との議論に巻き込まれた．1974年12月6日の下院で，短期の債務保証と長期の資金調達の両方の形で政府はBLMCを支援するという声明を出した[74]．同社は次の年に国有化された．この場合には，イングランド銀行はたんに事態を見守るだけであったが，さまざまな関係者の間を繋げる立場として行動した．しかし，この経験は，リチャードソンが，経営困難に陥った企業を監視する必要性を説明し，支援する用意があることを示すのに使われた．

3．バーマ・オイル社

1970年代半ばのイングランド銀行の最大でもっともよく知られた活動の1つは，英国で25番目に大きい会社であるバーマ・オイル社の救済に関与したことであった．1975年と1980年の間にイングランド銀行は，借入を保証し，スタンドバイ枠を提供することによってバーマ・オイル社を支援した．多くの争点となったことであるが，イングランド銀行はバーマ・オイル社が保有するブリティッシュ・ペトロリアム（British Petroleum; BP）社の21.6％の株式を1億7,900万ポンドで購入することによって同社に資金を注入することもした．バーマ・オイル社の株主は株式の返却を求めて訴訟を起こしたが，彼らは1981年にこの裁判に負け，その株式はイングランド銀行から大蔵省へ移転された．

バーマ・オイル社は1902年に設立され，BP（当初はアングロ・ペルシャ石油会社（Anglo Persian Oil Company））は1918年までその完全所有の子会社であったが，その年に，政府がBPの株式の51％を獲得し，バーマの所有比率は25％に減少した．1970年代初期にバーマ・オイル社は一連の野心的な事業に乗り出した．これらの事業には液化天然ガスの輸送，バハマ諸島の積み替えターミナルの建物，タンカーの大規模なチャーター，および北海への投資が含まれていた．1974年の初めにバーマ・オイル社はシグナル・オイル・アン

ド・ガス社（Signal Oil and Gas）を 4 億 2,000 万ポンドで取得し，これによって米国および北海での石油生産，およびその他の地域での探査活動が可能になった．バーマの拡張計画は高度のリスクを抱えた多額の借入を伴っていた．ドル建ての借入額は 6 億 2,500 万ドルで，そのうちの 4 億 2,000 万ドルはチェース・マンハッタン銀行（Chase Manhattan）とオライオン銀行（Orion）が主幹事の銀行団（コンソーシアム）から，1 億 5,000 万ドルはモーガン・ギャランティー銀行（Morgan Guaranty）が主幹事の銀行団から，そして 5,500 万ドルはロイヤル・バンク・オブ・カナダ（Royal Bank of Canada）銀行が主幹事の銀行団からのものであった．さらに，利率 8.5％ の社債残高 5,400 万ポンドがあった．全体で，借入は 30 ほどの銀行に広がっており，ほとんどが海外の銀行であった．互いに組み合わされた無数の契約や保証は，親会社が保有している市場で取引できる BP とシェルの株式の価値が上昇することに事実上依存していた．石油危機と BP 株式の価値の減少は，バーマ・オイル社のタンカー隊の損失見込みと相まって，バーマ・オイル社に深刻な財務上の困難をもたらした．1973 年末に BP 株式は 534.5 ペンスであったが，1974 年 12 月には，価格は約 200 ペンスまで下落した．バーマ・オイル社の資産価値の縮小は，もはや同社がいくつかの融資契約の条件を満たせないことを意味した．そこでバーマ・オイル社は，1974 年 10 月に，シグナル・オイル社の融資契約の条件を再交渉した．バーマ・オイル社は，グループの純利子費用が営業利益の一定割合を超えないことを要する契約条項を含め，いくつかの新しい条件を受け入れた．タンカー業務における営業状況の悪化によって，シグナル・オイルの融資契約に反することとなる恐れがあったが，これが今度は他の融資契約に影響を及ぼすことになった．バーマ・オイル社は，膨大な負債の重荷を繰り上げて支払わなければならなくなると，外部からの支援なしには生き残れなかったであろう[75]．

　1974 年 12 月 23 日の朝に，バーマ・オイル社の財務アドバイザーのベアリングズ商会（Barings）とフレミング商会（Fleming and Co.）の代表者たちがイングランド銀行に赴いて同社の問題をリチャードソンとホーラムに告げた．総裁は直ちにその日の午後遅くバーマ・オイル社の代表者に会って，夕方には状況を大蔵大臣に報告した．ヒーリーは BP ないしシェルとの取り決めができな

いであろうかと思い，政府が直接に巻き込まれるという考えは好ましくないと述べた[76]．翌週中に一連の会合が開かれ，クリスマスイブとボクシングデイにはホーラム，大蔵省，エネルギー省，バーマ・オイル社とその財務アドバイザーの会合がもたれた[77]．ホーラムは，再交渉が可能になるように，イングランド銀行が12カ月間ドル建で借入を保証することを提案した．発行部を通じて，イングランド銀行は最大5,400万ポンドのバーマ・オイル社による新規の繰上げ償還可能社債に応募し，それにより同社が社債を返済できるようにする．最後に，バーマ・オイル社のマネーマーケット短期借入について困難が生じた場合には，イングランド銀行が一時的な支援を与える．担保として，バーマ・オイル社はBPとシェル・トランスポート・アンド・トレーディング社（Shell Transport and Trading）の担保権の設定されていない株式を提供する．そして，イングランド銀行はこれらの株式を社債や貸出を返済するために自由に売却できる．バーマ・オイル社はまた，イングランド銀行が保証した貸付が遅くとも1975年末までに返済されるように，シスル・フィールド（Thistle Field）におけるシグナル社の利権を除いて，北米における諸投資を売却する．そして，バーマ・オイル社はコンチネンタル・シェルフ（Continental Shelf）の商業油田の権益の51％を，必要なときには政府に移転する．また，取締役会と経営幹部は交替させられ，イングランド銀行は後任の任命について発言権を持つ[78]．

この12月の取り決めは再交渉されなければならないことがすぐ明らかになった．新しい情報で明らかになったのは，バーマ・オイル社の複雑な，他の借入者に対する相互保証の網の目によって，BPとシェルの株式への抵当権の設定は他の借入契約違反を引き起こさずには行えず，そうなれば今度はバーマ・オイル社が破綻するということである．イングランド銀行がBP株式を保証として取りたいという意図は多数の他のローンの返済要求を引き起こすであろう．さらに，タンカー事業が存続可能かどうか疑わしかった．ベアリングズ商会は改訂案を提案したが，これは受け入れがたいと感じられた．というのも，イングランド銀行も政府も，バーマ・オイル社が売却可能な資産，つまりBP株式を持っている限り，バーマ・オイル社に対して無担保資金を提供することはないからである．そこで，バーマ・オイル社がそのBP株式をイングランド銀行に，市場価格で，即金で売却する計画が注目され，そうして生み出された資金

で，同社は，その北海油田開発事業を継続，発展させ，またそのタンカー事業に資金を提供し続けることができるであろう．イングランド銀行に売却された株式が再度売却されることで後に生じる利益は，イングランド銀行とバーマ・オイル社の間で分割されることが提案された[79]．ホーラムはまた，BP 株式の買付価格は「あまり厳しすぎてはいけない」と忠告した．しかしサー・ダグラス・ヘンリー（Sir Douglas Henley：大蔵省）は，リスクを勘案すれば，最低価格（190 ペンス）を支払う場合もある，と主張し，また彼は，利益が生じた場合にはそれは株主ではなく納税者のものになるべきであると考えていた．サー・ジャック・ランプトン（Sir Jack Rampton：エネルギー省の事務次官）も，バーマ・オイル社がいくばくかの利益を得て恩恵を受けるべきではないという点で同じ意見であった[80]．ホーラムは市場実勢価格で購入することには賛成したが，イングランド銀行がバーマ・オイル社の弱い立場を利用していると考えられたくはなかった．低い価格はバーマ・オイル社の状況が悪いことを示唆するかもしれない，そうなると，今度は，同社の将来の存続可能性に対する信認が損なわれるであろう．しかし政府は，バーマ・オイル社自らがその災難をもたらした，しかも政府は救済作業に乗り出したことで実質的なリスクをとっている，と主張した．大蔵省主計局長（Paymaster General）のデルは平均価格方式を提案したが，バーマ・オイル社の抗議に直面した．しかしデルは，内在しているリスクを考慮して，売却条件については譲らなかった[81]．

1975 年 1 月 23 日，バーマ・オイル社はその BP 株式 7,781 万 7,507 株を発行部経由でイングランド銀行に，1 株当たり 230 ペンス，総額 1 億 7,898 万 226 ポンドで売却した．価格は 1974 年 12 月 31 日から 1975 年 1 月 22 日までの実勢市場価格の平均に基づいていた．イングランド銀行は株式を保有する間，それに付随した議決権を行使しないこと，また株式からの利益は政府に支払われるべきこと，を約束した．BP とシェルの株式資本を担保とする代わりに，イングランド銀行はバーマ・オイル・アンド・ガス社とバーマ・オイル開発会社（いずれもバーマ・オイル社によって保有される米国子会社）の全株式資本を担保として取得した．イングランド銀行はまた 12 カ月間の 7,500 万ポンドのスタンドバイ枠を可能とし，イングランド銀行は既存の 6 億 5,000 万ドルの長期ドル借入を 1975 年 12 月 31 日まで保証した．1 月 27 日に BP の副会長兼

マネージング・ディレクターのアラスター・ダウン（Alastair Down）がバーマ・オイル社の新しい会長兼マネジング・ディレクターになった．政府は，この問題の重要性を強調するために，この施策から生じるどのような損失に対してもイングランド銀行を保護するとの「念書」をイングランド銀行に送った[82]．

　なぜイングランド銀行はそれほど深く関わったのか．記者会見によると，政府とイングランド銀行はそれを「国益に係る」と判断していた．バーマ・オイル社は国際的に活動している英国の大企業であった[83]．クリスマスイブに行われた議論の間中，ホーラムは，もしバーマ・オイル社があれほど多額のドル借入の債務不履行を認められれば，ポンドの地位は弱体化するであろう，と主張した．サマセットは後に，そんなことが本当に起こったら，「シティにとってはとんでもない汚点となったであろう」と回想した[84]．このように，イングランド銀行はポンドと国際的な金融センターとしてのロンドンに及ぶ影響については関心をもっていたのである．おそらくイングランド銀行にとって利害関係はより少なかったが，バーマ・オイル社が北海油田の開発に重要な役割を果たしていたこともうひとつの要因であった．救済は政府によって事実上保証をされていたが，それにもかかわらず，二次的な文献の中で一般的に描かれている姿とは異なり，これはイングランド銀行がまとめた活動であった[85]．発行部の利用も特筆に値する．セカンダリー・バンキング危機の余波で，ホーラムは銀行部のバランス・シートにさらに負荷をかけることを嫌った――準備は1億ポンド余りであった．発行部は50億ポンド以上の資産をもっていた．実際，支援を提供するために発行部が利用されたのはこれが初めてではなかった．すなわち，1971年には，政府からの圧力で2つの港湾当局に対して発行部から前貸しが行われた[86]．しかしながら，バーマ・オイル社の場合の規模はまったく異なっていた．

　バーマ・オイル社資産の処分は1975年2月に始まり，その売却代金は債務返済に充てられた．その売却にもかかわらず，イングランド銀行の7,500万ポンドのスタンドバイ枠の相当額が使用された．1975年10月に，バーマ・オイル社は支援案の改定版を提出し，借入保証の更新とスタンドバイ枠を7,500万ポンドから1億2,500万ポンドないし1億5,000万ポンドに増やすことを求めた[87]．見通しはとても暗かったので，清算するべきかどうかが模索された．サ

マセットは，BP株式で得られる利益の一部を同社が利用することが可能になれば，バーマ・オイル社の財務状況はより良くなるであろう，と感じていた．彼はまた，この潜在的な利益に手をつけずに我慢している間は，政府は道義的にバーマ・オイル社を倒産させることはできないであろう，と主張した[88]．ホーラムは，状況は「落胆させるものであるが，望みがないわけでもない」と感じて，清算とは反対の保証の延長に賛成した[89]．関心の中心になったのは，1948年会社法第332条に照らしたいっそうの支援の意味合いであった．同条は，責任を負う立場にあるもの者の知る限りにおいて，会社がその債権者を満足させる状態にあるという合理的な見込みがない時に，会社が取引を続けるのを阻止することを意図していた[90]．しかし，332条違反を問われるリスクは低いと合意され，総裁は，イングランド銀行がバーマ・オイル社のドル建て債務に対する保証を更新し，スタンドバイ枠を9カ月間延長させるべきであると主張した[91]．1975年12月18日に，イングランド銀行は保証を1976年9月30日まで延期したため，潜在的な購入者からの圧力を受けずに米国資産を売却できるようになり，より弾力的な戦略で資産の処分することが可能になった．スタンドバイ枠は7,500万ポンドで変わらなかった（もっとも，今や，バーマ・オイル社への5,500万ポンドとマンチェスター石油精製ホールディングス（Manchester Oil Refinery Holdings）への2,000万ポンドに分割された）[92]．

バーマ・オイル社の米国事業（バーマ・オイル・アンド・ガス社およびバーマ・オイル開発会社）は1976年夏におよそ5億2,000万ドルで売却され，4億8,000万ドルはイングランド銀行によって保証されたドル借入を減らすために使われた．こうして，1976年9月までに，バーマ・オイル社はその米国資産を処分し，その代金から6億5,000万ドルの借入の大部分を返済した．バーマ・オイル社は1974年末以来，大幅な快復を遂げたように見えた．にもかかわらず，同社はまだ不確実性にさらされており，またタンカーの損失が継続する見込みであった[93]．タンカー事業によって会社の限られた経営資源が容赦なく流出していることが判明し，イングランド銀行は9月に，銀行融資団からの1億ドルの有期借入に対して，新たな保証を与えることに同意した．これは2つの子会社，カストロール社（Castrol）とバーマ・オイル・トレーディング社（Burmah Oil Trading Limited）の株式担保で保証された．この借入は当時

返済される予定になっていた，イングランド銀行保証付の既存の 7,400 万ドルを更新するものであった．さらに，スタンドバイ供与枠が，1977 年 6 月まで 8,500 万ポンドに増額され，その後はそれが終了する 1982 年 6 月まで 6,000 万ポンドで継続した[94]．エネルギー省はイングランド銀行が被るかもしれない損失を弁済すると約束した．バーマ・オイル社は 1980 年 12 月についに，イングランド銀行からの資金援助が不要となった．その時点で，バーマ・オイル社はスタンドバイ枠から引き出していた 1,920 万ポンドを返済し，もはや信用取り決めを使用する必要がないと言った．

政府は BP 株式の 48% を，イングランド銀行は 20% を保有していた．1976 年 12 月にヒーリーは，国際通貨基金（IMF）からの借入に関連したパッケージの一環として，イングランド銀行の保有株式の一部が，公的部門の借入必要額（PSBR）を減らすために売却されるであろう，と発表した．政府とイングランド銀行の合計保有額を 68% から 51% に減らすのに十分なものが処分されるであろう[95]．イングランド銀行の BP 株式は長期的な証券投資とはみなされていなかったのであり，また，もともと，政府の BP 株式の一部と一緒に売却することが望まれていた．しかしバーマ・オイル社がイングランド銀行に対する訴訟に訴える恐れがあることが深刻な障害であった．政府官吏がバーマ・オイル社と，その訴訟の阻害的な効果を取り除く取り決めができないか議論したが，会社が押しつけてきた条件は受け入れがたいものであったので，政府は自己保有の 17.3% を売却することを決めた．イングランド銀行はその保有分を後で政府に売却することとした[96]．

BP の株式 66,785,591 株の売却で 5 億ポンドから 6 億ポンドが生み出されることが期待され，その代金は 1977/78 会計年度に必要とされていた．その売却を多様な金融センターでの別々の売り出しに分割することも考慮されたが，ロンドンとニューヨークで分割して 1 回で売却することが選択された[97]．世界の市場でこれまでで最大の株式売却になるであろうことを勘案すれば，イングランド銀行に対してさまざまな金融機関が助言や支援を申し出て盛んにロビー活動をしたのは驚くに当たらなかった．大臣の承諾が最終的に得られた後，ホーラムは 5 月 20 日にマーチャント・バンクとブローカーの会合を招集して，計画の概要を示した．その計画では，6 月 14 日公表（「衝撃日」），受け付け開始，

6月24日締め切り，そして6月27日割り当て，とされた．ホーラムはウォーバーグズ商会（Warburgs）のデイヴィッド・スコーリー（David Scholey）にすべての銀行を代表するように依頼した[98]．それからすべての点にわたる膨大な準備作業が続いた．6月13日に首相が845ペンスの売却価格を承認したので，これは翌日公表された．英国での発行には4.7倍の超過応募があったので，米国の割合は最大25％から20％へ減らされた．売却代金総額は5億7,100万ポンドで，費用はおよそ1,100万ポンドであった[99]．

別の面からであるが，スコーリー（BBCによる）は総裁に呼ばれて，販売を組織するのに6週間を与えられた，とマイケル・ヴァレンタイン（Michael Valentine）は回想している．彼がまた言うところでは，この過程を始めたものの，イングランド銀行の職員たちは「自分たちが関わるのを極端に嫌がり，都合の良い早い年休をとつぶやく者もおり，イングランド銀行で実質的に責任をもつ人物がいないため，彼らが果たさなければならない役割のすべてが法律家のピーター・ペディー（Peter Pedie）に降りかかった」．フレッシュフィールズ（法律事務所）から来ているペディーは疑いなく，イングランド銀行のために重要な役割を演じたが，このほかにも多くの人々が売却を成功させるために大変な努力をした．なかでもBPのブローカーであるスクリムジャーズ商会（Scrimgeours）の努力は顕著であった．ヴァレンタインによれば，ウォーバーグズとマーチャント・バンカーは売却をうまくやってのけるためにへとへとになるまで働いたが，その努力に対して，イングランド銀行からは「わずかな額」しかもらわなかった[100]．彼らはもちろん，引受手数料を受け取り，その額は800万ポンド以上に達した．ウォーバーグズは費用とサービスに対して，7万5,000ポンドを受け取った[101]．

政府のBP株式の次の売却が行われたのは1979年11月であったが，そのときには大蔵大臣が10億ポンドに達する公的部門の資産の売却によって，PSBRを削減する計画であると宣言した．それはまた，より広範な株式所有を促す政府の長期計画の一環であった[102]．今回の売却の狙いは政府とイングランド銀行の所有合計を46％に減らすことであった．その売却は再びイングランド銀行によって準備されたが，1977年の実施規模よりもかなり小さく，売り出しはロンドンだけでなされた．額面25ペンスの普通株式合計8,000万

株が 1 株 3.63 ポンドで売り出されたが，そのうち 1.50 ポンドは応募時に支払い，残額は 1980 年 2 月 6 日ないしそれ以前に支払うものであった．今回の発行も再び応募超過であった[103]．

イングランド銀行の BP 株式の購入はバーマ・オイル社の株主の不満を引き起こし，これはついにはイングランド銀行に対する訴訟を起こす結果となった．株主代表のグループは，融資契約の再交渉は「バーマ・オイル社にとっては自殺行為に等しい」と主張した[104]．彼らはまた，イングランド銀行の BP 株式の取得は，自分たちの同意を得ずに行われたので，不公正であるとも主張したが，この議論がどうして強い説得力をもつのか，それを理解するのは難しい．さらに，12 月 31 日から 3 週間にわたる市場価格を平均化するのは不公正だ，というのも石油株式は市場一般よりもずっと落ち込んでいたのだから，とも主張した．政治家にも言い分があった．1975 年 2 月に，影の内閣のエネルギー担当相であるパトリック・ジェンキン（Patrick Jenkin）は下院で，救済条件は，「最後の貸し手としてのイングランド銀行への信頼と独立に」「後々まで影響を及ぼす損害」を与えるものである，と演説した．これは両方の概念についての理解不足を示していた[105]．

イングランド銀行には怒った株主からひどい目に遭わされたという不満の手紙が殺到した．典型的なのはフォードへの次の手紙であった．「バーマ・オイル社のことがある前まではイングランド銀行は公正に取引を行うという評判があった．……何かがなされなければ，株主はイングランド銀行によって騙されたと感じ続け，公正のために圧力をかけ続けるであろう」[106]．ある怒った不満家はイングランド銀行に電話をして，ホーラムにつながれた．彼は辛抱強く聴いていた．その不満家は副総裁と話していたことに気がつくと，謝って，「事務レベルの」人に話をしたかったのだと言った．ホーラムは，「私が事務レベルにいることにお気づきになると思いますよ」と返事をした[107]．ホーラムはこのバーマ・オイル社救済劇の中心人物であった．こうした不満に対してイングランド銀行は弁解しなかった．ホーラムによれば，迅速さが重要で，株主に相談する時間はなかった．その状況の下では，それは「同社のために工夫できる最善の企画」であった．また，遅れれば，「グループ全体の純資産が危機に陥っていたであろう」[108]．確かに，この支援がなければ，株主はもっと悪い立

場になっていたであろう．

　1976年6月のバーマ・オイル社の年次総会で，株主はイングランド銀行に対する主張には根拠があると言われた．ジョナサン・ストーン（Jonathan Stone）はバーマ・オイル社株主訴訟グループの弁護士で会計係であったが，その売却を劇的に「これまでで最大の金融スキャンダル」であると述べ，向こう見ずにも「バーマ・オイル社は，政府の命令を受けたイングランド銀行に強姦された」と断言した[109]．1976年7月までに，1億7,900万ポンドで買われたBP株は4億6,500万ポンドの価値になっていた．バーマ・オイル社の会長であるダウンが7月にリチャードソンを訪問したときに，彼は個人的には告訴には反対であるが，自分の弁護士や取締役会の「タカ派」から圧力があると述べた[110]．その後ダウンはホーラムに手紙を書いて，イングランド銀行が10月5日までにこの主張に応じるかどうかの交渉に入ることに同意しなければ，バーマ・オイル社は訴訟手続きに入らざるを得ないであろうと述べた．ホーラムは何らそのような保証ができなかった．しかし，訴訟が見込まれることはリチャードソンを悩ました．「勝とうが負けようが，株式の返還を求める法廷での実際の係争行為はかなり厄介なことであろう」と彼はヒーリーに語った[111]．1976年10月6日にバーマ・オイル社は高等法院へ，購入価格から受け取り済みの配当金を控除した額の支払いで，BP株式をバーマ・オイル社に返還する命令を求める訴状を提出した．同社の論拠によれば，BP株式の取得は良心的ではなく，不公平で，道理に適っていなかった上，イングランド銀行は公正な取引義務に違反して，バーマ・オイル社に不当につけ込み，株式を買い戻す権利をバーマ・オイル社から奪うという過ちを犯し，さらに，担保設定に関連して担保から不当な利益を獲得した[112]．1978年に，バーマ・オイル社は株式保有を元へ戻すことを求める訴訟に資する政府文書を利用しようとした．これらの中には，政府がイングランド銀行にバーマ・オイル社を不正に利用するように圧力をかけたかどうかに光を当てるものと同社が信じている手紙が含まれていた[113]．公開は「公の利害を損なう」との理由で，申請は却下された[114]．申請が却下された後，バーマ・オイル社は事案を貴族院に持ち込んだが，そこでは，1979年11月に満場一致で却下された．

　1980年4月に，ホーラムはバーマ・オイル社の会長と密かに会おうとした．

ダウンは妥当なオファーがなされるのであれば受諾するつもりであった．ホーラムは説明的な話をすることは何も間違ったことではないと考えていた．その論拠は，「潜在的な利益に対するバーマ・オイル社の分け前を否定するのは不公平であり，……もし避けることができるならば，法廷を通して多大な費用を掛けて，そのような行動をひきずることは明らかにさらにいっそう好ましくはない」ということであった[115]．にもかかわらず，ホーラムは，受入れ可能な条件に到達するのは困難であろうし，およそ7,500万ポンドから1億ポンドのかなりの額になりそうだ，と認めていた[116]．大蔵大臣はそのような会合は行わないと断固として主張した[117]．その代わり，事案は1981年6月に法廷に持ち出され，これは当時では，英国の会社によって起こされた最大の民事訴訟の1つであった．サマセットが述べたように，「不利な決定がなされた場合の深刻な結果を考えると，可能な限り最善の防衛をするために，どのような費用を掛けてもあらゆる努力がなされるべきであるとわれわれは考えた」[118]．高等法院でのバーマ・オイル社の主張は，イングランド銀行はBP株式をその価値よりもかなり下回って取得するために，同社の脆弱な財務状況を利用した，とするものであった[119]．この訴訟は却下された．審理は7月3日に終わり，ウォルトン判事は以下のような判決を下した．すなわち，

> 不運なバーマ・オイル社の株主に対して多大の同情を禁じ得ない……彼らには嘆き悲しむ十分な権利がある．しかし彼らの真の論争の相手はイングランド銀行ではない……12月と1月にバーマ・オイル社の救済に至るイングランド銀行の措置がなければ，バーマ・オイル社は清算されていたであろうし，その場合には，彼らは完全に何も得ることがなかったであろう……株主がその怒りを向ける目標は存在するかもしれないが，イングランド銀行はその中には入らない[120]．

バーマ・オイル社は上告しないことを決め，イングランド銀行の裁判費用を賄うために，37万5,000ポンドを支払った．1981年8月，議論はイングランド銀行の3億1,127万28のBP株を発行部から大蔵省へ移管することに向けられた．これは12月に，10億3,300万ポンド（1981年11月の四半期再評価

に基づき，1株332ペンスに等しい）の額で実行された[121]．7年を経て，イングランド銀行の関与は終結に至った．

4. 産業金融

ロールス・ロイス社の倒産に照らして，また同様のことが起こる可能性に備えて，イングランド銀行は，将来危機に見舞われるように思われる会社を調べることができる組織の必要性を確認した．この論拠は，企業とその銀行や主要な株主との間に親密でより有効に機能する関係があった場合には，産業の弱体化はそれほど深刻ではなかったかもしれないし，避けられたのかもしれない，ということであった[122]．そこで，イングランド銀行は自らの産業分野に関する情報収集力と資金調達のニーズに関する認識を改めるべきであると感じ，それに向かって多大な努力を傾注した．

1972年初期の一連の非公式な協議を経て，「産業経営と機関投資家」に関する作業部会がホーラムを議長として設立された．その目的は，機関投資家が，それを通じて製造企業および商業企業の効率性を改善するための行動を促すことができるような，中心的な組織についてどのような構造と業務が考えられるか，を提言することであった[123]．この発想はあまり支持されなかった．その代わりに，イングランド銀行の折衷的な提案が採択された．それによって，4つの主要な機関投資家団体が機関株主委員会（Institutional Shareholders Committee; ISC）に加わった[124]．ISCは，効率性を改善するための企業の行動を鼓舞する目的で，機関投資家の既存の「投資保護活動」を調整し強化するものとされていた．1973年から1979年末までの間に，ISCは37の事案を検討し，そのうち7つを扱う特別委員会を設立した[125]．大きな成果が得られたかは疑わしい．

リチャードソンのもとで，イングランド銀行の産業金融に関する作業は弾みをつけていった．彼は純粋な関心をもっていた．彼は商工業金融公社（Industrial and Commercial Finance Corporation; ICFC）で働いており，ロールス・ロイス社とICI（Imperial Chemical Industries）の取締役会のメンバーであった．また1972年には新しく創出された産業開発諮問会議（Industrial Development

第 15 章　イングランド銀行の業務の自由　　　　　　　　　　　　983

Advisory Board) の議長に任命されたが，これは産業への政府の直接的な投資を促進するために企画されたものである．1973 年 10 月にロンドン市長公邸（マンションハウス）で行われた最初の講演の中で，リチャードソンは，シティと産業界との間の関係は「シティと国家の双方に利益をもたらすように大いに改善することができる」と述べるとともに，非常に慎重に「共感と理解の溝」について語り，「産業界の資金調達に格別の貢献をする」という自分の願望について話した[126]．産業界の必要とする資金を金融システムが提供していることを確実なものとする金融データを集め，分析し，使用することでの改善は，イングランド銀行，シティと産業界との関係を深めるであろうし，そうなることが期待された．ロンドン以外の地では，イングランド銀行の支店に拠点を置く地方代理人（Regional Agents）が長い間存在し，当該地域における産業事情の情報を本部に伝え続けた[127]．

　シティの中に産業界が出向くことのできる中心的な組織を創出するとか，「産業界の患者」を惹きつけ，探し出して，株主や銀行を動員して，適切な救済策を工夫し運営しようとするシンクタンク，ないし「診断組織」の設立など，いくつかのアイディアがあった[128]．リチャードソンは，企業のために資金繰り上の困難を議論する「中立的な焦点」をイングランド銀行が提供できると考えていた[129]．信頼と機密性が確保されれば，イングランド銀行は産業家に対して自分たちの問題について話す場所として魅力的になるであろう．政府の省庁とは違って，イングランド銀行は「冷静で非政治的な助言を提供できる特権的な地位」をもっていた[130]．

　1975 年 3 月に，ダウは産業金融ユニット（Industrial Finance Unit; IFU）を提案したが，これは「企業の資金調達のニーズについての情報収集センター」として彼が思い描いたものである[131]．サー・ヘンリー・ベンソン（Sir Henry Benson）はクーパーズ・アンド・リブランド（Cooper and Lybrand）会計事務所の上級パートナーで，会計士として産業界に 50 年以上関わってきたが，リチャードソンにより産業金融に関するアドバイザーに任命された[132]．彼はシュローダーズ商会でリチャードソンと親密に仕事をしていたので，リチャードソンの「インナー・サークル」の 1 人であった．イングランド銀行が IFU を設立するとの決定はシティで歓迎され，同ユニットは，産業界への投資に関連

した事柄については，イングランド銀行の中心となった．

IFUのおもな目的は「産業界からの金融情報のより体系的な流れを獲得し，特定の産業（ないし企業）の金融問題を確認するのに役立ち，金融界とそれらの問題についてより緊密な連携を確立すること」であった[133]．イングランド銀行は，問題の所在をそれが危機的な点に達する前に把握したかったのであり，金融的な困難のケースであるかどうかを確認したかったのである．また，どのような行動や支援が正当化されるか，またそうなら，どういう種類かを示したいと思っていた[134]．1978年までに，IFUは20人の強力なチームになり，さまざまな産業に関するデータを集め，標準から乖離している会社に光を当てるために用いることができる財務諸比率についてイングランド銀行の知見を拡大していった[135]．そのようなことでは，イングランド銀行は目立たないようにすることを好んだので，注意深い観察者は，その活動を「サイレンのない消防自動車」に似ていると表現した[136]．サイレンが鳴ろうが鳴るまいが，この時期にIFUによって達成されたことを評価するのは難しい．

第2次大戦以来，イングランド銀行はFCIやICFCと繋がりがあった．両機関とも産業界の資金調達のために創出された．1960年代の末にはFCIの将来性は疑問視されていた．というのも，仕事がなく，その本来の機能は基本的にIRCによって奪われていたからであった[137]．1969年初めに，FCIをICFCと合併させる提案は無に帰した．というのも，長い間FCIのことを心配していた手形交換所加盟銀行が，既存の株主から買い取ることを拒んだからである[138]．1年後，FCIの議長であるハンフリー・マイナーズ（Humphrey Mynors）は，いぜんとして将来について悲観的であった．彼は，同機関はお蔵入りにするべきだというホーラムの提案に対しても，また，FCIを解散する時期がきたというオブライエンの決めつけに対しても異議を唱えなかった[139]．しかし，ヒース政権の総選挙での選出に伴って雰囲気はがらりと変わった．保守党はIRCをなくしてしまいたかったので，FCIとICFCを合併する考えが復活した[140]．オブライエンは今やその合併を支持した．さらに，彼は大蔵大臣に，イングランド銀行は産業投資を鼓舞する努力に向けて貢献していると見られるべきであり，また，合併した機関のかなりの株式を保有することはそのための一手段である，と述べた[141]．リチャードソンは，ロンドン市

長公邸での最初の講演の中で，シティと産業界との関係の重要性を強調することで，前任者の路線を踏襲した．新総裁は，FCI と ICFC の合併は，イングランド銀行と手形交換所加盟銀行が産業金融に格別な貢献をすることを望んでいることの「明白な証拠」になるであろう，と述べた[142]．1973 年 11 月に，合併に向けた合意が成立し，「産業金融会社（Finance for Industry Limited; FFI）」と称せられる新たな持株会社が創出された．6,000 万ポンドの発行済名目資本金額のうちの 15% をイングランド銀行が取得し，残りはロンドンとスコットランドの手形交換所加盟銀行が分割保有した[143]．1974 年 11 月に，FFI が，株式保有銀行からの追加的な出資で資金調達をして，2 年間にわたって利用可能な中期貸出 10 億ポンドを組成する計画であることが公表された．1978 年 3 月末までに，1973 年に創設されて以降，約 6 億 6,000 万ポンドがこのグループにより貸し出されたか，あるいは貸出のコミットメントが行われた．1983 年以降，FFI は「3i」として知られるようになった[144]．

　この分野においてイングランド銀行の関心事の中でもう 1 つ明らかになったのは，産業界へ機関投資家資金を流す組織である産業エクイティ・キャピタル有限会社（Equity Capital for Industry Limited; ECI）に対する支援であった．1975 年の夏に，英国保険協会の会長は，産業への投資が欠如していると言われていた批判についてイングランド銀行へ懸念を表明した．リチャードソンはベンソンにその件を調査するように依頼した．ベンソンは，新たな株式資金を投入するという線に沿って何かがなされる必要があるという考え方が一般的であることに気づいた．案の定，作業部会が設立された．リチャードソンの提案で，このグループは，シティのすべての主要部門から引き抜かれた資金の投資に関して経験豊かな代表者によって構成された．同グループは，産業が株式資本を利用しやすくするために，資本市場の既存の機構に手を加える必要があるかどうかを検討し，また，シティはどのように貢献できるかを勧告する予定であった[145]．その最初の会合は 1975 年 10 月にイングランド銀行で開かれた．リチャードソンは，イングランド銀行がただの触媒にすぎないと思われるようにしたいと考えていることを明らかにした．また，諸機関に参加を強要することは望まなかった[146]．さらに，1976 年 1 月の CLCB 会合で，総裁は，意見が鋭く割れているという事実に敏感に反応して，ECI は支援に値する企画だと

信じるが,「参加する可能性のある各機関にその意思に反して参加を約束させるような圧力は何もない」と述べた[147]. 意見は割れていた. 1976年1月に最初の提案が提出された時点では,作業部会の約3分の1だけが提案を支持した. 1976年の作業部会の報告は,産業にとって資本市場の通常の機能を補うような株式資本を利用可能なものとするためには,新たな資金源が設けられるべきである,と結論づけていた.

この報告書は多くの批判的なコメントを誘発し,プレスは不満と反対を暴露するのを楽しんだ[148].『オブザーバー』紙は「たった1つの問題でシティがこれほど分裂したことを思い起こせなかった」.『サンデー・テレグラフ』紙は,提案の草案をめぐって諸機関が鋭く分裂したので,リチャードソンは彼らの何人かを呼び込んで,話し合いの場に着かせるようにしなければならなかった,と報じた[149].『オブザーバー』紙によれば,ECIが廃案にならなかったのはリチャードソンとベンソンが説得したからにすぎない. 実際, ECIは「イングランド銀行の私生児」とか「ベンソン銀行」とのニックネームで呼ばれていた[150]. 作業部会は適切な調査をしなかったと批判された. また,ラザーズ商会 (Lazards) のアイアン・フレーザー (Ian Fraser) とハロルド・リーヴァ (Harold Lever) を含め,市場において投資ギャップがあることは証明されさえしなかったと断言する者もいた.

反対や対立にもかかわらず, ECIは1976年5月に正式に創設された. その主たる役割は,資本市場を通じては産業向け株式資本を調達できない会社に株式資本を提供することであった. イングランド銀行は,同基金を樹立するようにとの政府からの圧力は一切なかったことを明らかにするのに懸命であった. ECIは年金基金,保険会社,ユニット投資信託と投資信託会社から資金を得て,それを,証券取引所を通じては調達できなかった産業株式資本として直接的に投資する[151]. 1976年5月の目論見書では,最低3,000万ポンドとなるように各機関の応募を勧誘した. 結局,応募申込が受け付けられ, 360のメンバーの間に4,100万ポンドが割り当てられた. その後すぐ, ECIは問い合わせと応募を受け付け始めたが,同社が実際に完全に稼働し始めたのは1977年2月になってからであった. 1977年6月までに,同社は100件のケースを検討したが,たった3件,総額は580万ポンドだけが確約にこぎ着けた[152]. ECIは

うまくいったとはとても評価されるものではなかった．あるエピソードでは，ボンド・ワース社（Bond Worth）に関するものであるが，株式発行のたった4カ月後に破綻する悲惨さであった．『オブザーバー』紙は以下のように書いた．すなわち，ECI は「当初の目標が完全に破綻しないためには，今や奇跡を必要とする……，ボンド・ワース社の大失敗は ECI の数少ない支持者たちさえもたじろがせてしまった」と[153]．実際，フォードでさえも ECI は離陸に失敗したと感じた[154]．

イングランド銀行による産業金融の手段を改善するための多くの試みは，そうしたことに関するシティの動機に概して懐疑的であった政府には影響を与えなかった．1976年9月に，キャラハンはブラックプールの労働党大会で，金融機関の機能を見直す委員会を設立すると宣言した．これは，その焦点こそ異なるものの，ラドクリフ以来初めての金融システムに関する全面的な分析になるはずであったが，多くの同じような調査と同様に，それは基本的には政治的な動きであった．この場合には，キャラハンは，労働党左派による銀行と保険会社の国有化の要求を鎮めたいと思っていたのである[155]．（今回はそのような提案がなされた最初の機会ではなかった．労働党は以前にも1932年に銀行およびイングランド銀行の国有化を要求していた[156]．）設立される委員会は，「英国の金融機関が国の内外で果たす役割と機能，およびそれが経済にもたらす価値を調査し，とくに，産業と商業に対する資金供給機能を見直し，これらの金融機関の既存の監督制度には，公的部門の拡張の可能性を含めて，どのような改革が必要かを検討し，そして勧告をする」はずであった．プローデン卿（Lord Plowden）とロベンズ卿（Lord Robens）が調査を率いる可能性のある人として挙げられていたが，実際に任命されたのは，ハロルド・ウィルソン（Harold Wilson）であり，一部の筋では抗議の声が挙がったほどであった．彼はあまりにも政治的で，「シティについて嫌みな指摘を生涯にわたって行って」きたので，不適任であると感じられていた[157]．しかし，ウィルソンは円熟しており，元首相は「シティに探索犬を連れて行くことはしない」ことを明らかにした[158]．リチャードソンは，その調査が，極端な見解をもたない経験のある委員会により注意深く行われることを望み，また，彼はその調査を敵対的な意見に反駁する機会を提供するものとして歓迎した[159]．ホーラムは，「委員会

がたんなる政治的な仕掛けとしてみなされないためには，その仕事に対してもっとも厳格なアプローチを採用する」必要がある，と考えた[160].

委員会は，ロンドン・スクール・オブ・エコノミックス (LSE) の学長ラルフ・ダーレンドーフ (Ralf Dahrendorf)，ウィルソンの元政策アドバイザー，アンドリュー・グラハム (Andrew Graham)，およびイングランド銀行の元エコノミスト，アンドリュー・ベイン (Andrew Bain)，ビジネス界，シティ，および労働組合から引き抜かれた他の人々を交え18人のメンバーから成り，1977年1月にその仕事を開始した．その調査には2つの要素があった．すなわち，第1は資金の産業への供与に関するもので，第2はもっと広く金融機関の機能に関するもので，その監督，規制，および公的所有の問題を含んでいた．委員会は，55回にわたる会合の中で（その中の多くはイングランド銀行近くのギルドホールで開かれた），代表的な団体，学界，適切な経験のある著名な個人から意見を求めた．リチャードソン，ホーラム，フォード，マクマーン，ソーントン，およびグッドハートの全員が1977年12月に証言した．

3年半以上経ってから1980年6月に最終報告書が公表された．中心的な問題に答えて，ウィルソンは，英国の産業界は金融システムがもたらす投資資金に欠乏してはいなかったのであり，資金需要と資本市場からの供給の間には何ら大きな不均衡はなかった，とした．ウィルソンの主張によれば，期待収益率と比較した資金調達の価格が，実物投資に対する主な金融的な制約であった．英国のほとんどの産業問題は資金の利用可能性とは関係がなかったのである．同委員会は，どのようにして産業界へもっと多くの資金を流し込むかの問題については意見が割れた．産業界へ資金を貸そうとしている金融機関は十分あり，別の機関を創出する理由はまったくないと信じているものが大多数であった．にもかかわらず，ウィルソンは労働組合と一緒になって，機関投資家の資金と北海の石油収入の一部を注入する10億から20億ポンドの新たな基金を要望した．委員会に検討を任された付託事項の1つは公的所有の拡張について調査することであった．労働党全国執行委員会は，産業投資の増加を維持するべく，所要資金が利用可能となることを確保するために，より幅広い公的所有が必要である，と主張したが，ウィルソン委員会は銀行と保険会社の国有化には一致して反対した[161]．委員会は，イングランド銀行の側で「その増加する責任，

とくに資本市場の監督と産業金融における責任にふさわしい職員の経験と資格」を備えるために十分な手段を講じたかどうかは疑問にしたものの，産業金融に関する討議の中でイングランド銀行が積極的で公式の役割を果たした，と結論づけた．委員会は，そのような分野について総裁がいっそうの考慮をすることを勧告した[162]．

報告書に対する反応は入り交じっていた．『バンカー』誌は，「詳細なウィルソン勧告のどれも実行されないとしても，……委員会は貴重な目的を果たしたことになるであろう．［というのも］そのたんなる存在が間違いなく，シティの考え方に強力な触媒として機能したからである」と特記して，肯定的な評価を下した．一方，『イヴニング・ニューズ』紙は，報告書は「言葉は長いがアイディアは短い」，また，「時間と金の無駄」である，と指摘した[163]．報告書への反応を求められて，イングランド銀行は，主要な命題の中にはおおむね賛成できるものがいくつかある，と述べた．

5. 精査されるイングランド銀行

ウィルソン委員会は，主に産業金融に関心を寄せたが，もっと大まかながらイングランド銀行についても検討した．イングランド銀行は自行の証言を文書で提出し，リチャードソン，ホーラム，およびペイジは全員，1978年12月に委員会に出席した．イングランド銀行に非常に批判的な証言，たとえば，フェビアン協会（Fabian Society）からのもの，もいくつかあったが，それは最終報告書には明記されなかった[164]．イングランド銀行に関する章では政府との関係，シティ，説明責任，非常勤理事の役割，および銀行監督が扱われた．そこではイングランド銀行の金融サービスが高く評価されると述べられたが，1972-73年の急速なマネーの拡張にイングランド銀行が果たした役割，セカンダリー・バンキング危機をもたらした監督上の欠陥，および国債を発行する方法，に対する批判も記された[165]．報告書は，イングランド銀行は，以前よりも情報量が増えた年次報告書，『四季報』，そして総裁や執行理事のスピーチを勘案すると，その秘密主義は薄れてきたことを認めた．また，ウィルソンによれば，統計や経済の専門的知識がかなり強化され，分析能力が向上した結果，

イングランド銀行の権威と影響力はラドクリフ報告以降の 20 年間に大幅に増加した．

しかし，それよりも少し前に行われ，もっと重要であったのが，SCNI による追跡調査であった．1974 年 11 月に，SCNI はその 1970 年の報告書を更新するために，イングランド銀行の短期の調査を行うことが公表された．当初の調査でそうであったように，イングランド銀行の金融政策 (monetary and financial policy) における役割，国債市場，マネーマーケットそして外国為替市場，為替管理業務，および他の銀行に対する銀行としてのイングランド銀行の役割，これらすべてが調査の枠から外れるものと想定された．口頭による証言が，1976 年 2 月から 7 月にかけて行われ，リチャードソン，ホーラム，ペイジ，テイラー，アンドリューズ，およびルーミンズの全員がイングランド銀行を代表して証言した．1976 年 10 月に公表された報告書は前回のものほど批判的ではなかった．イングランド銀行に対して向けられた非難の多くは「感情的で根拠がない」ものであったと報告書は断言し，「付託事項の限られた範囲内では，イングランド銀行がその責任を果たし，自身の業務をこなす方法について，ほとんど何も瑕疵はない」と結論した．提出された証言から，委員会は国内および海外での活動の両方で，イングランド銀行は高く評価されていると，判断した．実際，「他のどの国もこれほど良い制度をもっていない」[166]．以前に委員会の関心事となった分野は再びとり上げられたが，イングランド銀行の改善が讃えられた．報告書の叙述によると，イングランド銀行は「沈黙を守らなければならない政府による政策指示の問題を除けば，もはや秘密的で尊大にとどまることはできない」のであった[167]．報告書の結論は，イングランド銀行は政府の代理人であるということを改めて強調し，「イングランド銀行は好むと好まざるとにかかわらず，指示されたことを行う」と主張した[168]．この調査は実際上，イングランド銀行の代理店業務に限られていたので，他の結論が出てくるのを見ることは難しい．また，報告書は，イングランド銀行はシティを代弁しておらず，また，イングランド銀行はシティからホワイトホールへ情報を伝える経路としては有効だが，政府の省庁には金融機関が直接近づくこともできる，とも主張した．これはイングランド銀行を驚かせたが，それが本当であるとの証拠はあまりない．

したがって，報告書の批判はイングランド銀行にとってはあまり重要な意味をもっていなかった．調査の付託事項が限られていたことは，争点となっている話題が触れられなかったということを意味したので，イングランド銀行にとっては好都合な姿を残したことになる．これでは批判的な者たちにとっては完全に十分に満足のいくものではなかった．ブライアン・グリフィス（Brian Griffiths）は『バンカー』誌上で，委員会が事を進めた方法をこき下ろした．グリフィスにとっては，報告書はたんに，自分たちの利害が絡んでいるイングランド銀行を当然にも擁護する証言者の見解を再生しただけであった．それは意見の収集にすぎず，委員会が独自に事実を判断して，それに基づいて何が起こったかを体系的に見たものにはなっていなかった．さらに，調査の付託事項が制限されていたせいで，グリフィスは「貨幣と信用のコントロールの手法，手段と目的，および金融システムの監督と規制」を検証するための，さらに焦点を絞った特別の「金融問題に関する特別委員会」を提唱した[169]．

　SCNIは，1978年1月にイングランド銀行に関するさらなる調査を行ったが，そのおもな目的はセカンダリー・バンキング危機の間に行った支援作戦に関してもっと詳細を知りたいという要望に応えるためであった．以前の2つの報告とは違って，正式の報告書はなかったが，証言録は公表された．イングランド銀行は委員会に2度登場し，リチャードソン，ホーラム，ブランデン，およびテイラーが2度とも出席した．最初の会合は，主に周辺銀行危機に焦点を合わせたが，個別事例の詳細は銀行の機密保持の規則のために明らかにされず，どの事例についてもその詳細は同委員会の付託事項の埒外にあった．総裁は，金融システムが現在安定しているのは銀行監督面での改善によっている，と確信していた．第2の会合は，国有化産業の外貨建て借入，産業界向け金融，イングランド銀行の資本と経常支出，為替管理，および経営管理に関するより広範な問題をまとめて取り扱った．委員会はイングランド銀行が提供した情報に満足した．

　SCNIはイングランド銀行の財源に関心を示した．財源は，引き続き銀行の預け金残高に基づく収益であった．もっとも，この制度はCCCの導入によって正式のものになったのであるが．その時点で，銀行はその適格債務残高の1.5％相当額を無利子の預け金残高としてイングランド銀行に置くことに同意

していた[170]．財源を強化する可能な方法の1つは，相当な利益（1975年に5億ポンド超）がある発行部を利用することであったであろう．実際，1977年にペイジは銀行部と発行部とは合併できるし，それによりイングランド銀行は最初から利益全体に手をつけることができる，というアイディアを打ち出した[171]．しかしそのためには1844年イングランド銀行法の改正が必要になるであろう．そして，このことを唯一の理由としてそれは完全に非現実的な提案となった．ブランデンによると，そうなると，蜂の巣をつっつくことになるであろう．「現状ではどのような政府も1世紀半にわたって政府に帰属してきた主要な歳入源の管理を独立した組織に手渡すことは考えられない」．たとえそのような動きが許されるとしても，それは，資金がどのようにイングランド銀行によって使われるかについてホワイトホールが以前よりもっと口出しをする，という代償を払って実現されるであろう．したがって，それは，財務面での独立性の喪失を阻止したり，あるいは覆すどころか，速めることになるであろうと，ブランデンは確信していた[172]．銀行の預け金残高に基づく収益という形での収入は，引当金や準備金の積み増しを十分に行えるほどつねに非政府関連支出を上回っていたわけではないが，いぜんとしてかなりの額に達する独自の収入であったことは間違いない．

　イングランド銀行の財務は，1970年以前の数十年間では，秘密，安定，満足できるほどの準備の蓄積からなっていた．これと比較して，1970年代には，わずかながらよりオープンになり，間違いなくより不安定になり，イングランド銀行にとっては満足できるものではなくなり，準備は枯渇した．インフレーションの衝撃，セカンダリー・バンキング危機の影響，年金引当金の必要性，および政府証券の価値の下落，これらのすべてが影響を及ぼした．1973/74年の決算報告においては留保額が実際に赤字になったが，このようなことは初めてであった．これに加えて，データもまた会計基準の変更によって，とくにいくつかの引当金の処理をめぐって複雑となった．イングランド銀行に関する最初の特別委員会報告書は財務についていくつかの重要な含意を有しており，多数の具体的勧告がなされた．すなわち，資本支出は他の国有化産業と同じ検査と審査にかけられるべきこと，毎年の財務諸表が公表されるべきこと，イングランド銀行が政府のために行うサービスについては全費用を請求するべきこと，

イングランド銀行は，準備金と運転資本への合意された引当金を控除した後に，銀行部の利益を納付すべきこと，である[173]．この報告書は1970年6月の総選挙の前月に公表されたので，退陣する労働党政府に対しても新たな保守党政権に対してもとくに高い優先事項とはならなかった[174]．にもかかわらず，1つの問題が素早く対処された．オブライエンは理事会に，説明責任は「無視して棚上げにする」ことはできないので，将来的には財務諸表は公表されなければならないであろうと，述べた．総裁が望んだのはこれが新たな立法を要せずに，かつ，独立性を犯すことなく行われることであった[175]．1970年7月に公表された同年2月に終わる年度の『年報』は，タイム・スケジュールを示さなかったものの，財務諸表を公表するための準備がなされつつあると述べていた．これは大蔵省が歓迎した動きであった[176]．

SCNI報告に対する政府の正式の反応は1971年3月の白書で示された．これはイングランド銀行が全面的に協力して起草され，4つの主要な問題，すなわち，財務諸表，資本支出，課金，および利益を扱った．最初のものについては，一連の財務諸表が1971年2月28日に終わる年度のイングランド銀行の『年報』に記載されるであろうと記された．次に，資本支出については，将来的には，5カ年計画が大蔵省に提出され，他の公的部門でも使われている投資評価と同じ方法に従うことになるであろう．為替管理と，国債および為替平衡勘定（EEA）管理の費用全体の弁済については受け入れられた．最後に，イングランド銀行は委員会の勧めに従って，大蔵省への配当の代わりに，法定の支払いを行うであろう[177]．大蔵省は，白書で示された原則を詳細に記した「覚書」を交換することが役立つであろうと提案した．その結果としての文書は1972年7月になってようやく完成され，合意された[178]．

1970/71会計年度から1979/80会計年度までの間に，イングランド銀行の総収入は名目で2,650万ポンドから1億1,650万ポンドに増加した（表15-1）．銀行内部の勘定では，1950年代から1960年代まで，収入の源泉が違った様式で示されていた．そこではいわゆる「固定」収入と「変動」収入が区別されていた．前者は英国国債の利子（これは銀行の預け金残高の運用によってもたらされた）と種々の証券の利子，手数料，課金，賃貸料，および他の収入を含んでいた．後者は大蔵省短期証券，割引手形，および貸出への利子からなってい

表 15-1 イングランド銀行の収入の源泉（1971-80 年）

(100 万ポンド)

以下の月に終わる年度	固定収入 英国政府証券の利子	固定収入 その他[a]	変動収入 大蔵省短期証券,割引手形,および貸出の利子[b]	各種サービスに対する政府からの回収金額	証券等の売買損益[c]	総収入
1971 年 2 月	10.4	2.4	9.1	5.0	(0.4)	26.5
1972 年 2 月	11.7	2.2	9.1	14.0	2.1	39.1
1973 年 2 月	12.7	2.8	12.0	15.7	(0.1)	43.1
1974 年 2 月	13.3	2.8	23.3	17.4	(4.8)	52.0
1975 年 2 月	14.7	3.9	30.5	27.0	(6.2)	69.9
1976 年 2 月	16.4	6.5	24.8	35.0	(6.4)	76.3
1977 年 2 月	17.1	7.3	26.9	35.0	(7.2)	79.1
1978 年 2 月	18.4	6.8	21.6	35.7	2.2	84.7
1979 年 2 月	18.6	6.9	31.8	37.5	(4.8)	90.0
1980 年 2 月	24.0	7.6	52.6	39.7	(7.5)	116.4

a．その他の証券の利子，手数料，料金，賃貸料，およびその他の収入．
b．預金へ支払われた利子を差し引く．
c．英国政府証券およびその他の資産の売却．（ ）内は損失を示す．
出所：'Blue book' accounts, 7A299 and 7A325.

た．大蔵省短期証券は，一般的に変動収入の最大のものであるが，以前は政府国債に含まれていた．割引手形の構成内容は時間とともに変化したが，地方自治体の短期証券と，この時期のまさに終わりには商業手形を含んでいた．セカンダリー・バンキング危機の間のライフボート作戦を反映して，貸出利子は1970年代初期の年当たり200万ポンドから70年代半ばには年当たり2,500万ポンド以上に跳ね上がった．

前の時期と比べた場合のおもな違いは，政府のためのサービスの費用は全額回収されたという事実であった．このサービスの多くは損失を生じていたが，真の収入と支出の詳細を大蔵省に対して開示することになるので，イングランド銀行は是正しようとはしなかったのである．1969/70会計年度では，950万ポンドの確認された費用のうち400万ポンドだけが回収された．また，過少課金に起因する「補助金」は1959/60年度から1989/70年度までの間に3,300万ポンドにのぼった[179]．新たな取り決めの下で，イングランド銀行は政府代理業務の総費用の5カ年の見積もり額を準備した．これらは大蔵省に提出され，イングランド銀行は3カ月の間隔で，これらの費用の4分の1を要求し，会計

年度末に，実際の数字を考慮して，調整が行われた．1972-76 年度用の最初の見積もり額が 1971 年 2 月に提出され，初年度である 1971-72 年度には 1,400 万ポンドが回収された[180]．結局，予測はかなり的を外れていた．たとえば，政府証券を管理する費用は 1972 年の 520 万ポンドから 1976 年までに 450 万ポンドに低下すると見込まれていたが，実際の数字は 640 万ポンドと 1,600 万ポンドであった．実質で見ても，費用は 1970 年代半ばまで増加し，その後，減少した．1971/72 会計年度と 1979/80 会計年度をとると，政府から回収された額は変わらなかった（表 15-2 と表 15-3）．理由の一部は大蔵省からの費用削減の圧力であり，また，公的支出を抑制する試みとして 1976 年に導入された「現金支出限度」の影響であった．為替管理費用は 1976/77 年度に現金支出限度体制の中に組み込まれ，他のサービスは 1977/78 年度に組み入れられた[181]．

イングランド銀行の総支出は 10 年間で 2,000 万ポンドから 6,500 万ポンドへ増加した（表 15-4）．もっとも，実質では，増加はおおよそ 4% にすぎなかった．人件費がいぜんとして最大の支出項目で，俸給，賃金，および年金が総支出の 68% に達した．しかし，職員数はほぼ一定にとどまった．支出金額を政府から回収した額に関連づけて考えると，新方針の施行以来イングランド銀行

表 15-2 イングランド銀行のサービスに対して政府から回収された金額（1971-80 年）

(100 万ポンド)

以下の月に終わる年度	国債	銀行券発行	為替管理	為替平衡勘定	その他[a]	総回収金	総回収金（1970 年の固定価格）
1971 年 2 月	1.8	1.7	0.1	—	1.4	5.0	5.0
1972 年 2 月	6.4	2.3	3.3	0.4	1.6	14.0	12.8
1973 年 2 月	7.4	2.1	3.6	0.5	2.1	15.7	13.3
1974 年 2 月	7.6	2.6	5.3	0.4	1.5	17.4	13.7
1975 年 2 月	9.9	3.2	5.7	1.0	7.2	27.0	18.6
1976 年 2 月	16.0	4.8	10.6	1.8	1.8	35.0	18.9
1977 年 2 月	15.5	5.2	10.8	1.4	2.1	35.0	16.4
1978 年 2 月	14.4	5.6	11.4	1.5	2.8	35.7	14.7
1979 年 2 月	15.2	5.4	12.4	1.6	2.9	37.5	13.9
1980 年 2 月	18.7	6.5	9.1	2.3	3.1	39.7	12.8

a. 主に印刷工場に関連した回収金．1975 年は 550 万ポンドの特別年金回収金を含む．
出所：'Blue book' accounts, 7A299 and 7A325.

表 15-3 イングランド銀行の主要財務指標，固定価格 (1971 年＝100)

以下の月に終わる年度	総収入	総支出	営業利益	留保利益	自由準備金	名目GDPから推計されたデフレータ）(1971 年＝100)
1971 年 2 月	100	100	100	100	100	100
1972 年 2 月	135	93	258	78	94	109.1
1973 年 2 月	138	96	266	97	90	118.2
1974 年 2 月	154	103	160	84	72	127.3
1975 年 2 月	181	118	142	87	66	145.5
1976 年 2 月	156	123	137	64	54	184.8
1977 年 2 月	140	115	97	109	50	213.1
1978 年 2 月	132	109	135	148	48	242.4
1979 年 2 月	125	98	164	205	50	270.7
1980 年 2 月	142	104	131	134	50	310.1

出所：表 15-1, 15-2, 15-4, および 15-6 から導出．

表 15-4 イングランド銀行の総支出 (1971-80 年)

(100 万ポンド)

以下の月に終わる年度	人件費[a]	一般支出[b]	合計	回収された金額 (%)	回収されなかった金額 (%)
1971 年 2 月	13.5	6.8	20.3	5.0 (25)	15.3 (75)
1972 年 2 月	14.3	6.4	20.7	14.0 (68)	6.7 (32)
1973 年 2 月	16.1	7.0	23.1	15.7 (62)	7.4 (38)
1974 年 2 月	17.4	9.2	26.6	17.4 (65)	9.2 (35)
1975 年 2 月	22.7	12.2	34.9	27.0 (69)	7.9 (31)
1976 年 2 月	30.2	15.9	46.1	35.0 (76)	11.1 (24)
1977 年 2 月	33.3	16.5	49.8	35.0 (70)	14.8 (30)
1978 年 2 月	35.4	18.4	53.8	35.7 (66)	18.1 (34)
1979 年 2 月	38.1	15.7	53.8	37.5 (70)	16.3 (30)
1980 年 2 月	45.4	20.0	65.4	39.7 (61)	25.7 (39)

注：表 15-1, 15-2, 15-4, および 15-6 から導出．
a. 俸給，賃金，国民保険および他の支払い，年金掛金，および総裁・副総裁と理事の報酬を含む．
b. 営業費用，維持費，および減価償却．
出所：'Blue book' accounts, 7A299 and 7A325.

の総費用のおおよそ 60% から 70% が取り戻されたことになる．これでもまだ，金融政策，経済情報，銀行業務サービス，海外業務など他の中央銀行機能の費用，および組織を運営するための配分されないその他の費用に支出される数百万ポンドが残っていた．

この時期の資本支出は年平均360万ポンド（ピークは1973/74年度の700万ポンド）であり，これは土地建物と設備とでおよそ半々の割合で分かれていた．設備にはスレッドニードル・ストリートとニューチェインジの新しいコンピュータ・センターおよびデブデン（印刷工場）での機械の追加が含まれていた[182]．もう1つオブライエンが率先して行ったことは新しい閲覧図書室で，1969年に25万ポンドの費用が承認され，1971年に開館した[183]．イングランド銀行の贅沢な「タージ・マハル」風支店に対して批判が生じた後であったので，1970年代の支店への支出は比較的抑制された．ブリストルとサウサンプトン支店の拡張があり，グラスゴーに新たな代理店ができた．支店のひとつ，ストランドにあるロー・コーツ支店は閉鎖され，売却された．それはほぼ1世紀にわたって法律専門家にサービスを提供してきた支店であった．口座数は1925年の487から1965年の131に落ち，1970年代までにはさらに減少した．さらに，1975年12月に導入された新たな最高法院資金規則（Supreme Court Fund Rules）によって，裁判所への現金供託はすべて裁判所資金部になされることとなり，裁判所のすぐ近くに銀行施設を提供することはもはや必要でなくなった[184]．この支店の口座は1975年12月に本店に移され，ロー・コーツ支店の職員はイングランド銀行の他の部署で職を保証された[185]．その建物は1979年に80万ポンドで売却された．

　それでは，1970年代のイングランド銀行の「利益」（'profits'）（表15-5）に何が起こったのか．粗利益は，大蔵省からの回収分を含む総経常収入と総支出との差である．会計基準の変更によって，1974/75会計年度から損失と年金への引当金は損益勘定に計上されることになったが，以前は，損失引当金は準備に計上することができた[186]．1980年2月末までに総額3,800万ポンドが年金に引き当てられ，7,000万ポンドが損失に引き当てられた．公表された財務諸表では，損失引当金は，ライフボート作戦におけるイングランド銀行の分担に関わる額が，1973/74年度の英国政府国債と他の証券の価値の大幅な下落時に計上された引当金の減少によって相殺され，純額として示された[187]．このように，ライフボート作戦における損失引当金は部分的には公表財務諸表では曖昧になっていたが，総額は実際には1億ポンド以上であった．これらの引当金によって利益は名目でも実質でも大幅に削減された（表15-5参照）．とくに，

表 15-5 イングランド銀行の粗利益と純利益（1971-80 年）

(100 万ポンド)

以下の月に終わる年度	粗利益[a]	損失引当金	年金	税引前（営業）利益	税金	大蔵省への配当金支払い	追加的年金引当金	税引後および配当後利益
1971 年 2 月	6.3	—	—	6.3	1.9	1.7	—	2.7
1972 年 2 月	18.4	—	—	17.7	5.0	5.5	4.9	2.3
1973 年 2 月	19.6	—	—	19.8	4.9	7.0	4.8	3.1
1974 年 2 月	25.4	—	—	24.7	9.9	6.0	5.9	2.9
再記述								
1974 年 2 月	25.4	—	11.9	12.8	3.9	6.0	—	2.9
1975 年 2 月	35.0	9.8	12.2	13.0	3.6	6.0	—	3.4
1976 年 2 月	30.2	14.3	—	15.9	6.7	6.0	—	3.2
1977 年 2 月	29.2	16.2	—	13.0	3.7	3.0	—	6.3
1978 年 2 月	30.9	10.3	—	20.6	5.4	5.5	—	9.7
1979 年 2 月	36.1	8.1	—	28.0	5.5	7.5	—	15.0
1980 年 2 月	51.0	11.4	14.0	25.6	7.9	6.5	—	11.2

a. 経常収入プラス政府から回収された金額，マイナス経常支出．
出所：'Blue book' accounts, 7A299 and 7A325.

　1973/74 年度の改訂財務諸表における税引前利益額は 2,470 万ポンドから 1,280 万ポンドへ半減され，さらに再度の改訂では，740 万ポンドの損失を示した．これらすべてが準備に影響を及ぼした．実質では，「自由」資本と準備（すなわち，建物と設備を差し引いた後の）は 50% 減少した（表 15-6）．

　イングランド銀行の利益は予測できないために，大蔵省へ支払われた配当の大きさも影響を受けた．SCNI の勧告に従って，イングランド銀行は支払い方法を変えることを検討した．1971 年 3 月の初めに大蔵省にある方式を提示した．それは，毎年イングランド銀行が前年末の資本と一般準備の合計額の 5% に等しい額（税引後）の準備への追加を要求し，その後，税引前利益が残っていればその 10% をイングランド銀行に，90% を大蔵省へ分ける，というものであった[188]．この後，楽ではない交渉が続いたが，そこではイングランド銀行はなお 1960 年代の自らの財務諸表を明らかにするのを拒んだため，大蔵省は準備の積み上げが合理的かどうか判断できないという不満をもった．テイラーは，ある会合に出て，大蔵省の中には白書をイングランド銀行の問題により深く関わる機会として捉えている者がいるとの印象を受けた．しかし，1971 年 6 月に，テーラーは，大臣たちはこの問題を当面は棚上げにすることを決定

表 15-6 イングランド銀行の準備（1971-80 年）

(100 万ポンド)

以下の月に終わる年度	一般準備金	資本金および準備金	不動産／設備控除後	自由資本金／準備金	自由資本金／準備金（1971 年固定価格）
1971 年 2 月	101.1	115.7	31.6	84.1	84.1
1972 年 2 月	104.4	118.9	32.6	86.3	79.1
1973 年 2 月	107.6	122.1	33.1	89.0	75.3
1974 年 2 月	100.1	114.7	37.9	76.8	60.3
1975 年 2 月	103.6	118.2	37.2	81.0	55.7
1976 年 2 月	106.8	121.4	37.2	84.2	45.6
1977 年 2 月	120.4	187.4	97.7	89.7	42.1
1978 年 2 月	130.2	197.2	98.5	98.7	40.7
1979 年 2 月	145.8	212.3	99.2	113.1	41.8
1980 年 2 月	164.0	230.4	99.9	130.5	42.1

注：1977 年 2 月に終わる年度からの数字は 5 億 2,400 万ポンドの再評価益を生み出した資産の再評価を反映している．
出所：'Blue book', accounts, 7A299 and 7A325; Rumins, Bank's accounts and budgetary control'.

したと言われ，この問題は 1973 年にも再び取り下げられた[189]．方式について合意がなかったので，この問題は，配当の代わりに引き渡される額についての年 2 回の気の抜けない取引に委ねられた．こうなっても大蔵省はさらに多くの詳細情報を求める圧力をかけ続けることを止めなかった．たとえば，1972 年には，大蔵省はなぜ準備を必要とするかを特定化しようとしたが，このやり方はテイラーにより強く反駁された．彼は，そういうことをすれば，もろもろの出来事に反応して行動し，その介入や決定の時期や程度を決めることができる独立の機関としてのイングランド銀行の哲学を損なうであろう，と断言した[190]．こうした利益をめぐる議論はすべて，まさにイングランド銀行が 1950 年代と 1960 年代に避けようとしてきたことであった．

SCNI は，1970 年代半ばにこの問題を再びとり上げた．この時に，1971/72 年度から 1974/75 年度にかけての 4 年間に配当の代わりに大蔵省に支払われた額は総額 2,450 万ポンドに達したが，イングランド銀行の資本と準備はわずか 510 万ポンド増加したにすぎない，と SCNI はいわれた．委員会で質問されたときに，ホーラムは，準備は「不当に低い」とみなしており，イングランド銀行が他の銀行に課している基準に反していると見られるに違いないと述べた．

すなわち,「われわれ自身が実行していないことを説教すべきではない」. このように, ホーラムは, 資本と準備はイングランド銀行が実施している業務と「理に適った関係」をもっていなければならないと, 主張した. 銀行の資本の適正水準は中央銀行に同じように当てはまるわけではないが,「他の銀行も資本の適正水準に関してはそのように考えることをわれわれが期待していることは確かである」とホーラムは続けた. この証言で達成しようとしたことが何であれ, それは確かに効果をもたらした. 1976年10月の報告書では, 委員会は, 準備の追加は十分なものでも適正なものでもなかったと結論した上で, 将来の交渉においては,「イングランド銀行の資本の適正水準」は他の銀行に課されている基準を下回らないことを保証するように完全な配慮がなされるべきである, と勧告した[191]. 1977年4月5日までの6カ月間に関しては, 大蔵省との交渉の結果, ライフボート作戦の引当金のために配当はまったく支払われなかった. それは1946年法以来初めてのことであった[192].

1978年1月にSCNIがイングランド銀行にその『年報』と財務諸表について質したとき, ホーラムは再度, 準備の水準が満足のいくものかどうか質問された. いかにも彼らしい慎重な反応は,「私が実際思うのは, われわれのような機関の場合ではとくに, すべての準備は, 適正水準しかないというよりもむしろ, 明らかに適正水準以上である必要がある」というものであった. さらに, 突っ込まれると, ホーラムは, 現在の準備水準について何の心配もしていないが,「われわれが抱える責務の大きさからすると, もっと水準が高ければそのほうがもっと良いであろう」と言った[193]. このような意見を勘案すれば, 5カ月後にホーラムが, 大蔵省との交渉において400万ポンド以上を大蔵省に供するべきではない, という指示を与えたことが分かっても, 驚くには当たらない. しかし, そうした考えは大蔵省にはまったく影響を与えなかった. ロザリンド・ギルモア (Rosalind Gilmore) 次官補は700万ポンドが受入れ可能な最小限度である, と警告した. 彼女は, この水準でも, 準備はいずれにしろかなり高い水準にあったこれまでの数年以上に増加するであろう, と主張した. これに対しては, ジョン・ルーミンズ (John Rumins) が断固として反論したが, 彼は議論の結果で理事会の見解が変わるかどうか疑ってもいた. 事態の当事者はその後よりハイレベルになった. ジョフリー・リットラー (Geoffrey Littler）次官は明らかに脅しとなるようなことはまったく発しなかったが，言われたことを「熟考する」ようにホーラムに迫った．その結果，リチャードソンは準備の水準についての理事会の懸念を書面で表明したものの，イングランド銀行の姿勢は軟化した[194]．

イングランド銀行の計算によると，1970/71年度から1979/80年度までの10会計年度の総営業利益は1億3,500万ポンドであった．このうち，5,500万ポンドが大蔵省へ支払われ，2,900万ポンドが税金に支払われ，5,100万ポンドがイングランド銀行に留保された．同時期に，自由資本（free capital）と準備金は8,400万ポンドから1億3,000万ポンドへ増加した．しかし，実質では，数字は4,050万ポンドに落ち込み，内部留保が十分で準備金からの取り崩しを避けることができた年はたった2年間（1978年度と1979年度）だけであった[195]．ルーミンズは，1970年代に交渉の歴史を振り返り，「このことはイングランド銀行と大蔵省の議論の中では公にはならなかったけれども」，イングランド銀行の財務的独立性が「全体の議論の核心」であったと述べた[196]．この財務的独立性を願う気持ちは，たんにそれ自体が目的なのではなくて，イングランド銀行が，中央銀行の仕事としてみなしていることをその究極の株主に頼らずに遂行する能力や遂行したいという願望と首尾一貫しているものであった．

注

1) Lord Cobbold, 'Some thoughts on central banking', Stamp Memorial Lecture, 1962.
2) Dow to Richardson, 'Possible lines of development for the Bank', 7 April 1976, enc. Dow, 'Possible future lines of development for the Bank', 6 April 1976, 7A127/1.
3) Loehnis to Richardson, 'Externalising the Bank', 13 May 1977, enc. draft 'Externalising the Bank', 7 A127/1.
4) Loehnis to Hollom, 'Externalising the Bank', 18 May 1977, 7A127/1.
5) Page to Loehnis, 'Externalising the Bank', 23 May 1977, 7A127/1.
6) Fforde to Loehnis, 'The public relations of the Bank', 30 May 1977, 7A127/1.
7) 公開討論会の議長はR.C.O. マシューズ（Matthews）であった．年4回会合し，広範な話題を網羅し，参加した学者は必要とされた専門に応じて変化した．その由来と1979年12月までの会合の記録については，EID19/1を参照．
8) McMahon to Loehnis, 'Externalising the Bank', 24 June 1977, 7A127/1.

9) Loehnis to Richardson, 'Externalising the Bank', 21 June 1977, 7A127/1.
10) Dow, 'The position of the Bank', 12 July 1977, 7A127/1.
11) McMahon to Richardson/Hollom, 'The position of the Bank', 16 August 1977, 7A127/1. その年の後半に，バウ・グループはイングランド銀行のいっそうの独立性を擁護した．その中には大蔵省がイングランド銀行の上に立つ権威を与えた1946年法の4条(1)項の廃止も含まれていた．Bow Group, *Britain's Money Puzzle*, December 1977; Goodhart to GPS, 'Bow Group paper on Conservative monetary policy', 16 December 1977, 6A50/24.
12) Fforde to Richardson/Hollom, 'The Treasury, the Bank and the constitution', 25 August 1977, 7A127/1.
13) MacMahon to Richardson/Hollom. 'The position of the Bank', 16 August 1977; Blunden to Richardson/Hollom, 'The position of the Bank and the constitution', 7 September 1977, 7A127/1.
14) Page to Richardson/Hollom, 'The constitution', 24 August 1977, 7A127/1.
15) Fforde to Richardson/Hollom, 'The Treasury, the Bank and the constitution', 25 August 1977, 7A127/1.
16) 国際金融センターの概観については，Cassis (2005) を参照．
17) Kynaston (2001, p. 401).
18) O'Brien, Speech to the Overseas Bankers Club, 1 February 1971, *BEQB* 11(1): 83-84, March 1971.
19) Draft, 'Supervision of deposit-taking institutions', enc. with Blunden to Richardson/Hollom, 'Licensing', 7 April 1975, 7A204/1.
20) *The Banker* 129(636): 57, February 1979.
21) Nigel Carter (Overseas Department), draft, 'London's position as an international financial centre', 10 March 1977, 7A88/1.
22) *The Banker* 129(636): 55, February 1979.
23) Fforde to O'Brien/Hollom, 'The growth of the City', 7 October 1971; Page to Fforde/O'Brien/Hollom, 'The growth of the City', 7 December 1971, 7A13/1.
24) James Robertson (director, IBRO) to Blunden, 30 June 1972, enc. 'The future of London as an international financial centre', 7A13/1.
25) Cooke to Robertson, 7 July 1972; 'Extract from the Deputy Governor's memo on his conversation with Mr. Faukner and Mr. Prideaux on the C.L.C.B. agenda, 5.7.72', 7A13/1.
26) Cooke to Page/Fforde/O'Brien/Hollom, 'The I.B.R.O. study for the C.P.R.S. on the future role of the City of London', 11 December 1972, 7A13/1.
27) Bank of England, 'The City and Whitehall', 23 January 1973; Page to John Burgh (CPRS), 22 December 1972; 'Extract from the Deputy Governor's note 17.1.73. on the Governor's conversation with Mr. Fogarty', 7A13/1.
28) O'Brien, Governor's note – 'I.B.R.O. report', 30 January 1973; Fforde to O'Brien/Hollom, 'Committee on the future of London as a financial centre', 21

February 1973, 7A13/1.
29) 'Extract from a record of a meeting at the Bank of England between the chairmen of the London clearing banks and the Governors 28.2.73'; 'Extract from Mr. Fforde's note on the Governor's conversation with Mr. Wass 14.3.73', 7A13/1.
30) Downey to Page, 26 March 1973; Fforde to O'Brien/Hollom, 'The City and Whitehall', 30 March 1973; 'Extract from the Deputy Governor's note 11.4.73 on the Governor's conversation with Mr. Wass', 7A13/1.
31) Fforde to O'Brien/Richardson, 'The future of London as a financial centre', 27 April 1973, 7A13/1.
32) Bank of England, 'London's role as an international financial centre', 31 March 1977; CLCB, 'The future of London as an international financial centre', May 1977, 7A88/1.
33) Richardson to Healey, 29 July 1977, enc. 'Covering note to Bank and CLCB papers on the future of London as a financial centre', 7A88/1.
34) Bank of England, *Annual Report*, year ending February 1976, p.16, year ending February 1978, p. 18.
35) 'Report on Committee of Foreign Exchange Managers by the executive officers of clearing banks, 13 July 1936'; FEC minutes; 27 August 1936, G1/246.
36) Cobbold to Norman, 29 December 1941; FEC minutes, 12 February 1942, G1/207.
37) Bank of England, 'The British monetary system: institutional framework', Radcliffe, 'Memoranda', Vol. 1, p. 8.
38) D.A. Stirling (chairman FEC) to all authorised banks, 6 December 1967; FEC, draft letter to authorized banks, February 1975, 5A150/1; Giddings (secretary FEC), 29 October 1973; Terry Smeaton to Byatt, 'Joint standing committee', July 1974, C163/1; 'Joint standing committee of representatives of banks and of the F.E.C.D.B.A.', periodic report no. 8, September 1978, C163/5.
39) Bank of England, *Annual Report*, year ending February 1978, p. 17, year ending February 1979, p. 18.
40) Bank of England, 'Report of the working party on the sterling inter-bank and certificate of deposit market', April 1974, C40/1551; Barnes, 'Sterling Brokers' Association: press briefing', 26 July 1979; Bank of England, 'Sterling Deposit Market: press notice', 31 July 1979, 7A65/8; Bank of England, *Annual Report*, year ending February 1980, pp. 17-18.
41) The Credit Insurance Association, Ltd., 'The Rolls-Royce affairs, p. 1, 5A161/3; HC Deb, 4 Feb 1971, Vol. 810, c1923; Pugh (2001, p. 148).
42) RB 211 の開発についての詳細については以下を参照。Pugh (2001, pp. 108-113, 141); Cownie (1989); Lazards/Rolls-Royce, 'Rolls-Royce Limited', 12 October 1970, 5A161/1.

43) *The Banker* 121(541): 235, March 1971.
44) Bowden (2002, p. 36).
45) IRC, 'Report on Rolls Royce', 7 January 1970, 5A161/1. 第2の1,000万ポンドは，産業再編公社（IRC）が1970年の保守党政府により廃止されたために，受領されなかった．
46) Pugh (2001, p. 136); O'Brien, Memoir, p. 106.
47) Hollom, Note for record – 'Rolls Royce', 29 September, 5A161/1.
48) Baratt (HMT) to Ryrie, 1 October 1970, T225/3629. 民間部門は長期資本で1,500万ポンドと追加的な貸越限度額で1,000万ポンドを提供するであろう．
49) Hollom to O'Brien, 'Rolls Royce', 24 September 1970, 5A161/1.
50) Note of a meeting, 2 October 1970, TNA T225/3629.
51) Ryrie, 'Record of a meeting ... 6 October 1970', 5A161/1.
52) O'Brien, Memoir, p. 108.
53) Fforde to O'Brien, 'Rolls-Royce Limited (meeting held in the Bank on 12 October, J.S.Ff. in the chair)', 12 October, 1970 5A161/1.
54) Ryrie, 'Record of a meeting ... 15 October 1970', 15 October 1970, 5A161/1.
55) HMT, Note for record, 5 November 1970, TNA T225/3379.
56) O'Brien, Memoir, p. 108.
57) *The Times*, 26 November 1970, p. 27.
58) Gill, Note for record, 1 February 1971, 5A161/2.
59) Keogh, Note for record, 3 February 1971, 5A161/2.
60) Lazonick and Prencipe (2003, p. 8).
61) Gill, Note for record – 'Rolls-Royce', 16 February 1971, 5A161/2.
62) Lazonick and Prencipe (2003, p. 8).
63) Hollom, Draft, 'Rolls-Royce. Catalogue of main events in the negotiations with the banks', 9 March 1971, 5A161/3.
64) R.L. Gregson (No. 10) to R.J. Priddle (Ministry of Aviation Supply), 8 March 1971, 5A161/3.
65) Hollom, Draft, 'Rolls-Royce, Ltd. and the Acceptance Syndicate', 25 March 1971, 5A161/3.
66) 'Extract from Mr. Fforde's memo on the Deputy Governor's conversation with Mr. Neale 21.4.71', 5A161/3.
67) 'Extract from Mr. Fforde's memo dated 26.4.71 on the Deputy Governor's conversation with Sir Douglas Allen 23.4.71', 5A161/3.
68) Hollom, Note for record – 'Rolls-Royce', 3 September 1971; 'Extract from the Deputy Governor's memo dated 3.9.71 on the Governor's conversation with Sir Douglas Allen', 5A161/3.
69) O'Brien, Memoir, p. 108.
70) King (1975, p. 54); Kynaston (2001, p. 431).
71) Cooke to Fforde/O'Brien/Hollom, 15 September 1970; Mersey Docks and

第15章　イングランド銀行の業務の自由　　　　　1005

　　　Harbour Board, Press announcement, 24 September 1970, 5A172/1.
72) イングランド銀行の助言は国有化の可能性はMDHBが長期借入を行うのを難しくするという見方を反映していた．
73) Shelley to Page/Fforde/O'Brien/Hollom, 'Morsey Docks and Harbour Board', 9 February 1970; 'Extract from Mr. Fforde's memo on the Deputy Governor's conversation with Mr. R.J. Painter 18.9.70', 5A172/1.
74) Fforde to Richardson/Hollom, 'B.L.M.C.', 4 September 1974, 6A333/1; Fforde to Richardson/Hollom, 'B.L.M.C. (Chief Cashier's note of 3 October)', 7 October 1974, 5A37/1; HC Deb, 6 December 1974, Vol. 882, cc2115-2124.
75) Alastair Down (chairman) to Burmah shareholders, 12 February 1975, 7A197/1; Bank of England, 'Revision of Burmah support operation', 19 November 1975; Paymaster General's Office, 'Revision of Burmah support operations. Report by officials', nd, but filed 25 November, 7A175/7.
76) France (PPS to Healey), Note for record (of a meeting held on 23 December), 24 December 1974, 7A175/1.
77) 7A175/1 et seq を参照．
78) Hollom to J.A. Lumsden (chairman, Burmah), 31 December 1974, enc. 'The Burmah Oil Co. Ltd. Outline proposals', 7A175/1.
79) Somerset to Page, 8 January 1975; Quinn, Note for record-'Burmah Oil Company Limited', 8 January 1975; 'Note of a meeting on Friday, 10 January at 6 pm'; M.C.S. Aitchison (Department of Energy), 'Note of a meeting to discuss Burmah ... 15 January 1975', 16 January 1975, 7A175/2.
80) Aitchison, 'Note of PUS' meeting to discuss Burmah, 17 January 1975', 20 January 1975, 7A175/3.
81) J.S. Beastall, Note for record (summarizing events of 21-23 January), 24 January 1975, 7A197/1.
82) Burmah, Press releases, 23 January 1975; 'Memorandum of agreement between Burmah Oil Company Limited and the Bank of England', 23 January 1975, 7A175/3.
83) Press briefing, attached to Aitchison, Note for record, 31 December 1974, 7A175/1.
84) Aitchison, 'Meeting to discuss Burmah Oil 24 December 1974', 24 December 1974, 7A175/1; interview with David Somerset, 25 May 2005.
85) たとえば，Dell (1991, p. 129) を参照．
86) 2つの団体はクライド港湾事業 (290万ポンドの資金限度額) とフォース港湾事業 (50万ポンドの資金限度額)．7A160/1 および 7A161/1 を参照．
87) Down to Hollom, 13 October 1975, 7A175/6; Bank of England, 'Burmah support operations. Burmah's revised proposals', 16 October 1975, 7A175/7.
88) Somerset to Hollom, 'Burmah', 20 October 1975, 7A175/7.
89) Aitchison, 'Note of PUS' meeting to discuss Burmah support operation,

Monday, 20 October 1975', 22 October 1975, 7A175/7.
90) Bank of England, 'Revision of Burmah support operation', 19 November 1975, 7A175/7.
91) France, Note for the record, 28 November 1975; Richardson to Healey; 1 December 1975, 7A175/8.
92) Somerset to Hollom, 'Burmah', 12 December 1975; Page to Burmah/Manchester Oil Refinery (Holdings), 23 December 1975,7A175/9.
93) M.H. Atkinson (BoE) to E. Ferguson (HMT), enc. Draft, 'Review of Burmah Support Operation: November 1977', 8 December 1977, 7A176/1.
94) Hollom to Down, 23 September 1976; extracts from minutes of the Committee of Treasury, 30 September 1976, 3A161/189.
95) HC Deb, 15 December 1976, Vol. 922, c1532
96) Alan Lord (HMT) to Hollom, 23 February 1977, enc. 'Sale of BP stock, note by officials', 7A164/2.
97) Bank of England, 'Sale of BP stock', 10 February 1977, 7A164/2.
98) Christopher Elston, Note for record – 'Sale of BP Shares', (note of meeting held with bankers and brokers on 20 May 1977), 25 May 1977, 7A164/4.
99) Plenderleith, Note for record – 'Sale of BP Shares', 13 June 1977; Bank of England, Press notice, 14 June 1977, 7A164/7; Bank of England, Press notice, 27 June 1977, 7A164/8.
100) Valentine (2006, pp. 95, 97, 99).
101) Hollom to Airey (HMT), 28 March 1978; Hollom to Scholey, 5 April 1978, 7A164/10. スコーリーは自分の時間は費用の推定からわざと除外した。Elston to Page/Hollom, 'Expenses of the BP sale', 12 August 1977, 7A164/9.
102) Plenderleith to George, 'BP sale: press briefing', 7A208/23.
103) Bank of England, *Annual Report*, year ending February 1980, p. 15.
104) *The Financial Times*, 11 May 1978, p. 24.
105) HC Deb, 25 February 1975, Vol. 887, c313.
106) C.D. Sills to Fforde, 13 February 1975, 3A161/189; K. Weinberg to Richardson, 12 March 1975; Smith to Richardson, 28 January 1975, 7A197/2.
107) Interview with Roger Barnes, 27 September 2007.
108) Hollom to C.D. Sills, 20 February 1975, 3A161/189; Hollom to Cutler, 13 June 1975, 7A197/2.
109) *The Times*, 5 June 1976, p. 17.
110) Plenderleith, Note for record – 'Mr. Down's call on the Governor', 1 July 1976, 7A175/15.
111) Richardson to Healey, 13 September 1976, G3/339.
112) Down, Chairman's statement to stockholders, 14 September 1977, 7A175/29.
113) *The Financial Times*, 2 November 1979, p. 6.
114) *The Times*, 20 July 1978, p. 20.

第15章 イングランド銀行の業務の自由　　1007

115) Hollom, 'The Burmah action against the Bank of England', 4 January 1980, 7A149/2.
116) *Ibid*.
117) Howe to Hollom, 8 April 1980, 7A149/2.
118) Somerset to Blunden/Hollom, 18 February 1981, 7A197/12.
119) *The Financial Times*, 3 June 1981, p. 8.
120) Transcript of Justice Walton's judgement, 3 July 1981, C40/1424.
121) HMT, Press release, 21 October 1981; Somerset to McMahon, 'BP shares', 27 November 1981; A.B. Milligan (HMT) to S.N. Wood (HMT), 30 November 1981, 9A58/1.
122) 'Speech delivered by Cooke in Fforde's stead: no final copy of speech', to the Graduate Business Centre, City University, 29 November 1973, 6A233/2.
123) Terms of reference for the working party, 1972, 7A112/1.
124) Bank of England, *Annual Report*, year ending February 1973, p. 8.
125) Wilson Report, para. 912.
126) Richardson, Speech at the Lord Mayor's dinner, 18 October 1973, *BEQB* 13(4), 479, December 1973.
127) たとえば，以下参照．Bank of England, *Annual Report*, year ending February 1971, p. 37.
128) Luce to Fforde, 'Finance for Industry — but what sort of industry do we want?', 17 October 1974; Fforde to Richardson/Hollom, 'A place in the City where one can go and talk about one's problems', 11 February 1975, 6A135/1.
129) Fforde, Note for record — 'Finance for Investment', 25 April 1975, 6A135/1.
130) Alan Watson (Press Office), Note for record — 'Press interview, Mr. Walker/Miss Reid, *Financial Times*, 21 September 1978', 6A233/6.
131) Dow to Richardson/Hollom, 'Industrial Finance Unit', 18 April 1975, 6A135/1.
132) Bank of England, Press notice, 24 April 1975, 6A135/1.
133) Draft press notice, 15 April 1975, 6A135/1.
134) Dow, Draft — 'Industrial Intelligence. The proposal for an Industrial Finance Unit', 17 March 1975, 6A135/1.
135) Alan Watson (Press Office), Note for record — 'Press inteview, Mr. Walker/Miss Reid, *Financial Times*, 21 September 1978', 6A233/6.
136) *The Financial Times*, 3 October 1978, p. 21.
137) Blunden, 'Finance Corporation for Industry and Industrial and Commercial Finance Corporation', 7 September 1970, C40/1423.
138) Hollom, 'FCI/ICFC', 11 February 1969 and 21 February 1969; Gill to Page/Fforde, 'Whither F.C.I.?', 14 August 1970, C40/1423.
139) Hollom, 'Finance Corporation for Industry', 17 March 1970; Hollom, Note for record — 'FCI', 23 March 1970; Hollom, Note for record — 'Finance Corporation for Industry', 1 April 1970, C40/1423.

140) Coopey and Clarke (1995, p. 110).
141) O'Brien to Barber, 'Finance for industrial investment', 22 June 1973, 6A310/1; O'Brien, Governor's note – 'I.C.F.C/F.C.I.' 10 July 1970, C40/1423.
142) 'Speech by the Governor of the Bank of England given at the Lord Mayor's dinner to the bankers and merchants of the City of London on 18 October 1973', *BEQB* 13(4): 479, December 1973.
143) *The Times*, 8 November 1973, p. 29; Coopey and Clarke (1995, p. 112).
144) Bank of England, *Annual Report*, year ending February 1975, p. 8; year ending February 1978, p. 20; Coopey and Clarke (1995, p. 135). イングランド銀行は結局, 1994年には3iの上場後にその株式を売却した。また、上場から1億1,950万ポンドの利益を受け取った。Bank of England, *Annual Report*, year ending February 1994, p. 11; 1996, pp. 42-43.
145) 'Equity capital for industry', May 1976 (covering memo to draft report), 6A265/4.
146) Lomax, Note for record – 'Equity Fund, note of a meeting held in the Court Room on Thursday, 9 October 1975 at 4:30 pm', 14 October 1975; Smith, 'Note of a meeting held in the committee room (1st floor) Bank of England on 15 October 1975'; Lomax, Note for record – 'Equity Fund, meeting held in First Floor Committee Room on Wednesday, 15 October 1975 at 2.45 pm', 22 October 1975, 6A265/1.
147) 'Extract from minutes of CLCB meeting, 26 January 1976', 6A265/3.
148) Benson to Hollom/Richardson, 'ECI (next steps)', 19 February 1976, 6A265/3.
149) *The Sunday Telegraph*, 2 January 1976, 6A265/3.
150) *The Observer*, 25 January 1976, p. 15; *The Daily Express*, 4 February 1976, p. 13.
151) *The Financial Times*, 26 January 1976, p. 32.
152) Lomax to Richardson, 'Equity capital for industry', 2 September 1977, 6A265/5.
153) *The Observer*, 16 October 1977, 6A265/5.
154) Lomax to Thornton, 'ECI', 20 October 1977, 6A265/5.
155) 労働党全国執行委員会による声明は4大手形交換所加盟銀行と7大保険会社の国有化を要求した。; see 7A123/1.
156) Howson (1993, p. 65).
157) *The Financial Times*, 8 October 1976, p. 44, and 11 October 1976, p. 7.
158) *The Times*, 19 January 1977, p. 18.
159) 'Extract from the minutes of the City Liason Committee meeting, 4 November 1976', 1A179/1.
160) Hollom to Richardson, 3 November 1976, enc. 'Committee on Financial Institutions', 3 November 1976, 1A179/1.
161) Wilson Report, para. 1316.

162) *Ibid.*, para. 1286.
163) *The Banker* 130 (653): 12, July 1980; *Evening News*, 25 June 1980, および 'Reuter tape', 25 June 1980 の写し, 2A159/2.
164) Fabian Society, Statement of evidence to the Wilson Committee, December 1978, OV197/1.
165) Wilson Report, para. 1262.
166) SCNI 1976, 'Report', paras. 98, 204.
167) *Ibid.*, para. 206.
168) *Ibid.*, para. 204.
169) Griffiths (1977, p. 113).
170) その後この比率は何回かにわたって低下した. すなわち, 1981 年に 0.5% に, 1986 年に 0.45% に, そして, 1998 年に 0.15% に. 適格債務の定義も変わったので, たとえば, 1981 年には 0.5% はずっと大きなベースに対して課された. 1998 年イングランド銀行法ではこの規定は法定上のベースに基づくようになり, 比率は政府によって決められ, 定期的に見直されるようになった. 2003 年の見直しによって, 金融仲介機関の成長を考慮して若干の修正が行われたので, あるものは負担の賦課に不公平を感じていた. Bank of England, *Annual Report*, 1999, pp. 7, 39-40, and 2006, p. 27.
171) Page to Richardson/Hollom, 'The constitution', 24 August 1977, and appendix IV, 7A127/1. 発行部の利益 (100 万ポンド) は 145.6 (1971), 170.2 (1972), 202.8 (1973), 370.2 (1974), 555.2 (1975), 445.4 (1976), and 681.4 (1977).
172) Blunden to Richardson/Hollom, 'The position of the Bank and constituiton', 7 September 1977, 9A127/1.
173) SCNI 1970, 'Report', paras. 191-193, 237-238, 242, 262.
174) 'Extract from the Deputy Governor's memo on the Governor's conversation with Sir Douglas Allen 4.6.70'; Hollom, Note for record – 'The Governor's conversation with Sir Douglas Allen', 22 June 1970, G38/5.
175) 'Court: 4 June 1970, Select Committee on Nationalised Industries'; Note by Taylor, G38/5.
176) Bank of England, *Annual Report*, year ending 28 February 1970, p. 24; Hollom, Note for record – 'The Governor's conversation with Sir Douglas Allen', 22 June 1970, G38/5.
177) Painter to Taylor, 10 November 1970 and 14 January 1971; Taylor to Painter, 18 February 1971, G38/5. *Report from the Select Committee on Nationalised Industries in Session 1969-70. Bank of England. Observation by the Chancellor of the Exchequer*', March 1971, cmnd. 4633.
178) Painter to Taylor, 11 March 1971; Nigel Wicks (HMT) to Ronald Fairbairn, 7 July 1972, enc. 'Memorandum of understanding between the Treasury and the Bank of England about the white paper on the Bank of England', cmnd. 4633, 4A7/1; Taylor to Hollom, 1 August 1972, G38/5.

179) Taylor, Note for record – 'Select Committee on Nationalised Industries', 9 March 1971, 5A19/1.
180) Fairbairn to Aphra Maunsell, 'Service performed for H.M. Government', 13 October 1970; David Best (Accounts and Costing Office), Note for record – 'Recovery of costs from H.M.G.', 4 January 1971; Fairbairn to Len Taylor (HMT), 23 February 1971; Taylor to Hollom, 'Charges to H.M.G.', 10 August 1971, ADM6/209.
181) Taylor to heads of departments, 'Cash Limits', 10 February 1976; Taylor to Jordan (HMT), 11 March 1976, 5A29/1; Unwin (HMT) to Taylor, 21 November 1975; Rumins to Blunden/Hollom, 'Cash Limits', 21 October 1976, 5A21/1; Blunden to budget centre managers, 'Cash limits 1978/79', 31 January 1978, 5A21/2.
182) たとえば，Bank of England, *Annual Reports*, year ending February 1972, pp. 46-47 and year ending February 1975, p. 28 を参照．
183) Committee of Treasury, Minutes, 15 January 1969, G8/84; *The Old Lady*, June, 1971, p. 75.
184) Bank of England, *Annual Report*, year ending February 1976, p. 20.
185) ロー・コーツ支店の閉鎖についてより詳しくは 0A30/1 を参照．
186) これは会計基準要領 the Statements of Standard Accounting Practice, SSAP6 に準拠するために必要であった．
187) 7A325/1 および 2 を参照．たとえば，1976-77 年度の公表された引当金は 1,610 万ポンドであったが，それは不良債権 2,850 万ポンド，その他の証券 550 万ポンド，および英国政府証券 690 万ポンドから成り立っていた．
188) Somerset to John Rumins, 'Retention of profits', 10 January 1971, C40/1363; Taylor to Hollom, 'Profit formula', 1 February 1971; Taylor to Painter, 1 March 1971, 4A7/1.
189) Fairbairn, Note for record, 7 April 1971; Taylor to O'Brien/Hollom, 7 April 1971; Peter Kitcatt (assistant secretary, HMT) to Taylor, 18 June 1971; Rumins, Note for record – 'Meeting at the Treasury on 22 February 1973', 4A7/1.
190) Gordon Downey to Taylor, 30 March 1972; Fairbairn to Taylor, 7 April 1972; Taylor to Downey, 14 April 1972, 4A7/1.
191) SCNI 1976, 'Report', paras. 154-157, p. lxxxiii.
192) Taylor to Hollom, 'The Bank's accounts', 21 March 1977; Hollom to Wass, 31 March 1977; Wass to Hollom, 3 April 1977, 4A7/1.
193) The Select Committee on Nationalised Industries (Sub-Committee C), *Minutes of Evidence, Session 1977-78, 25 January 1978, Bank of England Report and Accounts for the Year Ended 28 February 1977,* 166-i, questions, 117-120.
194) Hollom to Taylor, 25 May 1978; Rosalind Gilmore (assitant secretary, HMT) to Taylor, 13 June 1978; Rumins to Gilmore, 16 June 1978; Geoffrey Littler (deputy secretary, HMT) to Hollom, 26 June 1978; Richardson to Wass, 16

August 1978, 4A7/1; Hollom to Richardson, 10 July 1978, 7A149/2.
195) Rumins to McMahon, 'Dividend discussions', 29 May 1981, 4A7/2; Rumins, (1995, pp. 48-64).
196) Rumins to Hollom et al., 'Retention of profits', 24 October 1978, 5A19/2.

第16章
結語

　1694年の創立以来20世紀半ばまで，イングランド銀行の基本的な組織は本質的に変わらず，多くの局，部，および機能は何世紀もの間，識別が可能であった．国有化はこれを変えるようなことは何もせず，中央銀行情報局や経済情報局（EID）の創設，あるいは割引部の閉鎖のようなその後の変化も同様であった．しかし，1970年代にはこの組織はもはや適切ではないという意識が生まれた．そして，1980年3月に，イングランド銀行は「1694年以来……もっとも抜本的な組織改革」を行った[1]．

　改革の直接の発端は1978年の夏にあり，この時，リチャードソンはブランデンとこの問題を議論した．ブランデンは既存の機構のいくつかの欠点を特定していた．すなわち，管理機構は時代遅れになっており，多くの事柄で，総裁と執行理事は，情報を得るのに「口伝て」に頼らなければならなかった．このすべては「1914年以前のイングランド銀行の遺物」であった．ブランデンが思うところでは，業務局長の役割はあまりにも広かった（ペイジ自身があまりにも強力であったということを彼が意味したのかどうかについては言わず仕舞いであったが）．1人の男が信用と金融政策および市場操作に深く関わりながら，同時にイングランド銀行の組織の管理責任者として振る舞うことを期待するべきではない．これもまた，歴史的な遺物であった．4人の執行理事は銀行の組織に適切に結びつけられたことは一度もなく，その人数は1946年法によって定められ，組織機構上の必要性よりも歴史的な影響に基づいていた．これらのポストの1つ，ブランデンのポストは組織管理と日常業務に関わっていた．彼のポストは組織の内部管理の仕事を担うべきであるが，そのような仕事に踏み込むと業務局長の役割と衝突した．他の3人は政策に深く関わっていたが，

明らかな執行上の役割は何ももっておらず，経営管理には実効的に携わってはいなかった．また，事実上携わる場合には，混乱を引き起こしがちであった．最後に，経歴・昇進の仕組みはイングランド銀行の機構を運営する人材の供給を確保するように企図されていたが，政策決定や市場操作という分野で任務を遂行するのに足る最上級の質の人材を供給できていなかった[2]．

　ブランデンはこれらの欠陥にいくつかの改善策を提案したが，改革はペイジの退職（1983年予定）まで待たなければならないであろう．第1の提案は，常勤理事はイングランド銀行の組織階層に当てはまる適切な職務上の肩書きをもつべきであるというものであった．実際，1980年以前には『年報』を見ても誰が執行役であるのか，いわんや，彼らがどのような業務を果たしているのかを知ることさえできなかった．次の提案は根本的な提案で，業務局は2つに分割されるべきだというものであった．1つは，銀行局で，日常業務分野を取り扱う．なおいぜんとして業務局長と呼ばれる人が責任をもつが，これは局の通常の責任者としての局長である．その部署のスタッフはイングランド銀行で生涯の経歴を過ごすことを期待している人々からなる．業務局帝国の残りのスタッフは，ブランデンの提案では，「中央銀行業」ないし「監督と操作」と呼ばれる新しい局になる．それは3つの部署からなる．すなわち，金・外国為替，監督，およびポンド建て市場，すなわちマネーマーケットと国債市場，における操作である．この局は通常，「一般職員」の領域ではなく，将来は，イングランド銀行の外部から多く任用されるようになると，ブランデンは考えていた[3]．これも，経済情報局のための専門家の任用と任期継続に関する初期の見解と符合していた[4]．厳密な細部は変更されるが，本質的には，実行された機構改革はブランデンの処方箋を踏襲していた．リチャードソンがその他の意見を聴取したときも，ブランデンの計画にわずかな変更を加えただけであった[5]．

　次の段階は，1979年におけるクローアム卿（Lord Croham）（元サー・ダグラス・アレン；Sir Douglas Allen）によって行われた組織の見直しであった．彼はリチャードソンのアドバイザーとして前年にイングランド銀行に入行した．4月初めまでに，クローアムは報告書原案を完成させて，厳密に個人的なものとしてリチャードソンに送付した．その草稿のかなりの紙幅が執行理事に当てられた．執行理事達は自分たちの役割を「経営管理上の責任のない政策調整者

の役割」とみなす傾向があった[6]．クローアムの信じるところでは，執行理事から彼らが責任をもつ業務分野へと流れる指揮命令系統がなくてはならなかった．彼にはまた，執行理事の人数を4人に限定する理由が分からなかった．イングランド銀行には必要ならポストを増やす自由があるべきであった．局よりも理事を強調することによって，2つの代替的な組織機構が提案された．両案ともイングランド銀行を3つに分割した．すなわち，「経営管理と業務運営」，「政策と戦略」，および「監督」である．第1の選択肢では，業務局のような多くの分野はほとんど変わらなかった．第2の選択肢では業務局が分割された．クローアムの論じたところによると，いずれの選択肢でも，「誰が指揮命令権を有してしているのかについての疑念は払拭される」であろう[7]．彼の後の記述によると，総裁たち（もっともこれは実際にはリチャードソンのことだが）はもっと直線的で抜本的なアプローチを実行することを好んだので，クローアムは報告書を書き直して，単一の選択肢を提供することにした[8]．それはブランデンの最初の見解と驚くほど似ていた．

　続く数カ月の間，これらの考え方は限られた人々（リチャードソン，ダウ，マクマーン，ブランデン，およびクローアム）の間で議論された．これを推進する決定は1979年5月末に開かれた会合で採用されたようである．この会合はスレッドニードル・ストリートではなくニューチェインジで開かれ，リチャードソンは業務局長を招かないようにあからさまに要請した．後に，ブランデンは総裁へ個人的な覚書をしたためたが，その中で，「ニューチェインジでの会合を考えると，その［クローアム報告書の］勧告を貴下があらかた採用したいと考えておられるものと私は想定いたします」と述べていた[9]．その後で，基本的な組織構造，責任の配分，および種々の役職と部署の適切な肩書きに関する一連の問題が取り組まれた．実際的な移行期の問題，とくに，ペイジにどの役職を提供すれば彼を「面目を失わせずに異動でき」るか，という問題も取り組まれた．何人かの退職も近づいているので，継承計画の要素もあった．ブランデンは上級職のポジションに名前をあてがい始めたが，何人かの候補予定者はイングランド銀行の外部からであった．すなわち，1人は，シュローダーズ社に戻っていたレーニス，もう1人はアルバート・ワイスミューラー（Alberto Weissmuller）で，彼は国際的な経験を積んだ銀行家で監督に関する

アドバイザーとして適任だとみなされていた[10]．新たな組織とその正当性についてイングランド銀行の中では多くの憶測と噂があったが，ある者の言葉によると，変革は「軋轢を生じる」であろうし，「エコノミスト」憲章になるであろう，とされた．これは，日常業務を担当する局は下位の地位に貶められている，という感情を表していた．為替管理の廃止に続く人員余剰に伴って，今や本社部門の責任者となったギャルピンは，イングランド銀行の志気は低く，組織再編の提示は注意深い取り扱いが必要になるであろうと，みなしていた[11]．

リチャードソンが改革の公表と理事会のメンバーの交代を結びつけることを望んだので，1979年末に事態は急展開した．それまでに，ホーラムは副総裁の職を辞することが確認されていた．最後の段階でも策動の余地は多くあり，最終段階における変更によって，「金融・信用政策局」は経済局へ統合され，「副理事」は「理事補佐」と改名された[12]．最後の計画では準理事はたった1人になり，ダウかフォードの補佐をするのではなくて，その役職者は海外面を担当することになった．この役割はレーニスによって担われる予定であった．この新しい組織は，3つの業務分野からなり，1980年1月16日に職員に公表された（図16-1）．「政策と市場」は国内および対外的な金融政策，調査研究，および市場操作に関わり，総裁および副総裁と密接に協同する．フォード（国内金融担当理事）の下には3人の理事補佐がいた．すなわち，コールビ（マネーマーケット），ジョージ（国債市場），およびグッドハート（金融政策に関する主任アドバイザー）であった．ダウ（経済担当理事）の補佐をしたのはウォーカー（産業金融および金融統計担当）およびジョン・フレミング（John Flemming）で，彼は代表的なマクロ経済学者であり，ナフィールド・カレッジからの出向で1975年にイングランド銀行で1年間を過ごしたことがあった[13]．準理事（海外担当）としてのレーニスを補佐したのは問題全般についてはバルファーとホランドであり，外国為替操作についてはサングスターであった．ペイジは「金融組織と監督」担当の執行理事となった．彼の下で，クックは銀行監督局長として，ワイスミューラーはアドバイザーとして仕事を継続し，ドーキンズは監督と開発業務の責任を担った．最後に，「業務と経営管理」があった．ブランデンは執行理事で，彼の下には4つの局があった．すなわち，銀行局はサマセットが率いて，業務局長という伝統的な肩書きも保持した．以

前の国債局は登録局（Registrar's）と改称された．さらに，印刷工場，および経営管理局（Corporate Services Department）である．3つの業務領域の外にあるのはクウィンで，情報課長として副総裁に直接報告した[14]．新たな組織の中から次の10年間とそれ以降，イングランド銀行を率いていく何人かの中心的な人物が昇進していくことになる．

　公表文の写しは元総裁たちに送付されたが，クローマーは直ちに反応し，新しい組織は現在のイングランド銀行の必要性に大いに合致している，とリチャードソンに述べた．[モースについて]「私の時代にもそうしたように」外部者が上級の職務に登用されたことを彼も喜んだ．「イングランド銀行の専門職員がどれほど優秀であるとしても，つねに『象牙の塔』症候群の危険性がある」[15]．彼は，イングランド銀行が気にしている『象牙の塔』の表現を使った最初の人でも最後の人でもなかった．

　業務局長は，イングランド銀行の伝統的な権力の梃子のすべてを保持し，事実上のチーフ・エギュゼクティブ・オフィサー（最高業務執行役）であったが，ペイジがその役職を担った最後の者となり，その役割は低下した．彼はわれわれの対象期間におけるもっとも長く奉職した（また20世紀で2番目に長く奉職した）業務局長であった．そのため，ペイジは広く知られ，金融市場の機能を掌握しているとしてシティで尊敬されていた[16]．しかし，ペイジの在職期間中には金融理論の利用がますます増大したが，彼には勉強する時間がなかった．性格は控えめで口数が少なかったので，ペイジは意思疎通には長けていなかった．とはいえ，彼の役職は間違いなく権力があったので，彼は自分の見解を十分強力に披瀝することができた．しかし，それはリチャードソンを苛立たせるのに十分であった[17]．1980年の改革が役職もしくは現職者を処遇するために計画されたかどうかは別にして，ペイジは間違いなく無力化された．

　機構再編はホーラムの退職とも一致した．本書の歴史で扱われる主要な出来事や政策のすべてにおいて，彼は比較的上級の地位に就いていた．ホーラムはいつも冷静であったが，落ち着きを失うと，黒縁の眼鏡越しにじっと見つめるのであった．彼が用心深かったのは戦争捕虜としての経験によるものであるとする者がいた．しかし，彼は慎重であり，「非常に穏やかで礼儀正しく決断的であり，確固としていてかつ明快」であった[18]．ホーラムの控えめな性格とう

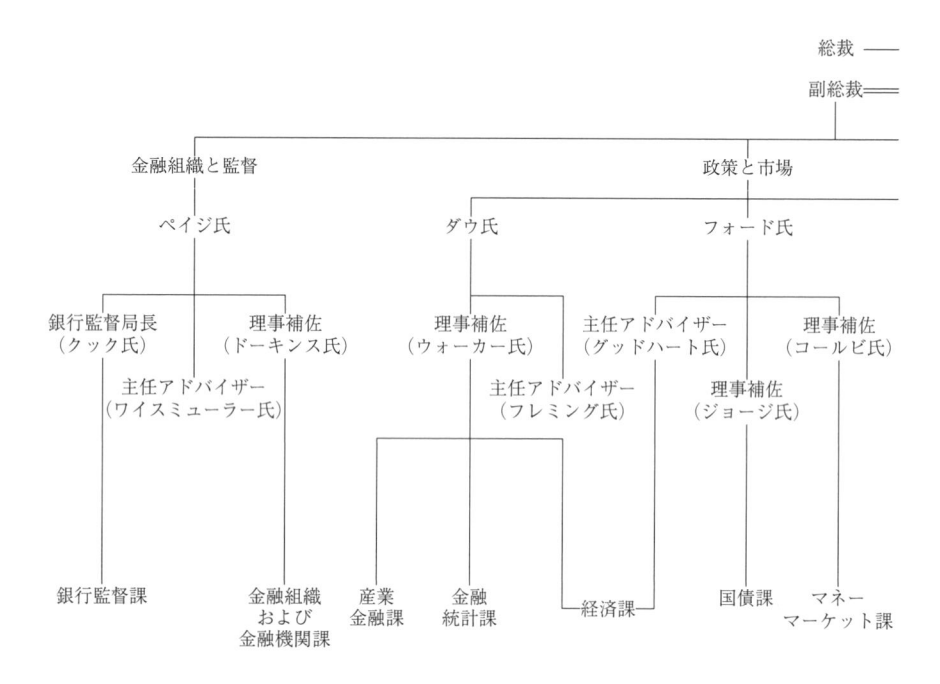

```
                                                     総裁
                                                      │
                                                     副総裁
         ┌────────────────────────────────────────────┤
    金融組織と監督                              政策と市場
      ペイジ氏                      ┌──────────────────┤
                                  ダウ氏              フォード氏
    ┌─────────┐              ┌─────────┐        ┌──────────┐
 銀行監督局長  理事補佐      理事補佐    主任アドバイザー   理事補佐
 （クック氏） （ドーキンス氏）（ウォーカー氏）（グッドハート氏）（コールビ氏）
    主任アドバイザー           主任アドバイザー      理事補佐
  （ワイスミューラー氏）        （フレミング氏）     （ジョージ氏）


 銀行監督課  金融組織   産業    金融          国債課    マネー
           および    金融課   統計課  経済課           マーケット課
           金融機関課
```

図 16-1 イングランド銀

ぬぼれのなさのせいで，彼は部下として働く人々の尊敬を集め，大半の人とうまくやっていた．リチャードソンはホーラムを「岩のようで全面的に頼りになり，……かけがえのない仲間であり副総裁」であった，と述べた．彼はさらに続けて，「1973年以降の困難な時期について言えば，ジャスパー自身は別にして，私以外の誰も彼がイングランド銀行の利益とわが国の利益にどれほど貢献したかを知る者はいない」と述べた．ホーラムは1984年まで非執行理事とし

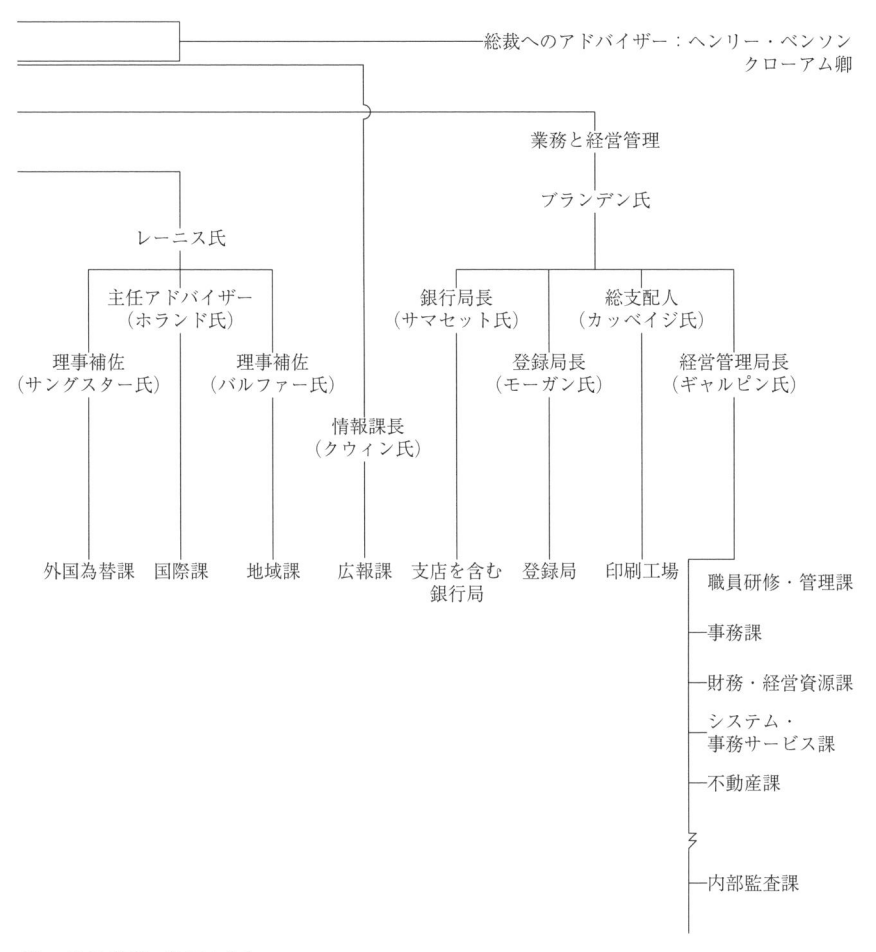

```
                        総裁へのアドバイザー：ヘンリー・ベンソン
                                            クローアム卿

                              業務と経営管理
                              ブランデン氏

       レーニス氏
       主任アドバイザー     銀行局長      総支配人
       （ホランド氏）      （サマセット氏）  （カッペイジ氏）

  理事補佐      理事補佐           登録局長     経営管理局長
 （サングスター氏） （バルファー氏）       （モーガン氏）  （ギャルピン氏）

              情報課長
             （クウィン氏）

  外国為替課  国際課  地域課  広報課  支店を含む  登録局  印刷工場  職員研修・管理課
                              銀行局
                                                     事務課
                                                     財務・経営資源課
                                                     システム・
                                                     事務サービス課
                                                     不動産課
                                                     
                                                     内部監査課
```

行の組織機構（1980年）

　て理事会にとどまり，救済作戦とバーマ・オイル社に関してアドバイスを与え続けた．イングランド銀行を離職したときには，彼の勤続期間はほぼ50年になっていた．

　ホーラムの後任者はマクマーンであった．彼は国内と国際の両方の面で経験のあるエコノミストであり，まだ比較的若く（52歳），リチャードソンの側近の中ではイングランド銀行内部からの明らかにおそらく唯一の候補者であった．

彼はまた，リチャードソンの自然な継続者であるように見えたかもしれないが，同僚たちは彼が総裁候補から外された時に驚かなかった[19]．サッチャーが彼の人事に反対したのであった．これは，彼女が野党の党首であったときにマクマーンにぶっきらぼうにあしらわれたことが明らかな原因であった[20]．1985年にイングランド銀行を離職し，ミッドランド銀行に会長兼チーフ・エギュゼクティブとして入行した．この点では，モースの場合と類似している．両者ともイングランド銀行に知的能力を付けるためにクローマーによって抜擢された．両者はともにイングランド銀行の中で苦もなく昇進した．両者はともに将来の総裁候補に挙がっていたが，それぞれ手形交換所加盟銀行を経営するためにイングランド銀行を退職した．マクマーンは，非常に多難な1970年代を通じて，海外担当理事として「何事にもひるまなかった」のであり，また，ある従業員は「困難が大きいほど，彼の対応は快活で積極的であった」と述懐している[21]．

　リチャードソンは1983年まで総裁職を続けた．イングランド銀行総裁は長い間，東方の君主のように扱われてきた．こうした傾向は萎えつつあったが，リチャードソンは，それが当てはまるおそらく最後の総裁であった．王の器という考え方は中世に起源をもち，その中心にあるのは助言を求めることであり，求める助言が幅広ければ広いほど良いとされた．おそらく興味深いことは，それはリチャードI世，II世，およびIII世の治世下で発展したことである．そして，それはリチャードソンの総裁下である種の神格化を遂げたように見える．これは確かにリチャードソンのやり方で，彼はたいていの場合に，優秀なアドバイザーを得た．とはいえ，彼がより多くの助言を求めるほど，彼が決断するのがますます難しくなった．彼の最大の弱点は優柔不断さであり，講演の原稿を書く段になると大騒ぎを引き起こした．すべての選択肢に目を通し，検討し，あらゆる可能な角度から分析した．ある元イングランド銀行職員はこれを「分析による麻痺（paralysis by analysis）」と揶揄した[22]．彼の職業的な背景は税務関係の弁護士であり，マーチャント・バンカーであったので，彼にとっては経済学よりもシティの問題の方が容易にこなせたとしても驚くには当たらない．また，彼のヒーリーとの密接な関係は，イングランド銀行の政府との関係を修復する方向へ進むことを確かなものにした．両者の関係はクローマー時代およびオブライエンの総裁職の最後の段階では緊張関係にあった．彼を中傷する

人々はしばしば彼の虚栄心を指摘するが，中立的な人々は彼の資質の高さを称えていた．ハロルド・ウィルソンでさえ，「私は彼らを皆よく知っており，彼らの多くは非常に高い資質の持ち主であるが，彼は疑いなくもっとも高い資質の人である」と述べていた[23]．マクマーンにとって，彼は「偉大な知性と柔軟な心の持ち主」であった．リチャードソンは間違いなく温厚柔軟であったが，イングランド銀行職員の多くは彼に対しては友好的ではなかった．彼は傲慢に見られたかもしれないし，彼は人々を不必要に待たせ続けたとしばしば言われた．リチャードソンにとっては，人は自分に従う者かそうでない者かであった．ペイジとキーオは従わない者として苦労をした．

　イングランド銀行の財源に関して，ある算定方式へ移行する可能性が1980年代初期に大蔵省により再び提起された．当初は，イングランド銀行は受け入れなかったが，1983年9月に態度を変えて，最終的には次のように合意された．すなわち，税引前利益の3分の1を大蔵省に納付し，残りをほぼ同じ割合でイングランド銀行に留保するものと税金として支払うものにする．この協定は5年後，ないし非常時に見直す．算定方式を受け入れる上で与えられた2つの主要な理由は，それによって，配当をめぐって交渉が長引く必要がなくなるので『年報』がより早く公刊されるようになること，およびそれによって，大蔵省との対立と希薄な関係の主要な原因を取り除けることであった[24]．

　1つの重要な変化，しかも，歴史家の観点からは歓迎すべき変化は，激しい批判の後に生じた記録をつける（たとえ保存されないとしても）ようになったことであった．クルーム＝ジョンソン審判の報告書は1982年に公刊されたが，それによると，イングランド銀行は大蔵省とスティーヴンソン委員会のクラウン・エージェンツに関する懸念に対して適切な情報を伝えることを怠った．また，スティーヴンソン風にいえば，イングランド銀行は政府に対して与えるべきであり，そうすることもできたはずの助力を与えていなかった．その理由の1つは，イングランド銀行が非公式かつ口頭で仕事をしていたという作業手順にあった．これは明らかに行政事務慣行とは正反対であった．ギルは1977年に大蔵省に派遣されたときに，そこでは文書ベースで作業が行われ，すべてが記録されていたことに，ショックを受けた[25]．クルーム＝ジョンソンは，部内の会議の結果としての決定や討議の記録を怠ったことによって，イングランド

銀行の内部で混乱が生じたことを発見した．イングランド銀行の組織では，関連情報が多くの人々に広く伝えることが期待されていたが，各人は情報全体の一部しかもっていなかった[26]．イングランド銀行内のさまざまな部局がクラウン・エージェンツの情報についてすべての要素を効果的に伝達できなかったこと，および不適切で不十分な説明しか受けていないスポークスマンを重要な会議に派遣するイングランド銀行の体質もその要因であった．イングランド銀行が口頭による報告方法に頼りすぎていることも露呈した．マクマーンは，決定が必ず記録されるような措置をさらに進めることを認めた[27]．しかし，リチャードソンは1980年の機構再編によって批判の多くに応える方向に大きく前進したことに満足していた[28]．

　イングランド銀行の組織機構，主要な人事，記録管理，および財務の変革と並んで，金融政策の環境もちょうど変化しつつあった．この環境変化のうちの重要な部分は，少なくとも数年間は為替レートが自由に変動することを許されたことであった．その結果，為替レートの管理に割り当てられていた人的資源を他の部署へ振り向けることができた．本物の変動相場制度によって独立した金融政策が可能となり，イングランド銀行は主要な力を金融政策に集中させることができた．ある意味では，これらの変革は，現在の観点からすれば，多年にわたって行われていた非常に長い議論の終結であり，貨幣集計量への新たな関心への移行につながったと見ることができる．それは1960年代後半と再び1970年代中頃において国際通貨基金が国内信用拡張目標を課したことによって，本格的に始まった．その主題については，大蔵省とイングランド銀行の双方で，ある程度の作業が行われてきたが，まだ，旧来の考え方への固執が残っていた．新たな保守党政権によって集中的な議論が引き起こされたが，同政権の優先順位の高い政策の1つはインフレーションの抑制であり，彼らの信念では，マネタリー・コントロール（貨幣量管理）がそのためのもっとも重要な部分であった．

　1979年6月に新政権によって，大蔵省・行政官庁特別委員会（Treasury and Civil Service Select Committee）が設立された．この委員会は国有化産業に関する特別委員会が締め出されたすべての分野，とくに，金融政策，為替レート政策，および為替管理政策の分野に関して，イングランド銀行に対して質疑す

第 16 章　結語

る権限を与えられた．しかし，古い慣習は簡単にはなくならなかった．新たな委員会を考慮して，「微妙な問題についてはあまり確約しない［ママ］ようにしながら，開放的な印象を与える技法が必要であろう」と，クローアムは考えた[29]．同委員会は調査を開始したが，その結果は，1981 年 3 月に公表された金融政策を断固として支持するものではなかった．

　その間，1980 年 3 月に，政府は緑書，『マネタリー・コントロール』を公表した[30]．ハウ〔蔵相〕は，マネーサプライを管理する方法を正式に見直すことを 1979 年 11 月に発表していた．イングランド銀行と大蔵省によって共同で生み出された協議文書は，政府が「マネーストックの成長率を漸進的に削減することがインフレーションの恒久的な抑制の達成には不可欠である」と信じている，と述べた[31]．緑書は貨幣を測定することの困難に関するイングランド銀行と大蔵省の見解を繰り返し指摘し，ある程度測定に幅をもたせることが必要であることを勧告していた．しかし，緑書は明瞭に次のようにも述べた．すなわち，「貨幣集計量の 1 つの増加率目標を設定し，それに対する進展を評価することによって，政府の金融政策がもっとも望ましい形で定式化できる，と政府は信じる」[32]．当時の英国の状況では £M3 が最良の尺度であるというかなりの合意があった．緑書の主要な結論によると，補完的特別預金制度の有効性はなくなっている．また，ある程度の現金所要量は必要としても，12.5％ の準備資産比率はもはや必要ではない．特別預金制度は，銀行システムに生じた何らかの過剰流動性に対処するために留保される必要がある．1981 年 8 月にマネタリー・コントロールに関する新たな取り決めが実施された．この取り決めには以下のものが含まれた．すなわち，準備・資産比率の廃止，イングランド銀行は最低貸出利率を継続的に掲示することをやめ，また，ロンドン手形交換所加盟銀行がその適格負債の 1.5％ をイングランド銀行に保有する必要性はすべての認定銀行に対する 0.5％ の現金比率の所要によって置き換える[33]．これによって，競争と信用調節（CCC）は，その導入からほぼ正確に 10 年後に正式に終了した．

　その他に生じた重要な変化は，さりげない非公式の監督から法律に基づくより集中した監督への移行であった．1980 年以降，イングランド銀行は，緊張の兆候が生じる前からすべての規模の銀行の活動についてつねにより周到な関

心を持ち始め，銀行監督課は1979年の約80名から1989年には200名に着実にかつ実質的に増加した．

こうして，本書の対象期間は，イングランド銀行の業務全体にわたる大改革の最初の部分で終わる．そして，おそらくイングランド銀行を1つの銀行から1つの研究グループに近いものに移行させた知的な変換を画する時期であった．それはノーマンやコボルドにとっては好ましくなかったかもしれないが，おそらく，金融政策の概念と金融政策を実施するイングランド銀行の役割はより明確になった．同時に，イングランド銀行が行う必要がなくなった業務もより明確になった．20世紀第3四半期におけるイングランド銀行についての論評は，『一般祈祷書』のある1節で表現できる．すなわち，『オールド・レディー』〔イングランド銀行〕は，するべきであったことを行わないままにして，またするべきでなかったことを行った．

注

1) *Financial Weekly*, 18 January 1980, によれば，この発言はイングランド銀行の上級職員のものである．6A262/1.
2) Blunden to Richardson, 'Organisation', 8 August 1978, G1/567.
3) *Ibid*.
4) 以下を参照．George, 'Review of E.I.D.' (George Report), 29 September 1975; Drake to Blunden/Dow, 'Recruitment and development of specialist E.I.D. staff', 24 June 1976, 7A152/1.
5) Taylor to Richardson, 15 December 1978; Benson, 'Organisation', 13 December 1978, G1/567.
6) Croham to Richardson, nd, enc. draft report, 2 April 1979, 7A127/1.
7) *Ibid*.
8) Croham to Richardson, 19 April 1979, enc. 'The Bank of England. A proposal for a revised directing structure', 20 April 1979, 7A127/1; Croham to Blunden, 31 January 1980, 6A262/1.
9) Molly Abraham (Richardson's personal secretary) to Richardson, 22 May 1979; Blunden to Richardson, 'The Croham report', 15 June 1979, 7A127/1.
10) Blunden to Richardson, 'The Croham report', 15 June 1979; Blunden to Richardson, 'Supervision and financial structure', 30 July 1979, 7A127/1. ワイスミューラーの親戚はターザンの名前で有名なジョニー・ワイスミューラー (Johnny Weissmuller) である．
11) Galpin to Blunden/Richardson/Hollom, 'Senior management structures', 8

January 1980, G1/567.
12) Blunden to Richardson, 27 December 1979, with Richardson amendments; McMahon to Richardson, 'Management structure', 2 January 1980; Blunden to Richardson, 4 January 1980, 6A262/1.
13) Goodhart (2007, pp. 1, 26-28). フレミングは出向後もイングランド銀行で週1日働き続けた．
14) Richardson, 'A message to the staff from the Governor', 16 January 1980, 7A127/1.
15) Cromer to Richardson, 17 January 1980, 7A127/1.
16) *The Old Lady*, June 2005, p. 72.
17) Interviews with Tony Coleby, 2 October 2007, and Brian Quinn, 27 February 2008.
18) Interviews with Sir Jeremy Morse, 1 June 2005.
19) *The Independent*, 13 May 1990, 'Business on Sunday', p. 8.
20) *The Sunday Times*, 29 September 1985.
21) *The Old Lady*, December 1985, p. 190.
22) Discussion with David Mallett, 6 November 2007.
23) BBCの草稿, 'The Money Programme 29 November, 1978', filed as 29 November 1979, OV197/4.
24) Rumins to Nick Monck (HMT), 9 December 1981; McMahon to Richardson, 'Bank dividend', 29 March 1982; McMahon to Richardson, 16 June 1982; Committee of Treasury, 17 June 1982; Rumins to McMahon, 'Dividend', 10 May 1983; Rumins to MacMahon, 31 August 1983, enc. 'Speaking note on dividend for the Governor − 1.9.83'; Committee of Treasury, 1 September 1983; Leigh-Pemberton to Nigel Lawson (Chancellor), 7 September 1983. 1984年予算における法人税の変更の結果，利益は50対50に分割されるように公式を修正することが合意された．以下を参照，Minutes of Court, 3 and 10 May 1984; McMahon to Peter Middleton (permanent Secretary, HMT), 18 May 1984; Middleton to McMahon, 24 May 1984, 4A7/2.
25) Interviews with Malcolm Gill, 14 February 2006, *The Old Lady*, June 1980, pp. 55-56.
26) Croome-Johnson Report, para. 16.39.
27) McMahon to Richardson, 23 August 1982, 8A32/1.
28) Richardson to executive directors et al., 4 October 1982, 3A161/182.
29) Croham to Richardson/Hollom, 'Select committee on the Treasury', 3 October 1979, 3A19/1.
30) Green paper, 'Monetary Control', cmnd 7858, March 1980.
31) 'Monetary Control' p. iii, para. 2.
32) *Ibid*., p. iv, para. 8.
33) 'Monetary control − provisions', *BEQB* 21(3): 347-349, September 1981.

参考文献

Abramson, D.M. 2006. *Building the Bank of England: Money, Architecture, Society 1694-1942*. New Haven, CT: Yale University Press.

Ackrill, M. and L. Hannah. 2001. *Barclays: The Business of Banking, 1690-1996*. Cambridge: Cambridge University Press.

Alford, R.F.G. 1972. 'Indicators of direct controls on the United Kingdom capital market, 1951-69', in M. Peston and B. Corry (eds.), *Essays in Honour of Lord Robbins*. London: Weidenfeld & Nicolson, pp. 324-355.

Alford, R.F.G. and H.B. Rose. 1959. 'The Radcliffe Report and domestic monetary policy', *London and Cambridge Economic Bulletin* 109(403): ii-v.

Aliber, R.Z. 1962. 'Counter-speculation and the forward exchange market: a comment', *Journal of Political Economy* 70(6): 609-613.

―――. 1972. 'The Commission on Money and Credit', *Journal of Money, Credit and Banking* 4(4): 915-929.

Allsopp, C. and D.G. Mayes. 1985. 'Demand management in practice', in D. Morris (ed.), *The Economic System in the UK*. Oxford: Oxford University Press, pp. 398-443.

Allsopp, P.W. 1975. 'Prudential regulation of banks in the United Kingdom', Inter Bank Research Organisation, Report No. 274 (November).

Althaus, N. 1969. 'The market view', *The Banker* 119(525): 1175-1179.

Anderson, L.C. and J.L. Jordan. 1968. 'Monetary and fiscal actions: a test of the relative importance in economic stabilization', *St. Louis Federal Reserve Bank Review* 50(11): 11-24.

Armstrong, W. 1968. *Some Practical Problems in Demand Management: The Stamp Memorial Lecture Delivered Before the University of London on 26 November 1968*. London: Athlone Press.

Arnon, A. and W.L. Young, eds. 2002. *The Open Economy Macromodel: Past, Present and Future*. Boston, MA: Kulwer Academic Press.

Atkin, J. 2004. *The Foreign Exchange Market of London, Development since 1900*. London: Routledge.

Artus, J.R. and R.R. Rhomberg. 1973. 'A multilateral exchange rate model', *International Monetary Fund Staff Papers* 20(3): 591-611.

Bacon, R. and W. Eltis. 1976. *Britain's Economic Problem: Too Few Producers*. London: Macmillan.

Bain, A.D. 1965. 'The Treasury bill tender in the UK', *Journal of Economic Studies* 1 (1): 62-71.

Bagehot, W. 1873. *Lombard Street: A Description of the Money Market*. London. (宇野弘蔵訳『ロンバード街―ロンドンの金融市場―』岩波文庫，1941年．久保恵美子訳『ロンバード街　金融市場の解説』日経 BP 社，2011 年)

Bank of England. 1984. *The Development and Operation of Monetary Policy 1960-83: A Selection of Material from Quarterly Bulletin of the Bank of England*. Oxford: Clarendon Press.

Balogh, T. 1956. 'Debate on monetary control: dangers of the new orthodoxy', *The Banker* 106(365): 347-353.

Bank for International Settlements. 1963. *Eight European Central Banks: Organisation and Activities; a Descriptive Study*. London: Allen & Unwin.

Batini, N. and E. Nelson. 2005. 'The UK's rocky road to stability', *Federal Reserve Bank of St. Louis Working Paper 2005-020A*, (March); http://research.stlouisfed.org/wp/2005/2005-020.pdf.

Bean, C. and N. Crafts. 1996. 'British economic growth since 1945: relative economic decline ... and renaissance?' in N. Crafts and G. Toniolo (eds.), *Economic Growth in Europe since 1945*. Cambridge: Cambridge University Press, pp. 131-172.

Beckerman, W. and A.A. Walters. 1966. 'The British economy in 1975', *Journal of the Royal Statistical Society*, Series A (general), 129(2): 275-280.

Beenstock, M., F.H. Capie, and B. Griffiths. 1984. 'Economic recovery in the United Kingdom in the 1930s', Panel Paper No. 23 in Bank of England, Panel of Academic Consultants (eds.), *The UK Economic Recovery in the 1930s*. London, April, pp. 57-85.

Bell, G. 1964. 'Credit creation through Euro-dollars?', *The Banker* 114(462): 494-502.

―――. 1973. *The Eurodollar Market*. London: Macmillan. (井出正介・武田悠訳『ユーロダラーの将来』日本経済新聞社，1974 年)

Bell, G. and L.S. Berman. 1966. 'Changes in the money supply in the United Kingdom, 1954 to 1964', *Economica* 33(133): 148-165.

Bernholz, P. 2007. 'From 1945 to 1982: the transition from inward exchange controls to money supply management under floating exchange rates', in Swiss National Bank (ed.), *The Swiss National Bank 1907-2007*. Zurich, Swiss National Bank, pp. 109-199.

Besomi, D. 1998. 'Roy Harrod and the Oxford Economists' Research Group's inquiry on prices and interest rates, 1936-39', *Oxford Economic Papers* 50(4): 534-562.

Billings, M. and F.H. Capie. 2004. 'The development of management accounting in UK clearing banks, 1920-70', *Accounting, Business and Financial History* 14(3): 317-338.

―――. 2007. 'Capital in British banking, 1920 to 1970', *Business History* 49(2): 139-162.

―――. 2009. 'Transparency and financial reporting in mid-20th century British banking', *Accounting Forum* 33(1): 38-53.

Bindseil, U. 2004. *Monetary Policy Implementation: Theory, Past and Present*. Oxford: Oxford University Press.

Blackaby, F.T., ed. 1978. *British Economic Policy 1960-74: Demand Management*. Cambridge: Cambridge University Press.

―――. 1978. 'Narrative, 1960-74', in Blackaby (1978, pp. 11-76).

Blinder, A.S. and J.B. Rudd. 2008. 'The supply-shock explanation of the great stagflation revisited', NBER Working Paper No. w14563, December.

Bloomfield, A.I. 1959. 'An American impression', *Westminster Bank Review*, November: 15-20.

Bond, A.J.N. and M.O.H. Doughty. 1984. *The House: A History of the Bank of England Sports Club 1908-1983*. Roehampton: Bank of England Sports Club.

Bootle, R. 1997. *The Death of Inflation: Surviving and Thriving in the Zero Era*. London: Nicholas Brealey Publishing.

Bordo, M.D. and B.J. Eichengreen, eds. 1993. *A Retrospective on the Bretton Woods System: Lessons for International Monetary Reform*. Chicago: The University of Chicago Press.

Bordo, M.D. 2003. 'Exchange-rate regime choice in historical perspective', NBER IMF Working Paper No. 03/160.

Bordo, M.D. and M. Flandreau. 2003. 'Core, periphery, exchange rates regimes, and globalization', in M.D. Bordo, A.M. Taylor, and J.G. Williamson (eds.), *Globalization in Historical Perspective*. Chicago: The University of Chicago Press, pp. 417-468.

Bordo, M.D., O.F. Humpage, and A.J. Schwartz. 2006. 'Bretton Woods and the U.S. decision to intervene in the foreign-exchange market, 1957-1962', Working Paper No. 0609, Federal Reserve Bank of Cleveland.

Bordo, M.D. and F.E. Kydland. 1995. 'The gold standard as a rule: an essay in exploration', *Explorations in Economic History* 32(4): 423-464.

Bordo, M.D. and H. Rockoff. 1996. 'The gold standard as a "Good Housekeeping Seal of Approval"', *Journal of Economic History* 56(2): 389-428.

Bordo, M.D., R. MacDonald, and M.J. Oliver. In press. 'Sterling in crisis: 1964-1969', *European Review of Economic History*.

Borio, C. and G. Toniolo. 2005. 'Central bank cooperation and the BIS: an insider's perspective', Fourth BIS Annual Conference, June 2005, Basel, Switzerland.

Bowden, S. 2002. 'Ownership responsibilities and corporate governance: the crisis at Rolls-Royce, 1968-71', *Business History* 44(3): 31-62.

Boyle, E. 1979. "The economist in government', in J.K. Bowers (ed.), *Inflation, Development and Integration: Essays in Honour of A.J. Brown*. Leeds: Leeds University Press, pp. 1-26.

Brandon, H. 1966. *In the Red: The Struggle for Sterling, 1964-66*. London: Andre Deutsch.

Bretherton, R. 1999. *The Control of Demand, 1958-1964*. London: Institute for Contemporary Business History.

Britton, A.J.C. 1986. *The Trade Cycle in Britain, 1958-1982*. Cambridge: Cambridge University Press.

———. 2001. *Monetary Regimes of the Twentieth Century*. Cambridge: Cambridge University Press.

Brittan, S. 1964. *The Treasury under the Tories, 1951-1964*. Harmondsworth: Penguin. A later version appears as Brittan, S. 1969. *Steering the Economy: The Role of the Treasury*. London: Secker & Warburg.

———. 1970. *The Price of Economic Freedom; A Guide to Flexible Exchange Rates*. London: Macmillan.

Broadberry, S. and N. Crafts. 2003. 'UK productivity performance from 1950 to 1979: a restatement of the Broadberry-Crafts view', *Economic History Review* 56(4): 718-735.

Brown, A.J. 1955. *The Great Inflation, 1939-1951*. London: Oxford University Press.

———. 1985. *World Inflation since 1950: An International Comparative Study*. Cambridge: Cambridge University Press.

Browning, P. 1986. *The Treasury and Economic Policy, 1964-85*. London: Longman.

Brunner, K. 1968. 'The role of money and monetary policy', *Federal Reserve Bank of St. Louis Review* 50(7): 9-24.

Brunner, K., ed. 1981. *The Great Depression Revisited*. Boston: Martinus Nijhoff.

Brunner, K and R.L. Crouch. 1967. 'Money supply theory and British monetary experience', *Methods of Operations Research* 3(1): 77-112.

Burk, K. and A. Cairncross. 1992. *Goodbye, Great Britain: The 1976 IMF Crisis*. New Haven, CT: Yale University Press.

Burnham, P. 2003. *Remaking the Postwar World Economy: Robot and British Policy in the 1950s*. New York: Palgrave Macmillan.

Butler, R.A. 1971. *The Art of the Possible: The Memoirs of Lord Butler, KG, CH*. London: Hamilton.

Buyst, E., I. Maes, W. Pluym, and M. Daneel. 2005. *The Bank, the Franc and the Euro: A, History of the National Bank of Belgium*. Brussels: Lanoo Publishers.

Byatt, D. 1994. *Promised to Pay: The First Three Hundred Years of Bank of England Notes*. London: Spink & Son.

Cagan, P. 1956. 'The monetary dynamics of hyperinflation', in Milton Friedman (ed.), *Studies in the Quantity Theory of Money*. Chicago: The University of Chicago Press.

———. 1965. *Determinants and Effects of Changes in the Stock of Money, 1875-1960*. Columbia, NC: National Bureau of Economic Research.

Cairncross, A. 1973. *Control of Long-Term Capital Movements: A Staff Paper.* Washington: Brookings Institution.
———. 1985a. 'One hundred issues of the *Quarterly Bulletin*', *BEQB* 23(3): 381-387.
———. 1985b. *Years of Recovery, British Economic Policy, 1945-51.* London: Methuen.
———. 1987. 'Prelude to Radcliffe: monetary policy in the United Kingdom, 1948-57', *Rivista de Storia Economica* 4(2): 2-20.
———. 1991a. 'Richard Sidney Sayers, 1908-1989', *Proceedings of the British Academy* 76: 545-561.
———, ed. 1991b. *The Robert Hall Diaries, 1954-61.* London: Unwin Hyman.
———. 1995. 'The Bank of England and the British economy', in Roberts and Kynaston (1995, pp. 56-82).
———. 1996. *Managing the British Economy in the 1960s: A Treasury Perspective.* Oxford: Macmillan, in association with St Anthony's College, Oxford.
———. 1997. *The Wilson Years: A Treasury Diary, 1964-69.* London: Historian's Press.
———. 1999. *Diaries of Sir Alec Cairncross: The Radcliffe Committee, Economic Adviser to HMG, 1961-64.* London: Institute of Contemporary British History.
Cairncross, A. and B. Eichengreen. 1983. *Sterling in Decline: The Devaluations of 1931, 1949 and 1967.* Oxford: Blackwell.
Callaghan, J. 1987. *Time and Chance.* London: Collins.
Capie, F.H. 1983. *Depression and Protectionism: Britain Between the Wars.* London: Alien & Unwin.
———. 1986. 'Conditions in which very rapid inflation appears', Carnegie Rochester Conference Series on Public Policy, No. 24, pp. 115-168.
———. 1990. 'The evolving regulatory framework in British banking in the twentieth century', in M. Chick (ed.), *Governments, Industries and Markets: Aspects of Government-Industry Relations in the UK, Japan, West Germany and the USA since 1945.* Aldershot: Elgar.
———, ed. 1991. *Major Inflations in History.* Aldershot: Elgar.
———. 2002. 'The emergence of the Bank of England as a mature central bank', in D. Winch and P. O'Brien (eds.), *The Political Economy of British Historical Experience, 1688-1914.* London: Oxford University Press for British Academy.
Capie, F.H. and M. Billings. 2001a. 'Accounting issues and the measurement of profits — English banks — 1920-68', *Accounting, Business & Financial History* 11(2): 225-251.
———. 2001b. 'Profitability in English banking in the twentieth century; *European Review of Economic History* 5(3): 367-401.
Capie, F.H. and M. Collins. 1983. *The inter-war British economy: a statistical abstract.* Manchester: Manchester University Press.

Capie, F.H. and G. Rodrik-Bali. 1986. 'The behaviour of the money multiplier and its components since 1870', *City University Business School Economic Review* (UK) 4(1).

Capie, F.H. and A. Webber. 1985. *A Monetary History of the United Kingdom, 1870 -1982*, Vol. 1. London: Allen & Unwin.

Capie, F.H. and G.E. Wood. 2001. *Policy Makers on Policy; The Mais Lectures*. London: Routledge.

―――. 2002a. 'Price controls in war and peace: a Marshallian conclusion', *Scottish Journal of Political Economy* 49(1): 39-60.

―――. 2002b. 'The international financial architecture in the second half of the twentieth century', in M.J. Oliver (ed.), *Studies in Economic and Social History: Essays in Honour of Derek H. Aldcroft*. Aldershot: Ashgate.

Capie, F.H., C.A.E. Goodhart, and N. Schnadt. 1995. 'The development of central banking', in F.H. Capie, C.A.E. Goodhart, S. Fischer, and N. Schnadt (eds.), *The Future of Central Banking: The Tercentenary Symposium of the Bank of England*. Cambridge: Cambridge University Press.

Capie, F.H., T.C. Mills, and G.E. Wood. 1986. 'Debt management and interest rates: the British stock conversion of 1932', *Applied Economics* 18(10): 1111-1126.

Cassell, G. 1922. *Money and Foreign Exchange after 1914*. London: Constable.

Cassis, Y. 2005. *Capitals of Capital: A History of International Financial Centres, 1780-2005*. Geneva: Pictet & Cie.

Castle, B. 1984. *The Castle Diaries 1964-70*. London: Weidenfeld & Nicolson.

Chadha, J.S. and N.H. Dimsdale. 1999. 'A long view of real interest rates', *Oxford Review of Economic Policy* 15(2): 17-45.

Chalmers, E., ed. 1967. *The Gilt-Edged Market: A Study of the Background Factors*. London: W.P. Griffith & Sons.

―――. 1968. *Monetary Policy in the Sixties: UK, USA and W. Germany*. London: W. P. Griffith and Sons.

Channon, D.F. 1977. *British Banking Strategy and the International Challenge*. London: Macmillan.

Chester, N. 1975. *The Nationalisation of British Industry, 1945-51*. London: HMSO.

Chrystal, A. and P. Mizen. 2003. 'Goodhart's law: origins, meaning, and implications for monetary policy', in Mizen (2003, pp. 221-244).

Clapham, J. 1944. *The Bank of England: A History*, Vol. 2: *1797-1914: With an Epilogue, the Bank as It Is*. Cambridge: Cambridge University Press. (英国金融史研究会訳『イングランド銀行―その歴史』I, II, ダイヤモンド社, 1970 年)

Clarke, S.V.O. 1977. *Exchange Rate Stabilization in the Mid-1930s: Negotiating the Tripartite Agreement*. Princeton, NJ: Princeton Studies in International Finance.

Clayton, G., J.C. Gilbert, and R. Sedgwick, eds. 1971. *Monetary Theory and Monetary Policy in the 1970's: Proceedings of the Sheffield Money Seminar*. London: Oxford

Clendenning, E.W. 1970. *The Euro-Dollar Market*. Oxford: Clarendon Press.（坂田真太郎訳『ユーロダラー・マーケット：理論と実証による分析』日本経済新聞社，1971年）
Cobham, D. 1992. 'The Radcliffe Committee', in Newman, Milgate, and Eatwell (1992, vol. 3, pp. 265-266).
Congdon, T. 2005. *Money and Asset Prices in Boom and Bust*. London: Institute of Economic Affairs.
Coombs, C.C. 1969. 'Treasury and Federal Reserve foreign exchange operations', *Federal Reserve Monthly Review* 51(3): 43-56.
Coombs, C.A. 1976. *The Arena of International Finance*. London: Wiley.（荒木信義訳『国際通貨外交の内幕』日本経済新聞社，1977年）
Cooper, R.N. 1968. 'The balance of payments', in R.E. Caves (ed.), *Britain's Economic Prospects*. Washington: Brookings Institution.
―――. 2008. 'Almost a century of central bank cooperation', in C. Borio, G. Toniolo, and P. Clement (eds.), *The Past and Future of Central Bank Cooperation*. Oxford: Oxford University Press, pp. 76-101.
Coopey, R. and D. Clarke. 1995. *3i: Fifty Years of Investing in Industry*. Oxford: Oxford University Press.
Cork, K. 1988. *Cork on Cork, Sir Kenneth Cork Takes Stock*. London: Macmillan.
Courtney, C. and P. Thompson, eds. 1996. *City Lives: The Changing Voice of British Finance*. London: Methuen.
Cownie, J.R. 1989. 'Success through perseverance: the Rolls-Royce RB.211 engine', *Putnam Aeronautical Review* 4: 230-239.
Crafts, N.F.R. 1993. *Can De-industrialisation Seriously Damage Your Wealth? A Review of Why Growth Rates Differ and How to Improve Economic Performance*. London: Institute of Economics Affairs.
Crafts, N.F.R. and C.K. Harley. 1992. 'Output growth and the British industrial revolution: a restatement of the Crafts-Harley view', *Economic History Review* 45(4): 703-730.
Crafts, N.F.R. and G. Toniolo, eds. 1996. *Economic Growth in Europe since 1945*. Cambridge: Cambridge University Press.
Cramp, A.B. 1966. 'Control of the money supply', *Economic Journal* 76(302): 278-287.
―――. 1968. 'Financial theory and control of bank deposits,' *Oxford Economic Papers*, New Series, 20(1): 98-108.
Crockett, A.D. 1970. 'Timing relationships between movements of monetary and national income variables', *BEQB* 10(4): 459-472.
Croham, Lord. 1992. 'Were the instruments of control for domestic economic policy adequate?' in F. Cairncross and A. Cairncross (eds.), *The Legacy of the Golden Age: The 1960s and Their Economic Consequences*. London: Routledge, pp. 81-

109.

Croome, D.R. and H.G. Johnson, eds. 1970. *Money in Britain 1959-69*. Oxford: Oxford University Press. (渡辺佐平・高橋泰三監訳『金融理論と金融政策 ラドクリフ以降』法政大学出版局, 1974年)

Crouch, R.L. 1963. 'A re-examination of open-market operations', *Oxford Economic Papers*, New Series, 15(2): 81-94.

―――. 1964. 'The inadequacy of "new orthodox" methods of monetary control', *Economic Journal* 74(296): 916-934.

―――. 1965. 'The genesis of bank deposits: new English version', *Bulletin of Oxford University Institute of Economics & Statistics* 27(3): 185-199.

Dacey, W.M. 1951, 1958. *The British Banking Mechanism*. London: Hutchison. (紅林茂夫訳『現代イギリス銀行論』東洋経済新報社, 1960年)

Dalton, H. 1962. *High Tide and After: Memoirs 1945-1960*. London: Muller.

Davenport-Hines, R., ed. 2006. *Letters from Oxford: Hugh Trevor-Roper to Bernard Berenson: Letters from Hugh Trevor-Roper to Bernard Berenson*. London: Weidenfeld & Nicolson.

Davis, R.G. 1969. 'How much does money matter? A look at some recent evidence', *Federal Reserve Bank of New York Monthly Review* 51(6): 119-131.

Day, A.C.L. 1956. *The Future of Sterling*. Oxford: Clarendon Press.

DeLong, J.B. 1997. 'America's peacetime inflation: the 1970s', in C. Romer and D. Romer (eds.), *Reducing Inflation: Motivation and Strategy*. Chicago: The University of Chicago Press.

Dell, E. 1991. *A Hard Pounding: Politics and Economic Crisis, 1974-76*. Oxford: Oxford University Press.

Dell, S. 1981. 'On being grandmotherly: the evolution of IMF conditionality', *Princeton Essay in International Finance* 144: 1-34.

De Moubray, G. 2005. *City of Human Memories*. Stanhope: The Memoir Club.

Dennett, L. 1998. *A Sense of Security: 150 Years of Prudential*. Cambridge: Granta Editions.

Department of Trade. 1976. *London and County Securities Group Limited Investigation under Sections 165(b) and 172 of the Companies Act 1948*. London: HMSO.

Devons, E. 1959. 'An economist's view of the Bank Rate Tribunal evidence', *Manchester School of Economic and Social Studies* 27(1): 1-16.

De Vries, M.G. 1985. *The International Monetary Fund 1972-1978: Cooperation on Trial*., Washington: International Monetary Fund.

―――. 1986. *IMF in a Changing World, 1945-85*. Washington: International Monetary Fund.

Donoughue, B. 1987. *Prime Minister: The Conduct of Policy under Harold Wilson and James Callaghan*. London: Cape.

Dorey, P. 2001. *Wage Politics in Britain: The Rise and Fall of Incomes Policies since*

1945. Brighton: Sussex Academic Press.
Dow, J.C.R. 1964. *The Management of the British Economy, 1945-60*. Cambridge: Cambridge University Press.
Downton, C.V. 1977. 'The trend of the national debt in relation to national income', *BEQB* 17(3): 319-324.
Duck, N.W. and D.K. Sheppard. 1978. 'A proposal for the control of the UK money supply', *Economic Journal* 88(349): 1-17.
Duggleby, V. 1994. *English Paper Money: 300 Years of Treasury and Bank of England Notes Design 1694-1994*, 5th ed. London: Spink & Son.
Dyer, L.S. 1983. 'The secondary banking crisis', *Journal of the Institute of Bankers* 104: 46-48.
Economic, Financial and Transit Department (League of Nations), mainly by R. Nurkse. 1944. *International Currency Experience: Lessons of the Inter-war Period*. Princeton, NJ: Economic, Financial and Transit Department, League of Nations.
Eichengreen, B.J. 1992. *Golden Fetters: The Gold Standard and the Great Depression, 1919-1939*. New York: Oxford University Press.
―――. 1995. 'Central bank cooperation and exchange rate commitments: the classical and interwar gold standards compared', *Financial History Review* 2(2): 99-117.
―――. 2004. 'The dollar and the new Bretton Woods system', Henry Thornton Lecture, Cass Business School.
―――. 2007. *Global imbalances and the lessons of Bretton Woods*, Cambridge, Mass.: MIT Press.
Eichengreen, B.J. and J. Sachs. 1985. 'Exchange rates and economic recovery in the 1930s', *Journal of Economic History* 45(4): 925-946.
Einzig, P. 1964. *The Euro-dollar System: Practice and Theory of International Interest Rates*. London: Macmillan. (塩野谷九十九・大海宏訳『ユーロ・ダラー』東洋経済新報社，1965年)
―――. 1967. 'Forward exchange intervention', *Westminster Bank Review*, February: 2-13.
Fausten, D.K. 1975. *The Consistency of British Balance of Payments Policies*. London: Macmillan.
Fay, S., and Lord O'Brien of Lothbury and Lord Richardson of Duntisbourne. 1987. *Portrait of an Old Lady: Turmoil at the Bank of England*. London: Viking.
Feldstein, C.H. 1993. 'Lessons of the Bretton Woods experience', in Bordo and Eichengreen (1993), pp. 613-18.
Fels, A. 1972. *The British Prices and Incomes Board*. London: Cambridge University Press.
Fforde, J.S. 1954. *The Federal Reserve System, 1945-49*. Oxford: Clarendon Press.
―――. 1983. 'Setting monetary objectives', *BEQB* 23(2): 200-208.

———. 1992. *The Bank of England and Public Policy, 1941-1958*. Cambridge: Cambridge University Press.

Fisher, I. 1896. *Appreciation and Interest: A Study of the Influence of Monetary Appreciation and Depreciation on the Rate of Interest*. New York: Macmillan.

———. 1911. *The Purchasing Power of Money: Its Determination and Relation to Credit Interest and Crises*. New York: Macmillan.

Flandreau, M. 1997. 'Central bank cooperation in historical perspective: a sceptical view', *Economic History Review* 50(4): 735-763.

Fletcher, G.A. 1976. *The Discount Houses in London*. London: Macmillan.

Fogel, R.W. 2005. *Reconsidering Expectations of Economic Growth after World War II from the Perspective of 2004*. Cambridge, MA: National Bureau of Economic Research.

Foot, M.D.K.W. 1981. 'Monetary targets: their nature and record in the major economies', in B. Griffiths and G.E. Wood (eds.), *Monetary Targets*. London: Macmillan.

Friedman, M. 1956. *Studies in the Quantity Theory of Money*. Chicago: The University of Chicago Press.

———. 1960. *A Program for Monetary Stability*. New York: Fordham University Press.

———. 1968a. *Dollars and Deficits: Inflation, Monetary Policy and the Balance of Payments*. Englewood Cliffs, NJ: Prentice-Hall.

———. 1968b. 'The case for flexible exchange rates', reprinted in Milton Friedman, *Essays in Positive Economics*. Chicago: The University of Chicago Press.「変動為替相場論」鈴木浩二編『国際流動性論集』東洋経済新報社，1964年所収．佐藤隆三・長谷川啓之訳『実証経済学の方法と展開』富士書房，1977年．

———. 1968c. 'The role of monetary policy; *American Economic Review* 58(1): 1-17.

———. 1970. 'The Eurodollar market: some first principles', in Herbert V. Prochnow (ed.), *The Eurodollar*. Chicago: Rand, McNally and Co.「ユーロダラー市場を動かすもの」，柏木雄介監訳『ユーロダラー　国際金融コンファレンス報告』日本経済新聞社，1972年所収．

Friedman, M. and A.J. Schwartz. 1963. *A Monetary History of the United States, 1867-1960*. Princeton, NJ: Princeton University Press.

Fry, R., ed. 1970. *A Banker's World: The Revival of the City 1957-1970; the Speeches and Writings of Sir George Bolton*. London: Hutchinson.

Gardener, E.P.M., ed. 1986a. *UK Banking Supervision: Evolution, Practice and Issues*. London: Allen & Unwin.

———. 1986b. 'Supervision in the United Kingdom', in Gardener (1986, pp. 70-85).

Garvin, S. 1970. 'Should the Bank be subject to scrutiny?', *The Banker* 120(537): 1186-1188.

Gavin, F.J. 2004. *Gold, Dollars, and Power: The Politics of International Monetary*

Relations, 1958-1971. Chapel Hill: University of North Carolina Press.

Gilbert, M. 1968. 'The gold-dollar system: conditions of equilibrium and the price of gold', in *Princeton Essays in International Economics*. Princeton, NJ: Princeton University Press.

Goodhart, C.A.E 1973. 'Monetary policy in the United Kingdom', in Holbik (1973, pp. 465-524).

———. 1989. *Money, Information and Uncertainty*. London: Macmillan Palgrave.

———. 1999. 'Monetary policy — demand management', in K.A. Chrystal (ed.), *Government Debt Structure and Monetary Conditions: A Conference Organised by the Bank of England, 18-19 June 1998*. London: Bank of England, pp. 25-36.

———. 2003. 'A central bank economist', in Mizen (2003, pp. 13-62).

———. 2004. On Sayers, in D. Rutherford (ed.), *The Biographical Dictionary of British Economists*, Vol. 2. Bristol: Thoemmes Continuum.

———. 2007. *John Flemming 1941-2003: A Biography*. Wilton: Windsor.

Goodhart, C.A.E. and A.D. Crockett. 1970. 'The importance of money', *BEQB* 10(2): 159-198.

Goodhart, C.A.E. and D. Schoenmaker. 1995. 'Should the functions of monetary policy and banking supervision be separated?', *Oxford Economic Papers* 47(4): 539-560.

Gordon, C. 1993. *The Cedar Story: The Night the City Was Saved*. London: Sinclair-Stevenson.

Gordon, R. 1977. 'Can the inflation of the 1970s be explained?', *Brookings Papers on Economic Activity* 8: 253-277.

Gowland, D. 1982. *Controlling the Money Supply*. London: Croom Helm.

Grady, J. and M. Weale. 1986. *British Banking 1960-1985*. London: Macmillan.

Green, E. 1979. *The Making of a Modern Banking Group: A History of the Midland Bank since 1900*. London: St George Press.

Griffiths, B. 1970. *Competition in Banking*, Hobart Papers No. 51. London: Institute of Economic Affairs.

———. 1971. 'The determination of the Treasury bill tender rate', *in Economica*, New Series, 38(150): 180-191.

———. 1976. 'How the Bank has mismanaged monetary policy', *The Banker* 126(610): 1411-1419.

———. 1977. 'The Bank under scrutiny', *The Banker* 127(612): 111-117.

Griffiths, B. and G.E. Wood, eds. 1981. *Monetary Targets*. London: Macmillan.

Hague, D. and G. Wilkinson. 1983. *The IRC: An Experiment in Industrial Intervention. A History of the Industrial Reorganisation Corporation*. London: Allen & Unwin.

Hall, M.J.B. 1999. *Handbook of Banking Regulation and Supervision in the United Kingdom*. Cheltenham: Edward Elgar.

Hall, N.F. 1935. *The Exchange Equalization Account*. London: Macmillan.

Hanham, H.J. 1959. 'A political scientist's view', *Manchester School of Economic and*

Social Studies 27(1): 17-29.
Hansen, A.H. 1938. *Full Recovery or Stagnation?* London: A & C Black.
Hargrave, J. 1937. *Professor Skinner Alias Montagu Norman*. London: Wells Gardner, Darton and Co.
Harman, M.D. 1997. *The British Labour Government and the 1976 IMF Crisis*. London: Macmillan.
Harrod, R. 1959. 'Is the money supply important?', *Westminster Bank Review*, November: 3-7.
―――. 1965. *Reforming the World's Money*. New York: St. Martin's Press.
―――. 1969. *Money*. New York: St. Martin's Press. (塩野谷九十九訳『貨幣―歴史・理論・政策―』東洋経済新報社, 1974年)
Hawtrey, R. 1959. 'The Radcliffe Report on the working of the monetary system: a preliminary survey', *The Bankers' Magazine* 109(404): 172.
Hayek, F.A. 2005. *The Road to Serfdom*. London: Institute of Economic Affairs. (西山千秋訳『隷属への道』春秋社, 1992年)
Healey, D. 1989. *The Time of My Life*. London: Michael Joseph.
Henderson, D. 1986. *Innocence and Design: The Influence of Economic Ideas on Policy*. Oxford: Blackwell.
Hennessy, E. 1992. *A Domestic History of the Bank of England, 1930-60*. Cambridge: Cambridge University Press.
Hetzel, R.L. 2008. *The Monetary Policy of the Federal Reserve*. New York: Cambridge University Press.
Heward, E. 1994. *The Great and the Good — A Life of Lord Radcliffe*. Chichester: Barry Rose.
Hewitt, V.H. and J.M. Keyworth. 1987. *As Good as Gold: 300 Years of British Note Design*. London: British Museum Publications in association with the Bank of England.
Hickson, K. 2005. *The IMF Crisis of 1976 and British Politics*. London: Tauris.
Hirsch, F. 1965. *The Pound Sterling*. London: Victor Gollancz.
Hodgman, D.R. 1971. 'British techniques of monetary policy: a critical review', *Journal of Money Credit and Banking* 3(4): 760-779.
Holbik, K., ed. 1973. *Monetary Policy in Twelve Industrial Countries*. Boston: Federal Reserve Bank of Boston.
Holmes, A.R. and F.H. Klopstock. 1960. 'The market for dollar deposits in Europe', *Federal Reserve Bank of New York Monthly Review* 42(11): 197-202.
Holtfrerich, C.L. 1999. 'Monetary policy under fixed exchange rates, 1948-1970', in Deutsche Bundesbank (ed.), *Fifty Years of the Deutsche Mark: Central Bank and the Currency in Germany since 1948*. Oxford: Oxford University Press.
Holtrop, M.W. 1957. 'Method of monetary analysis used by De Nederlandische Bank', *IMF Staff Papers* 5(3): 303-316.

参考文献

Homes, A.R. and E. Green. 1986. *Midland: 150 Years of Banking Business*. London: B. T. Batsford.
Horsefield, J.K., ed. 1969. *The International Monetary Fund, 1945-1965: Twenty Years of International Monetary Cooperation*. Washington: International Monetary Fund.
Horne, A. 1989. *Macmillan*, Vol. 2: *1957-1986*. London: Macmillan.
Howson, S. 1975., *Domestic Monetary Management in Britain, 1919-38*. Cambridge: Cambridge University Press.
———. 1993. *British Monetary Policy 1945-51*. Oxford: Clarendon Press.
Jacobsson, P. 1964. *International Monetary Problems, 1957-63*. Washington: International Monetary Fund.
James, H. 1996. *International Monetary Co-operation since Bretton Woods*. New York: Oxford University Press.
———. 2002. *End of Globalization: Lessons from the Great Depression*. Cambridge, MA.: Harvard University Press.
Jay, D. 1980. *Change and Fortune: A Political Record*. London: Hutchinson.
Jenkins, R. 1991. *A Life at the Centre*. London: Macmillan.
Johnson, H.G. 1956. 'The revival of monetary policy in Britain', *Three Banks Review* 8(30): 1-20.
———. 1969. 'The case for flexible exchange rates, 1969', in *UK and Floating Exchanges*, Hobart Papers No. 46. London: Institute of Economic Affairs.
———. 1970. 'Monetary theory and monetary policy', *Euromoney* 2: 16-20.
———. 1971. 'Harking back to Radcliffe', *The Bankers' Magazine* 203(1530): 115-120.
———. 1972. *Further Essays in Monetary Economics*. London: Allen & Unwin.
Johnson, H.G. and A.R. Nobay, eds. 1971. *The Current Inflation: Proceedings of a Conference Held at the London School of Economics on 22 February 1971*. London, Macmillan.
Jones, A. 1973. *The New Inflation: The Politics of Prices and Incomes*. London: Deutsch.
Jones, G. 2004. 'Bolton, Sir George Lewis French (1900-1982)', *Oxford Dictionary of National Biography*. Oxford: Oxford University Press; online edition, May 2008; www.oxforddnb.com/view/article/46639; accessed 8 January 2009.
Kaldor, N. 1976. 'Inflation and recession in the world economy', *Economic Journal* 86 (344): 703-714.
———. 1982. *The Scourge of Monetarism*. Oxford: Oxford University Press. (原正彦・高川正明訳『マネタリズム―その罪過』日本経済評論社, 1984 年)
Kandiah, M., ed. 2002. *Debates about the Rise and Fall of the Bretton Woods Agreement*. Witness Seminar, 30 September 1994. London: CCBH.
Kandiah, M., ed. 2008. *Exchange Rate Mechanism: Black Wednesday and the Rebirth of*

the British Economy, Witness Seminar, 14 November 2007. London: CCBH.

Keegan, W., and R. Pennant-Rae. 1979. *Who Runs the Economy*. London: Maurice Temple Smith.

King, C. 1972. *The Cecil King Diary, 1965-1970*. London: Jonathan Cape.

―――. 1975. *The Cecil King Diary, 1970-1974*. London: Jonathan Cape.

King, M.A. 1994. 'Monetary policy instruments: the UK experience', *BEQB* 34(3): 268-276.

King, W.T.C. 1936. *History of the London Discount Market*. London: George Routledge and Sons. (藤沢正也訳『ロンドン割引市場史』有斐閣, 1960年)

―――. 1958. 'The new monetary weapon', *The Banker* 108(391): 493-506.

Kinsey, S. and E. Green. 2004. *The Good Companions: Wives and Families in the History of the HSBC Group*. Cambridge: Cambridge University Press.

Kirby, M.W. 1981. *The Decline of British Economic Power since 1870*. London: Allen & Unwin.

Klopstock, F.H. 1968. 'The Euro-dollar market: some unresolved issues', *Princeton Essays in International Finance* 65: 1-28.

Klug, A. and G.W. Smith. 1999. 'Suez and sterling, 1956', *Explorations in Economic History* 36(3): 181-203.

Kynaston, D. 2001. *The City of London*, Vol. 4: *A Club No More, 1945-2000*. London: Chatto & Windus.

Laidler, D.E.W. 1975. *Essays on Money and Inflation*. Manchester: Manchester University Press.

Laidler, D. 2000. 'Phillips in retrospect', in R. Leeson (ed.), *A WH Phillips: Collected Works in Contemporary Perspective*. Cambridge: Cambridge University Press.

Laidler, D.E.W. and J.M. Parkin. 1975. 'Inflation ― a survey', *Economic Journal* 85 (340): 741-809.

Lawson, N. 1992. *The View from No. 11. Memoirs of a Tory Radical*. London: Bantam Press.

Lazonick, W. and A. Prencipe. 2003. 'Sustaining the innovation process: the case of Rolls-Royce plc', paper given on 2 December at University of Urbino, Faculty of Economics, International Workshop: Empirical Studies on innovation in Europe; *www.econ.uniurb.it/siepi/dec03/papers/lazonick.pdf*.

McCallum, B. 1995. 'Two fallacies concerning central bank independence', *American Economic Review* 85(2): 207-211.

―――. 1997. 'Crucial issues concerning central bank independence', *Journal of Monetary Economics* 39(1): 99-112.

MacDougall, D. 1987. *Don and Mandarin: Memoirs of an Economist*. London: Murray.

McKenna, C.D. 2006. *The World's Newest Profession: Management Consulting in the Twentieth Century*. New York: Cambridge University Press.

McKinnon, R.I. 1993. 'Bretton Woods, the Marshall Plan, and the postwar dollar standard', in Bordo and Eichengreen (1993, pp. 597-600).

McMahon, C.W. 1964. *Sterling in the Sixties*. London, Oxford University Press.

―――. 1969. 'Monetary policies in the United States and the United Kingdom [comment]', *Journal of Money Credit and Banking* 1(38): 549-552.

Macmillan, H. 1972. *Pointing the Way, 1959-1961*. London: Macmillan.

Maddison, A. 2006. *The World Economy: Historical Statistics*. Paris: OECD. (金森久雄監訳『世界経済の成長史 1820〜1992年』東洋経済新報社, 2000年, 原著初版1995年の訳)

Manser, W.A.P. 1971. *Britain in Balance: The Myth of Failure*. Harlow: Longman.

Matthews, R.C.O., C.H. Feinstein, and J.C. Odling-Smee. 1982. *British Economic Growth, 1856-1973*. Stanford, CA: Stanford University Press.

Mayer, T. 1999. *Monetary Policy and the Great Inflation in the United States: The Federal Reserve and the Failure of Macroeconomic Policy 1965-79*. Cheltenham: Edward Elgar.

Meade, J.E. 1951. *The Theory of International Economic Policy*, Vol. 1: *The Balance of Payments*. London: Macmillan.

―――. 1955. 'The case for variable exchange rates', *Three Banks Review* 27: 3-27.

Megrah, M., ed. 1968. *Legal Decisions Affecting Bankers*, Vol. 8: *1962-1966*. London: Institute of Bankers, pp. 490-524.

Meltzer, A.H. 1998. *Keynes's Monetary Theory: A Different Interpretation*. Cambridge: Cambridge University Press.

―――. 2002. *A History of the Federal Reserve*, Vol. 1: *1913-1951*. Chicago: The University of Chicago Press.

―――. 2005. 'Origins of the Great Inflation', *Federal Reserve Bank of St. Louis Review* 87(2): 145-176.

―――. 2009. *A History of the Federal Reserve*, Vol. 2: Book One 1951-1969, Book Two 1970-1986. Chicago: University of Chicago Press.

Michie, R. 1999. *The London Stock Exchange: A History*. Oxford: Oxford University Press.

Middlemas, K. 1990. *Power, Competition and the State*, Vol. 2: *Threats to the Post-war Settlement, Britain: 1961-74*. Basingstoke: Macmillan.

―――. 1994. 'O'Brien, Leslie Kenneth, Baron O'Brien of Lothbury (1908-1995)', *Oxford Dictionary of National Biography*. London: Oxford University Press; online edition May 2006; *www.oxforddnb.com/view/article/60373*; accessed 18 February 2009.

Middleton, P. 1989. 'Economic policy formulation in the Treasury in the post-war period', *National Institute Economic Review*, February: 46-51.

Middleton, P.E., C.J. Mowl, J.C. Odling-Smee, and C.J. Riley. 1981. 'Monetary targets and the public sector borrowing requirement', in B. Griffiths and G.E. Wood (eds.), *Monetary Targets*. London: Macmillan, pp. 135-176.

Middleton, R. 1996. *Government versus the Market: The Growth of the Public Sector, Economic Management and the British Economic Performance, c.1890-1979*. Cheltenham: Elgar.

―――. 2002. 'Struggling with the impossible: sterling, the balance of payments and British economic policy, 1949-72', in Arnon and Young (2002, pp. 103-154).

Miller, R. and J.B. Wood. 1979. *Exchange Control Forever?* London: Institute for Economic Affairs.

Mishkin, F.S. 2004. *Can Central Bank Transparency Go Too Far?* Cambridge, MA: National Bureau of Economic Research (NBER).

Mitchell, B.R. 1988. *British Historical Statistics*. Cambridge: Cambridge University Press.

Mizen, P., ed. 2003. *Central Banking, Monetary Theory and Practice: Essays in Honour of Charles Goodhart*, Vol. 1. Cheltenham: Edward Elgar.

Moore, N.E.A. 1973. *The Decimalisation of Britain's Currency*. London: HMSO.

Moran, M. 1986. *The Politics of Banking: The Strange Case of Competition and Credit Control*, 2nd ed. Basingstoke: Macmillan.

Morgan, E.V. 1964. *Monetary Policy for Stable Growth*. London: Institute of Economic Affairs.

―――. 1966. 'Is inflation inevitable?', *Economic Journal* 76(301): 1-15.

Morgan, K.O. 1997. *Callaghan: A Life*. Oxford: Oxford University Press.

Mottershead, P. 1978. 'Industrial policy', in Blackaby (1978, pp. 418-483).

Mundell, R.A. 2000. 'A. reconsideration of the twentieth century', *American Economic Review* 90(3): 327-341.

Murphy, B. 1979. *A History of the British Economy, 1740-1970*. London: Longman.

Nelson, E. 2004. 'The great inflation of the seventies: What really happened?', Federal Reserve Bank of St. Louis WP2004-001.

Nevin, E. 1955. *The Mechanism of Cheap Money: A Story of British Monetary Policy, 1931-1939*. Cardiff: University of Wales Press.

Newlyn, W.T. 1964. 'The supply of money and its control', *Economic Journal* 74(294): 327-346.

―――. 1965. 'Mr. Crouch on "new orthodox" methods of monetary control ― comment(1)', *Economic Journal* 75(300): 857-859.

Newman P., M. Milgate, and J. Eatwell, eds. 1992. *New Palgrave Dictionary of Money and Finance*. London: Macmillan.

Nurkse, R. 1944. *International Currency Experience: Lessons of the Inter-war Period*. Princeton, NJ: Economic, Financial and Transit Department, League of Nations. (小島清・村野孝訳『国際通貨―20世紀の理論と現実』東洋経済新報社, 1953年)

O'Brien, D.P. 1992. 'Competition and credit control', in Newman, Milgate, and Eatwell (1992, Vol. 1, pp. 412-413).

Oliver, M.J. and A. Hamilton. 2007. 'Downhill from devaluation: the battle for sterling, 1968-72', *Economic History Review* 60(3): 486-512.

Oppenheimer, P. 1966. 'Forward market intervention: the official view', *Westminster Bank Review*, February: 2-14.

Orbell, J. 2004a. 'Baring, (George) Rowland Stanley, Third Earl of Cromer (1918-1991)', *Oxford Dictionary of National Biography*. London: Oxford University Press, online edition January 2008; *www.oxforddnb.com/view/article/49616*; accessed 14 January 2009.

———. 2004b. 'Kindersley, Hugh Kenyon Molesworth, Second Baron Kindersley (1899-1976)', *Oxford Dictionary of National Biography*. London: Oxford University Press; *www.oxforddnb.com/view/article/31312*; accessed 8 January 2009.

Paish, F.W. 1959. 'What is this liquidity?', *The Banker* 109(4): 590-597.

———. 1962. 'Monetary policy and the control of the post-war British inflation', in F.W. Paish (ed.), *Studies in an Inflationary Economy: The United Kingdom 1948-1961*. London: Macmillan.

Parkin, M. and M.T. Summer, eds. 1972. *Incomes Policy and Inflation*. Manchester: Manchester University Press.

Pepper, G. 1991. 'Official order — real chaos', *Economic Affairs* 11(2): 48-51.

Phelps, E. 1967. 'Phillips curves, expectations of inflation and optimal unemployment over time', *Economica* 34(135): 254-281.

Phillips, A.W. 1958. 'The relationship between unemployment and the rate of change of money wage rates in the United Kingdom, 1861-1957', *Economica* 25(100): 283-299.

Phillips, C.A. 1926. *Bank Credit: A Study of the Principles and Factors Underlying Advances Made by Banks to Borrowers*. New York: Macmillan.

Pimlott, B. 1992. *Harold Wilson*. London: Harper Collins.

Pimlott Baker, A. 2004. 'Cork, Sir Kenneth Russell (1913-1991)', *Oxford Dictionary of National Biography*. London: Oxford University Press; online edition January 2009; *www.oxforddnb.com/view/article/49613*; accessed 21 January 2009.

Pliatzky, L. 1982. *Getting and Spending: Public Expenditure, Employment and Inflation*. Oxford: Blackwell.

Polak, J.J. 1957. 'Monetary analysis of income formation and payments problems', *International Monetary Fund Staff Papers* 6; reprinted in IMF. *The Monetary Approach to the Balance of Payments*. Washington: IMF, 1977.

———. 2006. 'Two British initiatives for IMF lending to its members, 1960-62', *World Economics* 7(1): 11-19.

Pollard, S., ed. 1970. *The Gold Standard and Employment Policies Between the Wars*. London: Methuen.

———. 1982. *The Wasting of the British Economy: British Economic Policy 1945 to the Present*. London: Croom Helm.

Poole, W. 1970. 'Optimal choice of monetary policy instruments in a simple stochastic exploration model', *Quarterly Journal of Economics* 84(2): 197-216.

Pressnell, L.S. 1956. *Country Banking in the Industrial Revolution*. Oxford: Clarendon Press.

———. 1970. 'Cartels and competition in British banking: a background study', *Banca Nazionale del Lavoro Quarterly Review* 95: 373-406.

———. 1978. '1925: the burden of sterling', *Economic History Review* 31(1): 67-88.

———. 1986. *External Economic Policy since the War*, Vol. 1: *The Post-war Financial Settlement*. London: HMSO.

———. 1997. 'What went wrong? The evolution of the IMF 1941-1961', *Banca Nazionale del Lavoro Quarterly Review* 201: 213-239.

Price, L. 2003. 'Reporting reserves — a market view', in N. Courtis and B. Mander (eds.), *Accounting Standards for Central Banks*. London: Central Banking Publications.

Price, R.W.R. 1978. *'Budgetary policy'*, in Blackaby (1978, pp. 135-217).

Pringle, R. 1977. *The Growth Merchants: Economic Consequences of Wishful Thinking*. London: Centre for Policy Studies.

Proctor, S.J. 1993. 'Floating convertibility: the emergence of the Robot Plan, 1951-2', *Contemporary Record* 7(1): 22-43.

Pugh, P. 2001. *The Magic of a Name: The Rolls-Royce Story Part Two: The Power Behind the Jets, 1945-1987*. Cambridge: Icon Books.

Raw, C. 1977. *Slater Walker: An Investigation of a Financial Phenomenon*. London: Andre Deutsch.

Reid, M. 1978. 'The secondary banking crisis-five years on', *The Banker* 128(634): 21-30.

———. 1982. *The Secondary Banking Crisis, 1973-75: Its Causes and Course*. London: Macmillan.

———. 1986. 'Lessons for bank supervision from the secondary-banking crises', in Gardener (1986, pp. 99-108).

Revell, J. 1966. 'The wealth of the nation', *Moorgate and Wall Street Review*, Spring: 72.

Richardson, G. 1989. 'The prospects for an international monetary system', in F.H. Capie and G.E. Wood (eds.), *Monetary Economics in the 1980s*. London: Macmillan, pp. 21-39.

Ringe, A. and N. Rollings. 2000. 'Domesticating the "market animal"? The Treasury and the Bank of England, 1955-60', in R.A.W. Rhodes (ed.), *Transforming British Government*, Vol. 1: *Changing Whitehall*. London: Macmillan.

Robbins, L. 1958. 'Thoughts on the crisis', *Lloyds Bank Review*, New Series, 48: 1-26.

Robbins, L.C. 1971a. *Autobiography of an Economist*. London: Macmillan.

———. 1971b. 'Monetary theory and the Radcliffe Report', in Lord Robbins (ed.),

Money Trade and International Relations. London: Macmillan, pp. 90-119.
Roberts, R. 1992. *Schroders. Merchants and Bankers*. Basingstoke: Macmillan.
Roberts, R. and D. Kynaston, eds. 1995. *The Bank of England. Money, Power and Influence, 1694-1994*. Oxford: Clarendon Press.
Robertson, D.H. 1954. *Britain in the World's Economy: The Page-Barbour Lectures for 1953*. London: Allen & Unwin.
Robertson, D. 1959. 'Radcliffe under scrutiny — a squeak from Aunt Sally' *The Banker* 109(406): 718-722.
Roosa, R.V. 1965. *Monetary Reform and the World Economy*. New York: Harper & Row.
Rumins, J.S. 1995. *The Bank's Accounts and Budgetary Control, 1969-1994*. London: Bank of England.
Samuelson, P.A. and R.M. Solow. 1960. 'Problem of achieving and maintaining a stable price level-analytical aspects of anti-inflation policy', *American Economic Review* 50(2): 177-194.
Samuelson, P.A. and W.A. Barnett. 2007. *Inside the Economist's Mind: Conversations with Eminent Economists*. Oxford: Blackwell.
Sargent, J. 1954. 'Convertibility', *Oxford Economic Papers* 6(1): 55-68.
Saville, R. 1996. *Bank of Scotland: A History, 1695-1995*. Edinburgh: Edinburgh University Press.
Saving, T.R. 1967. 'Monetary-policy targets and indicators', *Journal of Political Economy* 75(4): 446-456.
Sayers, R.S. 1938. *Modern Banking*, 1st ed. Oxford: Oxford University Press.
―――. 1956. *Financial Policy 1939-45*. London: HMSO.
―――. 1957. *Central Banking after Bagehot*. Oxford: Clarendon Press. （広瀬久重訳『現代金融政策論』至誠堂，1959 年）
―――. 1958. *Modern Banking*, 4th ed. Oxford: Clarendon Press. （三宅義夫訳『現代銀行論』東洋経済新報社，1959 年）
―――. 1960. 'Monetary thought and monetary policy in England', *Economic Journal* 70(280): 710-724.
―――. 1963. *Modern Banking*, 6th ed. Oxford: Clarendon Press.
―――. 1972. 'The background of ratio control by central banks', in M. Peston and B. Corry (eds.), *Essays in Honour of Lord Robbins*. London: Weidenfeld & Nicolson, pp. 215-223.
―――. 1976. *The Bank of England, 1891-1944*. Cambridge: Cambridge University Press. （西川元彦監訳・日本銀行金融史研究会訳『イングランド銀行　1891～1944 年』上・下，東洋経済新報社，1979 年）
Scammell, W.M. 1968. *The London Discount Market*. London: Elek.
Schenk, C.R. 1998. 'The origins of the Eurodollar market in London, 1955-1963', *Explorations in Economic History* 35(2): 221-238.

———. 2004. 'The Empire strikes back: Hong Kong and decline of sterling in the 1960s', *Economic History Review* 57(3): 551-580.

———. 2010. *The Decline of Sterling Managing the Retreat of Sterling as an International Currency: 1945-1992*. Cambridge: Cambridge University Press.

Schwartz, A.J. 1985. 'Where the Bank went wrong', *The Banker* 135(708): 100-101.

Scott, P. 1996. *The Property Masters: A History of the British Commercial Property Sector*. London: E & FN Spon.

Seldon, A. and F.G. Pennance. 1965. *Everyman's Dictionary of Economics*. London: J. M. Dent.

Seldon, A. and P. Thorneycroft. 1960. *Not Unanimous: A Rival Verdict to Radcliffe's on Money*. London: Institute of Economic Affairs.

Siklos, P.L. 2002. *The Changing Face of Central Banking: Evolutionary Trends since World War II*. Cambridge: Cambridge University Press.

Sked, A. 1987. *Britain's Decline: Problems and Perspectives*. Oxford: Basil Blackwell.

Skidelsky, R. 2000. *John Maynard Keynes*, Vol. 3: *Fighting for Britain 1937-46*. London: Macmillan.

Smith, A.H. 1949. 'Evolution of the exchange control', *Economica* 16(63): 243-248.

Smith, W.L. and R. Mikesell. 1957. 'The effectiveness of monetary policy: British experience', *Journal of Political Economy* 65(1): 18-39.

Smith, D. 1987. *The Rise and Fall of monetarism: The Theory and Politics of an Economic Experiment*. London: Penguin.

Solomon, R. 1977. *The International Monetary System, 1946-76: An Insider's View*. New York: Harper & Row. (山中豊国監訳『国際通貨制度研究 1945〜1987』千倉書房, 1990年)

———. 1982. *The International Monetary System, 1945-1981* (an updated and expanded version of *The international monetary system, 1945-1976*). New York: Harper & Row.

Sorensen, T.C. 1965. *Kennedy*. London: Hodder and Stoughton.

Strange, S. 1971. *Sterling and British Policy: A Political Study of an International Currency in Decline*. Oxford: Oxford University Press for the Royal Institute of International Affairs. (本山義彦訳『国際通貨没落過程の政治学―ポンドとイギリスの政策―』三嶺書房, 1989年)

Stewart, M. 1977. *The Jekyll and Hyde Years: Politics and Economic Policy since 1964*. London: Dent.

Sunderland, D. 2004. *Managing the British Empire: The Crown Agents, 1833-1914*. Woodbridge: Boydell Press.

———. 2007. *Managing British Colonial and Post-colonial Development: The Crown Agents, 1914-1974*. Woodbridge: Boydell Press.

Taylor, P. 2004. 'Cobbold, Cameron Fromanteel, First Baron Cobbold (1904-1987)', Oxford Dictionary of National Biography. London: Oxford University Press;

online edition May 2005; *www.oxforddnb.com/view/article/40108;* accessed 8 January 2009.

Tempest, P. 2008. *The Bank of England Bedside Book: A Thread of Gold: 1694-2008*, Vol. 1: *Adventures, Escapades and Memories*. London: Stacey International.

Tether, G.C. 1961. 'Dollars — hard, soft, and euro', *The Banker* 111(424): 395-404.

Tew, B. 1965. 'Mr. Crouch on "new orthodox" methods of monetary control — comment(2)', *Economic Journal* 75(300): 859-860.

―――. 1970. *International Monetary Cooperation 1945-70*. London: Hutchinson. (傍島省三監修『国際金融入門―国際通貨協力の理論と現状』東洋経済新報社, 1963年, 原著6版1960年の訳)

―――. 1977. *The Evolution of the International Monetary System 1945-77*. New York: John Wiley & Sons. (片山貞雄・木村滋訳『新・国際金融入門』東洋経済新報社, 1979年)

―――. 1978a. 'Monetary policy' in Blackaby (1978, pp. 218-257).

―――. 1978b. 'Policies aimed at improving the balance of payments' in Blackaby (1978, pp. 304-360).

Toniolo, G. 2005. *Central Bank Cooperation at the Bank for International Settlements, 1930-1973*. New York: Cambridge University Press.

Thirlwall, A.P. and H.D. Gibson, 1994. *Balance-of-Payments Theory and the United Kingdom Experience*. London: Macmillan.

Thornton, H.P. 1802. *An Enquiry into the Nature and Effects of the Paper Credit of Great Britain*. London. (渡辺佐平・杉本俊朗訳『紙券信用論』実業之日本社, 1948年)

Triffin, R. 1961. *Gold and the Dollar Crisis: The Future of Convertibility*. New Haven, CT: Yale University Press. (村野孝・小島清監訳『金とドルの危機―新国際通貨制度の提案』勁草書房, 1961年)

Tuke, A.W. and R.J.H. Gillman. 1972. *Barclays Bank Limited 1926-1969*. London: Oxford University Press.

Turner, D. and C. Williams. 1987. *An Investment Bank for the UK*, Fabian Tract No. 518. London: Fabian Society.

Valentine, M. 2006. *Free Range Ego*. London: Antony Rowe.

Vaughan, J.W. 1987. *Banking Act 1979*. London: Lloyd's of London Press.

Velde, F. 2004. 'Poor hand or poor play: rise and fall of inflation in the US', *Economic Perspectives (Federal Reserve Bank Chicago)* 28: 35-51.

Volcker, P. and T. Gyohten. 1992. *Changing Fortunes: The World's Money and the Threat to American Leadership*. New York: Times Books. (江澤雄一監訳『富の興亡』東洋経済新報社, 1992年)

Wadsworth, J.E. 1973. *The Banks and the Monetary System in the United Kingdom, 1959-71*. London: Methuen. (高橋泰三監訳『イギリスの銀行と金融政策』金融経済研究所, 1976年)

Waight, L. 1939. *The History and Mechanism of the Exchange Equalization Account*. Cambridge: Cambridge University Press.

Walters, A.A. 1969. *Money in Boom and Slump: An Empirical Inquiry into British Experience since the 1880s*. London: Institute of Economic Affairs.

———. 1986. *Britain's Economic Renaissance: Margaret Thatcher's Reforms, 1979-84*. Oxford: Oxford University Press.

Wass, D. 1978. 'The changing problems of economic management', *Economic Trends* 293: 97-105.

———. 2008. *Decline to Fall: The Making of British Macro-economic Policy and the 1976 IMF Crisis*. Oxford: Oxford University Press.

Wee, H. van der. 1986. *Prosperity and Upheaval: The World Economy 1945-1980*. London: Viking.

Weiner, M.J. 1982. *English Culture and the Decline of the Industrial Spirit, 1850-1980*. Cambridge: Cambridge University Press.（原剛訳『英国産業精神の衰退—文化史的接近』勁草書房，1984年）

Wilcox, M.G. 1979. 'Capital in banking: an historical survey', *Journal of the Institute of Bankers*, June: 96-101.

Williamson, J. 1965. *The Crawling Peg*. Princeton Essays in International Finance No. 50.

Williamson, J. and G.E. Wood. 1976. 'The British inflation: indigenous or imported?', *American Economic Review* 66(4): 520-531.

Williamson, J. 1977. *The Failure of World Monetary Reform, 1971-74*. Southampton: Thomas Nelson and Sons.

Wilson, H. 1971. *Labour Government 1964-70*. London: Weidenfeld & Nicolson.

Wilson, S.C. and T. Lupton. 1959. 'The social background and connections of "top decision makers"', *Manchester School of Economic and Social Studies* 27(1): 30-51.

Winder, G.H. 1955. *The Free Convertibility of Sterling*. London: Batchworth Press.

Winton, J.R. 1982. *Lloyds Bank 1918-1969*. Oxford: Oxford University Press.

Wood, G.E. 2003. 'International financial stability: a meaningful concept?', in J.J. Norton and M. Andenas (eds.), *International Monetary and Financial Law upon Entering the New Millennium*. London: London Institute of International Banking.

Wood, G.E. and D.R. Mudd. 1977. 'Do foreigners control the US money supply?', *Federal Reserve Bank of St. Louis Review* 59(12): 8-11.

Wormell, J. 1985. *The Gilt-Edged Market*. London: Allen & Unwin.

Worswick, G.D.N. 1973. 'Review of the new inflation: the politics of prices and incomes by Aubrey Jones', *Economic Journal* 83(332): 1281-1282.

Zawadzki, K.K.F. 1981. *Competition and Credit Control*. Oxford: Blackwell.

Ziegler, P. 1993. *Wilson: The Authorised Life of Lord Wilson of Rievaulx*. London:

Weidenfeld & Nicolson.

訳者あとがき

　本書は, Forrest Capie, *Bank of England 1950s to 1979*, Cambridge University Press 2010 の全訳である．イングランド銀行ではアーカイブ（史料室）が整備され，政策決定過程の議論が，草案や幹部間の書簡，他の機関（政府・大蔵省等）との議論を含めて 30 年後には公開され，一般にも開放されている．翻訳チームのメンバーの多くがここを訪ねている．このような史料の整備は，政策とその決定過程を検証する上でも，また政策の効果や組織の在り方を検証するためにも，欠かせない重要なことである．そして，外部の者に委託して，「イングランド銀行史」を自由に書かせることが慣行になっている（1944～58 年の歴史を書いた J. フォード（John Fforde）はイングランド銀行幹部であったが，退職後に執筆している）．本書もその一環の最新の著作である．
　本書の内容，意義と評価については，読者の判断にゆだねたい．ただ，小林の個人的見解になるが，次のような点を指摘しておきたい．
　1960 年代と 70 年代の英国経済は混迷の時期であった．ポンド危機の繰り返しとインフレーションの昂進，金融システム（セカンダリー・バンキング）危機を経験し，他の先進国と比べて経済パフォーマンスは悪かった．変動相場制への移行とオイルショック，ユーロカレンシー市場やユーロボンド市場としての国際貨幣・資本市場の復活，EEC への加入など英国を取り巻く環境も大きく変わる．イングランド銀行は，伝統（ポンドの対外価値の維持と，シティとの取り決め・慣行を重視した金利の安定と国債管理）にとらわれつつも，変化した環境において新たな金融政策を模索し，秘密主義の政策運営スタイルを改め，情報開示を徐々にすすめ，その透明性を高める方向へ動いていく．同時に，政府（大蔵省）との関係も変化していく．本原書はイングランド銀行の内部資料を駆使し，公表外貨準備高が操作されたものであったこと，ポンド危機に際しての相場見通しや「適正」相場をめぐるイングランド銀行幹部間や大蔵省との対立，IMF との関係，1979 年銀行法制定に際して法的規制に反対する総裁の

立場，1979年為替管理廃止の背景など，多くの興味深い点を明らかにしている．だが何よりも重要と思われるのは，本書がイングランド銀行の活動記録であり，同行が何を自らの使命として，どのように考え，どのような判断でさまざまな活動を展開したかを明らかにしていることである．

イングランド銀行は1971年の「競争と信用調節（CCC）」策で伝統的なバンクレートを廃止し，国債価格支持政策とも決別し，72年に変動為替相場制へ移行したことで，金融政策（monetary policy）の独自の展開が可能になった．しかし，どのような政策を展開するかは，オイルショックやセカンダリーバンク危機の加わった環境激変のなかでは試行錯誤であった．この過程をとおしてイングランド銀行は，300年続いた伝統的組織構造を改め，政策の策定・遂行を中心とする組織へ変わり，理論的にも武装し，危機と混迷の時代を乗り切っていくのである．もとより，中央銀行が行使できる政策手段には限りがあり，政策目的の設定や使命の付託は，時の政権に影響されることが多い．しかし，本書が示唆するイングランド銀行は，時の政権の政策遂行機関としての役割を超えて，新たな政策を見つけていく独立した存在でもあった．

キャピー教授の経歴・著作については原著のカバーに書かれているものを訳書のカバーにも訳してあるので，それを参照していただきたい．彼が本書で強調しているのは，1960年代の支配的見解であったラドクリフ報告の流動性や金利構造を重視し，マネーを軽視・無視した政策の批判である．そして，固定為替相場や国債価格支持の呪縛から解き放たれ，マネーとマネタリー・コントロールを重視する政策へ転換していく過程を高く評価する．彼がマネタリストといわれるわけでもある．加えて，経済と金融についての広範な情報収集と理論的分析，それに基づいた政策を重視し，同時に，それらの情報開示・透明性を要求するする立場である．これは，本原著に先行して『イングランド銀行1891～1944年』（西川元彦監訳，東洋経済新報社，1979年）を著したR. S. セイヤーズが，ルールより裁量（discretion:「分別のある判断」—広瀬久重訳『現代の金融政策論』至誠堂，1959年）を強調した立場と対照的であり，興味深い．R. S. セイヤーズによれば，中央銀行は多くの目的のいずれにも奉仕できる制度である．通貨政策の目標の設定と政策手段の選択は無関係でなく，中央銀行は規則にしたがって動く機械でもない．中央銀行は，社会が裁量を望まし

いものと決めた場合にのみ，必要な存在である．

　春井は1982~83年に客員研究員としてシティ・ユニバーシティのキャス・ビジネススクールにおける在外研修中に，同ビジネススクールの金融史を専門とするF. キャピー教授に出会い，その後も交流を深めていた．春井は2009~10年にも同ビジネススクールに客員研究員として滞在し，当時イングランド銀行の「オフィシャル・ヒストリアン」としてイングランド銀行史を執筆中のキャピー教授と会い，その完成を待ち望んでいた．幸村は，2005年夏にLSEにAcademic Visitorとして在籍し，イングランド銀行の史料室で文献探索にあたっていたが，その折に19世紀のイングランド銀行の元帳（General Ledger）データについてキャピー教授と同行内で意見交換した．2010年夏にも史料室で文献探索にあたったが，9月に史料室のマイク・アンソン（Mike Anson）氏からキャピー教授の市販前の原書を提示された．同時期に春井と熊倉が史料室を訪れていたので，彼らと話し合い，原書の翻訳の意向を固めた．そして，春井と幸村がシティ・ユニバーシティでキャピー教授と会い，翻訳の意志を伝えて，教授の快諾を得た．熊倉，幸村，春井は帰国後に，研究者仲間に声をかけ，9名からなる翻訳チームが「イギリス金融史研究会」として2011年春までに発足した．並行して出版社を探す作業が始まったが，幸いにも6月までには，栗原哲也社長の英断で日本経済評論社が訳書の出版を引き受けてくれた．

　研究会はまず翻訳分担を決めるとともに，最初は索引を分担して訳し，研究会の合宿で討議し共通の訳語を定めることから始めた．そして，各氏は訳稿をできあがりしだい全員に送り，全員が意見を交換できるようにするとともに，各章を担当者でない2人がチェックして訳稿に朱を入れ，研究会で各章ごとに検討を加えた．合宿・研究会は，仙台から神戸にまで広がるメンバーを考慮して，東京，箱根，名古屋，神戸で計7回に及び，激論が交わされた．翻訳作業の過程では，各氏の第1次訳稿にクレームをつけることがもっとも多かった小林が，専門用語の「訳語の統一について」，固有名詞に関しては「イングランド銀行の組織と役職名について」と「人名表記について」など，研究会ごとにメモにまとめ，用語・表記の調整・統一を図った．とはいえ，研究会のたびごとに議論が蒸し返され，用語・表記の修正等も行われ，統一は容易でなかった．研究会後に改訂された各氏の第2次訳稿でも，統一や修正に対しては「無視，

反抗，叛乱」が少なくなく，議論が繰り返されたのが実情である．とはいえ，訳稿には多数の者の目が加えられたので，文章表現は改善され，誤訳はかなり防げたことは間違いない．また，「反抗，叛乱」をとおしてより適切な表現が生まれたことも多かった．翻訳チームのメンバーの平均年齢は60歳を超し，各氏とも専門領域に一家言を有しているし，加えて各氏とも多忙であった（この翻訳作業の過程で4名が大学を定年退職している）．用語の統一，文章の表現，表記には各氏ともそれぞれ不満が残ったことは確かであるが，それでも，共訳としてまとめることができた．2014年夏までには各氏の最終稿が提出され，印刷に回された．初校・再校では担当者各氏の校正ゲラを小林と幸村が目を通して，最終チェックを行った．また，仮名遣いと固有名詞表記を中心に編集者の指摘を受けて，表記の最終統一を図った．

　原著書の誤り・不明な箇所については幸村がまとめて原著者に問い合せ，著者の了解を得て翻訳では修正した．訳書では修正箇所を明示していないが，金額単位，自明なミススペリング，計算ミス，年号の誤り，$\Delta M3$ 式における Δ の欠落などであり，内容にかかわるものではない．原著の表現だけではわかり難いと思われる部分には各訳者の補足を加えた．たとえば，1章のカウンターパート・アプローチの説明や，4章のギリシャ神話に由来する各種の緊急事態対策案の名称，7章のグッドバンクの説明などについてである．

　訳語については，セイヤーズ著・西川元彦監訳『イングランド銀行1981～1944年』（上・下，東洋経済新報社，1979年）と西村閑也監訳『ウィルソン委員会報告』（日本証券経済研究所，1982年）をおもに参考にしたが，そのすべてを踏襲したわけでない．いくつかの点を指摘しておこう．最初から激論となったのが，monetary policy の日本語訳である．一般に金融政策と訳されているが，貨幣とファイナンス（資金調達ないし金融）を区別し，金利や貨幣量を調節する政策と金融システムの安全・安定をはかる政策を区別する意味でも，貨幣政策とするべき，との議論が出た．しかし，ここでは一般的な用法にしたがい金融政策とした．そして，money supply はマネーサプライとして，ときに各章の初出箇所でマネーサプライ（貨幣供給量）として，貨幣供給量も利用した．両方の用語が使われているからである．また，monetary target, monetary control, money market もマネタリー・ターゲット（貨幣量目標）とマネ

タリー・コントロール（貨幣量管理），マネーマーケット（貨幣市場）としてときに漢字表現も利用した．フロート（変動相場）も同様である．Bank Rate は従来，公定歩合と訳されることが多かったが，ここではバンクレートとした．Sterling はすべてポンドとした．日本では英国の通貨はポンドと思われているからである．国債について，National Debt, Government Stocks, Government Bonds, Treasury Stocks, Treasury Loan, Gilts, Gilt-edged Securities など多様な表現が英国では使われ，本原書でも使用されている．この訳書ではこれらをすべてたんに国債とした（なお，Exchequer Stocks も国債であるが，Treasury Stocks と区別して国庫国債とした）．金融システムと金融制度，為替相場と為替レート，金利と利子率などは断りもなく両方の用語が使われている．英国とイギリス，連合王国，また米国とアメリカ，合衆国の表現も面倒な問題だが，ここでは原著がとくに区別して使用しているわけでもないので，英国と米国を基本に他の表現も使われている．ヨーロッパと欧州も同様である．

　Treasury, Her Majesty's（HMT）の訳語をめぐっても激論となった．1990年代に日本では大蔵省から金融業務（金融機関や市場の監督等）が分離されて金融庁が生まれ，大蔵省は財務省と名前を変えた．これに合わせてか，メディア等では英国についてもそれまでの大蔵省という表現をやめ，財務省と呼び，この表現が現在では一般化している．これに合わせるべきという議論も強かった．しかし，1960年代と70年代にわれわれはみんな the Chancellor of Exchequer を大蔵大臣，Treasury を大蔵省と呼んでいた．しかも英国では金融業務が分離されたわけでもないので，本訳書では引き続き大蔵大臣，大蔵省を使うことにした．Board of Trade の訳語をめぐっても問題が残った．古い伝統にしたがって貿易省と訳すことにしたが，西川監訳などでは商務省と訳されており，本書に登場する範囲では業務としては消費者金融機関の監督など商務が中心である．ここでは貿易省（商務省）として，両者を使っている．Clearing bank と Clearer は手形交換所加盟銀行ないし交換所加盟銀行（西川監訳）と訳されることが多いが，ここでは前者を使い，ときにクリアリング・バンクの表現も使用した．Finance house は金融商会と訳されることが多いが，多様でさまざまな業務を行っており，ファイナンス・ハウスとした．

イングランド銀行の部局・役職名については西川監訳に負うところが多く，Cashier's Department は業務局を踏襲した．しかし，Accountant's Department は，主要な業務が国債の登録と利払いなので経理局を国債局に改めた．Secretary's Department は秘書局を事務局にした．

会社名については主要なところは原文を入れ，場合によっては人名と区別するために銀行や社を入れた．ただし，マーチャントバンクや割引商会，証券業者の場合には商会も使った．債券価格や利回り表現における分数（1/2，1/4，1/8，1/16）はすべて小数点表現（0.5 等）に改めた．固有名詞（人名・地名等）表記については発音記号や各種の発音辞典や人名辞典も参照したが，現在一般的と思われる表現を重視した．ただし，固有名詞ではヴァ，ヴィ，ヴ，ヴェ，ヴォ表現を使ったが，アドバイスやレベルなどよく使われる一般的用語ではこれを避けた．なお，Street はロンバード街やダウニング街など「街」表現が定着している例と，ウォール街とウォール・ストリートのように両表現が使われるケースがあるが，本訳書では Street はすべてストリートにした．

索引は原著の索引をそのまま訳したものでなく，それを参考に，各章翻訳担当者が項目を選定し，それらを小林が編集して素案を作り，これを基に作成した．そして，本書の性格からイングランド銀行に直接かかわる部分を索引の冒頭に配した．

思えば，本書で使われた用語の多くがすでに歴史的用語になっている．手形交換所加盟銀行，マーチャントバンク（引受商会），割引商会，バンクレート，ガバメント・ブローカー，タップ国債（発行）などである．金融機関と金融市場，金融政策，また金融の規制と監督の仕組みも大きく変わっている．1980年代以降の主要国中央銀行は，インフレの抑制を目標にマネーストック（マネーサプライ）の管理を重視した．2008 年のリーマン・ショック以降，先進国の中央銀行は「量的緩和」といわれる非伝統的金融政策を展開するようになった．また，ECB（ヨーロッパ中央銀行）のような伝統的国境を超える中央銀行と共通通貨ユーロが存在，新興国が大きなプレゼンスを示す時代である．そして，グローバル化した金融の世界における金融システムの安定，さらにはデフレからの脱却が強調されるようになった．この現代には，中央銀行にも新たな姿があり，「新しい理論」が必要とされているかもしれない．とはいえ，歴史的実

態に即して，何が，何故，どのように生成し，変化してきたのかを知ることは，現在を知り，将来に対処する上で重要である．中央銀行の使命，目的の設定にかかわるガバナンスと独立性，政策目標と政策手段，情報開示と説明責任のあり方は，時代とともに変化する．変化した現実を知るためには，過去と向き合う必要がある．本訳書が多くの読者に読まれ，その参考になることを期待するものである．翻訳には思わぬ誤りがあるかもしれない．9人の共訳としての性格を維持したつもりであるが，誤りの責任は最終チェックをした訳者代表が負うものである．ご叱責とご鞭撻を賜れば幸いである．

最後に，これほど大部な書籍の出版を引き受けていただいた日本経済評論社の社長，栗原哲也氏と，無理な注文にも辛抱強く対処し，迅速な処理を進め，訳稿の表現の全体的調整・統一にも努力して下さった同社の清達二氏と鴇田祐一氏に心から御礼を申し上げたい．

なお，翻訳分担は訳者紹介のところに示すとおりである．

2015年7月

小林襄治 記

索引

[イングランド銀行]

組織機構
1955 年（図 2-1） 44
1970 年（図 7-1） 431
1980 年（図 16-1） 1018-9

総裁・副総裁
総裁（1949-61 年コボルド，1961-66 年クローマー，1966-73 年オブライエン，1973-83 年リチャードソン） 41, 44, 62, 91, 102, 105, 137, 309-10, 316-7, 322, 326-8, 335, 339, 341, 347-9, 351, 356, 430-1, 439-40, 794, 818, 826, 834, 836, 838, 842, 849-52, 954-6, 966, 968, 1013, 1018
　総裁の覚書 961
　総裁（ガイダンス）書簡 350-1, 627-8
　総裁の個人秘書（GPS） 407, 408, 955
　総裁の朝礼 367
　総裁の眉 704, 726
総裁アドバイザー 43-4, 55, 57, 62, 307, 884, 1019
総裁補佐 56, 62
副総裁（1954-64 年マイナーズ，1964-66 年オブライエン，1966-70 年パーソンズ，1970-80 年ホーラム） 41, 44, 60, 62, 137, 316, 326, 349, 430-1, 439-40, 818, 956, 1017-8

理事会・理事
理事会 41, 44, 62, 109-11, 113, 136-137, 314-315, 425-6, 430-431, 438, 439-40, 955, 993, 1000
　理事 1950-60 年（表 2-1） 53
　　　 1958-79 年（表 7-7） 436-7
　の縁故関係 52, 112
　任命プロセス 438

理事会の諸委員会 426
常設委員会 42-3, 54,
常設委員会（大蔵省と共同の） 128, 131, 136-7
常務委員会 42, 51, 54, 77, 123, 137, 315, 413-4, 439
執行理事 54-5, 62, 430, 433, 438, 794, 956, 1013, 1016
常勤理事 44, 54-5, 62, 179, 430-1, 433, 438
非執行理事 438-40, 1014, 1018
非常勤理事 54, 110-2, 123-4, 128-9, 137, 141, 429, 437, 439
　の役割 105, 123, 989
理事補佐 1016, 1018-9
副理事 1016

部局
印刷工場（セントルークス，デブデン） 42-3, 47-8, 411, 432, 997, 1017
海外局 45, 58, 407, 431-3
　海外・外国部 44-5
　海外部 55
外国為替部 44-5, 179, 187
　部長 879
　外国為替ディーラー 879, 884-5, 898, 908, 911
為替管理局 46, 432
　為替管理部 45, 66
　為替管理・海外部 45
業務局 43-44, 46, 58, 427, 432, 745, 1014-5
　局長室 43-4, 61, 348, 354, 360, 431, 817
　局次長 340, 816
　業務局長（1955-62 年オブライエン，1962-66 年ホーラム，1966-70 年フォード，1970-80 年ペイジ） 55-6, 58-9, 60, 62, 316, 359, 412, 416, 433, 745, 818, 849, 959, 1014, 1016-7

（業務局長）帝国　432
　金・外国為替部　879
　金・地金部　45
　銀行監督局長　1016
　銀行局　1014, 1016
　銀行・マネーマーケット監督　746
　経営管理局　427, 432, 1017
　　経営管理アドバイザー　427
　　予算・管理会計部長　427
　経済局　427, 1016
　経済情報局（EID）　47, 142-3, 427, 431-3, 477,
　　528, 540, 550, 795, 839, 857, 887, 1013-4
　　経済情報部　477, 543, 572
　　中央銀行情報局（CBID）　142, 341, 432, 1013
　国債局　43-6, 67, 421, 432, 997, 1017
　　局長　55-6
　　ニューチェンジ　46-7, 997, 1015
　事務局　43, 45, 432
　総務局　43-5, 427, 431-2
　　局長　433
　　局長室　44
　手形部　45
　登録局　1017
　割引部　43-4, 343, 352, 432, 524, 571, 664, 694,
　　701-2, 726, 745
　　の閉鎖　1013
　　部長　45, 69, 361, 643, 702, 726

　　　　　銀行部と発行部
　銀行部　66, 342, 480, 992
　発行部　45, 66-7, 104, 120, 126, 168, 360-1, 418,
　　560-1, 824-5, 973-5, 981, 992
　　（⇒1844年法）

　　　　　　　施設
　閲覧図書室　431, 997
　スレッドニードル・ストリート（本店）　43,
　　46, 48, 70, 412, 428, 550, 961, 997, 1015
　ニューチェンジ　⇒国債局
　博物館　45-6
　パーラーズ（総裁等の執務・会議室）　46, 354
　番兵隊　70

　本店建物　46
　ローハンプトン（スポーツ施設）　48, 420

　　　　　　　支店
　改築・再開発　420, 424, 997
　業務活動　426
　グラスゴー事務所・代理店　47, 936, 997
　支店網　47
　代理人　47, 983
　タージ・マハール風　429, 997
　ロー・コーツ支店の閉鎖　997

　　　　　　　職員
　為替管理廃止と自主退職・採用取消し　936
　給与水準　61, 433-4
　研修・昇進　60-1, 433
　上級職員　433, 956
　　1969年3月（表7-6）　434
　職員委員会　42
　職員数　46, 432, 995
　女性職員　435
　スポーツ・クラブ　48, 62
　専門家の任用と任期継続　1014
　大学卒業者の採用　59-60, 433
　内部労働市場　59
　福利厚生　435

　　　　　　　財務
　財務データ
　　1950-60年（表2-2〜2-6）　74, 76, 78, 80
　　1960-70年（表7-1〜7-5）　418-9, 421
　　1971-80年（表15-1〜15-6）　994-6, 998-9
　収入　72, 417, 993-4
　　稼得利子　72, 418, 994
　　政府への課金　79-80, 421-2, 430, 994-5
　　国債管理（利払い費等）　79-80, 418
　　為替管理等　79-80, 418-9
　支出　76, 418-9, 991, 996
　　人件費（給与・賃金・年金等）　75, 995
　　資本支出　75, 420, 997
　利益・損失　75, 422, 997
　　大蔵省への支払い　75, 78, 421-3, 997-1001,

索引

1021
国債・為替管理関連業務の損益　80, 422, 993
損失引当金　997, 1000
資本と準備　77, 998-1001
収益性　77
　（⇨大蔵省，SCNI）

法律

イングランド銀行券法（1954）　87
　（⇨カレンシーノートおよびイングランド銀行券法（1954））
イングランド銀行と銀行業規制法案（1945）　40
イングランド銀行（勅許）法（1844年）　66, 71, 74, 992
（イングランド銀行）特許状（1946年）　39-40, 62, 82
イングランド銀行法（1946年）　39-42, 52, 69, 75, 78, 95, 106, 108, 121, 135, 147, 308, 439, 522, 725
　第 4 条　735, 1002
イングランド銀行法
　（1987年）　772
　（1998年）　450, 1009

出版物

『イングランド銀行四季報』（『四季報』）　64, 129, 145-7, 248, 361, 366, 428, 540-1, 543, 546, 551-2, 554, 558, 733, 794, 797, 821, 839, 844, 846, 849, 989
　正史　1
　「週報（Bank Return）」　74, 311, 511
　『年報』（『年次報告書』）　46, 68, 73, 124, 129, 147, 428, 430, 989, 993, 1000, 1014, 1021

［数字］

1 階層モデル　739
2 階層モデル　739
3i 銀行　985
（OECD）第 3 作業部会　193, 283, 289

4 賢人　98
4 大銀行　657, 971
5 大銀行　396-7
7 日間物貸出　606, 830
10 進法通貨化　411, 414-7, 438
　10 シリング制　415-6
　50 ペンス貨　417
　英国科学振興協会　415
　英国商業会議所協会　415
　クラウン・スターリング　415
20 カ国委員会（C20）　880, 903-6
123 条企業　645, 697, 701
　会社法（1967 年）第 123 条　732
127 条銀行　697, 732
　会社法（1967 年）第 127 条　732
1844 年法　⇨イングランド銀行（勅許）法（1844 年）
1946 年借入（管理および保証）法　395
1946 年法　⇨イングランド銀行法（1946 年）
1947 年為替管理法　45, 65, 727
1949 年平価切り下げ　451
1964 年危機　⇨ポンド危機
1967 年平価切り下げ　⇨平価切り下げ
1976 年危機　906

［欧文］

ARIEL（自動・即時〔売買執行〕投資取引所有限会社）　815-6
BBC　⇨英国放送公社
BIS　⇨国際決済銀行
BOLSA　⇨ロンドン・南アメリカ銀行
CCC　⇨競争と信用調節
CD　⇨譲渡性預金
CLCB　⇨ロンドン手形交換所加盟銀行委員会
DCE　⇨国内信用拡張
EEA　⇨為替平衡勘定
EEC 調和作業部会　828
EEC　⇨欧州経済共同体
EID　⇨経済情報局
EPU　⇨欧州決済同盟
Fed　⇨（米国）連邦準備

FHA　⇨ファイナンス・ハウス協会
FMOC　⇨(米国)連邦準備の公開市場委員会
FRBNY　⇨ニューヨーク連銀
FT株価指数（FT30）　673
FU委員会　257-9, 278, 280, 298
G10　⇨グループ・オブ・テン
GAB　⇨一般借入協定
GATT　⇨関税および貿易に関する一般協定
IBELs　⇨利付き適格負債
IMF　⇨国際通貨基金
IS/LM分析　22-4
Jカーブ　459-60
LDMA　⇨ロンドン割引市場協会
LSE　⇨ロンドン・スクール・オブ・エコノミクス
MLR　⇨最低貸出金利
『NIESRレビュー』　233
NSA　⇨非ポンド地域
OECD　⇨経済協力開発機構
OEEC　⇨ヨーロッパ経済協力機構
OPEC　⇨石油輸出国機構
OSA　⇨海外ポンド地域
PSBR　⇨公共部門借入必要額
Robot計画　174-6, 222
SCNI　⇨国有化産業特別委員会
SDRs　⇨(IMF)特別引出権
SSD　⇨補完的特別預金
TB　⇨大蔵省短期証券
TDRs　⇨大蔵省預金受領書
WP3　⇨第3作業部会
「Z」勘定　158

[ア]

アーギ，ヴィクター（Victor Argy）　478
アースキン，マーレイ（Murray Erskine）　694
アーティス，マイケル（Michael Artis）　559
アームストロング，サー・ウィリアム（Sir William Armstrong）　127, 231, 244, 251, 254, 257-9, 277, 280, 283, 295, 301, 320, 329-31, 335, 341, 349-50, 354, 422, 454, 460, 462, 495, 526, 531
アームストロング，ロバート（Robert Armstrong）　102, 113, 152, 551, 557
アームストロング報告書　235
アームラー，ハインリッヒ（Heinrich Irmler）　501
アイクル，マックス（Max Ikle）　256
アイケングリーン，バーリー（Barry Eichengreen）　169, 286
相手別（カウンターパート）アプローチ　481
アイルランド（共和国）　457, 489, 513, 901
アイルランド漏出　524
アインチッヒ，ポール（Paul Einzig）　212
アグネリ，ジアンニ（Gianni Agnelli）　458
アズブリンク，パー（Per Asbrink）　282
アドバイザー　57, 62, 64, 85, 143-4, 424, 427, 452, 459, 484, 497, 528, 532, 555, 1014
アブス，ハーマン（Herman Abs）　458
アブソープション・アプローチ　285
　（⇨国際収支）
アブドラー・ビン・ムサイド・ビン・アブドル・ラーマン王子（Prince Abdullah Bin Musaid Bin Abdul Rahman）　690
アメリカ　⇨米国
アライド・アラブ銀行（Allied Arab Bank）　688, 693
アラブ・インターナショナル銀行（Arab International Bank）　689
アラブ連盟ボイコット・オフィス　691
アリバー，ロバート（Robert Aliber）　185
アルサウス，ナイジェル（Nigel Althaus）　113, 845
アルタジール銀行（Altajir Bank）　692-3
アルフォード，ロジャー（Roger Alford）　144, 825
アレン，ダグラス（Douglas Allen）　278, 292, 461-2, 489, 491, 497, 553, 793, 900-1, 1014-5, 1019, 1023
アレン，モーリス（Maurice Allen）　57, 98-9, 114, 143, 150, 210, 215, 217, 234-5, 320, 326, 329, 336, 347, 349, 353, 365, 459, 477-9, 504, 515, 520, 523, 531, 540, 542, 545, 554
アロー生命保険会社（Arrow Life Insurance）

索引　1061

688
アングロ・インターナショナル銀行（Anglo Internatioal Bank）　716
アングロ・オーストリア銀行（Anglo Austrian Bank）　679
アンショー、ヒューバート（Hubert Ansiaux）　277, 282
安全網（セーフティ・ネット）　818
アンダーソン、レオノール（Leonall Anderson）　554
アンダーソン（米国）長官　189
安定化短期証券　109, 308
アンドリューズ、ケネス（Kenneth Andrews）　990

［イ］

イーグル・スター保険（Eagle Star Insurance）　653, 675
イーディ、ウィルフレッド（Wilfred Eady）　78
イートン校（同出身者）　52
『イヴニング・ニューズ』紙　520, 989
『イヴニング・スタンダード』紙　314, 325
イスラエル・ブリティッシュ銀行（Israel-British Bank）　670
イタリア　171, 217, 935
一般借入協定（GAB）　192, 203, 209, 215, 240, 453, 483
移民者の資産移転　251
イラン　894
イングランド銀行　⇨索引冒頭
　大蔵省との関係　⇨大蔵省
　オールド・レディ　771, 956, 1024
　外部調査　424
イングリッシュ・エレクトリック社（English Electric）　102
印紙税　351
インターバンク市場　343
インド　58, 173, 181, 925
インド行政庁　55
インフレーション　28-9
　1950年代　27, 97, 100, 152, 181, 185
　1960年代　6, 26-7, 201, 452-3

1970年代　6-8, 15-8, 26, 452, 589, 618, 621-2, 794, 796, 799, 857, 992
　貨幣的現象　800
　為替相場（切り下げ・固定制）　176, 181, 457, 483, 503, 881-2, 887
　期待　24, 338, 560, 792, 795
　金融政策　7, 26, 93, 97, 305, 309, 336, 848
　金利　19, 30, 314, 559
　グレート・インフレーション　857
　コストプッシュ　7, 17, 97, 201, 556, 799
　所得政策　201, 324, 347, 452, 801, 856
　スタグフレーション　7, 11, 590
　ハイパー・インフレーション　2
　マネーストック（マネーサプライ）の増加　16-7, 23, 28, 794, 800, 806-7, 850, 1023
　米国　185, 857
　を加速させない失業率（NAIRU）　23, 29
　その他　118, 152, 321, 338, 367, 453, 474-5, 504, 507, 791, 817-8, 827, 850, 852, 856, 859, 907, 992

［ウ］

ヴァヴァサー社（J.H. Vavasseur）　665
ヴァレンタイン、マイケル（Michael Valentine）　978
ウィッテヴィーン、ジョハンズ（Johannes Witteveen）　885, 920, 925
ウィットム、アラン（Alan Whittome）　86, 340-1, 534, 809-10, 915, 919-20, 922, 924
ウィットモア、フランシス（Frances Whitmore）　97
ウィリアム・スターン社（William Stern）　669
ウィリアムズ・アンド・グリンズ銀行（Williams and Glyn's Bank）　399, 656, 660, 929
ウィルソン、ハロルド（Wilson, Harold）　84, 102, 104, 110, 122, 236, 238-9, 241-2, 244, 254, 259, 261, 265-7, 283, 294-5, 310, 347, 350, 355, 448, 496, 911, 987-9, 1021
ウィルソン委員会　440, 644, 701, 707, 847, 988-9
　勧告　989
　報告　450, 541

ウィンコット, ハロルド (Harold Wincott) 133
ウーブロン, ジョン (John Houblon, 初代総裁) 156, 265
ウーブロン＝ノーマン基金 143
ウーブロン＝ノーマン助成金 58
ウールガー, エリック (Erick Woolgar) 259
ウェストミンスター銀行 (Westminster Bank) 61, 397
ヴェトナム戦争 6
ウェリントン公爵 (Duke of Wellington) 413
ウェルナー報告 877
ウェルフェア保険 (Welfare Insurance) 689
ウォーカー, デイヴィッド (David Walker) 260, 839, 907, 920, 930, 955, 1016, 1018
ウォーカー, ピーター (Peter Walker) 680, 716
ヴォーガン, エヴァン (Evan Vaughan) 662
ウォーバーグズ商会 (Warburgs) 978
ウォス, サー・ダグラス (Sir Douglas Wass) 686-7, 708, 829, 833, 853, 911-2, 914, 920, 928, 935, 948, 962
ヴォルカー, ポール (Paul Volcker) 904-5, 924
ウォルターズ, アラン (Allan Walters) 143, 554, 793
ウォルトン判事 981
　(⇒バーマオイル株主訴訟)
ウォレス・ブラザーズ社 (Wallace Brothers) 679, 693-6, 750
売方に対する締め上げ (bear squeezes) 255, 257, 260
　(⇒外国為替市場)
ウガンダ中央銀行 (Central Bank of Uganda) 407
ウッズ, サー・ジョン (Sir John Woods) 102
ウッド, ギルバート (Gilbert Wood) 557
ウッド, ジェフリー (Geoffrey Wood) 823, 849
ウッドコック, ジョージ (George Woodcock) 102
ウッドルーフ, サー・アーネスト (Sir Ernest Woodroofe) 658

[エ]

英国下院 455
英国議会議事録 (Hansard) 148
英国銀行協会 (British Banker's Association; BBA) 733
英国経済 8, 13, 166, 176, 201, 205, 210
　英国の「衰退」 289
　英国病 289
　ストップ・ゴー政策による景気循環 345
　不満の冬 15
英国産業連盟 (Confederation of British Industries; CBI) 799, 922
英国保険協会 985
エイベル, サー・ジョージ (Sir George Abell) 55, 62, 438
エイマリ, ヒースコート (Heathcoat Amory) 111-2, 310, 314-6
英連邦 ⇒コモンウェルス
『エコノミカ』誌 539
エコノミスト 541, 550, 566, 1019
　(⇒経済学者)
エコノミスト憲章 1016
『エコノミスト』誌 112, 118, 181, 185, 266-7, 657, 757, 806
『エコノミック・アウトルック』誌 852
『エコノミック・ジャーナル』誌 537, 798, 839
『エコノミック・トレンド』誌 271, 546-7
エスクロー勘定 696
エックルストン, ハリー (Harry Eccleston) 413
エドワード・ベイツ社 (Edward Bates) 679, 688-93, 696, 705, 707, 750
エネルギー省 973-4
エミンガー, オットマー (Otmar Emminger) 501-2
エリー, ジョフリー (Geoffrey Eley) 52, 54
円 493

索引 1063

[オ]

オイル・ファシリティ 885
　特別オイル・ファシリティ 907
王室 439, 954-5
欧州委員会 828, 964
欧州経済共同体（EEC） 339, 796, 839, 877
　（金融手段）調和グループ 798
　への英国加盟 880
欧州決済同盟（EPU） 56, 171, 174, 178, 184, 191, 222
欧州自由貿易地域（EFTA） 14
欧州中央銀行（ECB） 439
欧州連合（EU） 5
王の器 1020
王立造幣所 415, 417
大蔵省（Treasury, Her Majesty's）
　イングランド銀行との関係 8-9, 108, 112, 121-2, 134-6, 140, 142, 428-9, 439, 752, 858, 873, 951-2, 954, 958, 962
　イングランド銀行の財務 534, 993-4, 998-9, 1001, 1021
　外貨準備 887-8
　貸出上限 356-7, 522, 524
　割賦販売規制 327, 350
　貨幣量目標 807, 820, 823, 856
　為替相場 882, 884, 906-9, 912-3, 926, 928
　競争と信用調節 593, 594-8, 617
　現金預金 365, 527
　金融政策 553, 557, 793-4, 796, 802-3, 834, 852, 1022
　国債市場 318, 341, 561-3, 566
　準備資産比率 824-5
　全国物価所得委員会（NBPI） 531-2
　特別預金 327-9, 349, 353, 357
　バーマオイル社 971, 973, 981
　バンクレート・MLR（最低貸出金利） 105, 107, 128, 137, 314-6, 325-6, 349-50, 834
　マネーサプライ（貨幣供給量）・DCE（国内信用拡張） 539, 542, 544, 549-50, 553, 556, 829, 849-60
　ラドクリフ委員会 101, 134, 305
　流動性比率 95, 98, 336-7
　その他 40, 308, 324, 333, 338, 346, 415, 842, 857, 899, 901, 962
大蔵省・行政官庁特別委員会 1022
大蔵省短期証券（TB） 94, 96, 99, 116-7, 151, 168, 308, 310, 331, 342-345, 351, 355, 361-4, 537, 568, 571, 573, 709, 816, 833
　1960-67年割当て額（図6-1） 333
　1959-67年週当たり入札（図6-2） 342
　1960-69年介入金額（図6-4） 362-3
　金利・利回り 310, 343, 361, 618, 625, 825, 830, 848, 994
　入札・入札シンジケート 43, 116-7, 334, 343-5, 360-1, 606, 610, 928
　（⇒バンクレート，割引市場，割引商会）
大蔵省預金受領書（Treasury deposit receipes） 108, 306-7
大蔵大臣 41, 54, 108, 111, 137, 140, 310, 314-7, 319-20, 322-7, 331, 337-8, 347, 349-51, 356, 412, 416, 438-9, 447, 751, 792-3, 797-8, 800-2, 807, 810, 820, 835-6, 838, 841, 849-50, 852, 954, 959, 966-7, 971-2, 978, 981, 984
　（⇒ヒュー・ドルトン，ヒュー・ゲイツケル，ラブ・バトラー，ハロルド・マクミラン，ピーター・ソーニクロフト，ヒースコート・エイマリ，セルウィン・ロイド，レジナルド・モードリング，ジェームズ・キャラハン，ロイ・ジェンキンズ，アンソニー・バーバー，デニス・ヒーリー，ジョフリー・ハウ）
オースティン，ロバート（Robert Austin） 412
オーストラリア 457, 478, 489-90, 493, 513, 899, 901-2
オーストラリア・コモンウェルス銀行（Commonwealth Bank of Australia） 405
オーバーシーズ・フィナンシャル・トラスト（ホールディング）社（Overseas Financial Trust (Holding) Ltd.） 668
オーバーナイト貸出し・借入れ 355-6, 363
オーバーナイト・スワップ 264
『オールド・レディー』誌 428, 435, 703

オタワ会議　169
オックスフォード大学　52, 59, 433
　ナフィールド・カレッジ　58, 1016
オッソラ，リナルド（Rinaldo Ossola）　515
オッソラ・グループ　500
『オブザーバー』紙　263, 552, 986-7
オフショア銀行業務　524
オブライエン，レズリー（Leslie O'Brien: 1955-62年業務局長，1964-66年副総裁，1966-73年総裁．バンクレート，67年切り下げ，CCC，特別預金，国債市場等）　37, 58-9, 61, 81, 95, 98, 106, 114-5, 121, 124, 126-7, 144, 180, 198-200, 213, 235, 243, 246, 254-7, 261, 263, 267, 275, 277-8, 280-3, 285, 300-1, 306, 314, 317, 320-3, 325-7, 329, 331, 334-5, 338, 340, 344-5, 347, 349, 354-5, 359, 412-5, 421-2, 424-5, 426, 428, 439, 456, 458, 461, 491, 520-2, 525, 527, 531, 534, 550, 565, 703, 728, 877, 883, 899, 905, 960, 962, 966-9, 984, 993, 997
オライオン銀行（Orion）　972
オランダ　192, 217, 523
卸売協同組合（Co-operative Wolesale Society; CWS）　649

［カ］

カー，ラッセル（Russell Kerr）　710
カートン，サー・フランク（Sir Frank Kearton）　393
カービシャー，ジョン（John Kirbyshire）　86, 459, 819, 904
カーライル，トニー（Tony Carlisle）　86, 144, 522, 543, 794, 797
カーン卿（Lord Kahn）　259-60, 269, 284, 286, 298
カーン報告書　259
ガイ・バトラー（Guy Butler）社　343
海外銀行　351-2, 529, 534, 572
海外銀行・外国銀行　323
海外銀行家クラブ　960
海外直接投資　935
海外投資　252, 431
海外ポンド建て預金　851
海外ポンド地域（OSA）　485, 900-1
外貨（対外）準備・外国為替準備　105, 107, 174-5, 180-1, 203, 207, 232, 245, 248, 256, 260, 263, 269-70, 273-5, 284, 292, 315, 469, 500, 857, 880-2, 886-9, 912, 915, 926, 938
　1959-67年公表準備（図5-2）　270
　1961-67年国際援助額（図5-1）　269
　1964-67年英国の準備の測定（図5-3）　271
　1968-72年公表準備額（図8-3）　470
　1950-79年準備に占める金・交換可能外貨の割合（図8-4）　471
　1964-68年金・交換可能通貨準備（表5-1）　272
外貨準備政策　270
外国証券のプール　249
外貨（建て）借入　472-3, 887, 894-5
外貨建て債券の発行　924-5
外貨預金　964
公表外貨準備　271
実質準備　273, 275
自由準備　275
純準備　275
シンジケート信用　928
ドル・ポートフォリオ　268, 274-5
　（⇒外国為替市場，為替相場，ポンド残高）
会計基準の変更　997
会計検査院長　79
外国為替・外貨預金ブローカー協会（FECDBA）　964
外国為替委員会　963
　外国為替小委員会　964
　外国為替管理者委員会　963
外国為替市場　64, 247, 569, 854, 963, 990
　公的為替市場　296
　ロンドン市場の閉鎖　878, 883
　（⇒介入，為替相場，先物為替，ポンド危機）
外国為替市場への介入　⇒介入
外国為替ブローカー協会　964
外国銀行　960, 964
外国直接投資　260-1

索引

カイザー・ウルマン社（Keyser Ullman） 653, 670
開示
　銀行の利益・秘密準備金 531, 533-4
　イングランド銀行の財務諸表 73, 428
会社法（1948年）付属規定8 534, 727
会社法（1948年）第332条（会社の清算） 976
会社法（1967年） 732
介入（為替市場） 202, 452, 463, 468, 497, 834, 877, 881, 885, 887, 889, 906, 909, 912-3, 917, 926-30, 933, 938
　1967-72年のイングランド銀行取引額（図8-2） 466-8
　複数通貨介入 905
介入（金市場） 475
カウンターパート・アプローチ 31-3
学術コンサルタント専門委員会 957
貸金業者法第6(f)条（1900年） 731
貸出 307, 316, 319, 322-3, 327-8, 330-1, 334, 344, 348-9, 351, 353, 357-8, 363, 521, 571
　暗黙の量的規制 809
　貸出額目標 309
　貸出の規制・制限 105, 126, 351, 353
　貸出比率 94, 105, 353-4
　（⇒銀行貸出）
貸出上限規制 306-7, 348, 354-7, 365-6, 457, 480, 517-9, 524, 527, 532, 551, 572, 615, 796
　量的上限規制 364
過剰流動性 1023
カタール・ドバイ通貨委員会（Qatar and Dubai Currency Board） 445
カターンズ（Catterns, Basil Gerald） 246
カックニー，ジョン（John Cuckney） 677
カッセル，グスタフ（Gustav Cassell） 31, 36
カッセル，フランク（Frank Cassell） 800, 907
カッベイジ，マイケル（Michael Cubbage） 412
割賦販売・購入規制 126, 306, 311, 316, 319, 322-3, 327, 352, 350, 457, 520, 524, 795

最小頭金 319, 327
支払期間 319
割賦販売金融会社 734
合併 528-30
カトー卿（Lord Catto） 40-1, 50, 58, 196
カナダ銀行（Bank of Canada） 405
カナダドル 503
カネル，ロドニー（Rodney Cunnell） 445
ガバメント・ブローカー 70, 113, 115-6, 119, 121, 319, 560, 565, 599, 602-4, 607, 620, 811, 815, 840, 845
　（⇒マレンズ商会，国債市場）
カフカ，アレクサンドル（Alexandre Kafka） 904
カプラン，ジェラルド（Gerald Caplan） 651, 653, 668
貨幣（マネー） 802, 853, 855
　健全通貨 854
　の供給 125
　（量）の拡張・増加・成長 27-8, 31-3, 796, 823, 852, 989
　の統計 51, 479
　不換通貨制度 6
　流通速度 150-1
貨幣供給 ⇒マネーサプライ
貨幣研究グループ 558
　のCCCについてのセミナー 609
貨幣市場 ⇒マネーマーケット
貨幣市場調査 57
貨幣集計量（monetary aggregates） 31, 57, 541-2, 791, 796, 798, 801, 803, 816, 824, 828-9, 835, 838, 840-2, 846-7, 854-6, 1022-3
　M1 505, 558, 829, 837, 846-7, 851, 854
　M3/£M3 3, 19-20, 32, 558, 791, 806-7, 816, 820-2, 824, 828-9, 834, 837-8, 843, 846-8, 851, 927, 1023
　M5 847
　狭義貨幣 548, 558
　広義の貨幣（集計量） 32, 837, 847
　（⇒マネーサプライ，マネーストック）
貨幣需要関数（方程式） 793, 800, 852
貨幣需要の弾力性 22, 24

貨幣乗数　31-3, 35, 791
貨幣数量説（方程式）　21-2, 31, 353, 539
貨幣ストック　⇨マネーストック
貨幣調査委員会（Monetary Review Committee）　793
貨幣統計　479
「貨幣の重要性」　152, 541
貨幣量管理　⇨マネタリー・コントロール
貨幣量目標　⇨マネタリー・ターゲット
カルテル　330, 344
カルドア, ニコラス（Nicholas Kaldor）　118, 258, 278, 302, 477, 799
カルリ, ギド（Guido Carli）　255, 282
カレンシーノートおよびイングランド銀行券法
　（1939年）　66, 82
　（1954年）　66, 82, 87
為替管理　66, 67, 75, 79, 122, 168, 170, 173, 178, 183-4, 200-2, 215, 219, 249-52, 259, 289, 296, 418-9, 421-2, 428, 432, 451, 473, 487, 494, 496-7, 499-500, 514-5, 851, 877, 879, 927, 933-5, 963-4, 991, 993, 995
　1947年為替管理法　45, 727
　規制　885
　業務　951, 990
　撤廃の評価　938
　の適用・運営　64-5, 75
　の廃止・撤廃　850, 933, 936-8
　の廃止に続く人員余剰　1016
　の費用　448
為替市場　⇨外国為替市場
為替相場（レート）　21, 92, 282, 309, 322, 349, 536, 791, 795, 800, 834, 847, 857, 873, 882, 884, 886-7, 906, 910, 913, 917-8, 926, 928-31, 938, 951, 1022
　1968-71年為替レート（図8-1）　464-5
　1970-79年為替レート（図14-1）　875
　管理変動相場　167, 169, 857, 938
　釘付け（ペグ）為替相場　6, 21, 24-5, 28, 166, 172, 179, 152, 201, 278, 293, 507, 877-8, 903, 932
　固定相場　24-5, 101, 152, 278, 498, 503, 507, 855, 879-80, 931

ダーティ・フロート　878, 938
弾力的　179, 278, 497-8, 514
変動（為替）相場・フロート　7, 24-5, 101, 169, 172-4, 177-9, 181-3, 216, 234, 258, 278, 451, 458, 855-7, 874, 877-8, 881-3, 899, 931, 1022
維持義務　856
管理　1, 20
競争的　930
政策・戦略・目標　119, 829, 834, 841, 856, 873, 878, 881, 883, 899, 906, 908, 914, 951
二重為替相場　883
保証　879
　（⇨実効為替レート, 実質為替レート, 切り下げ, 平価切り下げ, ポンド危機, ポンド残高）
為替減価　926-7
為替平価　166, 175, 284, 305
為替レート　⇨為替相場
為替平衡勘定（Exchange Equalisation Account; EEA）　45, 64-7, 75, 79, 122, 168, 221, 245, 254, 418, 422, 428, 873, 878, 897, 995
関税および貿易に関する一般協定（GATT）　3, 57, 178
間接税　820
監督　67, 723, 725, 989, 991, 1015
　における信認（credibility）　707
　非法定監督　668
　監督部門（イングランド銀行の）　432
管理委員会　⇨ライフボート
関連銀行　⇨ライフボート

[キ]

キーオ, ジェイムズ（James Keogh）　361, 524, 646, 648, 652-3, 655-7, 667, 679-80, 694, 701-3, 720, 727, 968, 1021
議会特別調査委員会　699, 702, 705, 707
機関株主委員会（ISC）　982
機関投資家　358, 818, 842-3
危機（1973年と1976年）　821
危機管理　708
　（⇨最後の貸し手）

索引

規制　316, 527-8, 551, 557, 574, 723, 734, 951
　裁量的規制（コントロール）　149
キダー・ピーボディー（Kidder Peabody）商会　195
北スコットランド・ハイドロ・エレクトリック・ボード（North of Scotland Hydro Electric Board）　894
北ヨーロッパ商業銀行（Banque Commerciale de l'Europe du Nord）　211
北ローデシア銀行（Bank of Northern Rhodesia）　444
キナストン，デイヴィッド（David Kynaston）　697, 937
基本合意書　453-4, 478, 481, 792, 820, 922-3, 926
　（⇒国際通貨基金）
キャヴェナム・フーズ社（Cavenham Foods）　682
キャドベリー，ローレンス（Laurence Cadbury）　51-2, 83, 225, 438
キャドベリー・アンド・ピルキングトンズ社　438
キャピタル・ゲイン課税　348
キャラハン，ジェームズ（James Callaghan）　238, 240-4, 248, 250, 263, 265, 267, 282-4, 295, 346-50, 356, 358, 363, 416, 427, 451, 528, 530, 532, 833, 835, 841, 844, 848, 911, 917, 920, 932, 987
キャリントン卿（Lord Carrington）　969
ギャルピン，ロドニー（Rodney Galpin）　653, 668, 676, 681, 689-90, 692, 696, 726, 1016, 1019
キューバ危機　209, 340
競争と信用調節（Competition and Credit Control; CCC）　344, 361, 517, 594, 596-7, 599, 607, 627-9, 631, 733, 791-4, 811, 821, 826-7, 835, 952, 968, 991, 1023
　の再評価　621-3
　の提案　968
　利子率の役割　631
　（⇒MLR，国債市場）
共通農業政策　795

協同組合銀行（Co-operative Bank）　650
共同市場　487
恐怖の伝染（contagion of fear）　658
業務の自由　951
業務遂行の独立性　954
極東貿易商社マセソン社　110
切り上げ　197
切り下げ　167, 173, 176, 180-1, 189, 203, 219, 451-3, 455-9, 461, 469, 472-4, 476-8, 483-8, 492-3, 495-6, 503, 509, 911
　（⇒平価切り下げ）
ギル，マルコム（Malcom Gill）　60, 1021
ギルドホール（ロンドン市庁舎）　960
ギルバート，ミルトン（Milton Gilbert）　262
ギルマー，アイアン（Ian Gilmour）　221
ギルモア，ロザリンド（Rosalind Gilmore）　1000
緊急事態計画（ポンド防衛の）　494-6, 514
　アンドレクロス　494
　オレステス　494
　ガリレオ　495
　クランマー　494
　コンカラー　495
　テレマコス　495
　パリヌールス　495
　ブートストラップ　494
　ブランドン／ミニブランドン　494
　プリアモス　495
　ブルータス　494, 496
　プロテウス　495
　ベイタウン　494
　ヘカバ　492, 494, 499
　ポロニウス　494
キング，ウィルフレッド（Wilfred King）　134, 311
キング，セシル（Cecil King）　62, 267, 273-4, 438
キングメーカー　54
銀行　318-9, 321-3, 328-30, 334, 335-7, 344, 351, 353, 357, 360, 364-6, 791-2, 795-6, 822-4
　の認定　645

への指令 306
銀行・マネーマーケット監督 746
銀行預け金 (bankers' balances) 65, 71-3, 81, 98, 118, 417, 828, 854, 991-3
銀行学派 51, 57
銀行家倶楽部（シカゴの） 506
銀行貸出 104, 311, 318, 322-3, 328-9, 334, 336, 339, 351, 356, 364, 528, 829, 840, 851, 856, 952
（⇒貸出，貸出上限規制）
銀行カルテル 615
銀行間研究機構 (IBRO) 961
銀行監査 989
銀行間市場 572, 823-4, 960
銀行協会 (Institute of Bankers) 701
銀行業における競争 517
銀行券 39
　1, 2, 5, 10, 20, 50 ポンド券 413, 417
　使用済み銀行券 48
　女王の肖像 412
　発券の独占 71
　発行 63-4, 66, 75, 79, 411, 426, 538, 995
　法貨 66
　保証発行 66, 411
　流通 66, 411-2
銀行システム 34, 104, 307, 309-10, 335, 353-4, 823-4, 841, 968
銀行収益・利潤 329-30, 365
銀行信用 308, 310, 351-2
銀行の銀行 65
銀行法（1979年） 724, 762
　　　（1987年） 772
金市場 185, 264, 453, 462, 473-5
　イアマーク（耳印） 186, 223-4
　ロンドン金市場 185-6, 189
　金準備 118, 165
　（⇒外貨準備）
キンダーズリー卿 (Lord Kindersley) 52-3, 110, 113, 438
金兌換 165
金プール 172, 189, 215-9, 264, 289, 299, 451, 453, 461, 473-6

金不足 184
金本位制 28, 92, 165, 167-8, 170-1, 963
　の放棄 119
金融構造 820
金融市場 318, 832, 857, 960
金融システム 808, 826, 991
　金融制度の安定性 1
　金融の安定 643
　の健全性・信認 706-7
金融ジャーナリスト 956
金融手段 815-7, 853, 855
金融政策
　19世紀 1, 92
　1950年代 55, 64, 82, 94, 97-100, 103, 105, 114-5, 117, 120-1
　1960年代 353-4, 356, 366, 536, 951
　1970年代 796, 798, 835, 846, 852, 855, 954
　大蔵省とイングランド銀行 121, 123, 128, 959, 990, 1024
　為替レート 7, 428, 800, 805, 829, 834, 936
　競争と信用調節 517
　共同セミナー（大蔵省・イングランド銀行） 347
　財政政策 801, 829
　スタンス 804, 806
　伝統的な 305
　の失敗・有効性・効果 70, 305
　の重要性 1, 853
　の主導権・決定 136, 951, 1014
　の目的・目標 93, 151-2, 556, 802-3, 807-8, 829, 838-9, 856, 959
　非マネタリスト的 803
　マネーサプライ・DCE 547-8, 1023
　マネタリー・ポリシー・グループ (MPG) 793-4
　ラドクリフ委員会・報告 114, 130-1, 133, 135, 139-40, 150
　ラドクリフ以降の 550
　その他 20-2, 24-31, 428, 826, 939, 954, 957, 1013, 1023-4
金融政策委員会 853
「金融組織」（1956年4賢人報告） 99

索引

金融代理人 205
金融仲介の復活 851
金融調節 310
  の手段・方法 337, 820
金融引締め 100, 316, 808, 856
金利（利子率） 57, 118, 150, 262, 310, 330-1, 334, 336-40, 344, 348, 353, 355, 361, 367, 528, 539, 557, 561, 568, 574, 791, 793, 795, 801-3, 810, 818-20, 823, 830, 833-8, 840, 848, 855
  金利政策・操作 34, 479, 829, 851
  限界金利 357
  市場金利 118, 331, 830, 848
  実質金利 28, 100, 140, 795
  伸縮的な 829
  短期金利 321, 331, 334, 356, 795, 819, 822, 832, 836, 848
  長期金利 118, 126, 321-2, 338-41, 367
  と投資 150
  の効果 96
  の（期間）構造 126, 150-1, 353
  の弾力性 150
  目標 27, 855
  名目金利 140
  優良企業向け貸出金利 389
  （⇨バンクレート・MLR, TB利回り, 国債利回り）

[ク]

クウィン, ブライアン (Brian Quinn) 845, 929, 955, 1017, 1019, 1025
クウェート 490, 513, 899, 901
クーツ銀行 (Coutts) 55
グーデ, リチャード (Richard Goode) 453
クーパー, パトリック・アシュリー (Patrick Ashley Cooper) 49, 52
クーパー, リチャード (Richard Cooper) 459
クーパー・ブラザーズ・アンド・リブランド社 (Cooper Brothers & Lybrand) 397, 677, 679, 967, 969, 983
クームズ, ハーバート (Herbert Coombs) 188-9, 193-4, 213, 216, 218, 231, 240-2, 248, 255, 266-7, 280, 282, 457, 485, 499, 502
釘付け（ペグ）為替相場 ⇨為替レート
クック, ピーター (Peter Cooke) 259-60, 402, 447, 695, 708, 738, 961, 1016, 1018
クック委員会 761
グッドハート, チャールズ (Charles Goodhart) 130, 144-5, 427, 478-81, 541-2, 544-8, 550, 554, 557, 559, 793-4, 797, 799, 802-4, 806-7, 816-7, 819-21, 823-4, 826-8, 836-7, 839-40, 847, 849, 852, 856, 887, 921, 933, 988, 1016, 1018
グッドハートのルール 511
グッドバンク (good banks) 675
クラーク, オットー (Otto Clarke) 174
クラーク, ヒルトン (Hilton Clarke) 37, 58, 117, 144, 343, 352, 534, 726
クライズデール銀行 (Clydesdale Bank) 661
クライブ・ディスカウント社 (Clive Discount) 343
グラインドレイズ銀行 (Grindlays Bank) 926
クラウチ, ロバート (Robert L. Crouch) 151, 344, 537
クラウン・エージェンツ (Crown Agents) 647, 648, 675-8, 694-5, 704, 716, 769, 1021-2
  （⇨セカンダリー・バンキング危機）
グラスゴー・フェアフィールズ社 395
グラハム, アンドリュー (Andrew Graham) 988
グラハム, スチュアート (Stuart Graham) 662, 671
クラピエ, ベルナール (Bernard Clappier) 924
グラフティ=スミス, ジェレミー (Jeremy Grafftey-Smith) 694
クランプ, トニー (Tony Cramp) 144, 538
クリアリング・バンク ⇨手形交換所加盟銀行
グリーンウェルズ商会 (Greenwells) 548, 825-6
クリス, ミロスラス (Miroslas Kriz) 185
クリップス, スタフォード (Stafford Cri-

pps) 50
グリフィス, ブライアン (Brian Griffiths) 345, 552, 848-9, 991
グリン・ミルズ銀行 (Glyn Mills) 54, 438
クルーズ, ロジャー (Roger Clewes) 548
グループ・オブ・テン (G10) 254-6, 283, 876, 903, 928
クルーム゠ジョンソン (Croom-Johnson) 769, 1021
クルーム゠ジョンソン審判 1021
クレイ (Clay) のノーマン伝記 102
クレッグ, サー・カスパート (Sir Cuthbert Clegg) 397
クロウショー (Crawshaw) 410
クローアム卿 (Lord Croham) ⇒アレン, ダグラス
クローアム報告書 1015
クローマー卿 (Lord Cromer: 1961-66年総裁. ポンド危機, 貸出規制・上限規制等) 70, 84, 88, 141, 147, 194-5, 198-200, 203-4, 206-7, 215, 228, 231, 235-247, 250-1, 253-8, 261-3, 265-8, 294, 322-4, 326, 328, 331, 334-7, 339-41, 344, 346-52, 354, 356, 416, 422, 437, 530, 532, 534, 568, 729, 896-7, 919, 933, 968, 1017, 1020
クロケット, アンドリュー (Andrew Crockett) 144, 408, 541, 549, 553-4, 559
クロスランド, アンソニー (Anthony Crosland) 101, 399
クロフォード, マルコム (Malcom Crawford) 918-9

[ケ]

ケアンクロス, アレク (Alec Cairncross) 93, 97, 101, 132, 134-5, 144, 149, 198, 200, 231, 235, 237, 280, 286, 453-4, 477, 500, 542, 575
ケアンクロス, フランシス (Frances Cairncross) 552
経営管理 424-7, 991, 1014-5
経営コンサルタント 423-6
　(⇒マッキンゼー社)
景気循環 12, 340

コンドラチェフ循環 12
経済アドバイス 427
経済開発国民協会 144
経済学者 112, 124, 129, 143-4, 438, 553, 1016
　アカデミックな経済学者の採用 129, 143
　経済学部卒業生の採用 536
　(⇒エコノミスト)
経済協力開発機構 (OECD) 3, 7, 10, 19, 21, 35, 794, 828, 927, 954, 957
経済計画 346
経済社会調査国民研究所 (NIESR) 133, 144, 233, 794, 921, 926
経済省 346
経済成長 2, 10, 328, 346, 857
経済戦略委員会 138
経済データの収集と分析 433
経済発展国民協議会 (NEDC) 346
経常収支 14, 232, 263, 291, 518
　(⇒国際収支)
ゲイツケル, ヒュー (Hugh Gaitskell) 122-3
ケインズ (John Maynard Keynes (Lord)) 57, 93-4, 124, 169, 209
ケインジアン 22, 50, 93-4, 132, 149, 460, 543, 794, 847, 878
ケーマン諸島 963
ケズィク, ウィリアム (William Keswick) 52, 110
ゲッデス, リー (Reay Geddes) 393
ケニングトン, アイボー (Ivor Kennington) 684
ケネディ, ジョン・F. (John F. Kennedy) 188-9, 209, 331
ケミカル・バンク (Chemical Bank) 195
現金 308, 330, 367, 792
現金準備 34, 479, 792
　現金準備比率 34, 366
現金ベース 96, 151, 825
現金比率 31, 71, 307, 330, 357, 479, 536, 595, 827, 839, 846
　運転残高現金比率 825
　現金資産比率 94

索引

現金流動性比率　708
（⇨準備資産比率，流動性比率）
現金預金（預託金）制度　364-6, 527, 592
現金・預金比率（銀行の）　34, 330
現金・預金比率（非銀行部門の）　32, 792
現金支出限度体制　995
ケント，ペン（Pen Kent）　919
ケンブリッジ（大学）　52, 59, 433
　　キングス・カレッジ　49
　　コーパス・クリスティ・カレッジ　38, 51
　　大学任命委員会　438
　　トリニティー・カレッジ　52, 57

[コ]

公開市場操作　31, 34, 92, 94, 118, 151, 306, 517, 551, 559, 793, 821
交換性　166, 170-4, 176-9, 182-4, 200, 212, 222-3
公共選択　29-30
公共部門借入　922
公共部門借入必要額（PSBR）　32, 800-3, 807, 810, 829, 837, 840, 842-3, 846-7, 851, 856, 915, 977-8
　の削減　919-21
公共部門債比率　⇨割引商会
公共部門債務　816
考査員　758
「構成と機能」に関する覚書　64
合同常設委員会（JSC）　964
公認銀行　680, 690-1, 697, 706-7, 709, 727
鉱夫ストライキ　886
港湾ストライキ　278, 281
コーク，ケネス（Kenneth Cork）　658
コートルーズ社　50, 52
ゴードン，チャールズ（Charles Gordon）　655, 703
コーヘン委員会　534
ゴールド，ジョセフ（Joseph Gold）　191-2
ゴールドスミス，ジェイムズ・"ジミー"（James 'Jimmy' Goldsmith）　682-4, 686
ゴールドマン，サミュエル（Samuel Goldman）　231, 250, 365, 535

コールビ，トニー（Tony Coleby）　86, 688, 816-7, 819, 827, 1016, 1018
コーンウォール・エクイティズ社（Cornwall Equities Limited）　687
コーンヒル・コンソリデイティド社（Cornhill Consolidated）　665
小切手決済業務　421
国債
　3.5％戦時国債　44
　コンソル債　44, 359
　（物価）指数連動型債券　815, 817
　新型国債　840
　低クーポン国債　815
　転換国債　44, 815, 817
　分割払込み国債　840-1, 854
　変動利付き国債　815, 817-8, 841, 854
　期近国債　319-20, 815
　短期国債　338, 360, 816
　中期国債　360, 845
　長期国債　321, 338, 358-60, 845
　無期債　358
　「新旧傍論」　842
　の関連業務（決済・移転・登録・利払い）　67, 74, 79-80, 418, 421, 816, 993
　　中央国債部（Central Gilts Office）　816
　の期限
　　償還期限　338, 360
　　平均残存期間　360
　　満期構成　360
　の残高　360
　の償還　338, 360
国債借り換え　115, 118, 305, 320-1, 329, 338-9, 360
国債管理　64, 120, 122, 126, 140, 150-1, 293, 305, 348, 556, 837, 842
　国債管理委員会　65
　国債管理政策　360
国債市場　55, 117, 120, 157, 305, 319-21, 328, 334, 337, 339-42, 358-61, 367, 537, 551, 557, 559-61, 565, 567, 599-601, 603, 605, 608-10, 620, 795, 810-1, 815-8, 824, 826, 830, 834, 841-5, 851, 854, 990, 1014, 1016

ARIEL（自動・即時〔売買執行〕投資取引所有限会社）815-6
アノマリー入れ替え 599
価格支持 320
国債の市場性 361
国債ブローカー商会 845
最後のジョバー 361
最低下限価格 816
ジョバー商会 604-6, 815
マネーブローカー 119
ヨーク老大公（Grand Old Duke of York）作戦 819
国債発行 841
　1950-79年発行回数・額（図13-1） 812
　ウォトリング・ストリートの戦い 844
　協議引受・販売（プレーシング） 817
　競売（オークション）手法 816-8
　国債ストライキ 819
　新規発行 120, 126, 321, 360
　タップ価格 817-8
　タップ国債 340, 358, 809, 844
　タップ発行方式 119-20, 840
　入札発行 840
　ニューチェンジの暴動 844
国債の売却 127, 320, 323, 829, 834, 840-2, 844, 847-8, 851
　1970-79年4半期別純売却額（図10-1） 621
　1976-79年日次国債売却額（図13-3） 813-4
国債利回り・価格 103, 319-21, 337, 340, 367, 817, 819-20
　1970-79年コンソル価格（図10-1） 471
　1960-79年短中長国債利回り（図13-2） 812
国債関連その他 126, 127, 317, 326, 842, 849
　（⇒バンクレート，金融政策）
国際金融センター 152, 922, 960, 975
　ロンドンの役割 962
国際金利 339
国際決済銀行（BIS） 56, 64-5, 68, 186-8, 190-1, 203, 215, 218-9, 223-4, 228, 232, 242, 262, 268, 453, 456, 461, 470-2, 475, 486, 488-9, 504, 507, 760, 916
　スワップ 264, 273

国際収支
　1930-70年国際収支・経常収支（図5-5） 292
　1930・40年代 168
　1950年代 166, 169-70, 174, 180
　1960年代 14, 204-7, 233-4, 248, 252, 255-6, 291-2, 303, 346, 358, 454, 457, 468,
　1970年代 500
　DCE/マネーサプライ 24, 455, 476, 482, 541, 548-9, 829
　アブソープション・アプローチ 285
　貨幣的アプローチ 285
　為替管理 201
　切り上げ 459
　対外投資 252
　弾力性アプローチ 285
　バンクレート 197
　変動相場・Robot計画 174-5, 498
　目標 880
　ユーロ市場 202, 212, 214, 506
　その他 193, 220, 271, 289, 303
国際収支難・問題 292-3, 339, 349
国際資本移動 431
国際清算同盟 170
国際通貨システム（体制） 6, 931
国際通貨（制度）改革 300, 451, 453, 500, 879, 883, 900-1, 903, 931
「国際通貨システム改革概要」 905
20か国委員会（C20） 880, 903-6
国際通貨基金（IMF） 3, 45, 50, 56-7, 65-6, 68-9, 166, 170-2, 177, 192-3, 196-7, 203, 215-6, 224, 246, 280, 354, 358, 525, 539, 548, 554, 561, 566, 810, 820, 877, 885, 903-4, 907, 915-6, 918-21, 977
　DCE/マネーサプライ 455, 460, 473, 476, 479-81 545, 820
　監視 924-5
　基本合意書 453-4, 478, 481, 792, 820, 922-3, 926
　協定第13条 241
　国債市場 561, 566
　使節（調査）団（チーム） 205-6, 453, 808,

919
スタンドバイ（信用供与） 456-7, 461, 480-1, 488, 882, 886, 906, 918, 921, 923
セミナー 476-9, 544, 854
特別引出権 209, 453, 463, 488, 501
ナイロビ年次総会 905
引き出し（借入れ） 206, 217, 219, 263, 268, 289, 463, 472, 883, 907, 928
ベース・コントロール 825-6, 828, 839
ポンド支援 247, 262, 269, 454
引出権 236
要求 539
融資 792
融資条件 455-6, 476
（IMF）理事会 904, 907
（IMF）執行理事 189, 194, 196, 206
（IMF）暫定委員会 903
（IMF）総務会 903
（⇒為替相場，ポンド危機）
国内信用拡張（DCE） 293, 455, 476, 479-83, 541-2, 545-6, 548-9, 553, 556, 574, 796-7, 808, 816, 820, 843, 856, 915, 920, 922
　目標 476, 792
　上限 829
　（⇒マネーサプライ，マネーストック）
国内信用規制 319
国内投資 252
国民経済開発協議会 220
国民所得委員会 324
国有化（法・プログラム） 951, 1013
　イングランド銀行の 3, 39-41
　鉄鋼業の 391, 530
国有化産業特別委員会（SCNI）・報告 74, 427, 429, 435, 535, 552, 644, 710, 757, 952, 955, 990-3, 995, 998-1000
国有化産業の外貨建て借入 991
コグラン，リチャード（Richard Coghlan） 839
コケイン（Sir Brien Cokayne） 138
個人向け銀行業（イングランド銀行の） 65
国家貸付法（1968年） 87
国家企業庁（National Enterprise Board） 937

国家計画 346
国家投資委員会 252
ゴッシェン，ジョージ・ジョーティム（George Joachim Goschen） 229
ゴッシェン・ルール 220
（⇒バンクレート）
ゴッドバー，フレデリック（Frederick Godber） 389
ゴッドバー・オブ・メイフィールド卿（Lord Godber of Mayfield） 389
固定為替相場　⇒為替相場
コナリー，フレデリック（Frederick Conolly） 232
コピサロー，アルコン（Alcon Copisarow） 426-7
コボルド，キャメロン・フロマンティール（Cameron Fromanteel Cobbold: 1949-61総裁．1957年バンクレート引き上げ，ラドクリフ委員会等） 37, 47-51, 60, 78-9, 91, 95, 97-100, 102-8, 110-5, 120-5, 135-8, 142, 148, 178, 183, 192-8, 200, 203-4, 217, 226, 228, 267, 306, 308-9, 314-8, 322, 413, 568, 729, 933, 951, 1024
　コボルドの解雇 108
コモンウェルス（英連邦） 56, 66, 68, 136, 178, 184, 352, 405
コモンウェルス開発金融会社 68, 388, 424
コモンウェルス諸国銀行サマー・スクール 410
コルセット　⇒補完的特別預金
コンソリデイティド・ゴールドフィールズ社（Consolidated Goldfields） 934
コンチネンタル・イリノイ銀行（Continental Illinois） 934
コンドン，ティム（Tim Congdon） 810
コンピュータ（の導入） 421, 431
コンフォート・レター 696
コンプトン，サー・エドムンド（Sir Edmund Compton） 98-9, 108

[サ]

サージェント，リチャード（ディック）（Sar-

gent J.R.（Dick）） 176, 849
最後の貸し手（the lender of last resort） 63, 71, 92, 96, 708, 710, 723, 979
財政赤字 320
財政政策 22, 316, 801, 804, 820, 829, 838, 856
最低貸出利率（MLR） 616, 618-9, 623-5, 628, 651, 795, 809, 819-21, 829-30, 833-6, 838, 844, 848, 850-2, 884, 909, 911, 914, 918, 926-7, 1023
　方式 829-30, 833-4
　の管理 825
　管理された MLR 830, 834
　（⇒バンクレート）
財務諸表の公開 73, 428
再割引手形 351
サウジアラビア 894, 903
　通貨庁（SAMA） 894
先物為替 276, 286, 288, 898
　1964-69 年 EEA のポジション（図 5-4） 288
　1964-67 年売持ちポジション（表 5-2） 287
　介入・操作 244-5, 259, 285, 897-8, 951
　先物ディスカウント 285-6
　先物ポンド 897
　市場 115, 895
　契約額 286
　（⇒外国為替市場, 為替相場）
サックス, ジェフリー（Jeffrey Sachs） 169
サックストーン, ハワード（Howard Thackstone） 400
サッチャー, マーガレット（Margaret Thatcher） 849, 1020
サッド, サー・クラレンス（Sir Clarence Sadd） 50
サマセット, デイヴィッド（David Somerset） 60, 408, 693, 828, 975, 981, 1016, 1019
サミュエルソン, ポール（Paul Samuelson） 25
サラベックス社（Salabex Ltd.） 964
ザワツキ, クルズツォフ（Krzysztof Zawadzki） 479
『サン』紙 836
産業家 438

産業エクイティ・キャピタル有限会社（ECI） 985-6
産業界の患者 983
産業開発諮問会議 982
産業銀行家協会 324
産業金融 387, 982, 991
産業金融会社（FFI） 391, 985
産業金融公社（FCI） 68, 389, 424, 661
産業金融ユニット（IFU） 983-4
　産業経営と機関投資家に関する作業部会 982
産業再編公社（IRC） 393, 424, 966, 984
産業支援 424
　イングランド銀行の貸し付け 424
サングスター, ジョン（John Sangster） 874, 897-8, 905, 909, 925-6, 928, 1016, 1019
三国協定 169
サンダーソン, ベイジル（Basil Sanderson） 52-4, 438
サンダーランド, デイヴィッド（David Sunderland） 676, 678, 715-6
『サンデー・タイムズ』紙 430, 647, 697, 836, 918, 1025
『サンデー・テレグラフ』紙 665, 986
サンドハースト（Sandhurst） 52
ザンビア 457

［シ］

シーダー・ホールディングズ社（Ceder Holdings） 654, 656, 660
シープマン, ハリー（Harry Siepman） 43, 54-5, 190, 251
ジェイ, ダグラス（Douglas Jay） 138, 141, 237, 346
ジェイ, ピーター（Peter Jay） 138, 491, 544, 565, 927
ジェイコム, サー・マーチン（Sir Martin Jacomb） 704
ジェッセル（Jessel, D.C.G.） 570
ジェネラル・エレクトリック社 965
シェパード, デイヴィッド（David Sheppard） 825, 839

索引　1075

シェル・トランスポート・アンド・トレーディング社　274, 425, 972-3
ジェンキン，パトリック（Patrick Jenkin）　979
ジェンキンズ，H.L.（H.L. Jenkyns）　275
ジェンキンズ，ヒュー（Hugh Jenkins）　657
ジェンキンズ，ロイ（Roy Jenkins）　399, 428, 451, 455, 461, 473, 480-1, 496, 502, 521, 525, 527, 566-7
ジェンキンズ委員会　534
支援作戦・支援グループ　⇒セカンダリー・バンキング危機
シカゴ学派　22, 542, 564
時間非整合性　29
『四季報』　⇒『イングランド銀行四季報』
シグナル・オイル・アンド・ガス社　971-3
資産比率規制　353-4
資産流動化社　⇒セカンダリー・バンキング危機
指示　96, 106, 108, 121-2
自主規制　335
自主退職（為替管理廃止に伴う）　936
市場操作
　業務局長の権限　43, 1013-4
　国債　338, 341, 358, 360
　マネーマーケット　43, 57, 331, 355, 361, 830
「市場日報」（為替市場の）　913
ジスカール・デスタン（Valerry Giscard d'Estaing）　932
失業（率）　169, 202, 330, 798-800, 857
　自然　23
実効為替レート　874, 880, 886, 902, 906, 929
　1972-79年（図14-2）　875
実質為替レート　876
　1970-79年（図14-3）　876
実質と名目変数　92
シティ　13, 45-6, 50, 52, 68, 110-1, 130-1, 183, 195-6, 215, 318, 322, 325, 428, 530, 825, 937, 951, 953, 958, 960-3, 969, 975, 983, 985-7, 989-90, 1020
シティ・オブ・ロンドン　⇒シティ
シティ・パネル　424

『シティ・プレス』誌　679
シティ大学　835
シティの金融機関　967
シティ連絡委員会　664, 962-3
指定地域　877
支払いシステム　92
資本・資産比率　671
資本・預金比率　671
資本発行委員会（Capital Issues Committee）　672
資本利得　326
諮問協議会　955
ジャマイカ銀行（Bank of Jamaica）　408
シュヴァイツァー，ピア゠ポール（Pierre-Paul Schweitzer）　280-1, 283, 549
シュウェグラー，ウォルター（Walter Schwegler）　256
住宅金融組合　437, 440, 792, 796, 847
住宅ローン金利　796, 850
周辺金融機関・銀行　⇒セカンダリー・バンク
自由貿易　13
週3日労働　886
シュクリ，サビ（Sabih Shukri）　691-2
首相　316, 330, 347, 425, 438-9, 800, 835, 838, 841-2, 844, 849-50, 962
出向　536, 538
シュミット，ヘルムート（Helmut Schmidt）　920, 932
シュローダーズ商会　438, 703, 955, 983, 1015
シュワルツ，アンナ（Anna Schwartz）　26, 36, 536
準備資産　34, 611-2, 614, 792, 822, 825
準備資産比率　611-4, 792, 821-2, 824, 826-7, 846, 849-50, 1023
　最低準備資産比率　608
　第一線準備比率　825
　準備ポジション　824
　（⇒現金比率，流動性比率）
準備・預金比率（R/D）　32, 791
　最小必要準備率　791
準備通貨　182, 203, 209-10, 216, 234, 288, 873,

923
商業手形 351-3, 523, 571, 709
証券管理信託会社（Securities Management Trust; SMT） 393
証券業審議会（Council for the Securities Industry） 845
証券取引所 815
証券取引所マーケット・メーカー 118
証券ブローカー 119, 825
商工業金融公社 68, 389, 424, 982, 984
譲渡性預金（CD） 275, 572-3, 823, 837
消費者信用 798
商品シャンティング 177
商品取引業者 895
情報の公開 428-9
常設金融政策委員会 148
助言者としての役割 64, 67
ショー・サヴィル海運会社 52
ショークロス卿（Lord Shawcross） 402
商務省（Board of Trade） ⇒貿易省
ジョージ，エディー（Eddie George） 63, 844, 849, 852, 904, 1016, 1018
ジョーダン，ジェリー（Jerry Jordan） 554
植民地帝国 406
所得政策 152, 201, 256, 263, 306, 324, 338-9, 347, 451, 791, 801, 847, 856
　公共部門の賃金凍結 324
ジョバー商会 119, 358, 361, 604-6, 811, 818
　（⇒国債市場）
ジョン・ブラウン社 483
ジョンズ，ウィリアム（William Jones） 102
ジョンズ，オーブリー（Aubrey Jones） 347, 458, 531, 798
ジョンソン，バートン（Burton Johnson） 657
ジョンソン，ハーリー（Harry Johnson） 124, 498, 514, 550, 552
ジョンソン，リンドン・B.（Lyndon B. Johnson）米国大統領 231, 238, 281, 283, 501
ジョンソン・マッシー銀行（Johnson Matthey） 721, 772
ジル，マルコム（Malcolm Gill） 260

ジルストラ，ジェル（Jell Zijlstra） 280, 916, 932
指令
　1946年イングランド銀行法の 522
　EEC銀行指令 735
シンガポール 489, 493, 899
真正手形理論 92
信託貯蓄銀行 792
信認危機（crisis of confidence） 644, 669, 676
　（⇒セカンダリーバンク危機）
神秘性 131
　（⇒秘密主義）
新聞担当役 56
信用
　収縮・逼迫 309, 323, 356, 504-5
　制限・抑制 322, 326, 334, 352, 358, 364
　政策 365, 519, 523
　調節 151, 337, 348
　引締め 100, 336, 349-50, 521, 525
　割当 353, 808
信用危機（credit crisis） 704
信用規制 319, 327, 329, 348, 351-4, 356, 363-4
　（⇒貸出上限規制，競争と信用調節）
信用取引法案 69

［ス］

スイス 192, 214, 217, 273, 484, 883
スイス国立銀行 192
数量目標 855
スエズ危機 171, 180
スキナー，クラレンス教授（Professor Clarence Skinner） 490
スキナー，デニス（Dennis Skinner） 710
スクリムジャーズ商会（Scrimgeours） 978
スコーリー，デイヴィッド（David Scholey） 978
スコットランド卸売協同組合（Scottish Co-operative Wholesale Society; SCOOP） 648-51, 965
スコットランド協同組合 704
スコットランド系銀行 528
スコットランド手形交換所加盟銀行 310,

650
鈴木秀雄 904
スターン社 676
スタイン,ハーバート (Herbert Stein) 499
スタグフレーション 7, 11, 590
スタンダード・オイル社 274
スダンダード銀行 (Standard Bank) 696
スタンダード・チャータード銀行 (Standard Chartered Bank) 695-7, 913
スタントン (A.H. Stanton) 570
スタンドバイ信用供与 (協定・取り決め・枠) 205-6, 233, 235-6, 240, 242, 268, 281-3, 289, 451, 453-7, 461-2, 480-1, 539, 674, 677, 684, 691, 694, 747, 883, 907, 916, 922, 971, 975-7
(⇒国際通貨基金,国際決済銀行,ニューヨーク連銀)
スタンプ,マックス (Max Stamp) 57
スタンフォード銀行 (Stanford Bank) 55
スタンプ記念講演 460, 552
スチュワート,ウォルター (Walter Stewart) 43
スチュワート,マイケル (Michael Stewart) 241
スティーヴンズ,サー・ジョン (Sir John Stevens) 56, 62, 188, 213, 246, 266, 276
スティーヴンソン,サー・マシュー (Sir Matthew Stevenson) 648, 1021
スティーヴンソン委員会 769, 1021
ステンハム,コブ (Cob Stenham) 657
ストーン,ジョナサン (Jonathan Stone) 980
ストーン,レイノルズ (Reynolds Stone) 413
ストックホルム合意 463
ストッパー,エドウィン (Edwin Stopper) 282
ストライキ 15
スネーク 877-8, 899-900, 916, 931-2
スパイダー社 (Spydar) 681-2
『スペクテイター』紙 131
スミス,ウィリアム (William Smith) 662
スミス,サー・レジナルド・ヴァードン (Sir Reginald Verdon Smith) 102
スミソニアン (協定・レート) 451, 469, 503, 874, 876, 899, 906
スモールウッド,ジョン (John Smallwood) 407
スレイター,ジム (Jim Slater) 679, 682-3
スレイター・ウォーカー社 (Slater Walker Limited; SWL) 679, 680-2, 684-8, 696, 705, 707, 716, 750
スレイター・ウォーカー・セキュリティーズ社 (Slater Walker Securities Limited; SWSL) 679-80, 682-8
スレッドニードル・ストリート ⇒イングランド銀行
スワップ 192-3, 203, 225, 235, 268, 456, 461-3, 470-1, 888, 898, 915, 926, 934

[セ]

セイヴィング,トーマス (Thomas Saving) 855
税金 76, 419, 998
税率の引き上げ 921
正統派理論
　新しい 94, 132, 151-2, 344, 537
　旧い 151
セイヤーズ,リチャード (Richard Sayers) 28, 42-3, 52, 57, 59, 63-4, 68, 101, 114, 119, 122, 132, 134, 136, 144, 149-51, 221, 266, 410, 538, 555
セイヤーズの『現代の銀行業』 63-4
セーフティ・ネット概念 851
世界銀行 50, 65, 170, 196, 280, 963
セカンダリー・バンク 69, 664, 677, 701
　周辺金融機関 316, 734
　周辺銀行 (fringe banks) 643, 645-6, 669, 695, 700-1, 703, 734
セカンダリー・バンキング危機 (The Secondary Banking Crisis) 643, 651, 664, 688-9, 696, 701, 704-5, 707, 740, 823, 895, 952, 967, 975, 989, 991-2, 994, 997, 1000
　管理委員会 (Control Committee) 663, 673, 689, 697, 699, 707

管理委員会（Controlling Committee）660, 662-3
関連銀行　659, 663
救済作戦　656, 659-61, 699, 1019, 1021
支援グループ　644, 656, 659, 664, 673, 678, 705
支援基金（Support Funds）656
支援作戦　660-1, 666, 674, 700, 704-5, 707-8, 710, 714
支援作戦の総額　705
　　イングランド銀行分担分　706
　　共同リスク　660, 665, 670-1, 674, 705
　　自己リスク　665
　　単独支援　705
支援を受けた金融機関（表11-4）698
　　　　　　　　　　　（表11-5）700
資産流動化のための会社（realization company）688, 691, 693
支払い能力問題　669
周辺銀行常設委員会（Fringe Banks Standing Committee）655-7
預金の還流　663
ライフボート（救命艇；Lifeboat）644, 659, 665-6, 669, 671, 674, 676, 679, 688, 691, 695, 697, 699, 705, 710, 967
　　1974-77年総残高（表11-2）665
　　イングランド銀行損失引当金（表11-6）706
　　コンソーシアム（融資団）692-3
　　作戦　669, 705, 994, 997
　　引当金　705, 1000
　　ライフボートの船長　699
石油価格　799, 885
石油危機　972
石油輸出国機構（OPEC）7, 923
セコム・マーシャル・アンド・キャンピオン商会（Seccombe, Marshall & Campion）116
説得　103
説明責任　969
ゼネラル・モーターズ社　274
セルウィン，ジェームズ（James Selwyn）61, 424
全国石炭庁（National Coal Board）86, 655
全国物価所得委員会　346-7, 530, 535
選択的雇用税　348, 354

［ソ］

ソヴィエト連邦　4, 264
象牙の塔　1017
総選挙　314, 838, 848-9
ソーニクロフト，ピーター（Peter Thorneycroft）101, 104-9, 122-3, 134, 181, 306, 308, 323
ソープ，ジェレミー（Jeremy Thorpe）651
ソーン，サー・ジョン（Sir John Soane）46
ソーントン，ヘンリー（Henry Thornton）26-7, 92
ソーントン，マイケル（Michael Thornton）114, 142, 455, 477-9, 543, 547, 550, 554, 794, 988
ソーントン，ロナルド（Ronald Thornton）438
組織改革　959, 1013
組織構造　430
組織のあり方　426
その他の金融機関　310, 316, 318, 322-4, 352, 357, 364, 792
ソルベンシー比率　689
ソロー，ロバート（Robert Solow）25
ソロモン，ロバート（Robert Solomon）284, 474, 501, 904-5

［タ］

ダーティ・フロート ⇒為替相場
ダーネ，J. デューイ（J. Dewey Daane）280, 282
ダーレンドーフ，ラルフ（Ralf Dahrendorf）988
ダイアモンド卿（Lord Diamond）649
対外借入　883, 888-9
対外資金移動　829
対外純資産の残高　938
対外準備 ⇒外貨準備

索引   1079

対外ポートフォリオ投資　934
対外ポジション　820
第3グループ取り決め　923, 925
第3作業部会　193, 283, 289
ダイソン, ジム（Jim Dyson）　662
『タイムズ』紙　70, 110-1, 133, 135, 196, 238, 257, 427, 463, 485, 491, 496, 544, 554, 565, 654, 658, 666, 800, 810, 827, 1004, 1006, 1008
代理業務　418
　政府の代理人　122, 990
代理人　47, 983
ダウ, クリストファー（Christopher Dow）　33, 460, 794-5, 800, 802-5, 819, 839, 887, 930, 932, 954-5, 957, 983, 1015-6, 1018
ダヴェンポート, ニコラス（Nicholas Davenport）　131
ダウニー, ゴードン（Gordon Downey）　674
タウネンド, ジョン（John Townend）　559
ダウン, アラスター（Alastair Down）　975, 980-1
ダスコム, アーサー（Arthur Dascombe）　110-1
ダック, ナイジェル（Nigel Duck）　825, 839
ダニエル（Peter Daniell）　586, 599-601, 604, 607
タンカード　113
短期証券・市場　342-4, 792, 846
短期証券操作（オペレーション）　119, 825
タンゲラー, ヨハンズ（Johannes Tungeler）　502
弾力性アプローチ　⇒国際収支
弾力的為替相場　⇒為替相場

[チ]

地域電力庁　86
チープ・マネー　93, 97
チェース・マンハッタン銀行（Chase Manhattan Bank）　972
チェカーズ〔首相別邸〕　199
地方公共団体　338, 357
　の預金の市場　571-2, 960

チャーチル, サー・ウィンストン（Sir Winston Churchill）　41
チュー, ブライアン（Brian Tew）　286, 477, 515, 532, 537
中央アフリカ電力（Central Africa Power Corp.）　441
中央銀行　793, 832
　の機能　128
　の本質　63
中央銀行間協力　190-1, 203, 213, 267, 289, 916
　金融　268
　スワップのネットワーク　289
　包括措置　268
中央銀行研究センター　411
中央銀行業　1014
中央計画経済システム　8
中央政策評価スタッフ（CPRS）　961-2
中央統計庁（Central Statistical Office; CSO）　146
中東危機　277
朝鮮戦争　3
帳簿（Books）　43, 367
直接規制　97, 99, 306, 353, 366, 838, 850
賃金　15, 17, 76, 324, 418, 800, 995
賃金委員会　347

[ツ]

通貨委員会（currency boards）　405
通貨当局　305, 307, 331, 797, 802
通貨同盟　6, 877
通貨と信用委員会（米国）　101

[テ]

デ・ヴリーズ（M.G. De Vries）　905
デイ, アラン（Alan Day）　177
デイ, ロビン（Robin Day）　196
ディア・マネー　97
低金利政策　119
ディックス＝ミロ, レズリー（Leslie Dicks-Mireaux）　144, 427, 478, 549, 554, 559
ディッブズ, アレックス（Alex Dibbs）　653
テイラー, ピーター（Peter Taylor）　428,

710, 990-1, 998-9
『デイリー・テレグラフ』紙 111, 131
『デイリー・ミラー』紙 428, 435, 438, 651
ディロン,ダグラス (Douglas Dillon) 205, 216
デーヴィス,ギャビン (Gavyn Davies) 844
デーヴィス,ジャック (Jack Davies) 438
デーヴィス,ハワード (Howard Davis) 439
『デーリー・メール』紙 195
手形 323, 351, 431, 830
　市場 830
　引受業務 351
手形交換所加盟銀行(クリアリング・バンク) 31, 59, 69, 95, 106-8, 116, 132, 145, 246, 306-10, 316-8, 323, 328-30, 334, 336-7, 343, 348-50, 352, 355, 357-8, 364-5, 400, 423, 517, 521, 533-4, 649-50, 659, 664, 666, 670-1, 707, 726, 791-2, 796, 824, 850-1, 895, 929, 952, 964-5, 967-8, 1020
　1970-75年株価とバランスシート(表11-3) 672
鉄鋼業 530
　の再国有化 391
デフレーション 16-7, 97, 319, 520
　デフレ対策 501
「デフレ的」政策 501
デミング,フレッド (Fred Deming) 515
デミング・グループ 501, 515
テューク,アンソニー (Anthony Tuke) 671
デル,エドマンド (Edmund Dell) 907, 911-2, 974
テンペスト,ポール (Paul Tempest) 445
デンマーク 499
電力庁 (Electricity Council) 655, 894

[ト]

ド・ムーブレイ,ガイ (Guy de Moubray) 69, 83-5, 341, 427, 537, 581
ド・ライル卿 (Lord De L'Isle) 657
ドイツ 484, 495, 499, 501-3
ドイツ銀行 (Deutsche Bank) 458

ドイツマルク (DM) 197, 232, 493, 501, 883
ドイツ連邦銀行 (Bundesbank, Deutsche) 501, 503, 932
ドイツ連邦銀行監督局 670
トウェンティエス・センチュリー・バンキング社 (Twentieth Century Banking) 656
道義的説得 103, 726
投機的取引 323, 845
統計 44, 126, 479, 481, 530
統計の改善・提供 124, 129, 134, 142, 146
統計分析 60
統計報告銀行 (statistical banks) 645, 733
投資 307, 346
投資家 367, 816, 818, 841-2
投資ギャップ 986
投資信託会社 986
投資保護活動 982
登録銀行 (registered banks) 668
ドーキンズ,ダグラス (Douglas Dawkins) 933-4, 936, 1016, 1018
トービン対フリードマン 826
独占・合併委員会 398
独占委員会 532
独占利潤 330
特別アドバイザー 428
特別オイル・ファシリティ (IMF) 907
特別調査委員会 423
特別バイヤー(割引市場の) 116
特別預金 125, 134, 146, 198, 200, 204, 306-11, 316-9, 322-3, 326-30, 334-6, 348-51, 353, 355, 357-8, 364, 366, 523, 527, 557, 620, 624, 793, 809-10, 821-3, 850, 884, 952
　1972-79年特別預金(図13-4) 813-4
　1960-64年特別預金(表6-2) 318
　資産凍結手段 364
　解除 322, 327, 329, 337
　預託(再)請求 310-1, 317-8, 322-3, 328-9, 358, 620, 628, 793, 809, 822
　預託率 310
独立性 123, 128, 135, 197, 574, 835, 954, 958
特許状(1946年) 39-40, 62, 82
ドナヒュー,バーナード (Bernard Donoug-

索引

hue) 911
トニオロ，ジアンニ（Gianni Toniolo） 217, 299
トムソン，ジョン（John Thomson） 348
トライアンフ・インベストメント・トラスト社（Triumph Investment Trust） 656, 665, 673, 675
ドラコニス（Draconis）作戦 819, 918
トランスミッション（伝達）・メカニズム 150
『トリビューン』紙 111, 130
トリフィン，ロバート（Robert Triffin） 216
トリフィン計画 224
ドル・ポートフォリオ 274-5, 301
ドル建て譲渡性預金（CDs） 885
ドルトン，ヒュー（Hugh Dalton） 40, 50, 122-3, 147, 841
ドルの切り下げ 493, 883
ドル保有 461
ドル本位制 171
ドレスナー銀行（Dresdner Bank） 928
トンプソン=マコースランド，ルシアス（Lucius Thompson-McCausland） 57, 179, 210, 212, 222, 510

[ナ]

ナイジェリア 903, 909
ナイジェリア中央銀行（Central Bank of Nigeria） 408, 912
ナショナル・ウェストミンスター銀行（National Westminster Bank） 398, 649, 653-5, 660, 662, 667, 673-4, 689, 692, 895
ナショナル・ウォーター・カウンシル（National Water Council） 895
ナショナル・コール・ボード（National Coal Board） 894
ナショナル・バンク・オブ・アブ・ダビ（National Bank of Abu Dhabi） 692
ナショナル・プロヴィンシャル銀行（National Provintial Bank） 106, 397
ナショナル銀行（National Bank） 139
『ナション』誌 248

南東アジア，ニュージーランド，オーストラリア（SEANZA）の中央銀行研修コース 411
ナンバー 10〔官邸〕 921

[ニ]

ニートビ，ハワード（Howard Neatby） 422
ニーマイヤ，オットー（Otto Niemeyer） 41, 95, 306, 415
ニール，アラン（Alan Neale） 904
ニールド，ロバート（Robert Neild） 237, 239, 258
ニクソン，リチャード（Richard Nixon；米国大統領） 968
二重為替相場 ⇒為替相場 883
日本 184, 456, 492
ニュージーランド 457, 489, 513, 901
ニュージーランド・ナショナル銀行（National Bank of New Zealand） 649
ニュージーランド準備銀行（Reseve Bank of Newzealand） 405
『ニューズ・クロニクル』紙 111
『ニューヨーク・タイムズ』紙 189
ニューヨーク株式市場 168
ニューヨーク連邦準備銀行（連銀） 187, 216-7, 283-90, 555
認定銀行 702, 739
任命プロセス（理事の） 438

[ヌ]

ヌルクセ，ラグナー（Ragnar Nurkse） 169, 293

[ネ]

ネルソン，エドワード（Edward Nelson） 31

[ノ]

農業抵当公社（Agricultural Mortgage Corporation） 391
ノークス，ジェームズ（James [Jim] Noakes） 913
ノーザン・コマーシャル・トラスト社（Nor-

thern Commercial Trust) 676
ノーマン, ピーター (Peter Norman) 937
ノーマン, モンターギュ (Montagu Norman) 37, 48-9, 58, 84, 102, 138-9, 168, 180, 196, 251, 266, 387, 405, 429, 490, 536, 951, 964, 1024
ノールズ・アンド・フォスター (Knowles and Foster) 社の破綻 243-4
ノブル, アダルバート (Adalbert Knobl) 854
ノルウェー 499

[ハ]

ハーヴェイ, サー・アーネスト (Sir Ernest Harvey) 51
パーウェル, イーノック (Enoch Powell) 133
パーカー審判 82, 105, 110-2, 141, 347, 439 (⇒バンクレート漏洩)
パーキン, マイケル (Michael Artis) 559
バークレイカード 524
バークレイズ・バンク・インターナショナル (Barclays Bank Intere national) 689, 692
バークレイズ銀行 (Barclays Bank) 319, 329-30, 443, 524, 530, 656, 660, 663, 669, 674, 676, 691-3, 929
ハーコート卿 (Lord Harcourt) 102, 138
ハーシュ, フレッド (Fred Hircsh) 290, 515
バーストン・ファイナンス社 (Burston Finance) 676
バーズリー, ドナルド (Donald Bardsley) 652
バーゼル議定書 761
バーゼル協定 192, 203, 289, 493, 518, 899
バーゼル・ファシリティ 261, 900
パーソンズ, モーリス (Maurice Parsons; 1966-70 年副総裁. ポンド, 平価切り下げ等) 37, 56, 62, 115, 179-80, 184, 188-9, 191, 201, 205, 212, 217, 224, 228, 234-5, 243-4, 246, 250, 258, 267, 275, 288, 300, 307, 327, 439, 483-5, 488-9, 496, 515, 519, 535
バーチ, ナイジェル (Nigel Birch) 108
パート, サー・アントニー (Sir Antony Part) 961
パートタイム女性職員 432

バーナード, ダラス (Dallas Bernard) 50
バーバー, アンソニー (Anthony Barber) 141, 695, 967, 969
バーマ・オイル社 (Burma Oil Company) 953, 971, 973-6, 980-1, 1019
株主による訴訟 980 (⇒BP, セカンダリー・バンキング危機)
バーマン, ローレンス (Lawrence Berman) 539
ハームード・バナー社 (Harmood Banner) 652
バーレーン 899
ハーロップ, ピーター (Peter Harrop) 880
バーンズ, アーサー (Arthur Burns) 915, 924
バーンズ, テリー (Terry Burns) 852, 927
バーンズ, ロジャー (Roger Barnes) 662, 664, 693, 770
バイアット, デリック (Derrick Byatt) 910, 928
ハイエク, フリードリッヒ・フォン (Friedrich von Hayek) 251
買収・合併シティ・パネル 401
買収・合併に関するシティ・コード 401
バイセスター卿 (Lord Bicester) 53-4, 110
配当支払いおよび代理業務 421, 952
ハイドロ・コンデュイット社 (Hydro Conduit Corporation) 934
ハイパー・インフレーション 2
ハイパワード・マネー 32, 849
ハウ, ジョフリー (Geoffrey Howe) 849-51, 932, 934-6, 1023
バウ・グループ 1002
ハウ・パー・ブラザーズ・インターナショナル社 (Haw Par Brothers International) 681-2
パウエル, フレデリック (Frederick Powell) 57
ハウタッカー, ヘンドリック (Hendrik Houthakker) 499
パケナム (Pakenham, のちの Earl of Longford) 139-40
バジョット原理 92, 96

索引

ハズラム，エリック（Erick Haslam） 405
ハチェット，エドワード（Edward Hatchett） 673
バチニ，ニコレッタ（Nicoletta Batini） 31
バックス，マイケル（Michael Bucks） 402
発行商会協会（Issuing House Association） 670
罰則金利 117, 361, 367
バッドバンク（bad banks） 675
パドモア，サー・トーマス（Sir Thomas Padmore） 108
バトラー，ラブ（Rab Butler） 96-7, 122-3, 174, 221
バハマ諸島 963, 971
パブリックスクール 52
ハムバーガー，マイケル（Michael Hamburger） 559
パラグアイ 455
磔の苦難（Crucifixion） 288
ハルズベリー委員会 416, 438
ハルズベリー卿（Lord Halsbury） 416
ハレット，リチャード（Richard Hallet） 882, 884
バロー，トーマス（Thomas Balogh） 122, 234, 259, 285
ハロッド，サー・ロイ（Sir Roy Harrod） 133, 150, 189, 195, 215
『バロンズ』誌 666
反インフレ政策 803, 827, 856
『バンカー』誌 152, 290, 311, 430, 535, 553, 667, 686, 700, 704, 767, 810, 879, 960, 989, 991
『バンカーズ・アルマナック』 733
『バンカーズ・マガジン』誌 152
バンク・オブ・スコットランド（Bank of Scotland） 661
バンク・オブ・ロンドン・アンド・ザ・ミドル・イースト（Bank of London and the Middle East） 692
バンク・オブ・ロンドン・アンド・サウス・アメリカ（Bank of London and South America; BOLSA） 400

バンクレート
1957-70年（表6-1） 312
1971-73年（表10-1） 619
19世紀 92
1889年 118
1931-51年 72, 93
1957年 67, 105, 107, 109-10, 181, 197-8, 200, 311
1961年 204, 207-8, 219-20, 322, 325-7
1964年 202, 220, 231-2, 236, 238-40, 348
1966年 261, 264, 277
1967年 278-9, 284, 314, 316, 348, 355, 358, 457, 518, 560
決定と手続 42-3, 112, 128, 131, 136-7, 142, 148, 314, 316, 617
対外目的 366, 951
の終焉とMLR方式 618-9, 638, 829-30, 836
その他 64, 70, 94, 96, 103, 115, 202, 305, 330-1, 338, 344, 349-50, 361, 363, 365, 521, 527, 530, 592, 618-9, 793, 833, 877, 951
（⇒MLR，為替相場，金融政策，金利）
バンクレート漏洩 52, 82, 105, 110-1, 113, 194, 259
（⇒パーカー審判）
ハンコック，デイヴィッド（David Hancock） 934
バンディ，マクジョージ（McGeorge Bundy） 253
ハンブリー＝ウィリアムズ，サー・ジョン（Sir John Hanbury-Williams） 50-2, 54
ハンブロ，サー・エヴァラード（Sir Everard Hambro） 84
ハンブロ，サー・チャールズ（Sir Charles Hambro） 49, 51, 53, 123, 137, 400, 438, 506, 684
ハンブロ家 49
ハンブロズ商会／銀行（Hambros） 53, 654, 688, 690, 895-6
ハンベリー＝ウィリアムズ，ジョン（John Hanbury-Williams） 123, 195, 438

[ヒ]

ピアシー卿（Lord Piercy） 50
ピーコック，エドワード（Edward Peacock） 49
ピーコック委員会 42, 56
ヒース，エドワード（Edward Heath） 967-8
ヒース政権 791, 793, 984
ヒーズマン，ロイ（Roy Heasman） 142, 259, 354, 427
ピーターソン，コリン（Collin Peterson） 264
ピート・マーウィック・ミッチェル社（Peat Marwick Mitchell） 684
ヒーリー，デニス（Dennis Healey） 687, 802, 806-7, 810, 819, 829, 833-4, 838, 841-2, 853, 895, 908, 910-2, 916-20, 922, 972, 977, 980, 1020
ビール，パーシヴァル（Percival Beale） 58
ビーンストック，マイケル（Michael Beenstock） 799-800
引受商会（マーチャント・バンク） 69, 323, 352, 572, 670, 726, 815, 964-5, 968
  シンジケート 967-9
引受商会委員会 352, 733
引受手形 352
ヒックス，ジョン（John Hicks） 58
ビッグバン 816
ピットブレイド，デイヴィッド（David Pitblado） 206
非ポンド地域 249, 262
秘密主義 81-2, 188, 221, 726
ヒル＝ウッド，ピーター（Peter Hill-Wood） 684
ヒル・サミュエル社（Hill Samuel） 652, 682, 897
ピルキングトン，サー・ウィリアムズ（Sir William Pilkington） 52
ピルキングトン・ブラザーズ社 52

[フ]

ファースト・アラビアン社（First Arabian Corporation） 690-1
ファースト・ナショナル・ファイナンス社（First National Finance Corporation; FNFC） 653-4, 656, 668-70, 674-6, 697, 714
ファーラス，ガブリエル（Gabriel Ferras） 262
ファーラント，リチャード（Richard Farrant） 767
ファイナンス・ハウス 69, 323-4, 353-4, 358, 520, 669, 701
ファイナンス・ハウス協会（FMA） 324, 522, 729
ファウラー，ヘンリ・（ジョー）（Henry (Joe) Fowler） 254, 256, 462, 502
ファクタリング 960
フィギャーズ，フランク（Frank Figgures） 490, 522, 526, 564
フィッシャー，アービング（Irving Fisher） 31, 36, 92
フィッシャー，ジョン（John Fisher） 57, 64, 307
『フィナンシャル・タイムズ』紙 15, 141, 430, 666-7, 797, 827, 836, 839, 935, 937
フィナンシャル・タイムズ産業株価指数 673
フィリップス，A.W.（Phillips） 25, 31, 36
フィリップス曲線 25, 556, 799
フィンヴェスト（Finance Department Investment Account; Finvest） 647
  （⇒クラウン・エージェンツ）
フィンチ，デイヴィッド（David Finch） 808, 826, 828, 854, 915, 919-20, 922
フーヴァー，ハーバート（Herbert Hoover）米国大統領 300
ブースビ，サー・ボブ（Sir Bob Boothby） 97-8, 100, 139, 320
フーリー，フランク（Frank Hooley） 686, 701
プール，ウィリアム（William Poole） 827, 855
フェアフィールズ社 394, 395, 404, 424
フェイ，エドガー（Edgar Fay） 769
フェイ報告書（Fay Report） 648, 769
フェニックス生命保険（Phoenix Assurance）

索引

655
フェビアン協会　989
フェルドマン，マーティ（Marty Feldman）565
フェントン，ロイ（Roy Fenton）　403, 458, 486, 880-1, 897
フォークナー，エリック（Eric Faulker）　671, 967
フォード，ジョン（John Fforde: 1966-70年業務局長．銀行監督，国債市場等）　50-1, 58, 99, 107-8, 114, 145-7, 192, 199, 210, 227, 278-9, 356-7, 359, 364-6, 459, 477-8, 482, 485, 487-8, 522, 526, 528-9, 535, 540, 554, 560, 569, 671, 682, 703, 726, 736, 798, 800, 804, 806-7, 818-20, 824, 826-7, 835, 837, 839, 842-3, 845-6, 849, 852, 854, 856, 881-2, 959, 962, 968, 970, 979, 987-8, 1016, 1018
フォード・モーター・クレディット社（Ford Motor Credit Company）　352
フォード，ジェラルド（Gerald Ford）　米国大統領　920
フォーブズ，サー・アーチボルド（Sir Archibald Forbes）　519, 659, 967
武器貸与　57, 169-70
負債管理　822-4
付属規定8（会社法）　534, 727
不正（投資）防止法（1958年）　728
物価　793, 801, 853, 855
　（価格）統制　18, 799
　（価格）目標　855
物価・所得政策　798, 804
物価所得委員会　256
「物価調査」団体　347
復興金融公社（米国）　274, 300
フット，マイケル（Michael Foot）　856
不動産　76, 418-9
不動産管理庁（Property Services Agency）　677
不動産部門への銀行貸出　646
フライ，リチャード（Richard Fry）　259
プライス，ライオネル（Lionel Price）　481, 559, 854, 907

プライス・ウォーターハウス社（Price Waterhouse）　684, 691, 693, 695
プライドー，ジョン（John Prideaux）　671
ブラウ，エド（Ed Brau）　854
ブラウン，A. J.　799
ブラウン，ジョージ（George Brown）　239, 276, 350
ブラッドショー，エドワード（Edward Bradshaw）　897-8
ブラッドマン，ロナルド（Donald Bradman）　438
フラティアンニ，ミシェル（Michele Fratianni）　828
フランクス，サー・オリヴァー（Sir Oliver Franks）　102, 106, 194-5, 225, 308, 318, 322-3
フランス　169, 171, 209, 217, 255, 474-6, 492, 501-3, 924, 935
フラン切り下げ　468, 499, 502
フランス銀行（Banque de France）　924
ブランツ銀行（Brandts Bank）　689
ブランデン，ジョージ（George Blunden）　60, 68, 343-4, 667, 678, 682-3, 695, 697, 707-10, 746, 991-2, 1013-6, 1019
ブランデン委員会　760
ブラント，ピーター（Peter Brandt）　689
ブランナー，カール（Karl Brunner）　554
プリアツキー，レオ（Leo Pliatzky）　237
フリードマン，ミルトン（Milton Friedman）　22, 26, 36, 151, 169, 214, 482, 514, 516, 536, 540, 558, 565, 918
ブリタニア・アロー・ホールディングス社（Britania Arrow Holdings Limited）　688
ブリッジ，ロイ（Roy Bridge）　37, 58, 115, 179-82, 185-7, 192-3, 205-6, 223, 237, 241, 256, 258-60, 276, 279, 285, 287-8, 294, 298-9, 301, 416, 457-8, 463, 468-9, 483-5, 496, 516, 521, 879
ブリッジズ，サー・エドワード（Sir Edward Bridges）　79, 99-100, 123
ブリッジマン，マイケル（Michael Bridgeman）　802-3, 844, 921

ブリッジマン作業部会 802-4, 807, 815
「ブリッジマン報告書」 842
ブリッタン, サミュエル (Samuel Brittan) 177, 484, 495, 797, 839, 927
ブリットン, アンドリュー (Andrew Britton) 548
ブリティッシュ・アルミニウム社 68
ブリティッシュ・ガス公社 894
ブリティッシュ・スティール社 (British Steel) 894
ブリティッシュ・バンク・オブ・コマース (British Bank of Commerce) 656
ブリティッシュ・ペトロリアム (BP) 社 425, 921-2, 971-2, 974, 977-9, 981 (⇨バーマ・オイル社)
ブリティッシュ・マッチ社 113
ブリティッシュ・レイランド自動車会社 (BLMC) 970
ブリマー, アンドリュー (Andrew Brimmer) 506
フリムポン゠アンサー, ジョナサン (Jonathan Frimpong-Ansah) 904
ブル, ピーター (Peter J. Bull) 260, 407, 905
ブルース゠ガーダイン, 「ジョック」('Jock' Bruce-Gardyne) 478
プルーデンシャル保険 (Prudential Assurance) 675
プルーデンス基準 764
プルーデンス報告 746
ブルックリン研究所 459
ブルネ, ジャック (Jacques Brunet) 282
ブルワー゠リットン, ハーミワン (Hermione Bulwer-Lytton) 50
フレーザー, アイアン (Ian Fraser) 986
プレス・コンファレンス (1970年SCNI報告) 429-30
プレストン, ジョージ (George Preston) 187, 213, 255
プレスネル, レズリー (Leslie Pressnell) 136, 177, 222, 428
フレッシュフィールズ (Freshfields) 法律事務所 742, 978

ブレッシング, カール (Karl Blessing) 253, 280
ブレトンウッズ (体制) 28, 57
ブレトンウッズ協定 165-6, 169, 171, 192, 290, 873, 876 (⇨為替相場, 国際通貨基金)
フレミング, ジョン (John Flemming) 1016, 1018
フレミング商会 (Fleming and Co.) 972
ブローカー商会 343, 811, 842, 845, 977
プローデン卿 (Lord Plowden) 987
フロート ⇨変動相場
フローリン 417
粉飾決算 192-3
ブンデスバンク ⇨ドイツ連邦銀行

[ヘ]

ベアリング恐慌 (1890年危機) 72, 657
ベアリングズ商会 266, 458, 972-3
　ローリー・クローマー (Rowley Cromer) ⇨クローマー卿
平価切り下げ 171, 234, 236-8, 248, 253, 255, 263, 276-8, 280, 282-4, 294, 569, 574, 881
平価切り下げ作戦教本 (Devaluation War Book) 257, 283
米国 (アメリカ, 合衆国) 247, 253, 256, 331, 524, 536, 539, 551, 554, 559, 573, 957
　連邦準備 (制度) ⇨連邦準備
米国財務省 184-5, 187, 189, 191, 253, 903, 924, 927
　財務省証書・国債 275
米国商工会議所 458
米国政府 254, 282
　政府短期債 275
米国輸出入銀行 242
ペイジ, ジョン (John Page: 1970-80年業務局長, CCC, MLR, SSD, 国債市場等) 60, 68, 88, 650, 688, 695, 770, 796, 809, 817-9, 822-3, 828-30, 832-3, 845, 849, 894, 956, 959, 968, 989-90, 992, 1013, 1016-8, 1021
ペイジの退職 1014
ペイシュ, フランク (Frank Paish) 131,

索引

134, 144
ヘイズ, アルフレッド (アル) (Alfred Al Hayes) 187-9, 195, 231, 275, 280, 282
米ドル 883, 963
　の切り下げ 470
ペイトン, スタンリー (Stanley Payton) 408, 444, 901-2, 928
ベイビングトン・スミス, マイケル (Michael Babingston Smith) 52, 54
ベイリー, ジェイムズ (James Bailey) 438
ベイン, アンドリュー (Andrew Bain) 144, 344, 540, 543, 988
ベヴァリッジ卿 (Lord Beveridge) 139
ベースマネー・コントロール 839, 920
ペール, カール・オットー (Karl Otto Pöhl) 932, 946
ペグ相場 ⇒為替レート
ペシック＝ローレンス卿 (Lord Pethick-Lawrence) 139-40, 320
ペストン, モーリス (Maurice Peston) 559
ペッピアット, ケネス (Kenneth Peppiatt) 54-5, 62, 307, 414, 568
ペッピアット, ヒュー (Hugh Peppiatt) 742
ペディー, ピーター (Peter Pedie) 978
ヘドリー＝ミラー, メアリー (Mary Hedley-Miller) 471, 919
ペパー, ゴードン (Gordon Pepper) 548, 554, 825, 848-9
ベル, ジョフリー (Geoffrey Bell) 479, 515-6
ベル, トム (Tom Bell) 259
ベルギー 217
ヘルシュタット銀行 (Herstatt) 670, 897, 942
ベンソン, サー・ヘンリー (Sir Henry Benson) 681, 983, 985-6, 1019
ヘンダーソン, デイヴィッド (David Henderson) 22
ヘンダーソン, ヒューバート (Hubert Henderson) 150
変動金利 815

変動相場 (フロート) ⇒為替相場
ペンバー・アンド・ボイル商会 (Pember and Boyle) 845
ヘンリー, サー・ダグラス (Sir Douglas Henley) 974
ヘンリー・ソーントン記念講義 931

[ホ]

ホア, スタンリー (Stanley Hoar) 389, 441
ボイル, エドワード (Edward Boyle) 198
貿易外収支 260
貿易産業省 (DTI) 394, 667, 737, 961-2
貿易収支 260
　の赤字 291-2
貿易省 (Board of Trade) 69, 128, 319, 327, 415, 524, 534
法人税 348, 422
ボウメイカーズ (Bowmakers) 社 656
ボウルター (John Boulter) 557
ホーカー, サー・キリル (Sir Cyril Hawker) 55, 62, 126, 317, 326, 534
ポータルズ社 (Portals) 414
ポーツモア, フレデリック (Frederick Portsmore) 179
ポートフォリオ (投資) 22, 935
ホートレー, ラルフ (Ralph Hawtrey) 152, 479
ホープ・コンファレンス 550, 552
ボームガートナー, ウィルフリッド (Wilfrid Baumgartner) 458
ホーラム, サー・ジャスパー (Sir Jasper Hollom: 1962-6年業務局長, 1970-80年副総裁. 信用規制, 国債市場, セカンダリー・バンキング危機等) 37, 58, 69, 111, 114, 127, 147, 235, 317, 329, 331, 334-6, 344-5, 348, 350, 352, 354, 357-9, 365, 414, 422-3, 428, 459, 477, 484, 496, 524, 526, 534-5, 564, 648-50, 656-7, 659-63, 671, 677, 680, 684, 688, 697, 707, 710, 713, 728, 882, 961, 966, 970, 972-5, 977-8, 980-2, 984, 988-91, 1000-1, 1016-8
ホール, サー・ロバート (Sir Robert Hall)

98-9, 102, 108, 135, 150, 182, 198, 200
ボール，ジム（Jim Ball） 927
ホール，フランク（Frank Hall） 735
ホール，リチャード（Richard Hall） 445, 645
ボールトン，ジョージ（George Bolton）
　38, 52, 54-5, 62, 110, 114, 174, 182, 190, 211, 213-4, 226, 389
ホーレット，リチャード（Richard Hallett） 444, 968
補完的特別預金（SSDs: コルセット） 629-30, 632, 796, 808, 821, 823-4, 826, 836-8, 850-2, 855, 935, 952, 1023
　1972-79年預金額と対象銀行（表13-1） 797
保守党 138, 346, 848, 934, 937
保守党政権 324, 791, 848, 939
保証発行 ⇒銀行券
ポズナー，マイケル（Michael Posner） 278, 283, 302, 477, 526, 544, 546, 559
北海石油 928, 936
ホッグソン，カークマン・ダニエル（Kirkman Daniel Hodgson） 84
ホットマネー 325
ホットスン，アンソニー（Anthony Hotson） 849
ホプキン（Hopkin） 806
ポミエール銀行（Banque Pommier） 693
ポラード，シドニー（Sydney Pollard） 138
ポラク，ジャック（Jacques Polak） 141, 546, 549
ポルトガル 221
ホルトラップ，マリウス（Marius Holtrop）
　31, 36, 255, 261-2, 458
ホワイト，ハリー・デクスター（Harry Dexter White） 170
ホワイト社（G.T. Whyte） 675
ホワイトホール（政府・大蔵省） 428, 438-9, 648, 835, 951, 954, 961-2, 967, 971, 977, 989-90, 992
香港 489, 513, 901
ポント，ジャーゲン（Jurgen Ponto） 928
ポンド・ワース社（Pond Worth） 987
ポンド

価値保証協定 899-900
国際金融（センター）における 530, 963, 975
国際通貨としての 174, 182, 185
証券取引ポンド 208, 296
準備通貨としての 165, 182, 210
振替可能ポンド 177, 184
ポンド（スターリング）地域 877
ポンド・ブロック 66, 172-3
ポンド・ブローカー協会 965
ポンド危機
　1957年 105-8, 180-1
　1964年 236, 244, 246, 259-60, 348
　1966年 255, 263-5, 348, 354
　1967年 281, 365, 405, 473, 485-7, 495
　1972-79年英国への支援残高（表14-1） 896
　1976年 806, 820, 833, 906
　1977年 834
　その他 211, 261, 290, 309
　（⇒外貨準備，為替相場）
ポンド残高 166, 172-5, 181-2, 203, 210-1, 219, 873, 879, 899, 901, 923, 938
適格ポンド残高 901
ポンド地域作業部会 459, 486, 488, 880
最低ポンド保有比率（MSPs） 490, 901-2

［マ］

マーカンタイル・クレジット社（Mercantile Credit） 656, 704
マージー・ドックス・アンド・ハーバー・ボード（MDHB） 970
マーシャル・プラン 170-2, 211
マーチャント・バンク 323, 400, 688, 894, 977, 1020
マーティン，ビル（Bill Martin） 231, 253-4, 280, 282
マーティン＝クローマー提案 256
マーティンズ銀行（Martins Bank） 397, 443
マイナーズ，ハンフリー（Humphrey Mynors: 1954-64年副総裁．バンクレート，ラドクリフ委員会等） 37, 41, 51, 54, 60-1, 77, 81, 101, 106-14, 136-7, 143, 145-8, 200,

索引

210, 231, 246, 306, 314, 317, 320, 327, 330, 335, 422, 537, 984
マイナーズ, レヴァレンド (Reverend A.B. Mynors) 38
マクドーガル, ドナルド (Donald MacDougall) 176, 237, 526
マクドナルド, ドナルド (Donald Macdonald) 256
マクマーン, クリストファー (キット) (Christopher 〈Kit〉 McMahon: 1980-86 年副総裁. 為替相場, ポンド残高, 金融政策等) 143-4, 246, 278, 280-1, 296, 302, 347, 354, 458, 477-9, 485, 487-8, 494-7, 506, 516, 526, 539, 543, 548, 550, 554, 558, 754, 801, 851, 882, 884, 894, 898, 901-2, 904, 906, 914-5, 917, 919, 921, 924-7, 929-30, 932-3, 935, 956-8, 988, 1015, 1019-22
マクマーン, ビリー (Billy McMahon) 491
マクミラン, ハロルド (Harold Macmillan) 95, 97-8, 107, 110, 135, 195, 199, 231, 319, 324, 327, 340
マクミラン委員会 97, 101, 124, 151
マクミラン報告 141, 149, 479
マクレード, アイエン (Iain Macleod) 455
マザー, レオナルド (Leonard Mather) 714
マシューズ, パット (Pat Matthews) 653
マスコミ 542, 564
マッキンゼー社 425-7
マッキンゼー報告 427
マッド, ダグラス (Douglas Mudd) 504
マネー・スタディ・グループ 584, 824
マネーサプライ (貨幣供給・貨幣供給量) 17, 23-4, 34, 107, 120, 131, 140, 150-1, 454-5, 476-82, 504-5, 537-43, 547, 550-1, 554-6, 558, 566, 792-3, 795, 842-3, 850, 855, 1023
　1951-82 年 M3 対前年変化率 (図 1-1) 19
　の規制・抑制 105, 109
　目標 793, 801, 816, 820, 834
　ルール 855
　(⇒マネーストック)
マネーストック 16, 22-3, 26, 28, 32-5, 93, 151,

305, 558, 803-4, 815, 841, 855, 1023
　コントロール 828
　内生性 34
　(⇒マネーサプライ)
マネーマーケット 43, 64, 116, 121, 192, 305, 331, 342-3, 355, 361-3, 366, 559, 569-70, 572, 574, 809-10, 822-4, 837, 840, 854-5, 959, 990, 1014, 1016
　1960-69 年マネーマーケットにおける介入額 (図 6-4) 362-3
　1961-70 年　並行マネーマーケット残高 (表 9-2) 572
マネタリー・コントロール (貨幣量管理) 93-5, 103, 114, 791, 798, 826, 828, 845, 847, 852, 854, 856, 928, 1023
　についての『緑書』 844, 850, 1023
「マネタリー・コントロール・レビュー」 842, 847
マネタリー・ターゲット (貨幣量目標) 541, 548, 791-3, 806-7, 810, 817, 820-1, 828, 834, 840-4, 846, 848-51, 853-6, 928
　固定目標 828
　ローリング目標 828
マネタリー・ポリシー・グループ (MPG) 526, 555, 557, 591-2, 794, 802-3, 815
マネタリーベース 20, 23, 32-3, 35, 92, 94, 538, 825-7, 839, 847, 849-50
マネタリーベース・コントロール 808, 825-7, 839, 848-50
マネタリスト 554, 793, 801, 806, 827, 854, 927
　国際マネタリスト 927
　のモデル 800
　の妖術 853
　非マネタリスト 854
マネタリズム 17, 557, 826, 847
　反マネタリズム 854
マルタ 493
マレーシア 489-91, 493, 899
マレット, デイヴィッド (David Mallett) 693, 1025
マレンズ, ウィリアム・H. J. de W. (William H.J.W. Mullens) 115

マレンズ商会（Mullens and Co.） 119, 601-2
（⇒ガバメント・ブローカー）
マンサー，ウィリアム（William Manser） 289-90
マンション・ハウス（ロンドン市長公邸）講演 146, 183, 482, 532, 544, 558, 794, 802, 820, 983
『マンチェスター・ガーディアン』紙 112
マンデル，ロバート（Robert Mundell） 169, 256
マンデル＝フレミング・モデル 24

[ミ]

ミード，ジェームズ（James Meade） 173, 175, 177, 182, 293, 498
ミシュキン，フレデリク（Frederic Mishkin） 28, 31, 36
ミッチェル，サー・デレク（Sir Derek Mitchell） 217, 886, 894, 900, 905, 914, 920, 924-5
『ミッドランド・バンク・レビュー』誌 100
ミッドランド銀行（Midland Bank） 50, 212, 243, 320, 655, 659-60, 671, 674, 691, 967-9, 1020
ミドルトン，ピーター（Peter Middleton） 800, 847
南アフリカ 416, 474, 493
南アフリカ準備銀行（South African Reserve Bank; SARB） 405
南ローデシア 249
ミニ・ラドクリフ委員会 343
『ミラー』紙 273
ミンズ，サー・エリス（Sir Ellis Minns） 39

[ム]

ムーアゲート・マーカンタイル社（Moorgate Mercantile） 656
ムーディ，ピーター（Peter Moody） 673

[メ]

メイキンズ，サー・ロジャー（Sir Roger Makins） 100, 114, 122, 136, 184, 316

メイズレクチャー 835
メッシナ会議 177
メデンズ・トラスト社（Medens Trust） 656
メルツァー，アラン（Allan Meltzer） 92-3, 878
免許機関 757
メンジーズ，ローレンス（Laurence Menzies） 57
免除機関 757

[モ]

モーガン，ヴィクター（Victor Morgan） 134, 538
モーガン，ジョージ（George Morgan） 435, 927, 1019
モーガン・ギャランティー銀行（Morgan Guaranty） 972
モーガン・グレンフェル商会（Morgan Grenfell） 53, 102
モース，ジェレミー（Jeremy Morse） 246, 281-3, 353-4, 423, 438, 453, 458-9, 478, 485, 487-8, 491, 494, 497, 499, 502, 529, 531, 534, 555, 880, 904-6, 1017
モードリング，レジナルド（Reginald Maudling） 209-10, 235-6, 327-8, 336
モスクワ・ナロードニ銀行（Moscow Narodny Bank） 211, 352
モディリアニ，フランコ（Franco Modigliani） 540
モハメド・マディ・アル・タジール（Mohammed Madhi Al Tajir） 692
モラル・ハザード 709-10
モリソン，ジャック（Jack Morrison） 658
モンターギュ・トラスト社（Montagu Trust） 400

[ヤ]

ヤコブソン，パー（Per Jacobson） 191-2, 205-6, 216, 228, 447

[ユ]

郵便局 65, 415, 425, 533

索引

ユーロ・カレンシー／ユーロ市場 211-4, 453, 504-6, 707, 960
ユーロ銀行 506
ユーロダラー（市場・ローン） 56, 211-2, 214-5, 504-6, 529, 571, 895, 928
ユナイテッド・ドミニオンズ・トラスト社（United Dominions Trust; UDT） 669-70, 674-5, 697
ユナイテッド・ドレイパリー社（United Drapery） 653
ユニオン・ディスカウント社（Union Discount） 320
輸入規制・制限 173, 518
ユニリーヴァ年金基金（Unilever pension funds） 655

[ヨ]

要請 95, 99, 103
ヨー，エドウィン（Edwin Yeo） 924
ヨーロッパ共同市場 14, 208
ヨーロッパ経済共同体（EEC） 5, 277
　の銀行指令 735
ヨーロッパ経済協力機構（OEEC） 165, 191
ヨーロッパ通貨制度（EMS） 931-2, 935
預金 311, 317, 330, 358, 364-5, 792, 850
預金者保護法 730
預金準備制度 357
預金の還流 ⇨セカンダリー・バンキング危機
預金の不胎化 306
予算 316, 322, 348-9, 358, 364, 803

[ラ]

ライオール，ウィリアム（William Lyall） 662
ライフボート ⇨セカンダリー・バンキング危機
ライリー，ウィリアム（William Ryrie） 265, 474-5, 495, 826, 907, 919, 924
ラヴェル，アーノルド（Arnold Lovell） 542
ラグビー校 52
ラグラン・プロパティ・トラスト社（Raglan Property Trust） 690
ラザーズ商会（Lazards） 53, 110, 986
ラズミンスキー，ルイス（Louis Rasminsky） 255
ラディス（Radice） 343
ラテン・アメリカ 459, 496
ラドクリフ卿（Lord Radcliffe） 32, 68, 101-4, 113, 122, 136, 154, 308-9, 429, 439, 521, 536-7, 571
ラドクリフ委員会 54-5, 61, 64, 70, 82, 91, 97, 100, 102-5, 109, 111-4, 120-1, 123-8, 136-7, 140-1, 149, 194, 198, 213, 238, 240, 245, 305-7, 309-10, 314-5, 319, 353, 454, 478, 498, 530-1, 557, 563, 964, 987
ラドクリフ委員会報告（書） 105, 113, 125, 129-30, 133, 138, 142, 145, 149-52, 305, 311, 319, 321, 334, 342, 347, 353, 360, 366, 439, 555, 725, 951, 987, 990
　証言 104, 113-5, 122
　上院での論争 139
　の勧告 105, 124-5, 128-30, 134-5, 137, 139, 141
ラドクリフ後の決着 954
ラドクリフ主義者の見解 150
ラドクリフ的 479
ラドクリフ方式 562
ラリ・ブラザーズ社（Ralli Brothers） 680
ランシマン，ロバート（Robert Runciman） 662
ランプトン，サー・ジャック（Sir Jack Rampton） 974

[リ]

リー，サー・フランク（Sir Frank Lee） 144, 200, 315-6, 318, 320, 326, 339, 422
リー，ピアーズ（Piers Legh） 250-1
リー＝ペンバートン，ロバート（Robert (Robin) Leigh-Pemberton） 692, 772
リーヴァ，ハロルド（Harold Lever） 477, 491, 819, 829, 841-2, 986
リース 960
リーズ＝モッグ，ウィリアム（William Rees-

Mogg) 179-80, 222, 491, 498, 666, 800
リーズ・アンド・ラグズ 276
リード, マーガレット (Margaret Reid) 88, 644, 666-7, 705, 1007
利益相反 123
リケット, サー・デニス (Sir Dennis Rickett) 179, 181, 184, 201, 217-8, 281, 347
リシビ, ジョン (John Lithiby) 57
利子率 ⇒金利
リチャードソン, ゴードン (Gordon Richardson: 1973-83 年総裁, 銀行監督, 金融政策, セカンダリー・バンキング危機等) 401, 438, 440, 626-7, 657-8, 660, 664, 676-7, 683, 686-7, 694, 696-7, 699, 703, 705, 707-10, 741, 794, 802, 806-7, 809-10, 819-21, 825-6, 834-6, 838, 842, 844, 846-50, 894, 897, 906, 911, 915-6, 922, 929, 934, 952, 955, 971-2, 980, 982-3, 985-91, 1001, 1013-22
リッカトソン゠ハット, バーナード (Bernard Rickatson-Hatt) 56
利付き適格負債 (IBELs) 630, 796, 808, 823, 837-8, 850-1
リッチー, アレク (Alec Ritchie) 662
リットラー, ジョフリー (Goeffrey Littler) 904, 915, 921, 1000
リットン第 2 伯爵 (Second Earl of Lytton) 50
リビア 493
リビア国立銀行 (National Bank of Libya) 445
リフレーション 311, 330
流動資産 329, 344
流動性 (経済全体の) 125, 131, 133, 140, 150-1
(⇒ラドクリフ報告)
流動性 307, 310-1, 322, 329, 334-5, 798, 824
　過剰流動性 1023
　危機・パニック 96, 966
　銀行流動性 337, 846, 850
　需要 354
　ポジション 310, 328, 334, 348

問題 334, 669
流動性比率 31, 94, 98-9, 103, 105, 108-9, 306, 308, 310-1, 334-7, 353, 366, 479, 527, 536, 595, 614, 796
　可変的流動性比率 334-6
　最低比率 95, 310, 335-6, 357
　(⇒現金比率, 準備資産比率)
リュエフ, ジャック (Jaques Rueff) 487
量的緩和 824

[ル]

ルーザム, ジャスパー (Jasper Rootham) 57, 60-1
ルース, ジョン (John Luce) 86, 528, 537
ルーミンズ, ジョン (John Rumins) 427, 705, 990, 1000-1

[レ]

レイドラー, デイヴィッド (David Laidler) 559
レイトン, デリック (Derrick Layton) 887
『レイノルズ・ニューズ』紙 111, 131, 141
レイランド・モーターズ社 (Leyland Motors) 679
レヴェルストーク委員会 84
レーニス, アンソニー (Anthony Loehnis) 955-7, 1015-6, 1019
レギュレーション Q 212, 214
レディング, ブライアン (Brian Reading) 144
レン, クリストファー (Christopher Wren) 413
連邦準備 (米国) 31, 167, 188-9, 193, 268, 439, 457, 505, 546, 878
　公開市場委員会 248
スワップ 268

[ロ]

ロイズ & BOLSA・インターナショナル銀行 (Lloyds & BOLSA International) 401
ロイズ銀行 (Lloyds Bank) 61, 102, 319, 530, 649, 656, 660, 674, 906, 967-9

索引　1093

『ロイズ・バンク・レビュー』誌　181
ロイズバンク・インターナショナル（Lloyds Bank International）ルガノ支店　670
ロイド，セルウィン（Selwyn Lloyd）　416
ロイド，チャールズ（Charles Lloyd）　110, 200, 322, 326-7, 340
ロイヤル・インシュランス（Royal Insurance）　195
ロイヤル・バンク・オブ・スコットランド（Royal Bank of Scotland）　399, 660
労働組合　102, 324, 438, 800
労働組合会議（TUC）　102, 122, 799, 922
労働党　131, 138, 140, 290, 310, 345, 838, 908, 917, 937, 987-8
労働党政府（政権）　236, 240, 246, 265, 273, 291, 529, 533, 848, 878
ロー，チャールズ（Charles Raw）　647
ロー，ルパート（Rupert Raw）　234, 488, 490, 493, 648
ローザ，ロバート（Robert Roosa）　205, 216-7, 231
ローザ債　299
　逆「ローザ」債　262
ローザム，ジャスパー（Jasper Rootham）　253
ローソン，ナイジェル（Nigel Lawson）　934-5, 937
ローデシア　936
ローデシア・ニアサランド銀行（Bank of Rhodesia and Nyasaland）　408
ローマ条約　14
ローリンソン，アンソニー（Anthony Rawlinson）　904
ロール，サー・エリック（Eric Roll）　231, 267, 438
ロールス・ロイス社（Rolls-Royce）　953, 965, 968-9, 982
ローワン，レズリー（Leslie Rowen）　174, 182
ロスチャイルド卿（Lord Rothschild）　684
ロッキード社　968-9
ロバーツ，デイヴィッド（David Robarts）　106, 123, 307-9, 316, 336, 519, 523
ロバートソン，サー・デニス（Sir Dennis Robertson）　57, 132, 152, 292
ロビンズ，ライオネル（Lionel Robbins）　101, 108-9, 133, 180-1, 222, 308
ロビンズ卿（Lord Robbins）　130, 140, 553
ロベンズ卿（Lord Robens）　426, 987
ロングフォード伯爵（Earl of Longford）　139
ロンドン・アンド・カウンティ・セキュリティーズ社（London and County Securities）　651-3, 666-8 674, 705, 714
ロンドン・アンド・マンチェスター保険会社（London and Manchester Assurance Company）　689
『ロンドン・ガゼット』紙　74
ロンドン・スクール・オブ・エコノミクス（LSE）　57, 95, 101, 134, 144, 428, 439, 825, 988
ロンドン・ビジネス・スクール　857
ロンドン・南アメリカ銀行（Bank of London and South America; BOLSA）　55, 213-4
ロンドン市長公邸　⇒マンションハウス
ロンドン手形交換所加盟銀行　65, 650
ロンドン手形交換所加盟銀行委員会（CLCB）　106, 308-10, 317-8, 324, 335-6, 348, 350, 354, 356, 519, 523, 550, 598, 660, 671, 733, 962
ロンドン割引市場協会（LDMA）　116, 334, 343-4, 351, 355, 569-70, 815, 835

[ワ]

ワーズィック，デイヴィッド（David Worswick）　102
ワイスミューラー，アルバート（Alberto Weissmuller）　1015-6, 1018
ワイルズ，クリス（Chris Wiles）　550
ワイルド，シドニー（Sidney Wild）　654, 656, 662
ワシントン　170-1, 181, 188-9, 191, 194-5, 205, 548
ワトソン，ガイ（Guy Watson）　410
割引市場　96, 114, 116-7, 132, 331, 344, 351, 355,

361, 523, 570, 832-3, 848
　での操作　64
　割引手形と貸出の利子　418
　割引商会　45, 65, 69, 92-4, 96, 116-7, 119, 132,
　　　343-4, 351-2, 361, 366, 520, 569, 830, 833, 965

公共部門債保有比率　606, 610, 623, 796
シンジケート（TB入札の）　116
民間部門貸出倍率　623
　（⇨大蔵省短期証券入札）
割引窓口指導　710

訳者紹介 (章順. *訳者代表)

春井久志 (日本語版への序文, 第6, 13章)

(公益財団法人) 日本証券経済研究所客員研究員・中央銀行研究所代表. 1945年生まれ. 関西学院大学大学院経済学研究科博士課程修了. 博士 (経済学). 関西学院大学教授. 著作に, 『金本位制度の経済学』 (ミネルヴァ書房, 1992年), 『中央銀行の経済分析』 (東洋経済新報社, 2013年), 訳書に『条約改正と再興——1920-22年の諸活動』, 『ケインズ全集』第17巻 (東洋経済新報社, 2014年) ほか.

*幸村千佳良 (はじめに, 序文, 謝辞, 第1, 2, 7 [4~6節], 15, 16章)

成蹊大学名誉教授. 1942年生まれ. 米国ペンシルバニア州立大学大学院経済学研究科. Ph.D. (econ.). ㈱芙蓉情報センター総合研究所, 成蹊大学経済学部教授. 著作に, 『日本経済と金融政策』 (東洋経済新報社, 1986年), 『経済学事始』第4版 (多賀出版, 2008年), 訳書にジョージ・A. アカロフ『ある理論経済学者のお話の本』 (井上桃子との共訳, ハーベスト社, 1995年) ほか.

*小林襄治 (第3, 14章)

(公益財団法人) 日本証券経済研究所客員研究員. 1942年生まれ. 東京大学大学院経済学研究科博士課程修了. 青山学院大学, 専修大学教授を歴任. 著作に, 「英国証券取引所の改革」 (『証券研究』第75巻, 1985年), 「第1章イギリス」国際銀行史研究会編『金融の世界史』 (悠書館, 2012年), 訳書にスーザン・ストレンジ『カジノ資本主義』 (岩波現代文庫, 2007年) ほか.

入江恭平 (第4, 8章)

中京大学経営学部教授. 1949年生まれ. 大阪市立大学経営学研究科博士課程単位取得退学. ㈶日本経済研究所主任研究員を経て現職. 著作に, 「ユーロ・セキュリタイゼーションと国際銀行業」靏見誠良編『現代金融のグローバリゼーション』 (法政大学出版会, 1988年), "Japanese Venture Capital and its Investment In Asia", Osaka City University Review 1996/3. 「第11章現代国際金融の諸相」国際銀行史研究会編『金融の世界史』 (悠書館, 2012年) ほか.

鈴木俊夫 (第5章)

帝京大学経済学部教授・東北大学名誉教授. 1948年生まれ. ロンドン大学 (London School of Economics and Political Science) 大学院経済史研究科博士課程修了. Ph.D. (econ.). 中京大学教授, 東北大学教授などを経て現職. 著作に, *Japanese Government Loan Issues on the London Capital Market 1870-1913*, London: The Athlone Press, 1994, 『金融恐慌とイギリス銀行業——ガーニィ商会の経営破綻』 (日本経済評論社, 1998年), *The Origins of International Banking in Asia: The 19th and 20th Centuries*, Oxford: Oxford University Press, 2012 ほか.

熊倉修一 (第7 [1~3節], 11章)

大阪経済大学経済学部教授. 1953年生まれ. 東京大学経済学部卒. 武蔵大学博士 (経済学). 日本銀行を経て現職. 著作に, 『日本銀行のプルーデンス政策と金融機

関経営』(白桃書房, 2008年), 『現代の金融市場』(共著, 慶應義塾大学出版会, 2009年), 『中央銀行と金融政策』(晃洋書房, 2013年) ほか.

斉藤美彦(さいとう よしひこ) (第9章)

大阪経済大学経済学部教授・(公益財団法人) 日本証券経済研究所客員研究員. 1955年生まれ. 東京大学経済学部卒. 武蔵大学博士 (経済学). 著作に, 『イギリスの貯蓄金融機関と機関投資家』(日本経済評論社, 1999年), 『金融自由化と金融政策・銀行行動』(日本経済評論社, 2006年), 『イングランド銀行の金融政策』(金融財政事情研究会, 2014年) ほか.

金井雄一(かない ゆういち) (第10章)

名古屋女子大学教授・名古屋大学名誉教授. 1949年生まれ. 名古屋大学大学院経済学研究科博士課程単位取得退学. 経済学博士. 佐賀大学助教授, 名古屋大学教授などを経て現職. 著作に, 『イングランド銀行金融政策の形成』(名古屋大学出版会, 1989年), 『ポンドの苦闘』(名古屋大学出版会, 2004年), 『ポンドの譲位』(名古屋大学出版会, 2014年) ほか.

小栗誠治(おぐり せいじ) (第12章)

滋賀大学名誉教授・拓殖大学大学院客員教授. 1947年生まれ. 一橋大学経済学部卒. 日本銀行, 滋賀大学を経て現職. 著作に, 『現代日本のセントラル・バンキング──金融経済環境の変化と日本銀行』(滋賀大学経済学部研究叢書第30号, 1998年), 「セントラル・バンキングとシーニョレッジ」(『滋賀大学経済学部研究年報』第13巻, 2006年), 「中央銀行は何をしているか──セントラル・バンキングの本質を巡るいくつかの論点」(『彦根論叢』第401号, 2014年) ほか.

イングランド銀行
1950年代から1979年まで

2015年9月15日　第1刷発行

定価（本体18000円＋税）

著　者　フォレスト・キャピー
訳　者　イギリス金融史研究会
訳者代表　小　林　襄　治
　　　　　幸　村　千　佳　良
発行者　栗　原　哲　也
発行所　株式会社 日本経済評論社
〒101-0051 東京都千代田区神田神保町3-2
電話 03-3230-1661／FAX 03-3265-2993
E-mail: info8188@nikkeihyo.co.jp
振替 00130-3-157198

装丁＊渡辺美知子　　　　太平印刷社／誠製本

落丁本・乱丁本はお取替いたします　　Printed in Japan
Ⓒ J. Kobayashi and C. Komura et al. 2015
ISBN978-4-8188-2381-5

・本書の複製権・翻訳権・上映権・譲渡権・公衆送信権（送信可能化権を含む）は、㈱日本経済評論社が保有します。
・ JCOPY 〈㈳出版者著作権管理機構　委託出版物〉
本書の無断複写は著作権法上での例外を除き禁じられています。複写される場合は、そのつど事前に、㈳出版者著作権管理機構（電話 03-3513-6969, FAX 03-3513-6979, e-mail: info@jcopy.or.jp）の許諾を得てください。